合肥年鉴

2020

合肥年鉴

中共合肥市委主办
中共合肥市委党史和地方志研究室 编著

全国百佳图书出版单位
APGTIME 时代出版
时代出版传媒股份有限公司
安徽人民出版社

图书在版编目（CIP）数据

合肥年鉴 2020 / 中共合肥市委党史和地方志研究室编著. -- 合肥 : 安徽人民出版社, 2020.9

ISBN 978-7-212-10900-4

Ⅰ. ①合… Ⅱ. ①中… Ⅲ. ①合肥—2020—年鉴 Ⅳ. ①Z525.41

中国版本图书馆CIP数据核字（2020）第167786号

合肥年鉴 2020

HEFEI NIANJIAN 2020

中共合肥市委党史和地方志研究室　编著

出 版 人：陈宝红　　责任印制：董　亮

责任编辑：胡小薇　　装帧设计：艺杭文化传媒

出版发行：时代出版传媒股份有限公司 http://www.press-mart.com

安徽人民出版社 http://www.ahpeople.com

合肥市政务文化新区翡翠路1118号出版传媒广场八楼

邮编：230071

营销部电话：0551-63533258　0551-63533292（传真）

印　　制：合肥添彩包装有限公司

（如发现印装质量问题，影响阅读，请与印刷厂商联系调换）

开本：889mm × 1194mm　1/16　印张：31.5　插页：68面　字数：1000千

版次：2020年9月第1版　2020年10月第1次印刷

ISBN 978 - 7 - 212 - 10900 - 4　定价：200.00元

版权所有，侵权必究

《合肥年鉴（2020）》编辑委员会

主　任：韦　弋（市委常委、秘书长）

副主任：吴功福（市委副秘书长、办公室主任）

翟新明（市委党史和地方志研究室主任）

委　员：市人大常委会办公室主要负责人

市政府办公室主要负责人

市政协办公室主要负责人

市纪委、市监委机关分管负责人

市委组织部分管负责人

市委宣传部分管负责人

市委统战部分管负责人

市委政法委分管负责人

市委政策研究室主要负责人

市发展和改革委员会主要负责人

市教育局主要负责人

市科学技术局主要负责人

市经济和信息化局主要负责人

市民政局主要负责人

市司法局主要负责人

市人力资源和社会保障局主要负责人

市生态环境局主要负责人

市城乡建设局主要负责人

市农业农村局主要负责人

市文化和旅游局主要负责人

市卫生健康委员会主要负责人

琥珀潭（王世保/摄）

《合肥年鉴（2020）》责任审稿

主　　　审：韦　弋（市委常委、秘书长）

副　主　审：吴功福（市委副秘书长、办公室主任）

　　　　　　翟新明（市委党史和地方志研究室主任）

分 类 审 稿：各供稿单位主要负责人

特别责任审稿：市委保密委员会办公室负责人

《合肥年鉴（2020）》编辑部

主　编：翟新明

副主编：王德桡　李　敏　张　晔

　　　　邓　伟　徐克虎

编　辑：（按姓名笔画排序）

　　　　王尚先　田　文　赵永军

　　　　贾南田　徐仙春　陶俊生

　　　　崔建军　储茂仁　鲍　甄

雨后合肥　　（王世保/摄）

编辑说明

一、《合肥年鉴》是系统记述合肥市政治、经济、文化、社会、自然和生态等方面情况的年度资料性文献。2000年创刊，逐年编纂，本卷是第21卷。

二、本卷坚持以马克思列宁主义、毛泽东思想、邓小平理论、"三个代表"重要思想、科学发展观、习近平新时代中国特色社会主义思想为指导，坚持辩证唯物主义和历史唯物主义的立场、观点和方法论，贯彻落实党的十九大和十九届二中、三中、四中全会精神，全面系统记述2019年合肥市经济社会发展情况和特点，为读者认识、了解合肥各方面情况的权威性、综合性、信息性、史册性、实用性、基础性材料。

三、本卷主体内容以合肥市现行行政区划为记述范围，记述时限为2019年1月1日至12月31日。

四、本卷按分类法编辑，主体内容分为类目、分目、条目三个层次，全书设类目39个、分目251个，收入条目1233条、随文图照237幅、表格24张。坚持"质量第一、常编常新"的原则，全书框架和内容在2018年的基础上进行了一些调整。主要有以下变化：取消原"合肥概览"中的"合肥组织机构领导人名单"分目；在"教育"类目中增设"综述"分目；在"工业"类目中加入"世界制造业大会""首届世界显示产业大会"和"中国（合肥）国际家用电器暨消费电子博览会"内容，均设为分目；在"信息产业与信息业"类目中增设"软件业"分目；将原"农业农村"类目中安排的内容作了分解，把其中"脱贫攻坚"分目划出，单独设立"脱贫攻坚"类目；新增"自然资源和规划"和"应急管理"两个类目；将原"文化　传媒　旅游"类目名称改为"文化　旅游　传媒"类目；将原"卫生健康与体育"类目分为"卫生健康"和"体育"两个类目。

五、本卷年鉴所载录的文章和条目，均由合肥市各承编单位提供并经其主要负责人严格审核，文中主要数据由市统计局提供，文字和数据记述时限为2019年。

合肥名片

全国质量魅力城市

智慧城市国际标准试点城市

全国社会信用体系建设示范城市

国家特色型信息消费示范城市

新能源汽车推广应用示范城市

世界科技城市联盟（WTA）会员城市

世界区域创新集群百强

中国先进制造业重点城市

全国首个科技创新型试点城市

全国文明城市

全国双拥模范城市

社会治理创新典范城市

美好生活指数最高省会城市十强

十佳数字阅读城市

外籍人才眼中最具吸引力的中国城市

中国服务外包示范城市

全国优秀旅游城市

国家森林城市

全国首批园林城市

全国水生态文明城市

全国首个节约集约用地试点市

政务文化新区国庆之夜（王世保/摄）

合肥市地图

焦岗乡
八公山乡
八公山镇
寿春镇
寿县
唐山镇
望峰岗镇
李郢孜镇
九龙岗镇
三和乡
田家庵区
大通区
谢家集区
孤堆回族乡
杨公镇
曹庵镇
史院乡
孙庙乡
孔店乡
炉桥镇
能仁乡
永康镇
西卅店镇
范岗乡
拂晓乡
定远县
定城镇
桑涧镇
池河镇
严桥乡
朱湾镇
七里塘乡
长丰县
水湖镇
左店乡
罗塘乡
杜集乡
吴圩镇
仓镇镇
藕塘镇
滁州市
定远县
南谯区
韦庄镇
涧沟镇
双桥镇
窑口乡
淮南市
寿县
堰口镇
陶店回族乡
大顺镇
庄墓镇
朱巷镇
张桥镇
大桥镇
安丰塘镇
板桥镇
瓦埠镇
瓦埠湖
义井乡
蒋集镇
二龙回族乡
连江镇
界牌集镇
章广镇
小甸镇
保义镇
造甲乡
响导乡
陈集镇
长丰县
杨庙镇
下塘镇
西王镇
全椒县
安丰镇
双庙集镇
陶楼乡
白龙镇
八斗镇
古城镇
杨店乡
众兴镇
茶庵镇
炎刘镇
刘岗镇
元疃镇
肥东县
马湖乡
马厂镇
吴山镇
张集乡
大墅镇
双墩镇
三十头镇
众兴乡
梁园镇
码头镇
三觉镇
新桥机场
合肥空港经济示范区
(合肥经济技术开发区北区)
高刘镇
岗集镇
三十岗乡
大杨镇
瑶海区
合肥新站综合开发试验区
撮镇
牌坊回族满族乡
栏杆集镇
包公镇
石塘镇
翁墩镇
庐阳区
杏花村街道
七里塘街道
合肥站
肥东县
店埠镇
古河镇
东桥镇
高店乡
蜀山区
井岗镇
苏湾镇
巢湖市
小庙镇
南岗镇
肥西县
合淮阜高速
京台高速
合徐高速
滁新高速
宁洛高速
沪陕高速

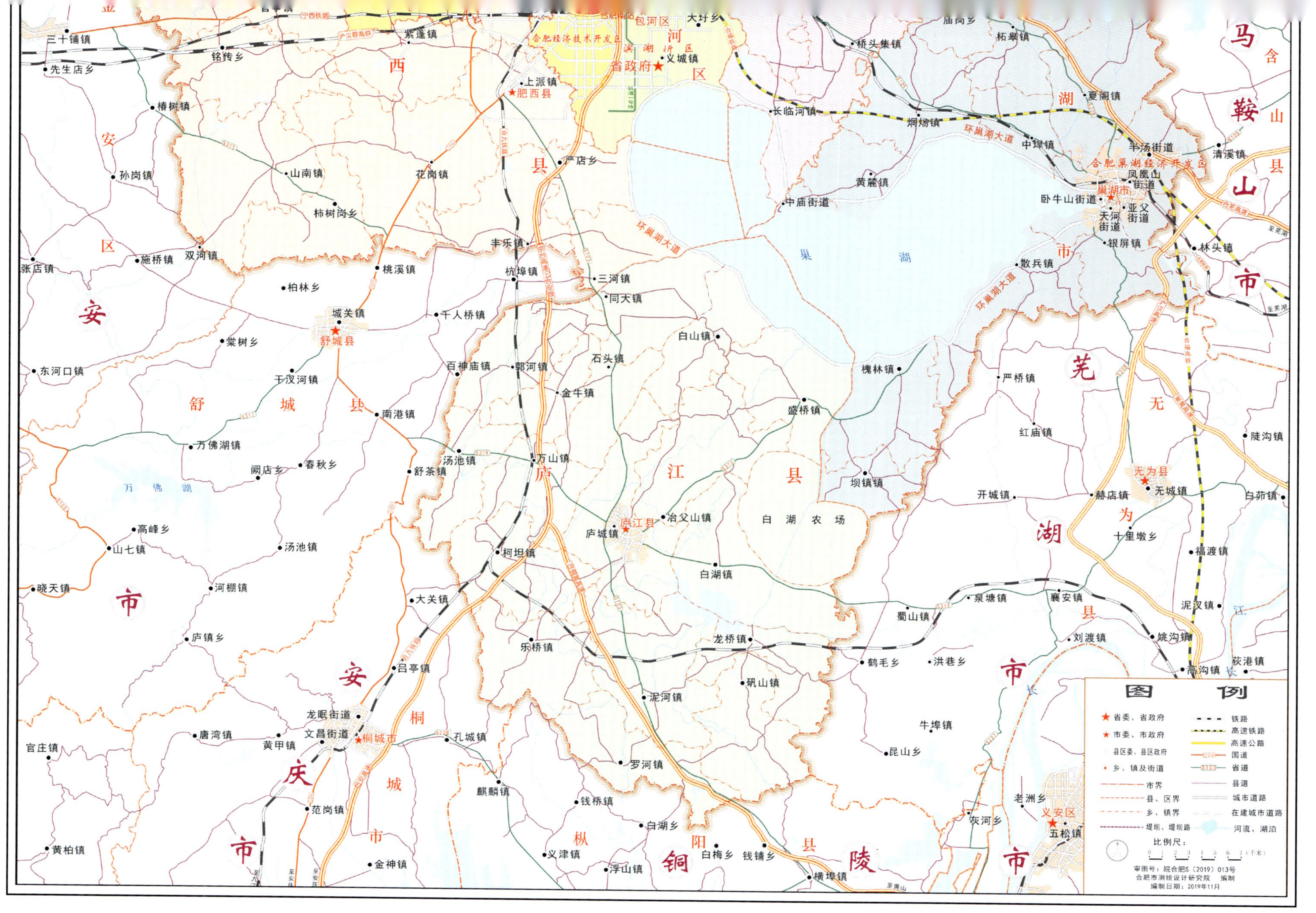

图例
省委、省政府
市委、市政府
县区委、县区政府
乡、镇及街道
市界
县、区界
乡、镇界
堤坝、堤坝路
铁路
高速铁路
高速公路
国道
省道
县道
城市道路
在建城市道路
河流、湖泊
比例尺：
审图号：皖合肥S（2019）013号
合肥市测绘设计研究院 编制
编制日期：2019年11月
巢湖
巢湖市
庐江县
无为县
肥西县
舒城县
桐城市
省政府
义安区
合肥经济技术开发区
合肥巢湖经济开发区
滨湖新区
包河区
环巢湖大道
白湖农场
万佛湖
马鞍山市
含山县
芜湖市
铜陵市
枞阳县
安庆市
六安市
三十铺镇
先生店乡
铭传乡
紫蓬镇
上派镇
义城镇
大圩乡
桥头集镇
柘皋镇
夏阁镇
长临河镇
烔炀镇
中垾镇
半汤街道
清溪镇
凤凰山街道
卧牛山街道
亚父街道
天河街道
银屏镇
林头镇
散兵镇
黄麓镇
中庙街道
椿树镇
孙岗镇
山南镇
花岗镇
严店乡
柿树岗乡
丰乐镇
施桥镇
双河镇
张店镇
桃溪镇
杭埠镇
三河镇
同大镇
柏林乡
城关镇
千人桥镇
白山镇
棠树乡
石头镇
槐林镇
东河口镇
干汊河镇
百神庙镇
郭河镇
金牛镇
盛桥镇
南港镇
严桥镇
红庙镇
陡沟镇
万佛湖镇
汤池镇
万山镇
舒茶镇
阙店乡
春秋乡
坝镇镇
开城镇
赫店镇
无城镇
白茆镇
冶父山镇
庐城镇
十里墩乡
高峰乡
山七镇
汤池镇
柯坦镇
白湖镇
福渡镇
晓天镇
河棚镇
大关镇
泉塘镇
蜀山镇
襄安镇
泥汊镇
庐镇乡
乐桥镇
龙桥镇
刘渡镇
姚沟镇
吕亭镇
鹤毛乡
洪巷乡
高沟镇
荻港镇
矾山镇
泥河镇
龙眠街道
文昌街道
唐湾镇
黄甲镇
孔城镇
牛埠镇
官庄镇
罗河镇
昆山乡
范岗镇
麒麟镇
钱桥镇
老洲乡
灰河乡
五松镇
白湖乡
黄柏镇
金神镇
义津镇
浮山镇
白梅乡
钱铺乡
横埠镇

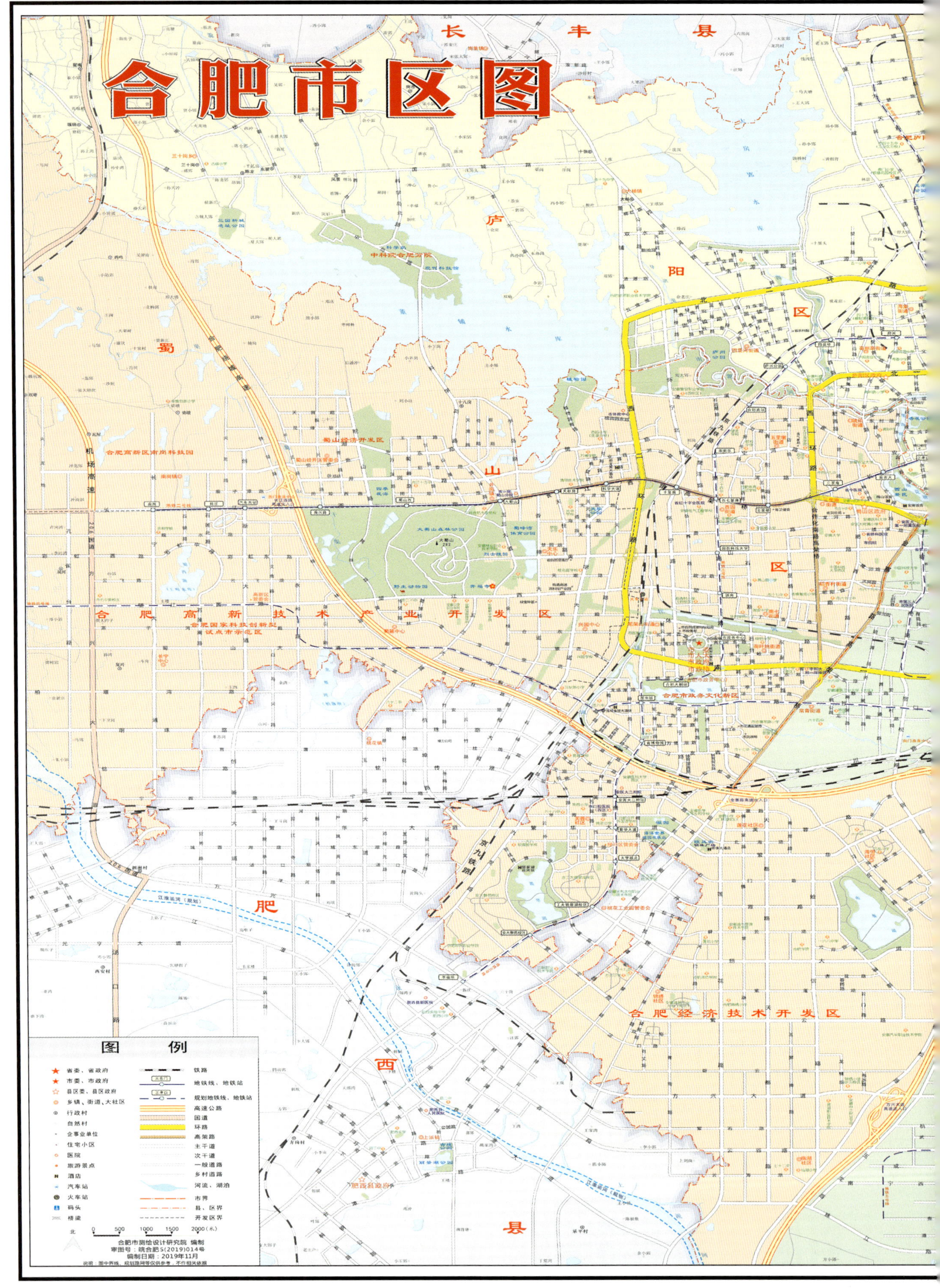
合肥市区图
长丰县
庐阳区
蜀山区
合肥高新技术产业开发区
合肥经济技术开发区
肥西县
蜀山经济开发区
合肥高新区南岗科技园
中科院合肥分院
大蜀山森林公园
合肥市政务文化新区
京九铁路
机场高速
图例
省委、省政府
市委、市政府
县区委、县区政府
乡镇、街道、大社区
行政村
自然村
企事业单位
住宅小区
医院
旅游景点
酒店
汽车站
火车站
码头
桥梁
铁路
地铁线、地铁站
规划地铁线、地铁站
高速公路
国道
环路
高架路
主干道
次干道
一般道路
乡村道路
河流、湖泊
市界
县、区界
开发区界
北
0 500 1000 1500 2000（米）
合肥市测绘设计研究院 编制
审图号：皖合肥S(2019)014号
编制日期：2019年11月
说明：图中界线、规划路网等仅供参考，不作相关依据

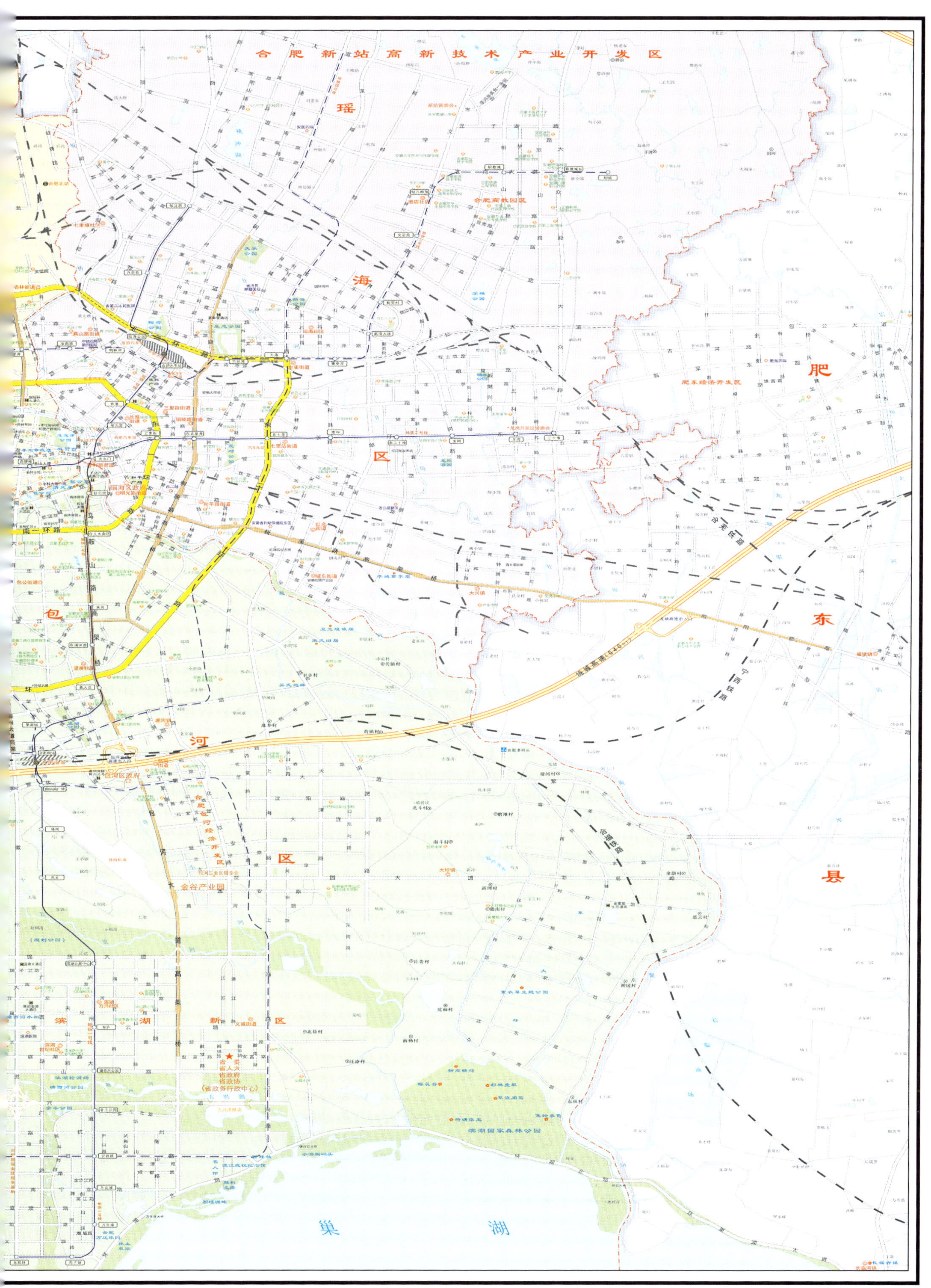
合肥新站高新技术产业开发区
瑶
海
区
合肥高教园区
肥东经济开发区
肥
东
县
包
河
区
合肥包河经济开发区
金谷产业园
滨
湖
新
区
省政务行政中心
滨湖国家森林公园
巢
湖
合宁铁路
宁西铁路
合福铁路
南一环路

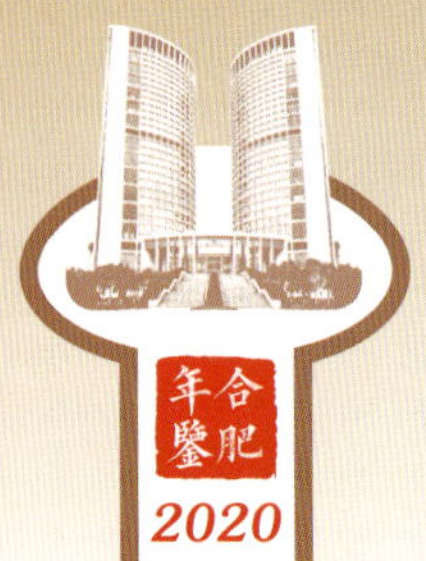

2019年2月13日，全市城市基层党建暨基层治理工作会议召开 （何希斌/摄）

2019年7月18日，市委常委会“三个以案”警示教育专题学习研讨会召开 （何希斌/摄）

2019年9月12日，全市"不忘初心、牢记使命"主题教育工作会议召开　（何希斌/摄）

2019年10月，市直机关党支部书记"不忘初心、牢记使命"主题教育培训班举办　（市直机关工委/供）

2019年，类脑智能技术及应用国家工程实验室基本建成　（市科技局/供）

天地一体化信息网络合肥中心　（张大岗/摄）

2019年，量子创新研究院主体工程竣工　　（王世保/摄）

建设中的聚变堆主机及大科学装置集中区

（王世保/摄）

2019年，离子医学中心主体工程竣工　　（王世保/摄）

创新发展

2019年7月25日，EAST控制大厅里，来自不同国家的科研人员正在进行探讨（张大岗/摄）

2019年9月20日，ITER计划极向场六号超导线圈交付暨聚变堆主机关键系统综合研究设施开工活动在合肥举办　　（市发改委/供）

2019年10月16日，中国科学院第一届临床研究前沿会议在中国科学技术大学附属第一医院（安徽省立医院）召开，会上举行了中国科学院临床研究医院（合肥）揭牌仪式
（市发改委/供）

2019年4月24日，安徽创新馆开馆 （郭如琦/摄）

2019年10月25日，中国宽禁带功率半导体及应用产业峰会在合肥举行 （吴小黎/摄）

产业升级

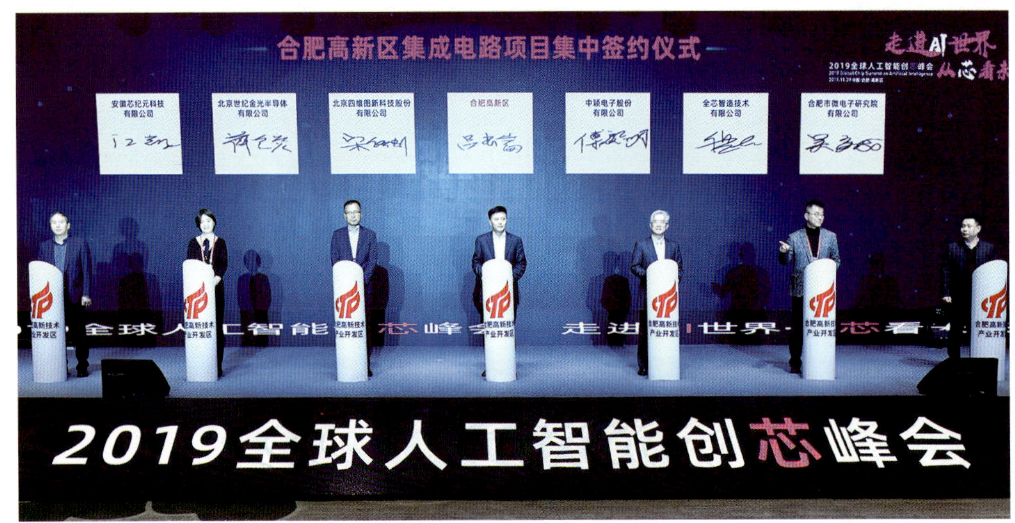

2019年11月29日，在2019全球人工智能创芯峰会上，合肥高新区举行集成电路项目集中签约仪式 （高新区管委会/供）

2019年11月21日，全球最大硅基OLED生产工厂——合肥视涯项目竣工投产 （宣成龙/摄）

2019年10月16日，维信诺（合肥）G6全柔AMOLED生产线主体结构顺利封顶 （新站高新区管委会/供）

2019年，京东方光电科技有限公司10.5代线实现满产满销　　（市发改委/供）

2019年，长鑫存储技术有限公司首颗自主研发的19纳米存储芯片实现量产　　（吴小黎/摄）

产业升级

2019年，联宝（合肥）公司全球市场占有率继续领跑。图为联宝笔记本电脑智能生产线
（吴小黎/摄）

安徽华米信息科技有限公司的“黄山1号”全球智能穿戴第一芯
（市发改委/供）

2019年，安徽华米信息科技有限公司的智能可穿戴设备总出货量创新高。图为该公司生产的智能手环
（张大岗/摄）

2019年，合肥市光伏暨新能源产业快速发展。图为由合肥阳光电源有限公司建设的荒山综合治理光伏发电项目（张大岗/摄）

2019年，合肥市启动26家智能工厂、250个数字车间智能化改造。图为海尔公司电冰箱生产线（吴小黎/摄）

2019年，合肥滨湖卓越城建成运营。图为11月25日，观众正在观看中铁四局“农民工·我的兄弟姐妹摄影大展”（张大岗/摄）

2019年11月22—24日，首届世界显示产业大会在合肥举办（郭如琦/摄）

2019年，“中国声谷”营收突破800亿元　　（市发改委/供）

2019年，“中国安全谷”获批建设　　（王世保/摄）

2019年7月4日，中欧班列（合肥—德国杜塞尔多夫）全国首发 （杨胜毅/摄）

2019年12月4日，合肥中欧班列（合肥—叶基巴斯图兹）第700列顺利起程 （刘航航/摄）

繁忙的新桥国际机场 （吴小黎/摄）

蓝天白云下的合肥港 （张大岗/摄）

合肥空港保税物流中心（B型） （吴小黎/摄）

合肥经济技术开发区综合保税区 （杨胜毅/摄）

2019年12月11日，庐州海关开关仪式举行　　（杨胜毅/摄）

2019年，上海松江、嘉兴、杭州、金华、苏州、湖州、宣城、芜湖、合肥九城实现便民业务一网通办，图为2月1日，瑶海区G60科创走廊九城市“一网通办”综合服务窗口正式运行　　（张大岗/摄）

2019年12月4日，长江中游城市群省会城市第七届会商会在合肥市举行　　　　（市发改委/供）

2019年6月21日，中国·安徽物联网实训基地揭牌仪式举行　　　　（瑶海区委史志室/供）

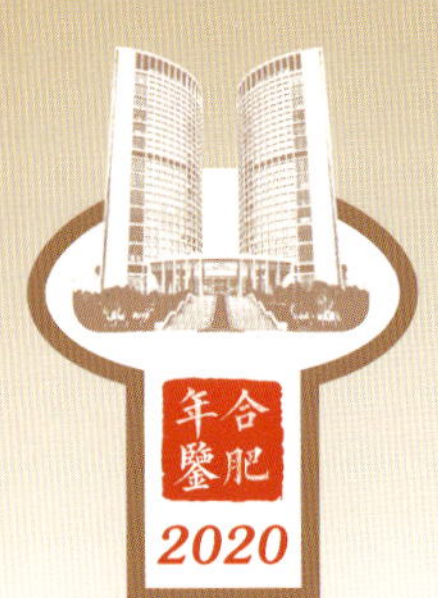

2019年9月30日，高铁南站南广场建成启用 （王世保/摄）

2019年12月26日，地铁3号线开通试运营 （郭如琦/摄）

2019年，商合杭高铁合肥以北段开通。图为12月1日，在由阜阳西站开往上海虹桥的G7787次复兴号列车上，乘务员正在表演文艺节目　（张大岗/摄）

2019年，引江济淮工程积极推进。图为建设中的蜀山小庙段　（张大岗/摄）

2019年，合安高速庐江段“4改8”实现华丽变身　　（庐江县史志室/供）

2019年，公交都市创建通过国家验收。图为10月25日，合肥公交集团新开557路公交线，服务合肥七中学生及家长乘车出行　　（公交集团/供）

2019年，裕溪路高架东延工程建成使用　　（王世保/摄）

2019年，一批城市更新项目建成。图为10月2日，游客在合柴·1972艺术园的凿壁偷光图书城读书　　（张大岗/摄）

2019年，长江路景观改造工程完成。图为改造后的长江中路东段　　（张大岗/摄）

塘西河公园亮化工程　　（王世保/摄）

天鹅湖亮化工程　　（王世保/摄）

政务区亮化工程　　（王世保/摄）

马鞍山路亮化工程 （王世保/摄）

魅力合柴·1972夜景（王世保/摄）

胜利路亮化工程 （王世保/摄）

金寨路亮化工程 （王世保/摄）

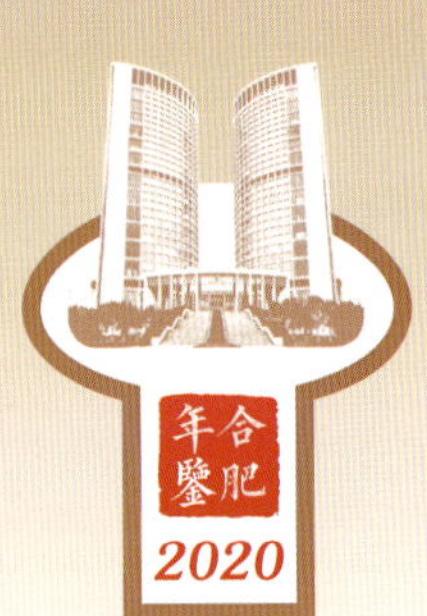

安徽首个5G基站　（吴小黎/摄）

2019年，合肥市试点生活垃圾分类集中投放（张大岗/摄）

2019年，数字城管二期投入使用　（市城管局/供）

2019年，合肥市新增停车泊位和新能源充电设施均超1万个（张大岗/摄）

2019年，合肥市整治23处拥堵点。图为治理后的太湖路与马鞍山路交口（郭如琦/摄）

合肥滨湖国家森林公园新增停车场（张大岗/摄）

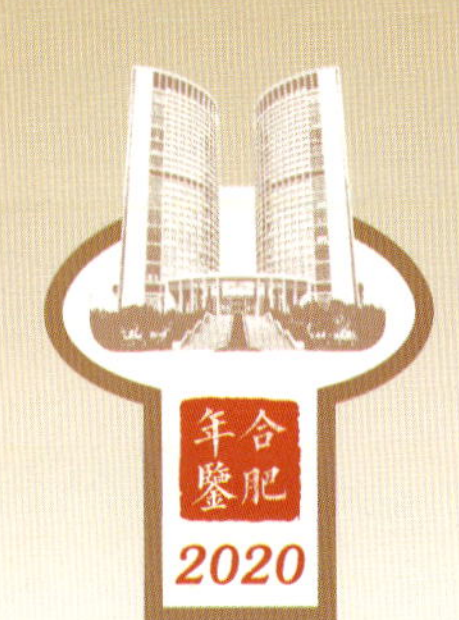

肥西县铭传乡聚星社区　　（肥西县史志室/供）

2019年，巢湖市三瓜公社电商小镇典型经验在全国推广。图为主播正在直播间向网友展示安徽邮政邮乐农品扶贫馆里的特色农产品

（张大岗/摄）

2019年，肥东县在长临河古镇建设农特产品线下体验馆，设立扶贫产品专区，拓宽扶贫农产品销售渠道　　（市扶贫办/供）

2019年，合肥市扩大虾稻综合种养。图为庐江县虾稻综合种养基地　（张大岗/摄）

2019年，长临河文旅小镇入选省级特色小镇　（张大岗/摄）

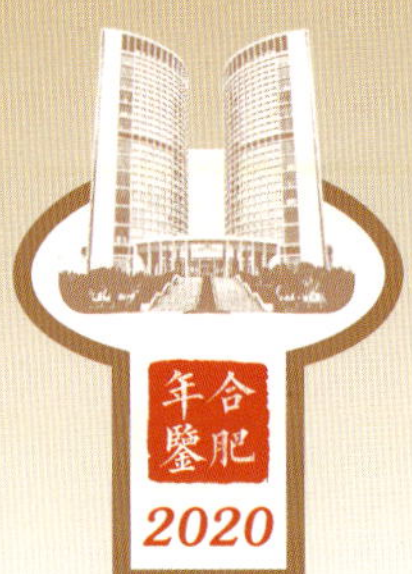

乡村振兴

2019年，合肥市纵深推进美丽乡村建设。图为巢湖市袒方村村容　（苏　玲/摄）

2019年，庐江县罗河镇鲍店村成为“五美”乡村　（庐江县史志室/供）

实施土地增减挂项目后的肥东县元疃镇塘西村徐岗圩　　（王尚云/摄）

2019年，肥东县大力推进“四好农村路”建设　　（肥东县史志室/供）

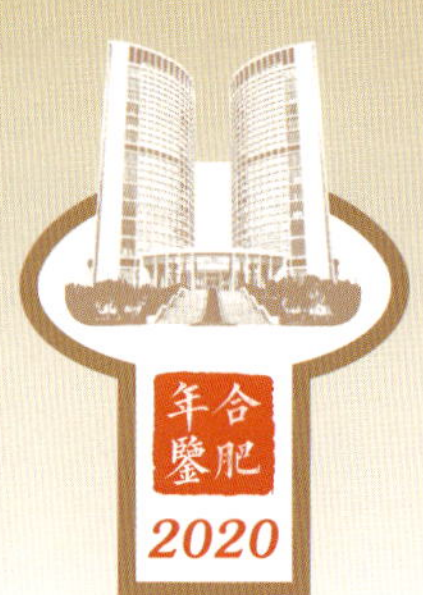

2019年，十五里河河口湿地项目竣工　　（市重点局/供）

2019年，小仓房污水处理厂三期投入运行　　（市重点局/供）

2019年6月11日，在巢湖路南淝河中游重点排口初雨污染控制工程项目施工现场，大型机械正在作业　（郭如琦/摄）

2019年，合肥市启动建设环巢湖“十大湿地”。图为巢湖市中埠湿地公园　（张大岗/摄）

天鹅湖绿化 （王世保/摄）

合肥滨湖国家森林公园（张大岗/摄）

合肥滨湖国家森林公园 （张大岗/摄）

塘西河公园　　（张大岗/摄）

环巢湖大道肥东县十八联圩湿地　　（肥东县史志室/供）

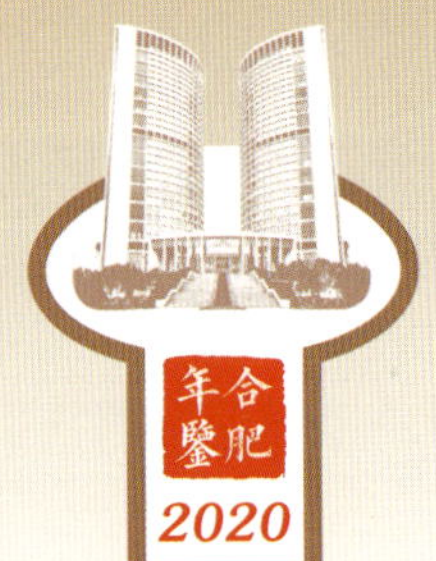

民生福祉

2019年，合肥市持续推进菜市场改造等为民办实事项目　（张大岗/摄）

2019年，合肥城区中小学实现午餐服务全覆盖。图为9月1日，合肥市南门小学学生在排队领取午餐（张大岗/摄）

2019年，合肥市新开工棚户区改造项目23个。图为经开区长岗安置点 （吴小黎/摄）

2019年，黄麓师范一期工程建成 （市重点局/供）

2019年，清华附中合肥学校建成 （吴小黎/摄）

民生福祉

2019年11月10日，合肥国际马拉松赛暨全国马拉松锦标赛（合肥站）开赛　（郭如琦/摄）

2019年，合肥市举办首届全民健身运动会。图为5月5日全民健身运动会开幕式　（市体育局/供）

2019年10月25日，第十三届合肥国际文化博览会在合肥滨湖国际会展中心启幕　（市委宣传部/供）

2019年，合肥市新建成开放阅读空间33个　（王世保/摄）

图说合肥

2019年9月30日至10月8日，中共合肥市委党史和地方志研究室在市政务中心阳光大厅举办“图说合肥七十年——热烈庆祝中华人民共和国成立70周年”大型图片展。

本次展览共分9个篇章，全景回顾了中华人民共和国成立70年来合肥经济社会发展和党的建设各项事业取得的辉煌成就。本书特选登部分图片以飨读者。

（注：图片展图片均由市委党史和地方志研究室提供）

——热烈庆祝中华人民共和国成立70周年

中华人民共和国成立70周年
The 70th Anniversary of the Founding of
The People's Republic of China

大型图片展

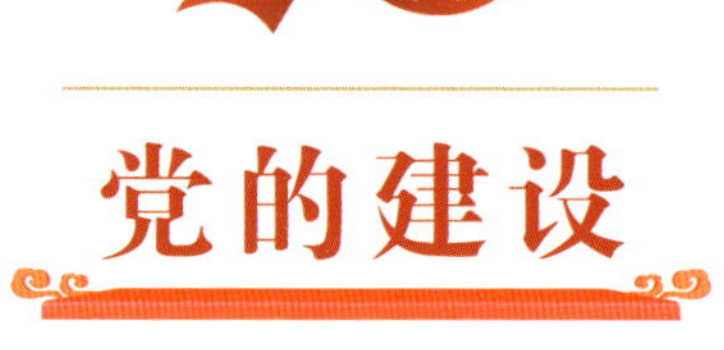

党的建设

1949年1月31日，中共合肥市委成立；2月1日，合肥市人民政府成立。从此合肥人民在中国共产党的领导下，开始了当家作主的新时代。图为中共合肥市委机关最初所在地段家祠堂（现合肥市庐阳区六安路与淮河路交口西北角）

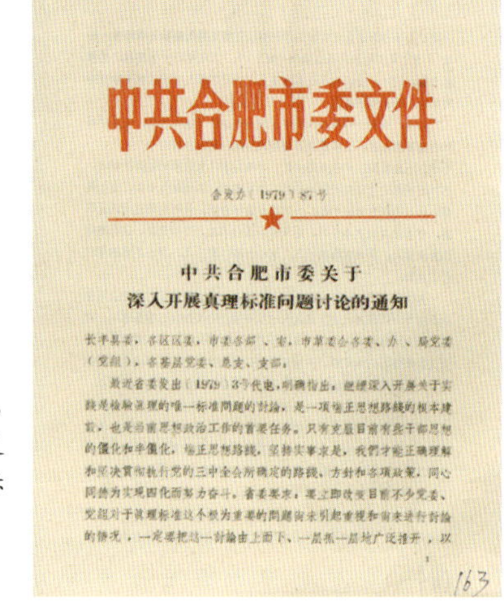

中共合肥市委文件

合党办〔1979〕87号

★

中共合肥市委关于
深入开展真理标准问题讨论的通知

长丰县委，各区区委，市委各部、委，市革委会各委、办、局党委（党组），各基层党委、总支、支部：

最近省委发出〔1979〕3号代电，明确指出：继续深入开展关于实践是检验真理的唯一标准问题的讨论，是一项端正思想路线的根本建设，也是当前思想政治工作的首要任务。只有克服目前有些干部思想的僵化和半僵化，端正思想路线，坚持实事求是，我们才能正确理解和坚决贯彻执行党的三中全会所确定的路线、方针和各项政策，同心同德为实现四化而努力奋斗。省委要求：要立即改变目前不少党委、党组对于真理标准这个极为重要的问题尚未引起重视和尚未进行讨论的状况，一定要把这一讨论由上而下、一层抓一层地广泛推开，以

1

163

1979年9月1日，中共合肥市委印发《关于深入开展真理标准问题讨论的通知》

2015年5月7日，全市"三严三实"专题教育党课报告会会场

2017年11月9日，十九大代表束红英回到合肥滨湖世纪社区，把党中央声音送到百姓心坎上

2018年6月，市委在全市党员领导干部中开展“讲忠诚、严纪律、立政德”专题警示教育。图为专题警示教育动员会议会场

国民经济恢复时期合肥城市建设起步。图为1950年建设的合肥第一个人民公园——逍遥津公园

1959年，中华人民共和国成立10周年时的长江路

1977年12月14日，建成通航的骆岗机场，成为当时中国八大机场之一

1991年10月，安徽省第一条高速公路——合宁高速通车

1997年4月1日合肥新客站正式运营，12时44分合肥至广州东首趟列车开出

2006年9月30日，金寨路高架正式开工。图为全长7000多米、工程总投资18亿元的金寨路高架

2008年11月，合肥绕城高速公路全线通车，标志着合肥在全省乃至全国区域高速公路网的枢纽地位正式确立，也意味着全省高速公路主骨架基本形成

2013年5月30日，合肥新桥国际机场建成启用

2014年11月12日，高铁南站建成启用，首发列车起程

2016年12月15日，在合肥轨道交通一号线包公主题列车车厢内，来自瑶海区胜利路街道一号线沿线搬迁居民闫华（左一）与街坊们高兴地乘坐轨道交通

1952年春，合肥郊区农民在新分得的地上插标签

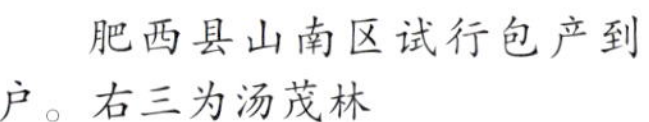

肥西县山南区试行包产到户。右三为汤茂林

1993年，合肥郊区农民投资兴建的青云楼百货商场

2009年，农村饮水安全工程自来水通水

2015年8月，全市农村土地承包经营权确权登记首批颁证启动仪式在庐江县举行

2017年3月25日，长临河镇镇政府驻地建成区老街巷道

2018年11月，长丰县合肥市艳九天农业科技有限公司几名贫困户在大棚采摘新上市草莓，该公司通过“基地+扶贫产业”模式，帮助贫困户脱贫

经济发展

1957年，全省第一家中型纺织企业——安纺一厂投产

1959年8月25日，合肥百货大楼开业

1960年，合肥钢厂电炉炼钢工人正紧张地战斗在炉前

1975年，合肥无线电二厂工人正在生产电视机

1976年，合肥矿山机器厂职工正在学习贯彻省第六次工业学大庆会议精神

1976年，合肥锻压机床厂，制成我国第一台五百吨单动薄板冲压液压机

20世纪80年代兴建的城隍庙市场

1993年4月3日，合肥经济技术开发区建区庆典及开工仪式举行

2014年6月26日，新亚欧大陆桥国际货运班列在合肥北站鸣笛发车

2016年4月26日，中国（合肥）跨境电子商务综合试验区揭牌暨合肥国际邮件互换局运营启动仪式举行

2017年6月28日，合肥晶合集成电路有限公司一期工程竣工试产，12月6日实现量产

2018年4月29日，一架装载50.6吨波士顿龙虾的波音747包机成功降落合肥新桥国际机场，标志着“合肥—欧美”国际生鲜包机航线成功首航，合肥空港进境食用水生动物口岸正式开检运行

2018年12月14日，合肥综合性国家科学中心庆祝改革开放40周年、国际聚变能联合中心成立和聚变堆园区建设启动大会在合肥市召开

1970年，中国科学技术大学南迁合肥

1992年11月25日，38所竣工剪彩仪式举行

1975年，合肥工业大学激光组，工人、干部、科学工作者和义务工作者在研究总结研制激光眼科治疗仪的经验

2018年10月9日，合肥滨湖科学城（合肥滨湖新区）成立暨安徽省大院大所合作科技成果对接会在合肥隆重举行。图为合肥滨湖科学城揭牌仪式

1954年12月26日，江淮大戏院建成使用。图为当日安徽省社会主义建设积极分子大会在江淮大戏院召开

社会事业

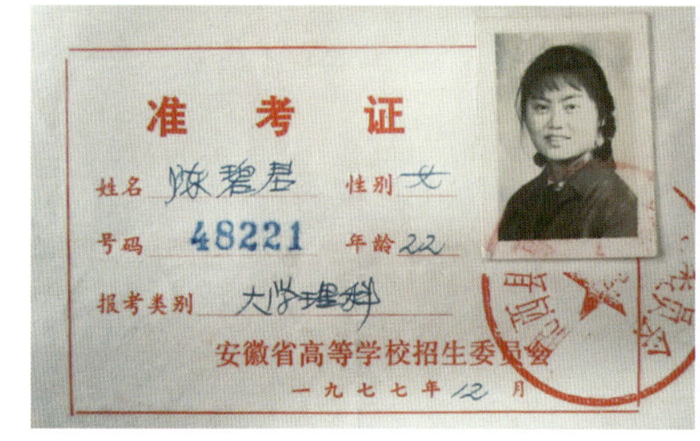

准考证

姓名 陈碧君 性别 女

号码 48221 年龄 22

报考类别 大学理科

安徽省高等学校招生委员会

一九七七年12月

1977年，“文革”后第一次高考的准考证

20世纪80年代，六安路合肥市卫生防疫站门前，人们在等待接种预防狂犬病疫苗

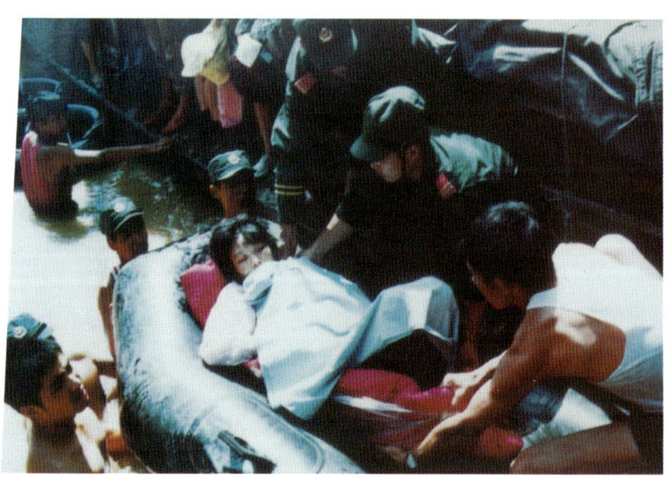

1991年，合肥市遭遇百年不遇的洪水灾害。人民群众生命财产受到严重威胁，市委奋起组织全市人民抗洪抢险。图为三河镇抗洪救灾中，解放军救助转移被困群众

2002年2月建成的合肥市图书馆新馆

2003年，医护人员开展“非典”防治工作

社会事业

合肥市滨湖医院

2018年11月11日，徽商银行杯2018合肥国际马拉松赛暨全国马拉松锦标赛（合肥站）在滨湖新区万达乐园广场开幕

目 录

特 载

大事记

合肥概览

中国共产党合肥市委员会

合肥市人民代表大会

合肥市人民政府

中国人民政治协商会议合肥市委员会

中共合肥市纪律检查委员会合肥市监察委员会

军　事

民主党派与工商联

群众团体

法 治

改革与创新

开放与合作

科　技

教　育

工 业

民营经济

信息产业与信息化

农业农村

脱贫攻坚

商贸服务业

交通　邮政

自然资源和规划

城乡建设与管理

建筑与房地产

生态建设与环境保护

财税与金融

经济监督与管理

应急管理

文化　旅游　传媒

卫生健康

体 育

社会民生

开发区

县（市）区概览

人物 荣誉榜

附 录

索 引

Catalogue

特 载

合肥市“不忘初心、牢记使命”主题教育

合肥市“不忘初心、牢记使命”主题教育（以下简称“主题教育”）自2019年9月12日全面启动，到2020年1月上旬基本结束，市级领导班子和136家单位、1.84万个基层党组织，2127名在职县处级以上党员领导干部，43万名党员参加。其间，中共合肥市委（以下简称“市委”）认真贯彻落实习近平总书记重要讲话和重要指示批示精神，不折不扣落实中央及省委部署要求，在省委第一巡回指导组指导下开展主题教育，做好规定动作，创新自选动作，形成一批实践成果、制度成果和理论成果。《人民日报》《光明日报》《安徽日报》等主要新闻媒体刊载我市相关稿件240多篇（条），省委主题教育《简报》先后4次单条或专刊推介合肥市有关做法。主题教育评估随机测评结果显示，党员干部对合肥市主题教育工作总体评价为“好”的占比达到99.91%。

组织领导。主题教育期间，市委把开展主题教育作为重大政治任务，放在全市工作大局中认真研究思考，全力推动落实。市委常委会第一时间传达学习习近平总书记关于主题教育的重要讲话和重要指示批示精神，认真学习党中央及省委关于开展主题教育的决策部署，省委常委、市委书记宋国权履行第一责任人职责，亲自谋划、靠前指挥，在学习教育、调查研究、检视问题、整改落实等方面细化工作安排，推进“8+2”专项整治和集中治理。市委常委会发挥示范表率作用，带头落实四项重点举措，示范带动市人大、政府、政协党组及各级参学单位扎实开展好主题教育。市领导带头包保解决南淝河流域水质提升、城市养犬管理、公办和普惠幼儿园偏少等20个民生突出问题，并通过《合肥日报》向社会公开，接受群众监督，推动问题解决。针对参学单位和人员范围广、类型多、数量大的特点，分别制定党委（党组）20项和党支部10项重点任务清单，让基层可参照、能执行、好落实。组建20个市委巡回指导组，选调党性强、作风正、经验丰富的正处级领导干部担任组长。先后召开市委巡回指导组培训会和组长座谈会，加强业务培训，督促严格指导。分类调度推进，对市管学校、医院和企业分类派出巡回指导组，在教育、国资、医疗等行业系统分别召开工作推进会，加强具体指导，分类提出要求。精心组织党支部书记培训，全市举办培训班243次、培训17258人次。

学习教育。主题教育期间，市委组织党员、干部认真开展学习，深入交流研讨，推动学习贯彻习近平新时代中国特色社会主义思想往深里走、往心里走、往实里走。坚持原原本本抓理论学习。市委常委会带头开展集体学习，将规定的学习内容划分为若干学习单元，集中3天时间举办读书班，逐句逐段读原著学原文，示范带动全市参学单位学在深处、抓在实处。通过组建宣讲团、送学上门、编印口袋书等，抓好普通党员学习，确保全覆盖、无遗漏。全市县处级以上领导班子开展集中学习1349次，各支部开展集体学习5.2万多次。坚持从严从实抓集中研讨。市委常委会围绕“牢记初心使命、勇于担当作为”等5个专题开展集中学习研讨，在研讨中坚持把自己摆进去、把职责

摆进去、把工作摆进去，将交流体会、检视问题、推动工作贯穿始终，做到学思用贯通、知信行统一。各地各单位在开展研讨时，注重结合单位实际列出主题，切实增强研讨效果。全市各参学单位领导班子开展集中研讨861次，平均每个班子研讨超过6次。坚持联系实际抓“四项教育”。市委常委通过集中收看庆祝中华人民共和国成立70周年大会直播、作形势政策报告、开展“致敬英烈”主题活动、参观主题教育档案文献展等，带头开展“四项教育”。各参学单位通过瞻仰先烈、形势政策报告、选树典型、现场教学等方式，开展“四项教育”826次。遴选全国特级优秀人民警察、全国十大杰出消防卫士陈三喜等9位先进典型组建报告团，赴县（市）区开展先进事迹报告会4场，直接受众超过1800人次。

调查研究。主题教育期间，市委围绕解决实际问题，推动全市各级领导干部沉下去了解民情、掌握实情，拿出破解难题的实招、硬招，确保党中央及省、市委决策部署落地见效。把握调研重点。各级领导班子成员坚持小切口细化调研选题，开展专题调研，通过蹲点调研、解剖麻雀，查找差距和短板，提出有见解、能落地的具体举措。县处级以上领导班子成员开展调研8225次，形成调研成果1563篇。出台“不忘初心牢记使命、做好表率走在前列”大调研常态化制度化实施意见，市、县两级调研小组走访调研对象4.8万多个，解决问题1.7万多个。注重调研实效。聚焦“深、实、细、准、效”，落实“四带一促”要求，坚持“五个走进”，推动问题在一线发现、矛盾在一线化解、关怀在一线送达、作风在一线体现，解决一批经济社会发展、人民群众关注关切的突出问题。调研期间，各参学单位帮助群众解决实际困难和问题2262个。用好调研成果。召开调研成果交流会，讲好专题党课，把开展调查研究与完成党中央及省委部署任务、谋划“十四五”规划、当前正在做的事情结合起来，把调研成果转化为推动发展的具体行动，不断理清工作思路，推动事业发展。县处级以上领导班子召开调研成果交流会167场，领导班子成员讲专题党课1563次。

检视问题。主题教育期间，市委贯彻落实“四个对照”“四个找一找”要求，找差距、查短板，深刻检视剖析。丰富方式广泛查。市委常委会围绕优化营商环境、推进科技创新、壮大村级集体经济等主题，通过召开征求意见座谈会等形式，征集29条意见建议。各参学单位通过上级点与群众提、“走下去”与“请上来”、小型座谈与个别访谈、线上与线下相结合等多种方式，听取基层党员群众、工作服务对象对改进作风、改进工作的意见建议。把握重点深入查。县处级以上领导班子及成员围绕“五个聚焦”，深入查找“五个有没有”，征求意见建议16988条。召开“不忘初心、牢记使命”专题民主生活会和组织生活会，进行严格、深刻的党性锻炼。列出清单精准查。逐条梳理听取的意见和自身检视的问题，明确问题表现，剖析背后根源，分别制定领导班子和领导干部“四清单”。市委常委会“四清单”列出问题21条，常委个人问题151条，各参学单位领导班子及成员共制定“四清单”1654个，列出问题5284条。

整改落实。主题教育期间，市委瞄准“8+2”专项整治和集中治理重点任务，精准发力、精准施策，集中解决一批群众反映强烈的突出问题，让基层干部群众切实感受到主题教育带来的新变化。突出首要任务，确保马上办、见长效。对标习近平总书记2次视察安徽时的重要指示精神，持续抓好落实。针对总书记“一定要把巢湖综合治理好”重要指示精神，以“23+N”突出环境问题整改为契机，抓住南淝河等治理关键，成立专项行动领导小组，实施57项水环境治理项目，南淝河施口断面检测数据2019年9月首次实现达标，相关经验做法被省委主题教育《简报》刊载推介。开展专项整治，确保动真格、出实招。市委主要负责同志带头研究谋划，召开专题会议，研究制定出台专项整治工作方案。督促牵头责任单位分别制定具体实施方案或项目化推进清单，形成“1+N”专项整治方案体系。成立由市委副秘书长任组长的专项整治工作小组，建立双周调度、双周督察等制度，集中力量调度推进专项整治工作。办好民生实事，做到解难题、聚民心。针对幼儿园“入园难”“入园贵”问题，实施学前教育提升计划，新增公办园学位5.93万个，公办率、普惠率分别提升至45.3%、77.3%；针对“看病难”“看病烦”问题，投入3500万元，在全省率先推广应用电子健康码，实现预约挂号、医疗费用移动支付结算等多项服务“一码通用”；针对小区物业管理突出问题，以党建引领“红色物业”建设，健全党组织领导下的物业管理议事协商机制体系，解决小区环境改造、公共设施维修等各类物业矛盾问题1.5万多个，相关经验做法被中组部《组工信息》和省委主题教育《简报》刊载推介。

（朱璐璐）

合肥综合性国家科学中心

2019年，合肥综合性国家科学中心坚持“尖端引领、集中布局”原则，发挥“基础研究领先、应用研发见长”优势，聚焦重点、精准发力，科学中心创新体系不断完善，具有世界影响力的创新成果竞相涌现，尖端科技与新兴产业深度融合态势逐步增强，正加速成为代表国家参与全球科技竞争与合作的重要力量。

创新动能持续增强

争创国家实验室有序推进。量子信息与量子科技创新研究院1号科研楼成功封顶，为国家实验室在肥挂牌奠定基础，合肥综合性国家科学中心能源研究院和人工智能研究院正式启动运行。高水平打造重大科技基础设施集群。聚变堆主机关键系统综合研究设施主体工程初步设计概算获得国家发展和改革委员会批复，项目全面开工；雷电防护设施获国家批复立项；合肥先进光源项目选址确定，大气环境立体探测实验研究设施预研项目400米高大气观测塔净空审批通过，项目将积极争取纳入国家重大科技基础设施“十四五”规划。加快布局交叉前沿研究平台和产业创新转化平台。中国科学院临床研究医院揭牌运行；合肥先进计算中心项目正式启动；合肥离子医学中心自主研发项目超导质子治疗系统各子部件均已研发完成，引进项目主体工程已全部完成，进入整体集成测试阶段；合肥大基因中心建设方案通过专家评审。“双一流”大学和学科建设进展顺利。中国科学技术大学高新校区建设粗具规模，合肥工业大学智能制造技术研究院研发中心项目主体结构封顶，安徽大学绿色产业创新研究院揭牌。

原创成果竞相涌现

在信息领域，量子信息持续发力，首次在毫米级碲化锆材料上观测到三维量子霍尔效应；首次验证远距离双场量子密钥分发可行性；利用“墨子号”量子科学实验卫星率先开展引力诱导量子纠缠退相干实验检验。在能源领域，中国科学院合肥物质科学研究院圆满完成ITER(国际热核聚变实验反应堆)PF6线圈生产制造任务，打破发达国家在这一领域的技术壁垒，生产设备实现全国产化，同时还发展和完善了超导磁体制造的标准和相关规范，先后孕育出十余项专项标准。成功研制新型催化剂，攻克氢燃料电池汽车关键技术难题。在健康领域，首次实现哺乳动物裸眼红外光感知和红外图像视觉，突破自然界赋予动物的视觉感和物理极限；揭示了人类疱疹病毒基因组包装关键机制。在环境领域，大气环境监测三台载荷搭载“高分五号”卫星成功实现在轨运行，首次获取全球二氧化氮、臭氧柱浓度分布图，提升了我国参与全球气候治理话语权；新型“探霾”激光雷达项目通过科技部验收，打破发达国家对激光雷达核心技术的垄断。

产研融合提质增速

通过搭建成果转移转化平台、组建产业基金、出台产业支持政策等一系列措施，大力促进原创成果转移转化，助推战略性新兴产业快速发展，新型显示器件、集成电路和人工智能等3个产业集群成功入选第一批国家战略性新兴产业集群名单。在信息领域，全力打造“量子中心”，初步形成以量子通信、量子计算、量子精密测量、半导体量子材料等为主的产业链，国盾量子IPO成功过会，“量子通信第一股”即将登陆科创版。在能源领域，抢抓新能源产业战略发展机遇，全力打造“光伏第一城”，形成从玻璃基板—电池片—组件—逆变器—储能电池—发电工程等为一体、高附加值的光伏及新能源产业体系。同时，大力发展高温超导储能、超导电机、超高涡流制动器等超导产业以及超高场磁共振成像产业。在健康领域，质子治疗设备国产化进展顺利；首个自主研发的急性白血病靶向药——国家Ⅰ类创新靶向药物HYML-122临床试验启动；糖尿病无创检测新技术在国内实现大规模应用，并成功拓展海外市场。在环境领域，臭氧激光雷达、大气能见度仪、天气现象仪等环境监测技术设备实现产业化，构建“环保技术研发—核心基础零部件生产—环保装备制造—环境治理、环保工程及环保服务”完整产业链。

支撑体系日臻完善

做好资金保障。2019年，合肥市在科学中心重点项目建设方面累计投入约11.47亿元，为科学中心建设提供充足的资金保障。打造人才高地。建立首批外国专家工作室、引才引智示范基地，2019年合肥新增院士5人，在肥服务的两院院士总数达127人。连续两年在国家科技部（国家外国专家局）举办的“魅力中国——外籍人才眼中最具吸引力的中国城市”评选中进入前三甲。做好跟踪服务。完成合肥综合性国家科学中心第一批项目入库，量子信息科学国家实验室等28个项目进入科学中心项目库。基本建成合肥综合性国家科学中心信息化管理平台，提升科学中心项目信息化管理水平。正式发布合肥综合性国家科学中心Logo设计方案及使用方案。

对外影响不断提升

坚持开放共享，注重多方联动，合肥在国内外的科研集中度不断提升，参与国际科技竞争与合作的话语权不断提升。国际上，参与成立国家科学中心国际合作联盟，推动国际大科学计划和大科学工程的共建共享，并在人才培养、信息互换等方面开展创新合作。积极参与建设ITER（国际热核聚变实验反应堆）等国际大科学工程，成功中标ITER托卡马克主机TAC-1安装标段工程。在合肥成立中俄大气光学联合研究中心，协同推进解决大气科学关键问题。在国内，紧紧抓住长三角区域一体化发展国家战略重大机遇，积极参与G60科创走廊建设，探索建立科学中心联动发展机制。深化与上海张江合作，签署《上海张江、安徽合肥关于推进科技创新开放合作的框架协议》。成功举办2019合肥网络安全大会、第三届中国（合肥）类脑智能高峰论坛等学术交流活动。

（李　辰）

责任编辑：史　志

大事记

1月

1日　即日起，总面积约333.33平方千米的巢湖渔业生态市级保护区开始全面实行全年禁渔。该保护区水域范围为南至兆河河口，东至散兵镇南湾水域，西至白石天河口，北至柘皋河口与黄麓花塘河口。

3日　“嫦娥四号”探测器自主着陆在月球背面南极——艾特肯盆地内的冯·卡门撞击坑内，实现人类探测器首次月背软着陆。位于合肥科学岛的中国科学院合肥物质科学研究院固体物理研究所为此次月背探测提供软着陆用关键产品——缓冲拉杆，这是该所继“嫦娥三号”任务之后，为“嫦娥四号”成功软着陆做出的又一重要贡献。

5日　由中国科学院合肥物质科学研究院强磁场科学中心刘青松药物学团队研发、主要针对FLT3-ITD突变的急性髓系白血病国家I类创新靶向药物HYML-122临床试验启动，标志该药物研发进入新阶段，这是中国首个自主研发的急性白血病靶向药项目。

7日　庐阳区双岗街道联合共建单位安徽电信在全省率先建成“e智双岗”智慧党建电视平台，面向辖区居民开放。

同日　中国科学技术大学获国家自然科学二等奖2项、国家技术发明二等奖1项。这是自2000年国家奖励政策改革以来，该校首次以第一单位获得国家技术发明奖。

8日　全市第一个充分运用大数据、云计算、物联网等高新技术的智慧平安社区工程——蜀山区丁香家园二期智慧平安社区工程正式运营。

9日　2018年12月“中国好人”榜发布仪式暨全国道德模范与身边好人（安徽·合肥）现场交流活动在合肥大剧院歌剧厅举行。中央文明办中国文明网副总编辑周黎明，省委常委、宣传部部长虞爱华出席仪式。省委常委、市委书记宋国权出席并致辞。

7—10日　中国人民政治协商会议第十四届合肥市委员会第二次会议召开。

11日　微店经营者王海燕到瑶海区市场监管局为自己的微店领取个体电商营业执照，这是合肥市以网络经营场所登记颁发的首张电商营业执照。

8—11日　合肥市第十六届人民代表大会第二次会议召开。

16日　中央台办、国务院台办主任刘结一到合肥市走访调研台资企业，与台商、台青、台籍师生等各界台胞交流座谈，并向广大台胞致以亲切慰问和新春问候。

18日　中国科学技术大学发布重大成果，该校潘建伟、赵博等利用超冷原子分子量子模拟在化学物理研究中取得重大突破，他们通过对磁场的精确调控从而首次在实验中观测到超低温度下基态分子与原子之间的散射共振，向基于超冷原子分子的超冷量子化学研究迈进重要一步。国际权威期刊《科学》刊发这一重要成果。

同日　合肥消防救援支队肥东县中队消防员孟鸣之因扑救火灾英勇牺牲，年仅22岁。共青团安徽省委、安徽省青联追授孟鸣之同志“安徽青年五四奖章”。

22日　中共合肥市第十一届委员会第八次全体（扩大）会议召开，审议通过《合肥市市级机构改革实施意见》《中国共产党合肥市第十一届委员会第八次全体会议决议》。

同日　《合肥市机构改革方案》经省委、省政府批准，合肥市机构改革进入组织实施阶段。此次机构改革，将调整优化市级党政机构和职能，市级党政机构共设置55个，其中，市委机构15个、市政府工作部门40个。

24日 全国农村生活污水治理工作推进现场会在巢湖市召开，中共中央政治局委员、国务院副总理胡春华出席会议并讲话。

同日 2019年“团中央与人大代表、政协委员面对面”活动合肥专场座谈会在合肥（蜀山）国际电商产业园举行。团中央书记处书记、全国青联副主席傅振邦，省人大常委会副主任刘明波出席。

同日 位于合肥经济技术开发区明珠广场正大广场屋顶的安徽首个穹顶式摩天轮亮相。该摩天轮离地高110米，直径58.5米，内设独立空调、主题装饰、氛围灯光、蓝牙音响等，可畅享360度观全景。

26日 中国科学技术大学潘建伟、包小辉等在量子网络研究方面取得重要进展，成功利用多光子干涉将分离的三个冷原子量子存储器纠缠起来，为构建多节点、远距离的量子网络奠定基础。

同日 全国首家“金融类特色小镇研究基地”在合肥市滨湖金融小镇揭牌。

28日 中安创谷科技园开园暨华米科技全球创新中心启动仪式在合肥高新技术产业开发区举行。市长凌云出席仪式并为科技园揭牌。

29日 市长凌云在市政务会议中心会见德国驻沪总领事欧珍一行。

31日 市纪委十一届四次全会在市政务中心召开。

2月

3日 文化和旅游部公示2019年度国家舞台艺术精品创作扶持工程评审结果，由合肥演艺股份有限公司出品的原创民族舞剧《立夏》入选全国舞台艺术重点创作剧目名录，这也是安徽省唯一入围作品。

11日 中央脱贫攻坚专项巡视安徽省反馈意见整改动员会和全省扶贫开发工作会议暨集中整治形式主义、官僚主义专项行动动员会结束后，省委常委、市委书记宋国权在市政务中心主持召开会议，就合肥市贯彻落实工作做出部署。

12日 市委、市政府组织开展南淝河巡河活动，并召开2019年全市生态环境保护大会、河（湖）长制工作大会暨巢湖综合治理攻坚战推进会。省委常委、市委书记宋国权带队巡河。

13日 人力资源和社会保障部副部长张义珍到合肥调研春节后用工形势和就业工作。

14日 合肥万达文化旅游城A地块4号楼（万达茂）项目入选中国建筑业协会公布的2018—2019年度第一批中国建设工程鲁班奖（国家优质工程）获奖名单，同时入选国家“改革开放40周年百项经典工程”。

15日 市委召开机构改革单位领导班子成员任职集体谈话会。省委常委、市委书记宋国权出席会议并讲话。

17日 中央文明办公示2018年学雷锋志愿服务“四个100”（即100个最美志愿者、100个最佳志愿服务组织、100个最佳志愿服务项目和100个最美志愿服务社区）先进典型名单，合肥市推报的8个候选先进典型中有4个入选，是全省唯一大满贯入选城市，入选数量位居全省第一。

18日 省委第三巡视组向合肥市委反馈巡视情况。省委常委、省委组织部部长、省委巡视工作领导小组副组长丁向群主持召开向省委常委、合肥市委书记宋国权的反馈会议，出席巡视合肥市情况反馈大会，对抓好巡视整改工作提出要求。

19日 省政协主席张昌尔到合肥市，围绕战略性新兴产业发展情况和政协特色工作联系点建设开展调研。

20日 省委常委、市委书记宋国权赴肥西县和庐江县走访困难群众，调研脱贫攻坚和乡村振兴情况，看望慰问一线干部群众。

21日 全市农村人居环境整治现场会在巢湖市召开。省委常委、市委书记宋国权出席会议并讲话。他强调，要深入学习贯彻习近平总书记关于改善农村人居环境的重要指示精神，全面落实全国、全省相关会议部署，学好用好浙江“千万工程”经验，全面扎实推进农村人居环境整治，建设好生态宜居的美丽乡村，让广大农民在乡村振兴中有更多获得感、幸福感。

同日 在省统计局发布的2018年安徽省县域经济十五强名单中，庐江县以317.7亿元总量首次跻身全省第十位。

22日 市长凌云在市政务中心会见香港贸易发展局华东、华中首席代表钟永喜。副市长彭庆恩参加会见。

同日 中央广播电视总台《中国经济生活大调查》发布2018—2019年度美好生活指数最高的10个省会城市和直辖市榜单，合肥位列其中。此前，合肥连续6年入选“中国十大幸福城市”榜单。

26日 合肥市促进民营经济发展大会在市政务中心召开。省委常委、市委书记宋国权出席会议并讲话。

27日　合肥华南城有限公司收到合肥市税务部门一笔1000万元的退税，是全市、也是安徽省迄今规模最大的一笔递延所得税退税。

3月

1日　市委办公室印发《关于加强新时代人民政协党的建设工作的实施意见》。这是市委出台的关于加强和改进人民政协工作的重要制度性文件。

同日　中央脱贫攻坚专项巡视反馈意见整改工作暨市扶贫开发领导小组第五次会议在市政务中心召开。省委常委、市委书记宋国权主持会议并讲话。

4日　参加全国“两会”的全国人大代表、市长凌云做客中央广播电视总台中国之声“央广会客厅”，畅谈如何把合肥打造成“养人”的地方和创新的天地。

5日　市委议军会议在市政务中心召开。省委常委、市委书记、合肥警备区党委第一书记宋国权主持会议并讲话。他强调，要深入学习贯彻习近平强军思想，认真落实党管武装原则，努力开创合肥市党管武装工作新局面，推进国防后备力量建设新发展。

同日　市人大常委会立法工作会议在市政务中心召开。省委常委、市委书记宋国权出席会议并讲话。他强调，要深入学习贯彻习近平总书记关于全面依法治国的重要论述，认真落实全国、全省有关会议精神，认真实施市十六届人大常委会立法规划，提高立法工作质量效率，保障服务改革发展稳定，以新担当新作为全面推进依法治市，加快建设更高水平的法治合肥。

7日　统计显示，截至2018年底，全市光伏电站累计并网超过1.8万个，装机容量2.2GW，规模居全国省会城市之首。

8日　全省第一张电子社保卡在合肥市签发，只要带一部智能手机，就能便捷办理挂号看病、支付医药费、药店买药等事项。副省长杨光荣，国家人社部信息中心主任翟燕立等出席首发仪式。

14日　中国科学技术大学郭光灿院士团队在量子纠缠网络研究中取得重要进展——首次实现纠缠交换过程中Bell基测量的自检验。该研究成果发表在国际权威期刊《物理评论快报》上。

15日　市委常委、宣传部部长钟俊杰将全国“诚信之星”牌匾授予合肥浩强电子商务有限公司董事长崔万志。崔万志是全省唯一当选中宣部、国家发展和改革委评选的2018“诚信之星”。

17日　在省文明办发布的《关于2018年度“中国好人”和“安徽好人”推荐评选工作情况的通报》中，合肥市2018年度有15人荣登“中国好人”榜，16人获评“安徽好人”，当选数量位居全省第一。全市共有154人当选“中国好人”，位居全国省会城市前列。

19日　市委审计委员会第一次会议在市政务中心召开。省委常委、市委书记、市委审计委员会主任宋国权主持会议并讲话。他强调，要深入学习贯彻习近平总书记关于审计工作的重要讲话精神，全面贯彻中央及省委审计委员会会议精神，切实把思想和行动统一到中央决策部署上来，依法全面履行新时代审计工作的职责和使命，为合肥现代化建设提供有力保障。市领导凌云、汪学致、吴利林出席会议，市委审计委员会委员参加会议。会议审议通过《中共合肥市委审计委员会工作规则》《中共合肥市委审计委员会办公室工作细则》。

20日　中央文明办公布2018年度省会（副省级）城市和地级全国文明城市提名城市首轮测评情况，在28个省会（副省级）全国文明城市中，合肥位列第七名，受到通报表扬。

同日　全市13个县（市）区、开发区全部完成G60九城市“一网通办”窗口设立并实现互联互通，率先在G60九城市中实现所有县级窗口全覆盖。

21日　中央文明办公布2018年未成年人思想道德建设工作测评结果，在28个省会（副省级）全国文明城市中，合肥位居第六名。

同日　中国银联支付创新产业基地项目框架合作协议签约仪式在中国银联股份有限公司总部举行，市长凌云出席签约仪式并致辞。

22日　“全国信息消费城市行”活动在合肥启幕。此次活动由工业和信息化部信息化和软件服务业司支持，中国信息通信院、安徽省经济和信息化厅承办，“中国声谷”运营单位安徽省信息产业投资控股有限公司联合中国信息消费推进联盟共同协办。

同日　《法制日报》头版以“聚焦重点领域强力扫黑除恶”为题报道合肥警方以零容忍态度向黑恶势力“亮剑”。

同日　中国科学技术大学潘建伟院士因“在量子力学基础和光量子信息，包括量子力学非定域性检验、量子密钥分发、量子隐形传态以及光量子计算领域的先驱性实验研究贡献”而获得美国光学学会2019年度伍德奖。这是自伍德奖设立40余年来，中国科学家因在本土的研究工作而首次获得该奖。

20—22日 全国人大常委会副委员长艾力更·依明巴海率调研组到安徽，围绕医师队伍管理和《执业医师法》实施情况开展调研，先后赴合肥、芜湖两市医院和基层卫生服务中心实地考察。

24日 即日起，合肥市机动车辆驾驶员只需在手机上安装“交管12123”APP，就可以随时随地掌上办理换（领）新证，享用“警医邮”便民服务。

25日 市委全面深化改革委员会召开第一次会议。省委常委、市委书记、市委全面深化改革委员会主任宋国权主持会议并讲话。他强调，要深入学习贯彻习近平总书记全面深化改革重要论述，高举改革开放伟大旗帜，坚决贯彻党中央及省委改革部署，坚定必胜信心，激发实干力量，不断把合肥市全面深化改革推向深入。

26日 中国科学技术大学郭光灿院士团队在量子力学基本问题研究中取得重要进展，通过在量子测量中引入纠缠探针，在我国首次实现非局域可观测量的冯诺依曼测量。

25—26日 中国文联党组书记、副主席李屹一行到合肥调研文联系统深化改革、加强基层文联组织建设等工作。

27日 全国政协副秘书长、民进中央副主席朱永新率民进中央调研组就“深化‘放管服’改革激发微观主体活力”到合肥调研并召开座谈会。

28日 上海市松江区委书记程向民、区长陈宇剑率松江区党政代表团到合肥考察。省委常委、市委书记宋国权陪同考察并主持召开座谈会。长三角G60科创走廊产业合作示范园（物联网）授牌暨签约仪式举行，宋国权、程向民共同为长三角G60科创走廊产业合作示范园（物联网）揭牌，并向合肥东部新中心建设管理办公室授牌。

同日 由中央统战部副部长邹晓东率领的党外院士与留学人员国情考察服务团一行，到合肥开展考察服务活动。省委常委、统战部部长刘莉，省委统战部副部长王琦，市委常委、统战部部长陈晓波陪同调研。

29日 市委常委会召开中央脱贫攻坚专项巡视涉及合肥市事项整改、省委巡视反馈意见整改、“严规矩、强监督、转作风”集中整治形式主义、官僚主义专题民主生活会。省委常委、市委书记宋国权主持会议并作总结讲话。市委副书记、市长凌云，市委副书记郭强，市委常委出席会议。市人大常委会主任汪卫东、市政协主席韩冰列席会议。省纪委、省委组织部、省委巡视办有关同志到会指导。

同日 由IDC（互联网数据中心）和浪潮集团联合研究发布的《2018—2019年中国人工智能计算力发展评估报告》中，合肥凭借科研、政策的优势异军突起，位列中国人工智能计算力发展评估榜单第五名。

30日 2019年合肥高新技术产业开发区百个亿元以上高质量发展项目集中开工运营仪式举行。

同日 第三十八届郭沫若奖学金暨2018年度国家奖学金颁奖典礼在中国科学技术大学举行，该校有33名本科生获得第三十八届郭沫若奖学金，101名本科生获得2018年度国家奖学金。

31日 市长凌云在市政务中心会见韩国原州市市长元昌默一行。副市长彭庆恩参加会见。

4月

1日 长江安徽段生态环境“大保护大治理大修复、强化生态优先绿色发展理念落实”专项攻坚行动动员会结束后，省委常委、市委书记宋国权在市政务中心主持召开会议，就合肥市贯彻落实工作做出部署。

2日 省委常委、市委书记宋国权赴瑶海区调研长江安徽段生态环境“大保护大治理大修复、强化生态优先绿色发展理念落实”专项攻坚行动开展情况和东部新中心建设工作。

3日 由中国科学院合肥物质科学研究院安徽光学精密机械研究所牵头承担的国家重大科学仪器设备开发专项，“大气细粒子与臭氧时空探测激光雷达系统研制与应用示范”项目通过由科技部组织的综合验收，它可有效、精确地了解大气污染的情况，同时实现实时监测，为我国大气环境实时监测能力建设和数据分析提供可靠的技术手段，打破进口仪器垄断的格局。

4日 “礼让斑马线 守法文明行 做文明合肥人”合肥市各界践行“万众文明出行”主题行动启动。

9日 市交通运输管理处对嘀嗒出行、哈啰出行两家平台公司进行约谈，要求各平台公司严格按照国家以及合肥市顺风车管理有关规定开展自查自纠，严禁以顺风车等名义变相从事网约车经营活动。

10日 人类首张黑洞照片问世，打开了一个观测黑洞的全新窗口。在这张举世瞩目的黑洞照片幕后闪动着“合肥身影”——中国科学技术大学天文学系教授袁业飞参与其中，并做出贡献。

同日 由巢湖市人民政府主办的“2019中国·巢湖银屏牡丹观赏节”在银屏山风景区开幕。2019年千年野生白牡丹花开20朵，是巢湖银屏山有观花记录以来开花数量最多的一年。

11日 合肥综合性国家科学中心理事会第二次会议在合肥召开。省委书记李锦斌、中国科学院院长白春礼为合肥综合性国家科学中心能源研究院、人工智能研究院揭牌并讲话。省长李国英主持会议。省委常委、合肥市委书记宋国权，省政协副主席李和平，中国科学技术大学校长包信和出席会议。

10—11日 国务委员兼国务院秘书长肖捷在安徽调研政务公开工作。他强调，要以习近平新时代中国特色社会主义思想为指导，认真贯彻落实全国“两会”精神，扎实推进政务公开，以更有力的举措加快法治政府、廉洁政府和服务型政府建设。调研期间，肖捷到合肥市考察市、县、乡政务服务中心。市长凌云参加在合肥期间的调研。

12日 以“资本助力创新科创引领未来”为主题的上海证券交易所科创板助力合肥综合性国家科学中心建设高峰论坛在合肥高新技术产业开发区举行。市委副书记郭强、中国证监会安徽监管局局长叶锦伟出席活动并分别致辞。

13日 山东省滨州市委书记、市人大常委会主任佘春明率滨州市党政考察团到合肥考察。省委常委、市委书记宋国权，市委副书记郭强，副市长王文松等分别陪同考察。

14日 2018年“魅力中国——外籍人才眼中最具吸引力的中国城市”主题活动结果揭晓，合肥继2017年首入榜单后再度位列前三。

15日 中央扫黑除恶第14督导组下沉合肥督导工作汇报会召开。中央扫黑除恶第14督导组第五小组组长曹军出席会议并讲话。省委常委、市委书记宋国权主持会议并作工作情况汇报。即日起至20日，中央扫黑除恶第14督导组赴合肥市开展下沉督导。

16日 市委外事工作委员会2019年第一次会议在市政务中心召开。省委常委、市委书记宋国权主持会议并讲话。他强调，要提高政治站位，自觉站在树牢“四个意识”、坚定“四个自信”、做到“两个维护”的高度，深入学习贯彻习近平外交思想，深刻领会党中央对外工作的战略部署，全面落实新时代对外工作的任务要求，推动全市外事工作不断迈上新台阶。

同日 “九城巡礼”G60科创走廊九城市联合采访活动媒体见面会在市政务中心举行。市长凌云出席见面会并讲话，市委常委、宣传部部长钟俊杰主持，人民日报、新华社等30余家中央及地方媒体代表参加。

同日 市长凌云在市政务中心会见韩国驻沪总领事崔泳杉一行。副市长彭庆恩参加会见。

17日 市政府与交通银行安徽省分行战略合作签约仪式在市政务中心举行。省委常委、市委书记宋国权出席仪式，并在仪式前会见了交通银行党委委员、副行长侯维栋一行。

18日 国务院办公厅电子政务办公室委托中央党校（国家行政学院）电子政务研究中心开展网上政务服务能力第三方评估工作形成的《省级政府和重点城市网上政务服务能力调查评估报告（2019）》发布。2018年，合肥市网上政务服务能力位居全国重点城市“十强”。

19日 中国科学技术大学第三届墨子论坛主论坛在合肥启幕，来自海内外各领域的300多名优秀青年学者参会。中国科大党委书记舒歌群出席论坛并致辞。中国科大校长包信和作中国科大发展情况介绍。省委组织部副部长、省人才办主任朱春旭致辞。市委常委、常务副市长罗云峰出席论坛并致辞。中科院院士、中国科大常务副校长潘建伟，中国工程院院士、国家肝癌科学中心主任王红阳作大会报告。

20日 第十四届中国电子信息技术年会在合肥开幕。工业和信息化部党组成员、总工程师、中国电子学会理事长张峰，国家自然科学基金委员会党组成员、副主任、中国科学院院士、中国电子学会副理事长陆建华，省委常委、常务副省长邓向阳，市长凌云分别致辞。大会主席、中国工程院院士、北京理工大学校长、中国电子学会副理事长张军作开幕报告。中国电子学会总部党委书记、大会组织委员会主席张宏图主持开幕式。

同日 由和田地区行政公署、安徽省文化和旅游厅及安徽省驻新疆援建指挥部主办的“丝路风情地大美南疆游”——长三角旅游援疆联盟·南疆旅游推介周合肥站活动在合肥举办。

19—20日 河北省沧州市委书记杨慧率沧州市党政考察团一行到合肥考察。

21日 2019年合肥市文化科技卫生“三下乡”集中示范活动在巢湖市烔炀镇烔炀中学举行。

23日 安徽省巢湖湖（河）长制工作领导小组第三次会议在市政务中心召开。省委常委、市委书记、领导小组组长宋国权主持会议并讲话。副省长何树山出席会议并讲话。

24日　安徽创新馆开馆暨安徽科技创新成果转化交易会在合肥举行。省委书记李锦斌讲话并宣布开幕。中国工程院党组书记、院长李晓红，中国科学院副院长相里斌，省委常委、合肥市委书记宋国权分别致辞。省委副书记、省长李国英主持。省委副书记信长星，中国工程院副院长钟志华等出席。省委常委、常务副省长邓向阳介绍“三比一增”专项行动基本情况。市领导凌云、汪卫东、韩冰、郭强等，省内其他市党委或政府主要负责同志、省直有关单位主要负责人，部分高校、大院大所、省属企业主要负责人，部分参会企业负责人近千人参加。

同日　长三角G60科创走廊新能源和网联汽车产业联盟成立大会暨创新成果发布会在安徽创新馆举行。

同日　科技创新成果转化与融资论坛在安徽创新馆举行。

26日　市委退役军人事务工作领导小组第一次会议暨市双拥工作领导小组会议召开。省委常委、市委书记、市委退役军人事务工作领导小组和市双拥工作领导小组组长宋国权主持会议并讲话。他强调，要深入学习贯彻习近平总书记关于退役军人工作的重要论述和重要指示精神，认真落实中央及省委部署要求，提高政治站位，强化责任担当，扎实做好新时代全市退役军人和双拥工作。

同日　合肥“人才新政8条”实施一周年。数据显示，合肥现拥有高等院校56所、在校生60多万人，拥有中国科学院合肥物质科学研究院等中央驻合肥科研机构8家，各类研发机构超过1400家，院士工作站59家，博士后工作站112家。全市已集聚各类人才176.1万人，其中各类专业技术人才86万人。

同日　墨子量子科技基金会在中国科学技术大学公布2018年度、2019年度“墨子量子奖”获奖名单，世界范围内12名科学家获得这一荣誉，中国科学技术大学的潘建伟名列其中。这也是“墨子量子奖”首次对外公布获奖名单。

22—26日　全国政协副主席卢展工率调研组到安徽，就完善中医药事业发展的政策和机制开展专题调研。省委书记李锦斌、省长李国英在合肥会见调研组一行。在合肥期间，市政协主席韩冰、副主席戴夫陪同调研。

28日　当日是第四个全市“统战工作开放日”，统一战线庆祝中华人民共和国成立70周年系列活动在市政务中心启动，活动之一同心论坛——统一战线庆祝中华人民共和国成立70周年国防教育专题报告会举行，邀请国防大学教授徐焰少将作专题报告。活动前，省委常委、市委书记宋国权会见徐焰一行。市委常委、统战部部长陈晓波出席报告会。

同日　共青团中央、全国青联在北京举行第23届“中国青年五四奖章”颁奖仪式。中国科学院合肥物质科学研究院等离子体所“匠心聚合、质量极限”核聚变大科学工程创新团队获“中国青年五四奖章”集体奖项。

29日　市委党史和地方志研究室召开以“史志青年跟党走”为主题的纪念五四运动100周年座谈会，来自全市史志研究、高校和有关单位的专家学者，围绕传承弘扬五四精神、加强对五四运动和五四精神的研究、开展五四运动与合肥有关的史料和文物收集整理保护等，进行座谈交流。合肥电视台新闻频道、《合肥日报》、《合肥晚报》、搜狐网、安徽机关党建网、安徽党史方志网等多家媒体对此进行了报道，引起广泛的社会反响。

5月

1日　省委常委、常务副省长、省防汛抗旱指挥部总指挥邓向阳到肥西县检查指导防汛工作，实地查看巢湖大堤、蒋口圩、三河镇丰乐河堤防等处备汛情况。

5日　省政协主席张昌尔到合肥市，围绕智能家电产业发展情况开展调研，为省政协资政会做准备。

同日　2019年合肥市全民健身运动会开幕式在合肥学院体育馆举行。

同日　中国科学技术大学发布重要成果，该校潘建伟院士团队联合中国科学院物理研究所范桁等理论小组，开创性地将超导量子比特应用到量子行走的研究中。该成果5月2日在线发表在国际权威学术期刊《科学》上，为未来利用量子随机行走进行多体物理现象的模拟以及通用量子计算的研究打下基础。

6日　市长凌云赴肥西县、合肥经济技术开发区、包河区现场督导水污染防治工作。

同日　省文化和旅游厅公布安徽省第六批省级非物质文化遗产项目代表性传承人名单，合肥市郑书山（吴山铁字）、马飞（马派皮影戏）等15人入选。至此，合肥市有国家级非遗传承人6人、省级23人、市级56人。

7日　全国政协常委、副秘书长，民建中央副主席兼秘书长李世杰率调研组到合肥调研居家社区养老服务体系建设。

同日 全省首创的个体登记智能审批系统在合肥瑶海区政务服务中心正式启用。即日起，个体工商户办理营业执照再提速，由过去“口头申报，当场发照”变成“自助申报、智能秒批、现场发照”。

同日 生态环境部2019年3月全国地表水环境质量状况通报显示，巢湖水质良好、中营养。

9日 “全球领先超宽幅偏光片生产基地项目”签约仪式在合肥举行，投资100亿元的全球产能最大偏光片生产基地正式落户长丰县。

10日 省委副书记信长星到中国电子科技集团第43研究所、中国机械工业集团合肥通用机械研究院调研。市委副书记郭强陪同。

同日 庐阳区校园诗词大会在合肥市淮河路第三小学开幕。

11日 以“为爱行走，让城市更温暖”为主题的“大湖名城青春毅行”2019环巢湖毅行大会在巢湖之滨举办，1.5万名毅行者从渡江战役纪念馆沿环巢湖大道浩荡东行。

7—11日 全国人大常委会副委员长沈跃跃率队到安徽，就《水污染防治法》贯彻实施情况开展执法检查。在合肥执法检查期间，省、市领导宋国权、凌云、汪卫东、方正杰、王民生参加座谈会或陪同检查。

10—11日 山东省威海市委书记王鲁明率威海市考察团一行到合肥考察。省委常委、市委书记宋国权，市领导郭强、罗云峰分别陪同考察。

12日 2019中国长三角青商高峰论坛在合肥开幕。省委常委、市委书记宋国权会见中青企协党委书记、副会长、秘书长许华平等部分参会嘉宾。共青团安徽省委书记孔涛，市委副书记郭强参加会见。自2008年起，中国长三角青商高峰论坛已连续举办十一届，这是首次在合肥举办。

14日 市委常委会召开会议，传达学习习近平总书记在纪念五四运动100周年大会上和中央政治局第十四次集体学习时的重要讲话精神，以及省纪念五四运动100周年座谈会精神，传达学习全国公安工作会议精神，学习贯彻中央第三生态环境保护督察组对安徽开展“回头看”情况反馈会议精神，研究合肥市贯彻落实工作。省委常委、市委书记宋国权主持会议。

15日 市委全面依法治市委员会召开第一次会议。省委常委、市委书记、市委全面依法治市委员会主任宋国权主持会议并讲话。

同日 中关村·合肥科技金融服务平台、中关村·合肥知识产权服务平台揭牌仪式在合肥包河经济开发区中关村协同创新智汇园举行。副市长王文松出席仪式并致辞。

16日 市政府与华为公司在市政务中心签署深化战略合作协议。省委常委、市委书记宋国权会见华为轮值董事长徐直军一行，并共同为华为合肥人工智能创新中心揭牌。市领导罗云峰、韦弋参加活动。

同日 在第十五届中国（深圳）国际文化产业博览交易会上，合肥展区以“美丽合肥　创新之都”为主题，由中国声谷、国家广播影视科技创新实验基地和科技展陈三块展示区域组成，全方位展示合肥文化、创意、科技融合蝶变的独特魅力。

17日 2019年合肥市环境保护委员会第一次全体会议暨落实中央环保督察“回头看”合肥市整改任务、污染防治攻坚战培训大会在市政务中心召开。省委常委、市委书记宋国权出席会议并讲话。省生态环境厅党组书记、厅长徐恒秋出席会议并作污染防治攻坚战专题辅导报告。市委常委、秘书长韦弋出席会议，副市长王民生主持会议。

20日 国家医疗保障局公布疾病诊断相关分组（DRG）付费国家试点城市名单，合肥市是安徽省唯一入选城市。

同日 位于合肥高新开发区的安徽轻工国际贸易股份有限公司完成全省首份原产地证书自助申报并打印成功。

21日 国家民委党组副书记、副主任刘慧一行到合肥调研城市民族工作情况。

22日 合肥滨湖科学城（合肥滨湖新区）临时党委第一次会议召开。省委常委、市委书记、合肥滨湖科学城（合肥滨湖新区）临时党委书记、管委会主任宋国权主持会议并讲话。市长、合肥滨湖科学城（合肥滨湖新区）临时党委副书记、管委会第一副主任凌云，市领导罗云峰、韦弋、杨伟出席会议。

同日 市政府与中国光大银行在市政务中心签署合作协议。省委常委、市委书记宋国权，市长凌云，中国光大银行行长葛海蛟等见证签约。市委常委、常务副市长罗云峰与中国光大银行副行长卢鸿签署合作协议。

同日 省委常委、组织部部长丁向群到合肥市调研如何共建统一、开放的人力资源市场，并在市政务中心召开座谈会。市委常委、组织部部长钱岩松出席座谈会并发言。

23日 水利部印发第二批通过全国水生态文明建设试点验收城

市名单，合肥市名列其中，跻身全国水生态文明城市。

同日　合肥市召开河湖长制“民间河长”聘任会，首批20名“民间河长”接过聘书，标志合肥市在全省率先开启“民间河长”工作，“全民治河”步入新阶段。

24日　中央人民政府驻香港特别行政区联络办公室副主任杨建平作为荣誉会长，与香港安徽乡友参访团到合肥交流考察，并召开皖港合作恳谈暨项目对接会。省委常委、统战部部长刘莉陪同考察。省委常委、市委书记宋国权会见杨建平一行。

24日　省政协主席张昌尔到合肥市，围绕促进形成长三角规则统一的市场体系开展调研。

28日　省委常委、市委书记宋国权赴肥西县调研农村基层党建、村级集体经济发展、脱贫攻坚、农村人居环境整治等工作。他强调，决战决胜脱贫攻坚、推动新时代乡村全面振兴，必须把农村基层党建摆在更加突出的位置来抓，充分发挥党组织战斗堡垒作用和党员先锋模范作用。市委常委、组织部部长钱岩松参加调研。

同日　合肥市中小微企业商会正式成立。该商会秉持“志合同道、聚弱成强、团结互助、产业兴邦”宗旨，助推全市中小微企业发展迈向新高度。

同日　一名中国籍旅客携带一只宠物猫由合肥新桥机场口岸入境，这是自5月1日起海关总署《关于进一步规范携带宠物入境检疫监管工作的公告》正式实施以来，安徽省口岸首只进境宠物。

30日　2019年全国公共外交研讨会暨第三届全国公共外交高级研修班在合肥召开。市政协主席韩冰，副市长彭庆恩出席活动并致辞。

同日　安徽创新馆首场科技成果发布会暨项目签约仪式举行，现场发布7个科技成果项目，涵盖量子信息、生物医学、环境治理、新能源、大数据等领域。

31日　国际权威期刊 *Science*（《科学》）刊登中国科学技术大学杜江峰院士领导的研究团队的最新成果，首次在量子世界观察到宇称时间对称。

6月

3日　市委网络安全和信息化委员会第一次会议在市政务中心召开。省委常委、市委书记、市委网络安全和信息化委员会主任宋国权主持会议并讲话。他强调，要深入学习贯彻习近平总书记关于网络强国的重要思想，切实加强党对网信工作的集中统一领导，以成立市委网信委为新起点，奋力开创新时代全市网信工作新局面。市领导凌云、郭强、韦弋、马军、李同柱、王文松出席。

同日　《自然·能源》杂志发表中国科学技术大学宋礼教授和江俊教授的研究成果，利用催化效果最好的铂金属巧妙设计了遍布针尖的“松球结构”催化剂，在保持催化制氢效果不变的情况下，与商业铂碳催化剂相比，铂金属的用量仅有原来的七十五分之一，大大降低催化剂的成本。

4日　湖南省益阳市委书记、市人大常委会主任瞿海率党政考察团到合肥市考察。市委副书记、市长凌云，市委副书记郭强陪同考察。

6日　工业和信息化部向中国电信、中国移动、中国联通、中国广电发放5G牌照，合肥市名列中国移动、中国联通的首批5G城市名单。

同日　住房和城乡建设部联合国家文物局等多部门公布第五批列入中国传统村落名录的村落名单，巢湖市柘皋镇北闸老街、巢湖市烔炀镇烔炀老街、巢湖市黄麓镇张疃村入选。

12日　市中心图书馆开工建设，位于祁门路与翡翠路交口东北角，总建筑面积65790平方米。

13日　2019年“全国大众创业万众创新活动周”安徽合肥分会场活动在安徽创新馆开幕，省长李国英出席仪式并宣布活动正式启动。省政府秘书长白金明参加。市长凌云致辞，市委常委、常务副市长罗云峰主持仪式。

14日　全省首个5G园区庐阳大数据产业园招商签约暨庐阳区“智慧社区”、5G园区建设启动仪式在庐阳区举行，副市长王文松出席活动。

18日　首届徽学学术大会在合肥开幕，省委常委、宣传部部长虞爱华致辞，中国社科院副院长、中国历史研究院院长高翔出席会议并讲话，中国科学技术大学校长包信和、光明日报社负责人等出席会议。

20日　市长凌云在市政务中心会见瑞士驻沪总领事曾礼惟一行。副市长彭庆恩参加会见。

同日　市公安局通报一起案情，经过合肥警方缜密侦查，一个跨越四川、安徽两地的贩毒团伙被一举破获，抓获3名贩毒嫌疑人，现场缴获14千克高纯度海洛因，打破合肥市缉毒史上一举缴获海洛因数量最高的纪录。

24日　第29届国际激光雷达会议在合肥开幕。国际激光大气探测委员会主席亚历克斯·帕帕扬尼斯教授、中国科学院合肥物质科学研究院党委书记王英俭、副市长王民生出席开幕式并致辞。

同日　中俄大气光学联合研究中心在合肥揭牌。省科技厅厅长宛晓春、副市长王民生、中国科学院国际合作局欧洲处处长龚海华、俄罗斯大气光学所所长伊戈尔·帕塔什尼可、中科院合肥物质科学研究院党委书记王英俭出席揭牌仪式。

同日　澳门妇联总会副会长林笑云一行到合肥市参访交流。市委副书记郭强、省妇联副主席张若平陪同。

25日　定点帮扶颍上县工作会议在市政务中心召开。省委常委、市委书记宋国权主持会议并讲话。

26日　全市“文明创建再出发　城市管理补短板”专项行动推进会在市政务中心举行。省委常委、市委书记宋国权就文明创建工作做出批示，市委副书记郭强出席会议并讲话，副市长宁波主持会议。

27日　国家医疗保障局局长胡静林率队到合肥专题调研医疗保障工作。省政府副秘书长郑训练，省医疗保障局局长金维加，市委常委、常务副市长罗云峰陪同调研。

29日　合肥综合保税区封关运行满四周年，其海关监管货运量累计达29020吨，审结进出口报关单97473份，进出口总值21.7亿美元，为合肥市外向型经济发展增添了新动力。

30日　第三届中国（合肥）类脑智能高峰论坛在合肥召开。市委常委、常务副市长罗云峰出席活动并致辞。

同日　位于合肥高新开发区的中国科学院量子信息与量子科技创新研究院1号科研楼封顶。

7月

4日　2019年全国台联第十六届台胞青年千人夏令营安徽特色营成员到合肥参观考察。市委常委、统战部部长陈晓波与他们座谈交流。

同日　满载着逆变器、除湿机、机械设备等货物的中欧班列在合肥货运中心北站物流基地发车，驶向欧洲物流中心城市——德国杜塞尔多夫。这是全国首趟开往杜塞尔多夫的中欧班列。

5日　合肥市房地产中介协会诚信信息管理系统正式上线运行，进一步加强对房地产中介的监管，规范房屋租售市场。

同日　在生态环境部、科技部、商务部联合开展的2018年度国家生态工业示范园区复查评估中，合肥高新技术产业开发区获“优秀”等级。

4—5日　国家发展改革委副主任林念修一行调研合肥综合性国家科学中心建设等工作，实地考察中国科学院量子信息与量子科技创新研究院等，并与有关企业负责人座谈。省委常委、常务副省长邓向阳，省发展改革委主任张天培，市委常委、常务副市长罗云峰陪同。

9日　市长凌云在市政务中心会见德国驻华大使葛策一行。副市长彭庆恩参加。

同日　一款全球最大尺寸、最高分辨率的硅基OLED显示屏在合肥综合保税区的视涯科技正式点亮。这款显示屏尺寸为1.03英寸，分辨率为Real RGB 2.5K×2.5K，属于高亮度半导体显示产品，可以有效解决VR显示应用中的纱窗效应、拖尾及眩晕等“技术痛点”。

11日　长三角一体化产业协同发展高峰论坛在合肥举行。国际房地产服务和咨询顾问公司戴德梁行宣布正式落户合肥。副市长王文松出席并致辞。

同日　2019海峡两岸（安徽）青年徽文化交流月启动仪式在合肥举行，来自海峡两岸的近200名师生代表参加。

12日　第18届中国·合肥龙虾节开幕。

同日　作为全国首个定位于人工智能领域的国家级产业基地，中国声谷入选国家2019年新型信息消费示范项目。

同日　文化和旅游部发布《关于公示第一批拟入选全国乡村旅游重点村名录乡村名单的公告》，巢湖市半汤街道汤山村名列其中。

15日　商务部发布《关于下发2019年新认定国家外贸转型升级基地名单的通知》，合肥经济技术开发区被认定为“国家外贸转型升级基地（消费类电子产品）”。

16日　合肥市从住房和城乡建设部、财政部组织的20个重点城市竞争性评审中脱颖而出，成为中央财政支持住房租赁市场发展首批16个试点城市之一，系全省唯一，未来3年将获得24亿元的中央财政资金，专项用于支持住房租赁市场发展。

18日　市委常委会“三个以案”警示教育专题学习研讨会在市政务中心召开。省委常委、市委书记宋国权主持会议并讲话。

同日　市人力资源和社会保障局发布《合肥市人力资源发展状况白皮书（2018）》，这是全省首次发布人力资源发展状况白皮书。

21日　合肥市开启“定时定点”垃圾分类投放模式，庐阳区逍遥津街道市政府宿舍小区成为全市首个试点小区。

23日 合肥国际马拉松被国际田联评定为“银标赛事”，这是继大连马拉松之后，中国的第二个国际银标赛事。

同日 市统计局发布《2018年合肥市妇女发展纲要监测分析》，报告显示，2018年全市常住人口808.7万人，首次突破800万人，其中女性395.2万人；女性平均受教育年限10.6年，女性整体素质明显提高，发展环境持续改善，合法权益得到保障，妇女事业呈现健康发展良好势头。

24日 一架来自香港的空客A330-200全货机经过3小时飞行抵达合肥新桥机场，标志“合肥—香港”定期货运航线成功首航。

同日 世界知识产权组织发布2019年全球创新指数（GII），在世界区域创新集群百强榜单中，合肥排名第90位，比上年上升7位。

29日 由中国海关总署主办的《中国海关》杂志公布2018年“中国外贸百强城市”排名，合肥以综合得分73.3分排名第25位，较上年上升1位，居全国省会城市第8位。

30日 市政府与中国民生银行战略合作签约仪式在市政务中心举行。

同日 第八届中国创新创业大赛合肥赛区暨合肥经济技术开发区“科技银行杯”创新创业大赛决赛在合肥启迪科技城创客空间举行。省科技厅副厅长程雪涛、副市长朱策出席并分别致辞。

同日 中国科学技术大学微尺度物质科学国家研究中心和生命科学学院教授周丛照和陈宇星团队，研究发现了巢湖水华蓝藻的天敌——噬藻体的组装机制。该研究成果于7月30日在线发表于《结构》杂志。

8月

1日 中共合肥市十一届九次全会在市政务中心召开，出席全会的市委委员52人、市委候补委员3人。省委常委、市委书记宋国权讲话，市委副书记、市长凌云向全会报告上半年经济工作情况及下半年重点工作安排。市人大常委会主任汪卫东，市政协主席韩冰，市委副书记郭强出席。全会通过《中国共产党合肥市第十一届委员会第九次全体会议决议》。

同日 中国科学院公布《2019年中国科学院院士增选初步候选人名单的公告》，合肥有9人入选。

同日 合肥市《关于进一步加强房源信息发布管理的通知》正式实施。根据规定，合肥市区所有住宅对外发布租赁行为，必须先到合肥市住房租赁交易服务监管平台或合肥住房APP实名注册取得核验码后，才能在中介公司或网络平台发布。

2日 由中共安徽省委宣传部、安徽省新闻出版局、合肥市人民政府主办的2019中国黄山书会在合肥滨湖国际会展中心开幕。会上，2018年“书香安徽”全民阅读系列推荐活动结果揭晓，包河区万年埠街道入选“十佳书香之乡（镇、街道）”。

4日 北京市怀柔区委副书记、代区长、怀柔科学城党工委副书记于庆丰率怀柔区党政代表团到合肥考察。市委副书记、市长凌云陪同并主持召开座谈会。市委常委、常务副市长罗云峰，市委常委杨伟陪同并出席座谈会。

同日 全市正式展开快递末端服务车辆规范化管理，所有快递末端服务车辆在12月31日前全部纳入“六统一”管理，即统一车型、统一外观标识、统一编号、统一信息化管理、统一购买交通责任保险、统一登记备案，每辆车都将实现扫“码”识身份，未实行“六统一”的车辆禁止上路。

6日 市长凌云在市政务中心会见美中投资委员会主席罗查理、前上海美国商会会长季瑞达等嘉宾。副市长王文松参加。

同日 中国科学技术大学潘建伟院士团队与中国科学院物理研究所范桁研究员团队合作，研制出包含24个比特的高性能超导量子处理器，并首次在固态量子计算系统中实现超过20比特的高精度量子相干调控，在研制量子计算机的道路上迈出重要一步。国际权威学术期刊《物理评论快报》发表了该研究成果。

9日 张雪松同志“全国公安系统一级英雄模范”称号追授仪式暨先进事迹报告会在合肥市公安局人民警察培训学校举行。副省长、省公安厅厅长李建中，公安部新闻宣传局副局长张宁，省公安厅政治部主任张东明，市委常委、组织部部长钱岩松出席。市委常委、政法委书记、市公安局局长马军主持仪式。

同日 2019中国融媒创新发展年会暨中国百强融媒创新发展大型调研结果发布在黑龙江省佳木斯市举行。合肥报业传媒集团获“2019中国融媒创新发展十佳城市报业传媒集团”称号，《合肥日报》、《合肥晚报》和合肥在线分别获2019中国融媒创新发展最具公信力地市党报TOP10、最具传播影响力城市晚报 TOP10 和微信公众号影响力 10 佳称号。

同日　商务部等五部委公布 2019—2020 年度国家文化出口重点企业和重点项目名单，合肥乐堂动漫信息技术有限公司、合肥常春藤移动科技有限公司、合肥杏花印务股份有限公司、安徽时代漫游文化传媒股份有限公司、安徽少年儿童出版社、安徽科学技术出版社等 6 家企业入选国家文化出口重点企业。

10 日　2019 年中国光学学会学术大会暨成立 40 周年庆典活动在中国科学技术大学召开。

12 日　国家发展改革委和人民银行发布《关于印发第二批社会信用体系建设示范城市（区）名单的通知》，确定合肥等 16 个城市（区）成为全国第二批社会信用体系建设示范城市（区）。

14 日　第十一届中国道路交通安全产品博览会暨公安交警警用装备展在合肥滨湖国际会展中心开幕。

13—14 日　省政协主席张昌尔率省政协委员视察团到合肥市，围绕“推动科技成果产业化”开展视察。

15 日　市政府与中国建设银行安徽省分行“数字普惠”政银合作签约仪式在市政务中心举行。副市长王文松、建行安徽省分行副行长王永平出席并见证签约。

同日　满载橱柜、木地板、陶土、机械设备等货品的中欧班列抵达合肥货运中心合肥北站物流基地。这是继 7 月 4 日中欧班列（合肥—杜赛尔多夫）线路开通之后迎来的首趟回程班列，标志安徽省中欧班列合肥至杜赛尔多夫线路实现双向互通。

16 日　在重庆市举办的第十九届中国青少年机器人竞赛暨 2019 世界青少年机器人邀请赛中，合肥市 15 支参赛队伍共获 8 个一等奖、4 个二等奖、3 个三等奖，其中获 4 个冠军、2 个季军，一等奖数和冠军数在全国双双领先。

19 日　安装在合肥公交集团 68 条公交线路、1300 辆公交车车头的车载公交专用道占道抓拍设备启用。

21 日　省委书记李锦斌在合肥市就推动长三角一体化发展、打造绿色发展样板区进行调研。他强调，要深入学习贯彻习近平生态文明思想和习近平总书记关于长三角一体化发展的重要指示批示精神，抓好国家《规划纲要》及安徽《行动计划》的贯彻落实，着力打造具有重要影响力的绿色发展样板区。省领导邓向阳、陶明伦、宋国权、何树山，市长凌云陪同调研或出席座谈会。

同日　省科技厅发布“2018 年安徽省百强高新技术企业名单”。合肥有 48 家企业上榜，涉及汽车、家电、平板显示、新能源和智能语音等领域。

同日　由市文联主办的大型原创古装庐剧《三孝口》在安徽大剧院首演。这是近年来合肥市民间庐剧中首部以本地老地名为题材创作的剧目。

26 日　市政府新闻办公室召开“壮丽七十年　奋斗新时代——庆祝中华人民共和国成立 70 周年系列新闻发布会”，市数据资源局发布《创新引领　聚合赋能——加快打造数据强政兴业惠民典范城市》。报告显示，合肥与英国剑桥、日本川崎一起成功入选 ISO 智慧城市标准试点城市，并被批准为国家第二批社会信用体系建设示范城市；先后获全国十大办事“不跑腿”城市称号、2018 营商环境省会十佳城市、2018 中国营商环境进步奖等荣誉，在 2018 年国务院电子政务办公室开展的 32 个重点城市网上政务服务能力调查评估中排名第六。

27 日　党和国家功勋荣誉表彰工作委员会办公室公示“共和国勋章”和国家荣誉称号建议人选，合肥人李道豫上榜“国家荣誉称号建议人选”名单。

28 日　2019 中国智慧社区工作交流会在合肥市包河区方兴社区举行。省政协副主席孙丽芳，民政部基层政权建设和社区治理司司长陈越良，省民政厅厅长于勇，市委常委、副市长赵兵让出席。

9 月

1 日　即日起，合肥市民不带社保卡也能去药店买药了。市医疗保障局、市人力资源和社会保障局，联合支付宝，借助支付宝的金融级身份认证能力以及支付能力，通过升级医保信息系统，逐步实现全市 3000 余家定点药店医保移动支付全覆盖。

2 日　“不忘初心、牢记使命——畅行中国　安徽‘智’造”全国百城百台大型融媒采访活动在安徽创新馆启动。

同日　合肥市首台“飞龙”（DSA）在市第二人民医院介入科启用。有了它，介入手术相当于有了导航、指导、监测集合功能，手术的准度和速度大大提高。

3 日　海军青少年航空学校开学第一课暨安徽省海军青少年航空学校揭牌仪式在合肥市第十中学举行，合肥十中成为全省唯一一所海军青少年航空学校。首届海航班在全省招收51名初中毕业生，作为海军舰载机飞行员培养对象。

同日　全省首个文化出口产业促进协会——蜀山区文化出口产业促进协会成立。

4日　壳牌（中国）安徽零售业务区域总部项目签约落户包河区。这是国家发展改革委、商务部发布《鼓励外商投资产业目录（2019年版）》后安徽省落地的首个重大项目。

5日　中国科学技术大学和中国极地研究中心团队首次明确看到宇宙中最明亮天体——类星体中供应吸积盘的内流，填补了类星体结构解析的一块空白，这一发现于9月5日发表在顶级期刊*Nature*（《自然》）上。该成果将为理解类星体、超大质量黑洞归趋等问题提供全新的起点。

同日　中国科学技术大学潘建伟院士团队与清华大学、中国科学院上海微系统所等单位合作，在300千米真实环境的光纤中实现双场量子密钥分发实验，并验证700千米以上光纤远距离量子密钥分发的可行性，有望成为新一代远距离城际量子密钥分发的基础。这成为实用双场量子密钥分发的重要里程碑。相关研究成果9月5日在线发表在国际权威学术期刊《物理评论快报》上。

6日　以"跨界、融合、创新"为主题的2019国际（合肥）节能与新能源汽车展览会在滨湖国际会展中心开幕，市委副书记郭强出席并致辞，省经济和信息化厅副厅长王厚亮出席，副市长王文松主持。除新能源汽车外，5G远程驾驶定制、无人驾驶科技及智能网联汽车等一大批出行"黑科技"尽数亮相，令人目不暇接。

同日　大科学装置集中区聚变堆主机关键系统综合研究设施园区项目施工总承包在合肥公共资源交易中心挂网招标。此举标志合肥综合性国家科学中心大科学装置集中区建设迈出关键一步。

9日　庐阳区的中小学生们收到一份特殊的"新学期礼物"——《庐阳区生活垃圾分类青少年知识读本》。这是全省首个生活垃圾分类青少年知识读本。

11日　省政府新闻办公室发布，合肥市信用监测排名进入全国前十，并入选全国社会信用体系建设示范城市。

12日　全市"不忘初心、牢记使命"主题教育工作会议在市政务中心召开。会议认真学习贯彻习近平总书记关于主题教育一系列重要指示精神，全面落实中央及省委主题教育第一批总结暨第二批部署会议的要求，对合肥市开展主题教育进行动员部署。省委常委、市委书记宋国权作动员讲话，省委第一巡回指导组组长李宏鸣出席并讲话。市委副书记郭强主持会议。

17日　合肥幼儿师范高等专科学校与安徽师范大学联合培养的2019级学前教育本科班开学典礼举行，100名新生参加典礼。

同日　庐江县启用全省首家县级"无人车管所"，在这里可以办理驾驶证补换证、6年车辆免检标志核发、联系方式变更等20项业务，其中驾驶证业务12项，机动车业务8项。

20日　中国科学技术大学潘建伟团队与美国、澳大利亚科学家合作，利用"墨子号"量子科学实验卫星对一类预言引力场导致量子退相干的理论模型进行实验检验。这是国际上首次利用量子卫星在地球引力场中对尝试结合量子力学与广义相对论的理论进行实验检验。国际权威学术期刊*Science*（《科学》）杂志在线发布这项研究成果。

同日　由合肥市第四人民医院与美国德州医学中心睡眠诊疗中心共同合作成立的AMHC国际睡眠中心正式成立，这是中国第二家、安徽省首家中外合作国际睡眠中心。

21日　中共中央统战部副部长，全国工商联党组书记、常务副主席徐乐江一行到合肥调研民营企业发展情况。

同日　德国合肥之友联谊会成立仪式在市政务中心举行。仪式前，市政协主席韩冰会见德国合肥之友嘉宾一行。市政协副主席张小樵参加活动。

22日　安徽大学藏战国楚简一期研究成果——《安徽大学藏战国竹简（一）》新书发布，包括"要翟淑女"在内的一系列研究成果揭晓。

23日　合肥市2019年中国农民丰收节开幕式在安徽巢湖经济开发区三瓜公社举行，市委副书记郭强出席并致辞。

20—23日　继2018年成功举办首届世界制造业大会后，经国务院批准，2019世界制造业大会再次在合肥举办，中国国家主席习近平致贺信。大会由工业和信息化部、科技部、商务部、国务院国资委、中国工程院、全国工商联、全国对外友协、中国中小企业协会、联合国工业发展组织、全球中小企业联盟、安徽省人民政府主办。大会首次设立"主宾国"，英国应邀作为大会主宾国，并设立国家馆。20日的开幕式上，国务委员王勇宣读习近平主席贺信并发表讲话、宣布大会开幕；省委书记、省人大常委会主任李锦斌致辞；省委副书记、省长李国英主持；发布《2019

世界制造业大会合肥倡议》。至23日闭幕，共有78个国家和地区4500多名嘉宾参会，其中境外来宾1700多名，111家境内外世界500强企业负责人、30多名知名专家学者参会，展会观众超过35万人次。大会集中签约项目638个，投资总额7351亿元，项目数、投资总额分别较2018年大会增长46%和64%，合肥市集中签约项目123个，总投资3630亿元。

25日 长三角研究型大学智库峰会2019在合肥举行，会上发布《长三角一体化、新科技新金融合肥共识2019》，举行中国科学技术大学国际金融研究院入驻合肥滨湖新区启动仪式。省委常委、常务副省长邓向阳，省委常委、市委书记宋国权出席并致辞。

同日 长三角异地就医门诊费用直接结算系统全面联通，由此，合肥市居民使用本地医保卡，就能在沪苏浙皖任何一个地级市符合条件的定点医院享受门诊直接结算。

29日 在合肥市第一人民集团医院，合肥市级医疗机构首个博士联盟成立。

30日 安徽省暨合肥市在蜀山烈士陵园隆重举行烈士纪念日向烈士敬献花篮仪式。省委书记李锦斌，省委副书记、省长李国英，省政协主席张昌尔，省委副书记信长星，省委常委及在职省军级领导出席仪式。

同日 省委常委、市委书记宋国权率市四大班子领导同志，在市政务中心阳光大厅参观由市委党史和地方志研究室主办的“图说合肥七十年——庆祝中华人民共和国成立70周年”大型图片展。

10月

1日 庆祝中华人民共和国成立70周年大会、阅兵式、群众游行在北京天安门广场隆重举行。省委常委、市委书记宋国权参加省领导集体收听收看直播。市委副书记、市长凌云，市人大常委会主任汪卫东，市政协主席韩冰，市委副书记郭强等市四大班子负责同志，在市政务中心集体收听收看电视实况直播，共同见证伟大祖国的繁荣与富强。大会在全市各界干部群众中引起强烈反响。

同日 中国电子科技集团第三十八研究所研制的作为新装备首次亮相的一型新一代高机动多功能雷达、四型空警预警机雷达、一型电子侦察机电子任务系统、两型东风导弹导引头，参加庆祝中华人民共和国成立70周年阅兵式。安徽四创电子股份有限公司研制的便携式相控阵天气雷达、C波段双偏振雷达（机动式与固定式）、微波辐射计等多款产品驻守北京周边，仰望空域，为阅兵的顺利进行提供全天候气象与安全保障。300余辆装载合肥国轩高科电池的电动大巴，在北京为中华人民共和国成立70周年庆祝活动提供服务。

8日 市委常委会召开扩大会议，学习贯彻习近平总书记在庆祝中华人民共和国成立70周年大会上的重要讲话精神，研究合肥市贯彻落实工作。省委常委、市委书记宋国权主持会议。

9日 被批准登记为三级肿瘤专科医院的中国科学院合肥肿瘤医院揭牌。

10日 滁州市委书记张祥安率滁州市党政考察团到合肥考察。省委常委、市委书记宋国权，市领导韩冰、郭强、韦弋、马军、张业锁、王文松等分别陪同。

11日 中国安徽名优农产品暨农业产业化交易会（2019·合肥）在合肥滨湖国际会展中心开幕，至13日闭幕，共有56个项目在现场集中签约，总投资额466.5亿元。合肥市有7个项目现场签约，总投资额39.4亿元。

同日 在中华全国总工会、中央网信办主办的全国互联网+工会普惠服务优秀平台征集评选活动中，合肥智慧工会服务平台获“最具影响力平台”称号，也是安徽省唯一一家获得此称号的工会普惠服务平台。

12日 由绍兴市委、市政府主办的“活力绍兴·智引全球”招才引智“秋季专列”到合肥，带着110家企事业单位4500余个岗位，围绕绍兴重点支持发展的数字经济、高端装备、生物医药、新材料等新兴产业，向合肥高校学子抛出橄榄枝。

16日 中国科学院临床研究医院（合肥）在中国科学技术大学附属第一医院（安徽省立医院）揭牌，为全国首家临床研究医院。

同日 国务院公布第八批全国重点文物保护单位，合肥市的合肥曹魏新城遗址、吴复墓、姥山塔、张治中故居4处入选。至此，全市共有10处全国重点文物保护单位。

17日 科技部致函安徽省人民政府，支持合肥市建设国家新一代人工智能创新发展试验区。

同日 在第三届国际综合性科学中心研讨会上，合肥综合性国家科学中心加入刚成立的国家科学中心国际合作联盟。

18日 市长凌云在北京应邀

会见布隆迪驻华大使马丁·姆巴祖穆蒂马。中国驻布隆迪大使李昌林参加会见。

19日　第二十一届中国上海国际艺术节合肥分会场在合肥大剧院开幕。

20日　即日起，合肥市民首次喝上长江水。合肥市实施“江水西调”工程，通过八级提水，将长江水注入大房郢、董铺水库，不仅有效缓解因干旱造成的供水水源不足的紧张局面，更开辟了新的应急水源，改变了大别山水库群作为合肥市唯一补水水源的局面，是保障合肥城市用水安全的战略举措。

18—21日　2019中国·合肥苗木花卉交易大会在肥西县中国中部花木城举办。全省成功洽谈152个林业招商项目，投资金额241.7亿元。19日的开幕式上，全国首个林长制改革示范区揭牌。

22日　《美国新闻与世界报道》发布2020世界大学排行榜，中国科学技术大学再次位列内地高校第三，世界排名较上年提高10位，总体得分提高2分。

23日　中瑞（合肥）生物医药技术产业国际合作论坛在安徽创新馆开幕。市委常委、合肥滨湖科学城管委会副主任杨伟，安徽农业大学副校长操海群出席，副市长朱策主持。论坛由合肥市人民政府、安徽省科技厅、合肥滨湖科学城管委会、瑞士伯尔尼大学、安徽农业大学指导，安徽创新馆服务管理中心、瑞士双峰会、合肥市滨湖新区建设投资有限公司共同承办。

同日　在上海举行的第十五届世界武术锦标赛中，合肥运动员李志勤夺得女子散打56公斤级冠军。

24日　市委副书记郭强在市政务中心会见土库曼斯坦民主党（执政党）主席谢尔达罗夫一行。

同日　第二届世界声博会暨2019科大讯飞1024全球开发者节在合肥开幕。省政府副秘书长汪春明、省经济和信息化厅副厅长王厚亮，副市长王文松出席开幕式。

同日　合肥市出台《合肥市数字经济产业创新试验区认定评分细则》，为全国首创。

同日　市公安局印发《关于全市公安机关实行河湖警长制工作的实施方案》。

25日　第十三届合肥国际文化博览会在滨湖国际会展中心开幕。此届文博会以“创意文化引领美好生活”为主题，全方位、多角度地展现合肥深厚的历史文化、优越的文化产业环境、强劲发展势头和美好发展前景。

29日　全市第一批快递末端服务电动三轮车授牌仪式在庐阳区举行。快递末端服务车辆统一安装GPS定位系统，并连接信息管理平台，实现信息化、智能化管理。至12月31日前，全市超万辆快递末端服务车辆都将统一“换装”。

同日　在全国城市信用状况监测平台公布的最新一期全国各城市综合信用指数排行榜中，合肥市信用指数为88.56分，在36个省会及副省级以上城市中居第8位，连续17个月居于全国综合信用指数排名前十。

30日　2019全国电子战大会在合肥开幕，来自全国电子及相关领域的8名院士及几百名专家学者会聚一堂，探讨交流全球电子战领域的最新研究成果，合力推动电子战事业在新时代的创新发展。

30—31日　浙江省湖州市委书记马晓晖率党政代表团到合肥市考察。市委副书记郭强，市领导钱岩松、韦弋、朱策等陪同。

11月

1日　全省城市基层党建工作现场观摩交流会在合肥市包河区举行。

同日　以“合肥·选择不凡”为主题的“华为云城市峰会2019”走进合肥。华为云与市轨道交通集团、安徽中科美络信息公司签署战略合作协议；联合中国科学技术大学、合肥工业大学、安徽大学、安徽财经大学等高校，发布“Cloud for Good：安徽鲲鹏人才培养计划”。

4日　合肥市与西藏自治区山南市措美县党政代表团交流座谈会在市政务中心召开。省委常委、市委书记宋国权出席并讲话。

5日　合肥综合性国家科学中心Logo设计方案发布，整体以“合”字为主体，中间反白处呈现“H”，代表合肥，体现合肥元素，兼有开放合作之意；标志形似双手，代表以国家实验室建设为基石，以大科学装置集群建设为核心的中心体系；双手相扣呈舞动之势，寓意创新创造、发展腾飞；标志由四条飘带环绕，代表合肥综合性国家科学中心四大聚焦领域（信息、能源、健康、环境）；标志外围呈八边形，代表四通八达，走向世界；标志展现出如轨道运转般的动感与活力，传达出探索与发现、科技与创新的时代精神；标志以科技蓝为主色调，并采用渐变色绘图，彰显出科技创新日新月异的过程。

7日　合肥市抗大旱促秋种工作电视电话会议召开。会上发布，合肥市大部分地区出现30年一遇的特旱级气象干旱，全市农作物受灾面积15.38万公顷。市辖5个县（市）均启动抗旱Ⅳ级应急响应。

8日 国际安全社区命名仪式在合肥市庐阳区召开，庐阳区三孝口街道成为全省唯一“国际安全社区”命名单位。

8—9日 以“质子重离子放疗的优化使用和质量保证”为主题的第三届合肥国际质子重离子放疗论坛在合肥举行。国内外质子重离子放疗领域权威专家学者40余人参会。

10日 “徽商银行杯”2019合肥国际马拉松赛暨全国马拉松锦标赛（合肥站）在滨湖新区举办。来自21个国家和国内32个省、自治区、直辖市及港澳地区的3万名选手参赛。

9—10日 2019中国职业教育国际化发展高端论坛在合肥举行。国内外职业教育领域专家学者、百余所中外职业院校及部分跨国企业负责人参加。

11日 “中华颂·长丰杯”第十届全国小戏小品曲艺大展首演在长丰县杨庙镇马郢社区小剧场举行。

12日 2019年合肥企业50强榜单发布，联宝科技、江汽集团、合肥百大蝉联前三强，合肥海尔工业园等7户企业首次进入榜单。50强的入围门槛年营业收入提高至30亿元。50强企业营业收入总计6550.32亿元，增长10.48%。

13日 省委常委、常务副省长邓向阳到中国科学院量子信息与量子科技创新研究院等单位，实地查看指导重大科技创新平台建设工作。

同日 中国施工企业管理协会公布2018—2019年度国家优质工程奖名单，合肥市有12项工程获奖：皖银大厦项目、中国银行股份有限公司安徽省分行新营业办公楼、交通银行金融服务中心（合肥）、合肥万达文化旅游城四期C地块20号楼、系统协同设计测试中心、合肥南站综合交通枢纽配套北广场、合肥市包河大道高架工程、绿地中心A座工程、安徽轻工国际贸易及研发中心项目、中国科学技术大学先进技术研究院研发试验楼、安徽心脑血管医院、置地创新中心。

15日 2019长三角民政论坛系列活动——2019年养老发展与中医药健康养生高峰论坛暨老博会在安徽国际会展中心开幕。省委常委、市委书记宋国权宣布开幕。

同日 在中国留学人员创业园建设25周年座谈会暨第二十届全国留学人员创业园网络年会上，合肥留学人员创业园获第二批中国留学人员创业园区孵化基地授牌。

18日 第三届中华职业教育创新创业大赛总决赛在合肥闭幕，全国人大常委会副委员长、中华职业教育社理事长郝明金出席颁奖典礼并讲话。省领导刘莉、宋国权、王翠凤、李修松，市领导陈晓波出席。

19日 致敬“时代楷模”——基层青年纪检监察干部李夏同志先进事迹巡回报告会在市政务中心举行。省委常委、市委书记宋国权出席并讲话。市政协主席韩冰，市委常委，其他在职市级领导干部出席。市委副书记郭强主持报告会。

20日 致公党中央和省政府在合肥共同主办“中国发展论坛·2019——科技创新引领高质量发展”。全国政协副主席、致公党中央主席、中国科协主席万钢出席论坛开幕式并作主旨发言。省长李国英出席并致辞，致公党中央常务副主席蒋作君主持开幕式。致公党中央副主席曹鸿鸣、张恩迪，省领导邓向阳、刘莉、宋国权、谢广祥、李和平出席。

同日 合肥市第一人民医院心内科与庐阳区双岗街道社区卫生服务中心签订全市首个“科联体”（即科室联合体）合作协议，让三甲医院重点学科优势资源下至基层，进一步拓展城市“医联体”内涵，提升为民健康服务水平。

21日 共青团合肥市第十五次代表大会在市政务中心开幕。省委常委、市委书记宋国权出席并讲话。大会至22日闭幕，选举产生共青团合肥市第十五届委员会。

同日 合肥视涯硅基OLED微型显示器件及模组生产线投产。

同日 在西班牙巴塞罗那举办的第九届全球智慧城市大会上，合肥入围“数字政府创新奖”。

22日 第十三届中国（合肥）国际家用电器暨消费电子博览会在合肥滨湖国际会展中心开幕。省委书记李锦斌宣布开幕。中国科学院院士、清华大学校长邱勇，省领导陶明伦、宋国权、李明、韩军，部分国家驻华使节，工业和信息化部、中国贸促会有关负责人，国家有关行业协会负责人出席。省委常委、常务副省长邓向阳致辞，副省长何树山主持开幕式。

同日 首届世界显示产业大会在合肥开幕。

同日 2019中日韩商协会合作暨家用电器与消费电子行业发展论坛在合肥举行。

同日 中国科学技术大学陆夕云、叶向东、杨金龙、俞书宏，中国科学院合肥物质科学研究院吴宜灿等5名科学家新当选为中国科学院院士。

23日 长三角地区人力资源一体化发展论坛暨2019年高校毕业生秋季招聘会在合肥举行。当天，中国合肥人力资源服务产业园正式揭牌开园，这是全省首家国家级人力资源服务产业园。

25日　工业和信息化部公布全国第一批“工业产品绿色设计示范企业”名单，安徽安利材料科技股份有限公司作为唯一一家合肥企业上榜。

25—26日　国际湿地城市认证提名考察组到合肥考察并召开汇报会。

27日　中国和平统一促进会台港澳联络部部长韩晨率台港澳中青年骨干国情研习班成员近60人到合肥参访。市委常委、统战部部长陈晓波与他们进行座谈。

同日　中国地方志指导小组办公室印发《关于全国地方志工作先进典型的通报》，中共合肥市委党史和地方志研究室首次荣获“全国地方志工作先进集体”称号。

12月

1日　即日起，合肥市民可以在上海、杭州、宁波、温州、南京以及合肥这6个长三角城市直接扫“合肥轨道”的二维码乘坐地铁，无须排队购买地铁票。

同日　在由人力资源和社会保障部、工业和信息化部、国家国防科技工业局、国务院国有资产监督管理委员会、中央军委政治工作部、中国科学院等六部门，对在探月工程嫦娥四号任务中做出突出贡献的单位和个人进行的表彰中，中国科学院合肥物质科学研究院固体物理研究所材料应用技术研究室获“探月工程嫦娥四号任务突出贡献单位”称号。

3日　江西省委常委、南昌市委书记殷美根率南昌市党政代表团到合肥考察。省委常委、市委书记宋国权，市领导罗云峰、韦弋、王文松等陪同。

同日　中央农村工作领导小组办公室、农业农村部、中央宣传部、民政部、司法部等5部门公布认定全国乡村治理示范乡镇、全国乡村治理示范村名单。合肥市庐江县石头镇笏山村、巢湖市烔炀镇中李村、庐阳区三十岗乡东瞿村入选全国乡村治理示范村。

4日　长江中游城市群省会城市第七届会商会在合肥召开，会议的主题为“对接长三角一体化发展国家战略，推动长江中游城市群高质量协同发展”。武汉、长沙、南昌、合肥四省会城市共同签署《长江中游城市群省会城市高质量协同发展行动方案》。

6日　2019合肥农产品产销对接会农产品企业系列对接活动在安徽国际会展中心举行。

4—6日　由人力资源和社会保障部主办的第一届全国技工院校学生创业创新大赛在合肥举办。合肥技师学院的“宇龙3D工作室”获优秀奖。

7日　市政府与武汉大学在市政务中心签署战略合作协议。省委常委、市委书记宋国权出席签约仪式，并在签约前会见武汉大学校长、党委副书记、中国科学院院士窦贤康一行。

8日　省委常委、常务副省长邓向阳到合肥调研引江济淮工程建设情况，实地察看蜀山枢纽、沪蓉宁西铁路改建项目等。省委常委、市委书记宋国权陪同。

10日　2018—2019年度中国建设工程鲁班奖（国家优质工程）揭晓，合肥市3项建设工程榜上有名，分别是小仓房污水处理厂二期新建工程、第10.5代薄膜晶体管液晶显示器件（TFT—LCD）项目和合肥万达文化旅游城A地块4号楼。

11日　中华人民共和国庐州海关正式开关，这是机构改革后安徽省第二个开关运行的新设隶属海关。

12日　副省长、阜阳市委书记杨光荣，阜阳市市长孙正东率阜阳市党政代表团到合肥考察。省委常委、市委书记宋国权陪同，并主持召开合作共建联席会议。

同日　以“创新开放合作，奋力推动长江经济带商务高质量发展”为主题的第十五届长江经济带商务协作年会暨合肥中欧班列招商合作推介会在合肥召开，来自长江经济带沿线34个城市（区）、“一带一路”重要节点西安和兰州商务主管部门负责人，以及合肥企业代表等200多人参会，会上通过《第十五届长江经济带商务协作会（合肥）共识》。

13日　2019中国（合肥）数字经济创新应用峰会暨长三角（合肥）数字经济一体化开放应用场景峰会“合肥之夜”举行。

18日　农业农村部印发《关于表彰全国农业农村系统先进集体和先进个人的决定》，合肥市农业农村局获“全国农业农村系统先进集体”称号，是全国省会城市中仅有的两个之一。

19日　2019中国（合肥）互联网大会暨“互联网+”院士合肥行活动启幕。省委常委、常务副省长邓向阳，省委常委、市委书记宋国权出席开幕式，见证中国工程院“互联网+智慧环保”项目成果落地合肥。

20日　由合肥科学岛上的中国科学院核能安全技术研究所·凤麟团队自主研发的“麒麟刀”调强

放射治疗计划系统正式发布。该产品已获国家药品监督管理局颁发的医疗器械注册证，是首个通过创新医疗器械特别审批的精准放射治疗计划系统，打破了中国高端肿瘤放疗市场的国外垄断。

同日　合肥市（2019）十佳工业设计奖颁奖典礼举行，现场颁发2019年度“合肥十佳”创新型企业奖、“合肥十佳”创新设计经典案例奖、“合肥十佳”优秀设计公司（团队）奖、“合肥十佳”优秀设计师奖。至此，全市拥有市级以上工业设计中心412家，其中国家级8家、省级48家、市级356家，国家级工业设计中心数量居全国省会城市第一位。

21日　国内首家民营胭脂红古陶瓷博物馆——安徽胭脂红古陶瓷博物馆在合肥市包河区开馆。

21—22日　第三届全国稻渔综合种养模式创新大赛暨2019年优质渔米评比推介活动在合肥举办。肥西县参加评比的合肥万丰生态稻虾养殖专业合作社“浮顶山”牌稻渔米籼米、肥西县梦梅农业家庭农场提供的稻渔米籼米两个品牌分获籼米组金奖和银奖。

25日　合肥通APP上线启动仪式在市政务中心举行，市民从此可实现“一点就通”的智慧生活模式。

同日　由《人民政协报》、人民政协网举办的“致敬70年·寻找最美基层政协委员”活动名单公布，合肥市政协委员纪建宇获“最美基层政协委员”称号，肥西县政协委员余蔚霞获“优秀基层政协委员”称号。

26日　合肥轨道交通3号线开通试运营服务提升誓师会在3号线合肥大剧院站举行。3号线开通运营后，合肥轨道交通运营里程增至89.5千米，迈入“线网时代”。

同日　合肥市第100万户市场主体颁照仪式在市政务中心举行。副市长朱策出席并为第100万户市场主体颁发营业执照和企业公章。

同日　根据生态环境部初步反馈数据，1—12月，巢湖全湖水质由Ⅴ类好转为Ⅳ类，主要污染物氨氮、COD、总磷浓度分别同比下降34.49%、6.36%、22.94%。

26—27日　天津市津南区委书记刘惠率津南区党政代表团到合肥考察。市委副书记郭强，市委常委、秘书长韦弋，副市长王文松陪同并出席座谈会。

28日　合肥都市圈城市党政领导第九次会商会议在芜湖市召开。省委常委、市委书记宋国权出席并讲话。

同日　安徽艺术学院在合肥新站高新技术产业开发区挂牌成立，系本科层次的普通高等学校，由安徽省领导和管理。

同日　2019质量之光颁奖活动在北京人民大会堂举行，合肥市获“质量魅力城市”荣誉称号。全国仅有10座城市获此荣誉，合肥市是安徽省唯一上榜城市。

29日　中国共产党合肥市第十一届委员会第十次全体会议在市政务中心召开。全会审议通过《中共合肥市委关于进一步深入学习贯彻党的十九届四中全会精神的若干意见》《中国共产党合肥市第十一届委员会第十次全体会议决议》。

同日　在“礼赞祖国·社会治理创新典范暨第五届加强和创新社会治理成果交流会”上，合肥市获“2019社会治理创新典范城市”称号，合肥市司法局获“2019加强和创新社会治理优秀单位”称号。

同日　科技部和中国科学技术信息研究所分别公布《国家创新型城市创新能力监测报告2019》和《国家创新型城市创新能力评价报告2019》，合肥居72个国家创新型城市第10位。

31日　合肥市消防救援支队挂牌成立。

同日　合肥轨道交通线网客运量首次突破百万乘次，达100.5630万乘次，创下3条线路开通运营以来的历史新高。

（储茂仁）

责任编辑：史　志

合肥概览

基本市情

【地理位置】 合肥位于北纬30°56′～32°33′、东经116°40′～117°58′。地处安徽中部、江淮之间、长江三角洲西翼，因东淝河与南淝河均发源于此而得名。是全国唯一环抱五大淡水湖之一——巢湖的省会城市，是全省政治、经济、文化、信息、交通中心，也是长三角世界级城市群副中心、“一带一路”和长江经济带的重要节点城市，正在着力打造具有国际影响力的创新高地、全国重要的先进制造业高地、具有国内领先优势的数字经济高地、内陆开放新高地、优质优良宜居宜业的生态高地，在全面从严治党上当好示范。

【面积人口】 全市土地总面积1.14万平方千米，约占全省土地面积的8.2%，其中，市区面积1337平方千米、建成区面积455平方千米。截至2019年末，全市常住人口818.9万人，户籍人口770.44万人。

【行政区划】 合肥辖肥东、肥西、长丰、庐江4个县和县级巢湖市，瑶海、庐阳、蜀山、包河4个区。截至2019年末，全市共有乡镇81个、街道（大社区）60个、城市社区（居委会）532个、村及农村社区（村委会）1291个。

【历史沿革】 合肥所在的巢湖流域是古人类重要发祥地之一，早在新石器时代，就有人类在此活动，有文字记载的历史约4000年。夏商西周时期，淮夷国族生活于此，与中原王朝既相互交往，又攻伐不断。春秋战国时期，为徐、楚、吴、越等诸侯国争夺之地，终归于楚。秦汉时期，正式设立合肥县，属九江郡，至今有2100多年历史；东汉刘秀升合肥为侯国；三国时属魏国淮南郡，为扬州刺史治所；东晋于合肥地区侨置豫州汝阴郡、南谯郡等；南北朝时期侨置郡县时设时撤。隋唐和两宋时属庐州，为庐州州治。元朝时期设庐州路。明清时属庐州府，为府治；清咸丰年间，合肥曾为安徽省临时省会；民国初，庐州府废，合肥县直属安徽省；抗日战争胜利后，1945年安徽省省会由立煌县（今金寨县）迁至合肥。1949年1月21日合肥解放，2月1日根据中共江淮区党委的决定，将原合肥县划设为合肥市、肥东县和肥西县。1952年8月25日，安徽省人民政府正式成立，省会驻合肥。肥东县、肥西县隶属关系几经调整，1983年6月复属合肥市。1964年9月，由肥东、肥西、寿县和定远四县各一部分新建长丰县，隶属合肥市。2011年8月，安徽省实施部分行政区划调整，撤销原地级巢湖市，原居巢区改设县级巢湖市，由安徽省直辖、合肥市代管，庐江县划入合肥市。

自东汉末年以来，合肥数为州郡治所，一直是江淮地区重要的行政中心和军事重镇，素有“淮右襟喉、江南唇齿”“江淮首郡、吴楚要冲”之称，历来是重要商埠和兵家必争之地。西汉时，合肥是全国除长安外十八大商贸市场之一。三国时，合肥成为“恩化大行”“官民有畜”的江淮“巨镇”。隋唐时期，合肥社会繁荣，百姓殷富。宋元时期，合肥为江淮之间首屈一指的政治军事重镇。南宋筑斗梁城，城中“百货骈集，千樯鳞次”，金斗河（淝河流经城区的一段）两岸“悉列货肆，商贾喧阗”。直到鸦片战争前，合肥的经济社会发展水平和全国大部分地区相比，仍毫不逊色。

【自然环境和资源】 合肥境内有丘陵岗地、低山残丘、低洼平原三种地貌，以丘陵岗地为主，江淮分水岭自西向东横贯全境。全市海拔多在15～80米，平均海拔20～40米，海拔最高为境西的595米的牛王寨。主城区地势由西北向东南倾斜，岗冲起伏；西南部属大别山余脉，层峦叠嶂。

合肥地处中纬度地带，属亚热带季风性湿润气候，季风明显，四季分明，气候温和，雨量适中。

年均气温15.7℃，年均降水量约1000毫米，年日照时间约2000小时，年均无霜期228天，平均相对湿度为77%。

合肥自然条件优越，水资源、土地资源、农产品资源、矿产资源和旅游资源丰富。合肥可利用水资源充裕，天然水资源总量为38.63亿立方米。地表水系较为发达，以江淮分水岭为界，岭北为淮河水系，岭南为长江水系。淮河水系主要有东淝河、沛河、池河等，长江水系主要有南淝河、派河、丰乐河、杭埠河、滁河、裕溪河、兆河、柘皋河、白石天河、西河等。境内巢湖东西长54.5千米，南北宽21千米，水域面积770平方千米，号称“八百里巢湖”，湖底海拔5米，湖水容量随水位高程的不同而不同，当水位高程达14米时，湖水容量为63.7亿立方米。

全市耕地面积5590.30平方千米，合肥是全国重要的农副产品生产区，粮食作物以水稻、小麦为主，经济作物主要有油菜、棉花、瓜果、蔬菜等，畜禽养殖业发达，特色农产品丰富，全市累计认证“三品一标”农产品总数992个，被授予“中国淡水龙虾之都”“中国坚果炒货之都”称号。长丰草莓、大圩葡萄、三十岗西瓜、中埠番茄、肥东杭椒、白云春毫茶叶、巢湖银鱼和白虾、合肥龙虾、肥西老母鸡等优质农产品深受消费者喜爱。

合肥的矿产资源丰富，有白云石、花岗石、磷、铁、铅、锌、银、明矾石、石膏、灰岩、矿泉水等。其中，肥东县磷矿储量居全省第二位；庐江县素有“地下聚宝盆”之称，铅、锌、硫铁矿、明矾石储量居全省首位，铜矿居第二位，硫铁矿储量占全省二分之一，铁矿储量占全省三分之一。

合肥自然环境优美，名胜古迹众多，城中有园，园中有城，是国家首批命名的3个全国园林城市之一，也是全国文明城市、全国优秀旅游城市。全市森林资源面积18.67万公顷，森林覆盖率28%。2019年新增城区绿化面积606.72万平方米，绿化覆盖率46%。建成区绿地率达40.3%。

【历代名人】 合肥人杰地灵、从古到今孕育了无数杰出人物，在历史上产生了重要的影响。楚汉相争时的亚父范增，三国名将周瑜，“五代十国”时期吴国缔造者杨行密，北宋著名清官包拯，晚清重臣洋务派首领李鸿章，台湾光复后首任巡抚刘铭传，清朝直隶提督聂士成，抗法名将刘秉璋，北洋军阀皖系首领段祺瑞，北洋海军提督丁汝昌，淮军将领吴长庆，民国初期总理李经羲、龚心湛、贾德耀，辛亥革命时期上将倪映典、吴旸谷、范鸿仙，爱国将领冯玉祥，抗日名将卫立煌、孙立人、郭寄峤，“和平将军”张治中，共产党隐蔽战线卓越领导人李克农，国民党高级官员吴忠信，革命英烈柯武东、刘敏、徐百川，诺贝尔物理学奖获得者杨振宁，著名作家鲁彦周等。

【民族和宗教】 合肥市属少数民族散杂居地区，是安徽省民族工作重点市。截至2019年，全市有52个少数民族成分，少数民族户籍人口7.04万人，占全市户籍总人口的0.9%。有1个民族乡，12个少数民族聚居村和2个少数民族聚居社区，7所民族中小学校。合肥有佛教、道教、伊斯兰教、天主教、基督教五大宗教。市区较大宗教活动场所有明教寺、开福寺、清真寺、天主教堂、基督教堂等。

（方　志）

2019年经济社会发展情况

【概况】 2019年，合肥地区生产总值9409.4亿元、增长7.6%；财政收入1432.4亿元、增长3.9%，其中地方财政收入746亿元、增长4.7%；规模以上工业增加值增长8.6%；固定资产投资增长9.0%；社会消费品零售总额增长8.7%；进出口总额322.1亿美元、增长4.6%；城镇、农村居民人均可支配收入分别达到45404元、22462元，分别增长9.5%、10.2%；城镇登记失业率2.8%。地区生产总值位居省会城市第9位、大中城市第21位。战略性新兴产业培育、商事制度改革、财政预算管理、棚户区及农村危房改造和巢湖市农村人居环境整治、蜀山区土地节约集约利用、高新区打造区域“双创”示范基地等7项工作成效明显，获国务院通报激励。

【科学中心建设】 2019年，合肥综合性国家科学中心框架体系初步形成，滨湖科学城实质性运转，安徽创新馆建成运行，类脑智能技术及应用国家工程实验室基本建成，量子创新研究院、离子医学中心主体工程竣工，聚变堆主机及大科学装置集中区加快建设，与大院大所合作共建平台达26家，能源研究院、人工智能研究院揭牌成立，细胞活化调控、高清视频编码等8项成果获国家科学技术奖，合肥跻身世界区域创新集群百强。全社会研发投入占GDP比重、每万人有效发明专利拥有量、吸纳技术合同成交额等位居省会城市前列，新增国家高新技术企业429户、总数突破2500户。国盾量子、皖仪科技即将登陆科创板，中科院合肥物质院成果转化模式在全国推广。人才强磁场加速显现，新增“两院”院士5人、在肥服务院士达127人，建立首批外国专家工作室、引才引智示范基地，会集国内外高端人才400多人。

【产业转型升级】 2019年，合肥市新型显示器件、集成电路、人工智能入选首批国家战略性新兴产业集群，入选数位居全国城市第4、省会城市第2，成功获批国家新一代人工智能创新发展试验区。习近平总书记向世界制造业大会发来贺信，从国家层面赋予大会重要定位。战略性新兴产业增加值增长15.2%，占规模以上工业比重52.6%，创历史新高。新型显示器件整体规模国内第一，京东方10.5代线满产满销，视涯硅基OLED微显示器正式投产，维信诺第六代柔性显示生产线主体结构封顶。长鑫存储首颗自主研发的19纳米存储芯片实现量产，总投资2200亿元的集成电路制造基地加快建设。“中国声谷”营收突破800亿元，“中国安全谷”获批建设。联宝笔记本电脑、华米智能可穿戴设备、阳光电源光伏逆变设备全球市场占有率继续领跑。启动26家智能工厂、250个数字化车间智能化改造，建成合力叉车、安泰科技等一批有影响力的工业互联网平台。培育省级服务业集聚区、示范园区39家，滨湖卓越城文华园一期、唯品会安徽物流园等重点项目建成运营，邮政快递高位增长。成功举办家博会、首届世界显示产业大会，获批承办第十四届中国国际园林博览会，入选“中国最具竞争力会展城市”。

【城市建设】 2019年，合肥市突出规划引领，合肥滨湖科学城、空港经济示范区、东部新中心、骆岗中央公园总体规划编制基本完成。新建续建大建设工程1370项，完成投资570亿元。商合杭高铁合肥以北段开通运营，高铁南站南广场建成启用，新合肥西站开工建设，引江济淮累计完成投资300多亿元。完成合宁、合芜、合安高速“四改八”，开工建设明巢高速合肥段，新建续建国省干线360千米。地铁3号线开通运营，轨道交通迈入“线网时代”。裕溪路高架东延、集贤路跨派河桥等建成使用，公交都市创建通过国家验收。长江路景观改造、天鹅湖亮化工程、合柴·1972文创园等一批城市更新项目建成。生活垃圾分类试点扎实推进，数字城管二期投入使用，建成5G基站超1300个，整治23处拥堵点，新增停车泊位和新能源充电设施均超过1万个。

【改革开放】 2019年，合肥市商事制度改革深入推进，企业开办实现“零成本”“一日办结”，市场主体总量突破100万户。深入开展创优营商环境再提升行动，劳动力市场监管、获得信贷两项指标在全国营商环境评价中位居前十。出台支持民营经济高质量发展“10条”，全年新增减税降费254亿元，上市公司达52家。农村集体产权制度改革村（居）达89%，“三变”改革村（居）达67%。开放水平全面提升，合肥中欧班列发运368列、居全国第8，合肥水运港集装箱吞吐量36.9万标箱。出口加工区整合优化为综合保税区，庐州海关正式开关。落实落细长三角一体化发展战略，G60物联网、生物医药、环境产业等合作示范园区挂牌运作，实现9城市地铁“一码通行”、18城市51个事项“一网通办”、41城市医保“一卡通用”。成功举办长江中游城市群省会城市会商会，发布“合肥行动方案”。合肥都市圈扩容升级，合淮产业走廊、合六经济走廊建设加快推进。扎实开展与皖北结对合作，积极做好援疆援藏工作。

【三大攻坚战】 2019年，合肥市全年投入扶贫资金16.5亿元，建成特色产业扶贫园区112个、带动2.8万贫困户增收。新型农业经营主体突破1.4万家，虾稻综合种养面积达3.65万公顷，休闲农业接待游客突破3700万人次。南艳湖机器人小镇、长临河文旅小镇入选省级特色小镇，三瓜公社电商小镇典型经验在全国推广。美丽乡村建设纵深开展，建成89个中心村，完成8.3万户改厕任务，实现乡镇污水设施全覆盖，农村生活污水治理工作成为全国典型。新建农村道路畅通工程1300千米，实现全市乡镇通公交、建制村通客车。新增耕地3933公顷，建成高标准农田1.44万公顷。面对40年来最严重的伏秋冬连旱，强化水资源供应和调度，确保了城乡居民饮水安全和农业生产需要。

纵深推进“三大一强”污染防治专项行动，认真抓好中央和省环保督察问题整改，一批突出环境问题得到有效解决。系统攻坚巢湖治理，十五里河四期、小仓房三期、陶冲二期污水处理厂通水运行。新建雨污管网758千米，整改雨污混接点4541处。投资百亿元启动建设100平方千米环巢湖“十大湿地”。南淝河、十五里河、双桥河、派河水质明显改善，杭埠河、裕溪河、柘皋河、兆河水质稳定在Ⅲ类以上。全面推行林长制，植树造林10万亩（1亩≈666.67平方米），城镇绿化1000多万平方米，建成绿道130多千米，森林覆盖率达到

28.3%，生态绿色成为合肥鲜明底色。$PM_{2.5}$、PM_{10} 浓度连续六年“双下降”。巢湖水质好转为Ⅳ类，十五里河水质达到Ⅲ类，南淝河国考断面连续多月实现稳定达标，水质改善迎来历史性突破。

重点领域风险防控有力，守住了不发生系统性风险底线。把握省会城市特点，排查风险点近300个，形成“1+8+14”方案，有效处置可能影响稳定的案（事）件。全市P2P网贷风险逐步释放、加速出清，政府性债务风险总体可控，处于较低水平。

【民生福祉】 2019年，合肥市实施31项民生工程，菜市场改造、既有住宅加装电梯等20项为民办实事深受群众欢迎。全年民生支出占财政支出85.6%。新增城镇就业27.8万人，完成省下达任务的2.95倍。在园幼儿公办率和普惠率分别达45.5%和78%，提高17和18.9个百分点。新建改扩建中小学44所、幼儿园71所，城区中小学午餐服务全覆盖，153所小学实施“三点半课后服务”。合职院汇心湖校区、黄麓师范一期、清华附中合肥学校建成招生，中德青年学生创业孵化中心投入使用。提高社会保障标准，开展按疾病诊断分组付费国家试点，居家和社区养老获评全国优秀试点地区。新开工棚户区改造项目23个，综合整治老旧小区122个。建立房地产市场平稳健康发展长效机制，住房租赁试点获中央财政支持。成功举办中国上海国际艺术节合肥分会场、第十三届合肥文博会，市中心图书馆、科技馆新馆等开工建设。举办首届全民健身运动会，成功申办2023年第五届全国智力运动会。荣获全国“质量魅力城市”，食品药品安全满意度进一步提升。强化应急管理和安全生产监管，事故起数和死亡人数实现“双下降”。扫黑除恶专项斗争成效显著，进京到省信访量明显下降。成功创建全国社会信用体系建设示范城市。国防动员、人民防空、双拥共建、退役军人事务工作取得新业绩。民族宗教、防震减灾、统计、科普、气象、保密、仲裁等工作有了新提升。工会、共青团、妇女儿童、红十字会、老年人、残疾人和关心下一代等工作实现新进步。

2019年党的建设

【概况】 2019年，中国共产党合肥市委员会（以下简称“中共合肥市委”）坚持以习近平新时代中国特色社会主义思想为指导，深入学习贯彻落实党的十九大和十九届二中、三中、四中全会精神，全面贯彻新时代党的建设总要求，以党的政治建设为统领推进党的各项建设，以持之以恒的韧劲提升党的建设质量，为打造具有国际影响力的创新之都提供坚强保证。

【政治建设】 2019年，中共合肥市委深入学习贯彻《中共中央关于加强党的政治建设的意见》及省委《重点工作举措》精神，增强“四个意识”、坚定“四个自信”、坚决做到“两个维护”，自觉在思想、政治、行动上同以习近平同志为核心的党中央保持高度一致。研究制定《市委向省委请示报告事项清单》等制度，全年严肃查处违反政治纪律的行为30件。9月12日，部署开展全市“不忘初心、牢记使命”主题教育。3个月中，严格按照“十二字”总要求，紧紧围绕“五句话”目标，坚持学做结合、查改贯通，增强了守初心、担使命的思想自觉和行动自觉，形成一批实践成果、制度成果和理论成果。分别制定党委（党组）20项和党支部10项重点任务清单，开展7次集中研讨，组织开展读书班、讲党课、“致敬英烈”等活动，实施市领导带头包保解决20个民生突出问题，《人民日报》多次作专门报道。以“钉钉子”的精神抓整改，全面完成中央及省委脱贫攻坚专项巡视反馈59条、问题整改11条，中央环保督察反馈意见55项整改任务完成整改销号39项，省委巡视反馈44项问题完成整改33项、基本完成7项。

【思想建设】 2019年，中共合肥市委持续深化学习培训。召开43次常委会会议、15次理论学习中心组学习会，实施党委（党组）理论学习中心组学习质量提升行动，全面系统学，及时跟进学，坚持在学懂弄通做实上作表率，推动学习贯彻习近平新时代中国特色社会主义思想往深里走、往心里走、往实里走。强化分层分类培训，举办各类培训班101期、培训7100余人次，着力提高党员干部理论水平。始终强化理论武装。持续打造“理响合肥”理论宣传宣讲矩阵，创新开展“举旗帜·送理论”等宣讲活动3000多场次。第一时间组织学习贯彻党的十九届四中全会精神，开展学习培训、集中宣讲、新闻宣传等工作，结合实际制定合肥市贯彻落实意见。组织开展“壮丽70年·奋斗新时代”等重大主题宣传，举办系列新闻发布会24场。在全省率先举办“榜样进校园”活动，包河区滨湖世纪社区创新做法入选中宣部《全国社区思想政治工作创新案例选编》。压实意识形态工作责任。调整各级意识形态工作领导小组，实施重大风险隐患防范化解月调度，开展风险隐患排查等“三大行动”，确保意识形态领域安全稳定。抓好省委巡视意识形态工作责任制专项检查反馈问题整改，制定87项措施，推动问题清仓归零。

【组织建设】 2019年，中共合肥市委高质量完成机构改革任务，配齐班子、建强队伍。实施公务员职务职级并行制度，全面完成职级套转。优化干部队伍，从市直机关交流4名干部到企事业单位任职，从市属企业择优选派2名正职交流到开发区任职，提拔使用14名“80后”县处级年轻干部。强化担当作为，完善容错纠错、党内关怀帮扶等配套措施，选树4名先进典型，通报6个反面典型，处理不担当不作为干部59人。提升基层党组织建设质量。持续推进基层党组织标准化规范化建设和党支部建设提升行动，全市基层党组织基本实现全达标。深化农村基层党建“一抓双促”工程，实施“四提升行动”，整顿软弱涣散村级党组织41个，出台扶持村级集体经济实施意见，实施“百村示范、千村提升”五年行动计划。抓好城市基层党建“书记工程”，出台“1+8”制度体系，全面取消街道招商引资任务，赋予街道5项权力，从市本级压缩185个行政编制充实到街道，开展“三减一加强”专项行动，社区事务“减负”近60%，相关做法得到中组部、中央政法委、民政部、住建部及省委的肯定，获评“全国城市基层党建创新最佳案例”。出台加强和改进市直机关党的建设工作举措，推动1200多个基层党组织全面进步、全面过硬。健全国企党建“1+6+N”制度体系，推进134家国有企业将党建工作要求写入章程。实现中小学尤其是民办学校党组织和党的工作全面覆盖。成立公立医院党建工作指导委员会，在5家医院实行党委书记和院长分设。出台加强非公上市公司党建工作意见，把25家上市公司全部列为市级双重管理。激发人才创新创业活力。修订人才细则14项，深化G60科创走廊九城市人才交流合作，举办第三届“墨子论坛”等活动，落实新落户人才租房补贴3000万元，合肥获评“外籍人才眼中最具吸引力的中国城市”三甲。

【作风建设】 2019年，中共合肥市委持之以恒抓中央八项规定精神落实。深入贯彻落实中央八项规定精神及省委实施细则、市委三十条规定，把执行中央八项规定精神情况纳入主题教育专项整治，全市查处违反中央八项规定精神问题229个，处理331人，公开曝光46批次153人。锲而不舍落实“基层减负年”要求。出台“九减一增强”举措，持续为基层减负，市级层面发文、开会、督查检查考核分别下降46.5%、39.2%和89.1%。对市直各单位、市议事协调机构简报刊发情况进行全面摸排检查，确保中央及省委要求落实到位。不折不扣整治形式主义、官僚主义。扎实开展“严强转”集中整治专项行动，出台“八项措施”，制定32条禁止性规定，查摆和整改形式主义、官僚主义问题238个，通报典型问题15起28人。常态化推进“三查三问”，通报典型问题132个，建章立制407项。扎实开展“三个以案”警示教育，列出脱贫攻坚等7个方面20个问题，立行立改17个。常态长效密切联系群众。出台大调研常态化制度化意见，市、县两级调研小组深入基层一线走访调研对象4.8万多个，解决问题1.7万多个。深化“四联四定”和在职党员到社区报到，1900多个机关和企事业单位、2.7万名在职党员主动到社区报到，积极参与城乡基层治理。创新互联网时代群众工作机制，获评“2019年人民网网民留言办理工作民心会聚单位”。

【纪律建设和反腐败斗争】 2019年，中共合肥市委强化监督执纪。出台《加强和改进党内同级监督实施办法》，建立健全述责述廉、考核评议、约谈提醒、政治生态状况衡量评价指标、责任追究等制度，探索建立市委常委之间谈心谈话等机制。优化27个派出机构设置，实现对80家党政机关、63家市属企事业单位的监督全覆盖。按照“监察室+协作区”模式，推进监察职能向乡镇街道延伸。贯通运用监督执纪“四种形态”，全市按照“四种形态”处理5538人次，其中运用第一、二种形态占89.8%。巩固发展反腐败斗争压倒性态势。一体推进不敢腐、不能腐、不想腐，全市纪检监察机关受理信访举报5596件次，处置问题线索5717件，立案1999件，处分1761人。紧盯群众反映强烈的民生、扶贫、环保等领域突出问题，全市查处群众身边的腐败和作风问题204起，处理274人。深入开展扫黑除恶专项行动。创新建立“五快三抓紧”“三一律、一促改”工作机制，全市涉黑涉恶腐败等立案262人，处分103人，移送司法机关14人，重点查处王贤虎、曹怀红等严重违纪违法案件。提高巡察工作质量。实施市委第六轮、第七轮巡察，市委巡察全覆盖率达72%。推进巡察联动一体化，对1313个村（社区）开展延伸巡察。

（童　蕾）

责任编辑：史　志

中国共产党合肥市委员会

综　述

2019年，中国共产党合肥市委员会（以下简称“市委”）坚持以习近平新时代中国特色社会主义思想为指导，深入学习贯彻党的十九大和十九届二中、三中、四中全会精神，全面落实党中央及省委决策部署，认真履行把方向、管大局、作决策、保落实的职责，统筹做好稳增长、促改革、调结构、惠民生、防风险、保稳定工作，党的建设和各项事业取得新进展、新成效。

推动学习贯彻习近平新时代中国特色社会主义思想往深里走、往心里走、往实里走。坚持不懈在学懂弄通做实上下功夫，市委常委会带头抓学习，召开43次市委常委会会议、15次理论学习中心组学习会，集中学习习近平总书记重要讲话精神，与时俱进、以上率下强化理论武装。从9月份开始，开展“不忘初心、牢记使命”主题教育，分别制定党委（党组）20项和党支部10项重点任务清单，让基层可参照、能执行、好落实。组织开展读书班、讲党课、“致敬英烈”等活动。实现“大调研”常态化、制度化，梳理事关群众切身利益的现实问题，列出整改清单，定期向社会公布，市县两级党政领导带头包保解决突出问题，解决各类问题17000多个。组织学习贯彻党的十九届四中全会精神，开展学习培训、集中宣讲、新闻宣传等工作，持续兴起学习宣传贯彻热潮。12月29日，出台《中共合肥市委关于进一步深入学习贯彻党的十九届四中全会精神的若干意见》，全面承接落实中央及省委各项决策部署，紧密结合实际重点谋划全市需要进一步深化完善的各项体制机制改革，形成推进国家治理体系和治理能力现代化的“合肥版”“执行版”。

【经济保持稳中有进】 2019年，全市地区生产总值9409.4亿元、增长7.6%，居全国省会城市第9位，全国大中城市第21位；财政收入1432.4亿元、增长3.9%，其中地方财政收入746亿元、增长4.7%；规模以上工业增加值增长8.6%；固定资产投资增长9.0%；社会消费品零售总额增长8.7%；进出口总额322.1亿美元、增长4.6%；城镇、农村居民人均可支配收入分别达到45404元、22462元；城镇登记失业率2.8%。肥西县、肥东县、长丰县上榜“全国综合实力百强县市”，肥西县、肥东县、长丰县、巢湖市、庐江县全部跻身“全国投资潜力百强县市”，包河区、蜀山区、庐阳区和瑶海区同时上榜“全国综合实力百强区”，合肥高新技术产业开发区位列全国169个国家级高新区综合排名第6位，合肥经济技术开发区位列国家级经开区综合发展水平第13位。

【打好三大攻坚战】 2019年，市委打好防范化解重大风险攻坚战。把握省会城市特点，排查风险点近300个，形成“1+8+14”方案，有效处置可能影响稳定的案（事）件。全市P2P网贷风险逐步释放、加速出清，政府性债务风险总体可控，处于较低水平。打好脱贫攻坚战。开展中央脱贫攻坚巡视反馈问题再对标、再整改专项行动。开展“两不愁三保障”及饮水安全突出问题大排查，脱贫攻坚十大工程取得成效。打好污染防治攻坚战。形成“河湖长+排长+警长+民间河长”的联动治水新模式，南淝河水质改善迎来历史性“拐点”，施口“国考”断面连续达标，巢湖全湖水质由Ⅴ类好转为Ⅳ类。环湖十大湿地成为全市生态文明建设的标志性工程，累计恢复和修复湿地1200公顷，跻身全国水生态文明城市。城市十大公园加快建设，完成人工造林6667公顷。PM_{10}和$PM_{2.5}$平均浓度连续6年双下降。垃圾分类试点工作取得初步成效，垃圾终端处理能力加速提升。

【科技创新助推产业高质量发展】2019年，市委高站位推进“四个一”创新主平台建设，综合性国家科学中心框架体系初步形成，滨湖科学城实质性运转，安徽创新馆建成运行，构建起“政产学研用金”六位一体的成果转化体系。大科学装置集中区建设全面展开，量子创新院主体工程封顶，量子国家实验室创建取得关键性进展，能源研究院和人工智能研究院加快组建，谋划布局大健康研究院和环境研发平台。聚变堆主机主体工程、离子医学中心、中科大高新园区等重点项目进展顺利。新增国家高新技术企业429户、总数突破2500户，跻身世界区域创新集群百强。产业发展继续做大做强做优，2019世界制造业大会和首届世界显示产业大会成功举办，新型显示器件、集成电路和人工智能3个产业集群入选第一批国家战略性新兴产业集群名单。获科技部批准建设国家新一代人工智能创新发展试验区，智能语音入选国家先进制造业集群。以“芯屏器合”为主导的战略性新兴产业进入收获期，安徽省历史上单体投资最大的工业项目——长鑫集成电路制造基地取得标志性进展，项目投产使中国在DRAM内存芯片领域，首次实现量产技术突破。合肥京东方光电科技有限公司10.5代线保持满产满销，视涯全球最大的硅基OLED微显示器项目建成投产，维信诺第六代柔性显示生产线主体结构封顶。科大讯飞营业收入突破百亿，带动中国声谷产值突破800亿元。长安二期新品供不应求，拉动企业产值突破100亿元。联宝电子成为全市首个产值过700亿元的单体企业。绿色制造、精品制造等新型制造规模加快壮大。投入“数字江淮”建设，先行先试建设数字经济产业创新试验区。民营经济发展环境得到优化。

【城乡建设提质提速提品提效】2019年，合肥市新建续建大建设工程1370项，完成投资570亿元、增长8%。完成拆迁面积1650万平方米。加快推进骆岗中央公园、东部新中心、西部运河新城、空港国际小镇等重点片区建设。大交通托起枢纽城，城市立体综合交通体系不断完善。商合杭高铁合肥以北段运营，高铁南站南广场投入使用，启动新桥机场二期规划建设，轨道交通3号线正式开通运营，郎溪路高架、裕溪路高架东延、国际大道等建成通车，一批高速“四改八”、国省干线、公共停车泊位、综合管廊建成投入使用。推进引江济淮工程合肥段建设，累计完成投资近300亿元。众志成城抗御特大干旱，采取“江水西调”等举措保障城市供水。坚持城乡融合发展，高质量实施庐江县十里长冲等乡村振兴示范项目，全面完成2609户危房改造任务，开展农村环境“三大革命”“三大行动”，农村生活污水治理工作经验在全国推广。

【深化改革开放】2019年，市委全年召开4次市委全面深化改革委员会会议，审议通过20余份改革方案文件，形成44项制度性成果，事关全局的重大改革共6项。市县机构改革顺利完成。开展创优营商环境再提升行动，政务服务事项“最多跑一次”占比超99%，企业开办“一日办结”全面实现。推进农业农村、国资国企、财税金融等重要领域改革。融入长三角一体化发展迈出新步伐，出台《合肥市推动长三角地区更高质量一体化发展重点工作推进方案》，细化实化重点工作210项，牵头成立G60新能源和网联汽车产业联盟，G60物联网、生物医药、环境产业等合作示范园区陆续挂牌，长三角城市“一码通域”启动，与上海张江“两心”同创、合杭梦想小镇等一批重点合作事项加快推进。成功承办长江中游城市群省会城市会商会，发布高质量协同发展行动方案。合肥都市圈实现新的扩容升级，“一圈五区”联动更加紧密，与皖北结对合作成效显著。提升开放水平，中欧班列发运368列、去回程满载率100%，班列数超过前5年的总和；水运港集装箱吞吐量36.9万标箱、增长19.8%。出口加工区升级为综合保税区。庐州海关正式开关。外贸综合排名位居“中国外贸百强城市”第25位。招商引资成效明显，全市新签约重点项目1110个、较上年增加239个，协议总投资3997.1亿元、增长11.3%，实际引进资金增长10.5%。

【加强宣传思想文化工作】2019年，市委紧扣庆祝中华人民共和国成立70周年这一主线，持续打造“理响合肥”宣传宣讲矩阵，创新开展“举旗帜·送理论”等宣讲活动3000多场次。严格落实意识形态工作责任制，持续壮大主流舆论，全面加强网络安全和信息化工作，加快推进新时代文明实践中心和县级融媒体中心建设。创新外宣方式，拓展外宣渠道，创新之都美誉度得到提升。培育和践行社会主义核心价值观，加大先进典型培育选树力度。开展党史、新中国史、改革开放史教育，创新做法入选全国案例。开展文明城市创建工作，城市文明程度和市民文明素质提升。持续推动文化事业文化产业发展，6 部作品获省“五个一工程”优秀作品奖，进入“2019 国家文化和科技融合示范基地”十强榜单。

【增强群众获得感幸福感安全感】 2019 年，合肥市民生支出占财政支出比重持续增加，新建改扩建中小学项目 44 个、幼儿园项目 71 个，公办和普惠性幼儿园在园幼儿比例分别达 45.5%、78%。被国家发改委确定为全国 8 个国家区域医疗中心之一，安徽省妇幼保健院（西院）急门诊开诊。市中心图书馆、科技馆新馆、美术馆、工人文化宫等场馆场所建设有序实施。一批城市阅读空间、街角公园、体育公园投入使用，广受群众欢迎。举办首届全民健身运动会。严格落实房地产调控政策，主要指标均处于国家调控指标范围内。加快培育租赁市场，成功申报住房租赁市场发展试点城市。推进老旧小区综合整治，入列全国老旧小区改造试点城市。多措并举保障物价平稳运行，开展惠民菜篮子活动，保障困难群众生活水平。“推磨转圈”式集中清查整治治安乱点，扫黑除恶专项斗争取得阶段性成果，移出全国传销重点整治城市名单。推进“阳光信访、法治信访、责任信访”，信访秩序持续规范，信访形势好转。安全生产形势保持稳定，安全生产事故起数和死亡人数实现“双下降”。

【发展社会主义民主政治】 2019 年，市委支持人大及其常委会依法行使职权，在地方立法、依法监督、代表工作等方面取得新成绩。加强党对人民政协工作的全面领导，不断提升“1+2+2+1+X”协商议政新格局，推进政协党的建设，加大协商监督调研成果转化力度，深化拓展“双联双创”活动，实现建言资政和凝聚共识双向发力。坚持大统战工作格局，在民主党派、无党派、非公有制经济人士中开展“不忘合作初心、继续携手前进”主题教育，完成商会改革、侨联换届等工作，把统一战线各方面成员团结凝聚在党的周围。深入推进群团组织改革，召开共青团合肥市第十五次代表大会、市文联第四次代表大会、市科协第八次代表大会，群团组织政治性、先进性、群众性得到增强。完善全面依法治市工作体制机制，创建全国法治政府建设示范市，深化政法领域改革，推动宪法宣传、普法责任制落实，荣获全国“七五”普法中期先进城市。党管武装各项制度规范落实，军民融合深度发展，国防教育、国防动员、双拥共建、人民防空工作取得新成绩。

【推进全面从严治党】 2019 年，市委坚持把党的政治建设摆在首位，以党的政治建设为统领，全面推进党的各项建设。加强各级领导班子和干部队伍建设，贯彻落实新修订的《公务员法》，推进职务职级并行，完善容错纠错、党内关怀帮扶等配套措施，激励广大干部新时代新担当新作为。坚持大抓基层的鲜明导向，把城市基层党建引领基层治理作为“一号课题”“书记工程”，形成“1+8”制度体系，推动做强街道、做优社区、做实系统、做活治理，获评全国城市基层党建创新最佳案例。推进基层党组织标准化规范化建设和党支部建设提升行动，深化农村基层党建“一抓三促”工程，全市基层党组织达标率达 99%。加强机关党建工作，推动市直机关 1700 多个基层党组织全面进步、全面过硬。持续深化作风建设，推深做实“严规矩、强监督、转作风”集中整治形式主义、官僚主义专项行动、“以案示警、以案为戒、以案促改”警示教育，坚持不懈正风肃纪反腐。深入推进部署“基层减负年”工作，采取“九减一增强”（减文、减会、减表、减“查”、减“报”、减事、减痕、减压、减“责”，增强激励关怀）举措为基层松绑减负，市级层面发文、开会、督查检查大幅下降。狠抓中央及省委巡视反馈问题整改，完成市委第六、第七轮巡察，市委巡察全覆盖率达 72%，市委巡察“利剑”作用进一步彰显。

（龙　浩）

重要活动

2019 年 2 月 18 日，合肥市政府、合肥高新区分别与杭州海康威视数字技术股份有限公司在市政务中心签署合作协议，海康威视合肥科技园项目正式落户。省委常委、市委书记宋国权见证签约，并在签约前会见海康威视董事长陈宗年一行。市领导凌云、罗云峰、韦弋、马军参加会见并见证签约。

3 月 28 日，上海市松江区委书记程向民、区长陈宇剑率松江区党政代表团来肥考察。省委常委、市委书记宋国权陪同考察并在滨湖科学城管委会主持召开安徽省合肥市—上海市松江区交流座谈会，围绕共同推动 G60 科创走廊建设进行深入交流。当天上午，长三角 G60

2019 年 4 月 24 日，安徽创新馆开馆暨安徽科技创新成果转化交易会在合肥举行（何希斌 / 摄）

科创走廊产业合作示范园（物联网）授牌暨签约仪式举行，罗云峰主持仪式，宋国权、程向民共同为长三角 G60 科创走廊产业合作示范园（物联网）揭牌，并向合肥东部新中心建设管理办公室授牌。市领导韩冰、郭强、罗云峰、钱岩松、张业锁等陪同考察或参加座谈会。

3 月 30 日，2019 年合肥高新区百个亿元以上高质量发展项目集中开工运营仪式举行。省委常委、市委书记宋国权出席仪式，市长凌云出席并致辞，安徽医科大学党委书记李俊、校长曹云霞出席。开工运营仪式后，宋国权一行调研高新区部分企业。

4 月 24 日，安徽创新馆开馆暨安徽科技创新成果转化交易会在合肥举行。省委书记李锦斌讲话并宣布开幕。省委副书记、省长李国英主持。中国工程院党组书记、院长李晓红，中国科学院副院长相里斌，省委常委、市委书记宋国权分别致辞。省委副书记信长星，中国工程院副院长钟志华，国家金融与发展实验室理事长李扬，省委常委，省人大常委会、省政府、省政协有关负责同志，省高院院长，中国科学技术大学党委书记出席。省委常委、常务副省长邓向阳介绍“三比一增”专项行动基本情况。市领导凌云、汪卫东、韩冰、郭强等，省内其他市党委或政府主要负责同志、省直有关单位主要负责同志，部分高校、大院大所、省属企业主要负责同志，部分参会企业负责人总共近千人参加。

4 月 24 日，长三角 G60 科创走廊新能源和网联汽车产业联盟成立大会暨创新成果发布会在安徽创新馆举行。省委常委、市委书记宋国权，G60 科创走廊联席办主任、上海市松江区委常委、副区长高奕奕在会上致辞，并与浙江金华市委常委张伟亚，宣城市委常委、常务副市长汪谦慎，芜湖市副市长汤劲松，合肥市副市长朱策等共同为产业联盟揭牌。会议发布 G60 科创走廊新能源和网联汽车产业合作合肥宣言、G60 科创走廊联席办产业联盟十大服务举措、合肥市关于人工智能产业的扶持政策，举行 G60 科创走廊新能源和网联汽车科技成果项目推介。

4 月 28 日，统一战线庆祝中华人民共和国成立 70 周年系列活动在市政务中心正式启动，活动之一同心论坛——统一战线庆祝中华人民共和国成立 70 周年国防教育专题报告会举行，邀请国防大学教授徐焰少将作专题报告。活动前，省委常委、市委书记宋国权会见徐焰一行。市委常委、统战部长陈晓波出席报告会。报告对统一战线广大成员拓展国防知识，增强国防观念，准确认识当前国际形势，正确处理经济建设与国防建设的关系具有指导意义和推动作用。

5 月 16 日，市政府与华为公司在市政务中心签署深化战略合作协议。省委常委、市委书记宋国权会见华为轮值董事长徐直军一行，并共同为华为合肥人工智能创新中心揭牌。当天，合肥高新技术产业开发区与华为公司签署人工智能云战略合作协议。市领导罗云峰、韦弋参加活动。

5 月 24 日，中联办副主任杨建平作为荣誉会长，与香港安徽乡友参访团来肥交流考察，并召开皖港合作恳谈暨项目对接会。省委常委、统战部长刘莉陪同考察，省委常委、市委书记宋国权会见杨建平一行。杨建平一行赴科大讯飞、华米科技、安徽创新馆、渡江战役纪念馆进行实地考察，对合肥经济社会发展取得的成绩给予充分肯定。他表示，通过此次考察，进一步明晰了合肥的发展定位，今后将大力推进香港、合肥两地在经济、教育、文化、旅游等方面的合作，实现资源优势互补，形成更多合作机会，实现互利共赢。

5 月 30 日—31 日，由中共安徽省委和《求是》杂志社共同主办的新时代改革发展论坛“科技创新与高质量发展”理论研讨会在合肥举行。《求是》杂志社总编辑陈扬勇，省委常委、宣传部部长虞爱华致辞，省委常委、市委书记宋国权出席会议并作主旨演讲。陈扬勇指出，深入学习贯彻习近平总书记关于科技发展和科技创新重要论述精神，对于推动高质量发展、实现中华民族伟大复兴至关重要。要发挥制度优势，加快完善科技创新的体制机制，提升国家创新体系的整体效能，真正使科技创新成为推动高质量发展的强大动能。虞爱华指出，本次研讨会是深入学习贯彻习近平新时代中国特色社会主义思想和视察安徽重要讲话精神的重要举措，创新是安徽的最大政策、最强动力，希望各位专家学者把安徽作为“科技创新与高质量发展”的调查基地、研究样本，为安徽走出高质量发展新路贡献真知灼见。

2019年9月30日，省委常委、市委书记宋国权参观“图说合肥七十年——庆祝中华人民共和国成立70周年”大型图片展（何希斌/摄）

9月25日，长三角研究型大学智库峰会2019在合肥举行。省市领导邓向阳、宋国权出席并致辞。此次峰会以《长三角一体化、新科技新金融》为主题，与会嘉宾围绕一体化发展和科技前沿战略性问题进行了深入探讨，并发布《长三角一体化、新科技新金融合肥共识2019》。

9月27日，2019合肥中欧班列第300列发车仪式在合肥货运中心北站物流基地举行。省委常委、市委书记宋国权现场宣布2019第300列中欧班列发车，省政府副秘书长、省政府发展研究中心主任孙东海，中央驻皖和省直相关部门负责人等出席仪式。中欧班列是深化中国与沿线国家经贸合作的重要载体和“一带一路”倡议的标志性成果。自2014年6月26日，合肥至阿拉木图中欧班列首发以来，合肥中欧班列从无到有，快速发展。发车仪式上，与会领导还为合肥陆港供应链管理有限公司、合肥陆港多式联运有限公司揭牌。

9月30日，安徽省暨合肥市在蜀山烈士陵园举行烈士纪念日向烈士敬献花篮仪式，缅怀英烈的不朽功勋，寄托对英烈的无限哀思，激励全省人民继承先烈遗志、弘扬先烈精神，更加紧密地团结在以习近平同志为核心的党中央周围，牢记初心使命，勇于闯出新路，全面建设现代化五大发展美好安徽，奋力谱写伟大复兴中国梦的安徽篇章。省市领导李锦斌、李国英、张昌尔、信长星、宋国权、汪卫东、韩冰、郭强与社会各界代表共约1000人参加仪式。仪式开始前，李锦斌、李国英与老战士、老同志、烈属代表一一握手，向他们表示亲切慰问。

9月30日，合肥市在市政务中心广场举行2019年国庆升旗仪式，庆祝中华人民共和国成立70周年。宋国权、汪卫东、韩冰、郭强等市四大班子和合肥警备区领导出席升旗仪式。市中院院长、市检察院检察长，市人大常委会、市政府、市政协秘书长，各民主党派和市工商联主要负责同志，部分市直单位主要负责同志，机关干部代表等参加升旗仪式。部分市民现场观看了升旗仪式。

9月30日，省委常委、市委书记宋国权参观“图说合肥七十年——庆祝中华人民共和国成立70周年”大型图片展。汪卫东、韩冰、郭强等市四大班子领导同志参观展览。宋国权在参观展览过程中强调，回顾70年光辉历程倍感自豪，展望未来美好前景充满信心。新时代新征程，要更加紧密地团结在以习近平同志为核心的党中央周围，坚持以习近平新时代中国特色社会主义思想为指导，不忘初心、牢记使命，勇于担当、开拓进取，加快建设长三角世界级城市群副中心，打造具有国际影响力的创新之都，为谱写中华民族伟大复兴中国梦的合肥篇章、实现人民对美好生活的向往而团结奋斗。

10月10日，“不忘初心、牢记使命”主题教育档案文献展在市政务中心阳光大厅举行。省委常委、市委书记宋国权与在职市级领导一同观看文献展。“不忘初心、牢记使命”主题教育档案文献展分为“求索真理”“理想信念”“不懈奋斗”“牢记宗旨”“自身建设”五个部分，以丰富的红色档案为载体，集中展现中国共产党近百年来团结带领中国人民坚守初心使命、不断开拓前行的光辉历程。

10月16日至17日，省委常委、市委书记宋国权率合肥市考察团赴河南省郑州市学习考察。市委副书记郭强，市委常委、滨湖科学城管委会副主任杨伟等参加考察。宋国权一行先后来到千玺广场、龙湖金融岛、龙湖湿地公园、龙子湖智慧岛，了解新区规划发展、公园建设、金融和大数据产业发展等情况。宋国权一行前往河南自由贸易试验区郑州片区综合服务中心和河南保税物流中心、郑州宇通客车公司、郑州煤矿机械集团实地考察。

11月8日，第二届中国国际进口博览会金融支持长三角G60科创走廊先进制造业高质量发展政策发布会在国家会展中心（上海）会议中心举行。上海市、G60科创走廊九城市党政主要负责人及中国人民银行、部分商业银行负责人出席发布会。上海市委常委、副市长吴清，安徽省委常委、市委书记宋国权出席并致辞，副市长朱策出席。

11月10日，省委常委、市委书记宋国权深入包河区调研，宣讲党的十九届四中全会精神。钱岩松参加。宋国权在宣讲中指出，党的十九届四中全会是在中华人民共和国成立70周年之际、在“两个一百年”奋斗目标历史交汇点上，召开的一次十分重要的会议。要把学习宣传贯彻党的十九届四中全会精神作为当前和今后一个时期的重大政治任务，结合“不忘初心、牢记使命”主题教育，认真学习习近平总书记在全会上的重要讲话精神，认真研读《中共中央关于坚持和完善中国特色社会主义制度、推进国家治理体系和治理能力现代化若干重大问题的决定》，切实把思想和行动统一到全会精神上来，把智慧和力量凝聚到实现全会确定的各项目标任务上来。要把提高城市治理能力和水平作为贯彻全会精神的一项重要任务，坚持以人民为中心，切实解决好群众的操心事、烦心事、揪心事，进一步增强人民群众的获得感、幸福感、安全感。

11月18日，省委常委、市委书记宋国权在市政务中心会见新加坡外交部兼社会及家庭发展部政务部长陈振泉一行。市领导郭强、韦弋、朱策参加会见。宋国权指出，合肥与新加坡经贸往来密切，有着良好的合作基础。希望双方在产业发展、社会管理、文化旅游等领域进一步密切交流交往，深化务实合作。欢迎新加坡企业来肥投资兴业，市委、市政府将提供良好环境，全力做好服务。陈振泉表示，合肥是一座人杰地灵的城市，非常看好合肥的发展前景，希望双方进一步加强交流往来，相互学习借鉴，拓展合作领域，实现共赢发展。

11月21日，合肥视涯硅基OLED微型显示器件及模组生产线投产。省委常委、市委书记宋国权，合肥海关关长辛建民，省经信厅副厅长王厚亮，省商务厅副厅长朱丹，市委常委、秘书长韦弋等出席投产活动。

11月22日，首届世界显示产业大会在合肥开幕。省委常委、市委书记宋国权，工业和信息化部电子信息司司长乔跃山出席开幕式并致辞，市长凌云、市委副书记郭强、省经信厅副厅长王厚亮、副市长王文松出席开幕式。出席嘉宾表示，合肥显示产业的蓬勃发展，市场前景依然广阔。希望各方在更高水平开放中携手合作共赢、激发创新活力、真诚共享成果，促进显示产业高质量发展；坚持创新引领，向价值链中高端跃进；坚持产业协同，保障产业健康发展；坚持开放合作，共筑产业发展新格局，共同推动显示技术更快进步、显示产业更大发展。

11月22日，第十三届中国（合肥）国际家用电器暨消费电子博览会在合肥滨湖国际会展中心开幕。省委书记李锦斌宣布开幕，中国科学院院士、清华大学校长邱勇，省领导陶明伦、宋国权、李明、韩军，部分国家驻华使节，工业和信息化部、中国贸促会有关负责同志，国家有关行业协会负责人出席开幕式。邓向阳致辞，何树山主持开幕式。市领导凌云、赵兵让、王文松及市政府秘书长罗平出席相关活动。本届家博会以“智慧引领未来，显示美好生活”为主题，由工业和信息化部、中国贸促会、安徽省政府主办。

12月4日，长江中游城市群省会城市第七届会商会在肥举行。会前，省委书记李锦斌、省长李国英会见与会主要代表，省委常委、常务副省长邓向阳参加会见并在会上致辞，省委常委、宣传部部长陶明伦参加会见，省委常委、市委书记宋国权参加会见并主持会议。市长凌云通报第六届会商会以来四省会城市合作进展及近期工作要点，并对提请会议签署的有关文件作说明。国家发改委地区经济司副司长安利民、国家科技部成果转化与区域创新司二级巡视员陈宏生出席会议并讲话，长三角区域合作办公室常务副主任阮青应邀出席会议并讲话。会商会上强调，要深入学习贯彻习近平总书记关于推动长江经济带发展重要指示批示精神，对接长三角一体化发展国家战略，促进长

2019 年 12 月 4 日，2019 长江中游城市群省会城市第七届会商会在合肥举行
（何希斌 / 摄）

江中游城市群城市在经济、社会、生态等多个维度全面协调发展。要落实“共抓大保护、不搞大开发”要求，构建生态文明建设长效机制，保护好长江可持续发展生命线。要抢抓开放机遇，促进东中西联动发展，下好创新“先手棋”，统筹推进“一体化”，共同引领高质量发展。

12 月 7 日，市政府与武汉大学在市政务中心签署战略合作协议。省委常委、市委书记宋国权出席签约仪式，并在签约前会见武汉大学校长、党委副书记、中国科学院院士窦贤康一行。市领导罗云峰、朱策，武汉大学党委常委、副校长李资远，武汉大学资产公司党委书记、董事长齐振远等市校双方负责同志参加会见和签约。会见后，合肥市人民政府与武汉大学签署战略合作协议，将在科学研究、成果转化、人才培养等方面开展全面合作。高新区与武汉大学资产公司、佳讯科技三方签署武汉大学创新技术研究院合作协议。

12 月 19 日，2019 中国（合肥）互联网大会暨“互联网 +”院士合肥行活动启幕。省委常委、常务副省长邓向阳、省委常委、市委书记宋国权出席开幕式，见证中国工程院“互联网 + 智慧环保”项目成果落地合肥。中国工程院副院长陈左宁，市委常委、常务副市长罗云峰致辞。中国工程院院士李伯虎、杨善林、刘文清、向锦武，中国科学院合肥物质科学研究院副院长刘建国，中国管理科学学会副会长兼秘书长张晓东，中国工程院战略咨询中心副主任焦栋，南昌大学校长周创兵出席。出席嘉宾表示，合肥市一直积极推动互联网与各行业融合创新，在“互联网 +”智能制造、能源、环保等领域取得良好的成绩，形成一批互联网创新平台和优秀企业。希望以此次活动为契机，与合肥市继续深入开展合作，建立常态化合作机制，将研究工作与合肥市实践紧密结合，共同推动“互联网 +”向更高层次、更高质量发展。

12 月 26 日上午 8 时，合肥轨道交通 3 号线开通试运营服务提升誓师会在 3 号线合肥大剧院站举行。省市领导宋国权、汪卫东、韩冰、罗云峰、韦弋、宁波，市政府秘书长罗平出席。誓师会上，宋国权与中国好人代表，全国道德模范代表，市民、建设者及轨道职工代表共同按下“轨道交通 3 号线开通运营按钮”。3 号线开通运营后，合肥轨道交通运营里程将达到89.5千米，正式迈入“线网时代”。

12 月 26 日至 27 日，全国双拥办副主任、军委政治工作部群众工作局副局长韩江洲率调研组一行来肥，就市双拥创建工作开展调研。省委常委、市委书记宋国权，省双拥工作领导小组副组长、省军区副政委杨学伦，省双拥办主任、省退役军人事务厅厅长林海，市领导郭强、李同柱、王文松陪同调研或参加座谈。韩江洲一行先后到安徽菜大师农业信息科技有限公司、合肥市第十中学、黄山路小学、陆军炮兵防空兵学院实地调研。调研组指出，要进一步建立健全运行机制，建大建强志愿者团队，不断深化巩固军政军民团结的大好局面；学校要扎实开展军民共建活动，将国防教育融入每位孩子的学习和生活中，帮助孩子们扣好人生第一粒扣子。

（吴　松）

重要决策

【加强基层党建】 2019 年 1 月 10 日，市委印发《关于加强新时代城市基层党建完善基层治理工作的意见》（以下简称“《意见》”）。《意见》坚持以习近平新时代中国特色社会主义思想为指导，全面贯彻党的十九大和十九届二中、三中全会精神，认真落实新时代党的建设总要求和全国、全省、全市组织工作会议精神，按照中央及省委关于加强城市基层党建和社区治理工作的部署，以巩固党在城市的执政基础、增进群众福祉为目标，以组织体系建设为重点，以街道社区党组织为核心，以实施“三抓一增强”工程为抓手，充分调动单位、行业及各领域党组织积极性主动性创造性，推进系统建设和整体建设，构建区域统筹、条块协同、上下联动、共建共享的城市基层党建新格局，以基层党的建设贯穿基层治理、保障基层治理、引领基层治理，不断完善基层治理体系、提升基层治理水平。《意见》提出要充分发挥街道社区党组织领导作用；着力提高城市基层党建工作整体效应；创新和完善基层治理体制机制；建强城市基层党建和基层治理工作队伍；加强城市基层党建和基层治理工作组织领导。

【街道体制改革】 1月10日，市委印发《关于深化街道体制改革的实施意见（试行）》（以下简称“《实施意见》”）。《实施意见》明确街道职能定位，确定主要职能，赋予相应权力，取消有关职能任务；优化街道机构设置，规范内设机构，优化服务中心；合理核定人员编制，确定街道行政编制和事业编制；完善政策制度保障，规范执法及相关人员管理制度，完善考核评价制度，健全条块配合制度，建立职责准入制度，完善财政保障制度。

【教师队伍建设】 1月30日，市委、市政府印发《关于全面深化新时代教师队伍建设改革的实施意见》(以下简称“《实施意见》”)。《实施意见》贯彻落实《中共中央、国务院关于全面深化新时代教师队伍建设改革的意见》《中共安徽省委、安徽省人民政府关于全面深化新时代教师队伍建设改革的实施意见》和全国教育大会精神，对全市深化教师队伍建设改革做出安排部署。《实施意见》具体从提升教师师德修养，筑牢立身之本；提高教师专业能力，增强育人之能；改革教师管理体制，完善强师之策；提高教师地位待遇，夯实兴教之基；切实加强党的领导，确保政策举措落地见效等五个方面入手，提出20条富有针对性和操作性的改革举措。

【促进民营经济发展】 2月26日，市委、市政府印发《关于大力支持民营经济高质量发展的若干政策》（以下简称“《若干政策》”）。《若干政策》深入贯彻习近平新时代中国特色社会主义思想，全面落实党中央、国务院及省委、省政府决策部署，提出建立纾困（发展）专项基金、设立续贷过桥资金、设立信贷引导资金、扩大融资担保规模、支持直接上市融资、降低土地要素成本、降低企业税费负担、鼓励企业引进人才、支持企业做强做优、提高服务企业水平等十项有针对性和操作性的措施支持民营经济高质量发展。

【市级机构改革】 1月25日，市委、市政府印发《关于市级机构改革的实施意见》(以下简称“《实施意见》”)。《实施意见》以习近平新时代中国特色社会主义思想为指导，全面贯彻党的十九大和十九届二中、三中全会精神，深入贯彻落实习近平总书记关于深化党和国家机构改革的重要论述，坚持加强党的全面领导，坚持以人民为中心的发展思想，坚持社会主义市场经济改革方向，坚持优化协同高效，坚持以法治方式推进改革，坚持在以习近平同志为核心的党中央集中统一领导下，按照省委部署不折不扣落实好各项改革任务。《实施意见》主要包括调整优化市级党政机构和职能、统筹推进其他各项改革、“三定”规定制定、配套政策措施、实施步骤和工作要求等。

【组建技术创新中心】 3月7日，市委、市政府印发《关于组建合肥市技术创新中心的意见》（以下简称“《意见》”）。《意见》深入贯彻党的十九大关于深入实施创新驱动发展战略部署，促进基础研究、应用研究与产业化对接融通，建立以企业为主体、市场为导向、产学研深度融合的技术创新体系，全面落实《中共安徽省委、安徽省人民政府关于组建安徽省实验室、安徽省技术创新中心的决定》等精神，坚持聚焦产业、企业主体、开放协同、改革牵引原则，从总体要求、组建方式、重点任务、保障措施等方面对组建合肥市技术创新中心作了安排部署。

【推进“四好农村路”建设】 3月19日，市委、市政府印发《关于大力推进“四好农村路”建设的实施意见》（以下简称“《实施意见》”）。《实施意见》贯彻落实党的十九大和习近平总书记关于“四好农村路”建设重要指示批示精神，提出要建好、管好、护好、运营好农村公路，实施农村公路提标扩面工程、农村公路路长制工程、养护水平提升工程、农村运输通达工程等四大工程，力戒形式主义、官僚主义，杜绝形象工程、面子工程、政绩工程，真正打造“民心工程”。

【乡村振兴】 4月26日，市委、市政府印发《合肥市乡村振兴战略规划（2018—2022年）》（以下简称“《规划》”）。《规划》以习近平新时代中国特色社会主义思想为指导，遵循党中央、国务院战略部署和顶层设计，落实省委、省政府实施乡村振兴战略规划要求，坚持党管农村工作、农民主体地位、乡村全面振兴、城乡融合发展、改革创新发展原则，科学把握乡村演变发展规律，扎实推动乡村振兴战略实施，奋力打造新时代乡村振兴“合肥样板”。《规划》提出到2020年，乡村振兴的制度框架和政策体系基本形成；到2022年，乡村振兴的制度框架和政策体系基本健全。《规划》从统筹城乡发展空间、加强基础设施建设、加快推进农业现代化、建设生态宜居美丽乡村、繁荣兴盛农村文化、构建乡村治理新体系、推动乡村人才振兴、完善城乡融合发展政策体系、统筹规划实施等方面提出一系列举措。

【干部教育培训】 4月28日，市委印发《2019—2022年合肥市干部教育培训规划》(以下简称“《规划》”)。《规划》以学习贯彻习近平新时代中国特色社会主义思想为首要任务，以坚决做到“两个维护”为最高政治原则，以坚定理想信念宗旨为根本，以全面增强执政本领为重点，突出政治训练、政治历练，注重培养斗争精神、增强斗争本领，围绕建立源头培养、跟踪培养、全程培养的素质培养体系深化干部教育培训改革，着力提高教育培训的针对性和有效性。《规划》提出要全面深入开展习近平新时代中国特色社会主义思想教育培训、完善培训内容体系、优化分类分级培训体系、建强培训保障体系、加强组织领导，为加快打造具有国际影响力创新之都、奋力谱写社会主义现代化建设合肥篇章提供坚强保证。

【功勋荣誉表彰】 5月8日，市委印发《贯彻〈中国共产党党内功勋荣誉表彰条例〉具体举措》（以下简称“《具体举措》”）。《具体举措》全面落实《中国共产党党内功勋荣誉表彰条例》、省委《贯彻〈中国共产党党内功勋荣誉表彰条例〉实施办法》精神，有利于激励全市广大党员和党组织不忘初心、牢记使命、奋发进取、创先争优，增强党的创造力、凝聚力、战斗力，保持发展党的先进性和纯洁性。《具体举措》提出把握基本原则，依法依规开展党内表彰工作；坚持正向激励，严格落实党内表彰的具体要求；突出工作实效，严格规范党内表彰对象待遇和管理。

【青年发展】 5月17日，市委印发《合肥市落实〈安徽省中长期青年发展规划（2018—2025年）〉实施方案》（以下简称“《实施方案》”）。《实施方案》坚持以习近平新时代中国特色社会主义思想为指导，坚持党管青年原则，充分照顾青年的特点和利益，优化青年成长环境，服务青年紧迫需求，维护青年发展权益，促进青年全面发展，引导青年围绕合肥建设长三角世界级城市群副中心、打造具有国际影响力的创新之都，积极投身经济社会发展主战场，锤炼高素质发展生力军，焕发青春激情，做出青年贡献。《实施方案》提出到2020年，全市青年发展政策体系和工作机制初步形成；到2025年，全市青年发展政策体系和工作机制更加完善。《实施方案》从青年思想引领、青年教育、青年健康、青年婚恋、青年就业创业、青年文化、青年社会融入与社会参与、维护青年合法权益等方面提出21条措施促进青年发展。

【长三角一体化】 8月16日，市委、市政府印发《合肥市推动长三角地区更高质量一体化发展重点工作推进方案》（以下简称“《推进方案》”）。《推进方案》以习近平新时代中国特色社会主义思想为指导，全面贯彻习近平总书记关于推进长三角更高质量一体化发展重要指示批示精神，深入贯彻习近平总书记视察安徽重要讲话精神，全面落实《长江三角洲区域一体化发展规划纲要》和《安徽省实施长江三角洲区域一体化发展规划纲要行动计划》，紧扣“一体化”和“高质量”，坚持上海龙头带动，联手南京、杭州和区域其他城市，打造科技创新策源地、新兴产业集聚地、内陆开放新高地、绿色发展样板区，加快打造具有国际影响力的创新之都，高质量建设长三角世界级城市群副中心和支撑全省发展的核心增长极。《推进方案》坚持主动担当作为、全面等高对接、创新引领发展、全市整体推进基本原则，提出到2025年，合肥融入长三角一体化发展取得明显实效，主要经济指标与长三角沪宁杭等主要城市差距进一步缩小，科创产业、区域交通、营商环境、城乡融合、环境保护、公共服务等领域一体化取得实质性进展，一体化发展体制机制全面建立。

【营商环境】 8月20日，市委、市政府印发《合肥市创优营商环境再提升行动方案》(以下简称“《行动方案》”)。《行动方案》以习近平新时代中国特色社会主义思想为指导，持续深化“放管服”改革，以对标中国营商环境评价指标体系为重点，以各指标的国际国内前沿水平为标杆，以优化深化“互联网+”为抓手，以目标导向、问题导向和结果导向相结合的制度建设为核心，以更有效的工作机制为保障，进一步明晰工作任务，创新改革举措，推动任务落实，注重工作实效，构建市场化、法治化、国际化营商环境，确保在全省营商环境评价中名列前茅，力争在中国营商环境评价中进入第一方阵。《行动方案》提出在企业开办和注销、工程建设项目审批制度改革、水电气报装、不动产登记、缴纳税费、跨境贸易、办理破产、获得信贷、执行合同、企业用工、政府采购和招标投标、互联网+政务服务、知识产权创造保护运用、市场监管和信用建设、包容普惠创新等方面优化营商环境，吸引一流人才、优秀企业、优质项目落户合肥，实现高质量发展。

【主题教育】 9月11日，市委印发《关于开展“不忘初心、牢记使命”主题教育的实施意见》（以下简称“《实施意见》”）。《实施意见》围绕学习贯彻习近平新时代中国特色社会主义思想这条主线，引导党员、干部原原本本学，以理论滋养初心、以理论引领使命，增强“四个意识”，坚定“四个自信”，坚决做到“两个维护”；突出问题导向，坚持边学边查边改，既着力解决党员、干部自身存在的问题特别是思想根子问题，坚守理想信念、初心使命不动摇，又着力解决群众最关心最直接最现实的利益问题，以为民谋利、为民尽责的实际成效取信于民；以县处级以上领导干部为重点，先学先改、即知即改，示范带动广大党员、干部的学习教育；把主题教育与庆祝中华人民共和国成立70周年结合起来，与学习贯彻十九届四中全会精神结合起来，引导广大党员、干部不忘历史、不忘初心，始终保持奋斗精神和革命精神，敢于斗争、善于斗争，勇于战胜各种艰难险阻、风险挑战。《实施意见》明确全市主题教育从2019年9月开始，到11月底基本结束，不划阶段、不分环节，始终贯彻守初心、担使命，找差距、抓落实的总要求，坚持抓思想认识到位、抓检视问题到位、抓整改落实到位、抓组织领导到位，达到理论学习有收获、思想政治受洗礼、干事创业敢担当、为民服务解难题、清正廉洁作表率，不断开创合肥现代化建设新局面，奋力在全省当标杆、当示范、当排头、当榜样。

【大调研常态化制度化】 9月11日，市委印发《关于“不忘初心牢记使命、做好表率走在前列”大调研常态化制度化的意见》（以下简称“《意见》”）。《意见》深入贯彻落实习近平总书记关于大兴调查研究之风的重要指示、《中共中央办公厅关于加强调查研究提高调查研究实效的通知》精神，巩固2018年以来全市“不忘初心牢记使命、做好表率走在前列”大调研成果，保持调查研究持久深入良好态势，构建形成常态化制度化调研机制，做到有力有序开展调研、分层分类解决问题、哪来哪去反馈结果，使大调研成为制定政策的重要基础、发现问题的重要手段、提升能力的重要途径、联系群众的重要载体、推动发展的重要机制。《意见》从把握总体要求、明确调研任务、优化调研方式、完善调研机制、改进调研作风等方面对大调研常态化制度化做出部署安排。

【预算绩效管理】 10月18日，市委、市政府印发《全面实施预算绩效管理实施办法》(以下简称“《实施办法》”）。《实施办法》以习近平新时代中国特色社会主义思想为指导，认真落实党中央、国务院及省委、省政府决策部署，创新预算管理方式，更加注重结果导向、强调成本效益、硬化责任约束。《实施办法》提出市本级到2020年底、县（市）区和开发区到2022年底，基本建成全方位、全过程、全覆盖的预算绩效管理体系，实现预算和绩效管理一体化，提高财政资源配置效率和使用效益，改变预算资金分配的固化格局，大幅提升预算管理水平和政策实施效果，为经济高质量发展提供有力保障。

【耕地保护和占补平衡】 12月11日，市委、市政府印发《合肥市进一步加强耕地保护和改进占补平衡若干举措》（以下简称“《若干举措》”）。《若干举措》深入贯彻落实《中共中央、国务院关于加强耕地保护和改进占补平衡的意见》和《中共安徽省委、安徽省人民政府关于进一步加强耕地保护和改进占补平衡的实施意见》等精神，明确提出到2020年，全市耕地保有量不少于55.64万公顷，永久基本农田保护面积不少于46.4万公顷，建成高标准农田6.16万公顷，全市建设用地总规模控制在23.1万公顷内。《若干举措》强调要强化用地计划管控和用途管制、严格永久基本农田保护、大力推进高标准农田建设、严格落实耕地占补平衡责任、严格规范补充耕地指标调剂管理、积极拓展补充耕地途径、大力实施土地整治、推进建设占用耕地耕作层剥离再利用、严格补充耕地检查验收、加强耕地质量调查评价与监测、建立耕地保护激励补偿机制、统筹推进生态保护和耕地休养生息、严格监督检查和责任目标考核、强化组织保障。

【学习贯彻党的十九届四中全会精神】 12月29日，市委印发《进一步深入学习贯彻党的十九届四中全会精神的若干意见》（以下简称“《若干意见》”）。《若干意见》以习近平新时代中国特色社会主义思想为指导，全面落实《中共中央关于坚持和完善中国特色社会主义制度、推进国家治理体系和治理能力现代化若干重大问题的决定》《中共安徽省委关于深入贯彻〈中共中央关于坚持和完善中国特色社会主义制度、推进国家治理体系和治理能力现代化若干重大问题的决定〉的实施意见》精神，从提高政治站位、坚定制度自信，更新思维观念、深化制度实践，紧密结合实际、突出治理重点，加强组织领导、确保治理成效等四个方面坚持和完善中国特色社会主义制度，推进治理体系和治理能力现代化。

【监察职能延伸】 7月5日，经市委同意，市委办公室印发《关于推进监察职能向乡镇（街道）延伸的指导意见（试行）》（以下简称“《指导意见》”）。《指导意见》坚持以习近平新时代中国特色社会主义思想为指导，按照中央纪委和省纪委、市委决策部署精神，以“监察室＋协作区”模式推进监察职能向基层延伸，按照机构、编制、职数“三个不增加”的要求，实行统一命名、统一授权、统一管理、统一人员配备、统一职责界定，把增强对公权力和公职人员的监督全覆盖、有效性作为着力点，一体推进不敢腐、不能腐、不想腐，不断推动基层纪检监察工作高质量发展。《指导意见》从向乡镇（街道）派出监察办公室、调整优化协作区纪检监察职能、工作要求三个方面提出12项举措推进监察职能向乡镇（街道）延伸。

【市直机关党的建设】 4月26日，经市委同意，市委办公室印发《进一步加强和改进市直机关党的建设工作举措》（以下简称“《工作举措》”）。《工作举措》深入学习贯彻习近平新时代中国特色社会主义思想和党的十九大精神，践行新时代党的建设总要求。《工作举措》从进一步加强市直机关党的政治建设、思想建设、组织建设、作风建设、纪律建设、群团组织建设和进一步完善市直机关党建工作机制等方面提出23项举措，进一步加强和改进市直机关党的建设，不断开创市直机关全面从严治党新局面，推动市直机关做到“三个表率，一个模范”。

【人民政协党的建设】 3月1日，经市委同意，市委办公室印发《关于加强新时代人民政协党的建设工作的实施意见》（以下简称“《实施意见》”）。《实施意见》全面贯彻党中央及省委决策部署，从加强新时代人民政协党的建设的重大意义总体要求和基本原则、始终把党的政治建设摆在首位、推动学习贯彻习近平新时代中国特色社会主义思想走深走实、推进人民政协党的组织和党的工作有效覆盖、驰而不息改进党的作风、切实担负全面从严治党政治责任、加强对新时代人民政协党的建设工作的领导等七个方面加强新时代人民政协党的建设工作。

【知识产权审判领域改革创新】 3月4日，经市委、市政府同意，市委办公室、市政府办公室印发《关于加强知识产权审判领域改革创新若干问题的实施意见》（以下简称“《实施意见》”），《实施意见》以习近平新时代中国特色社会主义思想为指导，全面贯彻落实党的十九大精神，牢牢把握司法为民、公正司法主线，以探索构建知识产权司法保护新机制为基础，以加快知识产权专门化审判体系建设为重点，以推动知识产权全方位立体化保护为导向，加大知识产权司法保护力度，有效遏制侵犯知识产权行为，进一步提升知识产权领域司法公信力和影响力。《实施意见》提出从完善知识产权诉讼制度、推进知识产权审判体系建设、加强知识产权审判队伍建设、构建知识产权大保护格局等方面加强我市知识产权审判领域改革创新，推动知识产权审判体系和审判能力向现代化迈进。

（赵志庆）

重要会议

【市委全委会议】 2019年1月22日，中国共产党合肥市第十一届委员会第八次全体（扩大）会议召开。全会的主要任务是，以习近平新时代中国特色社会主义思想为指导，全面贯彻落实党的十九大和十九届二中、三中全会精神，深入学习贯彻习近平总书记关于深化党和国家机构改革的重要论述，学习贯彻省委十届八次全体会议精神，按照省委、省政府批准的《合肥市机构改革方案》要求，对市级机构改革工作进行动员部署，不折不扣完成好合肥市机构改革各项任务。全会号召，全市各级党组织和广大党员要更加紧密地团结在以习近平

2019 年 1 月 22 日，中国共产党合肥市第十一届委员会第八次全体（扩大）会议在市政务中心召开 （何希斌/摄）

同志为核心的党中央周围，在省委的坚强领导下，不忘初心、牢记使命，勇于担当、狠抓落实，高质量完成机构改革各项任务，为加快打造具有国际影响力的创新之都、奋力谱写社会主义现代化建设合肥篇章提供强有力的体制机制保障，以优异成绩向中华人民共和国成立 70 周年献礼。

8 月 1 日，中国共产党合肥市第十一届委员会第九次全体会议召开。全会坚持以习近平新时代中国特色社会主义思想为指导，深入学习贯彻党的十九大和十九届二中、三中全会精神，全面贯彻落实《长江三角洲区域一体化发展规划纲要》和《安徽省实施长江三角洲区域一体化发展规划纲要行动计划》，总结上半年工作，分析当前形势，部署下半年任务。全会号召，全市各级党组织和广大党员干部要更加紧密地团结在以习近平同志为核心的党中央周围，在习近平新时代中国特色社会主义思想的指引下，在省委的坚强领导下，牢记初心使命，勇于担当作为，埋头苦干实干，在长三角一体化进程中加快推动合肥高质量发展，始终走在现代化五大发展美好安徽建设前列，以优异成绩庆祝中华人民共和国成立 70 周年。

12 月 29 日，中国共产党合肥市第十一届委员会第十次全体会议召开。全会以习近平新时代中国特色社会主义思想为指导，全面贯彻落实党的十九大和十九届二中、三中、四中全会精神，深入学习贯彻中央经济工作会议、省委十届十次全会和省委经济工作会议精神，总结全年工作，分析当前形势，谋划部署当前和今后一个时期任务。全会号召，全市各级党组织和广大党员干部要更加紧密地团结在以习近平同志为核心的党中央周围，在省委的坚强领导下，勠力同心、锐意进取、真抓实干，确保全面建成小康社会和“十三五”规划圆满收官，为加快建设现代化五大发展美好安徽，为实现“两个一百年”奋斗目标、实现中华民族伟大复兴中国梦，担当合肥使命、展示合肥作为、做出合肥贡献。

【市委常委会会议】 1 月 21 日，市委常委会召开会议，传达学习习近平总书记在《告台湾同胞书》发表 40 周年纪念会上的重要讲话精神。会议强调，要深入学习贯彻习近平总书记重要讲话精神，进一步提高政治站位，切实把思想和行动统一到党中央对台工作的大政方针和决策部署上来。要充分发挥合肥现有优势，进一步加强对台多领域全方位交流合作，擦亮“铭传牌”“包公牌”等特色交流品牌，不断创新对台交流方式，努力提高交流实效。要继续深化合台经贸合作，不断优化营商环境，做好台企台胞的服务工作，为台资企业和台湾同胞在我市投资兴业和工作生活创造良好条件。

2019 年 12 月 29 日，中国共产党合肥市第十一届委员会第十次全体会议在市政务中心召开 （何希斌/摄）

2月13日，市委常委会召开会议，传达学习中央政法工作会议、省委政法工作会议精神。会议强调，全市各级各部门尤其是政法机关要深刻学习习近平总书记重要讲话精神，增强“四个意识”，坚定“四个自信”，坚决做到“两个维护”，把思想和行动统一到中央及省委的决策部署上来，立足省会城市要求，全面深入做好新时代政法各项工作，切实履行维护国家政治安全、确保社会大局稳定、促进社会公平正义、保障人民安居乐业的职责任务，以优异成绩迎接中华人民共和国成立70周年。

3月6日，市委常委会召开会议，传达学习贯彻中央及省委有关精神，审议有关文件，研究部署省委巡视合肥市反馈意见整改工作、推进农业农村优先发展工作，听取合肥市2018年改革工作完成情况及2019年重点改革任务谋划情况汇报。会议强调，要提高政治站位，切实把巡视整改作为检验对党忠诚的衡量标尺，作为树牢“四个意识”、践行“两个维护”的重要检验；要坚持农业农村优先发展总方针，以实施乡村振兴战略为总抓手，切实做好农业农村各项工作；要高举新时代改革开放伟大旗帜，谋划好今年重点改革任务，突出问题导向、合肥特色、精准改革、示范引领；要加强党的全面领导，总揽全局、协调各方，拉高标杆、狠抓落实，以新作为、新业绩庆祝中华人民共和国成立70周年。

3月14日，市委常委会召开会议，传达学习习近平总书记在中央政治局第十三次集体学习时的重要讲话精神及省委财经委员会第一次会议精神，研究合肥市贯彻落实意见。会议强调，要扎实做好财经工作，担负起省会责任，带头把中央及省委各项决策部署落地落实，统筹推进稳增长、促改革、调结构、惠民生、防风险、保稳定各项工作，加快打造创新高地、产业高地、开放高地、人才高地，保持经济持续健康发展和社会大局稳定，推动高质量发展不断迈上新台阶。

3月21日，市委常委会召开扩大会议，传达学习十三届全国人大二次会议、全国政协十三届二次会议精神，按照省委传达学习全国“两会”精神大会要求，研究合肥市贯彻落实工作。会议强调，要从树牢“四个意识”、坚定“四个自信”、坚决做到“两个维护”高度，深入学习领会习近平总书记重要讲话精神，认真落实全国“两会”的要求，切实把思想和行动统一到党中央决策部署要求上来，做到思想再对照、任务再对标、要求再提升，奋力开创合肥工作新局面。

3月29日，市委常委会召开中央脱贫攻坚专项巡视涉及合肥市事项整改、省委巡视反馈意见整改、“严规矩、强监督、转作风”集中整治形式主义、官僚主义专题民主生活会。会议以习近平新时代中国特色社会主义思想为指导，深入学习贯彻习近平总书记关于扶贫工作、巡视工作、力戒形式主义、官僚主义的重要论述、重要指示批示和视察安徽重要讲话精神，认真贯彻落实党的十九大精神、中央及省委有关会议精神，从树牢“四个意识”、坚定“四个自信”、坚决做到“两个维护”的高度，聚焦中央脱贫攻坚专项巡视涉及合肥市事项、省委巡视反馈问题、“严强转”集中整治专项行动发现的问题，按照“三严三实”原则和“三查三问”要求，从“十戒十做”、“四对标四整治”和“五个结合”等方面，深入剖析检查，严肃开展批评和自我批评。

4月19日，市委常委会召开会议，传达学习习近平总书记在中央党校（国家行政学院）中青年干部培训班开班式上的重要讲话精神，传达学习《党政领导干部选拔任用工作条例》（以下简称“《条例》”）。会议强调，要坚持和加强党的领导，坚持党管干部原则，确保《条例》各项规定落实到干部工作各环节和各方面。要坚持精准科学选人用人，抓紧抓实抓好优秀干部特别是优秀年轻干部的培养选拔工作。要统筹抓好巡视巡察发现问题整改，拿出过硬措施，坚决把问题整改到位，营造更加风清气正的干事创业环境。

4月29日，市委常委会会议暨市扶贫开发领导小组、中央脱贫攻坚专项巡视安徽省涉及合肥市事项整改工作领导小组、市委意识形态工作领导小组会议召开，传达学习习近平总书记重要论述。会议强调，要把提高脱贫质量放在首位，把防止返贫摆在更加突出的位置，要坚决破除扶贫领域形式主义、官僚主义，确保扶贫工作务实、脱贫过程扎实、脱贫结果真实。要全面对标对表习近平总书记关于意识形态工作的重要论述，深刻把握其中蕴含的精髓要义，切实用以武装头脑、指导实践、推动工作。要深入学习贯彻习近平总书记关于全面依法治国的重要论述，切实抓好全面依法治市的重点任务，提高立法工作质量和效率，加强法治政府建设，深入推进扫黑除恶专项斗争，着力打造法治化营商环境，不断提升依法治理能力和水平。

5月10日，市委常委会召开会议，传达学习省委书记李锦斌在《关于合肥市系统推进全面创新改革试验工作情况的报告》和《关于合肥市深入学习浙江“千村示范、万村整治”工程经验情况的报告》上的批示，贯彻《省委农村工作领导小组关于贯彻落实李锦斌书记批示扎实推进农村人居环境整治工作的通知》要求。会议指出，要大力推动科技创新与产业创新深度融合发展，扎实开展“三比一增”专项行动，积极探索科技成果转化深度融合机制，加快打造具有国际影响力的创新之都。认真学习借鉴浙江“千万工程”经验，要切实把五级书记抓乡村振兴的要求落到实处，在脱贫攻坚、社会治理、基层党组织建设、发展都市农业、增加村集体收入等方面狠下功夫，力戒形式主义、官僚主义，推动合肥市乡村振兴工作走在全省前列。

5月14日，市委常委会召开会议，传达学习习近平总书记在纪念五四运动100周年大会上和中央政治局第十四次集体学习时的重要讲话精神，以及省纪念五四运动100周年座谈会精神，传达学习全国公安工作会议精神，学习贯彻中央第三生态环境保护督察组对安徽开展“回头看”情况反馈会议精神。会议强调，要深入学习贯彻习近平总书记的重要讲话精神，落实省委部署要求，以实际行动发扬伟大的五四精神。要切实把思想和行动统一到党中央决策部署上来，落实省委、省政府要求，牢记省会责任，体现省会担当，在政治建警、改革强警、科技兴警、从严治警上当标杆，全面落实从优待警措施，推动合肥公安事业再上新台阶、开创新局面。要进一步提高政治站位，坚决按照中央第三生态环境保护督察组和省委、省政府要求，以最鲜明的态度、最坚定的决心、最坚决的行动、最严明的纪律，不折不扣抓好整改。

5月14日，市委常委会会议暨省委第三巡视组反馈意见合肥市委整改工作领导小组会议召开。会议强调，要始终坚持问题导向，立行立改、真改实改、全面整改，不断把巡视整改引向深入。要强化责任落实，各司其职、各负其责，确保各项整改任务落实到位。要加大工作力度，聚焦整改方案确定的任务书、路线图和时间表，加快推进整改问题见底清零。要深化标本兼治，坚持“当下改”与“长久立”相结合，下大力气解决体制机制问题。要以巡视整改为契机，统筹做好稳增长、促改革、调结构、惠民生、防风险、保稳定各项工作，将整改成果转化为推动合肥高质量发展的强大动力。

6月25日，市委常委会会议暨市委理论学习中心组学习会议召开，传达学习习近平总书记在江西考察并主持召开推动中部地区崛起工作座谈会时的重要讲话精神，学习贯彻2019年度长三角地区主要领导座谈会和省委有关会议精神。会议强调，要坚持高站位，充分认识推动长三角一体化发展和中部地区崛起再上新台阶的重大意义；要着眼一体化，奋力当好长三角安徽方面军的“排头兵”；要勇于作表率，为安徽在中部地区崛起中闯出新路当好“开路者”。

7月19日，市委常委会召开会议，深入学习习近平总书记在中央政治局第十五次集体学习时、在深化党和国家机构改革总结会议上的重要讲话精神。会议强调，要认真学习、深刻领会，巩固深化全市机构改革成果，激发“化学反应”，释放制度活力；要坚定改革的定力，增强改革的勇气，继续在重要领域和关键环节聚焦用力，推动合肥市全面深化改革向纵深发展，不断提升治理体系和治理能力现代化水平。

7月30日，市委常委会召开会议，学习《中国共产党宣传工作条例》（以下简称“《条例》”）。会议指出，《条例》是我们党关于宣传工作的第一部党内法规。要深入贯彻落实习近平总书记关于宣传思想工作的重要论述，把学习贯彻《条例》作为重要政治任务，自觉担负起举旗帜、聚民心、育新人、兴文化、展形象的使命任务。要切实增强“四个意识”、坚定“四个自信”、坚决做到“两个维护”，加强党对宣传思想工作的全面领导，牢牢掌握意识形态工作领导权和主动权，不断提升全市宣传工作水平。

8月15日，市委常委会召开会议，传达学习7月30日中共中央政治局会议精神和习近平总书记在中共中央政治局第十六次集体学习时、党外人士座谈会上的重要讲话精神。会议指出，我市上半年经济运行实现稳中提速、稳中提质、稳中育优，为做好全年经济工作奠定了坚实基础。会议强调，要加强经济运行调度，加快重大项目建设，保持外贸稳定，打好三大攻坚战，落实房地产长效管理机制，落实减税降费政策，推动全市经济高质量发展。要广泛凝聚思想共识，引导各民主党派、工商联和无党派人士为全市经济社会发展献计出力。

9月11日，市委常委会召开会议，传达学习习近平总书记在2019年秋季学期中央党校（国家行政学院）中青年干部培训班开班式上的重要讲话精神。会议强调，要深刻认识斗争的长期性、复杂性、艰巨性，不断增强“四个意识”、坚定“四个自信”、坚决做到“两个维护”，坚定斗争意志，发扬斗争精神，增强斗争本领，敢于出击，敢战能胜；要牢牢把握斗争的方向、立场、原则，准确运用斗争的艺术、策略和方法，坚决与“五个凡是”的风险挑战进行斗争；要不断强化思想淬炼、政治历练和实践锻炼，确保斗争起来有底气、有力量；要有效防范化解重大风险，集中精力办好自己的事，做到守土负责、守土尽责。

9月27日，市委常委会召开会议，深入学习贯彻习近平总书记致2019世界制造业大会的贺信及国务委员王勇在2019世界制造业大会上的讲话精神，传达学习习近平总书记在黄河流域生态保护和高质量发展座谈会上的重要讲话精神，传达学习9月21日省委常委会会议精神。会议强调，要深刻认识习近平总书记贺信的重大意义，全面落实贺信精神，坚持创新驱动发展战略，以科技创新助推产业创新，全力推动制造业质量变革、效率变革、动力变革，不断提升产业基础能力和产业链水平。要把学习贯彻习近平总书记在黄河流域生态保护和高质量发展座谈会上的重要讲话精神与学习贯彻习近平生态文明思想结合起来，与学习贯彻习近平总书记关于推动长江经济带发展的重要论述结合起来，牢固树立绿水青山就是金山银山的理念，创造性抓好落实。

10月8日，市委常委会召开扩大会议，学习贯彻习近平总书记在庆祝中华人民共和国成立70周年大会上的重要讲话精神。会议强调，学习贯彻习近平总书记重要讲话精神，要紧密联系合肥发展实际，真正学出坚定的信仰信念信心，充分认识新中国翻天覆地的巨大变化、不可撼动的世界地位、雄壮强大的国威军威、紧密团结的党心民心是我们前进征程上的强大底气，切实增强“四个意识”、坚定“四个自信”、坚决做到“两个维护”。要自觉把合肥发展放在全国发展大局中考量、放在全省发展布局中谋划，更加紧密地团结在以习近平同志为核心的党中央周围，把庆祝中华人民共和国成立70周年激发出来的爱国热情转化为干事创业的奋斗激情，齐心协力、扎实工作，奋力谱写社会主义现代化建设的合肥篇章。

10月21日，市委常委会召开会议，传达学习习近平总书记在中共中央政治局第十七次集体学习时的重要讲话、在国家勋章和国家荣誉称号颁授仪式上的重要讲话、在全国民族团结进步表彰大会上的重要讲话精神，传达学习习近平总书记在第六个国家扶贫日到来之际对脱贫攻坚工作做出的重要指示和李克强总理的批示精神，传达学习省委常委会有关会议精神。会议强调，要大力弘扬英雄模范忠诚、执着、朴实的鲜明品格，在全社会营造崇尚英雄模范、学习英雄模范、关爱英雄模范的浓厚氛围。要认真落实“九个坚持”的宝贵经验，全面贯彻党的民族理论和民族政策，切实把民族团结进步事业作为基础性事业抓紧抓好。要深入学习贯彻习近平总书记对脱贫攻坚工作的重要指示和李克强总理批示精神，咬定目标、一鼓作气，高质量打赢脱贫攻坚战。

10月26日，市委常委会召开会议，研究贯彻省党政代表团赴沪苏浙考察对接活动总结交流会精神，学习贯彻10月26日省委常委会会议精神，分析前三季度经济形势，部署年内工作。会议强调，要深入学习贯彻习近平总书记关于长三角一体化发展的重要讲话和重要指示批示精神，服从服务国家战略，落地落实省委、省政府部署要求，在学习借鉴中找差距、抓落实，坚定信心、扬长补短、奋力追赶，在推深做实长三角一体化中推动合肥高质量发展。

11月28日，市委常委会召开会议，传达学习长江经济带生态环境突出问题整改现场会暨推动长江经济带发展领导小组全体会议精神。会议强调，要深入学习贯彻习近平生态文明思想和习近平总书记关于长江经济带发展的重要讲话精神，认真落实长江经济带生态环境突出问题整改现场会暨推动长江经济带发展领导小组全体会议精神，牢固树立绿水青山就是金山银山的理念，坚决扛起生态环境保护政治责任。要坚持问题导向，制定解决方案，强化整改措施，切实把生态环境突出问题改彻底、改到位。要压实整改责任，严肃追责问责，以严实作风守好生态环保底线。

12月10日，市委常委会召开会议，传达学习习近平总书记在中央政治局第十九次集体学习时的重要讲话精神、12月6日中央政治局会议精神。会议强调，要贯彻落实好中央政治局会议精神，切实把思想和行动统一到党中央对当前经济形势的分析判断和对明年经济工作的决策部署上来，紧扣全面建成小康社会目标任务，坚定不移推动高质量发展。要扎实开展中央脱贫攻坚巡视反馈问题再对标再整改专项行动，把脱贫攻坚同实施乡村振兴战略有机结合起来，确保如期打赢脱贫攻坚战。要牢固树立以人民为中心的发展思想，全面落实“四个最严”要求，以实际行动确保人民群众“舌尖上的安全”。要深入贯彻新时代党的建设总要求和新时代党的组织路线，把党的政治建设摆在首位。要坚持把政治监督摆在首位，不断提高干部监督工作质量和水平，推动全面从严治党向纵深发展。

12 月 19 日，市委常委会召开会议，传达学习中央经济工作会议、省委十届十次全会、省委经济工作会议精神。会议强调，要坚持以习近平新时代中国特色社会主义思想为指导，坚持稳中求进工作总基调，坚持新发展理念，坚持以供给侧结构性改革为主线，坚持以改革开放为动力，坚决打赢三大攻坚战，全面做好“六稳”工作，统筹推进稳增长、促改革、调结构、惠民生、防风险、保稳定，更有成效地推动合肥市各项工作高质量发展。

【市委议事协调机构会议】 1 月 31 日，市纪委十一届四次全会召开。会议强调，要深入学习贯彻习近平总书记重要讲话精神，坚定不移推进全面从严治党，为合肥改革发展提供坚强保证。各级领导干部特别是主要领导干部要以身作则，在开展严肃认真的党内政治生活上带好头、作表率，带头做“两个维护”的践行者、制度规矩的执行者、健康关系的构建者、抵制歪风的示范者。各级纪检监察机关要忠于党、忠于人民，带头加强党的政治建设，自觉做到守土有责、担当作为，遵规守纪、清正廉洁。

2 月 12 日，市委市政府召开 2019 年全市生态环境保护大会、河（湖）长制工作大会暨巢湖综合治理攻坚战推进会。会议强调，要深入贯彻落实习近平生态文明思想，认真落实全国、全省生态环境保护工作会议精神和中央环保督察及“回头看”提出的要求，坚定信心、下定决心，为实现巢湖水质根本性好转而努力，坚决打好污染防治攻坚战。

2 月 13 日，全市城市基层党建暨基层治理工作会议召开。会议强调，要坚持以习近平新时代中国特色社会主义思想为指导，深入贯彻新时代党的建设总要求和党的组织路线，认真落实全国、全省和全市组织工作会议精神，结合实际创造性开展工作，推进城市基层党建创新发展，提升城市基层治理能力水平，为全市经济社会发展提供坚强保证。要加强领导、压实责任，注重研究谋划、科学施策，确保组织领导强劲有力；注重分工协作、跟踪问效，确保责任落实不折不扣；注重精准指导、典型带动，确保实现全域推进全面提升，努力在城市基层党建与基层治理上多出“合肥亮点”、发出“合肥声音”、展示“合肥形象”。

2 月 26 日，合肥市促进民营经济发展大会召开。会议强调，要认真学习贯彻习近平总书记关于民营经济发展的重要论述，全面树立和坚持“为‘自己人’办事就是办‘自己’的事”的观念，坚决把中央及省、市关于民营经济发展的政策措施落实到位，当好民营经济发展的“贴心人”，竭力为民营企业发展创造良好环境和广阔空间，推动合肥市民营经济高质量发展。

3 月 8 日，市委召开省委巡视合肥市反馈意见整改动员会。会议强调，要深入学习贯彻习近平新时代中国特色社会主义思想和党的十九大精神，学习贯彻习近平总书记关于巡视工作的重要论述和《中国共产党巡视工作条例》，认真贯彻落实省委巡视反馈意见，以“不贰过”的决心和“钉钉子”的精神，一件不落、一招不让抓好整改落实，向省委和全市人民交出满意答卷。

4 月 1 日，长江安徽段生态环境“大保护大治理大修复、强化生态优先绿色发展理念落实”专项攻坚行动动员会会议精神宣贯会召开。会议强调，要深入学习贯彻习近平生态文明思想和习近平总书记关于长江经济带发展的重要论述，从树牢“四个意识”、坚定“四个自信”、坚决做到“两个维护”的高度，深刻认识开展“三大一强”专项攻坚行动的重要性和必要性，按照省委、省政府部署要求，坚决打好突出生态环境问题整治攻坚战，为全面打造水清岸绿产业优美丽长江（安徽）经济带做出应有贡献。

4 月 25 日，省委解决“两不愁三保障”突出问题和深入整治扶贫领域形式主义、官僚主义、持续开展“重精准、补短板、促攻坚”专项行动工作推进会精神宣贯会召开。会议强调，全市各级各部门要进一步树牢“四个意识”，坚定“四个自信”，坚决做到“两个维护”，深入学习贯彻习近平总书记重要讲话精神，提高政治站位，强化政治担当，全面落实省委、省政府的部署要求，奋力夺取脱贫攻坚战全面胜利。

8 月 26 日，市社情民意座谈会召开。会议强调，要聚焦“市场化、法治化、国际化”，着力在优化政务环境、市场环境、法治环境、社会环境等方面下功夫，开展好我市创优营商环境再提升行动，努力创优“四最”营商环境；聚焦“提信心、解难题、促升级”，落细落实中央及省、市一系列支持民营经济发展的政策措施，切实为民营企业纾困解难，支持在肥民营企业做大做强做优；聚焦“建真言、谋良策、出实招”，更好发挥政协优势作用，为优化营商环境、促进民营经济高质量发展贡献更多智慧和力量。

8月28日，全市创优营商环境再提升动员大会召开。会议指出，优化营商环境是党中央、国务院及省委、省政府的重大决策部署，也是合肥提升城市吸引力、竞争力的必然要求，对于推动高质量发展具有重要意义。要坚持以习近平新时代中国特色社会主义思想为指导，持续深化“放管服”改革，拉升标杆创一流营商环境，激发活力推动高质量发展，以简化促优化、以法治促规范、以创新促服务，不断提升城市能级和核心竞争力。

9月12日，全市“不忘初心、牢记使命”主题教育工作会议召开。会议指出，在全党开展“不忘初心、牢记使命”主题教育，是以习近平同志为核心的党中央统揽伟大斗争、伟大工程、伟大事业、伟大梦想做出的重大部署，是当前一项重要政治任务。会议强调，要把握总体要求，坚持抓思想认识到位、抓检视问题到位、抓整改落实到位、抓组织领导到位，努力实现理论学习有收获、思想政治受洗礼、干事创业敢担当、为民服务解难题、清正廉洁作表率的目标。要抓好学习教育，围绕学习贯彻习近平新时代中国特色社会主义思想这条主线，抓好集中学习研讨，开展革命传统教育、形势政策教育、先进典型教育和警示教育，切实做到入脑入心、知行合一；要抓实调查研究，聚焦调研重点，注重调研实效，交流调研成果，讲好专题党课，切实做到摸清实情、拿出实招；要抓紧检视问题，广泛听取意见，按照“四个对照”“四个找一找”的要求，认真检视问题，深刻剖析反思，切实刀刃向内、细查深剖；要抓牢整改落实，扎实推进专项整治，党员领导干部要带头包保解决突出问题，切实立查立改、即知即改；要注重开门搞教育，扩大群众参与，接受群众监督，发扬好的作风，力戒形式主义、官僚主义。

【市委理论学习中心组学习会议】

1月21日，市委理论学习中心组学习会议召开，传达学习贯彻习近平总书记在中央政治局民主生活会上的重要讲话精神及省委有关会议精神。会议强调，要进一步提高政治站位，始终在思想上政治上行动上同以习近平同志为核心的党中央保持高度一致，创造性开展工作。要进一步狠抓工作落实，敢于攻坚克难，始终保持“闯关”的冲劲、“过坎”的决心和“先行”的姿态，加快打造创新高地、产业高地、开放高地、人才高地，为全面建成小康社会收官打下决定性基础。要进一步加强作风建设，“关键少数”要发挥带头、带领、带动作用，严格执行中央八项规定精神及省委实施细则、市委30条规定，以永远在路上的执着把全面从严治党引向深入。

2月28日，市委举行理论学习中心组学习会议暨全市领导干部坚持底线思维着力防范化解重大风险专题培训班开班式。会议强调，要认真学习贯彻习近平总书记在省部级主要领导干部专题研讨班上的重要讲话精神，学习贯彻习近平总书记关于脱贫攻坚的重要论述和关于力戒形式主义、官僚主义的重要论述，树牢“四个意识”，坚定“四个自信”，坚决做到“两个维护”，按照省委部署要求，思想认识上进一步提高、态度上更加坚决、行动上更加有力，增强忧患意识，保持斗争精神，提高斗争本领，着力做好防范化解重大风险、中央脱贫攻坚专项巡视整改和集中整治形式主义、官僚主义各项工作，保持全市经济持续健康发展和社会大局和谐稳定。

4月30日，市委召开理论学习中心组学习会议，专题学习习近平总书记关于扫黑除恶专项斗争重要指示批示和有关重要论述。会议强调，学习贯彻习近平总书记重要指示精神，要与贯彻中央决策部署结合起来，与搞好中央督导组移交问题整改结合起来，与落实省委部署要求结合起来。要从严从实推进整改，确保整改问题及时、整改举措务实、整改成效扎实。要继续保持对黑恶势力的高压态势，坚持问题导向，注重标本兼治，聚焦重点精准打击。要压紧压实各级责任，强化协调配合，广泛发动群众，推动扫黑除恶专项斗争向纵深发展。

4月30日，市委理论学习中心组学习会议暨市委财经委第二次会议召开，传达学习4月19日中央政治局会议和中央财经委第四次会议精神。会议指出，今年以来，合肥市经济运行呈现出稳中有进、进中向优、优中育新的良好态势，高质量发展特征更加突出，实现良好开局。会议强调，要深入学习贯彻习近平总书记在中央政治局会议和中央财经委第四次会议上的重要讲话精神，按照省委部署要求，坚持稳中求进工作总基调，统筹做好稳增长、促改革、调结构、惠民生、防风险、保稳定各项工作，加快打造创新高地、产业高地、开放高地、人才高地。

5月10日，市委召开理论学习中心组学习会议，深入学习贯彻习近平总书记视察安徽重要讲话精神，并传达省委理论学习中心组学习会议精神。会议强调，全市上下要坚持以习近平新时代中国特色社会主义思想为指导，深入贯彻落实以习近平同志为核心的党中央决策部署和习近平总书记视察安徽重要讲话精神，牢记嘱托、砥砺前行，加快建设具有国际影响力的创新之都，努力在全省作好表率、走在前列，以优异成绩庆祝中华人民共和国成立70周年。

11月5日，市委召开理论学习中心组学习会议，学习贯彻党的十九届四中全会精神及省委常委会扩大会议精神。会议指出，党的十九届四中全会是在中华人民共和国成立70周年之际、在“两个一百年”奋斗目标历史交汇点上，召开的一次十分重要的会议。会议强调，要按照中央及省委的部署和要求，扎实做好学习培训、集中宣讲、新闻宣传等工作，力戒形式主义、官僚主义。要把学习宣传贯彻全会精神与“不忘初心、牢记使命”主题教育结合起来，与当前工作结合起来，以实际工作成果检验学习贯彻成效。

（吴 春）

综合党务

【概况】 2019年，中共合肥市委办公室（以下简称“市委办”）抓好习近平新时代中国特色社会主义思想、习近平总书记重要讲话、重要批示指示精神的贯彻落实，共办理平台通知25条、上报落实信息134条，涉及事项26件，办理22篇习近平总书记重要讲话精神贯彻落实事项，办理并落实习近平总书记重要批示2条。服务市委出台《合肥市基层减负年若干工作举措》《关于认真学习贯彻习近平总书记重要讲话精神坚决打好防范化解重大风险的实施方案》《贯彻落实〈党中央领导经济工作规定〉及〈省委具体举措〉若干措施》等制度规定。协助市委认真执行重大事项请示报告制度，全年向省委报送《合肥市要情报告》25次，省领导批示5次。

结合市“大调研”活动，协调全市117家市直单位和具有行政权力的事业单位成立579个调研小组，匹配调研对象14507个；市委办领导班子开展调查研究30余人次，问卷调查、座谈了解、个别谈话60余次，形成调研报告9份，走访调研对象363个，收集问题318个，解决问题208个，承办转办问题10个。其中市委办公室牵头协调解决的合肥七中学生出行难问题受到好评；针对中央及省委“8+2”专项整治，就牵头及配合的三个专项任务，制定任务、措施、责任、标准四个清单。

组织各县（市）区、开发区、市直有关单位的办公室负责人60多人，首次在武汉大学举办全市党委办公室素能提升班。组建市委国安办，完成市档案局机构、职能、人员的转隶、划转、配备，获批设立并筹备组建市专用通信局，机构设置更加完善规范。被人民网评为“2019年人民网网民留言办理工作民心会聚单位”，信息工作连续11年全省第一，位列全国省会城市第一方阵。

【服务工作大局】 2019年，市委召开市委全体会议3次、市委常委会会议43次、市委理论学习中心组学习会议15次；市委办服务市委深入抓好党的十九大和十九届二中、三中、四中全会精神，习近平新时代中国特色社会主义思想和习近平总书记重要讲话精神，以及党中央、省委重大决策部署的学习贯彻。服务保障庆祝中华人民共和国成立70周年系列活动、安徽创新馆、2019世界制造业大会、首届世界显示产业大会、全国电子战大会、长江中游城市群四省会城市第七届会商会、中国安徽名优农产品暨农业产业化交易会、第十三届合肥国际文化博览会等重大活动，并发挥兜底作用。服务保障党和国家领导人、国家部委领导、外地党政代表团来肥检查、指导工作，开展调查研究70多次。打好“三大攻坚战”，提出全市防范化解重大风险“1+8+14”方案体系，制定出台开展防范化解重大风险月调度、季研判，全年召开4次调度研判会议，出台市委国安委工作规则、2019年工作要点和市委国安办工作细则，《国家政治安全协调机制》《国家情报报送工作规范》《防范化解重大风险工作推进机制》等工作机制，以及防范化解重大风险攻坚战总体方案；突出抓精准、抓关键、抓长效，确保如期全面完成脱贫攻坚任务，长丰县岗集镇青峰岭村作为市委办公室定点帮扶单位，全部脱贫，并通过省脱贫成效第三方评估验收；聚焦精准治污、科学治污、依法治污，打好污染防治攻坚战，按时报送市委主要负责同志研究部署环保工作汇总表24期、市委办研究部署生态环境保护督察整改情况汇总表20期。以《长江三角洲区域一体化发展规划纲要》印发为重要契机，紧扣“一体化”谋深思路举措，推进长江三角洲区域一体化发展。

【以文辅政】 2019年，市委办围绕市委中心工作做到全方位参谋、高质量服务、大力度保障，全年起草各类文稿646篇、200多万字，审核把关市属媒体新闻稿件、《安徽日报》及其他市外媒体有关新闻稿近400篇，组织安排和衔接报道活动435批次，编发《合办通报》8期，审核供稿《合肥工作》12期、21篇。处理信息2.6万条，编报《合肥信息》973期，向中办、省委办上报信息3500条，其中重要紧急信息23条。《家电消费新政对家电产业影响分析》《政策性融资担保机构服务小微企业发展亟待提升》等100余篇调查研究信息得到省、市领导批示，合肥信息以1282分排名全省党委系统第1位。强化党内法规工作政治属性，全年制发规范性文件133件，同比下降30.73%，向省委报备党内规范性文件年均60件，备案率、合法合规率连续3年位居全省第一，审查各地各部门党内规范性文件280余件。认真开展涉机构改革文件专项清理、市委党内规范性文件第二次集中清理，分别梳理文件目录1.5万余件和2.2万余件。

【基本职能履行】 2019年，市委办发挥好党办抓落实的基本职能，办理22篇习近平总书记重要讲话精神贯彻落实事项，办理并落实习近平总书记重要批示2条；对4项省委常委会工作要点、3项省委专题调研座谈会中的涉肥工作，巢湖综合治理工程、中央公园、120项市委常委会工作要点等事项，进行跟踪督查。对18项市委常委会会议、市委书记专题会议决定事项进行督查，形成3期督查报告。组织4次市委决策部署贯彻落实“回头看”，对153个事项开展现场复核。对省委第三巡视组所反馈的44条问题，逐条颗粒化为142项具体问题，扎实做好整改、巩固、提升工作，相关经验被省纪委网站刊载。圆满完成市委办牵头的中央脱贫攻坚专项巡视6项整改任务，并统筹做好中央环保督察整改、中央扫黑除恶专项督查等专项工作。推进“基层减负年”工作，建立完善工作机制和台账，细化我市“九减一增强”措施，开展贯彻落实情况“回头看”，取消“留痕”事项22项、保留12项，取消政务APP、工作群及工作平台795个，整合34个，保留474个，市本级发文、会议、督查考评较上年下降46.53%、39.19%和89.05%，市委发文、开会下降48.13%和50%，整治形式主义、为基层减负工作得到中办督查室肯定。高质量办理网友留言，全年办理人民网网友给省委书记留言（涉及合肥）和市委书记留言3718条，同比增长21.3%。其中，给省委书记留言（涉及合肥）2112条，同比增长14.2%；给市委书记留言1606条，同比增长32.3%，留言量及回复率均居全省第一。对《涉稳动态专报》刊载的社会动态、信访情况、涉肥舆情等152个事项进行督查督办，编辑《督办专报》22期。

【保障运转】 2019年，市委办承办协办各类会议207次，其中全市性会议40次，保障省、市重要视频会议近40场。组织服务市委主要负责同志和市委负责同志各类调研活动41次。牵头或参与组织各类活动179批次，其中，省部级以上领导来肥调研50批次、外地党政代表团（考察团）来访21批次、市委主要领导率团外出考察7批次、重要客商接待101批次。新采购各类办公设备36件13.95万元，采购各类办公用品及耗材25.99万元，发放办公用品300多次。全力做好意识形态（网络意识形态）、保密、普法、效能建设等兜底性工作。

做好文电、信息办理，全年办理各类公文、通知3183件，年收发各类电报3817份、传输办理12830份，制发公文557件，分发交换文件材料及报纸杂志27746份；收报各类书面紧急重要信息900余条（期），接听处置各类口头、短信报告紧急重要信息1150余条。建立《市委领导紧急信息批示登记表》制度，全年累计获得市委领导批示20次，其中市委主要领导批示9次，及时传达、落实、跟踪领导批示200余人次，分发报纸、杂志及收发机要信件、挂号信等7万余份。《秘书工作》《中办通讯》征订发行分获2019年通联工作一等奖、三等奖。全年举办四期档案工作培训班，培训人数334人，组织、指导县（市）区参加上级培训、开展本级培训，累计受训近千人；组织开展“‘6·9’国际档案日”档案宣传活动，受众面约2万人次；做好机构改革档案工作，指导100余家涉改单位向综合档案馆移交档案10.5万卷（件、册）；申报巢湖市建中村和肥西县柏堰社区作为首批国家试点村居，档案工作服务农村基层社会治理试点有序推进。

做好干部医疗保健、生活保障工作，全年为200余名重点保健对象和1400余名离休干部提供日常医疗保健服务，组织4次医疗费联合审核，审核住院病历280余份，门诊处方16000多张，审核并拨付厅级保健对象医疗费185万元，为60余位正县职保健对象进行住院医疗费二次报销审核。为离退休干部推送党的理论和路线方针政策学习资料，全年组织理论学习10余次、集体活动6次。建立“离退休党建工作”微信群，向“市离退休工作微信公众号”“合办先锋”推送市委办老干部活动信息稿9件，离退休党支部被评为省“先进离退休干部党支部”。

（刘　徽）

组　织

【概况】　2019年，合肥市组织工作提质增效，全市组织系统执行《干部任用条例》，全面落实好干部标准和省委“六选六不选”要求，坚持事业为上、以事择人，选优配强各级领导班子，打造忠诚干净担当的高素质专业化干部队伍，提请市委常委会研究干部960人次，机构改革中调配干部316名。学习贯彻新修订的《公务员法》，全面推行职务职级并行制度，优化队伍结构，持续建设高素质专业化公务员队伍，高铁南站综合管理办公室被授予全国“人民满意的公务员集体”称号。树立大抓基层鲜明导向，全面增强基层党组织政治功能和组织力。落实党管人才原则，深化人才发展体制机制改革，推进人才高地建设。

【领导班子和干部队伍建设】　2019年，市委组织部加强教育培训。4月28日制定《2019—2022年合肥市干部教育培训规划》，提出10项干部教育培训重点项目，明确53项具体任务。聚焦理论武装和能力提升，全年完成上级调学69班次305人次，举办各类培训班101期、培训7100余人次。坚持把深入开展习近平新时代中国特色社会主义思想教育培训作为首要任务，举办专题研讨班2期、培训干部340余人。在党校主体班次培训中，开设习近平新时代中国特色社会主义思想等专题，引导党员干部读原著、学原文、悟原理。加强干部专业化能力培训，全年举办脱贫攻坚、防范化解金融风险等专题班17期，培训各级干部2000余人。加大开放办学力度，组织19个班次、900余名学员赴上海、浙江等地，学习借鉴先发地区先进理念经验。认真落实领导干部上讲台制度，全年邀请市厅级领导干部17人次为学员授课。谋划推进县级党校分类建设，建立教学督学和学员评估双重教学质量评估机制，从严落实学员管理规定。

着力选优配强。推深做实“三案一单”精准管理，加强领导班子和领导干部综合分析研判，统筹做好干部日常调整配备。提请市委常委会研究干部960人次，机构改革中调配干部316名。突出政治标准，制定干部政治表现问题清单，加强政治素质考察，对政治上有问题的实行“一票否决”。坚持事业为上，抓住机构改革、实施职务与职级并行制度等契机，提拔或进一步使用敢于担当、实绩突出的干部。其中，面向全市选拔17名干部，担任合肥滨湖科学城管委会内设机构领导职务。加强干部交流，从市属企事业单位选拔3名干部到开发区、城区任职，从党政机关交流11名市管干部到企事业单位任职，调整县级公安局长13人并选拔进同级政府班子。启动实施年轻干部发现培养“百千万”工程，坚持分批调研、分级建库、分类培训，提拔使用“80后”县处级干部24人。推进团职军转干部安置工作，接收安置6名正团职、16名副团职军转干部。

强化管理监督。执行干部个人事项报告“两项法规”，全年查核691人次，诫勉5人，取消考察对象资格3人。预审干部调整配备工作方案108批2020人次，未同意调整或暂缓25人。从严从实抓好省委巡视反馈意见整改落实，牵头10个问题及专项检查23个问题全部按时完成整改。3月5日，出台《关于规范开发区人事薪酬管理的意见》，对开发区机构设置、人员管理、薪酬结构等提出要求，旗帜鲜明支持、鼓励开发区改革创新发展。7月18日，制定市直单位组织人事部门主要负责人任免备案意见，完成128家市直单位组织人事处长基本信息等统计采集，对调整任免的7名组织人事处长进行审核备案。组织开展不担当不作为专项整治，牵头有关单位整治相关问题224个，通报反面典型6个，选树4名敢于担当、奋发有为的先进典型。清理规范“一票否决”及签订责任状事项，落实容错纠错办法，正确对待被问责和受到处理的干部，提拔或进一步使用受处分县处级干部4人。加强和改进综合考核工作，对全市131个市管领导班子、1937名市管领导干部进行分类考核，其中120个市管领导班子为“好”等次，319名市管干部为“优秀”等次。

【公务员队伍建设】　2019年，市委组织部完成机构改革人员转隶工作。按照“编随事走、人随编走”原则，制定8条指导原则和18条解答口径，完成市级机构改革1291人的转隶工作。着眼优化资源配置，设立“空缺职位池”和“周转人员池”，通过集中填报志愿、计算机匹配等方式，将8家合并单位综合处室61名同志匹配到市委网信办、市退役军人事务局等15家新组建新设立部门。

推进公务员职务与职级并行

工作。6 月 21 日，制定职务职级并行实施方案，根据单位规格编制核准职级职数，按“四分开”要求，批复职级职数 1.3 万名，套转 9289 人。严把职级晋升方案关、人选关、程序关，树立“注重实绩、兼顾资历、竞争择优、持续激励”的择优导向，公务员职级晋升 3375 人，其中市直单位 1826 人、县（市）区 1507 人、开发区 42 人。审核公安警务技术职务任职资格评审材料 250 份，做好法官助理、检察官助理、书记员以及司法警察职务序列职数申报及批复等工作。

推进公务员考录工作。坚持录用标准，严格考察程序，面向社会考录公务员 517 名，专项招录公务员 138 名，重点向改革发展、科技创新、金融财务、规划建设、市场监管等基层一线部门倾斜，储备一批专业型、紧缺型优秀人才。此外，接收选调生 79 人，市直单位遴选公务员 116 名。规范公务员登记管理，办理公务员（含参公人员）登记 1331 人。紧扣高质量发展需要，完善调学率考核、培训反馈、成绩归档“三项制度”，开展新录用公务员、青年骨干公务员等培训，举办培训班 5 期、培训 800 多人次。

做好公务员管理日常工作。批复 377 名科级领导职数和 1645 名职级职数使用，办理科级及以下公务员转任 109 人。编制公务员平时考核手册，指导、督促 26 家试点单位开展平时考核工作。开展公务员年度考核，确定优秀嘉奖 1396 名，记三等功 261 名。做好公务员表彰奖励工作，审批完成市直机关工作人员年终一次性奖金 11260 人、一次性工作奖励 16747 人。6 月 25 日，高铁南站综合管理办公室被授予全国“人民满意的公务员集体”称号。推进各项改革配套，研究出台机构改革人员转隶工资接转办法，修改完善工资审批库，完成公安机关两个职务序列工资套改。走访慰问市直机关 232 名离退休劳模、老干部，组织 100 名市直机关优秀公务员开展健康休养。

【基层党组织和党员队伍建设】

2019 年，市委组织部压实基层党建责任。开展党委（党组）书记抓基层党建述职评议考核工作，分领域组织召开市直机关，市管学校、医院、企业党委（党组）书记抓基层党建述职评议会议，量化评议结果，按 10% 比例计入综合考核得分。对照年度目标和述职评议考核查摆的问题，制定基层党建工作“三个清单”，逐项抓好落实。落实党支部工作《条例》，扎实开展党支部建设提升行动，推进党组织标准化规范化建设，全市达标率 99%。加强对机关党建工作的统一领导，调整理顺 34 个单位党的工作管理关系，构建机关“大党建”工作格局。

抓好城市基层党建。抓住全国城市基层党建示范市建设契机，牵头制定“1+8+6”系列文件，系统谋划、整体推进城市基层党建“书记工程”，相关做法得到中组部及省委充分肯定，新华社、人民日报、中组部《党建研究》和《组工信息》等予以推介，党建引领基层治理走出“合肥路径”。全面取消街道招商引资任务及相应考核指标，从市本级压缩 185 个行政编制充实到街道，完成街道“大部制”改革。核定社区工作者员额 8979 名，建立“四级十二档”岗位等级和职业资格认证制度，社区党组织书记年均报酬达 7.5 万元，7 个社区被命名为城市基层党建省级示范社区。调整优化社区网格 5436 个，建立网格党支部 3200 多个、楼栋党小组 2600 多个。打造“红色物业”，建立党组织领导下多方参与的议事协商制度，解决小区各类物业矛盾问题 1.5 万多个。打造布局体系化、功能综合化的党群服务阵地，全年新建成区级党群服务中心 1 个、街道级 29 个、社区级 393 个、片区级 168 个。深化“四联四定”，全市 1900 多个机关和企事业单位、2.7 万名在职党员主动到社区报到服务。同时，实施城市领域基层党建领航计划，统筹抓好机关、国企、学校和医院党建工作。

深化农村基层党建。推深做实“一抓双促”工程，实施“四提升

2019 年 2 月 13 日，全市城市基层党建暨基层治理工作会议在市政务中心召开（何希斌 / 摄）

行动”。实施农村党员干部本领提升行动，全年举办11个班次，培训乡镇组织委员、选派干部、大学生村官、村党组织书记、扶贫专干、“双培双带”典型等1900余人次。下拨省市补助乡村干部教育培训资金56.78万元，组织942名村干部参加大专以上学历教育。实施新型集体经济提升行动，推进“百村示范、千村提升”五年行动计划，在庐江县汤池镇、郭河镇开展党建引领信用村建设试点，全市村级集体经济收入50万元以上村达96个。实施扶贫领域作风建设提升行动，抓好中央脱贫攻坚专项巡视反馈7个问题整改，6月10日，下发《关于聚焦“两不愁三保障”进一步加强定点扶贫精准帮扶工作的通知》，落实《安徽省脱贫攻坚一线干部激励关怀办法》，全年有23名选派帮扶干部被提拔重用。实施乡村治理提升行动，参与扫黑除恶专项斗争，整顿软弱涣散村党组织42个，清理受过刑事处罚等问题的村干部35人。

加强非公企业和社会组织党建。开展集中推进“两个覆盖”专项行动，全市21646家非公企业、2230家社会组织党组织组建率分别达59.3%、57.5%。推进“双向进入、交叉任职”，非公企业和社会组织党组织书记在经营管理层交叉任职人数达4750，占60.35%。完成第三批党建工作指导员任期考核，选派第四批党建工作指导员1827人，建成党建工作指导站144个，入驻指导员1743人。10月22日，出台《关于加强非公有制上市公司党建工作的若干意见》，加强上市公司党建工作，创建省级“双强六好”非公企业党组织6个。推行“非公工委+若干行业党委”模式，组建10个市级行业党委，抓好市级社会组织、律师、会计师、税务师等行业党建工作。

强化党员教育管理。贯彻发展党员工作五年规划，建立健全各项制度，提高发展党员质量，优化党员队伍结构，全年新发展党员6968名。深化排查解决发展党员违规违纪问题试点工作，对试点单位2014年5月以来发展的4000多名党员逐一“过筛子”，发现发展党员违规违纪问题868人。突出抓好党组织书记队伍教育培训，举办243期轮训班，培训党支部书记1.7万余人次。5月8日，研究出台《贯彻〈党内功勋荣誉表彰条例〉具体举措》。6月26日，提请市委集中表彰80名“合肥市优秀共产党员”、60名“合肥市优秀党务工作者”、80个“合肥市先进党组织”。加强党员教育平台建设，实施党员远程教育规范化建设“三年行动计划”，市党员电教中心连续三年被省委组织部授予“先进单位”称号。征集作品125部，开展第三届党员教育微视频观摩评比活动，1部党员教育电视片获全国二等奖。

【人才强市建设】 2019年，市委组织部完善人才政策体系。持续完善以市“人才20条”“创新创业8条”为核心的人才政策体系，优化调整部分政策的支持范围、申报程序和支持方式，统筹修订《合肥市国家、省重点人才项目配套资助办法》等具体实施细则14项。将人才政策“20条”、人才创新创业“8条”和年度人才工作要点分别分解为68项、21项、83项具体工作任务，逐一确定责任单位，统筹抓好任务落实。加强人才发展专项资金管理，根据年度工作安排组织编制专项资金预算，按月调度各项资金执行情况，市本级安排人才专项财政预算4.08亿元。

推进重点人才工程。对接中央、省重点人才项目，兑现配套资助等政策，新增“两院”院士5人，向入选国家“万人计划”、省“特支计划”等重点人才项目的69名高层次人才兑现资助3182.73万元，对5家科学中心平台单位新引进51名高层次人才兑现奖补919万余元。继续实施“双引双培”人才工程，2018—2019年度新认定市领军人才20人、庐州英才32人、庐州产业创新团队39个，全年兑现资金2790万元。实施“产业紧缺人才引进计划”，2019年兑现首批产业紧缺人才生活补贴2925人、5464万元。实施国际化人才工程，遴选资助30名优秀高校毕业生等赴境外留学深造，资助留学人员创新创业项目16个。

提升人才服务水平。开展“弘扬爱国奋斗精神，建功立业新时代”活动，分批邀请60名高层次人才开展国情研修，抓好党委联系专家工作，做好人才服务专项调研，推动建言献策，帮助排忧解难，加强政治关怀。创新服务形式，高标准运行合肥国际人才城、“合肥国际人才网”，承办中德国际高峰论坛等主题活动69场，引入服务机构13家，引进创业团队19个，提供业务咨询、办理5100人次。优化生活服务，向新落户大学生、技能人才7451人发放租房补贴3663万元，修订《合肥市高层次人才子女入学保障办法》，组织70名专家休假疗养、100名高层次人才免费体检，解决人才后顾之忧。深化人才交流，与G60科创走廊城市携手推进人才发展，举办第三届“墨子论坛”、斯坦福大学全球创新联盟课程、长三角研究型大学联盟智库峰会等活动，全年邀请1000余名全球青年科学家等来肥考察交流。

（朱璐璐）

机构编制管理

【概况】 2019年，合肥市机构编制部门按照中央及省、市委决策部署，强化党对机构编制工作的集中统一领导，落实编委体制调整和编办归口组织部管理要求，聚焦新定位、新形势，强化省会意识，工作思路由“数量管理”向“质量管理”转变，工作重点由“编制导向”向“职能导向”转变，工作方法由“被动审批”向“统筹保障”转变，工作机制由“各自为战”向“协同作战”转变，完成全市机构改革，推进五大领域综合行政执法改革，完善开发区机构编制保障，实施街道体制改革，探索公立医院编制周转池建设、权责清单建设，实现机构编制工作提质增效、争先创优。

【市县机构改革】 2019年1月1日，省委、省政府批准合肥市改革方案。1月25日，市委、市政府印发经市委十一届八次全会审议通过的《中共合肥市委、合肥市人民政府关于市级机构改革的实施意见》，市级机构改革开始。2月1日，市所辖9个县（市）区机构改革方案经省委、省政府批准。截至3月底，市直及所辖各县（市）区均完成机构挂牌、人员转隶、“三定”（即定机构、定编制、定职能）规定印发等工作，完成市县机构改革任务。改革后，市级党政机构设置55个，较改革前减少2个，压缩比例3.51%；所辖9个县（市）区各设置党政机构37个，总数较改革前减少30个，精简压缩比例8.26%。结合改革，对超审批权限设置机构、挂牌机构、议事协调机构和临时机构进行清理规范，市本级清理撤并合署办公机构4个、挂牌机构5个、议事协调机构1个。“三定”后，市（县）不再保留副县（科）级机构和高配领导职数。

*构建优化协同高效的机构职能体系。*落实党中央决策部署，机构设置做到与中央基本对应，与省级有效衔接。把加强党的全面领导贯穿始终，完成党的纪检体制和国家监察体制改革任务，实现党内监督和国家机关监督的有机统一；市、县均设立深化改革、依法治市（县、区）、国家安全、网信、审计、教育、农村等9个党委议事协调机构，强化党委对重大工作的领导体制机制；加强市委职能部门的统一归口协调管理；落实涉及应急管理、退役军人事务、医疗保障等重点领域的新组建机构。

*构建适应创新发展大局的特色机构。*坚持解放思想与实事求是、顶层设计与基层探索、上下协同与因地制宜相结合，考虑市产业结构、地域特点、经济社会发展水平和市场发育程度，特别是结合省会中心城市发展的特殊需要，做好职责划分、权责界定和跨部门重大工作统筹协调的文章。针对行政审批工作上下不贯通、工作难协调、数据难共享、平台难联通的问题，组建市政务服务管理局；为统筹资源，提高效率，建立整合政府采购、产权交易等多功能于一体的公共资源交易平台，组建市公共资源交易监督管理局；为确保扶贫工作持续推进，单独设置市扶贫开发工作办公室。

*构建深度融合的部门内部体系。*机构改革中将部门职责与权责清单相结合，以职责定机构，坚持一类事项原则上由一个部门统筹、一件事情原则上由一个部门负责，确保职责彻底整合。注重部门内部的“物理整合”，更注重“化学反应”。一方面，实行大部门体制下的大处室制，内设机构按照同类项合并原则重新设置，促进业务融合、资源整合，如在市场监管领域，将行政审批事项职责进行整合，建立投诉举报受理统一平台；另一方面，科学核定部门内设机构和人员编制，参照省级部门内设机构设置情况，按照“至少3人成处”原则，聚合分散资源，克服“官多兵少”“推诿扯皮”等机关病。

【事业单位改革】 2019年，合肥市推进事业单位改革。按照职能增强、稳定、弱化三种类型对市直事业单位进行调研分析；经营类事业单位转企改制进入收尾阶段，推进交通运输等领域承担行政职能事业单位改革，调整机构改革涉改的22家行政机关所属109家事业单位隶属关系和机构名称。按照减少层级、整合队伍、提高效率的要求，统筹执法资源和执法力量，深化市场监管、生态环境保护、文化市场、交通运输、农业五大领域综合行政执法改革。落实地方党委政府对生态环境负总责的要求，开展生态环境机构监测监察执法垂直管理制度改革。

*持续推进编制周转池制度建设。*成立推进市属公立医院编制周转池制度建设工作领导小组，建立会商机制、通报机制和督查机制，深入市属公立医院开展专题调研，下达公立医院周转池编制使用计划1498名、合肥学院使用计划154名，合肥幼儿师专、合肥职业技术学院纳入编制周转池试点。全面完成“同岗同酬”人员纳入编制管理工作。

【重点领域改革】 2019年，合肥市构建简约高效的基层治理体制。1月，制定出台合肥市《关于深化街道体制改革的实施意见（试行）》，推动形成区域统筹、条块协同、上下联动、共建共享的城市基层治理新格局。突出“赋权”落实街道公共事务综合管理权，8月，印发市《关于落实街道公共事务综合管理权的实施办法》；突出“优化”整合街道机构设置，瑶海区各街道均设置“一办六部两中心”，庐阳、蜀山、包河区各街道均设置“一办七部两中心”；突出“增能”下划街道行政编制，按市直部门5%比例下划街道行政编制185名，下划后合肥市城区街道行政编制平均增加到18.8名。

核定开发区机构设置和用人总量。坚持上下衔接与因地制宜相结合，优化规范组织架构，四大开发区党工委、管委会机关由近200个精简至111个，规范统一内设机构名称和职能；坚持规范管理与激发活力相结合，对开发区工作人员实行分类管理和总量控制，分别核定合肥高新技术产业开发区、合肥经济技术开发区、合肥新站高新技术产业开发区、安徽巢湖经济开发区机关用人总量。

【机构编制管理】 2019年，合肥市规范事业单位登记管理服务。全面推动登记服务事项网上办理，建立合肥市事业单位登记管理局协同登记管理QQ群、国家事业单位登记管理系统、统一代码证书管理系统等网络，初步实现以“互联网+政务服务”为依托，推动登记管理全事项、全流程网上办理。同时简化办事流程，大力减要件、简环节、优流程、压时限，对各种申办要件和办理环节进行梳理，推行“容缺受理”或“容缺办理”，即时办结事项超过90%，98%以上的业务办理“只需跑一次”，限时办结事项所需时间比法定时间压缩70%以上。

推进机关群团事业单位信用体系建设。建立事业单位法人和机关群团组织统一的社会信用代码制度，完善和规范事业单位登记管理系统在库单位管理。健全信用信息共建共享合作机制，将机关群团事业单位的基本登记信息纳入全市社会信用体系建设整体布局。强化事业单位法人监管，12月，印发《合肥市事业单位法人异常名录管理办法》《合肥市事业单位法人登记事项抽查办法》，加强事业单位法人事中事后监管，促进事业单位诚信自律、依法规范开展业务活动。

强化机构编制法治建设。坚持党管机构编制原则，学习贯彻《中国共产党机构编制工作条例》，制定编委工作规则、编办工作细则，把党对机构编制工作的集中统一领导落到实处。落实中央编办文件精神，建立副县级以上领导台账，对超审批权限设置机构、挂牌机构、议事协调机构、临时机构以及副县级机构和高配领导职数进行清理规范。健全完善机构编制实名制系统，全年审核人员变更信息5万多条，更新机构编制信息4346条。

【清单制度建设】 2019年，合肥市做好清单动态调整工作。市级权责清单事项由50个部门的1629项调整为47个部门的1642项；县（市）权责事项平均3078项，区权责事项平均1547项；全市128个乡镇（街道）6月底前完成清单调整工作并对外公布，乡镇权责事项平均96项，街道权责事项平均53项。市级公共服务事项由72个部门的1616项调整为68个部门的1504项，其中增加26项，减少138项，部门间调整128项。市级中介服务保留事项由157项调整为153项，其中减少4项，部门间调整6项，要素变更事项6项。

做好清单统一规范工作。修订乡镇（街道）权责清单参考目录，5月，下发《合肥市乡镇（街道）政府权力清单参考目录（2019年本）》，将权责事项由221项调整为152项；完成8个系统市县乡三级公共服务清单通用指导目录编制工作，涉及公共服务事项354项；完成市县两级权责清单数据会聚工作，涉及权责事项23209项；制定开发园区权责清单参考目录，涉及权责事项921项。

（邵宏金）

老干部工作

【概况】 2019年，合肥市落实离退休干部各项政治待遇，市委、市政府相关领导在合肥、巢湖两地向老同志通报全市党的建设和经济社会发展情况，组织老同志代表参加全市春节团拜会、省暨合肥市烈士纪念日活动。举办“坚持底线思维，防范重大风险”专题党课报告会。市委组织部、市委老干部局联合举办全市离退休干部党支部书记培训班。各级老干部工作部门开展经常性思想工作，做好政策宣讲和解疑释惑工作，教育引导广大离退休干部与党同心同德、同行同向。各单位调整或新建离退休干部党组织，选优配强支部班子，落实党组织工作经费、党支部书记工作补贴等政策，确保党组织建设有序推进。举办机关党建工作培训班，推进离退休干部党支部规范化建设。市老年大学探索加强临时党组织建设。各相关单位在离退休干部党组织中开展“五个一”主题党日活动。市委老干部局被评为“全省老干部宣传工作先进集体”。

【服务管理】 2019年，市委老干部局为驻肥近1.7万名离退休干部办理人身意外保险，为他们提供人身安全保障。看望慰问易地安置离休干部，送上党委政府关心和问候。组织开展10次保健知识讲座和健康巡诊活动，为老同志提供面对面的健康咨询服务。畅通离休干部看病就医“绿色通道”，做好体检服务，为老同志提供更加便捷的就医服务。持续做好特困帮扶工作，让离退休干部病时有人管、难时有人帮。市本级对62名离退休干部、27名离休干部无工作遗孀进行特困帮扶，投入帮扶资金69.4万元。落实中央和省关于提高离休干部护理费标准、调整离休干部无工作遗孀生活困难补助标准等。为企业离休干部发放一次性生活补助，使老同志共享改革发展成果。春节、“七一”前夕，省市领导深入到医院或老干部家中，看望慰问离休干部和曾任市级领导职务的老同志，为离休干部无工作遗孀送去慰问金。

【发挥作用】 2019年，市委老干部局围绕庆祝中华人民共和国成立70周年，筹划并组织开展系列活动。市级组织开展“七个一”系列活动：即举办“聚力新时代、共筑中国梦”书画摄影展、“我爱你，中国！”文艺展演，组织开展“丹心爱中华、桑榆情更浓”主题征文活动，组织地厅级退休老同志参观考察阜阳合肥现代产业园，召开“看中华人民共和国成立70周年新成就”专题调研座谈会，开展登门走访活动，并向离休干部发放“庆祝中华人民共和国成立70周年”纪念章。做好全国、全省离退休干部先进集体和先进个人推荐上报工作，注重总结离退休干部“双先”典型。采取多种形式宣传离退休干部“双先”事迹，营造争先创优良好氛围。发挥“五老”作用，做好关心教育下一代工作，市关工委成立合肥市“新时代‘五老’报告团”，各县（市）区、开发区关工委也相应建立健全各类报告团组织，并开展主题宣讲活动，打造“五老”发挥优势作用的新品牌。市关工委开展“放飞中国梦·奋斗强中华”主题系列活动，引导青少年缅怀革命先烈、传承红色基因、矢志报效祖国。推进“脱贫攻坚、关工助力”活动，开展助学圆梦、“冬日送温暖”等活动，帮扶贫困青少年；全市关工委系统共筹集资金1092万元，对14741名贫困青少年进行助学帮扶。全市老干部系统搭建平台，开展形式多样的庆祝活动，组织老同志并带动更多身边人传承红色基因、热爱伟大祖国，为党和人民事业增添正能量。

【阵地建设】 2019年，市政府出台《关于进一步加强全市老年教育工作的实施意见》，进一步明确对全市老年教育的目标、任务、保障措施。市老年大学着眼高水平、有特色，推进学校管理体制改革创新，不断加强信息化建设、网上报名和教学管理工作，提升教学管理水平。组织开展省、市级示范校验收和检查，举办全市基层老年学校校长培训班和全市老年教育宣传工作培训会，推进全市老年教育全面发展、健康发展。抓好市老年大学新校区（老干部活动分中心）建设，确保工程高标准高质量。市老年大学举办“庆祝中华人民共和国成立70周年暨合肥老年大学建校35周年”“我与新中国同年岁”书画摄影展、第二届校园音乐节等，与省电视台科教频道联合拍摄《我和我的祖国》短视频，参加省电视台“梨园徽韵盛世情”戏曲春晚和安徽综艺频道“老爸老妈老有才”节目录制。注重更新和完善设施，加强老干部活动中心规范化管理、人性化服务，开展文体活动比赛。组织全市老干部代表队参加全省老干部系统象棋、围棋、台球赛。

（朱雪峰）

宣传思想文化

【概况】 2019年，全市宣传思想战线坚持以习近平新时代中国特色社会主义思想为指导，以学习贯彻《中国共产党宣传工作条例》为契机，以庆祝中华人民共和国成立70周年为主线，认真落实中央和省、市委决策部署，围绕举旗帜、聚民心、育新人、兴文化、展形象的使命任务，守正创新、担当作为，全年开展各级各类宣讲3000多场次，举办系列新闻发布会24场，开展各级各类群众性文化活动3000余场次，中央6家主要媒体刊播宣传合肥稿件3200篇，为加快打造具有国际影响力的创新之都、建设长三角世界级城市群副中心提供有力思想保证、舆论支持、精神动力和文化条件。

【理论武装】 2019年，市委宣传部持续推进党的创新理论深入人心，实施党委（党组）理论学习中

2019年9月4日，合肥市"举旗帜·送理论"微宣讲活动进瑶海区新时代文明实践中心（市委宣传部/供）

心组学习质量提升行动，市委理论学习中心组率先垂范，开办防范化解重大风险培训班、主题教育读书班等专题学习16次，及时跟进学习28次，带动各级中心组学习提质增效。巩固"庐州讲坛""书记讲党课"等活动载体，用好《习近平新时代中国特色社会主义思想学习纲要》等权威资料，帮助干部群众真学真懂、真信真用。以巡回宣讲、微宣讲、志愿宣讲、文艺宣讲等方式，开展"举旗帜·送理论"活动，成功举办第二届理论微宣讲大赛，推出党的十九届四中全会精神学习地铁专列等载体，累计开展各级各类宣讲3000多场次。推动理论网络传播，新建"理响合肥"微信公众号，扩大"理响合肥"全媒体矩阵影响力，"学习强国"学习平台下载使用量、供稿采用量位居全省前列，全市有近32万名党员、2.8万名非党员下载使用。参与承办省委"新时代改革发展"论坛首场研讨会，组织开展学习贯彻党的十九届四中全会精神理论研讨会、理论文章征集等活动，引导全国全省专家学者聚焦合肥、研究合肥。抓好省市领导圈定课题和哲学社会科学规划项目研究，在省部级以上报刊上发表文章17篇，其中《学习时报》1篇。做好合肥智库、历史文化、社科知识等丛书编纂工作，出版《有趣的合肥地名》《巢湖儿女》。

【新闻宣传】 2019年，市委宣传部紧扣庆祝中华人民共和国成立70周年这条主线，组织开展"壮丽70年·奋斗新时代"等重大主题宣传，推出"辉煌70年""创新之都 闪亮答卷"等系列报道，组织策划"壮丽70年·合肥巡礼"等网络专题、阅读量超亿次，举办系列新闻发布会24场，唱响礼赞新中国、奋进新时代的昂扬旋律。壮大推动改革发展舆论强势，宣传解读打赢三大攻坚战、决胜全面小康等中央和省、市委重大决策部署，"习近平总书记视察安徽三周年""纪念五四运动100周年""不忘初心、牢记使命"主题教育、学习宣传贯彻党的十九届四中全会精神等重大主题宣传，开展脱贫攻坚、生态环保等专题宣传，提升世界制造业大会、长三角一体化、G60科创走廊、家博会等50多个活动宣传水平，唱响新时代改革发展最强音。创新利用VR、5G技术等现代传媒手段，策划推出《寻访"渡江精神"》《红耀合肥》等系列全媒体报道，世界制造业大会宣传报道在全省首次实现5G技术电视融媒直播，主流媒体影响力传播力显著增强。加强重大突发性事件的新闻发布和经济社会热点问题的权威解读，组织召开市属媒体新闻通气会，围绕扫黑除恶、环保督察整改、安全文明出境游、打击治理电信网络新型违法犯罪等工作，密切关注舆情热点，及时发布权威信息。加强网络舆论引导，组织33家党政机关入驻抖音，累计发布作品2504条，播放量超4.25亿次，点赞量超2511万次。把握时度效，主动设议题，上线合肥市"庐州e评"网评栏目。

【文化事业】 2019年，市委宣传部坚持为民惠民，抓精品、提服务，不断满足人民群众精神文化生活新期待。加强文艺创作引导，修订文艺精品扶持办法、文化事业发展资金管理等政策措施，组织策划中国著名作家合肥行等活动，聚焦主题主线狠抓重点作品创作，创作推出庐剧电影《啊！妈妈》、纪录片《刘铭传》、庐剧大戏《等不到今生等来世》等一批优秀文艺作品，歌曲《中国在这》、广播剧《红旗颂歌》、电影《忠爱无言》等六部作品获省"五个一工程"优秀作品奖，获奖数量居全省第一位，连续十五届获"优秀组织奖"。成功举办长江中游城市群第七届会商会文艺晚会、中国上海国际艺术节合肥分会场、第15届世界扬琴大会、"中华颂·长丰杯"第十四届全国小戏小品曲艺大展等一批国际化、全国性文化活动，开展艺术名家大讲堂、高雅艺术惠民、"玉兰杯"戏曲大赛等品牌文化活动，开展基

2019 年 10 月 17 日，合肥市第四届“玉兰杯”戏曲大赛校园戏曲比赛现场
（市委宣传部 / 供）

层文艺调演、文艺下基层巡演、市民广场音乐会、经典红歌演唱会等群众性主题文化活动，全年开展各级各类群众性文化活动 3000 余场次，“戏曲进校园”工作得到中宣部肯定。加快推进市中心图书馆、市美术馆等重大文化场馆及群众身边文化设施建设，城市阅读空间建成开放 80 个，稳步推进乡镇（街道）综合文化站、农家书屋转型升级。

【社会宣传教育】 2019 年，市委宣传部开展庆祝中华人民共和国成立 70 周年社会宣传教育，广泛开展“我和我的祖国”群众性主题宣传教育活动，组织开展同升国旗唱国歌、爱国歌曲传唱、“文明合肥　致敬祖国”等活动，倡导国庆新民俗，打造爱国活动周，组织悬挂张贴国旗、布设花境和绿雕等，激发爱国情、报国志。开展中国梦和社会主义核心价值观主题教育，弘扬时代精神和民族精神。实施公益宣传平台传播工程，统筹各级各类媒体媒介开展“讲文明树新风”等公益广告宣传，引导人们在耳濡目染中接受教育。加大先进典型培育，制定全市先进典型宣传评选推优《暂行办法》，持续办好《榜样》等栏目，开展“最美奋斗者”学习宣传活动，配合开展“不忘初心、牢记使命”主题教育先进事迹巡回报告，涌现出“最美奋斗者”潘建伟、“最美逆行者”陈三喜等全国、全省、全市各类典型 51 名，新增“中国好人”11 人、累计 165 人，居省会城市前列。常态化开展学雷锋志愿服务活动，推选出 120 个“四个 10”（10 个最美志愿者、10 个最佳志愿服务组织、10 个最佳志愿服务项目、10 个最美志愿服务社区）市级优秀典型，候选全国“四个 100”先进典型（全国宣传推选 100 个最美志愿者、100 个最佳志愿服务项目、100 个最佳志愿服务组织、100 个最美志愿服务社区）8 个。在全省率先举办“榜样进校园”活动，包河区滨湖世纪社区创新做法入选中宣部《全国社区思想政治工作创新案例选编》。持续加强未成年人思想道德教育，开展“扣好人生第一粒扣子”主题教育实践活动，推选出市级“新时代好少年”12 名，1 人获第一批安徽省“新时代好少年”。开展爱国主义读书教育活动，2 人分别获得第 26 届全国青少年爱国主义读书教育活动小学生故事会一等奖、中学生演讲会二等奖。倡导文明新风，以全国文明城市创建为龙头，创新开展“九整治两提升”及“万众文明出行”“万商文明经营”“万家美化家园”三大主题活动，交通秩序、诚信经营、人居环境得到改善。深化网络文明创建，开展“好人 365”等主题传播活动。推动文化科技卫生“三下乡”，开展“我

2019 年 4 月 21 日，合肥市文化科技卫生“三下乡”集中示范活动在巢湖市烔炀镇举行
（市委宣传部 / 供）

们的节日”主题活动，推进移风易俗，滋养文明乡风。

【对外宣传】 2019年，市委宣传部围绕庆祝中华人民共和国成立70周年这条主线，围绕“习近平总书记视察安徽三周年”、高质量发展、长三角一体化、世界制造业大会、安徽创新馆开馆、“九城巡礼”等重大主题、重大战略部署、重要会展、重要成就，组织策划系列专题宣传，持续讲好合肥故事，提升城市知名度和影响力。中央6家主要媒体刊播宣传合肥稿件3200篇，其中在头版及重要栏目发稿近300篇，中央媒体“重温嘱托看变化”“推进高质量发展调研行”等重要宣传活动成效显著，央视新闻频道直播天鹅湖灯光秀让合肥成为新晋“网红”城市，“音乐大篷车活动”网上点击量超23亿次。拓展海外宣传阵地，办好中英文官方脸谱页及推特页，发布帖文/推文1600多条，近43万人次参与互动。组织开展中央暨海外媒体见证创新之都崛起合肥行主题采访，40余家境内外媒体来肥采访报道，刊发原发稿件40余篇，原创发布海内外平台500余家，转载量2000余次，点击量1.8亿次。继续依托国家级和省级海外宣传窗口、海外华文媒体，面向美洲、欧洲、澳洲等重要目标国，对外宣传合肥。

【文化体制改革与产业发展】 2019年，市委宣传部创新体制机制，释放文化发展活力，推动文化产业高质量发展。完成宣传文化单位机构改革，2月20日，新组建的合肥市文化和旅游局挂牌，2月22日，新组建运行市委网络安全和信息化办公室挂牌。深化文化体制改革，基本完成20项改革任务，市文联及所属协会、市记协成功换届，12月9日，出台《合肥市推进媒体融合发展实施方案》，市属媒体融合加快转型升级，县级融媒体中心和新时代文明实践中心建设向纵深发展，“合肥发布”位列澎湃政务指数榜省会和副省级宣传榜第3名。发展创意文化产业、数字文化产业等新型业态，加快推进“文化+旅游”“文化+科技”等融合发展，合肥国家级文化科技融合示范基地列“2019国家文化和科技融合示范基地”十强榜单等，乐堂动漫等6家企业获“国家重点文化出口企业”认定。探索创新省创意文化产业集聚发展合肥基地管理体制，完善项目评审、专项资金使用绩效考评、项目验收等制度，提升基地管理规范化、标准化水平，创意文化产业基地连续三年获省政府考核优秀。组织开展文化产业示范基地评选和特色文化街区认定，培育打造一批市级样板。10月25日至28日，成功举办第十三届合肥国际文化博览会，国际化、专业化水平不断提升，文博会展产业快速发展。

【意识形态工作】 2019年，市委宣传部学习宣传贯彻《中国共产党宣传工作条例》，制定《条例》任务分工方案等具体落实措施。抓好省委巡视意识形态工作责任制专项检查反馈问题整改，开展意识形态工作责任制落实情况专题督查、专项检查，进一步压紧工作责任。开展防范化解意识形态领域重大风险专项调研，制定《防范化解意识形态领域重大风险专项工作方案》，实施月调度制度，前移防范关口。开展意识形态领域风险隐患排查、突出问题整治、阵地管理提升“三大行动”，加强风险隐患防控管理。持续加强文旅市场监管执法，深化“扫黄打非”五大专项行动，7月3日，成功举办全国“扫黄打非”基层站点建设现场会，获评全国“扫黄打非”先进集体2个、先进个人2名。加强网上意识形态阵地管理，开展网络安全专项执法检查和网络生态治理专项行动，健全管网治网体系，营造清朗网络空间。

（张本三）

精神文明建设

【概括】 2019年，合肥市文明创建工作坚持以习近平新时代中国特色社会主义思想为指导，围绕庆祝中华人民共和国成立70周年这条主线，以“万众文明出行、万商文明经营、万家美化家园”等为载体，把创建文明城市工作深度融入社区治理“1＋8”体系，构建与全市经济建设和社会发展水平相匹配、与城市战略定位相契合、与人民群众美好生活需要相一致的精神文明建设新格局。

【城市文明创建】 2019年，合肥市精神文明建设指导委员会办公室（以下简称“市文明办”）发挥《全国文明城市测评体系》“指挥棒”作用，召开全市精神文明建设工作会议。开展全覆盖、地毯式的全国文明城市模拟测评工作，涉及样本点608个，查找问题6746个，整改率高达98.6%。指导各县（市）区争创安徽省文明城市、文明城区、提名城市。利用党群中心、新时代文明实践中心、综合文化站等平台，开展“送暖心，解难心，找同心”，开展群众乐于参与、有意义的社区文化活动。在市属新闻媒体统一开

2019年4月4日，礼让斑马线　守法文明行　做文明合肥人——合肥市各界践行“万众文明出行”主题行动启动仪式在公交集团和平路停车场举行
（市文明办/供）

设“坚守初心使命　创建为民惠民”专栏，介绍全市文明城市创建为群众办实事的举措和成效。按照《合肥市开展“文明创建再出发　城市管理补短板”专项行动方案》部署，推动“九整治两提升”逐项落实。针对文明交通短板，开展“万众文明出行”主题活动。开展不礼让斑马线整治，以38个示范路口和路段为突破口，不礼让违法行为下降36.5%；加强共享单车管理，严格控制投放总量，做到“画线到位、隔离到位、拖移到位”。联合公安、城管开展“遛犬不牵绳”和“犬粪不清理”现场处罚，畅通举报电话，处罚遛犬不拴绳违法行为400余起，公共场所市民遛犬牵绳比例提高20%。9月，由市文明办牵头的“乱发小广告问题”整治被市大调研办评选为2018年度大调研解决较好的十大难题之一。针对经营秩序短板，开展“万商文明经营”主题活动。开展集贸市场经营环境整治和摊点经营秩序整治。针对环境卫生短板，开展“万家美化家园”主题活动。开展道路街巷环境整治、居民小区环境整治和近郊乡镇环境整治。

【文明村镇创建】 2019年，市文明办学习贯彻习近平总书记关于“三农”工作重要论述，按照中央11个部委印发的《关于进一步推进移风易俗建设文明乡风的指导意见》要求，持续推进移风易俗工作，开展“移风易俗文化大篷车”进乡村，十佳村规民约，移风易俗楹联征集，拒绝升学宴、谢师宴等系列活动，发挥党员干部和新乡贤示范带头作用、村民自治组织督促推动作用，破除铺张浪费、天价彩礼、大操大办、薄养厚葬、封建迷信等陈规陋习。常态化开展“三线三边”（铁路沿线、公路沿线、湖河渠塘沿线以及城市周边、市际周边、景区周边）环境整治月度测评，提高乡村环境治理水平，用良好生态环境滋养文明乡风。做好全省文明村镇申报工作，推报肥东县长临河镇四顶村、肥西县花岗镇大黄村等40个村镇参评安徽省文明村镇。围绕“十三五”末县级及以上文明村镇占比60%目标，下发《关于进一步加大县级文明村镇创建工作的通知》，加大县级文明村创建力度，推动文明村镇创建提质扩量，县级以上文明镇占比超过79%。深化星级文明户、文明集市等创建活动。推荐庐阳区三十岗乡东瞿村、巢湖市烔炀镇中李村和庐江县石头镇笏山村参选全国乡村治理示范村镇。

【思想道德建设】 2019年，市文明办推进社会主义核心价值观进企业、进机关、进学校、进农村、进社区、进军营、进网络，围绕中华人民共和国成立70周年，开展

2019年7月4日，“合肥榜样 祝福祖国——合肥市暨蜀山区道德模范与身边好人互动交流活动”在市政务中心小礼堂举行
（市文明办/供）

"合肥榜样 祝福祖国"主题活动。开展春节、元宵、清明、端午、七夕、中秋和重阳等"我们的节日"主题活动。在市属媒体开展"道德模范在身边"系列宣传活动；在公交车和地铁站打造道德模范和身边好人流动发布厅；举办"合肥榜样"进校园、"好人故事进万家"、道德模范和身边好人巡讲等主题活动；评选表彰20户合肥市"文明家庭"、22位第六届合肥市道德模范，组织媒体对道德模范和每月当选的"合肥好人"开展集中宣传。持续推进"我志愿做个好人"主题活动，当年全市新增11名"中国好人"，总数累计达到165人，新增12名"安徽好人"，当选总数居全国省会城市第二位。设立道德模范和身边好人专项奖励资金100万元，出台专项资金管理办法；慰问各级道德模范、身边好人，推动形成崇德向善、见贤思齐的社会氛围。

【志愿服务建设】 2019年，市文明办制定《2019年合肥市学雷锋志愿服务重点工作》，推进责任单位、县（市）区、开发区任务落实；研究制定《县级文明委成员单位、文明单位结对帮扶新时代文明实践所站考评办法和细则》《合肥市新时代文明实践所评估标准》，在全省率先为文明实践所站建设制定标准、提供遵循；开展合肥市新时代文明实践示范所评估工作，评出20个示范所，分别给予1万元奖补；出台《合肥市志愿服务项目化管理办法》，开展新时代文明实践志愿服务项目大赛，市财政拨款66万余元，扶持57个志愿服务项目，全市实施志愿服务项目2628个。举办合肥市2019年国际志愿者日主题活动暨"最美瞬间"志愿者风采摄影展、"向祖国献礼——合肥志愿者在行动"等主题活动；在2019中国长三角青商高峰论坛、2019世界制造业大会、第十三届合肥国际文化博览会、第十三届中国（合肥）国际家用电器暨消费电子博览会、首届世界显示产业大会、2019合肥国际马拉松赛等大型赛会中，4500多名志愿者参与开展志愿服务；全市各地各单位开展志愿服务2.4万余场次，参与者志愿者65.2余万人次，惠及群众200多万人次。常态化开展季度学雷锋志愿服务"四个10"优秀典型推选活动，推选出120个市级学雷锋志愿服务优秀典型；入选省"月评十佳"优秀志愿服务典型13个，入选省巾帼志愿者2人，候选2019年全国学雷锋志愿服务"四个100"先进典型8个；在市属媒体开辟《学雷锋志愿服务》专栏，宣传报道志愿服务活动和优秀志愿服务典型事迹420余篇（次）。

【未成年人思想道德建设】 2019年，市文明办发挥文明校园龙头作用，聚焦立德树人，突出价值引领，推进未成年人思想道德建设工作。30所大中小学校入选首届安徽省文明校园，33所入选第二届合肥市文明校园，按照《全国文明校园管理办法》实行动态管理，组织开展全省文明校园"竞晒"活动。承办省暨合肥市乡村学校少年宫才艺展演，举办首届合肥市学校少年宫现场交流活动。加强未成年人心理健康教育工作，结合重点时段、重要节点开展形式多样的咨询辅导活动。营造社会文化环境，制作完成10集"新时代好少年"广播剧，举办全市未成年人思想道德建设公益广告大赛。推进未成年人道德实践活动，围绕庆祝中华人民共和国成立70周年，广泛开展"扣好人生第一粒扣子"主题教育实践活动，推选出市级"新时代好少年"24名，1人当选安徽省"新时代好少年"。重点部署开展清明祭英烈、"七一"童心向党歌咏比赛、"十一"向国旗敬礼活动，举办合肥市中华经典诵读展演暨新站区专场活动，推选出2019年合肥市优秀童谣作品共84首，评选出第四届合肥市"十大最美小创客"10名。合肥市、巢湖市活动动态在中央文明办未成年人工作简报刊发，合肥市文明校园创建、学校少年宫工作、新时代好少年学习宣传活动等3项重点工作被省文明办精神文明建设简报采用，6个学校少年宫优秀项目入选全省特色案例汇编。

（王志远）

理论社科

【概况】 2019年，全市社科理论工作以习近平新时代中国特色社会主义思想为指导，全面贯彻落实党的十九大和十九届二中、三中、四中全会精神，增强"四个意识"、坚定"四个自信"、做到"两个维护"，紧紧围绕学习宣传贯彻习近平新时代中国特色社会主义思想这个首要任务，开展理论研究阐释、应用对策研究和社科普及工作，在守正创新上展现新担当、实现新作为。做好市委理论学习中心组理论学习服务保障工作，制订市委理论学习中心组学习计划，明确学习主题和学习内容，及时上报集中学习方案和学习情况，推动市委中心组学习制度化、常态化、规范化。服务开展市委理论学习中心组15次学习研讨活动，合肥市委理论学习中心组被列为"全省党委（党组）

理论学习中心组联系点（2019—2020年）”。围绕学习宣传习近平新时代中国特色社会主义思想、党的十九大、中华人民共和国成立70周年、十九届四中全会精神等选题，广泛征集宣讲专题57个，并印发至基层，为全市县处级以上党委（党组）中心组学习联络宣讲专家并提供宣讲服务。

【基层理论宣讲】 2019年，合肥市社会科学界联合会（市委讲师团、市社会科学院）（以下简称“市社科联”）组织开展“举旗帜 送理论”党的十九届四中全会精神宣讲活动、“不忘初心、牢记使命”主题教育宣讲活动、庆祝改革开放40周年专题宣讲“进中心（所、站）”活动等。4月20日，组建市委讲师团青年宣讲小组赴基层送理论。服务合肥市党的十九届四中全会市委宣讲团，撰写宣讲提纲和参阅材料，11月28日，举办宣讲备课培训会。组织协调省市宣讲专家赴各县（市）区、开发区开展各类示范宣讲91场。在示范宣讲带动下，各县（市）区、开发区开展基层理论宣讲3000余场。12月20日，召开全市社科理论界学习贯彻党的十九届四中全会精神理论研讨会，为推动合肥高质量发展提供智力支持和舆论保障。长丰县“新时代强音”理论宣讲团获评省基层理论宣讲先进集体，2人获评先进个人。精心打造“理响合肥”品牌，深入宣传党的创新理论最新研究成果。举办全市“理响合肥·引领美好生活”第二届理论微宣讲比赛，报送选手获省宣讲比赛一等奖。

【社科理论研究】 2019年，市社科联完成2019年度省市领导圈定课题研究，7个招标课题全部结项，研究成果分别在新华社内参《高管信息》、《科技管理研究》、人民网、光明网、中国新闻网、中国经济新闻网、中国科技网、《安徽日报》、安徽财经网、“学习强国”学习平台上刊发。“合肥深度参与长三角更高质量一体化发展研究”“合肥都市圈引领区域联动发展研究”两项课题获2019年度省社科联“三项课题”（重点学术、应用对策、社科普及）研究一等奖。5月，组织编纂的合肥市“十二五”文化建设重大工程《合肥通史》，获2019年度省社科奖（出版类）三等奖。编写《合肥智库丛书》《合肥市社会科学知识普及丛书》《合肥历史文化丛书》等三套丛书，先后出版《深化合肥上海科技服务业合作研究》《学界视野中的合肥2018》《有趣的合肥地名》《巢湖儿女》《环巢湖历代战事风云》，并在《合肥日报》刊发专版文章进行宣传。完成《古诗词中的合肥》初稿。《有趣的合肥地名》在省社科联“三项课题”评选中荣获一等奖。在2018及2019年度省社科联“三项课题”研究评审中获得多项一等奖、二等奖。为把握社科工作规律，先后发布3批工作性课题，其中部分课题成果在“学习强国”平台上发表。在2019年度省社科“三项课题”（重点学术、应用对策、社科普及）研究评审中，市社科联共获得16个奖项，其中3件作品获得一等奖，4件作品获得二等奖，4件作品获得三等奖，获得4项优秀奖以及优秀组织奖，继续位列全省第一位。

【开展学术交流】 2019年10月17日，市社科联组织召开第七届长江中游城市群建设论坛暨合肥市社科界第九届学术年会。市社科界学术年会是市社科联创办的一个学术品牌。来自长三角城市和中央、省属在肥高校、科研机构、学术团体等100余名专家学者，围绕年会主题“新中国七十年发展历程及经验启示”，开展学术研讨活动。第七届长江中游城市群建设论坛期间，来自武汉、长沙、南昌的社科专家学者，围绕推进长江经济带高质量发展和长江中游城市群建设发展，进行深刻总结和深入交流，提出很多既有深度又有高度的对策建议。加强与全国城市社科院智库联盟、全国“一带一路”沿线城市智库联盟密切合作和学术交流。市社科联获“全国大中城市先进社科组织”称号，2人获得“全国先进社科工作者”称号，市社科院获“第二十九届全国城市社科院先进单位”称号。

【理论宣传和社科普及】 2019年，市社科联结合“举旗帜 送理论”基层宣讲，联合市属媒体深入县（市）区理论宣讲示范基地和新时代文明实践中心站（所、点）采访调研，及时报道基层理论宣讲创新举措、典型经验和特色亮点。做好《合肥日报》理论版编辑工作，围绕学习宣传贯彻习近平新时代中国特色社会主义思想、党的十九届四中全会、“不忘初心、牢记使命”主题教育活动、中华人民共和国成立70周年等主题，推出高水平理论专题专版，编辑出版13期、刊登稿件50余篇，宣传展示合肥社科理论界优秀成果，擦亮“理响合肥”品牌。9月，举办合肥市第十五届社科知识普及月活动，各县（市）区有关单位以及社科联所属各学会（协会）以“辉煌七十载 奋进新时代”为主题，开展形式多样的社科宣传普及活动。与省社科

安徽人文讲坛2019年场次安排

场　次	讲座日期	选　题	讲席教授
第151讲	1月13日	长三角一体化高质量发展	刘志迎
第152讲	2月17日	凤阳花鼓的演变与流传	苏兆龙
第153讲	3月10日	“青铜故里”话青铜	疏仁华
第154讲	4月14日	如何把握和应对消费升级	闪　辉
第155讲	5月12日	渡江战役及其深远影响	杨家余
第156讲	6月9日	“两山”理论的安徽实践	曾凡银
第157讲	7月14日	两弹元勋邓稼先	丁兆君
第158讲	8月11日	漫步合肥综合性国家科学中心	朱的娥
第159讲	9月8日	二十年来安徽重要考古发现	吴卫红
第160讲	10月13日	与时代同行　与真理同步 ——安徽社会科学70周年回顾与展望	马　雷
第161讲	11月10日	中华人民共和国成立70周年安徽典范人物	徐　京
第162讲	12月8日	有趣的合肥地名	张步根

联合办12场“安徽人文讲坛”，组织“安徽社科名家大巡讲暨合肥市社科知识下基层示范讲座”10余场，受众近万人。开展科普项目资助，鼓励和支持各地各单位开展社科普及活动，调动了全社会参与社科普及的积极性和创造性。市社科联获评“2019年度安徽省社科普及工作先进单位”。组建“学习强国”学习平台供稿通讯员队伍，7月26日，召开“学习强国”学习平台建设工作培训会，筹建市级平台。合肥市供稿采用量超过5000条，100多篇稿件被“学习强国”学习平台“推荐”栏目和“强国号”采用。

（吴寿刚）

统　战

【概况】 2019年，合肥市统战系统紧扣深入学习贯彻习近平总书记关于加强和改进统一战线工作的重要思想这条主线，紧扣加强党对统一战线工作集中统一领导这一根本，坚持问题导向，创新思路举措，抓好工作落实。完成机构改革工作，优化完善大统战工作新格局。开展“不忘初心　牢记使命”主题教育活动，坚持用习近平新时代中国特色社会主义思想武装头脑，教育引导统战干部坚守统一战线大团结大联合的初心。合肥市民族工作受国务院表彰，市委统战部获中国统一战线宣传先进单位、全省统战信息宣传工作先进单位荣誉称号。

【思想政治建设】 2019年4月，市委统战部以统战工作领导小组名义出台《关于进一步强化党外代表人士政治引领的实施方案》，加强党对统一战线工作集中统一领导。依托同心论坛，举办多次专题学习研修培训班。结合全市统一战线庆祝中华人民共和国成立70周年等重大纪念日，开展国防教育、征集统一战线成员“心言心语”、开展全市民主党派“同心人物”评选、共建统一战线“同心林”、举办统一战线毅行、“同心颂”文艺会演、中国民主党派历史陈列馆精品合肥巡展站等。开辟统战工作新平台，开展同心书籍进阅读空间活动。协助举办第三届中华职业教育创新创业大赛和《中国统一战线》业务交流会。开通官方微信公众号“合肥同心圆”，利用“网言网语”宣传党的统一战线工作。

【提升多党合作效能】 2019年，市委统战部制订实施2019年政党协商计划，全年组织开展协商、座谈、通报等20余次。发挥民主党派资源富集、党外人才智力密集的优势和合肥“同心智库”作用，支持党外专家学者和专业人才围绕防范化解重大风险、精准扶贫、污染防治三大攻坚战开展调研，为推动高质量全面发展建言献策。深化民

2019年9月28日，合肥市统一战线庆祝中华人民共和国成立70周年“同心颂”文艺会演在市政务中心大礼堂举行

（市委统战部/供）

主党派脱贫攻坚民主监督，落实特约人员工作制度，向市监察局、市审计局、市检察院推荐23名特约人员。支持民主党派开展“不忘合作初心 继续携手前进”主题教育活动，贯彻落实中共中央关于加强民主党派建设有关三个文件精神。指导民主党派开展领导班子述职测评，协助各民主党派市委制定成员发展年度规划、健全完善组织发展工作流程、加强内部制度建设等，提高各项工作的制度化、规范化、科学化水平。

【民族工作】 2019年4月，市委统战部会同市财政局出台《合肥市民族特需商品生产贷款贴息管理实施细则》，抓好《合肥市“十三五”期间促进少数民族和民族聚居地区加快发展规划》实施工作，联合市财政局“因素分配、切块下达”，下拨省2019年度民族企业技术改造项目贷款贴息少数民族补助资金和市少数民族发展资金，重点扶持省级民族企业、少数民族聚居的乡村和市区范围内清真餐饮企业。切块下达合肥市城市民族工作经费，支持民族团结进步示范社区、少数民族服务站（点）建设，指导服务站做好外来流动人口的服务管理工作。5月，“少数民族流动人口服务站暨新疆驻皖工作组合肥市蜀山区新疆籍人员服务管理工作联络站”挂牌。组织参加全国第十一届少数民族传统体育运动会，获得体育道德风尚奖。9月，市民族宗教事务局，庐阳区委统战部常务副部长、区民宗局长王勤，合肥35中校长顾晓惠被国务院表彰为全国民族团结进步模范集体、模范个人。

【宗教工作】 2019年，市委统战部依法做好社会风险防范工作，推进社会主义核心价值观进寺观教堂活动，促进“四进四有”全覆盖。落实安徽省宗教界人才队伍建设千百培优计划，培养合肥市宗教界人才队伍，指导督促全市各县区宗教团体做好换届工作。加大违法违规宗教活动处置力度，按照省局“四个一批”原则，巩固私设聚会点治理成果。制定合肥市宗教工作信息员制度，建立全市村（社区）1823人的宗教信息员队伍，开展宗教活动场所动态巡查，并以市委名义出台关于宗教工作的指导性文件。7月制定《合肥市寺观教堂维修资金管理办法》，规范宗教工作专项资金使用管理。组织开展“五教同力·助困脱贫”宗教慈善活动。

【党外知识分子和新的社会阶层人士工作】 2019年，市委统战部通过筑牢创新平台、丰富服务内涵、聚焦优势发挥等，团结好引导好党外知识分子和新的社会阶层人士。7月31日，与中国科学技术大学、合肥工业大学、安徽大学、安徽农业大学、合肥学院等5所在肥高校成立校地统战创新联盟，促进合肥市和辖区高校优势互补、资源共享、人才联训、工作联动、活动联办，发挥高校党外人才作用。依托党外知识分子联谊会、欧美同学会等平台，组织参观合肥创新发展、持续举办“创新之都 合肥论见——我为合肥创新发展献一策”活动、申建欧美同学会长三角海创中心、参观红色教育基地等，增强组织吸引力和凝聚力。继续支持无党派人士、党外知识分子和新的社会阶层人士积极参加专题协商、情况通报会等活动，深入开展调查研究、积极建言献策、参与民主监督，为党委政府科学决策有效施策献计出力。开展全市新的社会阶层人士调研摸底，制定印发《2019—2020年合肥市新的社会阶层人士统战工作要点》《合肥市新的社会阶层人士统战工作联席会议制度》《合肥市新的社会阶层人士动态管理暨综合评价实施办法》。通过召开全市新的社会阶层人士统战工作联席会，评选“十大创星人物”，推动打造庐阳赤阑桥社区“老城新派”、四里河街道“凤栖庐阳——e网之光”、安徽高梵电子商务有限公司“e港合心汇”等新的社会阶层人士共享空间新模式，全面推进新的

2019年11月28日，同心论坛“创新之都 合肥论见——我为合肥创新发展献一策”活动在市政务中心大礼堂举办 （市委统战部/供）

社会阶层人士统战工作实践创新基地建设。

【促进非公有制经济发展】 2019年，市委统战部组织开展“守法诚信 坚定信心”理想信念教育实践活动，引导民营企业家自觉践行亲清新型政商关系。召开经济形势发展报告会、长三角一体化背景下安徽民营企业发展讲座，帮助民营企业家把准投资和发展方向。徽商银行合肥分行举办合肥市青年商会专场银企对接会，为民营企业、小微企业发展保驾护航。调整市领导与非公有制经济代表人士联谊交友名单，市四大班子主要领导会见市第六届优秀中国特色社会主义事业建设者，支持和引导民营企业家提振发展信心。召开“创新创业创造”报告会，助推民营企业高质量发展。以市委办公室、市政府办公室名义印发《促进全市工商联所属商会改革和发展的实施方案》，成立合肥市总商会人民调解委员会。举办市首届“十佳商协会”评选结果发布暨商会发展研讨交流会，引导企业家尤其是年轻一代企业家听党话跟党走，培养造就一支新时代企业家队伍。

【港澳台及海外统战工作】 2019年，市委统战部利用黄埔同学会、海外联谊会等，开展国情省情市情考察、联谊座谈、寻根谒祖等活动，加强与港澳台重要商协会、工商团体的交流，增进对中华文化和同根同源的感情认同，精心打造“留根工程”。全年接待台湾高雄基层参访团、台湾南投市文化交流团、台湾抗日志士亲属协进会、台胞青年千人夏令营、澳门道教协会访问团、台湾教师参访交流、台港澳中青年骨干国情研习班等。协助市侨联完成换届工作，选举产生新一届领导班子。推介侨梦苑，及时发布各类经济情况、优惠政策、创业激励等信息超过300余条。组织入驻侨梦苑企业参加2019年世界制造业大会。协助举办海外高层次人才走进“侨梦苑”及项目签约活动，组织115名海外高层次人才、总投资40多亿元的32个项目走进“侨梦苑”、落户“侨梦苑”。开展侨情普查工作，整合33个合肥市海外联络站资源，与6个非重点区域的侨团建立联系，加强与世界各地华侨华人社团的交流交往，先后接待侨团和侨商会14批、230人次。组织开展“会聚侨界爱心，助力乡村教育”公益助学活动，为贫困乡村捐资20.76万元，受助学生58人。

【党外代表人士队伍建设】 2019年，市委统战部依托党校、社会主义学院和统战教育基地，按照统筹兼顾、精准培养原则，举办民主党派基层组织负责人、党外知识分子和新的社会阶层代表人士、党外科级干部培训班等6期，培训560余人次。着眼于2021年县（市）区人大政府政协和市级民主党派换届，推动党外干部后备人选梯队建设，全年提拔党外优秀年轻副县级干部4名。出台关心关爱党外代表人士实施意见，落实党外干部履职报告制度，配合组织部门综合运用民主评议、述职述廉、定期考核等方式，准确掌握党外干部的政治表现等情况。根据考核和平时掌握，实现各领域党外干部统筹配备，构建完善党外干部“蓄水池”。

【统战工作规范化建设】 2019年，市委统战部以机构改革为契机，加大基层统战工作力量。围绕实现基层统战工作“组织机构好、制度落实好、职能发挥好、队伍建设好、创新发展好”的目标，5月制定印发《大力推进全市基层统战工作规范化突出抓好“三基”建设实施细则》，加大基层统战工作投入力度，全市149个乡（镇）、街道（社区）的统战工作实现“全覆盖”。围绕中心工作加强信息采编，全年编印《合肥统一战线》4期，市级媒体发布宣传稿近100篇，中央统战部信息直报采用15条，省委统战部网站杂志采用稿件近100篇，《合肥市统战工作向商会组织有效覆盖的调查与思考》获全省统战理论创新优秀成果一等奖。

（张晓亮）

市直机关党建

【概况】 2019年，中共合肥市委直属机关工作委员会（以下简称“市直机关工委”）以习近平新时代中国特色社会主义思想和党的十九大精神为指导，学习宣传贯彻党的十九大、十九届二中、三中、四中全会精神，落实市委十一届七次、八次全会精神，开展“不忘初心，牢记使命”主题教育，始终把党的政治建设摆在首位，以提升组织力为重点，以基层党组织标准化规范化建设和强化机关作风建设为抓手，推动机关党的各项建设高质量发展，提升机关效能建设水平，推进市直机关做好“三个表率”，建设“模范机关”。

【机关党建】 2019年，市直机关工委开展“建设模范机关”活动。9月5日，出台《关于在市直机关开展“建设模范机关”活动的实施意见》，推动市直机关党务干部树牢“四个意识”，坚定“四个自信”，做到“两个维护”，建设“让党中央放心、让人民群众满意”的模范机关。推进“不忘初心、牢记使命”主题教育，向市直机关党员干部发放8类学习资料53699册套；举办市直机关党务干部培训班5期，培训机关党务干部113人次，基层支部书记1657人次。组织市直机关党委（总支）召开以“不忘初心、牢记使命”为主题的专题民主生活会和基层支部组织生活会。抓好机关党建“灯下黑”问题大排查和专项整治工作，坚持问题导向，市直各单位排查问题352个，查找问题症结344个，完成或基本完成问题整改254个，制定整改措施474个。全面落实意识形态工作责任制，运用“学习强国”、机关大讲堂、网站和微信公众号等，牢牢掌握市直机关意识形态工作领导权、增强意识形态领域主导权和话语权。

*抓基层强基础，突出统筹调度加强系统指导。*召开市直机关党的建设工作会议，提请以市委办公室名义分别于4月26日和12月31日出台《进一步加强和改进市直机关党的建设工作举措》《市直机关党的建设责任清单》；12月18日，市委党建领导小组印发《市直部门党建工作领导小组工作制度（试行）》等规范性文件。对机构改革中转隶和新组建的单位进行重点指导，对机关党建和企业党建分别考核，在季度调度中，按“好、中、差”分类调度指导。全年评选过硬党支部55个。实施“领航”计划，建立市直机关基层党组织党建培育库和示范库，首批入选市培育库44个、市示范库14个。把市直机关党组织分为4个联系片，组建27个党建联盟，开展共建活动100多批次。组织党务干部互相调研，组织57人次党务干部，调研176家次单位。建成市直机关党建信息化平台，通过线上调度与线下调度相结合，提升市直机关党建工作的科学化、流程化、标准化、规范化水平。落实领导干部“一岗双责”，推行党建工作和业务工作“双汇报、双调度、双检查、双考核、双约谈”，破解党建和业务工作“两张皮”难题。开展机关党建“两微”评选活动，评选出优秀“微经验”30个、“微党课”作品36个。推进“四联四定”和在职党员到社区报到工作，全年市直机关单位结对帮扶贫困户909户，联系基层开展各类服务活动3290次，解决群众困难1044件，化解基层矛盾229件；提供帮扶资金300多万元。7月1日，印发《关于加强与部门党组（党委）党建工作沟通联系的通知》，建立工委与部门党组（党委）定期沟通联系机制，督促党组（党委）落实机关党建责任。分级开展党组织书记抓党建述职评议考核。推行党员积分评价管理，把积分结果与民主评议党员、年度评先评优与干部选用结合起来。将机关党建平时考核结果直接运用到市委年度综合考核中，强化机关党建日常考核的权威。

*弘扬清风正气。*根据市纪委监委关于派出机构改革相关要求，设立市直属机关纪检监察工委，强化对市直各单位机关纪委的领导。9月29日，与市纪委机关联合印发《关于加强市直单位机关纪委建设的实施意见（试行）》。深化“严规矩、强监督、转作风”集中整治形式主义、官僚主义专项行动、“基层减负年”“三查三问”和“三个以案”警示教育，防止“四风”问题反弹回潮。整治文风会风，规范督查考核工作。

*党建带群建。*完善党建带群建制度机制，把市直机关工建、团建、妇建工作纳入机关党建日常调度，推进机关党建与群建同谋划、同部署、同推进、同考核，提升群团工作水平。全年组建或调整市直机关工会77个；指导28家单位成立妇女组织或开展换届工作；督促3个直属团组织按期换届改选。

2019年3月15日，全市机关党的建设和效能建设工作会议在市政务中心召开
（市直机关工委/供）

【效能建设】 2019年3月1日，市效能建设工作领导小组召开第三

次会议，明确全年效能建设工作目标和内容。经市编委批准，在市直机关工委增设效能建设处，增加人员编制，具体承担市效能办日常工作。通过构建完整的效能建设工作组织架构，强化“有人管、有人抓、有人做”的效能建设机构体系。

规范程序抓常态。3月13日，市效能建设工作领导小组制定《2019年合肥市效能建设工作要点》和《合肥市效能建设考评实施办法》；4月15日，市效能建设工作领导小组办公室出台《合肥市市直机关效能投诉处理办法》，围绕“任务部署、工作推动、监督检查、追责问效、考核评比”，构建完整的效能建设制度体系。市直机关工委将原有40名效能监督员优化扩充到50名，定期深入市直各单位，重点围绕“工作作风、服务态度、服务质量、工作纪律”等内容进行暗访。全年对市直单位组织开展7轮常态化暗访，发现涉及16个单位的23个问题，所有问题均整改落实到位。受理群众来电来访，并转办投诉13件，办结率100%。

开展评议抓重点。市直机关工委将效能监督向有行政审批权、行政执法权、为民服务职能部门和二级机构、服务窗口延伸，重点开展“满意处长群众评”“社会评窗口”和“千项办件看效能”活动，优化市营商环境。对参加评议的市直及省部属驻肥单位55名处室负责人、45个服务窗口开展3轮专项暗访，对发现的问题及时反馈，督促整改落实。会同相关部门，对28家进驻政务服务大厅窗口的千余项行政审批和公共服务事项办结件情况进行抽查评议。市发改委贸易和服务业处张彩云等8名处室负责人被评为“群众满意处长”；合肥燃气集团等14个窗口被评为“群众满意窗口”；专项督查的280件办件中，85件被评为“群众满意办件”。

督促指导抓延伸。市直机关工委加大对县（市）区和开发区效能建设工作指导力度，督促县（市）区和开发区进一步健全完善效能建设工作领导机构，明确具体承办部门，建立并充实效能监督员队伍，完善效能建设工作运行机制。了解各县（市）区和开发区的效能建设工作推进情况，强化上下联动。在各城区和开发区的区直单位开展明察暗访及“回头看”活动，督促各区、开发区整改影响效能建设问题15个。

（许东升）

2019年12月6日，市效能建设明查工作部署会在市政务中心召开

（市直机关工委／供）

政策研究

【文稿起草】 2019年，市委政策研究室（以下简称“市委政研室”）围绕决策部署，牵头组织起草《市委关于进一步深入学习贯彻党的十九届四中全会精神的若干意见》，《市委常委会2019年工作要点》及分工方案，《市委关于“不忘初心牢记使命、做好表率走在前列”大调研常态化制度化的意见》，《市委全面深化改革委员会2019年工作要点》，《市委党的建设工作领导小组2019年工作要点》等文件；参与起草《防范化解重大风险总体工作方案》及8个专项方案。围绕重要会议，完成市委主要领导在学习贯彻习近平总书记视察安徽重要讲话精神、学习贯彻习近平总书记在“不忘初心、牢记使命”主题教育工作会议上的重要讲话和《中共中央关于在全党开展“不忘初心、牢记使命”主题教育的意见》精神、学习贯彻习近平总书记在江西考察并主持召开推动中部地区崛起工作座谈会时的重要讲话精神和关于长三角一体化发展的重要论述、学习贯彻习近平总书记关于“增强忧患意识、防范风险挑战要一以贯之”的重要论述精神和关于国家安全工作、意识形态工作、宗教工作的重要论述等4次市委理论学习中心组学习会议讲话提纲起草任务，完成市委主要领导在4次市委全面深化改革委员会会议、2次市委财经委员会会议、2次市委党的建设工作领导小组会议及市委常委会调研成果交流会、全市经济形势分析会、县（市）区委书记抓党的建设述职评议会等会议讲话提纲等文稿起草

任务。

【调查研究】 2019年，市委政研室承担市委常委年度重点调研的选题设计及组织协调工作，聚焦事关合肥未来发展的重大战略问题、制约经济社会高质量发展的重点问题、群众关心的热点问题，做好市委常委年度重点调研课题的选提建议、组织协调及相关课题起草、服务工作。收集整理市委领导形成的《合肥城市人口规模及开发边界研究》《合肥与深圳应用创新比较研究》《5G时代城市治理创新研究》《合肥与北京怀柔、上海张江综合性国家科学中心比较研究》《推进监察职能向基层延伸研究》《加强国有企业党建工作研究》《新时代市直机关党的建设方法路径研究》《防范化解我市公共安全领域重大风险研究》《新时代统战工作的理念和方式方法研究》《合肥市大建设管理体制创新研究》《合肥市产业扶贫对策研究》《新时代合肥军民深度融合发展对策研究》等12篇报告并汇编成集。开展专题调研，围绕推进经济高质量发展、城乡融合、社会治理、改革开放、民生保障等专题，先后完成《关于加快合肥综合性国家科学中心建设的调研报告》《培育壮大人工智能产业 抢占高质量发展“新风口”》《关于加快合肥生物医药产业集群化发展研究》《合肥市防范化解金融领域重大风险调研报告》《加快城乡融合 推动乡村振兴》《中化苏湾模式是传统种植业振兴的好办法》《关于加快我市村级集体经济发展的调研报告》《庐江县柯坦镇党建引领乡村基层治理创新“八大员”工作机制调研报告》《合肥城市落户政策放宽后房地产市场限购问题研究报告》《合肥市推进长三角产业一体化发展调研报告》《合肥都市圈一体化发展调研报告》《“十四五”时期合肥市经济社会发展基本思路研究》等40多篇调研报告；加强对标先发学习取经，组织调研组赴上海、杭州、南京、广州、深圳、成都、济南等城市学习好经验好做法，形成《关于济南市推动新旧动能转换的考察报告》《关于成都市生物医药产业发展情况考察报告》《关于浙江三市实施乡村振兴战略的考察报告》《关于西安市高陵区实施农村土地改革推进城乡融合发展考察报告》《关于重庆昆明两地内陆开放高地建设的考察报告》《关于五市城市智慧治理情况的考察报告》等10余篇考察报告。其中，多篇报告得到市委、市政府主要领导批示或肯定。推进调研成果学习交流、转化运用，在全市范围内收集、整理、筛选出30篇具有代表性和实践价值的高质量调研成果，编印《2017—2018年度合肥市高质量调研成果》。做好大调研服务工作，对2018年度大调研“三跨”问题处理情况实时跟踪问效，收集整理全市大调研研究成果；推进年度大调研常态化制度化工作，起草完成大调研常态化制度化《意见》和大调研《工作方案》，承担市大调研办内宣组具体工作，健全大调研简报工作制度，共印发大调研工作简报17期。

【履行市委党建办工作职责】 市委党的建设工作领导小组办公室设在市委政研室。2019年，市委政研室在工作谋划方面，紧密对接省、市委关于全面从严治党部署要求，谋划“路线图”和“任务书”，起草市委党的建设工作领导小组2019年工作要点，压紧压实责任，体现合肥特色。在责任落实方面，根据人员变动情况，对领导小组成员进行调整；召开领导小组会议，听取农村党建、机关党建、国企党建工作汇报，审议《关于进一步加强机关党建的重要举措》；加强工作要点落实情况盘点督促，起草完成全市党建工作半年和全年工作总结；落实抓党建专题报告制度，以市委名义报告省委。落实抓党建述职评议制度，起草市委主要领导抓党的建设工作述职报告；协助做好全市党建述职评议工作；定期做好省委巡视整改反馈意见相关问题的整改材料起草与报送；牵头做好省辖市领导班子党建考核迎检工作，配合市委考核办完成县（市）区党建考核指标制定与考核赋分相关工作。在党建研究方面，完成市委党建办2018年度重点管理课题评比；围绕党建引领城市基层治理、乡村治理，对基层创新做法进行调研总结；完成“严强转”集中整治专项行动调研报告收集审核工作；深化对全市各地各系统各单位党建领域特色亮点工作的总结提升和宣传交流，编印《合肥市党建工作典型案例选编（2019）》。

【履行市委改革办工作职责】 2019年，对标中央、省机构改革要求，市委全面深化改革领导小组调整为市委全面深化改革委员会，委员会办公室设在市委政研室。3月份，市委改革办理顺组织架构，及时调整市委深改委、专项小组组成人员，修订“两规则一细则”，明确职能职责，完善集体决策、统筹部署、上下联动、协调推进的改革领导体制和工作机制。4月11日，编印市委全面深化改革领导小组2019年工作要点，部署122项年度改革任务；把6个方面42项牵动性改革单独提拎出来，作为重点找准改革主攻点，提高改革协同性。全年召开4次市委深改委会议，把听取重大专项改革方案、重大改革事项、重大改革试点推进落实情况作为会议的重要内容，专题听取全创改、创优营商环境、党建引领城市基层治理、高新区法定机构建设试点等工作情况汇报，审议通过20余份改革方案文件，形成44项制度性成果，实现台账约束有力，各领域改革及时有序推进，安排的年度改革任务全部完成。开展督办督察，从改革方案中，遴选10项改革任务作为重点督察项目，制定年度改革督察计划，督察项目和频次较过去大幅精简；改进督察方式方法，坚持“四不两直”，联合市委党建办对各县（市）区全面深化改革工作开展改革、党建联合督察，避免多头、重复检查；牵头对深化城市建设管理体制改革开展督察并形成督察报告。9月10日，举行“壮丽70年奋斗新时代”全面深化改革工作情况专场新闻发布会，合肥改革发展受到中央广播电视台、新华社、《人民日报》、《经济日报》、《中国青年报》等中央媒体持续关注。全年编发《市委改革工作简报》35期，《安徽改革情况》刊载5篇，采用量继续稳居全省第一方阵。

【履行市委财经办工作职责】 2019年，根据新一轮机构改革方案，成立市委财经委员会，委员会办公室设在市委政研室。市委财经办强化顶层设计，先后制定、印发《中共合肥市委财经委员会工作规则》《中共合肥市委财经委员会办公室工作细则》《中共合肥市委财经委员会2019年工作要点》等文件，完善市委财经委办日常工作制度，搭建起市委财经委及其办公室运转的基本框架；牵头起草《贯彻落实〈党中央领导经济工作规定〉及〈省委具体举措〉若干措施》，对市委领导全市经济工作的体制机制作制度化、规范化、程序化设计。强化调度分析，先后赴长丰县、肥西县、新站高新区、高新区、经开区等部分县（区）、开发区开展调研，深入企业生产一线实地了解微观经济运行情况；组织召开3次全市财经工作部门座谈会和3次重点行业企业座谈会，会商分析研判宏观经济形势，起草形成《上半年全市经济形势分析报告》《合肥市前三季度经济形势分析报告》《合肥市2019年经济形势分析报告》；组织召开市委财经委员会第一次、第二次会议，分别专题研究合肥市数字经济发展情况和全市经济形势。开展专题研究，紧盯全市经济发展重大问题，先后围绕人工智能产业发展、防范化解金融领域重大风险、合肥都市圈建设、长三角一体化发展、生物医药等领域，开展相关专题研究并形成调研报告；先后完成合肥滨湖新区（滨湖科学城）规划建设情况、安徽创新馆建设情况、合肥都市圈发展现状以及与南京都市圈联动发展情况、全市经济形势及“四经普”工作进展情况、全市招商引资情况等材料起草及上报工作。

【载体建设】 2019年，市委政研室根据新形势、新要求，完善《中国合肥•2019》编辑发行工作，组织多轮讨论修改，进一步优化版面、丰富内容、提升亮点，更新相关文字内容和宣传图片，力求系统化、多维度、全方位、多视角宣传推介合肥，使其成为对外宣传合肥的知名图书。着力提高《合肥工作》编辑发行水平，全年分别围绕巢湖综合治理、民营经济发展、招商引资、社会事业、长三角更高质量一体化发展、“壮丽70年•奋斗新时代”“不忘初心、牢记使命主题教育”等重点热点主题，策划《本期关注》栏目，全面展示合肥发展新成效新亮点；将《媒体聚焦》作为固定栏目，及时关注外地媒体对合肥的宣传报道，改版成效得到领导肯定和各方好评。牵头汇编《合肥市委常委重点调研报告集（2018卷）》，收集整理各类优秀调研成果，编发《决策参考》，推动调研成果转化运用，指导全市工作。

（吴　莹）

网络安全和信息化

【概况】 2019年，合肥市成立中共合肥市委网络安全和信息化委员会（以下简称“市委网信委”），设立中共合肥市委网络安全和信息化委员会办公室（以下简称“市委网信办”），作为市委工作机构，2月22日挂牌成立。5月2日市委网信委第一次会议召开。全年研究出台《市委网络安全和信息化委员会工作规则》《市委网络安全和信息化委员会办公室工作细则》《市委网络安全和信息化委员会2019年工作要点》，统筹相关单位各司其职、各负其责，9个县（市）区均成立网信委、设立网信办，全市上下“一盘棋”、责任“一张网”、落实“一股绳”的网信工作格局基本形成。加强互联网企业党建，成立合肥市互联网行业党委，召开两次推进会推动党建任务落实，12月，全省互联网企业党建工作推进会在合肥召开。

【正面宣传引导】 2019年，市委网信办把庆祝中华人民共和国成立70周年作为贯穿全年的工作主线，创新网上宣传，在全省率先组织33家党政机关同步在抖音平台设置官方账号，围绕“壮丽70年·奋斗新时代”“爱国情·奋斗者”等专题，组织策划一批网民愿看爱看的移动短视频精品，累计发布作品4800余条，播放量10亿次。策划推出“壮丽70年·合肥巡礼”“合肥致敬70年”等超级话题，吸引网民投发作品4000余个，播放量达2.6亿次。宣传中央及省、市委重大决策部署，围绕五大发展行动、脱贫攻坚、扫黑除恶等，组织开展系列出题报道20余次，做好世界制造业大会、第十三届合肥国际文化博览会等重大活动网上宣传。11月20日，创办合肥市首个网评栏目“庐州e评”，全年发布原创评论文章109篇，点击量逾5000万人次。

【打造网络空间】 2019年，市委网信办坚持以人民为中心理念发展网信事业，依法依规加强网络空间治理，推动依法管网、依法办网、依法上网，为人民群众打造天朗气清的网络空间。维护网络意识形态安全，建成舆情监控指挥系统，组织开展网络生态治理专项行动，出台《合肥市政务新媒体管理暂行办法》，及时监测、处置网络有害信息，确保互联网在法治轨道上健康运行。督促互联网企业切实履行信息内容管理主体责任，加强对互联网企业从业人员教育管理，向属地互联网企业发放《互联网法律法规选编》800余本，强化企业知法懂法、依法办网。加强网信人才队伍建设，在网信系统深入开展“四力”教育实践，组织开展网络安全和信息化业务培训12场次，120余家

2019年9月16日，2019年安徽省暨合肥市网络安全宣传周启动仪式在合肥举行
（市委网信办/供）

单位、500余人参训，打造忠诚、干净、有担当的网信干部队伍。

【健全网络安全保障体系】 2019年9月16日，市委网信办坚持“网络安全为人民，网络安全靠人民”主题，承办“2019年安徽省暨合肥市网络安全宣传周”，组织近20家网络安全企业在全省主会场参加展览，组织5000余人次现场观摩，接受网络安全教育。强化技术管网，依托中国科学技术大学先进技术研究院、中国科学技术大学量子信息与量子科技前沿协同创新中心等科技创新平台，推动网络安全领域核心技术突破，壮大网络安全产业。量子保密通信发展引领全球；人工智能核心和前沿理论等全国领先；新华三集团研发的云安全、态势感知、高性能综合业务网关等产品业界领先。谋划建设以合肥高新技术产业开发区为核心的“中国（合肥）安全谷”，网络空间安全产业产值达370亿元，集聚新华三、中新网安、高维数据等网络安全企业150余家。

【统筹信息化发展】 2019年，市委网信办发挥信息化驱动引领作用，以合肥综合性国家科学中心建设为总抓手，推动信息技术创新、新型信息基础设施建设、信息产业发展等攻坚突破，为合肥高质量发展注入新动能。发改委、经信局、科技局、财政局、数据资源局等部门联动，聚力推动量子信息、集成电路、人工智能、基础软件等产业发展；培育壮大数字经济，加快数字产业化和产业数字化步伐；加强信息基础设施建设，加快布局5G、工业互联网、物联网等新型基础设施。深化数字惠民便民，协调推进“城市发展决策支撑系统”预研建设，加快智慧城市发展，深化“互联网+政务服务”，让人民群众在信息化发展中有更多获得感、幸福感、安全感。

（李剑波）

保　密

【概况】 2019年，市委保密委员会办公室（市国家保密局）（以下简称“市委保密办”）在机构改

革中由市委办原管理机构升格为15个市委工作机关之一，市委保密办（局）主任（局长）由市委保密委专职副主任兼任，所辖9个县（市）区委保密办（局）均在党办挂牌；市保密委委员组成单位新增市网信办、市司法局、市数据资源局三家。贯彻落实中央及省市委关于保密工作的重大决策部署，5月16日，市委保密委召开2019年第一次全体会议，传达中央及省委保密委有关文件精神，总结上年度全市保密工作，审议通过中共合肥市委保密委员会2019年工作要点。5月23日，组织召开全市保密工作会议，专门就学习贯彻中央保密委及省市委保密委会议精神、推进年度工作落实作出安排，针对全年重点任务，研究制订保密法治宣传培训、保密检查工作计划，推进年度各项任务有序开展。市委常委会2019第38次会议，专题听取保密相关汇报。继续将“领导干部保密责任制落实情况”纳入市委综合考核内容，完善纵向到底、横向到边的保密工作责任体系，推进领导干部保密工作责任制有效落实。市委保密办在年度全省保密业务考评中被评为“优秀”等次。

2019年5月23日，2019年全市保密工作会议在市政务中心召开

（市委保密办／供）

【依法行政】 2019年，市委保密办落实保密行政执法人员持证上岗制度，组织新进人员行政执法资格认证，12名专职保密干部通过保密执法专业法律知识考试；参加执法资格业务培训，做好年度执法资格年审；严格执行保密资质（格）认定规定，为安徽博广、合肥科怡、安徽佰泰等7家企业提供印制保密资格初审咨询指导服务；配合中华人民共和国成立70周年活动，参加国家保密局“保密伴我行，护航新时代”作品征集和“五法”普法知识竞赛活动，《跳蚤市场上的国家秘密》《从风险管理的角度浅谈涉密工程保密管理中的三个维度》分获影视类优秀奖、理论研究类三等奖。

【宣传教育】 2019年，市委保密办以领导干部和核心重要涉密人员为重点，开展保密“两识教育”。市委中心组学习会议将党政领导干部保密工作责任制规定纳入学习内容；制发《2019年度全市保密法治宣传教育工作计划》，指导机关单位做好涉密人员保密教育培训工作；坚持以“三大管理”技能培训为重点，针对专用设备配备实际，开展保密业务轮训，140余名专兼职保密干部接受培训；借助省保密教育实训中心平台，先后组织市统计局、市文广新局、市生态环境局等多家单位开展保密警示教育，推进涉密人员保密教育常态化。改进日常保密教育方式，编印“七五”保密法治宣传教育资料之五《计算机及网络保密管理实用手册》3000册；为市委办公室、市委宣传部、市委网宣办以及庐阳区、蜀山区等22家单位开展保密培训，3000余人接受保密教育，保密“两识”教育深入开展；发挥党校、行政学院保密教育主阵地、主渠道作用，推进保密法规列入市委党校主体班教学课程，提供保密教育师资，办（局）主要负责人带头为党校主体班进行保密宣讲，党校主体班保密宣教实效进一步提升。做好《保密工作》及《保密科学技术》征订及学刊用刊工作，完成《保密工作》征订1035份、《保密科学技术》106份；利用《保密工作》《安徽保密工作》以及《合肥日报》等平台进行宣传，全年刊发各类工作信息20余条，《安徽保密工作》4篇、《保密工作》2篇。

【监督检查】 2019年，市委保密办坚持把加强监督检查作为推进保密工作的重要抓手，突出抓好保密工作自查自评、各类专项检查和随机抽查，发挥保密监督检查“拳头”和“利剑”作用。配合开展机要通信专项检查，5月19日至26日，配合市邮政管理局对9个县（市）区机要通信存放场所、投递流程、人员管理等进行保密专项检查，并现场反馈检查情况、明确整改要求；10月下旬，再次对各县（市）区整改落实情况进行检查，相关问题隐患均已整改完善。以市委办公室名义制发《关于在全市范围内开展保密综合检查的通知》，在各单位自查基础上，12月上旬与市委办公室、市委机要局组成联合督查组，对2个县（市）区、10家市直单位进行督查，重点就涉改单位保密管理情况、保密自查自评工作开展情况、涉密网络保密管理情况等开展实地检查，检查计算机55台，其中涉密计算机24台，档案室、机要室及电子政务内网终端机房20余间。加强案件查办和网上巡查，年度核查互联网违规传输事件11起，协助上级单位对1起违规外联、2起受控计算机事件进行技术核查。

【科技支撑】 2019年，市委保密办强化涉密网络分级保护管理，严格落实测评审查要求，配合省保密局完成有关单位及县（市）区对应网络终端测评工作。召开专用设备配备动员部署培训会，明确保密设备及相关配套产品，指导机关单位做好设备签收、验收工作，全市配备计算机及打印机270套，完成保密专用设备配备工作。互联网接入口监测器部署继续推进，在市级建设任务全部完成基础上，督促指导各县（市）区基本完成部署任务，全市部署监测器36台，互联网保密技术监管水平进一步提升。

【服务保障】 2019年，市委保密办累计为重要涉密会议、活动提供保密技术服务21次，为高中考、公务员招录、司法考试等国家统一考试提供保密服务保障11次。做好统一考试保密服务，先后联合教育、公安等部门，对市教育考试院及四县一市招办的试卷保密室进行安全保密检查，并向检查合格的试卷保密室颁发合格证；高、中考期间，派员24小时参与保密值班，对试卷存放、分发、运送环节全程跟进，做好考试期间保密保障服务工作。落实涉密资料定点销毁制度，重新确定一家定点销毁企业，两次组织集中销毁文件资料约200吨；妥善做好硬盘等涉密载体销毁工作，全年集中销毁涉密计算机硬盘20块，涉密U盘8个，光盘22张，三合一导入盒6个。

（方开明　张新宏　汪　峰）

档　案

【概况】 2019年，根据市委、市政府《关于市级机构改革实施意见》，市档案馆单独设置，为市委直属事业单位。机构改革后，市档案馆主动服务，把机构改革档案收齐、理清、管好，确保机构改革档案安全完整。接收原市物价局、原市法制办等单位约11.5万卷（件）档案进馆。10月10日，联合中共合肥市委“不忘初心、牢记使命”主题教育领导小组办公室共同承办“不忘初心、牢记使命”主题教育档案文献展。省委常委、市委书记宋国权等市四大班子主要领导参观展览并给予肯定。展览在市政务中心阳光大厅和市档案馆一楼展厅展出，接待参观者360批15000余人次。12月23日，合肥市档案馆被人力资源和社会保障部、国家档案局联合授予“全国档案系统先进集体”荣誉称号。

【档案安全】 2019年3月，市档案馆召开坚持底线思维防范化解重大风险专题研讨会，从查找风险点和防范措施两个方面开展研讨，针对查找到的风险进行防范。编制《合肥市档案馆制度汇编》，完善档案安全制度体系。推进“两馆”建设，市档案馆新馆完成土方开挖及支护工程，进入主体建筑施工阶段。投入233万元用于全国示范数字档案馆项目软硬件建设，完成政务网、互联网、局域网三网服务器、信息系统部署，开展第三方测试，12月，全国示范数字档案馆项目通过初验。开展档案数字化加工，全年完成254.6万页档案数字化扫描、35.5万条档案目录的著录，做好对已有数字化档案数据的检查，对历年来数字化加工项目所做全宗数据进行梳理，并按要求存放消磁柜内，确保档案数据的绝对安全。将原地级巢湖市档案电子数据安全迁移至市档案馆档案数据库。开展档案馆安全隐患排查和消防安全培训，加强进出馆人员的管理，落实保密工作要求，做好安全保密防护措施。

【档案资源】 2019年8月，市档案馆征集档案资料进馆，发布档案征集公告，召开征集档案资料评估会。征集反映合肥市建市70年历史进程相关档案资料532件；“工业之城”相关文史资料和历史照片；“五四运动”领导人之一的瞿宗文相关档案资料；蒋纬国先生亲笔信、《李氏家谱》（李鸿章）、《汤氏家谱》《徐氏五续宗谱（裕德堂）》；原老二中和科技学校实验中学的相关资料、图片和实物等10件；《合肥晚报》自1957年创刊至2018年间的合订本计619册。

整理鉴定馆藏档案，针对部分接收进馆的机构改革档案整理不规范、未进行数字化及部分馆藏档案满30年年限未进行开放鉴定的情况，全年完成2.3万卷（件）档案整理，6.2万卷（件）档案鉴定。

开展机构改革涉改单位档案接收工作，全年保管277个全宗约171万卷（件）档案，馆藏档案数量居全国省会城市前列。

【档案利用】 2019年9月，市档案馆参加长三角地区三省一市档案工作座谈会，代表安徽省作交流发言，《中国档案报》头版头条刊登题为《对标“长三角”聚力大服务——合肥市档案馆跨馆利用服务工作纪实》文章。全市10个国家综合档案馆在“安徽省数字档案资源共享平台”完成档案查询业务对接，为做好档案“互联互通、异地查档、跨馆出证”，顺应公共服务一体化需求打下基础。

搭建起异地查档服务“专线”，异地查档、跨馆查询利用档案的范围主要是婚姻、招工、工龄、职称、调动、表彰等涉及人民群众切身利益的民生档案。市档案馆先后与南京市、济南市和福州市档案馆签订《异地查档、跨馆利用合作协议》，实现“信息多跑路、群众少跑腿”，满足人民群众异地查档需求。

成立市政务中心档案馆办事大厅，设立公共服务事项、互联互通跨馆查询和档案调阅利用接待窗口，全年接待档案利用者4053人次，调卷3690卷，复印档案资料10563页。在“合肥市政务服务运行及业务办理平台”受理和办结各类申请158件次。

【档案宣传】 2019年，市档案馆挖掘馆藏档案资源，打造“档案观止”“档案今拾”“档案印象”三个档案文化品牌，以优秀档案文化滋养人心，弘扬主旋律，传播正能量。开展立体式、全方位、多角度档案宣传工作，仅在国家级媒体《中国档案报》、《中国档案》杂志、中国档案资讯网、新华网等媒体就刊登稿件98篇，扩大合肥档案工作的影响力。与合肥广播电视台联合推出人文历史类电视专栏《档案今拾》于4月22日开播，开创市档案宣传工作先河，其中三期节目在“学习强国”安徽平台亮相。在《合肥晚报》设立《档案观止》专栏，以档案见证合肥“成长”，全面介绍合肥发展变化，并同步在市档案馆微信公众号推出。全面梳理合肥工业发展历史脉络，编印《合肥工业的铿锵脚步》。编印《合肥市档案局（馆）大事记》《合肥市档案为民服务典型事例汇编》等。利用特殊时间节点和爱国主义教育基地开展宣传活动，“6•9国际档案日”，与市委办公室（市档案局）开展广场宣传活动；为庆祝中华人民共和国成立70周年，与省档案馆共同拍摄“我和我的祖国”快闪活动，在国庆前夕登录“学习强国”安徽平台；为庆祝市档案馆成立60周年，拍摄《砥砺六十载　奋进新时代——合肥市档案馆成立60周年》宣传片。12月26日，在市政务中心召开纪念合肥市档案馆成立60周年座谈会，共话合肥档案60载发展历程，同叙兰台情谊。爱国主义教育基地展厅全年接待1000余人参观，展现档案文化教育功能。

（杨文元）

2019年9月23日，合肥市档案馆联合省档案馆在合肥地铁1号线共同拍摄“我和我的祖国”档案快闪活动，向中华人民共和国成立70周年献礼

（市档案馆/供）

党史和地方志编研

【概况】 2019年，市委党史和地方志研究室（以下简称“市委史志室”）以做好庆祝新中国成立70周年系列活动为主线，做好史志编研、宣传教育等工作。在市级机构改革中，市委核定市委史志室事业编制22名（其中主任1名、副主任3名、科级领导职数8名），在机构改革“只减不增”大背景下，增加1名副主任职数，3名事业编制，3名中层领导职数和3个内设处室；成立机关党总支，设2名副书记（其中1名专职副书记）；向

市委申请并获批设立中国共产党合肥历史馆（市地方志馆）服务管理中心，为公益一类财政全额拨款事业单位，正科级建制，核定事业编制8名，编外聘用额5名。参加沪苏浙皖地方志机构联合举办“2019地方志与长三角区域一体化论坛”。举办“史志青年跟党走——纪念五四运动100周年”、“图说合肥七十年——庆祝中华人民共和国成立七十周年”大型图片展、全市党史学界庆祝中华人民共和国成立70周年学术研讨会。《合肥年鉴（2019）》印刷出版，编印《合肥大事记》《合肥地情活页》各6期。年度党建工作在全市机关党建考核中获得“好”等次。2019年11月27日，市委史志室获评“全国地方志工作先进集体”。

2019年4月29日，“史志青年跟党走”——纪念五四运动100周年座谈会在市政务中心召开 （市委史志室/供）

【党史编研】 2019年，市委史志室推进合肥党史一卷修编和党史三卷组稿启动工作；完成《中共合肥党史人物传（第一卷）》56位初拟人物选定及稿件征集，完成《中共合肥党史大事记（第一卷）》资料收集整理工作，形成8万字初稿；完成《红色合肥（送审稿）》任务；同时指导长丰、庐江、巢湖等县市地方党史二卷编印工作。

【党史宣传】 2019年，市委史志室把握重要节点宣传，加大党史宣传。1月18日举办纪念合肥解放70周年座谈会暨革命文物捐献仪式，通过活动让历史和文物说话，给当代人以民族自信和历史启迪。4月29日举办“史志青年跟党走”——纪念五四运动100周年座谈会，4月30日集中收看纪念五四运动100周年大会，加深对五四运动历史意义和时代价值的学习与研究。组织全市党史地方志学界庆祝中华人民共和国成立70周年论文活动，回顾和总结70年来在党的领导下中国社会主义革命、建设和改革开放事业取得的伟大成就和成功经验。在合肥解放70周年之际，首次与新媒体合作，制作纪念合肥解放70周年专题宣传片《蝶变》，在腾讯新闻、合办先锋客户端投放，在线观众达百万人次。与安徽画报首次合作，在全省率先开设“红耀安徽——合肥篇”专栏，出刊10期；首次与合肥晚报合作，推出双周党史宣传专版——“红耀合肥”，出刊20期（其中“五四运动”专版2期）；首次与合肥日报合作，推出英雄烈士谱，出刊21期；与合肥广播电视台共同推出11期“壮丽70年·合肥英烈谱”，在《合肥新闻联播》栏目播出，内容先后被“学习强国”转载26次，其中国家级平台转载2次；配合安徽电视台开展《解放安徽》合肥篇采访；主动对接省市电视台、合肥日报、合肥晚报、凤凰网等重要媒体，围绕党史宣教、党史编研、文物征集等中心工作开展主题宣传，累计刊登党史工作信息80余篇（次），被中央党史和文献研究院和中国方志网刊发12篇，其中2篇被人民网刊发。全年在《安徽画报》、《合肥日报》、《合肥晚报》、合肥电视台推出红色专栏61期，史志宣教信息被学习强国转载26篇（次）（其中全国平台2篇），被喜马拉雅有声书转载播出1次，被中央党史研究院网站登载2次，被中国地方志指导小组网站登载1次。

【大型图片展】 2019年9月30日，市委史志室举办“图说合肥七十年——庆祝中华人民共和国成立70周年”大型图片展，时任省委常委、市委书记宋国权率市四大班子领导同志观展并给予高度评价，随后在全市各县（市）区、各开发区巡回展出，累计观展人数达5万人。12月，与市主题教育领导小组办公室联合编印《不忘初心 牢记使命——图说合肥七十年》，作为主题教育辅助读本，印发全市各县（市）区、开发区，市直各单位、市属企事业单位党组织。

【年鉴编纂】 2019年，市委史志室创新《合肥年鉴2019》编纂模式，在起草《合肥年鉴（2019）》编纂大纲阶段，根据机构改革部门职能调整实际，对编纂框架纲目进行调整，突出党建引领，经多轮领导、专家论证，增设党建、科技板块，以彰显时代特色、合肥特色，实现年鉴质量整体提升并首次实现国家“两全目标”要求，受到安徽省党史研究院（省地方志研究院）好评；在专题业务培训阶段，邀请省院专家和市委相关领导亲临授课，提升全市各级各部门撰稿人的能力和水平，当年底，《合肥年鉴（2019）》出版，与全国副省级城市和省会城市实现交流互换。

【场馆建设】 2019年，市委史志室充实加强中共合肥历史陈列馆项目馆建领导小组，同步推进文物征集、布展方案优化与主体工程建设工作，并聘请党史和设计领域的专家提升展陈档次、把关展陈史料，严格工程招标、监理和审计程序，把好工程质量关、廉洁关，确保将党史重点工程打造成红色示范工程。9月，市委决定，成立中国共产党合肥历史馆（合肥市地方志馆）服务管理中心，同时将中共合肥历史陈列馆更名为中国共产党合肥历史馆。当年底前基本完成主体工程，完成双语展陈内容制作、影音资料制作及视屏电子设备安装，优化提升雕塑设计方案，征集革命文物1000多件，满足布展需要。开展方志馆内部布展谋划工作，组建方志馆建设调研小组，赴北京、深圳、秦皇岛等地学习、梳理方志馆布展思路。

（陶俊生）

党校（行政学院）教育

【概况】 中共合肥市委党校（合肥行政学院）（以下简称“市委党校”）2019年2月27日正式挂牌成立，经市委批准的校（院）机构改革“三定”方案实施，是市委培训领导干部和优秀中青年干部的主渠道，是研究宣传习近平新时代中国特色社会主义思想、推进党的思想理论建设的重要阵地，是市委、市政府哲学社会科学研究机构和合肥特色新型智库。校（院）占地面积5.75公顷，总建筑面积4.46万平方米，可同时满足1000人就餐、370人住宿、1500人教学。图书馆有各类图书近11万册，有超星、中国知网等各类数据库11个，可在校园内网IP包库访问各类期刊、硕博论文、统计年鉴、电子图书等海量资源，本地电子图书6.5万册，专题视频录像200多部。另外，有“学习通”和“合肥党校微课”两个手机APP供校（院）师生使用。

2019年，市委党校完成校（院）机构编制、职能设置、事业岗位设置以及34名中层人员任免等有关工作。严格落实意识形态工作主体责任，全年2次召开专题会议研究部署新形势下党校（行政学院）意识形态工作，调整校（院）意识形态工作领导小组名单。将意识形态的研究纳入科研咨政工作，发布相关课题，发表相关论文、咨政报告。规范对校内网站、各类报纸刊物、工作平台等的管理，弘扬主旋律、传播正能量。

【教学培训】 2019年，市委党校开设主体班七批32个班次（含统战专题班3个），培训1900余人次；协助市委举办全市防范重大风险专题班，培训各级领导干部290人。发挥干部教育培训主渠道作用，抓好关键少数和重点班次培训任务，在教育引导领导干部增强“四个意识”、坚定“四个自信”、做到“两个维护”上发挥作用。突出理论教育和党性教育的主业主课地位，强化党章党规党纪教育。党的理论教育和党性教育课程的比重在总课时中占比超过70%，所有主体班次都设置党性教育课程，比重超过总课时20%。强调习近平新时代中国特色社会主义思想的指导作用，按照教学内容贴近时代发展、贴近市情市策、贴近学员要求的目

2019年2月28日，省委常委、市委书记宋国权为全市领导干部坚持底线思维着力防范化解重大风险专题培训班作开班辅导报告　　（市委党校/供）

标，科学优化教学内容；突出习近平新时代中国特色社会主义思想的统领地位，突出党性教育的核心地位，突出贯彻党的十九大精神在合肥实践；开设习近平新时代中国特色社会主义思想辅导、经典著作导读、党性教育和党性锻炼、贯彻党的十九大精神在合肥实践、能力提升、视频教学等七大教学模块，精心选配教学专题。拓展教学形式，突出校内培训和异地培训相结合、课堂教学与现场教学相结合，开展案例教学、情景模拟教学、体验式教学及教学沙龙、结构化研讨等；新增安徽创新馆、引江济淮工程、京东方平板显示基地、安徽宝业建工集团等4个现场教学点，增设岳西县红色教育基地作为新的党性教育基地。优化教学专题的评选设置，根据合肥改革发展需要，坚持“开门办学”，整合师资力量，专兼职教师队伍得到整合优化，教学内容得到丰富，全年邀请中央党校、省委党校（省行政学院）、地方高校的专家学者授课18次，邀请省、市、县（市）区各级各部门领导授课34次，得到学员好评。发挥社会主义学院工作职能，校（院）机构改革过程中，增设统战理论教研部，强化校（院）统战理论研究机构设置和人员配备；8月、10月、11月会同市委统战部举办3期统战系统及党外人士教育培训班，推动统战理论培训纳入校（院）主体班教学计划。抓好研究生教育和对外培训，坚持“一主两翼”办学模式，抓好研究生教育，拓展对外办学培训；研究生教学点全年有在校生380余人，毕业96人；全年举办各类计划外培训班76个，培训人员近9000人次。

2019年7月19日，市委副书记、校（院）长郭强出席合肥市委党校（合肥行政学院）“三定”实施动员大会 （黄振/摄）

【科研咨政】 2019年，市委党校坚持教学培训、科学研究与决策咨询相互促进、相互转化、协同发展，完善和规范科研管理制度，严格贯彻落实《中共合肥市委党校学术委员会章程》《中共合肥市委党校科研管理暂行办法》《中共合肥市委党校科研项目经费管理办法》《中共合肥市委党校重点学科建设实施办法（试行）》等制度，加强科研工作的调度和管理，提升科研服务管理流程规范化水平。提高学术论文和科研项目质量，发挥学术委员会和教研团队作用，统筹推进各类课题的申报、立项、结项等工作，全年立项课题63项，结项58项。在各类期刊发表论文60余篇。开展学术交流，6月，组织推动并参加第一届综合性国家科学中心党校合作联盟高层论坛，组织学术骨干参加第十六届长三角地区党校校长论坛、第七届全国党校系统国际战略研讨会等学术交流研讨10余场，发表参会论文20余篇，举办全市党校系统“庆祝中华人民共和国成立七十周年”理论研讨会。发挥建言资政职能，全年向市委市政府专题报送咨政报告9篇，其中7篇获得省市领导肯定性批示，分别为：《关于城市阅读空间发展的建议》获省委常委、市委书记宋国权肯定性批示，《关于打造合肥老城区城市文化旅游品牌的建议》和《充分发挥大数据平台作用精准主推合肥高速高质量发展》获市长凌云肯定性批示，《当前综合性国家科学中心建设需关注的问题与建议》获市委副书记郭强肯定性批示。“一报两刊”（《合肥党校》和《中共合肥市委党校学报》《合肥行政学院论苑》）质量得到提升。

【学员管理】 2019年，市委党校深入贯彻从严治校方针，坚持严以治校、严以治教、严以治学，将学员管理作为实现党校（行政学院）培养目标的重要环节。抓好入学教育，上好培训第一课。重点强调中央八项规定、中组部新修订的《干部教育培训学员管理规定》及校（院）相关规定，向学员讲清楚培训目标、学习任务、纪律要求，要求所有学员签署《廉洁自律承诺书》，存入学员学习档案。督促学员牢固树立“学员意识”，实现“三个转变”。坚持从严治学，严格执行管理制度，引导督促学员严格遵守学习培训和廉洁自律各项规定，自觉遵守校规校纪，维护教学秩序，全面落实从严管理学员的责任。严格执行请假制度，严格课堂手机管理，严格实行量化考核，并作为评选优秀学员的重要依据，对于考核不合格，不符合结业条件的，不予结业。坚持校（院）领导带班、教研室包班、组织员跟班、教务处督班的立体化管理模式，严格监督课堂纪律，严格学员出勤管理，维护课堂教学的严肃性；同时利用班级微信群等信息化平台，及时掌握学员动态，回应学员关切，做到线上线下相结合，课内课外相呼应。发挥班委（支部）作用，开展形式多样的班级活动，校（院）分管领导亲自组织召开班委（支部）联席会，对班委（支部）的工作职责、任务分工提出要求；各主体班共同组建校园摄影、读书、乒乓球、爬山等兴趣小组，组织开展篮球比赛、文艺晚会等学员喜闻乐见的文体活动。

【业务指导】 2019年3月，市委党校完成对9所县（市）区党校2018年度办学质量评估的考评工作，并在省委党校对市级党校2018年度办学质量考核中领先。深入县（市）区党校开展调查研究20余次，了解和反馈县（市）区党校工作的新情况、新经验、新问题，帮助解决兼职教师、课题研究、现场教学基地开发等实际问题。协助地方党委加大对县（市）区党校的支持力度，帮助瑶海和蜀山区委党校协调解决校址校舍问题。

（张　弢）

责任编辑：陶俊生

合肥市人民代表大会

综　述

【概况】 2019年，在中共合肥市委坚强领导下，合肥市人大常委会（以下简称“市人大常委会”）以习近平新时代中国特色社会主义思想为指导，坚持党的领导、人民当家作主、依法治国有机统一，紧扣贯彻落实中央及省委、市委决策部署，紧扣回应人民群众重大关切，紧扣厉行法治、推进全面依法治市，履职尽责、务求实效，为合肥市经济社会发展和民主法治建设作出积极贡献。

【市人大常委会工作概况】 2019年，市人大常委会组织召开市十六届人民代表大会第二次会议，举行常委会议7次。落实省委、市委部署要求，就加强环巢湖十大湿地保护作出决定，明确保护范围、禁止行为、工作机制等10个方面内容，促进环巢湖湿地保护与建设，该举措被省委全面依法治省委员会办公室评选为“2019年度安徽十大法治事件”。听取审议市政府机构改革情况的报告，推动中央及省委、市委关于机构改革总体要求落地落实。

适应新时代人大工作新要求，加强能力素质建设。加强集中培训，围绕全面依法治国、完善国家治理体系、加强党的政治建设等主题，组织开展15次理论中心组学习和专题讲座。举办读书班，组织常委会及机关干部40多人次赴市委党校开展交流研讨。抓好日常学习，每月开展1次应知应会知识测试。完善能力提升机制，制定进一步发挥常委会组成人员作用10条举措，促进履职能力提升；制定提高常委会会议审议质量11条措施，实行审议意见卡制度，着力提升审议质量；制定机关年轻干部培养11条办法，举办机关年轻干部讲坛，为年轻干部成长创造有利条件。

执行中央八项规定精神及省委实施细则、市委三十条规定，全面落实“基层减负年”要求。开展“严规矩、强监督、转作风”集中整治专项行动，精心组织“大家谈、大家摆”学习交流，开展“三个以案”警示教育，力戒形式主义、官僚主义。深入开展“不忘初心牢记使命、做好表率走在前列”大调研，14个调研组采取“四不两直”方式深入基层，促进解决一批群众关注的问题。改进学风文风会风和工作作风，2019年印发文件数较2018年减少39.6%；常委会会议出席率达95.7%，同比提高4.6个百分点。

坚持重大事项请示报告制度，全年向市委报告有关工作情况16次。认真落实全面从严治党主体责任，严格落实党风廉政建设责任制，支持和保障派驻纪检监察组工作，持之以恒正风肃纪。切实抓好省委巡视反馈问题整改，常态化开展“三查三问”，坚决做到立行立改、真改实改。认真落实机构改革部署，加强各机构建设。深入落实意识形态工作责任制，制定加强意识形态工作17条具体措施，坚持内容发布“三审制”，人大意识形态阵地建设得到进一步加强。

重要会议

【市十六届人民代表大会第二次会议】 市十六届人民代表大会第二次会议于2019年1月8日至11日举行。第一次全体会议于1月8日召开，大会的执行主席是：宋国权、汪卫东、韩冰、钟俊杰、汪学致、钱岩松、韦弋、马军、陈晓波、杨伟、孔向阳、张业锁、方正杰、吴利林、张怀科、刘观宝、刁吉润、马谟荣、王兴梅、王叙平、王琤、王海霞、王家贵、方振、叶志明。大会由汪卫东主持，市人民政府市长凌云作政府工作报告。会议审查合肥市2018年国民经济和社会发展计划执行情况与2019年计划草案的报告，审查合肥市2018年预算执行情况和2019年预算草案的报告。第二次全体会议于1月10日召开，大会的执行主席是：张业锁、陈葆华、司胜平、朱明峰、刘亮文、刘晓春、刘燕、李广海、李江、李茂凯、杨锐、吴娅娟、吴瑞卿、何杰、汪菊喜、完永林、张华、张其旺、张洁、张琴、陈明义、孙良鸿、金成俊、许华、王连贵。大会由张业锁主持。市人大常委会主任汪卫东作合肥市人民代表大会常务委员会工作报告，市中级人民法院院长王晓东作合肥市中级人民法院工作报告，市人民检察院检察长胡胜友作合肥市人民检察院工作报告。第三次全体会议于1月11日召开，大会的执行主席是：宋国权、汪卫东、韩冰、孔向阳、方正杰、吴利林、张怀科、耿延强、刘观宝、胡晓玉、袁萍、徐春雷、徐基庆、凌必发、凌海群、唐明德、蒋烽、程林、释智文、戴中保、戴祖云、徐静平、葛斌、葛锐。大会由孔向阳主持。会议通过关于市人民政府工作报告的决议、关于合肥市2018年国民经济和社会发展计划执行情况与2019年计划的决议、关于合肥市2018年预算执行情况和2019年预算的决议、关于市人大常委会工作报告的决议、关于市中级人民法院工作报告的决议、关于市人民检察院工作报告的决议。

【市十六届人大常委会第九次会议】 2019年2月26日、27日，市十六届人大常委会第九次会议在市政务中心举行。市人大常委会主任汪卫东主持第一次全体会议，并在第二次全体会议上讲话。会议听取审议市人民政府关于机构改革情况的报告；表决通过新修订的《合肥市促进民营经济发展条例》；表决通过人事任免案，向被任命的人员颁发任命书，并依法组织宪法宣誓。

【市十六届人大常委会第十次会议】 2019年4月30日，市十六届人大常委会第十次会议在市政务中心举行。市人大常委会主任汪卫东主持第一次全体会议，并在第二次全体会议上讲话。市人大常委会副主任孔向阳、张业锁、方正杰、吴利林、张怀科，秘书长刘观宝出席会议。会议听取审议市政府关于2018年度全市环境状况和环境保护目标完成情况报告；听取审议关于进一步发挥市人大常委会组成人员作用的通知（草案）；表决通过关于批准2019年市级预算调整方案的决议；表决通过市人大常委会关于办公厅和内务司法工作委员会更名的决定；表决通过人事任免事项。

【市十六届人大常委会第十一次会议】 2019年6月25日、26日，市十六届人大常委会第十一次会议在市政务中心举行。市人大常委会主任汪卫东主持第一次全体会议，并在第三次全体会议上讲话。市人大常委会副主任孔向阳、张业锁、方正杰、吴利林、张怀科，秘书长刘观宝出席会议。会议听取审议关于《合肥市公共资源交易管理条例（修改草案）》《合肥市献血条例（草案）》的说明及审查意见的报告，2018年度市级决算工作报告、预算执行和其他财政收支的审计工作报告，中小企业促进“一法一条例”、省林权管理条例执法检查及贯彻实施情况的报告，学前教育发展情况的报告。会议听取审议“一府两院”相关负责人履职情况报告，并开展满意度测评。表决通过关于批准2018年市级决算的决议、关于个别代表的代表资格审查情况的报告和人事任免事项。

【市十六届人大常委会第十二次会议】 2019年8月28日、29日，市十六届人大常委会第十二次会议在市政务中心举行。市人大常委会主任汪卫东主持会议。市人大常委会副主任孔向阳、张业锁、方正杰、吴利林、张怀科，秘书长刘观宝出席会议。会议听取关于《合肥市公共资源交易管理条例（修订草案）》《合肥市献血条例（草案）》修改情况的说明；听取关于《合肥市城市轨道交通条例（草案）》的说明及审查意见的报告；听取市人民政府关于2019年第二次市级预算调整议案的说明及市人大财政经济委员会关于调整方案（草案）审查结果的报告；听取市人民政府关于加强金融监管防范金融风险工作情况的报告及市人大常委会预算工委的调研报告；听取市人民政府关于2019年上半年国民经济和社会发展计划执行情况及下半年工作意见、2019年上半年预算执行情况及下半年工作意见的报告；听取市人民政府关于城市阅读空间建设情况的报告及市人大教科文卫委员会的调研报告；听取关于设立社会建设工作委员会的决定（草案）的说明。会议表决通过《合肥市公共资源交易管理条例》、《合肥市献血条例》、关于批准2019年第二次市级预算调整方案的决议、关于设立社会建设工作委员会的决定和人事任免事项。

【市十六届人大常委会第十三次会议】 2019年10月30日、11月1日，市十六届人大常委会第十三次会议在市政务中心举行。10月30日上午，市十六届人大常委会第十三次会议举行第一次全体会议，市人大常委会主任汪卫东主持。市人大常委会副主任孔向阳、张业锁、方正杰、吴利林、张怀科，秘书长刘观宝出席会议。会议听取关于《合肥市城市轨道交通条例（草案）》修改情况的说明，关于《合肥市养犬管理条例（草案）》《合肥市生活垃圾分类管理条例（草案）》的说明及审查意见的报告；听取关于《合肥市人大常委会关于加强环巢湖十大湿地保护的决定（草案）》的说明；听取市人民政府关于调整2019年市本级国有资本经营预算议案的说明及市人大财政经济委员会审查结果的报告；听取市人民政府关于2018年度全市国有资产管理情况的综合报告和关于2018年度市本级行政事业性国有资产管理情况的专题报告；听取关于推动制造业高质量发展情况的报告；听取关于市十六届人大二次会议议案建议办理情况的报告；听取市中院关于执行工作情况的报告、市检察院关于执行监督工作情况报告及市人大常委会关于开展专题询问的说明；听取市人大常委会执法检查组关于检查《中华人民共和国水污染防治法》《合肥市科学技术进步条例》贯彻实施情况的报告及市人民政府贯彻实施情况的报告；听取市十六届人大二次会议2号议案和316号建议办理情况的评估报告及承办单位的办理自评报告；听取关于提请许可对个别代表依法采取强制措施的报告；听取人事任免事项的报告。10月31日下午，市十六届人大常委会第十三次会议举行联组会议，围绕市中院执行工作、市检察院执行监督工作开展专题询问。11月1日上午，市十六届人大常委会第十三次会议举行第二次全体会议。市人大常委会主任汪卫东出席会议并讲话。市人大常委会副主任孔向阳、张业锁、方正杰、吴利林、张怀科，秘书长刘观宝出席会议。会议开展市十六届人大二次会议2号议案和316号建议办理情况满意度测评；表决通过《合肥市城市轨道交通条例》《合肥市人大常委会关于加强环巢湖十大湿地保护的决定》、关于批准2019年市本级国有资本经营预算调整方案的决议、关于许可对个别代表依法采取强制措施的决定和人事任免事项。

【市十六届人大常委会第十四次会议】 2019年12月23日、24日，市十六届人大常委会第十四次会议在市政务中心举行。12月23日上午，市十六届人大常委会第十四次会议举行第一次全体会议，市人大常委会主任汪卫东主持。市人大常委会副主任孔向阳、张业锁、方正杰、张怀科，秘书长刘观宝出席会议。会议听取关于提请修改《合肥市市容和环境卫生管理条例》的决定（草案）的说明、审查意见的报告及修改情况的说明；听取关于《合肥市养犬管理条例（草案）》《合肥市生活垃圾分类管理条例(草案)》修改情况的说明；听取市人民政府关于调整2019年市本级政府性基金预算议案的说明、关于调整2019年市级一般公共预算议案的说明、关于2019年市本级一般公共预算科目及重大项目调整情况的报告，并听取市人大财政经济委员会对上述三个议题审查结果的报告；听取关于2018年度市级预算执行和其他财政收支审计查出问题整改情况的报告；听取关于实施乡村振兴战略情况的报告；听取关于科技创新平台建设情况的报告；听取关于召开市十六届人大三次会议有关事项的报告；听取关于市十六届人大二次会议主席团交付办理的代表提出的制定《合肥市城市轨道交通条例》、进一步加强市中级人民法院及各基层人民法院强制执行执法力度议案办理情况的报告；听取关于2019年度规范性文件备案审查工作情况的报告；听取关于提请许可对个别代表依法采取拘留措施的报告；听取人事任免事项的报告。12月24日下午，市十六届人大常委会第十四次会议举行第二次全体会议。市人大常委会主任汪卫东出席会议并讲话。市人大常委会副主任孔向阳、张业锁、方正杰、张怀科，秘书长刘观宝出席会议。会议表决通过了《合肥市养犬管理条例》，关于修改《合肥市市容和环境卫生管理条例》的决定，关于提请审议《合肥市生活垃圾分类管理条例（草案）》的议案，关于批准2019年市本级政府性基金预算调整方案、市级一般公共预算调整方案的决议，关于批准2019年市本级一般公共预算科目及重大项目调整的决定，关于召开市十六届人大三次会议的决定、议程（草案）、日程（草案），关于许可对个别人大代表依法采取拘留措施的决定和人事任免事项。

【市十六届人大常委会第十五次会议】 2019年12月31日，市十六届人大常委会第十五次会议在市政务中心举行。市人大常委会主任汪卫东主持第一次全体会议，并在第二次全体会议上讲话。市人大常委会副主任孔向阳、张业锁、方正杰、张怀科，秘书长刘观宝出席会议。会议听取审议市政府关于2019年政府投资项目计划执行情况和2020年计划草案的报告；通过市第十六届人民代表大会第三次会议各项建议名单；通过关于个别代表的代表资格报告；通过关于接受个别代表辞去安徽省第十三届人民代表大会代表职务的决定；审议并原则通过常委会工作报告稿；补选合肥市出席安徽省第十三届人民代表大会代表。

立法工作

【保障推动经济发展】 2019年，市人大常委会为支持民营经济健康发展，修改《合肥市促进民营经济发展条例》，明确政府及相关部门、开发区职责，对改善公共服务、保护民营企业合法权益等作出规定，加强用地、融资、人才等政策支持，推动营商环境优化。为适应公共资源交易发展新形势新要求，修改《合肥市公共资源交易管理条例》，就“有效最低价”“专家库管理”等问题广泛征求意见，完善交易管理体制，健全交易程序，规范评审专家选定管理，强化公共资源交易制度支撑。

【保障推动城市建设管理】 2019年，市人大常委会从规范合肥市轨道交通建设管理出发，制定《合肥市城市轨道交通条例》，明确政府及相关部门、建设运营单位职责，构建管理体制，就规划建设、运营服务、应急管理等作出规定，为提升建管水平、保障安全运行提供有力法制支撑。着眼于完善城市管理、创造优良人居环境，启动制定《合肥市生活垃圾分类管理条例》，重点就分类管理体制、分类设施建设、源头减量、分类投放等作出规定，条例草案已提交本次会议审议。为维护法制统一，根据上位法修改《合肥市市容和环境卫生管理条例》，对涉及行政许可、行政处罚等内容进行完善，加大对部分违法行为的处罚力度。开展河道管理条例立法调研，就规划整治、保护利用、河长制等进行研究，为立法做好准备。

【保障推动社会治理】 2019年，市人大常委会针对群众反映强烈的犬只伤人扰民等突出问题，采取“废旧立新”方式制定《合肥市养犬管理条例》，对犬只免疫登记、管理收容、养犬人行为等进行规范。条例制定过程中，坚持开门立法，扩大公民参与，通过实地走访、接听“市长热线”、问卷调查等形式，听取社会各方意见，其中参与网络问卷调查12192人、提出有效建议6752条，多数得到采纳，成为我市群众广泛参与立法的一次有益实践。针对省会城市医疗临床用血供需矛盾日益突出的状况，制定《合肥市献血条例》，强化政府组织领导作用，加强有计划组织献血，完善献血激励措施，有效保障我市医疗临床用血需求与安全。开展物业管理条例立法调研，广泛征求意见建议，为下一步立法工作奠定基础。

2019年4月11日，市人大常委会主任汪卫东率队深入蜀山区开展养犬管理立法调研 （李磊／摄）

人大监督

【经济监督】 2019年，市人大常委会围绕经济运行情况，审议计划和预算执行、审计及审计查出问题整改情况的报告，审查批准2018年决算和2019年市级预算调整方案；推进预算联网监督，全市人大预算联网监督系统覆盖市级106个部门、382家预算单位；听取审议2018年全市国有资产及市本级行政事业性国有资产管理情况、2019年政府投资项目计划执行情况和2020年计划草案、加强金融监管防范金融风险工作情况等报告，深入调查研究，提出推动经济高质量发展、防范化解金融风险等意见建议。围绕实施创新驱动发展战略，贯彻韩正副总理在2019年全国人代会安徽代表团审议时关于合肥要向深圳学习应用创新的指示，组建考察组赴深圳市考察应用创新，向市委报送考察报告，提出开展合肥综合性国家科学中心建设立法调研等建议；听取审议科技创新平台建设情况报告，开展《合肥市科学技术进步条例》执法检查，督促相关部门进一步完善创新平台运行机制、优化产业扶持政策、促进科技成果转化。围绕优化营商环境，开展中小企业促进“一法一条例”执法检查，助力企业技术创新、推进服务体系建设；听取审议推动制造业高质量发展情况报告，就加大政策落实力度、加强法律法规执行等提出审议意见；开展台湾同胞投资保护、国际友城交流情况等专题调研，促进开放发展。

【生态环境监督】 2019年，市人大常委会助力碧水保卫战，连续第2年开展水污染防治法执法检查，聚焦巢湖、南淝河、十五里河等“一湖六河”重点水域，市、县人大联动，采取实地检查和随机抽查方式，对173个单位和项目进行检查。助力净土保卫战，开展土壤污染防治工作情况专题调研，针对土壤环境质量底数不清、污染土壤治理与修复难度高等问题提出意见建议。助力林业发展，开展《安徽省林权管理条例》执法检查，深入全市重点林区和林业基地进行调研检查，提出的审议意见转化为16条具体举措，促进林权登记、林权流转管理等工作。听取审议2018年度全市环境状况和环境保护目标完成情况报告，提出坚持源头防治、群防群治等建议，促进绿色循环低碳发展；连续第15年开展“庐州环保世纪行”活动，倡导新发展理念。

【民生监督】 2019年，市人大常委会紧扣脱贫攻坚，组织开展脱贫攻坚三年行动计划实施情况专题调研，建议围绕“两不愁三保障”精准发力、持续巩固脱贫攻坚成果。紧扣乡村振兴，听取审议乡村振兴战略实施情况报告，开展“四好农村路”建设专题调研，建议突出乡村产业发展、加强人居环境整治、补齐基础设施短板。紧扣民计民生，听取审议学前教育发展情况报告，提出要进一步提高学前教育公办园和普惠园覆盖率、加强师资队伍建设、完善监管体系等意见；开展食品安全专题调研，连续第9年开展“食品安全庐州行”活动，保障“舌尖上的安全”；听取审议城市阅读空间建设情况报告，提出坚持公益性为主发展方向、整合公共阅读资源、规范管理服务等意见，助推“书香合肥”建设；开展城市公园建设专题调研，就明晰建设思路、优化空间布局等提出建议；开展市妇女儿童发展纲要实施情况专题调研，促进我市妇女儿童事业全面发展；加强人大信访工作，全年受理群众信访336件次，促进群众合理诉求妥善解决。

【法治监督】 2019年，市人大常委会注重“执行难”问题化解，听取审议市中院执行工作、市检察院执行监督工作情况报告，并开展专题询问，提出强化协作配合、加强队伍建设和作风建设、加大执行和执行监督工作力度等意见。注重宪法和法律法规宣传，扎实开展“江淮普法合肥行”等活动，推动“七五”普法决议贯彻实施，督促普法责任制落实。注重支持公益诉讼，推动2018年作出的支持检察机关公益诉讼工作决定落实，2019年全市检察机关共办理公益诉讼诉前程序案件134件、向同级法院提起公益诉讼案件25件，为保护国家和社会公共利益作出贡献。

代表工作

【人大代表联系服务群众活动】 2019年，市人大常委会开展“人大代表在行动”主题实践活动，围绕脱贫攻坚、农村人居环境整治、水污染防治等主题，组织代表深入一线，进行调研走访、政策宣传、建言献策。全市各级代表参加活动7025人次，走访群众60215人次，助推一批群众操心事烦心事解决。大力推行乡镇政府民生实事项目人大代表票决制，出台指导意见，召开全市推进会，54个乡镇启动实施。组织500多名市人大代表，围绕常委会重点工作确定课题开展调研，形成35篇调研报告，为相关部门推进工作提供有益参考。

【议案办理】 2019年，市人大常委会对代表在市十六届人大二次会议上提出的10件议案（并案后为5件）、318件建议及闭会期间提出的3件建议，认真研究处理，及时交办督办，当年全部办理完毕。关于南淝河污染治理、乡村振兴、解决城市交通拥堵等3件议案，由市政府相关部门办复；关于进一步加强全市各级法院强制执行执法力度的议案，由市中院办复。截至年底，321件建议中，已解决或正在解决的占96.3%，因条件限制暂时难以解决并作出说明的占3.7%。

【代表履职能力建设】 2019年，市人大常委会举办全市人大代表培训班，围绕开展监督、提出议案建议等内容，对180余名市人大代表开展培训。组织市人大代表98人次列席常委会会议、参加执法检查；邀请市人大代表143人次参加政情通报会、旁听市中院公开审判等；拓宽代表履职渠道，推荐27名市人大代表担任市监委特约监察员、民间河长、效能建设监督员。指导77名市人大代表向原选区选民或原选举单位述职并接受评议，促进代表更好履职。做好合肥市选举的省人大代表履职服务保障工作。

人事任免

【概况】 2019年，市人大常委会落实人事任免制度，坚持任命前开展法律知识考试、任职资格审查，任命时组织任职表态、宪法宣誓，任命后开展述职、满意度测评。依法行使人事任免权，确保党委推荐的人选通过法定程序成为国家机关工作人员。对23名拟任命人员进行任前法律知识考试，组织16人进行宪法宣誓，听取市“一府两院”8名工作人员履职情况报告并开展满意度测评，首次将市“两院”领导班子副职纳入报告范围，进一步增强被任命人员依法为民履职意识。

【人事信息】 2月27日，合肥市第十六届人民代表大会常务委员会第九次会议决定任命：程振革为市经济和信息化局局长，刘晓文为市司法局局长，丁志松为市生态环境局局长，姚凯为市城乡建设局局长，夏伦平为市农业农村局局长，郑家余为市文化和旅游局局长，秦继平为市卫生健康委员会主任，汪涛为市应急管理局局长，桂龙为市城市管理局局长，陈启亮为市政府外事办公室主任。批准任命：张树东为肥东县人民检察院检察长，潘孝峰为蜀山区人民检察院检察长，徐佐钧为包河区人民检察院检察长。决定免去李锋的市城市管理局局长职务。

4月30日合肥市第十六届人民代表大会常务委员会第十次会议任命：沈严为市中级人民法院民事审判第四庭庭长，王丽为市中级人民法院民事审判第二庭庭长、审判委员会委员，王萍为市中级人民法院未成年人案件审判庭庭长、审判委员会委员，刘珍文为市中级人民法院审判委员会委员，张勇为市中级人民法院民事审判第一庭庭长、审判委员会委员，张虹为市中级人民法院行政审判庭庭长、审判委员会委员，陈思为市中级人民法院审判监督庭庭长、审判委员会委员，钱爱民为市中级人民法院民事审判第三庭（破产审判庭）副庭长，赵勋凤为市中级人民法院刑事审判第一庭副庭长，董雪美为市中级人民法院刑事审判第二庭副庭长，程镜为市中级人民法院民事审判第一庭副庭长，程亚娟为市中级人民法院民事审判第二庭副庭长，张怡为市中级人民法院民事审判第四庭副庭长，许磊为合肥高新技术产业开发区人民法院副院长、审判委员会委员、审判员，马箭为合肥高新技术产业开发区人民法院副院长，项红为合肥高新技术产业开发区人民法院副院长、审判委员会委员、审判员。免去：魏常年的市监察委员会副主任职务，沈严的市中级人民法院民事审判第二庭庭长职务，张勇的市中级人民法院民事审判第四庭副庭长职务，张虹的市中级人民法院民事审判第一庭副庭长职务，陈思的市中级人民法院民事审判第三庭副庭长职务，钱爱民的市中级人民法院民事审判第二庭副庭长职务，宋长城的合肥高新技术产业开发区人民法院副院长职务，马箭的合肥高新技术产业开发区人民法院民事审判第三庭庭长职务，胡斌的市中级人民法院审判员职务，梁征的市中级人民法院审判员职务，张厚勇的市中级人民法院刑事审判第一庭副庭长、审判员职务。

6月26日合肥市第十六届人民代表大会常务委员会第十一次会议任命：欧健为市中级人民法院立案二庭庭长、审判委员会委员，潘中潮为合肥铁路运输法院执行庭庭长、审判委员会委员、审判员，杨静、孙伟、李叶润为市中级人民法院审判员。免去：艾云的市中级人民法院立案二庭庭长职务，潘中潮的市中级人民法院审判委员会委员、审判员职务，范红星的合肥铁路运输法院执行庭庭长职务，张树东的市人民检察院检察委员会委员、检察员职务，杨凌娅的合肥高新技术产业开发区人民检察院副检察长、检察委员会委员职务。

8月29日合肥市第十六届人民代表大会常务委员会第十二次会议任命：刘亮文为市人大常委会社会建设工作委员会主任，凌必发为市人大常委会民族宗教侨务外事工作委员会主任，左学和为市监察委员会副主任。免去：刘亮文的市人大常委会民族宗教侨务外事工作委员会主任职务，刘珍文的市中级人民法院执行庭副庭长、审判委员会委员、审判员职务。

11月1日合肥市第十六届人民代表大会常务委员会第十三次会议决定任命：朱胜利为市发展和改革委员会主任。任命：李鹏飞为市人民检察院检察委员会委员。决定免去：秦远望的市发展和改革委员会主任职务。免去：黄贻文的市人民检察院副检察长职务，许明权、李军的市人民检察院检察委员会委员、检察员职务，徐芳的合肥高新技术产业开发区人民检察院副检察长、检察委员会委员职务。

12月24日合肥市第十六届人民代表大会常务委员会第十四次会议决定任命：龚春刚为市人民政府副市长，盛开为市民政局局长。任命：许蔚军为市人民检察院检察员。决定免去：刘浏的市民政局局长职务。批准：许蔚军辞去庐江县人民检察院检察长职务。 （刘冠男）

责任编辑：田　文

合肥市人民政府

综　述

【概况】 2019年，合肥市人民政府贯彻中央、省委省政府和市委决策部署，坚持稳中求进工作总基调，自觉践行新发展理念，奋力推动高质量发展，完成市十六届人大二次会议确定的目标任务。全市完成生产总值9409.4亿元，同比增长7.6%，居全国城市第21位、省会城市第9位；实现财政收入1432.4亿元，增长3.9%，其中地方财政收入746亿元，增长4.7%，居全国城市第19位；实现规模以上工业增加值、固定资产投资、社会消费品零售总额分别增长8.6%、9.0%、8.7%；进出口总额322.1亿美元，增长4.6%；城镇登记失业率2.8%；城镇、农村居民人均可支配收入分别达45404元、22462元，分别增长9.5%、10.2%，居民收入增长快于经济增长。

【推进国家科学中心建设】 2019年，合肥市综合性国家科学中心框架体系初步形成，实现滨湖科学城实质性运转，安徽创新馆建成运行，量子信息科学国家实验室创建取得关键性进展，能源研究院、人工智能研究院揭牌成立，聚变堆主机、类脑智能、离子医学中心等重大创新平台加快建设，大院大所合作平台达26家。全社会研发投入占GDP比重达3.28%、居省会城市第3位；新增国家高新技术企业429户，总数突破2500家；每万人有效发明专利拥有量达32.5件，新增“两院”院士5人，细胞活化调控、高清视频编码等8项成果获国家科学技术奖，合肥高新区综合排名升至全国第6位，合肥跻身世界区域创新集群百强。

【“芯屏器合”产业发展】 2019年，合肥市新型显示器件、集成电路、人工智能入选首批国家战略性新兴产业集群，入选数居全国城市第4位、省会城市第2位，成功获批国家新一代人工智能创新发展试验区。战略性新兴产业增加值增长15.2%，占规模以上工业增加值的52.6%，创历史新高；长鑫存储芯片实现量产，京东方10.5代线满产满销，中国声谷营收突破800亿元，维信诺6代柔性显示生产线项目结构封顶，实施26家智能工厂、250个数字化车间改造，培育发展战略性新兴产业工作获国务院通报激励；滨湖卓越城开园运营，合肥

2019年10月16日，维信诺（合肥）G6全柔AMOLED生产线主体结构顺利封顶

（新站高新区／供）

2019年11月6日，市委副书记、市长凌云调研经开区龙源化工、经开区王湾固废倾倒场环保整改工作 （市政府办/供）

高新区中安创谷科创小镇、经开区南艳湖机器人小镇、肥东县长临河文旅小镇等3个小镇入选省级特色小镇。

【城乡功能品质】 2019年，合肥市新建续建大建设工程1370项，完成投资570亿元，商合杭高铁合肥以北段、高铁南站南广场、轨道交通3号线、裕溪路高架东延等工程建成使用，引江济淮、新合肥西站、新桥机场改扩建等工程加快建设，整治23处拥堵点，新增1.2万个停车泊位，建成89个美丽乡村中心村，新建农村道路畅通工程1300千米。合柴1972文创园等6个城市更新项目、56个小公园小游园建成开放，长江路、天鹅湖等景观改造亮化点亮城市夜景。

【改革开放】 2019年，合肥市推进重点领域改革，完成市级“互联网+政务服务”平台改造，企业开办实现“零成本”“一日办结”，市场主体增长18.7%，总量突破100万户，全年新增减税降费超过200亿元。“三供一业”分离改革基本完成，上市公司首次突破50家。农村集体产权制度改革村居达88.8%，“三变”改革村居达66.9%。对外开放水平全面提升，中欧班列发运368列，居全国第8位；出口加工区升级为综合保税区，庐州海关正式开关。一批长三角G60科创走廊合作示范园区挂牌运作，实现18座城市51个事项“一网通办”，成功举办长江中游城市群省会城市会商会，合肥都市圈扩容升级。

【“三大攻坚战”】 2019年，合肥市提升脱贫质量，投入扶贫资金16.5亿元，建成扶贫产业园112个，带动2.8万贫困户增收，县域结对帮扶做法在全省推广。主要风险防控有力，互联网金融平台和待还余额下降近90%，$PM_{2.5}$、PM_{10}浓度连续第六年实现“双下降”。启动建设环巢湖“十大湿地”建设，修复1200公顷生态湿地，实现85个乡镇污水设施全覆盖，农村生活污水治理工作经验在全国推广；巢湖水质好转为IV类，十五里河水质达到III类，南淝河国考断面首次实现四个月稳定达标，水质改善迎来历史性“拐点”。

【民生福祉】 2019年，合肥市完成民生支出960.8亿元，占财政支出85.6%，菜市场改造、既有住宅加装电梯等20项民生实事，深受群众欢迎。新增城镇就业27.8万人。新建改扩建中小学44所、幼儿园71所，在园幼儿公办率和普惠率分别提升17和18.9个百分点，分别达45.5%和78%，153所小学实施“三点半课后服务”，城乡中小学午餐服务、乡镇寄宿制学校实现全覆盖，合职院汇心湖校区、黄麓师范一期、清华附中合肥学校建成招生。居家和社区养老获评全国优秀试点地区，公共场所装配133台心脏除颤仪发挥急救作用。“书香合肥”“健康合肥”建设加快推进，新建33个城市阅读空间，合肥国际马拉松赛晋升国际银标赛事。租赁住房试点获中央财政支持，新开工棚户区改造项目23个，综合整治老旧小区122个。“平安合肥”建设成效显著，被评为央视“2018—2019年度美好生活指数最高省会城市”第三名。

重要会议

【市政府全体会议】 2019年，合肥市政府召开2次全体会议，即第5次全体会议和第6次全体会议。

市政府第5次全体会议 2019年8月7日，合肥市政府第五次全体会议在市政务中心召开。市政府主要领导出席会议并讲话。会议强调，要直面问题与挑战，拿出战无不胜攻无不克的决心和勇气，发扬“困难面前有我们，我们手下无困难”的“大庆精神”，确保圆满完成全年各项目标任务。

市政府第 6 次全体会议 2019 年 12 月 31 日，市政府第六次全体会议在市政务中心召开。会议强调，要强化市场供应和监管，切实关心群众生活，全面维护社会稳定，紧抓廉政建设，加大监督执纪问责力度，锲而不舍纠正“四风”问题。

【市政府常务会议】 2019 年，合肥市政府召开 25 次常务会议，即第 24 次常务会议至 48 次常务会议。

市政府第 24 次常务会议 2019 年 1 月 31 日，市政府召开第 24 次常务会议，听取市经信委关于第六批《合肥市两创产品目录》申报评审情况、市交通局关于《推广应用纯电动巡游出租汽车实施意见》起草情况、市生态环境局关于《合肥市打赢蓝天保卫战三年行动计划实施方案》起草情况、市工商局关于《合肥市城区菜市场布局专项规划（2018—2025 年）》编制情况等汇报。

市政府第 25 次常务会议 2019 年 2 月 20 日，市政府召开第 25 次常务会议，听取市经信委关于《大力支持民营经济高质量发展的若干政策》起草情况、省巢管局关于《巢湖渔业生态保护区渔民退捕转产实施方案》起草情况、市农委关于《合肥市养殖水域滩涂规划（2018—2030 年）》编制情况等汇报。

市政府第 26 次常务会议 2019 年 2 月 27 日，市政府召开第 26 次常务会议，听取市政府国资委关于市国资领导小组会议 5 个议题情况，市政府办公室、政研室关于《2019 年市政府为民办实事事项工作方案》起草情况，市发改委关于《加快推进新一代人工智能产业发展的实施意见》和《合肥市加快推进新一代人工智能产业发展若干政策》起草情况等汇报。

市政府第 27 次常务会议 2019 年 4 月 4 日，市政府召开第 27 次常务会议，听取市农业农村局关于《贯彻落实〈中华人民共和国农产品质量安全法〉及〈安徽省农产品质量安全条例〉执法检查情况的报告》起草情况、市财政局关于全市民生工程相关工作情况等汇报。

市政府第 28 次常务会议 2019 年 4 月 19 日，市政府召开第 28 次常务会议，听取市经信局关于 2018 年度全市工业发展目标考核情况、市投资促进局关于《合肥市招商引资考核办法》修订情况、市政府办公室关于《合肥市人民政府工作规则》修订情况等汇报。

市政府第 29 次常务会议 2019 年 4 月 29 日，市政府召开第 29 次常务会议，听取市财政局关于《合肥市培育新动能促进产业转型升级推动经济高质量发展若干政策实施细则》修订情况、《合肥市转移支付资金管理暂行办法》起草情况、《合肥市市本级财政专项资金管理办法》修订情况，以及市市场监督管理局关于学习贯彻《地方党政领导干部食品安全责任制规定》等汇报。

市政府第 30 次常务会议 2019 年 5 月 16 日，市政府召开第 30 次常务会议，听取市财政局、市农业农村局、市审计局关于《合肥市涉农专项资金监管办法》起草情况，市财政局关于《合肥市市以下财政事权和支出责任划分改革实施方案》起草情况，市住房保障和房产管理局关于《合肥市市本级财政投资建设公共租赁住房管理暂行办法》修订情况，市商务局关于《促进商品消费高质量发展的实施意见》起草情况，市生态环境局关于《合肥市柴油货车污染防治攻坚战实施方案》起草情况等汇报。

市政府第 31 次常务会议 2019 年 5 月 24 日，市政府召开第 31 次常务会议，听取市生态环境局关于《合肥市大气污染防治科技支撑实施方案》起草情况、市公安局关于《合肥市住宅小区安全防范设施建设和管理实施办法》起草情况、市司法局关于《合肥市公共资源交易管理条例（修改草案）》修改情况、市司法局关于《合肥市献血条例（草案）》的起草说明、市司法局关于《合肥市人民政府 2019 年度依法行政和法治政府建设工作安排》起草情况等汇报。

市政府第 32 次常务会议 2019 年 6 月 13 日，市政府召开第 32 次常务会议，听取市教育局关于合肥市学前教育发展情况、《合肥市人民政府安徽大学共建安徽大学互联网学院战略合作协议补充协议》起草情况、市经信局关于《中华人民共和国中小企业促进法》《安徽省中小企业促进条例》贯彻实施情况、市林园局关于《安徽省林权管理条例》贯彻实施情况等汇报。

市政府第 33 次常务会议 2019 年 6 月 26 日，市政府召开第 33 次常务会议，听取市自然资源和规划局关于《落实街道规划参与权的实施意见》起草情况、市发改委关于《落实街道对区域内重大决策和重大项目建议权的实施办法》起草情况、市体育局关于申办第五届全国智力运动会情况、市税务局关于减税降费政策落实情况等汇报。

市政府第 34 次常务会议 2019

年7月11日，市政府召开第34次常务会议，专题学习《中华人民共和国土壤污染防治法》，听取市台办、市发改委关于《促进合台经济文化交流合作的若干措施》起草情况，市市场监管局关于《合肥市地方标准管理办法》起草情况等汇报。

市政府第35次常务会议 2019年7月26日，市政府召开第35次常务会议，听取市发改委关于《合肥市人民政府与清华大学联合建设“清华大学合肥公共安全研究院”二期协议书》起草情况，市城乡建设局关于《合肥市安置房开发建设管理暂行办法》起草情况和《进一步推进建筑产业化发展的实施意见》修订情况，市住房保障和房产管理局、市财政局关于中央财政支持住房租赁市场发展试点城市申报有关情况等汇报。

市政府第36次常务会议 2019年7月31日，市政府召开第36次常务会议，听取市工商联、市司法局关于《合肥市总商会人民调解委员会的筹建方案》起草情况，市经信局关于《2019年合肥市工业发展目标考核办法》修订情况，市财政局关于《全面实施预算绩效管理的实施意见》起草情况，市商务局关于《2019世界制造业大会合肥市工作方案》起草情况，市巢湖风景名胜区管委会（市环湖办）关于十五里河流域治理一期工程前期工作进展情况等汇报。

市政府第37次常务会议 2019年8月16日，市政府召开第37次常务会议，听取市文化和旅游局关于城市阅读空间建设情况、市司法局关于《合肥市城市轨道交通条例（草案）》的说明、市司法局关于2019年法治政府建设示范创建工作有关情况等汇报。

市政府第38次常务会议 2019年8月23日，市政府召开第38次常务会议，听取市委编办关于2019年市级政府权责清单、行政权力中介服务清单和公共服务清单动态调整情况，市林园局关于《合肥市创建申报国际湿地城市工作方案》起草情况，市卫健委关于《促进3岁以下婴幼儿照护服务工作的实施意见》起草情况等汇报。

市政府第39次常务会议 2019年8月30日，市政府召开第39次常务会议，听取市委宣传部关于《第十三届合肥国际文化博览会总体方案》起草情况，市发改委、市住房保障和房产管理局关于合肥市物业服务收费政策调整情况，市商务局关于合肥市申创国家级步行街改造提升试点工作情况，市轨道办关于《轨道交通场站综合开发的意见（试行）》起草情况等汇报。

市政府第40次常务会议 2019年9月27日，市政府召开第40次常务会议，学习《政府投资条例》，听取关于2019年市本级国有资本经营预算调整议案情况汇报，审议并原则通过《第十三届中国（合肥）国际家用电器暨消费电子博览会合肥承委会工作方案》。

市政府第41次常务会议 2019年10月16日，市政府召开第41次常务会议，听取关于市十六届人大二次会议议案建议办理情况、《2018年度全市国有资产管理情况的综合报告》和《2018年度市本级行政事业性国有资产管理情况的专题报告》，以及《贯彻落实基本公共服务领域共同财政事权改革划分中央、省级、市级与市以下支出责任实施方案》起草情况汇报，审议并原则通过《合肥市生活垃圾分类管理条例（草案）》《合肥市残疾人就业及教育扶持资金管理暂行办法》。

市政府第42次常务会议 2019年11月7日，市政府召开第42次常务会议，听取关于调整合肥市职工基本医疗保险费单位费率情况、全市2018年度计划生育工作开展及目标管理责任制考评情况汇报。审议并原则通过《进一步加强电动自行车管理的通知》《合肥市智慧社区建设规划（2019—2021年）》《合肥市市区道路清扫保洁实施方案》。

市政府第43次常务会议 2019年11月25日，市政府召开第43次常务会议，学习新修订的《中华人民共和国政府信息公开条例》，审议并原则通过《合肥市贯彻实施农产品加工业“五个一批”工程的工作方案》。会议还听取关于《科技创新平台建设的报告》《实施乡村振兴战略情况的报告》《合肥市生态环境机构监测监察执法垂直管理制度改革实施方案》等起草情况的汇报。

市政府第44次常务会议 2019年11月28日，市政府召开第44次常务会议，听取市市场监管局关于《合肥市政府领导班子成员食品安全工作责任清单》起草情况、市市场监管局关于《合肥市市场监管综合行政执法改革实施方案》起草情况等汇报。

市政府第45次常务会议 2019年12月11日，市政府召开第45次常务会议，审议并原则通过《合肥市劳动模范评选和管理办法（草案）》《全市国有企业退休人员社会化管理工作实施方案》。会议还听取关于整合市区国有租赁住房资源情况、2019年市级一般公共预算调整方案起草情况、市本级2019年一般公共预算科目及重大项目调整情况等汇报。

市政府第46次常务会议 2019

年12月17日，市政府召开第46次常务会议，学习《中华人民共和国安全生产法》《中华人民共和国反恐怖主义法》等法律法规；审议并原则通过《贯彻落实行政规范性文件合法性审核机制建设的实施意见》《合肥市市级政府投资建设项目竣工财务决算管理暂行办法》《合肥市大面积停电事件应急预案》；听取关于修改《合肥市户外广告和招牌设置管理办法》等部分政府规章的说明以及《合肥市推进产教融合校企合作实施办法》和《合肥市职业院校教师队伍建设实施办法》修订情况汇报。

市政府第47次常务会议 2019年12月20日，市政府召开第47次常务会议，审议并原则通过《加快推进夜间经济发展的实施意见》《合肥市医疗卫生领域财政事权和支出责任划分改革实施方案》《合肥市政府性债务管理暂行办法》。

市政府第48次常务会议 2019年12月27日，市政府召开第48次常务会议，听取关于2019年合肥市教育系统先进集体和优秀教师评选情况汇报，审议并原则通过《合肥市持续增加城镇居民收入三年行动计划（2020—2022年）》《合肥市尘肺病防治攻坚行动实施方案》《合肥市数字经济发展规划（2020—2025年）》《进一步完善“菜篮子”市长负责制稳定蔬菜和生猪供应工作的若干意见》。

重大活动

【全国农村生活污水治理工作推进现场会在巢湖市召开】 2019年1月24日，全国农村生活污水治理工作推进现场会在巢湖市召开，中共中央政治局委员、国务院副总理胡春华出席会议并讲话。胡春华强调，农村生活污水治理事关如期全面建成小康社会，事关实施乡村振兴战略实现良好开局。要深入贯彻习近平总书记系列重要指示精神，按照党中央、国务院决策部署，坚持以浙江“千万工程”经验为引领，有力推动、有序安排，扎实开展农村生活污水治理，促进农村厕所革命，推进农村人居环境全面改善。

【国家司法部党组书记、副部长袁曙宏一行来肥调研】 1月29日，司法部党组书记、副部长袁曙宏一行调研合肥市司法行政工作，副省长王翠凤，省司法厅厅长姜明，市委常委、副市长赵兵让陪同。袁曙宏指出，要坚持发展“枫桥经验”，充分发挥人民调解维护社会和谐稳定“第一道防线”的重要作用，努力实现矛盾不上交、保一方平安稳定；要进一步加强司法所建设，提高基层公共法律服务水平，让覆盖城乡的公共法律服务体系真正落地生根，为中华人民共和国成立70周年创造安全稳定的社会环境。

【省长李国英在合肥调研】 2月18日至19日，省长李国英在合肥市调研人工智能技术攻关和产业化工作。他指出，要大力培育发展壮大新一代人工智能产业，着力突破关键核心技术，完善政策支持体系，努力把人工智能产业培育成为安徽省重要的优势产业。省政府秘书长白金明参加调研。市长凌云陪同调研并出席座谈会，副市长王文松、市政府秘书长罗平分别陪同调研。

【国务委员兼国务院秘书长肖捷来肥调研】 4月10日至11日，国务委员兼国务院秘书长肖捷在安徽调研政务公开工作。调研期间，肖捷到合肥市庐江县庐城镇实地考察基层政务公开工作，市长凌云陪同考察。肖捷同志强调，要以习近平新时代中国特色社会主义思想为指导，认真贯彻落实全国“两会”精神，扎实推进政务公开，以更有力的举措加快法治政府、廉洁政府和服务型政府建设。

【第十四届中国电子信息技术年会在合肥召开】 4月21日，第十四届中国电子信息技术年会在合肥开幕，省委常委、常务副省长邓向阳，市长凌云，市委常委、常务副市长罗云峰等出席。该届年会由中国电子学会、工业和信息化部电子科学技术委员会、合肥市人民政府共同主办，主题为“智联网与未来”。年会分为颁奖典礼、主题报告、专题论坛、展览推荐四大板块，与会专家及行业精英们围绕智联网、社会数字转型、城市大脑、半导体器件、下一代互联网体系结构、5G及后5G等高端技术与热点话题，作主题报告并开展研讨。

【省长李国英在合肥调研】 5月10日至11日，省长李国英在合肥市调研5G新一代信息基础设施建设等工作。他强调，要积极贯彻数字中国战略，把推进5G应用及产业发展摆上紧要日程，努力把安徽打造成为全国5G产业发展的高地。省政府秘书长白金明参加调研。调研中，李国英主持召开专题座谈会，听取我省5G应用及产业发展情况汇报，研究部署下一步工作。他指出，推动5G发展其时已至、刻不容缓，必须认清大势、顺势而为，积极抢抓机遇，着力抢占高点，决不落人之后；要强化需求牵引、应用至上，突出重点领域、试点先行，加强政策支持、要素保障。市长凌云出席座谈会，副市长王文松陪同调研。

【2019中国长三角青商高峰论坛在肥开幕】 5月13日，2019中国长三角青商高峰论坛在合肥正式开幕，团中央书记处书记傅振邦、副省长杨光荣、市长凌云出席。

【第六届中国（合肥）陆港发展暨物流枢纽建设峰会在肥开幕】 5月17日，第六届中国（合肥）陆港发展暨物流枢纽建设峰会在合肥开幕，国家发改委综合运输研究所所长汪鸣、副市长朱策出席。峰会以“陆港产业、物流枢纽——区域经济发展新引擎”为主题，与会嘉宾和企业代表围绕智慧陆港、口岸、综保区建设、国际陆港的实践与创新等主题开展专题演讲，随后，来自交通物流研究机构的学者及投资界、综保区、口岸办代表，针对中国国际陆港发展、物流枢纽建设现状、趋势及热难点问题进行了高端对话。

【省长李国英在合肥调研】 5月25日至27日，省长李国英就贯彻落实长三角一体化发展战略、推动长三角协同创新产业体系建设，在合肥开展调研。李国英强调，要深入学习贯彻习近平总书记关于长三角一体化发展的重要指示精神，围绕把长三角打造成为全国高质量发展增长极，发挥自身优势，强化区域协同，努力把安徽发展成为长三角协同创新产业体系的重要力量。省委常委、合肥市委书记宋国权，省政府秘书长白金明参加相关调研活动。

【2019年“全国大众创业万众创新活动周”安徽合肥分会场活动在合肥开幕】 6月13日，2019年“全国大众创业万众创新活动周”安徽合肥分会场活动在安徽创新馆开幕，省长李国英，省政府秘书长白金明，市长凌云，市委常委、常务副市长罗云峰，市政府秘书长罗平等参加仪式。在启动仪式上，举行2019年“创响中国”安徽省创新创业大赛信息发布和合肥重点创新成果发布，李国英等省市领导向第四届合肥市“最美小创客”颁发了获奖证书。活动周期间，合肥分会场将开展成果展示、政策咨询、路演对接、论坛讲座等一系列特色活动，集中宣讲“双创”政策，发布创新成果，推介创新平台和企业，推广“双创”经验，营造更加浓厚的“双创”氛围，进一步厚植创新创业文化。

【国家发展改革委副主任林念修一行来皖调研】 7月4日至5日，国家发展改革委副主任林念修一行来皖调研合肥综合性国家科学中心建设等工作，省委常委、常务副省长邓向阳，省发展改革委主任张天培，市委常委、常务副市长罗云峰陪同。林念修指出，合肥综合性国家科学中心启动建设以来，安徽省积极谋划，主动作为，狠抓落实，取得了阶段性成果。他强调，要深入学习贯彻习近平总书记关于科技创新的重要论述，坚定实施创新驱动发展战略，聚焦国家科学中心重点任务，深化体制机制改革，完善相关支持政策，着力打造科技创新高地，为建设世界科技强国做出应有的贡献。

【长三角一体化产业协同发展高峰论坛在肥举行】 7月11日，长三角一体化产业协同发展高峰论坛在肥举行，副市长王文松出席。其间，与会专家和企业家举行圆桌论坛，深入探讨长三角一体化背景下长三角园区的机会与挑战。

【省委书记李锦斌来肥调研】 8月21日，省委书记李锦斌深入合肥市调研推动长三角一体化发展、打造绿色发展样板区工作，省市领导邓向阳、陶明伦、宋国权、何树山、凌云陪同。李锦斌强调，要深入学习贯彻习近平生态文明思想和习近平总书记关于长三角一体化发展的重要指示批示精神，抓好国家《规划纲要》及安徽《行动计划》的贯彻落实，着力打造具有重要影响力的绿色发展样板区。要紧扣“一体化”“高质量”两个关键，推进绿色共保，在生态系统保护修复、生态环境综合治理、生态文明制度建设、生态产业体系培育上争当样板，推动蓝天、碧水、净土保护工作上台阶，为推动长三角和谐共生绿色发展作出安徽贡献。

【2019中国智慧社区工作交流会在合肥举行】 8月28日，2019中国智慧社区工作交流会在合肥市举行，省政协副主席孙丽芳，民政部基层政权建设和社区治理司司长陈越良，省民政厅厅长于勇，市委常委、副市长赵兵让出席。此次交流会以“5G时代智慧社区让生活更美好”为主题，与会专家及全国社区和社区服务企业代表紧紧围绕“智慧社区”政产学研用协同创新机制、“智慧社区”创新案例、共建“未来社区”实验室等议题进行深入探讨和交流。

【2019世界制造业大会在合肥召开】 9月20日—23日，2019世界制造业大会在合肥召开。9月20

2019年9月19日，世界制造业大会在合肥召开 （宋炎骏/摄）

日上午举行开幕式。国务委员王勇宣读习近平主席贺信并发表讲话、宣布大会开幕。省委书记、省人大常委会主任李锦斌致辞。省委副书记、省长李国英主持开幕式。伊拉克总理阿迪勒·阿卜杜勒马赫迪，英国商业、能源和产业战略部政务次官纳齐姆·扎哈维，联合国工业发展组织执行干事法图·艾达拉，奥地利前总统海因茨·菲舍尔，西雅特集团总裁卢卡·德·梅奥，联想集团董事长兼首席执行官杨元庆先后发表演讲。伊拉克副总理萨米尔·阿巴斯·盖德班、福阿德·穆罕默德·侯赛因，德国前总统、全球中小企业联盟全球主席克里斯蒂安·武尔夫，法国前总统弗朗索瓦·奥朗德，日本前首相、东亚共同体研究所理事长鸠山由纪夫，国务院副秘书长孟扬，省委副书记信长星，省委常委，省人大常委会、省政府、省政协负责同志出席开幕式。王勇在讲话中指出，习近平主席的贺信，充分体现中国政府对推动世界制造业持续健康发展的高度重视，表达中国政府对加强全球制造业交流合作的真诚愿望，为进一步促进制造业高质量发展提供了重要指引。

【国家农业农村部党组副书记、副部长余欣荣来肥调研】 10月11日，国家农业农村部党组副书记、副部长余欣荣来肥调研农业产业化龙头企业发展情况。余欣荣先后前往安徽燕之坊食品有限公司、安徽荃银高科种业股份有限公司、洽洽食品股份有限公司，听取企业汇报，并查看了实验室、生产区等场所，对三家企业的发展情况予以认可。

【2019中国·合肥苗木花卉交易大会在合肥举行】 10月19日，2019中国·合肥苗木花卉交易大会在肥西县中国中部花木城举行，省委书记李锦斌、省长李国英、国家林业和草原局局长张建龙、副局长李树铭出席，并共同为全国首个林长制改革示范区揭牌，省领导信长星、陶明伦、宋国权、李明、张曙光、肖超英、李和平，市委常委、常务副市长罗云峰出席，来自全国各地及日本、荷兰、以色列等10个国家（地区）的1000多家种苗花卉生产经营企业参展参会。

【“中国发展论坛·2019”在合肥举办】 11月20日，致公党中央和省政府在合肥共同主办“中国发展论坛·2019——科技创新引领高质量发展”。全国政协副主席、致公党中央主席、中国科协主席万钢出席论坛开幕式并作主旨发言。省长李国英出席开幕式并致辞，致公党中央常务副主席蒋作君主持开幕式。致公党中央副主席曹鸿鸣、张恩迪，省领导邓向阳、刘莉、宋国权、谢广祥、李和平出席开幕式。在皖期间，万钢还与驻皖部分全国政协委员围绕学习贯彻中共十九届四中全会精神和中央政协工作会议精神进行座谈，并就科技创新主题进行调研。市领导陈晓波、吴春梅参加调研或出席开幕式。

【第十三届中国（合肥）国际家用电器暨消费电子博览会在合肥开幕】 11月22日，第十三届中国（合肥）国际家用电器暨消费电子博览会在合肥滨湖国际会展中心开幕，省领导李锦斌、邓向阳、陶明伦、宋国权、李明、何树山、韩军，市领导凌云、赵兵让、王文松及市政府秘书长罗平出席。该届家博会以“智慧引领未来，显示美好生活”为主题，会上发布2019年中国家电“能效之星”评价结果、2018—2019年度中国家电行业品牌评价结果，举行了中国家电行业品牌金奖和最具成长力奖颁奖仪式。

【长江中游城市群省会城市第七届会商会在合肥举行】 12月4日，长江中游城市群省会城市第七届会商会在肥举行，会前，省委书记李锦斌，省委副书记、省长李国英会见与会主要代表。会上，四省会城市共同签署《长江中游城市群省会城市高质量协同发展行动方案》，确定打造一体化综合交通走廊、组建城际交通网络、推广5G通信应用、探索建立公共信用信息共享交换平台等多项工作目标。会上还签署《长江中游城市群建设2020年合作重点事项》《长江中游城市群省会城市与观察员城市合作重点事项》《长江三角洲城市经济协调会与长江中游城市群城市协调会合作联动机制框架协议》《长江中游城市群省会城市科技合作协议》等文件。

综合政务

【概况】 2019年，市政府办公室收集各类信息2万多篇，采编4类期刊648期4500多篇，其中，被省政府办公厅采用277篇，被国务院办公厅采用16篇，获国务院领导批示6篇，获省政府领导批示5篇，获市政府领导批示32篇。全年政务信息舆情工作综合考评位居全省首位。

全年承办人大代表议案、建议和政协提案770件，包括省人大代表建议21件，省政协提案38件，市人大代表议案3件、建议298件，市政协提案410件，全部按时办复，办理质量提高。南淝河污染治理、解决城市交通拥堵和乡村振兴等3件议案均取得明显成效。

【政务公开】 2019年，合肥市坚持以“公开为常态，不公开为例外”，深化公开内容，规范公开程序，拓宽公开渠道，优化公开流程，政务公开工作取得新进展。

主动公开。规范意见征集与发布工作，通过市政府门户网站、微博、微信公众号等渠道，征集群众关于市政府为民办实事项目意见1100余条。做好重大项目批准和建设信息公开，新增“重大建设项目批准和实施全生命周期”专题，发布全市30个重大建设项目的全生命周期信息。全市主动公开社会公益事业建设及重点民生领域、公共资源配置和公共监管等重点领域信息421150条。其中，社会公益事业建设及重点民生领域27162条，公共资源配置35241条，公共监管信息16816条。

依申请公开。修订依申请公开有关工作制度，对答复时间、依据、要求等内容及时完善，确保答复规范及时。全市收到政府信息公开申请2141件，其中市本级受理220件。行政复议5件，全部维持结果。

平台建设。启动全市政务公开网站集约化改版升级工作，突出重点领域信息公开，方便公众查询和在线申请，实现与政府门户网站、政务信息处理平台无缝对接、互联互通、数据共享，增加信息关联、数据分析、智能预警等功能。11月新网站上线运行，运行情况良好。运用微博微信等新媒体建设“合肥市人民政府发布”微信微博公众平台、今日头条号平台，组织建立双微矩阵，有33家单位微信公众号，25家单位官方微博加入矩阵，微信公众号关注人数达16万余人，点击量达516万余次，通过“我向市长捎句话”栏目，征集网民意见建议七大类917条。

监督保障。印发《合肥市人民政府办公室关于印发2019年政务公开工作考评方案的通知》和《合肥市2019年政务公开重点工作任务分工》，每季度开展一次通报。6月27日，召开全市政务公开工作推进会，直接交办政务公开重点工作。完善第三方测评，通过购买服务，邀请专业测评公司开展网上测评，开展全面读网排查，带着问题开展现场办公、集中整改等督查活动。

营商环境

【概况】 2019年，合肥市贯彻落实党中央、国务院及省委省政府进一步优化营商环境的决策部署，深化“放管服”改革，开展创优营商环境再提升行动，推进“四送一服”双千工程，推动营商环境实现跨越发展，被国务院办公厅电子政务办公室评为全国七个网上政务服务能力“非常高”的城市之一，在中国社科院发布《中国营商环境与民营企业家评价调查报告》中，合肥营商环境在省会城市中排名第8位。

开展创优营商环境再提升行动。对标世界银行和国家营商环境评价指标和国际国内先进水平，出台《中共合肥市委合肥市人民政府关于印发〈合肥市创优营商环境再提升行动方案〉的通知》，召开合肥市创优营商环境再提升动员大会，成立合肥市创优营商环境再提升领导小组，明确详细政策条款和改革措施。定期召开全市创优营商环境再提升行动领导小组调度会，研究部署重点工作。将优化营商环境工作纳入对县（市）区和市直部门目标管理考核，定期考核通报，形成全市统筹、整体联动、部门协同、跟踪督查的工作推进机制。

开展“四送一服”双千工程。全市成立84个“四送一服”双千工程工作组，其中市级13个，县级71个，抽调人员680余人，与省“四送一服”第一工作组共同开展“四送一服”双千工程活动。全市当年开展各类政策宣讲1339场，46865名企业代表和干部积极参与宣讲会，各级干部深入13856家企业和1033个重点项目走访调研，召开企业座谈会2288场，7672家企业参加座谈，着力打通服务企业和政策落地“最后一公里”，构建亲清新型政商关系。

【政务环境】 2019年，合肥市企业开办在全省率先实现设立登记、刻制印章、申领发票、银行开户、社保登记、公积金开户“一网通办”和“一日办结”。工程建设项目审批管理平台上线运行，工程建设项目全流程审批时限最长110个工作日（工业项目40个工作日以内），较之前压缩一半。不动产登记全部实行“一窗受理、并行办理”，企业不动产买卖、裁定转移登记业务，实现全流程即时办结、不动产登记与水电气过户同步办理。优化纳税服务制度，推广新办纳税人“零见面”服务，纳税次数减少至6次。落实办税事项“最多跑一次”清单和办事指南，实现80%以上涉税事项一次办结。推进“只进一扇门”“最多跑一次”制度，市直53个部门、1524项政务服务事项进驻政务服务大厅办理，占全部事项的89.24%，实现应进俱进。将快递服务引入政务服务大厅，“最多跑一次”事项达100%。提升跨境贸易便利化水平，合肥新桥机场海关（筹）、庐州海关正式启动“两步申报”改革试点，通过将海关监管环节“前推后移”，大大压缩通关时长。

【市场环境】 2019年，全市累计新增税收减免近204.87亿元，其中民营企业享受新增减税138.54亿元，占总量67.6%以上；全市社保降费49.05亿元，直接惠及全市7.1万户企业。创新设立担保行业保障机制、政银担风险分担机制、担保资本补充机制以及信用信息共享机制，破解企业普遍反映的融资难、融资贵等问题，“获得信贷”指标在全国营商环境经验交流现场会做典型交流。举办专场招聘会1281场，8.4万余人达成来肥就业意向。小微企业电力接入实现“零上门”“零审批”“零投资”。开展供水报装一个窗口受理，办理环节由原来的9个精简合并为3个，办理时限由14.5个工作日减少为2.25个工作日，全面开启“客户零跑办”。对用气流量超过500立方米/小时的客户、园区招商引资客户、“四送一服”及政策重点扶持客户、特殊需求客户，提供“零上门”服务。

【法治环境】 2019年，合肥市开展“双随机、一公开”跨部门联合抽查，依托“信用合肥”，建立信用分类监管制度，推动企业失信联合奖惩制度在关键领域全面落地，获评全国第二批社会信用体系建设示范城市。推进“繁简分流”机制建设，实现三分之二以上案件简易办理，民间借贷纠纷、劳务合同纠纷等6类案件进入速裁审理，审理周期缩短至44.7天。推行破产案件繁简分流和快速审理机制，制定执转破案件操作办法，努力破解“执行难”问题。全面取消招投标注册资本、资产总额、营业收入等规模条件限制。取消部分政府采购投标保证金收取，减轻企业负担。建立共同打击公共资源交易违法违规行为工作机制，构筑公平公正的公共资源交易市场秩序。知识产权保护全面加强，开展“蓝天行动”专项整治，收举报投诉150余次，立案查处专利侵权案件45起，效果良好。

2019年2月，上海松江、嘉兴、杭州、金华、苏州、湖州、宣城、芜湖、合肥九城实现便民业务一网通办（张大岗/摄）

【社会环境】 2019年，合肥市创新活力更加彰显，创业氛围日趋浓厚，创造成果竞相涌现，合肥创新能力在科技部公布的72个城市《国家创新型城市创新能力监测报告2019》中排名第10。全年新增国家级企业孵化器4家，总数达16家，国家备案的众创空间12家。培育出国内人工智能领域龙头企业科大讯飞、全省唯一一家美国上市公司华米科技、全省第一家独角兽企业科大国盾量子。拥有创新产业园、中安创谷等加速器，各类孵化场地总面积超过260万平方米，服务企业3000余家。全市当年新备案外商投资企业102户。新增境外世界500强企业2家，总数达48家，连续第二年获“魅力中国——外籍人才眼中最具吸引力的中国城市”榜单第3名。

（胡艳阳）

政务服务

【概况】 2019年，合肥市政务服务管理局立足服务抓落实，增加线下集约办理服务事项，提升线上服务成熟度、成效度。全年受理各类办件853.27万件，办结842.69万件，办结率98.76%。12345受理群众诉求768124件（未含智能语音咨询184862件），转办件按期反馈率、按期办结率、审核通过率、诉求答复率、办理实名率、诉求息诉率均在99%以上，对接电话畅通率99.6%。

国务院电子政务办当年发布《省级政府和重点城市网上政务服务能力调查评估》，在参与评估的32个重点城市中，合肥市被评为“网上政务服务能力非常高”的7个城市之一，与上海、广州、深圳等一线城市同处于第一方阵。

3月底，国家标准委正式发文由该局牵头起草国家标准——《政务服务中心服务满意度测评规范》（以下简称《测评规范》），该局广泛收集整理国内外服务满意度测评标准，草拟出《测评规范》讨论稿。9月18日，全国政务大厅服务标准化工作组秘书处在合肥市召开《测评规范》研讨会。

【网上政务服务平台系统建设】 2019年，市政务服务管理局对接国家政务服务平台，按照国家事项标准，组织市县乡村4级全面开展政务服务事项认领、编制工作，全市49个市直部门，11个县（市）区，148个乡镇，1810个村居上线政务服务事项13.76万个，其中网上可办事项13.67万个，占全部事项的99.35%；全程网办事项11.77万个，占全部事项的85.54%，实现“应上尽上”“一网通办”。做好对接“互联网+监管平台”工作，市直43个部门认领目录清单761个，编制实施清单644个，县（市）区认领目录清单5483个，编制实施清单4152个。在“好差评”系统建设方面，市县两级全面接入省级“好差评”系统，收到评价265.61万个，评价得分99.99，满意度99.99%。

【“放管服”改革】 2019年，市政务服务管理局完成工程建设项目综合窗口建设，按照立项用地规划、工程建设、施工许可和竣工验收4阶段设立综合窗口，编制“一张表单”，上线运行系统；出台《合肥市网上中介管理暂行办法》，全年受理办件1948件，办结1047件，出件533件。设立“企业开办”统一受理窗口，实现市场监管、税务、公安、人社、公积金等系统互通互联；全年发放营业执照1997份，其中新办企业732份，发放公章616份。实施长三角“一网通办”提质升级工作，全市市级13个县市区、开发区全部建成“一网通办”企业和个人专窗，实现长三角26个城市间、51个事项的异地通办；办理异地营业执照363个（外省15个）。在综合受理工作方面，按照“商事登记”“投资建设”“社会事务”“公共服务”等四大类整合进驻窗口，出台“综合窗口”受理运行管理办法，编制事项受理规范，开展事项受理培训，实现分类别的“综合受理”。

【“智慧政务”建设】 2019年，市政务服务管理局提升“慧搜索”能力，完成市级“互联网+政务服务”平台改造，升级分类导航、智能搜索、智能客服等功能，提升平台应用的智能化和易用性。在提升“慧申报”能力方面，定制事项个性化表单198个，企业和群众在填写申请时自动带入数据或电子证照，减少不必要的信息重复录入；通过流程改造、材料精简，完成“全

市政务服务大厅一角（市政务服务管理局/供）

程网办”事项668个、“一件事”联办52个，让群众办事“零原件、不见面”。在提升“慧审批”能力方面，试点开展房屋承租人基本情况登记备案等智慧审批应用程序，实行审批自动受理、智能审查、自动办结；全年利用全程网办事项办结41.5万件，社会好评度极高。

【窗口服务】 2019年，市政务服务管理局强化窗口管理，在政务服务大厅开展“我当一天督查处长”活动，增设“今日大堂经理”，组织开展“三减三增”专项整治、市政务服务系统窗口服务突出问题排查整改等活动，均取得积极效果。

【升级改造12345统一管理平台】 2019年，市政务服务管理局对12345统一管理平台进行升级改造，丰富12345微信公众号功能，新增手机APP、培训考试、大屏展示、大数据分析、舆情分析等系统，提升舆情研判能力；同步做好与安徽政务服务网、市政府门户网站集约化平台、市退役军人事务局网站、市数据资源局、交通12318热线系统、包河区大共治信息平台等系统的对接工作。

【提高受理能力】 2019年，市政务服务管理局对12345电话受理中心整体服务外包合同进行完善，出台《管理考核办法》，并完成合同续签工作。话务员由41人增至100人，电话、网络受理中心分别增加19个和3个受理座席，电话接通率由50%左右提高到90%以上。

【领导接听服务热线制度】 2019年，市政务服务管理局坚持领导干部接听服务热线制度，定期安排市委、市政府领导和成员单位负责同志接听12345热线电话。市领导12人次接听群众来电54件，成员单位50批362人次接听群众来电580件，效果良好。

【督查督办】 2019年，市政务服务管理局出台《督查审核工作责任规定》，明确督查、审核岗位责任，健全督查审核工作运行机制。全年受理省交办件1242件，报结1187件，按期报结率100%；对省交办、市领导接听及疑难复杂事项，下发《合肥市人民政府督办通知》1309件，赴现场督查111件次，开展“回头看”专项督查127件；开展重复投诉积案化解专项行动，分4个组赴12个县市区开展专题督查，截至年底，59件重复投诉积案解决51件，化解率86.4%。

【分析研判】 2019年，市政务服务管理局坚持日报告、周分析、月通报制度，健全12345信息分类报送机制，运用短信、快报、专报、简报等报送形式，方便市领导及时掌握社情民意，了解工作动态。编辑《12345每周要情》53期、《12345热线专报》18期、《12345民情热点》23期，收集热点、难点和隐患问题2587个，意见和建议114条，报送重大事件138件。汇总整理2020年合肥市为民办实事建议征集（12345部分）4个方面45条建议，均取得良好效果。

（张世辉）

信 访

【概况】 2019年，合肥市群众进京到省来市访量全面下降，保持“四降一升”的良好态势，即：进京社会面清理61人次，同比下降76.08%；到国家信访局登记访量1175人次，到省信访局登记访量3848人次，来市上访7822人次，同比分别下降48.53%、47.1%、13.94%；网上信访46783件次，同比上升110.92%。重点围绕庆祝中华人民共和国成立70周年信访保障工作主线，突出抓好全国“两会”、“一带一路”峰会等重要敏感节点信访稳定工作，全年没有发生影响首都稳定、影响重大活动举办、影响合肥形象的异常信访事件，信访秩序平稳向好。

在全省当年进行的信访工作责任目标考核中，合肥市信访局被省委、省政府授予“2019年度全省信访工作责任目标考核优秀单位”称号。

【信访制度机制建设】 2019年，市信访局探索和推行让群众在受理、办理、复查、复核每个环节“最多访一次”做法，动员社会力量参与信访矛盾纠纷化解工作，组织开展信访听证275次、评议708次，推动化解信访矛盾714件次。推动市信访事项调解委员会、“刘丽调解工作室”开展常态化工作，成功调处化解信访矛盾纠纷51件次。协调安排一名律师常驻接访，全年接待群众法律咨询服务500余件（人）次。坚持依法治访，双向规范信访秩序，从源头化解防范社会风险，开展法治信访暨“三到位一处理”专项行动，牵头市中院、市检察院等5部门发布《合肥市关于依法处置违法上访行为的通告》，引导群众在法律框架内解决问题，依法理性维护自身权益，守住法治底线，初步建立法治信访“合肥模式”。

【问题整治】 2019年，市信访局巩固深化“深重促”专项行动成果，发挥责任单位主观能动性，上下联动、部门联治。推进“四重”信访矛盾化解工作，中央信联办交办36件信访积案，提前化解完毕。完善“1+N专班化解法”，将“市级部门牵头，驻点式推进”调整为“多部门联合，全过程督办”，对纳入专班工作范围的重点信访问题逐案攻坚，全市征地拆迁、房地产、涉众金融等重点领域访量大幅下降。对市内“三跨三分离”疑难复杂信访事项在敏感节点实行属地和户籍地“双包保”，推进信访工作责任落实，推动一大批信访矛盾隐患和突出问题得到化解和解决，全年化解各类信访突出问题600余件，惠及利益群众10万余人。

【领导接访下访制度】 2019年，市委、市政府把信访工作摆在突出位置，市委常委会、市政府常务会先后9次听取信访工作汇报，专题研究信访工作。市委书记明确要求全市各级各部门要以“不忘初心、牢记使命”主题教育为契机，主要领导主动靠前解决群众的操心事、烦心事、揪心事。市长对全市信访工作做出3次批示要求。市委、市政府分管负责同志一线指挥、主体推动，把领导接访下方作为化解信访矛盾有效途径，加大领导接访频次，在国庆、世界园艺博览会和亚洲文明对话大会等重大活动期间，坚持每日安排1名市党政领导干部值班接访，全年市党政领导定点接访122天，接待信访群众167批252人次，推动化解信访矛盾133件次，惠及利益群众近万人。将解难题、化民忧作为主题教育最直接检验，重点梳理16件信访突出问题，全部提交市领导包案调处，以上率下，层层推动落实，效果良好。

【信访保障】 2019年，市信访局坚持重大敏感节点警信联调、上下联防、左右联治、内外联动“四联”驱动工作机制。建立完善信息分析研判、重大信访问题协调处理，以及重要敏感信访信息报告、通报和落地反馈、联合督查等机制。按照“一案一册、一人一档”标准，把老户当初访、老案当新案，将3480名信访重点人员，提前纳入管控备案，对苗头性、倾向性信息进行跟踪分析，及时掌握信访动态，成功在京劝返重要敏感节点进京上访人员300余人次。完成世界制造业大会、省“两会”、中央扫黑除恶专项斗争督导组在皖督导、省委“不忘初心、牢记使命”主题教育先进事迹报告会、国务院第六次大督查等19项重大活动期间信访保障任务。

2019年5月8日，市长凌云接听12345热线电话 （市信访局/供）

【信访基础业务】 2019年，市信访局贯彻落实《信访工作责任制实施办法》和《安徽省信访工作责任制实施细则》，建立健全五大机制，印发《挂牌整治工作机制实施细则》，先后对全市17个乡镇（街道）实行挂牌整治。推动构建省、市、县三级督导工作网络，配合省信访督导组下沉督导11次，市本级开展实地督查26次，组织召开综合性信访事项督办、协调会17次。配合省信访局推进“161工程”建设，先后在信访接待场所配置自助信访一体机、智能语音接谈系统和高速扫描仪，更换各种标牌标识，优化硬件设施。建立健全网上巡查机制，抽调专人每日对群众网上信访事项办理情况进行巡查，规范各类信访事项办理流程，所有信访事项均在第一时间得到妥善处置。全市群众信访事项当年及时受理率99.90%，按期办结率99.80%，群众满意率97.79%，均高于全省平均值。全年办理市党政主要领导阅批来信148件，其中市委书记阅批来信20件，市长阅批来信128件，市级主要领导阅批来信数占本级受理来信的36%，所有群众信访事项都得到及时妥善处置，信访事项办理结案率达100%。全年受理群众信访事项复查复核申请141件，同比持平，受理136件，年终全部结案，结案率100%。

【信访信息编发】　2019年，市信访局建立健全信访信息日报告、零报告制度，编发《信访日报》257期、《信访专报》21期、《工作简报》10余期，报送各类信访信息700余条，提交市领导接访事项170余件次，及时向上级和有关单位预报预警信息、苗头性、倾向性风险和不稳定隐患50余条。该局网站与微信公众号推送各类信息205篇。

（单　培）

2019年6月14日，市委常委、市委秘书长韦弋调研市机关办公用房重点工程

（市机关事务局／供）

机关事务管理

【概况】　2019年，合肥市机关事务管理局（以下简称“市机关事务局”）保障公务安全出行60.6万千米，完成34家单位30000平方米办公用房搬迁调整，成功申报4家国家级节约型公共机构示范单位，服务会议3533场19万人次，服务就餐135万人次，接待各类宾客865批次2万余人次。

【公务用车管理】　2019年，市机关事务局在全省率先完成市直事业单位车改工作。公车处置采取线上线下相结合的方式，报废无残值公车181辆，拍卖公车205辆，平均溢价率150.8%，总成交金额441.18万元。及时收回机构改革中撤销的单位公车，根据市直各单位三定方案和工作需要，完成82台公务用车调配工作。招标采购公车35辆，其中新能源汽车5辆，推动公务出行利于绿色低碳及环保。招标15家社会化租赁定点企业和4家车辆定点维修企业，在全省率先将公车租赁和维修纳入平台统一管理。依托公车平台，有序推进公车全生命周期管理工作。

【办公用房管理】　2019年，市机关事务局在机构改革中新增办公用房管理职能，初步建立相关工作机制。完成34家单位30000平方米办公用房搬迁调整，实现机构改革涉改单位“拎包入住”式办公。以“单位总面积不超，个人使用面积不超”为原则部署88家市直单位办公用房自查清理工作。建立健全市办公用房管理联络员工作制度，摸清合肥市党政机关办公用房“家底”，完成全市834处办公用房信息上报工作。

【公共机构节能】　2019年，市机关事务局强化对市直单位、县（市）区能耗数据统计上报、示范单位创建等工作的指导力度，全市公共机构节能工作同频共振。开展节能宣传活动，编制《合肥市公共机构节能守则》，配合市发改委共同开展节能宣传周系列宣传活动，组织开展节能宣传周启动仪式。先试先行垃圾分类，搭建市级公共机构生活垃圾志愿者平台，调研餐饮垃圾处理企业。完成第四批国家级、省级节约型公共机构示范单位创建申报。

【机关后勤服务】　2019年，市机关事务局实施三年滚动维修计划一期工程项目，摸排二期项目。做好政务集中办公区安保和消防工作，协助相关部门处置上访1336起6025人次。强化食品卫生监管，改造餐厨设备，实施政务中心智能“一卡通”升级改造工程，实现食堂就餐环境和满意度“双提升”，全年服务就餐135万人次，满意度保持85%以上。外出学习先进地区会议管理经验，实现会议环境和服务水平“双提升”，完成3533场次、189799人次会议服务保障工作。

【公务活动保障】　2019年，市机关事务局在严格遵守中央八项规定精神的基础上，挖掘地方特色，以文化为根基，展现合肥风貌。全年累计接待各类宾客865批次2万余人次，保障中央环保督察组等工作组在肥调研、考核工作，受到各级领导肯定。强化与各县（市）区的联系，发掘合肥各地名优产品，拓展和优化接待基地布局，完善接待用品、当地菜肴数据库。做好世界制造业大会、家博会、长江中游四省会城市会商会等重大活动服务保障工作。

（张　磊）

驻京驻沪事务

【驻京事务】 2019年，合肥市政府驻京办事处突出招商引资，“请进来”和“走出去”成为常态。跟踪联络、协调推进并成功签约的项目3个，计划投资12.7亿元，高端展览（新能源汽车展）项目1个，高级别科技赛事1项。抓住“长三角一体化”契机，瞄准江浙沪，寻找三地产业转移机会，赢得上海两家企业落户合肥。加强与中科院系统联系，与在京中科院大学及中科院有关研究所等保持密切联系。拜访客商120余次，邀请赴肥考察21批次90余人，邀请客商到联络处交流招商项目50余批260余人次，参加各类论坛、会议等活动30多次。完成全国“两会”、十九届四中全会等重要会议会务联络、服务保障工作，为省政府、省政协、省纪检监察委及多家省直单位提供在京公务服务。全年接待服务保障各项活动300批1900余人次。落实党风廉政建设“两个主体责任”，把党风廉政建设作为重要工作常抓不懈，坚持标本兼治、综合治理、惩防并举、注重预防的方针，加强反腐倡廉教育、完善相关规章制度。在做好招商、接待、党建3项重点工作基础上，常规推进对外联路、宣传推介、合肥之友北京理事会、机关内部建设等工作。

【驻沪事务】 2019年，市政府驻沪办事处开展政务联络，依托上海优质资源，为市、县（市）区各单位赴沪进行公务活动提供便利；配合合肥医保中心在沪开展为近3000名在合肥退休的沪籍老职工现场报销结算医药费工作。开展招商引资，及时调整招商思路，拓展招商领域，创新招商方法，多渠道多方位开展招商引资工作，实现招商引资工作新突破。对接G60科创走廊建设，助力合肥经济社会发展；借助G60九城市间联合办公机制，主动对接上海市及松江区强化产业协同发展，推进基础设施互联互通。加强信息工作，围绕市经济社会发展和民主法治建设的重大问题、人民群众普遍关心的热点难点问题，开展专题调研，收集第一手资料，编报长三角区域最新动态信息，为市委、市政府决策提供参考依据，获市委优秀信息决策奖和市政府信息优秀单位称号。

（胡艳阳）

责任编辑：田　文

中国人民政治协商会议合肥市委员会

综　述

【政治建设】　把牢政治方向。2019年，政协合肥市委员会（以下简称“市政协”）坚持人民政协是政治组织的定位，增强“四个意识”，坚定“四个自信”，做到“两个维护”。坚持在市委领导下谋划和推进工作，坚持和完善党委会同政府、政协制定年度重点协商、监督计划制度，首次将年度《重点民主协商活动计划安排》《重点民主监督活动计划安排》纳入市委批转的政协年度工作要点。修订《市政协党组工作规则》，印发《市政协党组向市委请示报告事项清单》，严格执行重大事项向市委请示报告制度，坚决把中央及省委、市委决策部署贯彻落实到政协工作全过程和各方面。市政协党组向市委常委会专题汇报工作8次，主动邀请市委、市政府领导人到政协参加重要会议和重大活动，并通报情况、参与协商。

强化理论武装。学习中央及省委政协工作会议、全国地方政协工作经验交流会、全省政协工作经验交流会精神，开展党组理论学习中心组学习30次。组织委员和市、县政协干部参加全国政协培训班，强化创新理论、现代经济、科技知识、历史文化等各方面的知识积累，为委员知情明政、高效履职创造条件。以“民营经济和营商环境”为主题举办培训班，邀请专家学者围绕人工智能等主题开设讲座，将主席读书会学习平台与社情民意座谈会、政协委员资政会等高端协商平台充分融合，开展针对性的专题学习，提升协商质效。

加强党的建设。深入学习贯彻中共中央《关于加强党的政治建设的意见》、中办《关于加强新时代人民政协党的建设工作的若干意见》和省委、市委有关文件精神，以党的政治建设为统领，全面推进政协系统党的建设。充分发挥政协党组把方向、管大局、保落实的重要作用，把党建工作与履职工作统筹谋划、协调推进。实行“全员入委”，合理安排专委会党员人数，建立党员委员联系党外委员制度，设立委员小组，基本实现“两个全覆盖”。在政协全体会议上成立临时党委、临时党支部，加强党对政协全会工作的领导。

【委员队伍建设】　2019年，市政协制定《关于加强委员队伍建设的意见》《市政协常委提交年度履职报告工作办法（试行）》，修订《委员履职量化考核办法》，形成

2019年9月18日，市政协及机关在市政务中心召开“不忘初心、牢记使命”主题教育工作会议　（市政协办公室/供）

《意见》总揽、市政协领导班子成员带头述职、常委提交履职报告、委员履职量化考核的制度体系，激发委员参政议政的积极性、主动性。推进“智慧政协”建设，开发委员端手机APP，改版门户网站，提高服务委员水平。

【工作制度建设】 2019年，市政协出台市政协《常委会工作规则》《重点民主协商活动操作规程（试行）》《加强和改进调查研究工作实施办法》等制度，为依章有序协商议政提供有力保障。《重点民主协商活动操作规程（试行）》以工作导引、图表分解形式划定工作流程图，吸纳“建议清单”等行之有效的创新性工作机制，得到省政协肯定。

重要会议

【市政协十四届二次会议】 2019年1月7日至10日，市政协召开十四届二次会议。全市各界别的506名委员参加会议。大会共有14项议程：听取和审议政协第十四届合肥市委员会常务委员会工作报告；听取和审议政协第十四届合肥市委员会常务委员会关于一次会议以来提案工作情况的报告；听取和讨论合肥市人民政府工作报告；讨论合肥市2018年国民经济和社会发展计划执行情况及2019年计划草案的报告；讨论合肥市2018年财政预算执行情况和2019年财政预算草案的报告；讨论合肥市中级人民法院工作报告；讨论合肥市人民检察院工作报告；举行大会发言；审议市政协十四届二次会议提案审查情况报告；通报市政协十四届一次会议以来优秀提案、提案承办优秀单位及优秀个人考核情况；通报2018年度市政协委员履职量化考核情况；通过市政协十四届二次会议决议。

【市政协十四届常委会议】 2019年，市政协十四届常委会议召开5次，即第六次至第十次。

1月10日，市政协召开十四届六次常委会议。会议听取大会秘书处关于小组讨论情况综合汇报；审议通过市政协十四届二次会议决议、市政协十四届二次会议提案审查情况报告。

3月27日，市政协召开十四届七次常委会议。全国人大代表、市委副书记、市长凌云，全国政协委员、副市长吴春梅分别传达全国“两会”精神。会议通报《政协合肥市委员会2019年工作要点》和重点民主协商、重点民主监督计划安排，审议通过市政协全体会议、常委会工作规则以及关于加强委员队伍建设的意见，通报常委提交履职报告、委员履职量化考核有关文件、调整市政协机构设置的决定和有关人事事项，通过撤销许进市政协委员资格的决定。

6月21日，市政协召开十四届八次常委会议。审议通过《关于加快合肥市人工智能产业创新发展的建议》以及有关人事事项，举行专题学习讲座。

9月27日，市政协召开十四届九次常委会议。传达学习习近平总书记在中央政协工作会议暨庆祝中国人民政治协商会议成立70周年大会上的重要讲话，以及中央政协工作会议暨庆祝中国人民政治协商会议成立70周年大会精神。开展“加快合肥市智慧养老建设”专题协商，审议通过《关于加快我市智慧养老建设的建议》。

12月27日，市政协召开十四届十次常委会议。审议通过市政协十四届三次会议议程、日程；协商通过市政协十四届三次会议人事安排；听取政协第十四届合肥市委员会常务委员会工作报告主要内容、政协第十四届合肥市委员会常务委员会关于二次会议以来提案工作情况、《合肥市人民政府工作报告（征求意见稿）》主要内容的汇报；听取有关人事事项的说明；市政协主席会议成员和市政协常委进行年度

2019年1月7日，市政协十四届二次会议在市政务中心召开 （郭如琦/摄）

2019 年 9 月 23 日，市政协庆祝人民政协成立 70 周年座谈会在市政务中心召开
（市政协办公室 / 供）

述职。

【专题会议】　2019 年，市政协参加或主持召开 5 次专题会议。

5 月 30 日至 31 日，2019 年全国公共外交研讨会暨第三届全国公共外交高级研修班在合肥召开。外交部副部长秦刚发来贺信，中国公共外交协会副会长胡正跃、国务院新闻办公室原主任赵启正作主旨发言，市政协主席韩冰、市政府副市长彭庆恩出席活动并致辞。本次活动由中国公共外交协会主办，合肥市政协办公室、合肥市政府外事办公室、合肥之友联谊会协办。外交部 6 位前大使，各省自治区直辖市地方外办、友协、公共外交协会成员单位及中央有关媒体、企业和文化团体等 160 多位负责人参加会议。

7 月 31 日，市政协召开“双联双创”活动经验交流会。会议通报市政协“双联双创”活动情况并宣读《关于表扬“双联双创”活动中表现突出的委员和单位的通报》，县（市）区政协，市各民主党派、工商联，市政协专委会和委员代表分别进行交流发言。

8 月 16 日，市政协召开全市政协系统习近平总书记关于加强和改进人民政协工作的重要思想学习研讨会。会议通报全市政协系统学习研讨情况，市政协主席会议成员代表、专家学者代表以及各县（市）区政协代表分别作交流发言。

9 月 23 日，市政协召开庆祝人民政协成立 70 周年座谈会。学习中央政协工作会议暨庆祝中国人民政治协商会议成立 70 周年大会精神，市各民主党派、工商联，县（市）区政协，人民团体，市政协常委、委员代表分别发言。

11 月 27 日，市委召开政协工作会议。省委常委、市委书记宋国权出席会议并讲话。市政协主席韩冰出席会议并作总结讲话。市人大常委会主任汪卫东，市委副书记郭强，市委常委，市政协副主席等出席会议。会议传达学习中央政协工作会议、省委政协工作会议和有关文件精神，部分单位作交流发言。

政治协商

【围绕民生需求开展协商】　7 月 9 日，市政协围绕物业管理及小区业委会建设、智慧医院建设开展对口协商，形成建议报送市政府参考。围绕垃圾分类处理开展立法协商，14 条建议被《合肥市生活垃圾管理办法》吸纳。9 月 16 日，围绕“发展壮大村级集体经济”开展专题调研，提出 7 个方面对策建议，所提建议在有关部门联合印发的《实施方案》中全部采纳，调研报告在全市扶持壮大村级集体经济推进会上印发，2019 年全市村级集体经济收入 50 万元以上的强村发展到 94 个，占比提高到 7.3%。9 月 27 日，围绕“加快智慧养老建设”开展议政性常委会协商，所提建议得到吸纳，全市已启动国家级人工智能养老服务实验城市建设，市级智慧养

2019 年 11 月 27 日，市委政协工作会议在市政务中心召开　（市政协办公室 / 供）

老服务平台基本建成。市政协党组、各专委会精心组织开展各类常态化调研，就长期性、复杂性问题形成调研报告，就权责明确的问题现场召开协商会，帮助解决养老助餐、小区安全、交通管理等群众的操心事、揪心事，受到广泛好评。

【围绕高质量发展开展协商】 6月21日，市政协围绕“人工智能产业创新”召开议政性常委会，报送12条建议清单，制定人工智能产业专项招商政策等建议得到充分吸纳，合肥获批国家新一代人工智能创新发展试验区。围绕省政协“推进人工智能技术产业化”议题深度调研，在省政协议政性常委会上作大会发言，省长李国英给予高度肯定。8月26日，以“进一步优化营商环境，促进民营经济健康发展”为议题开展社情民意座谈会协商，形成16条建议清单，市委主要领导批示肯定市政协建议有质量、有深度，要求市政府研究吸纳。向省政协“优化民营经济发展环境”月度协商会提交高质量发言材料，并作大会发言，得到省政府、省政协领导充分肯定。9月16日，组织开展市委书记领衔督办“全力推进乡村振兴战略”系列提案专题协商，提案所提建议在加大农业产业结构调整力度、加强新型职业农民培训等工作举措中得到有效落实。11月8日，以“加快推进东部新中心建设、打造宜居宜业生态新城”为议题召开政协委员资政会，梳理报送14条建议，其中10条建议已经转化为具体举措。围绕“先进制造业与现代服务业深度融合”“外向型企业高质量发展”“加快文化创意产业建设”等议题开展对口协商，多项建议有关部门办理落实。

【推动协商成果转化】 2019年，市政协首次开展市委书记领衔督办重点提案专题协商。积极推进政协应用型智库建设，着力搭建“1+9”智库体系。完善建议清单制度，及时跟进协商成果的办理、落实与反馈，报送的建议清单经市委办公室、市政府办公室转办，相关部门基本在规定期限内办理完毕，有效克服协商成果止于领导批示的现象。针对2018年社情民意座谈会和资政会协商、常委会议协商、民生工程监督性调研等重点建言资政成果的落实情况，组织开展跟踪问效活动，推动政协工作由“做了什么”“做了多少”向“做出了什么效果”转变。

民主监督

【围绕“三大攻坚战”开展民主监督】 7月31日，市政协就防范化解重大金融风险开展视察监督，深入了解地方性金融机构经营发展现状，提出兼具针对性和前瞻性的建议。10月10日，就城市地下雨污管网整治情况开展民主监督，就巢湖入湖河道水质监管体系建设、城市污水入湖排放及湿地建设开展调研视察，社科界别以“习近平生态文明思想在巢湖综合治理中的实践研究”为课题进行专题研究并形成报告，为防治污染、保护生态建言献策。10月25日，开展“聚焦产业扶贫、促进稳定脱贫”专项民主监督，就产业扶贫等提出5条建议；开展精准扶贫工作调研，针对突出问题提出建议。

【民生监督】 2019年，市政协推进“构建多元体制，源头化解矛盾纠纷”“社区网络教育体系落实情况”“落实书法进课堂工作”等重点民主监督项目，就“扫黑除恶专项斗争”开展视察监督，提出建议，举办全市扫黑除恶专项斗争书画展，得到中央第14督导组组长充分肯定。为12家单位选派特约监督员54名，分别组成监督小组，参与近百场民主监督活动。畅通社情民意渠道，编发《委员建言》71期，相关部门反馈落实率超过50%，9条信息被省政协采用，多项建议得到省、市领导批示。

【提案监督】 2019年，市政协严格审查672件提案，立案477件，提升提案的总体质量。深入推动提案办理协商，遴选市领导督办、阅批、领办重点提案共34件，创立“重点提案办理结果清单”制度，扎实开展督办工作。涉及民计民生的300多件提案经有关部门认真办理，提升了群众获得感、幸福感和安全感。围绕“关于加快公办幼儿园和普惠幼儿园建设的建议”开展主席提案督办，全市幼儿园公办率、普惠率由24.8%、59.1%分别提升到45.5%、78%。

参政议政

【抓好脱贫攻坚】 2019年，市政协注重扶贫与发展联动，联系帮扶的巢湖市烔炀镇凤凰村在产业发展、基础设施建设、“五化三改”等方面发生明显变化；支持各民主党派、工商联开展“同心示范工程”示范点帮扶以及脱贫攻坚暗访等工作，掌握政策落实情况，听取群众意见建议。结合“不忘初心、牢记使命”主题教育，按照市委大调研的安排部署，统筹推进市政协

14个调研组的工作，协调解决问题235个。

【助力民生改善】 2019年，市政协坚持围绕中心服务大局，结合履职工作凝聚发展正能量，组织委员对高新技术企业发展、引江济淮工程建设、不动产登记提质增效、青少年心理健康及科普教育、“七五”普法、电子商务产业发展情况等开展调研视察，让委员深入了解市委、市政府推进创新之都建设、改善民生福祉的政策措施，亲身体验合肥新变化。组织党外委员开展“我看合肥新发展”专题视察活动，进一步凝聚党外委员思想共识，坚定走中国特色社会主义道路的信心。

【助力实施长三角一体化发展国家战略】 2019年，市政协深入贯彻落实长江三角洲区域一体化发展国家《规划纲要》、省《行动计划》和市《推进方案》，市县两级政协积极助力合肥打造长三角一体化发展深度融合示范区，推动在肥西经开区建设“长三角G60科创走廊生物医药产业合作示范园区”，安巢青浦工业园建设被写入市《推进方案》。向省政协“推进长三角更高质量一体化发展”资政会提交调研成果，并作大会发言，受到省委书记李锦斌充分肯定。组织政协委员两次参与助推G60科创走廊更高质量发展活动，参与长三角“五市一区”（上海市徐汇区、宁波市、合肥市、南通市、盐城市、湖州市）政协理论研讨会暨工作交流会。擦亮“合肥之友”品牌，成立德国合肥之友联谊会，承办全国公共外交研讨会暨第三届全国公共外交高级研修班，发挥人民政协公共外交独特优势，扩大合肥影响力，助力开放发展。

团结联谊

【思想政治引领】 2019年，市政协党组坚持集体走访市各民主党派、工商联制度，组织各党派团体、各界别共同学习习近平新时代中国特色社会主义思想，共同落实中央及省委、市委对政协工作的要求，共同组织开展中华人民共和国和人民政协成立70周年系列庆祝活动。围绕“扶持和发展少数民族企业”开展对口协商，开展“治理佛教道教商业化问题”监督性调研，就民族乡村经济社会发展等进行专题视察，协助党委政府做好民族宗教工作。围绕“两岸青年创业示范基地建设情况”进行视察监督，密切与港澳台侨外等各界人士的联系。以界别为依托，组织开展城市管理监管平台运行情况、学生体质健康检测情况等视察活动，充分发挥政协委员在界别群众中的代表作用。坚持党管意识形态原则，不断巩固意识形态阵地，以正确的舆论导向凝聚人心、增进共识。

【讲好政协故事】 2019年，市政协做好政协文化文史工作，开展中华人民共和国和人民政协成立70周年文史资料收集整理和书籍编撰工作，出版《合肥文史》庆祝中华人民共和国和人民政协成立70周年专辑。支持市政协书画院开展活动，精心组织庆祝中华人民共和国和人民政协成立70周年书画展。积极参与人民政协报·人民政协网发起的“致敬70年·寻找最美基层政协委员”评选活动，全国政协系统共50人入围，安徽省入围的两名委员均来自合肥市，市政协委员纪建宇获评全国“最美基层政协委员”，肥西县政协委员余蔚霞获评全国“优秀基层政协委员”。

【推进政协系统协作联动】 2019年，市政协参加全国政协、省政协重要活动，坚持重要工作向省政协

2019年9月27日，合肥市各界人士“壮丽70年·奋斗新时代”迎国庆茶话会在市政务中心举行 （市政协办公室/供）

报告制度。加强对基层政协工作的指导，坚持全市政协系统工作交流座谈会制度，在重点履职活动中加强与县（市）区政协的协调联动，发挥乡镇（街道）政协联络组的作用，促进各级政协委员深入群众之中，下沉到基层一线。市政协工作得到全国政协、省政协充分肯定，作为全省唯一城市参加全国地方政协工作经验交流会，在全省市县政协主席学习研讨班作专题讲座，市委副书记郭强在省委政协工作会议上代表合肥市作经验交流。

“双联双创”活动

【强化党的领导】 2019年，市政协深化拓展“双联双创”活动，为市县两级政协认真学习贯彻中央及省委、市委关于加强新时代人民政协党的建设工作文件精神的落实，提供有效实施路径。通过“双联双创”活动加强党对政协工作的全面领导，以政治建设为统领，全面加强政协系统党的各项建设，推动党的组织和党的工作“两个全覆盖”，以高水平党建促进高质量履职。全市各级政协切实发挥好政协党组在政协工作“把方向、管大局、保落实”中的重要作用；依托各专委会，发挥好基层党组织的战斗堡垒作用；在实现“全员入委”、建立党员委员联系党外委员机制的基础上，进一步加强对党员委员的管理和对党外委员的思想政治引领，发挥好政协组织和政协委员中共产党员的先锋模范作用。

【平台载体建设】 2019年7月31日，市政协召开全市政协系统“双联双创”活动经验交流会，通报表扬先进典型，鼓励委员在活动中提高履职能力。充分发挥委员企业家联谊会、委员进社区、“双创基地”等现有平台载体作用，构建“不建机构建机制”和“请上来、走下去”工作机制，利用委员小组、功能性党支部、基层协商议事平台等灵活多样的载体，让“双联双创”活动与党政中心工作和政协重点工作有效衔接，推动社会各界人士有序参与活动。

【激活“双向发力”】 2019年，市政协深化拓展“双联双创”活动，拓宽委员履职平台，以委员小组、政协联络组为载体，带动委员在创新创业第一线发挥特长，在参与基层社会治理中践行为民宗旨，在帮助群众解决“操心事、烦心事、揪心事”中履行职责，引导委员在建言资政和凝聚共识上“双向发力”。全年市、县两级2000多名政协委员联系走访群众4000多人次，实现带动群众创业300多项，协调解决问题1200多项。省政协主要领导批示肯定“双联双创”活动，《人民政协报》以头版头条深度报道，《中国政协》杂志进行专题报道，增强了活动在全国、全省的影响力。

（陈宏星）

责任编辑：赵永军

中共合肥市纪律检查委员会 合肥市监察委员会

综　述

【概况】　2019年，合肥市各级纪检监察机关立足省会担当，严格对标对表，忠实履行党章和宪法赋予的职责，坚持稳中求进、实事求是、依规依纪依法，纪检监察工作坚定稳妥、扎实有效。改进政治生态动态研判方式，建立专题监督、延伸分析、下沉调研等6项工作机制，形成9个县（市）区和85家市直单位的政治生态“活页夹”，做到实时研判、动态预警。坚持问题导向，紧扣市委部署和自身实际，对落实监督首要职责、监察职能向基层延伸、一体推进“不敢腐、不能腐、不想腐”等方面进行专题调研，形成《关于纪检监察机关履行监督首要职责的实践与思考》《关于深入推进监察职能向基层延伸的调研报告》《关于“三不”一体推进的实践与思考》等调研报告。

【队伍建设】　2019年，合肥市纪委监委（以下简称“市纪委监委”）认真学习贯彻党的十九届四中全会精神，深刻把握新任务新要求，在健全党和国家监督体系上积极作为。严格落实重大事项请示报告制度，修订29项请示报告清单，推动请示报告制度化、常态化，全年向省纪委监委请示报告46次、向市委请示报告54次。市纪委常委会加强自身建设，注重发挥政治建设统领作用，带头执行民主集中制，把政治机关的要求贯穿于工作的全过程和各方面。推动机关党支部标准化建设，着力解决少数党支部工学矛盾突出、组织生活不够规范等问题。加强思想政治工作，着力强化政治功能。扎实开展“不忘初心、牢记使命”主题教育，聚焦主题主线，坚持边学习、边调研、边工作、边总结，把“守初心、担使命、找差距、抓落实”的总要求贯穿始终。围绕一体推进“三不”、推深做实监督首责等10个专题开展调研，点对点了解情况，实打实解决问题。学习宣传“时代楷模”李夏同志先进事迹，着力引导广大纪检监察干部守初心、担使命。制定选调干部工作规定、借调人员参加监督执纪和审查调查工作暂行办法、干部任免审批操作程序等制度。分级开展教育培训，按照全员、全过程、全方位要求，举办44期纪检监察业务集中培训，培训干部3779人次；市县两级通过全员参学、督导促学、以考比学等方式，组织1472人次参加系列课程培训，深化对《中国共产党纪律检查机关监督执纪工作规则》《监察机关监督执法工作规定》和《安徽省纪委监委机关监督执纪执法操作规程》的学习运用。组织市、县两级全员培训应知应会知识测试，市纪委机关合格率达100%。蜀山等地创新岗位练兵形式，完善纪检监察干部廉政档案库建设。制定实施留置场所管理、“走读式”谈话、打听案情过问案件说情干预备案登记等规定，严格审批权限，规范工作流程。建立特约监察员制度，主动接受各方面监督。坚持正视问题、刀刃向内，处置问题线索120件次，运用“四种形态”处理83人次，给予党纪政务处分2人。

【制度建设】 2019年，市纪委监委着力加强纪检监察机关法治化规范化建设，健全完善各类制度机制。7月，协助市委制定出台《关于推进监察职能向乡镇（街道）延伸的指导意见（试行）》，在全市推广构建“监察室+协作区”工作模式，延伸监察职能，优化协作机制，推进监察全覆盖、增强监督质效。协助市委制定《加强和改进党内同级监督实施办法（试行）》，进一步明确党委（党组）主体责任、党委（党组）书记第一责任人责任、班子成员同级相互监督责任、纪委党内监督专责等内容，着力强化对“关键少数”的监督。制定出台《关于改进政治生态评价方式进一步做好动态研判的工作方案（试行）》，按照不打分、不排名、不搞一次性集中评价的原则，结合正在做的事情，统筹建立专题监督、延伸分析、下沉调研等6项工作机制，力求做到实时研判、动态预警。开展规范性文件清理。按市委统一部署，对以市委名义出台，涉及纪检监察工作的87份文件，分批进行专项清理，其中建议废止19份，宣布失效37份，决定修改3份，继续有效23份，不纳入清理范围文件5份。

【纪检监察体制改革】 2019年，市纪委监委坚持一体推进“三项改革”，加强党委对纪检监察工作全覆盖、全方位、全过程领导，强化上级纪委监委对下级纪委监委的领导，严格执行下级纪委监委“两为主一报告”制度，建立完善派驻机构“三为主一报告”工作机制。研究制定推进监察职能向基层延伸指导意见，探索实践“监察室+协作区”的改革模式，全市129个乡镇（街、区）全部挂牌成立监察室，同步调整组建协作区34个。肥东县等地优化升级协作区，巢湖市开展“室组区联动”，肥西县开展发挥村（居）纪检委员作用试点，基层监察监督工作得到加强。

深化派驻机构改革，在市一级优化调整设立27个派驻纪检监察组，统一赋予监察权，实现对80家党政机构的监督全覆盖，同时把国资、教育、卫生系统所属63家企事业单位作为联系指导单位，推动派驻向行业和领域延伸。改革后，市一级派驻机构监督“探头”作用得到发挥。统筹指导9个县（市）区纪委监委调整设立82个派驻机构，实现对493家县一级党和国家机关的监督全覆盖。

贯彻落实《中国共产党纪律检查机关监督执纪工作规则》《监察机关监督执法工作规定》和《安徽省纪委监委机关监督执纪执法操作规程》，修订完善监督执纪执法工作流程、文书、表格，在全省率先施行信息查询、电子数据调查等管理制度，新建来访接待、12388网络检举和电话举报平台，推动执纪执法规范化、法治化。主动对接以审判为中心的诉讼制度改革，完善办案程序、证据标准衔接机制，促进与司法机关、执法部门互相配合、互相制约。

重要会议

【市纪委十一届四次全会】 2019年1月31日，合肥市纪委十一届四次全会召开。出席会议的市纪委委员38人，列席337人。省委常委、市委书记宋国权出席会议并讲话。他强调，要坚持以习近平新时代中国特色社会主义思想为指导，自觉把思想和行动统一到习近平总书记在十九届中央纪委三次全会上的重要讲话精神上来，增强“四个意识”、坚定“四个自信”、坚决做到“两个维护”，按照中央纪委和省纪委全会部署，发扬斗争精神，主动担当作为，坚决取得全面从严治党更大战略性成果，巩固发展反腐败斗争压倒性胜利，确保党中央及省委各项决策部署在合肥落地生根。市

2019年1月31日，市纪委十一届四次全会在市政务中心召开

（市纪委监委办公室/供）

委副书记、市长凌云，市人大常委会主任汪卫东，市政协主席韩冰，市委常委，市人大常委会、市政府、市政协领导班子成员等出席会议。市委常委、市纪委书记、市监委主任汪学致主持会议，并代表市纪委常委会作《忠实履行党章和宪法赋予的职责　大力推动合肥纪检监察工作高质量发展》工作报告。全会审议通过《工作报告》和《中国共产党合肥市第十一届纪律检查委员会第四次全体会议决议》。

【省委巡视合肥市反馈意见整改动员会】　2019年3月8日，合肥市委召开省委巡视合肥市反馈意见整改动员会。省委常委、市委书记宋国权出席会议并讲话。他强调，要深入学习贯彻习近平新时代中国特色社会主义思想和党的十九大精神，学习贯彻习近平总书记关于巡视工作的重要论述和《中国共产党巡视工作条例》，认真贯彻落实省委巡视反馈意见，以“不贰过”的决心和“钉钉子”的精神，一件不落、一招不让抓好整改落实，向省委和全市人民交出满意答卷。

【全市推进基层纪检监察体制改革座谈会】　2019年4月12日，合肥市召开全市推进基层纪检监察体制改革座谈会。市委常委、市纪委书记、市监委主任汪学致出席会议并讲话。肥东县、长丰县、巢湖市、庐阳区等4家单位分别围绕“开展基层纪检监察体制改革工作”作交流发言。

【市委反腐败协调小组暨追逃追赃工作会议】　2019年4月20日，合肥市委反腐败协调小组暨追逃追赃工作会议召开。会议传达中央及省、市委关于反腐败协调和追逃追赃工作有关文件和会议精神，听取外逃案件办理情况的汇报，对下一步工作进行研究和部署。会议强调，各成员单位要不断强化协作配合，既各司其职，又通力配合，形成齐抓共管、协调联动的整体合力。要严格规范案件通报和线索移送工作，建立健全案件和问题线索同级移送机制，推动党纪政务处分和刑事、行政处罚有效衔接。要做好追逃追赃和防逃工作，下大力气把追逃追赃工作往深里抓、往实里做，同时要加强重点人员和证照管理，同步做好案件查办过程中的防逃措施，不断筑牢防逃工作制度堤坝。

【全市纪检监察和巡察工作推进会】　2019年7月17日，合肥市纪委监委召开全市纪检监察和巡察工作推进会。会议传达学习中央纪委国家监委“不忘初心、牢记使命”主题教育专题党课暨全国纪检监察工作会议、全国市县巡察工作推进会和省辖市纪委书记座谈会精神，通报合肥市上半年监督检查、审查调查和扫黑除恶专项斗争“打伞破网”等工作情况，部署下半年全市纪检监察和巡察工作任务。市委常委、市纪委书记、市监委主任汪学致出席会议并讲话。市纪委常务副书记、市监委副主任刘清主持会议。

【全市新任县处级党员领导干部集体廉政教育谈话会议】　2019年8月23日，合肥市新任县处级党员领导干部集体廉政教育谈话会议在市政务中心召开。市委常委、市纪委书记、市监委主任汪学致出席会议，并给新任党员领导干部进行集体廉政教育谈话。会议强调，要提高政治站位，深入学习贯彻习近平新时代中国特色社会主义思想，做到学思行贯通、知信行统一；强化宗旨意识，把初心和使命铭刻于心，做到对上负责和对下负责相统一；强化责任担当，树立正确的政绩观，做到“功成不必在我”和“功成必定有我”相统一；强化自我约束，正确对待权力、利益和地位，做到稳得住心神、守得住小节、经得起考验。新任县处级干部要有忠诚、干净、担当的大胸怀，力戒形式主义、官僚主义，树立“三严三实”好作风，做一名让组织满意、让群众满意的党员领导干部。

【全市专项整治漠视侵害群众利益问题工作推进会】　2019年11月13日，合肥市专项整治漠视侵害群众利益问题工作推进会召开。会议传达学习贯彻中央主题教育专项整治工作推进会及中央纪委专项整治漠视侵害群众利益问题推进会，以及中央纪委“6项具体要求”，通报全市专项整治漠视侵害群众利益问题工作情况，市扶贫办、市民政局、市卫健委作经验交流发言，22家责任单位书面交流。会议强调，在主题教育中开展专项整治漠视侵害群众利益问题，是增强主题教育实效的重要抓手，是践行初心使命的政治检验。要强化政治导向，切实担起主体责任，以求真务实的作风、扎实有效的措施，瞄准突出问题狠抓整治，把本部门本系统漠视侵害群众利益的问题解决好。要强化目标导向，加强工作调度，挂图作战、倒排工期，建立台账、销号管理，一项一项整到位，一件一件抓到底。要强化效果导向，健全完善制度机制，总结提炼专项整治中的做法经验，形成长效机制。要加强督促督导，对在专项整治中敷衍塞责、应付懈怠的单位，及时提醒、坚决纠正，对相关责任人严肃处理。

监 督

【概况】 2019年，市纪委监委协助市委制定《加强和改进党内同级监督实施办法（试行）》，着力强化对“关键少数”的监督。落实纪检监察机关监督首要职责规定，探索实践“室组联动、组组联动”模式，实行日常监督项目化、清单化管理，主动延伸监督触角，使监督更加精准有力。动态更新廉政档案资料库，把好党风廉政意见回复关，各级纪委监委对6244名拟提拔任用、7794名评先评优人选提出把关意见，对拟任的245名人选提出暂缓或不宜使用意见。

【监督执纪“四种形态”实践】 2019年，市纪委监委坚持抓早抓小、防微杜渐，严管厚爱结合、激励约束并重，运用“四种形态”批评教育帮助和处理5538人次，同比增长22.6%。用好用足第一种形态，约谈函询、批评教育3724人次，占总人次的67.2%；妥善运用第二种形态，给予轻处分、组织调整1250人次，占22.6%；准确运用第三种形态，给予重处分、重大职务调整250人次，占4.5%；果断运用第四种形态，处理严重违纪违法涉嫌犯罪314人次，占5.7%。开展纪律处分执行情况监督检查，及时整改纠正执行不到位问题。全市对906名受处分人员开展“暖心回访”，其中县处级20人、乡科级111人。

【落实“两个责任”】 2019年，市纪委监委严格落实新修订的《中国共产党问责条例》，既坚持从严问责，又防止问责泛化、简单化。在市管领导班子和领导干部2018年度综合考核中，对安徽巢湖经济开发区、市热电集团实施党风廉政建设“一票否决”。对管党治党责任落实不到位的8家市管班子党组织及派驻纪检监察组“一把手”，进行约谈。对“大棚房”清理整治不力、肥东县统计违法、长丰县下塘镇土地调查数据不实等问题进行核查，及时问责处理。全市纪检监察机关共问责党组织10个、党员领导干部384人。

2019年7月31日，市委“廉洁家风润万家”廉政主题演讲比赛举行
（市纪委监委办公室/供）

【廉政教育和廉洁文化建设】 2019年，市纪委监委牢牢把握纪检监察宣传的正确政治方向、舆论导向、价值取向，更好地凝聚反腐合力、营造倡廉氛围。依托“一网一端一微一刊”平台，打造多层次、立体化、全方位的党风廉政宣传教育阵地，初步构建“四位一体”的传播工作格局。“清风合肥”微信公众号全年发布信息近300篇，总阅读量超过100万，微信公众号清博指数一直稳居安徽省16个省辖市纪检监察微信公众号第一名。在合肥电视台新开“清风合肥”微电影展播专栏，循环滚动播出党风廉政建设宣传片。会同市教育局启动对《合肥市中小学廉洁文化教育读本》修订工作。组织全市各级党员干部开展党纪条规线上学习测试，党员干部合格率达100%。拍摄的反映中央八项规定精神题材的《登车何时顾》廉政主题微电影在中央纪委网站播发。组织130家单位23000余人参观义城监狱、包公园等廉政教育基地，促使广大党员干部树牢勤政廉政的思想道德防线。在市纪委网站开辟监督曝光专栏，通报曝光全市党员领导干部违纪违规问题40余批次。会同中国曲艺家协会启动第六届“包公杯”反腐倡廉曲艺作品征集活动，拓展“包公杯”的影响力。与市委宣传部、市妇联等部门在全市组织开展“廉洁家风润万家”主题系列活动，通过家风家训巡展、廉洁家风倡议接力、“小手拉大手、亲情助廉洁”、党纪法规网络知识竞赛、廉政主题演讲、廉政主题书画图片展、“清风合肥”微电影微视频微动漫作品征集大赛等活动，引导广大党员干部从自身做起，带头正品行、树家风、作表率，不断夯实“不想腐”的根基。

执　纪

【概况】 2019年，市纪委监委认真贯彻落实“三不”一体推进的要求，突出重点削减存量、零容忍遏制增量，对党的十八大后不收敛不收手，特别是十九大后仍不知止、胆大妄为的，发现一起查处一起。全市受理信访举报5596件次、处置问题线索5717件；立案1999件，给予党纪政务处分1761人，其中给予县处级干部党纪政务处分35人；留置49人，移送司法机关36人，其中县处级干部6人。认真抓好省纪委监委指定管辖案件24件，成功查办芜湖市鸠江区原区委书记茆斌等案件。推动线索移送、协调配合、纪法贯通和法法衔接工作机制完善，组织开展追逃追赃专项行动，成功劝返苏绍云回国，成为监察体制改革后我省首例被劝返的外逃监察对象。启用市看守所留置专区，加快第二留置点项目建设。扎实开展审查调查安全隐患大排查和“回头看”，建立安全管理风险预警机制，实行日提醒、月通报、季报告，坚决守住安全底线。

【警示教育和以案促改】 2019年，市纪委监委坚持标本兼治要求，以发出纪律检查建议和监察建议为抓手，深化警示教育和以案促改工作。全市发出纪检监察建议书117份，特别是围绕王尔发案件、“3•15”等案件，点对点地向有关单位发出监察建议书，推动督查落实，促进教育警示干部、整改防范问题。印发姜发葆严重违纪违法、王贤虎涉恶“保护伞”等案件通报，制作汪昌跃、虞杨生违纪违法案件警示片，

2019年7月18日，市委常委会“三个以案”警示教育专题学习研讨会在市政务中心召开　（何希斌／摄）

督促安徽巢湖经济开发区开展“坚决全面彻底肃清王爱华余毒，持续建设风清气正政治生态”专题警示教育。

【开展“严强转”集中整治专项行动】 2019年，市纪委监委开展“严规矩、强监督、转作风”集中整治专项行动，协助市委制定实施形式主义、官僚主义32条禁止性清单目录，推动各级对照查纠问题238个，通报典型问题15起28人。制定落实“基层减负年”若干举措，牵头抓好“减痕、减压、减责”工作，着力解决一批“多、推、虚、浮”等问题。开展“以案示警、以案为戒、以案促改”警示教育，坚持学做结合、查改贯通，查摆、检视和解决7个方面20个问题。把整治形式主义、官僚主义纳入市县巡察、监督检查、审查调查重点内容，全市共查处形式主义、官僚主义问题173个，处理236人，给予党纪政务处分112人。以力戒形式主义、官僚主义为主题，对全市233名新任县处级干部进行集体谈话。庐阳区坚持以案促改出实招，大力推行“一线工作法”。各地坚持问题导向，立破并举，整饬了一批顽疾沉疴，整治形式主义、官僚主义成果不断深化。

【作风建设】 2019年，市纪委监委坚持完善“4+3”作风监管合肥模式，探索县（市）区交叉互查机制，做到重要时间节点抓早抓小、从严教育，日常监督上下联动、点面结合，查处违反中央八项规定精神问题229个，处理311人，公开曝光46批次153人，促进中央八项规定精神的深入落实。

问　责

【概况】 2019年，市纪委监委围绕推动党中央重大决策部署落地见效，加强政治监督，认真落实市委十二项工作举措，常态化运用“三查三问”机制。以阜阳市形式主义、官僚主义典型案例为反面教材，集中治理作风不实、政绩观偏差，搞政绩工程、面子工程等突出问题，查处问题44个，处理56人，通报8起10人。围绕贯彻新发展理念、

实现高质量发展、打赢三大攻坚战、全面做好“六稳”等工作，协助市委建立党自身面临的重大风险防范化解机制，开展减税降费政策落实情况专项督查，对环保督查发现的问题严格督促整改。全市查处违反政治纪律案件30件。

【协助抓好主题教育】 2019年，市纪委监委协助市委抓好“不忘初心、牢记使命”主题教育，督促指导各级党组织开好专题民主生活会，深刻检视问题，建立问题、任务、责任、标准“四清单”，促进整改落实。协助市委抓好主题教育“8+2”专项整治和集中治理，全面整治群众反映的突出问题。牵头开展漠视侵害群众利益问题专项整治，聚焦4个领域19项整治重点，共查处问题75个、处理117人，通报曝光典型案件38起51人，市纪委分三批次向社会公布17项工作成果。专项整治领导干部利用名贵特产特殊资源谋取私利问题，对发现的违规违纪问题进行严肃处理。

【开展扫黑除恶专项斗争】 2019年，市纪委监委坚持把扫黑除恶专项斗争监督执纪问责工作作为“一把手”工程来抓，创新建立“五快三抓紧”“三一律一促改”工作机制，实行“联点包案”，强化协同联动，开展“逐案过筛”，深入推进“打伞破网”。全市各级纪检监察机关排查涉黑涉恶腐败、“保护伞”“关系网”及工作推动不力等问题线索867条，立案262人，给予党纪政务处分103人，移送司法机关14人。合肥市针对袁守奇等涉黑涉恶案“打伞破网”的做法，受到中央督导组充分肯定。

【治理“微腐败”】 2019年，市纪委监委完善治理微腐败“三七”工作格局，健全问题发现、惩治、防控三项机制，严肃查处民生、扶贫、环保等7个领域的“微腐败”问题。全市查处群众身边的腐败和作风问题204起，处理274人，其中给予党纪政务处分161人，移送司法机关19人，市本级分八批对相关典型案件进行通报曝光。肥东县、长丰县等地推动“阳光村务”微权监督平台常态化运行，将“谐农三资”与“阳光村务”微权监督平台有效整合，基层“小微权力”的监督制约得到加强。

巡视巡察

【概况】 2019年，市纪委监委建立健全巡视整改机制，压实巡视整改政治责任，把巡视整改纳入日常监督，协助市委抓好省委巡视反馈问题整改落实，严格抓好涉及各级纪委监委整改事项。对整改迟缓、效果不明显的进行约谈、督办。省委巡视向市纪委反馈的51项问题，整改完成50项。省委巡视移交问题线索100件，办结92件，其中查实80件，成案率87%。

坚守政治巡察定位，紧扣“四个落实”要求，充实巡察工作力量，组织实施市委第六、七轮巡察，完成对57个单位（地区）党组织的巡察，全覆盖率由年初的32%上升到72%，实现对市县两级13个开发区、16个副县级乡镇、27个市属国有企业巡察全覆盖。市县上下联动、合力推进，对204个扶贫工作领导小组成员单位开展专项巡察，对市县法院、人防系统开展同步巡察，对1313个村（居）开展延伸巡察。十一届市委巡察共发现问题4771个，移交问题线索599件。

【完善工作机制】 2019年，市纪委监委坚持“边巡边移”“边巡边改”工作机制，对巡察期间反映具体、可查性强以及关系群众切身利益的问题及时移交办理、督促立行立改，合肥滨湖投资公司加油卡套现、肥东经开区安置房和门面房多年被强占等突出问题得到及时查纠。对巡察整改情况组织开展多轮专项检查，对整改效果明显的3家单位通报表扬，对整改不力的4家单位予以约谈、27家单位发出督办函。

（刘 冰）

责任编辑：贾南田

军 事

警 备

【概况】 2019年，合肥警备区党委坚持以习近平新时代中国特色社会主义思想为指导，深入学习贯彻习近平强军思想，按照军委国防动员部、省军区党委决策部署，以两项主题教育为主线，以“三个第一、四个相称”目标为统领，凝心聚力、攻坚克难、开拓奋进，部队建设在固本开新中向上向好。

坚持举旗铸魂，筑牢官兵思想根子。坚持把学习贯彻习主席重要讲话精神摆在首位，突出军委主席负责制学习贯彻，建立“1+1+4”学习制度。统筹抓好“不忘初心、牢记使命”和“传承红色基因、担当强军重任”主题教育，持续开展“立起第一标准、塑造相称样子”专题教育，深入全面彻底肃清郭徐房张流毒影响，严密组织军队人员信仰宗教、参加社会组织、发表言论问题清理整治，确保部队高度集中统一和纯洁巩固。

坚持为战导向，提升练兵备战质效。结合“皖动—2019”指挥演练，修订完善国防动员行动方案，构建市县国防动员联合指挥机构，搭建联通军地的指挥信息系统，强化军地联合组织指挥能力。以民兵新质分队拉动试点任务为牵引，出动民兵、高新技术装备，先后4次组织拉动演练，6次接受检查验收，得到军委国防动员部首长和机关的肯定。坚持按纲施训，完成民兵营（连）长、基干民兵集中轮训任务。扎实开展群众性练兵比武活动，在省军区比武竞赛中总评第二。

坚持凝聚合力，夯实国防动员基础。开展国防动员潜力调查，核查高新技术企业1662家，采集重点、基础和补充3类潜力数据10万余条，占全省数据总量的28%。在全市编建民兵新质分队，重点打造光电干扰等特色新质分队。深化“六进六送”征兵工作机制，召开全市征兵复盘检讨会，落实每所高校1堂国防教育课、1场士兵典型报告会和1场征兵政策讲座，挖掘大学生征集潜力，圆满完成征集任务。

坚持从严从紧，狠抓作风纪律整治。集中开展“严思想纠偏正向、严法纪纠治陋习”专题警示教育暨作风建设专项整顿，先后接受军委、军委国防动员部、省军区3个波次

2019年9月30日，合肥警备区举行庆祝中华人民共和国成立70周年升旗仪式
（合肥警备区政治处/供）

巡视巡察检查，列出36条具体问题清单，3次部署、4次督导，推动问题立行立改、逐项解决。加大执纪问责力度，6名军地人员被追责问责。

坚持党管武装，强化强军兴武责任。协调召开市委议军会，凝聚军地强军兴武合力。协调省市人大代表专题视察涉军停偿案件执行情况，做好停偿收尾工作，包河区政府被评为全国停偿工作先进单位。联合市教育局出台《合肥市关于〈军人子女教育优待办法〉的实施细则》，让教育优待制度化、规范化。

【民兵分队轮训】 2019年，合肥警备区遵循“全年训、不断线”的要求，科学统筹师团两级训练基地使用，按纲完成年度民兵训练任务。选派695名民兵骨干，帮助50所学校4.2万余名学生开展军训工作，做到“手中有力量、队伍有素质、行动有能力”。

【枪支弹药专项整治】 2019年，合肥警备区按照省军区专项任务部署会要求，对历年账务进行清查梳理，完成历年库存装备实力和历年武器、弹药调拨单装订成册及库存装备区分现役与民兵、省军区与本级，分类、分批次存放，实现仓库历史账目清晰，现存账物相符；完成启封装箱武器，为库存枪械制作身份图册；投入约20万元，更换56组制式枪柜，并在全省率先落实枪支成建制入柜存放。

【专武干部集训】 2019年1月9日至20日，合肥警备区组织全市专武干部集训。组织习近平强军思想宣讲辅导，赴“海空英雄团”参观见学，在蔡永祥革命烈士纪念馆开展主题教育，召开党小组会进行思想交锋，铸牢听党指挥思想根基。组织20千米徒步行军拉练，首长机关一起训，设置战术背景组织情况处置，练指挥、练协同、练动作，磨炼吃苦精神、锤炼顽强作风，提升战斗意志。组织规范化建设观摩学习，理清工作思路，提升业务能力。

【国防动员军地联合指挥暨新质民兵分队拉动试点】 从2019年3月初开始，合肥警备区展开国防动员军地联合指挥暨新质民兵分队拉动试点任务准备。深入全市37家高新技术企业、科研院所调研论证，探索出“模块化组编、跨单位抽编、跨专业选编、人装结合编”等编建模式，研究确定重点新质分队，为拉动点验奠定力量基础。以遂行支援保障任务为课题，先后在组织4次集结拉动，出动民兵应急连、新质分队、专业保障分队，各类应急器材，4次接受军委国防动员部、6次接受省军区首长机关检查验收。5月22日，在省武警总队训练基地，受到军委国防动员部首长和与会代表的肯定。

【国防动员潜力调查】 2019年一季度，合肥市组织国防动员潜力统计调查，成立合肥市国防动员潜力统计调查领导小组。为摸清核实辖区国防动员潜力基本情况，先后4次组织市国动委“八办”及成员单位召开任务部署会、协调会、推进会，更新核实重点、基础、补充3类数据10万余条，占全省数据总量的28%。

【军委第一巡视组合肥警备区巡视】 2019年5月上旬，军委第一巡视组先后到合肥警备区机关和辖区5个人武部进行延伸巡视。5月14日，军委第一巡视组到警备区机关开展座谈，对警备区部队以党的政治建设为统领的全面建设进行全面检查和督导。巡视组听取警备区党委关于“六个围绕、一个加强”情况、单位建设形势分析以及查找的问题。巡视组组长强调，要正确认识形势，始终保持清醒政治头脑；要认真全面系统地学习习主席国防动员系列重要论述，认真梳理军分区抓工作怎么抓住“龙头”等内容。

【防汛抢险准备】 2019年二季度，合肥警备区修订完善《警备区

2019年12月23日，合肥警备区组织全市专武干部集训 （合肥警备区政治处/供）

应对台风和洪涝灾害方案》，会同市应急管理局、市防指以及驻军单位，召开防汛抢险军地联席会议，分析研判形势，对接兵力需求，落实防汛物资器材。先后于6月10日至14日、25日至29日，两次组织全市水上抢险分队骨干，分别与武警合肥支队、市消防救援支队开展联合训练，提升遂行任务能力。6月29日，组织全市水上抢险分队和巢湖民兵应急分队68人，出动冲锋舟10艘，参加安徽省“长江（巢湖片）防汛”演习，检验提升军地联防联动能力。指导巢湖人武部做好合成34旅在巢湖地区防汛勘察的协调保障工作。

【民兵武器装备仓库基础设施】 2019年上半年，合肥警备区以正规化建设为抓手，统筹军地资源，投入约150万元，全面提升改造。对老旧库房进行修缮，完善消防设施，改善库区现状；安装高压电网、铁丝网、电子围栏、自动报警等设施，协调巢湖市园林局移除库区围墙两侧高大树木；从巢湖市夏阁镇引接自来水，彻底解决困扰仓库多年的饮水难题；安装制作强军目标主题宣传栏、真实展现官兵生活的宣传橱窗，改善营区生活文化环境。投入约20万元，更换老旧线路、治理屋顶漏水，达到了排除安全隐患，正规库房建设的目的。

【全民国防教育活动】 2019年9月中下旬，结合全民国防教育日活动，合肥警备区印发国防教育宣传册10万余份，在15条公交线路、400余台公交车上开展国防宣传活动，在全市44个重要场所户外大型LED电子屏安排专门时段，循环播放国防宣传内容。邀请国防大学教授姜鲁鸣等知名军事专家来肥，在“庐州讲坛”开讲。

【出台《合肥市军人子女教育优待办法》】 2019年10月9日，合肥警备区会同市教育局和退役军人事务局出台《合肥市关于〈军人子女教育优待办法〉的实施细则》，对军人子女所享受的教育优待办法做了具体规定。《细则》明确，幼儿教育阶段，可在户籍所在地、常住地或祖父母（外祖父母）户籍所在地就近入公办幼儿园或普惠性民办幼儿园；义务教育阶段，可在行政区内安排教育质量较好的学校就读；入中等职业学校就读，可在全市范围内任选学校；报考普通高级中学，对符合条件的军人子女实施加分录取。

【组织“皖动—2019”指挥研练】 2019年10月下旬，合肥警备区围绕深化转化集训成果，采取“视频观摩、指挥研练、方案解析”的方式，组织警备区机关和国动委相关成员单位，基于使命任务、实际作战编成、实际职务身份、实际指挥手段，参加省军区组织“皖动—2019”指挥研练。通过随机抽取条件展开指挥作业，参加方案解析现场解答问题，强化各级备战打仗的责任担当，提升指挥员和机关分析判断情况、快速筹划决策、组织动员实施的能力素质。

（王 勇）

武 警

【概况】 2019年，武警合肥支队（以下简称“支队”）围绕政治建军强固思想根基。扎实推进“不忘初心、牢记使命”主题教育，细化制定4个方面34个具体内容，系统学习习主席系列重要讲话、2本《纲要》等最新精神，细致查摆问题清单，邀请嘉兴南湖革命纪念馆副馆长讲授党史，邀请2名国庆受阅官兵作辅导报告，推进教育走深走实。探索运用“三式”教育模式推进“传承红色基因、担当强军重任”主题教育，3次外请专家授课，评选4课精品教案，组织“四看一展”活动，评比表彰“双十佳”先进典型，举办第二届“强军风采摄影展”，引导官兵把“三种精神”传承弘扬起来，支队主题教育试点经验在全总队交流，盘活驻地红色资源的做法被《解放军报》刊发，支队获得总队“优秀四会政治教员比武竞赛”团体第三名，抽考的1名干部被评为武警部队“优秀四会政治教员”，推荐的2名官兵被评为总队“十佳四会政治教员”，2名官兵被评为武警部队“学史知史悟史先进个人”，1名战士夺得总队“法苑书香”演讲比赛二等奖，支队《庆国庆，话初心》摄影作品在《人民日报》头版头条刊载，新闻宣传工作在全总队排名第一。

围绕任务牵引深化练兵备战。探索运用“五式”工作方法组勤管勤，总结形成“固定勤务抓制度，临时勤务抓规范，勤务整体抓能力”的执勤工作理念，常态开展“四个四次”，深化落实“3+1”战备值班力量体系运行，建立完善落实“周五战备日”制度，精细规范“六个一”，官兵核心战力进一步提升。支队获总队特战分队干部骨干集训总评第三名。截至年底，圆满完成看押目标、“智慧磐石工程建设”、“两警联勤武装巡逻”现场会以及省“两会”、“国庆安保”、“9201等级警卫”等各类任务163次，并成功处置9起冲闯闹事、1起救助群众事件，受到各级肯定赞扬。坚持“六个优先”的原则激励培养教练员队伍，支队《训练“P图”引风波》报道在《人民武警报》头版头条刊载。

围绕厚实底蕴持续夯实基础。探索常委每季度轮换挂钩大队、大队每月轮换驻点中队、机关科室固定挂钩基层的帮建模式，在还权于大队的基础上，开展“八个一”活动，先后开展3轮蹲点帮建，分批次组织干部到正规化建设试点单位参观见学，每月开展“四涉”、心理和内部关系问题排查，查摆整治各类安全隐患314处，严密组织枪弹管理“六个过一遍”活动，对基层“双向讲评”反映的24个意见建议逐一答复，对32份《按纲建队规划》逐一审定，对6个连续五年未进入先进的中队逐一“解剖麻雀”，基层建设基础进一步夯实。贯彻落实“为基层减负”的指示要求，坚持用《一周工作提示》统工作，普及规范“绿信”工作软件，清理解散各类工作性“微信群”19个，精简合并各类会议，实行每周一天“基层来机关办事日”和送服务下基层等活动。支队《科技减负，激发基层自建活力》报道在《解放军报》刊载。

围绕服务发展提升保障效益。针对遂行多样化任务特点，区分支队、大队、中队3个层级，规范保障力量建设标准，落实保障力量编携配装，并与粮站、银行、医院等协作单位签订应急保障协议，自上而下形成全方位的后装保障体系。围绕建设“打仗型后勤”的目标，探索后勤训练“八落实”路子，组织“一组五队”拉动演练3次，后勤专业兵岗位轮训8次，保障能力在“卫士演习”中得到锻炼。在总队2019年度后装专业训练大比武中获得团体第四名。开展后勤领域问题“清仓归零”，排查整改6个方面83个具体问题，全面推行小额零星物资军网商城集中采购，不断规范管理秩序。抓实安全管控，保障各类集训用枪1162支，组织实弹射击52次，累计行车73万千米，均安全顺利。

围绕全面从严抓实风气建设。紧盯部队风气上的沉疴积弊和潜规陋习，开展基层风气建设监督员培训，设立基层“意见建议日”，纪委全程紧盯评功评奖、入党考学、士官选晋、干部调整等敏感事项和“五小五微”具体表现，对官兵身边的不正之风和“微腐败”保持露头就打的高压态势。

【临时勤务】 2019年，支队完成押解押运勤务116起，押运、押解总里程长达38584余千米。

【城市武装巡逻】 2019年，支队采取乘车、徒步相结合方式，协助合肥市公安局担负安徽省行政中心、高铁南站、中心城区、淮海路步行街和市政务中心重点路段、重点目标武装巡逻任务。累计用兵1.9万余人次，成功处置各类突发事件86起，其中支队成功处置错带羁押对象出监、醉酒男子携带危险品闯站，及抓捕1名极端分子等4起突发事件，有效维护合肥市社会面大局稳定。

【车站执勤】 1月1日至1月4日、1月12日至1月18日、2月4日至2月12日、2月18日至2月22日、4月4日至4月8日、4月23日至5月4日、6月6日至6月10日、9月2日至9月5日、9月31日至10月8日，支队协助公安机关完成合肥市重要交通站点维护秩序任务。

【安保勤务】 1月12日至1月18日，支队完成安徽省人大十三届二次会议、省政协十二届二次会议代表驻地、会场外围警戒和机动备勤任务。

3月1日至3月2日，完成“9201”中央政治局委员、国务院副总理胡春华来肥参加重要活动期间二级临时警卫任务。

2019年12月12日，武警合肥支队作战勤务指挥室 （支队政治处／供）

3月1日至3月2日，完成“9202”担负代表临时驻地省人大会议中心外围警戒、处突反恐和机动备勤任务。

3月24日至3月25日，完成“9203”中央政治局委员、中央书记处书记、中央政法委书记郭声琨在肥参加重要活动期间二级临时警卫勤务。

5月15日至5月17日，完成“9204”原中央政治局委员、北京市委书记郭金龙在肥参加重要活动期间二级警卫勤务。

7月9日至7月12日，完成“9207”老挝中央政治局委员、中组部部长占西•普西坎、老挝中央书记处书记、中宣部部长吉乔•凯坎皮吞一行在肥活动期间二级临时警卫任务。

9月20日至9月23日，完成2019世界制造业大会会场外围警戒和机动备勤任务。

11月13日至11月15日，完成“9104”中央政治局常委、中央纪律检查委员会书记赵乐际在肥期间一级警卫勤务。

（李海鑫）

人民防空（民防）

【概况】 合肥市人民防空办公室（以下简称“市人防办”）成立于1950年。前身是合肥市防空司令部，2008年增挂合肥市民防局牌子。截至2019年底，机关行政编制18人，实有在编人数22人；设综合处、组织人事处、工程处、应急指挥通信保障处、民防工作处（法规宣教处）、财务审计处、督查处、机关党委；下设人防重点工程管理处、人防（民防）指挥信息保障中心、人防工程质量监督站、人防设施监督管理处四个公益一类事业单位。2019年度获评全省人民防空目标管理先进单位、合肥市政务服务“先进窗口”。

【工程建设与监管】 2019年，市人防办开展人防工程安全普查。制定《关于开展人防工程安全隐患排查治理暨旧城改造项目中涉及早期人防工事普查的通知》《2019年全市人防系统“安全生产月”和“安全生产江淮行”活动方案的通知》等文件，开展人防工程安全隐患排查治理和旧城改造项目中涉及早期人防工事普查工作，做好人防工程防汛安全工作，确保人防工程平时使用安全和战时防护效能。

【人防疏散基地（地域）建设】 2019年5月底，安徽第一座人防公园——滨湖人防公园建设全部完工，6月11日，合肥市人防办副主任（民防局副局长）带领工程处，前往滨湖人防公园现场，会同重点局、设计单位、监理单位、施工单位等相关部门的主要负责人，对滨湖人防公园进行初验。滨湖人防公园位于滨湖新区紫云路与迎淮路交口，由合肥市人民防空办公室组织实施，并由合肥市重点局代建，是合肥市区第一个具有安徽特色的人防文化公园。

肥东县开展市级人防疏散基地（地域）核心区工程建设。根据人防专项规划布局要求，选址肥东县白马山林场建设肥东县市级人防疏散基地（地域）核心区工程，2月，市政府批示同意建设该项目；4月，完成项目建议书的编制工作；9月，完成项目的立项报批工作；11月，召开项目可行性研究专家评审会，并通过专家评审。

【人防指挥通信建设】 2019年，市人防办完成人防应急指挥平台智能会议系统升级改造项目验收。通过对老旧的会议和音响系统进行升级改造，实现高清化及智能化改造。按照省人防办统一组织、统一招标、分级支付、统一验收的部署安排，市人防办在中型车上完成市二代机动指挥平台升级改造验收，并投入使用。

完成人防战备数据工程项目招标。该项目是国家人防办和省人防办赋予合肥市的一项试点，是市级政府公益性项目。该项目通过建设人防数据库，开发数据展示系统，方便领导直观的决策，及日常工作的开展。至年底完成项目合同签订，并进入施工阶段。

完成重要经济目标防护系统建设项目立项。该项目是国家人防办和省人防办赋予合肥市的一项试点，是市级政府公益性项目。该项目是通过运用高科技手段，加强合肥市重要经济目标防护能力。

完成两编一修（合肥市人民防空方案修订和省行政服务中心疏散方案编制、合肥市人防警报建设规划编制）招标报名工作。

二代小型机动指挥通信系统升级改造项目报市政府批准，纳入2020年政府公益性项目，该项目旨在将现有2辆小型卫星车搭载的1代卫星通信系统升级到符合国家人防办标准的2代卫星通信系统，截至年底，项目进入立项阶段。

【军事斗争准备】 2019年，市人防办适应全市机构改革变化，调整人防指挥部成员，明确指挥部成员单位职责，规范指挥协同关系。按照“一中心三部门”编成要求，完成市本级，各县（市）区、开发区人防指挥部调整，确保指挥部衔接有序，常态运行。

进行人防专业队整组，加强人防志愿者队伍建设，提高快速反应、应急处突能力。结合年度人防办主任会议，举办全市人防系统封闭式“准军事化”集训，从严从实训练，强化人防“准军事化”的特殊职能使命定位。

组织开展合肥市人防系统跨区野外综合训练暨参观见学活动。坚持以人防军事训练大纲为指导，聚焦人防五大体系建设，提升人防机关综合素质和人防军事斗争准备能力。

牵头组织并参加皖中片轮转训练等大型活动。完成“皖盾—2019A”皖中片人防通信跨区支援综合演练各项任务，取得优异成绩，得到各级领导的肯定。演练动用各类装备车辆60余台套，出动人防、消防、燃气、供水、供电、道路抢修、医疗救护、防护防疫、信息保障等各类应急救援专业队伍25支，参加演练的群众1000余人。

成功举办“合肥市‘9·18’防空警报试鸣暨‘合盾—2019’长丰县防空袭疏散行动演练”活动。该次演练以人员疏散为主题，重点演练疏散行动筹划、临战疏散、紧急疏散和消除空袭后果等内容科目。

2019年9月18日，“合肥市‘9·18’防空警报试鸣暨‘合盾—2019’长丰县防空袭疏散行动演练”活动举办

（市人防办/供）

【人防工程审批建设】 2019年，市人防办窗口深化行政审批制度改革，对人防工程建设许可阶段和施工阶段实行并联审批，将人防工程施工图技术审查纳入施工图审查，落实联合审查制度。推进政务服务效能建设，创优人防营商环境，将安徽巢湖经济开发区、肥东县、肥西县、长丰县人防“结建”审批下放属地人防部门承担，避免建设单位多头办理、多头跑路。在行政审批中大力推行网上办事，利用“合肥市工程建设项目审批管理平台”和“合肥市基本建设项目收费网上办理系统”办理人防工程建设和易地建设项目审批。2019年，人防窗口被评为“先进窗口”，连续十年获得政务服务先进称号。

【宣传教育】 2019年，市人防办在《合肥晚报》开设人防专刊、合肥广播电台开设人防之声（每周一至周五上午7：40）。开通合肥人防微信公众号，设置动态信息、政策法规、人防知识等3个模块，市民通过“指尖点一点”，即可了解人防知识，知晓人防动态。宣传合肥市人防民防工作，增强广大市民人民防空知识和对人防民防的认知度。5月10日，在合肥市市民广场举行安徽省暨合肥市“全国防灾减灾日”主题宣传周启动仪式。5月12日是我国第11个全国防灾减灾日，主题是“提高灾害防治能力，构筑生命安全防线”。市人防办（民防局）工作人员向群众免费发放《合肥市民防灾避险应急手册》等应急宣传物品，现场解答市民人防民防知识咨询，提高广大市民的灾害风险防范意识和自救互救等应对能力。9月18日，在长丰县双墩镇开展了“合肥市‘9·18’防空警报试鸣暨‘合盾—2019’长丰县防空袭疏散行动演练活动”，其他县（市）区、开发区同步开展演练及宣传活动。

【“五进”教育】 2019年，市人防办以“五进”活动为抓手，以示范点建设为突破口，推进人防民防宣传教育向基层延伸。下发《关于开展2019年度基层人防民防“五进”示范点创建评估验收工作的通知》，规范人防示范点在组织机构、预案演练、场所建设、工作机制、宣传教育和保障措施等方面具体标准。

人防民防进机关。10月15日，开展人防民防进党校活动，2019年秋季学期第一批次科干班50余名学员到市人防地下指挥所和省级综合减灾示范社区、市级民防进社区示范点高新区杨林社区观摩市人防指挥机构及民防进社区示范点建设情况，实地参观市人防地下指挥所战备物资库及人防战备值班室、应急指挥中心等。

人防民防进社区。在全市范围内建立健全民防志愿者队伍和民防应急专业队伍。成立社区民防工作站并挂牌，成立民防工作领导小组。设立组长、副组长及相关成员，同时配备专兼职民防工作人员。8月，专门组织省市新闻媒体记者赴社区实地采访，开展“记者走社区”人防民防系列报道活动，实地走访21个人防民防示范社区。重点宣传一批基层社区开展人防民防进社区活动中的典型经验。用市民身边的故事，以群众喜闻乐见的形式，普及人防知识，发挥引领效应，筑起社区民众安全防护网。

人防民防进学校。从2011年起，市人防办每年和教育局联合开展以民防知识教育、防空防灾救助为主题的民防师资骨干培训，每年为在校初中生发放《学生人防知识读本》，各初级中学为初一新生开设人防教育课程，为学生扣好安全防灾的“第一粒扣子”。2019年和市教育局联合举办“庆祖国七十华诞、颂人防民防辉煌”主题征文活动，庆祝中华人民共和国成立70周年，展现七十年来合肥市人防民防建设事业发生的巨大变化，收到全市教育系统广大师生和人防系统干部职工稿件共计499篇。

人防民防进企业。加大人防民防进企业推进力度，在企业集中的高新区、新站区、经开区等地区集中开展人防民防进企业活动。

人防民防进媒体。继续利用报刊、电台开设人防专版专栏、人防之声栏目。每年在《合肥晚报》开设人防专刊、合肥广播电台开设人防之声（每周一至周五上午7：40），开展人防民防宣传活动，受到市民广泛好评。

（丁 婕）

退役军人事务

【概况】 2019年，市退役军人事务局推进解决退役士兵非个人原因安置上岗问题，推动退役士兵扶持就业专项岗位开发，2440名退役士兵实现再就业梦想。合肥市成立以市政府副市长为组长的解决部分退役士兵社会保险问题专项工作组及有关部门参加的工作专班，划拨专项经费，集中抓好解决部分退役士兵社会保险问题。截至2019年12月31日，完成19394名退役士兵登记审核工作。依据上级有关文件精神，结合实际，出台《合肥市关于进一步加强退役军人管理保障工作方案》。

开展向“时代楷模”张富清、“最美退役军人”胡晨等学习宣传活动。组织春节、“八一”走访慰问优抚对象和优秀退役军人代表活动，结合春节走访慰问，集中开展悬挂光荣牌工作，注重丰富内容，增强仪式感。开展为立功受奖现役军人家庭送喜报，为优抚对象送春联、年画活动。完成534枚庆祝中华人民共和国成立70周年纪念章发放工作。利用烈士纪念设施和与烈士纪念相关的爱国主义教育基地、国防教育基地等红色资源，组织开展烈士宣传教育活动和烈士公祭等纪念活动。

【思想政治工作】 2019年，市退役军人事务局坚持党建引领抓好退役军人思想政治工作，制发《关于做好退役军人党员组织关系转接及教育管理工作的通知》，确保每名退役军人党员组织关系全部及时落实到基层党组织。注重将思想政治工作贯穿于工作实际，充分利用办理业务、走访慰问、个别谈心等场合不失时机抓好思想教育，开展政策法规宣传教育。建立以军休干部为主体的思想政治工作专家库，增强思想政治工作针对性、有效性。组织年度接收退役士兵安置前赴蜀山烈士陵园开展主题教育活动。选树退役军人典型，先后开展“致敬新时代退役军人”学习宣传活动和“合肥市最美退役军人”发布活动，评选发布10位“最美退役军人”。

【移交安置】 2019年，市退役军人事务局接收安置计划分配军转干部236名。采用考试考核、个人填报志愿、计算机匹配、安置单位排序、依分选岗做法，做到全程公开、阳光操作。在全省率先办结140名自主择业军转干部安置手续。妥善安置249名符合政府安排工作条件退役士兵，及时发放3068名自主就业退役士兵一次性经济补助。

【就业创业】 2019年，市退役军人事务局与省退役军人事务厅共同举办“退伍不褪色，就业再起航”退役士兵专场招聘会。会同各级人社部门开展以“不断强化就业创业服务、促进退役士兵就业创业”为主题的退役士兵专场招聘活动26场次，7136人次参加，1593家单位进场招聘，签订就业意向2400余人。组织1498人参加退役士兵技能培训。完成自主择业军转干部适应性培训、清华大学网络培训及县（市）区业务培训，“量身定制”两期90人的个性化培训。

2019年11月底，《荣归》节目组参加全国移交政府安置军队离退休干部庆祝中华人民共和国成立70周年文艺会演 （市退役军人事务局/供）

【军休服务】 2019年，市退役军人事务局接收安置年度军休人员117名。开展推进军休基础台账电子化，推进军休工作规范化、制度化建设。落实军休干部“两个待遇”，举办健康知识讲座，组织开展1300余名军休干部健康体检，加强军休党组织建设和军休党员经常性教育，开展“两节”慰问活动。支持军休干部参与社会公益活动，开展爱国主义宣讲，组织“爱心帮扶，捐资助学”活动，为军休干部发挥余热奉献社会搭建平台。举办“军休情、强国梦”庆“八一”全市军休文艺演出等军休系列活动，选送节目《荣归》代表安徽省参加全国军休干部庆祝中华人民共和国成立70周年文艺会演并获优秀奖。

【待遇保障】 2019年，市退役军人事务局制发《合肥市重点优抚对象享受普惠加优待实施意见》，按照《安徽省城乡医疗救助办法》规定，解决重点优抚对象医疗保障问题。将符合条件困难退役军人家庭纳入最低生活保障、医疗救助、临时救助范围。做好重点优抚对象医疗、住房、就业等方面优待工作，推动并建立退役士兵困难救助常态化机制。落实符合法定条件参战参试退役军人、在乡复员军人、带病回乡退伍军人、年满60周岁的农村籍退役军人等各类人员优抚政策。兑现军队复员干部、军队离休干部、中华人民共和国成立前入伍老战士和企业军转干部有关政策待遇。制定《合肥市优抚对象扶贫帮困问题整改实施方案》，跟踪抓好优抚对象扶贫工作。完成91批次6500余人次军供保障任务。

【双拥创建】 2019年，市退役军人事务局以创建全国双拥模范城“九连冠”为抓手，制定《合肥市创建全国双拥模范城实施方案》，召开4次全市性会议部署推动，专设双拥办联络处，实行军地合署办公。开展“春节”“八一”慰问驻肥部队活动，投入经费5500余万元。开通双拥公交专线，增设双拥公交站点，照顾各类军人子女入学就读460余人次。为未就业随军家属及时发放生活补助费1700人次，600余万元。打造“传承红基因，弘扬时代新风”军民携手志愿“学雷锋”实践一条街。举办法律送军营、送文艺进军营、“最美好军嫂”等系列活动。营造双拥浓厚氛围，引领全社会共同参与拥军惠军事业，推动形成爱军拥军的社会风尚，军政军民团结大好局面得到进一步巩固和发展。

（左　帅）

责任编辑：崔建军

民主党派与工商联

中国国民党革命委员会合肥市委员会

【概况】 2019年，中国国民党革命委员会合肥市委员会（以下简称“民革市委”）下设4个总支、1个基层委、30个基层支部。全年发展新党员41人。截至2019年12月，共有党员827人，其中具有中级及以上职称的549人，平均年龄54.34岁。党员主要分布在教育、文化、科技、医药卫生等界别，新的社会阶层，如社会法制领域、非公有制经济代表人士近年来也是民革重点发展对象。党员中省人大代表1人、省政协委员2人（常委1人）、市人大代表6人（常委1人）、市政协委员37人（副主席1人，常委6人）、县（区）人大代表5人（常委1人）、县（区）政协委员45人（副主席3人，常委10人）。党员中有25人次担任中共市委机关党风党纪监督员、特约行政执法监督员、机关效能建设监督员等各类社会特邀、特约监督员职务。

民革市委现为中国国民党革命委员会合肥市第十一届委员会，共有市委委员25人。现任主委谢海涛，副主委刘晓春、涂敏、宋琪、文刚。民革市委下设5个专门委员会，分别为：“三农”专委会、经济专委会、社会和法制专委会、祖国统一专委会、科教文卫体专委会。

【政治建设】 2019年，民革市委开展“不忘合作初心，继续携手前进”主题教育，制定《民革合肥市委2019年学习计划》。霍开兵撰写的《习近平总书记关于新型政党制度的重要论述研究》，获全市统战系统理论创新优秀成果。

以主题教育活动为契机，将学习教育、履职尽责、查找不足、整改提高贯穿主题教育活动全过程。召开民主生活会，领导班子进行批评和自我批评，列出问题清单对照整改。各基层组织通过学习研讨、参观交流，联合兄弟地市民革组织、其他党派开展主题活动等，不断推动活动扎实有序开展，深化广大党员对民革初心的认识，引导党员不断增进对中国共产党和中国特色社会主义的政治认同、思想认同、理论认同、情感认同，牢固树立“四个意识”，坚定“四个自信”，做到“两个维护”。

以参观考察民革前辈故居和民革党史教育基地为载体，将学习民

2019年8月9日，民革市委组织常委班子赴潜山野寨中学，拜谒176师抗日阵亡将士陵园 （民革市委/供）

革领导人传记、民革党史、中国近代史等读书活动贯穿始终。通过观故居、学党史，提升作为民革党员的责任感和使命感，引导党员不忘多党合作建立的初心。共组织党员参观柳亚子、冯玉祥、张治中、卫立煌故居近百人次，并协助杭州、济源、许昌、马鞍山、阜阳等地民革组织在肥开展观故居活动。持续关注卫立煌故居的建设开放，参加建设协调会，并提出意见建议。推动张治中故居入选第八批全国重点文物保护单位。

推进民革党员之家建设。9月，首个合肥民革党员之家在包河区方兴社区建成，民革中央副主席张伯军、民革安徽省委主委夏涛共同为“合肥民革党员之家”揭牌。

充分发挥网站、微信公众号作用，加强与主流媒体宣传合作，借助社会媒体和统战宣传平台，树立民革作为中国特色社会主义参政党的良好社会形象。“民革合肥市委会”微信公众号发布图文稿件191篇，总阅读量超过7万人次。全年在《团结报》《江淮时报》《合肥日报》等各大主流媒体刊登稿件30余篇，还有相当数量的稿件在各类网站、自媒体平台发布，进一步扩大民革组织影响力。民革市委荣获《团结报》征订工作先进集体称号。

【重要活动】 2019年，民革市委紧扣“重温光荣历史，弘扬优良传统”主题，开展系列活动，吸引基层组织和广大党员积极参与。

组织党员参加合肥市统一战线庆祝中华人民共和国成立70周年系列活动启动仪式暨国防专题教育报告会；完成《合肥统战70年图鉴》合肥民革部分的编撰；在中共合肥市委统战部“心言心语”征集活动中，征集“心言心语”30条，其中3条获二等奖，2条获三等奖；紧扣“合肥创新发展”主题，提交“我为合肥创新发展献一策”25条，其中项红撰写的建议被列为口头发言；参加合肥市统一战线庆祝中华人民共和国成立70周年“同心颂”文艺会演；10名党员荣获合肥市统一战线庆祝中华人民共和国成立70周年“同心人物”；组稿入选合肥市政协为庆祝中华人民共和国成立70周年、人民政协成立70周年编写的《合肥文史》（第二辑）；举办庆祝中华人民共和国成立70周年“同心追梦”演讲比赛，并推荐一名党员参加民革安徽省委举办的演讲比赛。

2019年是民革市委成立60周年。开展纪念征文、征集书画作品、文艺会演等活动，充分展示合肥民革自身建设、履行职能成果以及民革党员积极向上的精神面貌。2019年6月12日，民革市委召开“庆祝民革合肥市委成立60周年大会”，300余名民革党员参会。

【组织建设】 2019年民革市委加强领导班子建设。打造“讲政治、重团结、干实事”的坚强领导集体，增强领导班子五种能力。全年召开全委会2次，常委会7次，主委会5次。班子成员深入基层组织，注意听取吸纳基层组织和党员的意见建议。常委班子前往潜山野寨中学，拜谒176师抗日阵亡将士陵园，接受爱国主义教育。

加强人才队伍建设。按照《安徽省民革基层组织发展党员工作程序（试行）》的要求，规范党员发展工作程序，坚持质量数量并重原则，根据民革发展新的特色领域要求，做好重点领域党员发展。成立瑶海五支部，进一步扩大组织覆盖面。加大骨干党员培训力度，全年组织市委委员、基层组织负责人以及骨干党员近50人次参加各类各层次的培训，其中1名党员参加民革中央首批基层组织负责人培训班学习，1名党员参加民革中央第一期民革法律服务工作骨干培训班学习。举办第11期新党员培训班，60余名新党员参加培训。

加强示范支部建设。各支部深入学习《民革安徽省示范支部创建活动指南》，对评选指标进行分析和梳理，对创建任务进行分工，剖析存在问题，积极参加创建。包河四支部被民革中央表彰为“民革示范支部”，蜀山六支部和蜀山政务支部获评第一批“民革安徽省示范支部”。各总支（基层委）定期召开会议，开展进社区、调研等活动，进一步加强基层组织工作。各支部基本每季度组织一次活动，并通过联合中共基层组织、其他党派基层组织、兄弟支部开展活动，与外地市民革基层组织共建友好支部，建立支部微信群交流思想工作等，活动形式不断创新，基层组织的活力和凝聚力不断增强。

加强制度建设。2019年，根据新形势下党派工作的新要求，民革市委对原有的各项规章制度重新进行梳理整合、修订完善，重新制定部分制度，涵盖民革市委、基层组织和机关三个层面，共26项，编印《民革合肥市委制度汇编》，推动各项工作制度化、程序化、规范化和科学化。

加强作风建设。召开专题会议，全体机关干部结合本职工作，深入对照要求，深刻剖析自身存在的问题和不足。深刻把握国家监察体制改革重要意义，组织学习《监察法》，加强同驻市委统战部纪检监察组工作联系，加强廉政教育。

老党员是民革的宝贵财富，民革市委关心老党员的老年生活，组织金秋支部老党员参观运漕古镇和凌家滩遗址。同时，对80余名75周岁以上党员开展上门走访慰问，对病困党员进行探望。老党员金强获得“庆祝中华人民共和国成立70周年”纪念章。

【参政议政】 2019年，民革市委主要领导在省政协、中共合肥市委、市政府、市政协召开的各类协商会、座谈会、情况通报会上，围绕安徽省、合肥市经济、社会发展进程中遇到的重大问题提出意见和建议，就党委、政府的一些重要决策充分协商。在省政协常委会上，谢海涛作题为《应用人工智能技术，推动安徽省中小企业转型升级》的口头发言。在省政协专题协商会上，曹南学、项红分别作题为《多措并举，综合防控，切实保护青少年视力健康》《构建知识产权保护体系保障民营经济健康发展》《政策引导 搭建平台 完善机制——对破解民营企业融资难的建议》的口头发言，穆饶明、方达夫、钟雷分别提交书面发言材料。在市政协专题协商会上，华健作题为《加强侨梦苑建设进一步促进华侨华人来肥创新创业》《从“量的积累”到“质的飞跃”着力打造外向型企业高质量发展》的口头发言。在市政协常委会上，黄晓平、张宇钢、方达夫、罗慧琼、穆饶明提交5篇书面发言材料。在市政协委员资政会上，提交发言材料4篇。在市社情民意座谈会上，提交发言材料7篇，其中钟雷作题为《加强企业合规建设，营造合肥市良好合规经营环境》的口头发言。

在省人大十三届二次会议上，民革市委党员中的省人大代表提交建议3件，列为议案1件。在省政协十二届二次会议上，民革市委提交集体提案1件，党员中的省政协委员提交个人提案4件。在市人大十六届二次会议上，民革市委党员中的市人大代表提交建议10件，列为议案2件。在市政协十四届二次会议上，民革市委提交大会发言9篇，其中由张宇钢代表民革市委作题为《培育独角兽企业，着力打造合肥市经济发展新引擎》的口头发言。提交集体提案5件，党员中的市政协委员共提交个人提案47件，其中：宋琪撰写的《关于发展乡村旅游产业，助力乡村振兴的建议》列为中共安徽省委常委、合肥市委书记宋国权督办提案，高虔撰写的《关于推动合肥市花卉产业发展的建议》列为副市长王民生领办提案，穆饶明撰写的《关于支持民营企业发展的建议》和林清撰写的《关于将社区养老助餐纳入合肥市民生工程的建议》分别作为副主席督办提案。

在中共合肥市委开展的“不忘初心牢记使命，做好表率走在前列”大调研活动中，民革市委主委谢海涛带队走访40个调研对象，收集问题建议25条。发挥专委会参政议政平台和抓手作用，围绕中共合肥市委、市政府的中心工作，围绕全市经济社会发展大局，围绕重点工作领域，研究确定年度调研课题，深入开展调研。全年专委会和总支（基层委）提交调研报告16篇，经民革市委采用，报送中共合肥市委统战部调研报告2篇，分别是《构建知识产权保护体系，保障民营经济健康发展》《政策引导，搭建平台，完善机制——破解民营企业融资难的建议》。

2019年，党员提交社情民意反映信息504篇，民革市委筛选上报127篇，民革中央采用1篇［付磊撰写的《关于〈中华人民共和国公职人员政务处分法（草案）〉的修改建议》］，省委会采用12篇，市政协采用10篇。唐金撰写的《关于取消看病“一院一卡”现状，实现就诊“一卡通”的建议》获中共安徽省委常委、合肥市委书记宋国权批示；谢道军撰写的《关于大杨镇水库村人地分离老年人发放生活补助的建议》，凌云市长、罗云峰常务副市长、王民生副市长、宁波副市长分别作出批示；王赟强撰写的《关于建设新型农村农业经营体系的建议》获副市长王民生批示；陈枝梅撰写的《关于加强知识产权保护工作的建议》获副市长朱策批示。

【社会服务】 2019年民革市委制订工作计划，由主要领导带队，3次深入庐江县脱贫攻坚工作一线，通过走村入户、访谈扶贫干部等形式，了解脱贫攻坚工作新情况和新问题，积极向有关部门反映。6名基层组织负责人和机关干部参加省委会“脱贫攻坚民主监督工作暨基层组织建设”培训班，准确把握脱贫攻坚新形势新任务，提高民主监督的针对性和实效性。基层组织和广大党员进社区、进乡村、入企业，开展政策宣讲、捐资助学、义务诊疗、帮扶送暖等活动，打造“博爱·牵手”品牌，开展系列公益活动近30场，捐款捐物总价值20余万元。在做好传统社会服务工作的基础上，充分发挥民革在社会法制方面人才资源优势，开展法律服务活动，进一步深化和拓展社会服务工作的领域和内涵。中山法律专家服务站全年开展法律知识讲座、法律咨询活动5次。各级基层组织和法律工作者开展相关法律服

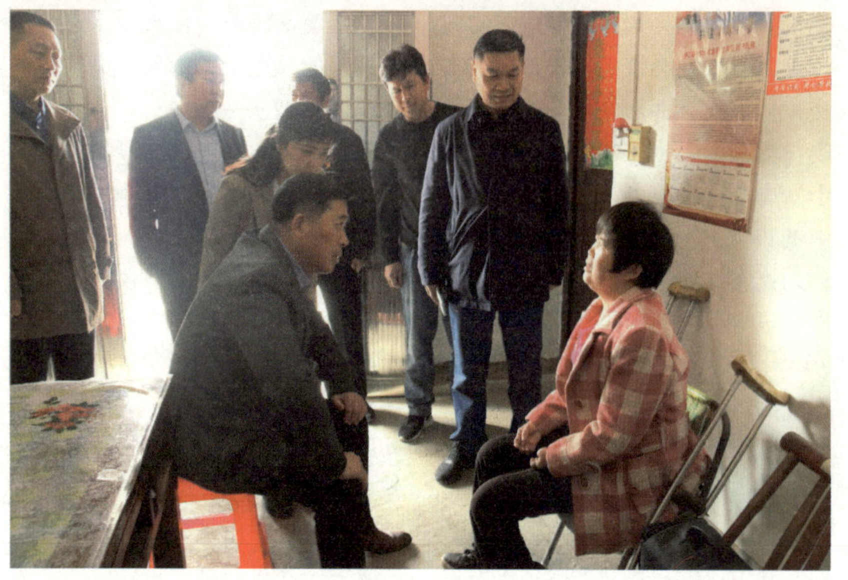

2019年11月7日，民革市委开展“脱贫攻坚 民主监督”大调研活动，走访贫困户（民革市委/供）

务活动上百余次，受益人数达数千人，进一步扩大民革法律服务工作影响力。

合肥市民革企业家联谊会组织会员企业，积极参与民革党员之家建设，积极开展活动，多种形式搭建学习培训和联谊交流平台。组织会员企业参加国税地税体制改革对企业涉税影响的调研。走访会员企业桐城吴汝纶公学、安徽依安康食品有限公司和安徽华祁投资股份有限公司。举办企业法律和税务知识讲座。向潜山市野寨中学教育基金会捐款。同淮北民革企业家联谊会交流。

【促进祖国和平统一】 2019年民革市委把握两岸关系和平发展主题，发挥自身优势和特点，积极融入全市对台工作大局，为实现祖国完全统一凝心聚力。深入学习贯彻中共十九大对台工作精神和习近平总书记关于对台工作重要论述，认真组织学习习近平总书记在《告台湾同胞书》发表40周年纪念会上的重要讲话，在党员及所联系的台商、台胞及侨胞中积极广泛宣传两岸和平统一工作的重要性。全面落实民革中央祖统工作“三个坚持”指导方针，深入思考开展对台工作的新思路、新方法。

继续协办第五届海峡两岸大学生文化创意设计WORKSHOP活动，深化同台湾铭传大学、台湾云林科技大学师生交流联谊，组织师生到民革市委机关参观座谈交流，增进台湾青年一代对“一个中国”的认同。

祖国和平统一促进专委会组织部分委员参加刘铭传经济文化交流促进会考察团赴台湾参观考察，深入沟通了解，厚植同胞感情。合肥、南京、安庆三地民革祖国和平统一促进专委会在肥开展联谊活动，拜谒刘铭传墓园。祖国和平统一促进专委会调研走访在肥台资企业安徽奥生资源利用科技有限公司、合肥瑞硕科技有限公司。

（张晓倩）

中国民主同盟合肥市委员会

【概况】 2019年，中国民主同盟合肥市委员会（以下简称“民盟市委”），下辖1个基层委员会、7个总支部、17个基层支部，共有盟员1198人。成员主要分布在教育、文化、科技等界别。主委奚芝英，副主委李广海、胡平、李雪、项书林、杨东炜。

民盟市委在2019年度全市统战宣传信息工作中被评为先进单位。民盟市委主委奚芝英在2019年民盟中央思想政治建设和宣传工作会议上被评为“民盟思想政治建设和宣传工作先进个人”。

【思想建设】 2019年，民盟市委主题教育活动形式多样，将日常学习与专题学习相结合，增强理论学习实效。赴长丰县委党校开办主题教育读书研讨班，开展“追忆民盟先贤 讲好多党合作故事”演讲活动。组织盟员参加市委统战部“心言心语”征文活动，7名盟员作品获奖，民盟市委获优秀组织奖。组织领导班子、基层组织负责人、先进支部及优秀盟员代表先后赴安徽创新馆、张治中故居和民盟中央盟史馆、香山革命烈士纪念馆等地现场教学。将主题教育学习内容作为机关双周学习会主要任务，将学习活动制度化、常态化、规范化。

召开领导班子民主生活会。根据民盟中央文件精神，在民盟安徽省委和市委统战部的指导下，民盟市委领导班子围绕主题教育活动要求，广泛征求基层组织和盟员意见，通过开展批评与自我批评，在理论学习和思想政治建设、遵守《盟章》执行组织决议、贯彻民主集中制、正确行使权力、落实中央八项规定等方面认真对照检查并深刻剖析，认真查找差距和不足，制定整改措施，提升领导班子建设水平。

发挥好宣传阵地的思想引领作用。通过网站、《合肥盟讯》、微信群和QQ群等平台宣传重大会议精神，发布统一战线理论、盟史、盟章等资料和盟员先进事迹，弘扬社会主义核心价值观，引导广大盟员发扬民盟优良传统，增强参政履职责任意识。发挥“盟员之家”思想教育“桥头堡”作用，组织骨干盟员讲民盟先贤光荣事迹、讲个人创业奋斗经历，发挥先进示范引领作用。

举办庆祝民盟市委成立60周年系列活动（召开纪念大会、有奖征文、制作宣传片、编演音诗话情景剧《风雨同舟》等），回顾民盟先贤的优秀事迹和合肥民盟的光荣历史，总结经验、展望未来，号召广大盟员增强使命感和责任感，秉承“奔走国是，关注民生”优良传统，践行新型政党制度，展现新面貌，实现新作为。

【组织建设】 截至2019年12月底，全市有盟员1198人，平均年龄54.11岁。其中：在职盟员835人，占69.70%；主体界别935人，占78.05%；中上层人士1058人，占88.31%。2019年共发展盟员53人，其中：主体界别35人，占66.04%；中上层人士40人，占75.47%；正高职称1人。

新成立金融综合总支，下设金融一支部、金融二支部；指导市一院支部进行班子调整工作，完成主委改选；指导市直机关综合支部完成班子调整工作。

发挥先进典型示范作用。在全市统一战线庆祝中华人民共和国成立70周年“同心人物”评选活动中，民盟市委经过多轮考察评议，评选出10位优秀盟员并受到市委统战部表彰。民盟合肥市委机关及8个基层组织获评民盟安徽省委组织工作先进集体，8位盟员参评“典型就在身边”。通过评选先进，激励全市盟员立足岗位、做出表率，建功立业新时代。

2019年12月8日，民盟市委开展“追忆民盟先贤 讲述多党合作故事”主题教育活动 （民盟市委/供）

盟员风采。方晓沛、许有为、洪莘农获颁“庆祝中华人民共和国成立70周年”纪念章。张海民获2019年度中国科学院“百人计划”终期评估优秀证书。王恒、马启兵获2018年度“安徽新闻奖”。夏光惠获安徽省“最美中医”称号。刘双宁荣获“最美警嫂”称号。刘双宁、王奇辉、李晓娟获省第六届中小学生艺术展演“优秀指导教师奖”。王奇辉获省“六一”文艺调演一等奖。郑书山、朱山中、王剑被评为省级非物质文化遗产传承人。郑书山获中国（昆明）官渡第九届全国非物质文化遗产联展金奖。袁艳、周齐获省“一师一优课”省优质课。张林松获省数学建模优秀指导教师奖。宋汝鹏获省技能大赛数据恢复与计算机检测二等奖。

【参政议政】 2019年，民盟市委围绕经济社会发展大局和人民群众普遍关心的社会热点问题，聚焦打赢“三大攻坚战”，深入开展调查研究，积极参加协商会议，认真履职建言献策，为市委、市政府决策贡献民盟智慧。

专题调研。围绕长三角一体化战略、民营经济发展、乡村振兴战略、脱贫攻坚民主监督工作以及教育、卫生、社会保障等民生问题成立7个专题调研组，赴发达地区和基层一线深入开展调研，形成《筑牢多维度支持体系 提升心理健康教育工作实效》《加快长三角科创深度融合推进G60科创走廊高质量发展》《着力解决企业破产困局，多方化解社会矛盾，优化合肥市营商环境》《关于加快5G场景应用和5G智能产业发展的建议》等7篇调研报告。其中，《进一步优化营商环境中存在的问题与建议》《持续推进法治体检 保障民营经济高质量发展》作为市社情民意座谈会发言材料，《加快东部新中心建设 打造区域经济发展新引擎》作为市政协委员资政会发言材料，丁红、郑江虹、梁邦屏等4篇调研报告分别被市社情民意座谈会和市政协委员资政会采用为发言材料。

民盟市委主委作为大调研市政协领导第三组组长，坚持带头示范、以上率下，走进农村、走进社区、走进企业、走进群众倾听民意，开展实地调研近20次，走访调研对象40名，现场解答协调问题9个，收集整理上报调研问题32个。

议案提案。在市十六届人大二次会议和市政协十四届二次会议上，盟员人大代表、政协委员认真履职、竞献良策，共上报议案、提案49件。民盟市委集体提案《进一步发挥科技金融在创新之都建设中的积极作用》作为市政协大会口头发言。李雪《关于加大城市犬类综合监管力度的建议》被中共市委领导阅批。王翠英《关于建设城市雕塑主题公园的建议》、张大勇《关于进一步规范校外教育培训机构的建议》由市政协副主席督办。胡平《关于迁建野生动物园建议》被纳入中共合肥市委工作部署。多位委员及人大代表的建议受到省、市媒体的广泛关注。

社情民意。2019年共收集社情民意189篇，向民盟省委、市政协修改报送101篇。被市政协采用10篇，其中市领导批示1篇，市直单位反馈3篇。梁邦屏、张磊3篇社情民意在《团结报》《人民政协报》刊载。梁邦屏被市政协评为“优秀信息撰稿人”，吴雷被评为“优秀信息工作者”，民盟市委荣获“优秀信息工作单位”称号。

民盟市委选题并协助制作“政协论坛”节目——《关注青少年心理健康》，呼吁社会进一步关注青少年成长与健康。

论坛征文。2019年度共组织报送54篇论文参加民盟中央和民盟安徽省委各类论坛征文。秦晴、王崇国撰写的《加强山区职教 助力精准扶贫——安徽大别山区职教扶贫做法和建议》分别获民盟安徽省委教育论坛优秀论文奖、民盟中央教育论坛优秀论文奖。在民盟安徽省委文化论坛上，张磊获一等奖，梁邦屏、王高、忽伟平、童立萍获二等奖。民盟市委分别获民盟省委教育论坛、文化论坛优秀组织奖。民盟市委主要参与撰写的论文《民主党派社会服务实践与探索》在省委统战部“同心奋进新时代 安徽统战工作创新发展”征文活动中获优秀征文二等奖。张磊撰写的《聚焦工业互联网推动实体经济和数字经济深度融合》，强翔、周海涛撰写的《农业科研成果转化阻碍因素分析及管理对策》在市委统战部举办的“创新之都 合肥论见——我为合肥创新发展献一策”活动中选为口头发言。冯红兵、汪浩撰写的《有限公司中小股东盈余分配请求权保护法律问题研究》分别获安徽律师论坛优秀论文奖、华东律师论坛优秀论文三等奖。

民盟市委对全市在参政议政工作中取得突出成绩的基层组织和个人进行表彰奖励，市直机关综合支部等6个基层盟组织被评为“参政议政先进集体”，郑江虹等11人被评为“参政议政先进个人”。

【脱贫攻坚】 2019年，按照市委市政府关于脱贫攻坚调研“四不两直”工作部署，民盟市委抽调盟员精干力量，由主委带队赴长丰下塘镇、朱巷镇、造甲乡开展脱贫攻坚暗访工作，随机走访6个贫困村20余户家庭，听取基层群众感受和意见建议。

成立专题调研组在文化旅游、古村落建设、防范返贫等方面开展调研，形成调研报告2篇。组织盟内专家参加民盟安徽省委课题组赴金寨、霍山等地开展脱贫攻坚调研工作，形成《加强人才培育 助力山区脱贫》等调研报告。

发挥盟员企业家资源优势，为市统一战线“同心工程”示范点肥东县八斗镇陆还村引入盟员企业亚轩集团农业生态园项目。该项目已投资300余万元，流转土地及农企合作共计2000多亩，针对贫困户用工30人达900个工时，有效增加了村民收入。亚轩集团再赴蒙城县开展消费扶贫，帮助销售农产品1400万元。盟员企业家还赴市政协帮扶村烔炀镇凤凰村调研，并形成项目投资初步意向。

【社会服务】 2019年，民盟市委开展黄丝带帮教行动。组织开展特殊困难家庭助学活动，走访蜀山、瑶海、肥东、巢湖、肥西等地的帮教特困家庭24户，为每户子女送去500元助学慰问金。组织盟员专家先后赴蜀山、肥西、瑶海、巢湖等地社区矫正中心举办法律、心理系列专题讲座，教育引导矫正人员有效应对不良情绪，树立守法懂法信法意识、培育正确人生观，惠及帮教对象近500人。

教育助学活动。继续组织巢湖一中与柘皋中学结对，开展“农村教育烛光行动”。组织一中支部优秀教师汪梅林、俞思梅为锦绣中学特教班150名师生送开展高考迎考讲座——“高考作文的入格与升格”和“高考英语迎考”。持续打造“童萌教育服务站”新品牌，包河综合支部坚持常态化提供义务辅导讲座，全年先后开展“做足够好的父母”“英语绘本阅读”等多场讲座，得到广大师生和家长的好评。

巢湖基层委、四十六中支部、包河综合支部等基层组织以及广大盟员发挥自身专业优势，积极走进社区、走进校园、走进企业，开展送医、送文化、送法律服务、送爱心等系列活动，树立民盟的良好形象。

（吴　雷）

2019年8月30日，民建市委举办“不忘合作初心 继续携手前进”主题教育活动报告会　（王建/摄）

中国民主建国会合肥市委员会

【概况】 2019年，中国民主建国会合肥市委员会（以下简称“民建市委”）下辖5个基层委员会、1个总支部、11个直属支部、1个老年委员会、8个专门工作委员会。全年发展新会员63人，平均年龄37.7岁，经济界人士57人，占比90.5%。其中：企业法人41人，专家学者1人，公务员3人。截至年底，会员总数为1124人，平均年龄50.5岁。经济界人士897人，占比79.8%；中级以上职称413人，占比36.7%；大专以上学历1058人，占比94.1%；女会员403人，占比35.9%。

会员中，担任全国人大代表1人，省政协委员3人（常委1人），市级人大代表15人（常委会副主任1人，常委1人），市级政协委员39人（常委9人），县（区）人大代表12人（常委会副主任1人，常委2人），县区政协委员68人（副主席2人，常委8人）。会员中，厅级领导2人，县处级19人。会员中共有40人担任各级党政机关党风党纪监督员、特约行政执法监督员、机关效能建设监督员、同心智库专家团、律师团等各类社会特约职务。

民建市委荣获2019年民建中央脱贫攻坚工作全国先进集体称号，2名会员荣获民建脱贫攻坚工作全国先进个人称号。在民建安徽省委的评比表彰中，民建市委荣获2019年度全省先进市委称号。年内先后荣获全省主题教育活动先进集体、全省新闻宣传工作先进单位一等奖、全省参政议政工作先进单位一等奖、全省社情民意工作先进单位一等奖、全省社会服务暨脱贫攻坚民主监督工作先进集体、全省理论研究工作组织奖。市级评比中，民建市委荣获市本级预算管理工作先进单位一等奖，统战系统全市宣传信息工作先进单位称号。

【思想建设】 主题教育活动。2019年，根据会中央和省委部署，民建市委成立领导小组，制定《民建合肥市委“不忘合作初心　继续携手前进”主题教育活动推进方案》，按照深入学习、研讨交流、查找不足、总结整改四个阶段将主题教育活动扎实推进。先后邀请省政协副主席、民建省委主委李修松作主题教育报告会；围绕“民建在新时代的新任务、新使命”主题，组织市委常委、各基层组织负责人、骨干会员代表结合纪念“两个70周年”和自身履职实际，展开研讨并撰写心得体会；主委、副主委、常委深入基层组织调研，听取会员的意见和建议，形成调研报告；召开领导班子民主生活会，班子成员从思想建设、作风建设和履职情况等方面深入剖析自身工作存在的问题和不足，开展批评与自我批评；各基层组织按照要求开展一系列形式丰富的主题活动，召开班子谈心会。在总结整改阶段，常委会针对收集的问题进行专题研究，针对班子成员履职、基层组织建设以及长期失联会员管理方面出台修订相关制度，通过主题教育活动，全面加强自身建设，推动各项工作再上新台阶，进一步提升履职能力、水平和效能。

政治理论学习。通过自学、集中学习、座谈研讨、理论宣讲等形式进一步加强理论学习，引导广大会员读原著、学原文、悟原理。组织会员和机关干部深入学习领会习近平新时代中国特色社会主义思想和中共十九大及十九届二中、三中、四中全会精神；组织常委班子集中学习《习近平关于“不忘初心、牢记使命”重要论述选编》；邀请领导和专家为新会员作民建会章、会史、会的优良传统以及新时期统一战线理论讲座；组织会员参加全国“两会”精神报告会、国防教育报告会、“同心论坛”等专题报告会；安排基层组织班子成员、骨干会员参加省市统战系统、民建省委、市委组织的各类政治理论学习培训。

宣传和理论研究。全年编印《合肥民建》四期，网站编发信息300余条，调整新闻宣传信息员25人。全年在《民讯》《团结报》等中央级媒体发稿67篇，比上年增长25%。广泛开展“纪念中华人民共和国成立70周年暨多党合作制度确立70周年”主题征文活动，1篇获民建中央优秀作品二等奖表彰，16篇被民建省委采用，3篇获全省“砥砺七十年　奋进新时代”书画摄影展评审一等奖，3篇获市委统战部通报表彰。理论研究工作取得新突破。全年撰写理论研究成果7篇，其中，2篇获民建中央表彰，1篇被中共省委采用，1篇被中共省委统战部表彰，1篇被民建省委采用，1篇被市委统战部采用。

【组织建设】 2019年，民建市委加强领导班子建设。着力提高“五种能力”，进一步加强领导班子建设。利用主委会、常委会等会议组织集体学习，增强学习的计划性，全年集体学习4次；班子成员带头组织或参与课题、亲自撰写提案、调研报告和社情民意，全年共提交参政议政成果18篇；带头深入所联系的支部指导参加活动，密切与会员的关系，全年参加各类组织活动近百次，发展新会员10人；通过民主生活会开展批评和自我批评，班子成员以诚相待，对事不对人，结合各自思想、工作和生活实际，自觉把自己摆进去，谈认识、讲体会、找差距，自我批评不遮掩，相互批评不躲避，整改措施具体实在。

基层组织规范化建设。要求基层委、总支部严格按照《中国民主建国会合肥市基层委（总支部）工作手册》开展并记录工作，加大对所辖支部工作的指导和督促；出台《民建合肥市委2020年基层组织换届实施意见》，明确换届程序，严肃换届纪律；开展年度“十佳支部”评选表彰，召开支部建设经验交流会；调整桃花支部、企业支部班子成员，选拔优秀会员充实到基层组织领导班子中；健全基层组织架构，成立东城支部，凝聚会员力量服务合肥东部发展；按照相关规定和《民建合肥市委基层组织经费管理办法》，对全市基层组织的会费和经费管理使用情况进行检查，规范基层组织会费经费管理和使用。

会员发展和培训教育。注重质量、注意数量、突出经济界特色，坚持重点发展企业家、专家学者、公务员入会，兼顾发展少量医卫、文艺、教育等行业的优秀人才。进一步规范组织发展流程和会员培训流程。入会前注重对发展对象参政议政能力的考察和培养，并把谈话教育作为发展会员的前置程序。在新会员培训中，专门安排会章会史、统战理论和参政议政写作等基础知识的培训，增进会员对会的认识。

组织活动。结合纪念中华人民共和国成立70周年暨中国共产党领导的多党合作和政治协商制度确立70周年开展系列活动。举办合肥民建第三届运动会；组织会员参加“创新高地　毅路同心”合肥市统一战线2019新年毅行活动；组织民建合唱团参加安徽省统一战线“歌唱祖国”歌咏大会，选送节目参加合肥市统一战线“同心颂”文艺会演；组织老会员围绕“庆祝中华人民共和国成立70周年”茶话座谈。各基层组织、工委会结合自身实际开展形式多样、内容丰富的活动。如：包河区基层委与巢湖基层委就“十佳支部”创建经验开展交流，瑶海区基层委与省直商务支部合作共建，蜀山区基层委举办宣传信息和社情民意信息培训会，庐阳区基层委走进社区开展“扫黑除恶”宣传讲座，法工委开展“企业合同法律风险与防范”专题讲座，妇工委联合基层组织共同开展“三八”节红色教育主题活动。

服务型机关建设。机关始终紧紧围绕市委会的中心工作，认真完成各项工作任务，有效地发挥参谋、执行、指导、协调、联系和服务的作用。全年接待全国政协常委、副秘书长、民建中央副主席兼秘书长李世杰，民建辽宁省委、民建山西省委、民建绍兴市委相关人员来肥调研交流；组织人员赴上海市浦东新区、淮南市、六安市等地开展会务交流；协助、指导工委会和基层支部结合实际开展活动；召开调研座谈会，在听取基层组织意见的基础上分析查找各部门存在的问题和不足并拿出整改措施；重视学习培训，支持机关干部参加各类脱产培训。

【参政议政】 *专题调研*。2019年，民建市委领导班子高度重视调研工作，主要领导亲自调度，班子成员分工联系重点课题，充分发挥人大代表、政协委员、专家学者、骨干会员的主力作用，全年聚焦创新发展、县域经济、乡村振兴、都市圈交通一体化等方面扎实开展调研共形成《抢抓长三角一体化战略机遇 推动县域经济高质量快速发展》《呼应国家战略 突破机制瓶颈 推动合肥都市圈更高质量一体化发展》《关于加强滨湖科学城创新共享平台体系建设的建议》等33篇调研成果，创历年来新高。学习广州、武汉兄弟市委经验做法，试行课题立项制度，出台《民建合肥市委调研课题立项管理办法》，对调研课题实行立项申报，给予课题组选题自主权和经费保障，进一步调动各基层组织、工委会和广大会员的参政议政热情，共收到课题立项申请25篇，立项11篇，10篇完成结项，所有立项课题成果均进行转化运用，调研效率和成果转化率提高。

社情民意。持续推进社情民意工作规范化、程序化、制度化建设，提高建言献策的水平和实效。组织会员参加民建省委社情民意信息员培训班，邀请专家专题授课，切实提高社情民意信息员水平。对各类来稿的使用情况及时反馈，在网站上定期公布采用情况，提高会员的参与度和积极性；主动与民建省委、中共市委统战部对接，根据不同阶段的信息热点，提供参考选题；对一些涉及经济社会发展的专业性较强的热点问题，采用定向约稿方式，提高稿件的质量和水平。全年社情民意信息1篇被民建中央采用，23篇被民建省委采用，在全省各市级组织采用量排名第一；13篇被市政协采用，在全市民主党派工商联中采用量排名第一。

成果转化。注重调研成果和社情民意的多层次多渠道转化运用，为省市党委政府决策提供重要参考。其中：《优化县域产业空间布局，推进县域经济高质量发展》等4篇被选为省政协十二届三次会议发言材料，《关于鼓励和引导社会资本投资农业农村发展的建议》等2篇被安徽省委常委、合肥市委书记宋国权督办，《加强中小学学校校史建设的四点建议》被安徽省副省长王翠凤批示，《建议尽快修订完善〈安徽省拥军优属条例〉》被安徽省副省长张曙光批示，《加快农业人工智能技术应用 提高安徽省农业科技信息化水平》等2篇被选为省政协专题协商会发言材料，2篇被中共合肥市委副书记、常委阅批，1篇被市政协副主席督办。《抢抓机遇 乘势而上加快推进合肥都市圈交通融入长三角一体化建设》等7篇被选为市政协十四届三次会议口头和书面发言材料，《加快融入长三角一体化 实现服务业跨越式发展》等12篇转化为市政协集体提案，《关于进一步优化金融环境 服务民营经济发展的建议》等3篇被选为市社情民意座谈会发言材料，《加快土壤污染治理与修复 推进合肥东部新中心建设》等2篇被选为市政协委员资政会发言材料，《“一带一路”战略下合肥区域产业转型升级路径研究》被选为“创新之都 合肥论见”同心论坛发言材料。在中共合肥市委统战部组织的市民主党派工商联专题调研成果和组织工作评比中，民建市委获组织奖表彰，1篇调研成果获一等奖，1篇获三等奖。全年市委及广大会员共提交市人大议案、市政协提案70余件，6篇提案被表彰为市政协十四届一次会议优秀提案。

脱贫攻坚民主监督。领导班子带队分成3个调研组赴肥东县14个贫困村开展脱贫攻坚民主监督工作。采取不打招呼、不听汇报、不要陪同，直接进村入户，与村干部深度交流，实地查看扶贫产业园，并就脱贫措施的落实情况和成效与贫困户一一核实。通过调研督查，市民建对肥东县的脱贫攻坚情况深入了解，把民主监督中发现的亮点和存在的问题形成材料如实反馈给肥东县，并就新旧政策衔接问题、村级干部机关化现象、扶贫产业园缺乏特色、村级道路建设浪费、部分贫困户内生动力不足和村级组织班子工作能力6个方面提出意见和建议。肥东县表示问题实事求是，建议切实可行，在下一步的工作中认真研究，举一反三，完善工作机制。

【社会服务】 脱贫攻坚。2019年，民建市委持续对口帮扶民建省委同心工程示范点金寨县果子园乡吴湾村、合肥市统一战线同心工程示范点肥东县陆还村和肥东县贫困村南鲁村。继续与肥东县八斗镇共建南鲁美丽乡村。引导社会资金投入10万元帮助南鲁村改造产业园供电线路；组织专家帮助南鲁村开展乡村旅游建设前期规划；组织会内农业专家前往陆还村、南鲁村，为大棚蔬菜种植提供技术指导。开展消费扶贫，在会员中发起团购，帮扶南鲁村销售稻虾米6万斤、龙虾500斤、滞销西瓜1.5万斤等，销售金额50余万元。扶危济困，捐赠款物近15万元，为吴湾村委和果子园实验学校，购置教学办公设备；支持陆还村文化广场配套设施建设；帮扶陆还及南鲁村应届贫困大学生入学；春节、六一节慰问陆还村、南鲁村贫困户、留守儿童。

品牌项目。持续做好“英才招聘校园行”“让企业家会员走出去”“同心社区服务站”3个社会

2019年5月24—25日，民建市委"百名企业家会员长丰行"系列活动举办
（王建／摄）

服务品牌项目。连续第6年开展"英才招聘校园行"活动，搭建企业与高等院校之间的人才供需平台，服务企业用工及大学生就业，组织近百家民营企业走进合肥学院开展专场招聘，提供各类就业岗位1200余个；连续第8年组织"让企业家会员走出去"活动，组织100余名企业家走进长丰县考察产业项目，邀请县政府领导及相关部门负责人召开投资项目恳谈会，协调解决企业反映的问题，帮助企业寻找商机；连续4年扎实推进民建"同心社区服务站"建设，在基层社区搭建参政议政、社会服务两个平台，发挥民建特色和优势，服务社区群众。全市4个同心社区服务站2019年共开展公益讲座、法规宣传、咨询服务、助老助残等特色社会服务活动近40次，收集社情民意20余条。

服务会员和会员企业。全年常委以上班子成员走访会员单位及会员企业40余家，了解会员及会员企业存在的问题和遇到的困难，发挥组织优势和参政议政作用，向党委政府及相关部门如实反映情况提出建议，切实为会员解决实际困难，维护会员权益。在贯彻落实"进一步优化营商环境"过程中，市民建调查收集16家会员企业反映的问题与困难，在中共市委统战部的支持下，协调近20个市直部门帮助解决，部分问题已经得到妥善解决。在减税降费系列政策推出后，先后举办《落实减税降费　促进经济高质量发展》政策宣讲会，邀请合肥市税务局领导深入解读相关政策；召开减税降费专题座谈会，了解政策落地难点，收集反映民营企业意见建议；组织企业家会员参加民建中央风险投资论坛、非公经济论坛及建华课堂安徽分课堂等各类学习考察活动；邀请专家学者作《中美贸易战背景下合肥民营企业融入长三角一体化的高质量发展》专题报告，让民营企业深入了解大环境现状和趋势；结合企业需求，举办税务、金融、法律等相关培训10余次，助力民营企业高质量发展。

（任　众）

中国民主促进会合肥市委员会

【概况】　中国民主促进会合肥市委员会（以下简称"民进市委"）下辖1个基层委员会，7个总支部委员会，48个支部委员会。2019年发展新会员32名。截至2019年12月底，共有会员809人，平均年龄53岁。会员中本科以上学历占92%，中高级职称占82.6%。会员界别分布为：高等教育、普通教育、科学技术、医药卫生、文化艺术、新闻出版、公有制经济、新的社会阶层、司法机关、政府机关、党派机关和团体等。全会共有省人大常委会委员1名，省政协委员2名（常委1名）；市人大代表3名（常委1名），市政协委员19名（副主席1名，常委7名）；各县、市、区人大代表、政协委员44名［区人大常委会副主任1名、委员2名，县（市）、区政协常委8名］。全会共有28人次会员应邀担任各级各类社会特约职务。

【思想宣传】　2019年，民进市委紧扣"不忘合作初心，继续携手前进"主题教育活动，印发《主题教育活动工作计划》，多次召开思想政治学习交流座谈会，开展"心言心语"征文、"我为合肥创新发展献一策"征稿活动，以及"庆祝中华人民共和国成立70周年""人民政协成立70周年"征文活动。选派3名优秀会员分别在"会中央主题教育活动座谈会""民进全省新会员培训班""民进全省基层组织建设先进经验宣讲大会"上作先进经验宣讲，并组织3次共200余名会员到会学习。积极组织参加合肥市统一战线庆祝中华人民共和国成立70周年“同心颂”文艺会演、参加中国民主党派历史陈列馆全国推介主题宣传活动。10月份，全面参与全市统一战线同心人物评选活动，经过严格履行广泛动员、组织推荐、征求意见、全面公示和深入考察等程序，推选出杨晓、刘宗祥、孙秀娟、马俊、刘焕安、韩宪德、汪飞、顾晓惠、万云涛、阚少杰等10名优秀会员为同心人物，并对这些优秀会员的先进事迹进行集中宣传。组织骨干会员赴西柏坡、瑞金和古田等红色革命教育基地接受革命传统教育，在重温历史中铭记合作初心，在弘扬传统中深化政治共识。

各基层组织也在市委会的推动下，相继组织开展多种主题教育学习和交流活动，丰富会务活动内容，巩固思想教育成果。有市直总支组织赴岳西开展主题教育活动，合肥学院总支组织赴泾县云岭参观新四军军部旧址纪念馆、蜀山总支开展“学习强国精神、商讨科学参政”活动、庐阳总支赴金寨开展“不忘合作初心，继续携手前进”主题教育活动、巢湖基层委组织参观张家店战役纪念广场、瑶海总支组织五四运动100周年纪念活动、包河一支部、三支部、四支部联合开展赴大别山革命老区学习教育活动、一中支部开展红色主题教育活动、三十二中支部举办纪念多党合作制度确立70周年等活动，通过一系列形式多样、生动活泼的学习教育活动，把主题教育活动引向深处，落到实处，引导广大会员在思想上高度自觉、政治上清醒坚定，坚定走中国特色社会主义道路的信念。

2019年，民进市委巩固和发挥“一刊一网”的政治引领和宣传主阵地作用，注重加强与主流媒体的联系，突出主题教育活动主题，充分挖掘会内参政议政、自身建设和社会服务工作中特色亮点工作及时宣传报道。2019年，民进市委共上报各类新闻稿件、理论文章200余篇，刊发稿件100余篇。民进市委被评为“民进全省宣传工作先进单位”，会员朱虹、徐莉获评“宣传工作先进个人”。

2019年，民进市委召开两次理论研究会工作会议，研究和部署开展参政党理论研究和论文征集活动。在2019年市委统战部“同心奋进新时代——安徽统战工作创新发展”理论研讨会征文活动中，提交论文3篇。聚焦庆祝中华人民共和国成立70周年等主题，向市政协征文活动提交论文2篇。向会中央理论课题招标活动申报“新时代党外知识分子思想政治工作研究”“国家监察法实施背景下民主党派内部监督定位及发展研究”等2个课题。6月份，组织研究会骨干成员赴深圳等地交流参政党理论研究工作，积极交流最新参政党理论成果，有效拓宽理论研究工作的思路和视野。民进市委获得省民进理论研究工作先进单位称号，会员刘宗祥获评省民进理论研究工作先进个人。

2019年11月23日，民进市委开展“不忘合作初心，继续携手前进”主题教育活动 （民进市委/供）

【组织建设】 2019年，在年初的七届六次民进市委常委会上，梳理合肥民进当前基层组织建设中存在的不足，研究具体改进举措，制定《民进合肥市委2019年基层组织建设主题年工作方案》，对基层组织建设工作进行专题部署。召开多次民主谈话会，分批次听取基层组织负责人相关工作推进情况报告，深入分析基层组织建设短板，帮助指导解决具体困难和问题。民进巢湖基层委被评为“民进全国组织建设先进基层组织”，孙秀娟被评为“民进全国组织建设先进个人”。民进市委修改编制新的基层组织工作手册，帮助基层建立起科学合理的基层组织生活和工作制度机制，使基层组织各项工作有章可

2019年8月9日，合肥民进召开换届动员大会　　（民进市委/供）

循，有规可依。

2019年上半年，民进市委对基层组织负责人选进行全面梳理摸排，物色和培育最优人选；8月份，召开基层组织换届动员会议，下发《关于基层组织换届工作的意见》，全面部署推动换届工作，截至年底，全市20个支部完成换届工作。换届后，一批热心会务、政治素质好、有较强参政议政能力和组织领导能力的年轻骨干会员充实到各支部班子中，班子结构进一步优化。蜀山总支领导班子进行届中调整，职教总支组建，高新支部筹备工作启动。

2019年，民进市委延续传统，举办“三八”节重走革命老区、“庆国庆·迎重阳”主题教育观影、掼蛋比赛、春节走访慰问老会员等活动，组织会员参加全市统战系统2019新年毅行、创新创业报告会等活动。各基层组织也在市委会的推动下，结合工作实际，发挥专业特长和智力优势，做好与市委会工作主题的结合，或围绕经济社会建设、所在单位的中心工作开展活动。如：巢湖五支部开展“调研庙岗乡文旅、尖山湖逸趣园建设项目”活动，包河总支举办基层组织建设培训暨座谈交流会，合肥六中支部召开座谈会庆祝教师节，包河一支部组织开展“庆中秋，迎国庆”观影活动，包河三支部为90岁老会员贺寿，等等，通过丰富多样的活动，全会的向心力和凝聚力进一步增强。

民进市委进一步贯彻人才强会战略，严格把好新会员质量关，全年共发展新会员32人，平均年龄37.6岁，硕士以上学历5人。有3名会员走上校长岗位，顾晓惠荣获全国民族团结进步模范个人称号并受邀参加国庆阅兵观礼。8月份，民进市委在庐江举办基层组织负责人培训班。选派25名基层组织负责人分别参加民进中央、民进省委会和市委统战部组织的基层组织负责人培训班。联合省委会举办新会员培训班。组织会员积极参加市委统战部主办的“同心讲坛系列学习讲座”。2019年表彰6个先进基层组织和76名优秀会员。

【履职尽责】 在2019年省、市“两会”上，民进市委的人大代表、政协委员认真履职参政，被采用的会议发言材料和提案数量均创新高，充分彰显民进会员的风采。在省政协十二届二次会议上，马建敏撰写的《关于调研深度贫困县扶贫工作后的几点思考》和刘焕安撰写的《进一步发挥河长制作用，提高水环境治理成效》被选为大会发言。安岚撰写的《关于巩固退耕还林成果的建议》、马建敏撰写的《关于调研深度贫困县扶贫工作后的几点思考》和《关于教师扶贫问题的几点建议》等3件提案被采用，刘宗祥撰写的《关于擦亮安徽“老字号”金字招牌的提案》作为省民进集体提案，被评为“安徽省政协2018年度好提案”。

在市政协十四届二次会议上，民进市委的孙秀娟撰写的《加快建设国际一流滨湖科学城的建议》和《改革创新管理模式　当好城市的大管家》、韩宪德撰写的《创新载体，推动合肥市旅游产业》和《精准谋划治堵良策，倡导文明守法出行》、阚少杰撰写的《教育扶贫应精准施策》、刘宗祥撰写的《关于乡村振兴背景下新型职业农民培养问题的建议》和刘焕安撰写的《发挥河长制作用，推进水环境治理》等7篇调研报告被选用为发言材料，其中的《改革创新管理模式　当好城市的大管家》被选为大会口头发言；会上，合肥民进及民进界别政协委员共有48件提案被立案。立案提案中有3件被市领导阅批，其中市民进撰写的《关于加快建设国际一流的滨湖科学城的建议》被市委副书记、市长凌云阅批，韩一民撰写的《关于在合肥各县（市）区巡展廉政漫画的建议》被市委常委、市纪委书记、市监察委员会主任汪学致阅批，王昌余撰写的《关于加强民主党派基层组织建设的建议》被市委常委、统战部部长陈晓波阅批。会议还对十四届一次会议以来的优秀提案和优秀委员考核情况进行通报，民进市委提交的集体提案《关于深入推进领导干部家风建设的建议》及会内市政协委员个人提案《关于加强共享单车管理的建议》《关于推进智慧城市建设和发展数字经济等建议》被评为优秀提案。王伟、刘焕安、刘新强、杨晓、韩宪德等5名会员被评为优秀市政协委员。

2019年，刘宗祥撰写的调研报告《“新安江模式”对长江经济带生态补偿机制建设的经验借鉴》被民进中央长江流域系统保护和绿色发展论坛选中，代表安徽省民进作口头发言。在2019年度省民进参政议政表彰评比中，民进市委多篇材料获奖，其中刘宗祥撰写的《擦亮安徽“老字号”的金字招牌》获得一等奖，刘宗祥撰写的《在教育“最末梢”发力　让“乡村教师支持计划”落地有声》《让特色小镇点缀美丽巢湖》和孙秀娟撰写的《关于推进基层党组织落实党风廉政建设主体责任的建议》获得二等奖，刘焕安撰写的《关于正确处理巢湖流域一级保护区保护与发展关系的调研报告》等7篇调研报告获得三等奖；在市委统战部专题调研评比中，王伟撰写的《多措并举，加快合肥市大数据产业发展》和孙秀娟撰写的《改革创新管理模式，当好城市的大管家》获专题调研成果三等奖。

做好民进中央调研活动的服务保障工作。3月份，全国政协副秘书长、民进中央副主席朱永新率民进中央调研组就“深化‘放管服’改革　激发微观主体活力”到肥调研并召开座谈会，民进市委参加座谈交流，并陪同对学大教育培训部、腾讯众创空间、寿春中学等进行实地考察。

2019年度，民进市委多次参加省市政党协商、政府协商和政协协商，围绕重点专题，积极协商建言。其中，刘宗祥撰写的《善流域生态补偿机制，确保安徽省流域生态安全》《完善生态补偿机制，打造跨界河湖治理“安徽样板”》被选作安徽省政协“推广新安江流域生态补偿机制试点经验”专题协商会书面发言材料，1篇选作安徽省政协“护好青少年视力健康”月度专题协商会书面发言材料，刘宗祥撰写的《为孩子明亮的未来编织一张科学防控网》选为市政协重点调研课题“扶持和发展少数民族企业”对口协商会口头发言材料，刘宗祥撰写的《让业委会成为小区真正的“大管家”》和刘焕安撰写的《强化协作共治，规范小区物业管理》分别作为市政协“物业管理及小区业主委员会建设”对口协商会口头发言和书面发言材料。刘宗祥撰写的《动态传承是最好的保护》和刘焕安撰写的《践行海绵城市理念，促进合肥东部新中心绿色发展》被2019年市政协委员资政会分别采用为口头和书面发言材料。许多意见和建议已经转化为促进经济社会发展的实际成果，在推动党委政府决策科学化、民主化进程，促进合肥改革发展中留下浓墨重彩的一笔。

2019年，民进市委围绕“进一步优化营商环境，促进合肥市民营经济高质量发展”主题，组织多名参政议政骨干积极调研，深入剖析，形成多篇高质量的调研报告，在8月召开的合肥市社情民意座谈会上，孙秀娟、韩宪德撰写的《加大金融支持力度　缓解民营企业融资难题》和刘宗祥撰写的《加强政策供给　完善政策落实的配套措施》等2篇被作为口头发言材料，孙秀娟、韩宪德撰写的《关于促进民营经济高质量发展的建议》和刘新强撰写的《强化政府服务意识　优化营商环境》被作为书面发言材料，2019年上报的社情民意中，韩宪德撰写的社情民意《关于动态管理城区交通信号灯的建议》和刘焕安撰写的《关于加强燃气管理的建议》获市委副书记、市长凌云批示，韩宪德撰写的《关于加强城市饮用水源头保护的建议》获副市长王民生批示。王伟撰写的社情民意《建议支持合肥申报国家级互联网骨干直联点》被评为省民进社情民意成果二等奖，刘焕安撰写的《关于加大安徽省各市城区立体绿化的建议》等24件被评为三等奖。民进市委被市政协评为优秀信息工作单位，会员朱虹被评为优秀信息工作者，会员韩宪德被评为优秀信息撰稿人。

民进市委始终把脱贫攻坚民主监督工作作为重要的政治任务和第一民生工程，全面贯彻落实中共中央和省、市委精准扶贫、精准脱贫的重大决策部署，全力以赴，紧抓不放，继续做好对口肥西县开展脱贫攻坚民主监督工作。继续做好同心帮扶工程，向肥东县八斗镇陆还村捐助扶贫款，帮助建设文化长廊，改善村居环境，丰富村民生活。组织包河总支赴大圩敬老院开展健康义诊慰问活动。

各基层组织和会员积极创新服务形式，拓宽服务内涵，开展各具特色的社会服务活动。民进巢湖基层委赴巢湖市儿童福利院开展送温暖活动；民进包河总支赴“童心桥”儿童公益发展中心开展“关爱残障儿童　传递温暖爱心”活动、赴芜湖路街道银河社区开展“夏日送清凉·关爱暖人心”活动、与青网科技园合作举办青年联谊活动等；民进庐阳总支开展学雷锋月活动、赴庐江县岗湾小学开展送培送教活动；蜀山三支部组织了“民族团结一家亲，欢送藏族学生返藏”公益活动；民进瑶海总支开展动物科普进校园活动；1名会员参加双岗街道“3·15”消费者权益日义务法律宣传、咨询活动和“12·4”国家宪法日义务法律宣传、咨询活动；1名会员受邀为淝河镇人民调解员培训；1名会员在合肥四十六中“迎中考百日誓师大会”上组织公益讲座等。

（朱　虹）

中国农工民主党合肥市委员会

【概况】 中国农工民主党合肥市委员会（简称“农工党合肥市委”）成立于1959年6月14日，是以医药卫生、人口资源和生态环境领域高中级知识分子为主，由一部分社会主义劳动者、社会主义事业建设者和拥护社会主义的爱国者组成的，具有政治联盟特点的中国特色社会主义参政党。2019年，是农工党合肥市委员会成立60周年。农工党合肥市委现为第十一届委员会，现任主委戴夫，副主委王亚林、卞华玉、牛方、胡晓玉，常委16名，委员41名。

2019年，农工党合肥市委下设1个基层委员会（巢湖基层委，下设3个支部），2个总支：合肥市第一人民医院农工党总支（各下设3个支部）、合肥市第二人民医院农工党总支（各下设3个支部），21个支部（不含基层委及总支下设支部）。

截至2019年底，全市农工党党员884名，其中女性491人，平均年龄54.4岁。在党员中：医药卫生、人口资源、生态环境界别共506人，占比57.2%；中高级职称762人，占比86.2%；博士研究生学历11人，占比1.2%；硕士研究生学历96人，占比10.9%；大学本科学历469人，占比53.1%。

党员中省人大代表3人、省政协委员4人（常委1人）、市人大代表4人（常委1人）、市政协委员25人（副主席2人，常委8人；农工党界别18人、工商联界别1人、医卫界别2人、科技界别1人、特邀界别2人、对外友好界别1人）、四区及巢湖市人大代表5人（常委2人）、四区及巢湖市政协委员35人（副主席1人、常委7人）。

2019年9月6日，农工党合肥市委员会召开深入开展“不忘合作初心，继续携手前进”主题活动部署动员会

（王娟/摄）

【思想建设】 2019年，农工党合肥市委开展“不忘合作初心，继续携手前进”主题教育活动。市委会班子成员率先示范，各基层组织和广大党员积极参与，深受教育，取得良好效果。结合农工党合肥市委成立60周年，开展纪念中华人民共和国成立70周年、人民政协成立70周年、多党合作制度成立70周年纪念活动，组织开展农工党员书画展、文艺会演、征文等活动。组织新党员参观六安农工党中央党史教育基地，给新党员颁发入党证书。组织市统战系统“心言心语”征集活动，整理上报70篇，获奖11人，市委会获组织奖。组织参加农工党中央“同心共祝祖国好”随手拍活动，多幅党员作品被采用，《快乐的五朵金花》获得农工党中央优秀奖，这也是本次活动中安徽省唯一获奖作品。组织参加市委统战部“同心颂”文艺会演，组织参加省委统战系统大合唱比赛，以总分第一的成绩获一等奖。全市基层组织纷纷通过座谈会、参观爱国主义教育基地、诗歌朗诵等形式，深化历史传统教育，组织开展形式多样的主题教育活动。

2019年在办好《合肥农工》内刊、网站的基础上，开通农工党合肥市委员会公众号，全年及时宣传报道市委会及基层组织的各项工作，宣传农工党员先进事迹，宣传参政议政成果。按照市委会宣传和参政议政奖励办法，表彰思想宣传、社情民意信息工作先进集体及个人。

组织开展理论研讨，完成论文《深刻把握新时代人民政协协商民主的新方位、新使命》，获农工党中央优秀论文三等奖。市委会获市委统战部2019年度信息宣传先进单位称号。

【组织建设】 2019年，农工党合肥市委发展新党员42人，成立农工党合肥市高新区支部。开展基层组织创优，推进基层组织建设。制定优秀支部评选和奖励办法和基层组织工作制度，进一步完善机关工作制度，健全班子成员、骨干党员和新成员的学习培训制度，进一步完善思想宣传考核激励办法和参政议政考核奖励办法，开展参政议政、社情民意信息统计通报等。落实市委会班子成员联系基层工作制度，积极参加基层组织活动，推动基层组织建设。开展基层组织创优和优秀支部评选，细化评选标准，健全基层组织激励机制和考评机制，努力建设“政治坚定、机制完善、活动规范、履职尽责、业绩突出”的基层组织。在基层组织创优活动中，不少基层组织发挥各自优势，创立支部活动品牌，如科技支部开展“年轮”宣传教育，搜集整理老党员生平，约3万字，照片160多幅；包河区支部建立“五会一结对”制度；蜀山区支部、保健所支部围绕残疾儿童教育开展调研、帮扶；文艺支部送戏到基层，等等，形式灵活多样，在基层组织中起到示范带动作用。

开展选树“弘扬爱国奋斗精神、建功立业新时代”优秀典型活动，推荐10名全市统战系统“同心人物”，用农工党身边人、身边事开展正面宣传教育。

加强作风建设。按照农工党中央、省委要求，开展廉洁风险预警提示活动。廉洁风险预警提示主要对象放在班子成员、具有一定公权力的党员干部上，认真梳理可能发生的廉政风险和已经发生的廉政问题，就作风建设、廉政风险谈心谈话做好宣传教育。召开市委会班子成员民主生活会，开展批评与自我批评。坚决反对和纠正“四风”，把纪律和规矩挺在前面，强化纪律教育，增强纪律意识、红线意识。落实市纪委、监委驻市委统战部纪检监察组的相关工作要求，严格遵守中央八项规定及省市有关规定，坚持用制度管权管事管人，严格执行财政预算管理制度，严格控制、规范使用“三公经费”。

【参政议政】 2019年，农工党合肥市委开展智慧医院、脱贫攻坚等专题调研，参加农工党中央在贵州省大方县举办的恒大医院发展建设咨询研讨会，为医院发展建言献策。参与省政协港澳台侨外事专委会关于互联网医院的专题调研。召开合肥市人才服务大调研座谈会、经济发展大调研座谈会，分别向合肥市近20名专业拔尖人才、20名企业家代表征求意见；分别赴滨湖世纪社区和园小区、肥东县陆还村大调研座谈，分别征求20名社区居民、20名村民的意见；走访农工党员创办的企业，收集整理上报各类意见和建议30余条，帮助企业、人才、基层解决实际困难。按照市政协的工作安排，带队开展“院前医疗急救体系建设”回头看，推动相关工作的进一步落实。

围绕互联网+垃圾分类、干预和帮扶学习困难小学生、智慧养老、民营医院参与医联体建设、长三角医疗一体化、产业链招商等问题，组织开展专题调研。《关于安徽省医养结合落实情况的调研报告》，荣获农工党中央2017—2018年优秀调研报告一等奖。《关于合肥市智慧医院建设的调查与思考》《“医中有养型”医养结合机构的标准化建设思考》两篇调研报告获全市民主党派、工商联专题调研报告二等奖，市委会获得专题调研组织奖。《“医中有养型”医养结合机构的标准化建设思考》中提出的“医养结合型养老护理岗位特殊津贴”被采纳，已在合肥实行。

农工党界别的人大代表、政协委员在各自的平台上积极建言献策。《关于进一步加强合肥市中级人民法院及各基层人民法院强制执行执法力度的议案》被列为市人大十六届二次会议议案。省农工党在省政协十二届二次会议上上报集体提案15件，有3篇为合肥市委会报送，分别为《关于推动智慧医院建设　促进医疗模式创新》《踏实做好科技人才服务工作》《推进安徽省河长制工作》。主委戴夫在会议上提出的《升级改造肥东火车站，助推合肥东向发展》的提案得到各界广泛关注，多家媒体进行采访和报道。

组织农工党界别委员向市政协提交提案34件，提交集体提案4件，《关于进一步完善医疗废物处置的建议》《关于进一步推荐老旧住宅小区综合整治的建议》《关于建设智慧医院，助推分级诊疗落地的建议》《关于加强外资项目招引的建议》4篇提案被列为重点提案。主动与承办单位沟通，及时回应承办单位的答复意见。根据市政协的安排，主委戴夫带队赴市卫健委督办农工党集体提案《关于建设智慧医院　助推分级诊疗落地的建议》，取得积极成效。各级人大代表、政协委员积极履行参政议政职责，不少议案、提案中的建议内容得到重视和采纳，市政协全会上总结提案落实情况，多位农工党界别市政协委员的提案得到市政府采纳落实，为推进全市民生社会事业发展发挥积极作用。《合肥日报》报道农工党界别4名市政协委员提案得到落实的情况。有不少提案获得省市区优秀提案，多名省市区政协委员获优秀政协委员称号。

围绕省、市政协重点民主协商计划，积极参加各类会议协商，共提交会议发言材料近20篇，16篇被采用。其中省政协各类会议口头发言2篇，书面发言5篇，市政协各类会议口头发言3篇，书面发言6篇。在省政协十二届二次会议上，戴夫代表农工党安徽省委作“精准选择产业 夯实深度贫困地区脱贫基础”的口头发言材料，《关于推动智慧医院建设 促进医疗模式创新》被采纳为书面发言材料；在省政协召开人口资源环境发展态势分析会，《关于进一步做好全面“二胎”后优生优育工作的建议》被选为口头发言，《引进第三方专业机构，助推智慧居家养老》被作为书面发言材料；向省政协“落实支持政策，促进民营经济发展”月度协商会提交《理清关系和边界，把握促进民营经济发展政策度》《做足政策研究 细化民营企业扶植政策》2篇材料，均被选用为书面发言材料；向省委统战部“推进长三角更高质量一体化发展”协商会提交的《推进长三角医疗一体化发展》，被选用为书面发言材料。在市政协常委协商会上，组织农工党界别委员上报发言材料2篇，《关于构建医养结合型养老服务体系的建议》被选用为口头发言材料；参加合肥市政协委员资政会，市社情民意座谈会，围绕进一步优化营商环境、东部新中心建设，在深入调研的基础上，从不同角度成稿并提交5篇发言材料，提出建议20余条，均被选用为书面发言材料。市政协全会收到发言材料160多篇，仅有14篇被选为口头发言材料，农工党员和市委会撰写报送的《全民动手 倡导垃圾分类新时尚》《推进标准化建设 加强“医中有养型”机构建设》被选用为口头发言，《全民动手 倡导垃圾分类新时尚》相关建议得到王民生副市长的批示，相关建议被《合肥日报》《江淮时报》报道。

全年上报社情民意65篇，省农工党采用50篇，农工党中央采用1篇，市政协采用6篇（其中2篇被相关单位负责人批示），省政协采用1篇，全国政协采用1篇。《重视中成药合理使用在缓解抗生素滥用中的作用》被农工党中央采用，《关于建设可回收资源大数据平台的建议》《关于进一步加强人民法院强制执行执法力度的建议》《关于规范房产网络交易平台的建议》被市政协《社情民意》和《委员建言》采用，后两篇被相关单位领导批示;《建议进一步完善特殊病种门诊制度》被省政协采用；关于修订《高等学校医疗保健机构工作规程》的建议被全国政协采纳。农工党省委上报中央统战部《零讯》30余篇，其中包含合肥市上报的信息9篇。市委会获评市政协2019年度优秀信息工作单位。

【社会服务】 2019年，农工党合肥市委组织农工党员开展脱贫攻坚民主监督和帮扶工作。参加农工党中央在贵州省大方县恒大医院发展建设咨询研讨会，调研大方县人民医院、中医院、恒大医院，围绕恒大医院发展、人才引进、学科建设等方面提建议。按照农工党省委的部署和要求，安排农工党员医卫专家赴云南省迪庆藏族自治州开展调研、帮扶，组织党员购买毕节市大方县农副产品猕猴桃18000余元，戴夫获评农工党中央脱贫攻坚民主监督先进个人。对口巢湖市开展脱贫攻坚民主监督，了解乡镇脱贫攻坚的基本情况，就脱贫摘帽如何向乡村振兴过渡的相关问题，深入调研，围绕乡村人才建设、乡村公路建设配套等相关问题，在合肥市各民主党派脱贫攻坚民主监督推进会交流发言、提出建议。赴“合肥市同心工程示范点”肥东县陆还村开展健康扶贫调研、走访，听取村“两委”脱贫攻坚工作汇报，走访慰问贫困家庭，开展消费扶贫，组织党员购买农副产品7000多元。参加农工党省委对定远县中汤村卫生室的帮扶，组织市第二人民医院总支、机关支部、巢湖基层委农工党医护人员赴巢湖凤凰村、炯西村、栏杆集镇为村民体检、义诊，捐赠棉被100多床。市委会联合市一院总支、蜀山区支部、庐阳区支部、瑶海区支部、包河区支部、民营医院支部、市三院支部先后为蜀山区、庐阳区、瑶海区、包河区、经开区康复机构残疾儿童体检义诊近600人次，参与党员近50人次。各基层组织组织开展形式多样的社会服务活动，组织专家医生进社区、学校、工厂开展各类讲座、咨询、义诊8场次。

（王 娟）

致公党合肥市委员会

【概况】 2019年，中国致公党合肥市委员会（以下简称“市委会”）下设1个基层委员会、4个总支部委员会，2个直属支部委员会。全市各级组织22个，全年发展党员13名。设立4个专委会：参政议政专委会、对外联络专委会、社会服务专委会、青年专委会。

截至2019年底，全市党员315人，其中：本科以上学历272人，占86.35%；有侨海关系263人，占83.49%；高级职称114人，占36.19%。党员中担任致公党中央委员1人，致公党安徽省委委员1人（省委常委、省委副主委）。各级人大代表、政协委员68人次，占党员总数21.59%，其中：市级人大代表4人（市人大常委1人）、区人大常委3人，全国政协委员1人、省级政协委员2人、市级政协委员9人（市政协常委3人）、区级政协委员34人（区政协副主席2人、区政协常委9人）。党员中担任厅局级领导职务1人、县处级职务4人，党风党纪、行政执法监督员等各类社会特约职务15人。

2019年，市委会选配1名干部任市委会专职副主委，1人提任副科级干部。合肥市委会荣获致公党中央“对外联络工作先进集体”称号，党员盛吉琛荣获致公党中央“对外联络工作先进个人”称号。

【思想建设】 2019年，市委会开展“不忘合作初心，继续携手前进”主题教育活动。开展“合肥致公小课堂”系列培训活动，组织党员参观安徽创新馆，邀请专家对重点课题进行一对一指导，围绕合肥市情和参政议政作专题辅导。10位致公党员获评庆祝中华人民共和国成立70周年全市统一战线“同心人物”。

2019年12月14日，合肥市委会开展致公小课堂暨党员培训活动

（致公党市委会/供）

2019年编发手机报120期，在市委会网站发稿280篇，在省级以上媒体发稿62篇。市委会主要领导撰写的《提升履职能力 强化责任担当》刊登于2019年7月《人民政协报》；市委会2篇稿件刊登于《江淮时报》，5篇稿件刊登于《工商导报》，5篇稿件发表在《安徽致公》杂志上，“中国致公”微信公众号推送信息1篇；“安徽致公”微信公众号推送信息29篇，被媒体采用稿件的数量居省属组织首位。

【组织建设】 2019年，市委会开展参政党建设年活动。贯彻民主集中制，市委会主要负责人主持召开主委会议6次，全委扩大会议4次，领导班子成员多次开展谈心活动。召开2019年度民主生活会征求意见座谈会，征求市属组织和专委会的意见建议。强化市委会和市属组织、专委会联合调研机制。2019年11项重点课题，均由市属组织和专委会领衔进行。按致公党省委要求，2019年6月成立致公党合肥市委监督委员会。2019年12月，接受致公党省委监督委员会的督查调研，市委会各项工作获得督查调研组肯定。

【参政议政】 2019年，市委会按照“上下联动、资源共享”的课题调研机制，形成《推进人工智能技术产业化》等15篇高质量的调研报告。其中《加快互联网布局，做大做强合肥数字经济》作为民主党派在市政协十四届二次会议开幕式上唯一一篇口头发言材料。重点课题提交的调研报告作为省市政协大会发言材料。《因地制宜发展人工智能产业》刊登于2019年10月《中国发展》杂志。

2019年，先后向全国和省市“两会”提交大会发言、提案、议案和建议51件。其中：提交全国政协双周座谈会发言材料1件、全国政协提案2件；省政协大会口头发言1件，省政协协商会口头发言1件和书面发言6件，省政协提案3件；市人大议案3件，建议3件；市政协大会口头发言1件，书面发言2件，市政协委员资政会书面发言1件，市政协提案27件。《关于构建离岸创新创业新模式，吸引海外人才为国服务的提案》《关于减轻中小学生课外负担的建议》两件提案获评“致公党中央2018年度参政议政优秀成果”。

市委会主要负责人参加全国政协双周座谈会，并围绕推进“一带一路”科技人文交流进行发言；在全市统一战线同心论坛以及市政协十四届七次常委会上分别传达学习全国“两会”精神。市委会领导班子成员分别在省政协月度协商会、安徽省长三角金融人才合作研讨会等上作主题发言。

全年市委会报送社情民意信息141篇。2018年12月至2019年11月，省委会采用36篇，致公党中央采用1篇，省委统战部采用1篇，省政协采用1篇，信息采用量居省属组织首位。《关于推进“一带一路”科技人文交流的建议》被致公党中央采用。

“中国发展论坛·2019——科技创新引领高质量发展”由致公党中央和省政府在合肥共同主办。全国政协副主席、致公党中央主席、中国科协主席万钢出席论坛开幕式并作主旨发言。省长李国英出席开幕式并致辞，致公党中央常务副主席蒋作君主持开幕式。致公党中央副主席曹鸿鸣、张恩迪，省领导邓向阳、刘莉、宋国权、谢广祥、李和平出席开幕式。市委会向论坛提交《推进长三角一体化高质量发展的战略目标与推进路径》等论文7篇，并承担主要的会务服务工作，得到与会人员的肯定。

【对外联络】 2019年，市委会把了解掌握致公党员中华侨华人、归侨侨眷和侨资企业、侨属企业情况，上报全市基础侨情信息库。组织党员参加2019年安徽海归盛典、长沙第六届“海归论坛”等活动。7月，庐阳总支应邀赴菲律宾首都马尼拉，参加菲律宾中国洪门联合总会新一届职员就职典礼等活动，拓展延伸。9月，市委会接待法国文成联谊会访问团，就特色乡村商贸人文发展等开展交流探讨，为促进皖法交流合作做出积极贡献。

2019年11月20日，“中国发展论坛·2019——科技创新引领高质量发展”由致公党中央和省政府在合肥共同主办（致公党市委会/供）

谋划推进“海归驿站”工作。先后召开五次专题会议推进，截至年底已经完成站点布置，落实路演项目，并确定参会海归人员名单和站点管理运营模式。

【社会服务】 2019年，市委会开展脱贫攻坚民主监督。市委会领导班子及市委委员分别协调服务省委会脱贫攻坚民主监督12个调研督察组。在省委会谢广祥主委带领下，各调研督查组分赴合肥市5个县（市），走村入户、促膝谈心、座谈交流，逐一开展调研。各市属总支（基层委）还分别成立脱贫攻坚民主监督调研组，一个组织包干一个县（市），按照“四不两直”的要求自行开展脱贫攻坚民主监督工作。2019年共提交6篇调研报告，提交报告数量居省属组织首位。

参与“同心示范工程”。在市委会沟通协调下，合肥市南门小学与前畈村同心小学开展结对共建。2019年共集中开展5次结对共建活动，平时南门小学与同心小学的“空中课堂”线上交流，实现无缝对接。通过共建，使革命老区的孩子享受到省城的优质教育资源。

创新开展定点帮扶。遵照省委会主要领导关于脱贫攻坚定点帮扶的指示精神，通过消费扶贫、电商扶贫、产业扶贫等，在扶贫“最后一公里”上下足功夫。组织各市属组织在谭套村开展“以购代捐　消费扶贫”活动，联系企业为谭套村进行电商扶贫订单式培训。市委会主要领导召开座谈会专题研究推进电商扶贫工作，帮助谭套村逐步形成“互联网+公司+合作社+农户”的电商发展路线。谭套村电商项目从无到有，在“三有一网”点位扶贫模式上实现突破，为该村脱贫攻坚提供新的支撑。组织谭套村干部群众赴长丰县吴山镇学习调研小南瓜产业种植技术，通过推动种植结构调整促进农民增收。精心组织积极动员，市委会领导班子成员带头认购，市委委员和总支主委踊跃参与，赴市统一战线“同心示范工程”示范点陆还村开展春节慰问、消费扶贫等活动。

市委会还组织庐阳总支、瑶海总支音乐专业党员赴同心小学公益送教、现场教学；组织巢湖基层委、省立二院支部医疗专家党员赴前畈村和谭套村开展巡诊义诊。经过努力，截至2019年底，致公党合肥市委帮扶的谭套村22户56人和前畈村37户122人全部脱贫。

（许　珂）

九三学社合肥市委员会

【概况】 2019年，九三学社合肥市委员会（以下简称“市九三学社”）发展新社员47人，其中：博士2人、硕士研究生19人，高级职称17人，平均年龄38岁。市九三学社下设瑶海、庐阳、蜀山、包河、巢湖5个基层委员会（29个支社）、1个机关直属小组。社员总数672人，平均年龄50.55岁。其中：高级职称351人，占社员总数的52.2%，女社员240人，占社员总数的35.7%。社员中担任九三学社中央委员1人，担任九三学社安徽省委委员2人（常委1人），副处及以上职务社员18人，省人大代表2人，省政协委员2人（常委1人），市人大代表4人（常委1人），市政协委员31人（常委8人），县区人大代表8人（常委会副主任1人，常委2人），县区政协委员51人（政协副主席3人，常委10人）。

市九三学社被九三学社中央组织部评为“2019年度组织工作先进集体”；被九三学社安徽省委评为“2017—2019年度社务工作先进市级组织”“2018—2019年度新闻宣传工作先进集体”“2019年度参政议政先进集体”“2019年度反映社情民意工作先进集体二等奖”“2019年度社会服务工作先进集体”；被市政协评为“2018年度优秀信息工作单位”；被市委统战部评为“2018年度全市统战信息宣传工作优秀单位”。

【思想建设】 2019年，市九三学社开展“不忘合作初心，继续携手前进”主题教育活动。市九三学社根据社中央、社省委要求，制定《九三学社合肥市委深入开展“不忘合作初心，继续携手前进”主题教育活动实施方案》。在市九三学社网站开设主题教育活动专栏对活动进行重点宣传。组织机关人员和广大社员参加社中央1～5期网络课堂学习，专题学习《习近平新时代中国特色社会主义思想学习纲要》等有关学习资料。市九三学社主委何庆瑞带队先后赴无锡、江西上饶、福建三明参观学习。组织开展“五四运动与九三缘起”交流研讨活动。组织机关工作人员收看《榜样4》专题教育片。社各基层组织分赴革命老区六安大别山、宣城市泾县云岭新四军军部旧址和新四军军部大礼堂、庐江新四军江北指挥部纪念馆等地开展主题教育活动。

庆祝中华人民共和国成立70周年系列纪念活动丰富多彩。举办“我和我的祖国”经典诵读、庆祝中华人民共和国成立70周年暨九三学社合肥市委成立35周年大会，组织观影《我和我的祖国》《肝胆相照》，汇编《不忘合作初心，继续携手前进》画册；参加合肥市统一战线庆祝中华人民共和国成立70周年“同心颂”文艺会演，选送节目《赞“九三”》获一致好评；组织社员参加省九三合唱队喜获省统一战线“歌唱祖国”歌咏大会二等奖；参与全市统一战线庆祝中华人民共和国成立70周年“同心人物”评选。

2019年8月31日，九三学社合肥市委开展“不忘合作初心，继续携手前进”暨庆祝中华人民共和国成立70周年活动　（市九三学社／供）

【组织建设】 2019年，市九三学社严格组织发展程序。把好入口关，坚持“三个为主”原则、坚持发展与巩固相结合，坚持质量优先、坚持体现九三学社主体界别特色。加强领导班子建设。召开市九三学社领导班子谈心会、民主生活会，按照议事规则和决策程序办事。发挥领导班子的核心作用，领导班子成员不仅要以身作则、率先垂范，还要带头树牢“四个意识”，坚定“四个自信”，坚决做到“两个维护”、提高“五种能力”。市九三学社领导班子成员先后参加社中央第一期省级以下主委培训班、第五期省级以下机关专职干部培训班，省委统战部第十期党外处级干部培训班。领导班子成员深入基层，密切联系社员。何庆瑞主委两次带队走访巢湖学院、合肥学院，看望支社社员，听取意见建议。重视人才培养工作。举办市九三学社2019年基层组织负责人及新社员培训班。组织社员参加社省委新社员培训班、宣传信息员培训班、组织工作培训班、基层骨干培训班，市委统战部市民主党派基层组织负责人培训班、宣传工作培训班、“五大发展行动聚力工程”推进会。组织市政协委员参加合肥市政协新任委员集中培训班、参加同心论坛——全市统一战线传达学习全国“两会”精神报告会。在清华大学合肥公共安全研究院举办“议政日”活动，邀请专家作专题培训。组织机关干部参加社省委机关建设工作培训班、先后参加市委组织部2019年秋季学期县处级干部任职培训班、党外干部培训班，市直单位网络安全、会计人员、机构编制、公文写作、公务员统计等培训，超额完成安徽干部教育在线网络学院课程学习。鼓励社员建功立业。广大社员在本职工作岗位上恪尽职守、奋发有为，展现出良好精神风貌。徐辉获中组部授予“国家‘万人计划’领军人才”，童宗兵获工业和信息化部“创客中国”绿色工业创新创业大赛“全国优胜奖”（十强），许令顺入选“安徽省特支人才计划”，任剑峰获“安徽省科技进步二等奖”，金杰、秦广超获“安徽省科技进步三等奖”，郑贤坦获“合肥市五一劳动奖章”，社员秦广超主持项目获“中国非金属矿科技进步一等奖”，陶涛获安徽省交通厅“2016—2019年安徽科技进步奖”，程正翠主持项目获“安徽省教学成果一等奖”，等等。加强基层组织考核。为进一步加强基层组织建设，社合肥市委印发《九三学社合肥市基层组织工作考核办法》，进一步推动基层组织工作进一步规范化、制度化和科学化，引导基层组织主动作为。开展丰富活动。组织女社员开展“参观刘铭传故居，增强爱国主义教育”主题活动，组织老社员参观“合柴·1972”以及安徽乐庭智慧养老。参加社省委“九三巾帼，聚力扬帆”联欢会，市委统战部“大道同心　薪火永传”——中国民主党派历史陈列馆全国推介主题宣传活动。市九三学社各专委会分别赴池州市青阳县革命老区开展红色教育、赴京东方科技集团专题调研、参观大包干纪念馆和沈浩先进事迹陈列馆、开展“亲子关系沟通的艺术”以及心理健康指导等主题讲座。

【参政议政】 2019年，市九三学社参与民主协商，凸显党派特色。在省政协层面共使用13篇协商材料，其中：在省政协十二届八次常委会暨“推进人工智能技术产业化”专题协商会上许令顺《加快人工智能技术在安徽省城市基础设施建设中的应用》作为口头发言；在“推进跨境电商综试区建设”月度专题协商会上，郑敏、许桂宝《关于进一步加强安徽省跨境电商综合试验区建设的建议》等3篇作为发言材料。在省政协“推进大别山等革命老区脱贫攻坚”专题协商会上王永定作《大力培育特色产业　推进革命老区脱贫攻坚》的口头发言。在省政协十二届二次联组会议上，何庆瑞主委就《培养引进大数据人才，支持安徽省数字产业发展》进行发言，得到与会领导肯定，被《新安晚报》、安徽网等媒体宣传报道。在市政协层面共使用11篇协商材料，其中：在市政协委员资政会上，市九三学社《构建物联网产业生态圈，建设智慧东部新中心》作为口头发言，在《合肥日报》的《理论版》刊登；许令顺《践行海绵城市理念，促进合肥东部新中心绿色发展》等3篇作为书面发言材料。在市社情民意座谈会上，吕峰《完善金融扶持政策，促进合肥制造业高质量发展》作为口头发言，许令顺《提升民营企业科研力量　注入创新发展原动力》等5篇作为书面发言材料。陈小奇、吴涛《统建标准平台　助力居业融合发展》在市政协“物业管理及小区业主委员会建设”对口协商会作为口头发言材料。市九三学社主委何庆瑞先后应邀参加全市扫黑除恶专项斗争工作情况通报会、省政协“推动人工智能技术产业化”协商会、市政协“推动先进制造业与现代服务业深度整合”协商会、市政协资政会上并分别作口头发言材料。牵头召开“双联双创”工作座谈会，听取所联系市政协委员意见建议。提交议案、提案100多件。市九三学社各级人大代表、政协委员认真履职，在市政协十四届二次会议上共提出提案49件，其中，《关于巢湖流域重点污染河流治理的建议》等集体提案6件。市九三学社集体提案《关于推进乡村振兴战略，增加农民收入的建议》《做好乡村水污染治理，走好绿色发展之路》被选为市委书记领衔督办重点提案。市九三学社集体提案《关于推动合肥市开发区转型升级的建议》，何庆瑞、许令顺联名提案《关于推进智慧城市建设和发展数字经济等建议》等6篇获市政协“优秀提案”表彰。夏东波《关于合肥名人资源保护利用的建议》获市政协主席韩冰批示。刘泽《关于进一步提升产业扶贫实效，稳步推进安徽省农业产业持续发展的提案》被安徽省政协评为“2019年度好提案”。在市政协2018年度政协委员履职情况通报中9人获优秀等次。

开展调研活动。市九三学社先后就跨境电商、乡村振兴、东部新中心建设等课题，赴郑州、无锡等地调研。在社省委2018年参政议政课题成果表彰中，5人获“2018年度参政议政先进个人”表彰。《关于加快落实完善污泥处置政策　严防二次污染产生的建议》获特等奖表彰。另有一等奖表彰5篇，二等奖表彰5篇，三等奖表彰5篇。在市委统战部2018年度调研工作表彰中，《从农民收入构成、粮食安全等分析合肥市乡村振兴之路》《优化协同创新平台建设，助力创新之都发展》2篇获三等奖。组织社员参加“创新之都　合肥论见——我为合肥创新发展献一策”活动，提交建议20篇，获市委统战部“组织奖”表彰，社员许令顺作题为《深度融合　加速推进合肥市人工智能产业化》的口头发言。

关注社会热点，积极建言献策。截至2019年底，市九三学社共上报社省委信息210篇，社省委采用83篇。其中：全国政协单篇采用1篇、转送1篇、综合1篇；九三学社中央采用5篇，中央统战部零讯采用6篇，省委办公厅及统战部采用2篇，省政协采用1篇，《建议关注稻虾共养行为背后几个有违法律法规精神的问题》被省领导批示。市政协采用9篇，其中《委员建言》采用6篇；合肥市政协社情民意信息采用4篇，省政协采用2篇，单位反馈3篇。在安徽省政协的表彰中，刘泽撰写的《应重视“有机农业”方向错误冲击中国粮食数量和质量安全》《建议建立分类施策的科技成果转换奖励办法》，许桂宝撰写的《关于申报国家级北斗卫星导航综合应用示范区域的建议》共3篇信息被评为优秀社情民意信息。中共安徽省委统战部的2018年度全省统战理论、实践创新先进个人的表彰中，市九三学社社员许令顺荣获“先进个人”表彰。在市政协2019年度社情民意信息工作通报中，市九三学社被评为“优秀信息工作单位”。

【民主监督】 2019年，市九三学社根据中共合肥市委统战部要求，按照《九三学社合肥市委脱贫攻坚民主监督工作实施方案》，脱贫攻坚民主监督小组成员带队深入12个贫困村切实开展民主监督工作。组织社员参加全省脱贫攻坚民主监督培训班。主委何庆瑞参加全市脱贫攻坚民主监督工作座谈会并发言。

市九三学社9名社员应邀担任九三学社安徽省委脱贫攻坚民主监督工作专家库成员，20多名社员应邀担任各级司法机关和政府部门的特邀（特约）人员、合肥市效能监督员，认真履行民主监督职责。

【社会服务】 2019年，市九三学社“讲科普”活动走进校园。组织11名社内专家分赴13所中小学，为3000名中小学生送去精彩的科普讲座。助推九三学社安徽省委“讲科普”基地落户滨湖世纪社区、方兴社区。参加社省委2019年度“百名专家乡村学堂讲科普”研讨会并交流发言。

“两站”工作服务社区。包河区两站累计开展包括健康知识讲座、普法宣传、法律咨询、教育与心理咨询等讲座22场次，惠及中小学生、陪读家长、社区矫正人员等社会群体。九三学社中央组织调研组一行，在肥调研“基层组织建设对策研究”课题，对“两站”工作给予高度肯定。

投身公益事业。在市九三学社青工委和妇委会的号召下，部分社员前往合肥市福利院开展献爱心活动，送去医疗健康服务，捐建爱心书屋，送去近万元的电视、书籍和学习用具。各基层组织动员社员积极投身社会服务。庐阳区基层委组织专家到长丰县梅冲湖中学为全体教职工进行健康保健讲座，社员周玉辉到合肥市36中、合肥市双岗小学开展法律知识科普。蜀山区基层委组织开展爱心图书捐赠仪式，联合社员王克陆企业光大药房连锁有限公司向蜀山区望江西路社区7所中小学、幼儿园捐赠价值5万元的护嗓药品。包河区基层委组织教育专家团队开展“魅力妈妈”系列活动16次，帮助妈妈完善教育方式，优化亲子关系，受益人数达500余人，取得很好社会影响，被《江淮时报》宣传报道。巢湖市基层委组织社员在巢湖市烔炀中学和槐林中学开展爱心助学活动，对

11名学生进行资助。

关心社员。市九三学社坚持开展老弱病困社员的慰问工作并主动联系关心社员，看望慰问70多位年老及生病社员，帮助老社员解决生活中遇到的实际困难。

（欧金玲）

合肥市工商业联合会（市总商会）

【概况】 截至2019年底，合肥市工商业联合会（市总商会）（以下简称“市工商联”）系统联系会员31539家（新发展会员286家），商会117家（合肥异地商会36家，行业商会30家，市场商会6家，异地合肥商会7家，团体会员32家，其他类6家）。

【思想建设】 2019年，市工商联按照市委主题教育领导小组的安排部署，在第十五巡回指导组的督导下，开展“不忘初心、牢记使命”主题教育。完成对“两书一章”原文的通读，开展“四项教育”、专题研讨、形势政策报告、学习效果检测、谈心谈话、专题党课等规定动作。走访调研对象139个，帮助群众解决实际困难和问题58个，形成并提交调研报告4篇。检视发现因担当意识不强、主动作为不够产生的问题13个，召开对照党章党规找差距会议，建立《教育检视问题及整改落实“四清单”》。组织召开民主生活会和组织生活会，起草修正检视剖析材料，领导班子及成员查摆问题55个，提出批评意见21条，整改措施29条。

坚持思想引领，树立民营企业跟党走的决心。开展庆祝中华人民共和国成立70周年“快闪”活动，在市政务中心广场集结企业家副主席副会长、12个企业方阵、驻会领导班子及现场市民300余人，齐唱《我爱你中国》《不忘初心》，表达对伟大祖国最美好的祝福。“快闪”活动引起人民网等中央媒体，安徽电视台、合肥电视台、《合肥晚报》等地方主流媒体以及中安在线等10余家网络媒体的广泛关注。视频在今日头条、抖音投放后，当天点击量超100万次，合肥民商微信公众号点击量破万。联合市委统战部、市经信局、市人社局、市市场监督管理局、市广播电视台主办优秀中国特色社会主义事业建设者创新创业创造报告会，并在合肥电视台新闻频道黄金时段全程播出。

注重典型引领，树立民营企业高质量发展的信心。联合市广播电视台开展系列报道“闪亮的成绩单”，介绍优秀非公经济人士的发展历程，树立非公经济人士典型；与市民政局、市广播电视台联合发起合肥首届“十佳商协会”评选活动，展示商协会及非公企业在促进合肥市经济发展、社会稳定方面做出的巨大贡献和不懈努力；在《合肥民商》刊载优秀民营企业家的成长事迹，彰显民营企业家艰苦奋斗、开拓创新、关爱员工、回报社会的品质和情怀。

【参政议政】 2019年，市工商联荣获市政协十四届一次会议“集体提案优秀单位”。在市政协十四届二次会议上提交委员提案18件，团体提案3件。杜佐岭等委员被表彰为“优秀委员”，韦洋等委员提案及工商联团体提案共5件提案被评为优秀提案。夏向东以《关于大力发展技术性服务业　促进科技成果转化的建议》为题在市政协十四届二次会议上作发言。王宏以《积极培育商会协会　补齐营商环境短板》为题在市委社情民意会议上发言，在市政府资政会议上以《多视角打造宜居宜业东部新中心》为题作书面发言。开展工商联界别委员活动，邀请委员围绕“民营企业如何参与长三角更高质量一体化发展”“如何打造东部新中心”等议题座谈交流。

明确调研主题，注重转化运用。市工商联荣获2018年度全市民主党派工商联专题调研工作组织奖，调查报告《合肥市军民融合产业发展研究》《合肥市生产性服务业发展研究》分获一等奖、二等奖，编印《2018年合肥市工商联系统调研成果汇编》。2019年完成调研报告9篇，其中商业综合体调研报告《群雄逐鹿　路在何方》获省委常委、市委书记宋国权批示。市委《调查研究》、新华社安徽分社《高管信息》先后刊载《关于创新制度供给助力乡村振兴的建议》的调研成果，市委副书记郭强作批示。

在大调研工作中，成立5个调研小组，走访调研对象200个（市场主体26户，重点人才37个，事业单位3家，基层村居10个，城市居民62户，农村居民60户）。收集并解决问题61个，针对民营企业反映的融资难、运营成本高问题，农村存在的农民老龄化、农村空心化、农业副业化等10个方面的问题形成并提交调研报告5篇，提出建议意见18条。

【经贸服务】 2019年，市工商联主办长江中游城市群省会城市第七届会商会商会工作交流会，市委副书记郭强，市委常委、统战部部长陈晓波，副市长朱策会见三市工商联领导及知名企业家。围绕“携

2019年12月4日，长江中游城市群省会城市第七届会商会商会合作交流会在合肥召开 （市工商联/供）

手长三角一体化，推进工商联工作高质量开展”主题，四市工商联主要负责人及企业家代表进行热烈的讨论，并达成发挥平台优势、加强资源共享的合作共识。

推动合肥市民营企业融入长三角一体化发展，配合省工商联举办民营企业助力长江三角洲区域一体化发展战略座谈会，邀请民营企业代表共160人参加会议。组织企业参加在南京举行的“长三角工商峰会”，与杭州、上海松江工商联领导及企业代表交流民营企业融入长三角一体化发展的政策、工商联促进民营企业融入长三角的思路等。接待南京市、上海松江区考察团来肥调研综合性国家科学中心先进经验和成果，展示合肥在核聚变反应、量子计算、人工智能等世界前沿领域的研究成果，为三地在人才、技术、信息等资源要素互补上搭建交流合作平台。

组织召开3期政策宣贯会，重点宣传省、市促进民营经济发展30条、10条政策以及《2019年合肥市培育新动能促进产业转型升级推动经济高质量发展若干政策实施细则》150条。邀请市经信局、市科技局、市人社局、市商务局、市税务局就最新出台的相关政策进行解读，共计400余名会员参加。

密切与中国银行、邮储银行、兴业银行、徽商银行、合肥科技农村商业银行的合作，组织召开5场金融对接会、3场座谈交流会，推广银行特色金融贷款产品，为会员企业搭建融资服务平台。据不完全统计，经过银企对接及后续跟进，解决5000万元的融资额度。

组织192家企业参加安徽省百强排序活动申报，经过审核评比，72家企业、共94次上榜营收、制造业综合和服务业百强名单。其中，30家企业入围营收百强、24家企业入围制造业综合百强、40家企业入围服务业百强。企业申报数和入围百强企业数均居全省首位。

【法律服务】 2019年，市工商联在全省率先启动合肥市总商会人民调解委员会（以下简称商调委）筹建工作，12月11日正式挂牌成立。省政府副省长、省工商联主席王翠凤为商调委揭牌。商调委与市信访事项调解委员会合署办公，由工商联、司法局、律师、企业家、商协会代表9名委员组成，聘用3人，工作经费纳入公共财政预算。制定《合肥市商调委作息时间及激励办法》《合肥市总商会人民调解委员会组织及工作规则（试行）》，成立商调委秘书处。

开展法律宣传培训，举办刑事风险防范培训。依托民营经济法律服务团培训小组，组织60多场培训活动，培训人数超过5000人。

2019年12月11日，合肥市总商会人民调解委员会挂牌成立 （市工商联/供）

参与组织企业迫切需求的劳动人事培训、知识产权保护培训等20余场。推进“法律三进”工作，组织疑难案件会诊4次，20多位律师参与活动。

【精准扶贫】 2019年，市工商联贯彻落实习近平总书记给“万企帮万村”行动中受表彰民营企业家的回信精神，贯彻落实脱贫攻坚专项巡视工作的整改要求，加强示范引导，创新推动消费扶贫。截至2019年底，市民营企业实际参与“万企帮万村”精准扶贫行动的帮扶企业459个，企业投入总金额约2.7亿元，受帮扶村372个，受帮扶贫困人数4.2万人，投入产业帮扶资金2.3亿元、就业帮扶资金1267万元、公益帮扶资金3029万元、技能帮扶资金30.3万元。

【组织建设】 2019年，市工商联积极探索工商联所属商会改革思路。根据市委全面深化改革任务安排，起草《促进全市工商联所属商会改革和发展的实施方案》。先后赴广东深圳、福建福州和石狮、江苏无锡、山东济南进行专题调研，在学习贯彻中央、省委最新会议精神、对全市商会现状摸底的基础上起草初稿，并征求部分县（市）区委统战部、区工商联及市工商联所属商会意见建议。注意与其他改革措施做好衔接，在商会党的建设、多元纠纷化解、创新综合管理工作模式、扶持商会发展等方面的改革举措认真贯彻中央、省、市相关文件精神。该方案于9月17日经市委全面深化改革委员会第三次会议研究通过，12月11日以“两办”名义正式下文。

坚定党建核心引领，商会组织健康发展。指导合肥市扬州商会等3家商会正式成立，合肥市石台商会等4家商协会顺利换届，配合异地工商联成立温州合肥商会、重庆市安徽合肥商会和平湖市合肥商会。合肥市泉州商会等3家商会获评安徽省“四好”商会。截至2019年底，市工商联联系商会中25家成立党支部，合肥市黄冈商会等8家商会2019年新成立党支部，市建材商会等5家商协会筹备成立党支部。

开展教育培训，遴选培训主题。与清华大学、湖南大学等国内知名高校联合开展专题培训2期，会员企业、基层商会会长、基层工商联负责人超百人接受经济形势、党建、理想信念等专题培训。全年组织会员企业及商协会代表参加5G专题讲座、创新培训等各类教育培训活动达2000人次。

（侯　静）

责任编辑：赵永军

群众团体

合肥市总工会

【概况】 2019年，合肥市总工会强化职工思想政治引领，服务经济社会发展大局，维护职工合法权益，服务职工群众，加强工会组织自身建设，各项工作取得新成效。市总工会先后获评“全国市级工会财务工作先进单位”“全省2018年度市级工会工作规范化建设考核特等奖”等称号。

【职工思想引领】 2019年，市总工会以庆祝中华人民共和国成立70周年为主线，广泛开展“中国梦·劳动美——与共和国同成长、与新时代齐奋进”系列主题宣传教育活动。召开庆祝中华人民共和国成立70周年先进典型事迹报告会，向本市全国劳模代表颁发“庆祝中华人民共和国成立70周年”纪念章。举办“奋进新时代 歌声颂祖国”职工合唱展演、“时代新人说——我和祖国共成长”主题演讲大赛，组队参加“劳动筑梦”全省职工演讲比赛，开展“倾情礼赞新中国 网聚职工正能量”好网民活动，多层次多角度呈现合肥职工与共和国同成长、与新时代齐奋进的生动典型。

【弘扬劳模精神】 2019年，在市总工会成立70周年之际，开展寻找合肥市时代劳动模范活动，遴选20位合肥市时代劳动模范，在市“五一”大会上隆重表彰，省委常委、市委书记宋国权，市委副书记、市长凌云接见到会时代劳模。《工人日报》头版头条以《老劳模“复出”点燃职工奋斗激情》为题进行深度报道。举办庆祝“五一”国际劳动节暨合肥市工人运动70周年图片展，制作《岁月铸丰碑 扬帆再起航》合肥市工人运动70年专题资料片和画册。举办“劳模精神红色传承”劳模进企业暨劳模先进事迹宣讲活动。命名100名合肥市优秀工会工作者，向全市159位从事工会工作20年以上人员颁发纪念章。

【举办市第四届职工运动会】 2019年，市总工会联合市体育局举办合肥市第四届职工运动会，7月25日开赛，历时27天，先后举办网球、太极拳、自行车、“国家体育锻炼标准”测验达标赛、全民健身展演、广播体操、乒乓球、篮球、气排球、五人制足球、游泳、登山、拔河、钓鱼、扑克牌（掼蛋、桥牌）、棋类（中国象棋、围棋）、羽毛球等17个项目比赛，全市68个代表团，近5000名职工参赛。组队参加省第四届职工运动会，揽获51枚金牌、99枚奖牌，取得金牌总数和奖牌总数双料第一，摘得

2019年7月25日，合肥市第四届职工运动会开幕 （市总工会/供）

团体总分一等奖、优秀组织奖、体育道德风尚奖及职工健身展演特别奖四大奖项。

【职工素质提升】 2019年，市总工会开展职工技能培训，开办“工会大讲堂”180余场，以订单形式送课上门，内容涵盖职工思政引领、思德教育、法律普及、技能培训，深受职工欢迎。举办农民工技能培训班800多班次，培训农民工5500多人，开展“农民工免费上大学”活动，129名农民工顺利毕业，取得大专文凭和技能证书。开展“书润匠心”读书活动，通过层层举办阅读分享会、经典诵读、读书征文、读书成果展等活动，引导动员广大职工多读书、读好书。

【技能竞赛】 2019年，市总工会主动融入长三角一体化发展大格局，参与G60科创走廊高质量发展职工劳动技能竞赛。开展各级各类劳动和技能竞赛200项，参赛职工65万，公交、燃气等行业选手在全国大赛、长三角大赛中勇摘桂冠。首次启动“五小”活动创新成果评选，征集创新成果1570项，评选优秀成果303项，发放补贴资金302万元。全面升级和打造劳模和蓝领工作室品牌，新认定标准化劳模和蓝领创新工作室30家。注重先进示范引领，评选产生一批国家、省、市“五一劳动奖状（章）”、工人先锋号，引导职工学习先进、赶超先进。推动市政府出台《合肥市劳动模范评选和管理办法》。

【维权维稳】 2019年，市总工会组建13支法律服务分队，赴农民工集中的工业园区、企业、工地、街道等地方开展法律广场宣传64场，法律知识讲座64场，法律咨询720次，律师值班247次，受众2.3万人次。大力实施法律援助，全年接待维权来访、咨询3800余人次，受理法律援助案件169件，为职工挽回损失866.4万元。全力推进集体协商，全市累计签订集体合同12587份，覆盖企业45927家，覆盖职工136万人，已建会企业集体协商建制率达到90%。开展“安康杯”活动，竞赛单位4122家，参赛职工达32.1万人，参赛班组1.9万个。

2019年7月9日，合肥市2019年劳动和技能竞赛举行 （市总工会/供）

【普惠关爱】 2019年，市总工会持续打造“绿色出行”工作品牌，出行补贴提高至50元，全市40万职工参与充值，发放出行补贴近2000万元。做好城市困难职工解困脱困工作，制定下发《合肥市工会困难职工档案管理实施办法》，建立市级困难职工档案，实施困难职工精准识别、动态管理，建档在册困难职工960名，发放救助资金699.12万元。“春送岗位”举办专场招聘会87场，全市各级工会、帮扶中心举办招聘会179场，就业服务36880人次；“夏送清凉”投入资金1975万元，对5000多名公交车司机、11000多名环卫工人进行全覆盖慰问，慰问一线职工23万余人；“金秋助学”向全市281名困难职工和农民工子女发放助学金170.99万元；“冬送温暖”慰问困难企业693家、困难职工8327户、一线职工7395人，发放款物934.18万元。为建筑工地从事一线岗位工作的1300余名农民工开展免费体检。组织苦累脏险等特殊岗位近5000名一线职工赴半汤、南京、厦门等地疗休养。在户外劳动者集中区域建成18家“工会幸福驿站”，为环卫工、快递外卖员等户外劳动者等解决“如厕难、饮水难、吃饭难、休息难”等问题。出台爱心母婴室建设标准和补助细则，持续推动爱心母婴室创建工作。

【基层基础建设】 2019年，市总工会推动基层工会组织建设，以基层工会“六有”为内容，开展基层工会达标提质活动。全市新建基层工会组织1800余家，新发展会员19.5万人，比上年净增11万人，其中新发展农民工会员9.7万人。火车司机、快递员等八大群体企业建立工会组织643家，发展会员4.9

万人。全市省级以上开发区（工业园区）全部建立工会组织，城区乡镇级工会社会化工会工作者实现全覆盖。完成智慧工会二期建设立项工作，充分运用移动互联、云计算、大数据和人工智能等新型网络信息技术，切实提高工会网上工作水平。合肥工会微信关注用户42.6万人，在全国同级工会中处于领先地位。市工人文化宫项目建设稳步推进，市工人文化宫（北区）项目立项和规划设计工作已经完成，合肥市职工文体中心在包河区完成选址，年底前进入筹建阶段。

（卢 琦）

中国共产主义青年团合肥市委员会

【概况】 2019年，共青团合肥市委员会（以下简称“团市委”）审议印发《合肥市落实〈安徽省中长期发展青年规划（2018—2025年）〉实施方案》，建立青年工作联系会议机制。省、市领导到团市委机关调研指导、出席团的活动、关心支持团的工作。市委常委会全年2次听取团市委工作汇报，研究相关工作。省市领导17次对团市委工作作出指示批示。

全市共青团系统有46个集体、118名个人受到省级以上表彰命名。全年在国家级媒体刊登宣传报道41篇，省级媒体宣传报道127篇。“合肥共青团”微信公众号连续稳居合肥政务微信第一阵营，并在全国团属微信影响力排名前列。开通“合肥共青团”抖音号，粉丝量达19.8万人，发布新媒体短视频产品400多个，点赞量超472万人次，总浏览量突破7800万人次。团中央书记处书记多次前往合肥进行调研。在团省委对地市团委工作评估中，合肥团市委继续保持“好”的等次。

【政治建设】 完成团代会各项任务。2019年，在市委的领导下，共青团合肥市第十五次代表大会召开，选举产生第十五届委员会，部署未来五年的工作任务。在团代表中注重吸收农民工、社会组织等新兴领域青年群体中的优秀党员、优秀团员，市第十五次团代会基层和一线代表占比90.29%，十五届委员会、常委会中基层和一线代表占比分别为55%、36%。

推动政治理论学习常态化。突出用习近平新时代中国特色社会主义思想教育青年这一主线，持续推进“青年大学习”行动，累计144万余人次参与网上主题团课学习。引导团员青年增强“四个意识”，坚定“四个自信”，做到“两个维护”。实施青年讲师团计划，组建“团市委青年讲师团”，围绕“党的十九届四中全会精神”开展主题宣讲，把新时代党的理论主张转化为青年的行动自觉。扎实推进“青年马克思主义者培养工程”，举办2019年度合肥市大学生骨干培训班，举办“四进四信”“与信仰对话”等主题报告会，通过理论与实践相结合的课程体系，培养锻造一批青年政治骨干，让青年在学思践悟中形成真挚的情感认同、深刻的思想认同和持久的信仰认同。

丰富实践育人的有效载体。结合中华人民共和国成立70周年、五四运动100周年，开展“青春心向党 建功新时代”特别主题团日等活动300余场。举办“创新之都”合肥市第五届大学生辩论赛，培养凝聚一批懂思辨、善思辨的青年人才。开展大中专学生志愿者暑期“三下乡”社会实践活动，推进“第二课堂成绩单”制度落实落细，不断丰富经常性、规范性、普遍性实践育人载体。开展“争做新时代好队员”主题教育实践，打造规范化入队、入团、14岁集体生日、18岁成人礼等仪式教育项目，建立覆盖义务教育阶段的仪式教育链条。

引导青年践行社会主义核心价值观。开展“合肥青年五四奖章”“向

2019年11月21日，共青团合肥市第十五次代表大会在市政务中心开幕

（团市委/供）

上向善好青年”等评选活动，扩大榜样引领的影响力和覆盖面。举办“青年工匠进校园”主题分享会，引导青年树立家国情怀和职业理想。加强新媒体“朋友圈”建设，打造青少年网上意识形态阵地，开展“纪念五四运动100周年”短视频征集活动，实施产品化战略，海报、短视频、H5等文化产品网上阅读量超千万人次，“合肥共青团”微信公众号连续稳居合肥政务微信第一阵营，努力打造有态度、有温度、有深度的网络人格形象，“合小青、合小团”卡通人物深受青少年喜爱。

【服务青年】 健全联系服务青年的组织体系。2019年，团市委适应青年流动聚集特点，全市建成136个“青年之家”，市12355青少年服务台专业化持续提升，市青少年活动中心开工建设，推动团的组织网络、工作力量、服务项目在青少年身边有形化、日常化。推进市青年企业家协会、市青年志愿者协会、市青少年权益保护和预防犯罪工作协会换届工作，聚焦创新创业青年、律师、心理咨询师等群体，巩固提升团属社会组织联系服务各领域青年的能力和成效。实施“伙伴计划”“筑梦计划”，4个项目获评团中央“伙伴计划”三星项目，扩大面向青年社会组织的联系覆盖。切实履行全团带队工作职责，“一心双环”团学组织格局不断优化，团教协作形成制度化安排，构建“青、学、少”同心多层的青少年工作体系。

完善密切联系青年的制度。将推动青年有序政治参与和服务青年发展需求相结合，深化“共青团与人大代表、政协委员面对面”活动，承办团中央“面对面”合肥专场座谈会，聚焦“快递小哥”权益保障，推动出台《关于规范合肥市快递末端服务车辆通行管理的实施意见》。落实团干部直接联系青年制度，强化“全团抓学校”机制，明确机关各部室常态化联系一所直属院校，直接帮助指导团组织开展工作。在确定市级“大调研”课题基础上，围绕《中长期青年发展规划（2016—2025年）》，开展常态化、制度化的“小调研”，形成调研报告10余篇，推动团干部深入基层、融入青年、学以致用，练就过硬的青年群众工作本领。

聚力解决青年普遍性利益诉求。推进《合肥市落实〈安徽省中长期青年发展规划（2018—2025年）〉实施方案》落地实施，形成推动青年发展的合力，让更多青年感受党的关怀。主动服务青少年需求痛点，打造“青春毅行”“集体婚礼”等青年活动“IP”，依托阅读空间举办青年读书交友会，吸引4万人线下参与。加大困难青少年帮扶力度，持续实施“希望工程”行动，为1200余名青少年送去温暖。推动开展构建未成年人检察工作社会支持体系省级试点工作，组织开展各类普法志愿服务、法治宣传、自护教育等活动300余场，覆盖青少年8万余人，有效增强青少年学法守法意识。进一步优化“社会观护员”队伍，指派合适成年人到场参与办案160多人次，完成社会调查案件340余起，指派心理咨询师提供一对一心理辅导矫正70多次，共为500多名涉案未成年人提供观护服务，维护青少年合法权益。在2018和2019持续两年的大范围社会调查基础上，形成《涉案未成年人违法犯罪的原因及对策分析》，相关材料已提交到团中央和市政法委等部门，在全国率先推动预防青少年犯罪工作从单一事后帮教转变为“事前预防、事中维权、事后帮教”的闭环工作格局。努力推动听障和视障青年规范化入团相关问题。

【服务大局】 投身打赢脱贫攻坚战。2019年，团市委落实《合肥共青团投身打赢脱贫攻坚三年行动的实施意见》，坚持扶贫与扶智相结合，通过“助学+就业”帮扶模

2019年2019“职场第一课”暨爱心照亮求学路助学金发放仪式举行

（团市委/供）

式，开展2019“职场第一课”暨“爱心照亮求学路”活动，市本级直接资助贫困家庭大学新生251人。推动全市各级团组织统筹工作力量，摸清2019年度全市建档立卡未脱贫户与已脱贫A类户家庭高中及以上在校学生底数，将3152人登记在册，持续关注和帮扶。探索社会动员方式和渠道，加强合肥市青少年发展基金会规范化建设。将共青团青年活动“IP”与精准扶贫深度融合，在“大湖名城　青春毅行”“小创客　大梦想”等活动中，号召30多万名网友参与募捐55万余元，掀起全民公益热潮。持续实施农村青年致富带头人培养计划，1人获评全国农村青年致富带头人，申报认定3个省级大学生返乡示范基地，发放奖补资金15万元。

助力合肥高质量发展。围绕长三角一体化发展国家战略，带领青年在推动合肥高质量发展中创新创业创优。深入开展“青字号”品牌创建活动，2个集体获评全国青年文明号，1个集体获评全国青年安全生产示范岗。举办“匠心筑梦　青春领航”主题活动，开展青年职业技能大赛，培育劳模精神和工匠精神。持续推进“五位一体”青年双创服务体系建设，举办《创业英雄汇》海选合肥站活动，6个项目登上央视舞台，现场获意向融资2400万元。实施“合肥市梦创天使计划”，落实扶持资金376万余元。打造文博会青年创客展区，推荐2人获评“安徽省青年创业奖”，承办长三角青商高峰论坛，促进长三角青年合作交流。加大青少年风险防范宣传力度。围绕建设美丽中国，深化和拓展青少年生态环保工作，在青少年中传播绿色理念、践行绿色生活。

弘扬社会文明新风。开展青年志愿者行动，全市31万名注册青年志愿者累计服务时长62万小时，1.2万人次为国际马拉松赛、世界制造业大会等大型赛会提供志愿服务，1人获评中国青年志愿者优秀个人，志愿公益成为青年时尚。深化重点领域和大型赛会志愿服务，引导青年参与新时代文明实践活动，连续6年实施春运志愿服务“暖冬行动”。以志愿服务理念的培育和传播为重点，整合社会资源，深化品牌项目，举办2019年合肥市青年志愿服务项目大赛，建立市级志愿服务项目库，指导青年社会组织规范化建设、专业化培育、公益化产出，引导专业社会力量参与基层社会治理，青少年在社会参与中加快融入城市发展。

（李　锐）

合肥市妇女联合会

【概况】 2019年，合肥市妇女联合会（以下简称“市妇联”）围绕新中国成立70周年，以“巾帼心向党　礼赞新中国”为主题，开展一系列的群众性主题活动，累计活动5000余场（次），遍及城乡新时代文明实践中心、妇女儿童之家、城市广场、乡村大舞台。村干部王智在省“大家小官”演讲赛中获省一等奖、全国三等奖。参加全国妇联千场联动，以歌唱《我和我的祖国》，制作主题快闪、开展主题红歌会、歌咏比赛、专场文艺会演等喜闻乐见的形式唱响爱国之歌。联合主流媒体，以“请回答1949——寻找共和国的同龄人”方式，一批最美女性、最美家庭、抗战老兵、共和国同龄人讲述她们的峥嵘岁月，抒发爱国之情。开展“童心向党　笔墨书香”书法展示、亲子书画活动、征文比赛等，表达对祖国的浓浓祝福，书写爱国之愿。开展“我的骄傲　我的国”千人拼国旗、“玫瑰书香”悦读会、摄制《国家》主题宣传片等，升华对祖国70年翻天覆地变化的自豪感，弘扬爱国之心。编印《烽火女兵》《致敬时代　致敬最美——改革开

2019年9月28日，迎国庆“我的骄傲 我的国”千人拼国旗暨2019合肥最美家庭揭晓活动在中侨中心广场举行　（市妇联/供）

放四十年合肥最美女性、最美家庭集锦》《合肥市妇女儿童事业发展成就白皮书（2019）》等，用妇女儿童事业蓬勃发展的丰硕成果献礼祖国华诞，激扬爱国之志。

把妇女思想政治引领贯彻于服务大局、服务妇女、服务家庭的各个方面，把技能技术培训开到村里、办到田头，使垄间地头成为宣讲的“新课堂”；举办故事会、分享会、读书会，使“妇女之家”“阅读空间”成为宣讲的“新阵地”；围绕人居环境整治、家庭教育、脱贫助困等妇女家庭需求，使巾帼志愿服务成为宣讲的“新窗口”；在相亲会、广场舞赛、纳凉晚会上传播新思想新理念新要求，使妇联的每一场活动都成为宣讲的“新舞台”，让党的方针政策深入基层、深入群众、深入人心。

建立“2+N”为对象的典型推报机制，在众多领域选树一批可敬可信可亲可学的身边的先进典型。开展“三八红旗手”“最美家庭”“我心中的最美女性”等创建评选活动，产生“四两拨千斤”的放大效应。全国最美家庭张玲，全国巾帼脱贫案例主人翁房呈霞等一批质朴善良的大姐姐、小妹妹登上光荣榜、走上领奖台，讲述成长故事。

举办省暨合肥市新媒体行业女性调研座谈会、融媒体新春恳谈会，掀起一次次的“头脑风暴”。发挥“合肥女性”官微的主导地位，开展线上“学习党史国史”“我与妇联一起来扶贫”等系列主题活动。全年发布原创信息170余条，阅读量超20万人（次）。截至年底，有54篇（次）特色亮点工作、先进典型事迹入选“女性之声”，22篇（次）被“学习强国”推发，70余篇（次）在《中国妇女报》《安徽日报》等主流媒体刊发。

当年获评“全国维护妇女儿童权益先进集体”“全省妇联系统目标管理考核先进集体”“合肥市委综合考核优秀单位”“2019年度安徽省网络安全宣传周先进单位”等。

【妇女创业就业服务】 2019年，市妇联聚焦合肥市战略性新兴产业、先进制造业等领域，抢抓机遇，推动长三角地区“女性创业合作联盟”建设。科大讯飞、京东方等高端领域女企业家获选参加长三角G60科创走廊产业发展主题集会，促进合肥与姐妹地市共同做好合作发展的大文章。树雕画、牛角画等非遗项目晋级全国妇女手工创新创业大赛半决赛。11月5—6日，举办“追梦新时代　巾帼绽芳华”女企业家创新训练营，百位女企业家在思想碰撞、展示交流中弘扬合肥女性的巾帼担当。

提供巾帼脱贫精准服务。1月18日，举办“徽姑娘”创新创业基地成果展暨合肥女性“双创”品牌推介会；争取财政补贴，培育来料加工经纪人，开展定单式培训，在长丰、巢湖等地扶持建成妇女来料加工点23个，3000多名农村妇女实现家门口就业；举办春夏秋冬四季女性专场招聘会，提供就业岗位6000多个；围绕适合女性创业就业的种植、养殖、手工编织、家政服务、电子商务等五大产业，举办市级技能培训班36期，培训贫困妇女上万人；开展大比武、大练兵、大竞赛，会同行业系统、联合相关部门开展“巾帼文明岗”“巾帼建功标兵”创建，举办“合肥市职业技能大赛”，激发各行各业女性创新创业潜能。

打造乡村振兴地域品牌。发挥好省妇女创业扶持专项资金的示范撬动作用，实现项目稳中有进、稳中提质、稳中树优。“美丽家园”项目点巢湖市汪桥村获“中国美丽乡村示范村”称号。三瓜公社、马郢农耕基地、官亭林海等一批巾帼电商、休闲体验、特色民宿走进大众视野。组织开展巾帼志愿服务

2019年8月27日至28日，合肥市优秀女企业家参加“巾帼心向党　建功G60　服务长三角　”九城市女性喜迎中华人民共和国成立70周年助力长三角G60科创走廊产业发展主题活动

（市妇联/供）

"千万行动"、百户"花园家庭"、百户"绿色庭院"等创建评比活动，在村居环境美化、移风易俗中提升乡村治理水平。

【巾帼文明行动】 2019年，市妇联注将"亲子阅读"纳入全民阅读活动范畴，4月23日，举办首届亲子阅读主题活动，使更多的家庭参与亲子阅读，重视家庭教育。"庐州家长课堂""玫瑰书香""宝贝读诗"等品牌项目落地基层，推动强化"家教好"理念。7月4日—9月19日，承接中国妇女儿童博物馆家教家风主题展，并在市、县巡展；协助省妇联在合肥市群艺馆开展安徽省家庭文化展，弘扬革命精神、颂扬徽风皖韵、赞扬优秀女性。联合市纪委、市委宣传部开展"廉洁家风润万家"主题系列活动，在全市形成家庭促廉的新风。连续6年举办省暨合肥市家庭运动会，开展"家庭文明公约""手写好家风"等线上活动，倡导"家风优"风尚。

响应政府"情感留人"战略部署，以"大湖之约·幸福起航"为主题，策划开展一区一品的主题交友活动13场（次），近5000名青年参与。响应"垃圾分类·巾帼先行"号召，5月12日，举办合肥市第三届绿色草原家庭节。承接"双拥一条街"学雷锋服务项目，开办"巾帼家庭服务站"，助力合肥全国双拥模范城"九连冠"。响应国家促进家政服务业提质扩容的要求，发挥家政龙头企业的引领作用，建立"家政学院"等产教融合基地。

发起"合肥市贫困妇儿一元捐"公益项目，全市筹集资金12万余元。承接中国儿基会"恒爱行动——百万家庭亲情一线牵"公益活动，动员组织各界爱心人士编制毛衣450件，为"三区三州"地区家庭儿童送去温暖。连续11年举办"巾帼助学 放飞梦想"捐资助学活动，全年有100名贫困女大学生获助迈进高校。连续4年举办合肥女子粉蓝丝带公益跑，连续3年开展义乳捐赠，帮扶103位建档立卡"两癌"患病妇女获得救助，在"元旦、春节"、母亲节、儿童节期间开展慰问帮扶活动，救助款物达300余万元。

2019年12月27日，全市党建带妇建"四新"领域妇联组织建设总结推进会在市政务中心召开 （市妇联/供）

【妇女维权服务】 2019年，市妇联扩大普法宣传影响力，让更多法律政策惠及妇女儿童。举办省暨合肥市"建设法治中国·巾帼在行动"维权服务活动、"三月丽人帮"专题广播节目、普法维权大讲堂走基层，在全市形成上下联动、部门联合的普法宣传态势。全年开展普法宣传1389场次，参与群众近20万人次。

以防范化解婚姻家庭矛盾纠纷和预防排查家庭暴力风险为着力点，构建"三线五中心"体系，举办全市婚姻家庭专题培训及婚姻家庭研讨会，建立一批婚姻家庭调解委员会、家事调解室、家事法庭，将不稳定因素消除在最小范围。建立妇女议事会，开展议事活动393次，建立35个市级示范妇女议事会，成为基层民主自治的有益补充。

在全省率先开展中小学贫血检测等工作，填补检测指标空白。实施省性别平等进校园项目，打造全省中小学性别平等课程模板。开展"为妇女儿童办实事、办好事项目征集活动"，在全市公交站点开展公益宣传，编制妇女儿童事业发展白皮书，多途径、多形式宣传、展示妇女儿童发展成果。启动合肥市妇女儿童活动新中心建设。

【基层组织建设】 2019年，市妇联联合市委组织部召开推进"四新"领域妇联组织建设工作会议，启动"双十"行动，截至年底，建立132家"四新"领域妇联，其中13家获评市级示范，形成金融商圈、楼宇经济、农村电商、家庭服务等多类型、有代表、有特色的"四新"妇联新格局。加强根基建设，把妇女组织、"妇女之家"向村民小组、社区网格等妇女群众生产生活的最小单元延伸，率先在全省建立一批以包河“红色领航”、长丰“6520”为示范的“妇女微家”。

投入200万元，建设集思想引领、宣传发布、联系服务于一体的“智慧妇联”平台，打造全时在线的“娘家”。促进执委履职，制定“两规则两制度”，促进执委按章履职、参与妇联工作，发挥执委工作积极性、主动性。实施“头雁工程”，采取自办、联办等形式开展教育培训工作，提升各级执委的使命感、归属感、融入感。拓展对外交流合作，先后与澳门、西藏等省内外十多批次妇联姐妹交流共促。

（王晓梅）

合肥市科学技术协会

【概况】 合肥市科学技术协会（以下简称“市科协”）和包河区、肥西县、庐江县科协获评2019年全国科普日优秀组织单位，蜀山区五里墩街道办事处、新站高新区科协组织的活动获评2019年全国科普日优秀活动。市科协，肥东县、长丰县、肥西县科协荣获2019年全国农民科学素质网络知识竞赛优秀组织单位称号。市科技馆获第六届全国科技馆辅导员大赛展品辅导赛一等奖1项，获2019年全国科技活动周示范活动联合表彰。巢湖市成为全国新时代文明实践中心科技志愿服务试点县。参加第34届全国青少年科技创新大赛、第19届中国青少年机器人竞赛，合肥市获佳绩。完成2019年度“金桥工程”立项备案55个，表彰奖励2017—2018年度优秀项目12个。举办3期“企业创新方法培训”，参训900人次，涉企300多家。

【《纲要》实施】 2019年，市科协贯彻落实《合肥市全民科学素质行动计划纲要实施方案（2016—2020年）》，推动本市全民科学素质工作深入持续开展。调整市全民科学素质工作领导小组成员，审议并通过《合肥市2019—2020年全民科学素质工作任务分工表》，细化成员单位任务落实。省政府对合肥市2019年全民科学素质工作考核、市对各县（市）区、开发区2019年全民科学素质工作考核顺利完成。

【科技志愿服务】 2019年，市科协联合市文明办，按照“助力新时代文明实践中心建设、打造‘智慧行动’服务品牌、探索构建科技志愿服务体系”的总要求，部署合肥市新时代文明实践中心科技志愿服务试点。牵头成立市新时代文明实践中心科技志愿服务队总队，分类纳入县（市）区、开发区、市属学会、市科技馆、企业科协分队，设立联络处统筹指导全市工作。召开专题调度会，督促各县（市）区、开发区做好落实。举办流动科普展品基层巡展、农村少儿爱科学等专题活动，组织市属学会专家开展科普志愿服务；市科技馆定期举办科普讲座、科技馆进校园、科普培训等活动。全年成立科技志愿者服务队伍242支，形成“市—县—乡镇街道”三级志愿服务体系，开展志愿服务活动803场次，受到中国科协书记处书记、副主席孟庆海肯定。巢湖市实现乡镇（街道）科技志愿服务全覆盖。

【强化“互联网+科普”理念】 2019年，市科协与市广播电视台合办《合肥科普影视厅》《合肥科普》栏目，合肥新闻综合广播微信公众号每月推送“合肥科普”内容。创新传播方式，聚焦群众喜爱、满足群众需求、立足群众参与，举办庆祝中华人民共和国成立70周年科普摄影大赛，征集1800余组（幅）作品；开通合肥地铁“科普号”专列；拍摄《科学中心看合肥》系列短视频，聚焦能源、信息、生命、环境四大领域，通过微信公众号、

2019年9月30日，“科普号”地铁发车仪式举行 （市科协/供）

凤凰网、“抖音”等平台推送，取得良好效果。扩大科普覆盖面，全市 91 家试点单位，推动科普 e 站建设，助力社区、学校和乡村与“科普中国”“科普安徽”精准对接，提高科普公共服务能力。制作《身边科学 365》《食品安全知识》《生态文明》等科普宣传册 3.2 万册，《饮食误区与禁忌》《地震科普》《土壤环境保护》等挂图 3200 套，用于基层科普宣传。

2019 年 4 月 12 日至 14 日，合肥市青少年机器人竞赛举行 （市科协／供）

【特色科普活动】 2019 年，合肥市获省级青少年科技创新大赛一等奖 43 项；省青少年机器人竞赛一等奖 71 项，占全省 96% 以上，在全省 15 个项目冠军中占 14 个。在第 34 届全国青少年科技创新大赛中获一等奖 8 项。在第 19 届中国青少年机器人竞赛暨 2019 世界青少年机器人邀请赛上，获一等奖 8 个，其中 4 个冠军，冠军数占全国近三分之一。市科协组织开展“合肥市第十七届科技创新市长奖”评选，肥东、肥西、庐江、瑶海、蜀山、包河等分别开展科技创新县（区）长奖活动。包河区举办“全国中小学生创造大赛智慧创客分项赛决赛”活动等；全国科普日共举办各类活动 380 场次，市科协、肥西县、长丰县、庐江县、包河区科协被中国科协表扬为 2019 年全国科普日活动“优秀组织单位”，蜀山区、新站高新区有关活动被中国科协表扬为“优秀科普日活动”。举办合肥市科普摄影大赛，围绕“展现科技成就、记录科学活动、赞扬科技人物、聚焦科学现象”4 个主题，聚焦合肥综合性国家科学中心建设，展示合肥市重大科技基础设施集群和重大科技创新体系建设成果。历时 3 个月，收到 1800 余组（幅）作品，评出一、二、三等奖和优秀组织奖，市委副书记郭强出席颁奖仪式；开通合肥地铁“科普号”主题列车，列车于 9 月 30 日下午发车，在地铁一号线大东门、合肥南站等 6 个站点，设置 10 块宣传灯箱，主题包括宣传《中华人民共和国科普法》、全面提高公民科学素质、合肥综合性国家科学中心、食品药品安全、防灾减灾、生态文明，累计受众超 700 万人次；利用“合肥科普”微信公众号，组织 2019 年“礼赞共和国　智慧新生活”合肥市科普知识闯关游戏。活动参与面广，互动性强，不受场地、时间限制，线上参与突破 28 万人次，线下竞赛合肥市代表队获全省第一，市科协被评为 2019 年安徽省全民科学素质网络竞赛活动“优秀组织单位”。2019 年全国农民科学素质网络知识竞赛，累计参与答题 60 多万人次，参赛规模全国地级市第六。

【科普为民惠民】 2019 年，市科协加强基层科普能力建设，评选表彰“科普惠农”先进单位 15 个、“社区科普益民计划”先进单位 10 个、“社区科普益民计划”先进单位 10 个。参加合肥市 2019 年“三下乡”活动，支持巢湖市烔炀镇科普示范村、科普示范农技协建设，捐赠宣传资料 3000 册、图书 400 册，开展流动科普展品基层巡展。推动学会开展科普，发挥学会人才众多，资源广泛的优势，组织开展面向农村、老人、儿童等人群的科普活动，全年进校园、进社区、进农村，组织各类科普讲座、宣传、培训班逾 200 场。助力精准扶贫，肥西县与阜南县结对共建科技扶贫产业基地 333.33 公顷，肥西莲藕协会建设新品种莲藕种植基地 43.33 公顷，带动脱贫 500 多户，庐阳区食用菌协会加强对临泉县的支持，组织贫困户学习种植技术，为学员提供优良菌种和专家指导。全年举办“科普惠民乡村行”15 场次、“智爱妈妈行动”27 场次、“农村少儿爱科学”25 场次。与市九三学社共同开展“合肥市 2019 年百名专家乡村学堂讲科普”，组织 10 名专家分别走进 12 所中小学校，惠及 2000 余人次。加强科普示范创建，23 个社区被认定为 2019—2024 年度省科普示范社区，15 个农技协被认定为 2019—2024

年度省科普示范农技协会。

【海外人才离岸创新创业基地建设】 2019年，市科协出台离岸基地空间载体实施细则、海外服务站实施细则。新认定4家空间载体，7家海外服务站，完成2019年度目标任务考核；海外人才项目对接，举办14场海外人才引智对接活动，签署落地项目协议19项，接待海外人才379名，引进海外人才24名，其中入选省级人才计划2名，市级人才计划13名。举办“第五届中欧生命科学论坛”，欧洲10国20名嘉宾17个项目参加，现场签约项目4个。经开区举办“2019年北美企业合肥行”，高新区在以色列召开“海外人才创新创业项目暨人才对接会”，庐阳区引进高层次人才团队4个，新站高新区举办“2019年中澳海外高层次人才（项目）路演对接会”，引进首个国际化孵化平台“艾斯驿站”，中法（合肥）科技创新中心正式揭牌。

【服务一线科技工作者】 2019年，市科协落实联系基层科协和科技工作者制度，全年赴各县（市）区、开发区等调研50余次。组织科协界别调研，联系服务政协科协界别委员。印发主席联席会议工作规则，建立兼职副主席牵头承担市科协重点工作机制，探索联系服务委员机制。开展“最美科技工作者”认定，向省科协推荐10名候选人，长丰县草莓协会会长夏世祥获评“全省最美科技工作者”，在市级媒体宣传报道最美科技工作者，中科院合肥创新院副院长黄叙新先进事迹，《安徽合肥：闯出成果转化新天地》入选“学习强国”平台。完成第九届专业技术拔尖人才推荐申报，联合推荐中国青年科技奖候选人6名，推荐2名青年博士后参加中外青年交流计划资助项目，推荐重点项目先进个人和新时代新担当新作为先进典型人选等。

【学会建设】 2019年，市科协完善《合肥市科协市级学会组织通则》，服务学会改选换届、理事会、年会、社会组织评估等，指导32家学会完成年检，吸纳2家学会为市科协团体会员，指导新成立2家学会；推动高质量学术交流，鼓励支持学会举办高质量、多领域学术交流，全年共举办各类学术活动80余场。市药学会举办“药事管理与抗菌药物合理使用高峰论坛暨安徽抗感染药师沙龙”。市护理学会邀请中华护理杂志社社长姜小鹰教授和南丁格尔获奖者、中华护理学会理事长吴欣娟授课。市性学会承办中国民间中医医药研究开发协会生殖与男科分会第二学术大会。市健康管理协会举办“基层医务人员急救技能专题学习班”等；推进学会有序承接政府转移职能，协调相关部门公开转移职能和项目，引导10家学会承接7个市级部门和3个县区、开发区实施政府转移职能或购买公共服务项目12项，配合省科协开展创新驱动助力工程4项。

【打造现代科技馆体系】 2019年，合肥市老科技馆全年接待总量逾73万人次，观影人数3.3万人次，常设展厅展品完好率高达97.98%。实施各类教育活动875场，创作全新活动22项，举办临展3场，创客教育累计231课时。确定以“探索·体验、理解·认知、改造·创新”为新馆展览线索，制定11个常设展厅展陈方案；球幕影院建设正式启动；编制杨振宁陈列馆展览方案，完成杨振宁访谈片的拍摄；土建招标建设单位确定，实现开工建设，招标确定9家国内外公司或联合体，实施新馆展教内容设计，积极谋划新馆体制和运行机制；社区科普场馆新增10家，建成61家，肥西县投入50万元完成青少年校外活动中心VR馆改造提升。合肥高新技术产业开发区划拨50万元专项科普经费，保障科普基地运行。合肥经济技术开发区依托企业发展特色科普基地等。长丰县科技馆建成开放，探索馆校合作运行模式，全年接待参观4万余人次。肥东县科技馆主体工程基本完成，巢湖市科技馆完成设计招标，肥西县、庐江县科技馆立项和选址。先后在巢湖市、长丰县、肥西县举办中国科技馆流动科技馆巡展。组织流动科普展品基层巡展进学校、社区20余场，参与观众达3万人次。

【《生物学杂志》】 2019年，市科协注重打造《生物学杂志》高质量编委队伍，审稿人专家库130人，编委121人，其中国际编委11人。按时按质完成《生物学杂志》6期编辑、出版、发行。全年收到稿件800余篇，发稿183篇、约160万字。在中国知网数字优先出版论文94篇，微信公众号粉丝突破5000人。发表国家自然科学基金、国家博士后基金、973计划、863计划、国家科技重大专项等国家级基金资助论文96篇，占发表论文总数的52.5%；省部级、市级自然科学基金及院校基金项目资助的论文79篇，占发表论文总数的43.2%。2019年，入选由中国科学技术协会、国家新闻出版署共同主办的“中国科技期刊发展主题展”，再次入选中国科学引文数据库（CSCD）扩展库，并被日本科学

技术振兴机构数据库（JST）收录。（齐 藤）

合肥市文学艺术界联合会

2019年8月8日，合肥市第四次文代会在市政务中心召开 （市文联/供）

【概况】 2019年，合肥市文学艺术界联合会（以下简称“市文联”）完成10个文艺家协会的集中换届工作，各协会班子成员满票率均在98%以上。成功召开合肥市文学艺术界联合会第四次代表大会。组织开展庆祝中华人民共和国成立70周年系列活动：举办庆祝中华人民共和国成立70周年暨第二届“中国梦 湖山情‘写·景’——优秀美术家徽乡、巢畔写生创作学术邀请展”，相继在合肥、东莞、淮安、上海和北京举办巡展，并在《中国艺术报》上进行3个整版的宣传。举办“我和我的祖国——合肥老年大学庆祝中华人民共和国70周年暨建校35周年书画、摄影、手工艺术作品展”“新时代爱我中华书画展”等活动。自主策划“名城之韵——2019年本土艺术名家专题系列展”之“禽鸟有声——陈林中国画展”“健笔凌云——鲍黎健中国画展”等，受到业内外人士的赞誉；策划组织“大美合肥——合肥市美术作品展”“合肥市第六届书法大展”。组织党员赴金寨，举办“红色风景线——大别山区域10县市美术作品展”巡展。

【培育文化品牌】 2019年，市文联继续打造“大湖之约——艺术名家大讲堂”这一高端艺术讲座，截至2019年底，连续6年举办76期，直接听众近6万人次，中央和省、市新闻媒体累计报道稿件达1900余篇，加之录播的电视节目《合肥文艺》，间接受众预计超过百万人次。获评“安徽省十佳全民阅读推广活动”，又被推荐申报为全国的全民阅读优秀项目。

注重加强对亚明艺术馆、合肥—久留米友好美术馆、合肥书画院和合肥市文学艺术研究所的阵地建设。2019年，举办各类公益性展览、创作学术活动60余场（次），接待观众近十万人（次），与合肥电视台联合推出《文艺合肥》电视栏目，半月一期，宣传文联动态、传播文艺品牌、展示名家风采，成为市文联和文艺工作的宣传窗口。与此同时，挖掘潜力，拓宽文联工作内容和领域，打通社会需求和文艺资源供给之间的通道，主动介入城市“阅读空间”和文创园区等建设，参与方案策划并提供人才和智慧资源。10月，与包河区政府共同举办合柴·1972文创园开园仪式暨2019艺术合肥当代艺术季活动，在市文联公众号发布邀请函，2天内点击量突破5000人次，该园成为合肥网红打卡圣地。

【文化惠民活动】 2019年，市文联响应中国文联号召，坚持重心下沉，组织系统内广大文艺家和文艺志愿者成立文艺志愿服务小分队，利用传统节日和周末假日，深入基层送文化。巢湖市作为全国县级试点单位，有超过800人的文艺志愿者队伍。在省文联的支持和指导下，开展“志愿文明实践，播种文艺梦想”——新时代文明实践文艺志愿服务活动，在大圩镇金葡萄社区建立文艺志愿服务点，每月定期组织文艺志愿者为群众义务培训指导，受到群众的欢迎和赞誉。组织“第四届‘欢度新春、热心公益’——省市名家楹联书法展暨送文化下乡活动”，邀请53位省、市书法名家创作楹联作品70幅，精心装裱后，捐赠给参加过抗日、解放和抗美援朝战争的在乡退伍老战士。

【文艺创作工程】 2019年，市文联推荐的作品在全国各艺术门类的展览赛事和重大创作活动中揽金夺银，获得冰心散文奖、中国曲艺牡丹奖、中国舞蹈荷花奖、孙犁文学奖等各类国家级大奖和省社科奖等诸多省内大奖。由作协主席洪放领衔创作的以合肥市科技创新为原型的报告文学《领跑者》在《人民文学》上刊发，是合肥市报告文学创作的一次突破；《立夏》为合肥市第一部原创性舞剧，并首个在全国巡演。在第十二届书展中有9人入展，在第十三届美展中有9人入展，在第二十七届摄影展中有4人入展，有2首作品（全国共20首）获得由中国文联和中国音协主办的中国当代歌曲创作精品工程（2017—2021）——“听见中国听见你”优秀歌曲奖。

11月6日，合肥美术展“得自蒲团——画僧懒悟的笔墨禅境”在中国美术馆举办；在中央文化和旅游管理干部学院和苑艺术空间举办“一叶轻舟任纵横——贺泽海艺术精品展”，受到全国艺术名流的褒奖和赞誉，得到全国多家知名媒体的关注与热捧。

【文化艺术交流】 2019年，市文联持续开展对外文艺交流活动，传播中华文化、扩大合肥影响。参加G60科创走廊摄影擂台赛、长三角九城市书画邀请展、“秦风徽韵”西安·合肥书法交流联展、长三角美术馆协作机制内名家美术馆交流展，组织各门类艺术家赴韩国原州市、俄罗斯下诺夫哥罗德市等国内外友城开展文化交流，2次接待英国德比市主要领导来合肥，商讨洽谈文艺交流合作事项，提升合肥文化知名度。

（邵　恒）

合肥市归国华侨联合会

【概况】 2019年，合肥市归国华侨联合会（以下简称“市侨联”）聚焦合肥综合性国家科学中心建设和加快打造具有国际影响力的创新之都发展目标，坚持为侨服务宗旨，以服务“双创”、服务新侨及侨资侨属企业为重点，发挥省会城市资源优势，支持和服务广大侨资侨属企业及侨界高层次人才，助力创新创业环境优化和企业做大做强。3月1日，召开合肥市侨联五届八次全委（扩大）会议，传达中国侨联十届二次和省侨联六届八次全委会精神，总结2018年市侨联工作，谋划部署2019年工作。4月，连续六年组织全市中小学生参加由中国侨联、全国台联、人民日报海外版、中国国际广播电台以及《快乐作文》杂志联合主办的第二十届世界华人学生作文大赛日前已启动征稿工作。11月19日，组团参加由中国侨联指导，上海市、江苏省、浙江省、安徽省侨联等主办的“创业中华·筑梦长三角”侨商大会。

2019年9月20日，市侨联积极参与协办“百家侨企”高新技术项目签约活动并推动8个侨企高新技术项目在仪式上签约　（市侨联/供）

【2019巢湖侨创峰会】 2019年7月，市侨联响应合肥市打造具有国际影响力的创新之都战略目标，参与省侨联、合肥市政府在肥组织的“2019巢湖侨创峰会”，承接峰会各项会务工作，邀请海内外具有重要影响力的侨界领军人才出席峰会，遴选市侨资企业、新侨创业团队（个人）及侨联推动的具有代表性的高科技产业项目在会议期间集中发布，组织邀请全市侨联、科技、招商相关负责人现场对接，协调安排与会嘉宾参观安徽省科技创新馆，并分赴新站高新区、高新区、经开区、巢湖市、肥西县参观考察交流对接。

7月11日，来自美国、加拿大、德国、澳大利亚、新加坡等30多个国家知名侨界创新创业嘉宾200余人在肥参会和对接考察，达到预期效果，部分项目初步达成共识，进一步促进新侨人才的凝聚，增强侨联工作的影响力，扩大合肥知名度和美誉度。

【助力产业发展】 2019年9月，以“聚焦先进制造业，助力发展高质量”为主题的2019世界制造业大会“百家侨企”对接活动在肥举办。市侨联联络推动8家侨企参加会上“百家侨企”高新项目签约活动并成功签约。邀请来自美国、德国、澳大利亚、肯尼亚、日本等五大洲多个国家和地区以及长三角、京津冀、大湾区的侨商侨领和高科技人才等近350人参加活动。市侨联完成省侨联交办的参观考察、对接、推介等相关会务筹备工作，分别获省世界制造业大会组委会、世界制造业大会合肥市承委会的突出贡献奖。

【第六次归侨侨眷代表大会】 2019年9月12日，合肥市第六次归侨侨眷代表大会召开。市委副书记郭强出席开幕式并讲话。市领导钱岩松、韦弋、吴利林、朱策、姚亚妹出席开幕式。市委常委、统战部部长陈晓波主持开幕式，并在闭幕式上讲话。市妇联代表群团组织致贺词。会议选举产生市侨联新一届领导班子及委员会，费广华当选合肥市侨联六届委员会主席。

（吴　俊）

合肥市残疾人联合会

【概况】 2019年，合肥市残疾人联合会（以下简称“市残联”）落实《残疾人联合会改革方案》和年度改革任务，理顺管理体制和运行机制。获评年度全省残疾人康复民生工作、残疾人辅助器具适配、残疾人体育工作先进单位。

推进基层残疾人组织规范化建设，开工建设市残疾人托养中心大楼，兴建残疾人之家138个、残疾人工作站1323个，更新16.62名残疾人基本服务状况和服务需求。全年核发残疾人证8462本。6月21日，召开全市自强模范暨助残先进表彰大会，表彰残疾人自强模范13名、残疾人之家12个、助残先进50个。

出台《贫困残疾人康复实施办法》，摸排贫困残疾人康复救助对象，审核审批贫困精神残疾人12123名（完成率136.1%）、康复训练残疾儿童3805名（完成率352.6%），配发辅具382件（完成率246.5%），白内障复明500例（完成率100%）；托养重度残疾人4652人。

【精准康复】 2019年，市残联实施残疾人精准康复行动计划，开展入户调查、康复评估和辅具适配，精准康复服务率94.31%、辅具适配率96.21%，均超额完成省定任务，实现“发现一例、报告一例、康复一例”目标。落实《残疾儿童定点康复机构规范化建设意见》，完成42家定点康复机构项目评级和服务规范。

【就业创业】 2019年，市残联出台《合肥市扶持残疾人就业创业实施方案（试行）》《合肥市残疾人就业教育扶持资金管理办法》，落实就业补贴、就业项目和就业奖励等政策，扶持阳光大棚（基地）72个、盲人按摩机构167个，超比例奖励企业35家，社保补贴福利企业15家，年审用人单位按比例就业323家，帮助3950位残疾人实现稳定就业或灵活就业。落实脱贫攻坚行动计划，38688名建档立卡贫困残疾人顺利脱贫。

【信访维权】 2019年，市残联落实属地管理、分级负责的原则，开展残疾人矛盾纠纷排查和治理，办结12345政务服务直通车222件（完成率100%），有效化解各类矛盾纠纷。完成残疾人无障碍改造200户，发放机动轮椅车燃油补贴1912人，办理残疾人意外伤害保险57454人。

【文化体育】 2019年，市残联组织开展残疾人文化进社区、残疾人读书达人、文艺会演等系列助残活动，丰富广大残疾人的精神文化生活。8月25日—9月1日，组队参加全国第十届残疾人运动会暨全国第七届特殊奥林匹克运动会，获3金6银10铜。开展残疾人事业宣传，刊播残疾人专题专栏专版128期，完成2018年度残疾人事业好新闻和“自强脱贫·助残共享”征文评选，营造尊重、理解、关心、

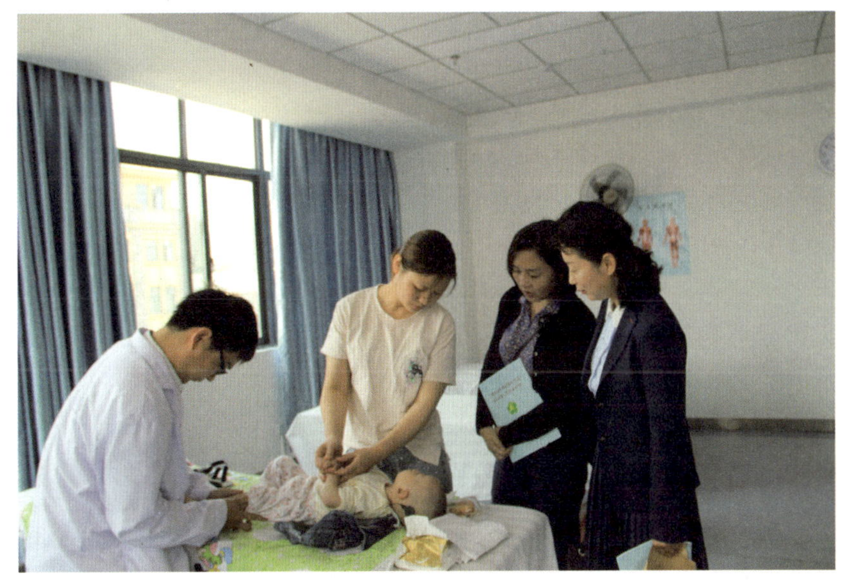

残疾儿童康复训练　　（市残联/供）

帮助残疾人的良好氛围。

（吴晓岚）

合肥市贸易促进委员会（市博览局）

【概况】 2019年，合肥市贸易促进委员会（市博览局）（以下简称“市贸促会”）市贸促会（市博览局）聚焦合肥打造内陆开放新高地的战略部署，全力推进贸易投资促进、会议展览展示、货运航线建设等重点工作。持续规范会展市场。出台支持会展经济政策条款，在保留原有政策条款基础上，增加对国际性会议、专业展览、新增展种、获得国际认证会展的资金扶持，充分发挥政策引领作用。根据国家、省、市有关规定和要求，对市级党政机关举办展会活动进行清理，规范政府办展，认真开展会展备案工作，梳理涉及合肥市政府主办的展会33场，办理备案展会约40场。

推进对外开放通道平台建设。举办货运航线推介座谈会、2019年度市级支持开放平台发展政策宣讲暨业务培训会等活动，服务保障货运航线健康运营。

承办“第六届中国（合肥）陆港发展暨物流枢纽建设峰会”，搭建起陆港、物流行业政企学研用交流合作平台。

【承办服务展会】 2019年，合肥市举办展会活动204场，比上年增长2%；展览总面积达214万平方米，同比增加3.8%。首次举办环保产业博览会、幼教产业、上网产业博览会等，合肥市场的展会种类更加丰富。第二十届国际水泥技术及装备展览会、第二十一届国际摩擦密封材料技术交流暨产品展、世界制造业大会、全国粮油展等重点大型展会成功举办，会展的国际化、专业化、品牌化、信息化水平得到提高。

市贸促会牵头承办南昌中部博览会合肥市代表团参会活动。市领导率团出席大会开幕式、中部六省投资环境推介和项目对接会等大会主要活动。

【服务会员企业】 2019年，市贸促会组织企业“走出去”。先后组织300余家企业参加第二届进博会、春秋两季广交会、中国(土耳其、波兰）贸易博览会、法兰克福（德国、俄罗斯）汽配展、2019世界制造业大会英国德比市企业家交流会等境内外经贸交流活动，向世界展示“合肥智造”，取得良好的品牌效益。

协助市工商联、市民政局举办合肥市首届“十佳商协会”评选活动，合肥市餐饮（烹饪）行业协会获评“十佳服务商协会”，合肥市豆制品协会和合肥市会展行业协会分别获评“优秀商协会”。

牵头开展市国际商会财务内部审计工作，规范财务管理，确保健康运行。

【对外联络】 2019年，市贸促会开展国际贸易投资交流合作。合肥市国际商会与香港贸发局签订合作备忘录；加强与驻沪商务代表处、境外商协会等机构经贸交流合作，宣传合肥营商环境；先后与中日韩企业交流中心、印度工业联合会、迪拜工商会、南非企业家协会、波兰投资贸易局就加强信息交流、展会合作、互相参加对方重大经贸活动以及联合举办投资推介会等内容达成合作意向。

协助中国国际商会在肥设立中德、中波双边工商理事会安徽联络办公室，通过建立国家级工商合作机制，助力合肥市中德合作产业园区以及万朗、安利等企业与德国和波兰深化合作。

承办中日韩商协会合作暨家用电器与消费电子行业发展论坛，发布《合肥倡议》，搭建高层次、多角度、国际化的对话交流平台，促进中日韩商协会、企业深化经贸合作。

（张　磊）

合肥市红十字会

【概况】 2019年，合肥市红十字会坚持关注民生、关注弱势群体，扎实开展“三救三献”等核心业务，当好党委政府的人道领域助手，各项工作取得丰硕成果。建成全省首批4个社区红十字博爱家园，承办全省红十字会系统观摩交流座谈会，规范性开展红十字进社区工作，启动第二批4个项目点建设。全市建立红十字会基层组织268个，志愿服务队13支，志愿服务基地6个。开展“不忘初心牢记使命，做好表率走在前列”大调研，走访调研对象45个，收集问题14个。

【“三救”工作】 2019年，合肥市红十字会提高物资储备工作制度化、规范化、标准化水平，按照《中国红十字会物资储备库管理工作细则（实行）》参与等级评定，申请评定等级为三级。推荐1名优秀教师参加省红会国际急救认证核心师资提高班学习并结业，可按照国际联合会标准承担授课任务。建成肥西县官亭镇景区红十字救护站，肥

2019 年 9 月 14 日，合肥市首台公共场所设置自动体外除颤器投入使用
（市红十字会 / 供）

东县红十字博爱卫生站建成并迎接总会检查。

推进救护培训“五进”，全年培训救护员 3400 余名，普及群众 17500 余人。5 月举办全市首届红十字应急救护大赛，社区、高校等 13 支队伍参加，推动应急救护知识的普及。服务党委、政府中心工作，推进市政府“为民办实事”公共场所医疗急救工程，首批在公共场所设置自动体外除颤器 AED 设备 133 台，全部投入使用，同时完成所有设置点的救护员培训工作，首台 AED 投入使用时获得新华社、国务院中国政府网等主流媒体报道。

开展人道救助，当年度全市各级红会募集社会资金 228 万余元。其中，全市筹集款物总价值 74.13 万元开展博爱送温暖活动，受益群众 6850 余人；总会天使救助项目申请 54 人，救助 29 人，救助金额 94 万元；“博爱庐州”项目共救助 8 名白血病患者，救助金 25 万元。在蜀山区开展“红十字送健康进社区”，开展义诊和讲座 40 场，参与群众 2000 余名。参加全国红十字系统第二届众筹扶贫大赛，合肥市项目荣获三等奖，项目负责人获评“优秀脱贫带头人”。动员 16 个项目参与安徽省第二届“99 公益日”众筹大赛，获优秀组织奖。参加 2019 年中国互联网公益峰会，提升人道资源动员能力。

【“三献”工作】 2019 年，合肥市红十字会承办安徽省暨合肥市红十字会 2019 年遗体器官捐献缅怀诵读会，人民网、新浪安徽、ZAKER 合肥现场直播，160 多万名网友在线观看。6 月 14 日第 16 个“世界献血者日”，全市各级红会开展宣传动员活动。开展 2019“高校热血天使”评选活动，推动无偿献血进高校。肥西县乡镇社区参与无偿献血达 100%。

“三献”数据再突破，2019 年全血采集 98337 人次，比上年增长 10.44%；采集量 147410.01U（治疗量），增长 7.23%。单采血小板采集 10278 人次，增长 14.75%；采集量 12918.1U（治疗量），增长 7.52%。造干捐献初筛、再动员共计电话 800 人次，高分辨 30 人次，13 位志愿者完成造血干细胞捐献，实现历史新高，其中孙玉保捐献造血干细胞获中央电视台《朝闻天下》栏目报道；全年实现器官捐献 43 例（累计 95 例），遗体捐献 40 例（累计 290 例），角膜捐献 30 例（累计 130 例）。全市共 35 人因大爱三献获评“中国好人”“安徽好人”等称号。

【宣传与志愿服务】 2019 年，合肥市红十字会结合世界红十字日、防灾减灾日、世界献血者日、世界急救日等开展主题宣传活动，宣传红会法及相关知识。迎接中华人民共和国成立 70 周年，结合“不忘初心、牢记使命”主题教育，召开“聚焦合肥市红十字事业发展成就”新闻发布会，举办安徽省暨合肥市红十字事业成就展，活动报道在学习强国、人民网等平台刊登。制作短视频《红十字微公益广告》《时刻》《我有一颗红心》等，参加省红十字系统“我和我的祖国”短视频大赛，《我有一颗红心》获一等奖、《时刻》获三等奖。创新宣传形式，扩宽宣传范围，利用全市所有 AED 设备上的显示屏，投放红十字相关公益视频，成为 133 个新的红十字文化传播阵地。利用五位一体宣传格局做好新闻宣传，全年刊发各级各类宣传报道 560 余篇，扩大红会的社会影响力。

建成安徽大学、安徽中医药大学、合肥工业大学、合肥学院、合肥工业学校、安徽交通职业技术学院等 8 支高校红十字志愿服务队伍，成立合肥市红十字志愿服务队等 5 支服务队，建立志愿服务基地 6 个。全年参与服务志愿者 1931 人次，开展活动 259 场，累计服务 14781.8 小时，服务群众 62797 人。

积极申报省红会“益行博爱周”“暑期益行计划”等志愿项目，市红十字志愿服务队、合肥学院红十字会、安徽交通职业技术学院红十字会、合肥工业大学机械工程学院红十字志愿服务队、合肥幼儿师范高等专科学校红十字会5个项目成功入选。完成2004—2018年在合肥留样的26208名造血干细胞捐献志愿者回访任务量，相关稿件《不忘初心　不变爱心》获得《中国红十字报》优秀新闻二等奖。

（张　妍）

合肥中华职业教育社

【概况】　2019年，合肥中华职业教育社（以下简称“市职教社”）新发展个人社员9名，现有个人社员169名；新发展团体社员24个，现有团体社员50个。

交流研讨。6月20日，市职教社与肥西县职教社联合举办合肥市深化产教融合校企合作经验交流暨研讨会。市、县有关院校和企业参加交流研讨。会后市职教社将研讨会成果整理形成《关于深化合肥市产教融合校企合作的调研报告》。

调研建言。根据全国职业教育发展情况和合肥市职业教育发展现状，市职教社组织两次学习调研活动，形成《关于赴贵阳市、毕节市学习考察情况的报告》和《合肥中华职业教育社调研组赴天津市、潍坊市、青岛市调研报告》，报送市政府、市委统战部和市教育局，受到市领导重视。

参与竞赛。11月18日，由中华职业教育社主办、安徽省中华职业教育社承办的第三届中华职业教育创新创业大赛在合肥成功举办。市职教社与相关部门沟通协调，专门抽调人员参与大赛筹备。此次大赛向全国职业教育界展示合肥形象，扩大合肥影响力。

【组织建设】　2019年8月16日，县级组织长丰县中华职业教育社成立，长丰县副县长郝小宁当选主任。8月30日，县级组织巢湖市中华职业教育社成立，巢湖市政协副主席、市工商联主席程素萍当选为主任。

2019年11月18日，第三届中华职业教育创新创业大赛“工匠精神与职业教育”论坛在合肥举办

（市职教社／供）

2019年，市职育社被正式列为合肥市现代职业教育集团成员单位。9月19日，市职教社负责人作为市现代职业教育集团成员参加合肥市现代职业教育集团“扩容提质强服务”会议。

【温暖工程】　2019年10月22日，市职教社主任李晓梅率部分社员及医务人员到长丰县杨庙镇马郢村开展“送医下乡”和慰问贫困户活动。为50余位老人提供义诊服务，并上门慰问贫困户，送去慰问金。

肥西县职教社继续实施温暖工程。通过各种渠道筹集资金63万元，资助职业学校困难学生554人次。开展职业技能培训。依托4个团体社员单位培训退役士兵、特种作业人员、安全管理人员、社区服务人员以及技能提升人员近1.9万人次。

【社员活动】　2019年元旦，市职教社组队参加合肥市统一战线2019年新年毅行活动。8月17日，举办合肥中华职业教育社第一届扑克牌比赛，新建社员微信群。国庆前夕，选送合肥幼儿师范高等专科学校新疆班舞蹈《绽放》参加全市统一战线庆祝中华人民共和国成立70周年“同心颂”文艺会演，受到好评。

团体社员合肥理工学校在第三届中华职业教育社创新创业大赛上获“突出贡献奖”“中职组金奖”；安徽新华教育集团获腾讯网评选的“2019年度综合影响力标杆教育集团”；安徽绿海商务职业学院获第五届全国应用型人才综合技能大赛3个全国二等奖和最佳指导教师奖；合肥工业学校获全国中职学校信息化教学设计和说课交流

活动一等奖；合肥幼儿师范高等专科学校获职业教育国家级教学成果二等奖；合肥市经贸旅游学校在全国职业院校技能大赛教学能力比赛上获1个二等奖和1个三等奖；合肥职业技术学院获2019年安徽省大学生财会技能创新大赛一等奖和二等奖；合肥机电技师学院成功承办2019年安徽省农民工职业技能竞赛决赛；合肥赛为智能有限公司入选中国优秀民营科技企业。

（苏嘉麟）

合肥市计划生育协会

【概况】 2019年，合肥市各级计划生育协会（以下简称“计生协会”）组织和会员、志愿者，发挥桥梁纽带作用，参与计生宣传教育、生殖健康咨询服务、优生优育指导、计划生育家庭帮扶、权益维护和流动人口服务等工作，投入503.45万元对8992户计生家庭进行帮扶，促进人口均衡发展与家庭和谐幸福。计生协会工作被纳入全市计划生育目标责任考核，计生协会工作得到保障。市计生协会机关人员得到充实，编制配齐。全市12个县（市）区人口健康基金592万余元全部纳入财政预算。肥东县、庐阳区、包河区、合肥经济技术开发区等相继开展计生协骨干培训，增强其履职能力。履行促进3岁以下婴幼儿照护服务工作职责，开展托幼机构项目申报，争取上级资金支持，成功申报省级托幼所项目1个。

【宣传活动】 2019年，全市各级计生协以“共奋进建新功　喜庆中华人民共和国成立70周年”为主题，组织广大计生协工作者、会员和群众开展宣传服务活动。5月29日，合肥市纪念中国计划生育协会成立39周年暨第21个“会员活动日”活动在合肥经济技术开发区临湖社区好人广场举行，全市400多名计生协会代表和志愿者们参与活动。合肥高新技术产业开发区计生协组织千人大合唱《我和我的祖国》《中国计生协会会歌》拉开会演序幕，千人广场舞《我在合肥等着你》《歌唱新时代》将展演推向高潮，展现新时代老年计生协会员的风采风貌。庐阳区计生协开展“妈妈，我想对您说”活动，现场诉说对母亲的感恩之情。庐江县计生协开展“健康素养巡讲活动”，通过巡讲活动向城乡居民、学生普及推广中国公民健康素养、慢性病、艾滋病、结核病防治、烟草控制、基本药物合理使用、优生优育、妇幼保健等健康知识，形成全社会学习健康知识、树立健康理念的新目标。长丰县计生协开展“携手生育关怀·共建幸福家庭”关爱计生困难家庭活动，并对长丰县计生协战线上涌现出来的16名“最美协会人”进行表彰。肥东县计生协开展“志愿服务，关爱特困”再行动，关爱计生困难家庭。肥西县计生协以新型婚育观、幸福家庭观，深化拓展生育关怀、计生家庭帮扶、构建幸福和谐家园等为主要内容，为现场观众呈献一台文艺会演。瑶海区联合辖区内医院，借“母乳喂养日”，母亲节等不同主题，融入协会活动，展现新时代卫计工作者的精神面貌。全市各级计生协慰问计生家庭4743人次，慰问资金120万元；组织722场（次）各类宣传服务活动，参与群众近10万人次。通过开展“5·29”系列宣传活动，提高居民对卫生计生工作的认可，扩大计生协会在全市的影响力，提高协会的凝聚力，增强计生协会的桥梁和纽带作用。

【流动人口协会建设】 2019年，市计生协会坚持把流动人口服务作为新时期计生协工作的重要内容。全市各县（市）在北京海淀区，上海宝山区，浙江杭州市、湖州市，江苏苏州市、无锡市、扬州市等地建立流动人口计生协39个，覆盖合肥市流出人口60万人，方便合肥籍在外务工人员。1月22日，2019年全省流动人口计生协工作交流座谈会在合肥市驻杭州流动人口计生协会召开。肥西县全年为流动人口计生协投入工作经费120余万元，举办健康知识讲座15场，1920人接受培训，为425名皖籍流动人口提供健康检查，为贫困家庭申请扶助金7000元。肥东县驻杭州、无锡、苏州流动人口计生协联合开展免费健康体检、健康步行、茶话联谊等活动。长丰县流动人口计生协结合送健康送服务开展政策宣传、贫困慰问活动。庐江县计生协与北京市丰台区卫健委联合开展“圆梦微心愿　助力大健康”活动，在宁波市鄞州区等其他流出人口集中地相继开展主题活动。各流动人口计生协党支部相继开展“不忘初心、牢记使命”主题教育活动。

*开展关爱“三留守”活动。*持续关爱留守妇女、儿童、老人，确保留守老人能安享晚年、留守妇女安居乐业、留守儿童健康成长。巢湖市计生协结合健康脱贫工作和帮扶工作，组织走访慰问计生特殊家庭、计生贫困家庭和农村“三留守”人员等弱势群体，倾听他们的心声，了解他们的诉求，帮助解决实际困难，给予扶贫关爱项目倾斜；长丰县开展67场次“留守老人健康志愿服务、留守妇女职业技能培训、

2019年5月29日，合肥市计生协“5·29”会员活动日活动举行 （胡守莹/摄）

留守儿童节假日安全教育”等主题鲜明的关爱活动。肥西县利用青春健康教育大讲堂，为留守儿童开展健康教育活动10多场次，受益儿童200多人次。

推进新市民健康行动。为引导新市民树立健康观念，提高其健康素养和健康水平，形成全社会服务流动人口健康的良好氛围，全市各级计生协在流入人口集聚区域，开展流动人口（新市民）健康促进宣传活动，活动现场设立宣传咨询台，健康检查等义诊宣传服务项目，为流动人口发放健康包、卫生计生宣传折页，向流动人口大力宣传流动人口健康教育核心信息，使流动人口了解各类疾病防治知识和卫生计生法律法规及相关政策，通过流动人口计划生育“关怀关爱”专项宣传服务行动的开展，让流动人口将“健康身体、健康知识、健康用品”带回家，协助政府推进流动人口基本公共卫生计生服务均等化，提升流动人口的归属感和幸福感。

【计生家庭帮扶】 2019年，市计生协会在“两节”“5·29”期间，开展走访慰问计生贫困、留守儿童、老人、计生困难会员等家庭活动，对全市2528户计生困难家庭实施慰问，发放慰问金163万元，帮助他们解决生活难题，投入72.5万元对281户计生困难家庭提供特殊救助；对4户计生特殊家庭给予7.84万元的再生育补助，对128户新发生计生特殊家庭给予38.4万元的紧急慰藉，对65户计生特殊家庭给予13.7万元的大病救助补助，对269名计生特殊家庭慢性病患者给予28.7万元的看病补助，为680名计生特殊家庭签订家庭医生，为4220户计生特殊家庭购买意外伤害保险。蜀山区成功申报省级暖心家园项目，以计生特殊家庭老人为主要服务对象，通过开展“暖心生日会、亲情走访、暖居工程、交流谈心会”等活动，为计生特殊家庭老人提供专人陪护、医疗服务、心理咨询等专业服务，帮助他们解决实际困难，让他们感受到政府和社会带来温暖和关怀。肥西县持续推进、不断优化计生特殊家庭社会关怀项目，完善帮扶机制，惠及全县特扶家庭318户467人，经第三方评估，计生特扶对象满意率达96%以上。12月9日，中国计生协常务副会长王培安专程来合肥调研时，对肥西县计生协开展计生特殊家庭帮扶工作和包河区滨湖世纪社区计生协参与社会治理等工作取得的成绩给予肯定。

【项目化服务】 2019年，市计生协会开展省级项目试点工作，成功申报省级“暖心家园”等示范项目8个，排全省首位；关注青春期健康教育，为青少年健康成长撑起“保护伞”，先后在全市开展青春健康教育进校园、进企业活动，成立青春健康俱乐部18个，开展以青春期教育、优生优育、避孕节育等方面的教育服务活动，受益人数近万人次。新站高新技术产业开发区连续3年承接全国青春健康教育培训项目，培训一批优秀青春健康教师；实施善根工程，5月5日，合肥市计生协印发《合肥市“善根工程”实施方案》，对全市“善根工程”工作进行部署。全年投入141万元，助力514名计生困难家庭学生走进大学校园，通过连续九年开展助学成才行动，帮助8500余名计生困难家庭学生，5934名受资助大学生成为协会工作志愿者。长丰县通过开展“善根工程”活动，组织70余名大学生志愿者到计生特殊家庭开展关怀慰问服务活动，送去心理关怀及做些力所能及的家务活。肥东县集中对110名“善根工程”志愿者进行集中培训，让他们实现从大学生到志愿者的身份、思想、信念的转变。推进计生家庭意外伤害保险项目，全年全市有13.46万户计生家庭参加计生意外伤害保险，其中5681户家庭获得保险赔付930万元，为计划生育家庭提供有效保障。参与“幸福微笑——救助唇腭裂儿童”公益项目“99公益日”的募捐活动，通过公众号、工作群动员协会理事、会员、志愿者、群众开展线上捐款，为贫困家庭唇腭裂儿童筹集善款，全市筹集64764元。

（吕广发）

责任编辑：赵永军

法 治

地方立法

【概况】 2019年，合肥市人大常委会坚持科学立法、民主立法、依法立法，体现时代要求，突出合肥特色，立务实管用之法，促进治理方式转变和治理能力提升。全年完成7部地方性法规立法和修改工作。

【服务经济发展】 2019年，合肥市人大常委会修改《合肥市促进民营经济发展条例》，明确政府及相关部门、开发区的职责，对用地、融资、人才等方面政策加大支持力度，对改善政府公共服务、保护民营企业合法权益等作出明确规定，用法治打造最优营商环境。为规范权力运行，市人大常委会征求意见，就“有效最低价”“专家库管理”等问题与政府及有关部门进行沟通，修改《合肥市公共资源交易管理条例》，完善交易管理体制，健全交易程序，规范评审专家选定管理，为维护市场公开公平公正提供有力保障。

【推动城市建设规范管理】 2019年，合肥市人大常委会制定《合肥市城市轨道交通条例》，明确市政府及相关部门、建设运营单位的职责，构建管理体制，将规划建设、运营服务、应急管理等内容纳入法规。着眼于改善城乡人居环境、建设生态宜居城市，合肥市人大常委会启动制定《合肥市生活垃圾分类管理条例》，重点就分类管理体制、分类设施建设、源头减量、分类投放等方面拟订相关条款。条例制定过程中，实行人大常委会和政府分管负责人“双组长”制，在调研、论证、起草、审议、修改等环节协调沟通。经常委会两次审议，条例草案已提交市十六届人大常委会第十四次会议代表大会审议。为维护法制统一，根据上位法修改《合肥市市容和环境卫生管理条例》，对涉及行政许可、行政处罚等方面内容进行完善，加大对部分违法行为的处罚力度。开展河道管理条例立法调研，系统总结全市多年实践经验，就规划整治、保护利用、河长制等进行研究，设计核心条款，为立法做好准备。

2019年7月4日，市人大常委会生活垃圾分类立法调研组深入市城管局、蜀山区调研 （李磊/摄）

【助推社会治理】 2019年，合肥市人大常委会针对群众反映强烈的犬只伤人扰民等突出问题，采取废旧立新方式制定《合肥市养犬管理条例》，对犬只免疫登记、管理收容、养犬人行为等进行规范。条例制定过程中，采取开门立法，注重扩大公民参与，通过实地走访、接听“市长热线”、问卷调查等形式，听取社会各方意见，其中参与问卷调查12192人，提出有效书面建议6752条，成为合肥市群众广泛参与立法的一次实践。根据省会城市医疗临床用血供需矛盾日益突出的情况，制定《合肥市献血条例》，强化政府组织领导作用，加强有计划组织献血，完善献血激励措施，有效保障全市医疗临床用血需求与安全。开展物业管理条例立法调研，发放调查问卷，征询意见建议，为下一步立法工作奠定民意基础。

（刘冠男）

政 法

【概况】 2019年，合肥市政法部门落实中央、省委、市委政法工作会议精神，围绕中心任务、重点工作，推进扫黑除恶专项斗争和社会治理，建设高水准平安合肥、法治合肥。社会治安呈现“六降四升”，刑事警情、黄赌警情、传销警情、“两抢”案件、四类可防性案件、一般交通事故比上年分别下降21.2%、52.4%、13.7%、37.5%、40.0%、0.1%，刑事拘留、治安拘留、提请逮捕、移送起诉分别上升18.7%、15.9%、13.8%、16.4%。扫黑除恶专项斗争成效显著，得到中共中央政治局委员、中央政法委书记郭声琨和中央扫黑除恶第14督导组肯定，被《法治日报》头版头条宣传报道。群众安全感和政法满意度指数连续6年实现“双提升”。

【服务经济建设大局】 2019年，全市政法部门担负全面依法治市工作职责，协调推动立法工作，组织推动法治政府建设示范市创建，广泛开展宪法宣传，严格落实“谁执法谁普法”普法责任制，依托“两微”等平台进行法治宣传教育，举办论坛、联合高校开展法学研究，营造良好法治氛围，合肥市获评全国“七五”普法中期先进城市。全年审理民商事案件119027件，批捕扰乱市场秩序等违法人员319人、起诉498人，出台服务保障民营企业健康发展实施意见，完善知识产权刑事、民事、行政“三合一”审判机制，协作保护知识产权，建立全覆盖、严保护的知识产权保护体系。建立府院破产协调机制，推动成立破产管理人协会，提升破产工作质效，全年法院审结公司清算、破产案件278件，盘活或处置存量资产价值4.3亿元。打好“三大攻坚战”。重点在于金融风险防控，全市法院依法妥善审结银行借款、担保、保险等案件12051件，审结民间借贷案件16810件；检察机关共起诉危害金融安全犯罪250人；公安机关开展“楼宇管控”排查行动120余次，清理整顿金融企业460余家，破获涉长鑫公司串通投标案等一批案件。保障脱贫攻坚。全市法院审结涉及土地承包、农地流转、征地补偿等案件393件，检察机关组织开展“美丽乡村检察行”活动。强化污染防治服务，法院系统依法审结环境公益诉讼案件，在巢湖设立生态环境与旅游巡回法庭；检察机关推进生态检察工作，共批捕破坏环境资源犯罪39人、起诉105人，办理环境和资源类公益诉讼案件11件；司法行政机关推动成立全省首家环境损害司法鉴定机构。

【社会风险管控】 2019年，全市政法部门推进社会稳定风险评估工作，全年评估重大事项136件，其中暂缓实施2件、不予实施1件，成功从源头预防一批社会风险发生。深化矛盾纠纷多元化解机制建设，推动建立房地产领域（物业）纠纷人民调解委员会，健全完善警民联调工作机制，建成覆盖市县乡三级的访调对接体系，围绕“一平台两机制三加强”推进诉调对接工作，研发并加强“线上警民联调司法确认”、道交纠纷“网上数据一体化处理”平台运用，制定出台建立健全矛盾纠纷多元化解机制工作检查考评实施细则，将工作纳入年度平安建设考评。全年全市人民调解组织成功调处各类矛盾纠纷118503件，调解成功率97.9%；警民联调调处各类矛盾纠纷7.5万余起，调解成功率99%；诉调对接平台成功调处各类矛盾纠纷7696件。把好社会风险管控关。有序推进社会领域重大风险防范化解，全面调研社会领域重大风险，研究形成专项工作方案和目标措施责任清单，推动防范化解工作有序开展。针对重大不稳定因素，逐一推动落实化解措施。把好社会风险应对关。推进法治信访专项行动，保障合法权益，打击违法违规信访行为。开展监狱戒毒工作，义城监狱实现20年8个月无罪犯脱逃，市戒毒所实现18年3个月“六无”。

【扫黑除恶】 2019年，合肥市扫黑办统筹推进，定期调度、会商重点线索、重点案件、重点地区。

2019年7月25日，合肥市扫黑除恶专项斗争书画展开幕式在市政务中心阳光大厅举行 （徐玉红/摄）

政法各部门落实领导领办责任，市法院副院长担任重大案件审判长，市检察院副检察长出庭支持重大案件公诉，市公安局班子成员领办重大涉黑涉恶案件。全市集中力量攻坚中央督导组交办案件，实行抓捕破案与涉案资产查封冻结同部署、同开展和财产刑同步宣判。全年新立黑社会性质组织案件16件，新判决15件349人，其中五年以上重刑176人；新立恶势力犯罪集团案件36件，新判决28件314人，其中五年以上重刑85人；新查处涉案资产16.65亿元。聚焦宣传发动，开展公益广告宣传，向“两代表一委员”、党外人士通报专项斗争情况并征求意见建议，举办扫黑除恶专项斗争成果展、书画展等活动，制作并发布重点案件报道系列宣传片，发动群众参与。广泛宣传“两个通告”，开辟“第二战场”，结合行业治理，收集线索。组织涉黑涉恶犯罪嫌疑人公开指认现场90余次，实现在哪里作恶就在哪里消除影响。全年市扫黑办收到各级、各成员单位报送涉黑涉恶线索574条，市公安局收到群众举报线索3700余条。深挖彻查，深入推进撕网破伞。纪检监察部门推行“五快三抓紧”工作模式，实行重点案件、线索班子成员一线督导，联点包案；严格落实“两个一律”“一案三查”工作要求，深挖“保护伞”“关系网”。立案查处违法违纪公职人员262人，采取留置措施16人，移送审查起诉14人，给予党纪政务处分103人，作出第一种形态处理138人。强化基层组织建设，集中整顿软弱涣散基层党组织43个，排查清理曾受过刑事处罚村干部35人，开展行业领域专项整治行动31次，集中整治突出问题，结合“不忘初心、牢记使命”主题教育，开展对黄赌毒和黑恶势力听之任之、失职失责甚至包庇纵容、充当“保护伞”问题专项整治。做好中央督导和“回头看”期间配合工作，对反馈问题逐一制定任务、标准、责任、进度“四清单”，推动挂图作战、签单销号，移交问题全部整改完成。建立市、县两级涉黑涉恶线索审核委员会和专家库，创建普通线索县级审核办结、督办以上线索县级审核后提请市级审核办结、复杂线索市级组织专家会商审核办结三级审核机制，组建7个市级审核组分片对接督促各地线索审核工作，中央督导组交办的265条督办以上线索全部查结。

【平安合肥建设】 2019年，合肥市政法部门抓好“双提升”工作推动，按照《合肥市群众安全感和政法满意度“双提升”工作意见》要求，推动“双提升”攻坚战实施。组建“双提升”工作驻点调研帮扶组，开展为期一年常态化驻点调研帮扶，指导各地做好“双提升”工作。邀请第三方机构调查全市151个乡镇、街道、工业园区安全感满意度，通报调查结果，督促排名靠后单位查找自身短板、抓好工作落实。市、县两级联合开展共建活动，提高“双提升”工作群众知晓率、参与率、满意率。集中整治影响治安突出问题。打击电信网络诈骗等侵财类刑事犯罪，“推磨转圈”式集中清查整治治安乱点，持续治理交通乱象，解决影响社会安定突出问题。加快建设社会治安防控体系，推进“雪亮工程”建设，及时解决难点问题，项目已进入验收程序；完成综治信息化平台九大基础模块建设和10余个“X”模块定制开发，推动县、乡两级系统上线应用；全省率先开展智慧平安小区建设，已建成使用的73处小区总体可防性案件比上年下降80%，部分小区实现零发案；创新推出“城市门禁系统”“反电诈之剑”等一批具体项目，建成防范个人极端事件智能研判预警和响应处置“前哨”系统。健全完善人防体系，建成60个综合警务站，实现24小时警力驻防、警灯闪烁、快速反应、便民服务，成为省内首个发挥警务站规模化效应城市；建立网格、武装巡控车全

2019年8月28日，合肥市驻肥高校防范治理电信网络新型违法犯罪工作会议在市政务中心召开 （徐玉红／摄）

天候巡逻防控工作机制。管控虚拟空间，实行24小时互联网巡查，搭建覆盖全市1500余家重点网站的安全管理防护平台。强化重点部位防护，综合整治铁路外部环境隐患点1259处，推动将快速灭火、一键式报警、公交实时GPS轨迹等安防技术纳入城市公交安保体系。推进网格化服务管理，开展网格科学划分、专职工作人员配备、网格化服务管理中心建设、网格化信息平台构建等工作，赴武汉学习网格化服务管理先进经验做法，全市划分城市社区网格5436个，聘用专兼职网格员6670人；11家县区级、99家镇街级、400家村（社区）级网格化中心挂牌，2217名网格化中心专职工作人员上岗。实施开展社会服务体系建设试点，依托村（社区）综治中心，推动1215个心理咨询室建设完成。加强平安校园、商场、医院建设，推动1366所学校设置义务护校队，完成百场百名水警千名志愿者进村入校防溺水宣讲活动，全市商业场所、医院案件比上年分别下降62.8%、45%。

【深化政法改革】 2019年，合肥市、县党委政法委按时完成改革任务，152个乡镇（街道）、大社区政法委员全部配齐，精简法院内设机构，检察机关组织体系得到调整完善，公安机关完成执法勤务、警务技术职务套改和69.1%套改人员首次晋升，司法行政机关完成机构重组、职能整合、人员转隶，平安建设联席会议制度在全省率先建立，政法机构职能体系优化。有效落实刑事案件智能辅助办案系统应用等刑事诉讼制度改革措施，完善小额、简案速裁机制，严格执行认罪认罚从宽制度，开展“江淮风暴”四季行动，区块链技术等先进科技成果深度应用，提升执法司法质效，全市法院新收案件207554件、结案210379件，分别比上年上升27.1%、23.47%，执结64559件，结案率96.95%；检察机关批准逮捕4326件6981人，提起公诉7799件11756人，办理各类监督案件9750件；蜀山法院全省率先试运行“区块链电子证据存证平台”。市委政法委督办重大案件20余件；检察长列席审委会47人次；公安机关建成执法办案管理中心，159个基层所队案管室建设达标；法院网上公开裁判文书14万余份，各级行政处罚主体公开行政处罚决定书2.1万份，监督制约机制运转顺畅。诉讼线上线下立体化服务、跨域立案“一网通办”“一站式办理”基本实现，创新研发的诉讼风险智能评估系统获得全国智慧法院十大创新产品；公安机关136个省政务服务平台网办事项实现“最多跑一次”，审批事项压缩至38项；加速推进公共法律服务机构规范化建设，法援案件办理量完成市定目标的128%，公证办理量比上年增长22%，政法公共服务水平明显提高。

（沈　达）

法治政府建设

【概况】 2019年，合肥市被评为全国“七五”普法中期先进城市；在中国社科院等发布的《中国营商环境与民营企业家评价调查报告》中，营商环境指数名列全国第14位；在全国首批法治政府建设示范创建活动中，合肥作为省内唯一的地级市被省委全面依法治省办上报至中央全面依法治国办；在全省依法行政考核中合肥连续10年位居全省第一。

【法治建设】 2019年，合肥市委强化统筹协调，成立市委全面依法治市委员会，完善工作机制，一体推进法治合肥、法治政府、法治社会建设。市政府发挥市推进依法行政工作领导小组职能作用，部署法治政府建设工作。党政主要负责人履行推进法治建设第一责任人职责，加强法治政府建设工作，将法治政府建设纳入年度工作要点，与经济社会发展同部署、同推进、同督促、同考核。组织市政府常务会学法4次，180名拟提拔市管干部参加任前法律知识测试，各级领导干部近300人次参加法治相关培训，提升法治能力。自查《法治政府建设实施纲要（2015—2020年）》任务落实进展情况，动态掌握法治政府建设时间表。开展食品药品监管执法司法专项督察、营造法治化营商环境保护民营企业发展专项督察以及法治政府建设全面督察，发现问题并督促整改。出台示范创建实施方案，申创全国首批法治政府建设示范市，同时，提前部署省级法治政府建设示范创建申报工作。

【服务经济社会发展】 2019年，合肥市司法局推进机构、职能、权限、程序、责任法定化，按“一办五部两中心”的标准要求，设置街道内设机构，全面完成城区街道体制改革。动态管理各类清单，市级审批事项保留186项；调整中介服务清单16项，保留153项，规范（下放）24项。规范县乡级清单，实现权责事项上下一致、整体规范。强化事中事后监管，调整市县两级“一单两库”，市级开展随机抽查和联合抽查1225批次。做好企业信用等级管理、失联被执行人动态评价以及信用信息修复工作。开展增量政策措施审查，防止出台排除、限制竞争的政策措施。改造市级“互联网＋政务服务”平台，对接国家政务服务平台，组织市县乡村四级认领和编制政务服务事项，全市上线政务服务事项13.76万个。升级长三角“一网通办”工作，在全市范围内全部建成“一网通办”企业专窗和个人专窗，实现长三角26个城市间、51个事项的异地通办。2019年，国务院电子政务办发布《省级政府和重点城市网上政务服务能力调查评估》，合肥在32个重点城市中位居第六，被评为“网上政务服务能力非常高”的城市之一。建设覆盖四级的公共法律服务实体平台，软硬件设施及人员配备到位，整合法律服务资源。实体与网络平台无缝对接，公共法律服务实现网上运行，全市法律服务微信群实现全覆盖，市12348法网开通店铺440家，上架产品1640件。

【制度建设】 2019年，合肥市完成7部地方性法规和9部政府规章的立改工作。落实立法工作制度，在制定全省首部无偿献血条例时多层面调研20余次，公共资源交易管理条例起草时邀请投标人及代理机构开展座谈；土地储备立法邀请省级专家进行论证；妥善处理养犬、城市排水等立法项目中的争议问题。对涉及生态环境保护、经济高质量发展、法定机构建设试点、工程建设项目审批制度改革等重点工作的133件市委市政府文件进行合法性审查，提出意见建议260余条，从源头防范风险。依托合肥法制监督平台加大对部门文件监督管理力度，审查文件160件，提出意见190余条，登记编号151件。对县级政府报送的89件备案文件提出意见27条。向省政府报备市政府规范性文件34件。完成2018年度规范性文件定期清理和涉机构改革文件专项清理。落实重大行政决策制度，市政府常务会专题学习《重大行政决策程序暂行条例》。出台《关于贯彻落实行政规范性文件合法性审核机制建设的实施意见》，明确审查范围。全年审查市委市政府重大涉法事务478件，全市对130余件重大事项开展风险评估，市本级重大事项征集意见100余条。发挥市政府法律顾问“外脑”作用，法律顾问参与处理重大涉法事务98件。公职律师制度逐步实施规范化。

【规范行政执法行为】 2019年，合肥市司法系统统筹推进市场监管、生态环境保护、文化市场、交通运输、农业等5个领域综合行政执法体制改革，推动减少执法队伍和执法重心下移。建立市、区、街道、社区四级责任网络，开展经济发达镇相对集中行政处罚权试点工作。健全“制度＋科技”法制监督模式，运用“互联网＋”，升级法制监督平台，增设行政复议综合管理、政府合同管理监督、行政执法信息公示平台和行政执法辅助人员模拟考试等功能模块，实现对执法行为的全覆盖、流程化监督。截至2019年，通过平台运行事项5万余条，其中执法信息1700余条。完善行政执法监督常态机制，深化行政处罚案件群众公议工作，印发公议员考核办法，建立退出机制，提升工作质效。落实“两法衔接”“1+3”制度要求，截至2019年底，全市移送案件671件。推行行政执法“三项制度”，出台工作指引，检查验收制度落实情况，并将结果纳入考核。采取重点评查、专项评查、集中评查等方式，评查执法案卷450余卷。全面提升执法能力素质，培训执法人员1637人次。规范辅助执法行为，全市6651名执法辅助人员持证上岗。

【行政权力风险防控】 2019年，全市受理依申请公开信件2141件，依法及时办结2128件。公开重点领域信息，全市主动公开信息42

万余条，重点领域信息占19%。中国社科院法学所连续5年发布《法治蓝皮书》，合肥市政府透明度一直稳居全国前列。出台《关于坚持审计监督全覆盖健全完善审计工作机制的实施方案》《审计全覆盖工作规划（2019—2023年）》，构建横向到边、纵向到底的审计监督覆盖体系。完善涉审记录管理，审计信息链，采用多种审计方式，推动单一职务任期审计向应审职务任期审计转变，事后审计向全过程审计转变。出台《经济责任审计结果运用实施办法》，编制《经济责任审计问题责任界定清单》，确保责任到人。自觉接受司法监督与民主监督，规范落实行政机关负责人出庭应诉制度，定期通报出庭应诉情况，倒逼应诉应议能力提升。全市行政诉讼一审案件1236件，审结1176件，行政机关终审胜诉率93.9%。依法及时执行法院生效裁判及司法建议，纠正行政违法行为。办理人大代表议案、建议和政协委员提案，答复规范率、按时办复率和代表委员满意率均为100%。强化社会监督，依托市政府网站的市长信箱、在线访谈、网上调查、民意征集、12345市长热线等专栏，畅通政务舆情收集渠道。加强政策解读，多渠道、多形式解读政策信息3420条。完善网络问政机制，市长热线受理群众诉求76万余件，直办率62.6%，转办件按期反馈率和办结率、审核通过率、答复率、办理实名率、息诉率均在99%以上；市领导接听群众来电54件，成员单位接听群众来电580件。

【化解社会矛盾】 2019年，全市收到行政复议申请1393件，受理1238件；其中市政府收到申请300件，受理264件，审结262件，准期结案率100%，直接纠错率18.7%，综合纠错率23.3%，发挥复议纠错功能。跟进指导38个行政复议基层受理点工作。网上公开复议文书1100余份，倒逼公平公正办案。综合运用书面审查、实地调查、听证、专家论证、回访等手段，增强复议决定说服力和公信力。发挥复议委员会“外脑”和“监督”双重作用，召开论证会议10次，审议重大疑难案件14件。加大行政与司法的衔接互动，召开联席会议，预先排除执法行为风险。推进行专调解、“警民联调”、访调和诉调对接等工作，完善人民调解组织，全市2127个人民调解组织，专兼职人民调解员12581人，全年累计调解纠纷10万余件，成功率达98.69%。继市医患纠纷和信访事项调委会之后，市总商会、市房地产领域（物业）纠纷调委会相继启动运行，实现行业性专业性人民调解组织全覆盖。依法治理农民工工资拖欠问题，全市立案查处相关案件620起，为5471名劳动者追讨工资4223.38万元，实现欠薪案件数量、涉及人数和金额同比“三下降”目标。推进信访“三无”县乡村“联建、联创、联评”活动，报送省信联办资格复核的“三无”乡镇（街道）54个。依法规范信访秩序，做好非正常上访人员劝返接回工作。组织基层法律服务工作者、律师、心理咨询师等190余人次参与市领导接访工作。

（夏　韵）

公　安

【概况】 2019年，合肥市公安局贯彻落实全国、全省、全市公安工作会议精神，把握“省会稳全省稳、合肥安全省安”的工作定位，忠诚履职尽责。全市社会治安形势与上年同期相比，呈现出“六降四升”的良好局面，即刑事警情、黄赌警情、传销警情、“两抢”案件、四类可防性案件、一般交通事故同比分别下降21.2%、52.4%、13.7%、37.5%、40.0%、0.1%，刑事拘留、治安拘留、提请逮捕、移送起诉同比分别上升18.7%、15.9%、13.8%、16.4%。命案等各类严重暴力犯罪发案数始终处于全国省会城市最低行列。扫黑除恶战果进入全国第一方阵。监管场所连续15年安全无事故。全年完成194批次警卫任务、100余场次大型活动安保任务。

2019年度，合肥市公安局总成绩蝉联全省16个地市级公安机关绩效考核第一。逍遥津派出所被公安部命名为全国首批“枫桥式公安派出所”。2019年8月9日，安徽合肥市公安局视频侦查支队一大队牺牲民警张雪松被追授为“全国公安系统一级英雄模范”称号。

【“平安合肥”创建】 2019年，合肥公安局创新实施社区警务“2+3”（“2”是指社区民警、社区综治专干；“3”是指辅警、网格员和物业人员）模式，共建共治共享社会治理格局。以“向人民汇报、创平安合肥”为平台，开展“大走访、大排查、大宣传、大整治、大提升”“转作风、抓落实、强化基层基础”行动，公安局党委成员带头包联基层社区，全警走访群众400.32万户，排查各类问题1.33万个，问题整改率83%；发放《一封信》158.5万份，举办禁毒广场舞大赛活动、“百万骑手千城亿户”、携手知名艺人开展反电诈

特警整装待发 （市公安局／供）

宣传等活动7.5万余次。完成“雪亮工程”18254路视频探头建设，在全市建成73个智慧平安小区、49个综合警务站，推进70个老旧小区技防改造。完善警民联调“三调联动”（依托派出所警民联调室吸收退休干部、村居干部及专业律师等志愿者组建兼职调解员队伍）机制，调处各类矛盾纠纷7.5万余起，调处成功率99%，安徽省公安厅在全省推广合肥市公安局此经验做法。

改革创新提升警务。合肥公安局运用警用直升机开展夜航训练，探索省城建立警用航空应急医疗救援机制。推进公安大数据平台建设，会聚1435类2400亿余条数据，构建全方位业务融合的基础硬件环境。市公安局“生物检材中氯代地西泮类物质检验液相色谱——质谱法”科技研发项目，被公安部确定为刑事技术重点标准专项制定首席责任单位。肥东县公安局率先在全省启动刑事技术助理队伍建设。依托“雪亮工程”，整合社会单位视频4000余路、60余家社会停车场过车数据及全市4000余辆公交车GPS数据信息，构筑5张视频防控网、6道人车防控圈。研发“反恐可视化平台”“基于S2算法的多维全网伴随分析模式”等服务支撑实战。成立智慧警务联合创新中心，创新推出“城市门禁系统”“反电诈之剑”等一批大数据实战项目，其中获全国级奖项的项目13个、省级奖项14个。深化行政管理机制，便民服务能力显著增强。巢湖市公安局运用“快反”机制，让警情处置“零等待”。经开分局打造全市首家民意收集中心初显成效。包河公安分局民警研发的“真实登”荣获全国创新奖。推行“互联网+”政务服务，136个省政务服务平台网办事项达到“最多跑一次”，公安审批事项压缩至38项。研发便民一体机并投放使用，批准出国（境）申请71.1人次、临时入境境外人员申请9.1万人次。实施驾考购买社会化考场服务，全市机动车和驾驶人保有量比上年分别增长11%、8%。肥东车管所省内首创“机动车号牌自取”系统。肥西在全省公安机关首创的“八位一体”（快处快撤、勘验定损、司法鉴定、保险理赔、人民调解、司法援助、法律诉讼、安全宣传+违法处罚）道路交通事故处理模式，为群众提供“一站式”服务。庐阳交警首创网格化勤务。推行处罚线上缴款，以支付宝、微信支付为平台，已缴纳交通违法罚款23万余起。启动处罚人脸识别功能，规范非现场处罚窗口工作程序，办理电子监控非现场处罚134.05万起。推行“放管服10+6项”改革，利用12123语音服务、交通安全综合服务管理平台、交管12123APP、短信，形成“四位一体”的交管信息化服务体系，互联网平台应用在全国排名前列，先后4次被公安部通报表扬。

锻造“四个铁一般”队伍。合肥公安局锻造“铁一般的理想信念、铁一般的责任担当、铁一般的过硬本领、铁一般的纪律作用”队伍建设目标，开展“践行新使命、忠诚保大庆”实践活动，制定出台《合肥市公安局2019－2021年队伍建设纲要》《关于切实加强公安思想政治工作十项措施》等，召开全市公安党建和思想政治工作会议、举办全市公安政工干部培训班，破解思想政治工作和队伍建设难题，增强队伍的凝聚力和战斗力。从优化管理体系、动态调配警力、优化管理机制3个方面入手，培育优良警风。完善三级培训体系和二级战训体系，推行警务实战教官“十百千”工程，修订“红蓝”对抗训练、辅警训练大纲，研究实施ISR防卫技术、“警辅混编、随训随值、分类施训、战术合成”训练新模式，实行全警实战大练兵，锤炼全警实战本领。合肥特警成立“红箭头”志愿服务队，致力于对民帮扶救助工作，同时强化党组织的引领作用，探索推行“1+1>2”工作法，充分发挥“一个党员一面旗帜，一个支部一座堡垒”的作用。2019年，全市公安机关345个集体、

1463名民警、1517名辅警受到各级表彰。

【扫黑除恶】 2019年，市公安局联合哈啰出行，在庐阳区银泰中心广场举行“扫黑除恶，全民‘骑’参与”活动启动仪式，扩大市民“扫黑除恶”的参与度。以中央扫黑除恶专项斗争第14督导组督导为契机，开展“办案”“打伞”“断财”一体推进，组织开展“线索核查百日攻坚”专项行动。2019年全市新增侦办黑社会性质组织犯罪案件16件、恶势力犯罪集团案件39件，判决黑社会性质组织犯罪案件12件、恶势力犯罪集团案件19件。新增查冻扣资产16.65亿元，确保吃干榨净，查冻扣总额位居全省16个地市前列。23条共性问题和1条个性问题整改到位，督导组交办的265条督办以上线索的申请办结率100%。扫黑除恶专项斗争的战果进入全国第一方阵，改写合肥城区15年没有打击黑社会犯罪战果的历史。中共中央政治局委员、中央政法委员会书记郭声琨视察安徽时对合肥扫黑除恶工作给予肯定。

【社会治安整治】 2019年，合肥市公安局推动地方党委、政府统筹公安、城管、市场监管等执法部门，在全市范围内开展“情报主导、便衣先行、规模用警、异地用警、反复整治、完善机制”的推磨转圈强力整治治安突出问题战法，开展夏季娱乐场所集中清查整治行动，凌晨两点后娱乐场所及其周边警情下降53%。全年开展集中清查行动5453次，整治治安复杂区域1440个（次）、整治“三无”小区561个（次）。全市黄赌警情占全省总量由41%下降至19%。合肥成为公

2019年9月26日，省政府副省长、公安厅厅长李建中实地督导合肥市信访维稳工作

（刘东/摄）

安部确定的首批16个部级打击跨国跨区域黄赌犯罪支撑点之一。成功摘掉传销重点治理城市帽子。开展交通大规模片区联合整治行动39次，全市一般道路交通事数、亡人事故起数、亡人数、受伤人数比上年均有下降，群众对交通投诉量下降2.7%。

【特警值勤】 2019年，合肥特警持续推进警用无人机在安保警务任务中的实战应用，完成大型活动安检搜爆操作规程建设在全国推广。打造军警联勤“合肥模式”“安徽样板”，完成全省公安机关“践行新使命，忠诚保大庆”决战冲刺誓师暨特警比武应急拉动演练。全年出动警力3500余人次，完成警卫任务20起，安保任务70余起，涉及各类场馆200余场次，实现安保警卫工作的“零失误”。出动警力1000余人次，参与扫黑除恶、扫黄禁赌等行动，执行嫌疑人抓捕、押解、指认现场、庭审安保、治安乱点整治等任务40余起，直接或配合抓获各类违法犯罪嫌疑人220余人次。出动警力14000余人次，车辆2800余台次，做好重点区域的驻点反恐工作，完成大庆安保期间反恐防暴应对处置工作。参与处置各类群体性事件17起。优化街面武装巡逻勤务机制，建立“三必巡”（支队、大队、机关科室带“长”民警，每周必到反恐驻点、巡区街面综合警务站以及巡区治安复杂区域开展亮灯驻巡、徒步巡逻工作）“一车一校”工作机制，与交警联合巡逻、与视侦实战互动，组建特警PTU机动队并投入实战运行，全年抓获处理违法犯罪嫌疑人895人，比上年上升87.13%，其中刑拘417人、治拘223人，分别比上年上升87.00%、87.39%；通过视侦精准打击协作机制抓获255人，三车（机动车、摩托车、电瓶车）类48人、扒窃类15人、网逃65人、其他各类嫌疑人128人。出动警力1000余人次，参与扫黑除恶、扫黄禁赌等行动，执行嫌疑人抓捕、押解、指认现场、庭审安保、治安乱点整治等任务40余起，直接或配合抓获各类违法犯罪嫌疑人220余人次。2019年度，安检排爆大队被授予“全国青年文明号”称

号；特警支队荣获“合肥市五一劳动奖状”；合肥特警斩获2019全省特警大比武总冠军。

【打击刑事犯罪】 2019年，合肥市公安局秉持“合肥稳则全省安”的工作理念，采取“平时+战时双轮驱动”的工作模式，推进系列专项行动，打击刑事犯罪活动。

攻坚大案要案。合肥市公安系统围绕2019年“深挖根治”阶段工作目标，制定《合肥市公安局深化扫黑除恶专项斗争工作实施意见》《深化扫黑除恶专项斗争系列若干规定》。通过调研、定期调度、序时督导等工作措施，夯实各级各部门工作责任。组织开展为期3个月的涉黑涉恶线索摸排集群会战。重点对全市2017年12月以来涉“套路贷”警情进行集中分析研判；开展全市公安机关派出所民警摸排涉黑涉恶线索专题培训，推广长淮派出所等单位的优秀做法；组建涉黑涉恶线索会商中心和10多支线索核查专班；推进扫黑除恶、打财断血一体，快侦快审快诉黑恶案件。深挖彻查黑恶犯罪“保护伞”“关系网”“黑后台”。召开扫黑除恶案件新闻通气会、组织集中采访活动160余次；多次带黑恶案件犯罪嫌疑人公开指认现场，开展扫黑除恶专项斗争暨严打盗抢骗侵财犯罪成果展、警营开放日、全民“骑”参与等大型群众互动宣传活动；举行“向人民汇报、创平安合肥”活动。“两抢”案件、八类案件破案率分别达95.38%、97.33%。

打击侵财违法犯罪。2019年，合肥市公安局开展打击“盗抢骗”等侵财犯罪行动。树立“既要破大案又要管小案”意识，坚持“打团伙、打网上、打系列”。因情制导，开展“短平快”的专项行动，严打整治互联网加传统侵财犯罪。依据警情发案情况及时组织开展打击盗窃车内物品、入室盗窃、撬盗机动车、以保健品名义诈骗老年人等犯罪行动。全市盗抢骗立案比上年下降21.14%，强制措施上升22.56%。按照公安部和省厅统一部署组织开展为期一年的打击电信网络诈骗专项打击治理行动，从9月份开展压降电诈案件专项行动。落实“三定、五快”快打机制，打击电诈犯罪中发现的上下游犯罪线索挖掘，赴外省和跨境打掉多个电诈团伙。破电信网络诈骗案件比上年上升172.57%，强制措施上升42.99%；依托市平安建设联席会议，各成员单位形成合力，群策群力开展反电诈防范宣传活动。通过拍摄警方提示、被害人采访等形式在各类媒体广为宣传。坚持每周对电诈发案进行分析并挂网通报，通报作案手段，提出有针对性的防范措施。

整治经济犯罪。合肥市公安局开展警税合作机制，推动警税平台建设，与税务部门协同作战。依托云端主战模式，强化线索发起和接受任务的研判打击，重大案件多警种同步上案。全年立涉税案432起，采取强制措施269人，成功侦破“11·19”特大虚开案件，涉案价值900多亿元，被列为2019年公安部十大涉税案件首位。在2019年全国公安机关打击涉税犯罪“百城会战”行动中，合肥市公安局按照公安部“打大、打精、打深、打透”的要求，经侦支队对“12·11”广东饶平籍人员特大暴力虚开线索开展拓线研判，在淮北等5地级市公安局通力协作下，运用侦察手段成功研判出价税1700余亿元的犯罪线索，为公安部“百城会战”顺利收网作出贡献。配合属地政府及相关主管部门对“货融贷”等6家平台开展前期熔断处置。抓获外逃经济犯罪嫌疑人比上年上升16.5%，成功将“好车贷”主犯熊某从法国引渡回国，是自中法引渡条例生效以来，安徽省从法国引渡的第一例境外逃犯。

【治安行政管理】 2019年，合肥市公安局开展“推磨转圈”整治、压降黄赌、智慧平安社区建设等系列工作，实现“五个坚决防止、四个确保”的工作目标。

公安基层基础工作。落实市委市政府召开两次校园安全风险专题会议精神，构建“共治+共建”“传统+科技”“实战+实效”的校园安全网工作机制，建立“问题清单、责任清单、整改清单”三项清单，全市中小学幼儿园安防整体达标率达到80%，比上年提升40%，在中小学幼儿园门口设立常态化治安、交通“安全岗”159个，推进1366所学校以家长为主体的义务护校队建设。通过行业场所阵地管控抓获布控人员和违法犯罪嫌疑人11290人，侦破假药、化妆品、假烟一批，涉案金额达数千万元。通过寄递渠道发现违法犯罪线索9条，查获气枪4把、枪管1根、自制铅弹2754发；做好涉港物资管控和各个关键节点寄往重点地区的禁寄物品管控。

推进智慧小区建设。合肥市是公安部“基于大数据智能应用的社区智慧警务关键技术研究与应用示范”承建单位之一。制定《合肥市住宅小区安全防范设施建设和管理实施办法》，编制《智慧社区公共安全数据交换与共享规范》《智慧社区公共安全数据采集规范》《智慧社区公共安全建设规范》3项技术标准。中央政法委综治办、中国人民公安大学和山东、甘肃及省内10余家地市公安机关先后到合肥市交流学习。庐江县公安局在四县一市率先试点建设“智慧平安小区”。截至年底，建成“智慧平安小区”73个，建成小区可防性案件比上年下降80%。

便民服务提质增效。依托“皖警便民服务e网通”“安徽治安在线”等手机客户端及微信公众号，推出多项信息化服务，实现足不出户、在线咨询、网上申请、快递送达的办理新模式。深化户籍制度改革，解决无户口人员登记户口问题，首创全程网办业务在户政中心运行，户籍人口城镇化率达52.56%。全省首台居民身份证自助办证机，居民身份证多元化人像采集；受理网上申报业务4万余笔；办理居民身份证自助业务6000余张；网络预约服务7万余人次。居民身份证全程网办、人像采集经人民网、新华网等多家媒体报道，转发超过2亿次，被称为“解决又一民生痛点”“最美证件照”。多措并举、打通上下游环节，突出公章刻制“零材料、无成本、不见面、防风险”，实现企业数据的时候共享，压缩企业开办时间，提高公章制作效率。全年为企业节省资金5000余万元、节约时间20余万小时。组建“合肥市保安义务巡逻督察队”，开展保安义务巡逻督察、重点部位巡逻协防，对全市38个高发案小区保安员基本情况进行督查。

开展治安清查整治。合肥市公安采取“推磨转圈”、集中用警等方式，总结出清查工作中“五见面”“四同步”“双提升”“一汇报”技战法，形成治安管理的“合肥品牌”，先后被中国警察网、省政法委、省公安厅做重点介绍和推广。开展专项行动204次，办理黄赌案件、行政拘留比上年分别上升19.85%、25.36%，抓获逃犯120人，全市黄赌警情下降52.40%。常青派出所黄赌综合治理被《人民日报》等媒体重点报道。侦破食药环假案件、采取强制措施、移送起诉比上年分别上升40.4%、90.04%、193.88%。部督涉枪涉爆在逃人员5人全部被抓获，全市收缴各类枪支317支、子弹5.38万发、雷管87枚、导爆索3.74米、各类管制器具925把。

【网络安全管理】 2019年，合肥公安局加强电子数据检验鉴定实验室建设，建立30余人的取证队伍，连续两年组织参加公安部实验室能力验证并取得优异成绩，全年接受电子数据勘验委托2529起，出具电子证据报告4856份。牵头组织举办合肥市“护网2019”网络攻防演习，在真实网络环境下针对重要信息系统开展“背对背”实战攻防对抗。创新研发出“反诈之剑”大数据预警模型，形成从及时发现、快速核查、人工预警的一整套较为完善的闭环运作机制。合肥市网络与信息安全信息通报中心高效运转，编发网络与信息安全信息通报183期，开展远程技术监测3.9万家次，发现832家单位网站存在近万个高危安全漏洞，及时监测处置网络安全事件200余起。持续强化网络安全行政执法力度，网络安全行政处罚2959起，侦办的陈某某等传播淫秽信息案入选全国扫黄打非“网络文学”整治八大案例。以“净网2019”专项行动，特别是系列集群战役为契机，针对网络违法犯罪黑灰产线索开展深度追踪和链条式打击。全年破获网安主侦“7+8”类刑事案件291起，配合其他警种部门办理刑事案件2570起，协同相关警种抓获各类违法犯罪嫌疑人3000余人，在打击开发、利用非法网贷APP实施侵犯公民个人信息、“套路贷”犯罪中发挥关键作用。部督“10•27”破坏计算机信息系统专案取得重大突破，得到公安部及省、市领导高度肯定，公安部专门邀请在全国会议上介绍侦办经验。

【道路交通安全管理】 2019年，

2019年10月30日，合肥市网络安全攻防演练大赛线下决赛在合肥洲际酒店举行
（市网信办/供）

全省首创“市级挂牌道路交通安全工作重点镇（街）社区整治”工作机制，省级挂牌督办的庐江县、沪陕高速合六段、环巢湖旅游大道3处整治重点地区、路段全部整治完毕。把亡人事故多发的15个镇（街）社区，列为重点镇（街）社区进行整治，亡人数比上年下降30%。推动四县一市建成3个一级、10个二级标准警保合作劝导站和农村公路平交路口新增信号灯等。在91个乡镇、224个国省道沿线交通安全村，开展“畅行安全路幸福奔小康”进村入户宣传活动。全年一般程序交通事故起数、亡人数、受伤及财产损失“四项指标”比上年分别下降0.1%、0.4%、9.3%、17.2%，较大事故起数持平，未发生重特大交通事故。城市道路实行“政府主导、交警主力、部门参与、协同共治”工作机制，分级分批治理80处乱点，乱点周边道路通行能力提高三成以上，交通守法率提升约6个百分点。采取拥堵点位与拥堵片区相结合治理模式，已治理堵点12处，已分批整改完毕22条。高速路面逢五、逢十开展集中统一行动72次，市区、四县一市开展夏季突出交通违法行为集中整治16次，实行“警便结合、错时查缉、多点封控”的战法，查处渣土车闯红灯等违法行为1338起、处罚非法改装车867辆。开展文明交通提升行动，对39个重点路口、路段为机动车礼让行人的示范路口、路段，查处机动车不礼让行人违法行为4.4万起。全年查处交通违法行为442.92万起，比上年上升22%。查处饮酒驾驶11210起，上升40.96%。因饮酒驾驶引发的亡人交通事故下降14.3%。完成验收历史遗留道路智能交通项目达293个，联网信号机新增783个，非现场执法设备接入数新增925个点位，视频监控新增812个点位，26个执法站全部建成并投入使用，依托缉查布控系统，查处假套牌车辆500余辆，查处总数与比例均占全省第一。合肥交警支队滨湖大队、庐阳大队先后被公安部授予70周年大庆“突出贡献集体”“青年文明号创建活动成绩突出单位”；滨湖交警大队一中队被团中央、教育部、公安部等12家部委命名为2016—2018年度全国“青少年维权岗”。张正辉被联合国、公安部分别授予“联合国和平勋章”“中国维和警察荣誉章”。

【轨道交通安全管理】 2019年12月初，合肥市轨道新增轨道交通3号线，全长37.7千米，设站33座。至此，合肥轨道已有运营线路3条，全长90千米，站点80座，日均客流60万～70万人次，最大客流105万人次。合肥轨道交通公安深化“驻站管理，流动巡控”的勤务模式，坚持“底线思维、显性用警、屯兵站区、以变应变”的工作原则，规范健全《站点巡控工作细则》，细化层级巡逻机制，保证站区巡逻力量全时段、全覆盖。做到“隐患排查再深入、安检监管再细化、关口管控再严格”的工作标准，整合轨道运营公司、保安集团等站点力量，创建联合巡逻、座谈分析、常态演练、阶段培训、联合督导等协作制度，明确警企责任，形成“常态协作、资源共享、区域联动”的协防共治格局，每日对站内安检设施、监控系统及治安乱点进行联合检查，检查结果按月通报，督促问题的整改落实，增强站内治安力量。2019年度，轨道交通公安分局接处警815起。其中刑事案件16起、治安案件33起，抓获吸毒人员12人、在逃人员9人。

【城市水域安全管理】 2019年，合肥水上公安分局通过日常训练、实战演练以及潜水、无人机专业培训，实现警、辅人员身体素质与水上业务技能双提升；与安徽省户外运动协会签订战略合作协议，加强救援队陆地应急救援培训，拓展应急救援领域，提升“一专多能”救援本领。在两个派出所设立水上应急救援分队，在天鹅湖设立水上应急救援搜救基地（训练基地），在方兴湖成立岸线巡逻队。10支宣讲队、百名水警入校进村106次开展防溺水宣讲，受益中小学生近8万名，5万多名家长通过学校家长微信群观看，中小学生防溺水初见成效。审议通过水上分局提交的关于全市公安机关实行河湖警长制工作的实施方案，按照“策应河长、属地管辖、分段设立、逐级负责”原则，全面实施河湖警长制，建立市、县（市、区、开发区）、乡（镇、街道）三级河湖警长体系。加强水域安全防范，发放活动征求意见表3000份，走访辖区涉水企事业单位120家，走访渔民、船民1280人。6月29日、11月14日，水上公安分局分别组织人员参加巢湖南岸开展2019年长江（巢湖片）防汛演习和中国红十字会总会在岱山湖的灾害处置演练，展示无人机空中编队高空侦测、投递、喊话等系列项目和绳索救援、水上搜救等演练科目，提升合肥水警的实战能力。撰写的《警察公共关系案例：结合警种特色绷牢校园“安全弦”合肥水警创建防溺水宣讲“合肥模式”》在全国荣获银奖。先后参加环巢湖岸线及巢湖水域巡逻守护工作、省委省政府“十一”升旗仪式安保、天鹅湖灯光秀护航工作、3个重大警卫等任务和9月13日派遣水上应急救援队9人赴江苏省淮安市举办中国央视中秋晚会安保水下排查任务。联勤联动严厉打击水上违法犯罪，全年摧毁非法捕捞犯罪团伙6个，刑事拘留6人，治安拘留17人，查扣非法船只30余艘。

【出入境管理与服务】 2019年全年国家工作人员报备新增及更新31215人次，比上年上升239.47%；法定不批准出境人员报备新增6188人次，上升411.4%；排查登记备案国家工作人员单位511家，登记备案人员7.1万名。4月1日起，落实中国公民出国境证件全国通办政策，全市异地人员申请量呈高速增长态势，4—12月异地申请4.81万人次。年初，首家出入境管理综合服务站——中国科大出入境管理综合服务站投入试运行，布建自助签注服务点，实现城区公安分局自助签注全覆盖，方便群众就近办理。依托国家移民管理局政务服务平台，开通手机APP、支付宝和微信小程序，实现预约办理、出入境记录查询、公民办证进度查询、公民再次签注次数查询等网上服务。严格暂停再次签注代办措施，对自助签注设备进行“人证合一”生物特征识别，堵塞管理漏洞。执行“双核查”制度，加强签证证件的回访排查，将安全隐患消除在萌芽阶段。全年阻止56名法定不批准出境人员申请证件，成功抓获2名刑拘在逃人员。严格境外人员住宿登记，重点加强涉外婚姻、在肥外籍演艺人员、教育培训机构、常住以及临时入境特殊人员管理。主动对接合肥市边检站，出入境管理部门与边检站联动协作，增强出入境管控能力。

全市全年批准出国（境）申请695533人次，比上年下降10.65%。其中批准公民出国217888人次、上升0.21%，赴港澳398152人次、台湾79493人次，分别下降16.90%、2.93%。办理境外人员各类证件5015人次，上升5.9%；临时入境境外人员92965人次，占全省24.75%；常住境外人员6231人（常住外国人员5783人，台胞448人），增长10.3%，约占全省49%。全市境外人员住宿登记准确率99.63%、及时率99%。受理非法入境、非法居留、非法就业的“三非”案件172起，侦办妨害国（边）境刑事案件3起。

附：打击刑事犯罪典型案例

1. 侦办首例建筑工程领域黑社会性质组织案

2019年初，合肥市公安局巢湖经济开发区分局通过拓展深挖发现一个以鼓山村王某刚、王某雷兄弟为首，马某、王某健等积极参加，在巢湖经济开发区通过暴力、威胁等手段强揽工程的涉黑涉恶团伙。市公安局统一调度从刑警、技侦、网安支队和巢湖市局抽调民警充实专案组，历经7个月，先后辗转马鞍山、安庆、庐江、潜山等地，行程近万千米，并利用传统走访调查+大数据分析，最终对该组织每起犯罪事实以及在场人员进行还原、固定，累计形成证据卷宗50册。专案组先后组织3次抓捕犯罪嫌疑人17名，扣押涉案车辆4辆、查封商业门面房3处、冻结资金100余万元。该案是合肥市“扫黑除恶”专项斗争开展以来首例侦办的建筑工程领域黑社会性质组织案。

2. 侦破位列公安部十大虚开增值税发票首位案件

2018年11月，根据合肥市税务局稽查局移送的涉嫌虚开增值税专用发票重大线索。市公安局成立经侦、技侦、网安、视频、刑侦合成作战、蜀山分局、瑶海分局、新站分局60余人参加的联合专案组。经摸排调查，自2017年以来，广东潮州饶平籍犯罪嫌疑人邱某某兄弟和詹某某等人为获取非法利润，纠结相关财务公司人员，在合肥等地注册大量空壳公司。在这些空壳公司的掩护下，以每月支付4000元左右的价格从外地雇请人员和联系购买发票下家的方式，通过电话或互联网远程遥控，利用办税服务厅自助办税设备大量领购空白发票，对外疯狂虚开增值税专用发票牟利。经侦查，专案组确定邱某某犯罪团伙在广东潮州、深圳、中山和安徽合肥4个市6个犯罪窝点，以及9名主要犯罪嫌疑人的地址。2019年1月11日，在当地公安机关的大力协助下，联合专案组7个行动小组60余名警力迅速出击，直捣犯罪窝点，在广东潮州、中山、深圳和安徽合肥同时收网，一举打掉以广东潮州饶平籍邱某塔、詹某坚、邱某林等人为首的暴力虚开发票犯罪团伙，抓获犯罪嫌疑人11名。现场缴获用于群发卖票短信设备的伪基站设施4台、笔记本电脑30多部等和大量税控盘、空白发票、虚假身份证件、公章、银行卡等赃物。经查明，此案涉及合肥区域虚开企业1300多户，对外虚开增值税专用发票9万余份，价税合计10亿多元；涉及外省市虚开企业11000余户，对外虚开增值税发票合计131万份，金额达910亿元。该案被列为公安部2019年十大涉税案件首位。

3. 侦破全省首例运用区块链

技术实施的网络传销犯罪

2019年4月11日，包河分局接到市局指挥中心关于部分中资创联投资受损者报案维权的警情，经侦大队及时介入调查。经初查，2016年9月20日，锦辉国际控股集团有限公司设立“中资创联区块链技术应用有限公司”（简称中资创联公司），锦辉国际占股80%，王某春占股20%、任法人代表和董事长。王某春离开中资创联公司后，于2018年10月注册成立“中贝古宝健康科技发展有限公司”（简称中贝古宝公司），沿用中资创联公司营销模式，继续从事非法经营活动。中资创联公司和中贝古宝公司在经营中均采取拉人头的模式发展业务，并根据新加入投资额作为团队计酬方式。王某春等人宣称“消费致富”等新兴的名词，明知公司的运营模式为传销行为，从中获取不法收益，涉嫌组织、领导传销活动罪。4月12日，包河分局已零口供逮捕部分涉案嫌疑人，并已送起诉20人。本案系安徽省第一例运用区块链技术实施的网络传销犯罪。

4. 从法国引渡合肥“好车贷”案主犯回国

2018年7月31日，包河分局以涉嫌非法吸收公众存款犯罪对安徽省长天资产管理有限公司立案侦查：2014年1月至2018年7月，在未取得金融监管部门许可、不具备吸收公众存款资质的情况下，犯罪嫌疑人熊某利用其控制的安徽省长天资产管理有限公司、0551房产公司等多家公司，伙同他人以非法占有为目的，通过“好车贷”“快车财富”两个P2P网贷平台发布以虚假债权等为标的的理财产品，对外承诺到期还本并支付高息，引诱社会公众投资，截至案发，累计非法吸收金额62.3亿余元人民币。2018年11月13日，国际刑警组织中国国家中心局提请国际刑警组织对熊某发布红色通报。2019年1月9日，法国警方将熊某抓获并立即通过国际刑警渠道通报中国方面，中国方面迅速向法国方面提交引渡请求。11月7日，法方通报批准引渡移交。11月19日，在驻法国使馆大力协助下，在公安部的统一指挥协调下，经过部省市区四级公安机关的上下联动、共同努力，涉嫌集资诈骗的重大犯罪嫌疑人熊某被从法国引渡回国，这是中法引渡首例生效以来，中国从法国成功引渡的第4名经济犯罪逃犯，是全省首例从法国引渡回国案犯。

5. 破获全省首例制作销售网络游戏外挂案件

2019年6月初，肥东公安局接腾讯公司安全管理部报警称，有位玩家涉嫌制作《和平精英》外挂。肥东警方经过对该线索的缜密侦查，警方逐步确定这一外挂团伙的组织架构，掌握制作者、总代理和销售者等人员相关信息，成立4个抓捕组分赴广东、广西和福建等地进行收网，先后抓获外挂制作者、代理4名犯罪嫌疑人，查获作案用手机4部，电脑6台。经查，涉案嫌疑人连某小学毕业，平时沉迷网络，发现“吃鸡”游戏很火，曾遇到过外挂。连某平时爱捣鼓计算机编程信息，便利用自己的天赋爱好在网上购买一些教程学着制作。随后，连某与游戏里认识的几个朋友合伙，逐渐形成从制作修改到代理销售的网络外挂盈利链。至案发，该团伙制作功能类似的《和平精英》游戏外挂3款，销售外挂卡密5万余个，涉案价值约30万元。此案系全省侦办的首起制作销售网络游戏外挂案件。

6. 破获全省首例家族式特大伪造假币案件

2019年7月31日，在相关部门的通力协助下，庐江县公安局经过缜密侦查，一举破获境内特大伪造假币案件，现场查获制造假币窝点2处，抓获犯罪嫌疑人3人，查获面值20元假币21万余元。经查明，李某春、李某桥为父子关系，陈某佳系李某春的女婿。李某春长年在外卖厨具等日常用品，在平常生意过程中收到过几张假币，李某春父子觉得是个“致富商机”。李某春父子开始找场地、在互联网上搜索出售下载假币模板信息，并购买专用仿伪造纸和打印机。经几个月的反复调试，父子两人成功打印出一批面值20元的假币，为验证假币使用效果，父子两人携带假币在周边的和县、枞阳、六安、颍上等地，采用到小超市、商店、菜市场购物，或以卖厨房日常用品生意找零方式使用打印出来的假币。由于面值不大，一般人很难发现其中的猫腻。通过这种方式，父子俩换回来大量日用品。尝到甜头后，他们认为造假钱生意有利可图，喊来女婿陈某佳加盟，组成3人的地下“造币工厂”。安徽系中部省份，贩卖假币的案件时有发生，出现家族式特大伪造假币案件在全省还是首例。

7. 合肥警方破获特大贩卖毒品案，缴获毒品3.2千克

2019年7月中旬，合肥禁毒支队获得线索：有一名叫“萍萍”的女子多次在蜀山区、瑶海区等地涉嫌多次向不同区域的不同对象贩卖毒品。市公安局随即成立专案组

展开调查。经初步侦查，“萍萍”是一名前科吸毒人员，平时无固定工作，其外围关系人也大多有吸贩毒前科，交往频繁。随着侦查工作的不断深入，专案组发现“萍萍”所贩卖的毒品来自一名绰号叫“东东”的男子。同时，另一名贩毒人员张某也进入警方的视线，他曾多次往返成都、合肥两地，以人货分离的方式在合肥进行毒品交易。为此，办案民警对线上人员逐一进行甄别梳理，并详细制定收网方案。9月4日凌晨，专案组多个抓捕小组分赴合肥市瑶海区、庐阳区、蜀山区、滨湖等地开展抓捕。在抓捕“萍萍”的同时，抓获一名向“萍萍”提供大量毒品的“快递小哥”，即上线“东东”。专案组继续以“东东”为线索进行深挖，随后赶赴四川抓获张某的上线毒贩陈某某和蔡某；缴获毒品3200余克，扣押涉案机动车1台，毒资13万余元，逮捕24人，行政拘留37人。至此，这个横跨皖川两地的贩毒通道被彻底斩断。

8. 破获黄某等人非法制造枪支、弹药案

2019年初，在“净网2019”专项行动中，合肥网安支队民警在日常巡查中发现一条包河网民炫耀持有枪支的线索。自制枪支一直是潜藏在社会上的安全隐患，严重影响社会稳定，威胁人民群众生命财产安全。接到线索通报后，包河分局高度重视，立即抽调精干力量成立专案组，历时2个月经营摸排，深度研判，网安、刑侦部门多警联动、合成作战。2月底，专案组在肥东县抓获涉嫌非法制造枪支、弹药的黄某、阚某。现场缴获枪支疑似物6把、自制成品气枪弹3000余发，缴获大量枪支制造零部件、弹药制造模具、工具及原材料，斩断上下游供货链条，及时消除社会安全隐患。

9. 侦破外省新型电信网络诈骗团伙

2019年8月初，李某到瑶海公安分局报案称，其在网上以做防爆通信录的理由被骗1万余元。瑶海分局依托市局反电信诈骗平台，整合网安、技侦等多方面资源，发现报警被害人最终资金流入一河北籍郝某某名下。郝某某使用的私人微信与涉案微信来源于同一IP地址，借用马某的微信二维码收款。一个以协商还款、防爆通信录、清洗大数据为幌子的新型电信诈骗团伙浮出水面。10月23日，瑶海分局组织网安、刑警二队、大通路派出所、大兴派出所专案组，辗转北京、张家口等地，在当地公安机关全力配合下，先后抓获郝某某及9名正在作案的电信网络诈骗嫌疑人，现场查获作案电脑主机3台、作案手机30余部，涉及全国各地案件数百起，涉及资金100余万元。

10. 破获一起特大非法捕获野生动物案

2019年10月27日，在日常工作中，朱巷派出所民警发现两处捕鸟网。长丰县公安局听取汇报后极为重视，加强属地派出所、林业派出所和治安大队的协作，从线索收集到案件办理，捆绑作战。分成2组隐蔽在捕鸟网附近进行守候，当场抓获4名涉嫌非法捕猎的贵州黔东南州籍犯罪嫌疑人杨某、陆某、陆某某和吴某，查获野生鸟类1000余只。这4人受老板长丰朱巷人耿某某招募，架设捕鸟网，利用播音器播放引鸟音乐捕猎野生鸟类的犯罪事实。耿某某到案，经进一步调查，发现犯罪嫌疑人耿某某自2019年9月初，招募贵州黔东南州籍杨某、吴某、陆某等20余人在安徽长丰及周边县区非法捕猎野生鸟类，按照每只1～7元不等的价格收购，然后集中贩卖至广州等地。至此，一个跨省捕猎贩卖野生鸟类的犯罪团伙浮出水面。该团伙平均每天捕获野生鸟类6000余只，捕获野生国家“三有”（有益的、有重要经济价值的、有科学研究价值的）鸟类达10余万只，严重破坏当地野生动物资源。2020年初，新冠肺炎疫情非常时期，长丰县公安局派出警力赴贵州抓捕在逃犯罪嫌疑人1名；投案自首1人，其他犯罪嫌疑人在追捕之中。

（章鑫睿）

检　察

【概况】 2019年，全市检察机关贯彻落实最高人民检察院“讲政治、顾大局、谋发展、重自强”总体要求，创新监督理念，推进改革，履行职责，各项核心业务数据稳居全省第一方阵，扫黑除恶、智慧检务、公益诉讼、打击虚假诉讼、服务民营经济等多项工作受到上级机关推介，2个案件被最高检作为典型案例向全国检察机关推广，3个案件被省委政法委作为检察机关服务民营经济典型案例宣传，5个案件入选全省检察机关典型案例；13个集体和26名干警获省级以上表彰。政法满意度评价在全省检察机关排名比上年度提升3个位次。最高人民检察院检察长张军在皖视察时，专题调研合肥市检察机关服务民营经济、公益诉讼、智慧检务、便民服务等工作，当场给予充分肯定，并在全国检察系统电视电话会议上予以表扬。

2019年，长丰县、巢湖市、瑶海区检察院被最高检表彰为“全国检察宣传先进单位”；蜀山检察头条号、市院干警自媒体分别入选全国检察头条号、自媒体20强。

【服务中心工作】 2019年，合肥市检察机关打好“三大攻坚战”，严惩“套路贷”“校园贷”等涉众型金融犯罪，批捕199人、起诉250人，落实好检察环节风险防控。参与扶贫领域腐败和作风问题专项治理，从严打击破坏扶贫工作、侵害农民权益犯罪活动，起诉22人；开展对因案致贫、因案返贫被害人或近亲属的司法救助，发放救助金170余万元、救助60人，助力打赢脱贫攻坚战。开展“守护绿色江淮美好家园”专项检察，聚焦非法采矿、农村饮用水安全、滥砍滥伐等突出问题，批捕39人，起诉105人；办理生态环境公益诉讼案件65件，保障打好污染防治攻坚战。

保护民营经济发展。2019年，合肥市检察机关通过集中调研民企、与工商联建立协作机制、开展“检察护航民企发展”检察开放日活动等方式，加强与民企互联互信互通。打击扰乱市场秩序、侵犯知识产权等侵害民企权益的犯罪活动，批捕319人，起诉498人。依法处理民营企业及其从业人员涉罪案件，最大限度减少办案对企业的影响。积极开展涉民营企业案件立案监督和羁押必要性审查专项活动，监督立案或撤案11件，变更强制措施10人。对涉嫌犯罪的民企从业人员依法不批捕51人、不起诉32人，切实做到“可捕可不捕的坚决不捕、可诉可不诉的坚决不诉”。省委政法委组织的“护航民营企业健康发展——政法机关在行动”中央媒体采访活动，对合肥市检察机关服务民营经济发展成效给予集中报道。庐阳区院办理的“担保追偿权纠纷生效裁判监督案”，被评为全省检察机关“民营经济保护监督典型案例”。

做好民生检察。2019年，合肥市检察机关开展“保障千家万户舌尖上的安全”专项行动，监督立案4件；批捕危害食品药品安全犯罪9件18人、起诉18件23人；及时向执法部门发出检察建议，督促加强对网络外卖平台食品安全监管。关注特殊群体利益，发挥执行监督、支持起诉等检察职能，帮助农民工“讨薪”“讨债”172件、挽回损失200余万元。依法严惩针对老年人实施的诈骗犯罪、侵犯妇女儿童人身权利犯罪，办理“克隆QQ号、微信号冒充熟人诈骗老人案”“电梯间无端殴打儿童案”等舆情关注度较高、社会影响较大的案件。落实最高检“一号检察建议”，加大与教育行政部门及学校协作，推进检察长兼任法治副校长制度和法律宣传进校园活动，呵护未成年人健康成长。包河区院设立全省首个常驻机构“社会观护工作站”，加强对涉案未成年人帮教。

2019年7月2日，省委政法委组织开展的“护航民营企业健康发展——政法机关在行动”宣传采访活动走进合肥高新区人民检察院　（市检察院/供）

【护安维稳】 2019年，合肥市检察机关推进扫黑除恶专项斗争，制定《全市检察机关涉黑涉恶案件专案攻坚活动方案》，批捕涉黑涉恶犯罪682人、起诉876人，始终保持对黑恶势力犯罪高压严打态势。严把案件质量关，提前介入涉黑及重大涉恶案件46件，做到“是黑恶犯罪的一个不放过、不是黑恶犯罪的一个不凑数”。聚焦“深挖彻查”，挖掘“保护伞”线索88条；聚焦“打财断血”，提出处理涉案财物意见40条。狠抓源头治理，发出检察建议33份，帮助堵漏建制，最大限度挤压、铲除黑恶势力滋生空间和土壤。《法制日报》先后以《勤修内功齐练外功　合肥检察扫黑除恶出招严快准实》《犯罪集团穿合法外衣招聘　合肥检察院解析铲除黑恶势力生存土壤如何发力》为题，报道合肥市检察机关扫黑除恶工作。

打击其他各类刑事犯罪。2019年，合肥市检察机关审查各类批捕案件5558件9269人、起诉案件8987件14432人，依法批捕4326件6981人、起诉7799件11756人。严惩故意杀人、抢劫、强奸等严重暴力犯罪，批捕254人、起诉263人；严惩盗窃、诈骗、抢夺等多发性侵财犯罪，批捕2457人、起诉3134人；与监察委衔接，依法办理监察委移送的职务犯罪案件，批捕25人、起诉37人。

参与社会综合治理。2019年，合肥市检察机关开展“学习‘枫桥经验’创建‘温暖控申’活动”，推进检务工作区建设，提高检察便民服务质量。落实“群众来信件件有回复”要求，妥善处理群众来信1095件，七日内程序性答复率达100%、三个月结果性答复率达93.6%；加强完善检察长接待日等信访工作制度，处理群众来访来电2016件次；采用公开审查、引入社会第三方参与等方式，化解涉法涉诉信访，化解社会矛盾。开展“美丽乡村检察行”活动，通过打击“村霸”“乡霸”、扶农助农、环境整治、法律进乡村等系列活动，“张氏姐妹司法救助案”入选全省“美丽乡村检察行”十大典型案例。参与“扫黄打非”，认真实施“护苗”“净网”等专项行动，营造良好社会文化环境。高新区院被表彰为安徽省“扫黄打非”先进集体。

【法律监督】 2019年，合肥市检察机关加大监督力度，全年纠正侦查活动违法138件次，督促侦查机关立案76件114人、撤案32件52人。加强逮捕、起诉环节审查，依法不批捕2233人、不起诉519人；纠正漏捕261人、纠正漏诉453人。加强刑事审判监督，提出刑事抗诉35件，法院审结20件，改判和发回重审17件。

监督刑事执行。2019年，合肥市检察机关办理刑事执行监督案件6851件。提出释放或变更强制措施建议298件，被采纳285件；监督纠正提请减刑、假释、暂予监外执行不当案件250件；纠正财产刑执行不当112件，执结金额203.38万元。落实“重大刑事案件侦查终结前对讯问合法性进行核查制度”，核查案件54件54人。依法做好特赦案件审查，共审查297件。行使《刑事诉讼法》修改后赋予的14个罪名侦查权，对司法人员利用职权实施侵犯公民权利、损害司法公正的职务犯罪，初查17件，立案侦查2件2人。

民事诉讼监督。2019年，合肥市检察机关办理各类民事监督案件1057件。提出民事抗诉59件，法院审结15件，其中改判、和解撤诉11件；提出再审检察建议83件；提请省院抗诉41件，省院审查后支持30件；对民事审判活动中的不当情形，提出检察建议42件。对于832件申诉无理的，做好释法说理、服判息诉工作。推进民事执行监督，办理案件287件，提出检察建议被法院采纳217件。针对民间借贷、离婚析产等领域“假官司”问题，开展民事虚假诉讼专项监督，办理虚假诉讼案件114件。市检察院办理的“范某某涉及8起民事虚假诉讼监督案”、蜀山区检察院办理的“王某民间借贷虚假诉讼监督案”被最高检列为指导性案例。

2019年3月21日，市检察院召开全市检察机关扫黑除恶专项斗争推进会

（市检察院／供）

行政检察监督。2019年，合肥市检察机关办理不服法院行政判决、裁定、调解书监督案件74件；对认为确有错误的行政裁判提出抗诉、提请抗诉和提出再审检察建议12件；对行政审判活动中的不当情形提出检察建议4件。对于裁判正确的，依法作出不支持监督申请决定32件，作出终结审查决定16件，同时耐心释法疏导、化解矛盾。开展行政非诉执行监督，发出检察建议被法院采纳10件。结合办案就社会关注的热点难点问题，向行政机关发出督促履职检察建议44

件，促进行政机关严格执法。

开展公益诉讼检察。2019年，合肥市检察机关落实合肥市人大常委会出台的《关于支持检察机关公益诉讼工作的决定》，与行政执法、法院等部门建立协作机制，凝聚公益诉讼工作合力。对环境资源保护、食品药品安全、国有财产保护、英雄烈士名誉荣誉维护等法定领域，摸排公益诉讼案件线索266件，办理诉前程序案件134件，向法院提起公益诉讼24件。肥东县检察院办理的“超高通信信号塔危害飞行安全案”，为全省首例国防安全保护公益诉讼案，被列为公益诉讼“等”外领域探索典型案例。开展公益诉讼“回头看”活动，督促相关部门强化履职、落实整改。巢湖市检察院督促矿山修复、水域环境整治落实取得成效，全国政协副主席、民盟中央常务副主席陈晓光一行到安徽省就“协同推进公益诉讼检察工作”开展专题调研，在巢湖考察中给予高度评价。

【司法改革】　2019年，合肥市检察机关健全检察权运行机制，落实检察各类人员职业保障，强化检察人员分类管理。明确员额检察官退出机制，加强对员额检察官动态管理，择优遴选员额检察官，增强一线办案力量。完善检察官责任清单、内部监督制度、司法责任认定追究制度等。

内设机构改革。2019年，合肥市检察机关因应捕诉一体、“四大检察”全面协调充分发展的要求，以扁平化管理、专业化建设为导向，谋划推动全市两级院机构整合重组、职责重设，内设机构改革按期平稳落地。注重在“物理整合”基础上谋求“化学反应”，加强对基层院指导，强化上下工作衔接、优化内部办案资源调配，初步实现组织体系优化、办案力量加强、履职效果增强的改革目标。

落实认罪认罚从宽制度。2019年，合肥市检察机关认识到修改后的刑事诉讼法确立认罪认罚从宽制度对于节约司法资源、化解社会矛盾、促进社会和谐具有成效，加强与公安、法院、司法等部门协调联动。制定方案、工作措施，实行定期通报制度，强力推进制度落实，案件适用比例逐月提升。肥西县检察院办理的“李某危险驾驶等案”被省院评为典型案例。

推动检察与科技融合。2019年，合肥市检察机关以信息化、智能化应用提升办案质量和效率。推进智能语音输入系统、智能语音讯（询）问系统、智能语音会议系统三大基础性应用。开展检察工作网建设试点，推进“刑事案件智能辅助办案系统”应用，与其他政法机关逐步实现网络互通、平台贯通、数据融通。探索开发“公益诉讼智能辅助系统”，受到省院推广，最高检相关部门专门到肥调研。

（黄　柳）

法　院

【概况】　2019年，合肥市两级法院办结各类案件210379件，法官人均办案超过350件，比上年分别上升23.47%、21.82%，以全省1/8的法官办理全省法院近1/5的诉讼案件。其中市中级人民法院办结案件29169件，法官人均办案243件，分别上升10.78%、8.96%。

【服务质量提升】　2019年，全市法院开展服务“三大攻坚战”（打好防范化解重大风险、精准脱贫、污染防治），严惩涉众型经济犯罪，审结非法吸收公众存款、金融诈骗、传销等案件173件，做好“e租宝”案集资参与人信息核实登记；审慎处理企业资金链断裂、互联网金融引发的纠纷，审结银行借款、担保、票据、保险等案件12051件；引导规范民间融资行为，审结民间借贷案件16810件，防范化解重大风险。精准对接扶贫领域司法需求，审结涉及土地承包、土地流转、征地补偿等案件393件。推进环境资源刑事、民事、行政“三合一”审判，设立巢湖生态巡回法庭，审结检察院提起的“污泥处置”公益诉讼等环境资源类案件35件，助力生态文明建设。

优化法治化营商环境。2019年，全市法院对标营商环境评价指标，落实立案登记制，当场登记立案率超过98%；推广建设移动微法院，全市法院实现跨域立案、网上立案，实现“家门口起诉”；推进“分调裁审”机制建设，完善小额速裁、简案快审等办案方式，80%以上的一审民事案件通过简易程序、小额速裁审理。平等保护民营企业合法权益，审慎处理民营企业因民间借贷、互联互保等引发的纠纷，规制高息借贷行为，依法认定民营企业以各种形式抵押、质押担保的法律效力，支持担保方式创新，拓宽民营企业融资渠道。建立破产案件繁简识别机制，规范“执转破”工作流程，破产案件审查周期缩短1/5以上；建立破产管理人互助资金，降低破产成本。审理破产清算及重整案件278件，运用重整手段挽救文达集团、国购集团等陷入经营困境企业，盘活国有土地15.2万平方米和存量资产27.8亿元，服务供给侧结构性改革。

保障创新驱动发展。2019年，全市两级法院发挥知识产权保护司法主导作用，加强合肥知识产权法庭建设，完善知识产权“三合一”审判机制，审结知识产权案件3888件。加大侵权惩罚赔偿力度，提高知识产权侵权违法成本，优朋公司侵害作品信息网络传播权纠纷案判决赔偿1160万元。加快知识产权协作保护，联合省市场监督管理局共同主办“知识产权保护江淮行”活动，与11家协作单位签署《知识产权保护合肥宣言》，健全知识产权司法审判与行政执法协作机制，推动建立全面覆盖、严格保护的知识产权保护体系。

【平安合肥建设】 2019年，全市法院以扫黑除恶专项斗争为重点，审结各类刑事、行政案件12495件。

开展扫黑除恶专项斗争。依法严惩人民群众反映强烈的黑恶势力犯罪，从严审理全国首例殡葬业涉黑案等黑恶案件77件785人，判处五年以上有期徒刑、无期徒刑270人，重刑率达48.16%。陆小军案、邱自强案入选省扫黑办十大案例，向勇案、谢大周案、蔡家才案入选全省法院五大案例。将“打伞破网”“打财断血”部署落实到位，一审判处财产刑案件案值1.25亿元，判处没收个人全部财产17人，进入执行程序34件，摧毁黑恶势力经济基础。一审审结“套路贷”黑恶案件25件，开展民间借贷涉“套路贷”专项整治活动，排查民事执行案件54095件，甄别移送“套路贷”线索371条，启动再审74件，为人民群众挽回财产损失1.96亿元。

维护安全稳定社会环境。依法严惩危害公共安全、严重暴力、多发性侵财犯罪，审结一、二审刑事案件9295件，判处罪犯11038人，比上年分别上升20.07%和27.14%。依法严惩贪污贿赂等职务犯罪，完善刑事诉讼与监察程序衔接机制，审结原商之都董事长韩贻坤受贿等职务犯罪案件95件。贯彻落实主席特赦令和全国人大常委会特赦决定，依法公正高效审理特赦案件143件，圆满完成“九类服刑罪犯”特赦重大任务。

监督支持依法行政。全市法院依法行政与保护公民合法权益并重，审结行政案件2992件。建立行政争议多元调处机制，依法保护行政相对人实质权益，判决确认违法、撤销行政行为243件，经协调和解后原告撤回起诉299件。加强司法与行政良性互动，行政机关负责人出庭应诉795人次，上升11.3%。主动延伸审判职能，结合案件审理中发现的问题，向有关部门发出司法建议21份。

2019年4月1日，市中院干警在南岗镇进行扫黑除恶宣传 （胡睿／摄）

【破解执行难题】 2019年，全市法院以执行强制性为抓手，坚持“以打开路、以打见效、打建结合、形成长效”，执结各类执行案件64559件，执行到位91.1亿元。

完善执行联动机制。依靠人大监督，将解决执行难纳入依法治市内容，市人大常委会听取法院执行工作专项报告。市中院与公安、自然资源、市场监管、税务等15家单位签订合作备忘录或会议纪要，打破信息壁垒，实现与公安机关联合控人、协助扣车等。在全省率先设立不动产登记中心司法业务登记服务窗口，专人办理司法查询、查封、解封、过户等不动产业务。联动机制建设经验在全省法院作交流发言。

加大强制执行力度。全市法院集中开展“江淮风暴”四季行动，全力攻坚涉民生、金融、党政机关等重点案件，执结案件16587件，强制腾退房屋土地418万平方米。发布失信被执行人名单30409例，限制高消费51516人次，司法拘留797人；与公检法联合打击拒执行为，移送拒执罪立案20件20人。在全省法院率先上线“易执行”系统，实现精准曝光。向社会公布执行典型案件81件，5761名失信被执行人迫于威慑主动履行，金额达12.7亿元，“一处失信、处处受限”

的信用惩戒效果凸显。

执行规范管理。建立下级法院执行局局长向市中院报告述职制度，最高法院将其作为经验推广。推进执行指挥中心“963”模式实体化运行，组建新型办案团队57个，实现执行管理扁平化、集约化、可视化。再造执行流程，出台负面清单，强化流程节点管控，杜绝消极执行、乱执行、选择性执行。规范网拍询价、刑事自诉等工作流程，借助京东、淘宝等互联网拍卖平台，以网络电子竞价方式公开处置财产，为当事人节约佣金1.63亿元。健全财产保全保险担保机制，推进执行案件律师调查令制度，防范“执行不能”风险。

【司法为民】　2019年，全市法院坚持以人民为中心，推进“两个一站式”建设，提升诉讼服务的规范化、标准化、智能化水平，妥善审结人民群众感受最直接、反映最强烈的涉民生案件27693件。

加强民生权益保护。审结医患纠纷、人身伤害、产品责任等案件9131件，回应人民群众对教育、医疗、消费者权益保护等关切。审结劳动争议案件5419件，依法保障劳动者权益和企业用工权益，构建规范和谐的劳动关系。推行家事审判方式改革，审结家事纠纷案件9670件，维护家庭稳定、社会和谐。向142名生活困难的当事人发放司法救助金391.74万元，为群众解忧纾困。落实“谁执法谁普法”普法责任制，公开裁判文书143222份，直播庭审33919次，网站、微信公众号发布普法案例5000余篇。举办“为人民服务，为人民司法”主题宣传活动，邀请140余名人大代表、政协委员以及1000余名社会各界群众“零距离”感受法院工作，全面深化司法公开。

矛盾纠纷化解。把非诉纠纷解决机制摆在前面，建立“一平台两机制三加强”工作机制，搭建各类诉调对接平台90个，聘请特邀调解员493人、特邀调解组织118个，争取专项经费455万元。市委政法委召开全市推进人民法院矛盾纠纷多元化解机制建设工作会议，协调各方力量，会聚解纷合力。92家调解组织驻点法院参与诉前调解，为人民群众提供多途径、多层次、多种类纠纷解决方式，化解矛盾纠纷7696件，司法确认案件2482件。提出“无案社区”创建意见，加快全市矛盾纠纷多元化解机制建设，多元解纷工作在最高法院“新时代纠纷解决机制创新交流会”上作经验介绍，新华社《内参选编》专题报道市中院创新诉源治理模式，庐阳法院家事纠纷解决机制受到全国妇联表彰。

现代化诉讼服务体系建设。强调“最多跑一次”理念，推进诉讼服务中心转型升级，将诉讼引导、文书送达、材料转递、诉前调解等32项职能从“后台”推向“前台”，进行集约化办理，实现线上线下立体化服务，方便群众一次性办理。加强诉讼引导，自主研发具有50个案由的“诉讼风险智能评估系统”，向当事人释明诉讼风险，引导当事人多渠道解决纠纷。该系统荣获2019年全国智慧法院十大创新产品。推进审判执行辅助事务集约化、社会化改革，将卷宗扫描、送达等审判辅助事务性工作通过购买社会化服务的方式集中办理，提高审判质效。

【法院改革创新】　2019年，全市法院以全面落实司法责任制为核心，贯彻最高法院“五五改革纲要”，彰显中国特色社会主义司法制度优势，确保司法公正高效权威。

完善新型审判监督管理机制。落实法官、合议庭办案责任制，由独任法官、合议庭直接裁决并签发裁判文书，实现审判监督管理向全院、全员、全程、实时监管转变。落实院庭长办案责任制，院庭长审结案件78700件，占结案总数的37.41%。推进人民陪审员制度改革，试点“陪审宝”信息管理系统，方便人民群众参与司法、监督司法，全市陪审员共参审案件19058件。

司法体制综合配套改革。全市法院坚持以审判为中心，落实疑罪从无原则和证据裁判制度，完善庭前会议程序，规范法庭调查规则，实现刑事案件律师辩护全覆盖，健全充分听取、采纳律师辩护和代理意见机制，尊重和保障律师依法履职，坚守防范冤假错案底线。适用认罪认罚从宽制度，简化程序、从宽处理与保障人权并重。按期完成基层法院内设机构改革任务，全市基层法院内设机构数量由138个减至103个，减少25.4%。完善入额法官正常增补和动态调节机制，认真开展法官助理遴选法官工作，新入额法官24人全部配置在审判一线。

智慧法院建设水平提高。建成智能法官预约系统，推行随机分案、电子卷宗随案生成、大数据分析类案推送。自主研发“线上警民联调司法确认”平台，线上受理公安机关调处案件1644件，司法确认1642件。完善道交纠纷“网上数据一体化处理”平台运用，实现交通事故责任认定、理赔计算、在线调解、在线诉讼、一键理赔等全流程处理，调解案件895起，调解成功率66.15%。运用智能语音识别、视频调解、网上庭审等科技手段，探索建立适应互联网时代需求的审判方式，市中院成为长三角司法链首批签约法院，蜀山法院在全省法院率先利用区块链技术进行电子证据存证取证。

【干警队伍建设】 2019年，全市法院着力强能力、严作风、树形象，推进法院队伍革命化、正规化、专业化、职业化建设。向市委、市委政法委书面报告工作15次。落实市十六届人大二次会议决议，向市人大常委会专项报告执行工作，主动邀请216名代表、委员观摩庭审、见证执行27次。对代表、委员提出的29条意见建议和10件议案提案，逐条梳理、逐件督办、及时反馈，确保件件有答复、事事有回音。完善干警培训机制，与高校联合举办培训班10期，培训1582人次。《新时代人民法院坚持党的绝对领导路径研究》获最高法院贯彻《中国共产党政法工作条例》征文二等奖。全市法院10个集体和7名个人受到省级以上表彰，15篇案例、文书获评省级以上优秀。

（赵 晨 陈保合）

附：2019年合肥法院典型案例

1. 全国首例殡葬行业涉黑案

案情简介：2016年起，方某胜笼络高某照、方某翠等人，成立方氏殡葬公司，以暴力威胁、“打、砸、抢”的方式逐渐垄断合肥市第二人民医院新院区殡葬生意。该组织成员采取暴力、威胁手段，通过滋扰、纠缠、殴打等犯罪活动打压竞争对手，形成强势地位，谋取非法利益。所获利润部分被用来向组织成员支付报酬、购买作案工具、安排组织成员洗浴吃喝、向参与违法犯罪活动被羁押的组织成员支付生活费等。数年来，方某胜等组织策划实施寻衅滋事、敲诈勒索、故意毁坏财物等犯罪活动17起，公安机关接到相关报警多达35次，其行为严重干扰、破坏社会秩序，损害人民群众合法权益，造成恶劣的社会影响。

裁判结果：瑶海法院判决方某胜犯组织、领导黑社会性质组织罪、寻衅滋事罪、敲诈勒索罪、故意毁坏财物罪、聚众斗殴罪，数罪并罚，判处有期徒刑二十年，剥夺政治权利三年，并处没收个人全部财产，禁止从事殡葬行业三年。高某照、方某翠等11名被告人分别被判处有期徒刑十八年至一年四个月和数额不等罚金的刑罚。后方某胜等不服提起上诉，合肥中院二审依法裁定维持原判。

2. 窦昌明等“套路贷”涉黑案

案情简介：2011年4月，窦某明先后拉拢、网罗近亲属及其他社会闲散人员，专门从事非法放贷、讨债活动，逐步形成以窦某明为组织、领导者，张某发、窦某所为骨干成员，其他被告人为参加者的“家族式”黑社会性质组织，诈骗他人财物共计9468747.93元（其中2567999元未遂）。该组织诱骗被害人签订大量空白借款合同、借条、收条、房屋租赁合同、租金收条等材料，欺骗、威逼利诱被害人签订、办理以窦某明等人为受托人的房屋处置委托公证，制作虚假银行流水，再通过肆意认定被害人违约或肆意填写借款金额等，虚增债务，向被害人非法催债。采取上门骚扰、堵锁眼、换锁、用胶水封门、用油漆喷字、放爆竹、送花圈、强行闯入室内辱骂、威胁等方式滋扰、闹事，大肆侵占借款人财物，给多名被害人造成严重的经济损失和精神创伤。

裁判结果：合肥中院一审判决窦某明犯组织、领导黑社会性质组织罪、诈骗罪、敲诈勒索罪、寻衅滋事罪，数罪并罚，决定执行有期徒刑二十五年，并处没收个人全部财产，剥夺政治权利五年；其他被告人分别判处有期徒刑二十年至三年不等，并处罚金或没收财产。后窦某明等不服上诉，安徽高院二审依法裁定维持原判。

3. 公安民警追逃遇袭被杀案

案情简介：2018年10月23日，合肥市公安局视频侦查支队一大队民警张雪松在抓捕网上逃犯王某时，遭王某持刀袭击，经抢救无效壮烈牺牲，年仅44岁。另查明，该逃犯于2018年先后盗窃苹果牌手机2部、苹果牌笔记本电脑2台、POS机3台、惠普牌笔记本电脑1台、联想牌笔记本电脑1台、纪念币2套，诈骗他人现金5000元、苹果手机1部、华为手机1部。

裁判结果：合肥中院一审判决被告人王某犯故意杀人罪、盗窃罪、诈骗罪，数罪并罚，判处死刑，剥夺政治权利终身，并处罚金2.5万元。后王某不服提起上诉，安徽高院二审依法裁定维持原判。经最高人民法院核准，王某被执行死刑。

4. 检察院提起“污泥处治”行政公益诉讼案

案情简介：2018年3月起至2018年4月下旬，合肥某园林景观建设有限公司（以下简称“园林公司”）在合肥市新站区三十头社居委等流转土地上违法处置污泥累计10000余吨，造成约50亩土地受污染。合肥市生态环境局于2018年5月16日对合肥市排管办作出《污泥利用处置有关问题的函》。2018年8月17日，瑶海区检察院向合肥市排管办发出《检察建议书》，提出鉴定、治理等5条建议。针对检察建议，合肥市排管办于2018年10月16日予以回复，但未履行检察建议书要求。后瑶海区检察院依法将案件移送至庐阳区检察院。同年10月30日，庐阳区检察院向庐阳法院提起行政公益诉讼，请求判决确认不履行职责的行为违法和责令履行职责。

裁判结果：庐阳法院审理认为，合肥市排管办作为合肥市城镇排水与污水处理主管部门，负有监督、指导污泥处置的行政职责，故公益诉讼人要求合肥市排管办履行监督管理其行政区域内污泥处置的行政职责，具有法律依据。遂判决合肥市排管办对园林公司在流转土地上违法处置污泥的行为怠于履行监督管理职责违法，责令被告合肥市排管办于本判决生效之日起十日内对在流转土地上违法处置污泥的行为依法继续履行监督管理职责。后合肥市排管办不服提起上诉，合肥中院二审判决维持原判。

5、浙商某公司受让债权受保护案

案情简介：郜某某、李某为合肥市金安花园某商铺所有权人。2011年，周某某与李某共同出资设立富鑫超市，郜某某、李某与富鑫超市（筹）签订租赁协议，租期一年，用于超市经营。2013年12月9日，郜某某、李某为他人贷款提供担保，将商铺抵押给某银行合肥分行。2015年，经庐阳法院判决，郜某某、李某对债务承担连带清偿责任，某银行合肥分行对商铺享有优先受偿权。案件执行过程中，某银行合肥分行将享有的债权及担保物权转让给浙商某公司。执行期间，周某某向执行法院提出执行异议，主张其在2013年12月1日与李某就案涉商铺又签订一份租赁合同，租期15年，且已向李某支付全部租金。执行法院认为周某某异议不能成立，遂驳回。此后，周某某向庐阳法院提起执行异议之诉，请求确认其对商铺享有人民法院执行时不得涤除的租赁权，继续履行租赁合同中未到期的10年租赁期间。

裁判结果：庐阳法院审理认为，周某某提供的证据不能证明在案涉房屋设立抵押权之前已租赁房屋，故对周某某的全部诉讼请求，不予支持。后周某某不服一审判决，提起上诉。合肥中院二审审理认为，李某与周某某具有共同的诉讼利益，李某与周某某相互认可的事实对利益相对方浙商某公司并不必然产生法律效力，周某某所提供的证据不能证明其于案涉房产抵押权设立前与李某签订租赁合同。按当事人约定，十五年的租金总额应为216万元，而周某某提供的收条金额为3092000元，超出932000元，周某某不能作出合理解释，租金支付明显不符合商业惯例，遂判决驳回上诉，维持原判。

6、《三生三世十里桃花》信息网络传播权案

案情简介：涉案电视剧《三生三世十里桃花》于2016年制作完成，该剧由上海某文化传播有限公司享有全部著作权。YK网络技术（北京）有限公司（以下简称“YK公司”）经上海某文化传播有限公司授权，依法取得对涉案作品独占专有的信息网络传播权。YK公司为宣传推广涉案电视剧制定不同的宣传方案和推广计划，投入大量的人力物力财力和网络平台资源，涉案电视剧具有较高的知名度。某通信安徽公司开发运营的IPTV电视业务“安徽iTV”的超级影院专区中提供涉案作品的在线点播服务。北京YP科技有限公司（以下简称“YP公司”）作为内容提供方，向某信安徽公司超级影院专区提供涉案影视作品，两公司均未得到YK公司的许可。YK公司诉至法院，要求YP公司、某通信安徽公司停止在“超级影院”专区传播影视作品《三生三世十里桃花》，并赔偿经济损失。

裁判结果：合肥中院审理认为，YP公司和某通信安徽公司未经YK公司授权，通过信息网络向公众传播涉案影视作品，侵犯了YK公司合法权益，应承担共同的侵权责任。遂判决，两公司在判决生效之日起立即停止在“安徽iTV”超级影院专区传播影视作品《三生三世十里桃花》，赔偿YK公司经济损失及合理支出1160万元。

7、侵害科大讯飞公司名誉权案

案情简介：2019年1月23日，深圳某公司在其运营的微信公众号“今日电商爆料”中发布《又一科技巨头跌落神坛！这次是安徽》一文。文中主要内容涉及科大讯飞公司裁员、股价暴跌等不实报道，科大讯飞公司诉至法院，要求深圳某公司在其微信公众号头条显著位置连续刊登30天致歉声明，为科大讯飞公司恢复名誉、消除影响，并赔偿科大讯飞公司经济损失。

裁判结果：合肥高新法院审理认为，科大讯飞公司作为企业法人依法享有名誉权。深圳某公司引用未经调查核实的资料，对科大讯飞公司予以负面点评，具有贬损的主观故意，足以导致社会公众对科大讯飞公司产生不良印象，造成名誉上的损害，侵权行为与损害事实存在因果关系，可以认定深圳某公司的行为侵犯了科大讯飞公司的名誉权。遂判决深圳某公司在其名为"今日电商爆料"的微信公众号显著位置连续十五天刊登致歉声明（内容需经法院审核），并赔偿经济损失50000元。后深圳某公司不服一审判决，提起上诉。合肥中院二审审理认为案涉文章中包含大量具有主观色彩的语句，带有明显倾向性，显然超出合理评论或批评的范畴，在网络上造成较大的影响。深圳某公司在引用他人发布的内容时，未对内容的真实性尽到善意合理的注意义务。遂判决驳回上诉，维持原判。

8、滁州世纪绅城项目执行"盘活"案

案情简介：2013年，肥东县安徽祥住置业有限公司（以下简称"祥住公司"）开发滁州世纪绅城项目，总建筑面积11万平方米。项目分三期，一期已开发销售完毕，并已交付业主入住，但未能办理产权证，小区无消防、配电设施。二期14#、15#楼建设至3层、4层，因资金周转困难于2014年5月停工，处于"烂尾"状态。该项目在合肥、滁州两地8家法院形成执行案件49件，案件总金额2.2亿余元。其中，合肥中院执行案件5件，标的9000万余元。案件审理和执行过程中，多家法院对案涉土地使用权、预售房产进行多次查封或轮候查封。案件执行陷入僵局，祥住公司处于破产边缘。

执行结果：合肥中院执行中发现，原施工单位已经撤场，为使烂尾项目起死回生，引入滁州某建筑公司承接14#、15#楼施工。合肥中院执行法官多次主动与滁州市国土资源和房产管理局沟通协调，最终获准祥住公司案涉房产在查封、抵押状态下办理商品房现售备案登记。为确保购房人的安全，买受人的购房款项全部（首付款+银行按揭款）进入监管账户，由合肥中院发出协助执行通知书方办理房产权属证书登记。按照合同及施工进度优先支付该项目的工程款以及相对应的土地抵押权人的款项。同时，与涉案银行、担保公司、法院协商，由合肥中院集中统一处置、分配相关款项。2017年12月31日，14#、15#竣工并办证交付业主。2019年12月19日，8#、10#、11#楼交付业主。5#、6#、7#楼将于2020年6月30日交付业主。

9、国开置业"执转破"案

案情简介：2010年，安徽国开置业有限公司（以下简称国开公司）在合肥市重庆路与大连路交口投资开发"国开公馆"商品住宅项目，规划建设面积24万平方米。2015年底，该项目商品房整体销售面积近86%之时，项目建设中断。2017年，安徽高院一审判决国开公司支付实际施工人王章林工程款1.68亿元。判决生效后，安徽高院指定合肥铁路运输法院执行该案。2018年12月，王章林申请对国开公司进行破产清算。合肥铁路运输法院裁定受理破产清算申请。

裁判结果：破产审理中，合肥铁路运输法院引入重整机制，尽最大可能挽回人民群众财产损失，成功引进投资4.02亿元，清结破产债权3.2亿元。9月29日，重整投资人包河国厚投资管理有限公司出资到账，管理人向其移交国开公司资产和经营权。同日，国开公馆项目全面复工建设。

10、刘桥村委会1400亩土地租赁合同纠纷案

案情简介：2017年6月，肥东华某农作物种植专业合作社（以下简称"华某合作社"）实际取得肥东县张集镇刘桥村93.33公顷土地承包经营权，双方未签订书面合同。同年6月10日，华某合作社将案涉土地转租给徐济福等人耕种，并约定租金640亩/年，承包期限自2017年6月10日至2020年6月10日。华某合作社支付部分租金后，未再付余下租金。刘桥村民委员会（以下简称"刘桥村委会"）诉至法院，请求华某合作社支付拖欠的租金及利息。

裁判结果：肥东法院审理认为，刘桥村委会与华某合作社虽未签订书面土地租赁合同，但综合案涉其他证据，原被告之间依法成立土地租赁合同关系，应受法律保护。遂判决华某合作社向刘桥村委会支付土地租赁费504600元及利息。后华某合作社不服一审判决，提起上诉，合肥中院二审判决驳回上诉，维持原判。

（周如洋）

司法行政

【概况】 2019年，合肥市司法系统围绕"一个统筹、四大职能"工作布局，以党的建设为引领，以机构改革为动力，以国庆安保为主线，以推进法治建设为着力点，创新发展全市司法行政事业，各项工作取得成效。2019年，合肥市获评全国"七五"普法中期先进城市，市司法局被司法部授予2019年法律职业资格考试工作表现突出单位，在省厅考核中连续五年位居第一，在市委综合考核、政府目标考核中，均取得优秀等次。

【统筹依法治市】 2019年，合肥市县两级设立依法治市、县（区）委员会和立法、执法、司法和守法普法协调小组，两级委员会设立或明确日常工作机构。推动开发区建立法治建设议事协调机构。建立“两规则、一细则”，重大法治问题请示报告，重要法治决定备案和督察考核等制度，统筹政府常务会集体学法、市管干部任前法律测试、领导干部定期培训等制度。提请委员会召开4次会议，审议重要法治工作、听取立法汇报。牵头保障中央和省法治督察调研等。组织食药品监管、营商环境和法治政府建设等督察。开展“大学习大宣传大培训大研讨”，邀请中央党校副教育长卓泽渊教授为全市领导干部作法治讲座，举办“第五届合肥法治论坛”。

【推进依法行政】 2019年，合肥市委、市政府召开调度会，争创2019年全国首批法治政府建设示范市，104项指标逐项过关，合肥市成功入选全国56个综合候选地，并完成第二轮实地评估迎检。先后出台或修订促进民营经济发展等7部地方性法规。制订或修订土地储备实施办法、扬尘污染防治办法等9部政府规章。献血条例、城市轨道交通条例属全省首部，生活垃圾分类管理条例全国试点，养犬管理条例等修订引起广泛关注。合肥市政府出台《关于全面推行行政规范性文件合法性审核机制的实施意见》。对133件市委市政府文件进行合法性审查，办理市领导批办涉法事务478件，参与招商引资及协议审查25件，审查部门和县（市）区政府文件249件。合肥市司法局制定方案，建成执法信息公示平台，落实行政执法“三项制度”和行政裁决制度。全年公开处罚决定2.1万件，开展群众公议223场、426件，取消市级证明事项19项、实现本级无证明事项设定。协调行政争议19件。在公法中心及司法所建立复议受理点。定期召开联席会议，强化行政、司法衔接。完成市政府行政复议委员会换届。办理复议案件263件、应诉案件171件。

2019年12月1日，省暨合肥市2019年“宪法宣传周”活动主场活动举行

（市司法局/供）

【维护安全稳定】 2019年，合肥市开展监狱“制度落实深化年”活动，推进“五大体系、七大工程”建设，实现20年无罪犯脱逃。戒毒所落实基本模式，完成“精品所”主体工程，探索智慧戒毒手段应用，实现18年“六无”。构建“1334”新格局，依法撤销缓刑（假释）142人、收监21人。示范推进社会力量参与社矫工作，实现项目数量、质量双提升，全国社矫培训班现场观摩。完成114名社区矫正对象裁定特赦。建成市县两级商调委并规范运行，建成房地产（物业）调委会，60多家律所与40家“警民联调室”结对。开展安全感满意度暨人民调解大提升专项活动，扫黑除恶摸排线索18件，出台旁听涉黑涉恶案件庭审办法、参与旁听128次，提供涉黑涉恶法律援助2265人次。

【提升法律服务】 2019年，合肥市在全省首创普法“三责任两备案”制度，实施市政务区融入法治元素建设工程，举办合肥首届法治动漫成果展，开展2019年普法依法治理十件大事评选，合肥法治频道播出以案释法节目13期，《合肥日报》刊登案例37篇，“合肥普法”双微发布信息2000多条。基层创新经验入选“长三角基层依法治理十大优秀案例”。印发服务保障民营企业发展实施意见，开展民营企业法治体检。开通法网店铺446家、上架产品1378件。严格公证质量监管、巡查，建立“季评查、季交流、月指南”制度，公证卷宗质量居全省首位。组织司法鉴定综合实力星级评定，督促机构提升综合实力。启动认罪认罚法律援助，民生工程办理案件1.5万件、完成年度目标128%。开展仲裁行业发展秩序专项清理整顿。建成村居法律服务微信群1460个，完成1187名陪审员选任。全市15家律所入选全省“五十强”，10名律师获“合肥市五一劳动奖章”。启动律师参与城市管理执法，完成第二次专业律师评定，推进刑事辩护全覆盖试点。连续3年发布律师社会责任报告，连续8年开展学雷锋服务月活动，开展服务农民工公益法律服务专项行动。成立市破产管理人协会，启用市律协新址并完善秘书处部门设置和工作制度。建立首个法考基地，完成法考各项工作。以城区街道改革契机，明确司法所为派出机构，以区司法局为主。强化司法所规范化建设，完成形象识别系统97%、副科级所长配备98%、3人以上所占94%。全部建成市县两级及监所指挥中心并规范运行，投入500多万元建成的市局中心软硬件全国市级领先。建成数据交换库和市级司法行政数据中心，共享全市户籍、车辆和不动产等20类数据，整合数据200多万条。完成加密网接入、业务系统等保备案测评。

（夏　韵）

仲　裁

【概况】 2019年，合肥仲裁委员会（以下简称“仲裁委”）共受理案件1040件，涉案标的37.3亿元，仲裁收费2557.42万元。比上年分别上涨27.3%、44.6%、39%。仲裁受案领域扩大，新出现污水处理工程合同、招商合同、专项资金合同等类型案件。全年已办结案件950件，案件平均办结时间缩短，与上年相比办理时限平均个案缩短44天。

2019年12月31日，网络仲裁审理平台启动仪式举行　（市仲裁委/供）

【换届会议】 2019年4月4日，第四届合肥仲裁委员会召开换届工作会议。增聘仲裁员56名，淘汰仲裁员23名。新一届合肥仲裁委仲裁员由法学教授、各经济领域专家及律所合伙人等具有丰富法律工作经验的人员组成，仲裁员队伍优化。仲裁委向第四届合肥仲裁委14名组成人员颁发了聘书。

【参加司法部“仲裁委员会登记管理办法（征求意见稿）”研讨会】 2019年9月20日，合肥仲裁委员会副主任兼秘书长徐芳等一行赴北京参加主题为“仲裁委员会登记管理办法（征求意见稿）”研讨会。司法部相关人员出席。

【合肥知识产权仲裁调解中心揭牌】 2019年11月6日，合肥仲裁委员会与合肥市市场监督管理局共同举办合肥知识产权仲裁调解中心揭牌仪式暨“多元解决知识产权纠纷、助推合肥创新制度建设”座谈会。

成立合肥知识产权仲裁调解中心，是落实党和国家知识产权强国重大战略部署，满足人民群众对塑造营商环境的新期待，发挥多部门在化解知识产权纠纷中的联动作用，为社会各界提供知识产权纠纷化解专业平台。

【网络仲裁电子书面审理系统平台启动】 2019年12月31日，合肥仲裁委员会举行网络仲裁电子书面审理系统平台启动仪式。建立网络仲裁电子书面审理系统平台，探索“互联网+仲裁”，旨在提高仲裁质效，降低仲裁成本。

申请人登录网络仲裁电子书面审理平台后，在线提交仲裁申请，线上提交申请人信息、代理人信息、被申请人信息、仲裁详情及标的信息，同时可在线存证。平台采用加密技术对证据进行加密固化，防止证据篡改，保证仲裁程序的真实性、完整性与安全性。仲裁员通过“办案端”进入平台，对仲裁过程中各类请求以及相应文书进行审核，进行在线开庭、出具智能文书，并可实现电子送达。

（黄　珏）

责任编辑：鲍　甄

改革与创新

深化改革

【概况】 2019年，中共合肥市委完善全面深化改革的领导决策机制和管理执行机制，将市委全面深化改革领导小组调整为市委全面深化改革委员会，同时调整市委深改委、专项小组组成人员，修订“两规则一细则”，专项小组下不再设置专题组。当年，市委全面深化改革委员会深入学习贯彻习近平新时代中国特色社会主义思想，聚焦根本性全局性抓改革，聚焦高质量发展抓改革，聚焦民生福祉抓改革，把抓改革落实与集中整治形式主义、官僚主义专项行动结合起来，把6个方面42项事关经济社会发展全局的改革单独提拎出来，作为年度改革任务重中之重。各级领导干部发挥“关键少数”以上率下的作用，亲自抓、带头干。全年召开4次市委深改委会议，审议通过20余份重要改革方案文件，确定10个重点督察项目。经济日报、中国青年报等中央媒体先后专题报道合肥市打造科创策源地、共青团改革等改革举措，举行全面深化改革工作情况专场新闻发布会。累计编发35期《市委改革工作简报》。瑶海区铜陵路街道社区协商等5篇信息获省委改革信息采用。

【牵动性事关全局改革】 2019年，合肥市着力构建创新驱动体制机制。4月25日，安徽创新馆开馆运营；5月22日，合肥滨湖科学城（合肥滨湖新区）临时党委第一次会议召开，滨湖科学城管委会实质性运转；9月22日，合肥综合性国家科学中心人工智能研究院正式启动建设。当年，中国科学院合肥物质科学研究院成果转化模式全国推广，中国科学技术大学先进技术研究院推进法定机构建设试点，全创改任务基本完成，组建合肥市技术创新中心的意见、重大协同创新平台绩效考核办法制定出台。

推动产业创新发展。2019年，合肥市培育新动能促进产业转型升级推动经济高质量发展若干政策实施细则、促进商品消费高质量发展的实施意见、支持民营经济高质量发展政策“10条”等先后出台，入选第一批国家战略性新兴产业集群名单数量居全国城市第4位、省会城市第2位；1月，作为国家物流枢纽承载城市被纳入《国家物流枢纽布局和建设规划》；9月，智能语音产业集群入选“我国培育先进制造业集群的地方实践”案例；10月18日，以合肥高新技术产业开发区为主申报的国家新一代人工智能创新发展试验区获国家科技部批准；12月，入选“中国最具竞争力会展城市”。

实施乡村振兴战略。2019年，合肥市出台乡村振兴战略规划、坚持农业农村优先发展做好“三农”工作实施意见、质量兴农战略规划、财政贯彻落实乡村振兴战略实施意见，乡村振兴投资公司项目投资及运营管理机制得到优化，农村生活污水治理工作经验在全国推广。

推进城市建设管理体制改革。2019年，合肥市建立健全东部新中心建设组织机构、工作机制；3月，《合肥市生活垃圾管理办法》出台；9月27日，修改后《合肥市公共资源交易管理条例》获批实施；9月30日，合肥市工程建设项目审批管理管理平台正式上线，审批时限压缩至110个工作日以内。

推动更高水平对外开放。2019年，合肥市主动融入国家开放大格局，建立健全区域合作机制，合肥中欧班列居全国第7位、长三角区域第1位。5月，合肥出口加工区升级为综合保税区；7月10日，全省首个跨境电商孵化中心——合肥（庐阳）跨境电商孵化中心挂牌运营；12 月 5 日，《长江中游城市群省会城市高质量协同发展行动方案》发布；12 月 11 日，中华人民共和国庐州海关正式开关；合肥经开区被确定为全省首家复制自贸区改革试点经验复制推广示范区；合肥市长三角一体化发展推进方案印发实施。当年，G60 物联网、生物医药、环境产业等合作示范园区挂牌运作，G60 科创走廊工业互联网协同发展体制机制初步形成，合肥都市圈扩容升级，合淮产业走廊发展规划印发实施。

探索党建引领城市基层治理。2019 年，合肥市构建关于加强新时代城市基层党建完善基层治理“1+8”制度体系，推动做强街道、做优社区、做实系统、做活治理，优化整合街道内设机构，统筹推进全市乡镇（街道）权责清单制度建设，乡镇（街道）政府权力清单由 221 项调整为 152 项；完成四个城区街道体制改革，制定出台加强街道社区党群服务中心规划建设的指导意见；实行社区工作事项准入制度，分别制定依法履行职责事项清单、协助政府工作事项清单，精简率超过 50%；加强和创新社会治理，12 月 29 日，获得“2019 社会治理创新典范城市”称号。

【重点领域和关键环节改革】 *经济体制改革*。2019 年，合肥市围绕处理好政府和市场的关系这一核心问题，不断增强改革措施针对性和穿透力，市属国有企业公司制改制任务全面完成，9 月 25 日，合肥城建收购工业科技顺利过会；印发市以下财政事权和支出责任划分改革实施意见、全面实施预算绩效管理实施办法，在全国率先探索建立专项资产配置标准体系；建成覆盖企业全生命周期的股权投资基金体系；8 月 12 日，成为全国社会信用体系建设示范城市。

统筹城乡体制改革。2019 年，合肥市出台建立和完善房地产市场平稳健康发展长效机制工作方案，完成合肥市 2018—2022 年住房发展规划编制工作，修订《合肥市促进住房租赁市场发展财政奖补资金管理办法》；农村土地三权分置改革成果得到巩固，农村“三变”改革不断深化，现代都市农业发展经验成为全国典型。

行政体制改革。2019 年，合肥市全面贯彻中央决策部署及省委工作要求，高质量高标准完成市县机构改革。党的全面领导得到加强，机构设置和职能配置得到优化。围绕推进简政放权、放管结合、优化服务，在改善营商环境、便民利民服务等方面打出一系列改革组合拳；推进“一网一门一次”改革，企业开办“一日办结”“零成本”全面实现，政务服务事项“最多跑一次”占比超过 99%，被国务院电子政务办评为“网上政务服务能力非常高”的 7 个城市之一，5 月 27 日，获评“2019 中国政府信息化管理创新奖”。

文化体制改革。2019 年，合肥市围绕强化人民群众的文化权益保障，统筹处理好意识形态属性和商品属性、社会效益和经济效益之间的关系，健全完善文化产品创作生产传播引导激励机制，6 部作品荣膺省“五个一工程”优秀作品奖，入选数量居全省第一位；出台新时代文明实践中心工作实施方案，全市文明实践中心基本实现全覆盖；制定创意文化产业集聚发展基地管理系列政策，进入“2019 国家文化和科技融合示范基地”十强榜单；创新开展市民修身行动，累计 164 人入选中国好人，位居省会城市前列。

社会体制改革。2019 年，合肥市围绕保障和改善民生、确保社会和谐稳定，从群众最期盼、社会最关注的现实问题入手，10 月 31 日，印发《合肥市 2019 年学前教育促进工程实施办法》，当年在园幼儿公办率超过 45%，市区小学“三点半课后服务”实现全覆盖；开展按疾病诊断分组付费国家试点，被国家发改委确定为全国 8 个国家区域医疗中心之一；房价地价实行联动，住房租赁试点获中央财政支持，在全省率先将新就业无房职工和在城镇稳定就业的外来务工人员，纳入公租房租赁补贴保障范围，入选全国老旧小区改造试点；居家和社区养老被评为全国优秀试点地区；创建首个国际安全社区和 101 个省、市级安全社区。

民主法制领域改革。2019 年，合肥市围绕坚持党的领导、人民当家作主、依法治市有机统一，稳慎论证、主动作为，制定养犬管理条例、城市轨道交通条例、献血条例，全面推行乡镇政府民生实事项目人大代表票决制。印发《关于加强新时代人民政协党的建设工作的实施意见》《关于进一步加强宗教工作的具体举措》，出台惠台政策 30 条、惠侨政策 10 条；创新开展市委书记领衔督办重点提案，拓展“双联双创”活动，商会改革全面完成。12 月，获评全国“七五”普法中期先进城市。

生态文明体制改革。2019 年，合肥市围绕让人民群众在绿水青山中共享自然之美、生命之美、生活之美，按照“源头严防、过程严管、后果严惩”的思路，推进巢湖综合治理，环湖十大湿地成为全市生态

文明建设的标志性工程，形成“河湖长+排长+警长+民间河长”的联动治水新模式，4条重污染河流水质明显改善，巢湖全湖水质由Ⅴ类好转为Ⅳ类；6月，成功跻身全国水生态文明城市；在十五里河先行实施污染物总量生态补偿机制，探索实施环境信用联合激励和联合惩戒措施，推行林长制改革，林业治理效能显著提升。

党的建设制度和纪检监察体制改革。2019年，合肥市围绕推进新时代党的建设新的伟大工程，坚持严字当头、谋远固本，8月1日，出台《关于坚持和加强农村基层党组织领导扶持壮大村级集体经济的实施方案》，全市基层党组织达标率99%；制定加强和改进市直机关党的建设工作举措，推动市直机关1700多个基层党组织全面进步、全面过硬；推进人才体制机制改革和政策创新，连续两年位列“外籍人才眼中最具吸引力中国城市”前三甲；改进政治生态评价方式，建立9个县（市）区和80家市直单位政治生态“活页夹”，实现对市一级党政机构监督全覆盖；在坚持机构、编制、职数“三个不增加”的基础上，探索基层“监察室+协作区”模式。

（魏　玮）

创新型城市建设

【概况】 2010年，合肥市被国家科技部列入首批20个国家创新型城市试点城市（区），被国家发展改革委列入16个国家创新型城市试点，是两部委共同支持的8个国家创新型城市之一。被列入试点以来，合肥市坚持以实施创新驱动发展战略为主线，发挥科技创新对全面创新和供给侧结构性改革的基础、关键、引领作用，推动产业技术创新和转型升级，发展壮大高新技术企业和科技人才等创新力量，做大做强高新技术产业开发区等创新载体，营造创新创业环境，让创新成为城市发展的动力。据《国家创新型城市创新能力评价报告2019》显示，合肥创新能力排在国家创新型城市第十位。全市主要创新指标保持省会城市第一方阵，全市新增国家高新技术企业429户、总数达2539户，全市吸纳、输出技术合同交易额分别达252.56亿元、222.4亿元，分别比上年增长52.5%、15.9%。位列“魅力中国——外籍人才眼中最具吸引力的中国城市”前三名，合肥获批建设国家新一代人工智能创新发展试验区，新型显示器件、集成电路、人工智能产业入选首批国家战略性新兴产业集群。国际上首次实现天文尺度的量子干涉、首次观测三维量子霍尔效应，全国首次投产的自主研发动态随机存储芯片在合肥面世。合肥8项成果获得国家科技奖。

【创新平台建设】 2019年，合肥市类脑智能技术及应用国家工程实验室基本建成，离子医学中心、量子创新研究院主体工程竣工，聚变堆主机及大科学装置集中区加快建设。围绕产业需求，建设中国科学技术大学先进技术研究院、清华大学合肥公共安全研究院等“政产学研用金”一体化新型研发机构21家，发挥科技资源集聚和整合功能。建成运行安徽创新馆，形成线上线下互动的科技大市场。建设36个国家级众创空间和孵化器、8个国家级双创示范基地，实现从团队孵化到企业孵化再到产业孵化的全链条、一体化服务。

【科技企业集群培育】 2019年，合肥市健全以企业为主体技术创新体系，分阶段培育科技企业。截至2019年底，培育1577家国家科技型中小企业，科技企业孵化器在孵企业2313家，众创空间服务初创企业2177个。通过科技小巨人项目、风投基金支持，培育国家高新技术企业2539户、科技小巨人企业158户。组建首批10家市技术创新中心。

【高新技术产业发展】 2019年，合肥市瞄准科技成果转化难题，围绕产业链部署创新链，在产业关键核心技术领域实施科技攻坚。全年组织实施40个市级关键技术重大研发类项目。打造创新型现代产业体系，培育人工智能产业，推动人工智能领域新技术、新业态、新模式培育以及产业结构优化。壮大新能源产业，江淮大众首款车型思皓E20X正式上市，江淮大众研发中心开工，全年全市累计推广总量达23万辆，约占全国总量的5.58%。

【区域创新与社会发展】 2019年，合肥高新区进入世界一流高科技园区建设序列，综合排名全国第6位。巢湖市获批国家首批创新型县（市）建设。以合肥国家农业科技园区核心区为基础，推动争创国家农业高新技术产业示范区。强化乡村振兴科技支撑，在生物育种、农产品加工等领域组织实施一批关键技术攻关。建立全市各县（市）区的科技特派员工作站，组织348名科技特派员开展创新服务。

【创新创业环境优化】 2019年，合肥市融入全球创新网络，设立外

2019 年 7 月 3 日，杨善林院士工作站在合肥国网信息通信产业集团有限公司继远软件园揭牌 （市科技局／供）

国专家“合肥友谊奖”，吸引外国专家来合肥参加科技合作，建设国际科技合作基地 41 家。 参与 G60 科创走廊建设，牵头组建长三角 G60 科创走廊新能源和网联汽车产业联盟。夯实长江中游城市群合作基础，举办科技联席会议，打造大型仪器设备共享子平台。引进高层次人才，首次实施合肥市外国人才计划，建设院士工作站 59 家、海外人才工作站 10 家、外国专家工作室 5 家，汇集高端智力资源。培育创新创业文化，承办 2019 年安徽创新馆开馆暨安徽科技创新成果转化交易会，开展科技活动周、承办创新创业大赛等各类活动。

（葛　晗）

滨湖科学城

【概况】 规划建设合肥滨湖科学城，创建国家级滨湖新区，是全面落实国家科技创新整体布局、推进合肥综合性国家科学中心建设的重大支撑，是集聚安徽高端创新资源、打造创新型省份的抓手。规划面积 102 平方千米核心区、491 平方千米规划区、1465 平方千米统筹协调区，包括肥东、肥西 2 县和包河、蜀山、庐阳 3 区的部分区域，覆盖 3 个国家级开发区（合肥高新区、合肥经开区、合肥出口加工区）和合肥空港、肥东、肥西、包河、蜀山 5 个省级开发区。2018 年 10 月 9 日，滨湖科学城管理委员会（滨湖新区筹备工作委员会）揭牌成立，作为省政府派出机构，委托合肥市管理，负责组织领导、统筹协调滨湖科学城规划建设和国家级滨湖新区创建筹备工作。合肥滨湖科学城管理委员会下设 8 个内设机构，负责管理安徽创新馆、合肥市滨湖新区建设投资有限公司、合肥市通航控股有限公司等。

2019 年，合肥滨湖科学城建设取得进展。合肥滨湖科学城以“四个新高地”为目标愿景：打造高质量发展新高地，建设具有国际竞争力的战略性新兴产业、先进制造业、现代服务业、现代农业“四个产业集群”；打造科技创新新高地，建设国家实验室核心区、大科学装置集中区、教育科研集聚区、产学研用创新成果孵化加速转化区“四个先行区”；打造现代城市建设新高地，建设现代化的道路交通体系、绿色空间体系、公共服务体系、智慧治理体系“四个体系”；打造内陆改革开放新高地，建设与合肥都市圈、南京都市圈、长三角城市群、长江经济带一体联动的“四个联动带”。

【中央公园规划建设】 骆岗中央公园是省市集中力量、集聚资源、集成推进的重大项目，规划范围为原骆岗机场及周边区域，包含包河大道以西、锦绣大道以北、合安高速以东、绕城高速以南，总面积约 15.3 平方千米。

2019 年，合肥滨湖科学城管理委员会贯彻落实省委“1333”要求，即坚持“1 个面向”，面向现代化；注重“3 个突出”，突出生态、突出科技、突出人文；贯穿“三绿要求”，连通活水“绿系”、构建生态“绿心”、打造活动“绿地”；实现“三大目标”，打造“安徽之窗、省会之心、城市之肺”。遴选美国 AECOM 公司、德国汉诺威水协、德国 GMP 公司等 14 家国内外设计机构、280 多人参与规划设计“大会战”，形成公园总体规划深化、竖向设计、设计总控方案和综合交通、水生态、公园景观、航空主题公园等专项方案。

同步谋划 2020 年启动建设的“六大工程”，即滨湖国际科学交流中心、航空主题公园、锦绣湖公园、庐州大道等 4 条道路、美丹家园安置点和园博园。

公园内共有驻场单位、村庄、工商企业等建筑物119.4万平方米，截至2019年底，完成征迁56.71万平方米；除东方航空安徽分公司正在商谈外，中航油安徽分公司、中电科集团第38所等13家驻场单位均收回或达成征迁协议；涉及坟墓3187座，已完成迁移2887座。

【安徽创新馆建设】 安徽创新馆服务管理中心自2019年4月24日开馆以来，贯彻落实省市委主要领导重要批示精神，秉持“专业化、市场化、国际化、品牌化”发展方向，坚持“政产学研用金”六位一体工作思路，强化场馆功能，完善办会机制，创新运行模式，发挥集成作用。安徽创新馆全年接待公众参观8万多人次，接待重要团组830多批，举办各类成果转化活动45场，发布科技创新成果近200项，协助入馆企业收集专利2.6万个，挂牌项目金额2.99亿元，技术合同登记金额7.1亿元，引发积极社会反响，全面展示和刷新“创新安徽”形象。

【大科学装置集中区建设】 大科学装置集中区项目是合肥综合性国家科学中心建设项目的重要组团之一，选址庐阳区三十岗乡三国城路以北柴冲地块，规划建设聚变堆主机关键系统综合研究设施、大气环境立体探测实验研究设施等装置。聚变堆主机关键系统综合研究设施项目是合肥综合性国家科学中心首个获批建设的国家大科学装置，将建成国际磁约束聚变领域参数最高、功能最完备的综合性研究平台。该项目用地面积约40公顷，共14栋单体，总建筑面积约13.89万平方米，总投资约14亿元，建设内容主要包括科研办公及配套设施、科研实验厂房、支撑系统（包括特殊用电、特殊用水）等共用配套工程。该项目于2019年10月16日开工建设，年底完成投资额1.5亿元。

【滨投公司】 合肥市滨湖新区建设投资有限公司（以下简称“滨投公司”）由市国资委出资组建，公司注册资本20亿元，是滨湖科学城的唯一投资建设平台。主要负责合肥滨湖科学城（合肥滨湖新区）内基础设施和公益性项目建设、管理，产业园区投资、建设和运营，大科学装置集中区建设等。

2019年，滨投公司启动内部治理结构改革，开展ISO9001质量管理体系认证工作。全年参与建设管理项目115个，其中10个月建成方兴大道高架，12个月建成师范附小南校区，获评第九届“广厦奖”候选项目1个（全省唯一）。参与骆岗中央公园规划建设，谋划公园城市空间智慧管理和滨湖国际科学交流中心建设运营管理方案。

【通航公司】 合肥通航控股有限公司（以下简称“通航公司”）是合肥市属国有独资公司。公司以发展通用航空产业为主业，打造集通用机场运营、通用航空飞行、通用飞行培训、通用飞机制造、通用飞机维修与托管、航空应急服务、销售展览等业务的新型产业集群。2019年，通航公司肥东白龙通用机场项目获中央军委批准，开展滨湖（肥西）通用机场项目选址工作，与隶属民航华东空管局的华东空管实业投资公司合资组建的安徽通航飞行服务有限公司完成工商注册。

（汪　丽）

安徽创新馆　（市科技局/供）

科技创新成果转化交易会

【概况】 2019年4月24日，安徽创新馆开馆暨安徽科技创新成果转化交易会在合肥市举办。活动以“汇聚创新合力，加速科技成果转化”为主题，采用“1+4”形式，即1个开馆仪式和科技创新成果转化与融资论坛、大院大所科技成果对接路演、基金招商路演、G60新能源汽车联盟成立暨成果发布等4

项专场活动，同时举办主旨论坛、专业论坛、展览展示、交流合作等系列活动，启动“比创新、比创业、比创造、增动能”专项行动。中国科学院、中国工程院以及上交所、深交所、港交所和新三板等科技金融领域领导出席，省内外高校、大院大所、企业、知名金融投资机构等3000多名嘉宾参加。

【科技成果展示】 4月24日，在安徽科技创新成果转化交易会上，作为全国首座以创新为主题的场馆，安徽创新馆围绕原始创新、技术创新、产业创新，集中展陈一大批展品，共遴选展品1042件，其中大型展品和模型50件以上，获得省部级以上奖项、重大专项及国际国内首创产品的展品629件，包括全超导托卡马克装置、稳态强磁场、同步辐射装置、大气环境立体探测实验研究设施等大科学装置模型，以及新一代信息技术、信息经济、高端装备与新材料、绿色低碳、生物与大健康、军民融合、优势传统产业升级等最新产业创新成果，比如国际上最大数量比特光量子纠缠、最长时间稳态高约束等离子体运行，“魂芯”高性能芯片、“高分五号”卫星大气环境探测载荷等一大批科技成果。

【科技转化项目发布】 交易会共遴选出1561项科技成果转化与融资项目进行线上和线下同步发布。其中科技成果转化项目696项、企业技术需求项目407项、投融资项目458项。科技成果转化项目中，232项来自于中国科技大学、北京航空航天大学等高校，333项来自于中科院、中电科集团等科研院所，131项来自于高层次人才和国家海外人才离岸创新创业基地；407项企业技术需求主要分布在先进制造、电子信息、新材料、生物与新医药、新能源、资源与环境、航空航天等“高、新、基”领域；458项投融资项目主要来自于高新技术企业和科技型中小微企业。签约一批质量高、引领能力强、技术含量高的新项目，签约项目中有152项大院大所合作科技成果。

【金融和资本对接平台】 4月24日，省区域性股权市场科技创新专板在安徽创新馆开板，首批787家科创企业在活动当天挂牌，其中高新技术企业482家。挂牌仪式上，17家企业现场获得4200万元贷款或银行授信，发挥股权市场服务企业的金融平台作用。举办“投资安徽创新未来”为主题的基金招商路演活动，境内外120余家优质金融投资机构、50余家科技型、创新型企业参加。活动现场发布102个基金招引项目，6家省内外知名基金就投资策略、招商项目进行宣讲，展示股权投资服务科技创新和推动产业转型的最新成果，搭建“资金+基金+项目”对接平台，推动股权投资基金募投与科创项目落地。

【科技成果转化交易长效机制构建】 大会期间，江淮知识产权对接交易平台上线。线上、线下按照“研发转化、捕捉寻找、路演展示、向往汇聚”目标，发挥安徽创新馆功能特色，在3号馆成立并运行安徽创新馆服务管理中心，聚焦科技成果发布、转化、交易、融资。合肥大数据公司、汇桔网安徽公司、安徽联合技术产权交易所、合肥创新投资公司等4家单位共167人首次入驻安徽创新馆并开展服务。

【舆论宣传】 大会期间，中央和省市主要新闻媒体200余名记者，集中采访报道开幕式、领导巡馆，详细报道安徽科技创新最新发展成果、最新技术和最新产品，全面对外展示安徽科技创新发展成就，并通过现场网络同步图文视频直播。省内媒体及早谋划、深化内容，开设专题、专栏、专版，并邀请中国记协参访团等省外媒体参加。省内媒体主动挖掘报道线索，全方位、立体化、多角度、集群式报道活动。4月24日，央视1套晚间新闻播放相关报道。人民网、光明网、中国共产党新闻网等中央和省属媒体作重点报道。

（葛　晗）

责任编辑：徐仙春

开放与合作

招商引资

【概况】 2019年，合肥市完成招商引资总量比上年增长10.5%，其中工业到位资金增长18.2%、外资增长5%。引进大项目153个，其中工业大项目51个、现代服务业大项目75个、农业大项目20个、新引进世界500强项目4个、行业领军项目3个。新签约重点项目1110个，协议总投资3997.1亿元，比上年增长11.3%。其中：10亿元以上大项目84个，100亿元以上大项目4个;新签约央企项目67个，总投资1537.15亿元；新增益海嘉里、壳牌石油等2家境外世界500强企业，庐江乙二醇、肥东协鑫再生晶圆、长丰之奇美偏光片生产基地、巢湖经开区华侨城温泉小镇等一批大项目相继落地，县域大项目招商取得新突破。

【项目推进】 2019年，省市领导带队赴重点区域开展招商，接洽企业200多家，推动项目签约落地。合肥市直相关部门在项目土地供给、资金保障、项目建设、市场对接等方面提供支持和保障，对25个大项目实施“一事一议”政策审议，拟支持资金91亿元；截至年底，合肥市产业、创业引导基金通过参股、直投、跟投等形式累计投资项目114个，在合肥市投资额64.09亿元。巢湖市启动“招商引资和项目建设年”活动，合肥市蜀山区成立7个招商分局并推出“八个一”服务举措，包河区组建六大产业招商小组。

【专业化招商】 2019年，合肥市与德勤、深圳南山区上市协会、日本瑞穗银行等境内外25个知名咨询机构、行业协会、产业专家合作，对接企业、提供产业咨询服务和项目信息200余次，签约落地项目23个。完成组建总规模50亿元的合肥市产业投资促进基金，为招商大项目提供专项基金保障，首期10亿元基金完成募资。合肥高新技术产业开发区对接美国巴特恩、中以天使汇等知名国际机构，接洽50余个海外项目及团队，促进国际项目落地发展；肥西县聘任32名招商顾问，拓展产业招商渠道；肥东县与南京海辰药业等4家企业共同投资收购意大利内尔维亚诺医药科学公司（简称NMS）90%股权，推进设立产研基地等。

【推介招商】 2019年，在合肥

2019年11月1日，合肥综合保税区跨境电商项目集中签约暨开仓仪式成功举行

（宣成龙/摄）

市举办“世界制造业大会”“首届世界显示产业大会”“宽禁带功率半导体产业峰会”“长三角一体化产业协同发展高峰论坛”等产业发展论坛及会议。其中世界制造业大会签约123个项目，总投资3630亿元，项目数和投资额均居全省第一，较上年分别增加35%和251%，其中总投资超2200亿元的长鑫集成电路制造基地项目为省内迄今为止单体投资最大的制造业项目。组织“科大校友企业深圳座谈会”“合肥在沪日资企业交流座谈会”“台资企业交流座谈会”“海外商会联盟合肥行”等专题招商推介会，推动项目签约、落地。

【县干招商】 第四批县干招商小组自组建以来，通过“请进来”“走出去”的方式，宣传合肥区位、产业、科技、资源、环境、政策等优势，展现合肥的经济发展形象，扩大合肥知名度和影响力。拜访企业客商1469批次，接待客商1530批次，提供项目信息866条。推动宝钢金属·巢湖市大交通轻量化项目、建筑港长三角调度指挥中心、平安国际金融中心、誉存普金、中皖迈高智能扫地机器人、中国银联支付创新产业基地等一批优质项目落地。县干招商小组任期内引进项目160个，到位资金232.74亿元；新签约项目233个。

（高　敏）

对外交往

【概况】 2019年，原合肥市外事侨务办公室划出侨务管理职责，更名为合肥市人民政府外事办公室（以下简称“市外办”）。2019年，市外办接待包括伊拉克总理阿卜杜勒·迈赫迪、老挝人民革命党中央书记处书记占西·普西坎、土库曼斯坦民主党主席谢尔达罗夫在内，各类国外党政、使领馆、企业、高校及外媒团组59批657人次，接待来自英国德比、韩国原州等友好城市团组36批252人次。完成第二届中国国际进口博览会、2019世界制造业大会、第十三届中国（合肥）国际家用电器暨消费电子博览会等重要涉外活动的外事接待保障工作，合肥市国际影响力和城市美誉度得到提高，合肥市国际化都市区建设再上新台阶。

【大型涉外活动】 2019世界制造业大会于9月20—23日在合肥举办。大会吸引来自78个国家和地区的4500多位嘉宾出席，其中境外来宾1700多人。本次大会首设主宾国，由英国担任。大会期间，英国德比市议长克里斯·普尔特和德比郡议长百瑞·路易斯率领的德比市、德比郡代表团一行26人来合肥参加大会开幕式、相关主旨论坛和主宾国相关活动，还参观了合肥市文化场馆。在合肥期间，代表团一行出席由主宾国英国举办的“中英之夜”活动，并主办德比推介联谊会，深化两市经贸合作。围绕科技创新，合肥市向参会的18国驻沪总领事、副总领事等近百位领事官员和商会代表作城市宣传，展现近年来合肥市的发展成果和科创潜力，增进外宾对合肥综合性国家科学中心的了解和认知。

【友好城市发展】 2019年，合肥市新增俄罗斯切博克萨雷市和下诺夫哥罗德市两个国际友好合作关系城市。截至2019年底，合肥市与世界五大洲15个国家的12个城市缔结友好城市关系，与15个城市缔结友好合作城市关系。2019年中俄两国关系提升为“新时代中俄全面战略协作伙伴关系”，合肥市抢抓机遇，加速融入中俄“长江—伏尔加河”合作机制，深化与俄伏尔加河沿岸联邦区各城市在经贸、教育、艺术等领域的联系。与英国德比市继续保持互动，德比市官员率团访问合肥期间，两市拟在新能源汽车、教育、青少年足球等领域

2019年5月，凌云市长访问俄罗斯下诺夫哥罗德市，与下市市长亚历山大罗维奇共同签署两市缔结友好合作关系协议书（市外办/供）

展开合作。与韩国原州市深化合作，原州市市长于3月率团访问合肥市，双方拟在经贸、医疗等领域开展新一轮交流合作。持续发展与传统友城的合作关系，赴日本松山参加2019中日韩友城大会，赴德国、丹麦等国开展体育交流，邀请32位友城运动员参加2019年合肥国际马拉松比赛。推进“留学合肥”政府奖学金工作，资助来自“一带一路”沿线国家和与合肥市签署协议的友好城市国际学生，共有35名国际学生获得2019年度奖学金。

【因公出国(境)】 2019年，市外办结合合肥市对外交流合作与经济社会发展实际，坚持任务导向，因事定人，统筹编排年度全市因公出访计划。坚持从严审批，禁止一般性考察和照顾性出访，对出访任务不实、人员安排不合理、邀请函不规范的申请一律不予受理。办理因公出国（境）157批492人次。贯彻落实《关于因公临时出访过程管控三个办法的通知》，加强对党政干部团组和参公管理单位的出访过程管控。做好出访团组行前外事纪律教育工作，观看合肥市安全局为行前外事教育人员提供的安全警示片，结合典型事例，增强警示效果。完善因公护照收缴管理系统，完成258本新办因公护照登记入库工作，整理487本过期证件并登记其中有效签证信息。

【涉外服务管理】 2019年，由市外办牵头起草合肥市防范化解重大风险总体方案（部分）及对外工作领域相关工作专项方案，合肥市成立防范化解对外工作领域风险专项工作组。市外办作为工作组办公室，做好关键时点应急预案，境外公民和机构安全保障应急处置相关事务，在全市范围内开展“安全文明出境游宣传月”，制作领保宣传折页2万份，让境外安全保护和文明旅游理念“飞入寻常百姓家”。推进合肥市外语标识体系建设，对长江东路、长江西路高架、南北一号高架、滨湖会展中心周边道路英文指路标识及高新区范围内道路英文名称进行核准，实现道路英文名称规范统一。开展“涉外参观点”建设工作，授予2019年度“合肥市涉外参观点”8家。协助做好合肥城市宣传片、2019“中国合肥”宣传折页、《合肥重点推介项目手册》（英语、德语）以及制造业大会等重大会展涉外材料的翻译、审校工作。

（吴　凡）

对外贸易

【概况】 2019年，面对中美经贸摩擦、汇率波动等外部形势，市商务局克服上年度设备进口基数影响，推动全市进出口实现增长，优化对外贸易结构。全市实现进出口总额322.1亿美元，再创历史新高，比上年增长4.6%，高于全国增速5.6个百分点，占全省进出口总额的46.9%，总量稳居全国省会城市第9位。在中国海关总署主办的《中国海关》杂志发布的2018年“中国外贸百强城市”中合肥排名第25位，较上年提升1位，居全国省会城市第8位。

市属企业对美实现进出口47.04亿美元，占市属企业进出口的17.5%，比上年增长2.4%，分别高于全国、全省对美进出口增幅16.9、8.6个百分点。

【外贸主体培育】 2019年，合肥市强化包保服务机制，与各县（市）区、开发区分级对接，做好对全市进出口企业的包保服务工作，推动外贸主体培育工作。全市新增进出口实绩企业超700家，截至2019年底，全市进出口企业2800余家，其中进出口过亿美元企业44家，实现进出口额228.6亿美元，占全市进出口总额的71.0%。

【国际市场开拓】 2019年，市商务局组织全市近400家企事业单位参与第二届中国国际进口博览会，累计意向成交额占到全省一半。组织企业参加第125届、126届广交会，合肥交易团共有200余家企业参展，展位达776个，累计达成意向成交金额超6亿美元。参展企业利用参展契机，巩固欧盟、日韩等传统市场，拓展“一带一路”、非洲等新兴市场，2019年对“一带一路”沿线国家（地区）进出口增长11.9%，高出全市增速7.3个百分点。

【外贸转型升级】 2019年，合肥市以合肥市“芯屏器合”等战略性新兴产业发展为支撑，以新型显示器件、集成电路、人工智能三大国家战略性新兴产业集群和全国重要的先进制造业基地、全国最大的家电产业基地为依托，推动对外贸易转型升级。2019年，市属企业机电产品、高新技术产品出口保持增长，机电产品出口139.41亿美元，比上年增长10.1%；高新技术产品出口86.75亿美元、增长9.8%；液晶显示板、太阳能电池组件、笔记本电脑出口分别增长47.5%、25.1%、9.2%。合肥经济技术开发区获批国家外贸转型升级基地（消费类电子产品）。

安徽省自营进口商品直销中心 （市商务局/供）

【跨境电子商务】 2019年，合肥市推进中国（合肥）跨境电子商务综合试验区建设，实现跨境电商交易额9.06亿美元，比上年增长66.5%；线上综合服务平台共实现清关单量 110.8万单，交易货值约2.1亿元，依托线上综合服务平台开展跨境电商零售出口业务（9610模式）；合肥国际邮件互换局稳定运营，2019年进出口包裹约1361万件，带动跨境电商零售进出口业务发展；加大跨境电商招商引资力度，合肥经开区综保区和合肥综保区分别引进考拉海购、江苏中创、孩子王、拼多多、雅娜购等跨境电商知名企业或平台。

【载体建设】 2019年，合肥水运港完成集装箱吞吐量36.9万标箱、比上年增长19.8%，提前一年完成“十三五”末突破35万标箱的阶段目标；合肥中欧班列全年发运368列，比上年增长102.2%；合肥航空港进境指定口岸完成31班生鲜包机（或定期航班），进口国外高端生鲜产品约2000吨；合肥出口加工区经国务院批复同意整合优化为合肥经济技术开发区综合保税区，实现进出口71.42亿美元，比上年增长3.9%；合肥综合保税区实现进出口10.84亿美元，增长59.7%，“承接境内区外委托加工”“保税融资租赁”等便利化政策相继落地；合肥空港保税物流中心（B型）实现进出口7715.5万美元，比上年增长近20倍。

对外经济合作

【概况】 2019年，合肥市商务局紧抓“一带一路”建设机遇，夯实基础工作，加大培训力度，推进对外合作。截至2019年底，全市拥有69户外经资质企业，累计签订对外经济合作合同额237.5亿美元，完成营业额245.8亿美元，外派出国劳务人员10.42万人；全市累计对外投资企业391家，实际对外投资总额69.47亿美元，业务遍及津巴布韦、阿尔及利亚以及莫桑比克等80多个国家和地区，主要集中在矿产采掘和生产制造业。

【对外投资】 2019年，市商务局通过调研和摸排，完善2019年《合肥市培育新动能促进产业转型升级推动经济高质量发展若干政策实施细则》相关政策条款，对企业开展对外投资合作进行政策性引导。先后组织100多家外经企业参加“中国（安徽）东盟贸易投资推介会”“安徽省对外投资合作统计培训”“国际承包工程专题培训”“境外公共安全风险防范专题培训”等多场培训，参训企业近400户，累计参训人数900多人，提升全市对外投资合作从业人员业务能力和国际承包工程实务水平。全年全市对外经济合作新签合同额12.6亿美元，占全省59%；完成营业额21.9亿美元，比上年增长30%，占全省66%。全市新批境外投资企业（机构）39户，增资16户，累计总投资额5.1亿美元，中方协议对外投资额5亿美元，实际投资额2.47亿美元。

【服务“一带一路”】 2019年，市商务局加强与“一带一路”沿线国家和地区务实合作，完善“一带一路”建设项目动态跟踪，对全市企业“走出去”在谈和在建的15个合同额1000万美元以上对外承包工程项目和13个投资额500万美元以上对外投资项目实行重点跟踪服务。截至2019年底，合肥市外经企业在“一带一路”沿线柬埔寨、印尼、泰国等31个国家投资101个项目，累计总投资9.73亿美元。2019年，全市投资“一带一路”国家项目18个（其中增资项目5个），总投资2.05美元，比上年增长55.3%，占当年新批境外投资总额的40.27%；中方协议投资额2.03亿美元，增长62.4%；实际投资额6563.6万美元，增长42.5%，占当年全市总量26.6%。

【劳务服务】 2019年，市商务

局引导务工人员通过合法企业的规范渠道出国务工，维护全市对外劳务合作市场健康发展。2月20日，组织14户具有对外劳务合作资质企业和部分对外工程承包企业在肥东县开展“合肥市对外劳务合作肥东专场招聘会”大型活动，各招聘企业共发放招聘资料等1万多份，3000多人现场咨询，2000多名有意出国务工的人员报名应聘。全年全市外派劳务6175人，比上年增长63%，占全省61%；年末在外人数8134人，增长22%，占全省52%。

（刘航航）

合肥综合保税区鸟瞰图（应作平／摄）

合肥综合保税区

【概况】 合肥综合保税区是安徽省第一个综合保税区，位于合肥新站高新区核心地段，围网内规划用地2.6平方千米，拓展区及配套项目规划用地2平方千米。合肥综合保税区于2014年3月17日获国务院批准设立，2015年3月17日通过海关总署等国家十部委的联合验收，2015年6月29日封关运行。合肥综合保税区致力于打造全球领先的集成电路和新型显示产业研发制造基地、全国重要的现代服务业创新基地，成为引领合肥市乃至安徽省开放发展的重要平台、安徽省申报国家自由贸易试验区的重要支点。

2019年，合肥综合保税区认真贯彻落实《国务院关于促进综合保税区高水平开放高质量发展的若干意见》精神，开展新政策宣讲和落实工作，推动委托加工和融资租赁业务以及海关AEO高级认证等政策落地。联合海关等驻区单位为项目提供便利服务，创新实施“7x24小时”通关、分送集报等做法，提高合肥综合保税区报关通关效率。

2019年经济指标稳步增长，实现进出口贸易额10.84亿美元，比上年增长59.7%；进出口货运量13263吨，增长40.68%。截至2019年底，合肥综合保税区注册企业51家，总投资达257亿元。

【重点项目建设】 2019年，晶合12英寸晶圆项目产品优良率提升至96%，产能达到2万片，全年实现产值5.3亿元人民币，比上年增长120.8%，进出口额4.93亿美元，增长61.1%；新汇成IC封测项目持续投入，全年实现产值1.1亿元人民币，增长251.6%，进出口额2.29亿美元，增长148.9%；捷达高端IC芯片设计项目，全年实现销售收入3.24亿元人民币，增长24.6%；视涯硅基OLED显示器件项目、奕斯伟COF卷带项目建成投产，优良率及产值得到提高。

【招商引资】 2019年，合肥综合保税区引进的项目分别为：中海物流园项目、高迪进口欧洲商品保税仓储项目、合肥兴泰融资租赁项目、合肥综保区跨境电商综合服务平台项目、硅基OLED微型显示器件及模组生产线项目，签约投资额约30亿元。

（沈　良）

合肥经济技术开发区综合保税区

【概况】 合肥经济技术开发区综合保税区（以下简称“合肥经开综保区”）前身为合肥出口加工区，2010年7月5日经国务院批准设立，2012年8月21日封关运行。2019年4月，国务院批复同意合肥出口加工区整合优化为合肥经开综保区，规划面积1.40平方千米。合肥经开综保区是中国（合肥）跨境电子商务综合试验区首批试点园区。2016年7月，安徽省商务厅授牌的安徽省进口商品展示直销中心建成运营。2018年7月，园区跨境电商产业园正式获得安徽省商务厅批复成为省级跨境电子商务产业园。2019年12月，合肥经开综保区电子信息产业园获批省级特色产业园区。

【经济发展】 合肥经开综保区聚集联宝科技、胜利电子、海晨仓储、新宁供应链等26家电子信息上下游配套企业，形成以联宝科技为龙头的电子信息产业集群。2019 年 6 月 3 日，考拉海购合肥跨境电商物流基地投入使用。7 月 2 日，孩子王跨境总仓开仓运营。截至年底，合肥经开综保区跨境电商产业园共吸引 30 多家跨境电商平台及关联企业入驻并开展业务，全年实现跨境电商保税进口业务单量 112.5 万单、在线交易额突破 2 亿元。2019 年，合肥经开综保区实现规模以上工业产值 725 亿元，比上年增长 3.4%；完成进出口总额 71.4 亿美元，增长 3.9%，占省、市、区比重分别为 10.4%、22.2%、54.9%，在海关总署对外公布进出口数据的全国 102 个出口加工区及综保区中排第 16 位、安徽省第 1 位。

（汪贵霞）

2019 年 12 月 4 日，长江中游城市群省会城市第七届会商会在合肥召开

（市发改委 / 供）

区域合作

【长江中游城市群省会城市会商会】 2019 年 12 月 3—5 日，长江中游城市群省会城市第七届会商会在合肥市举办，武汉、长沙、合肥、南昌等 26 个城市代表团共约 500 人参加会议。会议的主题为“对接长三角一体化发展国家战略，推动长江中游城市群协同发展”。第七届会商会签署《长江中游城市群省会城市高质量协同发展行动方案》《长江中游城市群建设 2020 年合作重点事项》《长江中游城市群省会城市与观察员城市合作重点事项》《长江中游城市群省会城市科技合作协议》《长江三角洲城市经济协调会与长江中游城市群城市协调会合作联动机制框架协议》等重要合作文件，达成一系列重要合作事项。合作事项聚焦城市合作重点难点问题，深化长江中游城市群四省会城市之间、省会城市与观察员城市之间的务实合作，推动长三角和长江中游两大城市群省市间建立相互联动、定期会商的工作机制，全面对接长三角一体化发展国家战略。第六届会商会以来，四省会城市在基础设施互联互通、市场一体化、产业协调发展、生态文明共建、公共服务共建共享、深化开放合作等方面取得一系列合作成果，成为中部崛起的战略支点。

【都市圈规划与建设】 合肥都市圈位于长江中下游沿江长三角西端，包括合肥、蚌埠、淮南、六安、滁州、芜湖、马鞍山、桐城 8 市，总面积 6.35 万平方千米，占全省 45.4%。2019 年，合肥都市圈实现生产总值 23402 亿元、财政收入 3440.7 亿元、出口总额 317.4 亿美元，分别占全省 63.1%、60.3%、78.6%，已成为五大发展美好安徽建设的最强劲引擎和最有力支撑。合肥市对标长三角，优化“1+6+N”规划体系。12 月 31 日，《合肥都市圈一体化发展行动计划（2019—2021 年）》印发实施。合肥市着力推进基础设施、科技创新、产业发展、开放合作、生态文明、公共服务、城乡统筹、市场体系等八大领域一体化，加快都市圈同城化步伐，深化与长三角都市圈协调联动，建设具有影响力的国际化都市圈和支撑全省发展的核心增长极。5 月 7 日，《合淮产业走廊发展规划》印发实施。12 月 23 日，《合六经济走廊发展规划》印发实施。

交通共联　2019 年，合肥都市圈交通建设上形成公路、铁路、空运、水运立体衔接联动的交通网络，全国综合性交通枢纽地位上升。打造轨道上的“1 小时通勤圈”，商合杭高铁北段开通运营，合安高铁全线架梁完工，合新高铁、巢马城际铁路开工建设。合肥都市圈建成圈内高速公路超过 1000 千米，合宁、合安、合芜高速扩容工程竣工通车。2019 年 4 月 16 日，引江济淮工程加快建设，合肥港至芜湖港“港航巴士”开通运行。

产业共兴　2019 年，合肥都市圈以合肥为中心、以合芜蚌为主轴，基本形成以交通干道为骨架的放射状城镇体系和产业基地。构建合六、合淮、合滁、合芜马、合桐等产业带，加深家电、汽车及零部件、装备制造、新材料等多个产业链协作。举办“中国合肥农产品产销对接会”，包括都市圈城市在内的174家企业、合作社的上百种优质农产品在对接会上推荐展销，设立扶贫展区推荐帮扶大别山地区的产品销售。合肥空港保税物流中心通关运行。“徽采商城”服务半径延伸，与芜湖、滁州、马鞍山等地市共建共享共用。合肥市继续与圈内城市合作共建供肥蔬菜基地，2019年合肥市安排奖补资金800万元，建设供肥蔬菜基地项目43个、面积371.9公顷。发挥都市圈在旅游资源、旅游客源等方面互补优势，共同开发区域内主题旅游产品，推出都市圈精品旅游线路。

环境共建　2019年，合肥都市圈内各城市联合开展大气污染联防联控，实施蓝天行动计划，推进圈内秸秆联合禁烧，共同治理机动车污染，改善区域环境质量。严格执行合六大别山生态补偿协议，合肥市拨付生态补偿资金累计达4000万元。合肥市与滁州市、马鞍山市签订《滁河流域水污染防治联防联控工作协议》，定期联合开展丰乐河、杭埠河流域联合监测和现场巡查。

服务共享　2019年，合肥都市圈内各城市搭建互通互联的金融市场、劳动力市场、技术市场等公共服务平台，引导资源要素在圈内流动和配置。开展学校结对共建，签订《合肥都市圈城市开展异地教学活动协议书》，推进合肥与寿县、霍邱在学校管理、教师培训、常规教研等方面合作。成立都市圈疾控预防控制协作组织，开展卫生交流合作。推进社保一体化，实现医保异地结算。

【与皖北结对合作】　阜阳合肥现代产业园区（下称简称“阜合园”）于2011年12月经省政府批复设立，合肥市每年支持资金2亿元。2019年，阜合园完成固定资产投资68.6亿元，比上年增长19.4%；财政收入5.6亿元，增长4.5%；招商引资实际到位资金26.5亿元，增长122.7%；截至年底，园区有5家公司获国家高新技术企业认定，4家公司分别在新三板、新四板挂牌，规模以上企业23家。

寿县蜀山现代产业园区（下称简称“寿蜀园”）于2012年7月经省政府批复设立，合肥市蜀山区每年支持资金3000万元。2019年，寿蜀园新签约1亿元以上项目14个；新开工1亿元以上工业项目10个；新增规模以上企业7个；完成固定资产投资36亿元，比上年增长6.7%。

临泉庐阳产业园区（下称简称“临庐园”）于2014年9月经省政府批准设立，合肥市庐阳区每年支持资金5000万元。各园区打造电子信息、智能显示、表面处理、精细化工、农副产品深加工等5个特色“园中园”，产业集聚效应初步显现。当年实现财政收入16.59亿元，其中税收1.8亿元。

合肥高新区霍邱现代产业园（下称简称“霍高园”）于2016年7月经省政府批复设立，合肥高新区每年支持资金3000万元，当年开展联合招商5次，洽谈项目2个，实现经营收入10.57亿元，固定资产投资4.58亿元。

基础设施建设　2019年，合肥市立足寿县新桥国际产业园和寿蜀园，推进道路设施、燃气配套和学校建设。截至2019年底，累计投入基础设施建设资金25亿元，形成“七纵五横”共32千米长的骨干路网。推进园区燃气管网建设，新发展居民用户5569户，工商及公建用户19户。新铺设中压供气管网15.5千米，累计达87.8千米。合肥50中东校寿蜀分校开始招生。

产业合作　2019年，合肥市与颍上县、寿县、霍邱县实施供肥蔬菜基地合作共建项目22个，建设设施大棚蔬菜82.6公顷、露地蔬菜126.6公顷。举办“2019合肥农产品产销对接会”，阜阳、寿县、霍邱等结对合作区域53家企业、合作社的上百种优质农产品参展，诸多优质产品直供合肥百大周谷堆市场。打造合肥至寿县、霍邱的一日游、二日游线路。组织寿县、霍邱县与合肥市联合组团赴芜湖、马鞍山、滁州等合肥都市圈城市举办7场文化旅游资源推介会。利用招商平台共享招商信息，发挥合肥市县干招商小组、驻外招商办事处和商协会等招商网络的作用，掌握适合结对合作区域的项目线索，组织有投资意向的企业进行投资考察，举行联合招商8次。为霍高园提供融资支持，徽商银行设立六安霍邱支行，为园区内企业提供相应融资服务。

人才交流　2019年，合肥市选派优秀干部赴“一市两县”（阜阳市、寿县、霍邱县）挂职，并接纳“一市两县”的干部来合肥挂职。开出“流动招工大篷车”，组织合肥市企业到寿县、霍邱开展劳务对接活动，搭建用工企业和劳动者对接服务平台，将合肥市的就业政策、就业岗位等信息送到寿县、霍邱劳动者身边。举办8场对接活动，组织143家企业，提供近4815个就业岗位，263名当地农村劳动者与合肥市企业达成培训和就业意向。多次组织邀请寿县经济管理干部和企业家参加合肥市“百千万培训工程”，两地企业家开展互访交流活动 30 人次。

科教合作　2019 年，合肥市帮助指导寿县入驻企业完善市级工程技术研究中心建设，开放科技资源共享，推动行业科技进步，指导企业做好市级工程技术研究中心申报工作。帮助霍邱县科技企业与在合肥高校院所和科研机构开展产学研合作，收集 16 家企业 25 个产学研用合作项目，为企业发展提供技术支撑。推进合肥一中与霍邱一中资源共享、合肥八中与霍邱中学课程互评、合肥七中与阜阳城郊中学“同课异构”、合肥十中托管颍上二中。蜀山区与寿县签订教育结对帮扶协议。

医疗合作　2019 年，合肥市每月派出 2 名儿童保健医生到界首市妇幼保健院坐诊，指导界首市儿童保健工作。肥东、霍邱两县加强健康脱贫、技术培训，人员交流合作。合肥市急救中心协助寿县、霍邱两县“120”急救体系建设，对霍邱县 60 余名医务工作者进行院前急救知识专题培训。

（张卫东）

海　关

【概况】　2019 年 12 月 11 日，中华人民共和国庐州海关开关。省委常委、合肥市委书记宋国权，合肥海关关长、党委书记辛建民共同为庐州海关揭牌，这是市级机构改革后安徽省第 2 个开关运行的新设隶属海关。庐州海关的设立，作为省会的合肥市拥有了自己的进出境监管服务平台，将助推合肥打造内陆开放新高地。据海关统计，全年合肥市货物贸易进出口总值 2221.2 亿元人民币，比上年增长 9.5%，进出口增速高于全国平均增速 6.1 个百分点，占全省外贸进出口总值的 46.9%。作为服务合肥市的隶属海关，庐州海关 2019 年税收入库 63.4 亿元，增长 5.6%；监管进出口货运量 156.5 万吨，增长 1 倍。

合肥中欧班列第 700 列顺利开行　（庐州海关 / 供）

【中欧班列运行监管】　2019 年，庐州海关探索实施“固定驻守 + 轮值派岗 + 机动支援”全天候工作模式，压缩接单、查验、放行等环节作业时间；内外联动，加强与阿拉山口、霍尔果斯、二连浩特等沿线节点海关信息共享，通过单一窗口实现“信息互换、监管互认、执法互助”，实现“出口直放、进口直通”。开辟中欧班列货物通关绿色通道，接受“7×24 小时”预约通关。支持中欧班列双向满载运行，助力安徽省全面融入全球产业链、创新链和市场链，推动“引进来”“走出去”，打造全省经贸合作的新通道。

建立多部门协同机制，个性化回应企业发展诉求。加强与铁路局、口岸办、平台及货代企业的联系沟通，定期召开协调会，通报海关最新监管政策和优惠措施，征求企业意见建议，提升进出口货物品类和产品附加值，推动产业结构升级。支持合肥市重点企业阳光电源、志邦橱柜、江淮汽车等开行定制班列。海关前置服务，利用平台公司、货代公司实时信息，提前掌握进口班列情况，点对点送政策上门。

【合肥港运行监管】　推进合肥港国际集装箱码头海关监管作业场所增加作业区域。优化作业流程，协调报关、监管、通关等业务岗位的对接，压缩接单审核、查验、放行等环节作业时间，提升海关通关效率，提高通关便利化水平。对接上海海关，为合肥港开通水运中转支线业务（合芜小支线船舶方式进出口的货物）提供保障支撑，支持合肥市融入安徽省“一核两翼”集装箱发展战略，全面提升合肥市集装箱运输服务能力。

（杨胜毅）

责任编辑：徐仙春

科　技

综　述

【**概况**】　2019年，合肥市坚持把创新作为引领发展的第一动力，以培育新动能、发展新经济为主线，以推动合肥综合性国家科学中心建设为抓手，聚焦“改革攻坚、平台建设、产业培育、环境优化”，下好创新“先手棋”，走活高质量发展“一盘棋”。加快科技创新策源地建设，综合性国家科学中心框架体系初步形成，滨湖科学城实质性运转，安徽创新馆建成运行，量子信息科学国家实验室创建取得关键性进展，能源研究院、人工智能研究院揭牌成立，量子、核聚变等重大原创成果涌现，发明专利、高新技术企业等自主创新指标保持“两位数”增长，稳居省会城市第一方阵。高端创新人才竞相会聚。新增“两院”院士5人、在肥服务院士达127人，合肥入选“外籍人才眼中最具吸引力中国城市”前三甲。

【**科技体制改革**】　2019年，合肥市充分发挥市自主创新工作领导小组统筹协调作用，健全自主创新考核体系，坚持“全市一盘棋”推动科技创新。10月8日，立足科技创新发展新态势，出台打造具有国际影响力的创新之都实施意见22条任务分工，明确建设“创新之都”的时间表、路线图。优化转变科技创新管理和服务职能，制定科技人才评价机制改革实施办法，修订市自主创新政策，制定出台《合肥市科技项目管理办法》《合肥市科技信用管理办法》等7项创新配套支持政策，全过程规范和加强科技项目实施操作。

【**重大创新活动**】　2019年，合肥市建成运行全国首个以创新为主题的场馆——安徽创新馆，集中展陈代表安徽最新创新成就的高科技产品1100余件，累计接待参观8万余人次，举办各类“双创”活动45场，发布科技创新成果近200项，初步形成科技磁场效应。9月20日—23日，成功举办世界制造业大会，会聚全球60多个国家和地区4000余名嘉宾参会，习近平总书记向世界制造业大会发来贺信。

【**外国专家管理**】　2019年，合肥市优化外国专家管理服务工作，推进实施外国人来华工作许可制度，在合肥国际人才城、中国国际人才市场合肥市场设立两个重点服务窗口，外国人才可直接在窗口办

2019年12月18日，外国专家建言献策暨新年联谊活动在合肥举办
（市科技局／供）

理工作许可注销等业务。支持中科大国际金融研究院等建设10家海外人才工作站，着力开展招才引智工作。依托京东方等5家企业建立首批合肥市外国专家工作室，发挥专家以才引才、以才育才作用。首次实施合肥市外国人才计划，来自合肥学院等单位的24名高端外国人才入选，15名在肥工作的外国专家入选第七批安徽省外国人才计划，累计有87人入选该计划。截至年底，合肥拥有中国政府友谊奖外国专家13名，省“黄山友谊奖”外国专家62名。

【重大科技成果】 2019年，合肥市原创性、首创性科技成果和产品获得重大突破，量子领域研究两项重大科学进展“首次观测到三维量子霍尔效应”和“实现对引力诱导量子退相干模型的卫星检验”成功入选2019年度中国科学十大进展。全国首次投产的自主研发动态随机存储芯片在肥面世，特种缓冲吸能材料助推“嫦娥四号”成功登月。细胞活化调控、高清视频编码等8项成果获2019年度国家科学技术奖。

创新平台

【概况】 2019年，合肥市推动创新平台汇集，类脑智能技术及应用国家工程实验室基本建成，离子医学中心、量子创新研究院主体工程竣工，聚变堆主机及大科学装置集中区加快建设，与大院大所合作共建平台达26家。支持企业建设各类创新平台，组建首批10家市级技术创新中心，新增国家级科技企业孵化器4家，全市国家级企业技术中心、工业设计中心总数位居省会城市第1。

【中国科学技术大学先进技术研究院】 中国科学技术大学先进技术研究院系由安徽省人民政府、中国科学院、合肥市和中国科学技术大学按照“省院合作、市校共建”的原则所建设的区域产业技术创新研究院，采用高校和企业“人才双聘”、政产学研联合共建，打破传统封闭的教育和研发模式。截至2019年底，建设联合实验室53家，签订各类技术合同552项，孵化企业247家，累计引进集聚各类人才627人，涌现出农林废弃物生物转化、石墨烯复合材料等一批在国内外行业领先的应用技术。

【量子信息与量子科技创新研究院】 中国科学院量子信息与量子科技创新研究院项目，位于合肥市望江西路与石莲南路交叉口，是安徽省科技创新“一号工程”，是在建的全球最大量子信息实验室，项目建成后将成为国家量子科技发展的重要战略部署，致力于打造国际一流的量子技术研发与转化基地。

量子创新院项目总投资约70亿元，规划净用地面积约48.27公顷，总建筑面积约64万平方米。项目一期建筑面积为36.5万平方米，总投资估算约43亿元，主要建设1#科研楼、1#—15#专家楼、科研配套服务中心、传达室、1#—6#人才公寓、文体中心等单体建筑和体育运动场地、室外道排、景观绿化等配套附属工程。

【类脑智能技术及应用国家工程实验室】 类脑智能技术及应用国家工程实验室是我国类脑智能领域首个国家级科研平台，2017年1月，国家发改委批复中国科学技术大学为“类脑智能技术及应用国家工程实验室”承建单位，5月13日在中科大正式成立，这是我国类脑智能领域唯一一家国家级工程实验室，针对我国脑认知和类脑信息处理能力较弱等问题，围绕提升我国信息处理技术的类脑程度与智能水平的迫切需求，建设类脑智能技术应用研究平台，支撑开展脑认知与神经计算、类脑多模态感知与信息处理、类脑芯片与系统等技术的研发和工程化。通过建立脑认知和脑模拟技术研究和试验平台，构建类脑智能技术与应用领域自主知识产权和标准体系，为推动类脑智能技术进步和产业发展提供技术支撑。

2019年6月30日，中科院量子信息与量子科技创新研究院项目封顶

（市科技局/供）

2019年类脑实验室投入运行。

【合肥工业大学智能制造技术研究院】 合肥工业大学智能制造技术研究院按照“省部合作、市校共建、企业协同”原则建立，主攻高端智能装备、新材料及其制备工艺、节能与新能源汽车等领域，努力打造智能制造技术与装备产业发展的创新引擎。2019年，该院新增孵化企业9家，累计孵化企业70余家，总注册资本超过5亿元。累计建设科技研发及成果转化服务平台16个。以企业平台为场景，探索形成“双导师制”培养模式，累计培养硕士研究生约2000名。

【清华大学合肥公共安全研究院】 清华大学合肥公共安全研究院由清华大学与安徽省、合肥市政府共建的新型产学研用一体化科技创新平台和成果转化基地。2019年，获批合肥综合性科学中心交叉前沿研究平台和产业创新转化平台，“灾害环境人员安全实验室”获评安徽省重点实验室，安全应急装备与产品检验检测中心一期建成运行并取得CMA资质。发表26篇SCI/EI论文和核心期刊论文，申请专利91件，授权专利45件。主办、承办15次高层次科技会议论坛，培训海外安全应急技术人员300多人次。深化拓展城市安全管理的“清华方案·合肥模式”，城市生命线工程安全运行监测系统、消防物联网监测与社会化服务系统等成果在国内50多个城市和海外多国开展设计、实施和转化应用。

【中国科学院合肥技术创新工程院】 作为合肥研究院实现科技成果产业化的在合肥机构，中国科学院合肥技术创新工程院持续推进“产业+技术+资本”的三轮驱动发展战略，高效推进科技成果研发转化。截至2019年底，累计建设产业共性技术研发平台15个，累计孵化企业77家，企业注册资本总额8.36亿元。累计申请发明专利达136件，获得授权发明专利20件。开设各类创业辅导培训，“科学岛创客学院”2019年举办系列培训活动8期，累计举办培训活动35期，培训人数超过1800人次。持续完善科技投融资体系，为在孵企业引进1000余万元投资，主导设立的私募股权投资基金管理机构——中科亚商。

【合肥先进计算中心】 合肥先进计算中心是合肥综合性国家科学中心重点建设项目之一，拟实现我国E级超算原型系统和智能超算系统在合肥率先融合落地应用，一期超级计算系统建设规模为12PFlops、智能超算系统规模为256Pops。项目建成后，将发展成为“立足合肥市，面向安徽省，辐射周边地区”的集计算服务、交叉研究和产业创新三位一体的重大科技基础设施和公共服务平台，直接服务于中心的大科学、大系统和大工程类应用，并为相关重点领域的科技创新、战略性新兴产业升级和城市社会发展提供强有力的直接支撑作用。截至2019年底，合肥先进计算中心项目基建部分规划设计方案完成；信息化部分初步设计方案获批，具备启动建设条件。

【合肥离子医学中心】 为落实中俄两国总理定期会晤成果和国家及省市“十三五”发展规划纲要，2015年10月，合肥市人民政府与中国科学院合肥物质科学研究院合作共建合肥离子医学中心。合肥离子医学中心依托国家重大科技基础设施“EAST全超导托卡马克装置”，以“自主+合作”的创新模式，设立质子治疗和自主研制两个项目主体，建设集离子医学技术研发、治疗、培训、数据化处理中心以及高端医疗装备研发、关键部件制造、系统集成和产业化两个公共平台为一体的创新科技基地。项目建成后，将实现肿瘤精准放疗领域的“弯道超车”，并助推离子医学医疗装备

2019年7月24日，合肥中科离子医学技术装备有限公司科研人员正在对质子医疗主加速器进行开腔检测 （张大岗/摄）

产业发展。截至2019年底，自主研发项目超导质子治疗系统各子部件均研发完成，加速器完成中心区出束测试；引进项目基建部分全部完成，为下一步开展试运营打下坚实基础。

【院士工作站】 2019年，合肥市支持院士工作站建设，对新建的院士工作站及在站院士给予经费资助，引导院士及其创新团队向我市企事业单位集聚，攻克核心关键技术，促进科技成果转化和产业化，培养创新人才队伍。新推荐院士工作站9家，6家工作站获评2019年度安徽省院士工作站绩效评价优秀等次。截至年底，合肥市累计建设院士工作站59家（建在企业的产业一线院士工作站37家，建在高校、医院、科研院所的院士工作站21家，企业与高校、科研院所合建的院士工作站1家），在站工作院士63人。

高新技术产业

【概况】 2019年，合肥市高新技术产业继续保持稳健发展态势，新型显示器件整体规模国内第一，新能源汽车累计推广总量占全国比例达5.58%，集成电路年复合增长率居全国前列。全市高新技术产业总产值同比增长7.8%，高新技术产业增加值同比增长11.5%，国家高新技术企业较上年度增长429户，总数达2539户，居全国省会省市第8位。

【新能源汽车产业】 2019年，合肥市促进新能源汽车推广应用，加快推动江淮大众合资项目建设，江淮大众研发中心实质性开工，9月30日，首款车型思皓E20X正式上市；江淮蔚来持续保持造车新势力头部企业优势，2019年度交付2.05万辆，累计交付突破3万辆。加快公共领域新能源汽车推广应用，制定《合肥市推进公交电动化工作方案》，推动合肥公交集团在用营运车辆中新能源汽车占比达55.8%。针对新能源汽车补贴政策退坡，引导企业实施技术降成本，实现主流产品“增程保价”。全年新增推广新能源汽车销量超6万辆，约占全国总销量的5.78%，累计推广总量达到23万辆，约占全国总量的5.58%。

【人工智能产业】 2019年，合肥市推动人工智能产业发展，依托人工智能研究院、人工智能安徽省技术创新中心、智能互联系统安徽省实验室、智能可穿戴产品合肥市技术创新中心等人工智能研发创新平台，加快关键核心技术攻关，合肥人工智能计算力位居全国第6位。支持人工智能企业做大做强，建设中国声谷创业园、哈工大机器人合肥双创基地孵化器等人工智能领域孵化载体。发挥龙头企业在技术支撑、品牌赋能、渠道共享及产业配套的作用，科大讯飞智能语音国家新一代人工智能开放创新平台服务终端用户数累计超24亿；华米科技全年智能可穿戴设备总出货量达4230万部。建设“中国声谷”，加快智能语音及人工智能全产业链发展，构建形成“基础应用技术+底层硬件+数据计算+智能终端+行业应用”完整产业链，“中国声谷”年营业收入突破800亿元，入园企业800家。10月，合肥获批建设国家新一代人工智能创新发展试验区。

【集成电路产业】 截至2019年底，合肥市拥有集成电路企业255家，其中，设计企业168家，制造企业5家，封装测试企业21家，设备和材料企业61家，成为全国少数几个拥有集成电路设计、制造、封装测试及设备材料全产业链的城市之一，并于9月份成功入选第一批国家集成电路战略性新兴产业集群。长鑫项目与国际主流同步的19纳米8GB DDR4 DRAM产品正式投产，标志着我国在内存芯片领域实现量产技术突破；华米科技正式发布全球智能可穿戴领域第一颗人工智能芯片“黄山1号”；云塔科技发布国内首颗5G最具代表性的Sub-6GHz频段滤波器芯片；君正科技推出的T02嵌入式人工智能视觉芯片，突破自主CPU、NPU等若干核心技术，性能达到国际先进水平。

【新型显示产业】 2019年，合肥市集聚大尺寸面板出货量全球第一的企业京东方，柔性显示技术全国领先企业维信诺，全球最大的硅基OLED微显示企业视涯等一批龙头企业，相继实施京东方6代线、8.5代线、10.5代线、维信诺AMOLED6代线等一批投资超百亿项目，实现“从沙子到整机”的全产业链布局，是国内面板产能最大、产业链最完善、技术水平最先进的产业集群。

（葛 晗 李 辰）

国家实验室

【国家同步辐射实验室】 国家同步辐射实验室是1983年4月国家计委批准建立的我国第一个国家级

合肥光源储存环大厅 （余芹／摄）

实验室。实验室主要任务是围绕国家重大研究计划和战略需求，向国内外用户提供稳定运行的国际一流大科学实验装置；积极发展同步辐射及测量新技术、新方法，推动我国先进光源关键技术的发展；会聚与培养一流科学研究与技术发展人才。

实验室建有我国第一台专用同步辐射光源——合肥光源（HLS），是我国物理学、化学、材料科学、信息科学、生命科学、医学、能源与环境等领域的顶级交叉学科的一个重要研究平台。合肥光源的建设获得国家科技进步一等奖和中国科学院科技进步特等奖。合肥光源历经 HLS-I 和 HLS-II 两个阶段。HLS-II 于 2016 年正式投入运行以来，运行开放达到国际同类装置的先进水平，推动和支撑我国在量子功能材料、能源与环境、物质与生命等领域前沿基础研究及应用研究，取得大批重要成果，2016 年、2018 年分别获得“中国科学院重大科技基础设施运行年会综合运行奖”二等奖。

鉴于实验室是合肥综合性国家科学中心建设的核心层，《合肥综合性国家科学中心实施方案（2017—2020 年）》中明确提出，要规划建设合肥先进光源及先进光源集群。2019 年，在安徽省、合肥市及中国科学院的支持下，合肥先进光源的预研建设稳步推进并取得阶段性成果。

（余 芹）

【合肥微尺度物质科学国家研究中心】 合肥微尺度物质科学国家研究中心（以下简称“微尺度国家研究中心”）是科技部 2017 年 11 月批准组建的六个国家研究中心之一，依托于中国科学技术大学，是在合肥微尺度物质科学国家实验室筹建十余年的基础上组建。2018 年 3 月，微尺度国家研究中心建设运行实施方案通过专家论证。

微尺度国家研究中心通过整合物理、化学、材料、生物和信息这 5 个一级学科的研究力量，在学科交叉与融合的基础上，形成一个以多学科综合为特点、以国家重大战略需求和交叉前沿领域为导向的新型基础科学研究中心。微尺度国家研究中心以多学科交叉融合为指导思想，聚集微观尺度科学并产生重大原创性成果，在光与冷原子物理、单分子物理与化学、低维物理与化学、纳米材料与化学、纳米催化与能量转化、分子与细胞生物物理、神经环路与脑认知、分子医学、Bio-X 交叉科学、理论与计算科学、尖端测量仪器等 11 个重要研究领域开展基础性研究。

微尺度国家研究中心现有一支 466 人的研究队伍，其中教授／研究员 244 人。微尺度国家研究中心在研究任务和组织体系的框架下进行整合，不断优化人才队伍结构，凝聚了一批学术造诣深、富有献身精神、年龄结构合理的优秀人才队伍，包括中国科学院院士 14 位、中国工程院院士 1 位、发展中国家科学院院士 4 位、国家杰出青年科学基金获得者 50 位、教育部长江特聘教授 12 位、中组部万人计划领军人才 15 位、青年拔尖人才 6 位、国家优秀青年科学基金获得者 37 位，以及 10 个国家自然科学基金委创新研究群体和 6 个教育部创新团队。

2019 年度，微尺度国家研究中心的马骋教授课题组在锂电池固态电解质的离子传输机理上取得重要发现。研究者用球差校正透射电镜直接观测到一种奇特的非周期性结构。该结构尽管只有一个原子层厚，但却能对锂离子传输产生显著影响，从而成为除了晶界、点缺陷以外的又一类需要受到固态锂电池研究者密切关注的非周期性结构。

（何 婧）

【等离子体所 EAST 核聚变实验装置［磁约束核聚变国家实验室（筹）］】 中国科学院等离子体物理研究所（简称等离子体所）成立于 1978 年 9 月，主要从事高温等离子体物理和受控热核聚变及其

2019 年 9 月 20 日，ITER 计划 PF6 线圈竣工交付暨聚变堆主机关键系统综合研究设施开工活动在肥举办

（市科技局 / 供）

相关高技术研究，以探索、开发、解决人类无限而清洁的新能源为最终目的。等离子体所承担国家发改委、科技部、国家基金委和中科院多项重大科研项目，先后建造中小型托卡马克装置 HT-6B 和 HT-6M，以及我国首个超导托卡马克 HT-7 及世界上第一个非圆截面全超导偏滤器托卡马克 EAST（即由实验“Experimental”、先进“Advanced”、超导“Superconducting”、托卡马克“Tokamak”4 个英文单词首字母拼写而成）。

EAST 可对受控核聚变相关的前沿物理问题开展探索性实验研究，为未来稳态、安全、高效的先进商业聚变堆提供物理和工程技术基础。EAST 项目于 1998 年立项，2000 年正式获批开工建设，2005 年底完成装置总装。研制过程中一系列关键技术难题被等离子体所解决，自主发展 68 项关键技术，形成多个重大创新点，如大型超导磁体、超高真空、偏滤器、超导导体生产等，填补相关国内空白并具有广泛的应用前景，一些独创的技术得到国际同行的赞赏和借鉴。2006 年 EAST 工程调试一次成功，等离子体放电实验也一次成功。2007 年 3 月，EAST 项目通过国家验收。

2012 年，EAST 获得超过 400 秒的 2000 万度高参数偏滤器等离子体和稳定重复超过 30 秒的高约束等离子体放电，创造当时两项托卡马克运行的世界纪录。2014 年，EAST 辅助加热系统功率从 10MV 提升到 26MV，装置内部重要部件性能进一步优化，全方位的等离子体诊断系统得到发展，多项设计是国内乃至世界范围内的首创。2015 年 2 月，国家大科学工程 EAST 辅助加热系统项目通过国家验收。2016 年 1 月，EAST 物理实验实现电子温度超过 5000 万度、持续时间达 102 秒的超高温长脉冲等离子体放电。2017 年 7 月，EAST 物理实验实现稳定的 101.2 秒稳态长脉冲高约束等离子体运行，创造新的世界纪录。

EAST 项目的成功使等离子体所成为 ITER 计划（即国际热核聚变实验堆，由欧盟、美、日、俄、中、韩、印七方共同承担，是当今世界最大的多边国际科技合作项目之一）中国工作组最重要的单位之一。等离子体所承担导体、校正场线圈、超导馈线、电源、诊断等采购包，占中国承担 ITER 采购包任务的 73%，研制进度位于 ITER 七方前列，并积极推动 CFETR（中国聚变工程试验堆）预研。依托 EAST 项目，等离子体所科研项目及其创新团队于 2008 年和 2013 年两度获得国家科学技术进步奖一等奖，多次获得国家、省部级奖项。

2019 年 9 月 4 日，国家发展改革委正式下发《关于核定聚变堆主机关键系统综合研究设施国家重大科技基础设施项目初步设计概算的复函》，批复聚变堆主机关键系统综合研究设施项目的初步设计概算。聚变堆主机关键系统综合研究设施是《国家重大科技基础设施建设“十三五”规划》优先布局的大科学工程项目之一，建设周期为 5 年 8 个月。

（叶华龙）

地　震

【概况】 2019 年，合肥市在省政府防震减灾目标管理绩效考核中位列一类市第一名。合肥市地震局（以下简称“市地震局”）被安徽省地震局评为“2019 年度全省市级防震减灾工作综合考核先进单位”，肥西县应急管理局、庐阳区应急管理局被评为“2019 年度全省县级防震减灾工作综合考核先进单位”，长丰县应急管理局、瑶海区应急管理局被评为“2019 年度全省县级防震减灾工作综合考核优秀单位”。

2019年2月，根据合肥市委推进机构改革领导小组统一部署，将“震灾应急救援和市抗震救灾指挥部相关职能”从市地震局划入市应急管理局，相关工作人员转隶到市应急管理局。10月25日，市防震减灾领导小组办公室印发《关于调整合肥市防震减灾工作领导小组成员和单位职责的通知》，按照机构改革后部门调整和职能整合情况，调整领导小组成员和职责分工，完善防震减灾工作机制。

【合肥地震活断层探测项目】 2019年度，合肥市地震活动断层探测与地震危险性分析项目成果运用于国家“十三五”重点研发计划课题“重大工程地震灾情推演与紧急处置平台”、安徽天长至合肥输气管线建设、沿江高铁合肥至武汉段工程建设等项目和《庐江县地下空间规划》编制工作，并运用于指导开展有关风险防范工作。

【地震监测会商和震情应对】 2019年，合肥市辖区发生ML1.0级以上地震10次，最大地震为4月8日20点06分长丰县ML2.5级地震，震源深度8千米。

市地震局落实震情跟踪应对及省市联动工作责任书的目标任务，先后制定下发《2019年度合肥市震情监视跟踪工作方案》《2019年全国“两会”期间合肥市地震局地震安全保障服务实施方案》《中华人民共和国成立70周年庆祝活动合肥市地震局地震安全保障服务实施方案》等文件，做好“两会”、中高考、国庆期间和世界制造业大会等特殊时段地震安全保障工作。做好4月6日肥东县MS1.6级（ML2.4级）地震、4月8日长丰县MS1.7级（ML2.5级）地震和4月18日台湾花莲县6.7级地震的震情跟踪和信息服务，落实震情跟踪举措和应急处置工作。强化宏、微观异常核实工作，全年核实排除2起疑似地震宏观异常。举办全市群测群防信息员暨防震减灾助理员和监测预报业务培训班。

依托市、县地震监测台网，按时收集、报送、分析监测数据，按时开展周月、年中和年度会商，加强震情短临跟踪及会商研判，及时向省地震局提交会商意见和研究报告。7月4日和12月13日，市地震局分别组织召开2019年中和2020年度全市地震趋势会商会。

依法加强地震观测环境保护工作，对市属9个地震监测台站和合肥市境内26个流动监测点位划定地震观测环境保护范围，设置保护标志，标明保护要求。继续推进地震群测群防宏观观测点标准化建设，开展第二批6个市级“地震宏观观测示范点”建设和认定工作，把宏观观测点打造成集观测、科普、宣传于一体的标准化网点。

2019年度合肥市ML1.0级以上地震目录

序号	日期	时间	纬度/° N	经度/° E	震级（ML）	震源深度（km）	震中
1	20190308	03：44：46	31.14	117.45	1.1	6	庐江县
2	20190315	05：46：57	32.02	117.37	1.8	6	肥东县
3	20190324	05：16：04	31.33	117.42	2.1	8	庐江县
4	20190404	21：33：31	32.32	117.22	2.1	6	长丰县
5	20190406	00：19：16	32，10	117.59	2.4	6	肥东县
6	20190408	20：06：45	32.45	117.05	2.5	8	长丰县
7	20190528	20：55：28	31.83	116.90	1.7	8	肥西县
8	20190610	18：28：40	31.41	117.65	1.8	6	巢湖市
9	20191013	12：26：51	31.07	117.40	1.7	6	庐江县
10	20191210	00：14：08	32.45	117.06	1.3	5	长丰县

【依法行政和行政审批】 2019年，市地震局落实防震减灾法律法规和国务院“放管服”政策，依法加强建设工程抗震设防要求事中事后监管，严格建设工程抗震设防及竣工验收把关。市工程建设项目审批制度改革工作领导小组办公室出台《关于印发〈合肥市工程建设项目审批制度改革涉及审批事项清单的通知〉》，将抗震设防要求纳入审批事项清单。市地震局政务服务窗口全年核定抗震设防要求85项，参加竣工联合验收174项，参与审查重大工程项目初步设计29项。

【农村民居建设抗震设防指导服务】 2019年，合肥市把“加强农村民居和乡村公共设施抗震设防指导和管理，提供抗震技术服务”纳入《合肥市2019年度防震减灾工作目标考核细则》对各县（市）区防震减灾目标考核，各县（市）区开展农村民居和乡村公共设施抗震设防指导和管理工作。

10月24—25日，市地震局、城乡建设局在肥西县三河镇联合举办“全市农村地震安全工程建设暨第四期农村建筑工匠业务培训班”。来自肥西县和包河区两地21个乡镇（街道）的农居建设管理人员、地震部门管理人员以及建筑工匠代表70余人参加培训。至此，“十三五”期间合肥市乡镇建设管理人员及建筑工匠代表抗震设防知识轮训工作全部完成。

【完善地震应急体系】 2019年9月11日，市地震局举办全市地

2019年5月5日，松竹社区幼儿园参观合肥市防震减灾科普馆 （吴杰宏/摄）

震应急“第一响应人”培训班，邀请安徽省地震局专家授课，各县（市）区、开发区应急管理局局长，分管副局长和承办防震减灾工作负责人，合肥市地震局机关工作人员50余人参加培训。10月15日，市地震局依据新修订的《中国地震局地震应急预案》《安徽省地震局地震应急预案》和《合肥市地震应急预案》，召开《合肥市地震局地震应急预案》讨论会，根据市机构改革职能变动，结合本局实际，重新修订印发《合肥市地震局地震应急预案》。

12月19日，庐阳区应急管理局组织开展地震应急救援演练活动，演练以庐阳区发生破坏性地震为模拟背景，从演练科目下达开始，依次开展应急预案启动、地震工作队和地震志愿者队伍紧急集结、协调指挥应急救援队伍和医疗队伍开展紧急救援活动，开展志愿者紧急施救、专业消防救援队伍紧急破拆救助、高空索降施救、紧急医疗救治等科目演练。本次演练参加人员100余名，动用车辆10余台，携带救援装备器材50余件，省市相关部门领导观摩指导。

【防震减灾科普宣传演练】 2019年5月，合肥市第四个“防震减灾宣传演练月”期间，市地震局围绕“纪念汶川地震十一周年”主题，组织开展防震减灾科普宣传活动100余场次，举办各类防震减灾科普大讲堂近1200场次，发放适合不同群体阅读的地震科普知识宣传册近50000份，发放创意宣传品10000余份。

2019年，合肥市防震减灾科普教育馆被教育部命名为第二批“全国中小学生研学实践教育基地”。市地震局依托防震减灾科普教育馆开展中小学生防震减灾科普研学实践活动，全年举办“中小学生防震减灾研学实践大讲堂”10场，微信网友亲子同游科普馆活动3次，科普宣传业务培训3批，开发制作地震科普动漫片1部，防震减灾主题科普宣传品4类15000件，接待青海省“行走的格桑花”研学团队为代表的省内外多批次团体研学参观。

【防震减灾示范创建】 2019年，市地震局加强对以往创建命名的防震减灾示范单位管理指导，新创建省防震减灾科普示范学校6所、市防震减灾科普示范学校13所、合肥市防震减灾示范乡镇（街道）8个、合肥市地震安全农居示范村（点）3个，新认定“庐阳区三孝口街道安全教育体验馆”和“包河区常青街道淝南家园社区科普馆”等2个科普场馆为“合肥市防震减灾科普教育基地”，通过示范点创建推动基层防震减灾落实。截至2019年底，累计创建市防震减灾科普示范学校158所、省示范学校87所、国家示范学校7所，市地震安全示范社区144个、省地震安全示范社区58个、国家地震安全示范社区37个，合肥市防震减灾示范乡镇（街道）42个，合肥市地震安全农居示范村（点）24个，市防震减灾科普教育基地7个。其中，肥西地震科普馆被省地震局、省科协认定为“安徽省防震减灾科普教育基地”。

（汪霞光）

气　象

【概况】 2019年，合肥市在省政府气象防灾减灾考核中获全省第一。合肥市气象局被安徽省气象局评为“2019年度全省气象部门综合考评优秀达标单位”，“推动落实同城同待遇　优化高质量发展财政保障长效机制”被评为全省气象部门创新工作。7月15日，肥东县桥头集镇、庐江县冶父山国家森林公园成功申报“安徽省最佳避暑旅游目的地”。巢湖市气象局局长靳青春获评全国气象部门优秀县局长。巢湖市农业农村局李立胜局长获得中国气象局表彰的气象服务贡献奖。

【气象现代化建设】 2019年，合肥市气象监测预警与科学研究中心（合肥气象科技园）项目正式立项。合肥现代农业气象示范基地项目设计方案获得市发展和改革委员会审批。合肥市气象灾害监测预警二期工程投入应用，实现高速公路路面状况、实景观测等气象数据实时接入，全市高速公路能见度监测达到5千米密度，排名全省前列。风廓线雷达、X波段雷达、激光云雷达、微波辐射计等新型气象探测装置加速组网布局，初步形成覆盖空、地、水面的大城市智能综合气象立体探测网。肥西、肥东气象灾害监测预警中心业务用房建设快速推进。所有乡镇（街道）区域自动气象站覆盖率达100%。气象观测业务通过ISO9001质量管理体系认证，综合观测自动化程度接近100%。全年地面、辐射、酸雨等业务错情率0.0‰，气象信息传输及时率保持稳定。酸雨考核业务连续5年获优秀等次。暴雨预警提前量等4项业务能力列全省第一。

【气候预报】 2019年，合肥市气象局准确预报元旦假期雨雪冰冻和连阴雨、夏季高温、秋冬季持续干旱等灾害性天气过程。天气预报时效达10—15天，短时临近预报时间分辨率精确到1—3小时。24小时晴雨预报和综合时效晴雨预报准确率分别为89.3%和87.9%，灾害性天气预警准确率达90%以上，强对流预警时间提前量超过30分钟。

【防灾减灾】 2019年，合肥市气象防灾减灾“作战地图”绘制完成，更新6100名灾害防御责任人信息，基本实现基层气象防灾减灾“六个一”标准化。全市地质灾害隐患点实现雨量监测全覆盖。合肥市在全省率先解决人影火箭弹存储运输难题。全市新增燃气炮、烟炉等人影装备6套。印发《合肥市重大灾害性天气预警手机短信发布实施细则》，初步建立重大灾害性天气手机短信全网发布机制。全年启动气象灾害应急响应5次，发布预警信号87次，制作发布各类服务材料260期，免费发布发送气象预报预警手机短信442条，累计覆盖200万人次。

【气象服务】 2019年，合肥市气象局完成“两会”、春运、国际马拉松赛、世界制造业大会、安徽创新馆开馆等重大气象保障任务。全年实施飞机增雨作业27架次，航时77小时，市、县联动开展地面火箭、烟炉、防雹燃气炮增雨作业近百点次，覆盖面积约11000平方千米，增雨次数和弹药用量均为历史之最，成功为大气污染“削峰”，成功缓解持续干旱。合肥城市通风廊道规划研究项目取得重要成果，通风能力、天空开阔度等五项指标国内领先。完成国省两级水稻分期播种和优质晚稻播期试验，牵头制定并颁布实施安徽省地方标准《农业气象观测规范——草莓》。全年制作发布各类农业气象服务信息140期，与市农业农村局联合发布农业气象预警7次。“互联网+气象”服务链条继续向基层延伸，新增服务对象2235名，“点对点”农业气象服务对象达12428人，覆盖农户、农技人员、乡（镇）村干部。

【科普宣传】 2019年，合肥市气象局在“3·23”世界气象日、5月全国科技周、“5·12”防灾减灾日、9月全国科普日等重要时间节点，举办气象科普宣传活动，合肥气象科普馆全年接待各类观众1万余人。全年开展气象科普主题宣传活动20余次，新设社区宣传专栏6块，发放科普读本1.2万册，宣传单页2300页。联合市科技馆举办以“太阳 地球 和天气”为主题的系列活动，约5000名群众走进科技馆参观气象专题展览，近千名观众参观体验气象科普讲座、气象科普微讲堂、手工制作、互动实验等科普教育活动。巢湖市、长

2019年8月12日，合肥市组织开展人工增雨抗旱作业 （柏颖/摄）

丰县气象局获安徽省气象科普教育基地称号。1部科普作品获评全国“百部气象科普好作品”，2部作品获全省气象科普作品创作大赛二等奖，1人获全省气象科普讲解大赛三等奖。

【主要气候事件】 2019年，合肥市年平均气温16.7℃，较常年偏高0.7℃，其中肥东站偏高1.3℃，为有气象记录以来最高。年降水量709毫米，偏少3成，其中合肥、长丰站为仅次于1978年的第二个干旱年份；降水季节分配不均，冬季为有气象记录以来最多，春、夏、秋三季持续偏少，秋季空梅为1961年以来第6次。年平均风速2.3m/s，偏小0.2m/s，风速连续19年偏小。

元旦假期遭遇低温雨雪冰冻灾害。2018年12月30日，全市普遍出现3厘米以下积雪，受冷空气影响，全市气温和地温迅速降至0℃以下，29—31日最低气温仅为零下6.8℃，低温雨雪导致市区高架桥面出现道路结冰，交通受阻，多车连环追尾。

出现罕见长时间阴雨寡照天气。2019年1月28日至3月6日，合肥市连阴雨强度大部分达中等以上，其中肥东达到最强5级。雨雪日数之多仅次于1990年，位列气象记录第二；日照时数为1961年以来最少年份，突破历史极值。持续阴雨寡照导致全市大部分农田土壤过湿，田间渍害较重，病害滋生，农业生产受影响。

2019年1月9日，合肥市进入冰雪灾害天气预警期　　（柏颖／摄）

夏季平均气温25.7℃，较常年偏高0.6℃，全市平均高温日数（≥35℃）达21天，较常年偏多8天。最强高温时段集中在出梅后的7月20日至8月9日，其中7月26—30日合肥本站连续5天超过38℃，历史排位第四。

秋冬季持续干旱。8月中旬以来，合肥市降水持续偏少、气温偏高、蒸发量大，至11月中旬，全市均达特等气象干旱。干旱期间全市平均降水量71.9毫米，较常年同期偏少7成。整个干旱过程持续将近4个月，为合肥市40年一遇的最严重气象干旱，造成农田失墒、多地水塘干涸、水库库容低于死水位，给农业和居民用水带来严重影响。受天气条件和人工增雨作业共同影响，11月17—18日、24—27日全市出现两次大范围降水过程（降水量40～60毫米），干旱得到有效缓解，至12月上旬气象干旱基本解除。

（吴大慧　柏　颖）

责任编辑：贯南田

教 育

综 述

【概况】 2019年，合肥市成立市委教育工作领导小组，构建党委、政府、部门三位一体的教育事业发展保障机制。截至年底，国家主要媒体刊发合肥教育发展经验96篇，省级媒体刊发200余篇，市级媒体刊发500余篇。全国20余个教育代表团取经合肥教育改革与发展经验。12月5日—7日，承办第二届长三角地区中小学德育创新论坛。市教育局获评全国第六届中小学生艺术展演活动优秀组织奖、安徽省第三届校园读书创作活动优秀组织奖。12月12日，稻香村小学入选首批国家语言文字推广基地。

市教育局全面实施中小学“午餐工程”，截至年底，全市城市和农村地区中小学午餐服务覆盖率分别达99.7%和58.8%。推进学校资源共享，全市体育场地对外开放学校数414所，城区学校开放率达到87.5%。借助于第三方“课后三点半公益项目”平台，市区155所小学实施“三点半课后服务”，服务全市小学生约12万人。创新招考工作，组织首次八年级初中学业水平考试，中考首次采用理科实验操作考试电子打分系统、组织统一的艺术类特色班专业考核，高考外语听力考试首次使用CD光盘作为介质播放。

【队伍建设】 2019年，市教育局开展“师德师风巩固深化年”系列活动，开展征文活动、微视频征集活动，举办“做新时代美丽老师”师德演讲、“礼赞新时代、致敬好老师”文艺会演和“为教师亮灯”活动。推荐全国模范教师、优秀教师、优秀教育工作者9人，全省模范教师、优秀教师、先进工作者、优秀教育工作者83人，评选命名10名教师为第三届“庐州最美教师”，以市政府名义通报表彰50个“合肥市教育系统先进集体”、150名“合肥市优秀教师”。开展“不忘初心、牢记使命，做新时代筑梦人”巡回报告10场。推进教师有偿补课专项治理。

出台《关于全面深化新时代教师队伍建设改革的实施意见》，加强新时代教师队伍建设。加强市属学校干部队伍建设，出台《市属学校中层干部选拔任用管理办法》，

2019年11月6日，省委常委、市委书记宋国权，市委副书记郭强，副市长吴春梅会见合肥市“不忘初心、牢记使命，做新时代筑梦人”最美教师先进事迹报告团成员

（市教育局/供）

规范学校干部选拔任用程序，提拔、重用或交流32名市属学校副校级及以上干部，配齐配优市属学校干部队伍。加大教研员队伍建设，提升教科研水平。修订《合肥市骨干教师评选管理办法》，评选第四批学科带头人562人、骨干教师2793人。做好2019年教师招考和引进工作，引进高层次教育人才16名，公开选调4名教研员，新招中小学教师2926人、幼儿园教师390人，市属学校、直属事业单位公开招聘183人，完成28名公费师范毕业生录用安置工作。全年招收定向培养乡村教师116人。完成3398名教师专业技术资格申报评审工作，评推19名教师参加中小学正高级资格评审、6名中职教师参加正高级讲师评审，评推2名合肥市领军人才、6名合肥市拔尖人才。推进教师培训工作，近7万名教师参加市级以上培训。启动区域质量提升项目，试行教师培训管理平台，推进培训管理的信息化。完成第一批18个培训基地周期性考核，建立第二批20个培训基地。实施教育家培养工程，发挥16个名校（园）长工作室、132个名师工作室、15个名班主任工作室和6个特级教师工作站示范引领作用。加强乡村教师培训，组织市学科教师培训基地骨干教师赴乡村学校开展"菜单式"送培送教。

【校培整治】 2019年，市教育局推进校外培训机构整治，规范校外培训机构办学行为。开展校外培训机构整改情况县（市）区交叉互查。建立校外培训机构监管长效机制，制定《合肥市校外培训机构规范管理联席会议制度》《合肥市校外培训机构联合执法行动方案》《合肥市校外培训机构规范办学服务承诺书》及《合肥市校外培训机构规范办学合同文本》等，建立市、县（市）区、街道（乡镇）三级联动的综合监管机制，健全街道（乡镇）网格化信息反馈机制。建立校外培训机构黑白名单，截至年底，全市公布白名单机构815所，公布黑名单机构72所，初步构建系统化、常态化、长效化的校外培训机构监督管理体系。

【教育信息化】 2019年，市教育局印发《合肥市智慧学校建设实施规划（2019—2022年）》，明确智慧学校建设内容、分年度任务和八大重点工程。全年全市建设智慧学校210所，配备智慧课堂系统906套、教师端5254套、学生端45876套。实施"县（市）智慧课堂示范性应用项目"，建设县（市）区300个班级智慧课堂，开展6场县（区）级集中培训，100场校级集中培训，推进智慧学校建设。深度推进"云网端"应用，依托"合肥市教育数据应用系统"项目建设，构建教育治理体系，提升教育治理能力。优化完善智慧教育生态体系，建设教育大数据服务体系，推进信息技术与教育教学深度融合。组织开展新媒体新技术教学应用研讨会暨第十二届全国中小学创新课堂教学实践观摩、第八届"中国移动'和教育'杯"全国教育技术论文大赛、安徽省中小学信息化设备运维服务微视频评选、全市中小学教师信息化大赛、第十八届合肥市中小学电脑制作等活动，提升师生信息素养，增强信息化应用能力。

【教育民生】 2019年，市教育局施行《合肥市普通中小学规划建设管理导则》，全面提高中小学建设标准。建成中小学项目44个、新增学位7.4万个，幼儿园项目71个、新增学位2.6万个。加快市属学校公益性项目建设，推进合肥六中新校区、合肥九中新校区、合肥特教中心北校区、黄麓师范学校改扩建工程、合肥五中新校区、合肥市青少年综合实践基地、合肥一六八中学陶冲湖校区扩建工程（二期）等项目。

完成教育民生工程。2019年，各级义务教育经费实际到位并支出资金83589.75万元。全年全市发放高中阶段学生资助资金26799.77万元，资助学生158884人次。各级学前教育促进工程实际到位资金80785.63万元，全市完成幼儿园建设项目68所，完工率100%。完成11751名贫困幼儿资助，完成率183.4%。完成教师培训1798人次，完成率259.45%。

实现贫困家庭学生资助全覆盖、义务教育控辍保学有保障，全面阻断贫困代际传递。印发2019年合肥市教育扶贫工作要点，统筹教育扶贫年度工作开展。截至年底，全市建档立卡家庭经济困难学生资助资金全部发放到位，全年发放各级各类学生资助资金34651.61万元，资助学生165509人，其中发放建档立卡家庭困难学生资助资金5540.577万元，资助学生32527人。着力做好疑似失学辍学儿童劝返复学工作，突出重度残疾儿童送教上门，全面落实义务教育控辍保学任务，落实"一户一案、一生一策"动态监测机制。牵头做好市脱贫攻坚包保肥西县暗访督查组工作。加大对肥东县马湖乡创业村对口帮扶工作，印发《合肥市教育局驻肥东县马湖乡创业村帮扶工作三年发展规划》，夯实驻村第一书记职责，认领创业村扶贫项目，提升帮扶成效。

【教育督导】 2019年，市教育局强化督政工作，推动政府依法履职，落实教育优先发展战略，开展2018年度县（市）区党政领导干部履行教育职责督导考核市级复核，完成省政府对市政府履行教育职责考核评价。开展全国县域义务教育发展优质均衡创建，督促县（市）区加大县域教育资源配置力度，提高教育质量，瑶海、庐阳、蜀山、包河和合肥经济技术开发区被列入全省首批创建单位。完善市级督学制度，聘用市级督学195名。推进责任督学挂牌督导，设置中小学校（含幼儿园）督学责任区114个，配备专兼职责任督学478名，实现中小学和幼儿园挂牌督导全覆盖。开展市级素质教育示范学校评估认定。开展学前教育三期行动计划、义务教育学校校舍维修项目建设进展、学前教育公办率提升、全市幼儿园办园行为、全市民办义务教育发展等专项督导。开展合肥市普通高中发展状况专题调研。完成2019年度国家义务教育质量监测。

【教育宣传】 2019年，市教育局上线合肥市教育局微信公众号，构建立体政务新媒体体系，推送各类信息295条。在《合肥晚报》《合肥日报》等媒体连续开展合肥市优秀班主任、优秀教师群体风采录等《合肥好老师》专版宣传；出版《仰望星空的人——合肥好老师》第三辑；在合肥电视台开设“庐师风尚”栏目，全方位展示教育改革发展亮点，提升教育美誉度。9月，组织开展合肥市第七届“爱国主义电影进校园”暨“走进新时代 开启新征程”主题电影观后感征文大赛颁奖典礼、出版《感恩时代·放飞梦想——2012—2018年合肥市中小学生“爱国主义电影进校园”活动观后感征文汇编》书籍，传承红色经典文化。组织参加安徽省第三届校园读书创作活动，市教育局获评“优秀组织奖”，联合开展全市优秀“思政微课堂”“思政星教师”竞赛，推进思政课改革创新。

【依法治教】 2019年，市教育局推进教育“放管服”改革，完成教育部门公共服务清单、中介服务清单和市属学校公共服务清单建设。依托“互联网+政务服务”，全面推进政务服事项全程网办。完成市属学校章程制定，在全市教育系统推行法律顾问制度，全面提升学校依法管理、科学管理和民主管理水平。

【校园及学生安全】 2019年，市教育局按照“党政同责、一岗双责、齐抓共管”要求落实安全工作责任。加强中小学幼儿园安全风险防控体系建设，提升学校“三防”建设水平。加强防溺水、消防安全、特种设备、瓶装液化气等重点领域隐患排查治理。出台《关于中小学幼儿园安全防范若干问题的指导意见》《合肥市校车监控平台建设服务规范》《合肥市教育局灾害性天气应急预案》，加大幼儿园和中小学安全监管力度。健全校园安全风险防控机制，发挥市校园安全及周边环境综合治理专项组作用，提升校园安全风险防控合力，实现中小学、幼儿园安全稳定。抓好考试安全，完成全年6大类28次108万人次组考工作，推进市级网上巡查系统和考点监控高清改造。建设国家教育考试考务指挥中心，全面提高教育考试应急反应、现场处理和指挥调度能力。

（史东伟）

2019年10月30日，合肥市第十届中小学文化艺术节器乐专场暨第七届鼓管乐队展演在合肥四中举行 （市教育局/供）

各级各类教育

【概况】 截至2019年底，全市各级各类学校2160所，其中，普通高等院校55所、中等职业学校53所、普通高中102所、初中238所、小学510所、幼儿园1195所、特教学校6所、国防学校1所。各类学校在校学生208.6万人，教职工14.32万人，其中专任教师11.04万人。

【学前教育】 2019年，市教育

局贯彻落实《中共合肥市委 合肥市人民政府关于加快推进学前教育改革发展的实施意见》，印发《关于下达我市2019年学前教育发展目标任务的通知》，夯实县（市）区目标任务。完善《合肥市促进学前教育发展市级以奖代补资金管理办法》，突出学前教育公益普惠发展，全年市级奖补资金提高到2.72亿元。10月，印发《合肥市学前教育促进工程实施办法》，推进幼儿园项目建设、贫困幼儿资助和幼儿教师培训。实施学前教育三年行动计划，举办公办性质幼儿园，鼓励公办幼儿园集团化发展，鼓励国有企事业单位所办幼儿园举办公办性质幼儿园；鼓励普惠性民办幼儿园发展。截至年底，全市在园幼儿公办率和普惠率达45.5%和78%。推进城镇小区配套幼儿园和幼儿园“小学化”专项治理。推进实施幼儿园“明厨亮灶”及信息化工程。加强全市幼儿园和幼儿看护点保育教育和安全监管，完善校园安全工作长效机制。

【基础教育】 2019年，市教育局贯彻《关于统筹推进城乡义务教育一体化改革发展的实施意见》，加强乡村小规模学校建设，实现乡镇寄宿制学校全覆盖，推进城乡义务教育优质均衡发展。开展统筹城乡义务教育一体化发展、义务教育阶段学校办学基本标准和管理标准调研。做好控辍保学工作。推进新优质学校创建，公布第二批新优质学校名单，制定并实施新一轮三年发展规划，完成第三批新优质学校总结论证，认定第五批37所新优质创建试点学校。4月，印发《关于进一步推进城乡教育集团结对工作的通知》，推进城区优质教育集团、县城学校与乡镇中心校结对合作，促进义务教育城乡、县域和校际间优势互补、资源共享，提升农村义务教育阶段学校教育质量。发挥优质教育资源辐射作用，推广名校办分校、名校托管、学区联盟、名校集团化等方式，提升集团化办学水平。截至年底，全市建立159个教育集团，覆盖680所学校，占义务教育学校的91%。推进消除“大班额”工作。落实合肥市特殊教育第二期提升计划，提升特殊教育与普通教育融合水平。完善“送教上门”制度建设，保障残疾儿童接受教育的权利。

落实《合肥市高中阶段教育普及攻坚计划（2017—2020年）实施方案》，推进高中阶段教育普及攻坚计划。推进普通高中育人方式改革，深化省示范高中自主招生。合肥十中承办安徽海军青少年航空学校，促进普通高中多样化、特色化发展。改革普通高中教育教学质量评价方式，引导学校树立科学全面的教育质量观。立足《合肥市推进普通高中学校课程建设三年行动方案》，探索走班教学、学校班级组建、导师制实施、信息化助力等改革。

【职业教育】 2019年，市教育局贯彻落实《国家职业教育改革实施方案》，出台《合肥市深化职业教育校企合作实施意见》《合肥市中等职业学校智慧校园建设方案》，编制《合肥市推动产教融合校企合作实施办法》《合肥市职业院校教师队伍建设实施办法》。申报国家产教融合型城市试点。坚持产城融合、创城融合、学城融合，推进职业教育集团化，完成市现代职教集团扩容提质强服务行动，吸收17所中高职院校、40家规模以上企业和市现代职教集团公共实训中心为集团成员单位。在集团内开展产学研联盟和教师创新团队遴选，完成集团内企业年度考核。合肥市现代职业教育集团成功申报省级示范职业教育集团。启动中职学校A、B类省级评估，编制学校质量评估报告。合肥市经贸旅游学校首获教育部“1+X”证书制度试点院校。组织第五届职业院校专业课教师暑期到企业实践活动，20多所职业院校200多名教师深入全市25家企业30个实践点开展实践活动。实施职业教育质量提升工程，深入22所学校对146个中职质量提升工程项目进行验收。组织开展2019年市级中等职业学校优秀论文、优质课和优秀教学软件及“教学成果奖”评选评审。1月19日—20日，举办合肥市2019年中等职业学校技能大赛等活动，全年全国技能大赛中我市学生获得1个一等奖、8个二等奖、7个三等奖，位居全省前列。

【高等教育】 2019年，市教育局结合合肥综合性国家科学中心“2+8+N+3”创新体系建设和长三角一体化发展战略，推动中国科学技术学大、合肥工业大学、安徽大学等省部属高校“双一流”建设。推动合肥学院更名“合肥大学”和中德教育合作示范基地建设，支持合肥幼儿师范专科学校和合肥职业技术学院在各自的类型和定位上办出特色，争创国家优质特色校和地方应用型技能型高水平大学。推动安徽大学江淮学院转设。支持本科高校与技能型高水平大学合作培养高层次应用技术人才，建立健全行业企业深度参与职业教育和高等教育校企合作育人、协同创新的体制机制，形成教育和产业统筹融合、良行互动的发展格局。拓展高等教育交流合作的渠道，推进与清华大学、北京航空航天大学、北京外国语大学、天津大学等国内知名高校的合作，通过中德教育合作示范基地扩大国际合作教育的规模，提升我市高校对外开放合作的水平。参与承办第五届中国“互联网+”大学生创新创业大赛省级复赛。

【终身教育】 2019年，市教育局落实《合肥市教育局等九部门关于进一步推进社区教育发展的实施意见》，推进社区教育健康有序发展。9月，举办第三届“能者为师——寻找社区好教师”活动。10月，举办合肥市社区教育成果展演。11月19日，举办2019年合肥市暨庐阳区全民终身学习活动周开幕式。巢湖市通过第五批国家级农村职业教育和成人教育示范县创建验收，创建2个全国终身学习品牌项目和3个省级终身学习品牌项目，2个全国百姓学习之星和4个省级百姓学习之星。整合社区教育资源，遴选8个市级社区教育示范街道，3个市级示范乡镇成人文化技术学校；39个优秀社区学习团队、21个特色社区学习团队和17个全民终身学习体验基地（体验点）特色体验项目。推进社区家长学校建设，全年安排9期父母“童”学精品课程，超过256万人次观看专题讲座。

【素质教育】 2019年，市教育局贯彻落实《中小学德育工作指南》《中等职业学校德育大纲》，9月，出台《关于进一步加强中小学德育工作的指导意见》，构建立德树人系统化落实机制。贯彻《关于深化新时代学校思想政治理论课改革创新的若干意见》，突出学校思想政治理论课德育主课程功能发挥，将中小学德育落实到学科课程教学目标，融入渗透到教育教学全过程，形成全员全过程全方位育人格局。推进理想信念、社会主义核心价值观、中华优秀传统文化等教育。注重红色基因传承，组织开展“传承英烈精神　立志报效祖国”和“我爱祖国　同唱国歌”系列活动，承办第二届长三角地区中小学德育创新论坛。举办第四届班主任基本功大赛，表彰德育工作先进集体157个、先进个人200名、优秀班主任320名，推进课程德育创新实验区和实验学校工作。加强学生社团建设，鼓励举办入学仪式、毕业仪式、成人仪式等活动。

优化和改进课堂教学形式，提高教师课堂教学效率和学生课堂学习效率。优化学科课程建设架构体系，丰富课程建设内涵，满足学生个性发展和全面发展需要。指导中小学对国家课程进行校本化的改进和实施，加大特色化地方课程、学校课程的研究和开发。推进普通高中学校课程建设、开发与实施工作。推进“合肥市中小学立德树人工作情况监测与评估系统”建设。启动义务教育阶段学校教育教学质量评价方案研制，完善高中教育教学质量评价方案。推进STEAM课程研究与实践，形成课程开发与实施经验。认真开展中小学读书节系列活动。

强化体育课和课外体育锻炼，开展校园足球、校园篮球联赛，大力推进阳光体育运动，用好全省学校体育综合管理系统。推进中小学生体质健康监测与视力筛查干预，加强学校传染病防控。推进中小学校创建合肥市餐饮服务食品安全监督量化分级A级（优秀）单位，加强学校食堂食品安全工作。加强和改进美育工作，开足上好美育课程，加强美育师资队伍建设，印发《关于推进戏曲进校园工作的意见》，推动形成长效机制，举办第四届“玉兰杯”戏曲大赛，5月，组织省暨合肥市乡村少年宫才艺展演，9月，开展学校少年宫优秀项目展示，全年推进3个全国中小学生艺术素质测评实验区、3个美育创新实验区和15所美育创新实验学校工作。开展中小学校艺术教育工作评价。制定《合肥市中小学生社团建设与管理办法》，组织戏曲进校园、文化艺术节、艺术展演等学生活动。开展第二届心理健康宣传月活动，认定第五批心理辅导室76所，组织心理教育专家进校园活动65次，试点学生人格心理健康情况普查。加强学校劳动课程建设和劳动教育。

2月，出台《合肥市中小学生校外素质教育基地遴选和管理办法》，加强素质教育基地管理，发挥社会资源在发展素质教育中的作用。6月，印发《关于进一步加强家校共育工作的意见》，推动家庭与学校形成育人合力。设立3个家校共育创新实验区和27所家校共育实验学校，推进家庭教育理论和实践研究。开展成就“美丽家长”活动，在全市范围内推选100名市级“美丽家长”。推进馆校合作，规范青少年活动中心管理与使用。加强中小学研学旅行（工业游）课程和基地建设。健全学生志愿服务组织协调机制。开展国防教育特色学校和示范学校创建，强化学生国防教育和军事训练。推进全市语言文字督导评估、普通话基本普及县域验收以及学校语言文字达标建设工作。

高等院校选介

【中国科学技术大学】 中国科学

技术大学（以下简称“中国科大”）1958年9月创建于北京，1970年迁至安徽合肥，是中国科学院所属的一所以前沿科学和高新技术为主，兼有医学、特色管理和人文学科的综合性全国重点大学。

2019年，学校召开第十二次党代会，明确把习近平总书记关于中国科大系列重要指示精神作为学校办学发展的根本指南，将习近平总书记予以肯定的校训精神、优良传统及提出的希望和要求，细化为坚持“全院办校、所系结合”的办学方针、“红专并进、理实交融”的校训精神、“科教报国、追求卓越”的初心使命、“民主办学、学术优先”的治学理念、“潜心立德树人、执着攻关创新”的核心任务等“五个坚持”，提出“三步走”发展目标，围绕“潜心立德树人、执着攻关创新”两大核心任务，统筹推进四大支撑工程，并把党的政治建设摆在首位，全面推进党的建设和学校各项工作。

2019年，学校共有23个学院（含6个科教融合共建学院）、33个系，设有研究生院，生命科学与医学部、信息与智能学部，以及苏州研究院、上海研究院、北京研究院、先进技术研究院、中国科大附属第一医院（安徽省立医院）等。有28个一级学科博士学位授权点，7个一级学科硕士学位授权点，15个专业学位授权点；数学、物理学、力学、天文学、生物科学、化学6个国家理科基础科学研究和教学人才培养基地，1个国家生命科学与技术人才培养基地。建有国家同步辐射实验室、合肥微尺度物质科学国家研究中心、火灾科学国家重点实验室、核探测与核电子学国家重点实验室、类脑智能技术与应用国家工程实验室、语音及语言信息处理国家工程实验室、热安全技术国家地方联合工程研究中心、大尺度火灾国际联合研究中心、量子信息与量子科技前沿协同创新中心、国家高性能计算中心（合肥）、安徽蒙城地球物理国家野外科学观测研究站等12个国家级科研机构、4个国家重大科技基础设施和62个院省部级重点科研机构。

中科大少年班学院　（中科大/供）

截至年底，中国科大有教学与科研人员2244人，其中教授749人（含相当专业技术职务人员），副教授797人（含相当专业技术职务人员）。现有中国科学院、中国工程院院士62人，国家万人计划领军人才及教学名师50人，青年拔尖人才20人，国家杰出青年科学基金获得者121人，优秀青年科学基金获得者127人，教育部“长江学者”（含青年）46人。学校现有本科生7426人，硕士研究生13133人，博士研究生6415人。

学校推进科大“新医学”“新工科”“特色文科”建设，新增“临床医学”和“数据科学与大数据技术”2个本科专业。学校14个本科专业获得首批国家级一流专业建设点认定，21个本科专业获得省级一流专业建设点认定。在16个校级科技英才班基础上，推进“中法数学英才班”等项目，探索和实践创新人才培养模式。学校拓展所系结合合作范围，推动学校与广州能源所、大连化物所等研究所在人才培养基地方面的合作。

学校获批开展全国首批科研经费博士试点。完善本硕博一体化课程体系，启动研究生核心课程建设，首批立项建设26门课程。2019年授予博士学位1432人，科学硕士学位975人、专业硕士学位2100人，学士学位1762人，其中包括科教融合单位授予博士学位392人，科学硕士学位153人、专业硕士学位153人。2019届毕业生就业保持较高质量，本科毕业生初次就业率保持在90%以上，国内外深造率达74.2%；硕士、博士毕业生就业率分别为97.2%、93.5%。

重大原创性科技成果不断涌现。在量子科学、凝聚态物理、天文学、化学合成、催化科学、生命科学与医学等领域产出一系列重大原创性成果。在国际顶尖学术期刊 *Nature*（《自然》）、*Science*（《科学》）、*Cell*（《细胞》）上，以第一或通讯作者发表12篇成果。中国科大主导的“首次验证远距离双场量子密钥分发”成果、参与的“70倍太阳质量黑洞发现远超理论预言上限”成果入选2019年国内十大科技新闻，“‘界面单位点’新型催化剂结构设计与氢气中微量CO的高效去除”成果入选2019年度中国高等学校十大科技进展。各有1项成果获评2019年度国家自然科学二等奖、技术发明二等奖；中国科大主导的广域量子通信研究集体、参与的“大天区面积多目标光纤光谱天文望远镜”（LAMOST）工程研究集体获2019年度中科院杰出科技成就奖。

自然指数首次跃居中国高校第1位，在全球高校中位居第4位；13个学科进入ESI前1%，其中化学、物理学、材料科学、工程学4个学科进入ESI前1‰；附属第一医院在复旦版医院排行榜中上升20位，位列进步最快医院前五名。

2019年，录取留学生219人，截至年底在籍留学生737人，其中博士生占70.1%，硕士生占27.4%。拓展国际交流渠道和海外合作伙伴，与18所国际知名大学和机构达成合作意向。引进世界顶级名校项目资源，拓展高水平学生国际交流品牌项目，未来科学家国际夏令营已覆盖物理、化学/生物、人工智能方向，举办斯坦福大学国际高校设计联盟全球启动活动，举办首届日本名校—中国科大科技文化交流夏令营，推进日本樱花科技计划。学生赴海外学习和交流的人数保持增长，超过30%的本科生有至少一次出国交流机会，教师出访与境外专家来访人数稳中有升。利用各类引智和国际合作项目，推进国际化师资队伍建设，国际访问教授和长期国际师资人数达437人，附属第一医院南山教授获2019年“中国政府友谊奖”。

（何 婧）

【合肥工业大学】 合肥工业大学是教育部直属全国重点大学，教育部、工业和信息化部和安徽省政府共建高校，国防科工局与教育部共建高校。学校创建于1945年，1960年被中共中央批准为全国重点大学。2005年成为国家“211工程”重点建设高校，2009年成为国家“985工程”优势学科创新平台建设高校，2017年进入国家“双一流”建设高校行列。学校有4个校区，20个学院，99个本科专业，有一级学科博士学位授权16个、博士专业学位授权点2个；硕士学位授权一级学科38个、专业学位授予权19种；有（联合）国家重点实验室（培育）和国家工程实验室各1个、教育部重点实验室1个、教育部工程研究中心5个、国家地方联合工程研究中心3个、国家地方联合工程实验室和国家国际科技合作基地各1个。现有本科生32672人，全日制硕士研究生8193人，非全日制硕士研究生2322人，博士研究生1418人，留学生312人。有专任教师2293人，具有高级职称的占教师总数62.4%。

2019年，本科招生8200人，毕业生就业率为92.06%。制订2019版人才培养方案，压缩“水课”，打造“金课”，形成“工字型”课程结构。实施“第二课堂成绩单”制度，推进本科教学工作审核评估整改，使用“雨课堂”等智慧教学工具。全年设立校级教学质量与教学改革工程项目85项，申报省级质量工程项目74项，新增校外实践教学基地25家。推荐省级教学成果奖（本科）15项、重大教学成就奖1项。着力打造大数据中心、机器人中心和人工智能创新中心，创新创业教育工作跻身全国第一方阵。立项国家级创新创业训练计划100项、省级358项、校级669项。在各类学科竞赛中获省部级三等以上奖项1886项，其中国际级奖75项、国家级奖525项、省部级奖1286项。

修订2019版学术型研究生培养方案，实施延期毕业全日制硕士生及非全日制硕士生的学位论文100%盲审、博士学位论文5位专家盲审制度。实行非全日制专业学位研究生的校院两级管理和校企联合培养，首次实施非全日制研究生就业派遣。清退超期博士研究生。

合工大校园景色 （市教育局/供）

录取全日制硕士研究生2798人、非全日制硕士研究生767人、博士研究生302人。

2019年，获批国家自然科学基金项目140项、国家社科基金项目7项、教育部人文社科项目10项。获批国家重点研发计划项目31项，其中主持项目2项、主持课题7项，首次获批主持国家重点研发计划项目（涉密）1项。承担各级智库项目近40项。以第一署名单位发表SCI论文和SSCI论文1965篇，ESI全球排名上升至1248位。获批授权专利757项（发明专利授权518项），各类科技奖励57项，其中安徽省科学技术奖励一等奖7项、国家科学技术进步奖1项。获批省重点研究与开发计划项目11项，新增省部级以上人文社科计划类项目205项。学校社科联被评为安徽省“三项课题”研究先进单位，5项研究成果入选“三项课题”优秀研究成果。“合工大模式”进入升级版，建立校内虚拟平台+区域创新平台，打造“创新平台+成果转化+科技金融+产业化孵化”的创新链融合一体化平台。

2019年，学校高层次人才队伍建设取得新突破，1人入选国家“万人计划”科技创新领军人才项目，2人通过教育部“长江学者奖励计划”（特聘教授1人，青年学者1人），2人获批国家杰出青年科学基金资助，4人获批国家优秀青年科学基金资助。全职引进正高级人才15人，其中黄山学者5人。柔性引进各类高层次人才12人。

对外交流上，与波兰华沙大学等国外高水平大学开展校际合作、学生联合培养和国际合作办学。接待国（境）外高校团组268个，来访专家、学者437人次。派出校级团组5个，因公临时出国（境）团组117个，派出师生员工275人次。成功获批2019年科技部外国文教专家项目经费531万元，港澳台项目经费40万元。聘请33人次中长期外籍教师和中外合作办学项目外籍教师来校授课，该校日本籍专家任福继教授获2019年度中国政府友谊奖。招收政府奖学金等来华留学生31人，毕业留学生52人。成功举办“第十三届大学生徽文化研习营”和“第三届中华传统文化研习营”活动。

（姚　娴）

【安徽大学】 安徽大学是国家“双一流”建设高校，安徽省人民政府与教育部共建高校、安徽省人民政府与国家国防科技工业局共建高校，安徽省属重点综合性大学。安徽大学历史悠久，1928年创建于当时省会安庆市，是安徽现代高等教育的开端。1958年9月16日，毛泽东同志亲笔为学校题写校名。1997年12月学校正式成为国家“211工程”重点建设大学，2013年8月成为安徽省人民政府与教育部共建高校，2017年9月入选国家“双一流”世界一流学科建设高校名单，2018年12月成为安徽省人民政府与国家国防科技工业局共建高校。

2019年，学校有教职工2800余人，其中专任教师1800余人，副高以上专业技术职务者900余人；双聘院士5名；国家杰出青年科学基金获得者、“长江学者”特聘教授等国家级人才10余名；安徽省“皖江学者”“百人计划”等高层次人才40余名；享受国务院和安徽省政府特殊津贴的专家152名。先后涌现出一批师德高尚、学风优良的教师，如被誉为“罗马法活字典”的法学泰斗周枏教授，“爱教育、爱科学、爱学生、轻名利、重奉献”的高尚师德典范李世雄教授，全国劳动模范、全国扶贫状元何家庆教授等。

2019年，学校出台全面深化新时代教师队伍建设改革实施办法，修订人才引进、公开招聘等制度。全年引进教学科研人员146人，其中国家级人才2人。聘任院士工作站首席科学家1人、大师讲席教授1人。1人入选年度全球高被引科学家，5个项目入选省领军骨干人才项目。29人入选省“百人计

安大校园　（安大宣传部/供）

划”、省学术和技术带头人及后备人选，入选人数省属高校第一。实施第二批“优秀人才计划”，遴选资助60人。1人获评教育部在线教育研究中心“智慧教学之星”，3人获得省高校青年教师教学竞赛一等奖。

在校生规模28000余人，其中研究生7000余人，全日制本科生21000余人。设有26个院（系、部），101个本科专业。持续深化“233N”本科人才培养模式，与合肥市政府共建互联网学院和三创学院，与中国科学院合肥物质科学研究院、中电科38所、科大讯飞、阿里云等著名科研院所和知名科技企业合作开设5个英才班，推进新工科和新文科建设，构建多类别多层次人才培养体系。

2019年，学校新增6个本科专业，22个专业入选首批国家级一流本科专业建设点，居全国地方高校第二。推动信息技术深度融入教学，扩大基于翻转课堂的线上线下混合式教学模式改革实施范围。规范“英才班”拔尖创新人才培养管理，出台专项经费使用、导师制、首席教授遴选、学生动态调整等制度。着力提升外语、高数等公共课教学质量，成立大学物理公共教学中心。推进公共体育艺术教育俱乐部制改革，出台加强和改进劳动教育实施方案。深化研究生招生改革，完善“硕博”连读和“申请—审核”博士研究生选拔机制，博士生生源质量稳步提高。获批省级质量工程项目81项，其中教学成果特等奖10项。实现国家级虚拟仿真实验教学项目零的突破。加快学历继续教育教学模式转变，基本完成国家级专业技术人员继续教育基地网络教学平台建设。成立大学生创新实验中心，学生在各类竞赛中获省级以上奖项530项。学校获评全国大中专学生志愿者暑期“三下乡”社会实践活动先进单位。截至年底，研究生、本科生就业率分别为96.4%和91.4%。

2019年，学校成功获批功能杂化材料结构与性能调控教育部重点实验室、“石墨烯先进材料”安徽省工程实验室；基本建成球差校正电镜中心、微纳加工中心、低温物性测量中心、特殊材料样品制备中心等世界一流的材料科学综合实验研究平台；成功召开首届徽学学术大会；入选首批国家语言文字推广基地。

2019年，学校与白俄罗斯布列斯特国立大学共建孔子学院，与西班牙马德里康普顿斯大学等9所大学结成姊妹学校，新增与美国密苏里大学双学位联合培养项目等学生交流项目6个。与美国纽约州立大学石溪分校签署协议，合作共建“安徽大学石溪学院”，开创安徽省国际合作办学新模式。推进“磬苑海外名师”项目建设，邀请66名国境外专家来校讲学，举办国际学术会议11场。成功举办“一带一路”青年大学生国际交流营、第二届“徽文化”对话“法语文化”国际论坛等活动。启动招收港澳台学生申报工作。获批科技部“高端外国专家引进计划”3项、省重点研发计划对外科技合作项目1项。接收留学生763人，选送780余名学生赴国（境）外交流学习。

（杨良盼）

【合肥学院】 合肥学院是一所在“改革中诞生，开放中成长，创新中发展”的省市共建、以市为主的全日制、公办本科院校。其前身是创办于1980年的合肥联合大学，建校伊始提出“适当收费、不包分配、按社会需求设置专业、后勤社会化”的办学模式，学校被誉为中国高等教育改革的“小岗村”。

1985年，安徽省人民政府和德国下萨克森州政府签署按照“德国应用科学大学办学模式，共建一所示范性应用型本科院校”的协议，合肥学院（原合肥联合大学）成为德方在中国重点援建的两所示范性应用型高校之一。2002年3月，经教育部批准，原合肥联合大学和合肥教育学院、合肥师范学校合并组建合肥学院。2019年，更名“合肥大学”正式列入教育部“十三五”高等学校设置规划。

2019年，学校有教职工总数1120人，其中专任教师978人，副高以上职称460人（正高145人），博士学位281人。常年在校外籍教师20多人，4人获得中国政府“友谊奖”，11人获得“黄山友谊奖”。37人被认定为合肥市高层次人才，1人获全国教育系统模范教师荣誉称号。

2019年，全日制在校生约16256人。学校有16个教学单位，11个二级学院，设置本科专业61个、中外合作专业1个，专科专业2个。国家特色专业5个、“卓越工程师教育培养计划”专业4个、国家本科专业综合改革试点专业1个、教育部批准的对外合作办学专业3个，国家大学生校外实践教学基地3个。学校获批首批国家级一流本科专业5个、省级一流本科专业10个。

学校是“中德教育合作示范基地”，首批“服务国家特殊需求人才培养项目”——培养硕士专业学位研究生63所试点学校之一，首批承担“卓越工程师教育培养计划”61所学校之一，硕士学位授予单位，全国应用型本科高校专门

2019年7月8日，德国驻华大使葛策博士一行访问合肥学院 （合肥学院／供）

委员会副主席单位，安徽省地方应用型高水平大学建设单位，中国政府奖学金留学生委托培养学校，全国第三批创新创业典型经验高校50强，中德经济顾问委员会成员单位，全球中小企业联盟战略合作伙伴。2019年，新增1个学术硕士点和2个专业硕士点，学校硕士点达到4个。

2019年，获得国家自然科学基金项目9项、国家社科后期资助项目1项。科研成果获省部级以上奖励17项（国家科学技术奖1项、省科学技术奖4项、科技部奖1项、农业部奖1项、行业协会奖5项、全省高校社科联“三项课题”研究成果奖3项、安徽省社科普及优秀读物奖1项、第一届安徽高校科技成果转移转化大赛优秀科技成果奖1项），获批5个省级科研平台，科研与服务地方经费达到8083万。授权各类专利213件，其中发明专利35件，实现专利转让7件，技术秘密2项。学报按期出版发行，质量不断提高。

至2019年底，学校同德、韩、日、美、意、英、俄等国家及台湾地区71所大学建立合作关系。有1个教育部批准的中外合作办学专业，有4300多名学生赴国外留学，2000余名德国、韩国、俄罗斯、柬埔寨国学生来校学习、实习。承办8届“汉语桥”德国中学生夏令营活动、12届韩国语演讲大赛。学校建有“中国安徽—德国中心”和“中国合肥—韩国中心”。

2019年，成功举办第十二届中德应用型高等教育研讨会，中瑞、中意应用型高等教育学术合作研讨会等多个国际性、高层次学术研讨活动及第四届“合肥学院杯”汉语演讲大赛、第十二届安徽省“顺天乡杯”韩语演讲大赛、“一带一路—跨文化交际”德国学生夏令营等多个影响广泛的中外人文交流活动。

（江　山）

【合肥职业技术学院】 合肥职业技术学院是经省政府批准、教育部备案的具有高等学历教育招生资格的公办全日制普通高等职业院校。成立于2002年，是合肥市唯一一所市属综合性高职院校，是国家“创新发展行动计划”优质专科高等职业院校和安徽省首批地方技能型高水平大学建设单位。学校有合肥汇心湖校区、巢湖鼓山校区和合肥金寨路双创园区，总占地面积84公顷，建筑面积50万平方米，固定资产23亿元。全日制在校生约17000人，非全日制学历教育在校生5000余人。2019年，学校先后获“安徽省第一届文明校园”、首批“全国优质专科高等职业院校”“全国职业院校数字校园建设实验校”“安徽省高职发展标杆校”“安徽省技能大赛标杆校”等称号，入选“安徽省党建工作示范高校”培育单位。

学校成立人才聘任、教学指导等五个专门委员会，完善“党委领导、校长负责、教授治学、民主管理”的现代大学制度体系。学校有教职工726名，专任教师564人，教授48人，副高以上职称教师170人，“双师型”教师资格284人（含外聘兼职教师具有“双师型”资格24人）。其中，博士学位教师7人，硕士学位教师312人；校内实验实训室222个，校外实习实训基地147个，教学计算机4000余台。拥有纸质图书60余万册，电子图书36TB，纸质中外文期刊650余种，电子期刊8596种。2019年，新招录教师89名，引进高层次人才9人，晋级教授12人、晋级副教授16人，获得“双师型”教师资格43人；在省级及以上职业院校教学能力大赛的获奖9项，其中：国赛二等奖1项，省赛一等奖1项、二等奖5项、三等奖2项；出国（境）研修培训5人次，各级各类培训近1000人次。

学校以三年制高等职业教育为主，同时开设函授、奥鹏、电大开放教育和初中起点五年制高职教育，有医学院、汽车应用与轨道交通学院、机电工程学院、继续教育学院等12个二级学院，医药卫生类、财经商贸类、装备制造类、电子信息类、经贸旅游类、食品药品与粮食类、土木建筑类等7大专业群，56个招生专业，其中护理、医学检验技术、汽车检测与维修技术专业为中央财政支持建设专业，汽车检测与维修技术、工程造价、护理、会计专业为《高等职业教育创新发展行动计划（2015—2018年）》骨干专业认定名录内的国家级骨干专业，会计、助产、药学、工程造价、电子商务、模具设计与制造、建筑工程技术等专业为安徽省改革试点与特色专业；全面启动“双基”达标建设，深化“三教”改革和学分制改革，完成专业人才培养方案修订；开展“1+X”证书制度试点工作，学校获得16个“1+X”证书试点，居全国职业院校首位。截至年底，在校生取得X证书人数达到44.88%；毕业生就业率达到97.79%，在合肥区域就业1924人，就业率达到63.46%；2019年，学校承办4项省赛和3项B类赛事，省级及以上职业院校技能大赛中获奖69项，其中：国赛一等奖2项、二等奖3项、三等奖1项，省赛一等奖11项、二等奖19项、三等奖33项，安徽省赛项中名次获第七名，并获安徽省职业院校技能大赛“优秀组织奖”；省级及以大学创新创业大赛获奖25项，其中：“互联网+”大学生创新创业大赛获国赛铜奖1项，省赛金奖1项、银奖6项、铜奖11项。安徽省大学生电子商务“创新、创意和创业”挑战赛获一等奖1项、二等奖1项、三等奖4项。

2019年，学校优质专科高等职业院校建设方案、汽车检测与维修技术骨干专业、工程造价骨干专业、校企共建康复技术实训基地、教师培养培训基地、电子商务专业“双师型”教师培养培训基地等10个项目顺利通过教育部项目认定；教科研立项省高校项目64项，其中自然重点15项，人文重点10项，质量工程39项；立项校级项目206项。完成省级、校级教科研386个项目的检查或验收工作。

学校以“省内标杆、国内一流”为建设目标，服务于合肥市经济和社会发展。合肥汇心湖校区围绕合肥市支柱产业、战略新兴产业打造专业群，规划建设涵盖机电、信息、经贸旅游、轨道交通、艺术、设计等6大专业群，打造一批在全国有较大影响的特色品牌专业。巢湖鼓山校区结合巢湖市区域发展定位，以发展学校传统优势医学相关类专业为目标，保留生物、建筑、汽车类等专业，拓展医学相关类的专业领域，打造健康产业人才培养基地。合肥金寨路双创园是为学校及合肥周边地区高校大学生创新创业孵化、科教成果转化、新兴产业成长培育提供一站式服务的大学生创新创业孵化基地。成功申报5个合肥市创新型教学团队和1个产学研联盟；与合肥城市轨道交通有限公司、安徽饭店等6家企业顺利签订校企合作协议；全面开展职业技能鉴定、双创培训、科技扶贫培训工作，累计培训鉴定6275人次；承接全国会计资格证考试、司法考试、二级造价工程师等社会类考试，累计组织考试256场，服务考生29210人次。

学校有中外合作办学项目3个，在读学生134人，首届4名中美合作办学项目毕业生赴美国杰克逊维尔大学攻读本科学位；1名中韩合作项目专职外籍教师顺利来华工作，中美合作项目引进短期外籍教师4人次；接待国境外来访团11次，办理出国境手续13人次，办理孔子学院公派教师项目1人次；顺利通过教育厅招收国际学生资格备案审批，取得招收国际学生资格，首次成功开展德国学生交流活动。

（王文迪）

【合肥幼儿师范高等专科学校】
合肥幼儿师范高等专科学校始建于1980年11月15日，前身为合肥幼儿师范学校，1992年获省教育厅批准成为“安徽省幼儿师资培训

2019年10月，合肥职业技术学院举行2019级高职社会扩招新生开学典礼

（朱鹏飞／摄）

中心”，2011年获教育部批准升格成为安徽省第一所独立设置的幼儿师范高等专科学校。学校位于合肥市磨店高教基地，占地28.47公顷，2019年立项在建的梅冲湖新校区占地28.67公顷。有全日制在校生6000余名。安徽省高校学前教育专业教学指导委员会、安徽省学前教育专业（专科）联盟、安徽省陈鹤琴教育思想研究会、安徽省儿童文艺家协会幼儿文学委员会等研究机构秘书处均设在学校。学校入选首批国家级职业教育教师教学创新团队立项建设单位，获得国家级教学成果二等奖、安徽省“高职发展标杆校”、学前教育系获“全省教育系统先进集体”称号。

首届东南亚国家国际学生顺利开学 （合肥幼师／供）

学校有教职工300余人，其中：具备硕士及以上学位的教师占专任教师总数70%以上，副高以上职称超40%，拥有安徽省模范教师、省市优秀教师、高校“教学名师”“教坛新秀”、合肥市优秀教育工作者、专业技术拔尖人才、学科带头人、骨干教师50余人，省级教学团队、名师工作室4个。2019年引进公开招聘教师和行政管理人员48名，引进高层次人才2名，新认定C类人才一名，获批合肥市专业技术拔尖人才2名。

学校开设14个专业，其中，学前教育、早期教育、特殊教育、音乐教育、美术教育、英语教育、小学（全科）教育7个专业立项为国家级骨干建设专业，学前教育、早期教育、特殊教育、艺术教育4个专业为省级特色专业，完成大数据技术及应用、老年服务与管理、舞蹈表演（五年制）、美术教育（两年制）、艺术教育（两年制）、英语教育（两年制）等5个新增专业的论证、省级申报工作。2019年，学生在全国全省技能大赛中获得50多个奖项，获得全国二等奖1个、三等奖2个，省级一等奖15个、二等奖12个、三等奖19个、优秀奖1个，在首届长三角师范生教学基本功大赛，获得一等奖，获得“安徽省优秀大学生”称号。

全年开展“鹤琴讲坛”8场，教师发表相关论文141篇，一类论文2篇，二类论文9篇，三类论文71篇。获得安徽省教学成果奖特等奖1项，一等奖4项，二等奖4项，三等奖1项；获得国家级教学成果奖二等奖。启用学校教科研项目管理云服务系统，实现教科研项目统一管理。

学校聘请原客座教授美国唐卡尔先生作为专任教师来校工作；与新西兰怀卡托理工学院进行洽谈，就教师、学生等交流项目达成合作意向；首届东南亚国家国际学生顺利开学。与新加坡PCF社区基金人事部就设立就业实践基地达成共识，推动海外就业实践基地建设；推进对台交流基地工作，成功承办国台办重点项目2019皖台青年志愿者交流营；中韩班、交换生、赴台志愿服务活动等工作持续为人才培养提供助力。

截至年底，合肥幼教集团开办26所幼儿园，在岗教职工947名。集团面向社会公开招考7名园长、220名教师，开展园长论坛4次。全年中标5个国培项目，在国内专科院校中中标数第一。全年完成各级各类培训10834人，其中非学历培训8029人次，各类学历教育2805人。

（孔德洁）

责任编辑：崔建军

工　业

综　述

【工业生产】 2019年，合肥市工业经济运行情况，呈现“总体平稳、质效双提”的发展态势，表现为“三稳、两优”特点。“三稳”即工业运行总体平稳。规模以上工业增加值增速呈现“V”型走势，即前2个月同比增长9.5%、为年内最高；前8个月增长7.7%、为年内最低点；从9月份开始，呈现稳步提升态势。全年2265户规模以上工业企业实现增加值同比增长8.6%，分别高于全国、全省2.9、1.3个百分点，居全国省会城市第3位；对全省发展贡献达21.8%。亿元企业支撑稳。全市实现产值超亿元工业企业736户，实现增加值同比增长12.2%，占规模以上工业比重达92.4%，同比提高3.2个百分点；对全市工业贡献率达126.2%，较上年提高4.1个百分点。主导产业贡献稳。六大主导产业增长12.0%，对全市贡献达90%，占全市工业的66.1%。“两优”即产业结构优和企业效益趋优。战略性新兴产业增加值增长15.2%，高于全市6.6个百分点，占规模以上工业比重达52.6%，对全市工业贡献率达88.9%。高技术制造业增长20.7%，高于全市工业12.1个百分点，对全市工业贡献率达66.3%。规模以上工业企业实现利润314.58亿元，同比增长4.7%，利润增幅分别高于全国、全省8.0个和8.4个百分点。

【产业概况】 2019年，合肥市拥有37个工业行业，200多个工业门类，2000多种大宗工业产品。拥有家电、装备制造、平板显示及电子信息、汽车及零部件、光伏及新能源、食品及农副产品加工等6大主导产业，新型显示器件、集成电路、人工智能等3个集群入选首批国家战略性新兴产业集群。在《2019先进制造业城市发展指数》报告中，合肥市位列全国126个重点城市第14位。

从产业结构看，全市当年六大主导产业增加值增长12.0%，高于全市工业3.4个百分点；占全市工业66.1%，较上年提高1.3个百分点；对全市工业的增长贡献率为90%，较上年提高2.3个百分点。其中，以新型显示、集成电路、智能语音产业为核心的新一代信息技术产业产值占全市24.5%。平板显示及电子信息产业增加值增长23.4%，对全市工业增长的贡献率达61.5%，拉动全市工业增长5.3个百分点。光伏及新能源产业增加值增长16.7%，较上年加快11.4个百分点，对全市工业增长的贡献率7.5%，较上年提高5.3个百分点。汽车及零部件产业增加值同比持平。全市高新技术产业增加值增长11.5%，较全市工业高出2.9个百分点；对全市工业增长贡献率为76.6%，较上年提高1.9个百分点。战略性新兴产业实现产值占全市工业54.0%，同比提高2个百分点；产值增长10.6%，高于全市工业4个百分点；实现增加值增长15.2%，对全市工业增长的贡献率达88.9%，较上年提高12个百分点。

从项目建设看，合肥市当年完成工业投资同比增长10.2%，其中538个亿元以上项目完成投资同比增长9.8%，占全市工业投资的85.8%。全市八大战略性新兴产业投资同比增长18.2%，高于工业投资8个百分点，投资占比达86.3%，同比提高5.8个百分点，对全市投资增长的贡献率达144.5%。全年实施5000万以上工业项目676个。总投资30亿元的通威5GW电池组件、总投资25亿元的大陆马牌四期等项目开工建设；投资总额达2200亿元的合肥长鑫存储器国产化基地在2019年世界制造业大会上签约，基地集研发、生产、销售于一体，是全省迄今最大的招商引资项目；京东方10.5代线保持满产满销，视涯科技建成全球最大、专注12英寸晶圆硅基OLED微显示器件的生产基地，维信诺AMOLED项目主体结构封顶。全市工业技术改造投资同比增长3.7%，占工业投资的45.9%。

从政策支持看，合肥市加大市级先进制造业政策资金投入，并与省、县两级政策形成多层次性体系，支持不同发展阶段、发展特点的企业。2019年，组织全市526个项目获制造强省政策资金4.34亿元，组织兑现市级政策资金6.81亿元，受惠企业超900户（次）；开展光伏、软件等产业政策奖补资金兑现，全年兑现市光伏产业政策87个项目补贴资金2936.26万元，兑现市软件产业政策73个项目补贴资金3186.45万元；中国声谷建设政策支持536个项目获取奖补资金5.56亿元。

2019年六大主导产业全年走势图（单位：%）

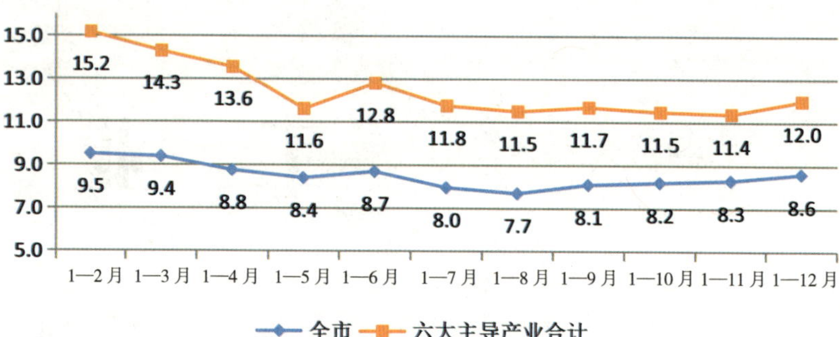

2019年六大主导产业分产业情况表（单位：%）

产业	增速	贡献率	占全市比重
全　　市	8.6	—	—
六大主导产业合计	12.0	90.0	66.1
汽车及零部件产业	0.0	0.0	5.1
装备制造业	2.7	3.8	11.5
家电制造业	9.4	13.4	12.4
食品及农副产品加工业	3.9	3.9	8.4
平板显示及电子信息产业	23.4	61.5	24.5
光伏及新能源产业	16.7	7.5	4.1

京东方磁控溅射设备　（市经信局/供）

主导产业

【概况】　2019年，合肥市六大主导产业增加值同比增长12%，高于全市工业3.4个百分点，占全市比重达66.1%，较上年提升1.7个百分点，对全市贡献率达90%，较上年提升2.3个百分点。

【平板显示及电子信息产业】　2019年，合肥市平板显示及电子信息产业从业企业近百家，累计完成投资超1500亿元，实现“从砂子到整机”的全产业链布局；实现产业增加值同比增长23.4%，对全市工业增长的贡献率达61.5%，拉动全市工业增长5.3个百分点。

从产业集聚看，合肥市拥有包括京东方、维信诺、康宁、视涯科技等多家龙头企业，会聚法液空、空气化工、江丰电子、三利谱、欣奕华、彩虹、清溢光电等一大批上下游配套企业，涵盖装备、材料、面板、模组以及智能终端完整产业链。

从重点项目看，合肥京东方建成的全球首条最高世代线第10.5代薄膜晶体管液晶显示器件（TFT-LCD）生产线，保持满产满销；视涯科技建成目前全球最大、唯一专注12英寸晶圆硅基OLED微显示器件的生产基地；总投资440亿元的维信诺柔性AMOLED6代线主体结构封顶。

从重点企业看，联宝科技产

品当年出货超过2600万台/套，成为合肥首个营收突破700亿元的企业，并连续第六年获“安徽省最大进出口企业”称号，产品累计出货突破1.3亿台。京东方显示技术受大尺寸显示屏市场回暖和满产拉动影响，三条线完成产值370.6亿元，同比增长22.3%，其中10.5代线实现满产，产值破百亿。华米科技成功赴美上市，智能可穿戴设备出货突破1亿台，出货量全球第一，实现产值超50亿元，同比增长60.2%。

从终端产品看，合肥市当年笔记本电脑产量2191.7万台、平板电脑55.9万台，同比分别增长10.6%、39.9%，其中笔记本电脑占全国总产量的6.4%；生产液晶面板2.4亿片，下降4.5%，其中，65寸、75寸大尺寸屏全球出货量第一。芯片产品也取得一系列标志性进展，长鑫存储19纳米8GB DDR4存储芯片量产，标志着中国在DRAM内存芯片领域首次实现量产技术突破，拥有这一关键战略性元器件的自主产能；中电科38所发布单核性能超过国际市场上同类芯片性能4倍的“魂芯二号A”产品；华米科技黄山1号芯片实现量产，成为全球智能可穿戴领域第一颗人工智能芯片。

阳光电源智慧能源运营管理平台 （市经信局/供）

【光伏及新能源产业】 2019年，合肥市光伏及新能源产业聚集光伏及关联企业有100余家，形成光伏玻璃基板—电池片—组件—逆变器—储能电池—光伏系统集成的垂直产业链。全市累计并网分布式光伏客户突破2万户，规模居全国省会城市之首。全年光伏及新能源产业实现增加值增长16.7%，高于全市8.1个百分点，全市电池片、组件、逆变器总出货量34GW，增长20%；其中太阳能电池总产量1018.6万千瓦，增长34.1%，占全国7.9%。

从重点企业看，全市重点监测的8户光伏及新能源企业完成产值294.7亿元，同比增长9.5%。阳光电源全球布局、出口订单增多，逆变器全球累计装机量突破100GW，完成产值115.1亿元，增长25.8%；晶澳太阳能完成产值85.2亿元，增长12.4%；通威太阳能2.3GW高效晶硅电池投产，完成产值33.7亿元；新增1户产值超10亿元企业——彩虹光伏，完成产值13.2亿元，增长28.9%。

从研发创新看，全市拥有通威太阳能、晶澳太阳能、阳光电源3家百亿级光伏行业龙头企业，国家级企业技术中心1个、省级重点实验室8个、市级以上企业技术中心11个，科技人员达2500余人，获国家发明专利400余项，主持或参与制定国家、行业及地方标准14项。

从应用范围看，合肥市实施光伏屋顶、光伏建筑一体化、光伏照明、光伏扶贫工程，开展渔光互补、农光互补、林光互补等光伏电站建设应用。2019年，全市光伏项目新增并网860户，新增并网容量45.53兆瓦；累计并网19909户，累计并网容量2141.64兆瓦；全市光伏发电量251314.63万千瓦时，占全市全社会发电量（3668340万千瓦时）的6.85%，占全市全社会用电量（3754591.616万千瓦时）的6.69%。5月3日，合肥电力调度控制中心系统显示，地区光伏发电总量达117.6万千瓦，占实时总用电负荷的38%。

【家电制造业】 2019年，合肥既是全国最大的“中国家电产业基地”，也是国内家电品牌最为集中的地区，聚集惠而浦、三洋、海尔、美的、格力、TCL、长虹7个国内外知名品牌，拥有美菱、荣事达、帝度、晶弘、尊贵、欧力6个国内知名品牌，以及华凌、惠科、万和等知名品牌。全市家电制造业当年实现增加值增长9.4%，占全市工业比重为12.4%，对全市工业贡献率达13.4%。

从产品产量看，全市当年实现家电“四大件”产量6663.9万台（套），占全国11.4%。“四大件”产量连续两年突破千万台，其中，洗衣机、电冰箱、彩电、空调产量分别为2121.7万台、1950万台、1376.7万台和1215.5万台，占全国28.5%、24.7%、7.2%和5.6%。

从研发创新看，全市品牌家电企业实现企业技术中心全覆盖。家电产业研发机构数、研发投入额、研发人员数、授权专利量名列全市工业前列，研发经费年均增长17.1%。累计有合肥海尔、TCL、长虹美菱、合肥美的、晶弘等企业的113款产品入选国家级绿色设计产品名单，占全国产品总数的10.3%；新增6款产品、累计达62个型号产品列入中国家电产品“能效之星”。瞄准家电消费结构升级机遇，推动传统产品向高端、智能产品提档，高端空调、智能化冰箱、智能电视占对应品类产量比重提升，总产量约占全部产品四成。

从产业集聚看，合肥市当年形成集家电研发、生产、销售、物流及相关配套企业集群的完整产业体系，产业综合配套能力日趋完善，核心配套率超75%。在区域分布上，形成以高新区、蜀山经开区等为主体的西部家电产业集中区，以合肥经开区、桃花工业园等为主体的西南部家电产业集中区，以新站高新区、双凤经济开发区等为主体的东北部家电产品、物流及相关配套产业集聚区，以肥东经开区为主体的东部家电及配套、加工等产业集中区。

【装备制造业】 2019年，合肥市装备制造业实现增加值同比增长2.7%。全市装备制造业重大技术装备自主化水平显著提高，新兴产业装备在数控机床、机器人、3D打印（增材制造）等智能装备细分领域形成新优势。

从产品产量看，2019年，合肥市生产叉车10.2万台，增长0.1%，生产轮胎外胎2551.5万条、挖掘机4296台，分别下降11.2%、53.4%。合力股份和应流机电产量实现产量同比分别增长29.2%、10.7%。

从产业集聚看，合肥拥有装备制造企业超过百家，形成以中科院智能研究所、合工大智能研究院等科研机构为研发主体，以欣奕华、合锻智能等为整机生产集群，以巨一自动化、井松自动化等为系统集成集群的特色产业链。

江淮蔚来数字化总装现场 （市经信局／供）

【汽车及零部件产业】 2019年，合肥市拥有15家汽车整车及专用车生产企业，以及300多家零部件生产企业，年产能达120万辆。截至年底，汽车及零部件业全年实现工业增加值同比持平。

从产品产量看，全市当年生产汽车44.9万辆，同比增长0.9%。其中，轿车16万辆，同比增长26.1%；客车0.8万辆，新能源汽车6.2万辆，SUV5.3万辆，同比分别下降31.9%、10.8%、44.2%。

从重点企业看，全市当年重点监测的11户汽车及零部件企业完成产值同比增长5.9%。江淮汽车销售各类汽车及底盘42.12万辆，新能源乘用车累计销售5.8万辆，同比分别下降8.91%、8.87%。江淮大众首款车型思皓E20X上市，江淮纯电动乘用车行业累计销量排名第五位，在私人领域内累计销量排名第二位；国轩高科动力电池销量保持全国第三位、世界第五位；江淮蔚来全年销量达20565台，累计交付突破3万辆；长安汽车新品CS75 Plus订单量增加，实现增加值增长1.6倍，汽车产量同比增长86%，拉动企业实现产值突破百亿。

从自动驾驶看，合肥市制定发布《合肥市智能网联汽车道路测试管理规范实施细则（试行）》，选址开通沿庐州大道—方兴大道—徽州大道—中山路—顺时针环线全长4.4千米的闭环式自动驾驶5G示范线路，成立合肥市5G智能网联汽车产业联盟，整合产业机构及院所（合肥中关村、合工大汽车工程研究院、合工大智能制造研究院、中科院合肥物质研究院、安徽省智能汽车实验室）、三大运营商（中国移动、中国联通、中国电信）、整车厂（江淮汽车、安凯汽车、江淮大众、奇瑞新能源汽车、长安汽车）等产业资源，智能网联汽车产业快速发展。

【食品及农副产品加工业】 2019

年，合肥市食品及农副产品加工业形成农产品加工、食品制造、饮料制造及烟草加工业四大门类齐全的农产品加工大行业。食品及农副产品加工业实现增加值同比增长3.9%。

从主要产品看，全市全年生产卷烟286.7亿支，乳制品52.7万吨，精制食用油43.4万吨，分别增长5.4%、26%、41.9%，全市重点监测的11户食品企业完成产值同比增长14.7%。

从食品安全看，2019年，合肥市新希望白帝乳业、老乡鸡、燕之坊等11家企业新入选市食品生产加工示范企业，全市累计达39家。

从技术研发看，合肥市燕庄食用油被认定为国家专精特新“小巨人”企业，洽洽食品基于全球化可定制全价值链快消食品工业互联网平台的双创服务平台、青松食品基于主食工业化产品全生命周期数字化双创平台获工业和信息化部2019年制造业“双创”平台试点示范项目，海神黄酒一体化双边发酵酿造数字化车间、太古可口可乐“冰露”纯净水数字化车间被认定为省数字化车间，中盐红四方入选安徽省制造业与互联网融合发展试点企业。

联宝电子 （市经信局/供）

经济运行

【概况】 2019年，合肥市坚持稳中求进的工作方针，深化供给侧结构性改革，培育新动能新产业，质量效益得到新提升，工业经济总体呈现趋稳趋好的运行态势。六大主导产业实现增加值占全市工业增加值的66.1%，同比提高1.3个百分点；保持两位数增长，达12.0%，对全市工业经济支撑稳定。

【工业发展分析】 2019年，合肥市工业经济运行呈现“总体平稳、质效双提”的发展态势，实现工业增加值同比增长8.6%，分别高于全国、全省2.9个和1.3个百分点，增速居全省第10位，省会城市第3位，实现增加值占全省工业的18.5%，贡献达24.6%。

企业效益改善。全市当年工业品产销率99%，同比提高0.9个百分点，工业销售产值同比增长7.6%。其中，内销产值占销售产值的82.5%，较上年提高0.5个百分点；实现内销产值增长8.2%，较上年提高0.8个百分点。全市工业企业营业成本增长4.4%，低于营业收入增幅0.7个百分点，每百元收入中的成本为85.10元，同比减少0.55元；实现利润314.58亿元，同比增长4.7%，较上年提升11.2个百分点，分别高于全国、全省8.0和8.4个百分点。

主导产业贡献提升。六大主导产业实现增加值增长12.0%，高于全市工业3.4个百分点；占全市工业66.1%，较上年提高1.3个百分点；对全市工业的增长贡献率为90.0%，较上年提高2.3个百分点。

亿元企业拉动强劲。全市当年实现产值超亿元工业企业736户。其中，实现产值超10亿元企业106户，增加14户；实现产值超50亿元企业24户，增加5户；实现产值超100亿元企业9户，增加3户，其中联宝电子成为全市首个实现年产值超700亿元的企业。实现亿元企业增加值占全市工业92.4%，同比提高3.2个百分点；实现增加值增长12.2%，对工业增长的贡献达126.2%，较上年提高4.1个百分点。其中，前20强企业同比实现增产309.62亿元，实现增加值增长15.6%，高于全市7个百分点。

2019年战略性新兴产业增长情况

产业名称	产值增速（%）	增加值增速（%）
战略性新兴产业	10.6	15.2
1. 新一代信息技术	14.1	22.9
2. 高端装备制造	-2.9	-1.5
3. 新材料	1.6	3.5
4. 生物	12.5	11.4
5. 新能源汽车	4.2	7.8
6. 新能源	11.7	14.3
7. 节能环保	18.2	15.9
8. 数字创意	-8.3	-8.7

高新产业发展。合肥市高技术制造业实现增加值增长20.7%，较全市工业高出12.1个百分点，对全市工业增长的贡献率达66.3%；占全市工业的29.5%，同比提高2个百分点。实现高新技术产业增加值增长11.5%，较全市工业高出2.9个百分点；对全市工业增长贡献率为76.6%，较上年提高1.9个百分点。

战略性新兴产业支撑作用增强。全市实现战略性新兴产业产值占全市工业54.0%，同比提高2个百分点；实现产值增长10.6%，高于全市工业4个百分点。战略性新兴产业实现增加值增长15.2%，对全市工业增长的贡献率达88.9%，较上年提高12个百分点。从产业看，新一代信息技术、节能环保、新能源和生物产业分别增长22.9%、15.9%、14.3%和11.4%。从产品看，全年生产城市轨道车辆282辆；太阳能电池、智能手环和智能手表等战新产品分别增长34.1%、57.3%和81.6%。战略性新兴产业集聚发展基地当年实现产值占全市工业25.2%，同比提高1.3个百分点；实现产值增长12.7%，其中，智能语音基地增长24.1%。

工业增长呈现分化。行业发展不平衡。全市当年实现增加值占比排名前十的重点行业中，只有占比排名第一位和第二位的计算机、通信和其他电子设备制造业，电气机械和器材制造业分别增长21.1%和11.4%，其余行业均低于全市平均增速。区域发展差异明显。分区域看，开发区增加值实现增长12.2%，高于全市工业平均增速3.6个百分点，分别高于城区和县域增速9个和6.5个百分点；开发区工业增加值占全市52.9%，对全市工业增长贡献率74.6%，而城区和县域的贡献率仅有4.5%和20.1%。

转型升级与结构调整

【发展新型制造】 2019年，合肥市发展以智能制造、绿色制造、精品制造等为代表的新型制造。智能制造方面，实施智能制造“万千百”工程，在建成智能工厂57家、数字化车间495个基础上，新启动26家智能工厂、250个数字化车间智能化改造；实施“百企贯标、千企对标”工程，组织近2000家企业常态化开展对标工作，新增通过国家贯标评定企业87家，累计通过238家；工业互联网专业服务能力增强，2个项目新获批国家工业和信息化部工业互联网试点示范项目，新培育11个省级工业互联网领域优秀解决方案和7个优秀工业APP。绿色制造方面，在提前全面完成国家、省下达淘汰落后产能任务的基础上，实施更高标准的自主落后产能改造；推进国家绿色制造体系建设，成功获批国家级工业资源综合利用基地，通过国家级机电产品再制造产业集聚区试点验收；3家企业获批国家级绿色工厂，2家企业获国家级绿色供应链管理示范企业，5家企业的40种产品入选国家级绿色设计产品名单，合肥经开区获批国家级绿色园区，1家企业获评工业和信息化部第一批工业产品绿色设计示范企业，10家工厂入选省级绿色工厂。精品制造方面，联宝科技笔记本电脑、华米科技智能可穿戴设备累计出货量分别突破1.3亿台、1亿台；华恒生物“L-丙氨酸”进入国家制造业单项冠军产品；新增10个安徽工业精品，全市安徽工业精品累计达119个；新增技术创新示范企业国家级1家、省级4家，省制造业创新中心4家，累计拥有市级以上企业技术中心696家，新增省级新产品231项；新增工业设计中心国家级3家、省级5家、市级67家，累计拥有市级以上工业设计中心412家，其中国家级工业设计中心8家，总数居全国省会城市第一。

合力叉车变速箱智能生产线 （市经信局/供）

【品牌影响】 2019年，合肥市建立国家、省、市三级品牌示范企业培育机制，培育一批具有较强国际竞争力的跨国公司和一批具有核心竞争力、引领行业发展的优秀企业品牌。当年新增国家高新技术企业400多户、总数突破2500户。举办合肥市第四届工业企业好品牌好故事大赛，推动40家企业开展品牌对标诊断工作，当年新增1家全国质量标杆企业、10个安徽工业精品，新认定83家市级品牌示范企业和60家市级星级现场。江淮汽车在中国汽车工业科学技术奖中获四项大奖；科大讯飞主导制定全球首个智能语音交互ISO/IEC国际标准，并成为北京2022年冬奥会和冬残奥会官方自动语音转换与翻译独家供应商；华米科技在IDG主办的全球领先品牌评选中获“最值得关注智能穿戴创新企业”称号。

【创新能力】 2019年，合肥市发挥企业创新主体作用，大企业实现企业技术中心全覆盖，新培育国家级技术创新示范企业1家、国家级工业设计中心3家，新增省技术创新示范企业4家、省级工业设计中心5家、省级企业技术中心33家、省制造业创新中心4家、省级新产品231项，新认定67家市级工业设计中心、133家市级企业技术中心。全市制造业研发机构数、研发投入额、研发人员数、授权专利量占全市总量70%。

【淘汰落后产能】 2019年，合肥市制定淘汰落后产能市级政策，鼓励引导企业在国家产业政策淘汰目录之外开展自主淘汰，2户企业列入年度工作计划，全年淘汰白水泥产能24.3万吨，造纸产能5.12万吨。严格常态化执法和强制性标准的实施，全年没有因能耗、环保、安全、技术达不到标准和生产不合格产品而关停退出的企业。

（市经信局办公室）

减轻企业负担

【概况】 2019年，合肥市贯彻国家、省降低实体经济企业成本有关文件精神，围绕增效益、降成本、增后劲，全面落实减税降费各项政策。据汇总市减轻企业不合理负担工作领导小组办公室各成员单位业务数据，全年为企业减轻各类负担达386.76亿元。

【清理规范涉企事项】 2019年，合肥市推进涉企有关事项的清理规范，对106项涉企审批事项，按照取消、改备案、告知承诺、优化准入服务等四种方式进行覆盖式改革。在全省率先全面实行企业登记全程电子化，实现企业开办一网通办、一日办结、“一窗”受理。制定《合肥市市直部门2019年度“双随机、一公开”联合抽查工作计划》，覆盖19个市直相关执法检查部门。全年清退保证金约324.4亿元，其中投标保证金308.3亿元，工程质量保证金9.2亿元，履约保证金4.44亿元，农民工工资保证金2.4亿元，旅游服务质量保证金702.5万元，政府采购履约保证金30万元，尚有余额48.2亿元（含历年滚动结余），实际减负125.4亿元。

【减征返还社保】 2019年，合肥市在降费率和降费基双重作用下，为全市7.31万户参保单位累计减负30.39亿元，其中养老保险减负22.57亿元，工伤保险3.08亿元，失业保险4.74亿元。推进失业保险援企稳岗政策，对全市223家企业实施稳岗返还10.04亿元，惠及13.72万名在岗职工；对5843家企业实施失业保险费返还2.03亿元，惠及职工84.70万人。

【降低用能成本】 2019年，合肥市降低工商业用电价格6.94分/千瓦时，为企业节约用电成本约6.7亿元；为22家农副产品平价超市办理暂缓执行分时电价，年节省电费约1500万元；为22家商业综合体办理行业平均电价，年节省电费约5600万元。自4月1日起将增值税率降低福利0.04分/立方米全部传导到终端用户，4—12月约为非居民用户减少用气成本1600万；实行大用户用气价格优惠政策，全年为企业减少用气成本超过5000万元。

【落实“降、返、补”各项措施】 2019年，合肥市人社局减征社保费30.39亿元，惠及7.31万家参保单位。推进失业保险援企稳岗政策，对全市223家企业实施稳岗返还10.04亿元，惠及13.72万名在岗职工；对5843家企业实施失业保险费返还2.03亿元，惠及职工84.70万人。落实吸纳就业困难人员公益性岗位补贴、社保补贴补助及贷款贴息政策，全年累计发放岗位补贴5708.34万元、社保补贴7851.8万元，贷款贴息3653.52万元。

（市经信局、市人社局办公室）

世界制造业大会

【概况】 2019年9月20日—23日，2019世界制造业大会于在合肥成功举办。该届大会紧扣“创新创业创造　迈向制造业新时代——携手全球中小企业共创智能制造业高质量发展新未来”的主题，按照“国家级、世界性、制造业”的总体要求，聚焦先进制造业新技术、新组织形式、新产业集群，共享机遇，共谋发展，共话合作，推动了世界制造业领域高端交流、开放合作、创新发展。

该届大会是世界制造业大会永久落户合肥后首次举办，较之2018年大会规格更高、规模更大、模式更新、影响更广，大会客商层次高、合作项目实、展览展示新、对接效果好，为合肥市推进开放合作、转型发展提供了重要平台。

合肥市作为此次大会主要承办单位之一，承担大会综合保障工作，并承办集成电路产业高端论坛，同时，配合做好大会综合协调、邀商接待、项目合作、展览展示、宣传推广、安全保卫等重要活动。

【大会来宾】　在此次大会上，习近平总书记向大会发来贺信，国务委员王勇出席大会宣读贺信并发表讲话。国家工业和信息化部、科技部、商务部，国务院国资委、中国工程院、全国工商联、全国对外友协、中国中小企业协会、联合国工业发展组织、全球中小企业联盟与安徽省人民政府等11家单位共同作为主办单位，给予办会高站位指导，提出高水准要求。伊拉克总理阿卜杜勒·马赫迪，德国前总统、全球中小企业联盟全球主席武尔夫，法国前总统奥朗德，奥地利前总统菲舍尔，日本前首相、东亚共同体研究所理事长鸠山由纪夫出席大会，国务院国资委主任郝鹏，中央统战部副部长、中华全国工商业联合会党组书记、常务副主席徐乐江，以及国家工业和信息化部、科技部、商务部、外交部，中国工程院、全国对外友协、中国侨联、中国中小企业协会等国家有关单位领导出席大会相关活动，发表主旨演讲，高端对话交流，共助合作发展。

此次大会吸引来自78个国家和地区的4500多位嘉宾出席，其中境外来宾1700多人，111家境内外世界500强负责人、30多位知名专家学者参会，展会观众超过35万人次。

2019年9月20日，观众正在参观世界制造业大会数字经济展区　（张大岗/摄）

【大会筹备工作】　2019年，合肥市制定出台《2019世界制造业大会合肥市工作方案》《2019世界制造业大会综合保障部工作方案》，高规格成立2019世界制造业大会合肥市承委会，全面统筹合肥市各项承办工作。省委常委、市委书记宋国权担任承委会主任，市长凌云担任执行主任。市承委会在市商务局设秘书处，秘书处下设统筹协调组、邀商接待组、项目推介组、展览展示组、宣传推广组、安全保卫组、环境整治组、综合保障组、财务组等9个工作组。此外，从安徽三联学院、安徽大学、安徽绿海商务职业学院等高校招募大会志愿者约750名，为大会提供外语翻译、咨询引导、嘉宾接待、会场会务等工作。按照一流的硬件设施、场馆服务、会展形象的标准，全面做好场馆设施保障工作，全面整修会展中心，登录大厅北广场大理石地砖及雨水沟改造、停车场区域塌陷地面改造、会议及展馆区域卫生间通风及吊顶改造、登录大厅至主展馆之间长廊通道钢结构防腐、会议区电梯维修等，在大会主展馆、登录大厅、9号馆、室外南广场实现了5G+4K覆盖。

合肥市所有参加筹备和承办工作的单位和人员，按照一流的城市形象、一流的硬件设施、一流的大会服务、一流的工作标准开展工作。经省委、省政府同意，大会组委会授予合肥市人民政府最佳组织奖，对市商务局、市政府办公室、市委宣传部、市发改委等20多家单位授予突出贡献奖。

【会议氛围营造】　大会期间，合肥市安排城区1万多块电子屏刊播制造业大会宣传画面，市公交集团410块豪华公交电子站牌每天

900余次滚动播出宣传画面、53条公交线路830余台公交车上发布车头公益广告、260余处公交站发布535块灯箱广告。地铁1号线、2号线在50个站点投放灯箱宣传120幅，站内移动PIS（935块）和列车移动PIS（2484块）完成宣传视频和画面上刊，做到重点地区及人员密集车站全覆盖；省市政务中心、会展中心等重点区域，安装1000套注水道旗、30座户外桁架、5000余套灯杆对旗，29个户外铁艺、12个户外形象标识、酒店内部形象标识8个、绿化带形象标识30套，确保大会氛围营造工作在全市重点区域全覆盖。按照减项目、减数量不减质量的要求，大幅压缩氛围营造经费，比上年下降31%。

【招商引资】 该届大会集中完成签约项目638个，投资总额7351亿元。合肥市集中签约项目123个、总投资3630亿元，项目数和投资额均居全省第一，投资额约占全省一半，较上年分别增加35%和251%，其中：集成电路、新型显示、生物医药、新能源、智能制造等战略性新兴产业类项目78个，总投资2646亿元，分别占项目总数和投资额的68%、72.8%。

【展览展示】 该届大会展览展示注重前沿性、智能性、体验性，展览面积达6.1万平方米，分为序厅、国际制造、智能制造、高端制造、绿色制造、服务型制造、数字经济、无人驾驶汽车体验等十大展区，国内外800多家企业及2000件产品参展，其中合肥市展品170多件，占近四分之一，主要集中在序厅和主展馆展示。京东方高清显示、维信诺柔性显示、视涯硅基微显示、晶合晶圆、欣奕华机器人、泰禾光电、阳光电源等行业代表企业参展，向全球展示“芯屏器合”看合肥。科大讯飞、华米、咪鼠、江淮无人汽车等展示智能语音、智能服务、车辆自动驾驶等高端制造、智能制造产业的突飞猛进。

【重要活动】 该届大会期间，举办包括开幕式、主旨论坛、平行论坛、“六百对接”、展览展示等30场重要活动。大会开幕当天揭晓50件“创新产品金奖”，合肥市获奖产品29个，占比近6成。9月21日，由合肥市主办的“2019世界制造业大会集成电路产业高峰论坛”在合肥天鹅湖大酒店成功举办，此次论坛以“创‘芯’发展，智造未来”为主题，开展主题演讲、权威发布、揭牌仪式、高峰对话、项目路演等活动，全面展示合肥市集成电路产业的发展成效，促进合肥市与国内外半导体产业的深度合作，对安徽乃至全国的集成电路产业协同、创新发展具有推动作用。此次论坛聚集国内20余个省市100余家企事业单位，400多位嘉宾参会，包括国家工业和信息化部电子信息司副司长任爱光、国家集成电路产业发展基金公司总裁丁文武、长鑫存储技术有限公司执行副总裁曹堪宇、中科院微电子所副所长周玉梅、华润微电子有限公司常务董事长陈南翔、北京君正有限公司董事长刘强等业界领袖以及天水华天、华大九天、建广资本等企业嘉宾。与会嘉宾、企业代表围绕“创‘芯’发展，智造未来”开展主题演讲，发布《中国集成电路市场发展白皮书》，举行“集成电路创业投资服务联盟”揭牌仪式和“安徽鲲鹏生态产业联盟”启动仪式，开展了高峰对话、项目路演等系列活动。

【安全保障】 大会期间，合肥市投入警力6000余人次，新增200名铁骑投入到交通安保工作中，并组建16家驻酒店应急保障工作组、滨湖会展中心应急保障现场指挥部，统一协调、指挥涉及滨湖会展中心、安徽创新馆及各接待酒店的突发事件应急处置工作，圆满完成了各项安保任务。

（刘航航）

首届世界显示产业大会

【概况】 2019年11月22日—24日，由国家工业和信息化部和安徽省政府共同主办，合肥市政府承办的首届世界显示产业大会在合肥举办。大会以“显示美好生活”为主题，吸引超过1000人参会，1.2万人观展。来自美国、日本、韩国、德国、法国、瑞典、以色列等15个国家和地区的代表参会。清华大学校长邱勇、瑞典皇家科学院和工程科学院院士Lars Samuelson、LG Display社长黄龙起，默克集团高级副总裁Johannes Canisius等数十位国内外专家学者出席。京东方、LGD、华星光电、天马微电子、创维、维信诺、康宁、雷曼光电、视涯等国内外60多显示领域重点企业参展。大会得到央视财经、央视新闻、人民网等多家媒体的宣传报道。

【主题活动】 会议期间，围绕平板显示产业的产业链以及各类技术方向，举办主论坛，院士讲坛、OLED产业发展论坛、MicroLED显示论坛、柔性AMOLED创新应用论坛、激光显示论坛、显示材料设备论坛和投融资对接会等各类专业活动，安徽省委书记李锦斌、工业和信息化部电子司司长乔跃山等部省市领导出席相关活动并讲话。

（高 敏）

中国（合肥）国际家用电器暨消费电子博览会

【概况】 中国（合肥）国际家用电器暨消费电子博览会（以下简称“家博会”）是经国家批准的国际性、国家级大型家电博览会，是集展览、展示、展销、投资贸易合作、专业论坛为一体的综合性展会平台。自2007年举办以来，每年举办一次，已连续举办十三届，国家工业和信息化部连续八届在家博会上发布中国家电“能效之星”产品。第十三届家博会获全国清理和规范庆典研讨会论坛活动工作领导小组正式函复同意，由国家工业和信息化部、中国贸促会、安徽省人民政府主办，并被省委、省政府列为2019年安徽省四大展会之一。

【第十三届家博会】 2019年11月22—24日，第十三届家博会在合肥滨湖国际会展中心举办，以“智慧引领未来 显示美好生活”为主题，展馆总面积5万平方米，设置序厅、新型显示展区、国际展区、品牌形象展区、科技公园及厨电美食展区、家电城市展区、家电配套展区、厨卫精品展区和生活电器精品展区等9个展区，开放智能机器人、智慧家庭、运动娱乐、未来出行等各类个性化体验项目。展会吸引国内外299家企业参展，参展参观人数超10万人次，其中专业观众超1万人。特别是融合举办首届世界显示产业大会，成为该届展会突出亮点。

展会期间除展示展销外，还举办多项主题活动，包括2个颁奖（中国家电行业品牌金奖、家电成长之星奖），2个评价结果发布（国家工业和信息化部连续8年发布“能效之星”评价结果、中国家用电器研究院连续3年发布家电品牌发展报告），6个论坛［中日韩商协会合作暨家用电器与消费电子行业发展论坛、2019中国智慧家庭国际高峰论坛、5G+智慧生活高峰论坛、中国（合肥）推动高质量发展专题论坛、第二届长三角首席信息官（CIO）发展论坛、中国智能家电模具技术及标准化高峰论坛］。主题活动涵盖知识产权保护、品牌管理、专利保护、标准化建设、科技创新、绿色节能、智慧家庭等发展热点，邀请国际国内著名新型显示、家电企业家和学术界权威在开幕式和系列论坛上发表主旨演讲，纵论产业最新进展，展望技术演进前景。中国国际商会中日韩企业交流中心主任史铭宣读《合肥倡议》，推动三国企业参与“一带一路”建设，以合肥为中心，在安徽打造中日韩重点项目合作。

该届展会设立专门的国际展区，集中展示日本和韩国等国家家电企业的新技术、新产品，深化国际家电产业交流合作。来自日本、韩国、美国、德国、瑞典、法国、以色列等15个国家和地区的全球知名学者、知名企业机构代表参会，为该届展会增添更多国际化元素。

该届展会有境内外60多家新闻媒体、220余名记者参与展会的宣传报道，发布700余篇新闻稿件或视频，总浏览播放量达1000万次。中央电视台经济频道和新闻频道3次报道展会盛况，累计时长近10分钟；央视新闻微博客户端对展会进行现场直播，时长近50分钟。《经济日报》头版头条以《合肥制造：创新引领再出发》为题、中国经济周刊以《合肥制造业演进的家电样本》为题宣传报道合肥以及安徽发展成就。

（市经信局办公室）

责任编辑：田 文

民营经济

综　述

【概况】　2019年，合肥市民营经济实现增加值4914.4亿元，同比增长25%；新登记市场主体23.74万户，新增民营市场主体232782户，同比增长19.2%，占新增市场主体总量的98.06%；新增资本总额7000.51亿元，新增民营注册资本6103.26亿元，同比增长7.33%，占新增注册资本总额的87.18%。规模以上民营企业增速达6.99%，新增规模以上工业企业数250户（5亿元以上4户）。民营企业带动新增就业12.14万人，"稳就业"关键指标连续第三年居全省第一；民间投资增长率5.64%；新增民营企业发明专利授权2825件，省商标品牌示范企业70户，新增合肥市驰名商标62个。合肥民营经济全面融入经济社会发展大局，在全省民营经济考核中位居前列，在2019年安徽省民营企业百强榜单上，全市有94家企业上榜，入围百强民企数量再次位居全省第一。

2019年12月末，全市本外币各项贷款余额近1.5855万亿元，同比增长11.68%，调查表明，民营企业资金需求总量同比持平，融资困难有所缓解；前三季度，以民营企业为主的公路客货运周转量增长4.8%、快递业务收入增长25.1%、制造业用电量增长13.1%；前三季度，全市PMI均值51.3%，站稳荣枯线（50%）之上。

【产业结构】　2019年，合肥市民营经济的三次产业构成，由2012年的4.2∶64.3∶31.5，调整为2019年的3.1∶36.3∶60.6，三产比重大幅提升。全市规模以上民营工业企业主营业务收入达7337.9亿元，五年增长37.2%。2019年末，全市规模以上工业企业2056家，规模以上工业中民营企业增加值822.1亿元，占全部规模以上工业的52.1%。工业提质增速，规模以上工业中，高技术制造业增加值比上年增长20.7%，占规模以上工业的比重为29.5%，比上年提高2.0个百分点；战略性新兴产业增加值增长15.2%；规模以上服务业中，科技服务业战略性新兴服务业营业收入分别增长12.7%、11.1%。全市限额以上批发零售企业实现网上零售额276.56亿元，增长27.4%。

营商环境

【立法推动】　2019年，合肥市以市委、市政府名义出台《关于大力支持民营经济高质量发展的若干政策》，主要为民营企业提供在融资、用工、减负、转型升级等方面的各类政策及服务。8月，根据国家工业和信息化部、省政府推进"专精特新"中小企业发展的相关要求，适时出台《合肥市培育"隐形冠军"、支持"专精特新"中小企业发展实施方案》。市经信局、市工商联、市财政局、市科技局等服务民营经济的主要部门当年会同市人大法工委对《合肥市促进民营经济发展条例》进行修订，在降低企业成本、提升民营企业竞争力、融资信贷等方面进行充实和完善。经省人大常务会审查批准，新条例于5月1日起施行。同时，市人大开展执法检查，5个执法检查组对13个县（市）区、开发区"一法一条例"落实情况开展全覆盖实地检查，对取得的成绩进行肯定，对存在的问题进行归纳分析，形成合肥市"一法一条例"贯彻实施情况报告。

2019 年 7 月 22 日，安徽轻工国际贸易股份有限公司送锦旗，感谢合肥市税务局优化服务解决企业涉税难题 （张劲松 / 摄）

【降低融资成本】 2019 年，合肥市兑现 192 户小微工业企业贷款贴息及担保费补贴金额 6034.85 万元，兑现 15 家担保机构当年国家小微企业融资担保业务降费奖补资金 4581.38 万元；鼓励引导“专精特新”企业开展直接融资，安徽省纽斯康生物工程有限公司等 3 家“专精特新”企业挂牌成为省第三批“专精特新板”。

【减税降费】 2019 年合肥市累计新增税收减免 174.13 亿元，其中民营企业减税 114.65 亿元，占全市减税总量的 65.84%。合肥市自 5 月 1 日起城镇职工基本养老保险单位缴费比例降至 16%，5—10 月为全市 5.9 万家参保单位累计减负 16.16 亿元。贯彻执行《合肥市清理拖欠民营企业中小企业账款工作方案》，完成优先清欠阶段相关工作。截至年底，全市政府部门和大型国有企业（含地方政府平台公司）拖欠民营企业中小企业账款总额为约 1.68 亿元，偿还 7337.58 万元，清偿进度为 43.7%。对部分县区进行专项清欠专项督查。

【清理拖欠账款】 2019 年，合肥市推进清理拖欠民营企业中小企业账款工作。截至年底，全市拖欠账款总额约 1.97 亿元，偿还近 1.87 亿元，偿还进度为 94.9%。

【推动转型升级】 2019 年，合肥市实施“专精特新”中小企业培育工程，制定《合肥市培育“隐形冠军”、支持“专精特新”中小企业发展实施方案》，从培育企业成长、增强创新能力等方面予以支持。贯彻落实中央有关文件要求，制定任务分工方案，明确各单位推进中小企业健康发展的工作责任。合肥市有 4 户企业入选国家首批专精特新“小巨人”，培育省级“专精特新”企业数 287 户，占全省的 13.1%，数量均位居全省第一。组织开展“专精特新”“隐形冠军”企业等民营企业各类培训班，其中包括赴美国、日本、德国、以色列企业家培训班，并为全市小微企业提供超过 1 万小时以上的融资、技术、财税、法务、企业管理等线上课程。组织全市小微企业和创客团队参加 2019 年“创客中国”安徽省中小企业创新创业大赛，合肥市企业及创客入围省初赛、决赛项目均占全省总数 50%，其中 3 个项目分别获企业组和创客组一等奖。

【创优环境】 2019 年，合肥市开展“三比一增”专项行动，高质量开展“四送一服”双千工程，建立领导干部联系包保企业机制，打通服务企业“最后一公里”。在全市打造一批基础设施完备、服务功能齐全、示范作用强的小微企业创业基地和中小企业公共服务示范平台，分别建成国家级、省级小微企业创业创新示范基地 3 个、35 个，培育国家级、省级公共服务示范平台 10 个、23 个，为全市小微企业

2019 年 10 月 29 日，全国优化营商环境经验交流现场会在北京召开 （张明 / 摄）

提供信息服务、创业辅导、创新支持、人员培训、市场营销、投融资、管理咨询等各类服务。建成市小微企业“1+13+X”服务平台网络，市级核心枢纽平台运管中心建设完成并投入运营。完成12个县区窗口平台、10个专业化平台的互联互通，核心枢纽平台聚集服务机构超600家，开展200人以上大型主题活动8场，线下主题活动50余场，为各类中小企业提供服务超过1万家次，资源网格化布局基本完成，服务成效明显提升。合肥国家大学科技园当年入选国家小型微型企业创业创新示范基地，累计培育国家级基地3家、占全省25%。新修订出台《合肥市中小企业公共服务示范平台认定管理办法》，梯次化培育中小企业公共服务示范平台国家级7家、省级10家、市级42家。

【教育培训】 2019年，合肥市开展“隐形冠军”企业高级管理人才境外（美国）学习、精益管理提升实战、赛飞创业辅导师培训等5个专题培训班，培训人员超过1000人次，创新开展线上线下课程，为全市小微企业提供超过1万小时的融资、技术、财税、法务、企业管理等线上课程。

企业选介

【国家专精特新“小巨人”企业】

国家专精特新“小巨人”企业一览表

企　业	产　品
安徽省恒泰动力科技有限公司	内燃机活塞
安徽捷迅光电技术有限公司	色选机
合肥荣事达电子电器集团有限公司	智能家居
合肥燕庄食用油有限责任公司	芝麻油

安徽省恒泰动力科技股份有限公司 （郭路/摄）

【恒泰动力科技有限公司】 安徽省恒泰动力科技有限公司位于庐江县，占地8万多平方米，建筑面积5万多平方米，固定资产2亿多元；拥有国内一流水准的数控机床等各类机械装备500多台（套），各类检测设备50多台（套）；具备年产1000万只中高档汽车活塞、300万只汽车缸盖生产能力；是国家创新资金、国家重点新产品、国家级火炬计划等项目承担单位；通过ISO/TS16949质量管理体系认证、ISO14001环境管理体系和OHSAS18001职业健康与安全管理体系认证；安活牌内燃机活塞荣膺“安徽名牌产品”和“安徽省著名商标”称号；先后获安徽省质量奖、全国机械行业质量奖、国家标准化良好行为企业、全国100家最佳汽车零部件供应商、中国汽车零部件活塞行业龙头企业等称号。

【捷迅光电技术有限公司】 安徽捷迅光电技术有限公司成立于1999年，是一家专业从事智能分选装备研发、制造、销售、服务为一体的高新技术企业。2013年由捷迅光电自主研发的全球首款第三代云色选机问世，将色选技术推向云时代。2019年云色选产品全面覆盖大米、茶叶、盐、坚果炒货、杂粮等众多领域的分选应用，产品畅销德国、英国、日本、美国、法国等全球80多个国家和地区，高端色选机出口量稳居国内首位。捷迅光电因其雄厚的科研实力，以及在创新创造方面的领先优势，先后获“国家级企业技术中心”“安徽省工业设计中心”“安徽省工程研究中心”“安徽省著名商标”“安徽省技术创新示范企业”“安徽省质量奖”“中国粮油机械制造十强企业”“中国粮机最具影响力品牌企业”“中国粮油十佳创新引领企业”“中国茶业最佳科技创新品牌企业”等称号。

【荣事达电子电器有限公司】 合肥荣事达电子电器集团有限公司是集研发、生产、销售为一体的中国著名家电企业集团，产品线涵盖智能家电、新材料、新能源等多个领域，旗下产品有近5000项，获各

荣事达公司外景 （荣事达公司/供）

项国家专利1万余项，5万多个各级销售网络覆盖全球市场，产品远销欧美、中东等100多个国家和地区。近年来先后获国家工业和信息化部评定的国家小型微型企业创业创新示范基地、国务院办公厅评定的国家双创示范基地、工业和信息化部评定的国家制造业“双创”平台试点示范项目、国家旅游局评定的国家工业旅游示范基地、国家科技部评定的国家专业化众创空间、国家人社部等单位联合评定的全国轻工业先进集体、国家工业和信息化部评定的专精特新“小巨人”等国家级称号。

【燕庄食用油有限公司】 合肥燕庄食用油有限责任公司是科技创新型、专业的精品芝麻油生产企业。燕庄是“中国好粮油”企业，是《GB/T 8233—2018 芝麻油》国家标准制修订单位、《NY/T 2307—2013 芝麻油冷榨技术规范》行业标准制定单位、《LS/T 3249—2017 中国好粮油 食用植物油》行业标准制修订单位。燕庄拥有多项发明专利并发表多篇具有行业影响力、高质量、高水平的科技论文。2014年，燕庄投资并参与组织“芝麻科研项目”深入研究工作，相关科技成果论文刊登于国际著名生物类学术研究英国期刊 *Genome Biology*（《基因组学与应用生物学》），并向世界公布第一张“芝麻营养结构组草图”。2018年9月20日，燕庄被国家农业农村部批准为“国家芝麻加工技术研发专业中心”。2019年3月，燕庄获“长城食品安全科学技术奖”特等奖，5月21日燕庄被国家粮食和物资储备局批准为“国家粮食产业（芝麻加工）技术创新中心”，6月5日燕庄被国家工业和信息化部确定为首批专精特新“小巨人”企业，12月获国家农业农村部颁发的“全国农牧渔业丰收奖”一等奖。

（市经信局、市工商联办公室）

责任编辑：田 文

信息产业与信息化

数据资源

【概况】 2019年，合肥市数据资源局印发《2019年度合肥市政务数据资源共享开放评估工作实施方案》，开展政务数据资源共享开放评估。编制完成数据需求清单、责任清单，并向各部门征求意见进行修改完善，组织开展政务数据共享开放治理工作培训，推动动态更新资源目录，提升人口、法人等主题库数据质量。

截至年底，合肥市大数据平台汇集数据量突破221亿条；有91家单位通过大数据平台申请有条件共享资源856类计1483次，建立共享交换任务5755个；完成171类2046万套证照的制作工作。

2019年，市数据资源局推进城市中台建设，通过支撑专题应用场景，生产支撑1069个信息能力，不动产登记、住房保障等政务服务调用数据超300余万次，推动数据多跑路，百姓少跑腿。对接市网信办、地方金融监管局以及省科农行、建行等，探索金融赋能，就建行数据需求与各相关单位沟通。谋划“一码通域”，调研市人社局、轨道公司、城市通卡公司等，起草“一码通域”方案，推动社保、交通、医院、园林等领域场景试点工作。

【数字产业发展】 2019年，市数据资源局围绕国家《数字经济战略纲要》先行先试工作，创新性建设合肥市数字经济产业创新试验区，形成县（区）级数字经济创新发展的样板。完成2019年大数据企业认定及政策奖补工作，新认定大数据企业218家；编制《合肥市数字经济指数白皮书（2018）》，构建数字经济评价体系。加强数字经济人才培养，设立数字经济应用人才培养高职基地，探讨建立产教深度融合的高职院校数字经济应用人才培养新模式。

【智慧城市建设】 2019年，市数据资源局制定2019年智慧城市建设考核任务指标，完成国家新型智慧城市评价工作，加强智慧城市三年行动计划落地实施。推动设立省智慧城市建设标准化技术委员会及省新型智慧城市标准研究院，成立专项工作组，在全市范围组织开展ISO3715X基础设施系列3项智慧城市国际标准测试，打造智慧城市标准体系。强化项目统筹管理，

2019年12月13日，合肥市数字经济产业创新试验区启动仪式举行
（数字资源局/供）

合肥城市大脑图（部分） （数据资源局/供）

会同市发改委、市财政局编制《合肥市2019年度市级政府投资公益性信息化项目暨三年滚动投资计划》《关于优化完善市级政府投资信息化项目管理的通知》，明确信息化项目建设“三个统筹”要求，全年对97个新申报项目进行统筹整合、严审把关，压缩投资7.95亿元；完成52个项目初步设计方案批复，压缩投资概算1.4亿。优化项目审批流程，探索政府信息化项目分类管理，编制《简易型信息化项目审核表》，对100万以下的硬件及通用型软件系统采购实行一次性审核，简化项目审批流程。推进“智慧政务”建设，截至年底，完成全市所有市直部门、县(市)区、乡镇（街道）、村（居）政务服务事项上线，实现“应上尽上”“最多跑一次”事项占比达99.39%。推进个人事项全程网办。打造跨城“一网通办”。融入长三角“一网通办”，在市本级及全市13个县（市）区、开发区政务服务大厅开设“一网通办”企业专窗和个人专窗，实现长三角26个城市、77个事项能异地通办。在国务院办公厅电子政务办组织的2019年度32个重点城市网上政务服务能力调查评估中，合肥市取得第4名的好成绩，与深圳、广州、杭州等6个城市一道获评“网上政务服务能力总体指数非常高”城市。加快重点项目建设，城市智能运营平台完成方案设计。联合市民政局、市公安局、市委政法委，完成智慧社区顶层设计，构建安全、聪明的新型社区。完成“雪亮”工程建设，提升预测预警、实时监控、轨迹追踪、快速检索的智慧警务能力。建设交通超脑试点，对每天接入系统的各类数据进行实时动态感知分析，服务公众方便出行。开展智慧医院、居民健康卡建设，实现全市医疗卫生机构服务“一卡通”。

【基础设施及安全保障】 2019年，市数据资源局统筹推动三家运营商及铁塔公司以点带面，加快实现全市重点热点区域5G网络布局建设。按照“集约建设、共建共享、服务便捷、安全可控”原则，发布合肥市新一代政务云，截至年底，完成23家单位32个系统的上云工作。构建网络及数据安全保障体系，会同市委网信办、市公安局，组织开展网络安全攻防演练大赛；开展网络安全宣传周活动；推进数据风险管控平台建设。推进合肥先进计算中心项目建设，完成项目可行性方案评审、项目信息化和基建部分立项工作。

（市数据资源局）

软件业

【概况】 截至2019年底，合肥市被纳入“软件企业数据直报系统”企业667家，比上年增加12%。其中：国内百强软件企业1家，上市软件企业9家，当年实现营业收入超50亿元的企业有2家，超20亿元的企业有6家。全市软件和信息服务业在统企业主营业务收入730亿元，从业人员超8万人。全市软件企业创新意识和能力显著增强，重点企业年均研发费用占比22.4%，在语音、人工智能、量子技术等基础前沿技术积累一批具备产业化条件的创新成果。

【中国声谷建设】 2019年，印发《工业和信息化部　安徽省人民政府2019年共同推进安徽智能语音产业发展工作要点》，对中国声谷创新发展国产计算机产业、建设国产软件适配验证中心、建设智能语音制造中心等重大项目进行新的部署。9月，合肥高新区声谷人工智能产业促进中心以第一序位中标国家工业和信息化部先进制造业集群“人工智能”分包。依托中国声谷等重要产业发展载体，合肥市人工智能集群入选国家发改委公布第一批国家战略性新兴产业集群名单；合肥市获国家科技部支持建设国家新一代人工智能创新发展试验区。

核心技术。2019年，合肥市

在智能语音、类脑智能等人工智能细分领域保持领先优势，积累一批具备产业化条件的科研成果。科大讯飞获语音合成、语义理解、机器阅读等9项世界大赛冠军，讯飞翻译机实现能翻译50种以上的语言、占据行业市场份额70%以上。类脑智能技术及应用国家实验室发展涵盖从底层到高层的多种视觉信息处理新方法，在超分辨率、姿态估计、图像分类、动作识别等多个代表性计算机视觉任务中取得突破性的性能提升，数十篇论文成果在顶级国际会议及期刊上发表。

位于合肥国家高新技术产业开发区的中国声谷 （张大岗/摄）

产业规模。截至年底，中国声谷全年入园企业数达805户，实现营收800亿元，比上年分别增长86%、23%。随着华云数据、海康威视、四维图新等人工智能龙头企业入驻，中国声谷初步形成“基础应用技术+底层硬件+数据计算+智能终端+行业应用”的人工智能产业链。同时，加大精准招商力度，中国电子、卓怡恒通、百信信息等国产计算机领域龙头企业纷纷落户，中国声谷业形成覆盖整机、CPU、存储、基础软件、应用软件等信创各领域的国产计算机产业链。

骨干企业。2019年，科大讯飞营收突破100亿元大关，增速达40%以上，面向消费者的ToC业务发展迅速，讯飞输入法总装机量超6亿且月活跃用户数达1.3亿。华米科技全年出货量达4230万台，实现营收58亿元，同比分别增长53.8%、59.4%。同时，新华三、星空物联等一批骨干企业也处于高速增长中。

公共平台建设。合肥市人工智能开放服务及产业支撑平台开发者总数超过112万个，应用产品总数超过73万个，累计终端用户超26.3亿；中国声谷技术创新服务综合体投入使用，全年完成19万套协创摄像头、3000套奇智星机器人、600套百信电脑、200套方正电脑等产品的代工试制，全省首台国产计算机在制造中心装配下线；中国声谷产品公共展示营销平台在全国包括北京、重庆、宁波、合肥等多个城市累计建成50余家体验销售店，布局搭建中国声谷“50+1”线下产品推广体系；类脑智能开放平台2.0版上线，平台围绕3000块GPU卡、20PB数据存储及处理能力以及大型计算集群和海量标注数据，提供以深度学习为代表的各种机器学习算法的调试、训练与业务支撑。

宣传推介。2019年，合肥市落实中国声谷首台（套）创新产品年度示范应用计划，举办全省智能语音及人工智能创新产品推广应用对接会，推进智能语音及人工智能技术在机关办公、社区、医疗、教育等领域示范应用，完成推广17款计35080套中国声谷首台首套创新产品，在全省16个市、200多个省级和市级机关免费示范应用。同时，举办第二届世界声博会，组织产品在天津世界智能大会、北京国际软件博览会、合肥世界制造业大会等大型展会示范推广。中国声谷发展成就得到主流媒体广泛关注，据统计，2019年国家级媒体报道16次，省级媒体报道40次。

政策支持。2019年，省政府安排5.6亿元资金支持中国声谷技术创新及产业化项目、推广应用等13类536个项目建设。智能语音及人工智能产业发展首期10亿元基金，投入5.58亿元支持智能语音及人工智能项目建设。建设银行创新推出全国唯一为园区专设的贷款产品“中国声谷信用贷”，截至年底，建设银行与近400家入园企业建立合作关系，授信总额11亿元。此外，省发改委、省科技厅也同步加大有关专项政策支持力度。

信息产业

【概况】 截至2019年底，合肥市固定家庭带宽接入能力达300M，行政村光纤100%覆盖，

合力叉车自动焊接线 （市经信局／供）

百兆光纤用户占比提升至90%；建成4G基站20000余座，实现4G信号城乡全覆盖，户均月上网流量超6Gb；建成“无线合肥”AP点3万个，织起免费覆盖全市五大类重要公共场所的无线网络；建设5G基站1326个，完成重点热点区域5G网络布局建设，启动5G商用。

【信息消费】 2019年，合肥市获批成为国家新型信息消费产品类特色型信息消费示范城市，合肥美的电冰箱有限公司、合肥博谐电子科技有限公司、安徽省信息产业投资控股有限公司等3家公司的3个项目入选国家工业和信息化部新型信息消费示范项目，新培育省级信息消费创新产品164件、体验中心8家。

【两化融合】 2019年，合肥市推进“百企贯标、千企对标”工程，新增通过国家贯标评定企业87家，累计推动238家企业通过国家贯标评定。制造业与互联网深度融合发展，3个项目获国家级制造业与互联网融合发展示范项目，30家企业获批省级制造业与互联网融合发展试点企业，5家企业的8个项目入选国家工业和信息化部制造业“双创”平台试点示范项目。推进传统企业开展数字化、智能化改造，全年推动250家企业开展数字化车间改造、26家企业开展智能工厂改造，新培育2家省级智能工厂、17家省级数字化车间。

【工业互联网】 2019年，合肥市融入长三角一体化推动G60科创走廊工业互联网协同发展，支持建设10个优秀企业级、行业级工业互联网（云）平台，长虹美菱基于工业互联网的家电数字化网络综合改造与集成创新应用、城市云面向混合云的工业数据安全防护系统两个项目获批国家工业和信息化部工业互联网试点示范项目，培育11个省级工业互联网领域优秀解决方案和7个优秀工业APP，推动洽洽食品、江淮汽车、国轩高科等领先企业开展省级“网效之星”创建，形成典型示范，带动行业整体网络建设水平。截至年底，合肥市“企业上云”服务联盟扩容到58家成员单位，企业上云公共服务平台注册参与上云诊断的企业超千家，全市上云企业超5000家。

【5G网络建设】 2019年，合肥市推进5G网络基础设施建设，完成《合肥市5G通信基础设施专项规划（2019—2021年）》编制，以3家电信运营企业及铁塔公司为主体，加快实现全市重点热点区域5G网络布局建设。截至年底，全市累计建设1326个5G基站，先后完成新桥机场、中科大一附院、安徽创新馆等公共服务区域，江淮汽车、中科大先研院、启迪科技园等企业和园区，以及电信大楼、联通大楼、移动办公楼等应用区域和场景网络优质覆盖，并在多处试验站点提供高清视频、自动驾驶、智能家居等5G新业务服务及演示。

（市经信局办公室）

无线电管理

【概况】 2019年，安徽省无线电管理委员会办公室合肥管理处（以下简称“合肥无线电管理处”）服务制造强国、网络强国建设大局，落实业务流程闭环管理，抓好用频环境治理，实施无线电频率使用许可事项13起，新设无线电台站7934个，换发无线电台执照5950个，指配业余无线电台呼号94个，新办和换发业余无线电台执照125个，依法征收无线电频率占用费103.8万元。

截至年底，该处建成功能先进、覆盖全市的无线电监测网，拥有各类无线电监测固定站、小型站、民航站17个，移动监测车3辆，压制车1辆，升空平台监测系统1套，搬移站1套，考试无线电监测与压制系统2套。

建立健全日常监测、干扰查处等相关工作制度。做好监测能力自查评估，加强监测网络建设。完成肥西茅铺站、肥西北张站、长丰水家湖站、肥东谢岗站的架设和试运行工作。完成全年12个月的监测月报任务，开展无线电日常监测19334小时，排查不明信号247个。在全省无线电监测演练中获二等奖。

【无线电频率台站管理】 2019年，合肥无线电管理处按照科学管理频率资源要求，为西气东输“定一合”工程分部、合肥城市轨道交通、合肥滨湖科学城管理委员会等重要单位做好频率预审批服务，统筹保障重点用频需求。支持和保障5G建设，落实国家关于3000—5000MHz等5G频段频率规划和频率使用许可文件要求，加强5G系统频率的使用监管。召开合肥市公众移动通信运营商会议，发放5G基站管理政策文件汇编，宣讲管理要求和干扰协调流程。指导运营商做好干扰协调和“两表一单”填报工作。加强台站事中事后监管，现场核验超短波电台、卫星站、雷达站、调频广播发射台等各类无线电台站45个。

【无线电执法监督检查】 2019年，合肥无线电管理处开展无线电执法检查31次，检查各类无线电台站72台，发现违法行为并实施行政处罚3起，依法没收无线电设备22台。推进无线电管理“双随机一公开”抽查。对合肥新桥机场等3家单位开展检查，现场核查无线电频率、台站、发射设备销售备案三类事项。落实无线电发射设备销售备案制度，对未按规定办理备案的单位进行检查并督促办理。完成17个销售种类的239个经营主体的销售备案审核工作。

【无线电干扰排查】 2019年，合肥无线电管理处排查各类无线电干扰14起，先后排查合肥火车站、骆岗机场塔台、公众移动通信等重要部门无线电干扰。高压打击“黑广播”，配合公安、文广部门查处“黑广播”23起。注重源头打击，与机场公安部门合作，查处威胁民航飞行安全的“黑广播”，抓获涉案嫌疑人6人，缴获“黑广播”9台。

2019年9月20—23日，开展世界制造业大会保障工作 （合肥无线电管理处/供）

此外，该处当年被国务院打击治理电信网络新型违法犯罪工作部际联席会议办公室评为全国开展打击治理“黑广播”“伪基站”违法犯罪活动工作中成绩突出的集体。

【重要活动无线电通信安全保障】 2019年，合肥无线电管理处做好中华人民共和国成立70周年大庆期间无线电监测保障。加强5G干扰协调，保障广播电视正常播出。国庆前夕排查取缔“黑广播”4处，快速处置国庆期间民航突发干扰。9月20日至23日，为2019年世界制造业大会在合肥召开做好无线电保障工作；为伊拉克总理在合肥出席大会期间安全保障团队指配应急通信频率2组，并全程做好实时监测保障。11月10日，为合肥国际马拉松赛事组委会指配临时使用频率15组，对用频组网方案给予技术指导，对赛事沿线开展监测，保障赛事的现场直播和调度频率安全，被评为2019合肥国际马拉松赛筹备组织工作先进集体。

【重要考试无线电通信监测保障】 2019年，合肥无线电管理处防范和打击利用无线电考试作弊行为，参加各类重要考试无线电监测保障29次，出动人员360人次，车辆93台次，设备280台次。发现并及时阻断利用无线电设备作弊行为2起，查获涉案嫌疑人1人，维护考试的公平公正。

（安徽省无线电管理委员会办公室合肥管理处）

通信业

【合肥电信】 2019年，中国电信合肥分公司（以下简称“合肥电信分公司”）收入完成既定指标，实现效益指标完成率100%；总资产报酬率达24.59%。其中可控资产完成压降目标，重点业务和用户规模扩大，价值经营成效明显，价值管控能力提升。合肥电信分公司当年获中央企业先进集体称号。

该分公司当年聚焦客户感知，服务水平保持领先。截至年底，实现服务健康度比上年提升16%；新兴业务实现快速增长。集约云发展业务、物联网出账业务净增、DCIT业务收入、云收入业务比上年分别增长80%、106%、7.48%、49%；推进扶贫攻坚，加大农村贫困地区网络建设投入和运维管理力度，建设光网项目181个，新建光端口1.37万个，提升光网覆盖；新建4个基站，提升扶贫区域移动网络信号覆盖率；做好贫困村和贫困户通信扶贫各项优惠政策的加载工作；探索信息扶贫新模式，运用大数据、云计算、移动互联网等现代信息技术支持贫困地区信息化发展，将扶贫信息资源服务延伸到乡村及农户。

经营服务　2019年，合肥电信分公司全面完成业务价值、资产价值年度重点工作。在实现业务价值方面，负毛利门店占比由年初22.3%降至6.7%；低效ICT项目占比由年初0.6%降至0.4%。在实现资产价值方面，6个月以上0占用光分箱压降至4.93%，较年初下降2.3PP，盘活光分箱4000个，固网终端全年累计回收翻新5.83万台；实现服务健康度比上年提升16%。

该分公司当年推进整改中央巡视提出的40项问题任务，重点工作完成率100%；实现公众客户综合满意度同业排名第一；实现移动业务满意度同业排名第一；骚扰电话派单量下降72.5%；实现点对点垃圾短信派单量下降89%；国家工业和信息化部3个专项压降申诉量季度环比下降40%，整改前后环比下降50%。成立政企PMO（政企项目管理办公室）和公众PMO（公众项目管理办公室），从公众、政企客户的需求研究入手，聚焦客户、产品体验，倒逼企业流程优化、管理变革。成立6大区域划小单元运营中心，贴近一线的赋能支撑，有效提升划小单元运营能力。成立新兴业务拓展团队和集成公司合肥分部，强化信息化应用拓展能力。重塑政商校四级，将政企分部划小裂变，适应ToB市场营销服务需要。精细分解市场，在政企市场，政务、医疗、工业、教育4方面取得突破，电信相关DICT项目市场份额占比34.5%，运营商3方竞标份额占比71.13%；在校园市场，移动新增比上年提升11%，拓展云智项目，实现智慧校园签约；在公众市场，城市区域守土有责，攻防有力，在洼地社区、新建小区、大型社区实现全覆盖；农村区域聚焦农村洼地开展攻坚，洼地村摘帽完成率累计100%，全省排名第一；截至11月底，在公众市场，五级包区承包率84%；在政商校市场，五级包区承包率达89%，提前完成并超过安徽省电信公司年度推进目标9PP。

网络建设　2019年，合肥电信分公司贯彻网络强国战略，重点聚焦5G建设，首期规划240个站点全部开通，开展电信联通共建共享，成为全国标杆。在无线网络建设方面，完成532个L室外站、251个室分、94个微站入网，覆盖率大幅提升。在光网建设方面，新增FTTH端口占用率提升至59.19%；在建IDC机架计2184个，建成628个IDC机柜；落实提速降费，加快网络升级扩容，实现光纤到户接入端口比例超过95%。截至11月底，合肥家庭端口宽带用户较年初增长5.18%，其中300M以上用户较年初增长122.03%，300M以上用户占比由4.89%提升至10.33%；100M以下宽带用户占比由41.47%下降至22.74%。在互联网专线建设方面，该分公司当年实现中小企业宽带提速，并通过融合、续约提速等策略，全面提速至100M以上；降低套餐资费，减少在售套餐数量；大流量套餐占比70.79%，移动网络流量平均资费降低21%，中小企业专线、宽带平均资费降幅分别为26.52%、34.29%。

该分公司当年全面做好网信安全工作。通过制定数据安全、业务安全、系统安全、“三无七边”、通行字安全管理办法，强化管理体系，优化操作流程，网络信息安全形势稳定。该分公司全年完成47场现场应急通信保障，被安徽省电信公司推荐为“优秀保障获奖单位”；圆满完成中华人民共和国成立70周年、2019世界制造业大会、军运会等重要网络信息安全保障工作，网络运行安全平稳，实现通信故障零发生。此外，完成HW2019专项行动，无网络安全事故发生。

（合肥电信分公司综合管理部）

【合肥联通】　2019年，中国联通合肥市分公司（以下简称“合肥联通”）完成主营收入逾11亿元，实现创新业务收入同比增长84%；客户价值和满意度大幅改善，移动网NPS首次达行业第二。

落实网络建设。合肥联通启动5G网络商用，落实与电信共建共享新模式推动5G建设。建设L900、L1800网络，完善网络的打底和补盲。VoLTE达商用成熟期标准。开通宽带接入新国标小区215个，启动千兆宽带试点，实现宽带实装同比增长25.5%，IPTV发展同比增长26.5%。落实提速降费要求，移动网络流量资费、国际漫游费再降20%以上，中小企业宽带与互联网专线资费再降15%。推出“携号转网”服务，促进通信自由，助推信息消费升级。加速推动5G、云计算、大数据、物联网等项目突破，聚焦政务、教育、医卫、交通、旅游、工业制造等重点行业，提供“智慧+”和5G行业应用，助力传统行业与经济社会转型升级和新旧动能转换。

助力社会发展。合肥联通推进业务和商业模式创新，召开5G品牌标识“5Gn”及主题口号“让未来生长”发布会，开展“5G开放日”系列活动。完善智慧家庭产品体系，推进营维合一、社区承包，打造社区化的贴近服务体验。做好防范打击通信信息诈骗工作，实现骚扰诈骗电话数量持续月环比下降。推进信息普遍服务和网络扶贫，实现光网改造和千村宽带覆盖144个。开展“百倍用心、十分满意”系列活动，打造“小沃带您游庐州”客户俱乐部品牌，移动网、宽带NPS均达到行业第二。完成70周年国庆、世界制造业大会等重大活动通信保障60余次，获评“世界制造业大会筹办工作先进集体”。通过减容减频、设备拆闲利旧、引电转改直等方式节能降耗，助力生态惠民、生态利民、生态为民。

打造智慧合作生态。合肥联通秉承合作共赢理念，布局智慧家庭、大视频、泛智能终端、智慧生活圈等生态体系。拓展平台型异业合作新模式，加强与邮政、金融、保险、彩票、加油站、快递等连锁企业的合作，以金融分期开展渠道赋能，实现资源共享。推动行业生态建设，实行共商共建共创，避免以牺牲客户利益和行业价值为代价的恶性竞争。

（丁　然）

【合肥移动】 2019年，中国移动通信集团安徽有限公司合肥分公司（以下简称“合肥移动”）贯彻落实网络强国战略，坚持高质量发展，完善基础网络设施建设，科学实施网络规划，加大投资建设力度，保持行业领先，追求优质服务，固定资产规模近40亿元，累计服务约600万通信客户。

合肥移动当年获“全国通信行业用户满意企业”、安徽省第十届诚信单位、“第十四届合肥市文明单位”、“合肥企业五十强”等称号。

业务与服务　2019年，合肥移动在业务发展方面，累计建成4G网络基站1.3万余处，4G网络实现全市城乡的全覆盖，4G活跃用户到达约480万户。5G方面，建成5G基站2000余处，全面实现重点区域商用覆盖，打通全省首个5G电话，打造多个5G精品路线及精品区域，实现平均下载速率可达950+Mbps的优质体验。宽带方面，加快全光网络建设，快速推进“光纤到户”工程，家庭光纤宽带覆盖约550万户，其中200M及以上宽带占比超过95%，宽带用户到达约150万户，其中百兆及以上高速宽带占比超98%。推进千兆宽带建设，致力于满足更高品质的家庭宽带网络接入需求。

信息化拓展　2019年，合肥移动致力于推动移动信息技术与城市发展深度融合，以“云计算、物联网、大数据、移动互联网”等新一代信息技术为核心，打造属地化政务云平台、5G万物互联产业联盟，赋能各行各业，以5G为引领，打造政务云、政务热线平台、环保大数据、智慧社区、智慧校园、智慧医疗、智慧工业等一批重要行业信息化应用，相继在全省实现首次5G高清电视信号直播、首个5G无人驾驶叉车、首例5G远程医疗应用、首条5G高速公路等，实现各行业万物互联约300个，帮助近300家企业成功上云，使用云主机近400台，助力各行各业的信息化建设。

提升客户服务　2019年，合

2019年4月11日，合肥移动公司内5G叉车示范应用　（合肥移动／供）

肥移动严格保护客户消费权益，提供业务办理全流程透明消费体验，包括资费公示清晰，消费提醒及时等；加大客户通信权益保护力度，落实“三全”服务体系，开展保护客户权益“阳光行动”，做好携号转网服务；强化服务质量管理，加强客户沟通，以“全心全意为您服务”为口号，开展客户服务提升工作，提升客户感知，服务满意度处于行业领先水平。举办“5G服务进集团”“全球通车主俱乐部”“企业上云”“区块链创新应用与产业生态构建”圆桌论坛等系列活动，为客户提供专业、快速、贴心的服务，全力打造服务领先工程。

履行社会责任　2019年，合肥移动以实际行动履行企业的社会责任，做好应急保障。完成包括世界制造业大会、第十四届中国电子信息技术年会、省市“两会”、各类马拉松赛事及演唱会在内的140余次应急通信保障任务。保障工作收到近20封主办方、相关政府单位的表扬信，2019年应急保障工作获评合肥应急指挥中心颁发的“应急保障工作成绩突出单位”。

强化网络信息安全保障　2019年，合肥移动开展网络安全治理，提高信息安全保障能力，打造绿色网络，开展网站备案信息准确率提升、网络安全防护技术手段建设、不良信息和骚扰电话治理、打击“伪基站”等专项行动，落实手机实名制登记，营造绿色网络环境，履行社会责任。配合打击电信网络新型违法犯罪，全年配合市反电诈中心协助处理预警拦截警情3.2万余起。

落实国家“提速降费”要求，开展流量资费扩容工作，“加量不加价”，创新服务方式，扩大服务适用人群，满足广大用户对流量的个性化使用需求，全年手机流量单价同比下降逾42%；主动开展宽带提速活动，针对低速率用户、老旧小区开展免费提速活动，全年完成22.7万户低速提速；为教育、医疗等重点民生行业专线提速100%以上。

合肥移动在2002年至2019年期间累计上缴中央和地方税收超过80亿元，给社会直接和间接创造的就业机会近万个。

（程　浩）

责任编辑：田　文

农业农村

综 述

【概况】 2019年，合肥市坚持农业农村优先发展总方针，坚持把实施乡村振兴战略作为一切工作的重中之重，大力推动农业全面升级、农村全面进步、农民全面发展。全市农村常住居民人均可支配收入22462元，分别高于全省、全国平均水平7046元、6441元，居全省第三位、全国省会城市第八位；全市农村常住居民人均可支配收入增速为10.2%，高于全省增速0.1个百分点、全国增速0.6个百分点，高于全市城镇居民可支配收入增速0.7个百分点。

1月24日，全国农村生活污水治理现场会在巢湖市召开，中共中央政治局委员、国务院副总理胡春华现场观摩并作重要讲话。4月26日，市农业农村局代表合肥市在成都召开的全国都市现代农业现场交流会上发言，介绍合肥市都市现代农业典型经验。

市农业农村局获“2019年全国农业农村先进集体”称号，是全国仅有的两个获此荣誉的省会城市之一，也是继获“2017年全国农业先进集体”称号后再获此项荣誉。巢湖市被农业农村部、财政部评为2019年度农村人居环境整治成效明显的激励县，是全国获此荣誉的20个县（市）之一，也是安徽省唯一的县（市）。合肥市“菜篮子”市长负责制在全国36个直辖市、计划单列市、省会城市考核中被评为优秀等次。合肥市农业农村工作有三项入选省政府关于落实有关重大政策真抓实干成效明显通报激励，分别是高标准农田建设（第三十项）、农村人居环境整治（第三十一项）、农作物秸秆综合利用（第三十八项）。

【都市现代农业发展】 2019年，合肥市推动藏粮于地、藏粮于技落实落地，巩固和提高粮食生产能力，落实高标准农田建设任务1.19万公顷，其中，高效节水灌溉任务2046.67公顷。农田水利“最后一公里”建设任务1.47万公顷，市级安排下达四县一市6027.68万元财政资金。推动优质专用粮食基地建设，全市粮食播种面积53.33万公顷，完成既定任务的105%；粮食产量301.19万吨，完成既定任务的102%。强化全市“菜篮子”市长负责制，全市蔬菜瓜果种植面53.33万公顷（按照原有统计口径为9.48万公顷），比上年同期增长4%。支持9个县（市）新建合作共建供肥蔬菜基地371.93公顷，完成既定任务的139%，上市供肥安全优质蔬菜产品17760吨。

巢湖市三瓜公社 （市农业农村局/供）

全市生猪存栏48.99万头，环比上涨8.1%；能繁母猪存栏数止跌企稳，达5.26万头，这两项数据自10月触底之后连续增长。

实施农产品加工六大行动，促进农产品加工向精深转变，全市农产品加工值与农业总产值的比例达1.91∶1，农业招商引资136亿元。

全市创建5个国家级、12个省级、106个市级休闲农业与乡村旅游示范点，3个省级休闲农业和乡村旅游示范县，全年接待人数3700万人次，休闲农业经营总收入40亿元。全年农村产品网络销售额80.95亿元，同比增长26.2%。

市农业农村局制定《合肥市质量兴农战略规划（2019—2022年）》，推动农村三产深度融合。推进“1151工程”（即建立十大特色主导产业、树立十大特色种养业扶贫示范典型、形成五大产业扶贫利益联结机制、指导一批扶贫农产品申报三品认证或建立品牌），提升产业扶贫质量。合肥市在全省率先“打造产业扶贫升级版”，全市特色种养业扶贫年度到户覆盖率90.8%，完成既定任务的121%。主导产业产值占全村农业总产值的比重达20%以上的27个贫困村发展“一村一品”。

【乡村振兴战略实施】 2019年，合肥市实施3个乡村振兴战略市级示范项目，推进农村人居环境整治三年行动计划实施，推动县域行政村实现环卫治理市场化服务全覆盖，乡镇政府驻地实现污水处理厂设施全覆盖，乡镇政府驻地及中心村生活污水集中处理率分别提高到80%和60%以上。

全年完成89个中心村年度目标任务，创建重点示范村12个、示范村54个，超额完成省定11个重点示范村、45个示范村创建任务。以“党建引领、村民主体、三治融合”为抓手，打造乡村自治创新平台、乡村法治实践平台、乡村德治提升平台，促进“善治、法治、德治、自治”，促进乡村治理体系和治理能力现代化。

【农业科技装备提升】 2019年，合肥市成立35个农业首席专家工作室，农业科技贡献率达62%。整合建设“合肥市智慧农业社会化服务平台”，搭建覆盖种植业、农机、渔业等数据资源体系，推动全市数字化农业发展。推进中国科学院合肥物质科学研究院规划建设“合肥市智慧农业谷”。培育农业技术骨干2248名，完成既定任务的224.8%；培训农民41269人，超额完成既定任务。信息进村入户村级信息服务站点覆盖率99.82%。加快农业机械化转型发展，主要农作物综合机械化水平达82.8%，市辖三个县获全国“主要农作物生产全程机械化示范县”称号。

【农业生产环境治理】 2019年，合肥市加强秸秆综合利用。全年农作物秸秆综合利用率达91.6%，产业化利用秸秆93.58万吨，秸秆产业化利用量占利用总量的39.5%；能源化、原料化利用秸秆65.85万吨，能源化、原料化利用量占利用总量的27.8%。

加强农膜回收利用。安排市级专项资金900万元，用于农业废弃物（农药包装废弃物和废弃农膜）回收。截至年末，全市累计建立镇村回收网点（包含农药废弃物回收网点）446个，实现农膜回收全覆盖，回收废旧农膜300.6吨，有效解决农村有毒有害白色污染问题。11月12日，国务院督查组在长丰县检查废弃物回收处置工作，给予肯定。

加强畜禽养殖业污染治理。全市畜禽粪污综合利用率达90%，完成既定目标的113%；规模养殖场粪污处理设施设备配套率达97%，完成既定目标的108%；360家大型规模养殖场粪污处理设施装备配套率为100%，市辖五县（市）均纳入整县推进项目。

化肥使用减量增效。全年化肥减量3.9%。全市建立减肥增效示范区（片）160个，示范面积19.95万亩次。全市推广测土配方

巢湖市槐林镇大汪村　（市农业农村局/供）

施肥技术面积 915 万亩 / 次，测土配方施肥技术覆盖率达 92%，施用新型肥料 2.54 万吨，推广施用面积 98.94 万亩 / 次。施用有机肥 31.4 万吨，施用有机肥面积 152.5 万亩 / 次，实施秸秆速腐还田技术面积 685 万亩 / 次，全市推广稻—肥（紫云英）轮作模式 4473.33 公顷。

农药使用减量增效。全年农药减量 4.0%。开展新农药试验示范，研究适合高产栽培模式的高效施药机械作业方式，推进农机农艺相互衔接。全市基层测报网点正常运行 17 年，建立 2.78 万公顷绿色防控和统防统治融合示范核心示范区，减少化学农药的使用量。

加强耕地分类管理。开展耕地土壤环境质量类别划分，完成肥东县、肥西县 2 个试点县划分工作。出台《合肥市污染耕地安全利用和严格管控工作实施方案》，细化受污染耕地安全利用、严格管控和治理修复实施方案，落实任务到县，并组织实施相应措施。

加强节水灌溉。全市高效节水灌溉任务 2533.33 公顷，建成高效节水灌溉面积 2066.67 公顷（高效节水灌溉任务为跨年度任务）。

全市新增绿色食品、有机农产品、地理标志登记农产品 65 个，完成既定任务的 433%。全市获国家农产品质量安全县称号的县对 82% 的农产品生产经营主体及其产品实行追溯管理，全年农产品质量安全例行监测合格率 98.76%。庐江县获全国第二批国家农产品质量安全县称号。

肥西县山南小井庄　　（市农业农村局 / 供）

【农村改革】 2019 年，合肥市农村清产核资工作全面完成，开展农村集体产权制度改革的村占 94%。开展农村“三变”改革的村占 71.7%，超额完成省农业农村厅确定的指导性计划 447 个。庐江县 203 个村居实施“三变”改革，占总村数的 91.8%。

全市新发展家庭农场 2344 家，总数达 9967 家；新发展农民合作社 328 家，总数达 5465 家。新发展新型经营主体 2761 家，完成年度任务的 120%。新评定市级示范农民合作社 30 家、示范家庭农场 55 家。

推进农业供给侧结构性改革。组织实施“互联网 +”现代农业政策。全年财政支持扶持资金 350 万元，补助互联网企业 12 家。组织申报省级农业物联网示范点 35 个，占全省示范点的 12.8%。推进大数据平台建设。整合建设“合肥市智慧农业社会化服务平台”，搭建覆盖种植业、农机、渔业等数据资源体系，推动全市数字化农业发展。

发展智慧农业。推进中国科学院合肥物质科学研究院规划建设“合肥市智慧农业硅谷”，支持该院在长丰县建设数字农业示范园，打造智慧农业创新研究院、智慧农业装备与技术产业园、环巢湖智慧农业试验示范基地，构建国际一流、国内领先的智慧农业创新、技术、产业、政策生态。

发展休闲农业。将休闲农业及乡村旅游作为现代农业调结构转方式促升级的重要内容，培育一批生态环境优、产业优势大、发展势头好、示范带动能力强的休闲农业企业，不断满足城乡居民消费升级需求。截至年末，全市创建 5 个国家级休闲农业与乡村旅游示范点、3 个省级休闲农业和乡村旅游示范县、12 个省级休闲农业与乡村旅游示范点、106 个市级休闲农业示范点，全年接待 3700 万人次，休闲农业经营总收入 40 亿元。

【农业科技】 2019 年，合肥市加快农业新产品繁育推广。全市自主繁育粮食、油料和瓜果蔬菜新品种 250 多个，占全省 31%，两系杂交水稻和西甜瓜居全国领先水平；引进、推广新品种 180 个，覆盖全国 21 个省；年种子营销总收入 33 亿元，占全省 60% 以上、全国 10% 以上，仍保持着全国“种业之都”地位。

加快新技术新模式应用。应用新技术 80 项、新模式 20 项。越光稻引进试种成功，当年亩均产量 325 千克；设施农业蔬菜瓜果种植面积 9.33 万公顷，蔬菜自给率提高 2 个百分点；稻虾综合种养技术应用面积 3.8 万公顷，亩均增效 800 元以上。

加快农业科技成果转化。全市转化率 45%，高于全国平均水平，形成长丰草莓、大圩葡萄、合肥龙虾、吴山南瓜、牌坊杭椒、柳风荸荠、中埠番茄等地方特色农产品。

加强农业科技创新平台建设。整合政策和项目，建设 8 个省级现代农业示范区、34 个市级标准化现代农业示范区和 445 个各类园区。建设 19 家省现代农业产业体系试验站、40 家企业农业科技研发中心和 35 个农业行业首席专家工作室。

推进农业技术装备建设。数据农机初见雏形，全市第一个上线启用智慧农机平台，上线高效农业机械达 2000 台。建设 3000 多个物联网应用与示范农场、企业，信息进村入户工程实现全覆盖。

建立首席专家工作室制度。全市建立 13 个农业行业首席专家工作室，行业分到各行业各大宗品种，荟萃 168 名行业专家，培育农业技术骨干 7400 余人，引进培育新品种 119 个，推广新技术新模式 38 项，推广应用面积 1.74 万公顷。

创新人才引进与培训模式。着眼乡村"人才振兴"大局，市农业农村局与市委组织部联合组织实施乡村人才队伍培训千人计划，对全市农业行业生产经营型、指导管理型、科技服务型人才细分为 6 类，按各自特点和需求，分送到知名院校开展"订单培训"。引进人才服务合肥，与国内外知名大院大所联系，来自中国科学院、中国农业科学院、中国科学技术大学、合肥工业大学、安徽大学、安徽农业大学、安徽农业科学院等单位 310 多位知名专家学者，直接服务于合肥农业，建立农业技术研发中心 57 个、涉农产业技术创新战略联盟 28 个。

【农产品质量安全】 2019 年，合肥市坚持"产出来"和"管出来"两手抓、标准化生产和执法监管两手硬，创新监管机制，提升农产品质量安全水平，全市农产品质量安全例行监测合格率稳定在 98% 以上，庐江县获全国第二批国家安全县称号。

推进标准化生产，着力增加绿色优质安全农产品供给。开展现代农业相关标准的制修订与实施，丰富和完善合肥市现代农业标准体系，增加优质绿色农产品供给。累计制定修订农业地方标准 200 余项，其中省级以上标准 38 项，涵盖畜禽、粮油、茶叶、水果、蔬菜等主要农产品。

加强品牌培育，加快推进"三品一标"高质量发展。实施农产品认证登记发展计划，严格准入门槛，加强证后监管和目录动态管理。全年新增"三品一标"认证产品数 65 个，累计认证"三品一标" 1057 个，其中无公害农产品 573 个、绿色食品 342 个、有机农产品 125 个、地理标志农产品 17 个。

加强监测评估，打好风险防控主动仗。在全市范围内开展农产品质量安全隐患排查和风险防控行动，重点排查农药使用情况，杜绝使用甲胺磷等违禁高毒农药。对市场、超市蔬菜、肉品、水产品等农产品质量安全进行风险监测和例行抽检。

实施民生工程，加强农产品质量安全追溯体系建设。推进农产品质量安全追溯工程落实，完成"三品一标"新培育任务数 78 家，带追溯二维码上市企业数 79 家，实现快检数据上传省平台 32 万条。指导和帮助农业规模生产经营主体在国家追溯平台注册登记并开展产品追溯。

（吴延华）

种植业

【概况】 2019 年，合肥市粮食播种面积 53.33 万公顷，完成任务的 105%，粮食产量 301.19 万吨，粮食播种面积和产量与上年相比保持稳定。推动优质专用粮食基地建设，全年完成划定粮食生产功能区 30.53 万公顷、重要农产品生产保护 7.87 万公顷，"两区"划定涉及 75 个乡镇、1025 个村、14750 个片快、22.19 万个地块。

蔬菜瓜果种植面积 8.45 万公顷，蔬菜及食用菌产量 217.16 万吨。推进农业供给侧结构性改革，组织实施"互联网+"现代农业政策，发展智慧农业、休闲农业。农业生产环境得到改善，特色种养业扶贫高质量推进，农产品质量安全水平持续提升，引领和推动农业机械化转型发展。

【高标准农田建设】 2019 年，合肥市建成 2018 年度高标准农田 1.44 万公顷，启动 2019 年度 1.19 万公顷高标准农田建设任务，其中含高效节水灌溉面积 2533.33 公顷。项目建成区基本实现"田成方、林成网、路相通、渠相连、旱能灌、涝能排、桥、涵、闸配套齐全"的建设目标，达到"遇涝能排、遇旱能灌、排灌自如"的实施目标。

【"菜篮子"市长负责制】 2019 年，合肥市贯彻国务院对 36 个大

2019年安徽省水稻新品种展示 （市农业农村局/供）

中城市菜篮子考核要求，成立由市政府主要领导任组长、市农业农村局（原市农业委员会）等部门为成员单位的合肥市“菜篮子”工作领导小组，印发《合肥市“菜篮子”市长负责制考核办法实施细则》和《合肥市“菜篮子”县（市）区长负责制考核办法》，确保各项工作有力有序有效开展。全年蔬菜瓜果种植面积8.45万公顷，同比增长4%。蔬菜及食用菌产量217.16万吨，同比增长4.2%。市辖9个县（市）区新建供肥蔬菜基地371.93公顷，完成既定任务的139%。上市供肥安全优质蔬菜产品17760吨。

【特色种养业扶贫】 2019年，合肥市辖各县（市）统筹制定特色种养业项目实施方案及资金使用计划，主要用于“四带一自”产业扶贫。截至年末，全市累计建成特色产业扶贫园区项目115个，达全年目标的102.7%；新型农业经营主体带动贫困户28829户，达全年目标的167.22%；开展自种自养贫困户18651户，达全年目标的102.76%。

通过发展产业扶贫主导产业和贫困村一村一品，初步形成一定的产业发展规模。其中全市发展大棚蔬菜5686.67公顷、草莓5200公顷、稻渔综合种养2.14万公顷，碧根果等林特产业9600公顷、特色水果5600公顷、瓜蒌等中药材2653.33公顷、茶叶4800公顷，获得“三品认证”193个，其中无公害产品98个、绿色产品56个、有机产品33个，相关产业获得地理标志11个，涌现出“长丰草莓”“下塘龙虾”“肥东杭椒”“陆还蔬菜”“润枝樱桃”“合肥龙虾”“同大葡萄”“凤落河酱干”“都督翠茗”“白云春毫”“笏山瓜蒌”“依安康”“巢三珍”“放马滩”等一批知名品牌。

【农机化发展】 2019年，合肥市实施数字农机研发建设，引领和推动农业机械化转型发展，全市主要农作物综合耕种收机械化率达82.8%，市辖三个县获全国“主要农作物生产全程机械化示范县”称号。

围绕“智慧农机”研发建设“农机社会化服务云平台”，服务覆盖市、县、乡农机管理部门和5000个农机合作社、5000个家庭农场，实现农机管理服务社会化。

突破农机化全程全面短板。实施互联网+机插秧政策补贴项目，全市完成互联网+机插秧作业面积9666.67公顷。实施互联网+土地深翻政策补贴项目，全市完成土地深翻机械化作业2.33万公顷。全市新购置农机具3800台（套）、新增总动力10万千瓦，淘汰旧机总动力2万千瓦，新增农机合作社20家。

整治变型拖拉机，实施“停止增量、严管存量、激励减量”策略。截至年末，全市变型拖拉机存量下降15.75%。推进“平安农机”示范市创建。全年新命名12个市级“平安农机”示范乡镇，累计命名64个，合肥市被评为省级“平安农机”示范市。

（吴延华）

养殖业

【概况】 2019年，合肥市制定产业扶持政策，优化养殖业空间布局，发展绿色生态健康养殖，促进全市养殖业稳定生产。加强非洲猪瘟关键防控措施落实，实现重大动物疫病防控工作“无死角、无空白、无隐患”。推进水产绿色养殖，全市虾稻综合种养总面积3.65万公顷。加强渔业资源环境保护，加大渔政执法力度，积极推进巢湖渔业保护区禁渔。

【畜禽养殖】 2019年，合肥市生猪出栏185.93万头，存栏68.85万头；肉牛出栏1.47万头，存栏2.89万头，奶牛存栏2.67万头；羊出栏11.10万头，存栏8.57

庐江县虾稻综合种养基地 （张大岗/摄）

万头。家禽出栏1.08亿只，存栏3753万只，其中肉鸡出栏7970万只，存栏2640万只；蛋鸡存栏584.24万只；蛋鸭存栏54万只。家禽存出栏量居全省前列。

【水产养殖】 2019年，合肥市推进水产绿色养殖。优化水产养殖业空间布局，推进虾稻产业“3115”战略，即通过3年（2019—2021年）时间，实现全市虾稻综合种养面积100万亩以上，一产产值（龙虾、稻米）100亿元以上，一、二、三产总产值500亿元以上，形成“三产消费带动、二产加工提升、一产种养结合”的一、二、三产深度融合的合肥都市现代农业发展模式。全年新增虾稻综合种养面积2.3万公顷，总面积达3.65万公顷，完成既定任务的138%。全市有100亩以上规模基地1621个、千亩示范片27个，超万亩的乡镇11个，全市虾稻产业从业人员近6万人。

全市完成创建3个国家级虾稻综合示范区，超2000亩集中连片示范基地14个，实现标准化、规模化、集约化现代农业生产模式，带动乡镇稻米加工厂、小型龙虾交易市场、乡村旅游和文化等相关产业联动发展。

【动物疫病防控】 2019年，合肥市加强非洲猪瘟关键防控措施落实，落实调运申报制度，加强屠宰环节监管，落实屠宰企业主体责任和凭证入场制度，严禁屠宰无检疫证明和免疫标识等生猪。执行屠宰环节生猪调运申报管理制度，推动合肥市生猪运输车辆备案制度落实，加强生猪屠宰标准化创建，督促生猪规模养殖场和种猪场完善出猪台、消毒站等生物安全设施，压点清理、关闭重组屠宰场，标准化水平明显提高。

加强区域联防联控，集中开展重大动物疫病免疫，按照“六统一六不漏”的工作要求，以乡镇为单位逐村推进，对全市存栏所有畜禽实施集中免疫，对自免的规模养殖场加强防疫监督，指定931名村级防疫员划片包干、责任到人，持续规范防疫行为，做到“边登记、边免疫、边打标（发证）”，确保防控工作“无死角、无空白、无隐患”。

全面完成春、秋两季集中免疫工作，群体免疫密度达90%以上。春、秋两季集中监测O型、A型口蹄疫免疫抗体监测，春季检测合格率达89.8%，秋季检测合格率91.5%。春、秋两季集中监测高致病性禽流感，春季H5、H7免疫抗体检测合格率87.7%，秋季检测合格率95.0%。全市发放小反刍兽疫疫苗24万头份，免疫抗体合格率为89.8%，春、秋季防治猪瘟血清检测合格率分别为96.1%、92.5%，春、秋季高致病性猪蓝耳病防治检测血清抗体合格率分别为88.6%、79.0%。

【渔业资源养护】 2019年，合肥市着力加强渔业资源环境保护。开展渔业增殖放流活动5次，投放各类鱼苗589.2万尾。加强增殖放流供苗单位、苗种种质、苗种质量和苗种数量监管，建立健全苗种供应招标制度、苗种质量监督检验制度、放流现场公证公示制度和项目督察等制度。着力加强水生野生动物保护，组织开展“盘羊四号行动”水生野生动物保护专项执法行动。全年开展专项执法行动37次，出动执法人员540人次，立案查处7起，发现涉黑线索3起，开展联合执法5次。

促进江河湖休养生息，落实禁渔制度。推动巢湖封湖禁渔实施方案落实，加大渔政执法力度，积极推进巢湖渔业保护区禁渔。自2019年1月1日起，巢湖渔业生态市级保护区全面禁捕，保护区范围涉及巢湖市、庐江县辖区内12个乡（镇、街道）、1342户渔民、2144条渔船，全部退出捕捞，发放渔民补助资金27862.4万元。

（吴延华）

农产品加工业

【概况】 2019年，合肥市实施农产品加工六大行动，促进农产品加工向精深转变，全市农产品加工业产值与农业总产值的比达到1.91∶1。市两级安排农业产业化发展资金3800万元，其中省级投入1800万元、市级投入2000万元。利用财政资金与担保机构、金融机构合作，设立融资担保基金等财政金融产品，解决中小农业企业缺乏抵押物的融资难题。截至年末，“农保贷”产品累计发放担保贷款79笔，金额2.38亿元，其中在贷14笔4530万元。农业招商引资超过136亿元。全市获准建设3个农业类国家重点实验室，组建8个农业类院士工作站，农业类国家高新技术企业达42家。上市涉农企业有5家，在安徽省股权交易市场挂牌企业有103家。

【产业载体提升】 2019年，合肥市有21个主体纳入省农产品加工业“五个一批”重点调度名单，其中加工强县（市）2个（长丰县、合肥高新技术产业开发区）、加工园区1个、招商项目3个、骨干企业6个、知名品牌9个。全市有招商引资项目70个，投资总额136亿元；农产品交易会签约项目7个，总投资39.4亿元。巢湖尖山湖逸趣园、庐江益海嘉里等一批大项目落地建设，促进全市农业产业化提升。

【龙头企业壮大】 截至2019年末，合肥市市级以上农业产业化龙头企业达736家（国家级8家、省级96家），市级以上示范产业化联合体123家（省级38家），形成以市级为基础、省级为骨干、国家级为引领的三级农业产业化龙头企业集群。

（吴延华）

乡村振兴

【概况】 2019年，合肥市乡村振兴重点项目建设高质量推进，并发挥示范带动作用。农村人居环境整治三年行动计划实施。全市开展“大棚房”问题专项整治，推进农村集体产权制度改革和“三变”（资源变资产、资金变股金、农民变股东）改革，完善深化农业社会化服务体系建设。农民增收取得新成效，全市农村常住居民人均可支配收入22462元，分别高于全省、全国平均水平7046元、6441元，居全省第三位、全国省会城市第八位；增速为10.2%，分别高于全省、全国0.1个百分点、0.6个百分点，高于全市城镇居民可支配收入增速0.7个百分点。

【项目建设】 2019年，合肥市按照分类推进、梯次推进乡村振兴要求，围绕“农”的本质、“村”的风貌、“人”的参与、“居”的变化，以实施农产品加工业“五个一批”工程［即发展一批农产品加工强县（市）区，建设一批农产品加工强园，打造一批农产品加工领军企业，引进一批知名大型农产品加工企业，培育一批有影响力的农产品品牌］为抓手，高质量建设乡村振兴重点项目。

全市入库项目205个，总投资451.3亿元。截至2019年末，完成投资22.8亿元。谋划第二批市级乡村振兴项目，初审10个项目符合条件，总投资4.2亿元。

庐江县罗河镇鲍店中心村黄山寨片区通过“净化垃圾、硬化路网、亮化道路、绿化环境、美化空间”和改水改厕“五化两改”，以及“五清一改”（清理村内塘沟，清理畜禽养殖粪污等农业生产废弃物，清理乱搭乱建、乱堆乱放，清理废旧广告牌，清理无功能建筑，改变影响农村人居环境的不良习惯）村庄清洁行动，打造空间优化形态美、绿色发展生产美、创业富民生活美、

巢湖市柘皋镇汪桥集村 （市农业农村局/供）

巢湖市三瓜公社 （张大岗／摄）

村庄宜居生态美、乡风文明和谐美的环境，为“提升美丽乡村打造农旅结合”模式作出示范。庐江县万山镇云里安凹民宿采取“集中安置+收储流转+挂牌交易+借助平台+吸引投资+统一经营”模式，改造成为文旅融合新型业态，为“改造空闲农房发展乡村旅游”提供借鉴。庐江县汤池镇唐老中心村采取发动群众“众筹、众建、众管”方式，在不需要大拆大建的前提下，提升中心村建设水平，为“把农村建设得更像农村”提供样板。

【农村人居环境整治】 2019年，合肥市实施农村人居环境整治三年行动计划，推动县域行政村实现环卫治理市场化服务全覆盖，乡镇政府驻地实现污水处理厂设施全覆盖，乡镇政府驻地及中心村生活污水集中处理率分别提高到80%和60%以上。

推进市、县、乡、村各级党委书记亲自抓农村人居环境整治，形成全市上下“一盘棋”工作格局。由市委主要负责人带头，建立市领导联系农村人居环境整治工作制度，由市四大班子主要负责人各联系一个县（市），形成“以上率下，一级抓一级，相互比学干”的良好工作氛围。全年农村人居环境整治市级下达专项资金9.5亿元，其中改厕资金8525万元（每户市级补助800元，每个乡镇改厕管护服务站补助7.5万元）；各县（市）区共投入改厕专项资金2.87亿元。

坚持“六主六辅六转变”合肥改厕模式，深入推进农村“厕所革命”，即：推进方式由过去零星改厕向整村推进改厕转变；产品采购由产品、施工安装服务采购分离向厕具供应、安装施工、维修服务一体化采购转变；农户改厕由“一户一厕”向“一宅一厕”转变；中标企业由过去单纯的卖产品向卖产品和卖服务转变；村组工作由抓施工落实向抓组织协调转变；县级工作由重点抓镇向抓镇、抓市场转变。

截至2019年末，全市完成8.42万户自然村改厕（省定任务7.13万户），占省定任务的118.1%。12月，按照《安徽省农村户用厕所改造验收办法（试行）》要求，各县（市）区改厕主管部门对2019年已改户厕进行逐户验收；市级组织5个复核小组分赴6个县（市）区，对2019年度改厕工作进行复核。根据市美丽乡村建设工作领导小组《关于加快建立农村改厕长效管护机制的通知》，担负改厕任务乡镇的“一站两体系”（农村改厕服务站，维修服务体系、粪污清掏及处理体系）全部建成。

坚持城乡污水处理一体规划和城镇污水处理一体建设，在全省率先实现乡镇政府驻地污水处理设施建设全覆盖。全市已建成的省级美丽乡村中心村及市县级自主建设美丽乡村中心村，均配套建设生活污水处理设施并正常运行。开展以巢湖市为试点的黑臭水体治理。

推进农村生活垃圾治理模式逐步向“户分类、保洁员收集、公司转运、市县处理”转变，全市1070个行政村建立农村生活垃圾收运处置体系。全年各县（市）区无害化处理总量91.81万吨，无害化处理率达100%。全市农村范围已实行垃圾分类试点806个。

全市已建立废弃物回收处理体系，形成农膜及农药包装袋（瓶）等废弃物回收机制，运转良好。探索建立以“市场运作、财政奖补、属地管理、专业化处置”为主要模式的废弃物回收处理工作机制。全市累计建立镇村回收网点446个，共回收废弃农药瓶3004万个、农药袋2568万个，废旧农膜300.6吨，有效解决农村这一特殊的有毒有害白色污染问题，助力农村人居环境改善，受到国务院农村人居环境整治检查组充分肯定。

稳步推进村庄清洁行动。全年有147万人次参加村庄清洁行动，发动农民群众投工投劳43.14万人次，清理农村生活垃圾90万吨，清理村内沟塘3.4万口，清理村内沟渠1.15万千米，清理村内淤泥95万吨，清理畜禽养殖粪污等农业生产废弃物6.14万吨，清理乱搭乱建的户数6.57万户，清理废旧广告牌4.17万个，清理无功能建筑873920平方米，清理残垣断壁90219处。1265个行政村全域开展“五清一改”村庄清洁行动，二类县长丰县完成91%、庐江县完成96%，其余一类县全部完成村庄清洁行动“五清一改”目标。合肥市及庐江县白湖镇、汤池镇“五清一改”做法先后被省农业农村厅推广或在全省会议上作典型经验介绍。

【“大棚房”专项整治】 2019年，合肥市加强永久性基本农田用途特殊管制，深入开展“大棚房”问题专项整治。全市共出动排查人员近17000人次，摸排乡镇和产业园101个、村1328个、园区831个。全市累计排查大棚160613个、面积9607.36公顷，其中：塑料大棚155486个、面积9062.7公顷，日光温室407个、面积33.94公顷，连栋温室1192个、面积278.11公顷，其他设施3528个、面积232.61公顷。排查发现存在49个违法违规项目、97个问题棚，涉及耕地面积14.8公顷。经省“大棚房”问题专项清理整治行动领导小组办公室认定，涉及Ⅰ类违法违规项目34个（78个问题棚）、Ⅲ类违法违规项目15个（19个问题棚）。全市49个“大棚房”问题整改全部完成。共立案查处Ⅰ类问题21个，执行处罚金额117.96万元，拆除及部分拆除建筑面积13.64公顷，恢复农业生产功能面积13.53公顷。对21名相关责任人追责问责，移交公安机关刑事拘留1人。

【农业农村改革】 2019年，合肥市贯彻落实中央、省关于深入推进农村集体产权制度改革（以下简称“产改”）和“三变”改革的决策部署，以“清产核资”为基础，以“产改”为主线，以“三变”为提升，层层加压，多措并举，推进“清资”夯基础、“产改”建组织、“三变”拓路径的联动改革。全市开展农村集体产权制度改革的村占94%，开展农村“三变”改革的村占71.7%。

2018年4月启动全市农村集体资产清产核资工作，涉及全市13个县（市、区、开发区）、125个乡镇、1561个村、33555个村民组。至2018年10月，乡、村、组三级农村集体资产清产核资工作全面完成，全市各层级集体经济组织填报的明细表和各级农业农村部门填报的汇总报表完整齐全、数据准确，相继通过县级、市级和省级验收，顺利登录中国农业农村部平台。

*村居“产改”提速扩面。*截至2019年末，全市完成股权量化的村居1326个，占总数的94%，量化资产217805.46万元；完成农村“产改”村居1326个，占总数的94%，占年度任务的157%。实现股份分红村居76个，分红总额2590.9万元。肥东县作为第三批国家级农村集体产权制度改革整县推进试点县，335个村居改革任务全部完成。

*“三变”改革成效明显。*截至年末，全市完成农村“三变”改革的村居1012个，占总数的71.7%，超额完成省农业农村厅确定的指导性计划447个。培育承接经营主体1002个，农民成为股东有341.7万人，农民“三变”入股分红累计754.8万元。庐江县“三变”改革试点全面推进，203个村居实施“三变”改革，占总数的91.8%。

*建立村集体经济组织。*全市有1326个村（居）组建经济（股份）合作社，占总数的94%。各村（居）结合实际制定村集体经济组织章程，设立股东（成员）代表大会，选举产生理事会、监事会，建立集体经济组织各项规章制度，有1175个村居注册登记成立（股份）经济合作社，151个村居具备成立注册条件，促进农村集体经济组织合法化、规范化发展。

【农业经营体系建设】 2019年，合肥市构建小农户和现代农业利益联结机制，完善深化农业社会化服务体系建设促进现代农业发展政策体系，推动农业公益性服务机构转型，形成农业技术推广、动植物疫病防控、农产品质量安全、农业品牌管理“四位一体”的基层公益性服务体系，涵盖全市80个农业乡镇和1018个村居。全年新发展家庭农场2344家，总数为9967家；新发展农民合作社328家，总数为5465家。新发展新型经营主体2761家。新评定市级示范农民合作社30家、示范家庭农场55家。

按照“主体多元化、形式多样化、运作市场化”的要求，培育多元化、多形式、多层次的农业经营性服务组织，发挥经营性服务组织主力军作用。在43个乡镇186个村，实施服务水稻种植社会化服务面积3.13万公顷，服务公顷次超过11.33万公顷次，服务小农户近5万户，补助小农户和社会化服务组织资金4300万元。210个社会化服务组织参加项目实施。

（吴延华）

水　务

【概况】　合肥市是全国重点防洪城市之一。全市汇水面积在50平方千米以上的河流82条，常年水面面积10平方千米以上自然湖泊4个，大中小型水库780座，塘坝9.58万口，大中小型泵站1034座，万亩以上灌区78处，万亩以上圩口25个。江淮分水岭以南为长江水系，面积8824平方千米；以北为淮河水系，面积2606平方千米。长江流域主要有巢湖、黄陂湖、南淝河、店埠河、丰乐河、派河、滁河等河湖，其中巢湖是中国五大淡水湖之一，流域面积13486平方千米，正常水面760平方千米；淮河流域主要有瓦埠湖、高塘湖、东淝河、庄墓河、池河等河湖。

2019年，合肥市推进重点水利工程建设，抓好水旱灾害防御工作，确保城乡供水和农业灌溉。坚持依法治水、科学治水，加强水资源保护，全面推行和完善河长制，持续提升河湖工程建设和工程管理水平。农田水利骨干工程基本齐备，形成具有一定规模的蓄水、提水、引水、防洪、除涝、供水等水利基础设施工程网络。

【水利建设】　2019年，合肥市巢湖环湖防洪治理工程建设完成投资4.5亿元。灾后水利薄弱环节治理有序推进，列入省计划的3个中小河流治理、48座小水库除险加固、3个县基层防汛预警体系建设工程全面开工，续建的6个中小河流治理项目完工。长丰县杜集水库、肥东县袁河西水库（中型水库）除险加固工程开工建设。裕溪河治理工程、中小河流治理重点县（巢湖市坝镇项目区）工程完工。市级投资开工建设江水西引工程、董铺大房郢水库隔离工程，开工建设市级灾后水利建设项目11个。市县投资开展农村安全饮水巩固提升工程建设。

全年累计完成各类水利投资40亿元，其中完成省以上水利基建投资8.96亿元，占省水利厅下达目标任务的120%。工程建设管理水平不断提升，重大水利工程质量监督抽查实现全覆盖，自全省水利建设质量考核工作开展以来，合肥市连续6年获A级等次。

董铺水库溢洪道廊桥　　（王亚伟/摄）

【水旱灾害防御】　2019年，合肥市加强巢湖综合调度，年初根据气象预测分析，精心准备、提前部署，在保证航运和供水安全的前提下，提前调度巢湖闸、铜城闸、新桥闸、凤凰颈闸等通江水闸，预降巢湖及内河底水，外排底水21亿立方米，腾出巢湖警戒水位以下库容17亿立方米，确保有足够库容应对可能发生的暴雨洪水。

7月下旬出梅后，受持续晴热高温少雨天气影响，合肥市遭受严重干旱。市水务部门精心调度，迅速采取有效措施，保内水、引外水，千方百计做好水源保障，确保城乡供水和农业灌溉。两次实施“引江济巢”，引长江水5.89亿立方米补充巢湖及内河。全年通过淠史杭灌区淠河总干渠向董铺、大房郢水库补水5.6亿立方米，完成城市供水6.2亿立方米。10月20日起，实施“江水西引”，通过八级泵站提水，为董铺、大房郢两大水库提供城市供水水源，调水工程全长172千米，抬高水位38米，向大房郢水库日补水约70万立方米。截至12月末，通过肥东县黄疃站提引江水累计8000多万立方米，有效缓解因干旱造成供水水源不足的紧张局面，合肥市民历史上首次喝上长江水，实现大旱之年无大灾。

加强水旱灾害防御专家队伍建设，主动做好水旱灾害防御工作。全面开展水利工程汛前大检查，完成754座水库、82处河流圩口防汛应急预案和63个山洪灾害防御应急预案修编，举办水务系统防汛抢险业务骨干培训班，组建市水务局水旱灾害防御技术专家库，圆满完成省级水旱灾害防御年度工作目标。

【河湖工程建设与管理】 2019年，合肥市河湖工程建设和工程管理水平持续提升。推进河湖“清四乱（乱占、乱采、乱堆、乱建）”整治工作，对设立河湖长的河湖“清四乱”点位清理整治情况进行全面排查，发现32处问题并全部整改到位。推进河湖管理范围、水利工程管理与保护范围划定，推进河湖岸线保护与利用规划、湖泊保护规划编制。加强水库安全管理，制定水库安全鉴定计划，开展拟降等或报废水库调查工作，上报水利部已降等报废水库17座。

严格落实水库大坝安全政府责任人、主管部门责任人和管理单位责任人制度，定期开展小型水库安全运行督查暗访，完成水利部督查暗访小水库发现问题整改工作，小型水库安全运行状况有所改善。

【农村水利和水利扶贫】 2019年，合肥市市级农田水利扶贫专项资金项目全面完成，共完成投资2000万元，治理小型农田水利灌排区面积1961.47公顷。

推进农村饮水安全巩固提升工程，市、县两级投资1.34亿元，为26.8万人接通自来水。国家和省级投资3950万元，用于农村饮水安全巩固提升工程建设；累计完成投资17350万元，占计划投资的100%，改善或新增受益农村人口38.17万人。

完成水利薄弱环节治理年度任务。裕溪河治理累计完成投资38664万元，占计划总投资的100%。续建的6个中小河流治理项目累计完成投资20396万元，完成投资计划的100%。新开工的2个中小河流全部开工建设，48座小型病险水库完成投资计划的100%。3个农村基层预警体系建设项目全部开工建设，完成投资1247.12万元。

凤凰颈站闸“引江济巢” （贾安/摄）

持续推进水资源可持续利用及农村水环境综合整治等相关工作，围绕农村生态和人居环境提升，加大农村水环境治理和管护力度，努力打造“水清、河畅、岸绿、景美”的村庄水环境。

【水资源管理】 2019年初，合肥市制定和下达县（市）区年度用水计划和所有市控取水户年度用水计划；严格执行超计划取水加价收费、超许可取水处罚的规定。市辖9个县（市）区和4大开发区全部启动节水型社会达标建设工作，以高耗水行业规模以上企业为重点建设节水型企业。截至年末，合肥市已向省水利厅申报省级节水型企业8家，建成市级节水型企业、小区、单位307家，完成年度任务。

贯彻落实《合肥市饮用水水源保护条例》，持续开展重要饮用水源地安全保障达标建设。市水务局和市生态环境局联合组织对董铺、大房郢两大水库水源保护区内的污染源进行全面摸排，坚持陆面与水面巡查相结合，制止违法种植、渠道排污、违法建设、围栏破坏、游泳、垂钓、野炊、垃圾堆放等行为，并做好巡查记录，将排查出的污染点源通过召开河长会议分解到各相关单位落实整改。水源地管理单位全年清理垃圾、菜地13次。完成对董铺水库一号码头3口鱼塘和大房郢水库黄浦鱼塘实施生态修复工程整治，完成对科学岛垃圾中转站淋溶水整治。

严把新建项目审批关，在饮用水水源一级保护区范围内禁止新（改、扩）建与供水无关的建设项目，二级保护区内禁止新（改、扩）建排放污染物的建设项目。

对董铺、大房郢两大水库坝区及外围重点地段实施视频监控。长丰县建立水源地网格化责任管理体系，严格落实饮用水水源地保护区三、四级网格化管理责任，实现“县级监督执法指导、乡镇具体操作落实、村居巡查监管报告”监管机制，严防违法污染企业进入。

搬迁水源地一、二级保护区内村庄。董铺、大房郢水库保护区村

牛首河治理工程　　（市水务局/供）

庄搬迁暨土地整治工作从2011年全面启动，涉及庐阳区、蜀山区和长丰县，已完成搬迁人口5万多人。

董铺、大房郢水库水源一级保护区隔离工程全面开工建设。主要建设内容是沿董铺、大房郢水库一级保护区120千米岸线设置物理隔离防护，埋设界标和警示标志等。3月，对上年度全国重要饮用水水源地董铺大房郢水库开展饮用水源地安全保障评估，评估结果为优秀。

制定用水总量和用水效率年度目标并进行分解，完成年度双控目标。严格执行水资源论证制度，2019年完成合肥运河新城规划水资源论证、庐阳经济开发区水资源支撑条件评估、合肥蜀山经济开发区水资源支撑条件评估工作，年度内没有新批规划项目未开展规划水资源论证情况。完成水资源承载能力监测预警机制工作方案编制。按时按质完成取水工程核查登记，登记取水工程795处。对董铺水库、大房郢水库生态水位进行确定，编制《董铺水库大房郢水库生态水量保障实施方案》。

【河（湖）长制】　2019年，合肥市设立各级河长4627名、湖长145名，建立市、县、乡、村四级河长体系，其中市级总河长2名、副总河长4名、河长14名，县级总河长23名、副总河长43名、河长145名。市、县两级河湖长均分别按照每半年巡河不少于一次、每季度巡河不少于一次的要求开展巡河工作，各级河长巡河总计15万次，并及时处理发现问题。印发《合肥市2019年全面推行河湖长制工作要点》《合肥市全面推行河湖长制“民间河长”工作方案》《全面推行河湖长制市级暗访工作制度》。

成立南淝河联合督查暗访小组和市河（湖）长制暗访小组两支暗访队伍，采取“三个一”（每周一暗访、每周一报告、每周一督办）和“四不两直”（不发通知、不打招呼、不听汇报、不用陪同接待，直奔基层、直插现场）方式，直奔河湖现场发现和督办问题。暗访行程2300多千米，发现问题160余个，市分管领导批示22次。按照“策应河长、属地管辖、分段设立、逐级负责”原则，全面建立市、县、乡三级河湖警长体系。开展河湖“清四乱”专项行动，发现并整改32处“四乱”问题。

发挥信息化、大数据支撑作用，建立成员单位互联、市县乡互通、社会共同参与的信息化工作平台，启动省、市、县三级河（湖）长制信息化平台贯通工作，提升河（湖）长制工作信息化、精细化水平。

首批聘任20名行业专家担任“民间河长”，举办巢湖综合治理专家咨询峰会和“淝水论坛”等公众参与活动。

【水政执法】　2019年，合肥市水务部门继续深化行政审批制度改革，调整权力清单、责任清单和公共服务清单。以3月22日“世界水日”和12月4日“国家宪法日”为契机，开展水法宣传活动。

集中组织水政执法人员参加执法资格认证考试，89人取得执法资格。执法经费每年均列入财政预算，专项用于全市执法装备购买、执法人员的培训等支出，全面实施“清零行动”。

探索巡河新途径，全面推行空地一体、人机结合的新模式，让无人机担任“巡河员”，实现巡河全覆盖、无死角，打通巡河最后一公里，委托无人机公司定期对丰乐河、杭埠河、滁河、南淝河、白石天河、兆河等20条重点河流进行巡查，飞行长度818千米，累计发现河道乱占、乱堆、乱采、乱建问题201处。

全面实施河湖违法陈年积案“清零”行动，对12起水事违法行为进行查处，现场制止违法行为119起。持续加大河道禁止采沙力度，拆卸船只2艘，全市未发生一起非法采沙问题的举报。

（陈　伟　张顺志）

责任编辑：储茂仁

脱贫攻坚

综　述

【概况】 合肥市辖5个县（市）均为有扶贫开发任务的省定非重点贫困县，无国家级和省级重点贫困县。2014年，合肥市建档立卡贫困村112个，建档立卡贫困人口10.6万户、21.56万人。经过动态调整，截至2019年末，全市建档立卡贫困人口有8.55万户、19.57万人。

2019年，合肥市深入学习贯彻习近平总书记关于扶贫工作的重要论述，坚持精准扶贫精准脱贫基本方略，以解决“两不愁三保障”突出问题为重点，以开展“季节攻势”为抓手，聚焦年度拟脱贫人口“应脱尽脱”、近21万已脱贫人口成果巩固和防范返贫，推进责任落实、政策落实、工作落实，脱贫攻坚工作取得决定性进展、实质性成果。2019年，全市脱贫64户、212人，截至年末有未脱贫人口9户、31人。在2019年全省脱贫攻坚成效考核中，合肥市位居第六位，获“好”等次。

【扶贫政策落实】 2019年，合肥市坚持精准方略，落实落细脱贫攻坚政策。创新推动虾稻综合种养、瓜果蔬菜等十大特色扶贫产业，着力打造产业扶贫升级版。

全市稻虾（渔）综合种养基地面积发展到2.13万公顷，市辖5个县（市）均形成各自产业扶贫特色品牌。旅游扶贫、电商扶贫、资产收益扶贫等扎实推进，先后举办农产品交易会、农产品产销对接会、专场展销等活动，场均展销扶贫农产品260余种。通过建设特色农产品展销店、“线上线下”农商对接、在政府采购网上商城设置扶贫专区等方式，带动扶贫农产品销售及贫困户增收。

举办首届县域结对帮扶县(区）农产品展销会，合肥市结对帮扶的金寨县等8个县（区）、50多家企业的200多种特色农副产品参展。就业扶贫成效明显，新建扶贫驿站8个，新认定扶贫车间9家。

【扶贫质效提升】 2019年，合肥市着力提升脱贫攻坚质效。市扶贫开发工作办公室（简称“市扶贫办”）及时制定春、夏、秋、冬季节攻势实施方案，做到“两明确、四围绕”，即明确目标任务和重点工作；围绕早谋划、早推进抓春攻，围绕提进度、提质量抓夏攻，围绕对标查、对标补抓秋攻，围绕善提升、善总结抓冬攻，确保季节攻势推进环环相扣、落地见效。

市扶贫办印发《合肥市脱贫攻坚基层基础导则（试行）》，严把贫困人口精准识别关、帮扶关、退出关。认真落实扶贫对象动态管理，做到“应纳尽纳、返贫即入”，杜绝“两该两不该”现象（“该进未进”——漏登、“该出未出”——漏退，“不该进的进”——错登、“不该出的出”——错退），确保建档立卡数据的真实性、准确性和完整性。全市贫困人口动态调整自然增加4797人，自然减少7913人，新识别1户、4人。

加强国办系统数据管理，持续保持数据质量位居全省前列。严格落实攻坚期内脱贫“不脱责任、不脱政策、不脱帮扶、不脱监管”要求，出台《关于健全机制防范返贫巩固脱贫成果的意见》，对边缘农户、城市困难农户、因重大变故致贫以及脱贫基础不牢等4类人群，建立台账，明确帮扶责任，制定帮扶措施，落实跟踪帮扶。全市共摸排边缘户773户、2111人，脱贫监测户33户、91人。

【大扶贫格局构建】 2019年，合肥市坚持专项扶贫、行业扶贫、社会扶贫“三位一体”推进，大扶贫格局进一步巩固。创新推进县域结对帮扶，健全双向交流、定期互访、人才培训等长效机制，累计投入帮扶资金1.35亿元，落实帮扶项目102个，引导社会投资12.51亿元，带动结对县（区）2.24万名贫困群众增收。在省政府召开的全省社会扶贫工作经验交流会上，合肥市作县域结对帮扶经验交流，“园区带动、镇村结对、消费扶贫”三个路径创新经验做法受到充分肯定。

在2019年社会扶贫日（10月17日）主题活动中，通报全市“脱贫攻坚先锋个人”“脱贫攻坚先锋集体”“最美巾帼脱贫攻坚人”“十大特色种养业扶贫示范典型”等，收到良好示范引领效应。全市认领认捐金额3488.31万元，认领扶贫项目213个。

（刘　清）

行业扶贫

【概况】 2019年，合肥市发挥脱贫攻坚领导小组成员单位作用，进一步明确部门职责、压实工作责任，深入实施脱贫攻坚行业扶贫工程，狠抓政策措施落实，确保行业扶贫政策落地生根。深入开展大排查，着力解决突出问题，确保责任不落实绝不放过、整改不到位绝不放过、问题不见底绝不放过、群众不满意绝不放过。

强化地方政府主体责任和行业部门监管责任，构建“5+5”作战图，压实教育、住建、水务、卫健、医保等5个部门以及市辖5个县（市）责任，实行挂图作战、包保连带。坚持标准，按照“有账、对账、销账”的工作要求，建立台账，梳理成因，找准症结，举一反三，彻底整改。

落实动态管理，对于日常自查、暗访和各级调研发现的问题，以及因自然原因、家庭变故出现的“两不愁三保障”及饮水安全突出问题，及时制定整改方案，跟踪落实帮扶措施，确保问题解决到位。

【教育扶贫】 2019年，合肥市实现贫困家庭学生资助全覆盖、义务教育控辍保学有保障，全面阻断贫困代际传递。全市建档立卡家庭经济困难学生资助资金全部及时发放。全年发放4506.65万元，资助学生38076人次。着力做好疑似失学辍学儿童劝返复学工作，突出重度残疾儿童送教上门，全面落实义务教育控辍保学任务，严格落实“一户一案、一生一策”动态监测机制，全市未出现因贫辍学失学现象。

兑现“雨露计划”职业教育补助。认真组织2019年春、秋季学期“雨露计划”职业教育补助认定工作，经线上对比等程序，全市对3243名正在接受中、高等职业教育的农村建档立卡贫困家庭学生发放补助资金486.45万元，努力实现贫困家庭学生应学尽学，应补尽补。

【健康扶贫】 2019年，合肥市围绕“保、治、防、提”等方面精准施策，健康扶贫规范适度。

严格落实贫困人口综合保障政策。坚持保基本、兜底线原则，严格落实全省统一的贫困人口综合医疗保障政策，即“三保障一兜底一补充”综合医保政策（提高基本医保、大病保险、医疗救助保障待遇水平，设定政府兜底保障线，实行慢性病门诊补充医疗保障），积极稳妥调整加码政策。

贫困人口看病就医费用保持在合理范围。全市贫困人口通过“351”政策（按照基本医保、大病保险、医疗救助政策补偿后，贫困人口在省内县域内、市级、省级医疗机构就诊的，个人年度自付封顶额分别为0.3万元、0.5万元和1.0万元，年度内个人自付合规费用累计超过个人自付封顶额时，超过部分的合规费用由政府兜底保障）报销费用5.41亿元；通过慢性病“180”政策（贫困人口慢性病患者1个年度内门诊医药费用，经“三保障一兜底”综合医保补偿后，剩余合规费用由补充医保再报销80%）报销费用1.25亿元。贫困人口医疗报销比例分别为90.9%、92.1%，县域内就诊率为91%。

规范贫困人口家庭医生签约服务。严格落实贫困人口“应签尽签”，注重履约服务实效，重点加强对已签约贫困人口中高血压、糖尿病、结核病等慢病患者规范管理与健康服务。

全面推行“两卡制”。在确保数据安全的同时，2019年底前取消纸质健康档案，全面使用电子健康档案替代纸质档案。

全面实施分类救治和分级诊疗。积极引导贫困户通过定点诊疗、基层首诊和分级转诊方式就医。市、县各级医疗机构均设立贫困人口就诊绿色通道，提供优先预约、挂号、检查、住院等服务。对30种大病患者由救治医院制定专属诊疗方案，一人一案，落实救治措施。全市贫困人口患30种大病人数为14958人，已全部开展救治。

加强贫困人口疾病防控。加大对贫困人口慢性病监测、干预类项目支持力度，强化健康教育和健

康促进，提高群众健康意识，全年贫困家庭新生儿疾病免费筛查339人，贫困家庭妇女“两癌”免费筛查3127人，贫困家庭6—24个月婴幼儿营养包发放1270人，贫困人口高血压规范管理41615人、糖尿病规范管理12089人、结核病累计救治686人。通过一系列干预和疾病防控举措，从源头上有效控制和减少贫困人口多发病、慢性病的发生。

不断完善贫困人口“一站式”结算工作。通过“三保合一”（整合城镇职工基本医疗保险、城镇居民基本医疗保险、新型农村合作医疗）信息系统建设，在省、市、县、乡四级定点医疗机构，全面实现贫困人口门诊和住院医疗费用“一站式服务、一窗口办理、一单制结算”。

【住房安全保障】 2019年，合肥市完成农村危房改造2609户，其中完成贫困户危房改造701户，并落实动态排查整改，确保所有贫困户住房安全，完成贫困户危房改造年度计划。

坚持“把握重点，统筹推进”原则，抓实农村建档立卡贫困户危房改造。全市共排查建档立卡贫困户住房87505户，发现住房安全突出问题811户，截至年末全面见底清零。

【社保兜底】 2019年，合肥市适应经济社会发展水平，不断提高社会保障标准。农村居民最低生活保障标准由579元/月提高到602元/月。其中未脱贫建档立卡贫困户中的重病、重残对象纳入低保30户69人，做到应纳尽纳。

【“双基”建设】 2019年，合肥市加大农村基础设施建设和基本公共服务“双基”建设支持力度，实施一系列交通扶贫、水利扶贫项目，着力改善农村人居环境。

全年实施农村道路畅通工程扶贫项目24个共132千米、桥梁2座，道路养护工程扶贫项目6个共8千米，市级补助资金11230万元。

围绕贫困村脱贫攻坚水利需求，加快推进农村饮水安全巩固提升工作，全面解决建档立卡贫困人口农村饮水安全问题，加快补齐贫困村水利基础设施短板。实施27座病险小型水库除险加固工程，治理小型农田水利灌排区面积1961.47公顷。针对2019年出现的特大干旱，坚持保重点、保边远，贫困户饮水安全保障有力。

实施“三化三改”（净化、绿化、亮化，改厕、改水、改居），推进贫困村或部分贫困人口较多的非贫困村的环境治理，完成2.1万户贫困户改厕，安装农村路灯2.1万盏，农村人居环境进一步改善。

（黄成鹏　张义飞）

专项扶贫

【概况】 2019年，合肥市加大财政扶贫专项资金投入力度，整合资源力量，推进扶贫产业园建设，推广“四带一自”（各类园区带动、龙头企业带动、农民合作社带动、经营户带动和贫困群众自主发展产业）产业扶贫、“三有一网”（实现村有主导产业、户有致富门路、人有一技之长，网络扶贫）点位扶贫、“三业一岗”（培育生态友好型产业、发展劳动密集型产业、组织外出就业，开发公益岗位）就业扶贫、“一自三合”（自我发展，合伙发展、合作发展、合营发展）金融扶贫等模式，持续推进电商扶贫、乡村旅游扶贫和资产收益扶贫，完善利益联结机制，千方百计帮扶贫困人口就业增收，发展优势特色产业，培育壮大村集体经济，发挥专项扶贫的骨干支撑作用。

全国农村科普带头人、庐江县农民夏金仓（左三），在庐城镇方店社区向贫困户和其他农民传授食用菌栽培技术　（市扶贫办/供）

【产业扶贫】 2019年，合肥市坚持“产业扶贫是脱贫攻坚根本之策”要求，在“强起来、售出去、联起来”三个环节全面发力，引导产业扶贫项目资金，通过特色种养业、电商扶贫、旅游扶贫、光伏扶贫、资产收益扶贫等方式，着力打造产业扶贫升级版。已形成虾稻共养、巢湖渔网、长丰草莓、肥西苗木花卉等产业扶贫特色品牌，评选出“2019年度十大特色种养业扶贫示范典型”。“四带一自”效果明显。全市累计建成特色产业扶贫园区112个，新型农业经营主体带动贫困户28892户，自种自养贫困户18517户。

市扶贫办印发《合肥市光伏扶贫电站收益分配管理实施细则》，规范光伏扶贫管理，进一步明确村级电站收益分配细则，完善光伏电站收益分配制度，光伏电站发电收益的64%以上分配给贫困户。截至2019年年末，全市建成并网光伏扶贫电站装机容量28531千瓦，累计发电收益5929.59万元，贫困户户均累计增收6032.86元，贫困村村均累计净增收18.81万元。建立并完善光伏扶贫电站运行管护机制。通过市场化方式，委托有资质的专业公司进行维护管理。推进智能监测，完成村级光伏扶贫电站接入国家电网监测系统工作，光伏扶贫电站智能化运维管理水平得到提高。

合肥市紧扣“能力培训、孵化创业、带动增收”三大环节，按照“先富带后富”基本理念，充分发挥创业致富带头人引领带动贫困户持续增收、稳定脱贫、防范返贫的重要作用。全市遴选致富带头人502名，带动贫困户3513户、8474人；创办各类致富带头人培训基地8家；全年举办培训班31场次，培训致富带头人1095人次。

【就业扶贫】 2019年，合肥市推广“三业一岗”就业扶贫模式，切实做到就业扶贫精细化、技能扶贫个性化、社保扶贫人本化、人才人事扶贫特色化。

培育生态友好型产业，发展劳动密集型产业，组织外出就业，开发公益岗位，吸纳更多贫困劳动者就地就近就业。全年开发居家就业岗位357个，举办专场招聘会26场，发布转移就业岗位数13046个，达成就业意向1245人。已实现帮扶后就业534人；开发公益岗位2349个，吸纳贫困劳动者1243人，完成目标任务的183.87%；新建扶贫驿站8个，组建并认定扶贫车间8家，招募扶贫基地15家。

继续实施贫困家庭大学毕业生就业帮扶工作，组织实施“一人一档案”“一人一措施”“一对一联系”帮扶行动，2019届1145名毕业生已全部实现就业创业或升学入伍。

组织有培训需求的贫困劳动力参加岗前培训、岗位技能提升培训。全市开展技能脱贫培训2068人，培训合格2051人，合格率99.18%，支付补贴资金400.9万元。落实技能脱贫千校行动计划，健全就读技工院校的贫困家庭学生免学费和助学金等资助政策，为贫困家庭学生发放生活交通补助，鼓励技工院校免除书本费、住宿费等，让贫困家庭学生接受全免费的技工教育。

【金融扶贫】 2019年，合肥市保持政策连续性、稳定性，规范推广“一自三合”模式，做到“能贷尽贷”，严防信贷逾期风险。

坚持“户贷户用户还”原则，支持符合条件的贫困户通过扶贫小额贷款发展生产，2019年度全市新增扶贫小额贷款4658.85万元。

严格落实风险补偿金制度，明确贷款损失风险分担机制，强化县级责任和放款金融机构的责任，各地规范扶贫小额贷款风险补偿资金管理，实行风险补偿资金的专款专存、专户管理，严格把控风险。全市扶贫小额贷款风险补偿金余额1.16亿元，未发生一笔风险补偿金代偿情况。

2019年度全市落实金融扶贫贴息4526万元，解决贫困户发展生产资金短缺问题，加快贫困户脱贫致富的步伐。

（黄成鹏　张义飞）

资金项目管理

【概况】 2019年，合肥市累计投入扶贫资金16.54亿元，其中市级专项扶贫资金9.32亿元，比上年增加1.29亿元、增长16%。市扶贫办印发《合肥市脱贫攻坚负面清单提示事项》，加强资金监管；出台《合肥市扶贫项目实施管理流程导则（试行）》；编制完成2019—2020年县级项目库，累计入库项目3344个，涉及扶贫资金41.42亿元；加大对2016—2018年脱贫攻坚工程项目风险隐患排查整改力度，确保项目规范、安全。及时修订《合肥市财政扶贫资金管理办法》，进一步保障收到上级和本级安排的专项扶贫资金分配、使用的合理性和规范性。

【资金投入】 2019年，合肥市按照“地方财政收入增量的10%增列专项扶贫预算，清理回收财政存量资金中可统筹使用的50%用于脱贫攻坚”的规定，坚持增加政府扶贫投入与提高资金使用效益并重，建立健全市县两级财政专项扶贫资金稳定增长机制。

全市累计落实扶贫资金16.54亿元，较上年增长10.78%。其中：专项扶贫资金15.57亿元（中央0.372亿元、省级0.519亿元、市级9.324亿元、县级5.355亿元），市县两级清理收回用于脱贫攻坚的财政存量资金0.653亿元，整合涉农资金投向贫困地区和贫困人口0.252亿元，其他扶贫资金（区域结对帮扶）0.061亿元。

【项目编制】 2019年，合肥市编制完成2019—2020年县级项目库，累计入库项目3344个，涉及扶贫资金41.42亿元。

【加强监管】 2019年，合肥市出台《合肥市扶贫项目实施管理流程导则（试行）》，在落实上级文件精神并结合市情基础上，进一步明确扶贫项目储备、项目立项和审批、项目公告公示和备案、项目实施和验收、资产后续管理等，实行扶贫资金和项目全流程管理，提高全市扶贫项目管理规范化、制度化、科学化水平。严格落实扶贫项目资金绩效管理和脱贫攻坚负面清单等相关要求，印发《合肥市脱贫攻坚负面清单提示事项》，加强资金监管。严格执行扶贫资金使用公开、公示制度，在严把资金安排关、拨付关基础上，加快项目推进，着力提高资金支出进度。对推进缓慢的县进行约谈。

落实年度资金结转结余要求，2018年及2018年以前年度市本级扶贫专项资金均全部支出完毕，无结余结转。2019年全市投入专项扶贫资金15.57亿元，截至12月19日实际支出14.84亿元，支出进度95.31%。扶贫资金支出进度超过省定目标。

（黄成鹏　张义飞）

社会扶贫

【概况】 2019年，合肥市贯彻落实省委、省政府的决策部署，在扎实推进定点扶贫、驻村帮扶的同时，探索建立社会扶贫联动机制，深入推进县域帮扶，持续推进中国社会扶贫网在合肥推广工作，充分发挥工会、共青团、妇联及其他社会组织作用，广泛开展“百企帮百村”“青春助力脱贫攻坚”“巾帼助力脱贫攻坚”等社会扶贫工程，社会扶贫成效显著。

【县域结对帮扶】 2019年，合肥市围绕打赢脱贫攻坚战、携手奔小康的帮扶目标，提站位、强投入、抓调度，统筹推进县域结对帮扶工作，肥东、肥西、长丰、庐江、巢湖、庐阳、蜀山、包河8个县（市、区）投入专项帮扶资金1.35亿元，落实帮扶项目102个，引导社会投资12.51亿元，带动阜阳、六安、淮南等地结对县（区）2.24万名贫困群众增收。在2019年度县域结对帮扶考核中，合肥市8个县（市、区）有7个被评定为“好”等次。

【中国社会扶贫网推广应用】 2019年，合肥市加强宣传，进一步加大中国社会扶贫网在合肥应用推广力度。截至12月31日，已完成146368名爱心人士、88120名建档立卡贫困户网上注册工作；物品捐赠对接成功32020件，募集爱心捐赠资金295707元。

【扶贫济困慈善基金设立】 2019年，市扶贫办联合市慈善总会主办“依法行善　精准扶贫”合肥市中华慈善日主题活动，通过社会募集方式成立合肥市扶贫济困慈善基金，用于扶持合肥市建档立卡贫困户、边缘户等困难家庭生活生产。全年共救助5个县（市）登记在册边缘户50户，每户2000元。

【“扶贫日”主题活动】 10月17日，合肥市在市政务中心阳光大厅举办“10·17 邀您一起 扶贫济困”2019年扶贫日主题活动暨首届县域结对帮扶县（区）农产品展销会，对全市脱贫攻坚基层先进典型进行集中宣传报道，通报表彰各行各业脱贫攻坚先进典型。活动当天，组织合肥市有关县区结对帮扶的金寨县、霍邱县、六安市裕安区、寿县、临泉县、颍上县、阜南县、阜阳市颍东区8个县（区）的50家企业，推出200多种特色农副产品进行现场展销，销售额20.84万元，现场签订采购意向订单75万元。

（黄成鹏　张义飞）

脱贫攻坚督查

【概况】 2019年，市扶贫办坚持把开展脱贫攻坚“四不两直”暗访作为倒逼责任落实、政策落实、工作落实的重要抓手，建立完善“坚持‘一个标准’、整合‘两支力量’、做到‘三个结合’、实现‘四个转变’”的“1234”暗访机制，对承担脱贫攻坚任务的85个乡镇开展脱贫攻坚暗访，共暗访171个村居、840余个农户，发现14大类1698个问题。在完成整改基础上，注重建章立制，全市调整完善建档立卡贫困人口综合医疗保障、特色种养业产业扶贫、规范基层基础、项目管理等系列政策制度27项。

【力量整合】 2019年，市扶贫办一方面发挥机关工作人员主体作用，每个处室为一个暗访组，处室所有人员均参加暗访。处室单独暗访和合作暗访相结合，合作暗访“下去一把抓，回来再分家”，促进机关工作人员更多了解基层情况、相互学习业务知识。另一方面借助县（市）、乡镇扶贫系统工作人员力量。适当从县（市）、乡镇抽调人员参与，按照回避原则，所抽调人员不得暗访本县（市），在暗访其他乡镇过程中，学习经验，发现问题，取长补短。

【“三个结合”】 2019年，市扶贫办采取“三个结合”的方式，加强脱贫攻坚督查。

点面结合。2019年，全市每个乡镇随机选择重点贫困村、一般村各1个，每村随机抽取农户5户（建档立卡贫困户4户，边缘户或一般农户1户），其中未脱贫户必查。通过查村、户，发现共性问题，深挖根源，促进整改。

改立结合。对当下能改的做到立行立改，对于需从机制层面解决的问题做到建章立制。对于驻村干部驻村工作制度落实不到位问题，市扶贫开发领导小组召开定点扶贫驻村帮扶工作推进会，印发《关于进一步加强驻村帮扶工作的通知》，明确9项工作要求。

宽严结合。对于已及时按要求整改到位的问题进行销号；思想认识、责任心等主观方面、深层次问题，从严从实要求整改，切实做到深化认识、提高站位。

【“四个转变”】 2019年，市扶贫办在加强脱贫攻坚督查中实现“四个转变”。

在责任主体上，从“抓县（市）”向“抓镇村”转变。坚持下管一级，突出乡镇在脱贫攻坚工作落实上的主体责任，着力抓好责任、政策、帮扶落实的“最后一公里”，通过以村保镇、以镇保县（市）、以县（市）保市，确保市、县、乡（镇）、村脱贫攻坚工作务实、过程扎实、结果真实。

在暗访内容上，从“全面查”向“重点查”转变。坚持问题导向，在暗访内容上做到“三聚焦一必查”，聚焦中央专项巡视、省委巡视反馈以及国家、省考核反馈问题整改情况，聚焦“两不愁三保障”突出问题解决情况，聚焦季度攻势推进情况，必查驻村工作队履职情况，特别是驻村第一书记驻村情况。在时间节点上，坚持以近期工作为主，主要暗访自中央专项巡视反馈问题整改以来的各项工作开展情况。在尺度把握上，不追求面面俱到，重点针对典型性、普遍性、苗头性、倾向性问题，力求发现一个问题，解决一类情况，健全一项机制。

在分析研判上，从“单一查看”向“相互印证”转变。暗访采取“村户暗访印证工作法”：直接入户走访，与贫困群众面对面对话，进行“问算看查”，即：询问家庭基本情况、享受脱贫攻坚政策情况、脱贫需求实现情况、帮扶责任人及家庭医生履职履责及上门服务情况，算家庭收入，看吃穿情况、住房安全、饮水安全、屋内外人居环境情况，查扶贫手册。特别是扶贫手册更新不及时、帮扶措施填写少、贫困户反映帮扶责任人上门次数少的，现场电话访谈帮扶责任人，了解核实帮扶责任落实情况。到村实地核查。采取“一查二看三访”方式，即查村级档案资料，看驻村第一书记办公室和房间，有产业园项目、扶贫车间、电商扶贫网点的进行现场查看，访谈驻村第一书记、村书记以及扶贫专干。对在村级发现的疑点问题，入户核实；对在户发现的疑点问题，到村级核实，力争做到资料和实际情况相互印证、互为支撑。根据暗访情况跟踪检查乡镇，进一步督查面上情况。

在跟进督导上，从“重反馈”向“重整改”转变。一方面，坚持关口前移，反馈“问题清单”做到早提醒。根据省有关工作通报、省市暗访情况以及平时工作掌握情况，对有关市直部门、县（市）、乡镇印发脱贫攻坚“问题清单”。先后对涉及“三保障”及饮水安全的5个市直部门、5个县（市）印发工作“提示单”，分别列出问题16项、39项。另一方面，坚持一抓到底，建立健全“督查暗访—反馈问题—回头看—下发督办通知—约谈”闭合调度机制。对暗访发现的问题，形成暗访情况通报，印发各县（市）扶贫开发领导小组和市直有关单位，同时抄送市扶贫开发领导小组组长、副组长和市纪检、组织部门，要求各地限期整改并报送整改报告。适时开展“回头看”，对整改不积极、不扎实、成效不明显的地方和单位，责令限期重新整改并通报全市，对有关单位主要负责人进行约谈。共印发暗访情况通报4期，督办通知和问题整改提示单7期，约谈县（市）、区6个（次），乡镇5个。

（黄成鹏　张义飞）

责任编辑：储茂仁

商贸服务业

综 述

【概况】 2019年，合肥市推动商贸服务业转型升级，完善商业设施，培育壮大市场主体，着力打造便民服务体系，促进互联网与商贸服务业加速融合，以电子商务、会展产业、服务外包为代表的新兴产业快速发展，现代商贸流通体系建设取得成效，消费市场规模持续稳步提升。全年实现社会消费品零售总额3234.51亿元，比上年增长8.7%，增速高于全国0.7个百分点、位居全国省会城市第10位，总量位居全国省会城市第14位。从消费地区看，城镇社会消费品零售总额3141.82亿元、同比增长8.6%，乡村社会消费品零售总额92.69亿元、同比增长11.9%；从消费类型看，商品零售额2809.74亿元、同比增长7.6%，餐饮收入424.76亿元、同比增长16.5%。

【做大做强商贸】 2019年，合肥百大集团销售规模超560亿元，位居中国零售百强第13位、安徽企业百强第11位和服务业百强首位；安徽老乡鸡在全国直营店达到800家，位居中国烹饪协会发布的“2018年度中国快餐70强榜单”之首。特色街区不断升级，淮河路步行街申报商务部第二批步行街改造提升试点，截至年底建成48条市级以上特色商业街，其中省级以上20条、国家级2条。深入开展夜间经济情况调研，推动出台《合肥市人民政府办公室关于加快推进夜间经济发展的实施意见》，为促进高品质夜间经济发展提供规划引领和政策支持。截至年底，全市建成5万平方米以上商业综合体62个，5000平方米以上商场29个，2000平方米以上超市112个，年交易额亿元以上专业批发市场31个。

电子商务

【概况】 2019年，市商务局推进中国（合肥）跨境电子商务综合试验区建设，举办中国（合肥）跨境电子商务综合试验区招商引资项目签约暨入驻仪式，考拉海购、雅娜购、孩子王等跨境电商重点项目开仓运营；线上综合服务平台发挥核心支撑作用，实现清关单量110.8万票，交易货值约2.1亿元；依托线上综合服务平台，开通跨境电商零售出口业务（9610模式）；推进线下综合园区建设，认定工投创智天地跨境电商产业园为合肥市跨境电子商务产业园区，全省首个跨境电商孵化中心——合肥（庐阳）跨境电商孵化中心挂牌运营。

2019年，全市实现跨境电商交易额9.06亿美元，比上年增长66.5%。据安徽省商务厅电子商务统计监测平台数据显示，全市实现网上零售额915.03亿元，比上年增长34.0%，其中实物商品网上零售额665.56亿元，增长19.8%。

全市有以蜀山区、肥西县、包河区为代表的3个省级电子商务示范县（市、区），以蜀山电商园、安徽青年电商园、中国（肥东）互联网生态产业园3个国家电子商务示范基地和安徽白马电商园、创富工坊“互联网+园”3个省级电子商务示范园区等为代表的10多个电商专业园区，以合肥荣电实业、家家购物等5家国家电子商务示范企业和20家省级电子商务示范企业等为代表的龙头企业。据市市场监督管理局监测报告，2019年，全市网络经营主体总数21.72万

中国(合肥)跨境电商综合试验区 (合肥报业集团/供)

个，比2018年底增加0.63万户，引进京东云、唯品会线下体验中心、考拉海购、雅娜购等重点电商项目。

【农村电商发展】 2019年，合肥市通过提升服务网点功能、开展电商人才培训、推广“电商企业+基地+合作社+农户”模式等一系列举措，共创建省级农村电商示范县2个、示范镇7个、示范村30个、示范网点15个，已培育10家年网销额超1000万元农村电商企业和15种年网销额超100万元的农村电商名优品牌。全市农村产品网销额80.95亿元，比上年增长26.2%；新增农村电子商务经营主体495家。全市112个贫困村电商服务网点中有综合服务网点60个，占比53.6%。

会展业

【概况】 2019年，合肥市以会展国际化、品牌化、专业化、信息化为目标，推进展会转型升级，引导展会主办方、承办方争取国际认证，办好世界制造业大会等知名、大型展会；依托合肥平板显示、集成电路、语音技术、学术资源等优势，加强与长三角、东部沿海等地和中国会展经济研究会、全球展览业协会中国俱乐部等机构的会展交流。

2019年，合肥入选由商务部中国会展经济研究会组织评比的“中国最具竞争力会展城市（省会城市及地级城市、不含直辖市和副省级城市）”，在城市会展业竞争力指数排行榜中，合肥居111个城市第5位，较上年提升2个名次。合肥滨湖国际会展中心、安徽国际会展中心获得UFI世界展览业最重要的国际性(组织全球展览业协会)认证。全市共举办展会活动204场，比上年增长2%；展览总面积214万平方米，增长3.8%。其中：全国性展会24场，规模达到2万平方米的展会21场。

【会展活动】 2019年，成功举办第二十届国际水泥技术及装备展览会、第十三届中国坚果炒货休闲食品暨配料机械包装设备展览会、2019年安徽国际汽车展览会、第二十一届国际摩擦密封材料技术交流暨产品展、第十八届中国（安徽）国际糖酒食品交易会、安徽秸秆综合利用产业博览会、第三届中国国际现代渔业暨渔业科技博览会、世界制造业大会、全国粮油展等一系列重点大型展会。组织合肥市代表团参加南昌中部博览会并出席大会开幕式、中部六省投资环境推介和项目对接会、市长与跨国公司对话会、安徽省投资环境推介会暨项目签约仪式等大会主要活动，在参会间隙考察南昌市红谷滩新区城市建设、九龙湖公园、江西省金融商务区展示中心、凤凰洲市民公园、南昌“一江两岸”景观亮化提升工程、699文化创意园等，组织科大讯飞、京东方等近20多家单位的展品在安徽省展厅展出，参展产品数量占全省90%。举办“第十五届长江经济带商务协作年会暨合肥中欧班列招商合作推介会”，来自长江经济带沿线和“一带一路”节点共36

第十五届长江经济带商务协作年会 (市商务局/供)

个城市商务部门和近百名企业代表参加会议，会议达成《第十五届长江经济带商务协作年会合肥共识》，在促进商贸流通产业发展、举办会议展览活动、开展项目招商引资、提升口岸互联互通等方面建立更加紧密的沟通机制。

服务外包

【概况】 截至2019年底，合肥市有服务外包企业590家，从业人员23.61万人，比上年末增长16.9%。全年服务外包接包合同签约金额50.24亿美元，比上年增长26.1%，接包合同执行金额31.41亿美元，增长29.3%。其中：离岸合同签约金额10.25亿美元，增长120.9%；离岸执行金额6.15亿美元，增长38.5%。

【优化产业结构】 2019年，合肥市信息技术外包服务（ITO）执行额11.51亿美元，占全市服务外包总收入的36.6%；业务流程外包服务（BPO）执行额11.08亿美元，占全市的接包合同执行金额35.3%；技术含量较高的知识流程外包服务（KPO）执行额8.82亿美元，比上年增长55.6%，占全市的接包合同执行金额28.1%。全市年执行金额超千万美元企业53家，合计执行金额29.3亿美元，占全市接包合同执行金额93.3%。其中：执行额超5000万美元企业17家，超亿美元企业9家；通过CMM/CMMI认证企业43家（其中四级以上14家），通过ISO27001认证企业43家。现有5个省级服务外包示范园区，聚集全市70%以上的外包企业和80%以上的外包业务，其中：合肥高新区2019年服务外包执行额16.11亿美元，占全市的接包合同执行金额51.3%。

【服务外包业务】 截至2019年底，合肥市承接73个国家和地区的离岸服务外包业务，其中超千万美元的国家和地区12个；新加坡、美国、印度、安哥拉、中国香港、日本、埃塞俄比亚、塞浦路斯、意大利、赞比亚为合肥市十大发包来源国（地区），占离岸业务比重的80.2%；承接“一带一路”相关国家服务外包离岸执行金额2.96亿美元，占全市离岸执行额的48.1%，比上年增长39%，业务范围涵盖软件研发、工业设计、生物医药研发等相关业态。据商务部统计，截至年底，合肥市服务外包产业从业人员23.61万人，比上年底增长16.9%，其中：大学（本科）以上学历8.93万人，占从业人员总数的37.8%。

据商务部2019年8月份公布的2017年度服务外包示范城市综合评价结果，合肥市在全国31个示范城市中排名第13位，在中西部和东北地区15个城市中排名第2位。

（刘航航）

粮油流通

【概况】 2019年，合肥市以“保粮安、惠民生、强基础、促发展”为重点，各项工作强劲有力。在2018年度全省粮食工作目标考核中位列全省第一名，获评全省粮食流通统计、粮食产业化工作优秀单位等；在第五届全省粮食行业职业技能大赛中荣获个人二等奖、团体三等奖和优秀组织奖，被评为国家粮食系统先进集体。

【粮食收购】 2019年，合肥市小麦、稻谷粮源充足，亩产有所提高，特别是小麦品质为近10年来最好。合肥市发展和改革委员会分别于6月5日、10月22日启动小麦、稻谷最低收购价预案。全市全社会收购粮油167.5万吨（小麦27.7万吨、稻谷138.1万吨、油菜籽1.7

2019年秋粮收购现场 （市发改委/供）

万吨），其中地方国有粮食企业收购粮食 100 万吨（小麦 16.4 万吨、稻谷 83.6 万吨），最低价收购 69 万吨（小麦 10.4 万吨、稻谷 58.6 万吨）。

2019 年稻谷市场变化，秋粮收购形势较为复杂，合肥市发展和改革委员会加大调控力度，采取腾仓并库、引导市场化收购等措施，及时有效化解仓容紧缺问题，秋粮最低价收购量比上年增长近 50%，创近 10 年来最高。

【仓储建设】 2019 年，合肥市有完好仓容 502 万吨，其中国有粮食企业完好仓容 307 万吨。推进粮食装备和库存管理信息化、智能化建设，完成覆盖全市 5 个县（市）级终端、2 个示范库、8 个储备库、80 个收纳库、50 个大型龙头加工企业、5 个“堡垒型”粮食应急企业等 150 个“智慧皖粮”库点的信息化网络体系的建设任务。推进优质粮食工程，全市共建成 42 个粮食产后服务中心，有效提供“五代”服务，为种粮农民增产增收提供保障；推进 1 个市级、5 个县级粮油质检机构建设，为保障粮食安全提供技术支撑。

2019 年合肥市政策性粮食库存数量和质量大清查动员部署会 （市发改委/供）

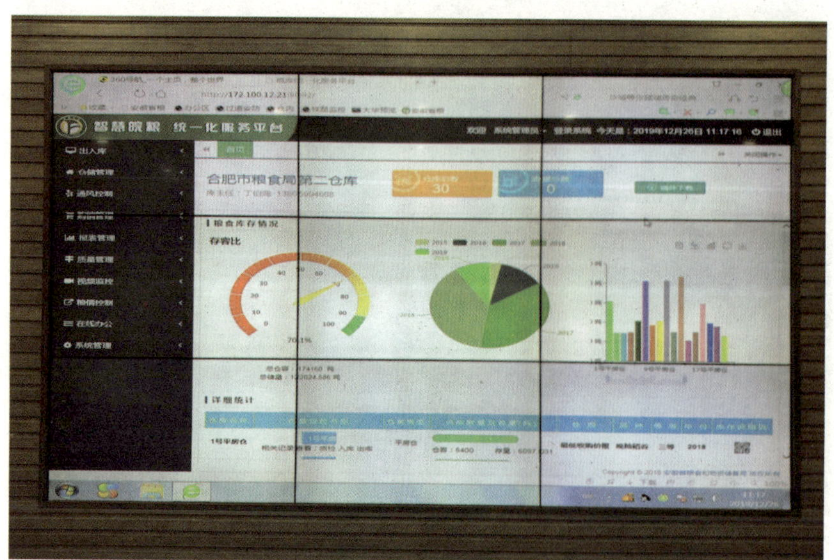

智慧皖粮信息化系统 （市发改委/供）

【粮食产业】 2019 年，合肥市将“放心粮油”“主食厨房”工程和“优质粮食工程”等粮食产业发展项目纳入《合肥市培育新动能促进产业转型升级推动经济高质量发展若干政策》中，共安排奖补资金 900 万元。持续实施“两项工程”，截至 2019 年底，全市已建成覆盖城乡的放心粮油销售网点 355 个，主食厨房销售网点 271 个，让群众买得放心、吃得安心，为口粮安全构筑一道防线。世界 500 强“益海嘉里集团”落户合肥庐江，10 月已开工建设，全面投产后年产值可达 100 亿元，将成为全省粮食产业“航母”型企业。推进“中国好粮油”行动计划，四县一市均被评为“中国好粮油”示范县，共遴选出 10 家“中国好粮油”示范企业，项目建设稳步推进。

（李祖棋）

供销合作

【概况】 合肥市供销合作社系统在 2019 年内新建村级社 17 个、专业合作社 17 个、综合服务社 24 个。截至年底，全市共建有基层供销社 113 个、专业合作社 355 个、综合服务社 1651 个。在 2019 年度中华供销总社、省供销社组织的示范专业合作社、基层标杆社等各项创优评先活动中，获评全国百强县级社 1 个、基层标杆社 6 个、农民示范专业社 8 个。

截至 2019 年 7 月，合肥市供销合作社系统建立市县两级供销社“三会”（社员代表大会、理事会、监事会）制度，在全省范围内率先

“供销农家超”为村民生活带来便利 （刁永丽／摄）

完成任务，全市供销社“市—县—基层”网络体系更加完整。

2019年，全市供销社累计完成商品销售总额242.2亿元，比上年增长22.77%；实现利润3.61亿元，增长50.58%；所有者权益达20.56亿元，增长7.43%；资产总额37.88亿元，增长33.23%；累计实现农业生产服务收入6.57亿元。

【服务网络建设】 2019年，合肥市供销合作社系统推进服务网络项目建设，执行“项目申报公开化、项目管理制度化、项目建设规范化”要求，规范项目管理。全系统新建省级“新网工程”3个，市级“新网工程”10个。“2019年至2021年合肥市供销社系统项目滚动储备库”共储备项目85个。

【金融惠农】 2019年，合肥市供销合作社与合肥兴泰融资担保有限公司、中国邮储银行合肥分行合作，三方二次签约成功，推出的“惠农贷”金融服务业务，推出在风险控制、费率、考核奖励等方面进一步完善的新一代“惠农贷”支农服务金融产品。产品问世以来共发放贷款5135万元，惠及全市范围内种植业、养殖业、加工服务业等企业，涉及农户9765户，带动就业1810人，实现产值5.66亿元。

【产业引领】 合肥市供销合作社系统因地制宜地打造一批茶业、草莓、苗木、蚕桑等实力较强的专业合作社，塑造“白云春毫”茶叶、长丰草莓、金桥粉丝、金牛蚕桑、曙光中药材等一批地方特色农产品品牌，与农民建立经济利益共同体，带动农民持续增收。

【脱贫攻坚】 合肥市供销合作社系统依托自身优势，助推脱贫攻坚。以股份合作的方式，帮助贫困村建立村级社，发展集体经济；帮助有发展愿望的贫困户开展特色种植养殖，优先为贫困户提供就业岗位，帮助实现稳定增收；组织开展产销对接、展示展销，推进消费扶贫；引导农特产品网络销售，推动电商精准扶贫。截至2019年底，全系统已设立商贸经营企业消费扶贫专区（柜）11个、农产品批发市场专设贫困地区产品销售展区2个，系统内11家单位与贫困地区建立长期稳定合作关系，组织开展产销对接活动12场，直接购买贫困地区农产品70万元，帮助销售贫困地区农产品89万元。

2019年10月31日，供销社展示展销专柜，促进消费扶贫 （刁永丽／摄）

扶贫定点联系帮扶庐江县沙溪村。年内实施沙溪河南扶贫基地当家塘兴修及附属工程、沙溪村体育扶贫项目、贫困村环境卫生整理、贫困村小型公益性基础设施建设项目、人居环境改善亮化工程、人居环境改善改厕工程、农村改居项目、沙溪村党群服务中心建设、村卫生室建设等10个村级基础设施建设项目，捐助沙溪村党群服务中心建设项目10万元。同时，市供销社利用系统资源，在农业生产、加工、销售、服务等方面开展渠道、资源、技术和信息指导和分析，为沙溪村农民创业指引方向、筑就道路。

【再生资源回收】 2019年，合肥市供销合作社系统建立“规划先行、政策支撑、目标考核、三级联动”的再生资源回收体系建设新模式，全市累计建成规范性回收站点425个、分拣中心96个、循环经济产业园区1个，主城区建成示范性回收亭31个，进一步规范城乡再生资源回收市场的经营秩序和经营环境。2019年度，全市供销系统再生资源实现销售总额48.4亿元。

【农药废弃包装物回收处置】 2019年度，市供销社牵头负责全市农药废弃包装物回收处置工作，推行农业绿色生产方式，减少和控制农业面源污染。出台《合肥市推进农药废弃包装物回收处置体系建设实施方案》，建立起以“市场运作、财政奖补、属地管理、专业化处置”为主要模式的工作机制，确立“两制度、一公告、一流程”的回收制度。截至2019年底，全市建立镇村两级回收站（点）446个，共回收废弃农药瓶3004万个、废弃农药袋2568万个、废弃农地膜300.6吨，下拨市本级财政专项资金900万元。

（刁永丽）

烟草专卖

【概况】 合肥市烟草专卖局（公司）实行“统一领导、垂直管理、专卖专营”的管理体制，接受安徽省烟草专卖局和合肥市委、市政府双重领导，以安徽省烟草专卖局领导为主，实行企业化运作，主要承担全市境内的卷烟批发销售和烟草市场专卖管理等职能，下辖9个直属单位，服务对象包括卷烟工业企业、全市3.1万卷烟零售商户和广大卷烟消费者。2019年，全年销售卷烟28.09万箱，实现税利33.29亿元。

2019年，合肥市烟草专卖局荣获全国烟草行业第七届先进集体称号，营销中心获得合肥市“工人先锋号”称号。

【市场监管】 2019年，合肥市烟草专卖局完善立体监管架构，巩固跨部门执法协作机制，常态化开展物流站点稽查，探索“电子烟”新兴领域监管，实现“互联网+”涉烟案件和新型涉烟案件查办的“二项突破”。全年查获非法卷烟10.1万条，其中寄递环节查获量7万条。全年破获国标案件6起，省标案件10起，累计刑拘、逮捕、判刑71人，公开摆卖、暗中销售明显减少，市场守法经营率保持在96%左右。

推进新型监管机制建设，强化信息应用，实现从注重频率向注重实效的转变。加强专销协同，推进网格化管理，大户管理、无证户清理、中小学周边零售户治理和“天价烟”问题整治取得成效。推进互联网+政务服务，修订合理布局规划，加强许可证后续监管。

【企业管理】 2019年，市烟草专卖局落实“三个保障机制”，强化节点监管，全年公开招标占比达90.59%。强化制度建设，开展制度清理工作，下发制度正面清单。开

合肥市再生资源回收体系建设，积极布点社区便民服务亭　（刁永丽/摄）

展重点课题研究，新立项市公司精益项目5项，荣获全省系统“精益十佳”项目、“精益十佳”流程、“精益十佳”个人三项荣誉和省质协优秀精益管理项目称号。立项市公司计划科技项目10项、自主项目7项。《以“互联网+新零售”思维升级卷烟零售价值链》荣获全省系统“成长·十佳”成果称号。注册QC小组51个，“中高端雪茄烟业务流程优化”成果荣获2019年度中国质量协会质量技术奖精益管理优秀项目称号；肥西县局“突破”QC小组、肥东营销部“飞鸽”小组成果，分别荣获全省系统优秀QC成果一、二等奖。

全面启动基层所队对标管理工作，在全省系统对标中，合肥市烟草专卖局（公司）综合评分、指标提升率组内排名第一，11项对标指标中有9项指标在组内排名第一；6项指标全省排名前三，其中成本费用利润率、三项费用率、客户满意度、单箱物流费用、人均配送效率5项指标全省第一。

【扶贫助困】 2019年，市烟草专卖局全年共捐款28万余元，资助合肥市特教中心、肥西县高店乡中心学校、庐江县郭河镇乡村学校少年宫建设；开展扶贫助困，帮扶巢湖市夏阁镇大庙村、庐江县乐桥镇杨岗村和檀巷村开展富民养殖合作、水产养殖合作社等项目；开展慈善一日捐活动，在六一儿童节、教师节进行对口学校慰问；派出干部2人，到巢湖市夏阁镇沿河行政村驻村任第一书记、工作队队长，派驻驻村工作队队员11人。

（干 操）

燃油销售

【概况】 中国石油天然气股份有限公司安徽合肥销售分公司（以下简称“中石油合肥分公司”）托管安徽合肥中油顺达利石油有限公司、巢湖中油金丝柳石油有限责任公司两家控股公司，托管控股公司合肥长江石油有限责任公司下属广德路油气合建站、东陈岗加油站、南天加油站，有并表加油站111座，其中在营运加油站91座，分布在合肥市区和四县一市。2019年，中石油合肥分公司实现销售总量近56万吨，市场占有率35%。

中国石化销售股份有限公司安徽合肥石油分公司（以下简称“中国石化合肥分公司”）在合肥市区及市辖四县一市有加油（气）站155座、易捷便利店153座，所辖肥西油库、巢湖油库年吞吐量362万吨，担负合肥和六安部分地区成品油供应任务。全年销售成品油超百万吨，比上年增长1.8%，其中零售量增长1.2%。

【油品营销措施】 2019年，中石油合肥分公司围绕“一周一站一客户”客户开发方案，开展“五走进”工作。通过精准选站、精准宣传、精准服务三项措施，打响“会员日”营销品牌，延续“超惠双休日”活动。推行“多变营销”“创新营销”，抢抓新增市场、挖掘潜在客户，以直批APP上线为契机，线上线下联动营销，由基础型服务向互通平台的高层次服务转变。稳步推进非油销售。

中国石化合肥分公司以市场为导向，以客户为中心，开展各式各样的营销活动。面对加油站出现的排队现象，通过挖掘内部潜力，做好客户服务，对高标号汽油销售站点进行梳理，优化加油枪布局，使加油枪的布局更趋合理。同时，利用环保双层罐改造的契机，增加高标号汽油油枪，提高对各加油岛前车位利用率，减少加油站排队现象。在农忙季节，合理调度资源，油品优先供应到市辖四县一市，在加油站开辟绿色通道，保障农机随到随加，设立惠农加油站，农机加油给予优惠，增派小油罐车直接送油到田间地头，确保农业用油。完善加

中石化油库 （中石化合肥分公司/供）

油站服务功能，在原有综合服务平台建设的基础上，寻找非油合作机制，加强与地方企业的合作，着力打造地方特色商品专营店，涌现出铜陵南路等新一代智慧型综合服务站。增强线上线下互动，利用线上平台推广和下单，线下自提或配送等模式，满足客户多元化需要，着力构建“人·车·生活”新零售生态圈，提供更加温馨、舒适、便捷的服务。

【企业管理】 2019年，中石油合肥分公司强化过程控制，推进安全管理水平的提高，安全环保平稳受控。开展挖潜增效、提高经营效益。通过加强资产管理，减少资产闲置和低效无效状态，为效益增长做出贡献。面对非法成品油经营屡禁不绝的现象，配合职能部门开展“打非治理”工作。有效维护市场秩序，遏制市场份额丢失。通过围绕市效能办的中心工作和决策部署，推进效能建设，扎实开展“社会评窗口”活动，提升保障能力和服务水平，被合肥市效能办评定为“2019年度市效能建设考评优秀单位”。

中国石化合肥分公司强化责任落实、加大培训教育力度、开展应急演练、严格施工管理、推进环保整治，实现安全“零事故”和环境“零污染”，完成2019年初制定的工作目标。深化HSSE责任制落实，开展风险排查，排除重大隐患。严格HSSE监督考核，强化问责机制，多管齐下抓现场、盯一线，加大应急能力建设，开展应急实战演练。开展“安全活动月”活动，营造良好的安全生产氛围。推进绿色企业创建，开展环保整治，强化环保基础建设，在油库和加油站全部安装油气回收设备，确保库站安全。加强油品数质量管理，在政府机关每年例行抽检的基础上，每月对加油站进行抽检，每季度对所有加油站油品进行检验，确保油品数量和质量不出问题。以“强三基”为抓手，优化完善现有制度体系，加强风险防控，强化制度执行，夯实基础管理。注重依法合规治企，加强法律风险识别与防控，排查潜在纠纷隐患，打击侵权行为，用好法律手段，维护企业正当权益。

【客户服务】 中国石化合肥分公司做好加油站标准化建设工作。每月开展加油站环境卫生和物品定置整治活动，为客户营造温馨舒适、环境整洁的消费环境。引进“神秘客户”制度，加强对加油站服务的监督，每月邀请第三方机构对加油站进行暗查，对服务质量倒数的加油站从重处罚。通过媒体开发日、公众开放日等活动，邀请媒体和社会人士进油库或加油站参观，了解中石化，聘请名行风监督员对工作建言献策，提高服务质量。严格投诉考核处理办法。在加油站醒目位置张贴监督电话，每周对加油站的服务进行点评，落实专人对客户投诉情况进行登记、处理、反馈，加强对“12345”政府服务直通车的管理和维护，对发生每一起投诉，及时给予反馈实行投诉处理闭环管理。推出“爱心避暑”公益活动，在加油站设置爱心驿站，为环卫工人送温暖。24小时为环卫工人提供免费茶水、绿豆汤，加热饭菜，小药箱等服务，解决环卫工人饮水、避暑、休息等难题。

（彭怡平　丁贞荣）

责任编辑：鲍　甄

交通 邮政

综 述

【概况】 2019年，合肥市交通运输系统按照建设人民满意交通的总体要求，紧紧围绕年度目标任务、重点工作安排，抢抓机遇，攻坚克难，砥砺奋进，在经济下行、要素制约、改革攻坚等多重压力下，完成交通固定资产投资94.58亿元，圆满完成年度目标任务，为全市经济社会发展作出贡献。

【交通规划】 2019年，《合肥港总体规划（2035年）》获部省批复，《合肥市高速公路系统规划》《合肥市县道网规划》通过市规委会审查，《合肥都市圈区域交通一体化规划》完成编制，《合肥市交通基础设施国土空间控制规划》形成初步成果。《兆西河通江一级航道预可行性研究报告》《兆西河航道工程对铜陵淡水豚保护区生物多样性影响评价报告》编制完成并通过专家论证。

【基础设施建设】 2019年，合宁、合安、合芜高速公路四改八扩容工程建成通车，龙塘、石塘互通新扩建工程开通营运，南淝河路互通主线工程交工；德上高速合枞段、岳武高速东延无岳段有序推进，明巢高速（合肥段）开工建设，合六叶高速扩容、商宣高速、外环高速及绕城高速新增、改扩建互通立交等项目加快推进。合肥市全年新建续建国省干线公路360千米，其中，13个项目（197千米）建设在推进，14个项目（163千米）前期工作有序开展。S242新桥大道01标顺利完工，合六南通道开工建设，S260新合蚌路（肥东段）完成主体工程，长临河服务区投入运营。全年建成农村道路畅通工程1300千米，农村公路养护工程459千米、农村公路安防工程1114千米。裕溪一线船闸扩能改造工程开工建设，水运项目建设完成投资5.36亿元。

【运输保障】 2019年，合肥市道路货运量3.59亿吨、货运周转量372.65亿吨千米，比上年分别增长5.02%、5.51%。公路客运量0.67亿人次、旅客周转量57.33亿人千米，同比分别减少10.52%、9.77%；港口吞吐量5292万吨、集装箱吞吐量38.63万标箱，分别增长10.5%、26.6%。邮政业务总量

合安高速庐江段“4改8”华丽变身 （庐江县史志室/供）

149.8亿元，增长44.84%。全年净增公交线路22条，全市开通公交线路282条，每万人拥有公交车辆超18标台。轨道交通3号线开通运营，公交和轨道交通分别完成客运量5.58亿人次、1.80亿人次，比上年增长1.27%、17.35%。交通一卡通实现全国互联互通，实现9城市地铁“一码通行”。顺利通过“公交都市”验收考核。完成22条ETC车道改造、8套ETC门架系统和6套入口称重检测系统建设，全市新增ETC用户84.4万个，完成率达109.6%。

【行业管理】 2019年，市交通运输局开展巡游出租汽车市场、旅游客运市场等各类专项整治行动，累计立案4726件，吊销道路运输证16本。全市26家企业获得网约车经营许可，36648名驾驶员获得网约车从业资格，21771台车辆取得网约车运输许可。网约车平台立案568起，网约车派单合规率位居全国前列。市级联网治超平台监控覆盖范围不断扩展，42处治超站点接入省市联网治超平台，152处治超站点接入省市视频监控平台，启用治超“非现场执法”站点17处，全年查处超限超载车辆5810台次、非法改装车辆398台次、货源单位19家，吊销车辆营运证420本、驾驶员从业资格证392本。开展船舶污染物接收、转运、处置的监督检查和船舶生活污水处理设施安装及使用情况专项检查，船舶生活污水和油污水收集池建设任务提前完成。市区新能源公交车、纯电动巡游出租汽车分别达3020台、1577台。全年公示信用信息4843条，15家企业被纳入守信“红名单”，2家运输企业及3名人员被纳入严重违法失信“黑名单”。12328交通运输服务监督热线受理来电14.8万件，答复满意率达96.9%。

【法治交通建设】 2019年，市交通运输局推进行政执法“三项制度”，利用信息科技手段固化执法流程，统一文书样式，实行行政处罚“零裁量”，全年通过安徽省交通运输行政执法公开运行系统办理行政处罚7294件。推行重大执法决定法制审核，全年1833件重大执法决定经过法制审核，比上年增加69.4%。推进执法“六公示”制度，认领编制“互联网+监管”目录清单，完成112大项287个子项监管事项录入。落实“双随机一公开”制度，随机抽查企业145户，抽查结果全部上网公示。推进政府信息“五公开”制度，发布各类政府信息7879条，其中主动公开7489条。自觉接受人大依法监督和政协民主监督，37件人大议案、政协提案全部办结，满意率达100%。

【平安交通建设】 2019年，市交通运输局开展安全检查494次，整改隐患1254处，全市道路运输行车事故死亡人数持续下降，公路、水路、港口及交通工程建设领域实现安全生产“零”事故。强化重点领域安全监管。开展“两客一危”车辆、公交地铁、水上交通及交通工程建设等重点领域安全生产检查及事故隐患排查整治。推动“品质工程”创建，实现交通工程在建项目督查覆盖率100%，交竣工项目合格率100%。落实公交驾驶员安全保护措施，4086台公交车完成隔离栏安装改造。发布《合肥市水上交通事故应急预案》《合肥市港口危险货物事故应急预案》。建立快速应急救援队伍并开展应急演练，发布预警信息157条，各类应急演练87次，应急救助25次（救助人员75人次、车辆8台、船舶25艘）。

公路建设与管理

【国省干线公路建设】 截至2019年底，合肥市有国省干线公路36条，总里程1823.5千米（其中一级公路711千米），包括G206、G312、G329、G330、G346等5条国道，计540.8千米；省道31条，计1282.7千米。

2019年，合肥市实施国省干线建设项目14个，新改建公路165.24千米，续建高速公路互通立交1个，全年投资37.8亿元。其中：完工项目（2个1.4千米），新桥大道01标完工，绕城高速南淝河路互通立交主体工程顺利完工；续建项目（5个84.7千米），G346巢庐路（盛桥至庐城段）、S319军二路（泉水至黄姑段）、S316巢庐路（庐城至桐城段）、S260新合蚌路（肥东段）、S311乌曹路等；新开工项目（3个34.44千米），G329合相路（塘林至双枣段）、G329柘皋至夏阁段、S366合六南通道工程（一标段）等；正在组织施工招标项目（5个44.7千米），G329合相路（护城至大张）、G329合相路（小普至定远）、G329西大路（庙岗段）、G329西大路（柘皋段）、S260新合蚌路（新站区段）。

【国省干线公路养护】 2019年，合肥市实施国省干线公路养护项目15个，投资1.6亿元。其中，路面修复与预防养护工程项目13个（含1个世行贷款子项目），养护

环巢湖大道一段 （王世保／摄）

规模186千米；公路网命名编号标志调整工程项目2个，调整规模1888千米。已完工G206合肥段文明示范公路创建工程、合肥市普通国省道命名编号标志调整工程、X001合姚路、新站区S101（原X006庞合路）。

【“四好农村路”建设】 2019年，合肥市全面推进农村公路高质量发展，“四好农村路”建设纳入省、市民生工程。巢湖市被省交通运输厅、农业农村厅、扶贫办命名为安徽省“四好农村路”示范县；肥东县青天路，巢湖市龙华路、烔长路被省交通运输厅认定为农村公路品质示范路。

【农村公路建设和养护】 2019年，合肥市继续全面“提标扩面”实施农村道路畅通工程建设，当年开工1300千米，建成1300千米，投资42亿元。2016至2018年，全市建成农村道路畅工程1.15万千米（含省定民生工程5046千米），投资178亿元，全市所有乡镇通达二级公路，所有行政村（农村社区）和较大自然村（20户以上）通达四级或四级以上水泥（沥青）路且具备双车通行条件。为加强农村公路养护资金管理，市交通运输局、财政局重新修订《合肥市农村公路养护资金及绩效评价管理办法》。全市全年累计投资1.92亿元，完成农村公路养护工程458.56千米；除在建道路外，累计投入日常养护资金6600多万元，对全市16000多千米农村公路实施全面日常养护；投资9371.4万元，完成生命安全防护工程1114.4千米。

巢湖市夏阁镇元通村八板路 （张大岗／摄）

【农村公路路长制】 2019年，市交通运输局推进农村公路三级“路长制”工作，全市4县1市、73个乡镇以及1146个建制村设立路长，县、乡两级均成立路长办公室，招募256名乡村道路专管员，县乡两级完善乡村公路养护管理规章制度，建制村均制定相应的村规民约。市、县两级对全市农村公路开展监督检查1320余次，巡查里程累计2.5万千米，依法查处违法超限车辆760台，卸载超限吨位2.4万吨，罚款1297.95万元；集中开展法制宣传活动2次，悬挂宣传条幅120多条，散发法律法规手册及宣传单2500余份，设置咨询台10处，出动宣传车辆80多台次。

公路运输与管理

【公路客运】 2019年，合肥市公路客运量0.67亿人次、旅客周转量57.33亿人千米。道路客运行业转型发展迈出重要一步，在全省范围内率先启动合肥至安庆、合肥至无为定制客运服务，群众点到点出行更加便利。旅游客运行业持续强化对异地营运、挂靠经营等影响安全生产的重大隐患高压治理态势，注销、吊销长期异地营运车辆道路运输证16本。旅游客运记分考核、城市公交服务质量考核、轨道交通运营安全检查等工作有序向前，客运行业服务水平持续提升。

肥西县花岗镇实现通公交车　　（市交通局/供）

【公共交通】 2019年，合肥市落实公交优先理念，全市公交线路470条，其中合肥市区264条、4县1市206条，运营总里程达8678.5千米，全年累计客运量5.58亿人次，比上年增长1.27%。城乡客运一体化和农村客运公交化改造工作稳步向前，肥西、肥东、庐江、巢湖农村客运班线公交化改造及主城区20千米范围内的城乡公交一体化建设任务全部完成，全市1257个建制村客车通车率达100%。轨道交通成网运营，1、2、3号线全年完成客运量1.80亿人次，比上年增长17.35%。

【公路货运】 2019年，合肥市区有普货运输业户6602家，普货车辆64946台。全市有危货运输企业28家，危货运输车辆3756台，车辆卫星定位系统安装率100%，全部接入省"两客一危"监管平台。全年完成公路货运量3.59亿吨、货运周转量372.65亿吨·千米。严格危险货物运输市场准入，强化车辆动态监管及安全隐患排查，危货运输安全生产风险持续降低。加强治超抄告后续处理，严格落实"一超四罚"，累计吊销违法违规超载货运车辆道路运输证238本。

【出租汽车管理】 2019年，合肥市推进巡游出租汽车行业改革。纯电动出租汽车推广使用进展明显，市区有纯电动巡游车1607台，建成快充桩位1215个。网约车许可工作坚持严把"驾驶人、车辆、平台"资质关，许可网约车平台公司26家，36648人获得网约车驾驶员从业资格，21771台车取得网约车运输许可。行业风气持续优化，涌现见义勇为、拾金不昧等好人好事7582起，相关财物折合成人民币达1430余万元。全行业2人当选"合肥好人"、6人当选合肥市第三届"最美交通人"、70人荣获"文明礼让之星"称号。

【机动车维修（检测）管理】 2019年，合肥市现有汽车综合性能检测站24家、一类维修企业139家、二类维修企业421家。管理部门积极落实三类许可取消，一、二类许可改备案的简政放权新要求，狠抓道路运输车辆技术管理规定贯彻落实，强化行业事中事后监管和行业诚信体系建设，推进绿色维修试点、货运车辆检验检测改革、机动车维修电子健康档案、"汽车维修质量服务月"等工作，组织参加各类维修技能竞赛，骨干维修企业不断壮大，行业整体服务水平提升。

【驾驶员培训管理】 2019年，合肥市有驾校140所，其中合肥市区84所、肥东17所、肥西11所、长丰13所、庐江4所、巢湖11所，累计培训学员23万人。各驾校积极适应考训改革和行业管理顶层政策的变化，着力在行业服务管理模式上求新谋变，推进考训系统对接，推广计时培训，强化培训过程动态监管，从严治理违规行为，驾培行业管理水平和培训质量有较大提高。

【市场监管】 2019年，市交通运输局坚持"标本兼治、部门联动，区域协作、打管并举"的工作思路，保持行政执法的高压态势，先后多次组织开展非法客运、异地营运出租汽车、旅游客运市场、新桥机场道路运输市场、网约车市场等专项整治行动，道路运输市场稳定发展。全年立案行政处罚案件5697起，其中非法客运2497起、本地出租汽车违规经营1988起、外地出租汽车异地营运62起、客运车辆违规经营191起、营运车辆不按规定检测案件322起，驾培违章案件486起，货运违章案件143起，其他类8起。坚持以打促规，强化网约车行业监管，从严治理违规派单等不合规经营行为，全年对网约车平台立案529起。合肥市网约车派单合规率位居全国前列。

内河航运与管理

巢湖船闸　　（市交通局／供）

【概况】 2019年，合肥市完成港口吞吐量5292万吨，比上年增长10.5%；集装箱吞吐量38.63万标箱，增长26.6%；水运建设投资5.36亿元，较去年同期减少18.1%。截至2019年底，全市航道总里程706千米，其中通航里程472千米，四级以上高等级航道里程207千米；规划港口岸线总长35.97千米，已利用岸线9.75千米，码头71座、泊位139个（其中千吨级泊位75个），年综合通过能力6640万吨、50万标箱；拥有港口码头经营企业（人）32家，其中港口危险品企业6家；拥有水路运输（服务）企业67家，在册营运货船1792艘、248万净载重吨，客船85艘、1524客位。

【港口航道建设】 2019年，合肥市《合肥港总体规划》环评获得生态环境部批复；完成兆西河通江一级航道预可行性研究；完成大兴集危化品码头搬迁规划选址。裕溪一线船闸扩容改造工程开工，开展巢湖一线船闸前期工作。完成安徽中港港口公司综合物流码头、店埠河冷板项目配套码头工程的交工验收，完成中国物流合肥基地店埠河水陆联运综合码头工程水工结构施工，完成马家渡航行锚地工程竣工验收，开工建设合裕线散兵支线航道维护工程。

【内河航运】 2019年，合肥市完成货运量6229万吨，比上年增长18%；货运周转量268.0亿吨／千米，增长32%。完成旅客运输量39万人，增长30%，旅客周转量229万人／千米，增长28%。合肥港国际集装箱码头搭建芜申支线的航线联盟，支持合芜支线“港航巴士”高效运营，有效缩减合肥港通江达海的运输时效，大幅提升合肥港公水联运服务质量，促进水港吞吐量尤其合芜支线业务量的稳定增长。全市港航企业信用“红黑名单”开展评审并按要求公布，15家港航企业列为红名单。

【港口航道管理】 2019年，合肥市结合江淮运河工程，完成在派河、杭埠河、兆河等环巢湖水域新建4座AIS基站建设项目可行性研究，增强航道信息化监管力度；办理涉航工程有关通航咨询意见复函8件，保护航道通航尺度与通航安全。完成8个港区11处船舶生活污水和油污水收集池建设任务，提前一年实现目标；安徽巢湖海螺水泥股份有限公司、中材安徽水泥有限公司按标准建设12套岸电箱并投入使用，完成年度建设任务；4家港口企业完成初期雨水收集处理设施建设整改；全面完成无证码头拆除后的岸线复绿工作；推进港口大气小型标准监测站建设，确定7座港口监测站建设的选址；完成全市港口作业机械的环保信息台账档案和编码登记，为港口作业机械淘汰更新作好准备。

【船舶船员检验管理】 2019年，合肥市完成船舶检验发证1447艘次，营运检验船舶1131艘次，船舶登记3308件次；完成新版船舶最低安全配员证书换发736件；完成船员有效违法记分613例，对规范船员管理起到良好的促进作用；要求237艘长期从事合肥港辖区内运输的400总吨以下的货运船舶加装生活污水装置；持续对合肥市营运船舶生活污水处理装置直排阀进行铅封，两年来总计铅封755艘，基本达到全覆盖。截至2019年底，全市注册内河船员12019人，持证船员7452人，备案内河船员服务机构9家，内河船员培训机构1家。

【水上交通安全管理】 2019年，市交通运输局编制《合肥市内河通航水域划定方案》《合肥市内河通航水域船舶停泊暂行规定》；撤销4道渡口，全市在册渡口18道、渡船18艘；以“平安交通三年攻坚行动”为主线，开展危险化学品安全隐患集中整治等系列专项行动，全年出动执法人员2.4万人次，排查整改一般隐患和问题313项，与上年基本持平；处罚各类违法行为776例。全年水上交通安全形势保持稳定，1—12月份共发布预警信息115次，处置突发事件67起，应急救助23起（其中救助船舶25艘次，救助人员54人次）。

铁路建设与运营

【合肥火车站旅客运输】 2019年，中国铁路上海局集团有限公司合肥站是安徽省省会车站，地处淮南线、合九线、宁西线、沪蓉线、合蚌客专、合福、商合杭高速交汇点，始建于1935年，是全国铁路重要交通枢纽站，管辖合肥客站、合肥南站、合肥西站、肥东站、全椒站、合肥北城站、无为站、长临河站、巢湖东站、长安集站、金寨站、南分路站、独山站、巢北站、天堂寨站、黄庵站、墩义堂站、罗岗线路所共18个站（所）及铁欣公司，现有职工1028人，截至年底连续安全生产4610天，实现第12个安全年。全年合肥站运输收入555846万元，比上年增长11.3%；旅客发送4827.35万人，增长7.5%，其中5月1日发送旅客248541人，刷新直属站单日历史纪录。

【合肥货运中心货运产品发展】 2019年，合肥货运中心积极与合肥市政府、合肥国际内陆港发展有限公司以及相关企业对接，努力加强中欧班列运输组织，实现中欧班列点对点直达7个国家、18个节点城市。全年合肥货运中心开行中欧班列273列。8月27日，德国联邦铁路公司到合肥北，现场观摩国际班列运输组织，并就中欧回程班列组织进行交流。9月27日，合肥中欧班列第300列发车仪式在合肥北站物流基地举行。合肥货运中心大力推进集装箱运输融入长三角多式联运示范区建设，推出规划方案，协同地方政府、港航企业、

合肥站2019年主要指标完成情况表

项目	计量单位	预期值	实际完成	完成率（%）	上年完成	比上年增长（±%）
运输收入	万元	552900	555846	100.53	499043	11.38
旅客发送	万人	4900	4827.35	98.52	4489.04	7.54

合肥货运中心2019年度主要指标完成情况

项目	计量单位	预期值	实绩	完成(%)	上年完成	比上年增减（±%）
运输总收入	万元	64900	78903.49	121.58	63331.32	24.59
货运收入	万元	58300	69751.74	119.64	56730.90	22.95
装车数	车	140525	123206	87.68	109693	12.32
卸车数	车	393580	408309	103.74	384697	6.14
发送吨	万吨	600	557	96.17	509.06	9.42

合肥车务段2019年主要指标完成情况表

项目	计量单位	预期值	实绩	完成(%)	上年完成	比上年增减（±%）
运输收入	万元	106900	111889.45	104.67	100011.19	11.88
旅客发送	万人	1190	1232.26	103.55	1130.88	8.96
客运收入	万元	106900	111868.53	104.65	100011.19	11.86
货物发送（连挂考核）	万吨	600	577	96.17	509.06	13.35
货运收入（连挂考核）	万元	64900	78903.49	121.58	63331.32	24.59
办理辆数	万辆	450	484	107.56	456	6.14
中时	小时	3.20	3.20	100	2.80	14.29
停时	小时	19.80	19.70	99.49	18.80	4.79
客收率	元／人		87.51		85.12	2.81

京福高铁合肥段　（王世保／摄）

物流企业，通过港铁信息互联互通，达到海运箱、铁路箱堆场互用，箱源互使，单据互认，共同服务好长江经济带建设，打造海铁联运班列品牌。2019年计划完成集装箱运输8.6万TEU，实际全年集装箱发送完成11.4万TEU，比上年增加4万TEU。

【合肥车务段运营情况】　合肥车务段隶属中国铁路上海局有限公司，管辖正线运营里程913.8千米，54个车站、3个线路所，其中淮南线运营里程195.3千米，15个车站、2个线路所；合九线运营里程272.4千米、安庆支线41.2千米，23个车站；宁西线运营里程122.1千米，6个车站、1个线路所，庐铜线107.7千米，6个车站。2019年，合肥车务段在铁路技术硬件改造方面，围绕管内合肥东站SAM系统启用开通，新建雷麻店站开通、合安九高铁引入，严格过程控制，狠抓关键盯控，施工安全有序可控。做好专用线劳务费、施工配合费、土地相关费用等的收缴，全年其他业务收入3316万元。持续深化和巩固“三线”建设成果，做好沿线车站职工住宿、进站道路、饮水、照明、厕所和文化生态等建设得到整治和补强工作。合九线获国铁集团、集团公司“三线”建设示范线称号，合肥北站获集团公司“三线”建设示范站称号。

【合肥工务段运营情况】　2019年，合肥工务段主要担负淮南线、水蚌线、宁西线、合九线、安庆线、沪蓉线（合宁线、合武线、合肥南环线）、合蚌客专、合福高铁、宁安客专、阜六线等线路、道岔、桥梁、道口等工务设备的养护维修和管理。全段管辖营业总里程1361.33千米，线路总延长2974.43千米。北与蚌埠、阜阳工务段接轨，东南与南京桥工段接轨，南与芜湖工务段接轨，西南与南昌局九江工务段接轨，西与武汉局麻城工务段接轨。固定资产总值60.67亿元。

全年有序应对4次雨雪冰冻、13次强降雨和3次台风考验。集中力量封闭198处栅栏缺口，拆除52处道口及人行过道，消灭各类事故，顺利实现安全年。

高铁运营完成沪蓉线达速250千米／时设备整治任务、巢湖东站路基下沉整治，以及沪蓉线17条到发线换铺无缝线路和同步轨枕加密施工。普铁方面：完成庐铜新线线路精调117.8千米；完成无缝线路铺设5.7千米；完成21项桥涵大修工程、增设82.2路千米肩及水沟盖板。完成道口大修11处，拆除道口10处，拆封人行过道42处。

航空运输与管理

【合肥机场运输】　2019年，合肥机场旅客吞吐量1228.24万人次，比上年增长10.5%；货邮吞吐量8.71万吨，同比增长24.8%。面对民航局精准调控带来的市场挑战，及时调整航空市场拓展策略，积极推进机型“小改大”，引入A330、B787、B777等大型客机。合肥机场新增北京大兴、天津、拉萨、和田、大阪等航线，年旅客吞吐量实现排名进位。与东航、深航、西部航、重庆航等航司建立协调会商机制，就合肥机场设立本土航司、运营基地及投放过夜运力等事项展开会谈。深航、西部航新增过夜飞机5架，合肥机场驻场机队规模达到19架。

【航空安全保障】　2019年，合肥机场组织“三基”建设基层经验交流会，举办安徽民航首届安检职业技能大赛，“三基”建设巩固年活动成效显著。推进法定自查，狠抓隐患排查，防控系统性安全风险，全年整治隐患问题109项。恒大阳光半岛建筑物超高问题处置取得重

新桥机场 （蜀山区史志室/供）

大突破，已实施拆降。联合民航安徽监管局成功举办华东地区管理局航空器事故调查搜救演练，机场应急能力得到锻炼和检验。累计投入1935万元，完成机场安保设施对标改造，“平安民航”建设工作考核位列华东地区一类机场第一名。全年组织开展各类安全教育培训578批次22930人次，员工安全意识、责任意识和业务技能得到提升。

机场集团完成“国庆70周年”“第二届进博会”“世界制造业大会”等重大活动期间安保工作任务，在民航华东管理局航空安全责任年度考核中再获优秀等级；荣获交通运输部、公安部、应急管理部、中华全国总工会、共青团中央联合授予的“‘情满旅途’春运先进集体”称号；获评全省2019年“安全生产月”活动先进单位。

【基础设施建设】 2019年，合肥机场改扩建工程快速推进，总规修编通过民航局批复。完成航站区扩建工程可研报告编制，及飞行区、工作区扩建工程预可研报告编制。合肥机场新建货运站项目于6月初开工，国内货站通过主体结构验收。机坪改扩建项目12月30日开工建设。市内配套航空大厦工程于9月结构封顶并通过合肥市标化示范工地验收，进入室内外精装修施工阶段。

【东航安徽分公司】 2019年，东航安徽分公司共执管A320（空客320）飞机19架，在合肥、重庆、上海三地分别投放11架、5架和3架运力，平均飞机在册日利用率9.38小时，载运率76.95%，客座率81.71%，安全飞行6.48万小时/2.99万架次（含非生产时间和架次）。累计运输飞行时间6.47万小时，总周转量4.56亿吨·千米，旅客运输量357.16万人次，货邮运输量2.12万吨。其中，合肥地区始发航班旅客运输量93.53万人次，货邮运输量0.63万吨。

航线 2019年，东航安徽分公司共执飞航线70条（合肥出港的航线共32条），国内航线58条，国际航线12条。国内航线（包括港澳地区航线和两岸定期航班）有：合肥—台北、合肥—香港、合肥—北京、合肥—西安、合肥西—宁、合肥—银川、合肥—榆林、合肥—兰州、合肥—上海、合肥—厦门、合肥—青岛、合肥—成都、合肥—重庆、合肥—昆明、合肥—广州、合肥—桂林、合肥—三亚、合肥—海口、合肥—乌鲁木齐、合肥—大连、合肥—绵阳、合肥—鄂尔多斯、合肥—南宁、合肥—威海、合肥—烟台、合肥—和田、合肥—汕头、合肥—哈尔滨、合肥—长春、合肥—长白山、上海—三亚、上海—广州、上海—深圳、上海—汕头、上海—贵阳、上海—桂林、上海—珠海、上海—遵义、上海—成都、上海—重庆、上海—长春、上海—大连、上海—哈尔滨、上海—延吉、上海—天津、上海—呼和浩特、上海—福州、上海—厦门、上海—临沂、上海—烟台、上海—西安、上海—兰州、上海—香港、上海—澳门、重庆—昆明、重庆—太原、重庆—北京、重庆—黄山；国际航线有：上海—曼谷、上海—大丘、上海—金边、上海—釜山、上海—暹粒、上海—清迈、上海—广岛、上海—福冈、上海—冲绳、合肥—曼谷、合肥—甲米、延吉—大阪共12条。

安全生产 2019年，东航安徽分公司围绕“防风险、保安全、迎大庆”工作主线，始终坚持党管安全，全面落实安全生产责任，持续加强安全体系建设，通过强化系统管控，完善安全管理制度，增强安全保障能力，确保分公司良好的安全生产态势。2019年未发生事故征候及以上事件，保证飞行、空防、航空地面安全和地面安全，实现安全飞行35周年、2019安全年以及飞行、机务系统“连续十年无事故征候”的目标。

服务保障 2019年，东航安徽分公司持续狠抓服务管控，强化考核奖惩和审计督察，定期发布服务月报和投诉季报研判工作趋势，开展“服务质量重点攻坚”专项行动，推动新版服务手册宣贯、“三小”业务培训和作业指导书修订，持续优化合京精品航线服务品质，节假日开展空地特色航班活动。1—12月份分公司未发生有责投诉，客户综合评价成绩优秀。2019年共启动快速过站357次，圆满完成2019年春运、全国“两会”“中国国际进口博览会”“2019年博鳌亚洲论坛年会”及“党的十九届四中全会”期间运输服务保障工作。

【合肥空港经济示范区建设】 2019年底，合肥空港经济示范区内开工新建或改造16条、总长约26千米，十字型路网骨架形成。启动区两纵两横四条道路及长岗安置片区内部道路建成通车。依托新桥机场供水泵站建成启动区61.7千米主供水管网。开工建设110千伏空港变和空港供水泵站工程。新增中压燃气管道14.16千米；北区建成高压燃气管网全长18千米。建成长岗、高刘污水处理厂，建成污水管网77千米、雨水管网80千米。建成长岗公交首末站，新建新桥南路公交场站改造和高刘停保场，开通5条公交线路。已交付安置小区5个，89.25万平方米；在建安置小区3个，76.94万平方米。新建小学2个，计96个班；新建中学2个，计81个班。合肥空港保税物流中心（B型）建成投用。

合肥公交集团瑶海停车场，第五巴士公司1路双开门公交车蓄势待发
（市公交集团/供）

城市公共交通

【概况】 2019年，合肥市推进公交优先发展战略，加大政策和资金扶持力度，城市公共交通得到快速发展。市区公交车辆6115台，运营线路282条，运营线路总长4585.6千米，线网总长1868.6千米。全年公交运营里程达2.165亿千米，完成客运量4.91亿人次，日均客运量13.456万人次。全市公交保养场11个，首末站237个，停靠站5355个，各类停车场地面积127.38万平方米（停保场总面积62.8万平方米，首末站总面积64.58万平方米），公交车进场率100%。建成公交专用道17条。中心城区公交站点500米半径覆盖面积420平方千米，覆盖率100%。

【“公交都市”示范工程创建】 合肥市于2013年11月入选国家第二批“公交都市”示范工程创建城市，开展为期5年的“公交都市”创建工作。5年来，合肥市围绕建成“以轨道交通和快速公交为骨架、常规公交为主体、慢行交通系统为末端衔接的城市公共交通客运体系”目标，进一步完善政策，加大投入，在设施供给、优质服务、智能监管、绿色出行等方面聚焦发力，公交得到长足发展，群众出行更加便捷。2019年8月23—25日，经交通运输部组织技术评估和专家验收，合肥市已达到创建标准。

【线路拓展及线网优化】 2019年，合肥市净增公交线路22条，线路总长增加340.7千米，线网总长增加88.4千米。新开定制公交线路30条，定制公交年运送乘客40余万人次。全年调整线路215条次，其中优化与地铁接驳线路12条次。结合紫云路、临泉路、阜阳北路、铜陵北路公交专用道启用，调整21路、26路、46路、163路等20条公交线路进岛站停靠，快速公交网络初具雏形。拥有快速公交线路8条、干线公交线路60条、支线公交线路104条、微循环线16条、夜间线8条、旅游线路2条、城乡公交线路19条、定制公交线路69条。

【公交基础设施建设】 2019年，为改善市民候车条件，市政府将公交站牌亭新建改建列为2019年“20件为民办实事项目”之一，建设内容包括1773处站牌亭新建改建、351处站点钢化玻璃改造、120处站点站柱改造、30处老旧站牌亭拆除及公交站点信息化建设。首期工程（1200处）已完成约300座站点建设任务；完成第三批19座充电站、486个充电桩项目立项、设计招标、方案布局及外电预报装、初步设计概算及项目监理、设备、施工招标等工作，并已启动项目建设。

【智能公交建设】 2019年，合肥市加强车辆、站点、停车场等智能化装备水平，实现公交车视频监控全部联网；开展智能公交系统升级改造，完善主营业务平台建设，建立较完善的营运指标管理体系。运用大数据、云计算等技术，构建公交大数据平台，持续推进“互联网+公交”行动计划，启动“互联网+公交出行”运营服务项目建设，对原有的掌上公交APP进行升级，推出合肥公交查询小程序，建立全新的“互联网+公交出行”运营服务系统。完成所有刷卡机程序升级和设备改造工作，实现交通“一卡通”全国互联互通。徽州大道等14条专用道、26条公交线路、600多台车载移动抓拍系统与交警平台实现对接，保障公交路权；新增银联云闪付乘车码支付方式，为市民提供新的乘车体验。

【规范网约车监管】 2019年，合肥市坚持“以打促规”，严处违规经营行为。各平台公司清理不合规车辆8.3万余辆。全年对平台立案529起，自启动“一案双查”以来已对平台累计立案1503起，行政处罚1083.5万元。加强部门联合监管，与公安出租车管理大队建立联合检查机制，对网约车平台公司开展安全专项检查。要求取得许可的平台公司签订“诚信承诺书”，加强网约车数据管理，通过“两随机、一公开”方式实施检查，检查结果纳入行业年度诚信考核体系。采取集中或分散方式，先后约谈滴滴、首约、和行、小马出行、美团打车等平台，督促其依法依规开展经营。

【轨道交通3号线开通初期运营】 2019年12月26日上午8：56，合肥市轨道交通3号线开通初期运营，合肥轨道进入网络运营时代。轨道交通3号线串联肥西县、经开区、政务新区、蜀山区、庐阳区、瑶海区、新站区等区域，线路西起方兴大道，东至相城路，是衔接合肥市东北瑶海地区、西南部经济开发区与中心城区的一条重要客运交通走廊。全线37.28千米，其中，地下线33.05千米、高架线4.23千米；全线共设车站33座，其中地下车站29座，高架车站4座。线路西端设翡翠湖停车场1座，线路东端设磨店车辆段1座；翡翠湖停车场由方兴大道站引入，磨店车辆段由相城路站引入。轨道交通3号线于2015年12月开工建设，历时4年建成通车。

【长三角城轨互联互通】 2019年，市轨道集团实施创新驱动战略，建设智慧轨道，按照“设备不改造原则、支付渠道本地化原则、优惠本地化原则、账户和票款保障原则、共享共建原则”，推进长三角城市轨道交通二维码乘车互联互通相关工作，组织完成技术方案讨论、软件开发及测试。4月19日，合肥、上海两地城市轨道交通二维码乘车实现互联互通。这标志着继“沪杭甬”“沪—温”地铁二维码互通后，合肥市的轨道交通正式加入长三角城轨互联互通城市圈。5月22日，上海、杭州、南京、合肥、苏州、宁波、温州7座城市实现互联互通。合肥市民通过“合肥轨道”APP，可以在7座城市扫码乘坐地铁。

【公交服务质量提升】 2019年，市公交集团践行“一切以乘客为中心”的理念，推进服务质量提升工程。丰富“双星”考核手段，采取正能量积分方式，鼓励驾驶员积极投身公益性活动，弘扬社会正能量。2019年底，星级驾驶员、星级线路挂星率分别达到94.6%、52.5%；创新服务方式，开通K45路、K301路等12条大站快车和3条区间线；继续推进守时公交服务，实现17条线路全程守时、14条线路首末班车中途到站守时；先后对长江中路、包河大道、金寨路

3号线列车驶向站台 （郭如琦/摄）

阜阳北路、铜陵路等BRT岛站实施进站车辆定点停靠，规范乘车秩序，规避安全隐患；首次组织开展“5·20公交驾驶员关爱日”系列活动，在全社会营造尊重、关爱公交驾驶员的浓厚氛围。

撰　稿：张黎明　仇　垲　严从林　霍雨佳　徐　坤

艾　智（合肥市交通运输局）

徐　明（合肥市公路管理局）

石泽霖（合肥市交通运输管理处）

刘　俊（合肥市地方海事局）

吴　枫（合肥市农村公路管理局）

李以平（合肥公交集团有限公司）

江　深（上海铁路局合肥火车站）

毕金富（上海铁路局合肥货运中心）

张暮雨（上海铁路局合肥车务段）

戴茂征（上海铁路局合肥工务段）

管大龙（安徽省民航机场集团公司）

唐经纬（东航安徽分公司）

李春山（经开区空港办）

2019年10月，圆通快递安徽分拣中心　（市邮政局/供）

邮政管理

【概况】　2019年，合肥市邮政管理局（以下简称“市邮政局”）坚持稳中求进工作总基调，发挥合肥长三角世界级城市群副中心、全国先进制造业基地、全国性综合交通枢纽等多重优势，合肥“中国快递示范城市”高分通过复评，金字招牌更加明亮。全市邮政业发展、快递示范城市建设、绿色生态治理、快递员权益保障、行业新闻宣传等工作获得肯定。全市邮政行业业务总量完成149.8亿元，比上年增长44.84%，超全省平均增幅5.69个百分点。业务收入76.17亿元，增长31.89%，超全省平均增幅11.07个百分点。快递业务量累计完成6.52亿件，增长37.87%；业务收入59.7亿元，增长28.41%。

【优化政策环境】　2019年，市邮政局推动财政扶持政策杠杆作用发挥，兑现补贴金额达888万元，带动企业新增资金投入达7000万元。安徽京东智慧物流园、顺丰速运智能分拣合肥基地、合肥邮区中心局蜀山基地等重点项目建成投用。京东3C家电仓、唯品会、菜鸟包裹等企业在肥落地，仓配一体化助推服务时效提升近40%。

【末端建设】　2019年，市邮政局在全市布放智能快件箱7682组，格口74万个。建成城乡邮政、快递末端综合服务站3920处，全市建制村100%通邮。大力支持社区快递服务网点和驿站建设，解决快递服务末端投递“最后100米”难题。全市2788辆“六统一”规范化三轮车上路通行。推进智能信包箱更新补建工作纳入合肥市老旧小区整治项目，2处试点启动建设。建设乡镇快电综合服务站点126个，实现四县一市区域全覆盖。助推农村电商发展，建成1756个乡镇邮乐购站点，批销商品达到291种。

【发展跨境寄递】　2019年，市邮政局加快航空快件“绿色通道”建设，建立快递与民航合作关系，提升航空快递运行效率和服务水平。中外运空运公司在合肥空港产业园购地4.67公顷，建设空运物流快递转运中心。合肥国际邮件互换局开通进出口业务以来，国际小包重量年均增长率为15.8%。2019年全市国际小包运量超2300吨。国际及港澳台业务量累计完成458万件，比上年增长66%，增幅是上年同期的9.9倍。

【服务质量提升】　2019年度全国快递服务质量调查结果显示，合

顺丰速运合肥至深圳全货机航线 （市邮政局／供）

肥快递服务满意度为85.2分，较上一年提高8.9分，提升幅度在全国50个受调查城市中位列第一，快递服务满意度晋级全国前十，居长三角26城第二名，为华东省会和直辖市城市第一名。市邮政局全年处理消费者申诉5096件，快递服务申诉量比上年下降53.81%，累计为消费者挽回经济损失67.68万元。百万件有效申诉率降至0.04，创历史最好水平。

【安全监管】 2019年，市邮政局强化寄递安全部门协作配合机制。与机场公安局、民航监管局签订《合肥地区航空货邮运输监管联合执法协作协议》。建立完善行业安全管理体系。加强寄递安全“三项制度”落实，顺利完成中华人民共和国成立70周年庆祝活动等重大活动寄递安全服务保障任务，圆满举办2019年安徽省暨合肥市邮政业安全应急演练。全行业无重大安全生产事故。

【绿色发展】 2019年，市邮政局按照国家邮政局“9571”工程总要求，加大生态环保宣传培训和检查力度，引导行业加强自治加强与各部门的协同配合，出台《合肥市邮政业生态环境保护工作要点》。全市电子运单使用率近100%，电商快件不再二次包装比例达75%左右，循环中转袋使用率达70%以上。全行业使用新能源汽车共232辆，440处快递分拨中心及营业网点设置包装废弃物回收装置。

【提升人才素质】 2019年，市邮政局新增快递专业技术职称人员314人，16人取得初中级专业技术职称。联合举办邮政业技能竞赛及优秀快递员评选，合肥选手斩获全国职业技能大赛一、二等奖。市EMS公司速递部被授予市级“青年文明号”称号，顺丰营运部荣获“安徽省青年安全生产示范岗”称号。2人获评“安徽省技术能手”，1人获评市第三届“最美交通人”提名奖。巢湖邮政公司郑爱军荣获“全国五一劳动奖章”。

（李 姝）

责任编辑：王尚先

自然资源和规划

综　述

【概况】 2019年，合肥市自然资源和规划局（以下简称“市自然资源局”）组建完成。全市自然资源系统实现重大项目用地“应保尽保”，量子科技创新研究院、江淮大众新能源汽车等全省“一号工程”以及北航科学城、百大物流园、合安高铁、G346巢庐路、徽州大道等一大批重大建设项目的用地需求得到保障。执行最严格的耕地保护制度，2019年全市耕地保有量和永久基本农田数量超额完成省下达的目标任务。推进土地整治工作，连续21年实现耕地占补平衡。执行房地产调控政策，加快居住用地供应节奏，全年供应居住用地677.67公顷，保障房地产市场平稳健康发展。推动利用集体建设用地建设租赁住房试点工作，完成年度2000套租赁住房建设任务，受到自然资源部的肯定。自然资源的节约集约利用工作取得成效，闲置土地清理工作排名全省前列。深化推进“放管服”改革，助力创优“四最”营商环境。2019年获评合肥市创优营商环境工作先进集体称号。发挥12336土地违法举报热线和12345市长热线作用，畅通信访渠道，推进“阳光信访”，有效解决群众合理诉求。2019年度被评为12345政府服务直通车工作优秀成员单位。创新地质灾害防治工作方式，实现“人防”与“技防”紧密结合，连续16年未发生因地质灾害造成人员伤亡的事故。

积极推动开展文明单位创建工作，合肥市局、巢湖市局以及市不动产登记中心瑶海、庐阳、蜀山、包河四个分中心获得“合肥市文明单位”称号。合肥市局连续四年在市政府目标管理绩效考核工作中被评定为“优秀”等次，连续3年在省厅考核中荣获“优秀”。

【要素保障】 2019年，市自然资源局贯彻省、市促进经济高质量发展的决策部署，印发实施《合肥市自然资源和规划局关于发挥自然资源支撑保障作用促进全市经济高质量发展的实施意见》。按照“依法依规、节约集约的原则”，落实先行用地政策，对重大基础设施及重点项目优先保障。当年召开12

2019年3月8日，新组建的市自然资源和规划局挂牌　（市自然资源局/供）

次市自然资源管理委员会、4次市国土空间规划委员会、10次市国土空间规划委员会主任办公会。加强土地储备制度建设，出台《关于通过土地收储促进项目搬迁升级的意见》、非经营性储备土地出库管理制度、土地收购净地标准、储备土地控规编制等工作，全年新增土地收储622.53公顷（同比增长86.76%）。当年全市累计上报各类建设用地项目1195个，总面积4936.2公顷，累计获批项目667个，总面积3115.07公顷。省级计划争取量1141.13公顷，创历史新高。供应各类国有建设用地787宗，面积3442.35公顷，土地出让价款874.03亿元，完成全年目标任务。长鑫12英寸存储晶圆制造基地项目、北航科学城、徽州大道等一大批省级重点调度的项目的用地需求得到保障。

2019年8月4日，省自然资源厅、合肥市自然资源局联合开展党员教育活动（市自然资源局/供）

【优化服务】 2019年，市自然资源局倾力创优“四最”营商环境。常态化开展“四送一服”双千工程，营造有利于实体经济发展的良好环境。着力推进“双随机、一公开”工作落地见效，加强信息共建共享，做好事中事后监管信息推送，畅通咨询投诉渠道。推进不动产登记增速提效改革，优化提升行政审批效能，推进“减证便民”服务，超额完成上级部门要求的精简60%以上的任务。压缩办结时限，实现一般登记5个工作日办结，抵押登记2个工作日办结，查封登记、异议登记、抵押权注销登记即时办结。加大存量数据整合力度。对市本级所有存量数据进行全面梳理、整合及补充调查，基本实现“地、楼、房、人”一体化管理。结合“一门一网一次”改革，推动信息共享集成、流程集成、人员集成等“三个集成”工作落实。深入实施“互联网+不动产登记”工作。在网页端搭建“合肥市‘互联网+不动产登记’一体化平台”，实现登记业务随时随地在线申请、内网审核、网上反馈，全年颁发不动产权证书证明71万本，保障我市社会经济发展。优化权籍调查工作方式，将市不动产登记中心权籍调查力量全部下沉至城区5个登记大厅，申请材料精减幅度达三分之一，做到便民利企。推进工程建设项目审批制度改革。出台《合肥市建设项目立项用地规划许可阶段协同管理办法（试行）》《合肥市建设项目工程建设许可阶段协同管理办法（试行）》等相关配套文件，统一审批流程，精简审批环节，在“立项用地规划许可阶段”，办理时限由原29个工作日减少到15个工作日，调整审批事项48项。分类制定审批流程，完成新工程建设项目审批管理系统并上线运行。全年核发《建设工程规划许可证》885份，办理建筑工程（单体）规划许可1755个，总建筑面积1011.9万平方米。推进基础地理信息平台提升工作。推进“智慧合肥时空大数据平台”建设，完成顶层设计、项目立项和可行性研究报告编制工作。建立健全“多测合一”工作制度，扎实开展“多测合一”改革工作。

城乡规划

【概况】 2019年，市自然资源局开展国土空间规划编制，坚持生态优先，保护为主，优先划定生态保护红线。按照“总量不减少，质量不降低”的原则，优化永久基本农田保护红线。开展合肥市生态保护红线评估工作，完成市级“双评价”及国土空间开发保护现状评估初步成果；编制完成合肥滨湖科学城总体规划、空港经济示范区总体发展规划、合肥中央公园总体规划及景观设计和合肥新桥机场综合交通枢纽规划等规划；组织编制合肥市城乡综合交通规划、南淝河两岸景观空间总体规划和合肥市主城区河道蓝线控制规划；开展新西站片区及义城片区综合交通规划研究工作以及轨道交通2、3、4号线延伸线、6号线总体设计方案的研究工作；完善城市公共服务设施布局，提高各类公共服务设施供给水平。组织完成10个批次、122个地块控规的编制与审查报批工作，涉及用地面积4419公顷，布局落实幼儿园、中小学67所，各级党群服务中心22个；推进慢行系统完善工程建设工作。全市慢行系统完善工程竣工项目67个，约115千米；推进施工项目49个，约61千米；其余项目全部开工建设；推进土地利用、村庄规划、产业发展、环境保护"多规合一"实用性村庄规划的有关工作；为村级集体经济的发展做好土地要素的保障工作，进一步扶持壮大村级集体经济。印发《合肥市农村人居环境整治建设规划导则（试行）》、研究开展合肥市村庄规划试点工作、完成合肥市美丽乡村建设规划编制任务。

【土地节约集约利用】 2019年，市自然资源局继续保持《合肥市建设用地节约集约利用整体评价》全省第一。深化土地节约集约利用，健全城镇低效用地再开发机制，完成《合肥市2019年度建设用地节约集约利用整体评价》，完成对各县（区、市）的单位国内生产总值建设用地建设用地下降中期评估，完成下降目标任务，获国务院大督察用地166.67公顷指标奖励。持续清理批而未供土地，加大闲置土地处置力度。处置批而未供400公顷、闲置土地740公顷，超额完成省下达的目标任务。按时完成利用集体建设用地建设租赁住房试点工作任务。

自然资源监管

【概况】 2019年，市自然资源局统筹做好整改查处卫片执法工作。开展2018年度卫片执法检查工作，立案查处183宗、面积127.16公顷；没收建（构）筑物面积5.44万平方米；非立案处理146宗、面积152.25公顷；矿产卫片涉及10个疑似违法图斑中，核查认定伪变化图斑5个，违法图斑5个，全部整改查处。推进2019年季度卫片执法检查工作。开展专项整治，印发《合肥市自然资源和规划局关于加强设施农用地管理的通知》，全面加强设施农用地的备案及管理工作，"大棚房"问题专项整治工作取得阶段性成果。加大违法违规用地、违建别墅清查处理力度。推进扫黑除恶专项斗争工作，在全市范围内开展"矿产资源开发领域违法违规行为专项整治""矿产资源开发领域突出问题专项整治"工作。组织开展扫黑除恶、矿山安全生产等工作的综合督查、"三调"、违建别墅清查整治、机构改革、信访维稳、安全生产、地质灾害防治等重点工作督查的"回头看"工作。

【土地整治】 2019年，全市通过验收各类土地整治项目883个，新增耕地3943.67公顷，完成全年补充耕地不少于2666.66公顷任务，合肥市连续21年实现耕地占补平衡。全面完成"十三五"期间承担的1.2万公顷高标准农田建设总任务。充实占补平衡指标储备库，2019年全市储备占补平衡指标1486.67公顷，按照省级下达的平均每年800公顷农转用计划，基本能满足全市2—3年内批次报批新增建设用地需求。强化指标统筹管理，全年调剂县级占补平衡指标362公顷，支付调剂资金10.9亿元。完成创新大道—G206国道、G329合相路改建工程、集贤路、长鑫项目、小庙有机资源处理中心等159个批次建设项目占用耕地的占补平衡。

【国土空间保护】 2019年，市自然资源局落实耕地保护责任制，印发《关于加强设施农用地管理的通知》《关于进一步加强耕地保护和改进占补平衡的实施意见》。完

肥东县新农村 （肥东县史志室/供）

成耕地保有量及永久基本农田保护任务和永久基本农田储备区划定工作。推进永久基本农田整改补划工作和征地区片综合地价制定工作。落实2019年矿山地质环境治理与修复计划，持续推进治理与修复工作，完成全市矿山生态治理任务。配合安徽省自然资源厅对2018年度全市19宗矿业权的矿业权人勘查开采信息公示情况进行实地核查，其中6个省厅随机抽查项目、7个市级专项项目和6个异常名录项目。组织报送12家矿山企业参加自然资源部遴选，经省厅初审后有7家进入部级审核程序。印发《合肥市绿色矿山建设工作方案》，编制2019年度矿山治理计划，推进矿山治理的收尾工作。做好中央、省环保督察反馈意见整改和“三大一强”专项攻坚行动、长江经济带“23+N”等涉及问题整改。承担派河副河长职责，加强走河巡河和督查。派河水质均值为Ⅳ类，达到考核目标要求。推进南淝河、十五里河等河道水环境治理。加强汛期巡查、巡中排查、汛后核查，落实值班值守和隐患点监测，做好地质灾害预警防治工作，全面排查，制定方案，连续16年未因地质灾害造成人员伤亡。

（陈　亮）

土地储备

【概况】 2019，合肥市土地储备中心创新思路，加强土地储备制度建设。完成《合肥市土地储备实施办法》的修订，规范收储流程，提高存量土地收购补偿标准，充分调动存量国有建设用地使用权人土地收购积极性；牵头组织市直有关单位研究拟定并报市政府常务会批准《关于通过土地收储促进项目搬迁升级的意见》，解决部分重点项目搬迁因获得补偿较低无法实施的问题，达到留住企业、升级产业、释放空间多方共赢的成效；完善相关配套制度。修改《国有建设用地使用权收购合同》，完善储备土地管护和土地价格评估管理规定，新出台非经营性储备土地出库管理制度、土地收购净地标准、储备土地控规编制、城中村和危旧房改造项目成本审核及资金支付等配套规定。

【土地收储】 2019年，市土地储备中心保持土地收购数量稳定，收储土地755.33公顷。保持入库土地量上的平稳，符合国家对库存土地控制要求。加大盘活存量用地。通过提高国有存量土地补偿标准，加大对企业收储力度，优化存量资源配置，保障传统产业升级改造。全年完成企业收储19宗188.13公顷，涉及收储成本75亿元。

【土地出让】 2019年，市土地储备中心供应储备土地696.62公顷，成交总价677.74亿元。在保障市场供应的同时，优先保障科技及民生用地。供应教育科研用地14宗60.73公顷，为中科院技术创新工程院、安医大临床医学院等一批高科技创新项目提供要素保障。根据城市规划要求，优先保障性安居工程项目用地需要，积极配合完成安置房、人才公寓以及租赁住房项目供地。供应1宗人才公寓用地，4宗8.33公顷住房租赁项目用地，配建租赁住房面积6万多平方米。

【项目改造】 2019年，市土地储备中心新启动项目改造12个，超额完成市政府下达的目标任务；推进城中村危旧小区改造各项工作，当年新增房屋搬迁面积250.72万平方米，同比增长91%；新交付安置房96.34万平方米，是上年交付的2.8倍。全市171个城中村和危旧小区进行搬迁改造，总占地面积4262.8公顷，惠及10.04万户29.85万人，完成房屋搬迁1863.71万平方米，建成安置房1062.27万平方米，上市经营性用地862.06公顷。

【污染防治】 2019年，市土地储备中心开展土壤污染防治工作，对拟收储疑似污染工业土地开展环境评价，实施土壤污染防治的源头管控，督促被收储产权单位完成罗宝节能科技有限公司等7个项目的收储前土壤污染状况调查。推进已收储土地土壤修复治理工作，中心储备地块马合钢以及红四方地块，完成土壤污染调查及风险评估，并初步完成修复方案的编制。

（王　华）

责任编辑：王尚先

城乡建设与管理

综 述

【概况】 2019年，合肥市新建续建大建设工程1370项，完成投资570亿元，比上年增长8%。商合杭高铁合肥以北段开通，合宁、合芜、合安高速“四改八”完成，新建续建国省干线超400千米。轨道交通3号线正式运行，4、5号线和1号线三期加快建设。安徽创新馆、高铁南站南广场等重点工程建成启用，大科学装置集中区、市图书馆、中央公园等全面开工，五大片区建设加速推进。建成覆盖全市的数字城管指挥平台，形成广泛参与、多元共治的城市管理新模式。公用事业保障能力稳步提升，全市日供水能力达到278万立方米，全年总供水量7.51亿立方米，比上年增长9.3%。天然气总用气量15.5亿立方米，增长12.3%。全市热源厂共6个，锅炉19台，管网总长度约553千米，供热面积2500万平方米。

【城市交通建设】 2019年，郎溪路高架、国际大道等建成通车，怀宁路下穿天鹅湖隧道、北二环（西二环—合武铁路）等项目开工建设。开展打通断头路三年行动计划，共安排建设项目84项，总投资57.76亿元。全年续建、新建城市支路工程97项，完成拥堵点治理11处。深化项目预研储备，积极推进南二环西延、习友路、桥头集路等6条道路预研工作；研究制定《合肥市城市道路交叉口设计指南》《合肥市城市道路人行道铺装材料指南》等技术导则，补齐城市建设短板。

【城市品质提升】 2019年，合肥市长江东路改造工程正式开工，长江中路两侧建筑立面整治及灯饰亮化、天鹅湖周边楼宇灯饰亮化工程完工亮灯，完成包河大道、北一环、徽州大道等路段人行道品质提升，合作化路养护工程荣获“全国城镇养护示范设施”。建成公共停车泊位7157个，新能源汽车充电设施10167个，超额完成目标任务。黄河路等首批代建制项目进展顺利，试点成效初步显现。出台《合肥市安置房开发建设管理暂行办法》，进一步健全房屋征收补偿安置政策体系。全面完成地下综合管廊试点示范项目，综合评分居全国15个试点城市之首。

【城市安全防治】 2019年，市城乡建设局维修路面10.77万平方米，维修加固灯饰5000余盏，整治病害窨井1万余座。《合肥市地下管线条例》颁布施行，合肥市地

集贤路互通立交 （市城乡建设局/供）

下管线建设管理工作迈入法治化、规范化轨道。开展排水防涝三年行动，全年新建排水管网680千米，完成城市排水防涝项目101个，整改消除内涝隐患50余处，建成排水管渠124.7千米，新增排涝泵站规模13.2立方米／秒。春节期间开展雨雪冰冻应急抢险处置。全年汛期共开展5次防汛工作检查，梳理并处置各类积水点38处，有效改善金寨路高架桥积水问题，城市安全度汛。对17条道路、58座桥梁开展探测检测，测出并修复空洞病害7处，设置沉降监测点4505个。积极清捞、疏通雨污水管网，提高排水设施设备完好率。继续推进城市生命线二期工程建设。

【南淝河水环境治理】 2019年，市城乡建设局开展南淝河流域一体化治理，协调各部门联合作战，落实河长制责任，排口实行“一人一口”的“排长制”。全年新（扩）建污水处理厂5座，新增污水处理能力45万吨／日，望塘、塘西河、北涝圩污水厂提标改造工程完成；全市建成投运污水处理厂24座，总规模258万吨／日（城区14座、规模214.5万吨／日）；在南淝河17个重点排口建设一体化污水应急处理设施，加快南淝河中游、清I冲、清II冲、清III冲雨水调蓄池建设，干流河道清淤工程完成约60%。

【排水管理】 2019年，市城乡建设局完成《合肥市城市排水管理办法（草案）》编制，严厉打击洗车业、施工工地、城市综合体违法排水，整治老旧小区阳台排水问题，全市5809处雨污混接点已整改完成75%，污水处理厂收水浓度明显提升，城市建成区黑臭水体基本消灭。

【建筑工地扬尘管控】 2019年，市城乡建设局做好重污染天气应急响应，全市建筑工地基本实现在线监测和视频监控全覆盖，全年查处扬尘措施不到位的项目15个，建议罚款总额55万元。开展预拌混凝土、砂浆企业综合执法检查，落实扬尘治理各项措施。

【农村人居环境整治】 2019年，全市2609户（含建档立卡贫困户701户）危房改造任务提前完成。市城乡建设局在全市范围排查鉴定建档立卡贫困户住房8万余户，发现安全问题881户并全部整改完毕。持续推进巢湖市、庐江县、肥西县6个乡镇小城镇人居环境提升试点工作，开展农村住房设计竞赛，引导江淮建筑风貌。

（白　羽）

轨道交通

【概况】 2019年，合肥轨道交通提升地铁建设和运营品质，完成年度各项目标任务。全年累计完成投资108.74亿元，超额完成上报市国资委经营目标。

【轨道建设】 2019年，合肥轨道项目总体进度按节点计划有序推进。

轨道交通3号线完成各专项验收和评估工作，12月26日实现开通试运营。轨道交通4号线土建工程全线完成25座车站、1个出入场段线，2个明挖区间主体结构封顶；区间工程累计完成工程总量的66%；附属工程累计完成16座出入口、15组风亭封顶；科学城车辆段累计完成工程总量的72%。轨道交通5号线土建工程全线完成28座车站主体结构封顶；区间工程累计完成工程总量的75%；附属工程已完成44个出入口、24组风亭主体结构；珠江路停车场累计完成工程总量的90%。轨道交通1号线三期工程土建工程完成2座车站及明挖区间主体结构封顶；区间工程累计完成工程总量的26.4%；天水路停车场累计完成工程总量的88%。

【轨道运营】 2019年，1、2、3号线网络总客运量1.80亿乘次，日均客流49.26万乘次，单日最高客流达100.56万乘次，运营里程共计89.6千米；列车运行图兑现率99.99%，列车正点率99.97%。

12月26日上午8时56分，轨道交通3号线正式开通进入初期运营阶段，标志着合肥市轨道交通正式迈入“网络化运营”时代。轨道交通3号线串联肥西县、经开区、政务新区、蜀山区、庐阳区、瑶海区、新站区等区域，线路西起方兴大道，东至相城路，是衔接合肥市东北部瑶海区、西南部经济开发区与中心城区的一条重要客运交通走廊。全线设计全长37.2千米，其中，地下线32.97千米，高架线4.23千米；全线共设车站33座，其中地下车站29座，高架车站4座，全线换乘车站7座。线路西端设翡翠湖停车场1座，线路东端设磨店车辆段1座；翡翠湖停车场由方兴大道站引入，磨店车辆段由相城路站引入。

【轨道交通规划】 2019年，合肥市城市轨道交通第三期建设规划，于2019年通过国家发改委委托中咨公司组织的专家评估，通过

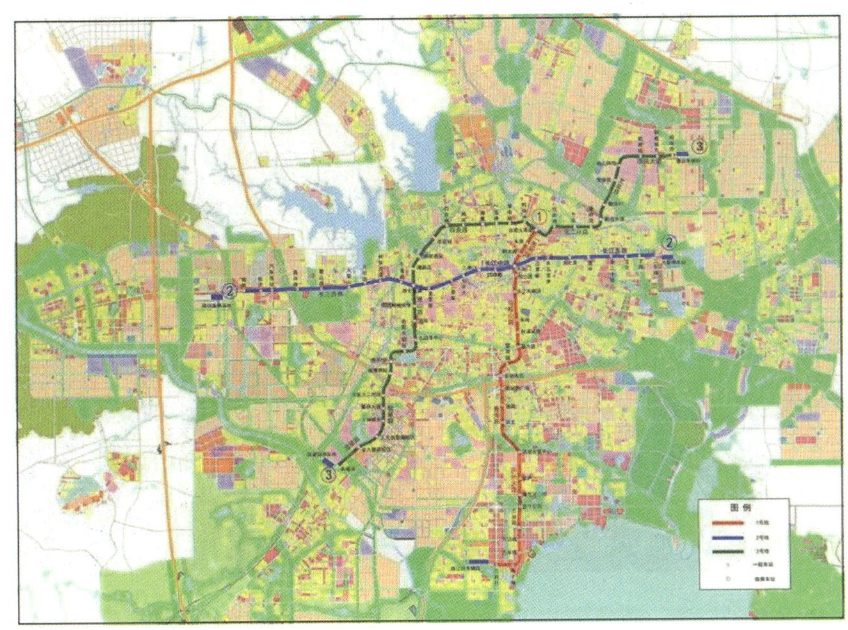

2019年轨道交通运营图 （市城乡建设局/供）

国家发改委批准，标志着合肥市城市轨道交通第三期建设规划正式获批。同时合肥轨道系统梳理轨道交通2、3、4号线延长线及6号线一期工程涉电、涉军、涉铁等问题，稳定了线站位、管线迁改、交通疏解及土地收储等方案；完成7、8号线、9号线及S1线设计招标，开展工程方案的研究；启动国铁新合肥西站配套轨道交通工程（10号线及S1线）前期研究工作，并加快研究中央公园项目相关轨道项目的设计方案。

（孟慧萍）

重点工程建设管理

【概况】 2019年，合肥市重点工程建设管理局承担各类在建及完工项目144项，总投资638亿元。其中，完工项目63项，建成道路38千米，房屋建筑159万平方米。1座污水处理厂提标改造，年度投资约104亿元。包河大道高架工程二、三标段、中科大先研院研发实验楼、南站北广场等3项工程获得“国家优质工程奖”；小仓房污水处理厂二期新建工程获得中国建设工程“鲁班奖”；南薰门桥改造，杭州路及合肥二中学生宿舍、食堂综合楼和音乐教学综合楼等项目荣获安徽省建设工程“黄山杯”奖；10余项工程获评“省级安全文明示范工地”。

【市政路桥建设】 2019年，郎溪路（包河大道—裕溪路）高架全线通车，裕溪路高架东延桥面放行，南淝河路（东二环路—横江路）旧貌换新颜，龙岗路（长乐路—裕溪路）南北贯通，大大提高东南区域通行效率；南站南广场正式投入使用。繁华大道与集贤路互通立交地面道路、集贤路跨派河桥如期放行，进一步缓解西南区域通行压力。畅通二环（西二环—合武铁路）主线桥施完工；文忠路下穿隧道主体完成，建成之后将成为合肥最长的一条湖底下穿隧道。公交专用道改造、美和路、休宁路、国际大道二标、玉兰大道等一批重点项目按期完工放行；畅通二环北环西段、采石路、兴业大道、锦绣大道、习友路、祁门路、铜陵北路下穿编组站等重点道路如期开工建设。

【公益性房屋建设】 2019年，安徽创新馆于4月24日正式开馆，成为全省展示重大创新成果的重要平台；量子创新院1#科研楼主体结构封顶，幕墙施工顺利；中科大高新园区一期、合工大智能技术研究院、滨湖国际会展中心二期等项目均按期推进；黄麓师范学校改扩建工程一标段、合肥职业技术学院

畅通二环西段 （市城乡建设局/供）

合肥校区建设完成验收，师生搬迁入住；安徽合肥技师学院、合肥特殊教育中心北校区、合肥老年大学新校区（老干部活动分中心）、安徽公安职业学院整体搬迁、合肥一六八中学陶冲湖校区二期等工程完成主体结构施工。市工人文化宫项目、市球类健身馆、中共合肥历史陈列馆维修改造等项目完工；市公共卫生管理中心、市一院门急诊住院综合楼、市二院老年护理院、市中心图书馆、市综治信访中心（综合服务体）、市青少年活动中心、市妇女儿童活动中心、市智慧养老中心、市残疾人托养中心、市青少年综合实践基地等项目按序推进。

【水环境治理】 2019年，十五里河下游湿地水质生态治理工程试运营期满，正式运营顺利，十五里河入湖水质明显改善；经开区污水处理厂一、二期提标改造工程完工，可改善派河水质；南淝河防洪完善工程如期完工，大大提高南淝河防洪排涝能力；二里河箱涵改造完工，进一步提高老城区防汛安全。

【新技术应用】 2019年，合肥市重点工程新技术应用在研课题4个。其中，“城市地下结构防水对策与质量控制关键技术研究”等2个课题正在申报省级科学技术进步奖，“巨型钢框架上部悬挂下部支承结构体系关键技术与应用研究”已完成中期论证，正在编制省级标准，“合肥市快速路系统评价与交通设计关键技术研究”课题完成招标，正在编制研究计划。推进智慧工地建设，推广应用BIM技术，繁华大道与集贤路互通立交二期、裕溪路一二标、合肥工大智能院、合肥市公共卫生管理中心等项目均采用BIM技术，建成智慧工地监控中心，实现可视化、信息化、系统化、精细化管理。

郎溪路立交 （市重点局/供）

【重点工程】 郎溪路工程（包河大道—裕溪路）。于2019年8月29日放行，工程南起包河大道与南二环交口，沿线跨越北京路、上海路、南淝河路等道路，经南淝河新建大桥直达裕溪路互通立交，全长约6.2千米，高架设计时速每小时80千米，双向6车道。郎溪路高架是合肥市第10座高架桥，也是东南片区重要的快速通道，与北二环路、西二环路和南二环路组成环线道路，直接沟通全市各区域。郎溪路高架与马鞍山路高架、铜陵路高架、裕溪路高架的“牵手”，实现交通流的快速转换，极大地提高中心城区东南区域的通行效率。

裕溪路高架东延工程。工程跨越瑶海区大兴镇及肥东县撮镇镇境内，主线高架桥呈东西走向，西与裕溪路老高架桥衔接，东至影香亭路落地，全长4.9千米；上下匝道5对10座，分别设置在龙岗路东侧（A、B帮宽匝道）、障山路东侧（C、D帮宽匝道）、大众路东西两侧（E、F、G、H匝道）、东风大道东侧（I、J匝道）；互通匝道1座，设置在水东路；地面系统采用城市快车道，双向6车道。裕溪路高架东延工程的主线高架桥2020年1月1日通车，匝道桥东风大道东侧I、J上下匝道同步放行。裕溪路高架东延工程分阶段建成通车，解决大兴镇周谷堆区域交通拥堵问题，并可与绕城高速龙塘道口顺畅衔接，有效缓解市区东向进出城的交通压力。同时，构建起一条连接合肥市区与撮镇、店埠的快速通道，对东部新中心组团发展具有积极作用。

文忠路工程（磨店街—荃湖北路）。项目位于合肥市新站区，为城市主干道，全长2.3千米，是穿过北外环高速后继续向北延伸的通道。工程包括道路、下穿隧道2座，少荃街人行天桥1座、荃湖南路跨线桥1座、荃湖北路人行地道1座、控制管理中心1处等。其中少荃湖隧道为双向8车道，长约1200米，是全市最长的湖底隧道。少荃湖占地100余公顷，是一座以灌溉为主的小型水库。此次建设的少荃湖隧道最低点距离湖面达到16米。

畅通二环西段工程（西二环—

合武铁路）。该项目全长约5.0千米，规划为城市快速路。新建高架桥4.5千米，全线共设置4组上下匝道，在四里河路、大房郢路各设置2组上下匝道；怀宁路节点预留东向南匝道、四里河路节点预留北向东匝道；人行天桥1座；配套改造原北二环地面道路、排水、交通工程、限高架、照明、绿化等附属工程。

繁华大道集贤路互通立交工程。该立交分为地上5层，地下1层，繁华大道主线采用双向6车道，跨越合安九铁路，连接九龙路与杭埠路，长1.9千米；8条立交匝道交错环绕，总长约2.7千米；南北向集贤路主线双向8车道下穿繁华大道；容成路向西延伸，下穿现状、规划铁路与集贤路相接实现互通。从空中俯瞰，整个立交桥形似一个巨大的中国结，该项目整体通车后将有效连接老城区、高新区、经开区和肥西县，缓解交通拥堵状况。

引江济淮三座桥工程。引江济淮（合肥段）3座市政桥梁工程一标段位于高新区境内，包括铭传路与铭传路桥，全长约3.19千米，道路约长2.58千米，铭传路桥长610米。铭传路为规划城市主干道，西起规划铭传路与规划将军岭路交口，东至规划铭传路与现状方兴大道交口。道路规划宽度60米，道路由西向东，为双向六车道，主道设计速度60千米/小时，辅路设计速度40千米/小时。铭传路桥主桥长340米，主跨长240米，主桥采用中承式钢管混凝土拱桥，桥面总宽56.8米，分两幅设置，单幅桥面宽27.3米，桥面布置双向8车道，两侧布置非机动车道与人行道。引桥采用预应力混凝土箱梁，单幅桥宽22.5米。铭传路桥是目前合肥市政桥梁中主跨最大的桥，桥下航道等级为II级。引江济淮（合肥段）3座市政桥梁工程二标段新桥大道（派河大道—望江西路）段，定位为南北向交通干线。路线起点位于桥梁南岸桥头，向北跨江淮运河，上跨习友路，与八卦泉路和酒香泉路定向交叉，路线终点位于望江西路，顺接新桥大道北段（望江西路—长江西路），项目全长约1.22千米，其中桥梁长约717米。新桥大道桥为引江济淮工程跨越河道的特大市政桥梁，桥位于江淮沟通段航道处。引江济淮（合肥段）3座市政桥梁工程第三标段将军岭路桥施工全力推进。将军岭路桥为引江济淮工程跨越规划将军岭路的特大型桥梁，将军岭路道路定位为城市快速路，是跨越引江济淮的重要节点工程。由于地处蜀山枢纽船闸旁边，该桥规划将满足制高点及地标景观双重要求。工程位于高新区南岗镇阮坊郢村境内，主桥长280米，是一座独塔不对称斜拉桥。主桥桥面上设置8车道，汽车荷载等级为城市—A级。在建设工艺上，梁体采用大悬臂展翅箱梁，辅助墩及过渡墩采用柱式墩，主塔柱采用矩形塔，高达116米，是合肥市政桥梁中“个子”最高的桥。

合肥南站综合交通枢纽配套南广场。总建筑面积7.7万平方米，2019年国庆节前投入使用。南广场上跨312绕城高速，北接高铁站房，南邻繁华大道，通过规划支路与繁华大道等周边路网相连，是高铁站房的主要疏散广场。南广场建设为地下3层，屋面景观绿化广场是合肥又一重要的城市公园，将展示“大湖名城”的城市窗口，地上、地下停车场可同时容纳1200辆车。

黄麓师范学校改扩建工程。总建筑面积11.28万平方米，分两个标段建设；一标工程总建筑面积7.36万平方米，二标工程总建筑面积3.92万平方米。一标新校区已建设完成，学校可容纳学生数量扩充至2500人，部分留校教师已入住新校区。随着新校区的建成，2019年学校的招生异常火爆，仅7个工作日就招录800名新生。

十五里河河口湿地项目。作为巢湖水的主要输入通道之一，十五里河河口湿地其实是个“二合一”项目，也是全市重点水环境治理工程。在十五里河流域治理的基础上，开展河口湿地建设和生态修复两大工程，主要目标是在保证行洪调蓄功能的基础上，拦截上游污染物，对上游水质和水量发挥缓冲和稳定的作用，构建入巢湖的生态屏障作

黄麓师范学校　　（市重点局/供）

用。项目包括两个主体工程：60余公顷湿地主体堤防工程，使得河道达到百年一遇的防洪要求，配合河口闸站工程起到调洪蓄洪的作用；湿地水质生态治理工程，恢复河口湿地的生态系统，提高水体净化能力，顺利通过试运营期，进入正式运营。

中国科学院量子信息与量子科技创新研究院1号科研楼项目。该项目位于高新区望江西路与石莲南路交口西南角，地下1层、地上10层，总建筑面积约25.2万平方米，其中地上17.5万平方米、地下7.7万平方米。项目自2018年6月16日开工建设，于2019年6月30日完成主体结构封顶。建筑的主要体量均沿东西向展开，高层主楼叠层跨水而上，昂首东引。一期建筑呈H型，二期待建呈V型，寓意爱因斯坦的光量子假说E=HV。项目的建设是国家量子科技发展的重要战略部署，服务于国家信息安全保障、计算能力提高等重大需求。外立面幕墙已完成约60%，机电安装完成约60%，室内装饰单位样板间基本完工，智能化单位和室外总坪单位已进行施工准备。

（刘燕燕）

城市管理

【概况】 2019年，合肥市城市管理局坚持问题导向、目标导向、结果导向，严流程、定标准、提效率、抓督办，全年数字城管立案145.35万件，日均受理4153件，结案145.18万件，结案率99.88%。办结54件人大建议、政协提案，满意率100%。律师驻队试点工作启动。推动城市管理领域信用体系建设，市容环境卫生责任区制度进一步落实。全年举办群众公议62次，评议181起案件，推动城市管理全民参与、多元共治、共建共享。

推进生活垃圾分类。坚持公共机构带头，示范片区建设深入推进，覆盖范围不断扩大。截至年底，全市近40%的街道（社区）开展垃圾分类，试点小区居民参与率达85%，分类正确率达75%。生活垃圾处理安全平稳。龙泉山垃圾处理场处理生活垃圾191.98万吨，日均5261吨，比上年增长9.3%。垃圾焚烧率57%，资源化利用率稳步提升，无害化处理率100%。全年累计达标处理渗滤液49.49万吨。渣土扬尘治理成效显著。全市投入新型环保渣土运输车4302辆，建成区范围内使用率100%。工地出入口建设标准提高，231家新开工工地通过验收，整改32家。开展渣土运输提质攻坚专项整治，全年实施226次联合督查，共查处违规运输渣土车3729台次，处罚金227.88万元。

【精细化管理】 2019年，合肥市城市管理局推进城市精细化管理。深度保洁初见成效。全市建成区范围内机械化清扫率达92%以上，高炮降尘车、油污清洗车、人行道机扫车得到广泛应用。试行“洗、扫、洒、冲、保”为一体的立体化机械作业，推进道路深度保洁。实施城市立面提升行动。依托户外广告设置详细规划，推进“四拆除”“五提升”“两规范”，查处各类违规设置户外广告1495处。完成精品街巷建设、立面改造、店招整治等提升项目52处。建设完成国购广场、之心城、“环城翡翠”景观媒体等提升项目14项。大力整治公共空间秩序。取缔流动摊点、占道经营、擅自设摊，共20万次。合理设置季节性西瓜销售点676处，对全市38处界定摊群点、215处书报亭、1591处早餐车位严格管理，取缔夜间非法洗车点52处。全年查处违法建设684处，共计22.01万平方米。开展铁路沿线环境治理。以铁路沿线两侧红线外延30～100米为重点，双向整治1330.8千米，共清理毁绿种菜面积199.4万平方米，清理积存垃圾4.6万吨，拆除违建3.6万平方米。

【为民服务】 2019年，合肥市城市管理局规范共享单车管理。规划共享单车停放点2379处，可停

市城管局服务大厅 （市城管局/供）

2019年7月6日，城管局规范西瓜销售点 （市城管局/供）

放共享单车7万余辆。加大执法力度，及时查处共享单车扎堆、占道等违规行为，月均处置3100余起，依法拖移、暂扣共享单车67800余辆。强化机动车停车场管理。建成市级停车综合管理平台，全市登记备案停车场417家，13万余个停车泊位信息录入数据库，实时公布停车泊位信息。开展共享停车应用，探索错时共享，数据互联，实现停车资源效益最大化。农村人居环境不断改善。评选合肥首届“净美乡村”，开展“洁序家园”专项整治行动，推动农村生活垃圾治理全覆盖。全市96个乡镇市场化率95.83%，垃圾分类试点806个，农村生活垃圾收集量91.81万吨，无害化处理率100%。

【要素支撑】 2019年，合肥市城市管理局强化科技支撑。数字城管二期基本建成，新增覆盖面积572.5平方千米。市县一体化平台开始联网试运行，提升县（市）城市管理效能。强化法制支撑。修改并实施《合肥市摊点管理规范》，修订完成《合肥市户外广告和招牌设置管理办法》，起草《合肥市市容和环境卫生管理条例》修改草案，生活垃圾分类立法工作向前推进。强化规划支撑。全国首部《城市管理配套设施专项规划》通过专家评审会议，统筹规划市容环卫、城市弃土场、社会化综合停车场、共享单车停放点、智慧城管等城市管理设施设备。强化硬件支撑。全年新建公厕16座，改造公厕53座。庐江、肥西、龙泉山垃圾焚烧发电项目快速推进，将于2020年相继建成投产。蜀山小庙、肥西厨余垃圾处理项目稳步推进。强化队伍支撑。在全系统开展“强、转、树”专项行动，加强城管执法规范化建设，考评城管执法星级中队，开展全员轮训，全年全系统培训5000人次，不断提升队伍素质，激发职业荣誉，优化行业形象。

（霍　炯）

电力供应

【概况】 2019年，国网合肥供电公司（以下简称“合肥公司”）承担着全市约1.14万平方千米、436.27万户电力客户的供电任务。2019年，合肥公司完成售电量353.4亿千瓦时，比上年增长9.97%，增幅排名国网重点城市第二。电网最大负荷784.1万千瓦，增长15.29%。建成投产220千伏变电站1座、110千伏变电站7座，投运220千伏线路12条、110千伏线路26条，35千伏及以上输变

巢湖流域实现绿色港口岸电覆盖 （李岩/摄）

安徽首条地下电缆通道中，合肥供电公司员工在巡检 （李岩/摄）

电工程按期投运率100%。省内企业负责人业绩考核连续8年位居第一。公司首次获评全国电力行业设备管理工作先进单位。

【电网建设】 2019年，合肥电网规划建设对接会“三单”任务完成率超过87%。完成重点城市电网规划编制和“十四五”电网规划研究，剖析电网合解环重大问题，形成110千伏及以上项目清册和35千伏变电站“升留退”清单。深化网格化规划，形成城区49个网格489个单元的目标网架规划成果。完成23项输变电工程、488项配电网项目储备。顺利保障庐江通用机场项目开工建设。建成投产220千伏变电站1座、110千伏变电站7座，投运220千伏线路12条、110千伏线路26条，35千伏及以上输变电工程按期投运率100%。完成87项城配网和467项农网工程建设任务，新一轮农网改造升级工程圆满完成，“两率一户”指标达到规划目标。

【客户服务】 2019年，合肥公司配合完成电力营商环境测评工作。与政府6部门联合印发进一步优化电力营商环境实施方案，实行“一窗办理、并联审批、限时办结”。深化柔性业务扩展流程建设，高、低压客户办电环节分别降至4个和2个，高压单电源、低压非居业扩平均接电时间分别降至30天和1.5天。完成一般工商业电价再降10%的任务，降低客户用电成本12亿元，电力营商环境不断优化。中小客户线上服务渠道全面推广，“国网安徽电力”微信公众号、支付宝生活号覆盖低压用户超过175万户，低压线上业务占比超过95%。开展大客户类型和需求的差异化分析，完成2187户政企客户分级认定，配置四大开发区专属客户经理，服务模式逐步优化。242项贫困村电网改造项目建成投产，“十三五”期间下达项目全部竣工，及时转付光伏扶贫补贴，精心服务脱贫攻坚。

【改革创新】 2019年，合肥公司加强科技创新顶层设计，制定科学技术奖励细则，获国网安徽省电力公司科学技术奖励5项、群众性创新奖励4项，奖励数量居全省行业首位。获得省部级及以上管理创新奖励14项，创历史最好成绩。“泛在电力物联网”建设逐步发力，示范区和配网资产国际对标32项建设任务高质量完成。安装7万余只智能感知终端，建成覆盖51平方千米的无线专网；研发应用全网首个基于5G技术的配网纵联保护和有序充电技术；建成运营全省首座虚拟电厂、首例多站融合项目；打造“互联网+”智慧能源服务平台；初步形成共享杆塔、通信光纤等新商业模式。成功组织第二届长三角区域能源互联网创新发展论坛。网格化综合服务模式先行落地，滨湖供电服务中心率先成立，区域平均故障停电时间较成立初减少3个小时，回访满意率高于公司平均水平0.3个百分点。全面铺开网格化综合服务模式，完成3家供电服务中心设置及相关组织机构调整，制定过渡时期的工作规则和保障措施，促进网格化机构有序运转。承接和分解省电力公司“放管服”第一批105项权力事项，及时修订17项配套制度。三项制度改革不断完善，实现管理人员能上能下全覆盖，合同契约化和考勤信息化全面推行。“两供一业”移交工作全面完成，南七家属区热力管网改造竣工运行。组建57个营配融合的中心供电所。全面退出集体企业非核心业务，提前完成“瘦身健体”改革任务。

【经营管理】 2019年，合肥公司签订综合能源服务推广业绩，居全省行业首位。发挥力能公司混改体制优势，积极对接446户高压用户，完成19家优质客户签约。电能替代电量12.2亿千瓦时，超额完成年度指标。出台居配工程项目建设实施细则，建立送电时限承诺制和一次性验收通过率评价机制，新增送电项目97个，比上年增加76%。深化法治企业建设。建立合规管理组织体系和工作机制，强化重点领域风险防控和突出问题处置。“七五”法治宣传教育扎实开展，落实法律风险“体检”75项防控措施，完成触电案件压降25%的目标。通过数字化审计发现的重大问题查实率54%。完成860项审计项目，获得国网公司优秀审计项目1个。深化监审联动，形成“监审联系单”8份。完成物资管理“改促建”再深化行动发现问题整改。集体企业健康发展。全面完成省公司下达目标任务，指标综合排名居全省首位，其中资产负债率及“两金”余额压降显著，降低了经营风险。完成作业层组织架构优化调整，建成安全工器具库和大型工器具库区。

（王　彬　田俊伟）

肥西北张川气门站改扩建项目施工启动　（合肥燃气集团/供）

燃气供应

【概况】 2019年，合肥燃气集团有限公司（以下简称“燃气集团”），实现天然气供应9.53亿立方米，比上年增长11.72%，连续两年实现年净增气量1亿立方米以上；主营业务收入30.07亿元，首次超过30亿元，比上年增长20.58%，增速连续两年20%以上；新发展居民用户8.1万户、非居民用户537户表；建成管网总长6822千米，新建管网386千米。

2019年，燃气集团获评省级安全文化建设示范企业，连续两年在市委综合考核中获得“优秀”等次，蝉联12345政府服务热线优秀成员单位，获评合肥市卫生先进单位，入选合肥市服务业企业20强。

【燃气保障】 2019年1—2月，燃气集团单月供气量均首次超过1亿立方米，单日最大供气量达452万立方米，达到历史最高值，最高单日供气缺口达210万立方米。全年采购LNG3.6万吨，2019年冬供期间总供气量达到4.73亿立方米，最大日供气量达到470万立方米，保供压力依然存在。为此，燃气集团提前谋划冬季保供任务，合理安排用户发展，制定应急预案，密切联系上游供气单位，多次与中石油、中石化协调气源指标，同时，时刻关注上海石油天然气交易中心竞拍市场与LNG市场，并通过公开招标引进4家LNG定点供应商，与中海油等供应商签订采购协议，适时补充供气缺口，打赢2019年冬供保卫战，保障全市经济社会的稳定。

【重点工程建设】 2019年，肥西北张门站联络线工程完成与江北联络线的接驳，实现川气与西气的互联互通；罗集门站联络线工程完工，与已竣工的定合复线完成接驳。环巢湖高压管线庐巢段项目成为集团公司首个纳入市级财政投资的重点工程项目，开工建设省内首座长输管线合建输气站——合肥都市圈高压管线合六线六安输气站，环城高压管线汤口路调压站建成并投运。合肥都市圈庐马线、庐六线、环巢湖高压管线合巢段相关前期工作逐步展开。

【市场发展】 2019年，燃气集团本部全年发展民用户8.1万户、非民用户537户表，安排中压管网施工105千米、竣工77.3千米。庐江公司营业收入超过1亿元，寿县新桥公司实现盈利超过300万元。燃气集团成功中标寿县南部区域7个乡镇的特许经营权，经营区域的拓土工作再有斩获，在寿县地区的经营范围已达12个乡镇、1528平方千米。启动燃气保险业务，全年保险业务量5.9万单，累计总保额498万元。燃气集团积极培育种子业务，通过与域外高压管线沿线市场广泛对接、谋求合作，签下多份合作框架协议。

【燃气安全】 2019年，燃气集团创新性开展全天候、全过程、全

燃气集团服务大厅

（合肥燃气集团／供）

覆盖的安全生产网格化管理工作，将安全责任划分到岗到人，建立起层层负责、人人有责、各负其责的安全生产工作体系，全年入户安检132万户，隐患整改追踪率100%，组织应急预案演练90次，参演1900余人次，管线巡查40万千米、调压器巡视90万台次。燃气铸铁管网改造项目在2019年被市政府列入20件为民办实事项目之一，燃气集团按照市政府三年行动计划有序推进，全年共改造道路55条31千米、小区100个60千米、箱涵11处271米，改造钢制小口径管道18个15千米，并为3575户老旧小区用户改造户内锈蚀立管704根，保障管网的安全运行。

【优质服务】 2019年，燃气集团继2017年成为全国首家通过“五星级”燃气服务认证后，于当年第二次接受现场监督审查并以99.1的高分顺利通过，“五星级”服务认证持续有效。进一步优化全市营商环境，燃气集团不断优化办事流程，对于燃气新装业务，用户“最多跑一次”，实现特殊用户“零上门”。燃气集团全年还为省市“两会”、2019年世界制造业大会等重大会议活动以及中华人民共和国成立70周年大庆等重要节假日的稳定供气提供高效保障，率先完成全市“三供一业”小区燃气分离移交工作，让25家企业家属区2.2万户用上天然气。全年受理用户来电58万户次，坚持开展“徐辉假日服务小分队”“吴雄飞爱心班”等志愿服务活动，提供维修、安检等便民服务。

（钱　阳　王立豪）

自来水供应

【概况】 2019年，合肥市直径75毫米以上供水管网8211.64千米（其中合肥市区7068.68千米），日供水能力231万立方米（含巢湖水业公司18万立方米），供水服务面积652.9平方千米（含巢湖40.5平方千米，肥西59.5平方千米）；管网漏损率11.83%，比上年下降1.59个百分点；全员劳动生产率45.31万元／人，人均供水量33.99万立方米。

【供水保障】 2019年，合肥供水集团全面推进18项重点供水工程和配套工程建设。大官塘水厂一期工程自2019年3月6日开工以来，完成投资5.2亿元，完成总投资的61.8%，配套DN1800原水管道共计完成27.7千米，完成91%。磨墩配套DN1600原水管道（一标）完成11千米，占比完成30%。磨墩水库取水泵站及至七水厂原水管工程，累计投资1.42亿元，完成27.1%。高新加压站改扩建工程，清水池基础工程已完成，正在进行主体工程施工。六水厂污泥干化工程，完成投资7817万元，完成94.22%，成功试运行。506项目专供应急供水管网工程，完成全线18.2千米管道施工任务，具备通水能力。其他重点供水工程有序推进。

此外，六水厂提升改造、四水厂迁建、五水厂三期工程、二五水厂污泥干化、空港加压站、清溪路抢修基地和潜山路DN1800原水管改造、龙河口引水工程和高新区供水所等重点工程全面铺开。完成轨道3、4、5号线等供水管道迁改工程44项。高新区、新站区共有超过25千米的供水管线入廊。

全年投资8564.49万元，实施技改项目134项。其中二水厂、七水厂技术改造新增供水能力10.5万立方米／日；13项技改项目获得合肥市职工“五小”活动创新成果奖。新增43处测压点，全市总数达88处，实现每10平方千米供水区域1.57处，远超国标。加大低压区摸排研判，加强主输水管道沿线管网监控，合理调整水厂供水区域，释放水厂产能，有效解决

13 处低压区供水问题。

第一时间响应合肥市抗旱应急预案，开展全市供水需求分析、研究保障措施，针对性制定抗旱供水保障方案，全面完成巢湖水源厂 30 万立方米 / 日生产应急设施设备改造，提前做好董铺水库最低水位应急取水设备改造。严查消火栓违规取水行为，确保打赢抗旱保供攻坚战。

构建水质在线监控体系，建设水质监测数据信息化管理平台，加强水质在线仪表管理，全程管控实现水质数据实时传输、远程预警。原水藻类在线预警检测，填补安徽省内空白，提升水质在线监测能力。

【供水服务】 2019 年，合肥供水集团实施统建统管，优化营商环境，打造半小时供水服务圈，深度推进互联网 + 供水服务，拉高标杆，提升水平，推进供水服务上台阶。

统建统管。深化职能定位，明确一个窗口对外，实行业务流程“六精简”，设立“客户服务专员”全程跟踪督办，全年签订统建统管合同 81 份 3.47 亿元；签订园区代建合同 78 份 1.06 亿元。打好“三供一业”（供水、供电、供热和物业管理）收官战，98 个项目已完工 88 个，其他项目进入收尾阶段。

优化营商环境。开通验收绿色通道，精简中小微企业接水报建服务流程，效率提高 84%。实施一体化施工，完善接水报建“红黄绿灯”管控机制，实现从客户报建、内部传递、工程验收等工程建设全过程管控体系，为用户提供一站式服务。以党建联盟为载体，不定期召开用户座谈会听取意见建议，班子成员开门接访 40 余次，电话回访用户 134 次。

打造半小时供水服务圈。增设供水抢修城西工作站等服务站点 5 个。改造场所站点，采购先进抢修设备，充实一线抢修服务力量，提升快速反应能力。实行全年全天候服务，先后组织供水保障抢修 2389 处，完成重大活动会议保障 16 次，供水保障和服务能力进一步提升。

推进互联网 + 供水服务。升级改造全新营业大厅，实现窗口服务便民化、智慧化、温馨化；研发升级供水服务热线系统，实现工单高效流转快速处置，热线接通率 98.76%，工单回访满意率 99.95%，市效能办《效能简报》进行专题报道。上线“网上营业厅”，24 项业务在线办理。拓展水费网络缴纳渠道，实现工商户云缴费。

城乡供水一体化。接管蜀山区小庙水厂，试点接管巢湖苏湾镇司集、利民水厂，对厂区和管网进行有效改造，加大水厂制水生产、水质检测、管网摸排、水表抄收及安全生产等方面投入；对接经开区高刘水厂，提升乡镇水厂区域供水服务水平。

供水营收管理。以数据为抓手，围绕售水量、水费回收率、陈欠水费等主要经营指标，统一服务标准，优化业务流程，强化内部管控，规范营收管理，夯实管理基础。扩大售水市场，提高抄表准确率及时率，售水量超计划完成 74.83 万立方米，较计划增长 0.14%，比上年增长 6.11%；自然月水费回收率 96.36%，同比增长 3.37 个百分点。实施五级计量月度考核，抢抓计量漏损。加大稽查力度，全年查处问题水表、违规用水 690 户。加强水表计量管理，全年安装大口径水表远传模块 4027 只、更换周转水表 32868 只。加大陈欠水费清欠力度，全年追缴陈欠水费 419.21 万元，比上年增长 23.70%。

【经营管理】 2019 年，合肥供水集团持续加强经营管理，提升企业发展潜力。

编制五年发展规划。立足公益公用类国有企业明确界定，突出合肥供水“聚焦主业，做好保障与服务”核心定位，对标 30 家供水企业，分析不足找差距，编制发布《合肥供水集团 2019—2023 战略发展规划》，引领企业高质量发展。

标准化建设全覆盖。制订修订制度 131 项，制度标准达 524 个，全覆盖生产、供应和服务，顺利通过 ISO9001 质量管理体系认证；出台《窗口单位服务标准》《制水厂排泥水处理标准》《水质检测手册》《抄表工作标准化指导手册》和《水厂建设运行标准化指导手册》；上线在线学习平台，8000 余道试题题库促进制度学习与落地执行。牵头修编《合肥市二次供水工程技术导则》《合肥市二次供水管理办法》；制订《超高层二次供水泵房验收、移交流程》《超高层泵房管理标准》等制度，推进超高层二次供水泵房移交工作。

深化内控管理。全年完成审计项目 6 个，发现问题 51 条，提出意见建议 32 条，跟踪整改落实上年度审计项目 4 项。启动年度风险管理工作，通过风险识别，收集一般风险 478 条，重要风险 60 条，重大风险 11 条。优化薪酬体系，完善岗位补贴、技术津贴制度，薪酬进一步向一线、向技能人才倾斜，严格开展管理人员年度测评，严肃考核结果运用，落实年度培训计划，开展公司层级培训 63 项。实行完工百分比法结算工程财务核算模式；推进 EAS 系统优化升级，上线预算、开票软件接口升级等功能模块，基于供应链数据分析应用，探索现场甲供材盘点方法；延伸经济成本分析管理，定期分析预算执行情况，控制预算偏差率；推进固定资产实物管理信息化。严把招标需求审核关，动态把握关键节点，优化项目评审方式，确保质量的同时，降低材料和设备采购成本。全年共实施招标项目 335 项，比上年增加 9.84%；项目概算总金额为 22.09 亿元，增长 8.22 亿元；总中标金额为 16.55 亿元，节约资金 5.54 亿元，资金节约率 25.08%。积极推进仓储信息化建设，完成物资仓库改造约 5100 平方米。全年共完成物资采购额 4.76 亿元。采用跟标法确定泵房设备最低价供货，预计节省 350 万元采购成本，同等采购量下泵房设备中标价远低于同行业水平。严格供应商标后管理，约谈 50 余次，缴纳罚款 36 万元。扎实开展“防风险，除隐患，遏事故”安全系列活动，突出施工、危化品、消防、特种设备等重点管控领域，推进风险管控和隐患排查治理双重预防体系建设，全年开展应急演练 218 次，安全生产专项活动 11 次，安全生产专题培训 9 次，安全检查 9213 次，排查整改隐患 3547 处，通过安全生产标准化复评。

标准化班组建设。将班组建设与 5S 现场管理相融合，出台《2019 年集团公司标准化班组建设方案》《5S 现场管理考核办法》，着力打造“3+X”标准化班组，创新实践制度、作业（操作）管理、现场管理、安全管理、技能提升、班组文化“六个标准化”，涌现出一大批特色标准化班组，激发了基层班组工作活力。

（吴　强）

热电供应

【概况】 2019 年，合肥热电集团有限公司（以下简称“热电集团”）售汽量 381.29 万吨，比上年增长 1.72%；年蒸汽供应量近 465.79 万吨；发电 5.53 亿千瓦时，发电标煤耗 249.68 克 / 千瓦时；有各类发电机组 14 台套，装机容量 174 兆瓦；综合热损 15.81%。建成各类管网长度 18.59 千米，各类管网总长度达 552.64 千米。服务工商企业 403 家，居民小区 199 个，居民用户 11.98 万户，供热面积达 2500 万平方米。供热范围覆盖合肥市主城区和三大开发区。

2019 年，顺利通过能源管理体系认证，入围“2019 合肥市百强高新技术企业名单”；先后获得“采暖季供热行业效能领跑者（南方地区）”、“2018 年度市国资系统安全生产先进单位”、“2018 年度市国资委系统信访工作责任目标考核优秀单位”、2018 年度安徽省企业环境信用评价“环保诚信企业”等称号。“冷暖小管家”先后获评“第三批安徽省文明单位创建‘十佳品牌’”并获得“合肥市新时代文明实践志愿服务项目大赛”铜奖；全市效能建设第四类 23 家公用企事业单位考核中名列第二，同时在“社会评窗口”活动中被评为“群众满意窗口”。

【业务拓展】 2019 年，热电集团谋划“一主两翼”（一主：以传统能源清洁利用为“动脉”、地源热泵等新能源综合应用为“静脉”、居民天然气壁挂炉业务为“毛细血管”的三位一体主业；两翼：做强做优做大市政工程建设和设计监理两大板块）战略格局，助推“621”向“32111”（“621”：“6”是指推动现有 6 个热源厂升级改造，提高供热保障水平；“2”是指积极引进并利用皖能合肥发电公司、合肥联合发电公司两个外部热源，提高热源供应能力；“1”是指加大地源热泵等新能源业务开发力度，不断提升新能源业务比重。“32111”：通过扩建金源热电和引进外部热源，替代关闭 3 个市区热电厂的发展路径，由现有金源、新能、东方、安能、众诚、天源“6”个自有热源，逐步形成以金源、新能、东方“3”个自有热源，皖能合肥发电有限公司、合肥联合发电有限公司“2”个合作外部热源，加大开发安徽科恩新能源有限公司“1”个新能源板块，拓展服务居民个体用热制冷需求“1”个终端消费领域，以及进入污泥处理“1”个环保再生利用行业）发展战略转变。

根据现有负荷情况开发优质用户。依托自有热源和皖能合肥发电有限公司、合肥联合发电有限公司两大电厂热源，加大对滨湖科学城和空港、合钢、骆岗、三十岗区域和庐阳经济开发区、北城新区、双凤开发区、肥西县、肥东县、长丰县、庐江县的市场拓展力度，全面开展新能源市场调研和开发。积极对接长丰下塘产业园、寿县蜀山现代产业园（新桥国际产业园），加快推进园区集中供热合作。利用市场调研掌握多种用户信息，细分用户性质，洽谈有利于提高现有管网运行效率、降低热损的用户，与国家地理信息设施和电子政务灾备中心、合肥滨湖科学城大科学装置、合肥中科离子装备等客户完成合同签订，持续有效推进中国科学院合肥肿瘤医院、合肥量子信息与量子科技创新研究院、中央公园、省立医院老年康复中心、合肥北城医院（省立医院北区）等一批重大在谈项目。

合肥热电"冷暖小管家"热情为用户服务　　（市热电集团/供）

【客户服务】 2019年，热电集团优化"一站式"服务流程，主动缩短业务办理时间，由原先的12个工作日缩短至4个工作日，用实际行动实践贴心服务的承诺。全面梳理"12345"市长热线、"冷暖小管家"962666服务热线、集团公司62837938投诉热线，理顺工单受理、处置、督办及投诉处置等流程，形成"冷暖小管家"服务热线控制程序、报修及投诉受理服务流程，打通服务提质增效"最后一公里"。连续第9年践行"看天供暖（冷）"承诺，2019年夏季集中制冷提前11天启动，推迟14天结束；2019—2020年采暖季供暖提前9天启动。

举办"不忘初心、牢记使命"热电"小舞台"服务进社区（涵盖天鹅湖畔小区、望湖城小区、湖畔家园等小区）展演系列活动，组织供热维修、客服接待、热费咨询等相关工作人员走进社区，实现与热用户之间进行"零距离"互动。开展"岗位大练兵"活动，组织"冷暖小管家"服务人员进小区大练兵，提升"冷暖小管家"专业技能和服务水平，将贴心服务送到用户家门口。

【经营管理】 2019年，热电集团以标准化建设为抓手，围绕打造"冷暖小管家"服务精品品牌，全方位系统展现热电集团服务新形象，不断推进企业文化建设向更高层次迈进。创新提出建立以党建"红色引擎"为统领的"1+8"标准化体系，打造标准化建设"红色引擎"。通过标准化建设，形成一系列标准规范、操作性强、推动持续改进的规章制度和作业标准，让每项工作都有依据、有流程、有标准、有痕迹、有结果，实现人、事、制度有机统一。做到事事有人管、人人有责任，形成管理透明化、过程管控化、绩效可量化的标准化管理体系。

【安全生产】 2019年，热电集团签订安全目标责任书，做到横向到边，纵向到底，不留盲区。采取"四不两直"（不发通知、不打招呼、不听汇报、不用陪同、直奔基层、直插现场）、"双随机"抽查的方式，对热源类、工程类、综合类等单位开展节假日、日常、专项安全检查。开展全国第18个"安全生产月"主题活动，围绕"防风险、除隐患、遏事故"主题，组织观看安全警示教育片，开展安全知识竞赛、消防培训及疏散演练、热源及工程类单位间安全互查、危险化学品泄漏应急处置演练等活动，参加合肥市举办的"安全生产月"宣传咨询日活动，引导全体员工时刻树牢安全理念，提高事故处理能力。全年开展"厂用电中断""主蒸汽管道泄漏""发电机开关跳闸""紧急启动备用炉""高温中暑""防汛减灾""消防"等应急演练272场，不断提高员工应急处理能力。全年开展"ABCD隐患再排查"活动，共排查出隐患55项，其中A类隐患17项，B类隐患17项，C类隐患16项，D类隐患5项，切实消除安全隐患。

【节能环保】 2019年，热电集团开发新能源市场，凡是传统能源覆盖不到的地方，都由新能源延伸填补。合肥滨湖新区核心区区域能源项目总投资9.3亿元，供能面积500万平方米，是国内最大的以地源热泵技术应用为主的多能互补型区域能源项目。截至年底，该项目3号能源站已经建成投入运行。项目采用地源热泵、污水源热泵、水蓄能、冰蓄冷、天然气分布式能源等多能互补型能源利用方式，具有低碳节能、绿色环保、安全可靠等突出优点，与燃煤相比，年节约标煤6.5万吨，减排二氧化碳16.9万吨、二氧化硫4800吨、氮氧化物2400吨。在大力推进合肥滨湖新区核心区区域能源项目建设的同时，还积极试水小型化、微型化新能源供冷供热项目，在蓝天花园、公园首府等项目中应用地源热泵技

2019年10月底，合肥热电所属热源厂17台锅炉超低排放改造如期完成，全面实现清洁供热 （市热电集团/供）

术，与传统的家用空调相比，更加节能环保。

打造绿色供热，贯彻《安徽省环境保护“五个一”专项行动方案》《合肥市环境保护“五个一”专项行动实施方案》要求，实施超低排放改造，履行环保主体责任。超低节能环保升级改造项目总投资4.39亿元，分两阶段实施：第一阶段为2018年11月底前已完成6台锅炉超低排放改造；第二阶段为2019年10月底前完成剩余11台锅炉超低排放改造，5年的任务压缩到两年完成。10月底，所属热源厂17台锅炉超低排放改造如期完成，投运后实现清洁供暖。

推进污泥无害化、减量化处置，先后在天源热电、东方热电建成污泥焚烧及干化项目，污泥日最大处理能力540吨，年污泥处置量约9万吨。积极推进合肥市科洁环境处置工程，投资预算12.1亿元，建成后可实现1000吨/日的污泥处置量。

【工程建设】 2019年，热电集团按照“提质、提速、提品、提效”的大建设要求，实施大建设项目4项，总投资约8.9亿元。分别为：合肥热电集团节能环保升级改造工程，项目投资2.6亿元；合肥热电集团有限公司金源分公司节能环保升级改造工程，项目投资1.79亿元；合肥热电集团东方热电污泥干化处置项目环境深度治理工程，项目投资824万元；合肥新能热电联产项目一期B标段工程，项目投资4.44亿元。

（王丽君）

责任编辑：王尚先

建筑与房地产

住房与房产管理

【概况】 2019年，合肥市全面推进房地产市场平稳健康发展长效机制试点城市、住房租赁试点城市、政府购买公租房运营管理服务试点城市、中央财政支持住房租赁市场发展试点城市、全国老旧小区改造提升试点城市、完善住房保障体系试点等6项国家试点工作。2019年稳市场防风险，市场调控目标基本实现，房价指数控制在目标范围；合肥市住房保障和房产管理局（以下简称“市房产局”）修订《合肥市房地产开发企业信用考评暂行办法》，借助信用手段强化企业监管；出台《房地产经纪行业信用考评暂行办法》和《房地产经纪机构和经纪人员红黑名单暂行办法》，联合开展专项整治住房租赁中介机构乱象活动，推行租赁房源核查和网签备案。完善住房保障体系，修订出台市公租房管理办法和实施细则，提高公租房补贴标准，扩大租赁补贴保障范围；入围中央财政支持住房租赁市场发展试点城市，组建国有住房租赁公司；入选全国8个老旧小区综合整治试点城市，既有住宅加装电梯全市推行；草拟《合肥市人才公寓租售管理细则(试行)》，人才租赁补贴全面铺开。深化改革服务，商品房合同备案章取消，存量房交易机制优化，商品房预售行政审批流程压缩；成立市房地产领域矛盾纠纷调处委员会；调整物业维修资金征缴方式；发布《文物古建筑白蚁防治规程》地方标准，完成全市物业行业党建工作全覆盖的年度责任目标。

【住房保障】 2019年，合肥市棚户区改造既定任务完成。新开工棚改安置房24074套，完成率101.98%，基本建成棚改安置房10223套，完成率100.69%。2019年争取中央及省各类保障性安居工程专项补助资金10.39亿元，地方政府棚改专项债券62.13亿元。

公租房保障覆盖面扩大。修订出台《合肥市公共租赁住房管理办法》《合肥市公共租赁住房管理实施细则》，扩大公租房货币化保障，在全省范围内，率先将城镇中等偏下收入住房困难家庭、新就业无房职工和在城镇稳定就业的外来务工人员纳入公租房租赁补贴保障范围。印发《关于公布市区2019年度公共租赁住房准入条件的通知》《关于调整市区公共租赁住房保障标准的通知》，将城镇中等偏下收入住房困难家庭年人均收入线由原来的30378元/年、2532元/月，调整提高到33187元/年、2766元/月，公租房保障覆盖面进一步扩大；将城镇中等偏下收入住房困难家庭公共租赁住房租赁补贴保障标准由12元/月·平方米·人，调整为18元/月·平方米·人，公租房租赁补贴保障标准进一步提高。加强住房保障信用体系建设，制定出台《合肥市住房保障信用管理暂行办法》。

货币保障与实物配租。升级改造住房保障系统，为住房租赁补贴发放提供技术保障。公租房准入审核实现户籍、机动车辆、社保、公积金、婚姻登记、工商注册等数据适时共享比对，2019年度经审核符合保障条件的城镇中等偏下及以下收入住房困难家庭2226户，其中发放租赁补贴1809户401万元；新就业无房职工和稳定就业外来务工人员1410户，其中发放租赁补贴18户8600元。升级新落户人才租房补贴申请平台及续发承诺平台，2019年通过安徽政务服务网合肥分厅办理人才租房补贴申请受理、审核8454件，已公示发放15批7451人，已公示的申请人按学历层次、占比：博士67人，0.9%；

硕士2457人，33%；本科3892人，52.2%；专科1035人，13.9%。发放租房补贴3663万元。分类摇号，确保实物精准保障合理公平。制定公开摇号方案、程序和选房配租流程，归集、整理和分类申请家庭数据，于2019年12月20日上午9时，在安徽国际会展中心多功能厅举行公开摇号并在现场公示结果。

公租房运营服务试点。对照《推行政府购买公租房运营管理服务试点方案》，确定市本级投资建设的5个公租房项目（共计8775套、55万平方米）纳入首批试点。设立政府购买公租房运营管理中心和社群服务中心，实现保障对象入住、信息采集、租金收缴、人员腾退等服务事项全程办理，维修维护与客户服务平台联动跟踪管理。完成2019年度租金收缴工作，市级公租房的租金收缴率均达到或超出95%。完成当年入户回访和房屋腾退工作，合计腾退房屋99户。完成年度后期维修工作，维修房屋渗漏水、橱柜、公共配套及其他各类合计约2000项。制定并落实《市级公租房运营管理服务考评办法》《市级公租房运营管理服务质量评价标准》，组织辖区主管部门、街道办事处、保障对象及第三方机构共同参加，将原先的定期核查转变为动态评价，评价结果与承接主体购买服务费用联动。聘请第三方机构按照考评办法和对照市级公租房运营管理服务质量评价标准，进行对公租房现场管理、租赁管理、物业服务进行全面的抽样调查和服务巡查。2019年合肥市公租房保障工作得到高度关注与评价，被《安居中国》专题片拍摄采用，于国庆期间在央视一套黄金时段播出。

【房地产市场】 2019年，合肥市房地产运行总体健康，房地产交易呈现上半年市场上扬、下半年走势平稳的良好态势。1—6月份，全市商品住宅累计销售面积与上年同期相比上升4.12%，二手住宅成交总面积上升17.69%。1—12月，全市商品住房累计销售面积同比基本持平，二手住宅上升2.64%。住宅销售价格相对稳定。1—12月份，新建商品住宅销售均价为13900元/平方米，同比上升1.53%，其中市区商品住宅销售价格为16385元/平方米，增长0.51%；二手住宅成交均价11937元/平方米，同比上升0.67%，市区住宅成交均价为12868元/平方米，下降1.59%。房地产开发投资稳中有增。1—12月份，全市房地产开发投资1556.08亿元，增长1.9%，其中住宅开发投资1242.88亿元，同比增长6.6%。土地市场价格回落。1—12月份，全市经营性用地成交均价为643.47万元/亩，同比下降3.38%；全市居住类经营性用地成交均价为871.50万元/亩，下降3.25%。自住性需求仍是市区市场主体。11—12月份，市区首套房备案量占比79.42%。自住性需求仍构成市场交易的主体。

长效机制建设。2019年4月，经国务院授权、住建部同意合肥市长效机制工作方案予以备案。合肥市制定出台《合肥市房地产市场调控长效机制工作方案2019年贯彻意见》《合肥市房地产市场调控工作联席会议工作制度》《合肥市建立和完善房地产市场平稳健康发展长效机制工作方案》责任清单、评价考核指标具体责任部门清单等4个文件，并经合肥市政府常务会议和市委常委会会议审议通过。建立完善房地产市场调控工作联席会议工作制度、房价地价联动机制、房价备案会商机制、市场监测预警体系等调控长效机制，理顺备案机制。

房地产市场监测。2019年，市房产局先后到上海、苏州、济南、南京、天津等地考察学习先发地区、长效机制试点城市的成熟经验，补强合肥市调控工作短板。围绕市场销售去化、防范化解金融风险、规范分销行为等问题，每月定期召开房地产开发企业座谈会。围绕县域长效机制建设问题，深入四县一市调研，推动长效机制向县域不断压实、延伸。市房产局会同市自规、财政、税收、人行等部门对接，及时收集每月涉房数据。加强对市场发展趋势的研判，每月发放市场调研问卷2000份，撰写月度、季度、年度分析报告和房地产市场风险防范报告、房地产市场稳预期报告、指数分析报告等分析材料，为科学决策提供依据。

【住房租赁】 2019年7月18日，经住建部和财政部竞争性评审，合肥市成功入围2019年中央财政支持住房租赁市场发展试点城市，未来3年，中央财政每年将拨付8亿元资金，专项用于支持住房租赁市场发展。市房产局根据住建部和财政部下达的资金绩效考核目标，完善中央财政资金使用方案，落实合肥市在长效机制方案中的住房租赁税费政策，整合国有住房资源。对合肥市先后成立的9家国有住房租赁企业，以作价入股方式新组建市级国有房屋租赁公司，12月26日新组建国有住房租赁公司正式挂牌成立。

住房租赁试点工作。新建一批租赁住房项目，采取集中新建、开发企业配建自持和无偿移交政府运营等方式，共出让国有建设租赁住房用地6宗10.83公顷，其中：

整体建租赁住房用地1宗3.83公顷，配建租赁住房用地2宗4.1公顷，开发企业竞自持租赁住房用地3宗共2.88公顷。培育一批规模租赁企业，初步形成以泊寓、冠寓等为代表的房企团队，以孟邻、悦客等为代表的专业团队，以海泊等为代表的国企与民企融合发展的租赁企业。截至2019年底，合肥市已备案开展住房租赁业务的企业超过400家，经营规模超过1000间的住房租赁企业超过30家，并且正在加速扩大规模。盘活一批可租存量住房，通过“商改租”筹集租赁住房约1.4万套/间；盘活存量房源进入住房租赁市场约10万套（间）；国有企业筹集存量公租房、安置房等房源约1.5万套。据调查统计，合肥市筹集房源达1000套（间）以上的租赁企业近20家，房源量占开展租赁业务的各类企业房源量的49%，市场主体的培育空间较大。

建设中的中海世家租赁住房项目　（市房产局/供）

完善住房租赁财政奖补政策。重新修订在全国率先出台的住房租赁财政奖补政策，对个人、租赁企业和经纪机构，实行分类奖补，将符合条件的商改租、工改租企业纳入奖补范围，实现租赁市场主体全覆盖。同时优化财政奖补程序，升级合肥市住房租赁交易服务监管平台，增设财政奖补申领功能，引入人脸识别和银联认证系统，绑定银行卡即可实现租金在线支付、一键申领财政奖补，对于符合财政奖补条件的企业，通过密钥进入管理后台进行申请。根据房地产发展长效机制相关要求，积极落实税费减免政策；企业向个人出租房屋租金收入减按4%征收房产税政策，激发专业化、机构化租赁企业发展动力。

【房屋中介机构管理】　2019年，市房产局开展整治住房租赁机构乱象专项行动。会同市市场监管局、公安局等5个部门联合印发《合肥市住房租赁中介机构乱象专项整治工作方案》，明确各单位主体职责，建立和完善信息共享、联动查处、齐抓共管的协调机制。专项整治期间，合肥市共出动执法检查140余人次，排查住房租赁中介机构（含分支机构）932家，查处住房租赁中介机构（含分支机构）93家；共对44家住房租赁中介机构和1名从业人员的不良行为进行信用扣分或予以网上曝光，并对其中20家住房租赁中介机构和1名从业人员的不良行为进行信用扣分并予以网上曝光。合肥市专项整治活动进展和成效得到中央电视台等主流媒体大量关注，11月18日，中央电视台就合肥市专项整治中介机构乱象检查情况现场取景；国务院新闻客户端、中央电视台、《中国建设报》、新华社、人民网等新闻媒体等新闻媒体先后大力宣传合肥市专项整治具体情况。

住房租赁合同网签备案。5月，合肥市房产、公安、市场监管、城管四部门联合发布《关于进一步规范和加强住房租赁合同网签备案工作的通知》，全面落实网签备案制度。6月，合肥市房产、公安部门会商选择望湖路、南七里、亳州路以及和平路4个街道作为“住房租赁工作试点中的试点”，截至2019年底，4个街道租赁合同网签备案量8250套（间），比试点前增长11.5倍，平台房源网签备案率均超70%以上。11月合肥市房产、公安部门联合召开市区住房租赁网签备案工作推进会，将试点街道可复制可推广的经验向全合肥市铺开，合肥市线上网签备案量从年初1.8万套增长到5.6万套。

租赁房源核验码制度。7月，合肥市房产、市场监管、网信办三部门联合发布《关于进一步加强房源信息发布管理的通知》，推行租赁房源核验码制度，要求新上线租赁房源均标识房源核验码，并通过比对不动产权库和公安户籍库，对注册用户的房源真实性进行核验，确保房码合一，杜绝“一码多房”或“一房多码”。主动与58同城、贝壳找房等主流第三方网络平台对接，要求其平台发布的房源全部接入合肥市住房租赁交易服务监管平台。该平台自运行以来，入网企

业401家，注册用户6.7万人，2019年共为企业和个人录入房源达13.5万次、核验房源达9.8万次。租赁房源核验码推行过程中，共约谈、督办30家互联网平台和经纪机构负责人，暂停5家经纪机构网签资格，下架虚假或无效租赁房源信息数万次。各网络平台房源真实性达97%以上。

中介行业监管。积极处理各类投诉，全年共办理12345投诉件565件，涉及54家房地产中介机构；办理省住建厅交办件5件、人民网留言投诉咨询件4件，市长热线督办件7件，共涉及10家房地产中介机构，未出现一起群体上访和重复上访事件。通报违法违规企业，共对33家房地产经纪机构和10位从业人员的不良行为进行信用扣分或予以网上曝光，其中对2家房地产经纪机构因未按照要求进行整改并提交书面整改报告予以通报。引导中介行业自律，1月编制《房地产经纪机构服务内容和收费标准公示（建议模板）》，明确中介公司应提供的经纪服务内容，以及相对应的收费标准建议，并将收费内容和标准细化，实行菜单式管理。5月上线运行房地产经纪机构和从业人员信用档案系统，购房者可通过该系统对房产经纪机构和人员的从业行为进行信用评价，促进房地产经纪机构及从业人员诚信经营、规范服务。

【物业管理】 2019年，市房产局推动党建引领住宅小区综合治理和物业管理。制定出台《关于加强党建引领创新住宅小区综合治理工作的实施意见》，明确提出党组织对住宅小区综合治理工作的领导和引领，将党建引领贯穿于小区治理和物业管理的全过程。通过把党支部建在小区，把党小组建在楼栋，大力推进住宅小区党组织全覆盖，合肥市已成立小区党支部800多个，楼栋党小组2000多个，真正将战斗堡垒直接建在住宅小区和广大业主之中。积极搭建协商议事平台，全市已有311个城市社区建立社区党组织领导的社区居委会、业主委员会和物业服务企业共同参加的“三位一体”住宅小区议事协调机制，凝聚住宅小区综合治理各方力量。着力发挥社区党组织在业委会筹备（换届）工作中的主导作用，建立居委会、业委会成员双向兼职、“交叉任职”机制，积极引导和鼓励党政机关、企事业单位在职或退休党员干部等进入业委会，有效提升业委会决策议事的规范化水平，2019年新成立（换届）的61个小区业委会中，业委会成员党员比例过半的业委会数量占比达到77%。中组部、住建部、民政部联合调研组对合肥市社区物业党建创新做法和取得的成效给予肯定。

物业行业党建全覆盖。2019年实现物业行业党委建设全覆盖，先后设立中共合肥市物业行业委员会、中共庐阳区物业行业委员会、中共蜀山区物业行业委员会、中共瑶海区物业行业委员会、中共包河区物业行业委员会、中共长丰县物业行业委员会、中共肥西县物业行业委员会、中共肥东县物业行业委员会、中共庐江县物业行业委员会、中共巢湖市物业行业委员会。实现党组织建设全覆盖，合肥市符合条件应当成立党组织的物业服务企业共计337家，全部成立党支部、联合党支部。其中，当年新增成立的企业党支部92个，新增成立的联合党支部23个，新成立党组织的物业服务企业数比上年增加34%。实现党建工作全覆盖，会同县（市）区、开发区组织部门及街道、乡镇党组织，向合肥市284家不具备成立党支部、联合党支部、无党员的物业服务企业派驻党建工作指导员。

物业行业监管。推行第三方评价工作，开展年度物业管理示范项目创建工作，坚持每季度组织住宅小区物业管理“流动红旗”，以典型示范带动物业服务企业，强化物业服务创优争先意识。把好企业进入和项目承接关口，严格做好前期物业招投标备案和中标后备案管理工作。全面实施《合肥市新建物业承接查验实施细则》，严格新交付小区查验工作，从源头上减少住宅小区的遗留问题。全面推进物业行业信用信息体系建设，根据安徽省住建厅的统一部署，开展物业企业信用信息平台建设。根据2019年中国物业管理行业发布的物业服务企业500强榜单，合肥市共有35个企业榜上有名，总数排名第4位，仅次于北京、上海、深圳。

多渠道化解矛盾。5月成立合肥市房地产领域（物业）矛盾纠纷人民调解委员会，全市物业矛盾纠纷调解工作体系涵盖市房地产领域（物业）矛盾纠纷人民调解委员会、县（市）区物业管理联合调处中心、街道（乡镇）物业管理联席会议、社区党建联席会议等从市级到社区的多个层次，基本实现“小纠纷不出小区、一般纠纷不出社区、重大纠纷不出县区”。大力开展“1+5+N”安全生产隐患排查治理专项行动、“防风险保平安迎大庆”消防安全执法检查专项行动、全国第18个“安全生产月”、电动自行车专项检查等重点活动。

【房屋维修资金管理】 2019年，合肥市房产局对全市维修资金征收方式进行调整，维修资金由不动产登记部门“代收”调整为维修资金管理部门“直征”，征收方式由“案例式”调整为“楼盘表”，交存基数核定和维修资金征收实行信息化管控，机打收款票据，实现业主交存的维修资金瞬时、准确入账。市房产局会同国资委拟定《关于合肥市“三供一业”国有企业职工家属区维修资金分离移交的实施意见》，将国有企业房改房维修资金管理模式与合肥市商品房维修资金管理政策对接，按商品房维修资金归集标准将房改房维修资金交存至维修资金管理部门专户存储。

维修资金支用。优化维修资金审批流程，简化申报材料，缩短审批时限，开展走进小区送服务上门和预约对口服务活动，建立维修资金第三方审计机构库，强化项目监督。2019年共有358个维修项目通过审批申请使用维修资金，预算资金2385万元，审批预拨付维修资金765万元。维修项目涉及瑶海区47个、庐阳39个、蜀山88个、包河111个、经开区41个、高新区4个、新站区4个、肥西24个。维修类型涉及共用屋面墙体维修以及电梯、监控、消防、水泵、供电线路、上下管网、单元门等设施设备更新改造。

维修资金管理。下发《关于成立合肥市物业专项维修资金存储管理联席会议的通知》，由市房产局、财政局、审计局成立维修资金存储管理联席会议，并制定《合肥市市区专项维修资金专户银行考核评分细则》，对维修资金受托银行开展日常考核及年度综合考评。开展维修资金增值运作，合理测算最优定存期限，优化组合资金存款，2019年为142万户业主预分配维修资金增值收益5.04亿元。开发新版维修资金交存申报系统和归集系统，实现维修资金与不动产登记信息系统数据对接，会同市数据资源局利用微信、支付宝、实人认证等信息技术手段，在合肥市社会综合服务平台开通维修资金在线查询。

【老旧小区环境整治】 2019年，市房产局充实老旧小区整治内容，编制并印发《合肥市老旧小区信报箱更新补建工作方案》，将智能信报箱建设纳入老旧小区整治内容，会同公安部门协调推进技防设施建设，为整治小区居民撑起“保护伞”。2019年共治理122个老旧小区（含中直省直69个），总建筑面积283.65万平方米，投资7.9亿元，惠及住户33285户。合肥市老旧小区改造经验做法及取得成效，获得中央国家机关调研小组的充分肯定。2019年合肥市被住建部列入8个全国老旧小区改造试点城市。《安徽信息情况专报》第8期以“合肥市突出居民全程参与推进老旧小区旧貌换新颜”为题进行刊载，周喜安副省长作“合肥市老旧小区环境整治是住建工作落实以人民为中心思想的具体实践，问需问计并全程参与，成果好，群众满意，也是新型社会治理结构的积极探索，值得总结提炼借鉴”的批示。

老旧小区改造试点。合肥市确定为老旧小区改造试点城市后，起草《合肥市城镇老旧小区改造试点工作方案》，并在全国城镇老旧小区改造试点工作启动会上进行汇报。下发《关于合肥市城镇老旧小区改造试点任务有关工作的通知》，明确试点内容、完成时限、牵头部门及配合单位，建立沟通联络机制。同时修改2012版《合肥市老旧小区环境综合治理工作实施意见》，重新确定实施范围，完善项目生成原则，界定职能部门职责，明确资金共担途经。遴选确定安纺改造生活区、稻香村锻压厂生活区、南园社区作为老旧小区改造试点社区。在金融支持方面，对接国开行安徽分行和中行合肥分行，争取项目融资、信贷等支持，与阿里巴巴就“一个站、两个端、一平台”数字社区方案达成一致。

既有住宅加装电梯。1月出台《合肥市既有住宅加装电梯工作实施意见》，对加装电梯给予20万元/台的补贴，约占加装总成本（约45万元/台）的45%，明确电梯加装“双2/3原则”（经专有部分占

既有住宅加装电梯 （市房产局/供）

建筑物总面积2/3以上的业主且占总户数2/3以上的业主同意并签订协议后提出），费用不足部分，由各楼层住户参照政府推荐比例分摊加装费用。全省首个业主申请加装的电梯于8月在合肥市蜀山区建成运行。全年，共为合肥市老旧住宅建成运行40部电梯，开工建设81部，通过加装方案审查63部。

【房产行政审批】 2019年，市房产局深入推进一次性告知制、“一窗受理、一窗办结”制、容缺受理制和承诺制，对承担的12项权责清单进行清理和优化，在“最多跑一次”基础上努力做到“当日办结、一次领证”。落实“两集中、两到位”改革，将原并联审批会集中审批模式，改为试行“随报随批”，前台受理、后台复核、审批服务现场办理的新模式，办结时限由原5个工作日压缩至3个工作日，进一步促进行政审批提速、提效、提质。年累计受理各类审批服务事项4485件，其中商品房预售许可917件，白蚁防治协议2917件，房地产开发资质审批651件。共完成商品房预售面积1004.34万平方米，其中住宅面积682.57万平方米，58953套。共开展并联审批39次，查看项目现场501余家次，物业用房验收52余家次。

【房屋交易管理】 *存量房交易*。2019年5月，合肥市正式出台《合肥市存量房交易资金托管服务办法》，建立存量房交易信息管理平台和存量房交易金融服务平台，存量房交易的合同签订、按揭贷款、资金托管等信息均通过两个平台实时共享、安全传递。打通存量房交易合同网签、金融服务和纳税办证3个环节，实现同一份交易合同、同一份中介服务合同、同一份按揭贷款合同在房产、金融、税务、不动产等多部门流转。全年办理存量房网签合同5.8万套，存量房交易资金托管1.8万户。

商品房网签备案。市房产局大幅压缩业务办理时限，原来办理网签备案相关手续需要7～20工作日，现缩减为1个工作日办结。精减收件材料，取消不合理收件，实行负面清单制度，减少幅度超50%以上。优化商品房网签备案流程，取消商品房买卖合同登记备案盖章环节。与合肥市中院共同出台《关于升级商品房查询、预查封、解封业务协助联动工作机制的意见》，将商品房预查封、解封等业务委托市中院房产司法业务登记服务窗口统一办理，市房屋交易中心每周一人次入驻司法窗口给予业务支持。强化住房销售管理，规范楼盘表发布，加强车位销售管理。全年共办理商品房买卖合同备案审核11.5万套。共办理住房限购查询约9.1万户，其中存量房2.6万户、商品房6.5万户。共受理人才落户购房8800余件，其中购买商品房4100余件，购买存量房4700余件。

房屋测绘业务。配合推进“多测合一”工作，坚持房产测绘业务会制度，加强业务技术交流和研讨。建立事中事后监管机制，通过对备案成果进行质量抽检、现场勘查等方式，对测绘成果的适用性、测算方法等内容进行审核。全年受理房产测绘申报2201件，建筑面积1827.57万平方米。完成房产测绘业务3338件，建筑面积3304.93万平方米。其中：商品房预测成果备案1846件，建筑面积1730.18万平方米；预转实测成果备案1030件，建筑面积1103.71万平方米；存量房成果备案462件，建筑面积471.04万平方米。累计受理楼盘发布1299幢，建筑面积约1180万平方米，15.8万套。其中商品房1193幢，建筑面积约1040万平方米，14.3万套；商品住房约908幢，建筑面积约640万平方米，5.5万套；拆迁安置房106幢，建筑面积约140万平方米，1.5万套。

【房地产开发监管】 2019年，合肥市动态管控开发项目进展，审核465家企业统计报表、项目手册报送情况，约谈其中缺报严重的47家企业，并督促其完成补报。严格审核合同条款，年累计审核《商品房买卖合同》格式文本478件。启用新版“两书”样本，修订印发《关于启用新版商品住宅〈住宅质量保证书〉和〈住宅使用说明书〉（简称“两书”）的通知》，同时编印《服务指南》，明确“两书”的查验和发放流程，年累计向197家企业发放“两书”66046套。修订规范性文件，出台《关于进一步加强商品房预售资金监管工作的通知》，明确商品房预售资金监管范围，细化预售资金拨付业务办理流程。

项目现场巡查。共出动执法车辆553台次，巡查人员1126人次，受理处置房地产监管类信访投诉及咨询5314件。印发《关于开展全市新建商品住宅项目突出问题专项检查的通知》，开展为期两个月的专项检查，检查58个新建商品住宅项目，约谈18个项目的开发企业负责人，对11个项目的开发企业下发《限期改正通知书》，对7个项目的开发企业不良行为予以信用考评扣分处理。市房产局会同市发改委、国网合肥供电公司，针对大部分项目供配电问题，联合召开全市住宅小区供配电建设工作会

议，指导和督促开发企业严格按照供电设施建设标准完成施工建设和验收，把保障小区安全供电，维护居民生活稳定放在首位。

预售资金监管。共为281家企业办理各项业务18852件（笔），累计拨付重点监管资金约177亿元，拨付一般监管资金约710亿元。开展装修资金拨付，研究制定全装修监管资金拨付方案，共为32家企业拨付装修资金约9亿元。开设银行保函业务，在市区开展以银行保函等额替换新建商品房重点监管资金的工作试点，申请保函资金约1.1亿元，已办理拨付5132万元。

【信访矛盾化解】 来访来信处置。2019年，合肥市制定《合肥市住房保障和房产管理局群体性上访事件应急处置预案》，接待29个项目65批次业主集体访，在告知群众信访权利、维护信访秩序的同时，对群众反映的经适房交易税费减免和商品房虚假宣传、退房退款、精装房屋质量等重点问题，逐一协调相关业务部门或单位及时处置。接听12345市长热线1835次，承接12345政府服务直通车8263件（含互联网+政务服务平台、市长信箱办件），办理省住建厅、市委督查室和市长热线办等部门交办件212件，接待群众登门来访、来电咨询事项3700余件（次），办结率100%。

成立房调委。5月成立市房地产领域（物业）矛盾纠纷人民调解委员会。市委常委、政法委书记、市公安局局长马军，市政府副市长宁波，省住建厅副巡视员刘少为参加房调委揭牌仪式并致辞，市信访局、市司法局、市房管局主要负责人，市委政法委、市法院、市公安局、市司法局分管负责人等出席仪式。房调委按照标准化要求，设立“一庭六室”，首期聘用6名具有一定政策水平和法律知识、热心人民调解的退休公检法和基层服务工作者为专职调解员，按照人民调解与人民信访“统一受理、分类办理、分级处理”的原则，创新性地开展访调对接工作，调处突出矛盾纠纷18起（中介纠纷11起，房产纠纷7起），成功化解率超过40%。

组建信访专班。联合市信访局制定《2019年合肥市房地产领域信访突出问题处置工作专班实施方案》，进一步明确职责分工、工作制度、工作步骤和工作要求。2019年纳入专班化解的46件房地产领域信访突出问题中，14件已化解，12件基本化解或部分化解，5件取得重大或较大进展，剩余15件正在积极推进或研究突破，突出问题矛盾化解取得成效的占比达到67.39%。涉及工程烂尾、延期交房矛盾的信访突出问题中，半数已化解或取得重大进展。

【房地产信息化建设】 2019年，市房产局升级房地产市场查询平台，增加新扫描档案图片查询功能，接入存量房限购查询系统，完全实现交易、纳税、登记业务一窗式受理。建设便民合肥住房APP，并对接合肥市大数据公司“合肥通APP”，实现数据共享，市民通过合肥通APP、合肥住房APP，实现房产、交易、限购、维修资金等信息的实时查询，并能自助办理存量房和租赁交易业务。研发存量房资金托管系统，深入研究当前存量房资金托管软件和工作业务流程，引入人脸识技术，研发网签实名认证软件，开创政府指导、银行监管的存量房资金监管新模式。开发上线合肥住房支付宝小程序，为便民查询提供新通道。完成个人住房信息采集项目，为租赁、网签备案等业务提供有力支撑。积极响应市级系统政务云工作，研讨做好住房保障系统数据迁移、专线链路、虚拟化设置等问题，已完成项目管理系统迁移至政务云。参与市级数据整合共享，和税务、省市公积金、不动产、教育、纪检、法院等部门实现共享，初步完成四县一市的数据联网。

【人才公寓建设】 2019年，合肥市人才公寓建多个项目建设封顶，6月高新区人才公寓10号、11号楼率先封顶后，蜀山区人才

建设中的经开区人才公寓（南区） （市房产局/供）

公寓、滨湖乐业公寓、合肥国际人才公寓、聚贤苑人才公寓等项目部分楼栋完成结构封顶。庐阳区人才公寓、量子创新院人才公寓分别于4月和7月份开工建设。经开区南区、北区人才公寓也已进入全面施工阶段，整体形象进度过半。合肥市已开工建设人才公寓项目9个，总用地面积约35.3公顷，总建筑面积约100万平方米，总投资额72亿元（已完成投资40余亿元），建设人才公寓5000余套，预计2020年将陆续交付。积极推动人才公寓配套政策制定，根据《合肥市人才公寓建设使用管理办法（试行）》，拟草《合肥市人才公寓租售管理细则（试行）》（以下简称《细则》）初稿，修改后的《细则》经两次征求相关单位意见，形成《细则（送审稿）》。

【房屋安全鉴定】 2019年，市房产局完成受理委托201个项目鉴定业务，涉及808幢房屋、建筑面积373.21万平方米，工作量比上年增长55.27%，其中完成已申报的城区回迁安置房办证勘验项目涉及26个小区、250栋恢复楼、144.23万平方米；完成各产权单位、街道社区及“三供一业”分离移交等委托鉴定的房屋75幢、9.48万平方米。全年完成申请维修资金修缮屋面及外墙渗漏查勘项目116个，涉及84个小区的483幢房屋、建筑面积219.5万平方米，比上年增长57.7%。全面梳理、分类汇总近五年来受委托已鉴定为D级危房的项目，制定《关于开展汛期D级危房隐患核查工作的实施方案》（合房鉴（2019）6号），开展汛期相应项目核查，督促各委托单位落实D级危房治理责任。

【白蚁防治】 2019年，合肥市白蚁防治研究所接收新建房屋房屋白蚁预防工程项目2908个，建筑面积3184.8万平方米，完成年度计划的318.48%；房屋白蚁预防工程竣工项目1524个，建筑面积2185.75万平方米，完成年度计划的218.58%；外业5014次，工程施工率为100%，质量合格率达100%。既有房屋白蚁治理工作，在4、5月份白蚁繁殖危害高峰期间，共受理蚁情求助电话、接待来人来访863余次，严格遵守3个工作日上门服务制度，上门治理白蚁危害共613户，检查维护白蚁监测控制装置5103套，圆满完成为住用户排忧解难的突击性任务。文物古建筑白蚁治理工作，3月份在包公祠安装新型智能监控装置48套；11月，在肥东白马山安装智能监测装置100套，这是肥东县的第一个智能白蚁实时监测系统。截至2019年底，在合肥地区安装智能监测装置658套。

科研工作。由合肥市白蚁防治研究所主编的《古建筑白蚁防治技术规程》（DB34/T3326—2019）地方标准已于2019年10月正式出版。此规程的编制将弥补国内在这一方面的空白，促进古建筑白蚁防治工作向规范化、科学化、标准化发展。由合肥市白蚁防治研究所编写的《合肥白蚁》专著已于12月初正式交付安徽科技出版社，即将出版。《合肥白蚁》定位宣传科普白蚁基础知识，对合肥地区乃至安徽省的白蚁综合治理有积极的科普和指导意义，既可供从事白蚁防治与研究、农林植物保护和仓储管理的技术人员以及高等院校有关专业的师生参考或作为培训教材使用，也可供建筑、水利、园林、通信、交通等部门的有关工作人员参考。

行业交流与科学普及。先后接待故宫博物院、南京博物总馆及广州、南昌、安庆等市白蚁防治单位到访，选派技术人员20人次赴杭州、绵阳、青岛、柳州、南通等地参加全国白蚁防治中心组织的各类培训，通过交流工作经验，促进行业发展。2019年初全面建成白蚁科普教育中心展厅和科普体验区。2019年6月组成专业讲解员队伍和志愿者队伍，并正式对外开放，已成功开办3场科普活动，社会反响热烈。

（戴大伟）

建筑业

【概况】 2019年，合肥市建筑业总产值4788.5亿元，比上年增长7.07%，增幅较上年同期提高6.8个百分点。合肥市建筑业产值约占全省建筑业总产值的51.6%（根据统计局的数据计算），产值规模保持全省第一，继续巩固安徽省建筑业产业半壁江山的地位。

按施工类别划分：房屋建筑工程施工产值2156.15亿元，比上年下降0.87%，占总产值比重45.03%；公路工程、铁路工程、水利港口电站工程、建筑安装工程、装饰装修工程等专业施工产值分别为533.19亿元、198.65亿元、189.15亿元、535.91亿元、159.21亿元，分别增长9.53%、-15.72%、25.49%、25.31%和-23.72%。

按资质类别划分：总承包资质企业总计完成产值3889.20亿元，占建筑业总产值比重为81.22%（全市21家特级资质企业共建筑业产值1659.99亿元，比上年增长13.29%，占全市建筑业总产值比重为34.67%；一级总承包资质企业完成产值1642.92亿元，增长5.47%，占全市建筑业总产值比重为24.31%）；专业承包企业（含劳务分包）完成产值899.30亿元，占建筑业总产值比重为18.78%，占比较上年同期上升1.38个百分点。

【工程经营收入】 2019年，全市建筑企业营业收入4448.10亿元，比上年增长15.01%；营业成本4042.45亿元，同比增长16.51%，高于同期营业收入增速1.5个百分点。受建筑材料价格上涨因素影响，全行业利润总额176.17亿元，下降18.45%，产值利润率为3.68%，比上年同期下降1.15个百分点。建筑业增加值1457.3亿元，比上年增长8.9%，约占全市GDP总量的15.5%（市统计局提供）。上缴税金93.06亿元，增长3.30%。全市建筑业从业人员（总承包、专业承包）年均劳动报酬59963元/人，增长10.48%。

【经营合同】 2019年，全市建筑企业签订合同额9586.15亿元，同比增长10.87%。其中：上年结转4543.71亿元，增长35.63%；当年新签合同额为5042.44亿元，下降4.79%。

【房屋建筑】 2019年，全市房屋建筑施工面积25614.13万平方米，同比增长1.82%；全市建筑业企业本年新开工面积7084.95万平方米，下降5.30%；房屋建筑竣工面积6390.21万平方米，增长6.78%。完成竣工产值2046.33亿元，增长22.7%。

【绿色建筑】 2019年，合肥市绿色建筑竣工面积1076万平方米，占新建民用建筑竣工面积比例达到66%；新建建筑节能设计、施工标准执行率均达到100%。全年9家企业获得10个绿色建材评价标识证书，海绵城市项目设计和审查逐步规范。发展高星级绿色建筑，二星级以上绿色建筑项目通过方案审查246个，民用建筑占比稳步提升。大力推进国家公共建筑能效提升重点城市建设工作，采用合同能源管理方式组织133万平方米既有公共建筑实施节能改造，平均节能率达23%。

【装配式建筑】 2019年，全市在建装配式建筑项目59个，建筑面积929.44万平方米，其中新开工项目20个，建筑面积304.86万平方米，实现产业链总产值923亿元，比上年增长23.1%，实现税收15亿元以上。初步形成南部制造基地（合肥经开区）、东部制造基地（合肥循环经济示范园）、北部制造基地（北城—吴山）、东南部制造基地（黄麓—夏阁）4个装配式建筑部品部件制造基地，装配式建筑市场规模位居全国省会城市前列，继续领跑全省。

【建筑科技】 2019年，合肥市城乡建设局推荐申报部级科学计划项目5项、省级项目12项，推荐55家企业申报264项省级工法，将6大类752名专家纳入市级建设行业专家库。推行“1+5”建造模式，加大BIM等新技术应用，培育产业发展新增长极。污泥制砖技改项目投产，3家企业日处理污泥近300吨。

（白　羽）

住房公积金管理

【概况】 2019年，合肥市住房公积金管理中心（以下简称“中心”）全面贯彻落实住房公积金制度、规范住房公积金管理、维护职工合法权益，住房公积金管理工作成效显著，住房公积金的保障性、互助性特点得到展示，社会公信力明显增强。

全年归集住房公积金158.47亿元，比上年增长15.78%；新开户单位3286户，完成年度目标任务的110%，新增缴存职工3.47万人，新增缴存额3048万元；提取住房公积金107.5亿元，增长8.32%；发放贷款21122户、金额95.04亿元，分别增长61.46%、65.09%；回收贷款本金40.40亿元，增长5.54%；实现增值收益4.5亿元。全市（不含省直分中心）新增缴存单位、新增缴存职工、归集额、贷款额等主要业务指标均创历史新高。

2019年度，中心荣获安徽省第十二届文明单位和合肥市依法行政先进单位、效能建设考评优秀单位称号；机关党委获评市级“好”党组织。

【住房公积金制度】 2019年，中心围绕住房保障，推动扩面开源。通过多种媒介广泛宣传住房公积金政策优势和便民举措，增加覆盖面的广泛性，采用联动式、挖潜式等办法尽可能把更多的非公企业和小微企业纳入缴存范围。持续做好催建、催缴工作，促进执法扩面工作规范化、常态化。落实“房住不炒”，充分发挥制度互助性。紧扣“房子是用来住的，不是用来炒的”定位，全力配合市政府加强房地产市场调控，重点支持职工合理住房消费需求，维护缴存职工购房贷款权益，促进房地产市场健康发展。针对部分房地产开发企业限制、拒绝住房公积金贷款的行为，及时督促开发企业纠正销售行为或办理公积金贷款申报手续。对推诿、拖延办理的，联合市房产局启动约谈机制，限期整改。全年发放的公积金贷款中，购房面积90—144平方米占比65%，中小户型住房占比93.86%，首次使用公积金购房占比84.03%，低收入群体占比42.43%，中等收入群体占比54.72%，体现了中低收入刚需群体对住房公积金贷款的需求。出台《关于合肥市既有住宅加装电梯提取住房公积金的通知》，加大对缴存职工改善居住条件的支持力度。进一步加大对无房职工租赁自住住房的政策支持，落实租购并举住房制度，发布《关于调增合肥市职工租住商品住房提取住房公积金限额的通知》，全年合肥市共计4.37万名缴存职工办理租房提取业务，提取金额4.04亿元，比上年分别增长40%和29%。发挥制度互助性优势，不断强化公积金制度的住房保障功能。严格执行公积金缴存控高保低政策，允许亏损企业申请暂缓缴纳，切实为企业降低运营成本。确保在合肥工作的港澳台同胞享有公积金待遇，支持港澳台同胞通过缴存使用公积金实现安居。

【公众服务】 2019年，中心实行服务前移，开展以满足用户个性化需求为目的“五心”服务，从用户关心的细节问题入手，让办事群众享受到一站式、零距离、更为便携的用户体验。提升贷款办事效率，将贷款结清后担保公司调取他项权证由每周一次增加至两次，职工贷款结清后2—5个工作日内即可领取办理房产抵押注销所需全部材料。2019年新增住房公积金智能业务分流系统，通过电话预约、微信公众号网上预约，缴存单位和房地产开发企业也可提供重点项目专场预约服务。同时，在各营业网点设立自助服务区等便民智慧行动等项目，增设自助查询机、自助打印机等，提升政务服务智慧化水平。12329热线累计提供人工及自助语音服务393.87万次，满意率95.1%，免费短信平台受益职工数达到945.82万人次（2019年，12329热线提供人工及自助语音服务78.88万人次，满意度96.1%，免费短信平台受益职工数达到148.09万人次）；微信公众号关注人数超过24万人次，支付宝刷脸查询超过817万人次。做好住建部数据平台接入工作，完成“互联网+政务服务”住房公积金综合服务平台新开工备选项目申报。申请建立信息数据共享机制，实现信息数据对接，减少住房公积金业务办理要件，使“数据多跑路、百姓少跑腿”的目标更近一步。充分借助新版本“安徽省政务网合肥市住房公积金分厅”网上服务功能，实现政务平台住房公积金28个事项全程网办。

【风险防控】 2019，中心根据新形势发展需要及审计、巡察整改要求，以规范性文件合法性审查着手，以重大行政事项集体决策制度为保障，确保重大行政决策科学、规范，防范决策风险。先后对《关于进一步加强住房公积金提取管理工作的通知》《住房公积金催缴通知书》等13项重大事项开展合法性审查，从法律角度防范业务风险。修订完善各项内部管理制度，坚持以制度促规范，以规范促落实，确保中心各项工作的有序开展。加强内部稽查，全年共稽核286495笔住房公积金提取、转移等业务，对提供造假材料提取公积金的307名职工进行账户冻结，冻结金额1020万元；协助法院对强制执行的141名职工进行账户冻结，冻结金额1345.2万元。强化住房公积金的资金集中管理，做好四县和分中心贷款自主核算工作，实现以管理中心本部为主体的“统一决策、统一管理、统一制度、统一核算”目标，推进“独立核算、实时记账、管营分离”的快速实现。开展“扫黑除恶”专项斗争，加大打击违规提取行为。中心出台专项工作方案，加强宣传、依法惩处。2019年中心摸排325个可疑案例，向省住建厅、市公安机关报送有价值的线索14条，前往公安机关现场笔录6件，配合公安机关借调资料1件，配合法院查询3500多户，冻结141户，震慑了“黑中介”违法行为。自觉接受财政、审计、纪检等多部门的监督检查；对各服务网点进行暗访，进一步规范一线服务人员的服务标准。主动向社会公布业务、财务、社会效益等主要数据和工作，提高住房公积金管理透明度。

（李维薇）

责任编辑：王尚先

生态建设与环境保护

综 述

【概况】 2019年，合肥市把打好污染防治攻坚战作为市委、市政府重点工作来抓，确保中央、国务院和省委、省政府关于生态环境保护的各项决策部署在合肥落地生根。全市水环境质量整体改善，水污染防治考核全省第一，空气环境质量连续6年保持PM_{10}、$PM_{2.5}$“双下降”，为推动经济高质量发展、环境高水平保护、建设美丽合肥奠定坚实基础。

【蓝天保卫战】 2019年，合肥市抓好“五控”，开展秋冬季大气污染综合治理，2019年10月至2020年1月全市$PM_{2.5}$平均浓度为52微克/立方米，比上年下降17.5%，降幅在长三角地区41个城市中居第二名，超额完成秋冬季节$PM_{2.5}$下降3.5%目标。加强重污染天气应急管控，启动黄色（Ⅲ级）预警响应17天、橙色（Ⅱ级）预警响应9天。开展建成区裸土治理行动，利用卫星遥感查找裸露土地，完成626处裸土斑块整改。开展异味治理专项整治行动，运用VOCs走航监测、激光雷达扫描等科技手段精准溯源，约谈督查重点企业11家。推广清洁生产技术，全市所有火电、热电机组完成超低排放改造，治理工业炉窑18台，完成燃气锅炉低氮燃煤改造106台。开展柴油车冒黑烟专项整治行动，处理冒黑烟信访投诉20起，提前实施国家第六阶段机动车排放标准，查验新入户柴油车10250辆、老旧柴油二手转户车432辆。推动空气质量生态补偿，2019年全市产生污染赔付金17.19万元，生态补偿金1464.34万元。核发全省首块非道路移动机械环保标牌4904块。完成大气限期达标规划、臭氧污染现状分析和对策研究等两个课题研究。

【碧水保卫战】 2019年，合肥市开展地表水环境质量改善与饮用水水源地环境问题整治百日攻坚行动，市级集中饮用水水源地董铺、大房郢水库水质连续4年100%达标，3个县级饮用水源地水质全部达标，合肥市地表水环境质量排名进入全省第一方阵。加强重污染河流整治和良好水体保护，推动跨界河流水污染联防联治。开展全市各级河流排口普查，加强入河排污口排查整治。完善地表水断面生态补偿机制，印发《十五里河流域生态补偿办法（试行）》，2019年全市产生污染赔付金8505万元，生态补偿金9615万元。突出攻坚重点，进行20天的南淝河突出水环境问题专项攻坚行动，发现并交办

庐江县大汉塘秋景 （市生态环境局/供）

问题252个，曝光突出问题63个，约谈13个相关责任主体单位。9月下旬起，南淝河施口断面水质连续4个月达到国家考核要求。

【净土保卫战】 2019年，合肥市加强重点行业企业用地调查和涉镉等重金属行业企业污染防控，严格建设用地准入管理，建立疑似污染地块清单，防范建设用地新增污染。完成原合肥叉车厂A07地块土壤污染修复试点，推进马合钢地块、中盐红四方祁门路地块分区划块修复工作。深入开展“清废行动2019”，16个固废环境问题全部完成整改。以废弃危险化学品为重点开展危化品专项整治，加强废弃电器电子产品拆解处理监管，组织实施危险废物规范化管理抽查，危险废物规范化管理考核成绩全省第一。贯彻落实“绿盾2019”自然保护地强化监督行动，推进自然保护地遥感监测核查与查处，整改完成违法违规点位问题11处。完成全市农用地土壤污染情况详查，划定全市畜禽禁养区66处。集中开展农村生活污水处理设施排查问题整改专项行动，整改完成133个存在问题的污水处理设施。积极开展辐射安全检查，全年无辐射环境安全事故。

【机构改革】 2019年，省委编办、省生态环境厅批复同意《合肥市生态环境机构监测监察执法垂直管理制度改革实施方案》，完成生态环境机构监测监察执法垂直管理制度改革，13个县（市）区、开发区生态环境局作为市生态环境局派出机构，市环境监测机构上划省生态环境厅管理。深化生态环境保护综合行政执法改革，市委常委会议、市政府常务会议研究通过并印发《合肥市深化生态环境保护综合行政执法改革实施方案》。

【绿色创建】 2019年，合肥市引导公众践行绿色生活，全年创建省级“绿色家庭”8个、市级“绿色家庭”100个，省级“绿色学校”6所，省级“中小学生环境教育实践基地”1个，第二批市级“环境教育实践基地”9个。积极创建生态文明建设示范区，肥西县被命名为第二届安徽省生态文明建设示范县。开展企业环境信用评价，全市87家企业评为环境信用诚信企业，106家企业评为环境信用良好企业，全市无环境信用不良企业。

生态文明建设

【概况】 2019年，合肥市紧抓源头管控，建成遥感监测点位8个（含两台移动遥感监测车），完成重型柴油车远程在线监控系统试点，实现市机动车排气污染监控中心系统数据国家、省、市三级联网。强化科技支撑，利用卫星遥感查找裸露土地，开展建成区裸土治理行动，626处裸土斑块得到整改。积极推广清洁生产技术，全市所有火电、热电机组完成超低排放改造，完成17台工业炉窑治理，120台燃气锅炉低氮燃煤改造。全市生态环境质量不断提升，多项指标达到近年来最好水平。

加强重污染河流整治和良好水体保护，突出南淝河治理，全年发现并交办问题252个。全市15个水质国考断面全部达到考核要求。集中开展农村污水处理设施不正常运行专项整治，发现存在问题污水处理设施196个，整改119个。积极应对干旱等不利因素影响，通过增加巡查频次、加密水质监测等措施加强抗旱期间饮用水水源地环境安全工作。市级饮用水源地董铺、大房郢水库实现“十三五”以来连续4年100%达标。

加强重点行业企业用地调查和涉镉等重金属企业污染防控。完成原合肥叉车厂A07地块土壤污染修复试点，分区划块推进马合钢地块修复试点。展开“清废行动2019”，发现固废环境问题16个并完成整改。以废弃危险化学品为重点开展危化品专项整治，检查企业287家，推动隐患整改114处。提升危险废物利用处置能力，新增2家危险废物利用处置单位，1家资源循环项目启动建设，4家铅蓄电池收集企业纳入集中收集转运试点。

【能耗“双控”】 2019年，结合实际制定《年度能源消耗“双控”目标安排》《年度节能工作要点》，逐级分解落实节能各项目标任务，压实工作责任。组织召开全市节能工作会议，部署重点工作任务，强化节能工作措施，积极推动工业、农业、建筑、交通运输、商业、公共机构等重点领域的节能工作。委托第三方专业机构对合肥市94家重点用能单位开展节能量审核。

源头把关。紧盯新上高耗能项目和高耗能企业扩大产能项目，严格开展项目节能审查，严把项目验收关，2019年共完成节能审查项目27个（省级10个、市级17个）。严选增量。强化能耗、物耗、土地等指标约束，对产能过剩行业坚持新增产能与淘汰产能等量或减量置换，从源头遏制低端产能；优选招商项目和投资，把能耗、环保水平作为重要衡量指标。严格执法。对未通过项目节能审查擅自开工、借助不正当手段通过审查、未落实审查意见要求的各类企业，依法依规处罚，公开其违法违规信用信息，保持高压严管态势。

过程管控。绘制季度《全市能源消耗“双控”完成情况晴雨表》，定期召开节能调度会，通报能耗“双控”情况进展。制定《2019年度合肥市节能预警调控方案》，依据能耗总量和单耗的序时进度，分I、II、III级采取调控措施，以月保季、以季保年。2019年两次启动节能调控，加大对高耗能行业和第三产业用能管控，限制大型公建和市政景观过度照明。

能源体系建设。大力发展光伏等新能源建设，2019年全市光伏及新能源产业增加值比上年增长14%，各类光伏电站并网超过1.97万个，装机规模超2.11GW，继续位居全国省会城市之首。拓展天然气气源和应用领域，中石油定合复线建成投产，对全市供气能力将由400万立方米/日提高到1800万立方米/日。

2019年合肥市单位GDP能耗为0.2969吨标煤/万元，比上年下降3.01%，超额完成省定下降3%的目标任务。2016—2019年累计下降17.59%，提前超额完成省定“十三五”下降17%的目标任务。

【水资源管理】 2019年，市生态环境局实施最严格水资源管理制度。严格执行计划用水制度。出台《合肥市“十三五”水资源消耗总量和强度双控方案》，落实用水总量控制要求。全市实际用水总量为30.86亿立方米，超额完成全年用水总量目标值31.01亿立方米。将水资源论证作为前置条件，严格取水设施验收。落实国家节水行动。推进县域节水型社会达标建设工作，建立合肥市重点用水单位监控名录，开展“百家企业节水行动”。万元GDP用水量下降的目标值比2015年下降22.4%，全市万元GDP用水量下降实际值为38.03立方米（按2015年不变价计算），比2015年下降29.3%，超额完成目标任务。加强水资源配置管理和统一调度。全年累计向董铺、大房郢水库补水5.6亿立方米，完成城市供水6.1亿立方米。为保障城市用水安全，实施“江水西调”，经驷马山七级提水将长江水补入董铺、大房郢水库，提引长江水7800万立方米，形成全市供水和生态用水安全多水源保障体系。

健全河湖长制组织体系，制定《合肥市2019年全面推行河湖长制工作要点》《合肥市全面推行河湖长制市级暗访工作制度》等制度规范，设立各级河湖长4700余名。成立专业化督查队伍，成立南淝河联合督查暗访小组和市河湖长制暗访小组等两支暗访队伍，采取“三个一”（每周一暗访、每周一报告、每周一督办）和“四不两直”的方式，直奔河湖现场发现督办问题。设立“民间河长”，首批聘任20名行业专家担任“民间河长”，发挥公众监督作用。率先实施“河湖警长制”，发挥公安机关职能作用，形成“河湖长+排长+警长+民间河长”的治水新模式。

全面实施巢湖综合治理，把修复巢湖生态环境摆在压倒性位置，统筹推进环巢湖地区生态保护与修复工程项，完善城市防洪工程体系建设，对各条河流主城区段实施河道疏浚、堤防加固工程，并配套相应涵闸，合肥市城区防洪体系已达到百年一遇的标准。实施水资源配置工程，投资40多亿元，组织实施并完成淠史杭灌区节水改造工程、驷马山引江工程、引江济巢工程等，完善供水配置的新格局。

【节约集约用地】 2019年，合肥市严格管控用地总规模。开展“大棚房”问题专项整治，严格做好设施农用地备案工作，确保农地农用。全市49个“大棚房”违规项目已全部完成整改，恢复农业生产功能13.53公顷。严格落实建设用地总量管控要求，加强对行政区域内的工矿废弃地、农村建设用地等进行整治复垦，抵扣增加的建设用地规模。全年肥西县、庐江县、巢湖市共计申请核减抵扣417.33公顷规划建设用地规模。

全面落实“增存挂钩”机制，加快推进土地再利用。2019年省下达合肥市处置批而未供土地和清理闲置土地任务数分别为313.33公顷和206.67公顷，实际处置批而未供土地420公顷、清理闲置土地1260公顷。加快低效建设用地再开发利用工作。开展创新型产业用地、高标准厂房、“工改租”“商改租”操作方法的研究，拟定《合肥市关于推进低效建设用地促进土地节约集约利用的实施意见（送审稿）》，待市政府常务会审查通过后实施。持续推动单位GDP建设用地下降。2018年度全市单位GDP建设用地下降率为7.76%，超出“十三五”时期年度下降目标（4.85%）2.91个百分点。

2019年全市耕地实际保有量为558840公顷，划定永久基本农田464453.33公顷，新增建设用地2744.87公顷，3项指标均超额完成省政府下达的目标任务。

【生态保护】 2019年，开展墙体绿化、一路一花专项行动，推进城市立体绿化建设，开展乡村道路万里绿色长廊行动、“四旁四边四创”提升行动，推动乡村绿化美化。积极推进“十大公园”建设项目，新站区学林公园、包河区淝河智慧公园、瑶海区新安江公园等3个项目完工；滨湖新区金斗公园五期、包河区劳动公园、庐阳区大房郢公园等3个项目正在施工；其他4个公园项目正在积极推进。完成56个小公园、小游园项目，完成绿道160千米。合肥市成功申办十四届国际园林博览会，年度完成绿化面积1348.23万平方米，占全年计划任务134.8%，建成区绿地率达40.3%。

强化组织领导，将环巢湖十大湿地、十大公园等重点生态项目纳入市级林长制重点项目。围绕“护绿、增绿、用绿、管绿、活绿”，编制《合肥市林长制实施规划》《合肥市林长制重点项目建设规划》，推进林长制改革创新。强化资金支持，制定林业产业基地奖补政策、乡村道路绿化奖补政策等林业扶持政策，建立退耕还湿奖补机制，市、县财政按600元/亩予以补助，园林绿化项目纳入市大建设计划统筹，完成投资5.89亿元。全年新造林6666.67公顷，占市下达任务的200%，森林覆盖率达28.3%，森林抚育1.13万公顷，乡村道路绿化3000千米。创建森林城市1个，森林城镇5个，森林村庄53个。新增经济林2866.67公顷，新增花卉企业11家，面积40余公顷。

印发《关于进一步加强环巢湖十大湿地保护与修复工程建设工作方案》《合肥市创建申报国际湿地城市工作方案》，明确任务时间表，争创国际湿地城市。湿地保护率达74.8%，环湖“十大湿地”保护与修复全部完成，建设投资39.28亿元，退耕还湿2733.33公顷，退养还湿1000公顷，退居还湿400公顷，拆迁6822户，收回鱼塘800公顷，修复湿地1200公顷，种植乔木16.5万株、灌木284.4万株、芦苇105.7公顷。

（吴　琳　王淑敏）

环境质量

【概况】 2019年，合肥市空气优良天数比率达70%，PM_{10}、$PM_{2.5}$年平均浓度下降，在全省率先建立市级河湖警长制；新建污水管网758千米，整改雨污混接点4541处，成功跻身全国水生态文明城市。土壤污染防治持续推进，严格建设用地准入，加快推进东部新中心土壤修复试点等工程。深入推进节能降耗，超额完成单位GDP能耗下降目标。生态宜居城市加快建设。大房郢公园等城市十大公园和肥东十八联圩等环湖十大湿地加快建设，积极创建国际湿地城市。完成人工造林10万亩、城镇绿化1000多万平方米，全市森林覆盖率达28.3%。

【空气质量】 2019年，合肥市空气质量持续好转。$PM_{2.5}$、PM_{10}平均浓度分别为43.8微克/立方米、67.6微克/立方米，比上年下降4.3%、0.6%，PM_{10}和$PM_{2.5}$实现连续6年“双下降”，PM_{10}为有监测记录以来首次达到国家空气质量二级标准。

【水环境质量】 2019年，合肥市水环境质量整体性好转。巢湖流域15个国考断面全部达到考核要求，4条重污染河流水质明显改善，南淝河国考断面首次实现4个月稳定达标；十五里河由劣Ⅴ类好转为Ⅲ类，解除流域环评限批；派河由Ⅴ类好转为Ⅳ类；杭埠河、兆河、柘皋河均达到II类。巢湖东半湖、西半湖、全湖水质分别为Ⅳ类、Ⅴ类、Ⅳ类；全湖水质由Ⅴ类改善至Ⅳ类，主要污染物氨氮、COD、总磷浓度分别比上年下降32.00%、2.74%、23.53%。

【声环境质量】 2019年，合肥市声环境质量逐步好转。区域环境噪声平均值54.6dB(A)，环境噪声质量属于“较好”级别，道路交通干线噪声平均值68.1dB(A)，处于标准限值70dB(A)以下。

环境监管

【生态督察】 2019年，合肥市坚决防止表面整改、敷衍整改、假装整改。2017年中央环境保护督察反馈的55项整改任务，已销号40项；2018年中央生态环境保护督察“回头看”反馈的16项整改任务，已销号3项；2018年省环境保护督察反馈的71项整改任务，已销号45项；2019年，长江安徽段生态环境“三大一强”专项攻坚行动“23+N”4个批次中涉及合肥市突出生态环境问题166个，已销号140个；中央及省环保督察转办信访件2776件，已销号2639件。整改过程中，以餐饮油烟、交通噪声、裸土扬尘、异味扰民等突出环境“痛点”问题为重点，解决群众身边的突出生态环境问题。

【环境监测】 2019年，合肥市持续完善全市生态环境监测网络体系，推进乡镇（街道）134个大气

2019年2月12日，全市生态环境保护大会、河（湖）长制工作大会暨巢湖综合治理攻坚战推进会召开 （刁云天/摄）

小型标准监测站建设，长丰县率先完成13个小型标准站建设。完善地表水监测网络，南淝河21个微型水质自动站建成并投入试运行。推进"天地人车"一体化监控体系建设，建成遥感监测点位8个（含两台移动遥感监测车），试运行重型柴油车远程在线监控系统，市机动车排气污染监控中心系统数据实现国家、省、市三级联网。开展全国第二次污染源普查，顺利通过国家、省普查办对合肥市普查数据质量核查。实行污水处理厂自动监控设施统一运维管理，覆盖全市61家污水处理厂65个排口。推行全市重点排污单位自动监控、视频监控"安装、联网、运维监管"3个全覆盖，全市214家重点排污单位安装1077台（套）自动监测设施，实时联网上传监测数据；204家重点排污单位完成视频监控安装。

【环境执法】 2019年，合肥市实施环境行政行为案件1295件，其中行政处罚531件，处罚金额4038万元。适用新环保法及4个配套办法查处环境违法案件549件，总数位列全省第一。其中：实施查封扣押案件357件，实施限产、停产168件，实施按日连续处罚4件，移送行政拘留案件18件，移送涉嫌污染犯罪案件2件。清理整顿"散乱污"企业，排查"散乱污"企业341家，完成整改268家。推进生态环境损害赔偿制度落实，合肥市首个生态环境损害赔偿案件通过磋商达成协议。开展生态环境保护执法大练兵，肥西、长丰县生态环境分局荣获生态环境部"2019年生态环境保护执法大练兵表现突出集体"称号。

（魏 健）

巢湖治理

【概况】 2019年，巢湖及主要入湖河流水质持续改善，巢湖水质氨氮、总氮、总磷主要污染指标持续好转。1—12月巢湖全湖平均水质为Ⅳ类，其中东半湖水质为Ⅳ类，西半湖水质为Ⅴ类（其中有5个月为Ⅳ类以上）。巢湖水质好于近三年同期。蓝藻发生总体趋势向好，2019年4—10月，巢湖共出现蓝藻水华77次，与2018年持平；累积发生面积为3747平方千米，面积较2018年下降25%。

2019年，安徽省巢湖管理局（以下简称"巢管局"）实施巢湖流域水环境综合治理亚行项目。完成合同金额2.85亿元，截至年底，共申请亚行贷款支付1.97亿美元。该项目被评为2018年度最佳表现贷款项目。积极谋划利用亚行贷款结余资金项目。稳步推进在建水工程。裕溪闸、巢湖闸、新桥闸、铜城闸除险加固工程均已结束，进入审计阶段。开展闸站标准化建设，推进闸站确权划界工作，提高各闸站管理水平。防汛抗旱工作卓有成效。汛期来临前共排水22.7亿立方米，将巢湖水位控制保持在8.30米。汛期过后，合理控制内河水位。进入10月份开机共引江水约2亿立方米以缓解旱情。加强渔政管理工作。全面落实封湖禁渔工作，狠抓渔业安全生产，科学安排鱼汛期生产，开展人工增殖放流工作，共投放30682.5万尾（只、粒）鱼苗，金额384.78万元。在巢湖东半湖实施全面禁渔，促进巢湖水生生物资源养护和渔业环境持续改善。推进和配合退渔减船转产工作，1342户、渔民2144艘渔船已退捕转产。开展各类打击非法捕捞专项行动12次，查处非法捕捞案313起。

【督察整改】 2019年，巢管局召开各类联席会议32次，现场督查办公70次，各类巡查50余次，各类约谈30余次。完成各类信访件销号15件，完成中央环保督察整改任务27大项，完成"三大一强"攻坚战任务2项。印发巢湖治理攻坚战实施方案，深入源头现场督察

"6+1"攻坚战工作。

【环保基础建设】 2019年，巢管局有序推进数字巢湖和一级保护区卫片监测项目建设。建立完善巢湖流域统一监测体系，建设满足水质水量联合调度的软硬件条件，巢湖流域水资源站网建设项目主体工程基本完工；开展巢湖流域地理国情监测项目，为一级保护区由"管住"向"管好"打下基础。逐步完善《巢湖综合治理绿色发展总体规划》体系，编制完成《2018年度巢湖健康体征白皮书》。实施巢湖底泥调查及分析项目，得出巢湖底泥污染特征主要是氮磷营养盐污染的结论；开展巢湖生态清淤试点工程建设，削减巢湖内源污染负荷，完成工程设计承包招投标工作。承办第二届巢湖综合治理专家咨询峰会，探索巢湖综合治理的主攻方向、实施重点、推进路径和技术方法。

【污染物控制】 2019年，巢管局制定并印发《省级巢湖湖（河）长制2019年度考核办法》，公布污染物总量控制的目标。首次组织对43个考核断面对应的考核对象进行2018年度省级巢湖湖（河）长制考核，进一步落实"以河保湖"的巢湖综合治理思路。编制完成《巢湖流域总磷控制方案》。开展城镇面源污染调查，力求实现城市面源污染防治从终端治理走向源头治理的转变。探索推进农村面源污染网格化精细化管理，炯炀河流域开展治理试点以来，全年实现以430万元生态补偿金获得2700万立方米Ⅲ类水治理成效，污染物总量同步下降5%。总结炯炀河生态补偿试点工作成功经验，并将该治理模式向杭埠河、柘皋河、兆河、白石天河推广。引进中山杉、杂交柳试点种植，在派河口湿地试点种植1400棵，充分利用中山杉、杂交柳吸附水中氮磷。

【水质水量联合调度】 2019年，巢管局开展河湖巡查暗访23次，下发巡查反馈函、调查函、整改通知书和督办函等21份。重点开展杭埠河流域水污染联防联控，对杭埠河流域开展15次联合巡查调度，形成会议纪要并跟踪落实。1—12月巢湖全湖平均水质为Ⅳ类，其中东半湖水质为Ⅳ类，西半湖水质为Ⅴ类（其中有5个月为Ⅳ类以上）。巢湖水质好于近3年同期。

【一级保护区管理】 2019年，巢管局开展巢湖湖区及入湖河流监测工作，组织开展蓝藻监测和巡查，4—10月，每天组织专门力量对沿湖蓝藻状况进行巡查，及时发布和报告蓝藻巡查情况，牵头组织对沿湖县（市）区政府蓝藻防控情况进行年度考核。启动编制《巢湖流域水环境一级保护区治理和保护规划》，调查一级保护区全域旅游资源及相关要素，组织环巢湖一级保护区旅游专项巡查，开展巢湖流域水环境一级保护区水污染防治网格化管理督查工作。加强涉湖项目管理，认真审查巢湖流域水环境一级保护区项目。

（刘 芳）

林业和园林

【概况】 2019年，合肥市林业和园林局（以下简称"市林园局"）坚持林长制改革，造林绿化提质增效，公园城市建设拓展提质，森林和湿地资源保护加强，行业管理严格规范。合肥市政府、合肥市林业和园林局在十二届中国（南宁）国际园林博览会上分别荣获住房和城乡建设部突出表现城市、突出表现单位的表彰，肥东县获评全国绿化模范单位，庐江县成功创建国家园林城市（县城）。合肥成功申办第十四届中国国际园林博览会，国际湿地城市创建取得积极进展。全年全市植树造林6666.67公顷，占市下达任务的200%；乡村道路绿化3000千米；绿化面积1348.23万平方米（新增887.34万平方米，提升460.89万平方米），完成全年计划任务134.8%，完成投资13.44亿元。截至2019年底，全市森林覆盖率28.3%，森林蓄积量782万立方米，建成区绿地率达40.3%，建成区绿化覆盖率46%，建成区人均公园绿地面积13平方米，湿地率10.33%，湿地保护率74.8%。

【林长制改革】 2019年，市林园局强化组织调度，健全以党政领导为主的林长制组织形式，省委常委、市委书记宋国权主持召开林长制改革工作会议，深入重点生态区域调研；市长凌云主持召开环巢湖十大湿地调度会，听取第十四届中国（合肥）国际园林博览会筹备情况，协调解决重要问题。各级林长深入重点项目开展督查调度，协调解决问题278件。坚持规划引领。明确林长制工作项目化思路，编制《合肥市林长制实施规划》《合肥市林长制重点项目实施规划》，明确市、县两级林长制项目3年建设任务，建立可分解、可实施、可监测、可考核的量化、实化指标体系，解决目标任务不清、重点不突出和制度不健全等问题。突出创建引领，精心建设环巢湖十大湿地、江淮分水岭生态廊道、官亭国家生态公园、合肥植物园4个市级改革示范点项目，发挥示范引领作用，推动林长制项目整体品质提升。完善推进机制，将环巢湖十大湿地、骆岗中央公园、城市十大公园等及时整合纳入市级林长制项目任务，明确四级林长，加大调度力度。环巢湖十大湿地已投资39.28亿元，恢复修复湿地4133.33公顷；植物园水环境治理及老园改造提升工程，新建面积33.13公顷；骆岗中央公园、城市十大公园等加快规划建设。着力打造林长制“五个一”服务平台，为林长制工作提供动态、准确的数据信息支撑。全市建立林长责任档案4584份，编制规划方案511份，落实科技服务人员311名、责任民警268名、护林员2751名。

【造林绿化】 2019年，全市造林任务完成。市林园局抓好江淮分水岭脊线、环巢湖地区等区域的造林攻坚。完成苗木花卉和经果林4666.67公顷。乡村绿化加快。开展“四旁四边四创”绿化提升行动，见缝插绿，提升乡村人居环境。结合乡村振兴战略，加快乡村道路绿色长廊建设，乡村道路绿化3000千米。创建森林城镇6个，森林村庄53个。推进省级森林抚育示范片建设，完成森林抚育11333.33公顷，其中省级森林抚育示范点2600公顷，推动森林质量整体提升。推进森林城市建设。制定《合肥市森林城市动态监测方案》，召开全市森林城市动态监测领导小组会议，开展国家森林城市动态监测工作。落实碳汇监测，完成24点抽样测报工作。2019年春季，全市直接参加义务植树劳动人数28.1万人次，完成植树114.4万株；通过抚育管护、认建认养等方式参加义务植树活动人数达388.5万人次。在肥东长临河镇十八联圩生态湿地成功举行省市党政军领导集中义务植树活动。

【林业产业发展】 2019年，合肥市优化林业产业结构。推动发展经果林、花卉业、森林旅游、林下经济等特色产业，新增经济林2866.67公顷，新增花卉企业11家、面积40余公顷。举办全市森林生态旅游节和第三届中国·合肥苗木花卉体验节，推动全市森林旅游发展。生态扶贫全市共完成长防林人工造林工程200公顷、长防林封山育林工程533.33公顷。特色种养业全市累计建成特色产业扶贫园区项目数115个，达到全年目标102.7%；新型农业经营主体带动贫困户28829户，达到全年目标167.22%；开展自种自养贫困户18651户，达到全年目标102.76%。

【苗木花卉交易大会】 2019年10月18—21日，2019中国·合肥苗木花卉交易大会成功举办。本届苗交会的主题是“苗会”美丽中国、助力绿色发展，全国31个省（区、市）的1060家企业参展参会，比上一届增加200多家，荷兰、美国、日本等6个国家10家林木种苗和花卉企业设展馆，其间152个林业招商项目签约，投资金额达241.7亿元。苗交会期间，省委书记李锦斌、省长李国英、国家林业和草原局局长张建龙共同巡馆和出席开幕式，并为全国首个林长制改革示范区揭牌。苗木花卉交易大会助推全国种苗价格指数中心、信息发布中心和交易中心平台“三个平台”建设进程。

【城镇绿地增量提质】 2019年，合肥市推进“十大公园”建设项目，新站区学林公园、包河区淝河智慧公园、瑶海区新安江公园等3个项目已完工；滨湖新区金斗公园五期、包河区劳动公园、庐阳区大房郢公园等3个项目正在施工。推进“100个小公园游园”建设项目，共完成56个，完成省住建厅下达的29个精品示范工程（一园一路项目）。完成绿道160千米。开展垂直绿化专项行动，把绿色向空中延伸。大蜀山一野生动物园环境综合整治工程和植物园扩建区域水环境治理工程完工。

【中国国际园林博览会申办】 2019年，根据住房和城乡建设部新修订的《中国国际园林博览会管理办法》等文件要求，林业和园林局对接滨湖科学城管委会等部门，经市委、市政府同意，园博会选址优化调整至中央公园东南地块，积极开展申办相关工作。经住房和城乡建设部组织综合评审、现场考察、会议研究，确定合肥市为第十四届中国国际园林博览会承办城市暨第十三届中国国际园林博览会预备城市。

【湿地资源保护】 2019年，环巢湖“十大湿地”建设加速推进。“十大湿地”保护与修复工程列为安徽省实施长三角一体化发展规划纲要行动计划一项牵动性项目，各项建设按计划推进。环巢湖“十大湿地”建设投资39.28亿元，退耕还湿2733.33公顷，退养还湿1000公顷，退居还湿400公顷，完成拆迁6822户，收回鱼塘800公顷，修复湿地1200公顷，种植乔木16.5万株、灌木284.4万株、芦苇105.7万平方米。湿地生态功能不断提升。湿地净化水质作用日益显现，生物多样性更加丰富，巢湖湿地生态重现生机，越来越多的珍稀鸟类选择在这里越冬、栖息，逐渐成为水草丰茂的“候鸟天堂”。绿色发展理念得到强化，人民幸福感日益增强。国际湿地城市创建拉开帷幕。成立市委、市政府主要负责人为组长的创建工作领导小组，印发《合肥市创建申报国际湿地城市工作方案》，对标国际湿地城市认证标准，查找湿地保护管理方面薄弱环节，力争补齐短板。11月，国际湿地城市认证提名实地考察组到肥考察，对合肥市湿地建设给予肯定。合肥市作为中国7个入选城市之一，已正式提交国际湿地公约秘书处。

【林业资源管护】 2019年，合肥市推进森林督查整改落实。完成年度森林督查整改工作，收回林地面积31.53公顷，恢复植被面积176.51公顷，行政罚款1177万元，党政问责3人。联合有关部门开展“绿盾2019”专项行动，打击破坏自然保护地生态环境问题。严格林地征占用审核。规范建设项目使用林地审核审批，建立集体审查决策制度，完成林地征占用项目审核162宗，省局通过项目144宗，其中永久使用林地项目139宗，临时使用林地项目5宗，依法审批使用林地面积213.72公顷。优先保障国家和省重点建设项目、基础设施项目、公共事业和民生发展项目；本着慎重节约的原则，严格把关，严格使用林地申报材料审查工作，提高报件质量。严格采伐限额管理。全市森林采伐限额制度执行情况良好，占限额采伐量不超过限额的20%。全市累计采伐林木蓄积67513.01立方米，其中占限额采伐38165.05立方米，发放采伐许可证641份。加强野生动物保护。落实各级防控责任，继续加强野猪非洲猪瘟防控。严格审核审批野生动物人工繁育及经营利用，开展全市野生动物人工繁育清理整顿工作、清理规范野生动物经营利用行为专项行动，以及野生动物违法犯罪专项打击行动。部署开展“世界野生动植物日”“爱鸟周”主题宣传活动，提升公众保护意识。

【林权管理】 2019年，以市人大开展《安徽省林权管理条例》执法检查工作为契机，坚持问题导向，努力解决林权管理工作突出问题。理顺林权登记职责、规范林权登记工作，市自然资源和规划局、市林业和园林局联合下发《关于全市林权不动产统一登记工作的通知》；引导林权规范有序流转、推广合同示范文本等措施，建立健全林权流转管理制度；创新涉林信贷服务、探索融资新渠道，不断提升林权服务水平。完成肥西县铭传乡三河村、庐江县矾山镇石峡村集体林权制度“三权分置”和“三变”改革试点任务。继续开展政策性森林保险工作，公益林3066.67公顷全部投保，商品林保险3841.33公顷。

【林园行业管理】 2019年，合肥市在全省率先完成园林绿化施工企业信用评价，评出2018年度AA级企业50家，A级企业103家。启动开展合肥市古树名木图片征集暨宣传活动，加强古树名木社会大众保护意识，扩大宣传。严格执行绿化保护制度，通过现场踏查、专家论证、方案优化等审批环节，尽可能减少绿化树木迁移、绿地占用。截至年底，累计办理绿化变更64件（不含市、区两级），占用绿地约28.6万平方米，移植乔木约8148株。提升“互联网+政务服务”效能，整合完善政务服务事项15件，不断优化工作流程，网上可办事项（三级以上办理深度）达到100%。

【疫情火情防控】 2019年，合肥市完成松材线虫病疫情专项治理任务，松材线虫病发病区共择伐松林12471.65公顷，皆伐松林3.93公顷，清理疫木21493株，清理枯死松树58554株。全市防治美国白蛾90722公顷。开展高火险期间森林火灾隐患大排查活动，组织森林公安专业化能力培训，加强森林防火队伍建设，森林火灾处置能力进一步加强。

【植物园老园区改造提升】 2018年9月3日合肥植物园闭园改造，经过5个月的紧张施工，2019年2月1日重新对外开放。项目内容主要包括完善游览道路、给排水和强弱电管网系统及相关配套设施，改造提升木兰园、石榴园，新建豆科园、木樨园、林荫休闲园、乡土园。改造后的木兰园展示46种木兰科植物，乡土园收集1500种乡土植物，豆科园是全国第一个豆科植物专类园。提升改造后，整个园区植物种类超过3000种。

（卢梦云）

责任编辑：王尚先

财税与金融

财　政

【概况】 2019年，合肥市财政收入1432.4亿元，完成预算的101.6%，比上年增长3.9%。其中税收收入1250.7亿元，占比87.3%，高于全省7.2个百分点。全市地方收入746亿元，完成预算的102.8%，增长4.7%，增幅高于全省0.3个百分点。地方收入总量超越沈阳，居全国省会城市第9，较上年进1位。2019年，合肥市财政局获全国财政信息工作先进单位称号。

【支出结构优化】 2019年，合肥市财政支出1122.7亿元，完成预算的99.7%，比上年增长11.7%。其中全市民生支出960.8亿元，占比85.6%，增幅高于财政支出增幅0.3个百分点。市本级压减一般性支出4663万元，及时清理存量资金统筹用于重点领域和重大项目建设，“三公”经费支出同口径下降5%。

【落实减税降费政策】 2019年，合肥市落实增值税税率下调、个人所得税专项附加扣除、增值税小规模纳税人减半征收“六税两费”、契税税率下调等政策，全市新增政策性减税204.87亿元，占全省减税总额超1/3；其中民营企业减税137亿元，占比65.4%。全市新增社保降费49.31亿元，行政事业性收费和政府性基金减免0.2亿元。

【财政改革】 2019年，合肥市推开预算绩效管理，出台《全面实施预算绩效管理实施办法》，绩效目标编制覆盖所有财政资金，绩效自评覆盖全部1094个专项支出，重点项目绩效评价发现问题全部限期整改，绩效自评情况和重点项目绩效评价结果全部向社会公开。推进财政事权和支出责任划分改革，初步建立大建设及农村公路项目资金责任分担机制；出台市以下财政事权和支出责任划分改革实施意见，制定基本公共服务和医疗卫生

2019年5月21日，省财政厅厅长罗建国赴高新区调研减税降费政策落实情况

（市财政局/供）

领域共同财政事权改革划分实施方案。完善预算管理制度，健全大建设和环巢湖资金管理制度，编制大建设和环巢湖等重大项目预算，压实各级财政支出责任，保障大建设可持续推进；出台转移支付和专项资金管理办法，制定专项资金清单并对外公开；完善支出政策库管理制度，市本级全部212项财政支出政策实现分级分类全程网上管理；采用“大专项＋任务清单”方式，下放教育、扶贫等领域预算资金分配权限；探索制定消防、普高、职教、市政、林园和公共卫生六类专项资产配备标准。

【财政风险管控】 2019年，合肥市争取债券资金127.3亿元，完善政府性债务管理办法，制定防范化解政府性债务风险工作实施方案，债务动态监测实现常态化，隐性债务做到只减不增。截至2019年底，全市政府债务余额876.3亿元，政府债务率41.1%，债务风险总体安全可控。全市2310家预算单位全部纳入集中支付范围，全年办理资金支付124.7万笔、1819亿元；国库集中支付动态监控实现财政预算单位与财政性资金的“双覆盖”，监控资金流量达3051.6亿元，通过监控及时“矫正”违规支付申请资金81.5亿元。出台日常监督管理办法，对部门预算执行、专项资金管理等18方面内容开展日常监督；组织减税降费、扶贫资金、“小金库”、惠农惠民补贴资金“一卡通”等多项重点检查，开展30家市直单位财务大检查；预决算公开工作位居全省第一。

【财政效能提高】 2019年，合肥市产业政策申报审核一网通办，企业足不出户就可完成产业政策申报、审核工作，政策兑现实现数据“多跑路”、企业“零跑腿”的一站式服务。深化政府采购预采购和“2521”限时办结制度，合肥市获评“全国政府采购50强地市”，市财政局被评为2019年度全国政府采购50强地市突出贡献单位。财务集中管理平台运行，实现市直294家预算单位预算编制、执行、核算、决算等业务数据的全流程管理。国库集中支付全程实行电子化操作，预算单位用款计划全程网上申报审核。全市非税收入收缴接入全省统一公共支付平台，缴费人可通过微信、支付宝等方式缴纳非税收入。会计继续教育服务办理实现全程网办和即时办结，会计人员“一次不跑”就可完成业务办理。

（陈利丽）

税 务

【概况】 2019年，合肥市税务局累计完成税收收入1224.64亿元（含海关代征增值税、消费税，未扣减出口退税），比上年增加12.01亿元，增长0.99%。其中：海关代征87.71亿元，增加24.44亿元，增长38.63%；办理出口退税126.13亿元，减少8.17亿元，下降6.08%，出口退税额居中西部省会城市首位，在全国省会城市位列第五。2019年，合肥市税务局荣获国家“节约型公共机构示范单位”称号。

【减税降费】 2019年，合肥市税务局新增减税降费254.18亿元，其中，减税204.87亿元，社保费和非税收入减免49.31亿元。推行包保责任制，落实“两问一送一保”服务，覆盖全市43.96万户纳税人。在市四大班子有关会议上专题报告减税降费，举办行业协会、重点税源等各类培训4200余场，发放宣传资料50余万份，“合税号”减税降费专列入选“全国税收宣传月十大优秀宣传项目”。抓实“六税两费”因追溯执行期多缴退库工作，办理退税41.91万笔、退税金额1.05亿元。

【社会保险费和非税收入】 2019年，合肥市税务局征收社保费320.07亿元，比上年增长11.28%。其中：企业职工基本养老保险费182.42亿元，增长6.38%；职工基本医疗保险费83.44亿元，

2019年4月1日，合肥市税务局第28个税收宣传月启动仪式暨地铁专列“合税号”开通仪式举行

（朱晓庆/摄）

增长13.88%；机关事业单位基本养老保险费23.79亿元，同比增长17.74%。全市共征收非税收入50.7亿元，比上年增长3.83%。其中：教育费附加16.7亿元，增长2.77%；地方教育附加11.2亿元，增长2.05%。

【税收法治】 2019年，合肥市税务局依法行政基础，深化行政执法三项制度改革，加强权责清单管理，落实税收执法责任制和“双随机、一公开”监管，“两法衔接”移送案件17起。强化税收执法监督，审理行政复议案件29件，参加行政诉讼15次，均胜诉。

【税种管理】 2019年，合肥市税务局深化个税改革，惠及全市工薪阶层252.78万人，强化个税专项附加扣除信息核验。优化企业所得税汇算清缴程序，26.25万户企业汇缴补税99.68亿元。增值税改革有效落地，实行一般纳税人“面宣面签”。开征建筑施工和煤炭装卸堆存扬尘环保税。车辆购置税法和耕地占用税法实施。制定《成品油消费税管理工作指引》。

【税收政策落实】 2019年，合肥市税务局支持先进制造业发展，办理增值税留抵退税42.96亿元，对京东方、睿力分别办理全省首笔和单笔最大金额退税，分别退税8.74亿元、12.98亿元。优化出口退税，提高一、二类出口企业比重，推行“无纸化”申报。支持跨境电商等新业态发展，推进海关特殊监管区一般纳税人资格试点。落实特殊群体创业就业税费政策，做好部分退役士兵社保接续工作。

【纳税服务】 2019年，合肥市税务局开展便民办税春风行动，推进“一网一门一次一窗”办税，推行纳税人“承诺制”容缺办理，完善“最多跑一次”“一次不用跑”清单，实现不动产业务并联办理、车购税缴纳“一站式”服务。开展办税服务厅标准化建设，全省首家引入“4+4”服务流程。“银税互动”向全市5217户中小微企业提供信用贷款42亿元。在2019年全国纳税人满意度调查中，合肥市得分居全国省会城市第5位，创历史最好排名。

【征收管理】 2019年，合肥市税务局编写《涉税事项分类清单1.0版》，夯实税源管理基础。全年清理欠税5.05亿元。税务注销纳入全市“一网通”注销服务平台，即办注销比例达到88.2%。承接和下发风险任务5.45万户次，查补税款、滞纳金6.52亿元。依托市政府综合治税平台开展风险应对，查补入库税款4.49亿元。上线增值税发票管理系统2.0版，提高发票快反任务风险应对质量，识别发起发票风险任务2199户，问题发现率达到90%，查补税款0.81亿元。完善千户集团名册动态管理机制，与市国资委签订《税收遵从合作协议》。

【国际税收】 2019年，合肥市税务局加强反避税管理，上线跨国公司利润水平监控系统，1户企业补缴企业所得税455万元。深化国际税收征管协作，发出对外自动情报349条。服务企业“走出去”，更新清册信息，加强咨询指导，开具《中国税收居民身份证明》13份，减免税177.55万元。深化非居民税收管理，办理税收协定待遇优惠56户次，减免税5992.96万元，统筹做好外汇信息核查。

【税务稽查】 2019年，合肥市税务局查补入库税款5.4亿元，抓捕犯罪嫌疑人138名。推进“黑名单”联合惩戒，深化税警关银协作。开展扫黑除恶专项斗争，摸排线索企业854户，移交接收涉黑涉恶线索20条。市稽查部门获国家四部委授予的“打击虚开骗税违法犯罪工作成绩突出集体”称号。

【电子税务】 2019年，合肥市税务局金税三期系统并库版运行。完善电子税务局功能，上线非贸付汇电子备案系统，全市企业纳税人网上申报率超过99%。在全省率先推广微信缴纳车购税，居民医保微信缴纳使用率达到91.3%。研发“合税通”税企服务平台，试点运行覆盖全市24.8万户企业。

（张劲松）

金　融

【概况】 2019年，合肥市机构改革将原市政府金融工作办公室职责与市商务局融资租赁、典当、商业保理监管职责整合组建合肥市地方金融监督管理局，保留市政府金融工作办公室牌子。

全市全年金融业增加值为869.07亿元，占GDP比重9.24%，高于全省平均水平3.24个百分点；实现金融业税收158.21亿元，比上年增长10.8%；全市融资增量持续保持千亿量级。

2019年10月在北京全国优化营商环境经验交流会上，合肥市地方金融监管局作为全国唯一一家“获得信贷”指标的牵头部门在会上进行典型经验发言。

【区域金融合作】 2019年，合肥市贯彻融入长三角区域一体化国家战略方针，制定《合肥市推动长三角地区金融一体化更高质量发展主要任务分工方案》，加快对接长三角优质金融资源，实现区域重要金融要素的协同发展。

【培育上市公司】 2019年，安徽省交通建设股份有限公司A股上市；中环控股“借壳上市”登陆香港交易所，创合肥市民营企业海外市场资本运作先河；新东方教育香港上市融资42.1亿元，创合肥市民营企业首发上市募资额新高。科大国盾量子技术股份有限公司已通过上海证券交易所科创板审核。全市境内外上市公司达到51家，居全国省会城市第7位，占全省境内上市公司总数的47%；新三板挂牌企业达到82家，省股权托管交易中心挂牌企业达到1083家。

【防范金融风险】 2019年，合肥市金融业开展金融领域扫黑除恶专项斗争、P2P网贷整治、防范处置非法集资和清理整顿各类交易场所等工作。在金融领域扫黑除恶专项斗争中，开展“地毯式”扫楼、扫街活动，市县两级已累计排查各类机构3200余家，累计移交核查线索58条，开展地方金融监管领域专项排查，对不符合监管要求的机构给予整治或清退。

坚持“以市场出清为主”思路，构建动态排查、存量整治、问题处置和刑事打击“四位一体”处置机制，截至2019年末，全市正常发标平台仅剩6家，待还余额5.45亿元；退出中平台14家，待还余额16.31亿元；已完成清退15家，立案查处18家。正常发标平台数量和待还余额分别比整改初期（53家、60.2亿元）下降88.68%和90.95%。

推进非法集资案件处置措施，按照“控增量、清存量”思路，部署开展专项整治活动，2019年以来排查各类企业7507家，在遏制案件增量的前提下，化解存量陈案，推动非法集资陈案结案15起。

【服务实体经济】 2019年，合肥市金融业把服务实体经济作为金融工作的本源，推动间接融资与直接融资两力齐发，引导信贷投放与股权投资双管齐下。充分利用货币政策灵活适度、流动性合理充裕、社会融资成本稳中有降的政策机遇，引导和推动金融机构精准服务合肥市重大项目、战略新兴产业、中小微企业等实体经济重点领域。

2019年，全市银行保险业主要指标均居全省第一，全市银行信贷、保险保费收入增速分别高于经济增速3.99个百分点、7.81个百分点。截至2019年末，全市人民币贷款余额达1.53万亿元，占全省36.4%，比上年增长12.2%。其中小微企业贷款余额3568.22亿元，较年初增加403.12亿元，增速达12.74%，高于全省小微企业贷款平均增速1.18个百分点。全市存贷比88.15%，高于全省6.71百分点；全年新增人民币贷款1634.93亿元，比上年多增685.56亿元。全市保险机构保险保费收入351.51亿元，占全省26.06%。

全市金融业采取创新培育、服务、奖补、调度等工作机制，抢抓国家资本市场改革契机，推动全市企业借力资本市场做优做强。全市新增直接融资3222.73亿元，占全省59.43%，股权、债权融资合计占比较2018年末提升12.43个百分点（达33.85%），为全市经济高质量发展提供中长期资金需求。

【金融改革创新】 2019年，合肥市金融业围绕“金融一体化、金融智慧化、金融普惠化”发展战略，优化金融营商环境。推动民营经济高质量发展政策，设立总规模10亿元（首期5亿元）纾困基金，股债结合给予民营企业资金支持；市创新投发起设立2亿元市科创基金，与市产业、创业投资引导基金和天使基金有效联动，助力合肥市各类处于高成长期的科创型企业加快发展；统筹设立市级信贷引导资金体系，整合科技、文化、农业等六大财政金融产品，累计为全市中小微企业提供15.51亿元资金支持，降低小微企业融资成本。

启动金融支持科技创新改革试点申报工作，填补合肥乃至全省金融改革试验区空白。推动设立普惠金融服务平台，以建设银行为试点，以“大数据应用创新实验室”为载体，重点打造全线上自助办理的“合肥快贷”业务。

围绕破解小微企业、“三农”融资难题，设立特色专营机构，建成社区、小微、科技、文化等专业支行近150家、科技保险机构3家，有效织密“金融服务网”。通过“融资+”创新增信，推广政保贷、税融通、政银担等一系列财政金融产品。截至2019年末，税融通已累计投放129亿元；政保贷累计为300余户中小微企业提供信贷支持16.30亿元；全市新型政银担年内新增放款3295笔、124.04亿元；在保余额122.42亿元，在保企业3617户，本年新增、在保均居全省首位。开展金融扶贫工作，截至2019年底，累计发放专项扶贷小额信贷11.4亿元。

【区域金融开放】 2019年，合肥市融入长三角地区高质量一体化发展战略，拓宽区域金融合作，实现区域金融政策的“同频共振”和重要金融要素的协同发展，制定《合肥市推动长三角地区更高质量一体化发展重点工作推进方案》，出台《合肥市推动长三角地区金融一体化更高质量发展主要任务分工方案》。鼓励沪苏浙地区法人金融机构在合肥市设立分支机构，推动中国银联、太平洋保险等长三角区域内知名金融机构在肥设立区域总部或产业基地。对接光大银行、民生银行、交通银行等金融机构与合肥市签署战略合作协议。2019年，8家沪苏浙地区法人银行在合肥市的分支机构贷款余额1260.37亿元，存款余额1555.5亿元，存贷比100：81.03。

构建金融市场一体化，推动G60城市与上交所战略合作签约、G60城市与金融机构重大产融合作项目签约、长三角科技金融发展论坛、长三角资本市场服务基地成立等重要合作活动，深度融入长三角金融集聚生态圈建设。深化与沪、深交易所合作伙伴关系，联合把脉合肥资本市场发展，继深交所路演中心在高新区落户后，2019年6月，上交所资本市场服务安徽基地在合肥市授牌成立，进一步推动资本市场长三角一体化合作提质增效。

【地方金融监管服务】 2019年，合肥市金融管理局做好机构改革职责转隶，基本建成融资担保、小额贷款、典当、融资租赁、保理等五类地方金融机构监管服务体系。通过市县联动与部门协作相结合，现场检查与经营监控相统筹，实现对地方金融业态的全面监管、有效监管、深度监管。2019年，依法撤销9家融资担保公司、16家小额贷款公司许可经营资格，对24家典当行年审不予通过，将303家不正常经营的企业列入异常经营名录。截至2019年末，全市融资性担保公司平均注册资本4.59亿元，高于全省平均水平35.96%，在保余额427.86亿元。小额贷款公司平均实收资本1.69亿元，高于全省平均水平85.71%；贷款余额162.20亿元，比上年增长2.19%。典当公司典当总额86.55亿元，年内累计实现典当业务收入27731万元，累计上缴税收4712万元。融资租赁公司资产总额204.12亿元，营业收入9.52亿元，累计上缴税收1.42亿元。商业保理公司资产总额24.11亿元，营业收入1.48亿元，累计上缴税收4503万元。截至年底，全市正常经营的各类金融机构共167家，为全市中小微企业提供资金支持逾900亿元，支持实体经济发展。

（合肥市地方金融监督管理局）

2019年2月15日，G60科创走廊九城市与上海证券交易所战略合作签约仪式在上海证券交易所举行 （汪松/摄）

货币信贷运行

【概况】 2019年，合肥市社会融资规模新增2040.56亿元。其中，人民币贷款新增1591.7亿元，委托贷款及未贴现银行承兑汇票分别减少311.62亿元、107.84亿元。

【存款】 2019年末，全市本外币各项存款余额1.64万亿元，比上年末增长4.7%；全年新增736.6亿元，比上年少增705.3亿元。其中人民币各项存款余额1.62万亿元，增长5.3%，增速较上年末回落5.2个百分点，增量比上年减少644.6亿元。全年存款增速呈倒“V”型态势，前4个月持续提高，4月份升至年内最高点12%，之后逐步回落，8月后保持在5.5%上下波动。新增存款以住户存款为主。分部门看：全年人民币住户存款增加660.7亿元，在新增各项存款中占比81.4%，比上年多增146.5亿元；企业存款增加52.5亿元，少增26.1亿元；政府存款增加141亿元，少增573.4亿元；非银行业金融机构存款减少45.7亿元，少增195.5亿元。

【贷款】 2019年末，全市本外币各项贷款余额1.59万亿元，比上年末增长11.7%；全年增加1582.9亿元，比上年多增798.8亿元。人民币各项贷款余额1.53万亿元，比上年末增长12.2%，增速较上年提高6.1个百分点，比上年多增812.3亿元。全年信贷投放呈以下特点：

企业及机关团体贷款新增占比近七成。2019年，全市非金融企业及机关团体贷款新增1028.3亿元，在新增各项贷款中占比64.9%，比上年多增775.3亿元，其中短期贷款、中长期贷款、票据融资分别多增13.3亿元、593.8亿元、175.8亿元。住户贷款增加557.4亿元，比上年多增34.4亿元，其中中长期消费贷款增加404.3亿元、多增28.7亿元。

中长期贷款增速明显提高。2019年末，全市短期贷款余额2782.1亿元，比上年末增长10.5%，增速提高1.6个百分点。中长期贷款余额11181.1亿元，比上年末增长10.5%，增速提高6.2个百分点。

政策性银行贷款同比新增较多。全年国家开发银行和政策性银行贷款合计增加161.1亿元，比上年多增590.8亿元；六大国有商业银行贷款合计增加551.7亿元，多增70.8亿元；股份制银行贷款合计增加447.6亿元，多增131.1亿元；城商行贷款增加207.5亿元，多增5.3亿元；地方法人机构贷款增加242.3亿元，少增24亿元。

县域贷款快速增长。2019年末，全市县域人民币各项贷款余额2223亿元，比上年末增长17.9%，增速高于上年1个百分点；较年初增加336.8亿元，比上年多增65.2亿元。

（中国人民银行合肥中心支行）

银行业保险业

【概况】 中国银行保险监督管理委员会安徽监管局（以下简称“安徽银保监局”）作为中国银行保险监督管理委员会的派出机构，由原中国银行业监督管理委员会安徽监管局和原中国保险监督管理委员会安徽监管局合并成立，于2018年12月17日正式挂牌。安徽银保监局依法承担对安徽辖内银行业和保险业的监督管理职责，防范和化解银行业和保险业风险，保护金融消费者合法权益，依法查处违法违规行为，促进银行业和保险业健康可持续发展。安徽银保监局下辖16个分局，其中巢湖分局主要对合肥“四县一市”（长丰县、肥东县、肥西县、庐江县、巢湖市）银行业和保险业实行统一监督管理。

【银行业】 2019年末，合肥市银行业资产余额2.89万亿元，负债余额2.77万亿元。其中，全市本外币各项存款余额1.64万亿元，同比增长4.7%，全年新增736.6亿元。全市本外币各项贷款余额1.59万亿元，同比增长11.7%；全年增加1582.9亿元，同比多增798.8亿元。

2019年末，驻合肥银行业金融机构8大类51家，包括3家政策性银行安徽省分行，6家大型银行安徽省分行，11家股份制商业银行合肥分行，4家城市商业银行及合肥分行，1家民营银行，12家农村银行金融机构（1家省联社、6家农商行、5家村镇银行），4家外资银行合肥分行，10家非银机构（4家金融资产管理公司安徽省分公司，2家信托公司，企业集团财务公司、汽车金融公司、金融租赁公司、消费金融公司各1家）。其中，法人机构合计20家。

【保险业】 2019年，全市保险业累计实现原保险保费收入351.51亿元，比上年增长15.41%，保费收入占全省比重为26.06%；赔付支出95.92亿元，增长2.45%；累计提供风险保障26.09万亿元，增长60.85%。

截至2019年底，全市共有保险公司69家，较2018年增加3家。其中：法人公司1家，省级保险公司68家；外资保险公司8家，农险、信用险、责任险公司各1家，养老险公司4家，健康险公司2家。

【银保监管】 2019年，安徽银行业和保险业强化金融服务，支持地方经济社会发展，全市银行信贷、保险保费收入增速分别高于同期经济增速3.99个和7.81个百分点。建立制造业专项信贷支持机制，制造业贷款全年增长14.25%，增速高于全省4.82个百分点，比上年多增119.35亿元。支持科技创新，银团（银团是指银行业进行联合放款的组织）投放220亿元支持合肥维信诺科技有关项目。配合区域生态文明建设，建立信贷与环保评价衔接机制；支持城中村改造工程，保障性安居工程贷款全年新增投放11.8亿元。培育新发展动能，新增战略性新兴产业贷款186.47亿元，比上年增长41.19%。安徽银行业和保险业出台银行业保险业支持民营企业金融服务实施意见，细化、实化小微企业金融服务监管政策举措，制定无还本续贷业务指导意见，下力推进“两增两控（“两增”即单户授信总额1000万元以下（含）的小微企业贷款增速不低于各项贷款增速，贷款户数不低于上年同期水平。“两控”即合理控制小微企业贷款资产质量水平和贷款综合成本）。在包河区开展中央财政支持深化民营和小微企业金融服务综合改革试点。银税互动合作，组织实施银行机构“百行进万企”推广活动，促进银企对接。2019年末，全市小微企业贷款余额3568.22亿元，比上年末增长12.74%，累放小微企业无还本续贷48.15亿元，比上年增长38.76%。推动基础金融服务“村村通”工程，提升农村金融服务水平，助力乡村振兴，在县域新设10个支行和网点，辖内农村基础金融服务基本实现全覆盖，2019年末，全市银行业涉农贷款余额1691.03亿元，比上年末增长7.29%；合肥县域普惠小微企业贷款贷款余额387.07亿元，增长24%，高于各项贷款增速6.5个百分点，贷款户数7.08万户，较年初增加1.82万户。强化精准扶贫工作，全市扶贫小额信贷余额6.43亿元，支持建档立卡贫困户2.23万户。推动农业保险转型升级，全年累计为全市44.46万农户提供农业风险保障50.1亿元，向20.67万农户支付赔款1.47亿元。应对台风“利奇马”以及猪瘟疫情等自然灾害影响，做好相关赔付工作。各类责任保险为全市参保主体提供风险保障1.48万亿元，比上年增长62.56%，累计向9.13万户投保人赔付4.58亿元。加大保险支持创新力度，为全市283家高新技术企业提供风险保障71.92亿元，其中首台套重大技术装备保险为119套装备提供8.93亿元风险保障，比上年增长80.32%，协助获得保费补贴支持3800万元。合肥地区大病保险累计向7.1万人次赔付2.86亿元。基本医保经办项目累计报销763.74万人次，共计34.87亿元。

合肥金融后台中心 （王世保/摄）

【推动改革创新】 2019年，安徽银保险监局推进银行保险业“质量提升年活动”，促进银行保险机构回归本源、专注主业。引导法人机构拓宽资本补充渠道，完善资本补充机制，提高拨备水平，增强风险抵御能力。年末，全市农商行资本充足率平均达12.8%，拨备覆盖率达221.5%。推进辖内法人银行保险机构完善治理结构，完成4家国有大型银行合肥分行设立工作，并全部成立普惠金融专营机构。引导大型银行、股份制银行下沉服务重心，实现县域机构全覆盖，县域贷款增速达17.5%。引导银行保险机构参与、支持合肥市争创绿色金融、科技金融、乡村振兴金融3个试验区，创新业务、产品和服务模式，充分发挥服务地方经济社会发展的职能。

【监管整治】 2019年，安徽省银行业和保险业开展市场乱象整治，整肃市场秩序，加大监管力度。推进防范化解金融风险攻坚战，通过债权人委员会等机制，配合市政府推动企业存量债务重组，持续推动地方政府隐性债务化解，紧盯风险事件和风险机构，抓实不良贷款降旧控新，压降区域金融风险。对合肥城区范围内47户困难企业通过稳贷增贷、债务重组、资产处置等实现不同程度帮扶。2019年，全市共处置不良贷款79.92亿元。开展合肥市人身险满期给付与退保风险监测，全年未发生因满期给付与退保引发的群体性事件。配合合肥市政府及有关部门做好网贷清退维稳工作。开展银行保险机构侵害消费者权益乱象整治，稳妥处置重点、热点投诉；与人民银行等四部门加强工作协同，联合开展2019年金融宣传教育活动，加大金融消费者权益保护宣传。

（中国银行保险监督管理委员会安徽监管局）

证监业

【概况】 中国证券监督管理委员会安徽监管局（以下简称“安徽证监局”）是中国证监会的派出机构，其前身为安徽省证券管理办公室，成立于1995年。1998年，根据党中央、国务院关于建立全国集中统一的证券监管体制的要求，划归中国证监会垂直领导，改名为“中国证监会合肥证券监管特派员办事处”，并于1999年7月1日正式挂牌。2004年3月1日，根据中央编办复字〔2004〕11号文件批复，正式更名为“中国证券监督管理委员会安徽监管局”。

2019年，安徽证监局严格履行派出机构职责，防范化解风险隐患，打击违法违规行为，着力维护投资者合法权益，辖区资本市场生态质量和服务能力稳步提升。

【公众公司监管】 2019年，安徽证监局强化上市公司监管，落实上市公司质量行动计划，坚持管少才能管好，聚焦大股东、实控人、董监高等“关键少数”，强化监管压力传导。以问题为导向，实施分类监管，强化对关联方资金占用、并购标的业绩承诺、商誉及其他资产减值等重点领域监管力度。保持从严监管，督导公司严守“四个敬畏”，勿踩“四条底线”，对于触及监管红线的予以严惩。贯彻退市改革部署，实施多元退出渠道，对存在严重违法违规的企业及时出清，同时推动部分经营存在困难、运作相对规范的公司通过并购重组等方式，盘活资产。推进企业上市挂牌，抓住科创板改革的机遇，联合交易所、各级地方政府做好调研走访、资源培育、培训指导工作，建立后备企业动态资源库。探索完善监管方式，开展分类监管，聚焦监管资源，提升监管效能。严格辅导监管，夯实规范基础，督导中介机构归位尽责，督促提升辅导质量传导监管压力。加强对挂牌公司监管力度，监管与服务并重，强化公司自治、强化市场约束、强化监管执法，抓日常监管、抓监管引导、抓借力监管、抓监管协作，守住风险底线，推动市场规范发展。加强债券发行人监管，强化与地方金融监管局沟通协作，建立信息沟通机制，压实发行人和中介机构责任，推动市场化法治化，化解风险。分类施策，做好个案风险处置，推动外经建设成立债权人委员会，国购投资有限公司重整事项法院已裁定。

【证券期货市场监管】 2019年，安徽证监局加强监管中介机构，通过现场检查、约谈谈话、走访督导、采取行政监管措施等方式，多措并举督导证券期货经营机构、投资咨询机构、审计评估机构等中介服务机构合规风控基础，回归服务实体经济本源，提升专业能力和综合实力，着力涵养构建合规、诚信、专业、稳健的行业文化。开展严厉打击非法证券期货活动，常态开展防非进高校活动，编写防非警示词条，并借助新闻媒体、证券经营机构、行业协会等宣传报道，特别是联系银保监局，借助银行网点众多优势，扩大宣传覆盖面。成立私募基金业协会，强化私募行业自律监管。加大对反洗钱跨部门监管，与人民银行合肥中心支行签订《反洗钱和反恐怖融资监管合作规定》，并联合开展反洗钱监管走访、户外宣传等活动，首次向其移送涉非领域反洗钱线索。促进区域性股权市场和地方交易场所规范发展，推动地方政府出台《安徽省交易场所监督管理暂行办法》，协助安徽省清理整顿各类交易场所部际联席会议办公室制定交易场所整合方案，配合省地方金融监管局处置1家文化类交易场所历史遗留问题。

【保护投资者合法权益】 2019年，安徽证监局推动投资者教育纳入国民教育体系，与地方教育厅签署合作备忘录，建立证券期货知识普及教育协作机制，在此框架下，与合肥工业大学就试点教学达成合作协议，指导辖区证券期货经营机构在部分中学试点开设财商教育课程。建设纠纷多元化解机制，在前期与人民法院、仲裁机构、行业协会、中证中小投资者服务中心等建立的“开庭+调解”、诉调对接、仲调对接等化解机制的基础上，指导辖区机构与中证中小投资者服务中心建立小额速调化解机制。同时，通过印发宣传折页、召开座谈会等方式，广泛宣介，引导更多投资者利用多元机制维护自身合法权益。联合交易所、行业协会等举办科创板投教行、金融知识普及月、私募基金教育、投教大讲堂、防非投保进高校等活动，使投资者教育获得感增强，满意度增加。加大投教基地建设，合肥市建有4家省级投教基地（2家实体投教基地、2家互联网投教基地），其中2家被评为国家级投教基地。以考核、监管督导投教基地提升建设质量和服务水平，指导投教基地自主或配合监管部门开展丰富多彩的投教活动，提升辖区投资者教育水平。

（中国证券监督管理委员会安徽监管局）

责任编辑：鲍　甄

经济监督与管理

市场监督

【概况】 2019年，合肥市市场监督管理局（以下简称“市市场监管局”）推动机构改革，高效完成原工商、质监、食药监、知识产权、物价等部门的职能整合和划转、转隶分流、集中办公和定岗定责工作，构建起“大融合、大市场、大监管、大服务”的工作格局。

该局商事制度改革、事中事后监管工作被省政府推荐给国务院，作为真抓实干成绩突出单位予以表彰；庐阳区市场监督管理局成为全省首家完成市场监管所划转街镇工作的单位。

【优化营商环境】 2019年，市市场监管局在瑶海区试点个体登记智能审批，通过智能审批8937户，占个体登记总办件量的75%；在全省率先研发使用企业登记“智能审批”系统，实现全年365天、每天24小时不打烊自主申报，全市智能审批登记量占比逾50%；落实省市场监督管理局“六个一”体系建设，在全省率先实现设立登记、印章刻制、申领发票、银行开户、社保登记、公积金开户6个环节“一网通办”“一日办结”；推进企业注销改革，依托信息共享，搭建全市企业注销网上服务专区，落实“一窗受理、容缺受理、并行办理”，申请材料由原来的10份减少至5份；推进行政审批制度改革，对行政许可项目进行优化整合，精简材料、减少环节、优化流程、压缩时限。全市全年新登记各类市场主体237389户，比上年增长18.65%，列中部省会城市第二位，年度创业活力指数增速居中部省会城市首位。截至年底，全市实有市场主体1002093户。

【推进竞争执法】 2019年，市市场监管局承接好公平竞争审查职能，调整升格联席会议，联合印发实施方案，审查清理政策措施，审查增量政策措施76件，清理存量256件，国家市场监督管理总局考核组对此充分肯定；长丰县市场监督管理局作为全市县级代表接受督查获好评。巩固打击传销清零成果，合肥市被移出国家市场监督管理总局确定的重点整治城市名单，市领导专门批示给予好评；整治“保健”

2019年4月30日，合肥市召开食品安全委员会第一次（扩大）会议暨创城领导小组全体会议 （市市场监管局/供）

市场违法行为，立案查处的安徽未名天合生物科技有限公司虚假违法广告案，被省市场监督管理局列为“保健”市场整治典型案例；推进“扫黑除恶”专项斗争，研判、深挖“套路贷”线索，先后向市扫黑办和公安机关移送“套路贷”问题线索11起；开展“元旦春节”“五一端午”“中秋国庆”重大节日专项打假行动，端窝点、堵源头、查办大要案，全年立案查处各类案件1077起，为消费者挽回经济损失400余万元；布置开展转供电、医疗服务、房地产、商业银行、高校等涉企收费专项检查，立案查处4起，罚没款793万元。此外，市市场监管局进行的反不正当竞争执法工作当年被国家市场监督管理总局评定为重点行动表现突出单位。

【重点监管】 2019年，市市场监管局制定市场监管领域随机抽查事项清单，涵盖全市236家监管部门、4218个事项。开展双随机抽查1063批次，完成抽查并公示企业23568户；开展部门联查任务329批次，完成检查并公示企业6934户。归集涉企信息96751条，占到全省企业年报数三分之一，提前超额完成目标任务。按照企业信用类别，实施差异化的随机抽查比例，对严重失信类企业抽查比例达80%，既保证必要的抽查覆盖面和监管效果，又防止任意检查和执法扰民。规范实施失信惩戒，累计将39036户次和3054户次企业列入经营异常名录和严重违法失信企业名单，拦截失信被执行人任职资格申请441次，对570户企业进行信用综合评价。按照包容审慎原则建立企业信用修复机制，全年有16063户次企业移出经营异常名录、1764户次企业移出严重违法失信名单。走访电商企业575户，解决问题112条，推进商品交易、网络订餐、农产品、二手车交易等多类型电商平台落实主体责任。开展“网剑”专项行动，查处网络案件303起，罚没款640万元，案件数及罚没款均位居全省第一，查处的合肥医博肛泰医院违法发布广告案，被国家市场监督管理总局列为年度虚假违法广告典型案例。督导高新区查办合肥安才教育咨询有限公司不正当竞争案，获评国家市场监督管理总局反不正当竞争执法暨“百日行动”典型案例，入围全国案例宣讲团。开展房地产、汽车、旅游等重点行业合同格式条款专项整治，纠正不合理格式条款1846条。规范成品油市场，查处案件581起，查扣成品油489吨。

【特殊行业安全监管】 2019年，市市场监管局将市食品安全委员会升格，由市委书记和市长同时担任主任，制定出台食品安全工作3个责任清单，继2018年度居全省食品安全评议考核第一名之后，2019年度的考核成绩位居全省前列。开展整治食品安全问题联合行动，全市立案查处791起，罚没款423万元，整治工作得到国家督导组的充分肯定。推进食品小作坊规范提升工作，全市建档食品小作坊695家，获证率96.5%。指导肥东县建立豆制品小作坊集中区。全市56家规模以上食品生产企业完成省市场监督管理局追溯体系规范化建设试点工作。全市学校、幼儿园食堂明厨亮灶工程建成1852户，覆盖率100%；892家幼儿园实现“明厨亮灶”信息化；肥东、肥西、包河、庐阳等建立“明厨亮灶”监控大屏，将学校食堂“明厨亮灶”全面升级并统一纳入监控。全年完成食品抽检30099批次，合格率98%。全市近2000家食品经营店落实特殊食品专区销售。包河区春台街成功创建省级食品安全示范街区，全市增至两家，位列全省第一。开展药品医疗器械“春风”行动、中药饮片质量集中整治、疫苗储存运输专项检查等，立案查处37起，责令改正1014家。推动仿制药质量和疗效一致性评价工作，兑现奖补资金1000万元。特种设备安全监察落实“一单四制”，及时排查安全隐患，完成6起重大隐患治理销号，下达安全监察指令书2675份，立案1808起，查封扣押372台套。全年未发生区域性、系统性安全事故。

【知识产权保护】 2019年，市市场监管局在全省率先出台高价值专利培育计划，新增发明专利25453件，占全省41.6%；全市有效发明专利量26252件，占全省35.1%，其中万人发明专利拥有量32.47件，肥西县达35.6件，在全省县区中位居第一；有效商标注册量185424件，占全省30.5%；国轩高科、一天电气、笑弯腰、华艺园林获批中国驰名商标，科大讯飞获批中国专利银奖，阳光电源等10家企业获批优秀奖。推进知识产权质押融资，199家企业实现融资260笔，获批贷款41.64亿元；推进企业专利保险试点，有37家企业71项专利办理保险，保险理赔额达312万元。实施“蓝天”专项行动，对46家专利代理机构不规范的专利代理行为进行调查核实，近80家专利代理机构向国家、省和市知识产权局报送代理承诺书。完善执法协作机制，与合肥市中级人民法院联合印发《关于建立专利民事、行政司法与行政执法协作机制备忘录的意见》，建立诉调对接工作机制。成立合肥知识产权法庭，为全国10家知识产权专门法庭之一。成立合肥市知识产权仲裁中心，入选全国首批能力建设知识产权仲裁调解机构，6起案件办理仲裁确认手续，属全国首创。成立合肥市知识产权纠纷仲裁调解中心，探索专利纠纷化解新途径。加入长三角7城市知识产权保护与服务联盟，牵头组建合肥市知识产权发展联盟，创建中国合肥知识产权保护中心。查处知识产权侵权纠纷案件846起，其中：商标案件629起，专利案件217起。在国家知识产权局公布的全国专利行政执法工作绩效考核结果中，合肥市在全国158个副省级城市和地级市中，绩效考核排名由上年度的第16位上升至第7位。

【质量建设】 2019年，市市场监督管理局构建市县两级党政主要领导双挂帅的质量发展工作格局，质量工作纳入市政府年度目标考核。强化品牌建设，合肥通用机械研究院等4家单位当年获中国质量奖提名奖，科大讯飞等3家企业获省政府质量奖，此两个奖项全市获奖企业数量位列全省第一。出台《合肥市地方标准管理办法》，增强标准话语权，全年主导或参与制定国际标准6项、国家标准1353项、行业标准1771项、省地方标准1933项；推进“百城千业万企对标达标提升专项行动”，166家企业发布337个产品对标结果，26家单位主导编制58项对标技术方案，在全国试点城市中排名第二位；推进标准化试点示范工作，喜洋洋国家绿色水稻、江淮园艺安徽省菜瓜育种与生产标准化示范区通过国家验收，全市农业、服务业、工业标准化企业数量和规模位居全省第一；推进制造业标准和质量提升，指导建设中电科38所、中科大、合工大、合肥中科离子4个省级技术标准创新基地。国家检验检测高技术服务业集聚区（安徽）建设获批，合肥园区辐射和带动作用日益凸显；启动国家家电中心二期项目建设，筑牢质量发展根基，提升检验检测公共服务平台集成化服务能力。建设社会公用计量标准，全市社会公用计量标准总量达247项，有89家企业成为诚信计量自我承诺示范单位；全面启动计量器具强制检定业务管理系统，检定器具13189台件，数量位居全省第一。合肥市成为入选全球10个“智慧城市国际标准试点”城市之一，获2019中国“质量魅力城市”称号，质量工作考核成绩位居全省前列。

【消费者权益保护】 2019年，市市场监督管理局充实完善合肥市消费者权益保护联席会议机制，组建合肥市消费纠纷人民调解委员会，成立消费维权专家委员会，夯实社会共治基础。开展以“亮品牌、提品质、守信用”为主题的放心消费创建工作，落实示范企业评定，发展培育市级示范企业122家、县级1349家。推进“五线”整合，全年受理各类投诉举报咨询148839件，及时分流、高效办理，办结率100%，为消费者挽回经济损失1400万元。推进“五进”工程，延伸服务进公用企业、大型商超和汽车4S店，全市建成消费维权服务站456家。建立完善诉调对接机制，实行“线下无理由退换货”承诺制度。多渠道发布网络消费维权典型案例和数据分析报告，发布“双十一”“双十二”消费警示提醒。在民生领域，新建城区农贸市场11家、改造升级37家；对2018年新建和改造的菜市场进行考核验收，兑现奖补资金，分三批次对50家菜市场实施奖补4400万元，经开区菜市场改造升级“一场一风格”，海恒菜市场成为全市获奖补资金最高的单体菜市场；通过第三方测评机构开展菜市场长效管理考核，落实城区活禽交易季节性休市规定，补齐菜市场文明创建短板，推动日常规范管理。

（刘　畅）

审　计

【概况】 2019年，合肥市审计局创新体制机制，依法全面履行审计监督职责，发挥审计监督“治已病、防未病”重要作用，推进审计全覆盖。市本级审计和延伸审计单位395个，促进增收节支、挽回或避免损失26.78亿元，移送处理事项21件，问责269人次。在2019年审计项目中，1个被表彰为2019年全国审计机关优秀审计项目，3个被评为2019年全省优秀审计项目。市审计局当年有100余篇审计信息被中国审计报等省部级载体刊发，有80多条次问题建议类信息被市委、市政府采用，有13篇审计专报获省市领导批示。

市审计局2019年被中央审计委员会办公室、国家人力资源和社会保障部、国家审计署表彰为“全国审计机关先进集体”，获安徽省第十二届文明单位等21项市厅级以上称号，并连续第4年获合肥市委综合考核“好”等次，多次获市政府目标管理考核优秀责任单位称号。

【审计体制改革】 2019年，市审计局在全省各地市中率先成立市委审计委员会，省委常委、市委书记担任委员会主任，研究制定规章制度，建立成员单位协调配合机制，印发审计委员会工作规则和其办公室工作细则，推动各项工作机制运转顺畅、高效。加强审计项目、组织方式"两统筹"，推动审计资源向关键领域融合聚集，实现"一审多项""一审多果""一果多用"。坚持以实战为导向，聚焦大数据平台建设、大数据运用等关键环节，推进大数据审计，打造智慧审计合肥模式。

【审计质量控制】 2019年，市审计局构建"审计组审核、部门复核、法规部门审理、分管领导审理会审议、审计业务会审定"的审计质量控制模式。在实施《审计组业务例会制度》《审计业务会议制度》《审计项目复核审理办法》等制度基础上，出台《关于进一步加强审计项目质量控制的若干规定》《合肥市审计局审计现场管理办法》，初步形成覆盖全过程的审计质量规范体系。开展年度常态化审计项目质量检查和优秀审计项目、项目案例评选活动，健全审计质量通报制度。强化同类项目审理成果运用，对四大开发区、部门预算执行、经济责任审计项目进行审理，力求统一定性、适用法规、处理处罚，减少审计处理的随意性。

【政策跟踪审计】 2019年，市审计局将重大政策措施落实情况作为重要审计内容，组织开展对全市2019年四个季度国家重大政策措施落实情况的跟踪审计，对精准扶贫和脱贫、简政放权、清理规范涉企收费等10项政策开展跟踪审计。重点关注"三大攻坚战""三去一降一补"任务落实等国家重大战略实施，推进稳增长、促改革、调结构、惠民生、防风险等工作。开展减税降费专项审计，除每季度开展减税降费专项审计外，还将减税降费审计事项融合到各个审计项目中，作为重要审计内容进行关注。开展清理拖欠民营企业中小企业账款专项审计，强化宏观政策研究，把握政策实质，形成有总体、有分析、有典型、有建议的高质量审计成果。

【财政审计】 2019年，市审计局对市财政局组织2018年度市本级预算执行情况，以及市科技局等12个部门及其所属二级单位2018年度预算执行情况进行审计。审计在全面覆盖财政性资金的基础上，突出重点，将绩效理念贯穿于审计全过程，深层次揭示经济社会运行中的各类风险隐患，促进完善财政调控、保障、分配、管理体系，推动全面实施预算绩效管理，得到市人大、市政府的充分肯定。在财政审计中，该局审计报告内容翔实、数据准确、不仅关注预算执行情况，还关注水资源保护、产业扶贫等重大政策措施落实以及国有企业国有资本管理等情况。此外，在审计中发现的重大违纪违法违规问题呈减少趋势，反映出审计促进规范财政财务管理取得的成效。

【经济责任审计】 2019年，市审计局完成33个单位41名领导干部经济责任审计，完成任务量创历史新高。其中，肥东县、巢湖市2个县（市）党政主要领导干部4人，市科技局、市人社局、市水务局等23个部门主要领导干部28人。督促指导主管部门对10名内管干部开展审计，指导5个单位做好领导干部离任交接和任前告知，授权下级审计机关开展对1名副县级领导干部任期经济责任审计。其中对市教育局原局长任期经济责任进行审计的项目被推荐至国家审计署，成为参评全国优秀审计项目。在全国率先出台《经济责任审计问题责任界定实施办法》，修订《合肥市经济责任审计结果运用实施办法》，对经济责任审计问题责任界定的范围、依据、程序以及结果运用等方面做出明确规定，效果良好。

【自然资源资产审计】 2019年，市审计局市本级组织安排巢湖市、肥东县2个县（市）领导干部自然资源资产离任（任中）审计项目，县（市）区审计局安排14个党政领导干部自然资源资产离任（任中）审计项目，审计领导干部28人。其中，按职级分类，厅局（地市）级干部1人，县处级干部3人，乡科级干部24人；按职务类别分类，党委政府干部26人，部门或单位干部2人。审计重点关注党政主要领导干部在自然资源资产管理和生态环境保护工作中贯彻落实上级决策部署、遵守法律法规、制定政策措施、完成目标任务、履行监督责任、资源资产开发利用、资金项目管理、中央环保督查反馈问题整改等方面情况，客观界定领导干部履职情况，推动领导干部履行自然资源资产管理和生态环境保护责任。

【农业农村审计】 2019年，市审计局完成长丰县等5个县（市）2014至2016年财政扶贫专项资金、合肥市2017年度扶贫政策落实及扶贫资金分配管理使用、巢湖市产业扶贫等专项审计调查；完成肥东县乡村振兴相关政策资金及"一卡通"惠农补贴资金、市民"菜篮子”工程等乡村振兴及惠民工程专项审计调查，指导全市扶贫和乡村振兴审计工作；首次开展合肥市大气环境治理状况专项审计调查，参与全市秸秆禁烧和综合利用推进督查工作。出台《合肥市审计局关于贯彻落实脱贫攻坚战三年行动指导意见进一步深化扶贫审计的实施意见》《合肥市审计局关于加强审计监督推进乡村振兴战略实施的实施意见》等文件，效果良好。

2019 年 9 月 27 日，合肥市审计局大数据审计小组正在开展数据采集转换、数据比对分析和疑点核查 （陈国虎／摄）

【政府投资及外资运用审计】 2019 年，市审计局审计政府投资建设项目完成投资额144.29亿元，核减投资额 6.3 亿元。组织开展轨道交通、环巢湖生态示范区、安徽创新馆等18个重大项目跟踪审计，重点关注基本程序履行、项目管理、投资控制、征地拆迁及投资绩效，全力服务保障重大项目建设。完成房建、市政、水利、交通等市级投资建设项目中的 1019 个单项工程价款结算审计，重点关注价款结算的真实性、合法性，以及合同招投标、合同执行、合同外变更签证、合同内暂定金、预留金使用管理等情况。完成滨湖中心、市新型墙材产品展示厅购置及装修工程、蔡田铺污水处理回用工程等 9 个竣工财务决算项目审计。组织开展六安东部新城水环境治理工程、庐江县县河及其支流水环境综合治理两个亚行贷款安徽巢湖流域水环境综合治理项目外资运用审计。

【企业及金融审计】 2019 年，市审计局重点对政府及企业部门债务结构和风险、金融及类金融机构经营性和政策性风险开展审计。组织开展合肥通航控股有限公司、合肥丰乐种业股份有限公司、合肥城改投资建设集团有限公司、安徽公共资源交易集团有限公司、合肥滨湖新区建设投资有限公司、原合肥政务文化新区开发投资有限公司、合肥市规划设计研究院、合肥科技农村商业银行股份有限公司等 8 家国有及国有控股企业领导人员任期经济责任审计，首次组织开展对社会中介机构出具的丰乐种业等 7 家国有及国有控股企业年度审计报告核查。对中国（合肥）国际家用电器暨消费电子博览会合肥市经费财务收支、全国电子战大会经费、世界制造业大会合肥市经费等事项进行审计。

【民生及专项审计（调查）】 2019 年，市审计局先后开展肥东县乡村振兴相关政策资金、肥东县“一卡通”惠农补贴资金、城镇污水处理设施建设运营情况、引江济淮工程建设、灾后水利薄弱环节治理建设项目等专项审计。完成合肥市减税降费政策措施落实、水资源保护现状、市级财政资金支持开放平台发展政策落实、市本级重点监管国有企业国有资本管理及收益、巢湖市产业扶贫、市第一人民医院集团 2016 至 2018 年度财务收支及运营管理、市住房公积金 2018 年度资产负债和财务收支，以及团市委、市妇联所属 4 所幼儿园清产核资等审计任务。

【内部审计】 2019 年，市审计局成立内部审计指导监督处，加强对内部审计的指导和监督。制定 2020 年至 2022 年内审工作规划，明确未来三年内审工作发展方向。首次将内审项目计划纳入全市审计项目计划，推进全市内审工作规范化、制度化。全面掌握全市内审机构设置和内审工作开展情况，开展内部审计统计工作。组织申报中国内部审计协会开展的内审结果运用经验展示活动方案。安排 600 余人次内审人员参加省内审协会举办的内审业务培训班。开展审计科研课题研究，参与省审计学会和内审协会重点科研课题研究并中标完成多项课题的研究撰写。组织全市审计机关围绕“审计项目审计组织方式统筹研究”“审计监督全覆盖视角下合肥审计高质量发展研究”等热点和主题，收集审计科研论文93篇。

（陈国虎）

统　计

【概况】 2019年，合肥市统计局围绕经济发展中心工作，以供给侧结构性改革为主线，以提高数据质量为核心，坚持创新引领发展，完善统计体制，全面推进依法统计、依法治统，推动统计为全市经济高质量发展提供更加坚强的保障。开展第四次全国经济普查，高质量完成农业、工业、建筑业、服务业、投资、能源、人口、就业、科技、文化、基本单位等年报、定报统计工作，完成各产业统计和专项调查任务。

市统计局当年被评为政务公开工作先进单位、市本级预算管理工作先进单位，连续第15年获市政府目标管理考核优秀责任单位称号。

【第四次全国经济普查】 2019年，市统计局按照第四次全国经济普查工作实施方案要求，在前期选调的7000多名普查员和普查指导员全力配合下，序时完成现场登记、数据审核上报及事后质量抽查等各环节工作任务，登记调查单位27.2万家、个体户47万户，完成经普调研报告18篇。在整个普查过程中，把依法普查放在第一位，筑牢数据质量底线思维，整理反馈异常数据19轮（次），核实主要经济指标错误近9000笔，对6000余家非联网直报单位进行重点实地核查，查遗补漏单位1.2万个，通过国家事后质量抽查组对普查数据的质量抽查，合肥市事后普查数据质量高于全国平均水平。

【专项调查】 2019年，市统计局在全市范围内开展营商环境、小微企业双创、重点研发企业、电子商务企业、两纲监测、知识产权保护情况、流动人口情况、企业用工等多项调查任务。

【统计规范化建设】 2019年，市统计局把提高数据质量作为整体推进统计基层基础工作规范化建设的出发点和落脚点，开展全市统计基层基础规范化建设调研督查。结合统计“双随机”抽查工作，开展不定期巡查调研，调研对象包括乡镇（街道、办事处）部门、企业，实地查看统计机构和人员、业务工作制度、工作条件、资料建立和管理、工作保障等统计基层基础规范化建设工作，同时指出存在的薄弱环节，并把调研结果运用到日常数据评估中，确保统计数据真实可信。加强统计基层业务培训，先后召开各县区、各专业经济普查业务培训会，组织新增“五上”企业开展业务培训，规范统计基础工作，提高基层数据质量。组织市级及县区、乡镇统计人员开展岗位知识培训，提高统计人员业务能力和素质。每月组织各专业开展联合互查，做到统计业务全方位覆盖，并按月通报一套反映企业和投资项目数据质量情况表联网。

【统计服务】 2019年，市统计局拓展统计服务领域和空间。推进应用“互联网+政务服务”平台服务机制，推动统计信息咨询服务，在政务服务大厅综合窗口安排统计资料服务；优化服务事项实施清单要素及办事流程，将办理时限由原来的3天压缩至1天；主动公开发布信息近500条，提供各类咨询服务450余人次；提供合肥市及相关城市近年来分季度统计基础数据给市人大预算联网系统平台，满足人大代表查阅需求；编印《2018年合肥市国民经济统计资料提要》《合肥统计月报》《横向经济运行动态》《合肥工业综合月报》《合肥能源消耗监测月报》《合肥市金融月报》《合肥市自主创新和文化产业季度监测》《现代服务业季报》《省内（省会、长三角、全国30个重点）城市主要经济指标快报》《送阅材料》《重点耗能企业能耗专报》《统计预警》等统计产品10余种；发布《合肥市2018年国民经济和社会发展统计公报》《合肥市2018年度人力资源和社会保障事业发展统计公报》《2018年合肥市人口变动抽样调查主要数据公报》；编印市十六届人大二次会议参阅材料《践行发展新理念　谱写发展新篇章》，受到各界一致好评。此外，创新数据发布方式，分别举办上半年经济形势新闻发布会，解读全市经济运行情况，以及中华人民共和国成立70周年新闻发布会，数说合肥70年从“小县城”到“大都市”的蝶变，传播全市经济社会发展正能量，并通过“合肥市人民政府发布”微信公众号等新媒体平台同步发布。

【调研分析】 2019年，市统计局完成各类统计经济信息400余篇，其中被“两办”采用70篇，撰写统计分析、送阅材料、调研报告等105篇，有17篇获省市领导直接批示，28篇被新华网、安徽

2019 年 11 月 25 日，第十二届中部省会城市经济形势座谈会在合肥召开

（市统计局 / 供）

省人民政府网、《安徽省情省力》、中安在线、《合肥日报》等媒体刊载，其中《合肥人口红利及人才引进培育情况研究》获省委常委、市委书记宋国权的好评，该篇分析报告与《五大发展理念下合肥工业高质量发展比较分析》同时获省级统计分析大赛一等奖。

【考核评价】 2019 年，市统计局向省政府出台的《安徽省县域经济高质量发展考核办法》提出合理化建议，并搜集整理上报 2017 年、2018 年县域考核相关数据；参与市级季度考核方案的制定和完善，协助督查目标办开展经济运行考核季度测算，协助开展年度目标管理绩效考核工作，并参与现场评审；依据公平公正公开的原则，审核合肥市经济技术开发区参加国家商务部和长丰县经济开发区等 5 个省级开发区参加省商务厅考核的资料。

【法治建设】 2019 年，市统计局全面推进依法统计、依法治统工作。推进统计法律法规进党校、进社区、进企业、进课堂，通过法律走廊、专题法治讲座、“12·8”统计法宣传广场日活动等，多渠道、全方位宣传统计法律法规，营造良好的学法普法氛围，提高依法统计工作意识。引入专业法律指导机制，加强“一单两库”管理，按照组织、流程、对象确定规范的原则，科学制定“双随机”抽查工作方案和办法，对 30 个对象规范开展“双随机”检查；各专业自行或会同对口部门联合开展执法检查，提高统计执法效力。严格落实行政执法“三项制度”，加大统计违法案件的查处和曝光力度，全市立案调查 6 件，对 5 家统计失信企业实行双公示，做好国家和省统计局执法案件的后续追责整改等工作。结合“不忘初心、牢记使命”主题教育，开展统计造假专项整治，整改 36 项事宜；建立失信企业修复机制，夯实统计基层基础；建立专业数据质量评估办法、数据质量监控情况通报等制度办法，强化对统计数据生产的全程监管，制定《合肥市统计局专业处室统计数据质量检查办法(试行)》，加大对数据质量的内部管控工作。

【信息化建设】 2019 年，市统计局优化信息系统及网络环境，提高安全防范意识，保证联网直通平台，且高效平稳运行。全面做好机房和设备管理，对在用设备、系统进行登记，并与市信息中心签署合肥市统一政务机房设备托管协议，确保一年一签；在市—县区 VPN 服务器正常运行基础上，协助 4 个城区和庐江县统计局完成县区—乡镇 VPN 服务器的调配试用，其余县区均开通统计内网专线服务，确保工作环境安全稳定。提高信息系统安全防护水平，及时将“合肥统计信息网”和“合肥市统计局”内外网向当地公安机关备案，申领《网站主体授权书》等。

【改革创新】 2019 年，市统计局按照《中共合肥市委全面深化改革委员会关于印发〈市委全面深化改革委员会 2019 年工作要点〉的通知》文件要求，牵头承担的任务为研究制定防范和惩治统计造假、弄虚作假督察工作实施办法。印发《合肥市统计局关于调整局内部成立的领导小组的通知》，建立健全各项日常工作机制，按季度向市委报送工作完成进度，制定《合肥市统计造假专项整治工作方案和防惩统计造假、弄虚作假工作实施细则》，梳理整治任务，明确责任分工、进度安排和整治成果，形成《合肥市统计局数据质量检查办法》《合肥市统计局 2019 年统计执法“双随机”抽查工作方案》《合肥市统计局 2019 年社会信用体系建设工作方案》等规章制度。同时，贯彻实施市政府《关于加强新时代高质量统计工作的实施意见》，做好提高统计数据质量、增强统计分析服务能力等 6 个方面、23 项重点工作任务，做好 GDP 核算方法制度、投资统计等重点领域改革，推进高质量统计体系的构建工作。

（汪为民　任凤娟）

民生调查

【概况】 国家统计局合肥调查队（以下简称“合肥调查队”）组建于2007年，是国家统计局的派出机构，为参照公务员法管理的正处级单位，依法行使统计调查、监督、执法的职权，独立向国家统计局安徽调查总队上报调查结果，同时承担地方政府委托的统计调查任务。

2019年，国家统计局合肥调查队以全国统计工作会议和全省调查工作会议精神为统领，推进调查改革创新，严格管控源头数据质量，提升资政服务水平，完成全年既定各项工作任务；先后获评“全市脱贫攻坚成效考核先进单位”“全市政务信息工作先进集体”等，并申报第十二届安徽省文明单位，通过合肥市公示。

【城乡一体化住户调查】 2019年，合肥调查队在全市范围内抽选样本1390户（其中电子记账户1052户，电子记账户占比为75.7%），以日记账和问卷方式收集城乡居民家庭人口、就业、社会保障、住房、耐用消费品、收入、支出等生活状况调查资料。完善调查员工作责任、数据反馈、数据评估、调查员访户制度等，推进住户调查工作的制度化、规范化和常态化；做好基层培训，主办以规范基层基础工作流程、统计法规、调查方法、技巧及操作程序等为主要内容的培训20余次；通过调查员现场审核、区级数据初审、市级督导员数据联审、数据录入审核、报表汇总审核、队领导终审，层层严控数据质量；开展样本变动情况核实与分析，对需要进行替换的样本进行实地走访，确保人口结构、收入情况、消费水平大致相同，杜绝随意换户；按时完成每季度分省和分市县数据的录入、审核、上报，并收集财政、税收、社会消费品零售额、GDP等数据作为评估依据；完善大额数据监测，规范统一数据评估办法，把握分省数据与分市县数据、收支数据与地区生产总值、劳动工资、收入与消费数据等相关指标的协调性；在安徽调查总队数据反馈后，及时向市目标办和有关部门提供数据信息，做好居民人均可支配收入的发布和解读。

【流通和消费价格调查】 2019年，合肥调查队在合肥市区范围内，按照定点、定人、定时直接调查的“三定一直”原则由采价员手持电子终端（PDA），在农贸市场、超市、大型商场、服务网点等368个价格调查点对1294个消费、零售及低收入规格品，直接采集实际成交价格。做好规格品轮换选取工作，从规格品设置、数据补录和指数试算三环节保障新年度CPI数据质量；针对规格品缺失或失去代表性的情况开展规格品的替换与估算工作；结合日常数据审核记录情况，开展采价督查，全面核查甄别所有网点规格品的代表性和价格真实性，选取新年度规格品、采价点。此外，定期接受合肥电视台财经频道月度采访，及时分析解读月度、季度、半年度合肥CPI运行特点，以满足市民对CPI数据的关注。

【工业生产者价格调查】 2019年，合肥调查队做好工业生产者价格联网直报工作，完成全市448个企业650个出厂产品、447个企业737个购进产品价格月度监测工作，客观反映全市工业生产者出厂价格和购进价格变动趋势及幅度。完善制度，修订操作规程、基层培训、走访、数据质量审核、数据评估等制度办法。加强企业信息管理，定期核实完善调查企业名录库，保证名录库的完整性和时效性，实时调整县、区间搬迁企业名录，按月做好调整台账，建立动态企业预警管理机制，对经营不善或生产不稳定的企业重点关注及时调整。开展企业培训，全年分9批次对各县（市）区工价企业集中培训，做到工价样本企业培训全覆盖，培训形式上采取先对企业报表规范化工作摸底调查再开展重点讲解，提高培训针对性。开展数据审核，重点对环比超界、质量调整、长期价格不变、重要行业规格品进行数据质量查询。实地走访企业，核查企业原始资料及台账，了解生产经营情况，听取企业对所属行业市场及产品价格变动因素的分析，全年走访13个县（市）区47家企业。

【房地产价格调查】 2019年，合肥调查队利用合肥市房地产管理部门的网签数据按月调查和收集合肥市新建住宅和二手住宅销售价格、面积、金额等相关基础资料并计算价格指数。每月通过调查问卷的形式，对报告月新批预售楼盘、成交面积或成交金额排名前10的楼盘以及10个以上有代表性的房地产经纪机构进行调查。调研房地产企业对价格及市场走势预判、相关政策出台前后房市变化等活情况；实时观测房市变化，设计《合肥市楼盘档案台账表》《土拍汇总台账》等台账记录，登记住宅用地的容积率、楼面地价、开盘价格、占地面积等信息。

【采购经理调查】 2019 年，合肥调查队开展以合肥市 291 家制造业企业为样本的制造业采购经理指数（PMI）调查、编制、分析工作，同时完成国家局及安徽调查总队布置的采购经理调查任务。每月及时报送合肥制造业 PMI 专报，做好数据解读，反映全市制造业运行状况以及六大支柱产业和重点行业的指标变化情况。在编制过程中及时优化调查样本结构，提高调查样本的代表性，计算季节因子，对指数进行季节调整，完善相关方法，提高 PMI 指数计算的科学性。

2019 年 12 月 8 日，陈帮霞队长陪同安徽调查总队领导赴西园街道调研（刘兆明 / 摄）

【新设立小微企业和个体户跟踪调查】 2019 年，合肥调查队开展新设立小微企业和个体户跟踪调查，调查样本合计 623 家。截至年底样本存续情况为：经营单位 142 家、停业单位 131 家、筹建单位 13 家、关闭单位 90 家、破产单位 2 家、搬迁单位 56 家、被兼并 2 家、失联单位 187 家。调查既利用互联网大数据平台又发动街道社区等基层机构来实现对企业的连续跟踪；面对上门难、填报难的“双难”局面，采取多方宣讲、争取理解、提示反推、协助填报等方法获取数据，验证审核后上传国家统计局联网直报平台，向国务院报告跟踪监测信息。

【月度劳动力调查】 2019 年 2 月起，合肥调查队启动新一轮月度劳动力调查，对合肥市辖区内 40 个抽中样本点的 640 户样本（含家庭户和集体户）组织实施全国月度劳动力调查；每月在规定时间内，调查员手持电子终端（PDA）现场入户调查，并按时上传数据至国家统计局直报平台。以全力完成好劳动力新问卷测试为起点，聚焦新制度、新问卷、新程序，从修订完善制度、建立联动机制、创新培训模式、形式多样宣传、抓两访严审评、做好后勤保障六方面入手，在样本核实、入户调查、陪访督查、审核查询、电话核查各环节做到全过程、全方位、全覆盖，确保合肥市在新一轮劳动力调查中能有序衔接，数据反映真实情况。

【农民工市民化进程动态监测】 2019 年，合肥调查队通过随机抽样和调查员手持电子终端（PDA）入户访问调查，定期收集农民工在输入地的就业生活相关信息，反映农民工就业创业、劳动保障权益落实、城镇基本公共社会服务均等化、城镇落户以及社会融合等情况，监测在新型城镇化建设中农民工状况、变化及与输入地城镇居民的一致性。2019 年度合肥市农民工市民化进程监测在 7 个县区开展调查，涉及 27 个调查小区，累计抽样住宅数 1165 户，实际完成摸底调查 961 户，问卷调查 405 户。调查员在访问调查结束后通过 PDA 直接将原始调查数据上传国家统计局数据处理平台。该队成立四个数据质量核查小组，采取队领导督导、所有专业人员参与数据质量核查和分组分片包干的形式，对各调查点工作进展情况进行时时监测、实时监控，对所有调查户进行 100% 电话回访核查。

【专项调查】 2019 年，合肥调查队围绕服务发展和民生，发挥调查优势，接受合肥市政府和有关单位的委托，完成合肥市“三线三边”环境综合治理、城市管理测评、文明城市测评、公交满意度、包河区民生工程满意度、生态文明建设公众满意度、食品安全满意度、“菜篮子”民生工程满意度、效能测评等调查工作；完成安徽调查总队布置的全面从严治党民意、安徽省阅读、全省文明城市创建测评调查等多项调查任务。

【统计法治建设】 2019 年，合

肥调查队制定《合肥调查队2019年法治工作计划》《合肥调查队2019年统计执法检查工作计划》《合肥调查队负责人和统计调查人员防范和惩治统计造假弄虚作假责任分解》等相关文件；成立执法监督检查工作小组；建立统计执法骨干人才库，将10名持有执法证人员纳入在库，发挥其骨干带头作用；利用媒体、网络、编印资料、集中学习、专家讲堂等多种渠道开展统计法治培训宣传，提升依法统计公信力；依托调查业务培训对调查对象做好宣传，全年培训调查对象800余人次；利用9月20日统计开放日和12月4日法制宣传日，协同安徽调查总队，通过发放资料、媒体采访、现场咨询答疑等方式开展集中宣传；坚持“双随机”抽查办法进行执法检查，抽取3个县区统计部门、6个住户调查点、6个工业品生产者价格调查企业、2个采购经理指数调查企业、2个消费价格采价点、2个劳动力调查点、1个固定资产投资企业和1个小微企业进行执法检查，将检查结果反馈给有关单位，并要求对检查中发现的问题进行整改，更好地发挥统计执法的震慑作用；强化地方统计调查项目管理，对于地方政府委托的专项调查项目，严格履行报批手续，全年报批地方调查项目7个。

（沈弋淙）

国有资产管理

【概况】 2019年，合肥市国资委监管企业资产总额7348.99亿元，净资产2735.5亿元，实现营业收入373.31亿元，比上年分别增长13.7%、14.7%、13.6%；实现利润总额111.81亿元，增长134.3%（含安世半导体转让收益），剔除非经常性因素，增长21.2%；上缴税费34.72亿元，其中上缴税费超过1亿元的企业有9户。

【资本布局】 2019年，合肥市国资委推动战略高新产业高速发展。长鑫项目19纳米存储芯片实现量产，京东方10.5代线满产满销，视涯硅基OLED微显示器项目建成投产，维信诺项目主体结构实现封顶，以色列Tower Jazz合肥晶圆代工厂项目达成合作意向。

发挥基金引导作用。市创业投资引导基金牵头组建总规模75亿元的芯火基金，作为合肥市参与国家大基金（二期）的出资主体，助力全市集成电路产业发展。截至年底，产业、创业引导基金总规模达53.02亿元，引导基金通过参股、直投等各种形式的认缴规模达168.45亿元（实缴出资40.23亿元），累计投资项目233个，投资额107.54亿元。其中合肥项目数114个，在肥投资额64.09亿元。

提升城市保障能力。全年保障全市大建设项目资金183亿元，资金保障率100%。加大综合交通枢纽工程建设，合肥引江济淮征迁工作进入扫尾阶段，通航机场选址获空军司令部会议通过，轨道交通3号线开通运营，4、5号线及1号线三期工程建设推进，明巢高速合肥段、怀宁路下穿天鹅湖隧道工程开工建设。固废处置能力加大，浩悦环境公司资源循环利用和生态处置项目开工建设。七水厂二期、龙河口引水工程、天然气环城高压管线、综合管廊、公共停车场及住房租赁等重点项目建设加快推进。

【国资监管】 2019年，合肥市国资委推进国资监管职能转变，制定并推动出台纲领性文件——《市国资委以管资本为主推进职能转变方案》，精简国资监管事项35项，其中取消16项、下放11项、授权8项。及时主动更新权责清单，将原有的10项权责清单修改为9项，形成权力事项、责任事项、追责情形“三位一体”的权责体系。完善国资监管制度体系。修订完善市属国有企业投资管理、评估管理、产权交易管理等办法，制定并出台国有企业违规经营投资责任追究办法，形成具有合肥特色的国资监管和改革的“1+20”政策制度体系。改进监管方式。强化事中、事后监管，制定并落实《关于加强国资监管事项事中事后督查的实施意见》，增强监督的针对性和时效性。加强监管能力建设。加强动态监测，整合纪检、巡察、审计监管力量，提升监管能力。强化外部监督。主动向市人大常委会报告企业国有资产监管情况，推进国有企业关键指标信息公开工作，打造阳光国资。防范化解重大风险。制定《防范化解市属平台公司债务风险工作方案》，建立重点监管企业负债率管控线，出台加强市属企业资产负债约束实施意见方案，委属企业资产负债率处于合理水平。

【国企改制与重组】 2019年，合肥市国资委推进市属企业战略性重组。落实市委、市政府关于国有资产证券化重大战略决策部署，推动合肥城建发行股份购买工业科技公司100%股权并募集配套资金，通过证监会审核并取得批复，创造证监会从受理到审核通过的最快纪录。通过“吸收合并”，完善业务结构，有效提升合肥城建核心竞争力和市属企业资产证券化率。

推进混合所有制改革试点。坚持市场化方向，鼓励市属国有企业参与优秀民营企业股权改革，完成合肥维信诺科技有限公司和合肥兴泰创业投资管理有限公司2家企业混改任务。截至年底，市属国有企业及子企业、参股公司总户数521户，其中混合所有制企业265户，占总户数的50.9%。

落实市属企业负责人薪酬制度改革。实现新薪酬办法与老任期考核办法有序衔接，确保薪改首个任期平稳有效落实。改进工作方式、优化工作流程，全面完成2017年度企业负责人薪酬兑现、2017年度薪酬备案及薪酬信息披露、2018年度及第三任期薪酬兑现工作，提升薪酬管理工作效率。

完成市属企业公务用车改革。出台《合肥市市属企业公务用车制度改革实施意见》，23户市属企业全面完成车改任务，同步完成公务用车ETC安装任务。减少一般公务用车245辆，全年减少公务出行费用1332万元，公务出行费用节支率达14%，实现企业公务出行车辆及费用双节支，企业公务出行管理规范化、制度化、长效化建设的改革目标。

完善国有资本经营预算制度。加强对企业预算编制审核，督促企业降本增效、管控经营风险、高效配置资源，提升企业经营管理水平。开展国有资本经营预算支出项目专项审计，提高国有资本经营预算资金使用效率。组织市属企业做好2019年国有资本收益上缴工作，国有资本收益上缴公共财政6517万元，占比提高至28%。

深化对外开放。合肥中欧班列全年发运368列，比上年增长102%，超过2014—2018年发运5年总和。回程班列占比达60%以上，货值、货重、满载率、回程占比等关键性高质量发展指标超过重庆、成都、西安等班列先发城市，位居全国前列。根据中铁多联统计口径，合肥中欧班列开行量由2017年在全国36个开通班列城市中第13位，上升到2019年全国62个城市第8位，位列长三角首位，初步形成东部（合肥）、中部（郑州）、西部（重庆、成都、西安）的区域发展新格局。

（钟龙飞）

公共资源交易监督和管理

【概况】 2019年，合肥市公共资源交易监督和管理局（以下简称“市公管局”）坚持问题和目标导向，完善交易制度规则，提升“互联网+公共资源交易”水平，规范平台运行，强化交易监管。全市实现公共资源交易成交金额3490.51亿元，比上年增长2.41%，市场运行稳中有升。完成合肥市（含县区）项目标段数19552个，减少4.84%；成交金额累计2468.85亿元，增长9.90%。其中：建设工程成交金额1448.35亿元，增长17.24%，节约资金649.81亿元，节约率30.97%；政府采购成交金额103.77亿元，下降12.86%，节约资金15.12亿元，节约率12.72%；实现产权交易成交金额29.51亿元，减少79.09%，增值12.21亿元，增值率70.58%；实现土地拍卖成交金额853.7亿元，增长30.75%，增值267.9亿元，增值率45.73%；实现PPP项目成交金额33.5亿元。

完成省级项目3749个，比上年减少10.20%；成交金额517.81亿元，减少26.69%。其中：省级建设工程成交金额266.97亿元，减少41.69%，节约资金87.25亿元，节约率24.63%；省级政府采购成交金额49.33亿元，同比减少21.08%，节约资金7.08亿元，节约率12.55%；省级产权类项目成交金额26.48亿元，减少70.54%，增值1.39亿元，增值率5.54%；省级土地增减挂钩节余指标有偿调剂工作，总成交金额约42.47亿元，下降55.82%；省级PPP项目完成1个，完成金额132亿元。

完成社会项目标段数2378个，比上年增长77.99%；中标金额89.28亿元，减少9.95%，节约资金30.25亿元。省医药平台成交项目394亿元，比上年增长16.82%。“徽采商城”全年完成订单数18.74万笔，实现交易金额20.57亿元，比上年增长8.55%。其中，合肥市（含县区、国企）交易金额5.24亿元，省直单位交易金额1.64亿元，外地市交易金额13.69亿元。

全市当年重点保障引江济淮，轨道交通4、5号线工程，量子创新研究院、创新馆等重点建设项目实现交易目标。

省内企业当年中标金额达887.25亿元，比上年增长24.72%，其中亿级以上项目中标数达127次，占亿级总成交项目的36.39%，与上年基本持平。

合肥市当年保持在国内公共资源交易领域的领先发展地位。在国家信息中心和网络媒体进行的全年综合评比中，市公管局、交易中心获“2019年度全国公共资源交易优秀监管机构”“2019年度全国十佳公共资源交易中心（省级）”称号，安徽公共资源交易集团自建的电子交易系统获评“全国先进电子化平台奖”，交易中心在全国率先研发的智慧见证系统获“2019年度全国公共资源交易科技成果大赛优化服务类二等奖”。

2019年，市公管局完成政府直属事业单位向政府工作部门的过渡，职责边界清晰，公共资源交易执法主体地位巩固。公共资源交易中心确立为平台运行服务机构，有序推进执法支队“三定”工作。市辖各县（市）综合监管职责划归县（市）发改委，县（市）公共资源交易中心直属本级政府，区级公共资源交易监管职责归属区财政部门。各县（市）、部分市区完成操作职能从交易平台的剥离工作。

【建立健全制度体系】 2019年，市公管局完成《条例》立法修订工作。《条例》从公共资源交易管理体制、交易程序制度、评审专家选定、信用建设等多方面进行修订完善；并集中配套出台《合肥市公共资源交易管理条例实施细则》及29项配套制度措施。建立范本文件体系，编制房建市政、交通、水利、政府采购交易文件示范文本52份，实现全市公共资源交易招标文件标准化、模块化、电子化，强化范本对进场交易项目的刚性约束。开展制度创新，参考沪宁杭等长三角城市做法，制定《合肥市建设工程施工项目评标办法实施导则》，简化提升评标办法体系；加强对招标人的负面行为规定及代理机构管理，印发工程建设、政府采购负面行为清单；强化标后履约管理，出台《合肥市公共资源交易项目标后监督管理暂行办法》《合肥市建设工程施工企业合同履约行为信用评价暂行办法》；规范进场交易行为，要求代理机构进场交易项目必须明确交易监管责任主体；严格专家抽取管理，细化抽取程序，严格控制“短名单”推荐专家。调整县（市）、区进入市级平台交易限额标准，其中各县（市）建设工程施工项目限额标准提至1亿元。

【交易执法监察】 2019年，市公管局严查违法违规，受理各类涉诉事项607件，其中投诉131件、举报155件；处理违法违规企业169家；对招标人和招标代理机构发放31份执法监察建议书；对12家企业予以行政处罚，罚款金额1004.4万元；对277名专家进行扣分；对申请入库专家涉嫌伪造印章、投标人涉嫌围堵专家等2起案件移送公安机关调查处理。落实履约管理，对8个县（市）区和轨道公司、滨投公司、城建公司、江淮集团等5家公司开展检查，涉及106个政府投资重点项目，形成标后履约监督检查情况专报，效果良好。

【优化营商环境】 2019年，市公管局全面落实市场准入负面清单制度，梳理包括投标报名在内的83项禁止设置条款，防止交易文件“量身定做”；对小型和微型企业产品的投标价格在评审时给予6%～10%折扣；保证金退还办理实行“T+1”制度，当日提交退还申请，次日办结，减少企业资金占用；联合13家银行推行“政采贷”业务，破解中小企业“融资难”“融资贵”问题；取消“自营”项目进场，明确专业租赁公司租赁经营业务、企业经营的对外招租、产业园区对外招商引资项目可不进场交易。

【推进“扫黑除恶”】 2019年，市公管局结合系统内发生的典型案件，集中梳理重点问题、领域，明确工作重点、任务及时间节点，对照问题清单，及时制定整改工作方案。畅通举报渠道，发布招标投标领域扫黑除恶专项斗争打击重点及举报方式，计收到涉黑涉恶举报事项40件，办结38件。同步推进纪法衔接工作，排查锁定问题线索62个，向市扫黑办、纪监部门移送涉黑涉恶问题线索15个。

【探索推进“智慧交易”】 2019年，市公管局初步实现“智慧评审”与项目并行，对客观分值辅助评审的准确率达80%，平均评标时长不超过30分钟，并实现大数据分析系统对交易异常情况准确定位。

【全面防范“监管真空”】 2019年，市公管局严格涉诉事项办理，落实“六分离”案件处理工作机制，在立案率、一次性办结率、定案准确率、行政复议和诉讼胜诉率等4个关键指标均实现100%。限制特殊交易方式数量，严格非公开交易方式项目审核，全年采用非公开交易方式项目77个，公开招标流标后更换交易方式项目12个，比上年分别下降53.6%、78.2%。开展保证金清退，清退历年沉积的投标保证金3400笔4.1亿元，清退履约保证金6770笔3.36亿元。

（合肥市公共资源交易监督管理局办公室）

责任编辑：田 文

应急管理

综　述

【概况】 2019年，合肥市发生各类生产安全事故430起、死亡366人，同比分别下降10.6%、0.8%。其中：道路运输事故311起，死亡250人；工贸事故45起，死亡43人；建设施工事故60起，死亡59人；铁路交通事故5起、死亡5人；非煤矿山事故2起、死亡2人；其他事故7起、死亡7人；烟花爆竹、水上交通、旅游等行业领域未发生死亡事故。全市发生3起较大道路运输事故，死亡12人。因干旱造成全市4县1市和部分区不同程度受灾，受灾人口约33.47万人，农作物受灾面积9.25万公顷，成灾面积6.14万公顷，绝收1.33万公顷，直接经济损失5.8亿元。

合肥市消防救援支队当年受理各类报警16636起，出动警力252763人次，出动车辆36109台次，抢救被困人员928人，疏散被困人员4909人，抢救财产价值4.09亿元；其中火灾扑救6491起，抢险救援1923起，社会救助8222起；接警出动、火灾扑救、抢险救援同比分别上升68.0%、125.8%、63.8%、40.5%。全市全年未发生一起较大及有影响的火灾，实现全市火灾形势高度稳定。

2019年2月26日，合肥市应急管理局（以下简称“市应急局”）正式挂牌成立。市应急局主要整合原市安全生产监督管理局、原市政府应急办、市民政局、市水务局等9个部门和市安全生产委员会办公室等5个议事协调机构的13项职责，主要承担全市应急管理、安全生产和防灾减灾救灾等相关工作。市应急局组建成立后，严守安全生产基本盘不动摇，坚持“边组建、边应急、边防范”，实现全市安全生产形势的稳定和应急管理工作的良好开局。

合肥市消防救援支队当年完成改革转隶，编制为副总队级单位，属一类支队，实有干部260人、消防员401人，另有政府专职消防员721人。机关设办公室、指挥中心、作战训练处（特种灾害救援处）、信息通信处、组织教育处（机关党委）、人事处、队务处、纪检督察处、防火监督处、法制与社会消防工作处、火调技术处、新闻宣传处、后勤装备处、财务处、战勤保障处等15个处室，另设灭火救援指挥部、

2019年2月26日，合肥市应急管理局挂牌成立　（市应急局/供）

政治部。该支队下辖 15 个大队、1 个应急通信与车辆勤务站和 36 个消防救援站。

【应急体系】 2019 年，市应急局按照“规划引领，项目带动，以点带面，整体推进”原则，以机构改革为契机，强化应急力量，优化整合资源，加强应急管理体系建设。出台《合肥市应急管理局值守工作规范》《合肥市自然灾害、安全生产类突发事件应急联动处置暂行办法》，建立领导带班、24 小时应急值守制度，规范自然灾害和安全生产类突发事件信息报告、处置流程。全年累计发布气象、地质灾害预警及启动重污染天气等应急响应 84 次。建成市应急指挥平台可视化指挥调度系统。与合肥警备区建立规划、预案、队伍、信息、物资装备等方面的共享机制，实现国防动员机制与应急机制有效衔接。推进应急预案集中编制、修订工作，审查、发布专项预案 7 个、部门预案 13 个。完善合肥市水上应急救援队、危险化学品应急救援队训练、保障制度，充实化工、地震、气象、卫生、建筑、水上应急等各类行业专家队伍，提升突发事件应急处置能力和水平。建立应急资源普查统计制度，民政、水务、卫生、粮食等部门分别建立应急物资储备库，重点加强防汛抗旱、救灾等应急物资储备。

【消防救援建设】 2019 年，合肥市委市政府出台《关于建立全市消防救援队伍保障机制的意见》，明确在消防工作机制、消防基础建设、消防员职业保障等方面的目标任务，推动各行业部门落实监管责任，开展消防安全社区创建、大型商业综合体整治、“三合一”场所技术改造、厂房仓储类场所治理、合肥消防宣传品牌创建“五大攻坚行动”。省市领导靠前协调解决消防改制重大事项问题。

市消防救援支队当年开展电动自行车治理和打通“生命通道”专项行动，新增电动车充电设施 3.5 万处，推动 246 个社区完成标准化创建，发放消防宣传品 40 万份，举办 119“向人民汇报”专业队伍建设成果展及训词一周年天鹅湖灯光秀活动。固化第三方评议、执法回访、接处警回访、96119 核查“四项调查机制”。

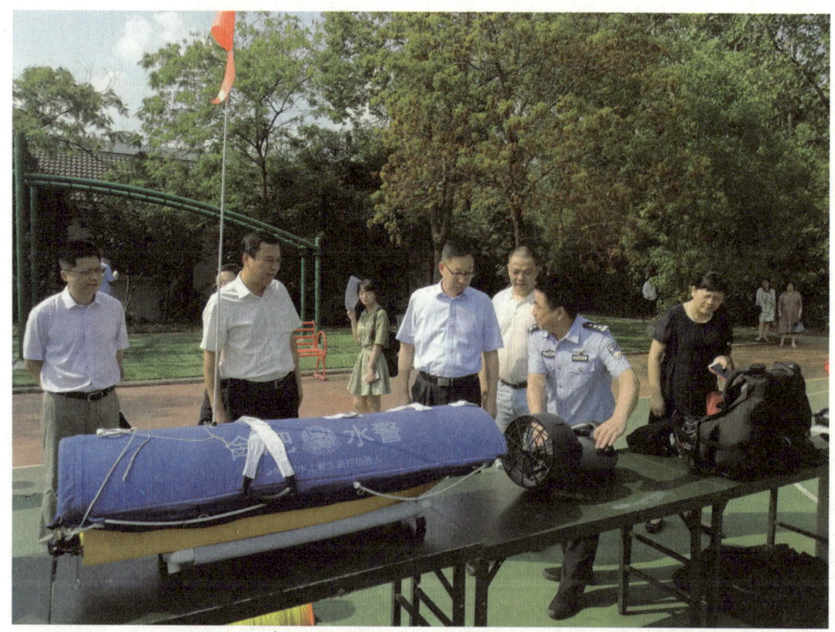

2019 年 8 月 8 日，全市应急体系建设调研现场 （市应急局 / 供）

安全生产监管

【概况】 2019 年，市应急局制定《合肥市应急管理局全面推行行政执法公示制度执法全过程记录制度重大执法决定法制审核制度工作方案》，修订《合肥市应急管理局重大行政执法决定法制审核制度》，全面规范安全生产监管执法行为。深化安全生产“执法年”活动，在全市应急管理系统推进“利剑 1 号”“利剑 2 号”系列执法行动，采取“双随机、一公开”执法方式，突出加大安全生产监管执法力度，督促企业主体责任落实。全市全年累计开展执法检查 2967 次，实施行政处罚 360 次、罚款 940 万元。

【安全专项整治】 2019 年，市应急局部署开展“1+5+N”隐患集中排查治理专项行动。全市排查上报隐患 3.1 万余处，对其中 82 处隐患由市、县两级政府实施挂牌督办。在危险化学品领域，突出“两重点一重大”企业监管，组织企业按照新版重大危险源辨识标准进行辨识，全市 17 家危化生产、储存企业 59 处构成重大危险源。开展危化品重点县专家指导服务，排查隐患 353 条；在非煤矿山领域，突出矿用车辆安全检查，全面淘汰干式制动矿山车辆；在工贸领域，对 40 家涉粉防爆企业和 33 家涉氨制冷企业进行安全风险评估，排查隐患 935 条。开展工贸行业危化品使

2019 年 6 月 16 日，安徽省暨合肥市安全生产宣传咨询日活动现场

（市应急局 / 供）

2019 年 6 月 16 日，合肥市暨肥东县安全生产宣传咨询日活动现场

（市应急局 / 供）

用安全专项治理行动，防止生产安全事故发生。

【安全基础建设】 2019 年，市应急局根据《合肥市推进城市安全发展实施意见》，细化推进方案，规划重点项目建设，推进国家安全发展示范城市创建。分级投入 1240 余万元，建成合肥市应急管理平台和危险化学品安全防控监测信息系统，实现对重大危险源和危化品生产重点企业、场所、工序的实时监测预警。加强企业全员安全生产责任制和安全生产标准化建设，全市累计创建一级标准化企业 2 家、二级标准化企业 237 家、三级标准化企业 943 家，832 家小微企业达标。出台《合肥市推进安全生产责任保险工作实施方案》，推进投保工作，打牢企业发展基础。

【安全宣传教育】 2019 年，市应急局与合肥市广播电视台联合制作播出《安全合肥》节目 26 期，以案说法、以案说事，普及应急管理、防灾减灾救灾和安全生产知识，助力全社会提高安全防范意识、提升应急避险能力。在安全生产月期间，围绕“防风险、除隐患、遏事故”主题，开展安全生产宣传咨询日、安全生产大讲堂、安全生产公众开放日、应急救援演练、演讲比赛、文艺演出等系列活动。依托“合肥应急”微信公众号，开展安全生产知识有奖竞答活动和应急管理摄影大赛，弘扬安全文化。举办中小学生安全教育日“铸安校园读书汇”主题活动、百名水警千名志愿者进村入校防溺水宣讲、“安全生产江淮行”社区专题行活动、“安全生产知识进企业”宣讲、全市生产安全事故单位警示教育培训班等，推进应急管理和安全生产宣传教育“七进”。

减灾救灾

【概况】 2018—2019 年度，合肥市下拨冬春受灾群众救助资金 1343 万元，救助 38467 人次。所有救灾款物发放均确保公开、公平、公正，按照“户报、村评、乡审、县批”程序，必须有“两委”（村党支部委员会和村民委员会）研究记录、发放清册和公示记录。10 月份，合肥市部分地区发生旱灾，为做好灾害应对工作，妥善解决受灾需救助群众生活困难，市应急局深入 4 县 1 市受灾严重地区开展旱灾核查，协调市水务局开展抗旱调水保苗工作、市农业农村局组织种植户开展农业节水及秋季经济作物补种，保障需饮水救助群众人畜用水。

2019年12月16日，"智慧城市"应急管理座谈交流会召开　（市应急局/供）

【健全减灾救灾体制机制】 2019年，市应急局修订、制定相关文件，理清职责边界，建立健全统筹协调、分工明确的减灾救灾管理机制。依据机构改革情况调整市减灾救灾委员会组成人员及成员单位职责，理顺防灾减灾救灾体制机制，强化防灾减灾救灾工作组织领导。建立市自然灾害灾情会商制度，确保灾情数据准确真实、救助措施统一有效。建立自然灾害救助包保责任制，指导各地做好灾情核查统计上报、安置受灾群众、开展生活救助等工作。

【救灾物资储备】 2019年，市应急局牵头建立应急局、财政局、发改委、商务局、经信局、市场监管局、民政局、卫健委八部门救灾应急物资协议储备联席会议制度，明确各单位协议储备救灾应急物资的种类、目录、数量。监督合肥市救灾物资及省级代储物资管理单位对储备物资进行移交盘点，掌握全市救灾物资储备现状，做好随时组织灾后物资调拨准备。截至年底，全市储备棉被14832床、棉大衣5325件、空调被15739床、折叠床6774张、帐篷1892顶、毛巾被3000条、毛毯2200条、睡袋600个、草席1500床。通过政府购买服务方式进行救灾物资（生活必需品）协议储备，协议存储价值100万元救灾物资（生活必需品）。

【综合减灾示范社区创建】 2019年，市应急局印发《关于开展2019年综合减灾示范社区创建工作的通知》，严格创建标准。通过前期组织业务培训，中期开展督导、收集困难建议、积极协调沟通，后期县级自查、交叉互查、市级综合评分、省级抽查等举措，成功创建国家级综合减灾示范社区11个、省级综合减灾示范社区19个。

【防灾减灾宣传】 2019年5月10，市应急局在蜀山区天鹅湖市民广场举办"5·12"防灾减灾日宣传活动启动仪式。省、市减灾救灾委员会40余家成员单位以及部分社会应急救援队伍参与现场咨询、成果展示和水上救援演练等系列活动，参与群众800余人。活动期间，全市开展防灾减灾知识宣传活动200余场、防灾减灾演练26场，2.5万名群众参加。

防汛抗旱

【概况】 2019年，合肥市遭遇40年来最严重的气象干旱，10月22日，市防汛抗旱指挥部宣布启动《合肥市抗旱预案》Ⅳ级应急响应。11月9日，市防指将《合肥市抗旱预案》应急响应提升为III级。旱情主要特点为：降雨总量少，时间长。2019年，全市平均降雨总量仅670.6毫米，较上年偏少43.8%，较多年平均偏少35.8%。梅雨期33天，较常年偏长7天，但梅雨期全市面平均雨量仅134.4毫米，较常年同期偏少3成，最长连续无有效降雨日达56天。降雨时空分布不均。北部地区明显少于南部，各县（市）区年降雨量以庐江县887.4毫米为最大、较全市平均偏多3成；以长丰县532.1毫米为最小、较全市平均偏少2成，年降雨量最大站点为庐江县泥河站1031.5毫米。且降雨量年内分配不均，1、2、12月份雨量较常年偏多，其余月份均偏少，汛期雨量较常年同期偏少5成。全市水库、塘坝蓄水量较常年同期明显偏少，尤其是小型水库蓄水严重不足，多数接近死库容，部分小水库和塘坝干涸，边远山区生活用水紧张，城市供水水源短缺。

【防范应对准备】 2019年，市应急局全面落实全市各级防汛抗旱行政责任人，并在媒体上公布，接受社会监督。依据机构改革方案，调整充实市防汛抗旱指挥部组成单位和人员，明晰职责分工。全市自下而上开展汛前大检查、工程应急除险、设备检修维护和试车运行等

2019年6月29日，长江(巢湖片)防汛演习在巢湖南岸举行 （市应急局/供）

专项行动。加强军地联动，对全市14处主汛期重点防御的险工险段，进行科学的兵力计划部署。做好物资储备，在险工险段、重要堤防、病险水库等现场储备抢险物料，做到物资品种、存放地点、联系人、运输车辆和调运预案“五落实”。建立由20名具备中、高级职称和丰富抢险、施工、设计经验的技术人员组成的防汛抢险技术专家库，提供技术支撑。举办防汛抗旱业务知识培训10场次，组织防汛演练17场次，提升各级业务能力水平和抢险应急实战能力。6月，在巢湖南岸举行“2019年长江（巢湖片）防汛演习”，开展预警信息发布、淹没区群众转移与安置、水下摸探、工程抢险、水面救援等五个科目的实战演练，出动直升机3架、无人机6架、舟艇船52艘、挖掘机2台、推土机1台、自卸车6台，演习取得圆满成功。

【抗旱“保卫战”】 2019年，合肥市委、市政府严格落实各级抗旱责任制。争取“淠水东送”。协调联系省水利厅和省淠史杭管理总局，提前引水、多引水，为城市供水和农业灌溉做好准备。在年初城市供水补水计划4.95亿立方米的基础上，淠史杭总局于11月中旬追加合肥市补水计划5000万立方米，保证城市供水安全。全年累计通过淠史杭灌区淠河总干渠向董铺、大房郢水库补水5.6亿立方米，完成城市供水6.2亿立方米。同时，肥东、肥西、长丰、庐江等县通过滁河、潜南、瓦东、舒庐四大干渠从淠史杭灌区累计引水3.03亿立方米，确保粮食安全。实施“江水西引”。自10月20日起，通过省驷马山引江工程乌江站抽引长江水，经驷马山引江水道和滁河一、二、三级站、黄疃站提水进入滁河干渠，再通过滁河干渠上的管湾、众兴、双墩三座泵站提水，自滁河干渠大官塘泄洪闸进入大房郢水库，由连通管与董铺水库实现互联互通，全程历经八级泵站提水，抬高水位38米，调水全长172千米，为董铺、大房郢两大水库提供城市供水水源。全年累计通过肥东县黄疃站提引江水6400万立方米，向大房郢水库日补水量约70万立方米，缓解供水水源不足的紧张局面，开辟继大别山水库群作为合肥市唯一补水水源后新的应急水源。合理调度“引江济巢”。分别于8月上旬和10月下旬两次调度凤凰颈站实施“引江济巢”，引江水补充巢湖及内河。通过凤凰颈站闸自引江水1.97亿立方米，入巢湖6000万立方米，抬高内河水位1米多。

应急救援

【概况】 2019年，市应急局有1支综合性消防救援队、26支专业应急救援队、8支社会应急救援队，涵盖火灾、地震、水上、危险化学品、矿山、燃气、供水、供电等领域。2019年，市财政投入市危险化学品应急救援队装备经费331.88万元。

市消防救援支队组建绳索救援、重型地震救援、轻型地震救援、水域救援、车辆救援、矿山救援、危化品处置、高层火灾处置、大跨度厂房火灾处置、疫情处置、潜水、通信保障、重型机械、搜救犬等14支专业救援队伍，开展实战演练106次，组织轮训1700余人次，圆满完成世界制造业大会等80余次重大消防安保任务，成功处置阜鑫五金建材大市场火灾扑救、S17蚌合高速合肥段危化品运输车泄漏起火救援等急难险重任务。

【应急救援处置】 2019年，市应急局成功处置“4·6”庐江县16吨液化石油气运输车辆侧翻事故、“5·20”肥东县3人死亡交通事故、“5·28”合肥工业大学屯溪路校区吊车侧翻致2人死亡事故、“7·23”庐江县3名男子溺

2019年5月10日，在市民广场进行水域救援演练 （朱小妹/摄）

亡事故、“8·23”包河区拆卸塔吊坠落致2人死亡事故、“10·8”京台高速油罐车柴油泄漏事故等。

事故和结果调查

【事故调查】 2019年，市应急局遵守生产安全事故调查“四不放过”原则，加大事故调查处理和责任追究力度，发挥事故调查处理的倒逼作用。全市立案调查各类生产安全事故116起，对136家责任单位和203名责任人罚款2496.47万元，移交公安部门追究刑事责任17人，党纪政纪处分11人。其中市本级调查生产安全事故12起，对17家责任单位和26名责任人罚款913.99万元，移交公安部门追究刑事责任12人，党纪政纪处分4人，作出深刻书面检查3人。

【结果调查】 2019年，合肥市消防救援支队实现火灾形势、队伍管理“双稳定”，队伍形象、战斗能力“双提升”，综合业务、基础建设“双推进”，搜救犬比武、夏训考核、典型培树等多项工作迈进全国一流方阵。全市当年居住类场所火灾亡人数、楼道内电动自行车火灾数同比分别下降39.2%、17.1%，人民群众的安全感、满意度较上年提升4.3%。

（市应急管理局宣教中心、市消防救援支队办公室）

责任编辑：田　文

2019年10月28日，阜鑫五金建材大市场火灾扑救现场 （市应急局/供）

文化 旅游 传媒

文化事业

【概况】 2019年，合肥市文旅局坚持以习近平新时代中国特色社会主义思想为指导，全面贯彻全国全省文旅工作会议精神，认真落实市委市政府的决策部署，践行新发展理念，坚持以人民为中心的工作导向，推动文化事业发展。新建33个城市阅读空间，全市160个公共文化场馆免费开放，成功举办长江中游城市群第七届会商会文艺晚会、中国上海国际艺术节合肥分会场等全国性文化活动，推进县（市）区公共图书馆、文化馆达标升级和城乡基层文化设施建设。

【公共服务】 截至2019年底，全市拥有公共图书馆8个，公共文化馆10个，公共美术馆3个，公共博物馆15个，公共文化展演中心（剧院）5个，乡镇、村居基层公共文化服务中心1096个。市中心图书馆项目加快建设，市少儿图书馆过渡馆改造主体工程、卫立煌故居展陈项目完成，新建33个城市阅读空间。2017年以来，始终坚持政府主导，突出公益性质，实行市区（县）共建，按照“馆店一体、两业融合、功能多元、双轮驱动、构建网系、便民惠民”的思路，大力建设城市阅读空间。市县两级财政今年共投入2亿多元，建成开放政府主导的城市阅读空间80个，数量位居全国省会城市之首。已建成开放的80个城市阅读空间，全年共接待读者873.9万人次，外借图书174.8万册次，举办各类活动8355场。开展乡镇综合文化站、农家书屋、农家乐转型升级试点。推进基层公共文化场馆达标升级，6家图书馆进入全国县级以上上等级公共图书馆行列。推进乡镇综合文化站、农家书屋转型升级，所有公共文化场馆在全部实现免费开放的基础上，以市、县（市、区）文化馆、图书馆为总馆，乡镇（街道）文化站为分馆、村（社区）综合文化服务中心（农家书屋）为服务点，实施设施共建、资源共享，四级公共文化服务设施网络日趋完善。2019年完成“送戏进万村”演出1507场、公益电影放映1.85万场，补充更新农家书屋出版物85113册，办理城镇低保户免费收看有线电视3026户，全年建成46座旅游厕所。

2019年9月11日，合肥市第七届全民文化活动季之“花好月圆夜 悠悠庐州情”晚会举行 （杨治国/摄）

2019年1月31日，合肥市第二十五届新春文化庙会启动仪式　（杨治国/摄）

【文旅活动】 2019年，合肥市成功举办长江中游城市群第七届会商会文艺晚会，举办中国上海国际艺术节合肥分会场、第15届世界扬琴大会、“中华颂·长丰杯”第十四届全国小戏小品曲艺大展等一批国际化、全国性文化活动。“双文广场”经典巢湖民歌交响音乐会巡演5场，登陆上海国际艺术节主会场展演获得好评。全民阅读、新年音乐会、新春文化庙会、全民文化活动季、旅游迎春购物节、“5·19中国旅游日”主题宣传、北京世园会“合肥市主题活动日”、合肥旅游（上海）推介会、乡村春晚等文旅活动丰富多彩。新春文化庙会观众达70万人次，全民文化活动季参与群众60多万人次。推动基层文旅活动提质提效，长丰草莓节、庐阳桃花节、包河葡萄节、肥西荷花节、肥东全民文化活动月、巢湖渔火节、蜀山梨花节等群众性文化活动丰富多彩，特别是乡村春晚全面兴起，共举办500多场，全省评选出60个“优秀乡村春晚演出单位”，合肥市入选14个，位居全省第一。

【精品创作】 2019年，合肥市先后推出“创新之都”曲艺情景故事汇《七十二家创客》、大型庐剧红色现代戏《等不到今生等来世》。《七十二家创客》用曲艺形式反映创新实践为全国首创，8个曲艺作品既相互独立、又连接成剧，这种曲艺呈现方式也为全国首创。电影《忠爱无言》、电视剧《紫蓬山》（电视纪录片）、广播剧《红旗颂歌》、歌曲《中国在这》等6个作品获得安徽省“五个一工程奖”，入选数量位居全省第一。扎实推进民族歌剧《破茧》、民族舞剧《东风周郎》《有巢氏》和《刘铭传》、话剧《张家四姐妹》、电影《包公》、电视剧《洋务运动》等文艺创作前期工作。全市多部作品登陆上海大舞台，《立夏》《庐剧经典唱段交响音乐会》《经典巢湖民歌交响音乐会》在上海国际艺术节主会场展演，庐剧《十八相送》参加上海中秋戏曲晚会和上海市委市政府团拜会演出，原创古装庐剧《三孝口》作为长三角G60科创走廊九城市首届民营剧团优秀剧目交流开幕式唯一剧目在上海松江区成功上演。

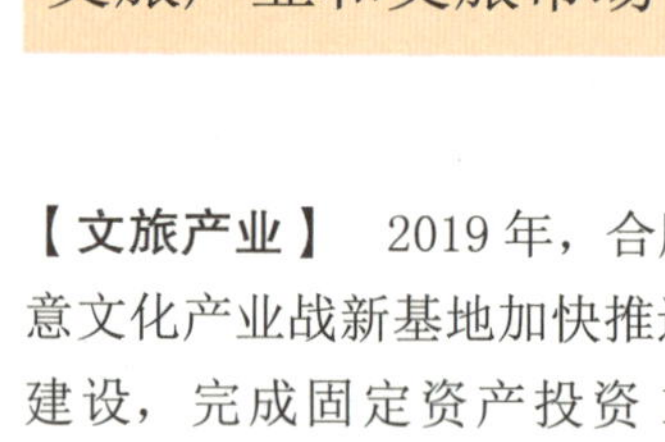

文旅产业和文旅市场管理

【文旅产业】 2019年，合肥市创意文化产业战新基地加快推进项目建设，完成固定资产投资163.58亿元，实现产值743亿元、比上年增长12.9%，实现税收18.05亿元、增长14.8%，全面超额完成省政府年度考核目标。3部手游《古墓逃亡》《失落神庙2》和《极速狂飙》入选2019年“一带一路”文化产业和旅游产业国际合作重点项目，动画电影《大禹治水：禹神传》入

2019年9月17日，古装庐剧《三孝口》在上海演出　（市文旅局/供）

2019年9月21日，壮丽七十载 追梦新时代——2019合肥市百姓大舞台国庆晚会现场（杨治国/摄）

选国家重点文化产业项目库。组织开展文化产业示范基地评选和特色文化街区认定，共有16家优秀文化企业入选。2019年通过借转补、事后奖补，市文化产业政策共给予137家企业（项目）9855万元资金支持，直接撬动金融资本投入8.6亿元用于各类文化项目建设，直接拉动社会资本投入9.6亿元，新建3个文化创意园区（楼宇、小镇）、18个文化（体育）场馆、11个文化科技融合关键技术和项目、8项国家级赛事、1项国际级赛事。积极开展合肥都市圈、长江中游城市群、长三角城市群旅游合作。制作完成《合肥旅游指南》系列丛书、《合肥旅游形象宣传片》。新评定17家市级研学旅行基地。投入3000万元，8个旅游产业扶贫项目成效明显。2019年，接待国内游客1.46亿人次，比上年增长13.6%；旅游综合收入2036.4亿元，增长18.3%。

【文旅市场管理】 2019年，合肥市积极推进文旅市场综合执法和“放管服”改革，加强印刷、网吧、网络文化、演出、娱乐、出版物、艺术品、旅游等市场监管和旅游星级酒店管理，深化“扫黄打非”五大专项行动，进一步加强广播电视播出、影视制作、网络传输监管。执法支队出动执法人员10364人次，检查经营单位3390家次，网上巡查经营单位416家次，核查、处理举报133件，收缴涉嫌非法出版物约3万册（份），书面提请有关区政府、管委会依法查处取缔无证经营娱乐场所37家。监管平台拦截、屏蔽非法网站、网上有害信息24.7万余次（条），取缔黑网吧2家，依法查扣538台违法经营设备，立案查处行政案件55件，责令停业整顿经营单位1家，吊销5家网吧经营许可证。扎实推进文旅领域扫黑除恶专项整治行动。建成“扫黄打非”基层站点（工作站、联络点）1914个，实现乡（镇、街道）、村（社区）全覆盖，提前一年超额完成全市“扫黄打非”基层站点建设任务；创建全国“扫黄打非”进基层示范点7个、全国“扫黄打非”进基层示范标兵1个，位列全省第一。2019年全国“扫黄打非”基层站点建设现场会在合肥召开。

（李娅娅）

广播电视

【广电宣传】 2019年，合肥广播电视系统组织“新时代 新作为 新篇章”“习近平总书记视察安徽三周年”等主题宣传报道，持续深化习近平新时代中国特色社会主义思想宣传报道；紧紧围绕“不忘初心、牢记使命”主题教育，推出《主题教育在合肥》《榜样》等专栏，保证每天电视有图像、广播有声音、新媒体有展示，营造浓厚氛围；紧紧围绕庆祝中华人民共和国成立70周年，浓墨重彩组织“壮丽70年·奋斗新时代”等主题报道，加强自主策划，推出“寻访渡江精神”系列报道，以合肥的改革发展成就反映70年来新中国的风云变化；聚焦市委市政府中心工作，圆满完成合肥市机构改革、“严强转”集中整治形式主义、官僚主义专项行动等报道任务，推出“合肥，从这里走向世界”“凝心聚力稳健前行合肥高质量发展进行时”等系列报道，为推进合肥改革发展营造良好的舆论环境。围绕2019世界制造业大会、第十三届文博会、第三届墨子论坛、创新馆开馆、合肥双创周等重大活动，精心组织，注重新媒体手段的运用。推动时政新闻“民生化”解读，开展“新春走基层”“走，下乡去”系列报道，生动展示合肥市在乡村振兴、精准扶贫等方面的成果；围绕市民最为关心的中高考等话题，推出《中高考直通车》栏目，受到社会各界欢迎。在组织实施新闻报道时，注重创新形式，积极引导记者下基层锻炼“四力”，在“大题材”中看见“小生活”，用“小生活”折射“大历史”。

【实施媒体融合】 合肥市坚持把推进媒体深入融合发展作为2019年首要改革任务，成立合肥广播电视台（文广集团）（以下简称“合肥广电”）媒体融合发展领导小组，制定媒体融合实施方案，按照“寻求单点突破，实现全面融合；依托现有架构，赋予新的功能；搭建新的平台，技术全面支撑；整合广电资源，聚集优质内容；建立激励机制，实行移动优先”思路推动媒体深度融合。加快项目建设。完成移动客户端“合肥发布”基本建设，组建合肥发布公司负责平台运营，力争将“合肥发布”打造成为“新闻+政务+服务”市级综合平台。积极筹备制播系统共平台项目，整合广播、电视节目素材，实现共通共享、随调随用，完善“中央厨房”。加快全媒传播。各频道频率均开通微博、微信公众号、抖音号、头条号，实现内容上网，初步形成“台网微抖”全媒体传播格局。加大人才培训。邀请中国人民大学教授、中宣部媒体融合专家组成员宋建武作媒体融合讲座，组织频道频率总监及新闻一线采编人员200多人参加融媒体培训，鼓励员工向全媒人才转型，节目向“移动首发”转变。积极探索5G+4K+AI应用。2019世界制造业大会开幕期间，联手移动公司成功打造安徽史上首场5G电视融媒直播，受到市领导的充分肯定。初步建成“合肥市广播电视台智能语音服务和应用平台”，依托该平台建设全省唯一、全国领先的虚拟主持人系统，受到《人民日报》等主流媒体的关注。

【有线电视】 2019年，合肥广电持续开展“普及高清电视服务”惠民工程，全年累计完成9万用户的高清转换工作，大力实施4K超高清机顶盒市场营销，发放4.5万余台4K智能语音交互机顶盒，加快推广4K智能语音服务，为以后国内4K超高清频道陆续开播打下用户基础。此外，积极响应宾馆酒店客户要求，新增酒店专用高清信号，全年完成宾馆酒店高清转换近50家，合计转换6000台酒店专用高清机顶盒。全年光缆敷设项目897个，派工建设段长664.5千米，合计纤芯长度5.4万千米；终审归档光缆干线项目619个，段长700千米，合计纤芯长度12万千米；全网主干光缆段长达1万千米、98万纤芯千米。全年市政管道建设立项215个，立项建设段长170千米、管孔段长360千米；管道竣工项目166个，竣工管道段长160千米、管孔段长340千米，全市共建有市政管道1600管程千米。全年新建小区（建筑）系统工程立项103个，合计7.6万户；小区改造立项43个，覆盖1.4万户；光节点立项702个。全年验收小区120个，开通双向光节点401个，开通双向户数6.3万户。全年完成20万台现有可利用机顶盒的软件升级工作，升级后的机顶盒支持网内已上线的所有应用。继续加大投入，加强攻关，不断提升科研技术支撑能力。2019年，合肥有线电视宽带网络有限公司研发费用归集1100万元，新获10项软件著作权，其中“合肥有线融合EPG系统”项目获安徽省2019年度科技创新一等奖。直播频道新增中央11高清频道和中央15高清频道，网内共传输数字电视节目158套，支持44个频道的7天时移回看。点播专区方面，完成高清互动页面的全新改版升级，增设“爱奇艺TV”和“孝乐神州”两个专区，视频资源极大丰富，点播率稳中有升。

【演艺文化】 2019年，合肥广电围绕庆祝中华人民共和国成立70周年，创作国内首部庐剧电影《啊！妈妈》、庐剧大戏《等不了今生等来世》、歌曲《中国在这》《想娘的时候》等一批“四个讴歌”优秀文艺作品，营造欢乐喜庆的文艺氛围，其中，《啊！妈妈》取得电影龙标，《中国在这》等被“学习强国”录用。坚持文化惠民，圆满完成文化进万家暨合肥市文化送温暖活动、合肥市“移风易俗文化大篷车”进乡村活动、2019年安徽省文化惠民工程“送戏进万村”、合肥市“三下乡”活动文艺演出等惠民演出，丰富市民文化生活。坚持将文艺创作和党课创新相结合，依托合肥广电语言文化艺术团，举

庐剧大戏《等不了今生等来世》演出现场 （市文旅局/供）

办多场“致敬共产党人”朗诵音乐会，共同创意打造艺术党课，把革命道理演化成深情的朗读，让党课“亮”起来、“美”起来、“活”起来。精品创作再创佳绩，舞剧《立夏》成功进入2019年度全国舞台艺术重点创作剧目名录，并成功在太原、石家庄、济南等多个城市巡演；曲艺作品《快乐微信群》《一奶同胞》、儿童剧《江淮好少年》荣获安徽省社会科学奖；庐剧小戏《观画》荣获第五届中国梁祝戏曲节暨红梅杯大赛金花奖、优秀演员奖。

【生产经营】 2019年，合肥广电坚持资源跟着项目走、活动跟着市场走、工资跟着效益走、创收跟着利润走、责任跟着权益走，“五个跟着走”战略，通过进一步扩大各经营主体的自主权，完善利润为主的考核机制，激发经营活力，营造良性竞争氛围，做大经营文章。重点抓好活动营销和政府项目“两个重点”。依托媒体公信力，开展合肥首届“十佳商协会”评选、2019合肥广电戏剧季等活动；嫁接政府资源，成功承办蜀山半程马拉松赛、2019合肥中国农民丰收节等活动，创造经济效益的同时，取得很好的社会效益。2019年，先后与高新区、长丰县等县区以及多个市直单位合作，开办《新合肥新北城》《东方硅谷 合肥高新》等多个新栏目，利用广电技术设备优势，承接各类专题片、宣传片，均取得很好的成效，为蜀山区制作的声音宣传片《蜀山声音》受到市委宣传部的肯定，通过改革创新，集团经营创收逐步实现广电创收以“硬广”为主到“广电+”业务全面发展。

（黄 亮）

报 纸

【概况】 2019年，合肥报业传媒集团（以下简称“集团”）继续坚持以习近平新时代中国特色社会主义思想为指引，坚持团结稳定鼓劲、正面宣传为主的方针，充分发挥新闻宣传、舆论引导作用，举旗帜、聚民心、育新人、兴文化、展形象，认真完成合肥市重大新闻宣传任务和市委、市政府交办的各项工作，为合肥加快打造具有国际影响力的创新之都营造良好的舆论氛围。集团通过开源节流、转型升级，坚持社会效益优先、社会效益与经济效益相统一，顺利实现全年工作目标，总体运行平稳。

【报纸宣传】 2019年，集团发挥融媒体优势，各媒体相继推出习总书记视察安徽三周年、“在习近平新时代中国特色社会主义思想指引下——新时代 新作为 新篇章”、新年献词、春运进行时、新春走基层、“两会”、安徽创新馆开馆、“理想合肥 新时代文明实践巡礼”、合肥新型智慧城市建设成果、“红色管家”国家战略中的“合肥力量”、“爱国情 奋斗者”、“我和我的祖国共成长”、“扫黑除恶进行时”、乡村振兴、“走，下乡走”、“榜样”、“大城之基”、“创新之都 闪亮答卷”、学雷锋志愿服务、“民营企业广阔舞台”、“道德模范在身边”、“倾情礼赞新中国·巾帼奋进新时代”、长三角一体化、高质量发展、防汛、墨子论坛、“图说合肥”、“镜界”、“璀璨庐州耀星辉”、“筑梦新时代 巾帼绽芳华”、“宫廷御用粉笔栈复活”、高考、中考、安全生产、“聚焦课后三点半”、“不忘初心、牢记使命”专题学习教育、“壮丽70年 奋斗新时代——合肥发展成就巡礼”、“新中国70年合肥大事记”、“看合肥城市72变”、“时光印记”、“致敬成长——合肥发展成就巡礼”、“我当一天村支书”等一系列主题宣传工作，取得很好的宣传效果，有力地配合了全市中心工作。

《合肥日报》刊登的《找差距 补短板 抓落实促发展——深入学习贯彻市委十一届九次全会精神》专栏6篇深度报道，受到市委主要领导的高度肯定。《合肥日报》的《合肥，如此惊艳！》，《合肥日报》的“守护母亲河 我们在行动”系列报道、《文明旅游不负美景，请对这些行为说“不”》、《重拳打击“套路贷”涉黑涉恶违法犯罪》、《50年前，这里出了位“爱民模范”盛习友》，《江淮晨报》的《患者带娃来看病 医生当起临时“保姆”》、《“守护红军墓这个使命将代代传承下去”——一家四代接力义守红军墓85年》、《校园陪餐制下月要来了！》，引江济淮系列报道《运河八章》等被省委宣传部阅评表扬。集团各媒体开设的“走，下乡去”主题报道被市委宣传部阅评表扬。另外《合肥日报》“礼让斑马线 万众文明行”系列报道，受到省文明委的充分肯定。

【意识形态管理】 2019年，集团落实意识形态工作责任制和网络意识形态工作责任制，全年及时接收、传达并监督落实上级新闻提示、采访安排、发稿要求等500多条次，没有刊出一篇有政治性差错或影响社会稳定的稿件。集团党委会每半年至少研究一次意识形态工作，并将其纳入内部党建考核。要求集团各媒体严格执行新闻稿件“三级审核制度”，狠抓新闻监管，并对各报网值班在岗情况、三审制度落实情况等进行抽查、通报。2019年，集团还在市委巡察集团期间积极配合完成意识形态专项巡察工作。

【媒体融合】 2019年，集团各媒体平台继续优化，不断完善由党报、都市报、网站、官方微博、微信、小程序、APP客户端（ZAKER合肥、合肥365）、手机报等组成的融媒体矩阵，及时推送资讯、强化舆论引导、扩大宣传效果。于3月份出台《合肥报业传媒集团推动媒体融合发展实施方案》。

《合肥日报》在合肥市“两会”期间，推出“市政府工作报告一图读懂”微信文章，尝试完全用图表解读重大新闻；独家制作推送的《合肥市机构改革一图读懂》，被人民网官微等多家新媒体和政务新媒体转载，受到市领导的肯定；原创视频《新时代好少年》《美丽乡村　时代画卷》等，不仅在朋友圈“刷屏”，更是登上“学习强国”平台。

作为集团媒体融合工作的“先锋队”，《合肥晚报》、《江淮晨报》实行一体化运营，由晨报总编辑兼任晚报执行总编。年内在完成前期部门架构、绩效考核、工资制度等系列制度的同时，合肥报业全媒体采访中心（一期）首批记者团队已经组建完成。11月22日，合肥报业全媒体采访中心记者搬入七楼采访大厅集中办公，正式进入共同办公的管理模式。

合肥晚报在ZAKER合肥基础上精心打造合肥都市网、微博、微信、小程序、抖音小视频等融媒体矩阵；合肥晚报、江淮晨报官方微信排名稳定在省内纸媒前两名；晨报抖音号运营4个多月，粉丝已攀升至26万，在合肥同城媒体中排名第一，播放总量近4亿次，单条最高播放量近1亿次，单条最高点赞量182万人次。合肥在线官方微信粉丝近16万，官方微博粉丝达126万、日均互动数超10万。

集团各媒体继续与检察院、工会、质监、民政、教育、人防等单位携手，推出近20种合作版面；继续利用自身在官方微博、微信上运营经验，与市委组织部、市教育局、市投资促进局、合肥燃气集团、市档案局、长丰县等单位、县区合作，代为运行微信公众号50多个，取得良好的社会和经济效益。

【传媒经营】 2019年，面对当前传统媒体经营的较大压力，集团在传统的版面、户外立柱、电子大屏广告，以及印务、发行等经营业务基础上，通过发行队伍拓展美团业务，承印外报外刊，用活现有资产，以及举办2019环巢湖全国自行车公开赛、2019环巢湖国际骑游大会、2019中国·包河国际摄影周、巢湖渔火音乐节、2019中国撮镇荷花文化旅游节、金融微笑天使、金融理财师评选、少儿钢琴大赛、合肥长丰首届瓜瓜节、造甲龙虾节、长丰县草莓节、长丰草莓红乡村乐跑、杨庙马郢乡村春晚、肥西县“中国·小井庄第十届农根文化节”、肥东职工长跑、2019合肥蜀山摄影大赛、长丰杜集虾趣文化旅游节、“坐上地铁去包河”、“生态滨湖　和美包河”全民彩绘节、“童眼看世界　包河最精彩”全民小主播大赛、“大湖之约·幸福起航”暨“开往春天的幸福地铁”益企相亲会、“著名网络作家合肥行”、“第十三届全国独轮车锦标赛安徽长丰站”等众多节庆、赛事、活动方式，多渠道出击，破解发展难题。2019年，集团经营业绩超额完成目标任务。其中，《合肥晚报》继续保持省城都市报市场份额第一的位置，市场占比超过35%。

（厉笑然）

责任编辑：崔建军

卫生健康

综 述

【概况】 2019年，合肥市被确定为全国社会心理服务体系建设试点市。合肥市卫生健康委员会（以下简称“市卫健委”）先后获得安徽省首届精神卫生防治技能竞赛团体一等奖、2019年全省寄生虫病防治技能大赛团体二等奖、2018年度计划生育目标管理责任制考评全省第一、2018年度市政府目标管理考核优秀责任单位、2018年度全市民生工程绩效考核优秀单位。合肥市卫健委、市一院、市三院、市四院、市八院、市骨科医院、省半汤温泉疗养院领导班子获2018年度市委综合考核“好”等次。市滨湖医院、九久夕阳红新海护理院和庐阳区四里河社区医养结合工作被国家卫健委作为典型经验在全国公示。

2019年，根据《中共合肥市委　合肥市人民政府关于市级机构改革的实施意见》，将市卫生和计划生育委员会的职责，以及市深化医药卫生和医疗保障管理体制改革委员会办公室（市医保办、市医改监督稽查局）的深化医药卫生体制改革相关职责，市民政局的老龄工作相关职责，市安全生产监督管理局的职业安全健康监督管理职责等整合，组建市卫生健康委员会，作为市政府工作部门。保留市老龄工作委员会，日常工作由市卫生健康委员会承担。不再保留市卫生和计划生育委员会。在整体控编的背景下，市卫健委增加老龄健康处、健康产业处、公立医院党建办等内设机构及编制。

【综合保障】 2019年，全市卫生健康系统落实公立医院党委书记、院长分设要求，市委分2轮调整市管公立医院领导干部24名，除省市共管的市传染病医院外，其他9家市属医院领导班子全部调整，有8家医院实行党委书记和院长分设；成立公立医院党建工作指导委员会及办公室，建立“市卫健委党委指导、各单位党委负责、各党支部抓实”的三级党建工作机制。

加大卫生健康财政投入，政府办医责任全面落实。2019年市本级财政预算投入10.14亿元，是2016年的2.2倍；多渠道化解市属医院长期债务9.64亿元，实现市属医院长期债务全面“清零”；坚持医疗卫生事业公益性，将卫生基础设施建设经费和大型医疗设备购置经费纳入财政保障，当年列入市级政府投资公益性项目暨三年滚动投资计划卫生项目37个，总投资110.6亿元。截至年底，市一院门急诊楼结构封顶，市二院老年护理院建至地上13层，市妇幼保健院西区（安徽省国际妇女儿童医学中心）门急诊开诊，市公共卫生管理中心1B、2A、2B楼结构封顶；市一院老年护理院、市空港医院、市三院新区、市中医院完成规划设计方案获审批，市保健院口腔医院滨湖分院完成初步设计审批；市属新站老年护理院、骨科和口腔专科医院、市血站新站完成立项。

【重要事件】 2019年6月3日，市委召开专题会议，研究推进合肥离子医学中心项目建设工作，会议明确：鉴于合肥离子医学中心项目是二类科研型事业单位，属于医疗机构，主管部门为合肥市卫健委。

7月，合肥市二院与华中科技大学同济医学院附属协和医院在市二院举行签约仪式，双方共建国家

2019 年 7 月 10 日，合肥市二院与华中科技大学同济医学院附属协和医院在市二院举行签约仪式，双方共建国家区域医疗中心心血管分中心

（市卫健委 / 供）

区域医疗中心心血管分中心。该分中心将引入武汉协和医院优质医疗资源，增强合肥市疑难危重心血管疾病救治能力。双方合作前期将实行病区托管模式，武汉协和医院将通过派遣知名专家及其他专业技术人员来合肥以坐诊、会诊、手术、带教、查房等方式，帮助市二院提升心血管疾病医疗水平，缓解高水平医疗人才短缺困境。

7 月 4 日，中国（安徽）第五批援南苏丹医疗队队长、合肥市第一人民医院普外科医生朱兴国，获中央文明办、国家卫生健康委授予的“中国好医生”称号，成为安徽省此次唯一获此殊荣的医务人员。援外期间，朱兴国和队员们的援外事迹被当地国家主流媒体报道 21 次，提升医疗队的影响力，为祖国赢得荣誉。

7 月 31 日至 8 月 2 日，全国政协常委、副秘书长，致公党中央常务副主席蒋作君率领致公党中央医药卫生委员会调研组，赴合肥市开展“健康中国人行动”专题调研。调研组实地考察合肥京东方医院、合肥市庐阳区庐州公园老年人健康场所、包河区万年埠街道健康促进与教育基地，并召开座谈会听取合肥市开展“健康中国行动”的情况汇报。

8 月 29 日，合肥市人大常委会第十二次全体会议全票审议通过《合肥市献血条例》，并于 9 月 27 日获安徽省第十三届人民代表大会常务委员会第十二次会议审查批准，于 2020 年 1 月 1 日起正式施行。这成为安徽省无偿献血领域的首个地方性立法，建立起“政府主导、部门配合、社会参与、考核与表彰并举、荣誉与奖励并重”的无偿献血良性发展机制。

9 月 1 日起，合肥电子健康码正式上线，合肥市民可通过“健康合肥 APP”或“健康合肥微信公众号”在线注册领取电子健康码，或通过医院窗口、自助机，使用身份证、医保卡验证身份后领取本人的健康二维码，实现就医不排队，同时，该码集各类医疗卫生卡证于一码，医疗卫生机构“一码联”，居民在市内医院就医服务“一码通”，医疗医保缴费结算“一码付”，检验检查结果共享互认。此外，该码还可以帮助患者进行自我健康管理，足不出户享医疗服务。

9 月 2 日，合肥市首台飞龙

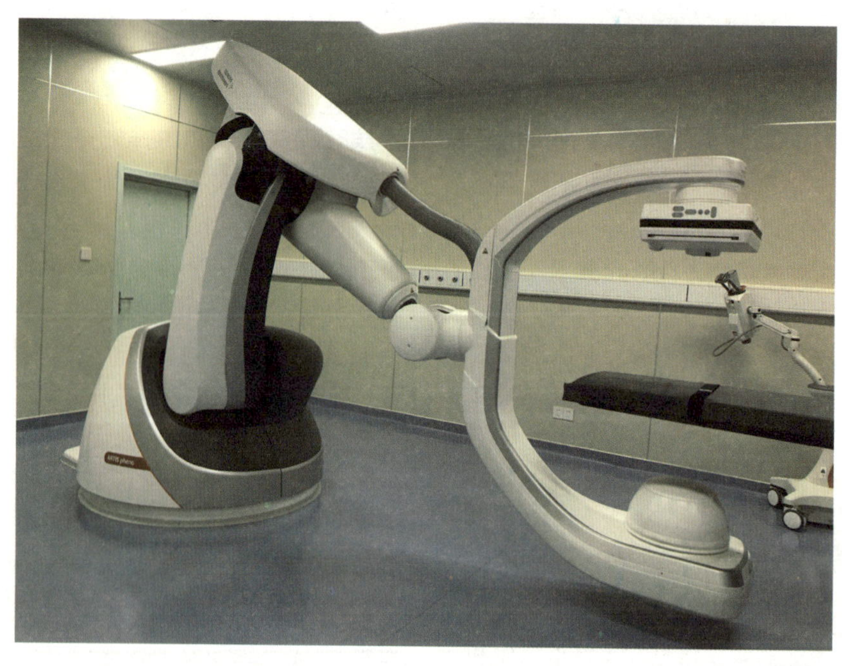

2019 年 9 月 2 日，合肥市首台飞龙（DSA）在合肥市第二人民医院介入血管疼痛科正式启用

（市卫健委 / 供）

（DSA）在合肥市第二人民医院介入血管疼痛科正式启用。该设备不仅增加手术的精准度，还提高手术的速度。较以往的DSA，这台机器的功能更多，定位也更加精准，全球领先。

9月9日，安徽省首家三级甲等精神专科医院在合肥市第四人民医院（安徽省精神卫生防治中心、安徽医科大学附属心理医院）挂牌。

9月19日，“壮丽七十年 奋斗新时代——庆祝中华人民共和国成立70周年系列新闻发布会”第20场在合肥市政务中心举行。发布会上，市卫生健康委员会分管负责人介绍合肥市卫生健康工作取得的成就。

9月20日，AMHC国际睡眠中心在市四院揭牌，该中心系安徽省首家中外合作国际睡眠中心。

9月29日，安徽省妇幼保健院西院（安徽省国际妇女儿童医疗中心）门、急诊开诊试运行。该院区占地面积超过19万平方米，设计总床位达到1500张，可满足日门诊量5000人次、年住院量5万人次、年分娩量3万，成为体量位居全国前列的妇幼保健院。该院区重点打造急诊急救中心、国际产科合作医疗中心、产前诊断中心、产后康复及月子护理中心、基因检测中心、生殖健康中心等建设，致力于为妇女儿童提供全生命周期的、全方位的医疗保健服务，填补合肥市妇女、儿童医疗新技术应用和优生遗传医学研究、基因检测及生殖健康、儿童健康发展等精准医疗服务的部分空白。

11月1日，全省首家婴幼儿照护服务政策——《合肥市促进3岁以下婴幼儿照护服务工作实施意见》正式实施。该政策的出台旨在推进生育政策和相关经济社会政策配套衔接，逐步建立健全支持生育政策体系，推进全面两孩政策落实，促进人口长期均衡发展。

4月8日，合肥离子医学中心成功吊装瓦里安 ProBeam质子治疗系统回旋加速器。12月，该设备基本安装完毕。质子治疗项目是合肥市的重大民生工程，项目建成后将大大提升安徽省肿瘤治疗整体水平，为癌症患者带来福音。

2019年9月29日，安徽省妇幼保健院西院（安徽省国际妇女儿童医疗中心）开诊试运行 （市卫健委/供）

健康合肥

【概况】 2019年，合肥市贯彻国务院《关于实施健康中国行动的意见》，坚持把人民健康放在优先发展的战略地位，组织实施《“健康合肥”2030规划纲要》，有效调动全社会参与健康合肥建设的积极性、主动性、创造性。坚持共建共享，将健康融入所有政策，推动全民健身和全民健康深度融合，举办合肥市首届全民健身运动会；创建国家食品安全示范城市，保障人民群众“舌尖上的安全”；开展爱国卫生运动，持续开展城乡环境卫生整洁行动，守住生态底线，营造绿色安全的健康环境。规范开展健康教育，积极倡导“每个人是自己健康第一责任人”的理念及“合理膳食、科学运动、戒烟限酒、心理平衡”的健康文明生活方式。坚决打赢健康脱贫攻坚战，全面实现“基本医疗有保障”目标，健康脱贫领域中央巡视反馈问题整改得到省扶贫办和省卫健委高度认可，2017、2018年两年健康脱贫考核位居全省第一，连续三年健康脱贫考核位居全省第一方阵。

2019年，全市市属医疗卫生单位有20个，其中，医院10个（正县级7个：市一院、市二院、市三院、市四院、市八院、市骨科医院、省半汤温泉疗养院；副县级3个：市妇幼保健院、市口腔医院、市传染病医院），公共卫生单位10个（副县级单位6个：市疾病预防控制中心、市卫生和计划生育综合执法监督所、市妇幼保健和计划生育服务中心、市中心血站、市卫生人力资

2019年合肥市卫生情况统计表

指标名称	单位	2019年	比上年增长%
卫生机构数（不含村卫生室）	个	2033	72.00
其中：医院	个	200	16.96
卫生床位数	张	59005	7.46
其中：医院	张	53073	8.62
卫生工作人员	人	85858	15.71
卫生工作人员（不含村卫生室）	人	83237	16.50
其中：卫生技术人员	人	71850	17.79
医生	人	26738	19.79
执业医生	人	24381	19.44
执业助理医生	人	2357	23.53
其他卫生技术人员	人	45112	16.63
平均每千人口医院卫生院床位数	张/千人	6.91	6.93
平均每千人口卫生技术人员	人/千人	8.77	16.37
平均每千人口医生数	人/千人	3.27	18.30

源培训管理服务中心、市计划生育协会；正科级单位4个：市急救中心、市地病所、市计划生育药具管理站、市医疗事故技术鉴定工作办公室）。

截至2019年底，全市拥有医疗卫生机构(含村卫生室)3232个，其中医院200个、卫生院和社区卫生服务机构320个、公共卫生机构46个、门诊部和诊所1427个、村卫生室1199个，其他机构40个。卫生机构床位数5.90万张，其中医院、卫生院床位5.66万张。卫生技术人员71850人，其中执业(助理)医师26738人，注册护士3.47万人。每千人拥有床位数7.20张，拥有医院卫生院床位数6.91张，拥有卫生技术人员8.77人，拥有医生3.27人，拥有注册护士4.24人。人均期望寿命77.12岁（2018年数字），婴儿死亡率2.41‰，孕产妇死亡率7.62/10万。城市社区卫生机构覆盖率达100%以上。

【综合医改】 2019年，合肥市深化医药卫生体制改革领导小组印发《合肥市2019年综合医改重点工作及责任分解》。

分级诊疗制度定型。推进紧密型县域医共体建设，肥东、肥西、庐江3个试点县均按照“两包三单六贯通”的制度设计，完成“两文三会”程序，全部召开建设组建运行大会和揭牌仪式，成立“三办十三中心”（在省定基础上增设党建办），完成打包预付和清产合资审计移交工作，全面下放管理权限；紧密型城市医联体巩固发展，纵向盘活现有医疗资源，形成补位发展。

建立现代医院管理制度。下达专项经费150万元，用于市四院国家级现代医院管理制度试点和市一院、市二院省级现代医院管理制度试点建设；推进公立医院人事薪酬制度改革，落实试点公立医院编制周转池制度；将公立医院绩效考核纳入市委综合考核，与公立医院党的建设工作同部署、同考核。

推进全民医保制度。加快推进支付方式改革，成功获批全国30个DRG付费国家试点城市；在全国率先出台城乡居民高血压、糖尿病门诊用药保障实施方案，创新异地就医管理和备案措施，合肥市医保工作获得省政府的激励表扬。

增强药品供应保障能力。创新推动国家谈判药政策落地，建立医院和药店供应国家谈判药品及抗癌药品双通道机制，建立短缺药品信息直报平台，及时收集信息、遴选替代药品，保障群众用药需求。

健全综合监管体系。严厉打击医疗卫生行业违法违规行为，全年作出不良执业行为记分3000多次，位列全省第一，立案违法行医案件700多件，吊销医疗机构执业许可证（或诊疗科目）3件，吊销医师执业证书1件，没收违法所得149万元，罚款236万元。

【公共卫生】 2019年，市卫健委围绕“补充人员、优化人才结构、加快基础设施建设、理顺开发区公卫体制”等四个方面出台31条举措，并形成2018—2020三年实施计划，补齐公共卫生服务短板。完善突发事件紧急医学救援体系，急救站点增加至31个，平均急救响应时间由14分钟缩短至13分钟；开展突发事件紧急医疗救援8万多次。推动全省首个无偿献血地方性立法，9月24日，《合肥市献血条例》通过省人大常委会备案审查，“政府主导、部门配合、社会参与、考核与表彰并举、荣誉与奖励并重”的无偿献血良性发展机制有效健全，采供血服务能力得到加强。合肥市连续12年获“全国无偿献血先进市”称号。

【医政医管】 2019年，市卫健委推动区域医疗中心工作建设。抢抓健康长三角一体化和国家区域医疗中心建设历史机遇，4家市属医院与国家选定的高水平医院开展合作共建；总床位1500张的市妇幼保健院西区提前开诊；合肥离子医学中心完成土建工程，国产质子治疗系统主要部件全部自主研制完成并安装。

强化学科及人才队伍建设。投入1440万元用于医学重点专科建设和人才培养，第五周期医学重点学科终末期验收全部合格；2项适宜技术被确定为省级推广项目；14人被确定为市级学术带头人；组建20个名医工作室。

完善医疗质量控制体系。累计建成市级医学质控中心54个，出台《合肥市市级质控中心考核标准》，邀请国家、省级专家302人次授课，培训医务人员14640人次；推进临床路径实施，定期开展工作督导。

提升县级公立医院服务能力。庐江县医院获省卫健委三级综合医院设置许可；肥东县医院和安徽医科大学第一附属医院签立托（接）管协议，安徽医科大学第一附属医院13名管理及临床专家团队入驻肥东县医院开展工作；肥东县中医院与省中医院签订医联体协议，在省中医院帮扶下成立国医堂。

加强基层医疗卫生服务能力。推动17个城市社区卫生服务中心创建社区医院；安排1000万元为民办实事专项资金，争取世行贷款项目资金3200万美元，用于改善基层医疗卫生机构基础设施；全市平均每个村卫生室有2名村医。

加强医院人文关怀制度建设。将人文关怀制度建设纳入医院文化建设，开展“十大感动人物”“十佳服务标兵”“十佳医生”“十佳护士”评选，增强医务人员职业荣誉感；组织开展全市儿科、口腔科、急诊急救、临床医师劳动技能竞赛，展示白衣天使劳动风采。聘任119名行风监督员，制定《合肥市属医疗机构改善医疗服务基本要求70条》，开展行业作风整治和改善就医感受专项行动，市二院被国家卫健委授予“群众满意的医疗机构”称号，被省政法委、省卫健委推荐为全省卫生健康系统行业治理先进典型。严厉打击损害人民群众切身利益的“术中加价”、医务人员推销高值医疗产品、收受红包、开大处方等违法违规违纪行为。

【重点人群健康管理】 2019年，市卫健委加强妇女儿童健康管理。全市53家儿童保健门诊、47家妇女保健门诊完成规范化建设，6家婚前保健门诊规范化建设通过省级验收；市二院在全省“国家级母婴安全优质服务单位”创建评审中排名第一；母婴安全保障五项制度得到落实，全市孕产妇死亡率8.6/10万，婴儿死亡率2.28‰，5岁以下儿童死亡率3.05‰；落实出生缺陷综合防治各项措施，免费婚检、优生检、产前筛查、新生儿遗传代谢性疾病筛查指标完成良好；推进孕产妇保健服务、儿童保健服务，开展预防艾滋病梅毒乙肝母婴传播、农村妇女“两癌”检查项目工作。

加强老年人健康管理。开展健康体检，坚持每年为老年人提供一次全面健康体检，开展血压、血脂、血糖、体质指数动态监测，常规进行家庭常用药品使用指导，全市建立健康档案的65岁及以上老年人84.83万人，接受健康管理71.16万人，健康管理率86.07%，65岁以上老年人家庭医生有偿签约41.8万人，有偿签约率44.35%。应对人口老龄化，开展医养结合工作，全市建成医养结合机构13个，开设长期医疗护理床位2012张；126个社区养老服务机构与基层医疗卫生机构签订服务合约；市滨湖医院、九久夕阳红新海护理院和庐阳区四里河社区医养结合工作被国家卫健委作为典型经验。丰富老年人文化活动，参加全省第五届老年人运动会，合肥市代表团获23个第一名，位居全省第一，合肥市同时获“优秀组织奖”和“体育道德风尚奖”；开展敬老爱老助老活动，举办省暨合肥市“敬老月”活动暨老年健康促进行动启动仪式，营造敬老爱老的社会氛围；组织1600余名演员参加2020年安徽省老年人春晚，选送节目95个，展现新时代合肥老年人积极向上、健康快乐、多姿多彩的晚年生活。

加强职业健康管理。开展全市职业健康体检8万多人次；全面完成非煤矿山等4个行业尘毒危害专项治理任务；完成微型企业民生工程暨职业健康培训730人，培训企业467家。

疾病防控

【概况】 2019年，市卫健委把疾病防控关口前移。推进家庭医生签约服务提质增效。将家庭医生签约服务纳入民生工程管理，扩大服务人群覆盖面；出台家庭医生签约服务费医保支付管理办法，新增家庭医生服务项目价格目录，推动基层慢病管理、医养结合等惠民政策和分级诊疗举措有效落地；对接省级家庭医生签约信息系统，提高项目信息化管理水平；成功创建1个家庭医生签约服务省级示范点；全面推进基本公共卫生及家庭医生签约服务“两卡制”，应用人脸识别功能，提高项目管理真实性和规范性；通过系统工分查询及校正工分值，实现“多劳多得”，提升基层医务人员工作积极性；全面取消纸质健康档案，试点电子健康档案公开，增强群众自我健康管理主动性；开展健康促进、无烟场所等创建活动，居民健康素养得到提升；成立市国民营养健康指导委员会，推动落实合肥市国民营养计划（2018—2030 年）。

【重大疾病防控】 2019 年，市卫健委开展 HIV 筛查检测人次同比增加 7.84%，男男性行为人群扩大检测人数同比增加 98.7%，筛查阳性率由 2.2% 提高到 5.0%（此指标为 2018 年指标）；肺结核报告发病率同比下降 13.7%，病原学阳性率远超 45% 的指标要求，新生入学体检结核病筛查率同比提高 4.3%；全年 32 起网络报告突发公共卫生事件及 515 起聚集性疫情均得到及时有效处置；2019 年全年无重大传染病疫情发生。

【血吸虫病和地方病防治】 2019 年，市卫健委推进血吸虫病和地方病 3 年攻坚行动。血防各项指标均超额完成年度任务，全市所有流行县均达到血吸虫病消除标准；结核病防治志愿服务工作位居全省第一；实现省级疟疾消除，代表安徽接受国家消除疟疾工作评估并顺利通过，获得全省 2019 年度寄生虫病防治技术大赛团体二等奖；庐江县和巢湖市通过省政府血吸虫病消除评估，全市实现消除血吸虫病目标；建立敏感有效的监测体系，血防成果得到巩固；开展地方病防治专项三年攻坚行动评估工作，合肥市持续保持碘缺乏病消除目标。

【预防接种规范化管理】 2019 年，市卫健委持续改善免疫规划工作。全市 182 家预防接种门诊，全部通过省规范化门诊验收；172 个预防接种门诊均为安徽省规范化门诊，其中建成 9 个省级示范门诊、39 个智慧门诊、50 个数字化门诊。规范开展 HPV 疫苗使用、产科门诊、狂犬病门诊、疫苗和冷链等专项督导，预防接种门诊服务水平得到提升。

【严重精神障碍患者管理】 2019 年，市卫健委加强严重精神障碍患者管理。截至 2019 年 12 月 31 日，全市严重精神障碍患者国家严重精神障碍系统在册管理 37713 人，患者报告患病率 4.76‰，在册患者规范管理率 87.41%，在册患者规律服药率 65.12%，精神分裂症规律服药率 70.19%，面访率 87.93%。全年各区县开展对口支援 368 次，服务 375 个社区卫生服务中心（乡镇卫生院）。患者康复指导 2507 人，管理患者随访技术指导 3704 人，诊断复核 1384 人，社区医生培训 1564 人次，患者家属护理教育 32949 人次。

【心理健康服务】 2019 年，市卫健委加强心理健康服务。合肥市成为全国社会心理服务体系建设试点市。印发《合肥市社会心理服务体系建设试点工作实施方案（试行）》；开设“合肥市心理健康”微信公众号；探索吸纳优质社会心理服务机构力量加入全市社会心理服务体系建设试点工作，经实地评估，产生 11 家合肥市社会心理服务第一批示范机构。

中医药事业

【概况】 2019 年，合肥市基层中医药服务能力得到提升。肥东、肥西 2 县中医院顺利通过二级甲等中医院复审，长丰县中医院通过二级中医院设置，庐江县中医院按照三级甲等中医院标准建设。全市累计投入 1402.8 万元建设 109 个基层中医馆（含在建），占乡镇卫生院（社区卫生服务中心）总数的 81.3%，全市 98% 的社区卫生服务中心能够提供中医药服务；65 岁以上老年人中医药健康管理服务率 67.85%，0—3 岁儿童中医药健康管理服务率 83.35%，中医药服务覆盖面显著扩大，服务质量和群众满意度明显提升。

【名中医工作室建设】 2019 年，市卫健委推进名中医工作室建设。投入 95 万元用于名中医工作室建设和学术经验传承工作，全市有“安徽省名中医”5 人、“安徽省基层名中医”14 人、“合肥市基层名中医”5 人，省级名中医工作室 5 个，市级名中医工作室 5 个。

【中医药健康文化建设】 2019 年，市卫健委开展中医药健康文化推进行动。通过专家义诊、互动体验、健康讲座等一系列惠民活动，创新中医药健康文化传播形式，弘扬中医药健康养生文化，推广中医“治未病”理念。举办健康讲座 23 场（次），各级专家义诊 16 场（次），发放宣传册页 2 万余份。

人口均衡发展

【概况】 2019年，市卫健委坚持计划生育基本国策不动摇，强化目标管理考核不放松，完善“县抓实、乡负责、村为主”工作机制，34个人口计生综治部门协调联动，全面两孩政策有序实施。2019年统计年度（2018年10月—2019年9月），全市出生94819人，人口出生率12.11‰，同比下降1.07个千分点，其中：二孩出生48020人，同比下降0.93个千分点；出生人口总性别比112.78，完成年度目标任务。合肥市在2018年度省计划生育目标责任制考评中排名第一，包河区、庐江县、瑶海区分别被通报表扬。

【人口监测】 2019年，市卫健委规范开展常住人口和流动人口监测工作。发挥卫生健康系统人口基础信息资源丰富的优势，推动跨部门信息互通共享和数据比对，提升全员人口数据质量。完善市便民服务信息系统建设，推进家庭数据分析系统建设，完善人口监测指标体系，实现市本级相关平台整合，并与省全员人口信息系统等系统无缝对接，人口监测服务效率得到提升。

【计划生育政策体系建设】 2019年，市卫健委完善计划生育家庭发展政策体系。创建家庭发展服务中心示范点，瑶海区新家庭计划示范点、荷叶地街道等20个家庭发展服务中心通过省卫健委评估验收；出台《合肥市促进3岁以下婴幼儿照护服务工作实施意见》，加快母婴设施建设，婴幼儿照护服务试点机构76个，可提供托位3200多个；社会力量新注册登记托育服务机构80家，卫生健康部门备案18家，可增加托位约2000个。

规范实施计划生育奖励扶助制度。为7976名计生特扶和40941名奖扶对象发放扶助金1.16亿元，将计生特殊家庭列入合肥市城乡医疗救助对象，并建立就医绿色通道，新增发放“爱心卡”870人；为6061名特扶对象免费体检、6061户特扶对象提供家庭医生签约服务，3469名60周岁以上计生特殊家庭人员开展老年人能力评估，发放老年护理补贴资金1764万元；实施“生育关怀·幸福家庭”帮扶项目，为45名新发生失独家庭发放紧急慰藉金13.5万元，为602户（1229人）新增计生特殊家庭购买意外伤害保险，资助494名计生家庭大学生入学，发放资金139.5万元。

【生育服务】 2019年，市卫健委建立生育全程服务机制。推进“一次登记，全程服务”建设，实现个人信息一次性登记、多部门共享，解决卫生计生服务项目分散、证件繁多、手续烦琐、群众个人资料重复提供等问题。为群众办理计生证件108506件，其中生育登记93305件，生育登记率达到95%以上。

互联网+医疗健康

【概况】 2019年，市卫健委发挥优质医疗资源优势，推动“互联网+”转化为先进的健康动力造福患者，在智慧医院、家庭健康管理、接轨国际化医院管理模式等方面，利用大数据引领全市大健康发展。

上线合肥电子健康码。 9月1日，合肥市正式上线电子健康码，实现居民就医服务“一码通”，医疗卫生机构服务信息“一码联”，医保缴费结算“一码付”，告别“一个医院一张卡”，截至12月底，申领人数34.4万，用卡94.6万人次，累计结算金额1亿元。

建成合肥市卫生健康专网。 专网覆盖全市各级各类医疗卫生机构，实现全市医疗卫生机构信息互联互通；对全市各级各类医疗卫生机构信息系统进行国标化改造，解决信息“孤岛”问题。

卫健知识宣传 （市卫健委/供）

建成合肥市卫生健康云数据存储机房。依托合肥市政务云，建成合肥市卫生健康云数据存储机房，市本级电子健康卡、电子病历、合理用药、家庭医生签约等多个系统上云，实现数据安全规范管理。

建成合肥市全民健康医疗数据库，包括：建立902.6万人的合肥市全员人口健康医疗数据库（含外地来合肥就医人员），采集1536.5万人次的电子病历数据，建档769万份的全市居民电子健康档案。

智慧医院建设。推动门诊语音电子病历系统（医疗病历、护理病历）、讯飞云医声移动工作系统、讯飞智医助理辅助诊疗机器人等智能语音和人工智能辅助诊疗技术在市属医院的应用，实现医疗服务水平和效率提升。

智医助理系统按要求完成建设任务。在四县一市97个乡镇卫生院（社区卫生服务中心）和1114个社区服务站（村卫生室）部署“智医助理”系统，并在全省率先建设完成，顺利通过验收。

2019年4月8日，合肥离子医学中心质子治疗系统主体设备吊装，标志着质子治疗系统进入全面安装、调试和验收阶段 （市卫健委/供）

【国家健康医疗大数据中部中心建设】 2019年10月23日，国家健康医疗大数据中部中心总部基地开建，总投资130亿元的18个重点项目在医疗大数据中部中心产业园集中开工。国家健康医疗大数据中部中心产业园项目位于合肥高新技术产业开发区。项目主要集中在生物医药产业，具有发展质量高、示范效应强、行业前景优等特点。

国家健康医疗大数据中部中心及大健康产业园选址合肥后，合肥市发布的《国家健康医疗大数据中部中心建设方案》提出，通过建设国家（中部）健康医疗大数据平台，对中部区域健康医疗大数据统一管理。国家卫生主管部门全面启动健康医疗数据标准化改造，将建成中部中心健康医疗数据会聚平台。依托平台，对数据进行整合处理，形成全员人口信息、居民电子健康档案、电子病历等健康医疗数据基础库。

（赵晓瑾）

责任编辑：赵永军

体 育

综 述

【概况】 2019年，合肥市体育系统切实依法履行体育行业管理和公共服务职责，全面提升服务效能，加快“体育强市”和“健康合肥”建设，在全省体育强市考核中获得达标先进，效能建设、预算绩效管理、信用体系建设等多项工作获得市级表彰。公共体育服务体系完善，争创全国全民运动健身模范市取得新成果；坚持普及和提升相结合，竞技体育和青少年体育取得新成绩；体育产业呈现新气象。

【事业单位机构改革】 2019年，市体育局启动并完成所属事业单位整合工作。整合合肥市田径游泳学校、市业余体校，设立合肥市青少年体育学校，核定事业编制45名，领导职数4名，学校为正科级公益二类财政全额拨款事业单位，主要承担培养选拔青少年体育人才，代表合肥市参加省及以上相关项目比赛等职责。整合市社会体育指导中心、市体育馆（场），设立合肥市全民健身中心，中心为正科级公益二类经费自理事业单位，核定事业编制19名，领导职数3名。主要承担运营管理全民健身大院场地场馆、承接承办赛事活动等职责。新机构于2019年7月1日正式挂牌，整合工作进程平稳有序，实现各单位职能转变、关系理顺、结构优化。

【社团组织发展】 2019年，市体育局通过政府购买服务、社团等级评估、协调保障资源、鼓励举办活动等举措，对各类体育社团进行分类指导、培育扶持，激发活力，社会体育组织先后主办或承办健身气功、门球、武术等一系列全民健身活动。新成立市冬泳协会、棒垒球协会、极限运动协会、国际象棋协会4个市级体育单项协会。

【社会体育指导员培训】 2019年，市体育局培训、认证896名二级指导员，各县（市）、区、开发区共培训、认证2139名三级指导员。积极做好国家级、省级优秀社会体育指导员推荐申报工作。组织开展示范晨晚练点评选工作，命名200个示范晨晚练点。

【国民体质监测】 2019年，市体育局为期半年的国民体质监测“健康五进”（进社区、进校园、进村庄、进企业、进机关）活动开展20期活动，完成5117人的监测任务，颇受广大市民欢迎。各县（市）、区、开发区国民体质监测站也结合“五进”活动完成年度不少于800人的监测任务。

【申办第五届全国智力运动会】 2019年11月18日，第四届全国智力运动会在浙江省衢州市闭幕。闭幕式上，作为下一届举办城市，合肥接过会旗，让全国智运会的时钟正式拨进“合肥时间”。

全国智力运动会，是经国家体育总局批准，以智力运动项目为主的全国性运动会，比赛设围棋、象棋、国际象棋、桥牌、五子棋、国际跳棋6个大项，赛期一般为10天，赛事规模约4000人，赛事期间还将举办智力运动博览会。自2009年以来，智运会先后在成都、武汉、枣庄、衢州举办过四届。

合肥对申办第五届全国智力运动会志在必得。2019年5月5日，合肥在国家体育总局棋牌运动管理中心发出申办公告前，即提出申办2023年第五届全国智力运动会的意向，并正式启动申办工作。

9月16—18日，国家体育总局棋牌运动管理中心来肥对相关申办情况进行实地考察。考察期间，合肥市汇报赛事申办历程，展示合肥申办比赛的硬件实力，表达合肥市申办智运会的决心。考察组认为，合肥具备承办2023年第五届全国智力运动会的应有条件。11月11日，国家体育总局棋牌运动管理中心正式确定合肥作为第五届全国智力运动会举办地。同时邀请合肥参加在衢州举办的第四届全国智力运动会闭幕式，进行交接会旗仪式。

肥东县白马山篮球公园 （周啸勤/摄）

群众体育

【概况】 2019年，市体育局主承办各类体育赛事和全民健身活动83项次，直接参与活动人数达40余万人次，全民健身委员会成员单位、各县（市）区、开发区、各体育协会开展各类全民健身活动近千场次，活动覆盖人群超百万人次，其中千人以上的市级赛事活动达15次。举办安徽省暨合肥市迎新年健身走元旦越野赛、纽崔莱健康跑、环巢湖骑游大会、全民健身日主题系列活动、百城千村健身气功展示活动、环巢湖毅行大会等千人以上赛事及活动，端午龙舟、“登高蜀山”和重阳五禽戏展示活动带动传统节日系列活动持续增温。

【公共体育场地建设】 2019年，合肥市全民健身场地设施全年投入资金4889万元，建设内容包含2个体育特色小镇和3个体育公园健身器材配建、150个全民健身苑、16个笼式多功能健身场、10个三人制篮球场、20个贫困村体育器材配建、7个乡镇全民健身广场和20个街道（社区）体育俱乐部。中央彩票公益金转移支付全民健身设施建设项目1个——庐江县汤池镇环金汤湖登山健身步道。该项目位于庐江县汤池镇金汤湖南侧，投入资金350万元，项目由庐江县汤池镇人民政府负责组织实施，整个登山健身步道长1.4千米。

在加大全民健场地建设的同时，积极推动和落实公共体育场地设施向社会免费、低收费开放政策，扩大全民健身场地供给，全年合肥市体育馆和巢湖市体育中心累计免费、低收费对外开放4000多小时，免费、低收费惠及10万余人次。

【体育场地统计调查】 合肥市体育场地统计调查工作2019年3月2日启动，前后历时3个月，按时完成任务，其间全市召开3次推进会，利用市体育局官方网站、合肥体育发布微信宣传20次，反复核查7轮。调查全市体育场地数量18559个，体育场地面积15102669平方米，全市人均体育场地面积1.87平方米（截至2018年12月31日），所有统计调查数据均符合要求。

【健身气功发展】 2019年，市体育局依托合肥市健身气功协会持续开展健身气功培训、活动和站点发展工作，全年培训二级健身气功社会体育指导员79名，三级健身气功社会体育指导员679名；组队参赛省级健身气功站点联赛和五禽戏精英赛，代表安徽省连续征战全国站点联赛半决赛和总决赛，并在全国气功气舞精英赛上获得第六名的好成绩。健身气功站点由2018年底的211个增长到237个，组织开展健身气功“五进”教学活动40余场次，深入乡村偏远地区开展功法普及，全年吸纳2600余名全民健身爱好者加入健身气功行列；12月7日全国百城千村交流展示系列活动在肥隆重闭幕，2000余名合肥功友共同展示新老四套功法，有力地彰显合肥市健身气功事业发展活力。

竞技体育和青少年体育

【概况】 2019年，市体育局以省运会新周期谋划为契机，全面对接省级优秀项目队建设，引进社会力量办体育特色，分类发展、梯度推进我市各运动项目，先后出台《合肥市足球改革实施方案》《合肥市体育后备人才单项训练基地认定及管理办法》《合肥市体育传统项目学校管理办法》等文件，规范竞技体育和青少年体育发展。李志勤夺得第十五届世界武术锦标赛56公斤级冠军，全国武术散打锦标赛冠军赛双科冠军高扬傲然获全国跆拳道冠军赛总决赛54公斤级冠军，兰明豪获全国击剑锦标赛重剑团体第一名，赖晓晓获全国武术套路冠军赛长拳、剑术两项第一。在第二届全国青少年运动会中，93名合肥籍运动员进入21个大项的决赛，获得16枚金牌、15枚银牌、14枚铜牌，其中合肥姑娘陈梅婷获得自由式滑雪项目体校组女子空中技巧规定动作冠军，为安徽省代表团夺得全国第二届青年运动会首金，也是安徽省运动员在冬季项目中获得的首枚金牌。市教育局、市体育局共同主办的2019年阳光体育运动共设20个大项的比赛，1.3万余名中小学学生奔逐在各个赛场。全年新认定省级体育传统项目学校2所，市级俱乐部2所，庐阳区庐阳高中参赛全国青少年手球U系列比赛中获得女子U18组第一名，蜀山区五十中东校获得全国青少年手球女子U14组第一名，包河区锦城小学获得全国射箭U12锦标赛男子团体第二名。

【体育交流】 2019年，合肥小学足球队出访日本久留米市，参加第15届“彩虹杯”国际亲善青少年足球大赛，增进合肥市和久留米市之间的交流；赴丹麦奥尔堡市参加2019年奥尔堡国际青少年体育锦标赛，在网球、游泳、羽毛球、击剑、足球5个项目中，共获得7枚金牌、5枚银牌、1枚铜牌。支持国际体育民间交流，合肥市射箭协会赴韩国大田市开展交流活动。深化华东九城市、长三角地区、长江中游城市群省会城市体育合作交流，参加华东九城市青少年体育比赛，举办鄂湘皖赣城市冠军杯足球赛、长江中游城市群四省会城市乒乓球、网球、羽毛球联谊赛。

【足球改革】 《合肥市足球改革发展实施方案》经市委全面深化改革委员会第二次会议和市政府第30次常务会议研究通过，于2019年7月22日正式印发。《实施方案》包括总体要求、主要任务和保障措施3个部分，提出到2025年，全市足球场地总数量达到1000块以上，平均每万人拥有足球场地数达到1.2块，到2030年达到1.4块，到2050年达到1.6块。《实施方案》明确7个方面19条任务，提出加强组织领导、加大用地支持、落实税费政策、加大经费投入、营造良好舆论环境氛围等5项举措。

体育产业

【概况】 2019年，市体育局修订完善《合肥市培育新动能促进产业转型升级推动经济高质量发展若干政策实施细则》涉体条款，加强对体育企业的扶持力度，引导体育产业健康发展，通过“借转补”“事后奖补”方式，兑现场馆及赛事类补助资金959万元，拉动社会力量体育产业投资5600余万元。深化“放管服”改革，全面梳理体育局权力事项，动态调整体育系统权责清单、公共服务清单，以肥东、庐阳、瑶海三县区办理事项为模板，统一了全市经营高危险性体育项目网上审批流程，方便了“办好一件事”涉体事项的申报，全年各县市区共审批高危项目25件。规范市体育市场管理，继续抓好体育行政执法，对13个县市区游泳场馆开展了安全监督检查，做好经开区、高新区“双随机、一公开”试点工作，加强对取消下放行政审批等事项的督促检查、跟踪问效。

【体育彩票销售】 2019年，合肥体彩围绕渠道建设总要求，适当提升销售规模，填补空白片区、优化渠道质量，拓展社会连锁便利渠道，渠道覆盖范围进一步扩大，购彩便利性进一步增强，有力拓展彩民群体。加强销售人员外出交流学习和内部交流机制，合计培训3000多人次。规范体育彩票市场管理，加强体彩公益宣传，在电视、广播、平面、网络、户外等媒体持续投放品牌宣传，其中体彩公益公信宣传比例占80%。积极配合有关部门打击各类赌博行为，引导“依法购彩”“理性投注”。2019年全市体彩总销量达25亿元，销量排名全省第一。

重要赛事

【2019合肥国际马拉松赛】 “徽商银行杯”2019合肥国际马拉松赛暨全国马拉松锦标赛（合肥站）由中国田径协会、安徽省体育局、合肥市人民政府共同主办，合肥市体育局、合肥市文旅局、包河区人民政府、安徽省田径协会承办，设全程、半程、迷你马拉松和2千米“亲子跑”4个项目，于11月10日上午8:00鸣枪开赛，下午14:15结束，历时6个小时15分钟。共有21个国家和地区，以及31个省、自治区、直辖市的3万名选手参加本次比赛，来自友好城市俄罗斯萨拉托夫、下诺夫哥罗德，德国罗斯托克市，美国哥伦布市及韩国原州市的31名跑友来肥参赛，赛后韩国原州市发来感谢函，感谢组委会的精心组织给他们留下美好回忆。组委会邀请多名高水平选手参赛，其中包括12名国际金标级选

手。本次比赛男子全程冠军成绩为2小时10分06秒，女子全程第一名的成绩为2小时29分15秒。

2019年7月23日，“合马”再次升级，被国际田联评定为“银标赛事”，这是根据国际田联马拉松赛事等级评定办法和逐级晋升原则做出的认定，也是中国大陆的第2个国际田联“银标赛事”。

【首届全民健身运动会】 根据创建全国全民运动健身模范市和体育强市的需要，经市政府批准，自2019年起合肥市每年举办全民健身运动会。合肥市首届全民健身运动会由市全民健身工作委员会主办，市体育局、市直机关工委，各县（市）区、开发区和合肥市体育总会承办，市直机关和各县（市）区、开发区组团参赛。本届运动会本届市全运会项目的设置是根据全市全民健身开展状况，设置30个广大群众喜闻乐见的项目，并进行合理分类。共设置广场舞、健身秧歌等13个大众健身类项目，登山、农耕健身大赛等6个传统健身项目，徒步越野、钓鱼等5个户外健身类项目，扑克牌、围棋、象棋等5个智力健身类项目和1个特色展示类项目，共5大类别30个大项228个小项的赛事活动。运动会于3月30日在肥东新城体育中心正式拉开帷幕，来自全市13个县（市）区、开发区和市直机关共14支代表队，11000余名运动员、领队、教练员和545名裁判员参与比赛，30个项目分别在12个县（市）、区、开发区举办，覆盖人数超20万人。为了体现全民参与的办赛理念，方便市民广泛参赛，市全民健身运动会较之市运会在参赛资格方面降低了门槛，凡具有合肥市户籍或在本市实际工作、学习、生活的人员均可报名参赛，驻肥外籍人士也可持工作或学习签证护照在符合单项规程规定的情况下报名参赛，覆盖了18～65岁不同年龄段人群。部分项目（三棋、特色展示和门球项目）甚至放到了10～75岁。

【参赛第二届全国青年运动会】 第二届全国青年运动会于2019年8月8日在山西太原开幕，本届运动会与奥运会全面接轨，竞赛项目涵盖夏季奥运会的全部项目和2022年北京冬季奥运会的绝大部分项目，增设中国传统体育项目和跨界跨项选材全能项目，共设49个大项，1868个小项，在参赛方式由一青会以城市为单位组团改为以省、自治区、直辖市、特别行政区、新疆生产建设兵团等34个单位组团，按照参赛人群设体校组、社会俱乐部组组织比赛。3月8日，在自由式滑雪空中技巧决赛中，合肥姑娘陈梅婷获得女子个人规定动作冠军，为安徽省代表团夺得全国二青会首金，也是安徽省运动员在冬季项目中获得的首枚金牌。本届运动会共有93名合肥籍运动员进入21个大项的决赛，共获得16枚金牌、15枚银牌、14枚铜牌。

【中日韩三国围棋名人混双赛】 中国合肥第七届“庐阳志邦杯”中日韩三国围棋名人混双赛2019年5月2日在三国新城遗址公园金汤虎台广场开幕。赛事由中国围棋协会、安徽省体育局、合肥市人民政府联合主办，合肥市体育局、庐阳区人民政府承办，世界双人围棋协会、安徽省棋院、安徽省围棋协会、合肥市围棋协会协办。来自中日韩三国的16位职业围棋选手参与角逐，他们是时越／王爽（中国）、刘小光／芮迺伟（中国）、范廷钰／王晨星（中国）、芈昱廷／於之莹（中国）、小林觉／藤泽里菜（日本）、河野临／谢依旻（日本）、金志锡／吴侑珍（韩国）、李昌镐／金彩瑛（韩国）。与往年不同，开幕式后，在首轮比赛进行的同时，一张10米×10米的棋盘在金汤虎台广场铺开。来自合肥市的8名少年围棋爱好者身着汉服，在此展开精彩的车轮战，为比赛现场增添不少乐趣。决赛在中国两对组合时越／王爽与范廷钰／王晨星展开，最终范廷钰／王晨星组合摘得冠军。

（石　峰）

责任编辑：赵永军

2019年5月5日，合肥市全民健身运动会开幕　　（市体育局／供）

社会民生

劳动就业

【概况】 2019年，合肥市城镇新增就业27.76万人，占全省新增城镇就业的39.08%；失业人员再就业3.74万人，就业困难人员就业11016人，城镇登记失业率控制在2.80%。全年城镇常住居民人均可支配收入45404元，比上年增长9.5%，增幅比全省高0.4个百分点。

【就业精准帮扶】 2019年，全市对8708名离校未就业毕业生进行就业帮扶，帮扶率100%。开发5707个就业见习岗位，补贴见习人员3004人、1723.45万元。发放2019届、2020届大学毕业生求职创业补贴共4421.2万元，惠及33906名困难毕业生，占全省的39.5%。继续实施建档立卡贫困家庭大学毕业生就业帮扶工作，通过“一人一档案”“一人一措施”“一对一联系”等帮扶行动，2019届全市1145名贫困家庭毕业生全部实现就业创业或升学入伍。

【就业扶贫】 2019年，全市走访援助困难对象家庭4079户，帮助1565名就业困难人员实现就业。实施“三业一岗”（指在就业扶贫过程中通过生态友好型产业、发展劳动密集型产业、组织外出打工就业等“三业”和公益性岗位来提高就业覆盖面，力争实现扶贫驿站和公益岗位吸纳就业占比分别达到50%。）就业扶贫，实现帮扶后就业557人，完成目标任务107.32%。开发公益性岗位11294个，完成目标任务104.57%。新建就业扶贫驿站8个、招募就业扶贫基地17家，新组建并认定就业扶贫车间6家。

【打造就业创业品牌】 2019年，合肥市着力打造“爱在江淮、乐业合肥，才聚庐州、创业合肥”服务品牌，举办各类现场招聘会1410场，8.6万名求职者达成来肥就业意向。组织3015家重点企业分赴全国129所高校开展招才引智及人才新政推介，达成来肥就业创业意向2.4万人，其中硕士以上5311人。组织两次“社区三千米就业圈”现场观摩调度会，解决就业难与招工难并存问题，实现就业与招工精准对接。

2019年11月28日，合肥市第十届“挑战杯”创新创业项目征集大赛决赛比赛现场

（市人社局/供）

【创新创业】 2019年，合肥市举办第十届“挑战杯”创新创业项目征集大赛，完成2019年高校毕业生创业项目扶持资助101个，认定5家省级创业孵化基地（2家“省级青年创业园”、3家“省级农民工返乡创业示范园”）。推进创业服务电子券、大学生创业创新引导资金，试点创业贷升级版和社保贷，优化小微企业认定程序，扶持3922名创业者在合肥市成功创业。全年发放创业贷款6.06亿元，带动吸纳就业15170人。组织开展各类创业培训511个班次，13530名创业者参训，其中949人成功创业。

（季　荣）

人事人才

【概况】 2019年，合肥市人力资源和社会保障局（以下简称“市人社局”）持续贯彻“人才优先、服务为上”工作主线，深化人才机制体制改革，全面推进全市人才工作健康发展。创新人才政策，牵头多部门开展人才分类评价机制改革工作，起草《关于分类推进人才评价机制改革总体实施方案》等各领域人才机制改革实施办法初稿。结合全市产业发展需求，研究制定支持集成电路产业发展的人才专项政策，为进一步推进集成电路产业人才队伍发展作好政策储备。大力实施技工大省和技能强市建设，出台《关于推进技能强市的实施意见》等系列政策文件，技能人才总量持续增长、结构不断优化。截至2019年底，合肥市技能人才总量增至104.8万人，技工院校20所，在校生达到5.4万人，每年完成政府补贴性培训约9.4万人次。

【事业单位招聘】 合肥市2019年度市直事业单位公开招聘岗位303个，共招聘405人，涉及19家主管部门；3万多名考生参加笔试，经笔试、资格复审等环节，1646人参加面试（专业测试），其中880人参加结构化面试。继续实行全市幼儿园教师统一笔试，面向社会公开招聘365名幼儿园教师。对县（市、区）事业单位公开招聘方案实行核准备案，审核公开招聘方案及公告23项，公开招聘人数1278人。完成2019年度中小学公开招聘130名教师审核批复工作，审核批复清华附中合肥学校公开招聘45人、选调7人。

【高层次紧缺人才引进】 2019年，合肥市发布高层次人才引进公告10个，计划引进207人，其中合肥学院154人、合肥职业技术学院20人、市属学校23人、市四院2人、市数据资源局1人、安徽省创新馆1人、市书画院1人、幼儿师范高等专科学校2人、市口腔医院3人。发布市属事业单位选调公告2个，计划选调4人。

【编制周转池工作】 2019年，市人社局按照要求，配合有关部门做好高校、医院通过编制周转池开展人才引进工作。截至11月6日，先后批复同意合肥学院聘用周转池引进高层次人才40人；市二院等6家市属公立医院自建池择优选拔504人；市口腔医院、市四院自建池引进人才4人；市一院、市八院自建池择优选拔、公开招聘513人。指导县人社部门做好基层医疗卫生机构“县管乡用”、中小学教师“县管校聘”等工作。

【“同岗同酬”人员入编审核】 2019年，市人社局会同市委编办、市教育局，对一六八中学和高新区、新站区、经开区3个开发区所属中小学2963名教师进行入编条件集中审核，于9月10日教师节前完成教师入编审核工作。

【人事考试】 2019年，合肥市累计组织实施人事考试89项，考生人数365474人、参考科次838350科，较上年同期增长31%。其中，考录公务员（含选调生）、市直机关遴选公务员、市直事业单位招聘工作人员、高校毕业生“三支一扶”计划招募等政策性考试4项，考生人数70650人、参考科次134059科；一级建造师、二级建造师、一级注册消防工程师、执业药师等专业技术人员资格考试31项，考生人数212056人、参考科次553883科，办理各类证书32797本；委托考试54项，命题科目210科，考生人数82768人、参考科次150408科。

【人力资源培训】 2019年，合肥市组织军队转业干部岗前培训、“‘十三五’时期民生领域的政策分析”高级研修班、专业技术人员公需科目培训、工程类专业技术人员继续教育培训、通用类和金融财会类网络培训、南京大学学历教育培训等共计17899人次，较上年同期增长16%。提升服务水平、减少服务对象往返办事次数，推进培训工作信息化建设。开通继续教育证书网络打印功能，减少现场发证和邮寄证书。启用新建的人事考试综合服务中心，将人事考试证书发放、人力资源培训工作集中安排在一楼大厅。

【重点人才项目实施】 2019年，

合肥市新增博士后科研工作站13家，发放114名在站博士后研究人员生活补助456万元，资助22家博士后工作站科研项目800万元，资助13名学术和技术带头人科研项目经费65万元。资助留学回国人员创新创业扶持计划15个创新项目、1个创业项目共210万元。选拔推荐省学术技术带头人及后备人选28人、省战略性新兴产业技术领军人才45人，发放省战略性新兴产业技术领军人才津贴90万元。选拔第二批合肥市学术和技术带头人20名，后备人选40名。

【人才服务】 2019年，市人社局对接公安户籍部门核对专家信息，做好终身享受政府特殊津贴人员补贴发放工作；推进高层次人才分类认定一站式服务，认定各类高层次人才1000余人，对15批新落户人才租房补贴申请情况结果进行公示，公示符合申报条件人员7451人。开展人才购房标准认定工作，办理人才购房资格认证1364人，其中认证专业技术人才540人、高技能人才824人。

【职称工作】 2019年，合肥市开展中小学教师、机电工程、综合工程等专业技术资格评审5000余人，并向省有关高评会委托推荐评审2500余人，持续开展专业技术人员继续教育基地评估认定，全市设有省级继续教育基地9家，市级继续教育基地34家。举办“物质科学与生命医学人才培养”国家级高级研修班和4个省级高研班，首次举办“科技产品创新与研发项目管理”等4个专题的市级高级研修班培训。

2019年，合肥市首次在党校、中专、技校系列职称评审中试行网络申报，试点参评人数184人，通过搭建职称评审业务网络平台，以职称评审业务流程为主线，将申报受理、材料评审、结果统计分析等评审过程信息化，为专业技术人员和用人单位申报参评、查询信息提供便利服务。

【人力资源区域交流合作】 2019年，合肥市签订《深化G60科创走廊九城市人才交流合作协议》等6项合作协议，制定《合肥都市圈人力资源和社会保障合作专题框架协议》。对870家重点单位开展人才需求调查，发布第一份合肥市人力资源发展状况白皮书。获评安徽省人力资源诚信服务示范机构50家，占全省50%，其中“AAA”级25家，占全省83.3%。获批国家级“合肥人力资源服务产业园”，截至年底已有28家人力资源企业正式入驻。开展2019年度人力资源服务业发展政策奖补申报工作，拟定《合肥市第三方机构引进急需紧缺人才奖补实施细则（试行）》，鼓励第三方机构对接产业需求，帮助企业引进急需紧缺人才。首次推行就业创业一站式服务中心“引才奖补”网上申报，11家一站式服务中心申报的1274人符合申报条件拟给予奖补，共计63.7万元。

2019年10月19日，由人力资源和社会保障部发起的第七届大中城市联合招聘高校毕业生（秋季）合肥巡回招聘会在合肥学院举办 （市人社局/供）

【人才队伍建设】 2019年，合肥市招募2019年度“三支一扶”（指大学生在毕业后到农村基层从事支农、支教、支医和扶贫工作）高校毕业生113人，举办“三支一扶”能力提升培训和新招募人员岗前培训，生活补助发放和绩效考核奖励提标等工作。实施2019年“鸿雁计划”评选，确定中国科技大学等4家单位29名优秀应届毕业生和1名创新平台科研人员入选第二批“鸿雁计划”，拨付专项资金562.5万元。实施“千人赴港培训计划”，全市40人参训。开展社会服务人才培训，共8个项目、122个培训班，培训10900人。

【技工教育】 2019年，全市技工院校全年招生23218人，其中新技工系统培养完成23213人。市属技工院校2019春、秋学期资助国家助学金23030人次、国家免学费和市级免学费65938人次，48人

2019 年 10 月 17 日，第 46 届世界技能大赛安徽省选拔赛合肥赛区开赛

（市人社局／供）

获得中等职业教育国家奖学金。

技工院校建设和管理。2019 年，全市新增 1 所高级技工学校，新设立审批 3 所民办普通技工学校，全市在办技工院校增至 22 所。实行“全国技工院校电子注册和信息管理系统”动态管理，核准新增专业 10 校 60 个。组织技工院校参加市技工院校技能竞赛、市中职学校师生技能竞赛、市中职学校专业课教师暑期企业实践、省技工院校教师职业技能大赛、全省技工院校运动会等活动。安排 475.99 万元职教经费用于技工院校建设，重点用于技工院校项目配套、招生奖励、教研活动等。7 所民办技工院校获得合肥市促进民办教育发展专项资金 437.73 万元。10 所技工院校 1154 名学生获得 2019 年度市中职学校励志奖学金 184.9 万元。

校企合作。2019 年，合肥市对接企业开展校企合作，安徽合肥技师学院与长安汽车合肥分公司、联宝（合肥）公司、美菱集团等开展实习和“工学交替”。合肥工贸高级技工学校与联宝技能人才精品班开班。江汽集团与安徽汽车工业技师学院开展企业新型学徒制。召开中能建二公司与技工院校的校企对接会。配合做好产教融合试点城市申报工作。

【高技能人才建设】 2019 年，合肥市新增技能人才 79744 人，完成年度目标任务 153.35%。联合市财政局制定《市级技工大省建设专项经费管理办法》。全年安排技工大省专项经费 1154.5 万元。3 家技工院校承办第 46 届世界技能大赛省级选拔赛两大领域 11 个项目的赛事，2 家技工院校承办第一届全国技工院校学生创业创新大赛。举办 2019 年全市职业技能竞赛，承办单位 20 家，参赛工种 36 个。新增国家级技能大师工作室 1 家，省级 7 家，市级 20 家，国家级高技能人才培训基地 1 家，省级 1 家。2 名高技能人才分别入选第七批省学术和技术带头人及第十二批省学术和技术带头人后备人选名单。承办 3 期省市高技能人才研修班。确定 25 人为合肥市第二批名师带高徒人选。在第十二届全省高技能人才评选表彰中，合肥市推荐的 9 人获评首届江淮杰出工匠，21 人获得安徽省技能大奖。安徽建工技师学院入选 2019 年青苗计划项目。

【职业技能培训】 2019 年，合肥市新增果蔬种植等 6 项特色工种，技能脱贫培训 2121 人。企业新录用人员技能培训 53793 人次。企业职工岗位技能提升培训 28293 人次，直补个人就业技能培训 11849 人次，免费就业技能培训 4304 人次。引进第三方会计师事务所对培训项目进行审核。

【职业技能鉴定】 2019 年，市人社局鉴定目标任务为6.16万人，组织职业技能鉴定 7.46 万人，其中初级 1.12 万人、中级 4.87 万人、高级 0.55 万人、技师和高级技师 0.27 万人、专项能力 0.65 万人。完成全年目标任务 121%。

（季　荣）

劳动用工与劳动监察

【概况】 2019 年，合肥市人力资源和社会保障局（以下简称“市人社局”）开展劳动关系形势调研，召开市协调劳动关系三方委员会工作会议，研究全市劳动关系领域风险点重要问题。推广高新区省市共建构建和谐劳动关系综合试验区建设经验，重点指导庐阳、包河经开区开展构建和谐劳动关系综合试验区试点工作。广泛开展和谐劳动关系法律法规政策宣传教育工作，举办劳动关系协调员培训班、劳动人事争议调解员培训班，共计培训 1000 人次。

2019年3月26日，合肥市劳动和社会保障监察支队在共青团中央、中央综治办、最高人民法院等12个部委共同举办的全国“青少年维权岗”评选活动中获评2016—2018年度全国“青少年维权岗”。

【规范劳动用工管理】 2019年，合肥市新签劳动合同67万人，企业劳动合同签订率98.4%。新增劳务派遣许可单位477家。严格劳务派遣监督管理，开展劳务派遣单位专项检查活动，对851家劳务派遣单位2018年度经营报告进行审查，出台《合肥市劳务派遣单位诚信评价办法》，加强劳务派遣单位事中事后监管。开展“春季要约行动”，引导企业集体协商，订立集体合同，全市集体合同签订1.03万份，覆盖企业2.88万家、职工115万人。

【保障农民工工资支付】 2019年，合肥市各级劳动保障监察机构协调处理案件1434起，立案726起，为5471名劳动者追讨工资4223.37万元，与上年相比欠薪案件数量、涉及人数、涉及金额分别下降29.51%、25.54%、23.23%。接受省政府农民工工资清欠工作年度目标考核，连续两年为A级等次第一位，并代表全省接受国务院农民工工资清欠年度目标任务考核，助推安徽省政府首次跻身全国A级等次，圆满完成在部际、省际考核活动“双A级”的既定工作目标。

【整顿人力资源市场秩序】 2019年3月18日至4月4日，市人社局在全市范围内开展以“六个一”（开展一次自查活动，印刷一批求职温馨提示，开展一次集中统一行动，召开一次法律法规宣传会议，建立一个微信工作群，公布一批违法经营黑名单。）为主线的清理整顿人力资源市场秩序专项行动，采取市、县（区、开发区）联动的方式，共检查人力资源服务机构及用人单位150户次，对4户街头非法职介机构依法予以取缔。

2019年1月28日，返乡人员在合肥市客运总站广场举办的“爱在江淮 回家过年”活动现场向招工企业咨询 （市人社局/供）

【构建劳动用工领域诚信体系】 2019年，合肥市先后向社会公布4批劳动用工领域失信“黑名单”，涉及9家单位、11名责任人，并及时向市信用平台推送。全市18家企业获评省级劳动保障诚信示范单位。

【劳动保障监察机制建设】 2019年，市人社局联合市司法局、总工会印发《进一步加强我市农民工法律援助维权工作的通知》，要求法律援助机构在重要“节点”（法定节假日及双节两会期间）进驻各级维权机构。完成对本部门年度抽查计划中5大类48项检查项目的抽查任务，在事中事后监管系统抽取3批次共721户用人单位，检查结果均按规定录入系统并公示。出台并实施《合肥市劳动保障监察办理补缴社会保险费案件规定》，解决在办理补交社保案件中通道不畅、规定不明、部门协调不力等问题。依据《行政处罚法》《劳动保障监察条例》等有关法律、法规、规章，出台并实施《合肥市劳动保障监察执法人员错案责任追究规定》。

【跨区域劳动保障监察工作一体化协作会议】 2019年，合肥市加强跨地区劳动保障监察协作联系，市政府与省人社厅于联合召开“长三角、长江中游四省会暨G60科创走廊城市群劳动保障监察工作一体化发展协作会”，城市群44个城市劳动保障监察机构就跨省劳动保障监察案件协查、劳动保障诚信红黑名单共享互认、跨省涉企维稳预警信息通报，建立劳动保障监察案件难、热点问题定期研讨交流及实施劳动者工资支付异地救济等5项内容达成合作协议，推动跨地区劳动保障监察工作互联互通，助推跨地区人力资源社会保障工作一体化发展。

（季　荣）

社会保障

【概况】 2019年，合肥市城镇职工基本养老保险、失业保险、工伤保险累计参保265.8万人、174.64万人、182.39万人，分别完成省定目标任务的115.48%、108.34%、108.56%。城镇职工基本医疗保险参保216.02万人。城乡居民基本养老保险当年缴费180.75万人，完成目标任务106.16%；12月当月待遇领取人员88.79万人、发放率100%。新增企业职工养老保险参保人员34.5万人，其中大专以上学历17.64万人，占51.13%。

【企业职工养老保险】 2019年，合肥市本级按时足额发放基本养老保险待遇86.02亿元，发放各类人群补助3.9亿元。将原试点机关事业养老保险转入企业养老保险管理中心发放，其中改制前退休人员3296人、改制后非编退休人员计1649人，新办退休5758人。2019年7月，对2018年12月31日前办理退休的全市256467名企业职工按规定进行调资调待，并补发2019年1月至7月增资金额。调整前月人均养老金2494.21元，调整后月人均养老金2633.45元，养老金平均增长139.24元/月。

全面使用人脸识别技术进行领取养老金资格认证。退休人员可到社区认证，也可通过网络和手机APP进行认证。截至2019年末，市本级进入社区管理的企业退休人员25.30万人，社区管理率75%。市本级已认证企业退休人员25.17万人，其中人脸识别认证人数21.55万人，7.52万人通过互联网及手机APP自助认证。

【机关事业单位养老保险】 2019年，全市征缴机关事业单位养老保险收入296218万元，养老金支出348869万元，职业年金支出3944万元。参保单位2319家，在职115544人，退休66559人。市本级征缴收入92205万元，养老金支出105051万元，职业年金支出1154万元。参保单位402家，在职28341人，退休18261人。完成试点遗留人员转企，向征缴中心转移7452人（在职），转移基金6.3亿元；向企管中心转移4945人（退休），遗属132人。全市同岗同酬人员2692人参保登记工作已完成，补缴基本养老保险基金1.37亿元，职业年金2553万元。

【城乡居民养老保险】 2019年，合肥市城乡居民基本养老保险当年缴费180.75万人，完成目标任务的106.16%，12月当月待遇领取人员88.79万人，发放率100%。

截至2019年末，对符合政策的建档立卡贫困人员133915人代缴保费2613.76万元，领取城乡居民养老保险待遇103591人，做到贫困人员城乡居民基本养老保险应保尽保。

逐步引导参保人员自助确认，依托便民宝和支付宝“合肥人社”生活号，建立人脸识别身份确认系统，参保人员足不出户即可完成确认，2019年，全市自助确认人数51.4万人（便民宝自助确认35.6万人，支付宝自助确认15.8万人），自助确认占比达62.5%。经办人员采取节日慰问、宣传活动、平时走访等方式，获取参保人员生存信息，只要“见一面”即可在信息系统中确认，不再有签字盖章等环节。特殊群体特殊对待，行动不便、卧床不起等特殊群体，经办人员主动上门服务完成确认工作。

【被征地农民养老保障】 2019年，全市被征地农民养老实保障实现应保尽保，养老金按月足额发放。截至年末，合肥市区26.67万人纳入被征地农民养老保障，其中8.64万人领取养老保障金，养老金水平每人每月达639元。四县一市经审核确认共有33.68万人参加养老保障，10.4万人领取养老保障金。

【失业保险】 2019年，全市失业保险基金收入14.49亿元，支出18.49亿元，失业保险基金累计滚存结余27.64亿元。

按时足额发放失业待遇，全市有50875人领取失业保险金，支付失业保险金43453.07万元，代缴的基本医疗保险费8948.03万元，发放生活补助金556.01万元，生育补助金230.11万元，丧葬抚恤补助122.94万元。元旦、春节期间对786名特困失业人员累计发放一次性生活补助金78.6万元。发放领取失业保险金人员价格临时补贴1153.98万元。

合肥市落实就业创业补贴政策，全年对27796名失业人员发放求职补贴2779.6万元。对30家企业招收领金人员74人发放就业补贴26.71万元；对61名失业人员创业发放创业补贴131.89万元；对失业人员创业6个月以上的4家企业发放创业成功补贴2万元。

【工伤保险】 截至2019年末，全市工伤保险参保103121户，参保人数179.90万人，基金收入3.78亿元，支出4.68亿元，累计滚存结余15.33亿元。全年上调工伤保险伤残津贴与工亡职工供养亲属抚恤金1534人，其中伤残津贴人员调整待遇后人均每月达到3379.92元，较调整前月增加147.68元；抚恤金人员调整待遇后人均每月达到1239.29元，较调整前月增加69.51元。各类工程建设项目参加工伤保险1887户，其中：房屋建筑项目参保1272户、入库金额10207万元，其他类工程建设项目615户、入库金额3938万元。办理劳动能力鉴定6388件，其中：工伤鉴定5250件、确认项目770件，非因工（因病）368件。组织劳动能力鉴定24场次，随机抽选专家483人次，出诊鉴定4次。

执行国家降减工伤保险费政策，国家及省出台降低社会保险费率综合方案。合肥市及时按照国家相关要求调整工伤保险费率，并指导各县（市）完成降费任务，减轻企业负担。

推进全市各类建设工程项目参加工伤保险工作，合肥市与工程建设项目主管部门协调联动，根据行业及管理模式特点，将建设项目参加工伤保险“许可前置”调整为“开工前置”工作模式，确保全市工程建设项目参加工伤保险费按要求达90%以上。

优化劳动能力鉴定服务，市人社局在劳动能力鉴定窗口增设叫号机及等候座椅；与中国邮政签订协议，以邮寄的方式向劳动者和用人单位送达鉴定结论书；在办事大厅外增建永久“残疾通道”，方便有鉴定需求群众出入。

【智慧人社服务】 2019年，合肥市开通电子社保卡签发渠道19个，签发电子社保卡95万张。开通银行即制卡服务网点100个，社保卡持卡人数达713.64万人，完成目标任务105.25%。通过社保自助服务一体机办理业务756.25万次，其中打印服务180.30万次。人社“便民宝”服务累计业务量达160.89万次。“掌上人社”开通41项人社自助服务，提供服务7552.99万次。开通银行即制卡服务网点100个。

（季　荣）

劳动仲裁

【概况】 2019年，合肥市劳动争议仲裁院落实“快办案、办好案”的原则，优化办案流程、简化处理环节，将仲裁案件结案时限压缩至45日内。全年累计处理各类劳动人事争议案件14162件，其中调解结案8670件，结案率达97%，调解成功率达61%。

【拓宽交流领域】 2019年，合肥市借助长三角一体化发展契机，与上海黄浦区签订战略合作协议，推进“走出去”战略，建立跨地区仲裁机构“横向协作、一体联动”工作机制，在协调发展、资源共享、学习互鉴、党建交流等多方面与长三角先发地区实现无缝对接。举办“合肥—黄埔第一次联合案例研讨会”。

【普法宣传】 2019年，合肥市将普法宣传融入仲裁实践，落实“百名仲裁员服务千家企业”“仲裁开放日”活动，指导企业用工管理和劳动法律法规宣传贯彻，推动仲裁工作重心向外延伸。落实一次告知制，多形式多渠道公开全市仲裁机构基本信息、联系方式，向当事人提供文书范本下载链接，咨询接待做到一次性告知指引到位。全年共举办劳动用工管理政策法规讲座2期、企业高级人力资源管理人员研修班3期，累计服务300余家企业800余人次。建立仲裁员联系企业服务用工长效机制，选派业务骨干指导用人单位专业化用工。

【仲裁院标准化建设】 2019年，合肥市推进仲裁信息化建设，调解仲裁办案系统案件上线率达94.2%，案件处理程序与网上办案

2019年12月2日，合肥市12333热线电话服务项目正式运营　（市人社局/供）

实时同步。举办两期省暨合肥市劳动人事争议仲裁员培训班，及时梳理全市仲裁员变动，确保仲裁员信息准确。

【基层调解组织建设】 2019年，合肥市推进基层调解组织规范化建设工作，健全完善劳动人事争议多元处理机制。指导各县（市）区（开发区）乡镇（街道）、企业基层调解组织建设，重点指导52个基层劳动争议调解组织开展规范化建设工作。开展“互联网+调解”试点工作，实现足不出户劳动人事争议调解。举办6期劳动人事争议调解员培训班，提高调解员政策业务水平和劳动纠纷处理能力。

（季　荣）

医疗保障

【概况】 2019年2月，按照《中共合肥市委合肥市人民政府关于市级机构改革的实施意见》精神，在市医改办（市医保办、市医改监督稽查局）医疗保障相关职责的基础上，组建市医疗保障局；县（市）、区分别成立医疗保障局，开发区均明确社会事业（发展）局负责医保工作。全新组建的医疗保障系统，围绕群众看病难、看病贵问题，完善基本医保政策，深化“放管服”改革，推进医保支付方式改革，创新“互联网+”医保服务，创新基金监管方式，为参保人员提供有效保障。

【城镇职工医保】 截至2019年末，全市职工参保215.62万人，比上年增长6.38%；全年共享受待遇1856225人次，职工医保政策范围内住院费用基金实际支付比例达95.27%；全市城镇职工医保基金（含个人账户）总收入96.03亿元，支出59.05亿元，当期结余36.98亿元，历史滚存结余180.01亿元。

【城乡居民医保】 2019年，合肥市城乡居民基本医疗保险实际参保564.69万人，全年共享受待遇2089326人次，居民医保政策范围内住院费用基金实际支付比例达83.17%；居民医保基金收入40.51亿元，支出47.74亿元，当期结余-7.23亿元，历史滚存结余17.79亿元。

【大病保险】 2019年，合肥市全年享受城镇职工大病保险待遇52418人次，城镇职工大病保险基金共支付15113万元；全年享受城乡居民大病保险待遇43196人，居民大病保险基金共支付41727万元。

【生育保险】 截至2019年末，生育备案3.88万人，全年生育保险基金支出8.26亿元，比上年增长58.67%；住院联网结算3.62万人次，门诊联网结算30.09万人次；异地手工核算报销0.74万人次。

【医疗救助】 2019年，全市共计84.95万人次享受城乡医疗救助，支付医疗救助资金33231.22万元，其中：直接救助50.54万人次，资助困难群众参保34.41万人。

【疾病应急救治】 2019年，全市共计11人次获得疾病应急救治，支付疾病应急救治资金61.18万元。

【支付方式改革】 2019年，合肥市成功获批为疾病诊断相关分组（DRG）付费国家试点城市，成为安徽唯一、全国30个国家试点之一。全年完成DRG付费信息系统建设、两轮分组、相关培训、医保业务编码应用等工作，预计2020年6月模拟运行。

【医药服务价格新规】 2019年，合肥市公布《合肥市医疗服务价格目录（2019）》，该目录对4667项市、县各级公立医疗机构最高收费标准作出规定，规范医疗服务价格行为，对违反规定的行为将依法严肃查处。

【药品供应保障】 2019年，合肥市为推动国家谈判药政策落地，发挥协议零售药店在药品供应保障方面的作用，公开遴选国家谈判药品定点零售药店7家，建立医院和药店供应国家谈判药品和抗癌药品双通道机制，全年共243名参保患者在定点药店发生购药费用581.72万元，医保报销426.48万元、支付比例73.31%。落实国家药品集中采购和使用试点扩围工作，全年完成约定采购总量的58.41%，6个主要品种均完成采购量。

【医保信息化】 2019年，合肥市推进医保“三保合一”［城镇职工基本医疗保险、城镇居民医疗保险、新型农村合作医疗（新农合）实现统一］业务系统建成运行，实现职工、居民医保经办服务一张网。发挥医保微信公众号参保缴费作用，居民通过微信缴费达344.5万人，占已参保人数的66.4%。开发异地转诊网上备案和门诊特殊病网上鉴定平台，通过异地转诊备案平台备案3万余人次，门诊特殊病网上申请平台成功上线。异地联网直接结算工作扎实推进，市县级医院全部接入国家结算平台。

【医保监督稽查】 2019年，合肥市实施医药机构“六必查”，查处违规医药机构306家次，其中：通报38家，约谈整改108家，暂停医保结算关系67家，解除协议6家，移送司法机关5起。并引入第三方参与基金监管，发挥商业保险公司优势，配合开展外伤协查、专项检查、费用审核、异地稽核、病历审核；发挥会计师事务所参与飞行检查专业作用，丰富第三方监管服务模式，实现医保监督稽查与第三方监管服务一体化运行。2019年，全市共追回医保基金8565万元。

（陶晓春）

民政事务管理

【概况】 2019年，合肥市民政工作围绕“兜底线、优服务、促治理、强保障、塑品牌”的工作思路，社会救助持续提标扩面，养老服务事业量质齐升，基层社会治理创新，社会组织培育健康有序，社会事务管理规范高效。市民政局获全国民政系统先进集体、第二次全国地名普查先进集体、民政部2018年度困难群众救助工作绩效评价优秀、2019年全省民政重点工作综合评估优秀单位称号。庐阳区获评2018年度社会救助领域创新实践案例，蜀山区获批全国第三批智慧健康养老示范街道（乡镇），包河区成为全国社区治理和服务创新试验区。

【社会救助】 2019年，合肥市区城乡居民最低生活保障标准调整为月人均639元。四县一市低保标准调整为月人均602元，比上年增长4%，年人均补差443元，与上年同期相比，增长15%，低保平均覆盖面达3.97%，实现应保尽保。城市特困人员基本生活保障标准提高为每人每年16318元，照料护理标准为每人每年3264元。农村特困人员基本生活保障标准提高为每人每年9392元，照料护理标准为每人每年1879元。为36640名特困供养对象购买长期医疗护理险，支出金额725.5万元。继续对因疾病、就学、意外事件导致生活困难的家庭给予临时救助，人均救助水平3077.5元／人。全面推行临时救助乡镇（街道）备用金制度，开展“先行救助”。

合肥市建立临时价格补贴机制，在对现行低收入群体实施最低生活保障和各项救助措施的基础上，当居民消费价格持续出现较大幅度上涨、城乡居民生活消费支出明显增加时，通过实施物价上涨与低收入群体价格补贴联动机制，向特困群众发放价格临时补贴，确保低收入群体的生活水平不因物价上涨而降低。全年连续13次发放临时价格补贴16644万元，惠及城乡低保对象287.8万人次。推行收入核减机制，关注隐形贫困和边缘群体，出台支出型贫困家庭收入核减办法，对申请低保家庭成员中有重度残疾人或三级精神和智力残疾人、重病或重症慢性病需长期照护、长期服药的，对申请低保单亲家庭成员中有义务教育阶段及学龄前儿童、国家统招全日制非义务教育阶段学生的，对其家庭经济支出及家庭成员误工误时情况综合研判，在核算家庭收入时分别按低保标准及实际药费支出予以核减。

市民政部门优化审核审批机制，推行低保无纸化审核审批，实行无纸化审核审批县乡村三级运用，通过系统规范低保工作文书及流程管理，有效避免程序不规范、档案涂改、审核审批超时等现象，实现全市低保工作流程系统化、档案生成自动化、保障数据来源精准化。在方便困难群众同时，也解决县乡两级工作人员来回奔波问题，大大降低行政成本，提高工作效率。

2019年，合肥市印发《2019年合肥市低保专项治理实施方案》，推进全市低保专项治理工作，集中治理“人情保”“关系保”“错保”“漏保”，查处农村低保经办服务中的腐败和作风问题，规范管理，提升经办服务水平，发挥农村低保在打赢脱贫攻坚战中的兜底保障作用。印发《关于建立健全社会救助监督检查长效机制的通知》，以督促政策落实为目标，加大对最低生活保障等各项社会救助制度实施的监管力度，确保对象准确，促进资金安全。加强社会监督，引入第三方机构开展核查，建立绩效考评制度，增强约束力和工作透明度。推行低保末端长期公示，规范低保公开公示，打造公正透明阳光低保。

【养老服务】 2019年，合肥市居家和社区养老服务改革试点工作取得阶段性成效。老年助餐、机构社区融合发展、新建小区配建养老用房、智慧养老等工作走在全国前列。初步形成城区15分钟养老服务圈，农村养老得到发展，满足老年人多样化、多层次的养老服务需求。合肥市养老服务工作在2019年度省民政厅年度综合评估中获全省第一名。

全市建设养老床位50803张、城乡社区居家养老服务中心（站）

513个、社区老少活动家园500个、农村敬老院特护区69个，城市社区养老服务设施覆盖率达到100%。继续实施政府购买居家养老服务制度，采取政府购买服务方式，为市属城区和四县一市城关镇70周岁及以上的低保和空巢（无子女）老人，以及90周岁及以上的老人提供每月100至600元的居家养老服务，全市完成各类服务307.46万人次，实际结算金额9982.39万元。开展消防安全执法检查，全年排查整改280处消防安全隐患。

出台《关于开展老年人助浴示范点建设的通知》《关于做好示范性社区老年人托养中心建设和管理的通知》，全市完成10个社区老年人托养中心和10个老年人助浴点的建设任务。完成养老“助餐工程”年度目标。出台《关于进一步完善养老助餐补贴制度的通知》，引导社会力量参与，截至12月底，全市建成养老助餐机构230个，城市社区养老助餐服务覆盖率达到80.7%，日均服务超万人次。推进城乡居家养老服务三级中心建设，2019年，全市建成县（区）居家养老服务指导中心11家、街道养老服务指导中心46家、城市社区养老服务站370家，覆盖率分别为91.7%、78%、71.3%，超额完成省定60%的目标。

建立农村低收入老年人养老服务补贴制度，出台《关于做好农村地区低收入老年人养老服务补贴发放工作的通知》，从2019年7月起，四县一市年满70周岁及以上的低保老年人和建档立卡贫困老年人，每人每月可获得50元的养老服务补贴，全市4.97万名老年人受益。推进乡镇、村两级农村养老服务中心（站）建设，2019年，建成乡镇养老服务指导中心69家，覆盖率85.2%，同步在农村社区建设居家养老服务站253家，已建设农村互助养老示范点10家。升级改造农村敬老院，2019年，全市农村敬老院与医疗机构建立协议合作签约率达90.5%，农村敬老院转型升级为区域性养老服务中心占比47.7%。推动农村敬老院社会化改革，全市公建民营的农村敬老院23家，与上年相比增长155%。

把养老智慧化建设纳入民生工程，选择瑶海区静安养亲苑建设全省首家智慧养老机构，同年底通过省民政厅和省财政厅的现场评估。合肥市养老服务平台建设完成。开展省级、国家级智慧养老服务示范试点创建。静安养亲苑、中铁四局佰和佰乐（巢湖）国际健康部落、安徽社家养老服务中心、经开区德颐顺老年服务中心4家被省政府命名为全省首批智慧养老服务示范试点机构。静安健康产业集团、八千里科技公司、讯飞智元信息科技有限公司被国家工业和信息化部等三部委命名为全国智慧健康养老产业示范试点机构，蜀山区井岗镇、南七街道、五里墩街道被命名为全国智慧健康养老示范试点街道。全年完成500户困难老年人家庭适老化改造、500户困难老年人家庭智慧化服务工程。

【关爱特殊群体】 2019年，合肥市加强流浪乞讨人员救助管理，全市实际救助5780人次，其中在站救助3399人次，累计使用资金1271.91万元，实现应救尽救。分别启动“寒冬送温暖”“夏季送清凉”活动，保障生活无着流浪乞讨人员的生命安全。建立领导定点联系机制，按照中办国办、省“两办”关于加强和改进生活无着的流浪乞讨人员救助管理工作的要求，完成领导机构建设、工作方案的意见征集与报批工作。2019年共落户安置39人，累计寻亲返家558人次。

落实残疾人补助政策，及时足额发放困难残疾人生活补贴和重度残疾人护理补贴，将符合政策规定的残疾人全部纳入保障范围，实现应保尽保。全年发放困难残疾人生活补贴4922.41万元，保障对象63182人；发放重度残疾人护理补贴6019.88万元，保障对象83570人。按照《合肥市人民政府办公厅关于加强严重精神障碍患者救治救助工作的实施意见》，市民政部门加强与社会治安综合治理、卫生和计划生育、公安、残联等部门沟通配合，落实严重精神障碍患者监护人申领监护管理补贴政策，完成监护管理补贴审核认定工作，提高监护人积极性，促进监护责任落实，全市符合条件的监护人8356人，发放监护管理补贴资金1512万元。

加强农村留守儿童关爱保护，截至12月底，全市农村留守儿童数量9266人，建立留守儿童一人一档，全年全市财政投入资金2423.34万元，其中：市财政预算安排以奖代补区、县（市）财政500万元，用于农村留守儿童关爱保护。全市困境儿童数量11397人，实现无户籍儿童入户率100%、辍学儿童100%复学的目标。8月，市本级对100余名村（居）儿童主任进行专业培训。巢湖市未成年人救助中心建成并投入使用。截至年底，全市共享受孤儿保障有1514人，其中：集中供养孤儿294人、散居孤儿234人、事实无人抚养儿童986人，发放资金2236.9万元，建立动态调整、应保尽保机制。自2019年7月起，将集中供养标准由每人每月1519元提高至1662元；散居标准由每人每月1000元提高至1262元。对于考上中等职业院校以上的孤儿，给予每人每年1万元学费资助。

【社会事务管理】 2019年，合肥市财政安排殡葬基本公共服务惠民工程补助县（市）财政资金1320万元，全年火化遗体40282具，全市殡葬惠民减免费用3998万元。

推进市级小蜀山城市公益性公墓建设工作，完成方案设计招标与图纸设计审查工作。启动巢湖市万山城市公益性公墓建设工程；加快长丰县乡镇公益性公墓建设进展，率先在全市实现乡镇公益性公墓建设全覆盖的目标；肥东殡仪馆改扩建完工并投入使用；巢湖市殡仪馆新建已接近收尾；庐江县殡仪馆搬迁选址征地已启动。

清明节和冬至祭祀期间，全市殡葬单位共接待祭祀群众211万人、车辆45万台，连续12年实现平安清明冬至的目标。城区范围内殡葬单位实现冥纸禁烧、烟花爆竹禁放目标，文明祭祀成果得到进一步巩固提升。

婚姻登记和收养登记规范化建设。2019年，市民政部门办理结婚登记67331对，办理离婚登记31450对。执行婚姻登记例会制度，对新上岗的婚姻登记员进行考核。结婚信息实行跨部门共享，婚姻登记高峰日准备充分，应对预案启用及时。

全市各收养登记机关共办理收养登记26例，撤销收养登记1例，补发1例。

【城乡社区治理】 2019年，合肥市印发《关于规范城市社区工作者岗位等级和薪酬待遇的指导意见（试行）》，将社区工作者岗位等级分为四级十二档，并建立与事业单位管理岗10～7级相对应的薪酬标准，形成具有合肥特色的社区工作者薪酬体系。完成全市首批50个村级社区服务中心（站）达标工程建设，启动第二批达标工程。指导推进全市街道社区党群服务中心规划建设，建成（改造）并投入使用的区级、街道级、社区级党群服务中心共1个、29个、393个。

在全国省会城市中率先出台《合肥市智慧社区建设规划（2019—2021年）》，具有合肥特色的“11143”智慧社区总体架构。投入4000多万元启动“合肥市智慧社区建设”项目建设。确定3个街道、社区为全省智慧社区试点单位。在包河区方兴社区召开全国智慧社区建设经验交流会。合肥市及4个主城区均成立社区治理学院，部分区还成立街道级社区治理学院。包河区获批全国社区治理和服务创新实验区。24个城乡社区协商示范点、5个乡镇政府服务能力建设试点单位通过省级评估。

贯彻落实中央和省、市委关于“基层减负年”的相关部署，印发《关于实行社区工作事项准入制度的通知》，制定社区准入“两个清单”，其中《社区依法履行职责主要事项清单》包含11项内容，《社区依法协助政府工作主要事项清单》将社区常规性事务由156项减少到73项，精简率达53.2%。集中开展以“减牌子、减考核、减事务、加强社区党组织建设”为主要内容的“三减一加强”专项行动，取得明显成效。

【社会组织管理与服务】 2019年，合肥市在全国率先印发《关于通过政府购买服务支持社会组织健康有序发展的实施方案》，明确提出政府新增公共服务支出通过政府购买服务安排部分，向社会组织购买比例不低于30%，为合肥市社会组织健康发展提供政策保障。市级民政部门向社会组织购买服务资金2647万元，县级民政部门向社会组织购买服务资金3965万元。全年安排社会组织培育发展奖补资金733万元，惠及社会组织270家。购买市属社会组织等级评估及社会组织财务审计两个服务项目，金额39.78万元。

规范社会组织管理。2019年，合肥市社会组织等级评估工作通过政府购买服务方式在全市范围内开展，经公开招投标确立第三方评估机构、印发评估通知和组织申报、开展资料审核和实地考察，评估结果在市民政局网站进行公示，其中AAAAA级4个、AAAA级20个、AAA级51个。完成2018年度市属社会组织年检工作，市本级年检社会组织388家（正常存续状态社会组织402家），符合条件的社会组织年检率96.5%，年检合格的社会组织名单在市民政局网站公示。

【社会工作与志愿服务】 2019年，市民政局通过抓平台、抓培训、抓项目，创新基层治理、提升专业服务标准，打造社会工作和志愿服务工作服务平台。全市137家单位通过服务平台认定，其中社会服务中心22家、社会服务站115家。全市全年参加社会工作职业水平考试人数3794人，通过考试人数为828人，创历史新高。合肥市持证社工人数为4578人，占全省持证社工的35%。举办“社会工作专业知识大讲堂”、社会组织负责人培训班、志愿者培训班、“五社联动”专题培训班、全市持证社工实务教育研修班、社区社会组织联合会负责人培训班等，全年培训1600余人次。在全国首创“五社联动”，全市共确定39家街道、社区为合肥市“五社联动”联系点，其中有12家联系点单位被评为合肥市首批“五社联动”示范点。全市成立社区社会组织联合会562家，登记成立民办社工机构115家，社工行业组织27家，社区治理新机制不断完善。开展社工支援活动，2019“江淮社工周”活动、协办2019年全省“国际志愿者日”主题宣传活动、开展首届志愿服务项目大赛等主题活动。

【地名管理和行政区划】 2019年，市民政局完成《安徽省标准地名词典》（合肥卷）、《国家标准地名词典》（合肥卷2—8部分）词目编纂和上报工作。召开《地名录》编纂工作研讨会，研究《地名录》编纂方案。完善地名信息，按照《民政部办公厅关于开展国家地名信息库更新完善工作的通知》要求，在全市范围内开展2015—2018年新增地名信息更新上报工作，建立健全地名信息更新机制。采取举办培训会、建立“周报告”制度、现场调研指导等举措，完成3753条市县两级数据的更新统计工作，并于12月16日在全省率先完成上报工作。4月，市民政局被国务院第二次全国地名普查领导小组评为“第二次全国地名普查先进集体”。

市民政部门全年审核命名“百合花园”等95个建筑物和居民住宅区。完成轨道交通3号线站点名称审核工作。会同市规划部门对高刘镇、小庙镇、长临河镇及市区部分道路名称进行规划修编，形成第5批道路规划方案。联合市直7部门印发《合肥市清理整治不规范地名工作实施方案》，多次召开全市清理不规范地名工作推进会议，部署清理整治工作，并建立各区建筑物、住宅区标准地名库。做好地名文化建设，落实习近平总书记关于要“把红色资源利用好，把红色传统发扬好，把红色基因传承好”的指示精神，遴选推荐渡江战役总前委旧址、蔡永祥纪念馆、李克农故居、小井庄等12个红色地名文化遗产名录到民政部。组织开展“美丽中国·诗意地名”征集工作，上报稿件216篇，占全省总数近50%。编写《中国地名大会》节目题库试题，遴选上报32题。长丰县义井乡蔡岗村成功申报为安徽省千年古村落。截至年底全市共有17个千年古镇、8个千年古村落，申报和认定数量皆为全省首位。在合肥民政微信公众号开辟“地名故事”栏目，每周推送一则地名故事，弘扬和传承地名文化。

2019年，市民政部门按照《关于开展第四轮行政区域界线联合检查工作的通知》要求，组织相关县区完成合肥—六安线、合肥—马鞍山线联检工作，签订共建平安边界协议书。同时完成市内3条县级界线联检任务。组织对7条市级界线、17条市内县级界线的界线、界桩情况进行全面梳理统计。统计合肥市各级政府驻地地址，为规范政府驻地迁移工作奠定基础。审核、上报省厅《安徽省设镇（街）标准》征求意见。

（王志成）

民生工程

【概况】 2019年，合肥市按照“尽力而为、量力而行”的基本思路，共实施31项民生工程，涉及就业、教育、医疗、社会保障、文化、基础设施、生态环境等多领域，累计投入126.91亿元，政策惠及群众超800万人。全市累计投入民生事业发展支出960.8亿元，占一般公共财政支出的85.6%，比上年增长12%。合肥市再次获全省民生工作综合考评第一名。

【实施措施】 2019年，市财政局（市民生办）出台全市民生工作要点和实施民生工程通知，会同有关部门制定31项民生工程实施办法、资金筹措办法、宣传要点，同时结合实际研究制定加强民生工作和民生工程精准实施、精细管理指导性意见，出台民生保障支出考核办法等措施，健全周有计划、月有调度、适时督办的常态化机制，保障各项民生工作顺利开展。2019年，首次委托第三方中介机构，采取入户走访形式开展满意度调查，在帮助发现问题、解决问题的同时，加大民生政策的集中宣传，提升政策知晓度和群众满意度。

建立精准调研长效机制。把“深调研、求实效”作为落实精细化管理的抓手，围绕民生工作和民生工程实施过程中的难点、热点问题，结合本地实际出台《全市民生工程项目实施情况调研方案》，细化调研举措，重点对在建项目、建后管养、社情民意、特色精品4大类16项内容开展专题调研，形成一套工作有督查、调研有结果、整改有反馈的调研机制，促进项目优化实施，实现调研机制的常态化、制度化。

创新“创新事项”评审制度。推动全市民生工程创新工作实施，促进典型经验交流，出台《合肥市2019年度民生工程创新工作评审办法》，成立由省财政厅、市人大常委会、市政府办公室等人员组成的评审专家组，对各县（市）区、开发区和市直相关牵头实施部门申报的年度创新工作开展评审。评审工作按照申报单位PPT阐述+专家答辩两个环节进行，驻市财政局纪检监察部门全程参与监督，确保公开公平公正。

建后管养绩效进行评价。按照先易后难的原则，挑选以前年度已实施的农村饮水安全提升工程和农村沼气工程两个覆盖面广、受益群众多的重点工程类项目进行建后管养绩效评价，设计绩效考核指标体系，形成包括绩效目标、服务监管、档案管理、社会效益、群众满意度等在内的三级16项指标。及时总结宣传各县（市）区在民生工程建后管养中摸索积累的好经验、好做法，针对项目运行过程中存在的问题，形成有价值的分析报告，提供决策依据。

设置在线预警监控机制。优化升级民生工程信息系统，设置序时进度提醒模块，实现在线预警，提醒项目实施责任单位加快进度管理。同时通过信息化监测平台，按月将分项目、分县区工程进度数据转化为柱形图、折线图等动态图表，直观地反映各民生项目实施进度，实现横纵比较，有利于科学精准地协调调度，确保工程项目保质保量完成。

2019年合肥市31项民生工程简表

序号	名称	序号	名称
1	党建引领扶贫	17	义务教育经费保障机制
2	资产收益扶贫	18	高校、中职和普通高中家庭经济困难学生资助
3	“四好农村路”建设	19	水利薄弱环节治理三年行动
4	农村危房改造	20	农村饮水安全巩固提升工程
5	健康脱贫兜底“351”和“180”工程	21	秸秆综合利用提升工程
6	贫困残疾人康复	22	棚户区改造
7	城乡困难群体法律援助	23	城市老旧小区整治
8	农村环境“三大革命”	24	文化惠民工程
9	美丽乡村建设	25	困难人员救助暨困难职工帮扶工程
10	农村电商优化升级工程	26	社会养老服务体系和养老智慧化建设
11	技工大省技能培训工程	27	就业创业促进工程
12	智慧医疗与家庭医生签约服务	28	“四带一自”产业扶贫工程
13	城乡居民基本医疗保险	29	城乡居民大病保险
14	城乡居民基本养老保险	30	水环境生态补偿
15	妇幼健康、计生特扶和职业病防治	31	农产品质量安全追溯工程
16	学前教育促进工程		

【实施成效】 “入园难入园贵”得到缓解。2019年，合肥市坚持普惠公益原则，通过新建、改扩建一批公办幼儿园，开展幼儿资助和幼师培训，构建覆盖城乡、布局合理的学前教育公共服务体系。全年投入财政资金8.08亿元，完成幼儿园建设项目68所，开展贫困幼儿资助11751人次，完成率183.4%；开展幼儿教师培训1798人次，完成率259.45%。

教育文化发展加快。2019年，全市投入财政资金1.16亿元，维修改造学校校舍面积32.5万平方米。实施公用经费补助、寄宿生补助和教科书免费，受益学生达77万人次。为25.18万人次高校、中职和普通高中、技工院校学生发放助学金和免学费4.11亿元，基本解决家庭经济困难学生就学问题。累计投入2868.9万元，用于公共文化场馆免费开放160个、“送戏进万村”演出1507场、体育活动1417场、“农家书屋”图书更新85113册等。

就业和再就业面扩大。围绕就业这个“民生之本”，推进职业技能培训，全年全市投入财政资金8385.69万元，完成2121名贫困家庭劳动者、53793名企业新录用人员、1247名新型职业农民、1568名退役士兵技能培训，新增23213名新技工系统培训。财政投入1.42亿元，用于公益性岗位开发11317个、见习岗位开发5707个，为就业困难人员提供就业托底。省推进“电商安徽”建设领导小组办公室审核认定肥东县、长丰县为省级农村电商示范县，县域农村电子商务经营主体新增数495个，全市上行农村产品网销额80.95亿元，比上年增长26.2%，促进农民增收。

居民健康水平提升。2019年，全市城乡居民基本医疗保险实现全覆盖，参合参保563.49万人，补偿报销908.09万人次，报销金额达41.02亿元。完善城乡居民大病保险制度，大病保险报销16.83万人次，报销金额达4.22亿元。投入财政资金792.38万元，免费开展妇女婚检8.46万人、对适龄儿童接种254.45万针次。对7976人次计生特扶对象发放补助金6761.74万元，完成36255条职业健康检查检测信息上报。投入2.64亿元，实现家庭医生签约服务244.57万人，开展109个乡镇卫生院和社区卫生服务中心“智医助理”试点。投入425万元，完成全市“三品一标”78家，带追溯

包河区大圩镇沈村风光 （张大岗/摄）

二维码上市企业79家，城乡居民卫生健康保障水平提升。

养老服务规模化发展。2019年，合肥市投入财政资金2.64亿元支持养老机构发展，全年完成城乡养老服务三级中心建设任务，共建成县（区）级居家养老服务指导中心11家、街道（乡镇）养老服务指导中心46家、城市社区养老服务站370家。建成养老机构床位数31159张，护理型床位14438张，比例达到46%，150张床位以上养老机构内设医务室或护理站比例达到95.9%，社会力量运营的养老机构床位占比达到49%。打造1个智慧养老示范工程，让困难老年人能够安享幸福晚年。

城乡人居环境改善。2019年，合肥市为有效缓解困难群众的住房需求，投入财政资金12.98亿元，实施棚户区改造24074套，基本建成10223套；改造47个城市老旧小区，面积达118.98万平方米，提升城市形象和品位。推进秸秆综合利用提升工程，投入2.34亿元建设秸秆机械化还田示范片4处，建设秸秆基料化商品化利用项目1处、秸秆固化成型燃料生产点5个、秸秆标准化收储中心31个；开工建设大中型秸秆沼气工程1处，开工建设秸秆发电规模3万千瓦，促进农业增效、农民增收和农村增绿。投入6.18亿元，完成47个省级中心村环境整治、8万户农村改厕等，美丽乡村建设持续推进，人居环境得到改观。

扶贫攻坚建设得到巩固。2019年，合肥市为18.75万农村低保、五保等困难人群发放11.22亿元生活补助。给予35.66万人次建档立卡贫困家庭患者“351”和“180”住院和门诊报销补助2505.35万元。全年投入财政资金8000.94万元，为12123名精神残疾人提供服药费用补助，为3805名贫困残疾儿童提供医疗康复训练救助。投入资金1524.05万元，办理法律援助案件14978件，让困难家庭感受到党和政府的关爱。加强党建引领，投入112万元用于推进112个贫困村集体经济发展项目。投入1.51亿元完成54条265千米的乡村公路养护。累计投入3.78亿元，用于新开工中小河流治理项目2个，完成中小河流治理项目6个和病险水库除险加固项目48座；完成农村饮水安全巩固提升项目7个，受益对象11.37万人，解除威胁群众生命安全的重大隐患。

（王中琴）

居民生活

【概况】 2019年，合肥市落实推进“六稳”（稳就业、稳金融、稳外贸、稳外资、稳投资、稳预期，涵盖了国内经济生活的主要方面）工作，优化营商环境，主动调结构、促转型，稳固经济运行基础。合肥市城镇居民收入快速增长。居民消费价格涨幅上升，结构性上涨特征明显，生产者价格销购关系由负变正，住宅销售价格总体稳定。

【居民收入】 2019年，合肥市常住居民人均可支配收入38806元，比上年增长10.3%。总量比全国、全省分别高8073、12391元，位居全省第二位，与上年持平。增速比全国、全省分别高1.4、0.2个百分点，位居全省第六位。

城乡比较。分城乡来看，2019年，合肥城镇常住居民人均可支配收入为45404元，比上年增长9.5%。总量比全国、全省分别高3045、7864元，位居全省第二位，全国26个省会城市第十二位。增速比全国、全省分别高1.6、0.4个百分点，位居全省第二位，全国26个省会城市首位。

农村常住居民可支配收入为22462元，比上年增长10.2%。总量比全国、全省分别高6441、7046元，位居全省第三位，全国26个省会城市第八位。增速高于全国、全省0.6、0.1个百分点，位居全省第十二位，全国26个省会城市第四位。

城镇居民收入构成。2019年，合肥城镇居民人均工资性收入为28399元，比上年增长8.9%，占可支配收入比重为62.5%，对可支配收入增加的贡献率为59.2%，拉动可支配收入增长5.6个百分点。

2019年，合肥城镇居民人均经营净收入为5573元，比上年增长9.0%，占可支配收入比重为12.3%，对可支配收入增加的贡献率为11.7%，拉动可支配收入增长1.1个百分点。

2019年，合肥城镇居民人均财产净收入为4231元，比上年增长11.3%，占可支配收入比重为9.3%，对可支配收入增加的贡献率为10.9%，拉动可支配收入增长1.1个百分点。

2019年，合肥城镇居民人均转移净收入为7201元，比上年增长11.0%，占可支配收入比重为15.9%，对可支配收入增加的贡献率为18.2%，拉动可支配收入增长1.7个百分点。

农村居民收入构成。2019年，合肥农村居民人均工资性收入为8455元，比上年增长8.1%，占可支配收入比重为37.7%，对可支配收入增加的贡献率为30.6%，拉动可支配收入增长3.1个百分点。

2019年，合肥农村居民人均经营净收入为7276元，比上年增长8.5%，占可支配收入比重为32.4%，对可支配收入增加的贡献率为27.5%，拉动可支配收入增长2.8个百分点。

2019年，合肥农村居民人均财产净收入为548元，比上年增长10.2%，占可支配收入比重为2.4%，对可支配收入增加的贡献率为2.4%，拉动可支配收入增长0.3个百分点。

2019年，合肥农村居民人均转移净收入为6183元，比上年增长15.3%，占可支配收入比重为27.5%，对可支配收入增加的贡献率为39.5%，拉动可支配收入增长4.0个百分点。

2019年11月15日，在合肥市滨湖新区万国农贸南区，市民正在改造完毕的菜市场内选购商品 （张大岗/摄）

【流通和消费价格水平】 2019年，合肥市居民消费价格指数(CPI)累计上涨2.9%，涨幅较上年同期扩大0.9个百分点。从八大类商品累计价格指数看，2019年八大类累计指数七涨一降。其中食品烟酒、衣着、居住、生活用品及服务、教育文化和娱乐、医疗保健、其他用品和服务分别上涨7.3%、2.6%、1.2%、1.2%、4.1%、2.2%和4.0%，交通和通信下降4.0%。从主要涨跌贡献率看，2019年食品烟酒上涨7.3%，拉动总指数上涨2.10个百分点，影响程度为72.2%，食品烟酒作为推动CPI上涨的决定性因素，与上年同期相比，影响程度扩大32.7个百分点。教育文化和娱乐上涨4.1%，拉动总指数上涨0.51个百分点，与上年同期相比，影响程度扩大4.2个百分点。纵观全年数据分析，因为鲜菜、鲜瓜果、猪肉等主要食品价格轮番上涨，引领CPI破位上行。受节日因素、天气变化、非洲猪瘟等因素影响，食品价格环比12个月8涨4降，涨跌幅在-3.6%～6.3%区间运行；同比12个月均上涨，涨幅在0.3%～19.7%区间运行。服务价格涨幅扩大，助推CPI走高。2019年，服务价格累计上涨2.5%，拉动总指数上涨0.94个百分点，对CPI影响程度为32.3%。汽油活动力度较大，成为下拉CPI主要因素。2019年，交通和通信类累计下降4.0%，拉动总指数下降0.51个百分点，负向影响程度达17.5%。

2019年，合肥市商品零售价格累计上涨1.6%。16个大类商品价格“9涨6降1平”。其中金银珠宝涨幅居首位，累计上涨8.7%；其次是食品，累计上涨8.1%。下跌的6类商品中，降幅最大的是交通、通信用品，累计下降4.0%。

【住宅销售价格水平】 2019年，合肥市住宅市场价格较上年稳步上升，新建住宅备案量较上年同期有所下降，二手住宅备案量较上年同期略有上升。

新建商品住宅价格环比前8个月呈现震荡上扬态势，5月份涨幅

2019 年 1 月 26 日，第三届肥东冬季旅游“搜货计”嘉年华在长临河镇举行
（肥东县史志室 / 供）

最低（0.1%），2 月份和 8 月份涨幅最高（0.8%），9、10、11 月份环比下跌，12 月份回弹至 0.2%。二手住宅环比价格指数仅在 11 月份降至 99.8，其余月份均处 100.0 以上，最高点为 7 月份 101.0。新建及二手住宅同比价格指数均呈现稳步上升至顶点后下降趋势，月同比涨幅均高于 3.0%，7 月同比涨幅最高，分别为 7.8% 和 4.8%。

【生产者价格水平】 2019 年，合肥市工业生产者出厂价格同比上涨 0.6%。在轻重工业分类中，轻工业品同比下跌 0.9%，重工业品同比上涨 1.4%。在生产生活资料分类中，生产资料类价格同比上涨 0.7%，生活资料类上涨 0.3%。2019 年合肥市 34 个行业大类中同比上涨的有 16 个，上涨面为 47.1%，较上年同期减少 8.8 个百分点。其中，电气机械和器材制造业同比下跌 2.0%；汽车制造业、计算机通信电子设备制造业、农副食品加工业和非金属矿物制品业累计同比分别上涨 1.0%、0.2%、4.3% 和 11.5%。

合肥市购进价格同比下降 0.1%，上年同期为上涨 6.3%。其中，燃料动力类、化工原料类和农副产品类由上年同期上涨态势转为下跌，分别下跌 1.1%、4.1% 和 2.3%；黑色金属材料类、有色金属材料及电线类、建筑材料及非金属类和其他工业原材料及半成品类分别上涨 1.0%、0.9%、11.5% 和 0.7%，涨幅比上年同期分别缩小 9.0、4.4、13.6 和 3.2 个百分点；木材纸浆类和纺织原料类分别下降 4.8% 和 3.7%，降幅比上年同期扩大 3.6 和 3.4 个百分点。比较来看，合肥市工业生产者出厂价格累计同比价格指数比全国高 0.2 个百分点，比全省低 0.4 个百分点，购进价格指数比全国高 0.6 个百分点，与全省指数相同。

（沈弋淙）

责任编辑：鲍　甄

开发区

合肥国家高新技术产业开发区

【概况】 2019年，合肥国家高新技术产业开发区（以下简称“合肥高新区”）实现GDP1326.4亿（全口径），完成固定资产投资389亿元（全口径），实现规模以上工业产值1908.8亿元（全口径），实现规模以上工业增加值337.4亿元，同比分别增长10.2%、10.5%、16.3%、12.6%；实现公共财政收入77.8亿元，实现地方财政收入38.2亿元；实现社会消费品零售总额181亿元，实现进出口总额37亿美元，分别增长15.2%、8.7%。合肥高新区在国家科技部公布的全国168家国家级高新区综合排名中位列第6，连续第六年居全国前十位。

合肥高新区当年在新一代人工智能、量子信息等前沿及颠覆性技术和产业化方面取得突破；科大讯飞入选首批四大国家AI开放创新平台；推进全国唯一的量子信息国家实验室（筹）建设，形成“中国声谷 量子中心”的园区品牌。

【招商引资】 2019年，合肥高新区举办2019年高新区百个亿元以上高质量发展项目和2019人工智能创“芯”峰会暨高新区集成电路项目集中签约活动，以及人工智能、现代服务业、侨梦苑、产业转型升级、资本招商、生物医药等项目集中签约活动。全年实现签约项目421个，签约项目集中在新一代信息技术、智能制造、生物医药等战略性新兴产业领域，高质量新经济项目占比提高，通威三期、寒武纪、海康威视等平台型独角兽企业实现落户。新开工运营20亿元以上工业大项目2个（通威太阳能5GW、大陆轮胎四期）、10亿元以上工业大项目2个（威灵汽车部品、生物医药产业化）、服务业大项目13个（龙芯中科、ARM、腾讯、平安健康、芯智、海康威视、泰岳祥升、安科生物、金山、四维图新、会通新材料、兆科药业、荃银高科）。

该区全年完成招商引资到位资金总量205.16亿元。其中，外商直接投资5.8亿美元，工业招商到位资金157.23亿元。

【产业发展】 2019年，合肥高新区实现战略性新兴产业产值881.5亿元，增长18.5%，新一代信息技术、新能源、生物医药等产业增速均超过15%，经济结构优化取得成效。全区拥有新经济企业1200余家，从业人员近10万

合肥高新区一角　　（高新区管委会/供）

人，贡献全区60%以上固定资产投资、70%以上工业产值、75%以上税收。传统产业占比基本保持稳定并加速转型升级，全年智能化升级入库项目131个，总投资200.7亿元；实现高技术服务业营业收入增长18%，获批成为国家检验检测高技术服务业集聚区。新引进金融基金项目13个、规模109.8亿元，上市企业融资49.9亿元。全区当年“大新专”项目170个，总投资1583亿元。集成电路、人工智能国家产业集群、合肥国家人工智能试验区获批，中国安全谷获省网信办批复，智能语音、生物医药省级基地年度评估达A级。

合肥高新区“中国声谷”当年入园企业超过800家，核心和关联带动产值及营业收入约810亿元，并成功入选第一批国家战略性新兴产业集群和国家“先进制造业集群”初赛名单。以科大讯飞、华米科技、新华三、协创物联网等为代表的龙头企业发展态势良好。上海移远全球研发中心及智慧工厂、百信安全计算机产业生态创新基地、途鸽信息智能云通信、德国康普曼3D视觉、谷歌Adwards体验中心、上海爱点击集团数字营销交易平台、本源精密智能制造中心等重点项目落地开工运营。

合肥高新区当年加快建设集成电路产业集群，依托国家工业和信息化部批复的“芯火计划”平台，以区内高等学校、科研院所、专业机构为支撑，发展和打造信息技术领域新型双创基地，推动形成“芯片—软件—整机—系统—信息服务”的产业生态体系。新增芯片设计环节企业32家，重点包括三十八所自主DSP芯片产业化项目、美国新思科技全芯制造EDA项目、四维图新第二总部、图鸭信息图像处理芯片设计项目、韩国速来马研发设计项目等；新增封装测试环节企业2家、材料设备环节企业3家、服务类企业4家。全年集成电路设计类营业收入过亿元企业10家（杰发科技、联发科、君正、兆芯、宏晶、新相微、松豪、四维图新、速来马、紫锐微电子）。新增集成电路规模以上服务业企业5家（韩国速来马、中国台湾创发微、芯思原、磐芯电子、紫锐微电子）。区内集成电路企业190余家，占全市集成电路企业总数的90%以上，其中设计企业约占全国设计企业总数的10%。

2019年11月26日，2019安徽（合肥）侨梦苑项目集中签约仪式举行

（高新区管委会／供）

合肥高新区全年新增各类市场主体7470户，市场主体总数达4.2万多户，其中企业31690户（外资289户），个体工商户10882户，分别增长28%、25%。全区当年拥有五上企业达852家，位居全市第一。其中净增规模以上工业企业21家，达272家；净增商贸企业34家，达155家。拥有资质以上建筑业企业91家，限额以上商业企业155家，限额以上服务业企业（国家平台）270家，资质以上房地产业企业52家。全区当年实现产值超亿元工业企业数132家。

【科技创新】 2019年，合肥高新区构建“源头创新—技术开发—成果转化—新兴产业”全链条创新体系，加快建设量子国家实验室、类脑智能国家工程实验室、离子医学中心等重大基础创新平台。在共性关键技术研发、新产业新企业孵化、研发团队培养、科技成果转化等方面协同发力，涌现出世界首台光量子计算机、首个量子计算云平台、首款AI+生物识别手环、首个实现手术自主导航的三维口腔CT等国际前沿创新成果。园区创新能力增强，全年专利申请12771件、授权6086件，PCT国际专利申请109件，均为全省第一。开展创新型企业梯度培育工作，落实高成长企业培育计划，全年新认定国家高新技术企业167家，总数达1192家；认定平台型龙头企业2家，独角兽企业1家，潜在独角兽企业3家，瞪羚企业149家，瞪羚培育企业72家，雏鹰企业275家。

推进大众创业、万众创新工作，

2019年12月10日，高新区站暨合创汇年度盛典举行 （高新区管委会/供）

合肥高新区当年双创“升级版”工程进入新阶段。合肥高新区中德创新中心、欧美同学会、上海交大技术转移中心等孵化平台加速落地；成功举办三期合创汇路演活动，包括安徽（合肥）侨梦苑海外创新创业大赛总决赛、全国双创活动周等专场。广泛征集“合创汇”系列活动20余场，园区形成“周周有活动、月月有路演”的局面。组建高新区科技企业孵化器联盟，并在6月13日全国双创周合肥分会场主场活动中正式揭牌。成功获批财政部科技资源支撑型国家双创特色载体。推进创新券长三角通用通兑，11月15日，合肥高新区联合上海杨浦区、江苏常州武进区、浙江嘉兴南湖区共同签署《长三角双创示范基地联盟双创券通用通兑合作框架协议》，推动长三角创新资源优化配置和协同创新工作。

合肥高新区当年实施名校名所名企合作战略，引进双一流大学、国字号科研院所、建设集共性技术研发、科技成果转化、企业孵化、人才培养等功能为一体的协同创新平台和知名企业大数据项目。成功引进华为人工智能研究院、安大绿色研究院、中科曙光先进计算中心、海康威视合肥基地、赛伯乐中德创新中心等12家平台，投资41.68亿元，累计汇集省级以上研发平台189家，国字号创新平台21家。以侨梦苑为依托，全年引进华侨华人创业企业31家，集聚海外生物医药类高层次人才20多人。

【人才服务】 2019年，合肥高新区依托国际人才城，打造高端人才集聚高地，为创新发展提供“第一动力”。提供人才“入境落户—分类认定—生活保障—政策奖补—社企对接”“全链条”服务和“首站式”“一站式”人才服务基地，引进17家第三方专业机构，与德国合肥之友联谊会签订战略合作协议，打造“创新创业人才之家”双创品牌，举办“新经济·新工科”人才发展交流会、“基因解码 数据创新”进展及应用论坛等60余场的交流活动。依托重点人才工程和招商引资项目，新增市级以上人才工程入选者113人，其中国家级人才工程入选者12人。实施“名校引才”工程，合肥高新区“中国声谷·量子中心”名校引才计划——组团赴省内外知名高校开展招聘工作取得成果，组织园区企业1232家次，行程遍及全国8个大中型城市，涵盖全国双一流高校29家次，招聘会现场提供岗位1万个，服务985及211等双一流名校毕业生达1.5万人。落实合肥市新落户人才租房补贴的审核发放工作，全年累计受理申请2140份，发放补贴11470人次，总金额1242.95万元，人才补贴受理量、审批量、发放金额约占全市总数的1/3，居全市第一。

【城市建设】 2019年，合肥高新区开展建设规划研究，重点谋划该区空间拓展与能级提升，高水平编制分区、产业空间布局、综合交通、“一山两湖”景观系统规划，对标世界一流园区，编写完成该区街道和建筑风貌设计导则。推进园区大建设，重点实施基础设施配套项目136项建设，完成投资约68.8亿元，提高企业项目配套服务能力。在全国开发区土地集约利用评价（产城融合型）中获全省第一。交付使用南岗畅园、堰湖山庄西组团等房建项目90万平方米，惠及群众12364人；实现36条道路44.29千米竣工通车。交付使用广州医药院等6个企业40万方土方平整、12项6千米便道铺设及完成水电气配套计50千米。该区综合管廊完成竣工验收；实现量子创新院1号科研楼、中国科大高新园区7栋单体主体工程结构封顶，长安二期代建厂房如期交付投产。完成110千伏方兴变（科大变）建设并送电投运。新建市政供水管网约31.5千米（含供水入廊管线约16.2千米）和市政燃气管网约21.4千米（含燃气入廊管线约8.1千米）；推进综合管廊热力管线入廊建设工作，启动新能热电厂一期B标段（供汽能力为260T/H）各项前期准备工作。

合肥高新区当年在建项目223项，总投资约142.86亿元。其中房建在建项目185个，单体数843个，建筑面积963万平方米，工程造价115.86亿元；市政道排工程18项，长度为57千米，总投资约27亿元；管廊工程总长度20.29千米，总造价约20.49亿元。全年开展安全隐患排查1430人次，发出监督通知1260份、监督意见5720条，组织和监督重大危险源专家论证67次，安拆塔吊和人货电梯348台次；开展高温季节和强对流天气施工措施检查、建筑节能专项执法监督检查、新型墙材和预拌砂浆应用专项执法监督检查等专项活动10余次，全年建设领域安全生产形势平稳，未发生较大安全生产事故。推动创建示范工地奖项，在建工程结构验收前安全达标率100%，有11个项目获评“合肥市建筑施工安全生产标准化工地”，8个项目获评“安徽省建筑施工安全生产标准化工地”；23个建筑工程获合肥市“优质结构”奖，3项市政工程获市“庐州杯”质量奖；1项市政项目获“黄山杯”质量奖；3项建筑工程获“国优”称号。

【绿化与环保】 2019年，合肥高新区提升全区绿化建设水平，建成绿化项目36项，绿化面积约68万平方米。其中，长江西路高速入口6.8万平方米特色游园及彩虹路北侧游园完工；11处、总面积约1600平方米国庆主题花展如期盛放；提升望江西路、石莲南路（复兴路—铭传路）等道路绿化水平及堰湖山庄西组团、高新创新实验中学等安置房、学校、幼儿园绿化配套工程，推进道路、房建项目建设总体进度。

打好污染防治攻坚战。合肥高新区当年在水环境治理方面，全面落实河长制责任，加大巡河履职力度。通过设立公示牌、建立河湖管理保护微信公众号、APP、聘请社会监督员等方式，形成社会力量共同“治水”的工作机制。全区各级河长、河长办、合作园区巡河1370次，发布巡河日志182篇，处理案卷204起。开通河长制专栏，引导社会各界参与河长制管理。完成区级领导担任河长的河湖管理范围划定工作。推进雨污混接调查和整治，排查全区雨污水管网566千米和雨污混接点261处，全部完成整改，并完成28个老旧小区阳台废水雨污混接整治工作。率先在全省启动建设地表水（含管网）水质网格化自动监测系统，为水污染防治及雨污混接工作精准施策提供科技支撑。该区三个市级考核断面实现水质改善，斑鸠堰河、岳小河、苦驴河SPI分别为45（年度目标值70）、63（年度目标值90）、53（年度目标值108），均提前达到2020年阶段性水质目标（水质达到地表Ⅳ类）。大气污染防治方面，强化政策引导支持，提高环保技改奖兑现比例和额度（兑现环保奖励687万元），推进园区重点企业挥发性有机物治理，指导企业争取上级环保专项资金912万元用于提标改造。秸秆禁烧工作获市秸秆禁烧执法督导组肯定。推进园区空气质量网格化监测微观站、企业污染防治设施（能耗）过程监控系统建设，辅助雷达走航溯源等科技手段。推进科学治污，截至年底，该区$PM_{2.5}$、PM_{10}浓度均值分别为40ug/m³（年度目标值43ug/m³）、63ug/m³，两项指标在全市国控站点中均属最优。推进裸土整治工作，自查发现并完成整治的裸土问题点位62处。督促9家土壤重点监管企业完成土壤和地下水环境自行监测，并做好环境信息公开工作；与2019年新增3家土壤重点监管企业签订土壤污染防治责任书，督促企业开展相关工作。配合省、市上级部门完成重点行业企业用地调查信息采集工作。严格落实固体废物网格化监管和“四联签”清单等管理制度。

【民生与社会事业】 2019年，合肥高新区打造最优营商环境，推进“投资环境提升年”行动，优化项目建设审批流程，发布全国首个开发区层面营商环境指数。安徽政务服务网高新区分厅实现上线运行，2200多项政务服务事项覆盖全区；区行政服务中心增设24小时“不打烊”自助服务区、全程代办服务站、G60长三角一窗通办等特色功能区域，“一网通办”服务模式基本实现。

合肥高新区当年围绕扶贫工作、“三农”工作、创业就业、社会保障、教育文化以及其他城乡基础设施和公共服务等六方面，实施省定33项中的13项民生工程，其中：工程类项目2项，资金补助类项目11项。新建成交付政府投资公租房748套，老旧小区改造约5.17万平方米，扶持辖区业主自主加装电梯1部。新开工3个市场化租赁住房项目约20万平方米建设；连续第九年被市政府授予“民生工程实施工作先进单位”。规定城乡居保缴费标准549元/人，位居全市各县区第一。新建1个街道级养老服务指导中心、3个社区助餐点，完成45户家庭适老化、智慧化改造项目建设。实施惠残民生工程，发放各类残疾人补贴253万元；为27人提供免费复明手术治疗；建成2家残疾人辅助性就业机构；结合残疾人重要节日节点举办各文体活动20余场。

合肥高新区当年新增就业5.06万人，就业规模呈增长态势，城镇登记失业率控制在2%以内。职业技能培训、公益性岗位开发、城乡居保、小额担保贷款等考核任务均超目标考核指标，城乡居保缴费标准位居全市各县区第一。完善劳动保障监察“两网化”监管和基层劳动人事争议调解组织体系建设，按时办结各类举报投诉案件428件；工伤认定629件；劳动争议仲裁案件656件。组织开展2320户用人单位社会保险缴费基数申报核定工作，涉及劳动者24万人。7月，该区获“全国模范和谐劳动关系工业园区”称号。

合肥高新区当年总投资20多亿元，续建、新建、改扩建中小学、幼儿园项目28个。成功引入合肥六中；3月6日，安医一附院高新院区开诊国际诊疗病区；6月5日，梦小教育集团挂牌；10月18日，合肥加拿大国际学校二期主体结构封顶；新建城市阅读空间3处和体育健身场12处，完成8处全民健身苑工程、2处笼式多功能健身场、2处社区体育俱乐部建设。以庆祝中华人民共和国成立70周年为主题，举办该区第十届文化体育艺术节，开展庆祝中华人民共和国成立70周年书香高新摄影展、第三届中外音乐派对、第九届环湖跑、第十四届登山赛、全国足球小达人品牌青训机构足球邀请赛等38项文体活动，参与活动人数逾4万人。组织全区大型群众文体活动38场。

（程　勇）

合肥经济技术开发区

【概况】　2019年，合肥经济技术开发区（以下简称“合肥经开区”）实现地区生产总值达1051.3亿、三产增加值530.9亿、战略性新兴产业产值1167.3亿，同比分别增长8.7%、8.4%、9.5%，实现财政收入69.3亿元。全年实现产值超亿元的企业有146户，超10亿元企业有31户，有2户企业实现产值超百亿元。在省政府年度通报的安徽省开发区综合考核评价中，该开发区位列全省29家开发区首位。

合肥经开区当年集成电路、新能源汽车、生物医药等战略性新兴产业加快崛起。在集成电路行业方面，安徽省单体投资最大的工业项目——长鑫12英寸存储晶圆制造项目实现国内首款自主研发DRAM芯片量产，产能达1万片/月，引进康佳半导体、北方华创、思立微等产业链核心企业20家。在新能源汽车行业方面，生产新能源汽车5.9万辆，占全国总产量的4.9%，实现产值142亿，蔚来汽车产销突破2万辆；江淮大众研发中心开建，旗下首款车型——思皓E20X上市。在生物医药及高端医疗器械行业方面，建成世界第一条“口服胰岛素胶囊生产线”，项目通过省重大专项专家评审，新引进威高集团区域总部等15个项目，引导国药控股、南京医药、九州通并购整合区内医药流通企业，全年税收增长70.5%。

传统产业加快高端化、数字化升级改造。家电产业：海尔中西部首个中央空调研发中心落户，滚筒洗衣机、中央空调2个智能化超级工厂投产，实现产值、利润分别增长15.7%、58%；智能终端产业：联宝（合肥）电子科技有限公司蝉联全市最大的工业企业，实现产值超700亿元；快速消费品产业：联合利华引进花漾星球、花木星球、奥妙凝珠等品牌并实现量产。

工业企业当年发展效益提升，企业亩均税收、利润、营收分别实现9.2%、15.3%、18.2%的增长。

【对外开放】　2019年，合肥经开区获批成为国家外贸转型升级基地（消费类电子产品），实现进出口127.8亿美元，分别占全市、全省进出口总额的39.7%、18.6%。全年实现进出口额超千万美元的企业48家，实现进出口额超亿美元的企业11家。超亿美元企业累计实现进出口达112.2亿美元，增长11.1%，占全区进出口总额的87.8%。区内重点企业联宝（合肥）电子科技有限公司全年出货突破

合肥人力资源产业园　　（吴小黎/摄）

高校三创园 （吴小黎/摄）

2500万台/套，营业收入突破700亿元大关，实现进出口额突破70亿美元，蝉联合肥市最大工业企业和安徽省最大外贸进出口企业。

在开放平台建设方面，合肥经开区航空港进入二期筹建阶段，新桥机场实现旅客吞吐量1228.24万人次，实现货邮吞吐量8.71万吨，增长24.81%，增速位居全国千万级机场第二位，其中，国际货运吞吐量增长167.32%，口岸实现进口额5000万美元，增长51.6%。空港B保实现进出口额7200万美元。派河国际物流园建设"公铁水联运"物流枢纽，铁路专用线二期项目开工，与宁波舟山港在铁路、物流园、派河港、运营管理方面实现全领域全方位合作。

全肥经开区高标准打造营商环境，深化放管服改革，出台"4+5"产业政策，兑现政策资金22亿；发放科技贷、高企贷近1亿元；落实减税降费37亿元；启用新政务服务中心，近400项政务服务事项"应进必进"，实行"一窗受理、容缺受理、并行办理"的方式，企业开办实现"一日办结"，工程项目审批缩短至3.5个工作日，市场主体累计突破5万户，其中企业2.8万户，分别增长16.17%、21.49%；11月23日，全省首家国家级中国合肥人力资源服务产业园揭牌，举办长三角地区人力资源一体化发展论坛，促进长三角地区人力资源的有效流动和优化配置，新增就业4.21万人；开通G60科创走廊"一网通办"服务，一体受理，一体发证；借鉴自贸区66项改革经验，推行"批次进出、集中申报""先出区、后报关"等监管模式创新，提升通关效率。

【招商引资】 2019年，合肥经开区推动利用世界制造业大会、2019年中国宽禁带功率半导体及应用产业峰会、首届世界显示大会等重大专项活动，宣传推介良好的投资环境，吸引企业来肥投资发展。营造产业发展和招商引资氛围，举办2019年项目集中签约暨智能装备科技园开园、日企专题交流座谈会、人力资源产业峰会、央企熠星创新创意大赛项目对接路演等重大活动。聚焦重点区域主动招商，赴荷兰、西班牙、日本、中国台湾等地开展专题招商活动，推进大众智慧城市、阿斯麦区域服务中心等项目获得进展，并获取一批重要项目信息。

合肥经开区当年完成招商引资总量213.6亿元，其中内资167.8亿元；外商直接投资7.05亿美元，居全市第一。完成新签约重点项目147个，总投资705.76亿元，包括华东科技存储器封测、怡亚通国产计算机、康佳半导体、第三代胰岛素及类似物、今日头条、中铁物总等重大项目。其中投资20亿元及以上项目7个；10亿～20亿元项目11个；外资项目13个；战略性新兴产业项目60个，总投资551.87亿元，分别占比40.8%、78.2%。各类科创平台引进项目260个，其中高新技术企业投资项目44个。

【科技创新】 2019年，合肥经开区有高新技术企业、科技型中小企业分别为320家、860家，分别增长50.2%、20.6%。设立市级以上各类研发机构265家，其中国家级研发机构19家（国家级企业技术中心分别占全市、全省的22%、13.4%），省级研发机构90家。建成院士工作站11家。发明专利申请量3750件，发明专利授权量991件。全区有上市企业9家，新三板企业4家，新四板企业132家。全社会研发投入占GDP的比重达4.5%，成为首批"安徽省知识产权示范园区"。

推动创新产业发展，该开发区注重与清华大学、天津大学、北京外国语大学、复旦大学、中国科学技术大学、哈尔滨工业大学、安徽大学、中国电子科技集团第38研究所、合肥通用机械研究所等高校院所的良性互动，建设各类创新载体243万平方米，清华大学合肥公共安全研究院建设巨灾科学中心，被列入合肥综合性国家科学中心交叉前沿研究及产业创新转化平台。6月18日，智能装备科技园开园；8月16日，中科凤麟中子技术创新产业基地、复旦合肥先进产业研究院等12个产业化项目入驻高校三创园。中德教育合作示范基地公共平台项目实现结构封顶，入驻项目团队18个。12月9日，南艳湖机器人特色小镇成功入选2019年度省级特色小镇创建名单。截至年底，全区有国家级科技企业孵化器5家，省级科技企业孵化器及省级众创空间12家，获批成为建设国家大中小企业融通型的双创特色载体，建成海创汇等9家。合力、洽洽、华凌等企业，携手全球最大企业应用软件供应商德国思爱普，建设区域工业互联网平台。推荐省首台（套）重大技术装备8项、省工业精品3项，市智能工厂3家、市数字化车间38家。

派河物流园 （吴小黎/摄）

【规划建设】 2019年，合肥经开区新（续）建项目198项，完成计划投资145亿元（完成实物投资76.37亿），增长76%。在国家工业和信息化部公示的第四批绿色园区名单中，合肥经开区成为合肥市首个国家绿色园区。

实行规划引领，合肥经开区启动《合肥经济技术开发区明珠广场片区有机更新研究与城市设计暨重点地段控制性详细规划》编制，明确北区建设思路，编制《合肥空港经济示范区发展规划》《合肥空港国际小镇水生态综合系统规划》。截至年底，完成施工图设计120项，其中市级投资项目14项，区级投资项目106项，包含翡翠路、天都路、大学城地下空间利用、新港路等一批南北区重点市政项目。

在土地使用方面，合肥经开区上报35个批次合计近607.3公顷土地，其中南区约143.84公顷，北区近463.5公顷，报批费用近16亿元。获批土地使用21个批次，新增建设用地面积近360.6公顷，保障创业园路、竹西路、珠江路等重点项目用地。供应各类建设项目用地48宗，总用地面积近369.35公顷，保障派河综合物流园、大众汽车、空港国际小镇等重大项目用地。加大低效用地清理，收回尼普洛、易事特等项目用地近14.87公顷，配合统一、安徽启迪等项目地块申请土地收储，面积约55.7公顷，合计收回土地面积约70.6公顷。完成土地集约利用更新评价、土地批而未供阶段性清理、配合完成第三次国土调查、2018年土地例行督察及土地卫片执法检查等工作。

加大精品建设力度，合肥经开区建设全省首个5G基站，完成云外路、汤口路等35条（段）52.3千米精品道路新（改、扩）建；建设20千米城市慢行系统；15个老旧小区“旧貌换新颜”；打造5个星级智慧菜市场；实施“党建+社居+物业”管理，5月20日，海恒社区党群服务中心揭牌启用，是全市“1+8”文件出台后首家新建投用的街道层级党群服务中心。

智能科技园 （吴小黎/摄）

优化环境，该开发区当年空气污染物$PM_{2.5}$、PM_{10}均值浓度分别下降7.8%、4.3%；涉及210家单位的286个排口雨污混接问题全部整改到位，完成85个老旧小区阳台水改造，整改速度和质量领先全市；开展河湖管理范围确权划界工作，实施河湖“清四乱”，加强水域岸线空间管控；创新设计施工一体化建管模式，推进水环境治理，王建沟流域综合整治系统一期工程达到预期效果，该流域水污染预警溯源精细化监管系统作用初显；十五里河京台高速初期雨水调蓄池工程，受到省水利厅、国家环保部等部门认可；完成长鑫项目周边、瓦东干渠等200公顷绿化工程提升工程。

【社会事业】 2019年，合肥经开区在教育事业方面，新增4所公办园、12所普惠园，公办率达45.3%、普惠率达77%，清华附中合肥学校开学迎新，168玫瑰园东校区、168新桥中学、五十中西校区等8所学校建成开学，完成实验学校、68中等14所学校扩建；首推区内实行集团化办学，一六八玫瑰园一校三园管理同步，建平小学全面接管南艳分校，全区名校办学率达59%，中小学生学业质量绿色评价指数位居全市前列，中考平均分较上年提高22.27分。在卫生事业方面，完成空港医院规划设计及高刘、长岗卫生中心的升级改造，省二院统一管理北区2所卫生所，基层医疗体系建设基本形成。在养老事业方面，打造“互联网+养老”，安医大二附院全面托管南区卫生服务中心，加快区三级养老中心建设和运营，优化养老设施运行，全年服务老人60余万人次。在居民住房安置工作方面，完成空港片区启航南北苑3573套40.2万平方米安置房分房，9335名群众住进安心“暖居”。新建5所阅读空间；南艳湖体育公园完成主体施工；举办第八届全民文化活动月，参与人次20多万。

（中共合肥经济技术开发区工作委员会办公室）

合肥新站高新技术产业开发区

【概况】 2019年，合肥新站高新技术产业开发区（以下简称“合肥新站区”）完成地区生产总值358.2亿元，同比增长10.3%；实现财政收入29.56亿元，其中地方财政收入完成18.03亿元，增长10.2%；实现规模以上工业增加值增长12.8%，增速居全市第一位；实现高新技术产业增加值增长10.5%；实现战略性新兴产业产值同比增长9.1%，战略性新兴产业产值占比达90.8%；实现固定资产投资增长20.6%，增速居全市第三位，其中工业投资、技改投资同比分别增长10.9%、43.8%，民间投资占固定资产投资比重达54.4%；实现社会消费品零售总额78.8亿元，规模以上服务业企业实现营业收入17.1亿元，分别增长10.3%、19.9%；完成进出口总额42.7亿美元；招商引资到位资金完成231.2亿元，其中，工业招商引资到位资金160.1亿元，外商直接投资2.72亿美元。完成该区管委会机关机构和社区体制改革任务。

推进重大产业项目建设。康宁玻璃导光板、美国空气化工维信诺配套、视涯硅基OLED二期等项目签约落户；京东方10.5代线、康宁玻璃满产满销，康宁GPF一期、车载内饰玻璃一期工程实现量产；实现视涯硅基OLED一期工程、奕斯伟COF卷带、有研有色金属、先导靶材、汉旸新型显示等项目竣工投产；实现维信诺AMOLED6代线工程主体结构封顶。

优化产业结构。新型显示产业以产业分类排名第一的成绩，获评国家级新型显示产业集群，完善壮大新型显示产业基地的规模和配套能力；提升集成电路产业链规模，

2019年11月1日，合肥综合保税区跨境电商项目集中签约暨开仓仪式成功举行

（宣成龙/摄）

合肥晶合集成电路有限公司产能达1.5万片；推进瑞昱总部项目建设，实现新阳半导体签约；推进现代服务业发展，实现上海百联奥特莱斯、京东云数字经济产业园成功签约。

【创新发展】 2019年，合肥新站区坚持“以升促建”，合肥北航科学城创新研究院主楼工程实现封顶，浙大（合肥）科创中心二期、浙大安徽技术转移中心、启创产业园二期、新安（新站）创芯科技园、光谷创业咖啡合肥米谷、中澳离岸孵化基地（艾斯驿站）工程开工建设。当年拥有国家高新技术企业90家，同比增长23.3%；新鼎明创新创业基地被成功认定为国家级孵化器、国家级众创空间，全区实现孵化面积突破12万平方米，增长101%，累计在孵企业256家，在孵面积8万余平方米。

【城市建设】 2019年，合肥新站区推进主次路网建设，新建续建道路34条，建成通车14条；实现文忠路下穿少荃湖隧道贯通，开工建设铜陵北路下穿铁路编组站和涡阳路穿越铁路项目，轨道3号线开通运营；实现主网110千伏京商变电站等电网项目成功送电；铁路公园、学林公园、相山公园相继开放，城市新增绿化面积59万平方米，提升城市绿化品质。在城市管理方面，“两治三改”取得显著成效，提前2个月完成省市下达的“两治三改”任务；推进垃圾分类工作，在12个居民小区开展生活垃圾分类试点。有序推进征迁安置，完成项目拆迁13个，拆迁面积10.97万平方米；新建、续建安置房项目12个，完成安置8300余套，完成8个老旧回迁小区、8600余套房屋的所有权登记证明和不动产权证办理。

【生态环境】 2019年，合肥新站区全面完成中央和省环保督察反馈问题整改工作，推进“三大一强”专项攻坚行动，二十埠河、板桥河、小板桥河3个市控考核断面达标，完成二十埠河、陶冲支流、板桥河河道清淤工程，建成34处一体化智能截污泵站，于湾污水厂建成投运，完成陶冲污水厂二期及一期水质提升工程，完成约300处雨污混接点整治并报市级验收，查处环境违法行为170余起。

利用微观子站和激光雷达组合开展巡查，实现大气污染精准溯源；PM_{10}平均浓度62ug/m^3、同比下降9ug/m^3，$PM_{2.5}$平均浓度35ug/m^3，两项指标均优于全市平均值。

【社会事业】 2019年，合肥新站区民生类财政投入34.1亿元，同比增长21.3%，占一般公共预算支出86%；城镇居民人均可支配收入39724元，增长9.7%，增速位列全市各开发区第一。实施省定民生工程14项，建成运营标准化菜市场5家，引入百大集团运营管理模式并在全市推广。

教医文体事业全面进步。建成投入使用公办幼儿园10所，普惠率达78.7%；组建教育集团5个，集团化办学覆盖率达50%；实现康桥国际学校工程主体封顶，合肥九中新校区建设开工，市特教中心北校区主体工程完工。推进“互联网+社区医疗”，家庭医生服务累计签约6.5万余人。建成开放5个城市阅读空间，举办承办全国国际象棋锦标赛等区级以上体育赛事12项，25所大中小学体育设施面向社会开放。

“平安新站”建设取得成效。实现群众安全感满意度提升进位，综合排名居全市第六位；推进“扫黑除恶”专项斗争，立案查处涉黑涉恶九类案件69起；进京信访量大幅下降，完善治安防控体系，建成“智慧平安小区”10个。

营商环境实现优化。“一网一门一次”改革取得进展，新政务服务中心投入使用，安徽政务服务网新站分厅实现上线运行，354项政务服务事项实现“应进必进”，实现企业开办时间再压缩、投资项目审批再提速、市场主体负担再减轻。累计落实减税降费达22.35亿元，区级发放扶持产业发展资金5.36亿元，有效减轻企业负担。

（合肥新站高新技术产业开发区管委会办公室）

安徽巢湖经济开发区

【概况】 2019年，安徽巢湖经济开发区（以下简称“安巢开发区”）完成GDP41.6亿元，完成规模以上工业增加值10.76亿元，同比分别增长10.9%、12.2%；实现固定资产投资59.7亿元，增长22.2%，其中工业投资28.2亿元，技术改造投资2.68亿元，分别增长18.9%、53.6%；实现战略性新兴产业产值10.6亿元，完成服务业增加值23.4亿元，实现进出口总额2.02亿美元，分别增长7.2%、9.7%、25.8%；实现财政收入8亿元，增长11.4%，其中地方财政收入4.84亿元，增长12.3%。该开发区当年实现GDP、固定资产投资、服务业增加值、财政收入4项指标增速居全市第一，实现技改投资、进出口、地方财政收入3项指标增速居全市四大开发区第一位。

安徽特色小镇三瓜公社 （安巢经开区管委会／供）

该开发区当年新增国家高新技术企业12家，国家级科技企业孵化器1家，国家科技型中小企业5家，国家企业技术中心1个，省专精特新企业4家，市企业技术中心6家、工业设计中心3家。

【招商引资】 2019年，安巢开发区经合肥市考核认定新签约项目98个，其中20亿元以上项目3个，10亿元以上重大项目3个，实现创世纪智能装备产业园、深圳珑璟AR光学模组、会通改性材料等重点项目成功签约。5月25日，合巢产业新城指挥部办公室成功举办2019年高质量发展项目集中签约暨集中开工活动，签约项目18个，总投资58.7亿元。

【项目建设】 2019年，安巢开发区实现华侨城、华清2.5D玻璃生产制造、航空科普基地等24个项目开工建设；实现爱华环保、澳新食品、雪白仁食品等13个项目竣工投产。推进东风精铸总部、融捷新材料、齐天文具二期等一批增资扩能项目建设。

以三瓜公社为核心区域的安巢开发区产业融合发展示范园成功入选国家发改委等7部委联合印发的《第二批国家农村产业融合发展示范园创建名单》。亚父路、秀湖路上跨高速桥、鼓山家园、岠嶂山三期等44个项目开工，北外环东延、西山雅居二期、汤下山庄三期等30个项目有序推进，新高速道口、玉泉路东延、岠嶂山二期安置点等39个项目竣工。

全年完成基础设施类投资约8亿元，居巢大道、S331改造等6个基础设施类项目开工建设；推进商合杭高铁柘皋站站前广场及配套工程建设。

【政策扶持】 2019年，安巢开发区争取惠企“红包”6480万元，税融通贷款5830万元，安排科技创新贷2100万元，完成政银担贷款1.61亿元，实现过桥续贷3.6亿元。深化商事制度改革，企业开办时间压缩至1天。制定出台《支持民营经济发展“政策十条”》《扶持高层次人才创新创业实施办法》等政策文件，兑现2018年区级产业政策资金1744.07万元，兑现人才奖励和补贴资金264.9万元。

【社会环境】 2019年，安巢开发区成功举办合肥市2019年中国农民丰收节和第三届半汤郁金香节，半汤国家级旅游度假区全年接待游客超700万人次，创历史新高。三瓜公社电商特色小镇被国家发改委评为中国最美特色小镇50强之一，并被评为全省首批乡村旅游创客示范基地。汤山村入选国家文化旅游部2019年全国乡村旅游重点村名录。

该开发区当年在全省率先开展阳光餐饮“智慧监管”，实现学校食堂和旅游度假区内240家餐饮服务单位全覆盖。安全生产事故发生起数与死亡人数与上年相比实现“双下降”。全国“两会”和国庆期间进京访“零”访情，受市信联办表彰。

（吴娟娟）

责任编辑：田 文

县（市）区概览

肥东县

【概况】 肥东县位于合肥市东部，1949年2月1日建县。县域面积2181.6平方千米，县内地势北高南低，江淮分水岭横贯于县境北部。肥东区位优越，交通便捷，淮南铁路、合宁高铁、合福高铁、合宁高速等公路、铁路贯穿县境。2019年，辖12个镇、6个乡，有肥东经济开发区（合肥上海产业园）、合肥循环经济示范园、合肥东城新城核心区。全县常住人口90.5万人，比上年增加0.9万人。年末户籍人口108.12万人，比上年增长0.42万人，其中城镇户籍人口24.34万人，增加0.62万人。全年人口出生率11.60‰，比上年下降3.64个千分点；死亡率4.88‰，下降1.1千分点；自然增长率6.71‰，下降2.55个千分点。常住人口城镇化率50.94%，比上年提高2.84个百分点。2019年，肥东县市场主体总量全省第一；在合肥市2019年空气质量改善考核中获“优秀等次”；获评“全国绿化模范单位”“全国五好县级工商联”等称号；被认定为“安徽省农村电商巩固提升工作示范县”；中国（肥东）互联网生态产业园获“国家电子商务示范基地”称号。全国综合实力百强县、全国投资潜力百强县、全国科技创新百强县、全国营商环境百强县、中郡版百强县（市）、中国社科院版百强县（市）排名分别跃居第70位、45位、73位、10位、56位、99位。

2015—2019年肥东县常住人口

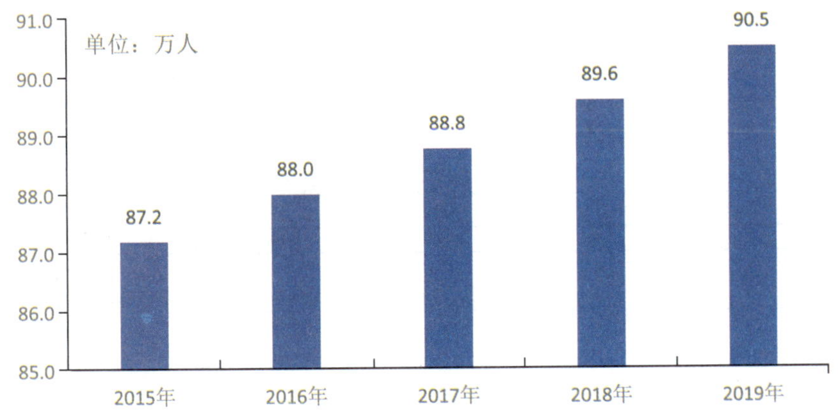

【改革创新】 2019年，县级机构改革顺利完成，县级党政机构设置37个。

*改革开放有新突破。*2019年2月，肥东县委全面深化改革委员会成立，制定出台县委深改委、专项小组、县委改革办工作职责和主要任务等制度文件。全年部署94项改革任务，其中具有肥东特色任务31项，全年完成改革任务89项，出台制度性成果48件。全年组织召开县委深改委（组）会议7次，研究各类改革文件26件。承接国家级和省级改革试点工作，推进紧密型县域医共体、省农业绿色发展先行区、排查解决发展党员违规违纪、社会救助综合改革等4项省级以上改革试点工作。创新开展警民联调，开发“警民联调+司法确认”软件平台，全程“互联网+”信息化管理，推动矛盾纠纷化解“最多跑一次”。利用集体建设用地建设租赁住房试点改革走在全市前列，城乡环卫一体化实现市场化运营全覆盖。在全省率先开展社会救助综合改革试点，最低生活保障等4项审批权限全面下放乡镇。启动实施撮镇镇三汉河片区综合管理。组建县水务集团，实行城乡供水、污水

治理、管道建设等统一运营管理。组建县城管局督察大队、东部新城执法中队，城市管理领域相对集中行政处罚权实现全覆盖。推进数字城管建设，指挥平台全面覆盖45个城区网格点。开放型经济发展水平全面提高，外贸进出口总额4.1亿美元，比上年增长45.7%；招商引资总量增幅12%，实际利用外资1.4亿美元。

依法治县工作统筹推进。2019年，开展江淮普法行系列活动，乡镇（园区）开展街头法律咨询60余场，为群众提供法律咨询3000余人次，发放宣传材料1万余份；开展“送法进万企活动”，开展法治宣讲15次，法治体检3次，赠送法律书籍1500余本。积极参加合肥市法治漫画、动画、微视频、微故事创作活动。《小包普法记之宪法宣传漫画》在第四届合肥市法治漫画、动画、微视频评比中荣获一等奖。推广“枫桥经验”，全县建立各级各类调解组织363个。修订公职律师管理办法，完善政府法律顾问工作规则及考核办法，认真落实重大决策专家咨询、社会公示和听证制度，审查重大行政决策事项50件，面向全国公开选聘38名知名律师作为县政府法律顾问，达到法律顾问全覆盖的要求。加强规范性文件监督和管理，全年审核各类文件67件。建立政府常务会议学法制度，将干部学法制度的落实情况作为对乡镇（园区）和县直单位法治政府建设考核的重要内容。积极引导群众通过法律援助渠道反映诉求，信访、司法行政部门入驻县综治中心，实现信访接待与法律援助无缝对接，县法律援助中心获评“全国法律援助先进集体”。

经济发展“软环境”注重创优。2019年，深化“放管服”改革，扎实推进“一网一门一次”改革，依托省政务服务平台，健全完善县乡村三级政务服务体系，全程网办率达70%。全省一流的县政务服务中心正式投入使用，32个行政审批部门集中进驻办公，开设198个服务窗口，承办行政审批事项1703项，进驻大厅事项占比由30%提高到90%以上，实现“一站式办理”“一次性告知”服务全覆盖。推行“并联审批”，为重大项目“量身定制”一项一策，以“店小二式”服务，保障项目顺利推进。持续深化商事制度改革，推行先照后证、多证合一、一照一码等多项改革措施，进一步放宽市场主体准入条件。安排扶持民营企业发展专项资金5亿元，扶持产业资金4.7亿元，其中扶持企业科技创新资金1.2亿元。坚持涉企政策“刚性兑现”，涉企税收“柔性服务”，全年减免企业所得税8378万元，减免增值税4.4亿元，减轻企业社保缴费负担7712万元。全面落实安全生产责任制，扎实开展危险化学品、交通运输、建筑施工等重点行业领域隐患排查治理专项行动。积极创建国家食品安全示范城市，完善食品安全监管工作机制，立案查处食品药品安全违法违规案件170起。压紧压实信访矛盾化解责任，11件“四重”信访事项得到有效化解，圆满完成全国“两会”、“一带一路”高峰论坛、庆祝中华人民共和国成立70周年大会等重要活动维稳任务。

【经济发展】 2019年，全县地区生产总值（GDP）655.7亿元，比上年增长4.1%。其中：第一产业增加值66.0亿元，下降0.8%；第二产业增加值229.4亿元，与上年持平；第三产业增加值360.3亿元，增长8.6%。三次产业结构由上年的10.5：36.8：52.7调整为10.1:35.0:54.9。按常住人口计算，人均GDP为72451元，比上年增加3694元。

主要经济指标运行稳健。全年新登记各类市场主体15300户，比上年增长15.12%。新增民营经济市场主体7682家，同比增长34.8%，新增规模以上民营工业企业22家，总数达到327家，经济总量超260亿元。县内高新技术企业、省市创新型企业分别达到74家、36家，省市工程技术研究中心36家。固定资产投资315.4亿元，比上年增长9.5%。全年计划总投资5000万元及以上施工项目196个，增加45个。其中，本年新开工项目98个，增加25个；竣工项目78个，增加29个。房地产开发投资127.8亿元，比上年增长7.8%。全年实现公共财政总收入72.0亿元，比上年增长9.7%，其中地方财政收入45.8亿元，增长9.5%，提前一年完成“十三五”目标。全年公共财政支出91.9亿元，增长20.8%。年末金融机构本外币各项存款余额591.1亿元，比上年末增长8.1%；其中住户存款344.1亿元，增长14.9%；年末金融机构

2019年肥东县生产总值

指　标	绝对数（亿元）
生产总值	655.7
其中：第一产业	66.0
第二产业	229.4
第三产业	360.3

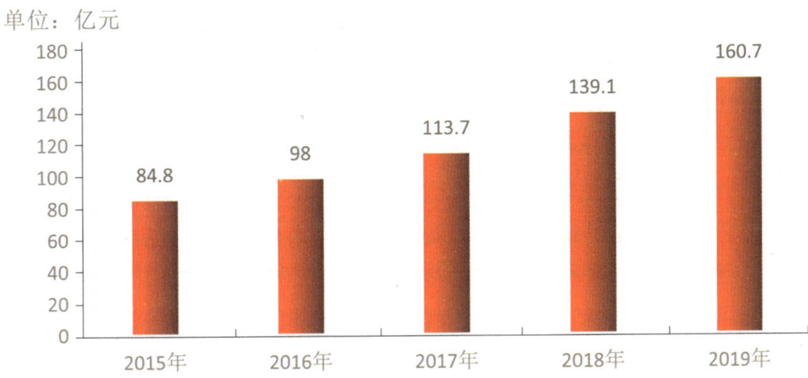

本外币各项贷款余额470.6亿元，增长14.5%。社会消费品零售总额160.7亿元，比上年增长15.5%。

现代产业体系构建。2019年，县全面推进肥东经济开发区“二次创业”，编制27.5平方千米拓展区专项规划，民生电商等7个项目签约入驻，中国中铁等重大项目落地开工，华夏幸福机器人小镇累计签约项目12个，总投资超42亿元。在合肥循环经济示范园推进“园中园”建设模式，4平方千米的智能制造产业园投资平台基本建成，园区环保综合工程和35千伏高压线等配套保障工程快速推进，工业主战场、产业大平台的能级效应逐步显现。石塘智慧物流园、白龙通航产业园等平台规划建设快速实施，长临河科创走廊、联东U谷·国际企业港等战新平台项目加速推进。高新技术企业、省市创新型企业分别达到74家、36家，省市工程技术研究中心36家。艾普拉斯、海源机械等7家企业获得“三重一创”政策资金支持。鼓励传统优势企业实施技术改造，中盐、马钢转型升级步伐加快，国家和省市级企业技术中心总数达到71家，市级以上工业设计中心总数达到37家。对434个“大新专”项目实行“周调度、月通报、季考核”，新开工项目121个，竣工67个，累计完成投资301亿元。深入开展“产业项目攻坚年”活动，将77个重点工业项目列出清单，供地59.4公顷，完成投资15.5亿元，28个项目开工。

农业产值全面提升。2019年，农作物总播种面积15.8万公顷，比上年增长0.6%。粮食总产62.3万吨，蔬菜总产55.2万吨。全年农林牧渔业增加值67.5亿元，按可比价格计算，比上年下降0.6%。积极应对特大旱情，从淠史杭引水，从巢湖提水，从长江调水，全县国营泵站累计提水4.5亿立方米，确保全县完成秋种任务。有效防控非洲猪瘟疫情，年末全县生猪存栏量9.9万头。新认证“三品一标”农产品16个，总数146个。促进农产品生产、加工、销售有机结合，市级以上产业化龙头企业达164家，其中省级19家，规模以上农产品加工产值超50亿元，农产品网络销售额超4亿元。新型农业经营主体加大培育力度，新增家庭农场285家，新认定省级示范家庭农场3家、县级20家。新增农民专业合作社23家，新认定省级示范合作社3家、县级8家。全国农村集体产权制度改革试点任务完成，269个村完成“三变”改革。村级集体经济全年实现总收入2967万元，17个村（社区）经营性收入超过50万元，率先迈入经济强村行列。

工业建筑业平稳运行。2019年，年末肥东县规模以上工业企业349户。其中产值超10亿元企业5户。民营规模以上工业企业经济总量达到200亿元，占全县规模以上工业总量80%以上。县管理部门对2019年全县投资额500万元以上在建的74个工业项目进行现场走访，了解项目进展情况、宣传投资和技术改造、统计入库和项目入库奖励等政策，对纳入2019年重点项目库的26个工业项目每月进行跟踪调度，及时跟进，督促企业加快建设，26个项目按计划开工建设。组织有投资计划的项目及时申报进入市工业固定资产投资项目库，全年35个重点工业投资项目

景色旖旎的肥东母亲河——店埠河穿城而过 （王尚云/摄）

申请进入市工业固定资产项目库，投资额22.7亿元。2019年，全年新开工工业项目50个，其中亿元以上15个，完成工业投资42.5亿元，技改投资34.6亿元。全年建筑业增加值117.8亿元，按可比价格计算，比上年增长11.3%。2019年，华星智能停车等3家企业认定为“智能工厂”，马钢（合肥）板材等33家企业认定为“数字化车间”。认真贯彻落实《合肥市“万家企业上云”行动计划》（2018—2020），开展企业上云推进行动等“八大行动”，制定印发《肥东县企业上云工作方案》。

服务业发展节奏加快。2019年，县批发和零售业增加值69.4亿元，比上年增长9.3%；交通运输、仓储和邮政业增加值42.8亿元，增长4.8%；住宿和餐饮业增加值12.9亿元，增长8.2%；金融业增加值25.6亿元，增长8.4%；房地产业增加值54.3亿元，增长6.1%；其他服务业增加值153.8亿元，增长10.0%。全年入库纳统限额以上服务业企业151家，其中限额以上高技术服务业企业19家，实现营业收入85.6亿元，比上年增长22.8%，超序时进度8.3个百分点，高于全市8.2个百分点，总量居五县（市）第一，增速居五县（市）第二。全年旅客运输量3240万人，比上年增长1.89%；货物运输量2690万吨，下降40.0%。全年港口货物吞吐量2013.3万吨，增长28.9%。年末民用汽车拥有量119982辆，增长5.5%。全年电信业务总量7.8亿元，比上年增长18%；基础电信运营企业计算机互联网接入用户29.16万户，增加5.19万户。全年可统计旅游接待人数658万人次，比上年增长11.5%；旅游综合收入33.6亿元，增长12.0%。全县星级以上农家乐点36个，A级及以上旅游景点（区）7处。在册电商企业310家，年网销额500万元以上电商企业22家，全县电商实时监测网上销售额23亿元。首届环巢湖民宿发展峰会成功举办，5家网红民宿企业现场签约。21家76间闲置民房发展民宿盘活利用，长临河镇四顶山居、牌坊乡观稼园、白龙镇青龙甸等7个民宿项目建成。

【文化事业】 2019年，广播电视高清化改造完成，广播外宣连续17个月位列全省县级台第一名。全县有全国重点文物保护单位2处，省级重点文物保护单位8处。国家级非物质文化遗产名录1项，省级名录3项。全年开展全民文化月、国际马拉松等群众文化活动1200余场，举办包公故里文化旅游节系列活动10场，擦亮肥东文化名片。

文化设施建设及文物保护利用有序推进。2019年，新建近1万平方米博物馆开馆迎客，投资逾5亿元的大剧院文化馆完成主体结构建设。新建文化馆分馆20处，基层综合文化服务中心254处。年末全县拥有文化馆1个，公共图书馆1个，县级档案馆1个，博物馆4个（含民营博物馆），乡镇综合文化站20个。桥头集镇、长临河镇2个旅游休闲驿站选址完成，桥头集镇获评“安徽避暑旅游目的地”，长临河镇入选安徽旅游业40年40大品牌乡镇。文物保护利用积极推进，文旅部门倾力打造瑶岗渡江战役总前委旧址文化生态园，旧址纪念馆作为近现代重要史迹及代表性建筑入选安徽最具旅游开发价值30大文物保护单位。合肥党史陈列馆提升工程完工。吴复墓晋升第八批全国重点文物保护单位，这是继1996年渡江战役总前委旧址被批为“国保”，时隔23年后再获殊荣。吴氏旧居和古城宣遗址入选第八批省级文物保护单位。建立文物零星维修项目库，实施黄疃庙战役纪念馆修缮工程。配合省考古所开展74座墓葬近6万平方米考古发掘项目。接收省考古所移交文物356件（套），修复新博物馆展陈文物39件（套）。

肥东县新政务服务中心和县博物馆投入使用 （肥东县史志室/供）

全民文化活动丰富多彩。2019年，连续6年组织开展全民文化月（送戏进万村）活动，成为家喻户晓的文化品牌，荣获合肥市新时代文明实践志愿服务优秀奖。组织开展“梨园飘香”“乡村大舞台”“情暖敬老院”、百场文艺下基层、戏曲调演等各类会演巡演活动600余场，丁玉兰庐剧院采取政府购买文化服务方式请专业和民营剧团驻场演出200场次，惠及群众30余万人次。围绕中华人民共和国成立70周年主题，开展系列纪念活动100余场。围绕渡江战役胜利70周年，拍摄电影《瑶岗1949》。43个文化场馆免费开放，参观群众60万人次。全面更新图书馆数字资源，提供书刊借阅10万多册次，办理读者借阅证1600本，启动农家书屋转型升级试点，更新农家书屋图书1.8万册。免费举办庐剧、民乐、拉丁舞、非遗等各类培训班，受众学员2000余人次。全年公益电影放映3600场次，惠及群众近4万人次。推进全民阅读，组织开展青少年寒假知识有奖问答、暑期读书征文、美文诵读比赛、专题讲座等形式多样的读书活动60多场。

文化旅游产业稳步发展。根据《肥东县促进经济高质量发展若干政策文旅产业奖补实施细则》规定，全年兑现奖补资金973万元。举办以“洛神花海＋文创产品”为特色的响导桃花节，带动“洛神花海”系列文创产品推广，现场交易额数百万元。以诗歌散文创作为核心的八斗曹植文化旅游节、以“情归‘荷’处，幸福肥东”为主题第11届中国·撮镇荷花文化旅游节，入选安徽旅游业40年40大品牌节庆；举办第四届中国·肥东520爱情隧道诗会暨中国旅游日肥东乡村旅游主场活动，成为合肥乡村旅游的闪亮地标；举办以“逛东城、赶大集、赏民俗、打年货”为主题的冬季旅游“搜货计”，现场客流近万人次，明星年货产品实现营业收入数百万元，带动当地旅游综合收入近千万元，入选2019年中国农民丰收节100个乡村文化活动；举办首届耕读文化节、第二届中国·肥东“包公源”骑游大会等文旅品牌活动。

文化宣传有声有色。2019年，县全面推进融媒体平台建设，“幸福肥东”政务微信影响力稳居全省县区第一位。制作文化旅游宣传片、文旅攻略手册。加强非遗推广，举行大郚洋蛇灯、马政娘娘庙会、石塘莲湘、公和堂狮子头、牛氏剪纸等非遗展演活动60余场。组织吴家花园“釉上彩瓷”系列文创产品参展第11届中国义乌国际旅游博览会并入围全国总决赛，代表安徽省参展第13届中国北京国际文化创意博览会。推介荣电集团文创产品便携式保温杯，参展2019中国特色旅游商品大赛并获铜奖，是合肥地区唯一获奖产品。跟进服务包公文化园、花朝季鲜花小院、旅巢、四季童耕研学游等文旅项目。荣电研学基地和龙栖百鸟园成功入选“合肥市第二批中小学生研学基地”。

【社会民生】 2019年，肥东县民生投入79.7亿元，占一般公共预算支出87%。全年投入22.2亿元实施29项民生工程，获评“全市民生工程实施表现突出单位”。

人民生活稳步提质。全年居民人均可支配收入29916元，比上年增长10.5%。其中：城镇常住居民人均可支配收入38346元，增长9.5%；农村常住居民人均可支配收入23594元，增长10.1%。全县扎实开展中央脱贫攻坚专项巡视反馈问题整改、国家和省脱贫攻坚成效考核反馈问题整改、“两不愁三保障”及饮水安全突出问题大排查，8193个脱贫家庭和14个已出列村脱贫成效全面巩固，14户56人脱贫。肥东县城乡居民养老保险参（续）保人数36.2万人，领取待遇人数17.66万人。城乡居民基本医疗保险参合率100%。城乡低保月标准提至602元，全年发放特困供养资金6357.8万元。城乡居民医保参保89.2万人，参保率100%。肥东县城乡居民医保受益141万人次。2019年，城乡居民大病保险补偿32882人次，支付大病保险资金9708.4万元。全县“一

2015—2019年肥东县城乡居民人均可支配收入

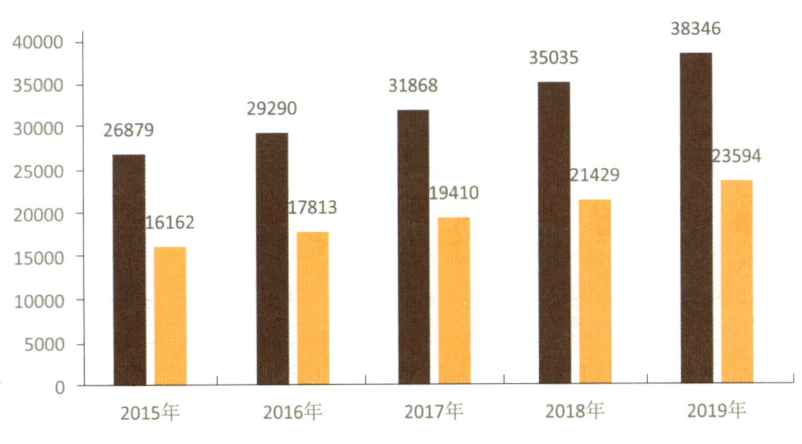

2019年7月12日，肥东县人民医院北区投入使用　　（肥东县史志室/供）

站式”救助58040人次，发放救助资金4320.3万元。

群众幸福指数持续提升。2019年，肥东县有各类中等职业教育学校5所，其中普通中专5所。普通高中13所，普通初中、一贯制学校23所，小学65所。普通中小学专任教师8132人。中等职业教育在校生19641人，普通高中在校生28836人，普通初中在校生36033人，小学在校生50066人，幼儿园在园幼儿22896人，特殊教育学校在校生197人。初中学龄人口毛入学率103.02%，小学学龄儿童毛入学率95.12%，学前教育毛入园率93.6%。县域医共体建设，分别组建由县医院及中医院牵头，乡镇卫生院和村卫生室参加的2个紧密型县域医共体。“智医助理”项目通过初步验收，项目完成率100%，系统收集5.75万份电子病历，给出智能辅助诊断2.77万次。“电子健康码”项目上线运行，居民凭电子健康码可在县内各医院实现就诊全过程便捷医疗服务。基本公共卫生服务“两卡制”和智慧化签约服务试点工作全面推开，试点工作得到省、市卫健委充分肯定。年末全县有医疗卫生机构（含村卫生室）435个，其中医院8个、基层医疗卫生机构422个、专业公共卫生机构4个、其他卫生机构1个。全年举办各类大型用工招聘会103场，城镇新增登记就业人数19906人，城镇登记失业率控制在3%以内，获评“全省促进就业工作先进地区”。

县域对外形象全面改观。2019年，《肥东县城总体规划2015—2030年（2018年修改）》统筹生产、生活、生态三大空间，对标主城区功能定位，获市政府批准，为未来发展优化空间。科学编制《肥东县村庄布点规划（2016—2030年）局部调整》，明确集聚提升类、城郊融合类、特色保护类等村庄分类，为农村未来发展创造更加广阔空间。完成全县53个美丽乡村建设规划编制和八斗、陈集两个镇村庄规划编制（试点）工作。建设农田水利“最后一公里”1960公顷，完成农村道路畅通工程提级扩面813.2千米、水库除险加固23座、危桥改造22座，农村饮水安全巩固提升工程新增受益10万人。

交通新格局加速形成。裕溪路高架东延段全面建成通车，主城“半小时生活圈”形成。S260（新合蚌路）、魏武路、站北路、双山路、龙城路、瑶岗路西延建成通车，G329（合相路）拓宽改造、团结大道三期、双城路有序推进。合宁、合芜“四改八”主体完工，明巢高速即将开工，包公·石塘、王铁、龙塘高速道口新建、扩建完工放行，全县高速道口增至6个。合新高铁顺利开建，沿江高铁稳步推进，合宁高铁即将开工，地铁2号线东延方案确定，已启动沿线拆迁工作，白龙通用机场完成审查。高标准打造文化山水旅游大道，助力110千米沿途美景“串珠成链”，共放异彩。

重点项目稳步推进。县政务服务中心、博物馆建成运营，大剧院文化馆主体封顶，图书馆、档案方志馆、全民健身中心有序推进，大型商业综合体吾悦广场开业。全省首个县级体育公园、和睦湖公园建成开放，成为市民休闲娱乐的网红打卡地。首条市政供热管网投入运营，开创南方县域集中供热先河。推进创建全国文明城市三年计划，开展“六大专项提升行动”，实施重点片区环境综合整治、主次干道及沿街建筑立面出新，全年完成9个老旧小区改造、5条背街小巷整治。

拆迁安置有力有序。2019年，启动定光片区、老县政府广场城市公园、撮东马桥河治理等项目征迁，完成团结大道拓宽改造等28个项目扫尾，继续保持“200万+”拆迁量。安置房新开工面积193万平方米，在建面积累计达339万平方米，竣工交付4个安置小区，面积44.4万平方米，8624套新房安置到户。

【生态文明建设】 *生态环境指标积极向好*。2019年，$PM_{2.5}$平均浓度为40.3微克/立方米，比上年同期下降5.1%；PM_{10}平均浓度为66.5微克/立方米，下降5.6%。全年空气优良天数为256天，优良率为70.1%。

城乡综合环境全面改观。城区环境卫生管理全覆盖，日收运生活垃圾约200吨，有各类环卫作业车70余辆，机械化清扫率达90%；率先在全省引进环卫车辆智能管理系统，节约环卫作业车辆油耗。推进农村人居环境“三大革命”，完成改厕2.4万户，排查整治不合格厕所8873户，新建污水处理设施28座、铺设管网245千米，生活垃圾无害化处理率达100%，创建全省首批美丽乡村示范村9个、重点示范村2个，长临河镇获评省级特色小镇、“一村一品”专业示范镇。全县配备清扫保洁人员5238名、垃圾治理专干340名，实现农村清扫保洁全域覆盖和长效管理。300个农村人居环境整治村全部完成生活垃圾分类设施建设，投放30升户分类垃圾桶7.68万个，建设垃圾分类收集亭302个，设置垃圾分类收集点300个、垃圾兑换超市211个。

污染防治取得明显成效。以高度的政治责任感打好污染防治攻坚战，中央环保督察“回头看”、省第二轮环保督察反馈问题整改完成率均为100%。在全省率先实施全年全域禁放，传统燃放烟花爆竹在肥东县成为历史。推进八斗镇、杨店乡等中北部8个乡镇污水处理厂以及95千米配套管网建设，新增污水处理能力5200吨/日，全县18个乡镇、2个园区实现污水处理厂全覆盖。组建三叉河区域监督管理办公室，加强水源地保护。在众兴水库、岱山水库保护区设置隔离护栏和警示牌。加强巢湖蓝藻防治。日处理能力5000吨的长临河藻水分离站建成运行。以实施“河（湖）长制”为抓手，强力推进水环境治理，县乡村三级河（湖）长巡河达2.9万次，日常巡查形成常态。完善地表水质断面生态补偿机制，十八联圩、玉带河、管湾等六大湿地建设稳步推进，重现水草丰茂的“候鸟天堂”。开展城区污水管网错接、混接、漏接排查整治，推进23个河流入河排污口排查整改，完成店埠河、三十埠河排口截流闸阀自动化改造22个，南淝河流域水质明显好转。认真落实《肥东县土壤污染防治工作实施方案》，完成12家市级土壤环境重点监管企业土壤污染隐患排查和地下水质量监测。以开展“清废行动”为契机，认真落实固废监管主体责任，全力推进12个点位整治核查，严厉打击非法转移、倾倒、处置固体废物等行为，固废综合利用率达90%以上。加强危废品经营单位规范化管理，安全转移危险废弃物7561吨。实施重点地块土壤环境监管，督促12家企业落实土壤及地下水监测措施。遏制农业面源污染，推广测土配方施肥技术面积18.90万公顷次，化肥、农药使用量实现双下降。

（丁梦云）

肥西县

【概况】 肥西县地处安徽中部、合肥西南、巢湖之滨，东经116° 40′ 52″～117° 21′ 39″、北纬31° 30′ 22″～32° 00′ 21″。东连合肥市区，隔巢湖与巢湖市相望；西与六安市接壤；南沿丰乐河与庐江县、六安市舒城县为邻；北抵淮南市寿县。县境西宽东窄，总面积1695.41平方千米。2019年底，全县辖上派镇、三河镇、花岗镇、官亭镇、紫蓬镇、山南镇、桃花镇、丰乐镇，严店乡、高店乡、铭传乡、柿树岗乡等12个乡镇，肥西经济开发区、紫蓬山旅游开发区、柏堰科技园、新港工业园等4个园区，总人口84.69万人。县人民政府驻上派镇。

2019年肥西县跃居全国百强县第50位，顺利实现挺进全国五十强的奋斗目标。获得安徽省首批创新型县、安徽省生态文明建设示范县称号，营商环境位居中国社会科学院全国百强榜单第2位，肥西经开区成功挂牌长三角生物医药产业合作示范园区，三河古镇成功创建全国文明旅游示范单位。县域经济与县域基本竞争力跃居全国百强第50位。

【经济运行】 2019年，肥西县完成工业技改投资50亿元、增长18%；新增国家级高新技术企业44家、总数258家，高新技术产业增加值增长8.5%。认定全国制造业单项冠军示范企业1家、国家级绿色工厂2家，新增省市级“专精特新”企业17家，电气机械和器材产业获批安徽省县域特色产业集群。蝉联安徽省制造业发展综合十强县、增速十快县榜首，跻身全国制造业百强县第52位。启动建设百大农产品物流园，推进江汽物流、乾龙物流二期。百大奥莱生活广场、绿地新都会等商业综合体运营良好。电子商务零售总额实现49.29亿元、增长53.6%。9月29日祥源花世界正式开园，三河古镇开启“夜游”模式，森林生态旅游节、荷花文化节、蚕桑文化节等活动影响扩大，全年接待游客550万人次、实现旅游综合收入38亿元。商品房销售面积144.1万平方米。新增部级健康养殖示范场5个、省级休闲农业示范点1个，创建市级规模瓜果蔬菜基地3个、稻虾综合种养示范基地15个，培育家庭农场431家、

肥西县上派镇一角 （肥西县史志室／供）

2019年肥西县主要经济指标及其增长速度表

指标名称	单位	绝对数	同比增长（%）
地区生产总值	亿元	803.9	6.7
其中：第一产业	亿元	55.0	2.2
第二产业	亿元	342.0	6.6
第三产业	亿元	406.9	7.6
规模以上工业企业数	个	397	—
规模以上工业增加值	万元	2223311	8.2
社会消费品零售总额	万元	1441130	13.8
其中：限上零售额	万元	304202	14.0
固定资产投资	万元	3857000	13.4
其中：工业投资	万元	—	19.1
财政收入	万元	822243	-6.8
其中：地方财政收入	万元	507121	-1.6
财政支出	万元	863962	12.7
税收收入占财政收入比重	%	85.0	-6.4
月末金融机构人民币存款	万元	6807439	8.8
其中：住户存款	万元	3706818	18.2
月末金融机构人民币贷款	万元	4998665	22.9
外商直接投资	亿美元	2.2	4.8
全社会用电量	万千瓦时	423859	8.2
其中：工业用电量	万千瓦时	254426	5.5
居民人均可支配收入	元	31237	10.7
其中：城镇常住居民人均可支配收入	元	40667	9.7
农村常住居民人均可支配收入	元	24076	10.3

农民专业合作社69家。建设绿色粮食生产基地1.81万公顷、高标准农田2460公顷。启动山南“三庄联动”等6个乡村振兴示范项目核心区建设。10月18日—21日召开的2019中国·合肥苗木花卉交易大会，参展商1060家、交易总额27.3亿元，国家苗木交易信息中心正式启动建设。

2019年，全县地区生产总值803.9亿元，同比增长6.7%；规模以上工业增加值222.3亿元，同比增长8.2%；固定资产投资385.7亿元，同比增长13.4%；财政收入82.2亿元，其中，地方财政收入50.7亿元（若排除减税降费影响，财政收入可同比增长6%，其中地方财政收入可同比增长6.5%）；社会消费品零售总额144.1亿元，同比增长13.8%；城镇常住居民人均可支配收入40667元，同比增长9.7%；农村常住居民人均可支配收入24076元，同比增长10.3%。

【项目建设】 2019年，肥西县聘请首批招商顾问32名，完善“1+2+1”产业招商推进机制，招商专业化水平得到提升。突出招大选优，成功签约中城投、中建材等央企国企项目5个，上海音锋机器人、安徽贝意克等高端制造业项目40个，老乡鸡中央厨房、海南卫康制药等大健康项目9个，华熙国际、上海宇培等现代服务业项目22个，全年到位资金增长11.2%。

坚持重点项目分级分类调度机制，推进省市“大新专”等重点项目。泰禾光电二期、中南高科、人民电器等48个亿元以上项目开工建设，联宝二期、大洋机械、马瑞利动力等45个亿元以上项目竣工投产，“双四十”目标超额完成。

肥西经济开发区优服务、提质效，博瑞达生物、中国生物谷、引江济淮总部等一批重大项目签约落地，6月24日，成功挂牌长三角G60科创走廊生物医药产业合作示范园区。柏堰科技园转型发展、创新发展，成功引进衡宇总部、凯琳制冷、恒凯电力等一批优质项目，新能源、智能制造、集成电路等战略性新兴产业发展势头良好。新港工业园提档升级，派河国际物流园二期正式启动；5月，合肥出口加工区成功升级综合保税区；10月，联宝科技获批国家级工业设计中心。

深化政银企合作，发放政银担、税融通、续贷过桥等资金18亿元，年末金融机构存贷比达72.9%。支持实体经济发展，兑现政策奖补2.1亿元。加大招才引智力度，引进培育县级以上高层次人才275人。成功举办第四届“创智汇”双创精英挑战赛，评定创新创业领军人才26人。举办“2+N”招聘会99场，解决企业用工2210人。加大用地保障，供应工业用地34宗、面积153.47公顷。清理闲置低效用地55.9公顷，盘活僵尸企业10家。土地节约集约利用获国务院表彰、奖励用地指标166.67公顷。肥西县“1+13+X”小微企业公共服务窗口网络平台正式上线。

【改革创新】 2019年，肥西县完成县级机构改革。按照优化协同高效原则，顺利完成机构设置、人员转隶、“三定”划定等任务，建立起县级机构职能体系。推进重点改革。正式启动三河九联、严店引江济淮安置点一站式服务管理模式试点，推进县人才公寓、翡翠家园安置点EPC模式试点。实施农村集体产权制度改革村（社区）232个、农村“三变”改革村（社区）125个，全县承包地确权登记颁证工作完成。城乡公司法人治理结构逐步完善，融资方式不断创新，成功获评AA+主体信用评级，为全省县级首家。深化供销社综合改革，“四社”（创建百强县级社，创建基层社标杆社，创建农民专业合作社示范社，创建农村综合服务社星级社）创建取得成效，县供销社跻身全国百强县级社第88位。扩大对外开放。新增进出口实绩企业36家、总数123家，实现进出口总额4.6亿美元、增长40%。组织企业参加第二届中国国际进口博览会、广交会、俄罗斯五金展等境内外展会，新增订单1500万美元。跨境电商出口额实现6000万美元。辉瑞控股、南方佛吉亚等5家外资企业成功签约，总投资超5亿美元。增强创新动能。新认定市级科技企业孵化器3家，新增省、市级企业技术中心21家、工业设计中心12家，获批省级博士后科研工作站3家、技能大师工作室2个。省科创板挂牌企业47家，天使投资基金新增项目3个、总投资1200万元，发放科技贷1.6亿元、专利质押贷1.1亿元。新增注册商标1204件、增长39.5%。发明专利授权780件、增长14%，全县万人发明专利拥有量达35.6件，稳居全省县域首位。6月17日，获批全省首批省级创新县，当年晋升全国科技创新百强县第41位。提升营商环境。持续深化“放管服”改革，政务服务新大厅正式运营，县级政务服务事项进驻率91.25%，“最多跑一次”事项占100%。推行“一窗综合受理”新模式，企业开办时间压缩至1个工作日。设立长三角“一网通办”综合服务窗口，首批59个事项实现跨区域办理。常态化开展“四送一服”双千工程，达成要素对接成果165个，涉及金额3.1亿元。减免税费12.5亿元。

【城乡建设】 2019年，肥西县安排大建设项目262项，开工项目235个，开工率90%。拓展城市空间。产城融合示范区“三横两纵”主干路网基本形成，地下综合管廊一期工程管线全部入廊。潭冲河以南片区公共服务设施布点得到完善，路网结构实现优化。紫云湖片区拆迁工作基本完成，控制性规划通过审批，水电气专项规划加快编制。全面升级交通路网。推进引江济淮沿线桥梁拆除重建工作，淠河总干渠渡槽世界级“水立交”启动建设，做好合安高铁、德上高速、合六叶高速“四改八”、合六南通道建设保障工作。合九货运外绕线线下工程全面完工，推进肥西高铁站及三河路、创新大道下穿铁路桥建设。三河路改造放行通车，乐平路、青年北路延伸段顺利打通。蓬莱路、集贤路跨派河桥全面放行。地铁3号线开通运营。完善公共服务。残疾人康复中心开放运营，全民健身中心主体竣工。大官塘水厂启动建设，墩张大郢、盛湾排涝站建设完成。肥西变电站到六安变电站220千伏线路迁改工程完成，推进220千伏大学城变等3座变电站

环巢湖大道肥西段秀美风光 （徐勇/摄）

建设。金星和园、方岗农贸市场建设完工，三河北路农贸市场正式运营。中节能垃圾焚烧发电项目建成试运营。开通优化公交线路30条，在全市率先实现城乡客运公交网络全覆盖。推进征迁安置。全年完成房屋征收153万平方米。推进方岗、灯塔等40个安置点建设，建筑面积达822万平方米。花岗红堰、高店五四、顺美家园二期、金星和园四期等12个安置点交付使用，4.5万群众迁入新居。安置房登记发证试点工作正式启动。城市管理常态长效。推进文明城市创建“十大提升工程”，持续开展文明交通、市容市貌、农贸市场、城乡接合部等专项整治。实施老旧小区综合改造8个，完成背街小巷改造提升9条。数字化城管平台正式运行。国家卫生县城创建顺利通过验收。改善乡村面貌。全面完成“五清一改”（清理村内塘沟，清理畜禽养殖粪污等农业生产废弃物，清理乱搭乱建、乱堆乱放，清理废旧广告牌，清理无功能建筑，改变影响农村人居环境的不良习惯）村庄清洁行动，创建省级农村人居环境整治示范村12个。美丽乡村建设有序推进，花岗大黄、铭传桂树等12个中心村完成验收。实施农村环境“三大革命”，完成农村改厕10222座，升级改造污水处理设施8座，生活垃圾无害化处理率达100%。实施农村道路畅通工程306个，总里程368千米。实施农村饮水安全巩固提升工程7个，受益群众4万人。完成农村电网改造项目51个，农网供电可靠率达99.89%。

【生态环保】 2019年，肥西县成功创建省级生态文明建设示范县。推进水污染防治。实施重点流域44项环保工程，完成中派、三河等4个污水处理厂提标改造工程，派河水质得到改善，丰乐河、杭埠河水质保持稳定。推进雨污管网错漏接排查整治“百日攻坚”行动，实施城关地区老旧小区雨污分流改造，全面启动胡湾圩片区排水管网整治专项行动。深入推行“河（湖）长制”，实施16条河流“一河一策”。推进环巢湖生态示范区建设，斑鸠堰河、岳小河生态综合整治顺利验收。乡镇集中式饮用水水源地水质达标率保持100%。综合治理大气污染。实施蓝天保卫战三年行动计划，常态化开展大气污染防治联合督查。综合治理餐饮油烟污染经营户216家、施工扬尘企业246家、“散乱污”企业48家，完成挥发性有机物整治项目18个。继续实行全年全域秸秆禁烧，秸秆综合利用率91.8%，获评省秸秆综合利用先进县称号。扩大绿色空间。完成人工造林933.33公顷，新增森林长廊450千米。滨河公园绿化工程基本完成，推进潭冲河湿地公园、三河国家湿地公园建设，环巢湖大道连接线、蓬莱路、三河路等重点道路绿化项目全面完工，全县绿化率42%。桃花镇入选安徽省园林城镇。

【社会民生】 2019年，肥西县实施29项民生工程，投入20.05亿元，民生类总支出71.5亿元、占财政支出82.8%。城镇居民人均可支配收入40667元、增长9.7%，农村居民人均可支配收入24076元、增长10.3%，均快于GDP增长。巩固提升脱贫成效。抓好中央脱贫攻坚专项巡视反馈意见整改工作，推进“两不愁三保障”及饮水安全突出问题大排查整改工作。完成152个年度扶贫项目，累计支出专项扶贫资金2.89亿元。探索“1+1+1”边缘户帮扶模式（以激发边缘户内生动力为根本，以社工组织、爱心企业、志愿者团队等社会爱心力量参与帮扶为方向，以县卫健委、县医保局、县民政局、县水务局政策帮扶为托底），多层次立体帮扶体系初步构建。开展与阜南县结对帮扶，创新实施“4+4”帮扶模式（产业合作、劳务与人才交流、社会帮扶、文化交流4个平台，4个乡镇对接帮扶）。脱贫攻坚省级考核连续四年获得“好”的等次。提高保障水平。城镇新增就业岗位1.7万个，实现创业带动就业9万人。发放被征地农民养老保障金1.3亿元，惠及群众2.25万人。城乡低保、农村分散特困供养持续提标。完成农村危房改造475户，建成棚户区改造住房1088套。公办示范性养老公寓启动建设。重残护理标准上调100%，困难残疾人生活补贴标准上调33.3%，惠及1.35万残疾人。残疾人之家实现乡镇园区全覆盖。发展教育事业。肥西师范二期开工建设，董岗中心校等5所中小学交付使用，11所小区配套幼儿园顺利移交。西园小学翡翠分校建成招生，合肥八中教育集团翡翠湖初中成功托管丰乐中学。创建“三名工作室”5个，获省市模范教师、优秀教师称号21人。创建市级新优质学校5所、总数达21所。推进健康肥西建设。国家儿童区域医疗中心正式落户，推进县医院二期、县中医院新区建设。探索“互联网+医疗健康”新模式，县域内外远程诊疗网络初步建立。县域紧密型医共体试点启动运行。基本公共卫生服务“两卡制”全面推行。3岁以下婴幼儿照护服务试点工作正式启动。繁荣发展文体事业。新建城市阅读空间（社区书吧）2个、村级综合文化服务中

2019 年 9 月，肥西县举办庆祝中华人民共和国成立 70 周年大合唱比赛
（肥西县史志室 / 供）

心 60 个，整合农家书屋 18 家。12 月 18 日，刘铭传故居挂牌合肥市海峡两岸青少年文化交流基地，推进纪念馆布展工程。唐五房圩保护规划编制完成，张老圩、张新圩保护规划启动编制。纪录片《紫蓬山》获省精神文明建设“五个一工程”优秀作品奖。连续三届荣获合肥市全民健身运动会龙舟比赛一等奖，成功承办省、市、县三级足球业余联赛总决赛。社会大局和谐稳定。开展扫黑除恶专项斗争，推进“雪亮工程”、智慧平安小区建设，深化平安肥西建设。落实信访工作责任制，开展积案化解专项行动。创新推进第三方参与社会稳定风险评估，做好重点领域、特殊群体、关键节点风险管控。开展“1+4+N”专项行动，安全生产形势总体平稳。加强食品药品安全监管体系建设，打击侵犯知识产权和制售假冒伪劣商品行为，市场秩序公平规范。

【政治建设】 2019 年，肥西县落实管党治党主体责任，完成省委巡视整改任务，以党的政治建设为统领，深入推进党的各项建设。主题教育扎实开展。坚持领导带头、以上率下，召开县委专题读书班，开展集中学习研讨 6 次、集中调研座谈 186 次、个别访谈 1360 人次，累计收集群众最急最忧最盼的问题 135 个、群众反映强烈的民生热点问题 51 个，制定“1+8+2”整改方案，推进问题整改，实现主题教育预期目标。开展思想政治建设。坚持用党的最新理论武装头脑，开展各类宣讲 3000 余场、受众 10 万余人次。创新开展“一把手”政治能力提升班等主体班次 17 期、培训干部 1400 人次。将意识形态督查纳入县委巡察内容，牢牢掌握意识形态工作领导权和主动权。“学习强国”稿件采用数量稳居全市第一。党委系统信息采用量稳居全省第一。加强基层组织建设。开展村（社区）“两委”换届“回头看”，完成 19 个软弱涣散村党组织整顿提升。调整优化村民小组 1874 个。推进“一乡一品”品牌创塑、“246”示范带动工程（按照党建强村、产业富村、人才兴村要求，计划利用 2 年左右时间，围绕“脱贫攻坚、村级集体经济发展、乡村旅游、基层社会治理”4 个方面，各培育打造 6 个左右的示范村党组织，典型引路、点面结合，提升全县农村基层党组织建设整体质量和水平）。拓展党建工作站服务功能，引入党建服务“项目化”推进机制，着力打造“益企”党建新模式。推进干部队伍建设。调优配强县直单位领导班子，提升干部专业化、年轻化水平。实施年轻干部“310”成长计划（每年择优挑选 30 名左右综合素质较好或锻炼岗位紧缺的专业干部，安排到招商、扶贫、信访维稳等中心工作和工业强县、现代服务业等九大重点工作，以及软弱涣散村整治等基层一线历练），继续举办年轻干部成长实训营，助力年轻干部成长。创设“学干先锋”云平台，打造干部学习、管理、监督、考核新模式。发力纪律和作风建设。加强党的“六大纪律”建设，注重抓早抓小，科学运用监督执纪“四种形态”，让明规矩、守纪律成为广大干部的思想和行动自觉。持之以恒正风肃纪，严厉查处群众身边“四风”和微腐败问题 35 起。始终保持反腐高压态势，受理信访举报 721 件（次），立案 279 件，结案 269 件，给予党纪政务处分 255 人。

【第 17 届苗交会】 由国家林业和草原局、安徽省人民政府主办的 2019 中国·合肥苗木花卉交易大会于 10 月 18 日—21 日在肥西县中国中部花木城成功举办。这是连续成功举办的第 17 届苗木交易大会。省委书记李锦斌宣布开幕，省长李国英、国家林业和草原局局长张建龙分别致辞，省委副书记信长星、国家林业和草原局副局长李树铭，省领导陶明伦、宋国权、李明、肖超英、李和平出席，副省长张曙光主持，中国工程院院士张守攻，国家林业和草原局有关司负责同志、各省（区、市）林草主管部门负责同志、境内外客商代表出席开幕式。开幕式上，李锦斌、李国英、张建龙、李树铭共同为全国首个林长制改革示范区揭牌。

该届苗交会主题是："'苗会'美丽中国，助力绿色发展"，展览展销总面积约10万平方米，设置标准展位410个，特装展位70个。来自全国31个省（区、市）的1060家企业参展参会。同时大会还邀请到荷兰、美国、日本、以色列、拉脱维亚、匈牙利等6个国家的10家花卉企业参展。新华社、光明日报、经济日报、中新社、农民日报、人民网、新华网、央广网等8家中央主要新闻单位和省暨合肥市主要媒体（安徽日报、安徽电视台等16家）对大会进行宣传报道。

苗交会作为安徽林业招商引资的大平台，促成一批重大项目签约和落地，成功洽谈152个林业招商项目，投资金额达241.7亿元。本次苗交会选择16个具有代表性的林业项目进行现场签约。

苗交会举办1个主论坛和5个专业论坛，邀请中国工程院院士张守功等专家就林草种苗发展和耐旱（碱）、木本油料、水生、草业植物及苗木花卉融合发展等开展研讨。大会还首次举办全国林草良种（品种）、新技术、新材料推介会，甜柿、油橄榄、紫薇等100多个良种（品种）得到推介。

经评选，大会授予安徽省林业局等16家单位优秀组织奖，江苏省林业局等6家单位最佳设计奖，四川省林草局等6家单位最佳人气奖，湖北省林业局等6家单位最佳创意奖，海南省林业局等6家单位最佳特色奖。

（周基如　程　瑞）

长丰县

【概况】 长丰县地处安徽省中部，居合肥、淮南、蚌埠三市之间，县域面积1841平方千米，全县辖水湖镇、双墩镇、岗集镇、下塘镇、吴山镇、杨庙镇、朱巷镇、庄墓镇、陶楼镇、杜集镇、罗塘乡、义井乡、左店乡、造甲乡14个乡镇和1个省级双凤经济开发区，总人口78.41万人。全年地区生产总值（GDP）601.42亿元，按可比价格计算，比上年增长8.9%。分产业看：第一产业增加值64.17亿元，增长4.5%；第二产业增加值244.62亿元，增长10.3%；第三产业增加值292.63亿元，增长8.7%。按年末户籍人口计算，人均GDP75363元（折合10925美元），比上年增加6994元。2020中国县域经济100强由赛迪顾问股份有限公司和新华社瞭望周刊社在北京联合发布，长丰县居全国第88位，全省第2位。

发展势头强劲。全国百强四连升，并再次入选全部五项榜单，综合实力跃升至第81位。连续两年荣获全省"制造业十强县、十快县"称号，发展民营经济考核获评全省先进县。双凤经济开发区获评全省开发区综合考核先进，成功创建国家级"双创"特色载体、国家级绿色生态发展园区、国家级数字智慧园区。中国房地产前20强超半数入驻，北城区域价值持续提升。国家大科学中心先进光源项目启动选址，汽车零部件特色产业集群获省政府认定，岗集迈入发展新阶段。12家上市公司落子下塘，协议投资超400亿元，产业新城宏图大展。

项目捷报频传。全球产能最大的锦江偏光片基地成功签约，成为长丰首个投资100亿元工业项目。青岛少海汇项目（投资超10亿元）从签约到开工仅60天，中车城市交通项目（投资超30亿元）从洽谈到签约仅30天，刷新重大工业项目"长丰速度"。中国南山岗集公路港（一期）正式开工，获评国家交通运输部多式联运示范工程。龙头企业鸿路集团连续三年平均增长超过30%，成为首家近百亿规模企业。重大项目考核连续两年位列全省第一。

大建设再创新高。长丰县开工大建设项目270个，计划投资334亿元，年度完成投资170亿元，再创历史新高。商合杭高铁（北段）正式开通，长丰并轨国家"八纵八横"主干路网。蒙城北路（北城到县城）全线通车，淮南北路北延及魏武路、五湖大道、龙湖北路、濛河路西延等工程主体完工，县域"六纵十六横"交通大格局全面拉开。

合肥北城一角　（长丰县委宣传部/供）

全县公路里程达4168千米，公路密度227千米/百平方千米，位居全省前列。全年拆迁面积突破300万平方米，总量继续领跑全市。在建安置房350万平方米，1万套安置房基本建成。棚户区改造受到省政府表彰奖励。新增耕地800公顷，报批土地531.13公顷。

民生建设硕果累累。合肥一中成功托管北城中学东校区，上海师范大学附属实验学校正式开办，委托省内一流校长团队管理凤麟中学。中国科学技术大学附属第一医院北城医院主体封顶，县医院跻身二甲序列。在全市率先启动乡镇公益性公墓全覆盖，在全省率先完成乡镇养老机构社会化运营全覆盖。创新新时代“枫桥经验”试点，获司法部通报表扬。长丰县荣获“省级卫生县城”称号。“中华颂”小戏小品大展精彩纷呈，好评如潮；全国独轮车锦标赛朱巷站、奥跑中国北城站活力四射，获赞无数。

长丰县杜集镇鸟岛一瞥　（长丰县委宣传部/供）

【生态环境建设】 2019年，长丰县围绕水污染防治，严格落实河（湖、排）长制，划定龙门寺水库、杜集水库水源地保护区，启动北城污水调运工程，整改雨污管网错接漏接342处，饮用水水源地水质达标率100%。围绕大气污染防治，推进烟花爆竹禁限放，开展柴油货车等专项整治，$PM_{2.5}$、PM_{10}平均浓度持续下降。围绕土壤污染防治，建立固体废物污染防控长效机制，深化农村面源污染治理，整县推进畜禽养殖废弃物资源化利用，代表安徽省接受农业农村部考核验收。深入推进“林长制”，成片造林0.14万公顷，超额完成年度任务。2019年末，全县共有空气环境监测站2个。可吸入颗粒物（PM_{10}）、细颗粒物（$PM_{2.5}$）年均浓度分别为74微克/立方米、41微克/立方米；二氧化硫、二氧化氮年均浓度分别为10.3微克/立方米、29.5微克/立方米；一氧化碳日均浓度0.9毫克/立方米，臭氧日最大8小时平均浓度值98.8微克/立方米。全年全县城区空气质量优良以上天数为266天，优良率72.8%。新增城区绿化面积5万平方米，绿化覆盖率37.7%。建成区绿地率33.6%。生活垃圾无害化处理率100%。全年能源消费量182.02万吨标准煤，比上年增长5.22%。电力消费量增长14.3%。单位GDP能耗下降3.35%。

【脱贫攻坚】 2019年，长丰县投入财政扶贫资金3.8亿元，实施“1234”提升工程，完成年度脱贫攻坚任务。聚焦“两不愁三保障”，3940户贫困户喝上自来水，352户贫困户住上“安全房”；全面实行签约家庭医生服务“两卡”制。聚焦产业扶贫，放大“红草莓”产业引领效应，帮扶群众2530户，实现户均增收3500元以上。与颍上县开展县域结对，帮扶建立17个产业扶贫基地，带动829户贫困户脱贫。聚焦工作短板，扎实做好选派驻村帮扶，强化“双包双到”措施，出台扶贫专干管理办法。扎实做好国办系统数据管理，数据质量连续4个季度全省第一。

【农业农村】 2019年，长丰县推进人居环境综合整治，开展“三治三拆三改”行动，完成高铁沿线专项整治，实现城乡环卫全域市场化管理。吴山官府村荣获全国“千村万寨展新颜”清洁村庄称号。持续推进“厕所革命”，改厕1.75万户。投入3.1亿元，实施“四好水利”工程，完成瓦东干渠、黄花山干渠综合治理，杜集水库进行除险加固。完成义井车王、罗塘梅元等17个美丽乡村建设，顺利通过省级验收。持续放大现代农业“310”成效，岗集青峰岭、庄墓湖东等15个田园综合体（农业产业园）加快建设，杜集“金丰公社”模式推广落地。杨庙镇入选2019年全国农业产业强镇。长丰草莓再获“国家农产品地理标志”，国字号荣誉多达8项，品牌价值升至66.4亿元，位居全国第二；稻虾共养和薄壳山核桃新增0.53万公顷和0.13万公顷。长丰农作物生产全程机械化工作荣获全国示范县称号。全年粮食作物播种面积11.47万公顷，比上年减少0.16万公顷；油料面积0.67万公顷，增加0.03万公顷；棉花面积0.22万公顷，减少0.01万公顷；蔬菜面积1.25万公顷，扩大0.08万公顷；草莓面积增长5.4%。全年粮食总产量64.30万吨，比上年下降0.4%；油料产量1.93万吨，增长9.7%；棉花产量1638吨，下降5.3%；蔬菜产量32.43万吨，增长7.1%；草莓产量增长6.7%。年末全县生猪存栏6.48万头，全年生猪出栏52.31万头；全年肉类总产量9.57万吨，其中猪牛羊肉产量4.68万吨；禽蛋产量3.19万吨，增长14.0%；牛奶产量2.01万吨，下降20.7%；水产品产量4.20万吨，增长2.4%。年末农业机械总动力105.29万千瓦，比上年增长3.3%。农用拖拉机6.43万台，下降4%；全年化肥施用量（折纯）5.72万吨，下降5.1%。农村用电量1.88亿千瓦时，增长13.2%。全年农林牧渔业总产值107.85亿元，按可比价格计算，增长4.7%。

【工业和建筑业】 2019年，长丰县出台民营经济发展实施意见，全面落实减税降费政策，降低实体经济负担7.1亿元。新注册企业5216户，比上年增长38.6%；新增规模以上工业企业38家，80家亿元以上企业产值增长22.6%，工业20强企业产值增长22.7%；高新技术企业新增12家、总数达100家，战略性新兴产业产值、高新产业增加值分别增长28.5%、26.2%；纳税百万元以上企业达443户。华恒生物获评全国单项产品冠军，恒大江海勇夺中国产学研合作创新成果一等奖，荣事达荣获国家“专精特新小巨人”、国家级工业设计中心称号，伊利乳业入选全省绿色工厂。年末长丰县规模以上工业企业中产值超亿元企业73户，超10亿元企业6户。全年规模以上工业总产值增长7.7%，其中战略性新兴产业产值增长27.9%。规模以上工业增加值按可比价计算，比上年增长10.8%。规模以上工业统计的主要产品产量中，乳制品增长19.7%，家用电热水器增长6.9%，钢结构增长91.4%，塑料制品增长9.8%，商品混凝土增长3.5%，家具增长6.8%，橡胶轮胎外胎下降11.4%。规模以上工业统计的26个工业大类中，有11个增加值增长，其中：有色金属冶炼和压延加工业增长165.2%，计算机、通信和其他电子设备制造业增长48.6%，水的生产和供应业增长35.2%，食品制造业增长29.5%。长丰县纳入统计范围的具有建筑业资质等级的总承包和专业承包建筑业企业148家，完成总产值99.32亿元，比上年增长17.1%；实现营业收入93.80亿元，增长16.3%。房屋建筑施工面积8438.69万平方米，下降1.3%；房屋竣工面积265.64万平方米，增长8.3%；期末从业人员2.88万人。

【商贸与服务业】 2019年，长丰县现代服务业快速发展，服务业增加值总量、高新技术服务业和社会消费品零售额增速位居五县市第一，进出口逆势增长30%；新增限上企业29户、总量达83户；京东集团实现销售收入41亿元，增长205%。长丰县获评全省农村电商巩固提升工作示范县。全年批发和零售业增加值55亿元，比上年增长6.6%；交通运输、仓储和邮政业增加值50.9亿元，增长6.4%；住宿和餐饮业增加值8.8亿元，增长9.3%；金融业增加值25.42亿元，增长14.2%；房地产业增加值54.57亿元，增长3.8%；其他服务业增加值96.33亿元，增长12%。以信息传输、商务服务等新兴行业为代表的规模以上其他营利性服务业营业收入增长109.5%。全县公路通车里程3898.15千米，其中

合肥万和电气有限公司　　（长丰县委宣传部/供）

高速公路通车里程115.4千米。年末民用汽车拥有量3.33万辆，其中私人汽车2.78万辆。民用轿车拥有量1.73万辆，其中私人轿车1.63万辆。全年邮电业务收入6.89亿元，比上年增长12.2%。其中：邮政业务收入2.07亿元，增长45.8%；电信业务收入4.83亿元，增长2.3%。本地固定电话年末用户4.83万户，比上年减少0.3万户；移动电话年末用户73.71万户，增加0.97万户。年末基础电信运营企业计算机互联网宽带接入用户23.58万户，比上年增加2.85万户。全年国内旅游人数403.6万人次，比上年增长5.8%；国内旅游收入28.1亿元，增长3.3%。全年实现社会消费品零售总额174.68亿元，比上年增长16.6%。从消费形态看：商品零售153.77亿元，增长16.3%；餐饮收入20.91亿元，增长17.7%。限额以上企业零售额77.8亿元，增长69.5%，其中限额以上企业实现网上零售额57.93亿元，增长105.3%。

【项目和固定资产投资】 2019年，长丰县围绕园区定位和产业布局，持续放大平台招商、委托招商、资本招商成效，新签约引进亿元以上项目76个，其中20亿元以上2个、10亿元以上9个、5亿元以上20个，居五县市之首。平台招商“百鸟朝凤”，中南高科、人和净化一期建成运营，双凤智谷及5个工业社区（60万平方米）基本建成，格林晟、苏州思高、千力模具等14个项目意向入驻。委托招商“凿渠引水”，华夏幸福、广银铝业等园区深度发力，合联胜利、万岭电气等8个亿元项目顺利落户。资本招商“以小博大”，主动参与国家集成电路产业大基金，参与基金8支、规模超百亿元；方大炭素、小余科技、国风木塑等成功引进。兑现产业扶持资金4.28亿元，惠及企业944户次。43个项目进入省级亿元工业项目库，创历史之最。工业投资占全市20%，实施技改项目132个，位居五县市第一。147个“大新专”项目完成投资222.4亿元，超额完成年度计划。强化分类分级调度，充分利用项目智能系统，全年跟踪督查重点项目42次。双杰电气、苏宁云商、康诺医药、巨力器材、望湖建筑等29个重点项目先后开工，海螺水泥、易高家居、培恩电器等46个亿元以上项目竣工投产。全年固定资产投资按可比口径计算比上年增长0.1%。其中：工业投资下降9.1%，工业投资中的技术改造投资下降18.5%。民间投资增长16.4%。分产业看：第一产业投资下降19.2%，第二产业投资下降9.1%，第三产业投资增长7.4%。分行业看：制造业投资下降9.5%，水利、环境和公共设施管理业投资增长1.7%。全年房地产开发投资130.02亿元，比上年增长9.6%。商品房销售面积130.72万平方米，下降4.7%；商品房销售额149.43亿元，下降2.9%；年末商品房待售面积11.61万平方米，下降21.9%。

【财政和金融】 2019年，长丰县财政收入65.98亿元，比上年增长9.0%。其中地方财政收入41.55亿元，增长7.0%。财政支出78.86亿元，增长15.9%。其中：一般公共服务支出6.96亿元，下降6.0%；社会保障与就业支出8.92亿元，下降2.0%；城乡社区事务支出6.48亿元，下降14.8%；医疗卫生支出8.57亿元，增长15.6%；教育支出14.78亿元，增长12.7%。全年实施29项民生工程，累计投入15.61亿元，惠及70多万城乡居民。年末全县金融机构各项存款余额518.24亿元，比上年末增加53.79亿元，增长11.6%；其中住户存款余额225.88亿元，增加33.11亿元，增长17.2%。各项贷款余额374.51亿元，比上年末增加70.54亿元，增长23.2%。金融存贷比为72.3%，比上年提高6.9个百分点。全年保险公司保费收入4.36亿元，比上年增长1.2%。其中：财产险保费收入2.7亿元，增长4.7%；人身险保费收入1.66亿元，下降4.1%。赔款和给付支出1.81亿元，下降19.2%。其中：财产险业务赔款支出1.48亿元，下降14%；人身险业务赔款支出0.33亿元，下降37.7%。

【民生和社会保障】 2019年末长丰县常住人口67.42万人，比上年增加0.72万人。年末户籍人口79.8万人，增加1.39万人，其中城镇户籍人口21.88万人，户籍人口城镇化率27.4%，提高2.5个百分点。全年人口出生率13.75‰，比上年下降0.57个千分点；死亡率3.97‰，下降0.84个千分点；自然增长率9.78‰，增长0.27个千分点。全年全县居民人均可支配收入27875元，比上年增长10.8%。按常住地分：城镇居民人均可支配收入36641元，增长9.8%；农村居民人均可支配收入21515元，增长10.2%。年末全县参加城镇（职工）基本养老保险人数6.49万人，比上年增长6.9%；参加失业保险职工人数4.18万人，增长6.6%；参加城镇基本医疗保险职工人7.08万人，增长10.8%；城乡居民社会养老保险参保人数41.14万人；城乡居民参加合作医疗人数 64.84 万人。全县城镇居民最低生活保障累计救济 5.42 万人次，农村居民最低生活保障累计救济 42.9 万人次，农村特困人员供养人数 0.64 万人。

【文教卫和社会服务】 2019 年，长丰县投入 16.6 亿元，实施 29 项民生工程，群众满意度位居全市前列。出台特困群众、残疾儿童康复救助办法，为弱势群体托底。完善创业就业服务体系，新建县城百帮创业园，扶持就业创业人数 8300 人次。水库移民后期扶持基金绩效评定全省优秀。积极做好下塘千年古墓群开发保护。县体育馆、综合文化馆基本完工。庆祝中华人民共和国成立 70 周年，举办第八届合唱节、群众歌咏大赛、广场舞大赛等系列活动。文化旅游工作成效显著，获省政府通报表彰。实施北城"九小"惠民工程，共和城、梅冲湖 2 个邻里中心投入使用；新建城市街头游园 8 处、菜市场 3 处、公厕 7 处、停车场 8 处；北城残疾儿童康复中心交付使用。优化教育资源布局，新改扩建中小学、幼儿园 10 所，整合生源偏少学校 25 所。县中医院创建二级医院，精神疾病专科正式开诊，建成社区卫生站 14 处、开诊 8 处，推进基层医疗卫生人员"县管乡用""乡聘村用"，医疗服务能力不断提升。县城老年公寓建成运营。实施殡葬惠民工程，在全省率先完成殡仪车辆收购。

年末长丰县共有普通中学 36 所，在校学生 3.88 万人；中等职业教育学校 6 所，在校学生 1.08 万人；小学 65 所，在校学生 5.18 万人；幼儿园 116 所，在园幼儿 2.1 万人。长丰县小学学龄儿童入学率 100%，初中毕业生升学率 100%。年末长丰县拥有专业剧团 31 个，图书馆 1 个、藏书 18.96 万册，文化广播电视站 14 个。年末长丰县共有卫生机构 342 个（含村卫生室和计生服务站），其中：医院、卫生院 26 个，社区卫生服务机构 22 个。卫生机构床位 2368 张。长丰县专业卫生技术人员 2102 人，其中执业医师和职业助理医师 877 人，注册护士 847 人。每千人拥有卫生技术人员 2.63 人，拥有医院、卫生院床位数 2.97 张。婴儿死亡率 2.19‰，产妇住院分娩率 100%。城乡居民新农合参合率 99%。年末长丰县拥有各类收养性社会福利机构 22 个，床位 4408 张。长丰县建立各种社区服务中心（站）276 个。慈善组织募集各类善款 424.04 万元。

（李　标）

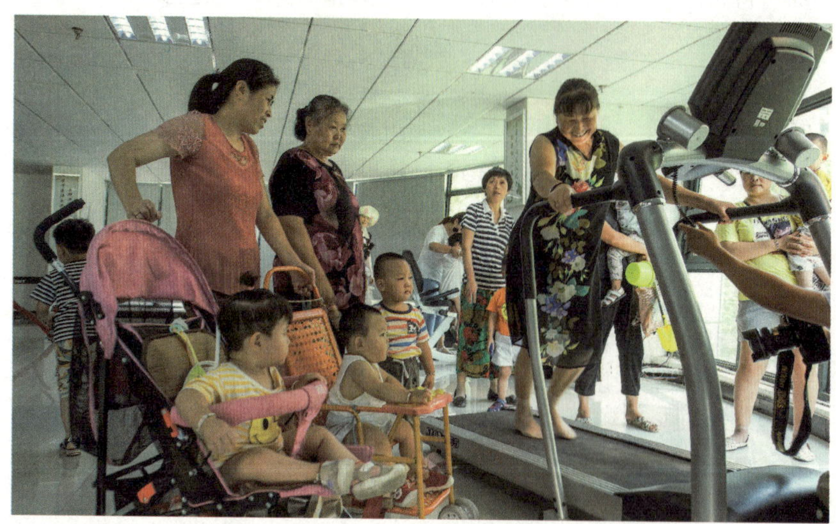

长丰县吴山镇百花社区居民进行健身活动　　（长丰县委宣传部/供）

庐江县

【概况】 庐江县地处皖中，北濒巢湖，南近长江，西依大别山余脉，位于北纬 30° 57′～31° 33′，东经 117° 01′～117° 34′，周边与巢湖市、无为市、枞阳县、桐城市、舒城县、肥西县毗连。庐江县历史悠久，"庐江"一词最早出现于《山海经·海内东经》，庐江于汉武帝元狩二年（前 121）建县，古称庐江郡、庐江县。1971 年，庐江县隶属巢湖地区管辖；2011 年 8 月经国务院批准，撤销地级巢湖市，庐江县划归合肥市管辖。全县土地面积 2348 平方千米，辖 17 个镇，1 个省级高新技术开发区，1 个国家级台湾农民创业园，人口 120 万人，是合肥"南大门"，也是全市面积最大、人口最多的县。庐江孕育了官办学校第一人西汉文翁、三国名将周瑜、清朝海军提督丁汝昌、抗法名将刘秉璋、援朝统帅吴长庆和抗日名将孙立人等一大批历史文化名人和爱国将领。庐江素有"地下聚宝盆"之称，已探明矿藏 33 种，其中铅、锌、硫铁矿储量居全省首位，明矾石储量位于全国第二，并被中矿联授予"中国温泉之乡"称号，久负盛名的汤池温泉涌量、水温、化学成分稳定，被誉为"华东第一泉"。

庐江东有 27 平方千米的省级湿地自然保护区黄陂湖，生态原味；南有群山环抱的青山湖，碧波荡漾；西有合肥最高峰牛王寨、

2019 年庐江县主要经济社会指标一览表

项目（单位）	数值	比上年增长（%）
城镇人口（万人）	121	
生产总值（亿元）	457.8	8.5
第一产业增加值（亿元）	56.3	5.1
第二产业增加值（亿元）	159	13.9
第三产业增加值（亿元）	242.4	5.7
固定资产投资（亿元）	266.3	9
规模以上工业增加值（亿元）	53.5	12.1
财政总收入（亿元）	36.3	7.4
财政总支出（亿元）	71.05	13.4
民生工程投资额（亿元）	62.4	14.3
社会消费品零售总额（亿元）	133.4	13.1
金融机构年末存款余额（亿元）	583.08	10.5
金融机构年末贷款余额（亿元）	359.69	8.1
用电量（亿千瓦时）	23.37	10.9
城镇居民人均可支配收入（元）	3454	9.6
农村居民人均可支配收入（元）	21012	10.1
旅游业总收入（亿元）	63.8	16

金孔雀度假村，风景如画；北有八百里巢湖、佛教圣地冶父山，湖光山色优美。

【工业经济】 2019 年，庐江县实现地区生产总值 457.8 亿元，按可比价计算，比上年增长 8.5%；总量居全省（61 个县市）第 8 位，较上年前移 2 个位次。其中，一、二、三次产业增加值分别为 56.3 亿元、159.1 亿元和 242.4 亿元，分别增长 5.1%、13.9% 和 5.7%。全县分别实现规模以上工业增加值、固定资产投资、社会消费品零售总额和财政收入 53.5 亿元、266.3 亿元、133.4 亿元和 36.3 亿元，分别增长 12.1%、9.0%、13.1% 和 7.4%；居民人均可支配收入 27059 元，增长 10.6%。

【招商引资】 2019 年，庐江县加大招商引资力度，不断夯实工业经济基础。全年新增规模以上工业企业 22 家，完成投资 205 亿元，76 个省“大新专”项目、123 个市“大新专”项目分别完成投资 111.9 亿元、180.6 亿元。完成工业技改投资 6.3 亿元，比上年增长 13%，新增高新技术企业 12 家。加大产业招商力度，新签约亿元以上项目 35 个，到位资金 145.5 亿元。投资 10 亿元的中驰钢结构及声屏障生产基地、投资 15 亿元的益海嘉里粮油加工、投资 22 亿元的浩悦生态资源循环利用等重大项目先后开工。神皖庐江电厂首年达产，实现产值 20 亿元。新型化工产业招商实现重大突破，投资 110 亿元的桐昆乙二醇项目开工建设。庐江台创园连续三年荣获全国台创园综合考评优秀等次、位列第七位。国家农业高新技术产业示范区创建取得重大进展。龙磁科技成为县第二家上市公司。庐江新材料生产基地被省政府认定为安徽省特色产业集群（基地）。现代农业提质增效，取得长足进步。深入推进农业供给侧结构性改革，持续推进现代农业“510”产业提升工程，种植业适度规模经营达 40% 以上，稻虾综合种养、绿色瓜果蔬菜、名优茶等特色产业基地发展到 4.85 万公顷。新增“三品”认证 13 个，明圣黄桃、乐华富硒蓝莓、盆形黄蜀葵、笏山瓜蒌籽等特色产业崭露头角，白云春毫茶叶、放马滩虾田米等品牌效应突显，杨柳荸荠生产区被省农业农村厅认定为安徽特色农产品优势区。水稻绿色高产高效郭河单季稻攻关示范方亩产达 1023.8 公斤，创全省水稻单产新纪录。新建高标准农田 0.24 万公顷，实施农田水利“最后一公里”建设 0.43 万公顷，划定“两区”6.46 万公顷。新增中粮面业等农业产业化龙头企

2019 年 12 月 5 日，乙二醇项目开工仪式举行　（庐江县委办公室 / 供）

业11家。台创园获国家农业科技园区建设考核优秀等次、位列全省第一。庐江县被农业农村部认定为全国首批基本实现农业现代化县。

【交通建设】 2019年，庐江县新续建国省干线118千米，县乡道路畅通工程282千米、乡村道路畅通工程934千米、市政道路80千米。全年大建设共征地0.15万公顷、拆迁150万平方米。引江济淮工程菜子湖线庐江段全线施工。合安高铁庐江段基础完工、开始铺轨，高铁西站启动建设。合安高速四改八庐江段建成通车，岳武高速、宣商高速开展前期工作。庐江施湾通用机场开工建设。汤池大道东段主体完工、西段开工建设，庐桐路、二军东路、巢庐路基础完工。张葛路、裴桂路、庐枞路等县乡道路畅通工程进展顺利，部分已建成通车。城区路网不断织密，高标准建设邓湖路、沙溪路等38条市政道路，高标准改造老城区移湖路、塔山路、泥河路、五里路，280千米雨污管网同步铺设到位。徽州大道庐江段开工建设，庐江即将纳入合肥半小时通勤圈。高铁飞驰、通江达海、内畅外联的立体化交通体系正在成为现实。

建设中的徽州大道南延庐江段 （庐江县委办公室/供）

【文化旅游】 2019年，庐江县顺应消费升级趋势，大力发展全域旅游、电子商务、商贸物流等现代服务业，实现服务业增加值160亿元、增长6%。全年接待游客772万人次、增长17%，实现旅游总收入63.8亿元，增长16%。完成庐江县全域旅游发展规划编制，智慧旅游大数据中心启动运营，冶父山金塘大道、龙池大道等旅游道路建成通车，汤柯路隧道顺利贯通，汤池平坦小屋旅游驿站建成开放，万山云里安凹民宿投入运营，柯坦牛王寨登山步道和游客服务中心投入使用，罗河青山湖大道建成通车。2019放马滩龙虾节、黄陂湖河蟹节、瓜果采摘嘉年华、茶文化旅游节、泥河玫瑰花节、汤池温泉文化旅游节、大学生音乐节、乡村美食节等旅游节庆活动精彩纷呈。14个社区公园、10个全民健身苑、2个笼式多功能健身场建成投入使用。清莲书舍、老船坞、四月天、绣溪书斋、雨濂书阁、文化艺术中心等6个城市阅读空间对外开放。吴公祠、三官殿、慕容城、城池古城等遗址被列为省级文物保护单位，皖中大鼓、生花堂毛笔入选市级非遗项目。加快推进环移湖综合开发，启动文翁湖公园建设，完成周瑜广场景观提升。建设新时代文明实践站所248个，实现镇村全覆盖。全年“送戏进村”217场，农村公益电影放映2189场。开展“礼赞新中国、奋进新时代”系列主题活动，向中华人民共和国成立70周年献礼。

【改革开放】 2019年，庐江县改革调整优化政府机构设置和职能配置，政府机构精简至28个。健全清单制度体系，动态调整县级政府权责清单至3131项，梳理公共服务事项1455项，保留中介服务事项145项、取消7项。完善推动经济高质量发展政策体系，制定促进民营经济高质量发展政策措施，全年兑现扶持产业发展资金2.1亿元。为144家中小微企业提供续贷过桥资金5.9亿元，为320家企业担保贷款13.1亿元，为86家农业经营主体提供“劝耕贷”4621万元，新增“政银担”贷款267笔10.2亿元、“税融通”贷款282户2.4亿元。汤池镇、郭河镇全域开展党建引领信用村建设，农户凭信用贷款257笔1436万元。高质量完成“四经普”工作任务。全面完成农村集体产权制度改革，界定集体经济组织成员109.95万人，量化股权6.3亿元。完成162个村“三变”改革任务，221个村成立集体股份（经济）合作社，全县村集体年经营性收入提高到2365.6万元，比上年增长51.6%，金牛镇山南村、白山镇同春村、矾山镇石峡村等9个村首次迈入年经营性收入50万元以上经济强村行列。

【社会民生】 2019年，庐江县投入22.2亿元实施28项民生工程，全年民生支出62.4亿元，比上年增长14.3%，占财政总支出87.8%。实施就业创业促进工程，发放稳岗补贴522.8万元，惠及职工650人，“稳就业”形势良好。完善社会救助体系，加强低保对象动态管理。全年发放低保金1.99亿元、特困人员供养金7552.5万元。新增城镇职工参保5000人，全年医保基金支出9.7亿元。持续深化医药卫生体制改革，组建县医院医疗集团、县中医院医疗集团，启动县域紧密型医共体建设，达标改造11个镇卫生院，新建改造213个标准化村卫生室，基本医疗卫生服务能力显著提高，县域内就诊率达76%，逐步实现“大病不出县”。15个镇卫生院增设中医馆，顺利通过全国基层中医药工作先进单位复审。投入1.4亿元新改建16所公办幼儿园，幸福、和顺等5所幼儿园开园，县幼教集团持续壮大。城区教育布局不断优化，庐江新二中主体完工，城关小学惠民校区一期投入使用。城东小学等3校成功获批省级智慧校园实验学校。投入1600万元实施农村青年教师“安居乐教”工程。柯坦、罗河、盛桥、同大、乐桥等镇启动“医养结合”农村养老服务中心建设。扎实推进“两治三改”，完成棚户区改造2103户，完成农村危房改造775户，完成马园老旧小区和观音桥巷、中心粮站巷等5个背街小巷改造，分配公租房287套。新续建申山绿苑、附城新村、汤池金冲花园等安置小区290万平方米，回迁安置房60万平方米。全年销售商品住房60万平方米，房价保持总体稳定。城乡供水一体化格局初步形成，完成49座小水厂整合。积极应对近40年来最严重旱情，首次启动6级提水预案，引巢湖水逆行42米高程进入舒庐干渠主渠道，有效保障城乡居民饮水安全和生产用水，取得抗旱工作阶段性胜利。以深化扫黑除恶专项斗争统领“平安庐江”建设，打掉黑社会性质组织1个、恶势力犯罪集团2个、“套路贷”团伙2个。

【生态文明建设】 2019年，庐江县按照中央环保督察、省环保督察要求，认真开展12个入河排污口整治，建成白湖农场、矾矿等5个污水处理厂，244户巢湖沿岸渔民退捕转产，对全县污染源进行普查。严格落实建筑工地扬尘管控和秸秆禁烧制度，城区烟花爆竹全面禁放，$PM_{2.5}$平均浓度比上年下降4%，空气优良天气比例达78.4%。严厉打击矿山非法盗采和非法洗砂行为，立案查处29起，取缔非法石料加工场所193个。加大环境执法力度，清理“散乱污”企业38家，立案查处违法企业20家，责令整改46家。全面落实“林长制”要求，新增道路绿化617千米，新增城市绿地112.3万平方米，人工造林0.13万公顷。罗河铁矿、沙溪铜矿入选全国绿色矿山名录。庐江县争创国家园林县城通过评审。

【人居环境整治】 2019年，庐江县坚持规划先行、分类推进，与安建大合作，向每镇派驻1名首席规划师和1个规划团队，对全县涉农的216个行政村5705个自然村庄分级分类，确定2030个整治村庄，其中268个示范村庄重点加以推进；坚持治污优先、群众参与，组织实施“百村示范、千村整治”，1397个村庄实现“五清一改”，268个村庄完成“五化两改”，初步构建“面上整洁、线上美丽、点上出彩”全域秀美新乡村，涌现出云里安凹、黄山寨等一批示范典型。不断丰富温泉康养、文化体验、餐馆民宿等乡村休闲旅游新业态，建成7个全省优秀旅游乡镇、17个省级乡村旅游示范村。全市先后两次在县召开2019年人居环境整治现场会，省市主要负责人高度赞赏庐江县该项工作。

【脱贫攻坚】 2019年，庐江县深入开展脱贫攻坚“四季攻势”，解决“两不愁三保障”及饮水安全突出问题106个，3125户贫困户开通自来水，大力推进“十大工程”，产业扶贫模式覆盖14707户，

民宿建设实现乡村振兴　　（庐江县委办公室／供）

开发就业扶贫岗位3610个，发放金融扶贫贷款1566笔3131万元，12127户贫困学生享受教育资助，兑现贫困人口综合医保资金2.1亿元，13户41人顺利脱贫。庐江县“一自三合”金融扶贫做法在中国经济论坛作推介。完成中央脱贫攻坚专项巡视和各类考核反馈问题整改。

【现代农业】 2019年，庐江县推进农业供给侧结构性改革，持续推进现代农业“510”产业提升工程，种植业适度规模经营达40%以上，稻虾综合种养、绿色瓜果蔬菜、名优茶等特色产业基地发展到4.85万公顷。新增“三品”认证13个，明圣黄桃、乐华富硒蓝莓、盆形黄蜀葵、笏山瓜蒌籽等特色产业崭露头角，白云春毫茶叶、放马滩虾田米等品牌效应突显，杨柳荸荠生产区被省农业农村厅认定为安徽特色农产品优势区。水稻绿色高产高效郭河单季稻攻关示范方亩产达1023.8公斤，创全省水稻单产新纪录。新增中粮面业等农业产业化龙头企业11家、多嘴猫等规模以上农产品加工企业5个、金鸿珍禽等示范家庭农场10个、菇源食用菌等示范合作社10个、乐桥双岗农机服务合作社等农业社会化服务组织8个。台创园获国家农业科技园区建设考核优秀等次、位列全省第一。庐江县被农业农村部认定为全国首批基本实现农业现代化县。

【城乡建设】 2019年，庐江县全年新续建国省干线118千米、县乡道路畅通工程282千米、乡村道路畅通工程934千米、市政道路80千米。全年大建设共征地0.15万公顷、拆迁150万平方米。引江济淮工程菜子湖线庐江段全线施工。合安高铁庐江段基础完工、开始铺轨，高铁西站启动建设，合安高速四改八庐江段建成通车。庐江施湾通用机场开工建设。汤池大道东段主体完工、西段开工建设，庐桐路、二军东路、巢庐路基础完工。高标准建设邓湖路、沙溪路等38条市政道路，高标准改造老城区移湖路、塔山路、泥河路、五里路，280千米雨污管网同步铺设到位。徽州大道庐江段已开工建设，庐江即将纳入合肥半小时通勤圈。

（鲁　迅　黄锦照）

巢湖市

【概况】 巢湖市位于安徽省中部、江淮丘陵南部，地处东经117°25′～117°58′和北纬31°16′～32°之间。东与马鞍山市含山县交界，西北与肥东县接壤，南与芜湖市无为县毗邻，西南隔兆河与庐江县相对，东北隔滁河与滁州市全椒县相望。巢湖市是全国唯一以湖命名的城市。巢湖市历史悠久，文字记载的历史有3000余年。古称南巢、居巢，秦时设居巢县，唐设巢县，1984年设立县级巢湖市，1999年撤市设居巢区，属地级巢湖市，2011年8月根据《国务院关于同意安徽省撤销地级巢湖市及部分行政区划调整的批复》精神，重新设立县级巢湖市，新设的巢湖市由安徽省直辖，合肥市代管。截至2019年底，全市辖11个镇、1个乡、5个街道办事处，183个村、社区，户籍人口92万。面积2046.14平方千米，其中区域内巢湖水域面积463.78平方千米。森林覆盖率30.1%，城市建成区绿化覆盖率40.5%，是全国文明城市、国家园林城市、全国宜居生态示范城市、中国人居环境示范城市、全国绿色发展百强县（市）、全国农村生活污水全面治理示范县（市）、全国农村生活垃圾分类处理和资源化利用示范县（市）、全省美丽乡村建设先进县（市），入选首批创建“国家全域旅游示范区”城市。是全国最大的水泥建材生产基地、全国最大的渔网生产基地、全国十大钢构生产基地之一、全国著名的温泉之乡和全国养老产业最具投资价值城市，入选首批“国家创新型县（市）”建设名单。2019年，全市地区生产总值433.4亿元、增长8.0%；财政收入38.3亿元、增长11.1%，其中地方财政收入23.2亿元、增长12.3%；规模以上工业增加值增长8.5%；固定资产投资增长5.8%；社会消费品零售总额130.3亿元、增长13%；城镇、农村居民人均可支配收入分别增长9.5%、10.1%。商事制度改革、外贸外资、食品安全、灾后水利建设、农村人居环境整治工作获省政府通报表彰。蝉联全国绿色发展、科技创新、投资潜力百强县（市）。

【工业园区】 2019年，巢湖市半岛生态科学城4.68平方千米启动区控制性详规和产业规划编制完成。中铁佰和佰乐一期建成投运，合肥师范学院滨湖校区、黄麓师范新校区投入使用。黄麓大道竣工通车，中庙至合肥公交线路开通运营。居巢经济开发区聚力赋能。夏阁园区启动总投资2.56亿元的夏阁河路建设，殷家山路、朝阳山路、平顶山路全线贯通，供水、供电等配套设施相继竣工。亚父园区中科智城完成主体结构，集中供热工程建成运营并发挥效益，雅荷公园、抱书河公园竣工验收。创新“金融生态圈”，推行浮动担保费率，累计为中小微企业融资担保3.23亿元。创新“产业+基金+招商”运营模式，提高天使基金投放效益，兴泰汽车产业基金成功落地。落实包保推进、全程代理、要素保障机制，化解项目落地难、进度慢等问题，宝钢大交通轻量化、云海三期、今辰医药等18个项目成功签约，其中5亿元以上大项目6个；宜安云海二期、丰树巢湖产业园、优泰新材料等9个项目开工建设，晨鑫维克、千带智能、臻卫防护、晶联电子等17个项目建成投产。

忠庙夜景　（王世保/摄）

【产业发展】 2019年，巢湖市实施调结构、促升级，产业向中高端迈进。工业经济稳健运行。修订促进产业转型升级、民营经济高质量发展若干政策，新增规模以上工业企业13家，工业投资增长29.5%。实施“三重一创”，战略性新兴产业产值52.2亿元、增长4.0%，皖维新型膜材料成功申报省级重大工程项目，槐林渔网特色产业集群（基地）入选省县域特色产业集群（基地）。推进重点技改项目，技改投资增长23.2%。推进“皖企登云”行动计划，新增上云企业152户。现代服务业亮点纷呈。实现第三产业增加值228.4亿元、增长6.8%。开展乡村旅游“四级联建”，“国家全域旅游示范区”创建通过省级验收。推进姥山岛AAAAA景区创建，与省旅游集团合作组建姥山岛旅游发展公司。尖山湖逸趣园、半岛花溪等5个田园综合体项目加快建设。成功举办中国农民丰收节、环巢湖自行车赛、巢湖渔火节等活动，接待游客约1140万人次。实施农村电商优化升级工程，电商网上零售额近16亿元，槐林镇入选中国“淘宝镇”，电商扶贫入选全国县级扶贫工作典型案例。房地产市场平稳有序，实现商品房销售面积51.1万平方米。金融业稳健发展，人民币存款余额增长12.6%，贷款余额增长20.1%，存贷比84.9%。高效农业发展壮大。农业“两区”划定工作通过省级验收。新建高标准农田1333.33公顷，特色高效农业达18000公顷。稻虾（渔）综合种养4866.67公顷，高瑞农业获评国家级稻渔综合种养示范区。新增“三品一标”产品27个，“都督翠茗”跻身中国农业品牌目录，“中埠番茄”入选省特色农产品优势区。新增农民专业合作社48家、家庭农场189家，省级农业龙头企业增至10家。

【深化改革】 2019年，巢湖市着力破瓶颈、增活力，改革向深层次推进。完成政府机构改革任务，实施街道体制改革，经济社会事务管理能力得到提升。深化“一网一门一次”（“一网通办”“只进一扇门”“最多跑一次”）改革，推进工程项目审批“一窗受理”，“最多跑一次”事项占比99.97%。全面实行“多证合一”，企业开办实现“一日办结”，新增市场主体8440户、增长16%。全面落实减税降费政策，累计为企业减负约6亿元。实施124个村（社区）“三变”改革（资源变资产、资金变股金、农民变股东），经营性资产入股1.47亿元，资金入股4769.5万元。完成165个村（社区）集体资产股份合作制改革，基本构建“确权到人（户），权跟人（户）走”制度体系。加快农村供水管理体制改革，完成2家水厂回购，初步完成20家乡镇水厂清产核资。长江供水工程水资源论证、可研报告形成成果，市级备用水源应急供水工程建成投入使用。推进国家创新型县（市）建设，新增国家高新技术企业12家，高新技术产业增加值增长27.3%，皖维高新、云海镁业、富煌钢构入围合肥市百强高新技术企业。各项专利授权416件，其中发明专利授权66件，皖维聚乙烯醇纤维制备获中国专利优秀奖。菲利克斯等12家企业在省股权托管交易中心挂牌，工布智造等16家企业入选省科技型中小企业库。落实“1+7”人才政策，全省首个县级人才公寓开工建设。入选合肥市第九批专业技术拔尖人才4人、庐州产业创新团队2个。开展“招商引资和项目建设突破年”活动，新签约亿元以上项目52个，其中5亿元以上制造业项目4个，完成招商引资142.95亿元，实际利用外资1.2亿美元。对外贸易保持平稳，完成外贸进出口4.9亿美元，同比增长41.2%，渔网具产业基地成功申报省级外贸转型基地（农轻纺）。组织企业参加中国国际进口博览会，3月9日成功举办首届长三角（区域）合作经济论坛。与肥东县、含山县开展多领域结对合作。

【城乡建设】 2019年，巢湖市推进城乡向一体化。交通体系日趋完备。商合杭高铁（巢湖段）完成全线铺轨，巢马城际铁路开工建设，合芜、合宁高速改扩建竣工通车。明巢高速、G329、G312前期工作全面启动。巢湖大桥、亚父路三期、东外环等骨干路网工程加快建设，东风西路、公园路建成通车。完成农村道路畅通工程828.8千米、改造危桥33座，获评省“四好农村路”示范县（市）。优化公交运行线路，新建成159个城乡公交候车亭，群众出行更加便捷。城市品质得到提升。规划建设48平方千米旗山新区，打造引领区域一体化发展的创智文旅新城。启动国土空间总体规划（2020—2035年）编制。新建、续建城市大建设项目109个，完成投资35亿元。巢氏公园、亚父祠布展工程开工建设，历史文化主题公园、义巢园建成开放。新增城市绿化70.5万平方米。推进粮食二库、老年大学西侧等43个地块房屋征收，完成征迁89.6万平方米。建成棚改项目353套并交付使用。依法拆除各类违建1564例8.3万平方米。提高精细化管理水平，巩固全国文明城市创建成果。槐林镇、黄麓镇入围全省经济实力百强镇，栏杆集镇入围全省美丽宜居百强镇。完成14个省级美丽乡村中心村建设，改造农村危房227户、厕所2万户。1月24日，成功举办全国农村生活污水治理现场会，治理工作经验在全国推广。6月6日，柘皋北闸老街、烔炀老街、黄麓张疃村入选第五批中国传统村落名录。农村环境整治蝉联合肥七连冠，12月28日，“8个1”农村生活垃圾分类（在每村设置1个系列垃圾分类宣传画，在试点村每户投放1组分类桶，每村兴建1座仿古式分类收集亭，为每户制作1块“庭院三包”责任牌，每村设置1块村民垃圾分类承诺墙，每个镇村可回收物实行便民服务1卡通，为每个垃圾分类员制定1块责任牌上墙，每个村开挖1处可腐烂垃圾堆肥垄）获全国“2019民生示范工程”。夏阁镇晋级“省森林城镇”，散兵镇高林社区等9个村（社区）获评“省森林村庄”。烔炀中李村、庙岗莲花社区获评全省首批美丽乡村示范村，汪桥村入选中国美丽乡村百佳范例。土地资源节约集约利用。合理做好土地征收和供应，征收集体土地36宗331.56公顷，完成17个地块66.67公顷土地收储。供地77宗262.29公顷，其中经营性土地16宗55.18公顷。

【生态环境】 2019年，巢湖市环境向生态型递进。省级生态文明建设示范市创建申报评估验收。环巢湖生态保护与修复工程三、四、五期项目完成投资5.17亿元，入湖小流域治理、省级绿化长廊示范段等项目竣工验收。巢湖半岛国家湿地公园成功纳入长江湿地保护网络。完成城北污水处理厂提标改造，建成苏湾、栏杆、庙岗污水处理厂，完成槐林等7个乡镇污水配套管网建设141千米。生态环境得到改善。压实河（湖）长制责任，推行河湖环境综合整治月考核，10条合肥市级以上考核断面全部达标。完成市域饮用水源地评估，集中式水源地水质全部达标。启动13个乡镇（街道）大气监测站建设，开展餐饮油烟、秸秆禁烧、工地扬尘等专项整治，$PM_{2.5}$、PM_{10}浓度均值下降，空气质量优良天数比率82.0%。退渔减船1740艘，完成率100%。持续深化农业面源污染防治，排查整治112个农村生活污水设施。完成生态环境部“清废行动”问题排查，顺利通过“二污普”国家质量核查。完善生态文明考核评价制度，查处环境违法案件52件。抓好长江经济带生态环境检查、中央和省环保督察、“绿盾2019”专项行动等反馈问题整改落实。

【社会保障】 2019年，巢湖市优供给、促和谐，民生向普惠化增进。高标准完成28项民生工程，累计支出16.87亿元。紧盯“两不愁三保障一安全”，聚力脱贫攻坚“四季攻势”，推动“十大工程”精准落实，投入资金2.66亿元，实施扶贫项目542个，完成年度脱贫目标任务。支持阜阳颍东区帮扶资金1395万元，助建产业、就业等扶贫项目12个。应对40年来最严重的伏秋连旱，城乡居民饮水安全得到保障。城镇新增就业1.32

万人，登记失业率2.9%。完善多层次社保体系，发放城乡低保金1.25亿元，城乡居民基本养老保险、基本医疗保险覆盖率100%。建成居家养老服务站67家。开展政府购买公租房运营管理服务国家级试点，完成2717套政府投资建设公租房分配。殡葬改革持续深化，市级公益性公墓一期单体竣工，殡仪馆完成主体工程。新建成公办幼儿园6所、智慧学校18所。农村公办中小学、幼儿园校车增至207辆，实现13个乡镇（街道）全覆盖。拓展办学模式，成功申报合肥市家校共育实验区，安徽师范大学附属巢湖实验中学挂牌招生。家庭医生签约服务惠及25.96万人，计划生育工作获合肥市通报表彰。丽水湾、工人文化宫等5个城市阅读空间建成开放，图书馆主体工程完工。10月，张治中故居、姥山岛文峰塔获批第八批全国重点文物保护单位。推进全国农村社区治理实验区建设，12月，烔炀中李村入选全国乡村治理示范村；亚父书桥社区获评省综合减灾示范社区。连续五年获合肥市食药安全考核A级等次。

【合作共建】 2019年，巢湖市与安徽巢湖经济开发区深度融合发展共建合巢产业新城。产业新城总体规划形成成果，产业规划获批，经营性地块、产业港等8个地块控制性详规编制完成；完成房屋征收18.23万平方米，获省政府批准征收土地138.21公顷，供应土地49.01公顷；居巢大道、宜业大道等道路和滨河家园二期、郭塘新村安置点项目快速推进；皖维新材料、深圳健网科技、欧康诺芯片等17个项目成功签约，竞乾、科霖智行等3个项目开工建设。与安徽巢湖经济开发区开启互惠合作、交融共进新模式，主动承接开发区社会事务。华侨城温泉小镇、乐美达玻尿酸等24个项目开工建设，悍马（中国）汽车、贝禹科技、中显机器人等13个项目竣工投产。三瓜公社电商特色小镇跻身中国最美特色小镇50强，获评全省首批乡村旅游创客示范基地。安徽巢湖经济开发区在全省省级以上开发区综合考核排名上升51位、位列第21位，获省政府通报表彰。

（昂朝桂）

瑶海区

【概况】 瑶海区位于合肥市主城区东部，东接肥东县，西、南滨南淝河，北邻长丰县、新站区，辖11个街道、1个镇，设龙岗综合经济开发区，面积64.4平方千米，常住人口100万人。2019年，地区生产总值598.4亿元，财政收入25.3亿元，社会消费品零售总额402.6亿元，城镇居民人均可支配收入47173元。综合实力列全国“百强区”第90位，比2018年提升2位。蝉联全省制造业发展综合十强区。被中国纺织工业联合会授予“中国服装商贸名城”称号。荣获“全省民族团结进步创建示范区”称号。物联网科技产业园成为全省首个挂牌的长三角G60科创走廊产业合作示范园，并荣获“合肥市数字经济产业特色园区”称号。

【经济发展】 2019年，瑶海区支持引导五大主导产业发展，拨付各级涉企奖补资金2874万元，为500多家中小微企业提供流动资金支持7.6亿元。签约猪八戒网安徽省“互联网+”现代服务业总部示范园区、苏宁小店区域总部、上海宝冶安徽总部等一批优质项目。鼎和财产保险安徽分公司落户瑶海，实现全区保险业省级分公司零的突破。长江180艺术街区正式对外开放，并荣获“合肥市第二届特色文化街区”称号。抢抓长三角一体化发展机遇，积极融入长三角G60科创走廊，注册“中国网谷”品牌，完成“一谷三基地”发展布局。主办第一届中国合肥·长三角物联网高峰论坛暨G60物联网产业合作示范园推介会。申报2020年政府性自求平衡专项债资金2亿元，保障瑶海都市科技工业园二期建设进展。安徽尚荣智慧医疗产业园一期开园，并集中签约一批大健康项目。成立瑶海区电子商务协会，推动商贸业线上线下融合发展。实施高新技术企业培育计划，建成动态管理的科技型企业库，承办第八届中国创新创业大赛安徽赛区总决赛。基本完成白马三期、中州家具城等专业市场升级改造和业态调整，白马韩国城、东方摩域艺术商业广场开业。“安徽时尚街区”揭牌，《安徽时尚第一街发展规划》对外发布，瑶海成为全国纺织产业集群试点地区之一。龙湖瑶海天街开业，填补龙岗片区大型城市综合体空白。创建全国“五好”工商联。完成第四次全国经济普查，全区法人单位数为29805家，较第三次全国经济普查增长1.94倍，主要行业营业收入平均增长61.8%。

【城市建设】 2019年，瑶海区持续推进征迁工作，完成征迁面积122万平方米。新启动项目15个。在建复建点24个。编制《瑶海区回迁安置小区管理工作实施方案》，提升安置小区管理水平。加

花冲公园 （瑶海区档案馆/供）

大土地上市力度，全年上市地块5宗19.13公顷，成交金额29.98亿元。轨道交通3号线、裕溪路高架东延工程、商合杭铁路等市级重点项目建设得到保障。区级路网体系日益完善，开工建设姑溪路等支路25条，通车14条。实施滁州路等18个慢行系统改造项目，完成4个。建成新安江公园等13处停车场。

【生态建设】 2019年，瑶海区建立园林绿化基本数据库，实施合裕路绿化提升、古河路游园提升等项目27个，提升、新建绿化面积68万平方米，花冲公园提升改造完成正式开园。开展水环境综合治理，建立健全河长制常态化巡查等5项机制，南淝河及其4条支流水质实现近年来首次达标。实施岸线改造、末端截污等水环境治理项目13个。排查排口258处。排查市政雨污混接管网402千米，整改415处。实施452个小区阳台排水及雨污分流整改工程，完工率达93%。获批环巢湖水环境治理专项资金10亿元，基本完成龚大塘鸭林冲涉水城中村征迁。落实土壤环境保护措施，完成老合钢地块土壤初调和马（合）钢、氯碱化工地块土壤详调及风险评估。启动电机厂等10家工业用地环境调查与评价。加大大气污染整治，三里街、瑶海区国控站点$PM_{2.5}$比上年分别下降8.7%、8.3%。中央环保督察整改完成率93.98%。加强城市精细化管理，开展“洗车店、废品收购点、驾校、物流快递”4项整治，累计摸排522家，关停99家。新建淮浦渡口、隆岗里等长廊。试点垃圾分类“定时定点”，居民踊跃参与。

【社会民生】 2019年，瑶海区完成12项区级专项应急预案编制，建成6座公安综合警务站，“四类”可防性案件下降47.5%。推进扫黑除恶专项斗争，中央督办22件线索全部办结。推进智慧监管，完成89个幼儿看护点食品安全“明厨亮灶”信息化建设，中小学“明厨亮灶”全市率先接入监管平台。开展“信访维稳百日攻坚”行动，区党政领导接访174批575人次。开展打击传销固守清零行动，清理取缔传销窝点483处。推进质量强区建设，特种设备安全形势保持平稳向好态势。区街两级综治中心建成运营。建成全区禁毒教育基地。推进行政执法“三项制度”，规范公正文明执法。开展文明创建“七个一”联创联评，建成新时代文明实践中心三级组织体系。全市法治政府考核实现“三连冠”。

全年实施民生工程“17+1”项，为民办实事20项，发放社会救助和社会福利资金8105.85万元。依托城镇贫困群众脱贫解困试点工作，创新“瑶海益家”等多元化社会救助体系。居家和社区养老服务改革试点取得实效，东七社区综合养老服务中心挂牌运营。全区养老服务设施配建率达93%，提供居家养老服务30万人次，龙岗开发区被认定为“2019年省级智慧健康养老示范街镇”。举办职业技能和创业培训80期，培训4500人次，城镇新增就业12686人。成立全省首家建筑农民工创业孵化园，保障农民工工资支付工作获市级优秀。维护退役军人合法权益，兑现各类优抚资金、安置费2527.71万元，提供扶持就业专项岗位74个。结对帮扶扶贫资金300万元，建成栏杆集镇扶贫创业产业园。327地质队生活区等8个老旧小区整治完成。新建改建公厕76座。8个菜市场完成改造，11个新建改建菜市场投入运营，菜市场提档升级工作获市级考核优秀等次。社区优化调整工作启动，城市社区“三减一加强”专项行动深入开展。全年建成14所中小学、幼儿园，幼儿园公办率提升至40.3%。推进义务教育优质资源均衡发展，8个教育集团统一挂牌。十一中连续三年荣获合肥市高中教育教学综合评价一等奖。新聘选聘306名教师。党政领导干部履行教育职责督导考核荣获安徽省优秀等次。开展社会心理服务体系建设，设立47个心理咨询室。紧密型医联体试点工作推进。文化馆总分馆制实施，35万人次参加区文化馆免费开放活动，客流测评进入全省前五。举办庆祝中华人民共和国成立70周年纪念活动100余场。绿苑社区荣获全国“扫黄打非”进基层示范标兵。举办承办“瑶海杯”全国女足邀请赛、合肥市全民运动会电子竞技比赛等10余项大型赛事活动。

【改革创新】 2019年，瑶海区全面完成新一轮党政机构改革，优化调整后设立党政工作机构37个。深化国资国企改革，出台《瑶海区深化区属国有企业改革实施方案》，制定国有企业目标责任制考核办法，规范国有企业法人治理结构。推进事业单位车改，完成134家单位公车处置。落实中央减税降费政策，减税降费约9.49亿元。出台《瑶海区创优营商环境再提升行动方案》，打造全省最优商务政务服务环境。区领导走访服务企业629家，解决问题156个。全省率先启用个体登记智能自动审批系统，实现“自助申报、智能秒批、现场发照”，市场主体达133752户，新增29231户。六类行政权力事项行政审批平均承诺时限3.94天。中小企业服务平台推送政策18354次，精准推送2562次，政策库自助查询1.6万次。与安徽大学合作共建物联网大学生实践教育基地，为产业转型发展提供人才支撑。组建物联网、大健康等6个产业招商小组，开展招商活动824批次，签约落地项目68个，总投资37.4亿元。

【东部新中心建设】 合肥东部新中心横跨瑶海、包河、肥东三地，总面积34.1平方千米，其中瑶海17.7平方千米。2019年，市委、市政府高度重视合肥东部新中心建设，高规格成立建设领导小组，下设办公室主要负责人由区主要领导担任，设置内设机构6个，编制40人。合肥东部新中心建设投资有限公司挂牌运营。区控规完成初步方案启动，道路、内部水系等13个专项规划形成阶段性成果。规划展示馆开工建设。区域内全年完成征迁68万平方米，马（合）钢厂区完成拆除。4个复建点建设有序推进。振兴南路、桃花潭路、徽河路交付段主车道实现通车。推进高炉区综合治理，工业遗存建构筑物保护方案基本确定。马（合）钢地块土壤污染修复方案启动编制。完成全国老工业基地调整改造规划中期评估。组织全区存量工业用地摸底。申报中央预算内投资项目，获奖补资金1584万元。

2019年10月12日，合肥东部新中心建设投资有限公司揭牌

（瑶海区档案馆/供）

【重大活动】 2019年6月21日，“第一届中国合肥·长三角物联网高峰论坛暨G60产业合作示范园推介会”在合肥市瑶海区举办。大会盛邀长三角城市经济协调会物联网专委会、上海市物联网协会、杭州市物联网行业协会、厦门市物联网行业协会、物联中国团体组织联席会等参加。同时，华为、中国移动安徽公司、联通安徽省分公司等150多家长三角地区优秀的物联网、大数据、人工智能等科创领域企业出席论坛。活动中，瑶海区人民政府、安徽省经信厅、G60科创走廊联席会议办公室、合肥市体育局、联通安徽省分公司、中国·福州物联网开放实验室、合肥市物联网产业协会等，共同为中国·长三角物联网开放实验室及中国·安徽物联网实训基地揭牌，各单位共同签约，携手推进中国·长三角物联网开放实验室及中国·安徽物联网实训基地建设。

（肖　利）

庐阳区

【概况】 庐阳区是合肥市老城区和金融商贸服务业核心区，位于合肥市主城区及西北部。辖三孝口、逍遥津、四里河、杏花村、杏林、海棠、亳州路、双岗、林店9个街道和三十岗乡、大杨镇。设有庐阳经济开发区，临庐产业园。全区面积139.32平方千米，户籍人口51.14万人。2019年地区生产总值1036.61亿元，同比增长7.7%；财政收入55.72亿元，同比减少8.6%，其中地方财政收入29.99亿元，同比减少2.8%；社会消费品零售总额648.22亿元，同比增加8.3%；进出口总额84632美元，同比增加20.9%；全社会固定资产投资215.09亿元，同比增加7.6%；城镇居民可支配收入51695元，同比增加9.6%。继续蝉联全国综合实力、投资潜力、综合发展、科技创新和新型城镇化质量5个百强区。其中，综合实力上升至86位，进位速度全省最快。

【产业发展】 2019年，庐阳区完成第一产业增加值1.54亿元，同比减少22.1%；第二产业198.09亿元，同比增加9.8%；第三产业836.99亿元，同比增加7.2%。金融商贸是庐阳区的经济基础与特色优势，全区各类金融机构376家，从业人员3万人，金融业增加值和金融业税收均占全市40%。市、区两级国企合作，以国际标准规划建设的合肥金融广场开工建设，国联人寿、华泰证券等6家省级金融总部和资产管理规模达万亿的徽银理财公司落户，安徽交建A股成功上市，确立庐阳区在全省金融业的首位度。加快发展创新产业，与国家一流科研院所和社会专业机构开展全方位战略合作，工业和信息化部信息通信研究院、同济大学城市风险管理研究院、上海交通大学技术转移中心入驻庐阳经济开发区。发挥华为城市云和软件开发云服务功能，推动31个政府业务系统全面上云，补贴90多家大数据企业免费试用最先进的云技术服务。设定1000万元风险补偿资金，组建数据贷专项财政金融产品，支持辖区大数据企业发展。全年发明专利1025件，国家高新技术企业137家，同比增长39.9%和17%。优化营商环境，开展“互联网+政务服务”，落实减税降费政策，全年新增市场主体2.2万户。

【招商引资】 2019年，庐阳区招商引资总量155.08亿元，同比增加7%，其中外商直接投资2.9亿美元，同比增加1.4%。成立“庐阳区投资促进中心”，8月7日，出台《关于加强全区招商引资工作的实施意见》，作为行动总纲领并创新招商机制，建立重大项目专班、重大项目调度、安商稳商等机制，每周调度重点项目推进时序。全年新签约重点项目入库42个，总投资75.7亿元；服务业项目35个，总投资64亿元；农业项目1个，投资额0.7亿元。徽银理财、国联人寿保险有限公司、北大方正人寿保险区域总部正式落户；华润万象汇、万科广场两大商业综合体开业运营，首店经济效益显著，截至12月底引入国际一线品牌，各级首店30家；花生好车全国总部项目完成注册，中铁四局一公司总部科技大厦、北京智慧星光信息技术有限公司华东区域总部签约入驻；上海晟唐医疗产业化基地、视感科技、新线通信、中同蓝博临床检验所等优质项目落户。

2019年8月1日起，庐阳区分别在大数据产业园、华润万象汇设置“全程代办派驻点”
（庐阳区档案馆/供）

【城乡建设】 2019年，庐阳区新建续建大建设工程62项，完成投资235亿元，建设道路总长度33千米。梅小店、湖畔新城（一期）、建材一厂等安置房项目建成交付；推进庐阳区三馆三中心、迎松路小学、清源路小学等公益性项目建设。实施老城区各类更新改造项目138个，长江中路品质提升工程全面竣工，红星路、拱辰街、老报馆、豆蔻年华、九狮桥街、北油坊巷等24个街区街巷改造项目完工。实施老城更新，提升城市形象。加大征迁安置工作力度，实施老五里等九个地块征迁，完成景湾片区等三个项目扫尾，全年征收房屋153万平方米，舒大郢、一里井等4个地块上市供应。荣城南苑二期等6个小区建成交付，3000户居民乔迁新居。实施“为民办实事解决安置房办证问题专项攻坚行动”，办理不动产权证4000套。

【生态建设】 2019年，庐阳区按照中央及省、市环保督查反馈问题整改，注重标本兼治，根除源头问题。实施生态补水和水体达标工程，搬迁60万平方米的涉河城中村。完成1万多处雨污混接点改造，清淤四里河、板桥河底泥，整治17处入河排口，从源头解决污染源，南淝河流域年度水体基本达标。围绕污染防治，建设10个大气监测标准站。执行河长制，建成河长制管理信息平台。面对建筑工地粉尘污染，建成实时监控系统。开展餐饮油烟、城市裸土、秸秆禁烧等专项整治，全年查处环保违法案件72件，问责7人，办理群众投诉7251件。$PM_{2.5}$、PM_{10}均值浓度持续下降，同比下降5.8%。辖区水质持续向好，达到市控目标。全年新增绿化面积67万平方米，建成环城路、凤淮路等7处街头游园，开工建设大房郢公园、庐州公园二期、三十岗郊野公园、四里河渠东路公园。

淮河路步行街　（王世保/摄）

【社会民生】　2019年，庐阳区民生投入30.64亿元，同比增长13.93%，占区财政总支出的85.56%。新增就业2.15万人，庐阳百帮创业园入选全国创业孵化示范基地。继续做好全国“救急难”试点工作，全年发放各类救助金3500万元。实施省发改委宿舍等55个老旧小区整治，截至年底37个小区主体工程竣工验收，第二批18个小区于12月初实施整治改造。完成旧楼加装电梯项目20个，新建和提升菜市场功能11个，新开办社区助餐点54家。全年新建扩建中小学幼儿园13所，新增学位3780个，公办幼儿园实现老城区全覆盖，公办率达51.6%。运作集团化办学机制，辖区18个教育集团优质资源在全区均衡分布，实现“庐阳皆名校”的目标。完成6处小型体育场所改造，增添市民文体活动新去处。打造最有书香气的城区，6月27日，全市面积最大的菱湖书院和全市首个党建主体的三孝口先锋悦书房正式开放，已建成的10处城市阅读空间全年接待读者150万人次，举办各类活动1011场次。规划新建3处城市阅读空间完成平面设计，初步实现书香庐阳“15分钟阅读圈”。围绕庐阳区优势文旅资源，结合市民多层次需求，打造“老城游、生态游、逍遥游、亲子研学游”四条庐阳区惠民精品旅游线路。

（王建生）

蜀山区

【概况】　2019年，蜀山区地区生产总值680.4亿元，比上年增长8%；财政收入完成53亿元，比上年增长2.65%，其中地方财政收入32.01亿元，比上年增长9.25%；完成固定资产投资285亿元，比上年增长31.33%；规模以上工业增加值34亿元，比上年增长21.43%，战略性新兴产业产值48亿元，比上年增长45%，进出口总额14亿美元，比上年增长7.69%；社会消费品零售总额430亿元，同比下降4.3%；城镇常住居民人均可支配收入5.24万元，比上年增长9%；招商引资总量299.6亿元，比上年增长7%，其中外商直接投资2.9亿美元。

【改革创新】　行政体制改革。2019年，蜀山区着力优化机构设置和职能配置，合理划分事权，理顺权责关系。扎实推进“放管服”改革，持续优化营商环境，动态调整区街两级政府权责清单和公共服务清单体系。实施“互联网+政务服务”提升工程，国家政务服务平台蜀山分厅8303项服务上线使用，“最多跑一次”线上服务继续保持100%，企业开办时间压缩至1个工作日内。蜀山区中小（民营）企业服务中心正式启用，各级各部门深入开展“四送一服”双千工程，全年共走访服务辖区重点企业1800余家（次）。落实减税降费政策，为企业减负累计7亿多元。事业单位和国有企业公车改革全面完成。

8个街道、30万平方米国有资产全部划转区城投公司集中规范管理，金鼎担保等3家类金融公司连续3年获市政府表彰。

经济体制改革。出台培育新动能扶持政策、支持民营经济高质量发展专项政策，为辖区企业争取各类政策奖补2.5亿元。设立金创天使投资基金和大数据天使投资基金，通过“政银担”“科创贷”“税融通”帮助企业融资10亿多元。有效发明专利3314项，专利授权量比上年增长20.2%。截至10月底，高新技术产业增加值增长10.7%，两项增速均位列四城区第一；新增高新技术企业62家，省、市级众创空间各有7家，创新平台数量居四城区第一。全省首个区域城市大脑“蜀山融·数字中心”上线运行，入选长三角数字经济优秀应用场景案例。

社会领域改革。落实合肥市委“1+8”文件精神，推进街道体制改革，完善基层治理工作，服务进一步规范化、智慧化、网格化、精细化。继续推行安置房毛坯交付，既有住宅加装电梯投入使用20部，加装量全市第一，创新做法在全省推广。创新“人房分离，分类处置”方式，有效推进锻压厂等2处C/D级危房改造工作。推动物业管理拓面提质，全区住宅小区实现物业服务全覆盖。笔架山街道“红色物业”试点、南七街道房屋租赁备案试点工作成效明显。24家中央和省属国有企业的59个小区“三供一业”分离移交工作有序推进。加大人才引进力度，面向全省选调50名事业编制紧缺专业人员。创新“五社联动”服务新模式，社区治理能力进一步增强。

【产业经济】 2019年，蜀山区高规格举办长三角G60科创走廊九城市大气联防联控协商会，环境产业合作示范园区揭牌。成功举办合杭一体化重点项目签约暨天鹅湖中央商务区发展峰会、2019年海外企业合肥交流会，重点推介天鹅湖中央商务区。积极参展世界制造业大会、合肥国际文化博览会。安徽首个文化出口产业促进协会成立，50家文化企业“抱团”谋发展。招商引资落地见效，喜马拉雅、中明环保等20多个项目先后落户，天瑞金科技园、合安高铁总部等63个项目成功签约。落实省、市、区“五大发展行动计划”和“四督四保”工作制度，强化项目推进，全国第八大规模的邮政快处中心投入使用，网达软件园项目开工建设，全年重点实施“大新专”项目125个，完成投资190亿元。

加快产业结构优化升级。现代服务业示范带动。天鹅湖中央商务区集聚效应凸显，入驻企业达1.1万家，世界500强企业增至32家，戴德梁行、德勤会计事务所正式进驻，君悦酒店开业运营。区商务楼宇地图上线运行，全区商务楼宇155栋，9栋楼宇税收超亿元。跨境电商产业链、生态圈日趋完善，邮政小包转9610申报首次清关。本土企业老乡鸡登中式快餐全国连锁榜首。战略性新兴产业集聚显著。做大做强环境产业，全区拥有环境产业上下游规模以上企业65家，截至10月，环保产业规模达25亿元，基本形成“技术研发—装备制造—环境治理—环保服务”环境绿色产业链。获批市级数字经济产业创新试验区，市级认定大数据企业达54家，居四城区之首。南岗科技园长安汽车二期、惠而浦智能物流园、大陆马牌轮胎三期等大项目建成投产。寿蜀产业园在合作共建，产业带动上成效明显，省委主要领导批示予以肯定。蜀山经济开发区获国家级“绿色生态园区”“数字智慧园区”称号。井岗镇、南岗镇再次入选“综合实力全国百强镇”。

【社会事业】 2019年，蜀山区健全社会保障体系。持续加大民生投入，“大民生”支出占财政总支出的85.2%。坚持就业优先战略，城镇登记失业率低于3%，新增实名制就业4.6万人，开发公益性岗位2590个，安置就业困难人员1900人。向低保户等困难群体发放各类救助资金5008万元，发放高龄津贴969万元。医疗救助困难群众3163人次、1353万元。积极

首创奥特莱斯 （王世保/摄）

应对人口老龄化趋势，建成社区养老服务中心（站）55个，46家社区养老助餐点投入运营。切实保障退役军人合法权益，政策性安置和专项岗位就业120名，发放优抚、优待、慰问金3840万元。扎实做好退役军人信息采集和光荣牌悬挂工作。住房保障体系不断完善，分配保障性安居房1012套，发放城镇住房保障租赁补贴398户。蜀山区加强与寿县多层次对接、多项目合作，全面完成年度对口帮扶任务。中侨中心寿县农副产品展销中心开业，合肥市五十中东校新桥分校秋季招生。

优化社会事业发展。西城一小建成，新建肥西路小学等4所中小学，续建望江路幼儿园等11所公办幼儿园，其中合作化路幼儿园等7所投入使用。新招考中小学教师360名，补充幼教人员166名。通过场地置换方式，缓解政务区教育资源不足难题。整治规范校外培训机构352家。素质教育结出硕果，稻香村小学成为全国唯一入选2019年国家语言文字推广基地的小学。完成荷叶地街道社区卫生服务中心改造，探索“院区合作”新模式，引入安徽中医药大学一附院全面托管笔架山街道社区卫生服务中心。全国健康促进区创建省级验收顺利通过，五里墩街道获评全国智慧健康养老示范街道。开展大型文化惠民活动20余场，精心组织庆祝中华人民共和国成立70周年系列活动。龙潭书馆、雨花书轩等5家城市阅读空间开放运营。建成儿童之家示范点7个、残疾人之家（工作站）36个、全民健身场所24处，全区46所学校体育场馆对外开放。成功举办“领航蜀山”龙舟赛、“登高蜀山”登山赛等系列活动，蜀山国际半程马拉松赛成功纳入中国田协A类认证赛事。

完善社会治理。实现区、街、社区三级访调对接工作网络全覆盖，专业化水平持续提升。开展23个智慧平安小区建设试点，新增雪亮工程监控454处。强力推进扫黑除恶专项斗争，重拳打击涉黑涉恶等违法犯罪行为，抓实禁毒反恐工作，深化平安蜀山建设。打好防范和化解社会领域重大风险攻坚战，实现群众安全感、满意度“双提升”。严格落实安全生产责任制，加强重点行业领域专项治理，2个市级挂牌重大消防隐患整改完毕。加大食品、药品和特种设备抽检频次，在全省率先推行电梯安全技术服务外包。开展区领导下基层大接访，共接访群众163批376人次。对涉教、涉房、涉企等矛盾纠纷和遗留问题积极应对、妥善处置，博澳丽苑项目采取“公私剥离、府院联动”创新模式取得突破，办理不动产权登记证173户。开展“践行新使命、忠诚保大庆”专项行动，确保国庆期间全区政治安全和社会稳定。

【城乡建设】 2019年，蜀山区高效推进片区建设。坚持把城市作为推进高质量发展的最大平台，高起点编制运河新城、高铁西站、十五里河、大铺头等片区规划。以国际化视野谋划建设运河新城，已上升为市级战略。基础设施建设进一步提档升级，35条市政道路陆续开建，220千伏小庙变电站建成使用，6千米专用光缆迁改完毕，5万吨污水处理厂开工建设，安徽医科大学临床医学院新校区破土动工。加大大建设、旧城改造力度，强力推进兴业大道、安大龙河校区、高铁西站片区等项目征迁工作，累计完成面积93万平方米。4宗20.73公顷居住用地收储上市。顺利完成畅园、前新庄、动力东村等4600套安置房分配，交付面积53万平方米。加快北亚小区、新庄家园等27个安置房项目建设。实施植物园南路等6条城区支路建设。关停并复绿马岗、旺兴2座轮窑厂，完成12条46千米乡村旅游道路拓宽工程。加快推进蜀山·将军岭项目建设，小岭南4座院落建成运营。

精细推进城市管理。圆满完成省级文明城区测评工作，开展清障、清理、清洁、清爽、绿化等“9+3”专项整治。拆除楼顶楼体违规广告29处，打造无户外广告街区5条，新建公厕6座。攻坚整治共享单车乱象，“两治三改”治理违法建设1.6万平方米。在2.4万户居民、155个公共机构开展垃圾分类试点，全省率先推出“支付宝+垃圾分类”智能回收平台。完成翠竹园等23个老旧小区环境综合整治。黄怀交口等6处交通拥堵治理改造工程竣工。蜀山经济开发区开通首条公交微循环线路。新增停车场9个、停车位1864个，建成全市首个智能共享停车场。完成6个示范性菜市场改造提升。天鹅湖周边景观进一步优化，央视《东方时空》栏目现场报道。评选第三届“十大诚信企业和诚信个人”，持续推进道德模范和身边好人选树工作，3人被评为“中国好人”、1人当选“安徽好人”，“中国好人”数连续6年全市第一，全省首个区级好人馆建成并投入使用。

优化提升环境品质。深入推进中央、省环保督察反馈、“三大一强”专项攻坚行动问题整改。开展大气治理专项行动，严控工地扬尘、餐饮油烟、水土流失，全面实施渣土密闭智能运输，辖区空气质量持续改善，截至12月20日，

天鹅湖 （王世保/摄）

$PM_{2.5}$、PM_{10} 平均浓度分别下降 2.2% 和 3.7%，实现连续 6 年双下降。全面落实河长（警长）制、排长制，区域范围内河流水质稳定。南淝河、十五里河流域雨污分流、入河排口等整改工程加紧施工，11 处农村大棚房全面整改，合理调整畜禽规模养殖区域划分，实施人人福豆业整体搬迁。启动小庙镇区雨污水分流改造，完成农村 936 座厕所建设，完成 153 个自然村“五清一改”。认真开展第二次全国污染源普查。新增造林 40 公顷，乡村道路绿化 20.5 千米，28 处花境多彩展现。完成铁路沿线绿化补植和长江西路两侧绿化 70 万平方米，高标准完成天鹅湖绿轴公园提升工程。

【政治建设】 2019 年，蜀山区不断改进工作作风。认真学习贯彻习近平新时代中国特色社会主义思想和党的十九大精神，深入开展“不忘初心，牢记使命”主题教育和“三个以案”警示教育工作。认真落实意识形态工作责任制，加强理论武装和阵地建设。紧盯群众需求，扎实开展大学习、大调研、大练兵，察实情、办实事、求实效。积极回应群众诉求，共受理办结领导信箱信件 393 件、12345 热线事项 3.17 万件。坚持问题导向，对中央脱贫攻坚专项巡视、生态环保督察“回头看”、国务院大督查、省委巡视等指出的问题，狠抓整改落实。鼓励干部担当作为，实行责任化、项目化、节点化管理，促进目标任务落实到位。严格落实“基层减负年”要求，政府系统会议、文件压缩 25% 以上。

实施依法行政。自觉接受区人大及其常委会、区政协和社会各界监督，认真办理人大代表议案、建议和区政协委员提案。落实宪法宣誓制度，组织新任命国家机关工作人员向宪法宣誓。落实行政机关负责人出庭应诉制度，出庭应诉率达 100%。坚持政府常务会议学法制度，严格遵守议事规则，行政决策更加科学、规范、民主。加强依法行政和执法规范化建设，推进行政规范性文件合法性审查，实施行政执法“三项制度”，深入开展“七五”普法，加强法治宣传。成功调解民间纠纷 8296 件，办理法律援助案件 920 件，劳动争议仲裁案件 1340 件，劳动用工举报投诉案件 654 件。政府信息公开不断深化，主动公开信息 117 万条。

加强廉政建设。狠抓政府系统党风廉政建设，认真落实党风廉政建设主体责任和监督责任。充分发挥审计“经济卫士”职能，推进自然资源资产离任审计，实现全区一、二级预算单位和村居审计全覆盖。增强政府采购透明度，政府采购行为更加规范。加强惩治和预防腐败体系建设，规范招投标行为，加大对政府重点项目、重点领域的审计和监察力度，严肃查处各类违纪违法案件。严格落实中央八项规定精神，强化监督检查、效能监察和执纪问责，进一步提高纪律规矩约束力。

（周　芬）

包河区

【概况】 包河区地处合肥市主城东南，是全国唯一濒临五大淡水湖之一（巢湖）的省会城区，下辖 9 个街道、2 个镇、1 个省级经济开发区和 2 个街道级大社区，区域面积 340 平方千米（其中巢湖水面 70 平方千米），2019 年常住人口 98.3 万。

2019 年地区生产总值 1333.46 亿元，增长 7.3%；规模以上工业增加值 105.77 亿元、战略性新兴产业产值 61.93 亿元；财政收入 92.60 亿元、增长 4.01%，其中地方财政收入 56.54 亿元，增长 6.94%；社会消费品零售总额 621.15 亿元、增长 8.9%；城镇常住居民人均可支配收入 5.36 万元，增长 9.6%。“五个全国百强”全面进位，在全国百强城区中，包河区综合实力跻身第 41 位，投资潜力跻身第 9 位，科技创新、绿色发展、新型城镇化质量分别攀升至第 31、38、57 位。

【政治建设】 2019年，包河区实施“红色领航工程”，推进“三年行动计划”，党的组织和工作覆盖持续扩大，涌现出太湖新村社区、万慈社区、沁心湖社区等基层党建新典型。“不忘初心、牢记使命”主题教育成效得到中央和省委、市委巡回指导组肯定。11月1日，成功承办安徽省城市基层党建工作现场观摩交流会；基层党建“包河经验”获《人民日报》头版头条、新华社专刊报道。整治形式主义、官僚主义，全区文件、会议同比下降30%以上，督查检查考核同比下降50%，“基层减负年”要求落到实处。4月26日成立包河区先进制造业行业党委，6月27日成立功能性党组织——滨湖世纪社区金融行业党委，辖区13家银行全部加入行业党委。7月1日，组建区教育系统党校。

合肥金融港 （叶玉庭／摄）

【产业发展】 2019年，包河区三次产业结构优化为0.3：24.6：75.1，第三产业（服务业）增加值954.64亿元、增幅8.8%。科技支撑能力提升，新能源及智能网联汽车、生物医药、检验检测等新兴产业加快集聚，国家级高新技术企业达185家、省级重点实验室达22个，万人发明专利拥有量达58件。蝉联全省制造业发展综合10强县（区）。滨湖国际金融后台服务基地汇集国字号银行区域总部和综合基地35家，集聚各类金融机构总数近500家，全年实现金融业增加值130亿元。省文投公司、腾讯企鹅新媒体学院、国家广电总局“三院”9个国家级实验室签约入驻，全年完成文化产业产值306亿元、占全市总量近2/5。合杭梦想小镇、省长三角煤炭交易中心落户包河，中国银联创新产业基地、浦发银行科技运营中心等长三角一体化发展重点产业项目达15个，世界500强和中国500强企业（项目）达57个，全年引资总量增长7%，其中外商直接投资2.9亿美元、增长18%。合肥能源研究院、合肥工业大学智能制造研究院研发中心等优质平台全面启用，市级以上平台增至17个。

【城市建设】 2019年，合肥骆岗中央公园启动建设，安徽创新馆、合柴•1972文创园、罍街公园等项目建成开放。轨道交通4号线加快铺轨施工、5号线实现南段洞通，高铁南站南广场投入使用，商合杭北段开通运营，绕城高速下穿竣工通车，郎溪路高架包河段正式放行，锦绣大道、休宁路等6条主干道路拓展延伸，关麓路、白马尖路、龙井峡路等9条支路网建成通车，曙光路、桐城路、望湖中路等8条支次干道完成提升改造，区域内立体综合交通体系加速形成。全年完成征迁总量突破150万平方米，土地成交面积186.4公顷、占城区总量73.76%；美丹家园二期、甘棠苑等复建点基本竣工，龙川雅居、滨湖菊园等小区平稳回迁，近2万人喜迁新居。

【重点改革】 2019年，包河区完成新一轮区级机构改革，新设立同安街道、区网格化服务管理中心，包公园管理处升格为区政府直属事业单位，企事业单位公车改革基本完成。国有企业改革持续深化，1月，全市首个市区共建区级公共资源交易公司投入运营。11月18日，滨湖金融投资集团挂牌成立；“金牌店小二”创响品牌，“首席专员＋代办制”模式在全省率先推行，开办企业实现“一次不跑、零见面”；出台民营经济高质量发展“黄金十条”，全年兑现企业奖补资金1.7亿元，减免各项税费约29亿元，全区市场主体总量突破16万户、日均新增200家。包河区成为全省唯一中央财政支持深化民营和小微企业金融服务综合改革试点县区，连续8年获评全省发展民营经济先进县区。全年新增市级众创空间2个、总数达12个，院士工作站2个、总数达5个，省级博士后工作站3家、总数全市第一，国家可持续发展实验区通过省级复审。

【生态环境】 2019年，包河区全面落实河（湖）长制和排长制。建立南淝河流域治理专班工作机制，新建排水管网约50千米，完成拆迁45万平方米，整改一级雨污混接点源204处，清理底泥51.4万立方米，施口断面水质连续三个月达标。塘西河治理启动实施，徐河、关镇河成为城市亮丽风景，十五里河水质达到三类水标准、解除环评限批，胡大郢、小仓房三期等污水处理厂通水运行。开展大气和土壤污染治理，全年空气质量持续好转、$PM_{2.5}$平均浓度同比下降8.25%。中央、省环保督察及“回头看”反馈问题整改完成60项、整改率97%，转办信访件全部办结，长江经济带“三大一强”23+N突出生态环境问题整改率95%。淝河智慧公园、金斗公园（五期）、劳动公园跻身全市“十大公园”，巢湖湖滨湿地、派河口湿地跻身全市“十大湿地公园”，十五里河口新增千亩红杉林；在4月27日举办的“2019建设美丽中国与乡村振兴论坛”上，牛角大圩农业生态示范园获评“美丽中国最佳绿色生态旅游目的地”；在10月18日至20日举办的2019中国森林旅游节上，滨湖国家森林公园获评全国精品自然教育基地；全年新增和提升绿地面积100余万平方米，森林抚育1106.67公顷。

【民生工程】 2019年，包河区实施18项民生工程，投入45.1亿元保障民生社会事业发展。城乡居保、医保、失地农民、优抚安置等托底政策保障有力，基本建立退役军人服务保障体系，“人在暖途”留守儿童和困境儿童关爱保护项目在全省率先实施。加强职业培训和就业援助，全年新增就业4.5万人。新建在建中小学、幼儿园32所，全年新增小学、幼儿园学位1.6万个，连续6年获全省县（区）党政领导干部履行教育职责督导考核优秀等次。10月1日，区文化馆、区图书馆建成开放；7月，卫立煌故居完成布展；8月，万年埠街道获评全省“十佳书香之乡”。全面推进“健康包河”建设，人口和计生工作全省先进；2月，大圩镇入选全省首批健康小镇。11月12日，罍街篮球公园建成开放；合肥国际马拉松赛事跨入“国际银标”行列，生态大圩国际半程马拉松赛事首获自然生态特色奖项。老旧小区环境综合整治建筑面积近100万平方米、惠及群众约1.1万户。结对帮扶脱贫攻坚对象六安市裕安区顺利摘帽出列。11月25日，包河区入选2019中国最具幸福感城市（单项奖），获评“可持续创新强区”称号，成为该次评选中唯一获奖安徽省城市（区）。

【社会治理】 2019年1月，包河区信访事项人民调解委员会获评全国坚持发展“枫桥经验”实现矛盾不上交试点工作表现突出集体。5月，包河区获批全国社区治理和服务创新实验区。6月25日，在第九届全国“人民满意的公务员”和“人民满意的公务员集体”表彰大会上，高铁南站综管办获评第九届全国“人民满意的公务员集体”。7月19日，全市首个县区级物业矛盾研究调处中心挂牌成立。12月13日，在2019第二届智慧社会发展大会暨首届中国数字经济高质量发展论坛上，包河区“大共治”模式入选“2019中国数字经济与智慧社会优秀案例”。当年，包河区政法满意度进入全省县（市）区前列。持之以恒推进矛盾纠纷积案化解，东方广场、大摩广场、创景花园等问题基本化解。扫黑除恶专项斗争取得重要阶段性成效。获评全省“七五”普法中期先进区，区法学会获评全国法学会工作先进集体，常青司法所所长获评“全国模范司法所长”。

（付进进）

责任编辑：赵永军

人物 荣誉榜

中国好人榜

张雪松，男，1974年6月出生，生前任合肥市公安局视频侦查支队一大队侦查员，三级警督警衔。

2018年10月23日，张雪松在实施抓捕任务过程中，突遭在逃人员顽强抵抗、持刀袭击，不幸被歹徒刺中身体，壮烈牺牲，年仅44岁的生命定格在这次抓捕中。

黄先明，男，82岁。**葛惠珍**，女，81岁。老夫妻俩住在合肥市蜀山区井岗镇开发区玉兰新村。

黄先明、葛惠珍夫妇一辈子都在秉持着“捐资助学”的理念，省吃俭用35年，至今已捐资助学90余万元，多次获得安徽红十字会颁发献爱心荣誉证书。

洪云子，女，土家族，1977年8月出生于湖北长阳，合肥志愿者之家党支部书记兼队长。

无偿献血20年，累计献血26000毫升，志愿服务20年，是真正的献血达人和公益达人。

单务民，男，1963年10月出生，合肥市锦绣小学教师。

入行30余年，单务民用自己的行动诠释着“师德”二字。他始终关注农村贫困学生上学问题，即使身患癌症也没有中断爱心事业，并创建了合肥市第一个民间公益QQ群“合肥爱心驿站”。

孟鸣之，男，1996年12月出生，生前任合肥市肥东县消防救援中队四级消防士。

孟鸣之生前参加灭火救援战斗1500余次，每次救援任务他都冲在最前，用经验和勇气应对一次又一次的挑战。2019年1月18日2时27分，合肥市肥东县一粮油贸易有限公司谷物烘干机发生火灾，肥东县消防救援中队迅速出动，孟鸣之冲在一线，英勇扑火，身负重伤，经全力抢救不幸壮烈牺牲，年仅22岁。

唐永飞，男，汉族，合肥市肥西县人，出生于1978年4月，现任肥西东羽羽绒有限公司总经理，同时还是肥西县第九、十届政协委员，合肥市青年创业者协会常务理事，合肥市工商联执行委员，肥西县工商联执行委员。

22岁时，身无分文的他独自扛下父亲欠下的100多万债务；35岁时，正处事业上升期的他宁愿自己亏损近1亿元，也不让客户承担损失；如今，40岁的他还清了父债、事业迅猛发展，仍不忘回馈社会，坚持做好事……

李晓侠，女，中共党员，1975年9月5日出生，生前系合肥市长丰县水湖镇卫计办工作人员。

2018年6月7日下午6时许，中科大附一院（安徽省立医院）手术室里一台特殊的器官捐献手术完成，李晓侠捐出自己全部有用的器官，用大爱传承的方式圆了她生前的遗愿。

张黎明，男，出生于1962年9月，合肥市巢湖市柘皋镇中心卫生院一名推拿医生。

热爱公益事业，热衷参加献血，他从1989年开始第一次无偿献血，至今已献血总量超过3万毫升，捐献血小板三十多次。他也是捐献造血干细胞的志愿者，2003年3月3日，他与安医大解剖试验室签订协议，死后将无偿捐献自己的遗体及一对眼角膜，用于临床科学研究和治疗。

王萍萍，女，1970年8月出生，现任合肥市瑶海区税务局税政股副股长。

她热心志愿服务活动，十八年如一日，坚持无偿献血；她成立爱心小组，扶弱助困，先后当选2017年度“合肥市五星级志愿者”和2018年度“合肥好人”等。

姚崇全，男，1941年6月3日出生，汉族，中共党员，合肥皖化电机技术开发有限责任公司董事长。

他在发电装备制造的赛场上奇兵出击，挽救了一次重要国际会议；用中国制造的眼光洞察国际市场，锻造大国重器的高光时刻。26年的坚守，“自主创新”“国际领先”成了他新的名片，破除国外技术垄断，让中国制造扬名世界。荣获2018安徽年度经济人物称号。

藏丽苹，女，1969年10月生，合肥市儿童福利院“爱心妈妈”。

6年前，她走进合肥市儿童福利院，陪伴8名孤残儿童成长，只为给孩子们营造一个温馨整洁的家，他们虽不是亲骨肉，却情比一家。

（缪　岚）

“庆祝中华人民共和国成立70周年”纪念章获得者

方晓沛，汉族，1922年8月出生，籍贯安徽合肥，合肥一中著名生物教师，曾任政协合肥市委员会第七、第八届委员，民盟合肥市委员会第一至四届委员。方老师数十年来在三尺讲台上敬业奉献、默默付出，曾获得全国优秀教师、省劳动模范称号，堪称桃李遍天下。

许有位，汉族，1926年12月出生，北京师范大学中文系毕业，合肥学院汉语言文学系副教授，民盟合肥市第四届、第五届委员会副主委。著有《啄木鸟和栗树》《歧路英杰》等多篇小说、散文，还撰写了合肥环城公园碑记等多篇碑文，收录在合肥市档案局编印的《庐州碑文百篇》中。

洪苇农，汉族，1920年7月生，北京师范大学毕业，原合肥师范学校副校长。

张白萍，男，汉族，1934年7月出生。1949年6月参军，在中国人民解放军政治部文工团任演员；1950年至1954年在华东军区海军政治部文工团任舞蹈教员（副排级）；1955年至1961年在海军东海舰队文化团（正排级）；1961年从部队转至安徽省艺术学院从事舞蹈教学与编导工作，1986年任合肥市群艺馆馆员。1988年3月加入中国农工民主党。

金　强，1933年9月出生，1949年9月参加工作，1994年9月离休，原任民革合肥市委宣传处处长。

安徽省第六届非公有制经济人士优秀中国特色社会主义事业建设者

王亚林，男，1964年1月出生，一级律师、法学硕士，全国优秀律师、安徽省十佳律师、安徽金亚太律师事务所管委会主任、中国刑事律所联盟副主席、安徽省政协委员、省政协社法委副主任、安徽省人民政府参事室研究员、农工民主党中央十六次全国代表大会代表、农工民主党中央社法委委员、农工民主党安徽省委法律专业委员会主任、农工民主党合肥市委副主委、合肥市政协常委、安徽省委统战部“同心智库”首批特聘专家、中国人民大学律师学院（法学院）、中国科技大学管理学院、合肥工业大学文法学院等六所高校兼职教授、全国律师协会刑委会委员、安徽省律协刑委会主任、常务理事、合肥市律师协会第二、三、四届副会长、中共安徽省委政法委疑难案件专家小组成员、安徽省人民政府法律顾问。

汪　海，男，汉族，1980年3月出生，民革党员，合肥论坛创始人、安徽肥肥网络传媒有限责任公司董事长，安徽五四青年奖章获得者，全国青联委员、安徽省青联副主席、安徽省人大代表，安徽省知联会网联分会会长、合肥市网联会会长。

获国务院表彰的全国民族团结进步模范个人

顾晓惠，合肥市35中校长。

王　勤，庐阳区委统战部常委副部长。

（张晓亮）

劳动模范

2019年全国五一劳动奖状

阳光电源股份有限公司

2019年全国五一劳动奖章

吕和平　庐江县农业技术推广中心农艺师

2019 年全国工人先锋号

中国电信股份有限公司合肥分公司智慧装维支撑班

2019 年安徽省五一劳动奖状

合肥荣电实业股份有限公司

2019 年安徽省劳动竞赛先进集体

长虹美菱股份有限公司

合肥荣电实业股份有限公司

巢湖市公共交通有限公司

格力电器（合肥）有限公司

庐阳区双岗街道社区卫生服务中心

2019 年安徽省劳动竞赛先进个人（省五一劳动奖章获得者）

何　江　合肥公交集团第一巴士公司驾驶员

蒋厚祥　中水三立数据技术股份有限公司总工程师

朱兴国　合肥市第一人民医院蜀山分院院长

刘　倩（女）　合肥江淮铸造有限责任公司产品研发员

陈　华　合肥城市轨道交通有限公司党委书记、董事长

张显明（女）　合肥市公安局工会主席

颜　荣　中科美菱低温科技股份有限公司行政经理

2019 年安徽省工人先锋号

安徽燕之坊食品有限公司包装C组

安徽中绿广场管理有限公司中绿党支部

合肥欣奕华智能机器有限公司制造部洁净搬运机器人生产班组

合肥泰禾光电科技股份有限公司调试班

2019 年安徽省脱贫攻坚十大工程先锋

（一）集体（省五一劳动奖状）

肥西县扶贫开发办公室

（二）个人（省五一劳动奖章获得者）

汪　明　长丰县扶贫开发工作办公室党组成员、副主任

合肥市时代劳动模范名单

马毛姐　原合肥市服装公司职工　1951 年渡江特等英雄

张世华　原合肥市青年美发厅职工　1978、1979 年全国劳动模范

黄龙兴　合肥市总工会原技协服务中心技师　1979 年全国劳动模范

王国兴　肥东县实验小学原校长　1979 年全国劳动模范

丁国柱　合肥市百货大楼原第二修理部副主任　1989 年全国劳动模范

朱兴福　合肥公交集团有限公司原工会主席　1989 年全国劳动模范

张巨声　合肥美菱集团公司原董事长　1995 年全国劳动模范

陈荣珍　荣事达集团公司原董事长　1995 年全国劳动模范

刘庆峰　科大讯飞股份有限公司创始人、董事长　2002 年安徽省劳动模范

杨　刚　原合肥市文化局戏剧艺术研究室主任　2005 年全国先进工作者

迟建平　合肥市庐阳区原市容局掏粪班班长　2005 年全国先进工作者

徐　辉　合肥燃气集团首席培训师　2005 年全国劳动模范

吴雄飞　合肥燃气集团管线运行公司蜀山服务所维修班班长　2015 年全国劳动模范

严德敏　肥西县德敏农机专业合作社理事长　2005 年全国劳动模范

朱家芳　合肥市第三十八中学校长　2005 年全国先进工作者

李祥斌　合肥公交集团“李祥斌热线”主任　2010 年全国劳动模范

郑晓燕　合肥百货大楼集团股份有限公司督导员　2010 年全国劳动模范

王　军　合肥市公安局庐阳巡警大队副大队长　2015 年全国先进工作者

吴　鹏　合肥东方节能科技股份有限公司总工程师　2015 年全国劳动模范

杨祖华　合肥市第三人民医院骨科主任　2015 年全国先进工作者

2019 年合肥市五一劳动奖状

中国电信股份有限公司肥东分公司

合肥市肥东县公安局交通管理大队

合肥正浩机械科技有限公司

合肥市肥西县教体局

安徽方圆机械有限公司

安徽安利材料科技股份有限公司

长丰供水集团有限公司

安徽长丰农村商业银行股份有限公司

国家税务总局长丰县税务局

国家税务总局庐江县税务局

庐江凯创五金科技有限公司

安徽大地熊新材料股份有限公司

巢湖市人民法院

巢湖市金盾保安服务有限公司

合肥东部新中心建设管理办公室

安徽长线建设集团有限公司

合肥红星美凯龙世博家居广场有限公司

安徽安龙基因科技有限公司

合肥市安庆路幼儿园

华润雪花啤酒（安徽）有限公司合肥分公司

合肥市蜀山区财政局

合肥华润三九医药有限公司

安徽御邦文化发展集团有限公司

合肥市包河区芜湖路街道办事处

科大国创软件股份有限公司

合肥金域医学检验实验室有限公司

安徽青松食品有限公司

合肥天麦生物科技发展有限公司

日立建机（中国）有限公司

长鑫存储技术有限公司

合肥京东方视讯科技有限公司

合肥京东方显示光源有限公司

巢湖市南特精密制造有限公司

安徽航天信息科技有限公司

安徽国风塑业股份有限公司

国药控股安徽有限公司

中央储备粮合肥直属库有限公司

中建四局第六建筑工程有限公司

中建三局集团有限公司华东分公司

合肥市第三中学

合肥市救助管理站

安徽丰乐农化有限责任公司

合肥市公安局特（巡）警支队

中国工商银行股份有限公司合肥分行

合肥市科幂理化设备制造有限公司

安徽静安中西医结合医院

2019 年合肥市五一劳动奖章

王　跃　安徽国登管业科技有限公司

尚　宇　合肥亚太日化有限公司

徐翠菊　国家税务总局肥东县税务局

梁志成　合肥市神雕起重机械有限公司

徐成明　合肥市大海脚手架有限公司

鲍宪凤　安徽顺安电网建设有限公司

胡栓柱　合肥市远大轴承锻造有限公司

曹　锐　合肥明达生态林有限责任公司

孟　平　肥西县公安局桃花派出所

邵　勇　合肥市远程胶塑有限公司

杨宗兵　安徽海义源进出口有限公司

周　樊　安徽舜禹水务股份有限公司

郑贤坦　安徽益畅新型材料科技有限公司

夏泽文　中国电信股份有限公司长丰分公司

方　波　长丰县吴山镇人民政府

刘彬彬　合肥市庐江县城关小学

李志朝　安徽马钢罗河矿业有限责任公司

徐春杏　国网安徽省庐江县供电有限公司白山供电所

刘长生　安徽海神黄酒集团有限公司

刘玉波　中铁四局合安铁路庐江轨道板场

刘晓玲　国家税务总局巢湖市税务局

汤莹莹　巢湖百大购物中心有限责任公司

曹　靖　安徽富煌钢构股份有限公司

黄凤美　安徽金巢制药有限公司

张其云　巢湖云海镁业有限公司

孙成虎　安徽省文一建筑安装有限公司

何金芳　合肥元一名城幼儿园

刘　剑　合肥市瑶海区卫生监督所

王家美　安徽同济建设集团有限责任公司

杨　斌　合肥联源物业管理有限公司

陈光龙　安徽省交通建设股份有限公司

田国忠　合肥恒兴房地产开发有限公司

孔　伟　特易购商业（安徽）有限公司

王　静　合肥庐阳大润发商业有限公司

赵诗美　合肥市逍遥津街道县桥社区

陆海兰　合肥爱尔眼科医院

谢亚琪　合肥恒兴工业气体有限公司

赵瑞瑞　合肥电信蜀山政企分部

许　康　合肥万达广场商业管理有限公司天鹅湖分公司

董　雷　合肥市蜀山区市场监督管理局五里墩所

程　冰　合肥市屯溪路小学

温炯兵　安徽名流健康管理有限公司

李　剑　安徽欣诚投资有限公司

郑会梅　安徽国胜大药房连锁有限公司

曹洪亮　合肥光谷联合发展有限公司

张许成　阳光电源股份有限公司

范叶平　安徽继远软件有限公司

余海燕　合肥高新城创建设投资有限公司

吴亚洲　安徽迪科数金科技有限公司

沈　颢　合肥高新技术产业开发区管委会

邵燕妮　安徽万朗磁塑股份有限公司

李正茂　合肥经济技术开发区

建设发展局

刘克武　安徽应流机电股份有限公司

方新武　华润安徽医药有限公司

陈　峰　合肥国轩电池有限公司

方　亮　合肥乐凯科技产业有限公司

张　平　合肥景喜电气设备有限公司

吕凤连　安徽尚佰木业有限公司

曹阳春　安徽普朗膜技术有限公司

阮厚梅　合肥市七里塘小学

孙　霞　巢湖市希安琦玩具有限公司

谢启清　奇瑞新能源汽车技术有限公司合肥分公司

刘爱莲　合肥创和资产管理有限责任公司

曾令成　中国能源建设集团安徽电力建设第一工程有限公司

杨承春　中国能源建设集团安徽电力建设第二工程有限公司

周　伟　中国邮政速递物流股份有限公司合肥市分公司

李　胜　合肥市交通运输管理处

吴　林　安徽联升餐厅食品有限公司

陈茂祥　安徽安利材料科技股份有限公司

赵　华　合肥长江饭店有限责任公司

席晓文　惠而浦（中国）股份有限公司

钟建成　合肥城改集团顺昌物业管理有限公司

王亚军　中建五局安徽分公司

水青兰　合肥交通投资控股有限公司

徐德银　合肥市政工程管理处应急抢险大队

王矛矛　合肥市市政设计研究总院有限公司

杨　晨　合肥市文化馆

李　黎　合肥市广播电视台

熊荣领　合肥市第九中学

郜见亮　合肥市第四人民医院

王　莉　合肥市人民政府办公室

刘庆锋　中共合肥市委办公室

骆昌鑫　合肥市国土资源局

韩　洋　合肥市经济和信息化局

李之付　合肥市动物疫病预防控制中心

王鹤鹃　合肥丰乐种业股份有限公司

唐晓明　合肥市公安局瑶海分局大通路派出所

李　超　合肥市公安局交警支队庐阳大队

刘　跃　合肥市公安信息中心

周　童　巢湖管理局环境保护监测站

夏俊生　合肥荣电实业股份有限公司

谢　毅　通威太阳能（合肥）有限公司

陈　明　安徽省庐江县中医院

汪　洋　马钢（合肥）板材有限责任公司

朱寿明　安徽省长城物业管理有限公司

王　斌　合肥燃气集团有限公司

杜逊甫　国家税务总局肥东县税务局

杨会谦　合肥一六八玫瑰园学校

张传林　安徽中天保安服务集团有限公司

李　芹　安徽依安康食品有限公司

2019 年合肥市工人先锋号

金阳（安徽）环保科技股份有限公司铝模板自动化生产班组

肥东深燃天然气有限公司肥东客服班

肥东县中医医院血透室

安徽王仁和米线食品有限公司米线制造生产班组

肥西县人民医院重症医学科

安徽省徽之韵食品有限公司前处理工段

双墩镇人民政府为民服务中心

合肥伊利乳业有限责任公司 PET 丙班

安徽佑开科技有限公司包装班组

安徽迪维乐普非晶器材有限公司迪维乐普工程研发创新团队

中铁十局集团有限公司引江济淮工程（安徽段）引江济巢段菜巢线施工 C006—1 标项目经理部

庐江县市政公用设施运行管理所路灯养护班

巢湖亚塑网具制造有限公司定型车间

巢湖市人民检察院公诉科

中国电信股份有限公司巢湖分公司长江路营业厅

合肥工程建设承包有限责任公司财务处

客来福家居股份有限公司信息技术中心

安徽省东裕制冷科技有限公司售后维修组

利安人寿保险股份有限公司安徽分公司合肥本部

安徽华荣远诚人力资源服务集团有限公司运营中心

安徽省皖嫂家政服务有限责任公司家政服务基地领导小组

安徽中讯华图教育文化发展有限公司师资管理部

安徽百姓缘大药房连锁有限公司总经理办公室

杭州宋都物业经营管理有限公司合肥分公司西湖国际秩序部

合肥万达城投资有限公司万达文华酒店工程部

合肥智鑫资产管理有限公司市场部

华益药业科技（安徽）有限公司外包工段

安徽华米信息科技有限公司财务部

合肥新沪屏蔽泵有限公司热水循环泵事业部

合肥通富微电子有限公司分体测试组

中铁十局第三建设有限公司繁华大道集贤路互通立交二期项目经理部

中铁二十四局集团安徽工程有限公司合肥市轨道交通4号线土建施工Ⅰ标

三利谱光电科技有限公司生产二部检验组

中国铁路上海局集团有限公司合肥工务段巢湖东高铁线桥车间

中国能源建设集团安徽省电力设计院有限公司工程咨询公司咨询部

南京医药合肥大药房连锁有限公司合肥大药房

安徽宝业建工集团有限公司中宝建机事业部

中国邮政储蓄银行股份有限公司合肥市分行巢湖市烔炀镇支行

合肥百货大楼集团股份有限公司合肥百货大楼女装商场

安徽省烟草公司合肥市公司营销中心市场信息部

合肥供水集团有限公司“雷锋精神”·听漏队

中建七局第二建筑有限公司安徽分公司人才公寓（聚贤苑）设计施工一体化项目部

合肥国控建设融资担保有限公司商业担保部

巢湖报业传媒文化有限责任公司文化产业发展中心

合肥学院工会

合肥市土地储备中心办公室

合肥市义城监狱狱政科

安徽白帝集团有限公司小微公司业务部

合肥市气象局合肥农业气象试验站

合肥市公安局侦查指挥中心

（崔　莉）

优秀公务员

第九届全国“人民满意的公务员集体”

安徽省合肥市高铁南站地区综合管理办公室

优秀共产党员

合肥市优秀共产党员（80名）

张翼飞　肥东县公安局店埠派出所民警

程　鹏　肥东县法律援助中心主任

阚道金　肥东县石塘镇阚东社区党委书记

郁海清　肥东县第六中学党委副书记、校长

张恒高　肥东县梁园镇管湾社区党总支书记、居委会主任

梁华栋　肥东县卫生和计划生育综合执法监督所党支部书记、所长

周宏胜　肥西县紫蓬镇新农村党支部第一书记

丁伦保　安徽天都灵芝制品有限公司总经理

阮守云　合肥桃林水乡黑鱼生态养殖开发有限公司党支部书记、董事长

高世林　肥西县柿树岗乡综合文化站站长

席　磊　TCL家用电器（合肥）有限公司副总经理

赵　勇　肥西县高店乡纪检员、组织员

曹　涛　长丰县造甲乡党政办副主任

贺雷风　长丰县农业农村局农业科副科长

朱　培　长丰县杜集镇义合村党总支书记、村委会主任

石兆国　长丰县双墩镇华丰村党总支第一书记

宋　庆　长丰县重点工程建设管理中心副主任

夏修福　庐江县扶贫开发工作办公室主任

张　钰　庐江县万山镇卅埠村党委书记、村委会主任

江世才　庐江县柯坦镇蒲岗村党总支书记、村委会主任

左玉宝　庐江县公安局冶父山派出所所长

方　涛　庐江县融媒体中心记者、播音员

胡迎风　庐江县住建局建设工程质量监督站副站长

翟　俊　巢湖市槐林镇龙王村党委书记

程　序　巢湖市烔炀镇凤凰村党委第一书记

陶迎春　巢湖市中庙街道办事处副主任

孙芳华　巢湖市夏阁镇元通村卫生室医生

褚道任　巢湖市贫困监测和扶贫宣教信息中心主任

舒春燕（女）　巢湖市天河街道社区卫生服务中心主任

支文俊　瑶海区大兴镇党委书记

吴化平　瑶海区明光路街道矿机二村第二党支部书记、退休工人

包先玲（女）　瑶海区三里街

街道铁路一村社区党委书记

陈　荣（女）　庐阳区双岗街道高河埂社区党委书记

叶　亮　庐阳区城管局城市管理行政执法大队党支部书记、教导员

严　冬　庐阳区杏林街道社区卫生服务中心党支部委员、副主任

黄红兵　合肥市公安局庐阳分局治安警察大队一级警长

武　斌　蜀山区荷叶地街道党工委书记

朱红英（女）　蜀山区五里墩街道党工委组织委员、统战委员，家家景园社区党委第一书记

俞兆君　合肥市公安局琥珀派出所一级警长

张红兵　包河区同安街道党工委委员（挂）、卫岗社区党委书记

王　康　包河区望湖街道沁心湖社区党委书记、居委会主任

姚　刚　包河区淝河小学副校长、教导主任

杜怀才　包河区委办公室副主任（挂）、区新闻中心副主任

谭　昶　科大讯飞股份有限公司大数据研究院执行院长

谢贺军　合肥市公安局高新分局经侦大队四级警长

冯　磊　经开区招商局副局长、集成电路及电子信息产业投促中心主任

范玉霞（女）　经开区海恒社区福禄园居委会党总支书记、主任

张玉清　新站高新区站北社区杜大郢社居党委书记

俞征西　新站高新区三十头社区就业和社会保障办主任

李宏健　安徽巢湖经开区财政局副局长

薛海斌　合肥市委政研室调研三处处长

丁靖华　国家税务总局合肥市税务局第三稽查局副局长

郭正谷　合肥邮区中心局设备维护班班长

王　磊　中机第一设计研究院有限公司能源院院长助理

程　斌　国网合肥供电公司副总工程师、建设部主任

程　俊　中建七局第二建筑有限公司安徽分公司党总支书记、总经理

戈　弋　合肥市教育科学研究院副院长、市教育局职业与成人教育处副处长（挂职）

王　立　合肥市委编办行政编制处处长

霍双牛　合肥江航飞机装备有限公司机加厂试制小组班长

刘军锋　合肥市公安局警令部指挥调度中心主任

陈　峻　合肥市住房公积金管理中心信息处处长

张素琴（女）　合肥市文明办行业指导处处长

赵文刚　合肥市住房保障和房产管理局信息管理中心主任

朱梅光　合肥市委党校（行政学院）党史党建教研室副主任

韩剑斐　合肥市非税收入征收管理局主任科员

渠立辉　中国移动合肥分公司网络部网优室经理

孙　斌　合肥市委统战部民族社会事务处处长

张　弓　合肥市数据资源局资源管理处（信息安全处）处长

何　可　中国铁塔合肥市分公司通信发展部经理

杜绍清　合肥市交通运输局安全监督处处长

王　军　合肥市民政局儿童福利院党支部书记、院长

刘朝阳（女）　合肥幼教集团总园长

孔　伟（女）　安徽涉外经济职业学院工商管理系党总支书记

诸　敏　合肥市第一中学年级部主任

王昌义　合肥市第一人民医院党委办公室主任

张艳斌　合肥市第二人民医院广德路院区泌尿外科主任

鲍　瑾（女）　合肥热电集团有限公司营销公司客服中心副主管

夏　力　合肥公交集团有限公司第二巴士公司驾驶员

孙龙飞　安徽浩悦环境科技有限责任公司生产部班长

鲁　鹏　合肥供水集团经开区供水所党支部书记、所长

合肥市优秀党务工作者（60名）

陆　伟　肥东县委组织部副部长

周金文　肥东县马湖乡党委组织委员

关　惠（女）　肥东县县直机关工委副书记

谢长峰　肥东县八斗镇大谢村党总支书记、村委会主任

孙志平　肥西县铭传乡聚星社区党支部书记、居委会主任

滕安全　肥西县丰乐镇新丰村党支部书记、村委会主任

周业翠　肥西县桃花镇繁华新园社区庐文艺术团党支部书记

吴俊波　肥西县委组织部组织科科长

王树金　长丰县义井中学党支部书记、校长

董晓春　长丰县纪委常委、监委委员，机关党总支书记

董　芹（女）　长丰县庄墓镇党委组织委员、统战委员

程晓灿　国网长丰县供电公司党建部副主任

俞德胜　庐江县龙桥镇党委书

记，龙桥工业园区党工委书记、管委会主任

何春青　庐江县庐城镇党委副书记

高慧玲（女）　庐江县盛桥镇党委副书记

牛和荣　庐江县同大镇纪委副书记

朱存喜　巢湖市委组织部农村组织科（选聘选派办）科长（主任）

钱晓丽（女）　巢湖市银屏镇党委组织委员、统战委员

陶学勇　巢湖市城管局副局长

范崇敬（女）　巢湖市卧牛山街道专职党务工作者

蒋晓云（女）　巢湖市第一中学党委办公室主任

李小云（女）　瑶海区和平路街道绿苑社区党委书记

李　原（女）　瑶海区长淮街道党政办主任、政工科长、纪工委委员

王　燕（女）　庐阳区逍遥津街道九狮桥社区党委书记

张道珍（女）　庐阳区杏林街道上城社区党委书记、居委会主任

王为明　蜀山区小庙镇党委副书记

赵旭东　蜀山区退役军人事务局副局长、机关党支部书记

黄　鹤　包河区包公街道军区社区党委书记

王文婷（女）　合肥光谷联合发展有限公司党支部书记、运营服务部经理

方　梁　包河区常青街道组织办主任

孙　然　高新区天乐社区服务中心梦城社区党总支书记、居委会主任

王友坤　合肥金域医学检验实验室有限公司党支部书记、人力行政部总监

方晓明　合肥市披云徽府餐饮文化有限公司党支部书记、总经理

蔡忠武　经开区锦绣社区天都居委会党委书记、主任

郑阮天　新站高新区七里塘社区皖江社居党委副书记

杜建和　合肥市公安局新站分局巡警大队党支部书记、大队长

方　蕾（女）　安徽巢湖经开区半汤街道团工委书记、组织干事

王　俊　合肥市公安局交警支队庐阳大队党支部书记、大队长

孙亚东　合肥市气象局纪检组副组长、机关党总支副书记

王　蓓（女）　合肥市投资促进局机关党支部专职副书记

陶广全　合肥广播电视台（文广集团）电视时政部主任、第六党支部书记

朱流砫　合肥市委市直机关工委组织处处长

王金龙　合肥市总工会职工服务（帮扶）中心主任、党支部书记

巫　林　合肥市国家安全局政治部副主任

张中君（女）　合肥市司法局直属机关党委专职副书记

何金武　合肥市政务服务管理局机关党委专职副书记

田苏平　合肥市注册会计师行业党委组织委员

李　芳（女）　合肥市残疾人劳动就业服务中心主任、党支部书记

夏　清（女）　合肥市科协机关党总支专职副书记

周　丹（女）　中国联通合肥市分公司党群工作部工作人员

葛长芳（女）　华润雪花啤酒（安徽）有限公司党群工作部助理经理

武理刚　合肥市农业农村局动物疫病预防控制中心党支部副书记

徐明发　合肥市生态环境局机关党委主任科员

沈　艳（女）　合肥市发展和改革委员会机关党委科员

宣　文（女）　合肥学院管理系党总支书记

詹道勇　合肥市第三十五中学办公室副主任、文科党支部委员

刘　梅（女）　合肥市中心血站巢湖分站副站长、行政党支部组织委员

张雷勇　合肥兴泰金融控股（集团）有限公司党委办公室高级经理

程光梅（女）　百大周谷堆公司党委副书记、工会主席

程　谦（女）　安徽国风塑业股份有限公司党委办公室主任、工会副主席

合肥市先进党组织（80 个）

肥东县众兴乡党委

肥东县卫健委党委

肥东县店埠镇镇西社区党委

肥东县民政局机关党委

肥东县第三中学党委

安徽腾辉商业运营管理有限公司党支部

肥东县石塘镇四合村党委

肥西县丰乐镇党委

肥西县官亭镇张祠村党总支

安徽安利材料科技股份有限公司党委

肥西县公安局城关派出所党支部

肥西县山南镇长庄村党支部

国网肥西县供电公司工业园供电所党支部

长丰县下塘镇党委

长丰县妇联党支部

合肥宝湾国际物流中心有限公司党总支

长丰县吴山镇百花社区党委

长丰县杨庙镇马郢社区党总支

长丰县财政局党总支

庐江县汤池镇党委

庐江县委组织部党支部

合肥星源新能源材料有限公司党支部

庐江县第四中学党总支

庐江县中医院党委

庐江县白山镇觉海村党委

庐江县石头镇笏山村党委

巢湖市柘皋镇党委

巢湖市中垾镇小联圩村党总支

巢湖市散兵镇莲塘村党委

巢湖市公安局朝阳派出所党支部

巢湖市春晖学校党委

巢湖娃哈哈食品有限公司党支部

巢湖市审计局党总支

瑶海区七里站街道恒通社区党委

瑶海区政务服务管理局机关党支部

合肥市蚌埠路第五小学党总支

合肥市南门小学党支部

国家税务总局合肥市庐阳区税务局党委

庐阳区三孝口街道党工委

蜀山区南七街道党工委

蜀山区井岗镇兴民社区党委

合肥市五十中学东校教育集团党委

包河区芜湖路街道太湖新村社区党委

包河区凌大塘临工集散中心党支部

合肥安达创展科技股份有限公司党支部

包河区市容环卫服务中心党支部

合肥高新建设投资集团公司党委

安徽华米信息科技有限公司党支部

高新区蜀麓社区服务中心江河社区党委

清华大学合肥公共安全研究院党总支

合肥晶弘电器有限公司党支部

经开区莲花社区丹霞居委会党总支

安徽宝业建工集团有限公司党委

新站高新区瑶海社区香江社居党委

合肥市公安局巢湖经开分局机关党支部

国网合肥供电公司营销部党支部

合肥市中级人民法院第十六党支部

合肥市人民检察院第五党支部

合肥市公安局国保支队党支部

中石化安徽合肥石油分公司党委

合肥市市场监督管理局机关第十一党支部

安徽宝申会计师事务所党支部

中国电信合肥分公司政企客户部党支部

国家统计局合肥调查队党支部

合肥市经信局老干部工作局党委

合肥市文化馆党支部

合肥市律师行业党委

合肥市自然资源和规划局监察支队党支部

中建四局第六建筑工程有限公司党委

合肥市劳动争议仲裁院党支部

合肥市城管局生活废弃物管理中心党支部

安徽省巢湖管理局防汛抗旱物资储备中心党支部

合肥市市政设施建设养护公司（应急抢险大队）党支部

黄麓师范学校党总支

合肥市第九中学党委

合肥市第三人民医院党委

合肥市疾病预防控制中心党委

合肥公交集团有限公司客服中心（稽查）党支部

合肥燃气集团庐江川东公司党支部

合肥百货大楼集团股份有限公司合肥百货大楼党委

（朱璐璐）

见义勇为先进个人

安徽省 2019 年见义勇为弘扬正气奖合肥市获奖人员名单

二等奖（3 名）

张　超　合肥市肥西县上派镇古埂社区居民

薛　荣　合肥市肥东县店埠镇个体经营户

赵　岳　合肥市肥东县店埠镇河南五建采购员

三等奖（1 名）

吴祖寿　合肥市巢湖市柘皋镇五星村村民

合肥市 2018—2019 年见义勇为先进个人名单

薛　荣　合肥市肥东县店埠镇个体经营户

赵　岳　合肥市肥东县店埠镇河南五建采购员

张　超　合肥市肥西县上派镇古埂社区居民

吴祖寿　合肥市巢湖市柘皋镇五星村村民

陈　奥　合肥市肥东县店埠镇马厂社区工作人员

王　峰　合肥市巢湖市苏湾镇市场监督管理所所长

时宗长　庐江县万山镇闸山村顶塘村民组村民

王克军　肥西县行政管理执法局三河分局队员

万　秦　肥西县行政管理执法局三河分局队员

韩福林　肥西县三河镇旅游公司船员

邵守俊　肥西县官亭镇王集村郑大塘组个体经营户

胡君林　长丰县左店乡凤凰村胡户组村民

朱绪虎　肥西县丰乐镇路塘村大圩组人村民

蔡小龙　巢湖经开区半汤街道战前村委会山咀村民

费为兵　肥西县严店乡严店社区货车司机

徐向峰　蜀山京环环境服务有限公司小庙片区保洁队长

桂　圆　安徽金美达标识有限公司员工

张　巡　安徽金美达标识有限公司员工

陈　鹏　安徽金美达标识有限公司员工

刘　军　安徽金美达标识有限公司员工

李艳阳　安徽金美达标识有限公司员工

（沈　达）

技能大赛获奖人员

2019 年中国技能大赛——全国新能源汽车关键技术技能大赛获奖名单

汽车维修工（新能源汽车电控技术）项目

学生组优胜奖　郑小龙　刘子豪（安徽合肥技师学院）

汽车装调工（新能源汽车轻量化技术）项目

学生组一等奖　倪方杰　郭子旭　赵新合（安徽万通高级技工学校）

汽车装调工（新能源汽车轻量化技术）项目

优秀教练　衣天培（安徽万通高级技工学校）

机动车检测工（新能源汽车智能化技术）项目

职工组优胜奖　袁宁　范贤根（安徽江淮汽车集团股份有限公司）

2019 年中国技能大赛——第三届全国智能制造应用技术技能大赛获奖名单

装配钳工（切削加工智能制造单元安装与调试）项目

职工组二等奖　姚刚　龙道海　孟虎（安徽江淮汽车集团股份有限公司）

学生组二等奖　尚韩飞　高瑞东　周歧涛（合肥职业技术学院）

维修电工（切削加工智能制造单元生产与管控）项目

学生组三等奖　徐伟彬　王瑞　李鑫鑫（安徽汽车应用技师学院）

模具工（精密模具智能制造单元综合应用）项目

学生组二等奖　颜辰　亢荣浩　宋深深（合肥职业技术学院）

优秀裁判员　高敏（合肥职业技术学院）

第八届全省职业技能大赛暨第 46 届世界技能大赛安徽省选拔赛获奖名单

汽车技术项目第一名　陈绪杰（安徽机电技师学院学生，指导老师朱春龙）

汽车技术项目第四名　陈如意（安徽汽车应用技师学院学生，指导老师徐腾达）

汽车喷漆项目第三名　程永奇（安徽汽车应用技师学院学生，指导老师贾奇伟）

砌筑项目第一名　张冬阳（安徽建工技师学院学生，指导老师陆寿勇）

瓷砖贴面项目第一名　张帅（安徽建工技师学院学生，指导老师张万家）

瓷砖贴面项目第二名　陈海涛（合肥工业学校学生，指导老师解芳）

信息网络布线项目第一名　黄硕（合肥工业学校学生，指导老师牛利平）

网络系统管理项目第二名　万纪全（安徽新华技工学校学生，指导老师邵春林）

花艺项目第二名　孙子豪（安徽合肥技师学院学生，指导老师黄文涛）

花艺项目第三名　陈煜媛（安徽合肥技师学院学生，指导老师马朝金）

平面设计技术项目第二名　王敏（安徽新华技工学校学生，指导老师单东军）

3D 数字游戏艺术项目第二名　石帅卿（安徽新华技工学校学生，指导老师潘晓强）

烘焙项目第一名　徐春辉（安徽新东方烹饪技工学校学生，指导老师尹寿良）

糖艺/西点制作项目第一名　项文荟（安徽新东方烹饪专修学院学生，指导老师韦玲）

糖艺/西点制作项目第二名　刘鑫雨（安徽新东方烹饪技工学校，指导老师韦玲）

烹饪（西餐）项目第二名　张和（安徽新东方烹饪技工学校学生，指导老师丁朋）

健康和社会照护项目第一名　叶雨晨（合肥工贸高级技工学校教师，指导教师张丽）

首届江淮杰出工匠名单

董　慧（女）　安徽叉车集团有限责任公司数控车工高级技师

张宁健　中国电子科技集团公司第三十八研究所数控铣工高级技师

崔洪才　中国电子科技集团公司第三十八研究所电焊工高级技师

何良松　中国电子科技集团公司第三十八研究所电子设备装接工高级技师

桑仁龙　合肥江航飞机装备股份有限公司冷作工高级技师

潘　衡　中盐安徽红四方股份有限公司维保总公司电焊工高级技师

尹亲林　北京徽珍源餐饮管理有限公司安徽分公司中式烹调师高级技师

夏　力　合肥市公交集团有限公司汽车驾驶员技师

翟长青　中铁四局集团有限公司第八工程分公司电工高级技师

李孝林　安徽叉车集团有限责任公司叉车修理工高级技师

李宏炼　安徽东风机电科技股份有限公司数控车工高级技师

李光凤（女）　安徽皖维高新材料股份有限公司化学检验工高级技师

第五届安徽省技能大奖获得者名单

王业飞　合肥供水集团有限公司电工技师

卓建华　合肥市轨道交通集团有限公司铁路线路工高级工

曹　靖　安徽富煌钢构股份有限公司电焊工技师

查道勇　合肥公交集团有限公司汽车维修工技师

沈志强　中铁四局集团第一工程有限公司工程测量工高级技师

李攀峰　合肥庐源电力工程有限公司巢湖分公司农网配电营业工技师

王崎涛　中国能源建设集团安徽电力建设第二工程有限公司电气试验工技师

孙　朋　日立建机（中国）有限公司焊工技师

童　鑫　国网安徽省电力有限公司合肥供电公司电气试验工高级技师

李振洲　中铁四局集团城市轨道交通工程分公司工程测量工高级技师

王怀祥　中国能源建设集团安徽电力建设第一工程有限公司汽轮机本体安装工技师

靳　鹏　安徽博物院青铜器修复高级工艺美术师

李厚富　安徽神剑科技股份有限公司数控车工高级技师

汪　清　安徽江淮汽车集团股份有限公司维修电工技师

许吉青　安徽叉车集团有限责任公司维修电工高级技师

黄彦军　安徽叉车集团有限责任公司焊工高级技师

许　鑫　安徽神剑科技股份有限公司数控车工高级技师

刘玉芬（女）　安徽江淮汽车集团股份有限公司电焊工技师

王家东　巢湖皖维金泉实业有限公司电工高级技师

谢家升　安徽新华印刷股份有限公司平版印刷工技师

陈　军　安徽省煤田地质局物探测量队物探工高级工

2019年国家级技能大师工作室领衔人

查道勇　合肥公交集团有限公司

2019年省级技能大师工作室领衔人

王　炳　中国能源建设集团安徽电力建设第二工程有限公司

崔洪才　中国电子科技集团公司第三十八研究所

盛保柱　安徽江淮汽车集团股份有限公司轻型商用车分公司

邹怀江　安徽青松食品有限公司

汪幸生　安徽新东方烹饪技工学校

童　鑫　国网安徽省电力有限公司合肥供电公司

徐胜乐　合肥工贸高级技工学校

（季　荣）

军功章

2019年度荣立二等功的合肥籍官兵：

巢湖市 银屏：张流水；

肥东县古城镇：黄来胜；撮镇：夏承良；

肥西县 严店乡：夏红根；

庐江县郭河镇：姜华牛、蔡仕勇；

庐阳区 亳州路街道：李文凡、顾华普；林店街道：傅源。

责任编辑：徐仙春

附 录

政府工作报告

——2020 年 5 月 10 日在合肥市第十六届人民代表大会第三次会议上

市 长 凌 云

各位代表：

现在，我代表市人民政府向大会报告工作，请予审议，并请政协委员和其他列席人员提出意见。

一、2019 年工作回顾

2019 年，在省委、省政府和市委的坚强领导下，我们高举习近平新时代中国特色社会主义思想伟大旗帜，深入贯彻党的十九大和十九届二中、三中、四中全会精神，坚持稳中求进工作总基调，自觉践行高质量发展，较好完成了市十六届人大二次会议确定的各项目标任务。

全市地区生产总值 9409.4 亿元、增长 7.6%；财政收入 1432.4 亿元、增长 3.9%，其中地方财政收入 746 亿元、增长 4.7%；规模以上工业增加值增长 8.6%；固定资产投资增长 9.0%；社会消费品零售总额增长 8.7%；进出口总额 322.1 亿美元、增长 4.6%；城镇、农村居民人均可支配收入分别达到 45404 元、22462 元，增长 9.5%、10.2%；城镇登记失业率 2.8%。落实国家重大政策措施真抓实干，战略性新兴产业培育、商事制度改革、财政预算管理、棚户区及农村危房改造和巢湖市农村人居环境整治、蜀山区土地节约集约利用、高新区打造区域“双创”示范基地等 7 项工作成效明显，获国务院通报激励。

——科技创新策源地提速建设。综合性国家科学中心框架体系初步形成，滨湖科学城实质性运转，安徽创新馆建成运行，量子信息科学国家实验室创建取得关键性进展，能源研究院、人工智能研究院揭牌成立，细胞活化调控、高清视频编码等 8 项成果获国家科学技术奖，合肥跻身世界区域创新集群百强。

——“芯屏器合”集聚领跑优势。新型显示器件、集成电路、人工智能入选首批国家战略性新兴产业集群，入选数位居全国城市第 4、省会城市第 2，成功获批国家新一代人工智能创新发展试验区。习近平总书记向世界制造业大会发来贺信，从国家层面赋予大会重要定位。

——区域综合实力不断攀升。地区生产总值位居省会城市第 9、大中城市第 21。高新区全国综合排名升至第 6，经开区获批国家绿色园区，新站高新区引领全国新型显示产业发展，安巢经开区发展提速。肥西、肥东、长丰全国百强县位次前移，巢湖、庐江全国投资潜力百强县（市）地位巩固，四城区在全国百强区综合实力进一步提升。

——三大攻坚战取得关键进展。脱贫质量持续提高，县域结对帮扶做法全省推广。重点领域风险防控有力，守住了不发生系统性风险底线。$PM_{2.5}$、PM_{10} 浓度连续六年“双下降”。巢湖水质好转为Ⅳ类，十五里河水质达到Ⅲ类，南淝河国考断面连续多月实现稳定达标，水质改善迎来历史性突破。

——民生新福祉持续增强。实施31项民生工程，菜市场改造、既有住宅加装电梯等20项为民办实事深受群众欢迎。全年民生支出占财政支出85.6%。新增城镇就业27.8万人，完成省下达任务的2.95倍。在园幼儿公办率和普惠率分别达45.5%和78%，提高17和18.9个百分点。

一年来，我们主要做了以下工作：

（一）聚焦创新引领，科学中心建设迈出新步伐。创新平台加速汇集，类脑智能技术及应用国家工程实验室基本建成，量子创新研究院、离子医学中心主体工程竣工，聚变堆主机及大科学装置集中区加快建设，与大院大所合作共建平台达26家。创新效应加速释放，全社会研发投入占GDP比重、每万人有效发明专利拥有量、吸纳技术合同成交额等位居省会城市前列，新增国家高新技术企业429户、总数突破2500户。国盾量子、皖仪科技即将登陆科创板，中科院合肥物质院成果转化模式在全国推广。人才强磁场加速显现，新增“两院”院士5人、在肥服务院士达127人，建立首批外国专家工作室、引才引智示范基地，汇集国内外高端人才400多人，创新崛起的合肥越来越吸引世界目光。

（二）聚焦产业高端，转型升级取得新成绩。战略性新兴产业增加值增长15.2%，占规模以上工业比重52.6%，创历史新高。新型显示器件整体规模国内第一，京东方10.5代线满产满销，视涯硅基OLED微显示器正式投产，维信诺第六代柔性显示生产线主体结构封顶。长鑫存储首颗自主研发的19纳米存储芯片实现量产，总投资2200亿元的集成电路制造基地加快建设。“中国声谷”营收突破800亿元，“中国安全谷”获批建设。联宝笔记本电脑、华米智能可穿戴设备、阳光电源光伏逆变设备全球市场占有率继续领跑。启动26家智能工厂、250个数字化车间智能化改造，建成合力叉车、安泰科技等一批有影响力的工业互联网平台。培育省级服务业集聚区、示范园区39家，滨湖卓越城文华园一期、唯品会安徽物流园等重点项目建成运营，邮政快递高位增长。成功举办家博会、首届世界显示产业大会，获批承办第十四届中国国际园林博览会，入选“中国最具竞争力会展城市”。一年来，我们全力推进“科创+产业”深度融合，产业硬核挺起合肥脊梁。

（三）聚焦品质提升，城市建设展现新形象。突出规划引领，合肥滨湖科学城、空港经济示范区、东部新中心、骆岗中央公园总体规划编制基本完成。新建续建大建设工程1370项，完成投资570亿元。商合杭高铁合肥以北段开通运营，高铁南站南广场建成启用，新合肥西站开工建设，引江济淮累计完成投资300多亿元。完成合宁、合芜、合安高速“四改八”，开工建设明巢高速合肥段，新建续建国省干线360千米。地铁3号线开通运营，轨道交通迈入“线网时代”。裕溪路高架东延、集贤路跨派河桥等建成使用，公交都市创建通过国家验收。长江路景观改造、天鹅湖亮化工程、合柴1972文创园等一批城市更新项目建成。生活垃圾分类试点扎实推进，数字城管二期投入使用，建成5G基站超1300个，整治23处拥堵点，新增停车泊位和新能源充电设施均超过1万个。

（四）聚焦改革开放，区域发展增添新活力。商事制度改革深入推进，企业开办实现“零成本”“一日办结”，市场主体总量突破100万户。深入开展创优营商环境再提升行动，劳动力市场监管、获得信贷两项指标在全国营商环境评价中位居前十。出台支持民营经济高质量发展“10条”，全年新增减税降费254亿元，上市公司达52家。农村集体产权制度改革村（居）达89%，“三变”改革村（居）达67%。开放水平全面提升，合肥中欧班列发运368列、居全国第8，合肥水运港集装箱吞吐量37万标箱。出口加工区整合优化为综合保税区，庐州海关正式开关。落实落细长三角一体化发展战略，G60物联网、生物医药、环境产业等合作示范园区挂牌运作，实现9城市地铁“一码通行”、18城市51个事项“一网通办”、41城市医保“一卡通用”。成功举办长江中游城市群省会城市会商会，发布“合肥行动方案”。合肥都市圈扩容升级，合淮产业走廊、合六经济走廊建设加快推进。扎实开展与皖北结对合作，积极做好援疆援藏工作。

（五）聚焦乡村振兴，“三农”发展再上新台阶。脱贫攻坚精准发力，全年投入扶贫资金16.5亿元，建成特色产业扶贫园区112个、带动2.8万贫困户增收。新型农业经营主体突破1.4万家，虾稻综合种养面积达54.7万亩，休闲农业接待游客突破3700万人次。南艳湖机器人小镇、长临河文旅小镇入选省级特色小镇，三瓜公社电商小镇典型经验在全国推广。美丽乡村建设纵深开展，建成89个中心村，完成8.3万户改厕任务，实现乡镇污水设施全覆盖，农村生活污水治理工作成为全国典型。新建农村道路畅通工程1300千米，实现全市乡镇通公交、建制村通客车。新增耕地5.9万亩，建成高标准农田21.6万亩。面对40年来最严重的伏秋冬连旱，强化水资源供应和调度，确保了城乡居民饮水安全和农业生产需要。

（六）聚焦生态文明，环境治理实现新突破。纵深推进“三大一强”污染防治专项行动，认真抓好中央和省环保督察问题整改，一批突出环境问题得到有效解决。系统攻坚巢湖治理，十五里河四期、小仓房三期、陶冲二期污水处理厂通水运行。新建雨污管网758千米，整改雨污混接点4541处。投资百亿元启动建设100平方千米环巢湖“十大湿地”。南淝河、十五里河、双桥河、派河水质明显改善，杭埠河、裕溪河、柘皋河、兆河水质稳定在Ⅲ类以上。全面推行林长制，植树造林10万亩，城镇绿化1000多万平方米，建成绿道130多千米，森林覆盖率达到28.3%，生态绿色成为合肥鲜明底色。

（七）聚焦共建共享，人民生活获得新提升。新建改扩建中小学44所、幼儿园71所，城区中小学午餐服务全覆盖、153所小学实施“三点半课后服务”。合职院汇心湖校区、黄麓师范一期、清华附中合肥学校建成招生，中德青年学生创业孵化中心投入使用。提高社会保障标准，开展按疾病诊断分组付费国家试点，居家和社区养老获评全国优秀试点地区。新开工棚户区改造项目23个，综合整治老旧小区122个。建立房地产市场平稳健康发展长效机制，住房租赁试点获中央财政支持。成功举办中国上海国际艺术节合肥分会场、第十三届合肥文博会，市中心图书馆、科技馆新馆等开工建设。举办首届全民健身运动会，合肥国际马拉松赛入列国际金标赛事，成功申办2023年第五届全国智力运动会。荣获全国“质量魅力城市”，食品药品安全满意度进一步提升。强化应急管理和安全生产监管，事故起数和死亡人数实现“双下降”。扫黑除恶专项斗争成效显著，进京到省信访量明显下降。成功创建全国社会信用体系建设示范城市。国防动员、人民防空、双拥共建、退役军人事务工作取得新业绩。民族宗教、防震减灾、统计、科普、气象、保密、仲裁等工作有了新提升。工会、共青团、妇女儿童、红十字会、老年人、残疾人和关心下一代等工作实现新进步。一年来，我们坚持在发展中补齐民生短板，人民群众获得感、幸福感、安全感在家门口升级。

2019年，我们深入开展“不忘初心、牢记使命”主题教育，扎实推进“三个以案”警示教育，圆满完成市政府机构改革任务，积极创建全国首批法治政府建设示范市。自觉接受人大监督，依法执行人大及其常委会决议决定，主动接受政协民主监督、社会监督和舆论监督，全年办理人大代表议案和建议322件、政协提案448件。严格落实党风廉政建设责任制，健全廉政风险防范机制。强化审计监督，审计工作获国家表彰。大力开展“基层减负年”活动，市政府文件、会议和督查考核均减少三分之一以上，荣获“网上政务服务能力非常高”城市、2019中国政府信息化管理创新奖。

各位代表！

过去一年，我们积极应对各种风险挑战，顶压前行，拼搏奋进，实现了经济社会持续健康发展，成绩来之不易。这是习近平新时代中国特色社会主义思想科学指导的结果，是省委、省政府和市委坚强领导的结果，是市人大、市政协和社会各界大力支持的结果，是全市人民团结奋斗的结果。在此，我代表市人民政府，向辛勤奋战在各个领域、各个岗位的全市人民，向驻肥人民解放军、武警官兵、公安干警、消防救援队伍指战员和中央驻肥单位，向各民主党派、工商联、无党派人士、各人民团体和社会各界人士，向所有关心支持合肥改革开放与现代化建设的海内外朋友，表示衷心的感谢和崇高的敬意！

在充分肯定成绩的同时，我们也清醒地看到合肥发展还面临不少困难和挑战。经济下行压力较大，实体经济困难增多。县域经济发展内生动力不足，“三农”领域短板较多。精准应对重大公共安全事件的能力不强，大城市精细化管理和社会治理水平不高，污染防治任务依然艰巨。公共卫生、城乡养老、幼儿托育等领域与群众期盼还有差距。营商环境有待进一步优化，“四风”问题依然存在，政府自身建设仍需加大力度。我们要直面问题、解决问题，以实干实绩回报人民群众新期待。

二、2020年重点任务

新年伊始，面对突如其来的新冠肺炎疫情，在党中央国务院、省委省政府和市委的坚强领导下，全市上下团结一心、众志成城，全力打好疫情防控人民战争、总体战、阻击战。我们率先启动突发公共卫生事件一级响应，创新实施小区封闭管理、集中隔离等措施，强化联防联控、群防群控、闭环管控，有效阻断疫情蔓延，较早实现病例“清零”。我们统筹推进疫情防控和经济社会发展，率先出台惠企、惠商、惠农“12条”，快速推进企业复工复产，有序组织复商复学，以精准施策对冲疫情影响。我们积极响应党中央号召，全力保障防疫物资供应，派遣精干医护人员，支持打好湖北、武汉保卫战。全市党员干部闻令而动，医务工作者逆行而上，广大群众主动配合，筑起护佑生命的铜墙铁壁，疫情防控工作取得重大战略成果。

新冠肺炎疫情对经济社会发展带来前所未有的冲击，一季度全市地区生产总值下降9.8%，但3月份以来主要经济指标快速回升，预计4月份规模以上工业增加值增长13%，战略性新兴产业增加值增长23%，限额以上消费品零售额增长15.4%，前4个月主要指标降幅收窄，经济回暖态势明显。

2020年是全面建成小康社会、完成“十三五”规划的收官之年，做好今年各项工作，任务艰巨，责任重大。我们要坚持新发展理念，坚定落实长三角一体化发展国家战略，按下创新快进键，跑出开放加速度，推动合肥高质量发展行稳致远。我们要坚守初心使命，全面提升治理水平，以政府有为促进市场有效、企业有利、社会有序、百姓受益。我们要坚决补齐短板，全力以赴打赢脱贫攻坚、污染防治、风险防控三大攻坚战，确保全面小康质量更高、成色更足。

今年政府工作的总体要求是：以习近平新时代中国特色社会主义思想为指导，全面贯彻党的十九大和十九届二中、三中、四中全会精神，紧扣全面建成小康社会目标任务，统筹推进疫情防控和经济社会发展，坚持稳中求进工作总基调，坚持新发展理念，坚持以供给侧结构性改革为主线，坚持以改革开放为动力，推动高质量发展，坚决打赢“三大攻坚战”，全面做好“六稳”工作，落实“六保”任务，坚定实施扩大内需战略，确保全面建成小康社会和“十三五”规划圆满收官，着力打造具有国际影响力的创新高地、全国重要的先进制造业高地、具有国内领先优势的数字经济高地、内陆开放新高地、优质优良宜居宜业的生态高地，在全面从严治党上当好示范。

今年经济社会发展的主要预期目标是：全市地区生产总值迈上1万亿元台阶；规模以上工业增加值增长8%左右；固定资产投资增长8%左右；财政收入增长3%；社会消费品零售总额增长8%左右；居民人均可支配收入增长9%；城镇新增就业13万人，城镇登记失业率控制在3.2%以内；节能减排完成省控目标。

（一）更宽视野打造具有国际影响力的创新高地。

构建高能级平台体系。加快提升合肥综合性国家科学中心功能，构筑“五大支柱”，建设“十大装置”。建成量子创新研究院一期工程，积极争创国家实验室，推进能源、大健康、人工智能三大研究院建设，谋划组建环境研究平台。提升拓展全超导托卡马克、同步辐射光源、稳态强磁场三大装置，加快建设聚变堆主机关键系统设施、未来网络、高精度地基授时系统、雷电防护设施，争取先进光源、大气立体探测、强光磁实验装置纳入国家重大科技基础设施“十四五”规划。打造前沿交叉研究平台，建成合肥离子医学中心，推进天地一体化信息网络建设。深化大院大所战略合作，开工建设清华公共安全研究院二期等重大项目，建成北航、北外、天津大学等一批创新研究平台，让创新成为合肥发展的核心动力。

推进高效能成果转化。围绕产业链部署创新链，围绕创新链布局产业链，组织实施100项创新项目，集中力量对存储芯片、人工智能、生命健康等重点领域和关键环节开展攻关，支持新冠肺炎疫苗研发。实施科技创新型企业培育“双千”行动，国家高新技术企业突破3000家、科技型中小企业突破2000家。提升“首台套”“首批次”“首版次”政策引导作用，建立市自然科学基金，引导社会资本投入初创期项目，全社会研发投入增长10%以上。完成滨湖科学城规划，提升安徽创新馆功能，推动科技抗疫成果转化，让更多科技成果从“实验室”走向“应用场”。

打造高水平创新生态。争取中国（合肥）知识产权保护中心获批，每万人有效发明专利拥有量增长6%。推动科技金融融合发展，争创金融支持科技创新改革试验区。完善首席科学家制度和股权激励等政策，建立以创新能力、创新贡献为导向的评价体系。畅通高层次人才“绿色通道”，推进中国合肥国际人才市场建设，构筑海内外英才向往汇聚的强大磁场。

（二）更实举措抓项目稳投资增动能。

持续扩大有效投入。抢抓国家加强新型基础设施建设机遇，大力推进5G网络、数据中心、工业互联网等“新基建”布局建设。积极申报中央预算内投资项目，更大力度投入公共卫生、市政设施、老旧小区改造、应急物资储备等领域。集中开工一批重大创新平台、基础设施、产业基地和生态保护项目，实施1300多个亿元以上项目。更好发挥政府引导基金作用，引导社会资金投向新兴产业。用足用好地方债等国家政策红利，适度扩大举债规模，以高效投入引领发展质量跃升。

促进消费扩容提质。实施提振

消费行动，多措并举扩大居民消费，促进实物消费和服务消费回补。积极培育物流直配、数字娱乐、直播带货等新兴消费领域和消费热点，引导推动汽车、家电等消费更新。繁荣活跃假日经济和夜间经济，创建国家级淮河路步行街，打造天鹅湖中央商务区。大力引进首店、品牌店、旗舰店，推动名优特产进电商、进商圈、进超市。引导文旅消费，建设蕴含城市历史文脉的研学、工业、科教等特色旅游基地，高标准打造环巢湖国家旅游休闲区。

提升优化营商环境。落实国家优化营商环境条例，开展“创优营商环境攻坚年”活动，常态化推进“四送一服”双千工程。深入实施“互联网+”政务服务，推广“皖事通办”，进一步增强“一网通办”能力。落细落实高质量发展“170条”，开展减税、减费、减息、减租、减支“五减”行动，让更多政策惠企惠商惠农。推进企业对接多层次资本市场，力争4家企业挂牌上市。大力清理拖欠民营企业账款，保护民营企业合法权益。支持民营企业做精做优，新增30户省级“专精特新”企业和一批“隐形冠军”“单打冠军”企业。

防范化解重大风险。深入实施“1+8+N”方案，完善地方金融监管防范体系，引导地方金融机构、金控平台有序合规发展。加强政府债务风险管控，有效降低企业杠杆率。严守金融风险底线，持续推进非法集资、交易场所、互联网金融风险专项整治，全力维护良好金融生态。

（三）更高质量提升产业发展水平。

着力打造全国重要的先进制造业高地。聚焦产业基础高级化和产业链现代化，争创国家产业创新中心。纵深推进“芯屏器合”产业发展，加快建设新型显示器件、集成电路、人工智能三大国家战略性新兴产业集群。京东方大尺寸LCD巩固全球领先地位，维信诺柔性显示点亮投产，视涯微显示器件实现量产。扩大长鑫存储、晶合晶圆芯片量产规模，协同提升国产化率和本地配套率。争创中国特色型软件产业名城，“中国声谷”入园企业超千家、营业收入超千亿。加快推进“中国环境谷”建设。持续布局量子信息、类脑芯片、精准医疗等未来产业。力争生物医药产业跻身第二批国家战略性新兴产业集群，加快建设6个省级战略性新兴产业基地，争取网络及信息安全产业进入省级战略性新兴产业集群。加快蔚来中国总部、大陆马牌四期、通威5GW电池组件、120万吨乙二醇、之奇美偏光片、中铁轨道交通等重点项目建设，开展“四基工程”“一揽子”突破行动和“一条龙”应用示范，让世界用上更多“合肥造”。

着力打造国内领先的数字经济高地。推进产业数字化、数字产业化，实施线上经济新业态新模式培育计划，建设安徽合肥线上经济创新发展试验区。加快大数据、云计算、区块链等技术创新和应用，推动国家健康医疗大数据创新基地、先进计算中心等重大项目建设，促进三次产业触网登云。推进智能化升级，实施重点技改项目300项，创建智能工厂、数字化车间100个。推进建筑业与信息化工业化深度融合，加快装配式建筑产业发展。新增5G基站8000个以上，实现5G网络城区全覆盖，培育一批示范应用场景，让5G赋能千行百业、千家万户。

着力推动现代服务业提档升级。推进国家物流枢纽、国家检验检测高技术服务集聚区建设，高质量创建“中国快递示范城市”。推动生产性服务业高端化、专业化，重点发展科创服务、信息服务、金融服务、现代物流、文创旅游等业态，加快海康威视区域总部、合肥金融广场、滨湖金融小镇、派河国际综合物流园等重点项目建设。推动生活性服务业高品质、多样化，加快建设滨湖卓越城、半汤温泉小镇等重点项目。

（四）更大格局打造内陆开放新高地。

加速融入长三角一体化。贯彻国家规划纲要和省行动计划，全方位对接长三角城市。加快合肥、上海张江科学中心“两心”共创，深化与G60城市创新合作，推进合杭梦想小镇、长临河科创小镇和G60物联网、生物医药、环境产业合作园区等一批重点项目建设，构建长三角科技创新共同体。提速合肥都市圈一体化发展，推进合六经济走廊、合淮产业走廊建设。深化与皖北结对合作，加快合作共建园区提质升级。加强与长江中游城市群合作，努力在区域协同发展中作出合肥贡献。

强化重点领域改革攻坚。加快要素市场化配置改革，在全国率先推出公共资源“智慧交易”系统，全面提升市场化配置效率。分领域推进财政事权与支出责任划分改革，加快构建全方位、全过程、全覆盖预算绩效管理体系。健全以管资本为主的国资监管体制，完善国有金融资本管理体制。深化医药卫生体制综合改革，强化基本医疗保险基金市级统一管理。完成农村集体产权制度和“三变”改革任务，加快释放农村发展潜能。

扩大高水平对外开放。持续提升开放平台运营能力，中欧班列往返开行500列，加快打造国家级中欧班列集结中心、合肥国际航空货运集散中心。加大外贸主体培育力度，鼓励企业开拓新兴市场，加强与“一带一路”沿线国家和地区双向合作。实施外贸转内销行动，支持企业参加“云上展会”等新型外贸对接活动，最大努力保订单、保市场。继续深化与国际友城交流。扎实推进精准招商，创新网上招商、云上招商等方式，瞄准全产业链和产业链关键环节，谋划引进一批优质项目，招商引资增长10%左右。

（五）更大气魄打造优质优良宜居宜业的生态高地。

精准推进城市规划建设。完成国土空间规划编制，科学划定生态保护红线、永久基本农田、城镇开发边界。编制生态网络、南淝河两岸景观等专项规划，推动老城保护更新，让城市文脉“活”起来。持续提升综合交通枢纽功能，推动合肥由“米”字形向“时钟”型体系转变。建成商合杭高铁、合安客专，加快建设合新铁路、新合肥西站，推进引江济淮、新桥机场航站区建设和合六叶高速扩容，开工建设巢湖一线船闸扩能改造、G206、G329合肥段工程。推进畅通二环、包公大道、宿松路等重点项目建设，加快实施轨道交通4、5号线和1号线三期，开工建设轨道交通6、7、8号线一期、S1号线和2、3、4号线延长线。完成长江东路、翡翠路等市政道路改造提升，改造10个小街小巷，建成55个公园游园，让广大市民推窗见景、出门进园。

精心保护生态环境。深入抓好中央环保督察反馈问题整改，持续开展“三大一强”专项攻坚行动。纵深推进巢湖综合治理，加快污水处理设施提标扩容，实施南淝河、十五里河、派河等水质提升工程，完成雨污管网混接点、河道重点排口溯源式整改任务。实施巢湖西部水生态修复试点项目，推行农村面源污染网格化治理，开展农村黑臭水体治理试点示范。加快建设环巢湖“十大湿地”，争创国际湿地城市。巩固蓝天保卫战成果，持续开展城市扬尘、餐饮油烟、工业企业污染等专项治理行动，实现$PM_{2.5}$、PM_{10}及优良天数“两降一升”，让“合肥蓝”成为常态。健全固废全过程监管体系，提升处理能力。实施“昆仑行动”，严厉打击环境领域违法行为。加快构建生态环境监测全覆盖网络，完善环境污染防治长效机制，让绿水青山成为合肥的“幸福不动产”。

精致打造重点片区。骆岗中央公园全面开工建设滨湖国际科学交流中心、航空主题公园、园博园等重大项目，打造“安徽之窗、省会之心、城市之肺”。东部新中心紧扣生态环境修复、工业遗产保护、城市改造更新三大任务，开工建设市气象监测预警中心、工业遗址公园等项目。大科学装置集中区瞄准世界一流标准，突出“生态+科技+文化”理念，加快推进路网工程和科学装置基础设施建设，打造最美科研圣地。空港经济示范区加快国际小镇、集成电路产业园建设，积极申报国家级临空经济示范区。运河新城坚持生态优先，系统谋划产业布局，实施核心区路网建设。我们将持续用力、久久为功，把片区打造成城市最靓功能区。

精细抓好城市管理。以绣花功夫提升城市治理水平，全力打造“城市大脑”，大力推进城市运行“一网统管”，让城市变得更“聪明”。巩固文明城市创建成果，强化街面秩序管控和整治。全面推行生活垃圾分类，建成餐饮、厨余垃圾处理和垃圾焚烧发电等项目。新建公共停车泊位1万个、充电设施8000个，建成覆盖全市的停车资源信息化系统。加快推进城市生命线二期等一批重点工程，完成地下综合管廊试点示范项目建设，提升城市安全指数。深化城市信用体系建设，增强社会信用在城市管理中的基础性作用。

（六）更强力度提升县域经济推进乡村振兴。

坚决打赢精准脱贫攻坚战。以“抗疫情、补短板、促攻坚”专项行动为抓手，深入实施脱贫攻坚八大提升工程，着力抓好中央脱贫巡视“回头看”和省考核反馈问题整改。实行“一户一方案、一人一措施”，全面解决贫困人口“两不愁三保障”问题。深入推进“四带一自”产业扶贫、“三有一网”点位扶贫、“三业一岗”就业扶贫，持续巩固脱贫成果。坚持“四个不摘”，加强返贫人口和新发生贫困人口监测和帮扶，有效保障贫困边缘人口生产生活。接续推进全面脱贫与乡村振兴有效衔接，加快建立长短结合、标本兼治的体制机制。扎实做好脱贫攻坚普查工作。

壮大县域经济规模。加强市域统筹和五县（市）协同，推进四大开发区与县域开发园区合作对接。大力推进县域经济转型升级，支持肥东高端装备制造、肥西电气机械和器材、长丰汽车零部件、庐江磁性材料、巢湖镁合金材料等特色产业发展。大力发展村级集体经济，因地制宜培育特色产业，年经营性收入超50万元的村达到110个以上、全面消除5万元以下薄弱村。

发展都市现代农业。实施农业产业化“五个一批”工程，重点建设7个省级农业产业化示范基地、4个省级现代农业产业园，创建庐江国家农业高新技术产业示范区。强化粮食安全战略，建设高标准农田17万亩以上，粮食产量稳定在300万吨以上。落实扶持生猪生产政策措施，提高生猪产能，切实稳价保供。加快建设长三角绿色农产品生产加工供应基地，深化合肥都市圈蔬菜基地合作共建，蔬菜生产面积达129万亩。推进农业特色产业发展，新增稻渔综合种养25万亩。实施农村物联网工程，农产品电子商务交易额达70亿元。

打造全域美丽乡村。完成县域村庄规划布局，建设省、市级中心村169个。开展乡村振兴“百村示范、千村推进”，梯次建设乡村振兴项目。深入推进农村人居环境“三大革命”，实现农村饮水安全监管、生活垃圾市场化治理、省级美丽乡村中心村污水处理设施全覆盖。持续实施“三达标一美丽”水利工程，打通农田水利“最后一公里”。加快建设“四好农村路”，新建农村道路1200千米、绿化3000千米。精准实施农村土地整治，补充耕地4万亩。深入开展乡村治理示范创建，提升乡村文明建设水平。

（七）更暖温度保障改善民生增进群众福祉。

构建常态化疫情防控机制。坚持“外防输入、内防反弹”，落实和完善常态化疫情防控举措，时刻绷紧疫情防控这根弦。加强重点区域、重点行业、重点人群管控，严格境外来肥人员闭环防控和无症状感染者筛查，做好健康监测和人文关怀。充分发挥“大数据+网格化”作用，拓宽“安康码”运用，提升智慧防控能力。精准落实生产生活疫情防控要求，严控密闭环境下聚集活动，坚决防止聚集性感染。加强政策解读和舆情引导，增强群众防控意识和自我防护能力。

促进高质量就业和社会保障。落实稳就业政策，加大就业创业服务，推动高校毕业生、农民工、退役军人、城镇困难人员等重点群体就业。完善社会保障体系，稳步提高社会救助水平，及时发放价格临时补贴，确保群众基本生活。推进全国居家和社区养老服务改革试点、智慧养老试点，加快建设智慧养老中心，实现城市居家养老服务三级中心、乡镇养老服务中心全覆盖。深化医保支付方式改革，扎实做好按疾病诊断分组付费国家试点。坚持“房住不炒”定位，完善房地产市场平稳健康发展长效机制，全面推进住房租赁三项试点，实施22个棚户区改造项目，完成103个老旧小区改造和国家试点任务。

扩大优质教育供给。新建改扩建中小学42个、幼儿园59个，在园幼儿公办率、普惠率分别达50%、80%以上。加快合肥五中、六中、九中新校区建设，建成特教中心北校区，开展义务教育新优质学校和美丽校园创建活动。争创国家级产教融合试点市，开工建设合肥幼专新校区、黄麓师范二期，建成安徽合肥技师学院、安徽公安职业学院新区。加快建设中国科大高新园区，支持中国科大、合工大、安大“双一流”建设，支持合肥学院建设合肥大学，推动合职院、合肥幼专省技能型高水平大学建设，推进安徽大学江淮学院转设，加快中德教育合作示范基地建设。建立现代职业教育贯通机制，培养更多高技能人才，让更多青年凭借一技之长实现人生价值。

推动文旅事业发展。建成市中心图书馆主体工程，加快市美术馆、妇儿活动中心、青少年活动中心建设。全面提升城市阅读空间管理水平，加快乡镇综合文化站、农家书屋转型升级。办好文博会、上海国际艺术节合肥分会场、曲艺牡丹奖合肥赛区比赛等重大文旅活动，积极开展群众喜闻乐见的文化活动，全力打造全国一流的文化旅游城市，让文化丰富城市底蕴。

加强健康合肥建设。积极推进国家区域医疗中心建设，打造高端医疗平台。建设互联网医院、智慧医院，实现全市医疗服务“一码通用”。加快市公共卫生管理中心、三院新区、空港医院、新站骨科医院和市一院、二院老年护理院等重点项目建设。强化中医药科技创新和人才培养，实施县乡村中医药服务一体化管理。改革重大疾病预防控制管理体制，构建覆盖全域的疾病防控和救治体系，提高应对突发重大公共卫生事件能力。推进全民健身惠民设施建设，完善15分钟生活圈，扩大合肥国际马拉松赛等品牌赛事影响力。全面落实食品安全示范城市创建任务，切实提升食品药品安全监管水平。

提升社会治理能力。推动社会治理和服务重心向基层下移，实现“一居多会”和“两长多员”城市社区全覆盖，打造全国智慧社区建设模式。健全社会矛盾预防化解机制，推行阳光信访、责任信访、法治信访。强化网络综合治理，营造清朗网络空间。深入推进扫黑除恶专项斗争，加强社会治安防控，创建全国治安防控体系示范城市。深入开展“七五”普法，争创全国“七五”普法先进城市。加强应急管理体系和能力建设，创建国家安全发展示范城市。完善国防动员体系，扎实推进军民融合深度发展。广泛开展双拥共建，努力实现全国双拥模范城“九连冠”。完成第四次全国经济普查任务，做好第七次全国人口普查。支持各民主党派、工会、共青团、妇联、红十字会等广泛参与社会治理和公共服务，扎实做好民族宗教、对台侨务、人民防空、防震减灾、气象、残疾人、地方志、档案、保密、社科、仲裁等工作。我们要把群众关切的“关键小事”办好办实办到位，让人民群众有更多获得感、幸福感、安全感。

谋划“十四五”发展是今年的一项重要工作。我们要准确把握合肥发展阶段性特征，谋准谋实经济社会发展重要支撑，充分发扬民主，汇众智、聚众力，编制好“十四五”规划，开启合肥高质量发展新征程。

三、全面提升政府治理能力和水平

面对新形势新任务，我们将坚持为人民服务、对人民负责、受人民监督，深入推进政府自身改革，积极构建职责明确、依法行政的政府治理体系，努力建设人民满意的服务型政府，在全面从严治党上当好示范。

以对党忠诚浇筑为政之魂。始终把政治建设摆在首位，坚持以习近平新时代中国特色社会主义思想武装头脑、指导实践、推动工作，增强“四个意识”，坚定“四个自信”，做到“两个维护”。建立健全“不忘初心、牢记使命”长效机制，加强思想淬炼、政治历练、实践锻炼，确保党中央国务院、省委省政府和市委各项决策部署落地见效。

以制度建设提升服务效能。自觉尊崇制度、严格执行制度、坚决维护制度，构建政府权责清单制度体系，进一步激发市场和社会活力。巩固机构改革成果，大力推进政府部门流程再造、数据共享、智能联动。加强政务服务体系建设，大力推行“网上办、掌上办、预约办、邮寄办、自助办”，推动更多公共服务“上网”“联通”，让群众和企业少跑腿、好办事。

以践行法治促进公平正义。深入推进法治政府建设，全面完成《法治政府建设实施纲要（2015—2020年）》目标任务。全面推进依法行政，健全完善科学、民主、依法决策机制，深化行政执法体制改革，确保政府工作始终在法治轨道上运行。不折不扣执行市人大及其常委会的决议决定，自觉接受人大法律监督、工作监督和政协民主监督，主动接受社会舆论监督，推进政务公开标准化规范化，全力打造“阳光政府”。

以责任担当彰显为民情怀。弘扬实干担当精神，察实情、办实事、求实效。聚焦人民群众最急最忧最盼的紧迫问题，深入实施31项民生工程和20项为民办实事，一件接着一件办，积小胜为大胜，以看得见、摸得着的变化回应群众期盼。坚持厚爱严管结合、激励约束并重，旗帜鲜明为担当者担当、为负责者负责，提振干部改革创新、干事创业的精气神。

以廉洁从政永葆风清气正。严格落实全面从严治党主体责任和“一岗双责”，加强政府系统党风廉政建设，深化“三个以案”警示教育，让铁纪铁规成为政府工作人员的自觉遵循。严格遵守中央八项规定及省市委实施细则，持之以恒纠“四风”，力戒形式主义、官僚主义，持续为基层减负。坚决压缩一般性支出，以政府的“紧日子”换取群众的“好日子”。支持纪检监察机关依法履职，推进审计全覆盖，强化重点领域和关键环节廉政风险防控，营造风清气正的政治生态。

各位代表！

我们正站在实现“两个一百年”奋斗目标的历史交汇期，实现伟大梦想无上光荣。奋斗成就梦想，实干创造未来。让我们紧密团结在以习近平同志为核心的党中央周围，在省委、省政府和市委的坚强领导下，不忘初心、牢记使命，只争朝夕、不负韶华，着力打造“五高地一示范”，为全面建成小康社会、奋力谱写现代化五大发展美好安徽建设新篇章作出更大贡献！

关于合肥市2019年国民经济和社会发展计划执行情况与2020年计划草案的报告

——2020年5月10日在合肥市第十六届人民代表大会第三次会议上

合肥市发展和改革委员会

一、2019年国民经济和社会发展计划执行情况

2019年以来，全市上下在省委省政府和市委的坚强领导下，在市人大的监督指导下，以习近平新时代中国特色社会主义思想为指导，全面贯彻落实党的十九大和十九届二中、三中、四中全会精神，坚持稳中求进工作总基调，以供给侧结构性改革为主线，贯彻新发展理念，深入落实“六稳”工作部署，坚决打好三大攻坚战，全力推动高质量发展，十六届人大二次会议确定的各项目标任务基本完成，主要经济指标实现稳中有进、进中趋优，质量效益显著提升，高质量发展态势加速显现。

一是经济社会发展稳中有进。主要指标争先进位。实现地区生产总值9409.4亿元，增长7.6%，总量居全国第21位、省会城市第9位；规模以上工业增加值、社会消费品零售总额、进出口总额分别增长8.6%、8.7%、4.6%，居省会城市第3、第10、第10位。产业结构持续优化，三次产业调整为3.1∶36.3∶60.6。财税金融支撑有力。完成财政收入1432.4亿元，增长3.9%，其中地方财政收入746亿元，居省会城市第9位，税收收入占财政收入比重达到87.3%。本、外币存贷款余额分别为16417.25、15854.83亿元，增长4.7%、11.7%。新增上市公司4家，总量52家，境内上市公司数量居省会城市第7位。就业民生保持稳定。城镇登记失业率2.8%，新增就业27.8万人，增长6.7%，总量占全省新增就业岗位39%。城、乡居民人均可支配收入分别达到45404元、22462元，增长9.5%、10.2%。全年居民消费价格比上年上涨2.9%。

二是创新之都加快建设。合肥滨湖科学城实质性运作。骆岗中央公园等一批标志性项目开工建设，安徽创新馆开馆运行。重大科技基础设施加快推进。大科学装置集中区建设全面展开，聚变堆主机主体工程开工建设，大气环境探测实验塔获批，先进光源预研、未来网和高精度地基授时系统加快推进。量子创新院主体封顶，国家实验室创建取得重要进展，能源、人工智能研究院挂牌组建。重大协同创新平台加速布局。天地一体化信息港试运行，离子医学中心和类脑实验室基本建成；中科大高新园区等加快建设，武汉大学创新院成功签约，大院大所合作平台总数达到26家。新建各类研发机构超100家，国家级企业技术中心总量保持省会城市第一。创新能力不断提升。万人发明专利拥有量32件，增长15.04%，吸纳技术合同成交额增长52.5%，新增国家高新技术企业超过400家，科大国盾、皖仪科技即将登陆科创板。细胞活化调控等8项成果获国家科学技术奖，跻身世界区域创新集群百强。新增“两院”院士5人，在肥服务院士达127人，合肥连续两年跻身“外籍人才眼中最具吸引力中国城市”前三甲。首轮“全创改”试验完成，中科院合肥物质院成果转化平台等经验举措在全国推广。“双创”活力持续迸发。“双创活动周”“合创汇”等示范效果加速显现，新建26家孵化器和众创空间，高新区、长丰（双凤）经开区获批国家第二批创业创新特色载体。

三是产业结构优化升级。战略性新兴产业成为合肥新名片。战略性新兴产业增加值增长15.2%，占规模以上工业比重52.6%，创历史新高。大力培育发展战略性新兴产业获得国务院通报激励，新型显示器件、集成电路、人工智能入选第一批国家战略性新兴产业集群，获批建设国家新一代人工智能创新发展试验区，智能语音入选国家先进制造业集群。全省历史上单体投资规模最大（总投资2200亿元）的长鑫集成电路制造基地正式签约，项目一期成功投产，自主研发的国产19纳米存储芯片实现量产突破；总投资460亿元的维信诺AMOLED6代线项目、全球领先的合肥视涯硅基OLED项目加速布局；中国声谷集聚企业超600家，

表 1：合肥综合性国家科学中心建设进展一览表

合肥综合性国家科学中心大装置、大平台、大项目推进情况
全超导托卡马克、稳态强磁场、同步辐射实验装置性能稳步提升；合肥综合性国家科学中心能源研究院、人工智能研究院启动建设；量子信息与量子科技创新研究院、聚变堆主机关键系统综合研究设施、天地一体化信息网络合肥中心、类脑智能技术及应用国家工程实验室、合肥大科学装置集中区、中科大高新园区、合肥先进光源预研工程、合肥离子医学中心加快建设；大气环境立体探测实验研究设施、未来网络实验设施、高精度地基授时系统、强光磁实验装置、合肥先进计算中心项目以及医学前沿科学和计算智能前沿技术研究中心、地球和空间科学前沿研究中心、物质科学交叉前沿研究中心等中科院“十三五”科教基础设施前期工作加快推进。
大院大所合作推进情况
中科大国际金融学院、合肥能源研究院建成；合肥北航科学城、北外合肥国际学院、天津大学合肥研究院、合工大智能制造技术研究院加快建设；安徽大学绿色产业技术创新院、互联网学院前期工作加快推进；清华大学合肥公共安全研究院（二期）、复旦大学合肥先进产业研究院、武汉大学创新技术研究院正式签约。
合肥综合性国家科学中心重大科研成果产出情况
信息领域：与国内外合作首次观测到三维量子霍尔效应；首次在单自旋体系中观测到宇称时间对称性破缺；利用“墨子号”量子科学实验卫星率先开展引力诱导量子纠缠退相干实验检验。 能源领域：中科院合肥院圆满完成 ITER（国际热核聚变实验反应堆）PF6 线圈生产制造任务，打破了发达国家在这一领域的技术壁垒，生产设备实现了全国产化，同时还发展和完善了超导磁体制造的标准和相关规范，先后孕育出十余项专项标准。 健康领域：首次实现哺乳动物裸眼红外光感知和红外图像视觉，突破了自然界赋予动物的视觉感和物理极限；揭示了人类疱疹病毒基因组包装关键机制。 环境及其他领域：大气环境监测三台载荷搭载“高分五号”卫星成功实现在轨运行，首次获取全球二氧化氮、臭氧柱浓度分布图，提升了我国参与全球气候治理话语权；新型“探霾”激光雷达项目通过科技部验收，打破发达国家对激光雷达核心技术的垄断；研制缓冲拉杆关键部件成功保障“嫦娥四号”首次月球背面软着陆。

营收突破 800 亿元。传统产业加快转型升级。全年实施 5000 万以上重点技改项目 386 个，深入推进智能制造“万千百”工程，新启动 26 个智能工厂、250 个数字化车间，智能化家电产品占比超 4 成。加快实施“万家企业上云”行动，建成合力叉车等一批有影响力的工业互联网平台。国家级工业设计中心数居省会城市第 1 位。现代服务业发展迅速。服务业增加值增长 7.8%，快于 GDP0.2 个百分点。软件和信息技术服务、商务服务、文化艺术等新兴服务业快速发展，营收分别增长 13.6%、13.1%、33.5%。成功纳入国家物流枢纽布局规划，培育省级服务业集聚区、示范园区 39 家。世界制造业大会、家博会、首届世界显示产业大会等重要展会成功举办，入选“中国最具竞争力会展城市”。合肥“中国快递示范城市”第一轮创建通过复评。高新区中安创谷科创小镇、经开区南艳湖机器人小镇和肥东县长临河文旅小镇入选省级特色小镇，安巢经开区三瓜公社电商小镇典型经验在全国推广。

四是三大需求协同拉动。固定资产投资高位增长。全年固定资产投资增长 9%，其中工业、基础设施、现代服务业投资分别增长 10.2%、11%、10.3%。“大新专”重点项目完成投资 3105 亿元，占年度计划投资的 117.1%，继续保持全省第一。招商引资势头强劲。招商引资总量同比增长 10.5%。新签约重点项目 1110 个，协议总投资 3997.1 亿元，其中 10 亿～100 亿元项目 80 个，100 亿元以上项目 4 个；新签约央企合作项目 67 个，新引进境外世界 500 强企业 2 家。消费市场保持旺盛。社会消费品零售总额增长 8.7%，其中网上商品零售额增长 27.4%，快递业务量突破 15 亿件，入选国家特色型信息消费示范城市。对外贸易平稳增长。全市进出口总额 322.1 亿美元，其中出口 202 亿美元，同比增长 10.7%，高出全国 10.2 个百分点，外商直接投资 33.9 亿美元。

五是城市建设提品提质。综合交通体系不断完善。商合杭高铁合肥以北段建成通车，合肥南站南广场投入使用，合新高铁、巢马城

表 2：产业重点项目进展一览表

战略性新兴产业：京东方 10.5 代线、康宁玻璃基板、视涯硅基 OLED、奕斯伟 COF 卷带、通威年产 2.3GW 高效晶体硅太阳能电池等建成；长鑫 12 英寸存储晶圆制造基地、维信诺 AMOLED、亿帆高端药品制剂、国轩年产 5 万吨锂电池正极材料、商业航天火箭发动机、庐阳大数据产业园、新汇成封测、汉旸液晶材料等加快建设；江淮大众新能源汽车研发中心、通威 5GW 电池及配套、保隆汽车电子产业基地、宇皓导光板、优泰隔热新材料、双杰智能电网高端装备研发制造基地等开工建设。 传统优势产业：长安整车二期、中民筑友绿色建筑科技园一期、海尔年产 300 万台滚筒洗衣机、高新马瑞利合肥研发生产基地、常青机械年产 15 万套汽车核心部件、精度光学传感器全自动封装线生产、美菱年产 200 万台波轮及滚筒洗衣机生产基地等项目建成；汇通汽车零部件产业园、江淮汽车新港基地配套建设、晟泰克汽车电子、中盈高科技产业基地、智锐专用车车板生产、亿恒大型轻量化车用覆盖件智能化生产基地等项目加快建设；江淮松芝城轨车辆空调、高端卡车空调、中材安徽水泥装配式制造、庐江 120 万吨乙二醇及配套合成气等项目开工建设。 现代服务业：惠而浦仓储物流、滨湖卓越城文华园一期、龙湖天街等建成；南山岗集综合交通物流港、京东商城区域总部及配送中心、派河综合物流园派河港区一期等加快建设；合肥金融广场、滨湖金融小镇一期、菜鸟网络中国智能骨干网北区一期等开工建设。

表 3：基础设施重点项目进展一览表

重大基础设施项目
铁路：商合杭高铁合肥以北段建成；合安高铁、合九铁路丰乐—肥西段改线加快建设；新合肥西站、合新高铁、巢马城际等开工建设；沿江高铁合宁段、合肥—新桥机场—六安城际铁路等前期工作加快推进。 公路：合宁、合芜、合安高速扩容工程等建成；S319 军二路泉水至黄姑段、G346 巢庐路盛桥至庐城段、南淝河路互通立交工程等加快建设；德上高速合枞段、岳武高速东延无岳段、G329 合相路塘林至双枣段、明巢高速等开工建设。S32 宣商高速、G206 吴山至南岗段等前期加快推进。 航空：庐江电力通用机场（B 类）开工建设，新桥机场二期、肥西官亭、肥东白龙等前期工作加快推进。 航道：裕溪一线船闸扩能改造工程开工建设，引江济淮工程、派河国际综合物流园港区一期等加快建设。
市政基础设施项目
轨道交通：3 号线建成；4 号线、5 号线、1 号线三期等加快建设；2 号线东延、3 号线南延、4 号线南延，6、7、8 号线，合肥机场 S1 线前期加快推进。 骨干路网：郎溪路高架（包河大道—裕溪路）建成；怀宁路下穿天鹅湖隧道、徽州大道南延（庐江段）、裕溪路高架东延、方兴大道高架等加快建设；畅通二环（北环西段）开工建设；习友路下穿科大高新园区、畅通二环节点改造前期加快推进。 水电气热：六水厂污泥干化工程、合肥小庙 220 千伏输变电工程、天然气定合复线定远—罗集项目、热电集团 5 个热源点超低排放改造工程等建成；大官塘水厂一期、磨墩水库取水泵站及至七水厂原水管、大学城 220 千伏输变电工程、庐江生活垃圾焚烧发电项目、肥西生活垃圾焚烧发电项目、滨湖新区核心区区域能源项目、天然气绕城高压管线工程、合肥都市圈高压天然气管线工程（合肥—六安）等加快建设；二水厂污泥干化、五水厂污泥干化、空港供水泵站、潜山路水源管、皖能长丰农林生物质发电项目、肥东县大李水库渔光互补光伏电站项目、新能热电联产项目一期 B 标段工程及配套管网项目、环巢湖天然气高压管线工程庐江—巢湖项目等开工建设。

际、新合肥西站开工建设。合宁、合安、合芜高速公路“四改八”扩容工程建成通车，明巢高速（合肥段）开工建设，新建续建国省干线公路 360 千米。新桥机场总体规划修编正式获批，旅客和货邮吞吐量分别突破 1228.24 万人次、8.71 万吨，庐江电力通用机场（B 类）开工建设。引江济淮合肥段快速推进，累计完成投资超 300 亿元，裕溪船闸改造开工建设。城市承载力稳步提升。国土空间总体规划启动编制，空港经济示范区规划编制完成，东部新中心等五大片区启动建设。全市新建、续建“大建设”工

程1370项，完成投资570.2亿元，增长7.8%。轨道交通3号线开通运营，合肥地铁进入“线网时代”，4、5号线和1号线三期稳步推进，轨道交通三期规划获批。郎溪路高架等建成通车，裕溪路高架等一批重点道路开工建设。大官塘水厂一期开工建设。精细化管理水平持续提升。深入开展“两治三改”，数字城管二期建成使用，合肥市生活垃圾管理办法正式实施，垃圾分类试点工作取得初步成效。整改拥堵点23处，建成停车场66处、泊位11621个、新能源充电装置10657个。合柴1972、红星路改造等一批城市更新项目建设完成。智慧城市加快建设，5G基站突破1300个，发布新一代政务云，城市生命线系统二期、雪亮工程等重大项目加快推进，交通“一卡通”实现全国互联互通。成功创建国家信用体系建设示范城市。荣获全国“七五”普法中期先进城市，荣膺“2019社会治理创新典范城市”。

六是城乡融合有力有序。区域经济协调发展。肥西、肥东、长丰稳居全国百强并实现位次前移，巢湖、庐江再次跻身全国中小城市投资潜力百强县市。四城区在全国综合实力百强区位次进一步提升。高新区、经开区分别位列全国高新区、经开区综合考评第6名和第14名。庐阳区、蜀山区、高新区、经开区经济总量首次突破千亿。乡村振兴稳步实施。出台乡村振兴战略规划，累计完成乡村振兴项目投资22.8亿元，庐江十里长冲等3个市级示范项目加快推进。完成89个美丽乡村中心村建设，农村道路畅通工程完成1300千米，农村生活垃圾无害化处理率达100%，85个乡镇实现污水处理全覆盖，农村生活污水治理工作经验在全国推广，累计完成自然村改厕20.35万户，改造农村危房2609户。长丰县汽车零部件等4个特色产业集群获批建设省县域特色产业集群，庐江台创园创成首批国家农村产业融合发展示范园。农业结构持续优化。虾稻综合种养面积54.7万亩，新型农业经营主体突破1.4万家，休闲农业接待游客突破3700万人次，营业收入达40亿元。粮食产量301万吨，蔬菜产量突破217万吨、肉禽蛋奶水产品总产量达89.6万吨。

七是生态环境持续改善。环境突出问题得到有效整改。深入实施“三大一强”专项攻坚行动，认真抓好中央和省环保督察问题整改，一批突出环境问题得到有效解决。巢湖综合治理深入推进。完善《巢湖综合治理绿色发展总体规划》，启动编制巢湖流域水环境一级保护区工作方案，开展巢湖生态清淤试点，环巢湖生态保护与修复3～6期工程共完成投资64.6亿元，巢湖全湖平均水质由Ⅴ类好转为Ⅳ类，为近三年同期最优。蓝天碧水净土保卫战成效显著。在全省率先开展非道路移动机械排气环保标识管理，空气优良天数比率达70%，PM_{10}、$PM_{2.5}$年平均浓度分别下降0.7%、5.2%，连续6年“双下降”。狠抓重点河流污染治理，在全省率先建立市级河湖警长制；新建污水管网758千米，整改雨污混接点4541处，完成蜀峰湾等9处黑臭水体整治，十五里河成功消除劣Ⅴ类，派河好转为Ⅳ类，南淝河水质逐步向好，15个国考断面全部达标，成功跻身全国水生态文明城市。土壤污染防治持续推进，严格建设用地准入，加快推进东部新中心土壤修复试点等工程。深入推进节能降耗，超额完成单位GDP能耗下降目标。生态宜居城市加快建设。大房郢公园等城市十大公园和肥东十八联圩等环湖十大湿地加快建设，积极创建国际湿地城市。完成人工造林10万亩、城镇绿化1000多万平方米，全市森林覆盖率达28.3%。

八是改革攻坚深入推进。持

表4：生态环保重点项目进展一览表

大气环境治理：长安VOCs治理技术改造、巢湖非禁燃区燃煤锅炉淘汰、皖维花山尾气洗涤除尘、乐凯有机废气治理设备改造、中盐红四方燃煤锅炉超低排放改造、新港码头重污染企业环保搬迁改造等建成；经开区大气微观站等开工建设。
水环境治理：派河流域上游水土流失治理工程、京台高速处初期雨水调蓄工程、店埠河下游龙泉山区域水环境整治工程、巢湖北岸富磷区域水土流失防治工程、庐北大圩堤防截渗及白石天河下游小流域治理工程等建成；董铺、大房郢水库二级水源保护区水源保护工程、丰乐、杭埠河流域水环境保护工程、黄陂湖流域水环境综合治理工程、巢湖市乡镇污水处理厂及配套管网工程等加快建设；十五里河流域治理一期工程、白石天河流域农村生活污水处理一期工程、马槽河流域农村生活污水处理一期工程、白湖监狱污水处理设施建设工程、兆河流域农村生活污水处理一期工程等开工建设。
生态园林绿化：合肥巢湖湖滨、派河口湿地项目建成；十八联圩、半岛、三河、柘皋河等湿地项目加快建设；槐林、马尾河、栖凤洲、玉带河等湿地项目前期加快推进。

续深化“放管服”改革。完成市级“互联网+政务服务”平台改造，实现“应上尽上”“一网通办”。深入推进商事制度改革，设立“企业开办”统一受理窗口，实现企业开办“零成本”“一日办结”，新登记市场主体23.7万户，增长18.7%，总量突破100万户，政务服务事项“最多跑一次”占比超99%，被国务院电子政务评为“网上政务服务能力非常高”的7个城市之一，获评2019中国政府信息化管理创新奖。严格落实市场准入负面清单制度，推行“政采贷”业务。推进重点领域改革。稳步推进混合所有制改革试点，完成市属国有企业公司制改制。出台市以下财政事权和支出责任划分改革实施意见，全面实施预算绩效管理。全面完成1560个村居和33555个组级集体资产清产核资任务，农村集体产权制度改革村居达88.8%，“三变”改革村居达66.9%，经济强村达7.2%。市县机构改革顺利完成。在全省率先完成市直事业单位车改工作，县（市）区、开发区事业单位车改有序推进。完善政策支撑体系。修订高质量发展政策实施细则，出台“三重一创”资金管理办法、人工智能、支持民营经济发展“10条”等系列政策，设立10亿元纾困基金，落实减税降费措施，新增政策性减税254.18亿元，支持实体经济发展。出台专项工作方案，有效防范金融等领域重大风险。

九是开放格局全面拓展。深度融入长三角一体化发展。出台合肥市推进方案，积极推动科技创新、新兴产业、基础设施、公共服务等领域对接合作，“两心”共创、合杭梦想小镇等一批重点合作事项加快推进；牵头筹建G60新能源和网联汽车产业联盟，G60物联网、生物医药、环境等产业合作示范园区陆续挂牌；与长三角9城市实现轨道交通手机“扫码过闸、一码通行”，与上海等41个城市医保“一卡通”，18个城市间、51个事项“一网通办”。成功举办长江中游城市群省会城市会商会，四省会共同签署高质量协同发展行动方案。大力推进合肥都市圈同城化。合淮产业走廊规划、合六经济走廊规划、合肥都市圈一体化发展行动计划印发实施，蚌埠市整体加入都市圈，合肥都市圈第九次会商会成功召开，签署10个合作专题框架协议。结对合作稳步推进，合肥位列皖北结对考核市域园区援建方第1名，稳步推进援疆援藏，支持重庆渝北发展。持续提升对外开放合作水平。全年出入境人次同比增长28%；合肥中欧班列发运368列、增长102.2%，开行线路增至17条；水运港集装箱吞吐量36.9万标箱、增长19.8%。庐州海关正式开关，合肥综合保税区进出口额增长59.7%，跨境电商综试区交易额增长66.5%，合肥经开区综合保税区通过验收。中德教育合作示范基地全面建设，中德青年学生创业孵化中心投入使用。深化国际友好合作，新增俄罗斯切博克萨雷、下诺夫哥罗德2个国际友城。

十是民生福祉持续增进。扩大公共服务供给。办好31项民生工程和20项民生实事，完成民生支出960.8亿元，占财政支出比重85.6%。新建改扩建71所幼儿园、44所中小学，公办幼儿园比例提升至45.5%，城市和农村地区中小学午餐服务覆盖率达99.7%和58.8%，实现乡镇寄宿制学校全覆盖。加快建设国家区域医疗中心，成为安徽唯一获批按疾病诊断相关分组付费国家试点城市。加强就业和社会保障。实施就业优先战略，城镇登记失业率连续保持较低水平。持续推进参保扩面，城镇职工基本养老、失业、工伤保险参保均超额完成年度目标任务。建立县域医共体医保基金结余留用、合理超支由医保基金和财政按比例分担的管理机制，分级诊疗制度更加成熟。加强困难群体救助帮扶，发放价格临时补贴1.38亿元，“惠民菜篮子”等稳价措施获得广泛赞誉。坚决打好脱贫攻坚战。完成64户、212人脱贫任务，完成中央脱贫攻坚专项巡视反馈问题等各类问题整改，在2019年全省脱贫攻坚综合考核中获“好”等次。重点实施脱贫攻坚八大提升工程，安排扶贫资金16.5亿元，建成特色产业扶贫园区项目112个、带动贫困户2.8万户。完善住房保障体系。坚持“房住不炒”定位，房地产市场保持平稳健康发展；扎实推进政府购买公租房运营管理服务国家级试点工作，成功入选中央财政支持住房租赁市场发展试点城市和全国老旧小区改造试点城市，开工建设23个棚户区改造项目，基本建成棚改安置房10223套。加快推进100多部老旧小区电梯加装，整治老旧小区122个，建成智慧平安小区73个。丰富群众精神文化生活。新建33个城市阅读空间。全市160个公共文化场馆免费开放。成功举办长江中游城市群第七届会商会文艺晚会、中国上海国际艺术节合肥分会场等全国性文化活动。入选全国社会足球场地建设重点推进城市，举办合肥市首届全民健身运动会，合肥国际马拉松赛迈入国际金标赛事行列，成功申办2023年第五届全国智力运动会。

今年以来，面对突如其来的新冠肺炎疫情，全市上下认真学习贯

表 5：民生保障重点项目进展一览表

教育：合肥职业技术学院新校区、黄麓师范一期建成；合肥技师学院、特殊教育中心北校区等加快建设；合肥九中新校区等开工建设；合肥六中新校区等前期加快推进。
文化：安徽创新馆建成；滨湖会展中心二期等加快建设；市中心图书馆、市科技馆新馆、市妇女儿童活动中心、市青少年活动中心开工建设；市美术馆等前期加快推进。
医疗：离子医学中心（一期）主体结构竣工；市公共卫生管理中心、市一院门急诊住院综合楼等加快建设；市八院门急诊综合楼等开工建设；市妇幼保健院和口腔医院滨湖分院、市空港医院等前期加快推进。
养老：市残疾人托养中心等加快建设；市智慧养老中心等开工建设。
体育：南艳湖全民健身中心主体建成；球类健身馆加快建设；市全民健身中心改造前期加快推进。

彻习近平总书记关于统筹推进疫情防控和经济社会发展系列重要讲话和指示批示精神，坚决贯彻党中央国务院、省委省政府和市委决策部署，超前谋划、迅速行动、积极作为，严格落实“八严八控”防控措施，及时出台惠企、惠商、惠农“12条”等一系列政策措施，签约和开工了蔚来汽车总部、中国电子战略合作项目以及中国电信（安徽）大数据产业园、泰禾光电智能装备研发生产基地等一大批重点项目，坚决实施疫情防控和经济社会发展“两手抓”，在较短时间内实现本地确诊病例“清零”，患者治愈率达到99.4%，医护人员“零感染”，复工复产复市复学取得重大进展，全市疫情防控成果进一步巩固，经济社会秩序全面恢复。

二、2020年国民经济和社会发展的主要目标

2020年是全面建成小康社会的决胜之年，也是“十三五”收官之年，必须继续坚持发展第一要务，全力抓好各项工作落实，为“十四五”夯实基础。从外部环境看，国外疫情防控形势依然十分严峻，全球经济下行压力进一步加大，外部不确定性因素持续增多。国内疫情防控阻击战取得重大战略成果，经济社会秩序加速恢复，积极的财政政策更加积极有为，稳健的货币政策更加灵活适度，密集出台了推动经济社会发展一揽子政策措施，逆周期调节力度不断加大，为对冲疫情影响，保持经济稳定增长，加速转型升级提供了有利的条件。从合肥自身看，疫情防控向好形势持续巩固，人流、物流、资金流、信息流不断畅通，一系列对冲疫情影响的政策措施持续发力。综合性国家科学中心、长三角一体化发展、中部崛起等国家战略叠加效应逐渐显现，持续的科技创新积累、多年的新兴产业培育等发展成果，为合肥面对经济下行和转型升级提供了底气，发展动能将加速释放。

但是也要看到，抗疫斗争取得全面彻底胜利任重道远，工业增长放缓、投资后劲不足、实体经济经营困难增多等问题较为突出，经济下行压力较大，这些都需要在当前和今后一个时期切实加以解决。

2020年工作总体要求是：以习近平新时代中国特色社会主义思想为指导，深入贯彻党的十九大和十九届二中、三中、四中全会精神，全面落实省委、省政府和市委各项决策部署，抢抓长三角一体化发展重大机遇，紧扣全面建成小康社会目标任务，坚持稳中求进工作总基调，坚持新发展理念，以供给侧结构性改革为主线，坚持推进高质量发展，统筹推进“战疫情、促发展”，坚决打好三大攻坚战，扎实做好“六稳”工作，落实“六保”任务，坚定实施扩大内需战略，确保全面建成小康社会和“十三五”规划圆满收官，着力打造具有国际影响力的创新高地、全国重要的先进制造业高地、具有国内领先优势的数字经济高地、内陆开放新高地、优质优良宜居宜业的生态高地，在全面从严治党上当好示范。

主要预期目标：全市地区生产总值总量迈上1万亿元台阶；规模以上工业增加值增长8%左右；固定资产投资增长8%左右，其中工业投资增长7%左右；财政收入增长3%；社会消费品零售总额增长8%左右；进出口总额增长高于全国平均水平；招商引资增长10%左右，其中外商直接投资35.26亿美元；居民人均可支配收入增长9%；城镇新增就业13万人，城镇登记失业率控制在3.2%以内；节能减排完成省控目标。

提出以上主要预期目标，充分考虑了合肥发展的基础和潜力，体现了合肥加快发展的信心和决心，彰显了省会城市的责任和担当。由于全球疫情仍在蔓延，发展面临的不确定性因素较多，完成全年目标任务困难较多、挑战巨大，需要全市上下以更加坚定的信心，实施超常规的举措，紧盯目标、加倍努力、攻坚克难，奋力夺取疫情防控和经济社会发展全面胜利。

三、2020 年计划的主要任务

（一）统筹推进“防控”“发展”，奋力打赢两场“硬仗”。

一是抓好常态化疫情防控。强化底线思维、风险意识，毫不放松继续抓紧抓实抓细各项疫情防控工作，根据形势动态完善防控策略和应对举措。加强入境来肥人员、无症状感染者等重点人群的健康监测和服务管理，进一步扩大核酸检测范围，做到应检尽检、愿检尽检。强化群众风险防控意识，广泛开展爱国卫生运动，积极倡导健康生活习惯，巩固扩大疫情防控成果。

二是全面恢复经济社会秩序。加大“六稳”工作力度，落实“六保”任务，千方百计畅通产业循环、市场循环、经济社会循环，加快推动各行各业复工达产。深入开展“四送一服”专项行动，帮助企业解决用工、融资、原材料和零部件供应等难点堵点，推动供应链上下游企业协同复工复业。强化已出台各项政策落实，及早下达年度高质量发展政策资金，严格执行各级减税降费、租金减免等政策，全力帮助企业渡过难关，保住市场主体。

（二）提速建设科学中心，着力打造创新高地。

一是高标准推进合肥滨湖科学城建设。持续创新科学城建设管理体制，积极争创国家级合肥滨湖新区。加快拓展安徽创新馆功能，整合全省各类技术交易平台主体，构建“政产学研用金”六位一体机制，打造安徽科技大市场。加快骆岗中央公园规划建设，高品质建设科创 CBD、滨湖国际科学交流中心、园博园、航空主题公园等项目。实施滨湖新区 85 平方千米核心区功能完善和品质提升三年行动计划。

二是高水平建设重大创新平台。着力打造“五大支柱”，完成量子创新院建设，争创国家实验室，加快建设能源、人工智能、大健康研究院、环境研发平台和未来技术综合研究基地。推进建设“十大装置”，规划建设大科学装置集中区，提升全超导托卡马克等三个装置性能，加快推进聚变堆主机、未来网、高精度地基授时系统等，争取先进光源、大气立体探测、强光磁实验设施纳入国家“十四五”序列。支持建设协同创新平台，加快建设中科院临床研究医院、天地一体化信息网络、合肥离子医学中心等交叉前沿研究平台和产业创新转化平台。持续深化大院大所合作，启动清华公共安全院二期、武汉大学创新院等建设，基本建成中科大高新园区、北航创新院。深化长三角科技创新合作，推动安徽合肥、上海张江两大综合性国家科学中心“两心”共创。

三是高质量构建创新生态。深度参与长三角区域全面创新改革试点，加大科技创新改革力度，全面提升城市创新活力。实施科技型企业培育“双千”行动，新增孵化器、众创空间 15 家，国家高新技术企业突破 3000 家；科技型中小企业突破 2000 家，培育一批瞪羚企业、独角兽企业。实施重大科技专项，组织实施 100 项重大创新项目，着力突破一批共性技术瓶颈。建立市自然科学基金，引导社会资本加大初创期项目投入，全社会研发投入增长 10% 以上。统筹推进知识产权示范园区建设，开展企业知识产权质押融资，争取获批中国（合肥）知识产权保护中心。畅通高层次人才“绿色通道”，推进中国合肥国

专栏 1：合肥综合性国家科学中心建设计划

合肥综合性国家科学中心大装置、大平台、大项目建设计划
全超导托卡马克、稳态强磁场、同步辐射实验装置进一步提升性能 量子信息与量子科技创新研究院、中科大高新园区、合肥先进光源预研工程、合肥离子医学中心等计划建成；合肥综合性国家科学中心能源研究院及人工智能研究院、聚变堆主机关键系统综合研究设施、天地一体化信息网络合肥中心、合肥大科学装置集中区等加快建设；未来网络试验设施（合肥分中心）、高精度地基授时系统（合肥一级核心站）、合肥先进计算中心项目以及医学前沿科学和计算智能前沿技术研究中心、地球和空间科学前沿研究中心、物质科学交叉前沿研究中心等中科院“十三五”科教基础设施等计划开工；力争合肥先进光源项目、大气环境立体探测实验研究设施项目、强光磁集成实验装置项目列入国家“十四五”重大科技基础设施建设序列。
大院大所合作项目建设计划
北航合肥创新研究院、北外合肥国际学院、天津大学合肥研究院、合肥工业大学智能制造技术研究院等计划建成；清华大学合肥公共安全研究院（二期）、复旦大学合肥先进产业研究院、武汉大学安徽创新研究院、安徽大学绿色产业创新研究院等计划开工。

际人才市场建设。办好创新创业大赛，支持创新产品推广应用，打造更具竞争力的创新创业生态系统。

（三）全力培育产业集群，加快打造先进制造高地。

一是推进新兴产业集聚发展。坚持“市级—省级—国家级”三级联动，重大产业项目—重大专项—重大基地滚动发展，重点建设3个国家战略性新兴产业集群、6个省级和6个市级战略性新兴产业基地。全力支持长鑫存储、晶合集成、合肥京东方、维信诺、视涯、中国声谷、科大讯飞、蔚来汽车、江淮汽车、阳光电源、通威太阳能、安科生物、智飞龙科马等行业龙头企业做大做强，加快完善产业链条，构建产业生态，打造一批国内有影响力的产业集群。力争生物医药、网络空间安全分别进入国家、省战略性新兴产业集群（基地）。积极布局量子通信、类脑芯片、精准医疗、第三代半导体等前沿领域，抢占未来产业发展制高点。

二是大力发展先进制造业。围绕产业基础高级化和产业链现代化攻坚，在家电、装备制造等领域实施产业基础能力提升工程。加快创建智能语音国家制造业创新中心。继续开展智能制造“万千百”“万家企业登云”“百企贯标、千企对标”等行动，打造1～2个智能制造标杆工厂。推动数字经济与传统产业融合，积极探索工业互联网+5G创新发展路径，培育10个以上示范应用场景，争创安徽省数字经济产业创新试验区。扎实推进军民融合深度发展，争取获批合肥公共安全、高端装备制造2个省级军民融合发展基地，加快建设合肥电子信息军民融合发展基地。

三是推动现代服务业高质量发展。加快建设全省线上经济创新发展试验区，加快培育一批线上经济“创新型”企业，推广一批线上服务“应用型”场景，塑造一批“在线型”品牌产品，突破一批线上“通用型”关键技术，着力打造具有国内领先优势的数字经济高地。以国家物流枢纽、国家检验检测高技术服务集聚区试点为引领，大力推动服务业集聚发展，促进产业消费双升级。着力建设国家物流枢纽布局承载城市，支持建设陆港型国家物流枢纽、国家骨干冷链物流基地，启动新一轮合肥“中国快递示范城市”建设。加快发展科技服务、信息服务等业态，推动生产性服务业向专业化和价值链高端延伸。加快发展创意文化、健康养老、旅游休闲、夜间经济等业态，推动生活性服务业向高品质和多样化升级。加快滨湖会展中心二期建设，打造区域性会展名城。

（四）持续强化需求拉动，不断增强发展动能。

一是多管齐下扩大有效投资。坚持以重大项目为抓手，着力稳投资、稳增长。严格落实“四督四保”“五项机制”和“三个走”工作机制，持续优化重大项目智能管理系统，建立“招商签约库—重点项目库—统计项目库”的联动机制，加快重点项目推进。抓住土地、能耗政策调整机遇，加强用地、用能、资金以及征地拆迁、项目审批等要素供给和服务保障，为项目加快建设创造条件。全面推进骆岗中央公园、东部新中心、大科学装置集中区、空港经济示范区、西部运河新城“五大片区”建设，加大“新基建”项目谋划推进力度，全力扩大有效投资。加大中央投资项目和防疫特别国债、地方专项债项目谋划

专栏2：产业重点项目建设计划

战略性新兴产业：中科装备超导质子治疗系统工程、新汇成封测、亿帆高端药品制剂、汉旸液晶材料等计划建成；长鑫12英寸存储晶圆制造基地项目、维信诺AMOLED、通威5GW电池及配套、晶合12英寸晶圆、众禾动力年产4.5亿瓦时新能源汽车动力锂电池、智慧光伏系统制造基地与新能源数据运营中心、蜀山区“中国环境谷”等加快建设；蔚来汽车总部项目、沛顿存储封装项目、协鑫再生晶圆项目、国轩新能源汽车电池项目、富满电子封装测试工厂、美国空气化工、鼎材发光材料、700万平方米/年PVA光学薄膜、中环环保总部基地、巢湖今辰医药产业园等计划开工。

传统优势产业：雅戈尔年产1万吨智能数码纺纱、江淮汽车新港基地配套、智锐专用车车板等计划建成；汇通控股汽车零部件产业园、晟泰克汽车电子、亿恒大型轻量化车用覆盖件智能化生产基地等加快推进；桐昆控股年产120万吨合成气制乙二醇项目、宝钢气体年产120万吨乙二醇配套合成气、中驰股份钢结构及声屏障生产基地等计划开工。

现代服务业：庐阳大数据产业园、菜鸟网络中国智能骨干网北区一期、派河国际综合物流园派河港区一期等计划建成；合肥金融广场、合肥邮件处理中心、中南高科合肥智造产业园等加快建设；海康威视区域研发与销售总部、鲜丰水果智慧冷链仓储项目、中外运供销物流园、国际内陆港基地、派河国际综合物流园铁路物流基地、合肥百大肥西农产品物流园、万科物流地产华东总部结算运营中心等计划开工。

和资金争取力度，加强跟踪对接，争取更多资金支持。

二是多点发力加快消费回补。加强政策引导，出台促进消费政策措施，组织“惠民消费季”活动，支持商贸企业开展促销活动；研究新能源汽车、智能家电等消费政策，拓展农村消费市场，促进消费潜力释放。优化消费环境，积极推动淮河路步行街申创国家级步行街改造提升试点，加大蜀山区天鹅湖中央商务区建设力度，推进包河区罍街、瑶海区东部新中心特色商业街建设。培育消费新业态、新模式，推进线上线下深度融合，鼓励实体商贸流通企业数字化转型，发展在线消费。

三是多措并举稳外贸稳外资。扎实抓好政策落实，用足用好出口退税、出口信用保险、扩大出口信贷投放等政策措施，帮助进出口企业做好稳订单、稳市场等工作。积极培育外贸主体，支持安徽一达通、一米国际等外贸综合服务企业发挥平台作用，帮助本地中小企业拓展“一带一路”等新兴市场；加快推进中国（合肥）跨境电商综试区建设，培育引进一批跨境电商重点项目。着力优化投资环境，全面落实外商投资准入前国民待遇加负面清单管理模式，加速复制推广自贸区贸易便利化改革试点经验，营造更有吸引力的外商投资环境。

（五）强力推动城市建设，全面提升功能品质。

一是提升城市综合承载能力。加强城市规划设计，优化全市城镇体系空间布局，完成市国土空间总体规划等规划编制，完善合肥空港经济示范区总体发展规划，加大五大重点片区城市设计和开发力度。全力推动城市路网建设，按照“高快一体、快快相连”的要求，加速形成“五横七纵”的快速路网体系。谋划开工畅通北环东段、文忠路等快速化改造以及新合肥西站、滨湖科学城配套路网等重点路桥项目。加快建设轨道交通4、5号线和1号线三期，全面启动建设轨道交通2、3、4号延长线和6、7、8号线一期、S1号线。强化城市运行保障，建成巢湖三水厂一期、蔡田铺污水处理厂三期等一批重点项目，加快推进城市生命线二期，完成地下综合管廊试点建设。开展精品城市、“城市微更新”试点项目建设，持续推进长江路、东一环路段等城市“双修”试点工程，实施政务区、十五里河沿线、火车站片区综合提升，推进小街巷改造，完善城市慢行系统。

二是加强城市精细化管理。深入推进“两治三改”专项行动，完成103个老旧小区改造。全面推广生活垃圾分类，加快生活垃圾分类管理条例地方立法。巩固提升文明城市创建成果，提升示范道路，改造街区节点。实施城市交通拥堵点治理、打通城市断头路等工程，计划治理拥堵点40处。建成覆盖全市的停车资源信息化系统，稳步推进共享停车，计划新建公共停车泊位约10000个、充电设施约8000个，有效缓解“停车难”。推进全市5G网络规模化部署，通过新建站点和原址改造等新增5G基站8000个以上。全面推行“数字城管”，加快形成“合肥大脑”，有序推进智能交通三期、智慧社区、“合肥通”等项目建设，积极推动“一码通域”在社保、林园等领域场景试点。

三是提升城市安全保障。健全完善应急预案体系，强化应急救援队伍建设，加强应急物资储备和装备建设，努力提升应急救援保障能力。加快推进食品安全智慧监管，有效保障学校幼儿园食堂、中央厨房以及网络订餐食品安全。加强城市安全源头治理、风险管控，强化安全生产监督管理，推进危险

专栏3：市政基础设施重点项目计划

轨道交通：5号线南段计划建成，4号线、5号线和1号线三期加快建设，2号线、3号线和4号线延长线、6、7、8号线一期、S1号线计划开工。

骨干路网：畅通二环北环西段、裕溪路高架东延、怀宁路下穿天鹅湖隧道计划建成；广德路（裕溪路—巢湖南路）、畅通二环北环东段等加快建设；郎溪路快速化改造计划开工。

水电气热：大官塘水厂一期、磨墩水库取水泵站、潜山路水源管、二水厂污泥干化、空港供水泵站、锦绣—常青220千伏线路工程、屏显220千伏输变电工程、庐江生活垃圾焚烧发电项目、肥西生活垃圾焚烧发电项目、皖能长丰农林生物质发电项目等计划建成；五水厂污泥干化工程等加快建设；四水厂迁建工程、六水厂提升改造工程、鼓山220千伏输变电工程、珠江路220千伏输变电工程、巢湖市鑫皖新能源有限公司二期C-RDF热电联产项目、金源热电扩建项目、中央公园供热工程、天然气宿州—黄山干线（蚌埠禹会—长丰段）项目、中海油江苏滨海LNG配套管线（合肥段）项目、环巢湖天然气高压管线工程合肥—巢湖项目等计划开工。

化学品等重点行业领域安全综合治理，确保全市安全生产形势稳定。深化交通运输综合行政执法改革，不断健全完善治超工作机制。加快“1289N”智慧警务等智能化项目建设，深化“三无”老旧小区平安改造。

四是加快建设文化强市。加快推进市中心图书馆、市美术馆、市博物馆等项目建设，提升城市阅读空间运营服务质量，打造一批文化街区。推动文化和科技有机融合，大力发展文化产业。办好文博会等品牌文化活动，推出一批文艺原创精品力作，打造江淮文化展示窗口。加快发展旅游产业，积极推动巢湖姥山岛、包公园、刘铭传故居创建国家AAAAA级旅游景区，提升渡江战役总前委旧址纪念馆配套设施，全力争创国家全域旅游示范区。

（六）深入实施乡村振兴，强力推动城乡融合。

一是加快振兴县域经济。坚持工业立县发展战略，加快培育县域主导产业，加大招商引资力度，全方位推进县域开发区与三大开发区合作共建，推动主导产业和特色产业集聚发展。高标准推进县域开发区建设，强化经济管理职能，完善功能配套，提升对项目、人才的吸引力和承载能力。统筹推进市政基础设施和公共服务向农村延伸，加快“四好农村路”建设，完成农村道路建设1200千米，巩固城乡公交一体化建设成果，全市所有乡镇、建制村通客车率保持100%。

二是深入实施乡村振兴。坚持农业农村优先发展，以多规合一实用性村庄规划统筹土地利用、产业发展、居民点布局、人居环境整治、生态保护和历史文化传承。出台《合肥市村庄规划编制技术导则（试行）》，完成县域村庄规划布局。深入推进乡村振兴“百村示范、千村推进”工程，梯次实施乡村振兴项目。建设省、市级中心村169个，全市规划布点中心村全部达到美丽乡村建设要求。深化农村环境“三大革命”，稳步推进“五清一改”村庄清洁行动，打造农村生活垃圾分类合肥模式。大力实施农村土地整治，补充耕地4万亩。深入开展乡村治理示范创建，提升乡村文明建设水平。

三是大力发展都市现代农业。围绕环巢湖、近城郊、分水岭地域特色，打造4个省级现代农业产业园。大力实施农业产业化“五个一批”工程，加快建设长三角绿色农产品生产加工供应基地。发挥农业行业28个首席专家“传帮带”作用，培育农业技术骨干和新型职业农民，建成50个农业行业首席专家工作室。全面提升“米袋子”“菜篮子”和“肉案子”产品供给和质量，粮食产量稳定在300万吨以上，蔬菜生产面积提升至129万亩，生猪产能自给率达46.8%，农产品合格率达98%以上。

（七）聚焦重点精准发力，坚决打赢三大攻坚战。

一是决战决胜脱贫攻坚。深入推进“抗疫情、补短板、促攻坚”专项行动，完成剩余9户、31人脱贫任务，确保所有贫困户高质量稳定脱贫，如期实现2020年脱贫目标。建立健全返贫监测预警和动态帮扶机制，大力发展壮大贫困村集体经济，巩固提升脱贫成果。研究建立解决相对贫困长效机制，推进脱贫攻坚与乡村振兴相衔接。

二是打好污染防治攻坚战。以“三大一强”专项攻坚行动为统揽，抓好环保督察反馈问题、“绿盾行动”问题整改。持续深化城市裸土、工地扬尘治理，重点抓好柴油货车、非道路移动机械污染治理，确保$PM_{2.5}$、PM_{10}年平均浓度和空气优良天数比例“两降一升”。突出南淝河治理，加快城市综合体、农贸市场、老旧小区等区域雨污分流建设，开展河道排口溯源式整改，继续推动农村黑臭水体整治，确保白石天河等清水河流水质稳定。扎实开展“清废行动”，积极推进东部新中心区域地块土壤修复。严格执行生态环境损害赔偿制度，加快完善生态补偿机制。

三是有效化解重大风险。深入落实“1+8+N”防范化解重大风险工作方案，健全地方金融监管防范体系，加强政府债务风险管控，防范化解市场主体经营不善、流动性危机等重点领域风险隐患，坚决守住不发生系统性风险的底线。

（八）扎实推进环境保护，加快建设生态高地。

一是强化环巢湖流域生态保护。完善巢湖综合治理体系，编制《巢湖流域水环境一级保护区治理和保护规划》，严格执行《巢湖综合治理绿色发展总体规划》，持续推进巢湖综合治理攻坚战，加快“数字巢湖”建设。高质量推进十五里河流域治理一期工程、十八联圩湿地修复等环巢湖生态保护与修复三期、四期、五期工程，加快实施兆河流域治理等六期工程。积极谋划巢湖流域水环境综合治理亚行贷款二期项目。深入实施环巢湖“十大湿地”生态系统保护与修复，加快推进巢湖生态清淤试点工程建设，常态化巡查、督查一级保护区重点建设项目和主要入湖河流。

二是推进清洁低碳发展。持续开展能耗“双控”和煤炭消费减量替代，推进用能权交易试点工作，加快能源管理体系建设和重点用能单位能耗在线监测系统建设，有序实施园区循环化试点改造。高质量建设国家新能源示范城市，研究出台能源高质量发展规划，鼓励引导新能源产业发展。加强电力需求侧管理，推进城市重点电源点和大中型电网工程建设，着力完善能源供应保障体系。落实绿建条例和装配式建筑实施意见，完成公共建筑节能改造面积132万平方米，实现全市装配式建筑占新建建筑面积的20%以上。

三是提升城市绿色生态水平。深入推进“公园城市”建设，扎实开展“四旁四边四创”绿化提升行动。完成绿化面积1000万平方米以上，新造林5万亩，退化林修复和森林抚育17万亩，新建、提升街旁绿地60个以上，创建1个省级森林城市、5个省级森林城镇和50个省级森林村庄。加快“十大公园”“100个小公园、小游园”和植物园南扩等重点项目建设，打造“一路一花”特色道路。严格执行城市绿线管理制度，加快“智慧林业”建设，全力申办第十三届中国国际园林博览会。

（九）加力推进改革攻坚，优化提升营商环境。

一是持续优化营商环境。修订出台《合肥市促进民营经济发展条例》实施细则，深化企业开办“六个一”工作意见，完善小微企业“1+13+X”服务平台功能建设，纵深推进“证照分离”改革。全面落实减税降费、下调社保费等普惠性政策，进一步降低企业生产经营成本。深化金融供给侧结构性改革，持续开展“信易贷”工作。探索建立政银企合作长效机制，加大金融创新产品推广力度，有效纾解民营企业融资难问题。出台政务“皖事通办”平台工作方案，开展“慧办事、慧审批、慧监管”建设应用，打造“智慧政务”服务品牌。

二是深入推进经济体制改革。持续推进财政体制改革，分领域推进共同财政事权与支出责任划分改革，研究国有金融资本改革方案，完善预算绩效管理考核机制。持续优化信贷结构，完善企业全周期股权投资基金体系，扩大直接融资规模。持续完善国资国企改革制度体系，出台国有资产交易管理办法、资产核销管理办法，鼓励市属企业发展混合所有制经济。

三是加快重点领域改革。高质量完成全市农村集体产权制度改革和“三变”改革任务，力争经济强村总数占比达9%；有序推进宅基地改革，农村宅基地和建设用地登记发证率达90%以上。着力抓好林业“三变”和“三权分置”改革试点工作，积极创建林长制改革示范区。全面落实深化医药卫生体制综合改革重点工作实施意见，强化基本医疗保险基金市级统一经办、统一结算和统一收支。深入实施义务教育教师“县管校聘”改革，完善中小学编制“周转池”制度和教师招聘制度。加快推进司法行政改革，制定深入推进公共法律服务体系建设实施意见，扎实开展律师调解试点。

（十）深度融入国家战略，加快建设开放高地。

一是全力推进合肥都市圈同城化发展。落实《合肥都市圈一体化发展行动计划（2019—2021年）》，深入推进交通基础设施等十个领域重点合作事项落实，以打造“轨道上的都市圈”作为关键支撑，加快合肥都市圈轨道交通发展规划研究，重点推进空港经济示范区、合六经济走廊、合淮产业走廊建设，谋划推进合芜马经济走廊发展，全面提升合肥在都市圈的引领带动力。深化皖北结对合作。持续

专栏4：生态环保重点项目计划

大气环境治理：经开区大气微观站等加快建设；“天地空”一体化大气污染管控平台、固定式机动车排污遥感监测点四期等计划开工。

水环境治理：派河流域10条支流河道治理工程、长乐河（沙河）流域综合治理应急工程、巢湖城北污水处理厂提标改造工程等计划建成；十五里河流域治理一期工程、肥东十八联圩湿地修复项目、白石天河流域农村生活污水处理一期工程、马槽河流域农村生活污水处理一期工程、兆河流域农村生活污水处理一期工程、白湖监狱污水处理设施建设工程等加快建设；白石天河生态清洁小流域建设工程、兆河生态清洁小流域建设工程、马槽河生态清洁小流域治理工程等计划开工。

土壤污染治理：中盐红四方祁门路化肥厂土壤修复、马合钢地块土壤污染治理、晋煤金龙源地块土壤污染治理等计划开工。

生态园林绿化：十八联圩生态湿地、滁河干渠森林长廊提升、环巢湖大道森林长廊提升等加快建设；庐州公园（蜀山区段）、少荃湖公园、逍遥津公园升级改造（二期）、运河新城心湖公园景观、管湾国家湿地公园等计划开工。

专栏5：重大基础设施项目计划

铁路：商合杭高铁南段、合安高铁等计划建成；新合肥西站、合新高铁、巢马城际、合九铁路丰乐—肥西段改线工程等加快建设；合肥站北站房等计划开工。

公路：绕城高速南淝河互通立交、G346盛桥至庐城段、S260新合蚌路肥东段等计划建成；德上高速合枞段、岳武高速东延无岳段、明巢高速等加快建设；合六叶高速改扩建工程、商宣高速、G206合淮路吴山至南岗段、S329合六南通道等计划开工。

航空：庐江电力通用机场（B类）计划建成，新桥机场二期、肥西官亭、肥东白龙通用机场争取开工。

航道：派河国际综合物流园港区一期主体工程等计划建成；引江济淮工程等加快建设。

做好援疆援藏和支持重庆渝北发展工作。

二是深度融入长三角一体化发展。全面承接落实国家规划纲要和省行动计划，以全面落实沪苏浙考察“十大事项”和合肥市长三角一体化推进方案为抓手，加强思想观念、科创产业、基础设施、公共服务“四个对接”，全力推进基础设施互联互通、科创产业协同发展、生态环境共保联治、公共服务便利共享，加快推进合杭梦想小镇、G60产业合作园区等一批重点项目建设。加强与长江中游城市群合作，深入落实合肥行动方案，将合肥打造成连接长三角城市群和长江中游城市群的关键枢纽。

三是扩大对外合作交流。强化与“一带一路”沿线国家和地区的双向合作，深化与国际友城交流合作。积极搭建国际开放合作平台，加快推进中德教育合作基地、中德国际创新园、中德智慧产业园和侨梦苑等一批重点项目建设。复制推广自贸试验区改革试点经验，推动综保区创新升级，争创国家自贸区。

四是着力畅通开放通道。加快构建全国性综合交通枢纽，确保商合杭高铁南段、合安高铁建成通车，扎实推进合新、新西站等高铁项目。全力推动岳武高速东延、德上高速合枞段、合六叶高速改扩建等高速项目建设。有序推进新桥机场二期建设，加快通用机场报建和通航产业培育。加快合肥国际内陆港基地建设，推进派河港口建设、合肥空港综保区和合肥空港进境肉类指定监管场地申报工作。推动中欧班列提质增效。稳步推进引江济淮工程建设。

（十一）着力扩大服务供给，持续改善民生福祉。

一是加强就业和社会服务保障。把稳就业摆在突出位置，继续实施援企稳岗各项政策措施，扩大就业创业政策覆盖面，提高补贴标准，切实做好农民工、高校毕业生、退役军人、残疾人等重点群体就业工作。探索推广“共享员工”等新模式，保障企业用工需求。提升社会保障能力和水平，完善政府购买居家养老服务政策，力争到2020年底城市居家养老服务三级中心、乡镇养老服务中心实现全覆盖。加快推进残疾人托养服务机构建设，将60～69周岁贫困重度残疾人纳入托养服务。广泛开展双拥共建活动，争创全国双拥模范城“九连冠”。密切关注粮油、蔬菜等鲜活农产品市场情况，确保供应充足、价格稳定。加强困难群体基本生活保障，做好特困群体生活价格临时补贴发放。深入实施为民办实事20条，适时启动“惠民菜篮子”活动，持续稳定价格预期，居民消费价格指数（CPI）涨幅3%以内。

二是扩大公共服务资源供给。认真实施市级公益性项目三年工作计划。持续加大优质教育资源供给，加快合肥五中、六中、九中、幼专二期、黄麓师范二期等项目建设，计划新建幼儿园59个、学位2.5万个，中小学42个、学位6.6万个，在园幼儿公办率和普惠率分别达50%和80%以上。扎实做好国家产教融合试点工作，加快职教集团公共服务平台建设，深入推进校企合作。支持合肥学院创建合肥大学，支持中科大、合工大、安大建设“双一流”大学，推动合职院、合肥幼专通过省技能型高水平大学终审验收，推进安徽大学江淮学院转设。积极推进国家区域医疗中心建设，提升卫生健康信息化建设水平，加大公共卫生领域补短板力度。加快推进公共卫生管理中心、市三院新区等项目建设，健全重大疫情、公共卫生应急管理和救治体系，持续扩大优质医疗资源有效供给。争创全民运动健身模范市，强化全民健身惠民设施建设，完善10分钟健身圈，办好合肥市第十二届运动会。

三是构建共建共治共享社会治理新格局。完善公共卫生安全、社会治安等方面的基础性制度建设，强化事前预防机制，增强应急处置能力。深入开展“七五”普法，全面巩固全国“七五”普法中期先进城市创建成果。健全社会矛盾预防

专栏6：民生保障重点项目计划

教育：一六八中学（陶冲湖校区）扩建工程、中德教育合作示范基地、市特教中心北校区、市青少年综合实践基地、老年大学新校区等计划建成；九中新校区、五中（和平校区）改扩建工程等加快建设；六中新校区、幼儿师范高等专科学校梅冲湖校区、黄麓师范学校改扩建二期等计划开工。

文化：市工人文化宫等计划建成；市中心图书馆、市妇女儿童活动中心、市青少年活动中心、市科技馆新馆（自然博物馆）、滨湖国际会展中心二期等加快建设；市美术馆计划开工。

医疗：市一院门急诊住院综合楼、市二院维修改造等计划建成；市公共卫生管理中心、市二院老年护理院、市八院门急诊综合楼、市残疾人托养中心等加快建设；市空港医院、市一院老年护理院、市妇幼保健院、口腔医院滨湖分院、市三院新区等计划开工。

养老：市老年公寓老院改造等计划开工。

体育：球类健身馆、南艳湖全民健身中心（体育公园）等计划建成；市全民健身中心改造计划开工。

化解机制，推行“阳光信访”“最多访一次”。强化网络综合治理，营造清朗的网络空间。纵深推进扫黑除恶专项斗争，加快推进智慧公安检查站和智慧平安小区建设，创建全国社会治安防控体系建设示范城市。健全社区管理和服务机制，打造全国领先的智慧社区建设模式。

同时，今年是“十四五”规划编制之年，要在全面评估和总结“十三五”规划实施情况基础上，加强研究、集思广益、群策群力，谋划一批具有全局性、基础性、战略性的重大改革、重大项目、重大平台、重大政策和重大规划，科学编制好合肥市国民经济和社会发展第十四个五年规划，为“十四五”及第一个“十五年”接续奋斗画好路线图。

附件 1

2019 年国民经济和社会发展主要指标完成情况

指标名称	单位	2019 年计划		2019 年完成情况		指标属性
		总量	增速（%）	总量	增速（%）	
一、经济发展（4 项）						
GDP	亿元	—	8	—	7.6	预期性
固定资产投资	亿元	—	7	—	9	预期性
其中工业投资	亿元	—	10 以上	—	10.2	
社会消费品零售总额	亿元	—	9	—	8.7	预期性
财政收入	亿元	—	6	1432.4	3.9	预期性
其中地方财政收入	亿元	—	4.2	746	4.7	
二、结构调整（5 项）						
规模以上工业增加值	亿元	—	9	—	8.6	预期性
战略性新兴产业产值	亿元	—	12	—	10.6	预期性
服务业增加值	亿元	—	8.5 左右	—	7.8	预期性
R&D 经费支出占 GDP 比重	%	3.3		2.98		预期性
每万人口发明专利拥有量	件	29		32		预期性
三、城市建设（3 项）						
建成区面积	平方千米	485		480.5		预期性
建成区常住人口	万人	460		465		预期性
常住人口城镇化率	%	75		76.5		预期性
四、资源环境（9 项）						
耕地保有量	万公顷	达省控目标		达省控目标		约束性
单位工业增加值用水量降低	%	达省控目标		达省控目标		约束性
单位 GDP 能源消耗降低	吨标煤 / 万元	达省控目标		达省控目标		约束性
非石化能源占一次能源消费比重	%	达省控目标		达省控目标		约束性
单位 GDP 二氧化碳排放降低	%	达省控目标		达省控目标		约束性

续表

指标名称		单位	2019年计划		2019年完成情况		指标属性
			总量	增速（%）	总量	增速（%）	
主要污染物排放总量减少	化学需氧量	吨	达省控目标		达省控目标		约束性
	二氧化硫	吨	达省控目标		达省控目标		
	氨氮	吨	达省控目标		达省控目标		
	氮氧化物	吨	达省控目标		达省控目标		
城市垃圾无害化处理率		%	100		100		约束性
建成区绿化覆盖率		%	46		46		约束性
森林增长	森林覆盖率	%	27.6		28.3		约束性
	森林蓄积量	万立方米	765		780		
五、人民生活（5项）							
年末总人口		万人	815		818.9		预期性
城镇居民人均可支配收入		元	—	快于GDP	45404	9.5	预期性
农村居民人均可支配收入		元	—	快于GDP	22462	10.2	预期性
城镇保障性安居工程建设		万套	2.36		2.41		约束性
人均期望寿命		岁	76.7		77.2		预期性
六、社会建设（6项）							
城乡居民参加基本养老保险人数		万人	260		269.54		约束性
城乡居民基本医疗保险参保率		%	96		99.9		约束性
九年义务教育巩固率		%	100以上		100以上		约束性
高中阶段教育毛入学率		%	100以上		100以上		约束性
城镇新增就业人数		万人	13		27		预期性
城镇登记失业率		%	3以内		3以内		预期性
七、对外开放（3项）							
招商引资		亿元	10左右		10左右		预期性
外商直接投资		亿美元	33.8		33.9		预期性
进出口总额		亿美元	高于全国平均水平		高于全国平均水平		预期性

说明：GDP、规模以上工业增加值、服务业增加值增速为可比价。

附件 2

2020 年国民经济和社会发展主要指标计划安排

<table>
<tr><th rowspan="2">指标名称</th><th rowspan="2">单位</th><th colspan="2">2020 年计划</th><th rowspan="2">指标属性</th></tr>
<tr><th>总量</th><th>增速（%）</th></tr>
<tr><td colspan="5">一、经济发展（4 项）</td></tr>
<tr><td>GDP</td><td>亿元</td><td>—</td><td>8 左右</td><td>预期性</td></tr>
<tr><td>固定资产投资</td><td>亿元</td><td>—</td><td>8 左右</td><td rowspan="2">预期性</td></tr>
<tr><td>其中工业投资</td><td>亿元</td><td>—</td><td>7 左右</td></tr>
<tr><td>社会消费品零售总额</td><td>亿元</td><td>—</td><td>8 左右</td><td>预期性</td></tr>
<tr><td>财政收入</td><td>亿元</td><td>—</td><td>3</td><td>预期性</td></tr>
<tr><td colspan="5">二、结构调整（5 项）</td></tr>
<tr><td>规模以上工业增加值</td><td>亿元</td><td>—</td><td>8 左右</td><td>预期性</td></tr>
<tr><td>战略性新兴产业产值</td><td>亿元</td><td>—</td><td>10</td><td>预期性</td></tr>
<tr><td>服务业增加值</td><td>亿元</td><td>—</td><td>8 左右</td><td>预期性</td></tr>
<tr><td>R&D 经费支出占 GDP 比重</td><td>%</td><td colspan="2">3</td><td>预期性</td></tr>
<tr><td>每万人口发明专利拥有量</td><td>件</td><td colspan="2">34</td><td>预期性</td></tr>
<tr><td colspan="5">三、城市建设（3 项）</td></tr>
<tr><td>建成区面积</td><td>平方千米</td><td colspan="2">510</td><td>预期性</td></tr>
<tr><td>建成区常住人口</td><td>万人</td><td colspan="2">470</td><td>预期性</td></tr>
<tr><td>常住人口城镇化率</td><td>%</td><td colspan="2">78</td><td>预期性</td></tr>
<tr><td colspan="5">四、资源环境（9 项）</td></tr>
<tr><td>耕地保有量</td><td>万公顷</td><td colspan="2">达省控目标</td><td>约束性</td></tr>
<tr><td>单位工业增加值用水量降低</td><td>%</td><td colspan="2">达省控目标</td><td>约束性</td></tr>
<tr><td>单位 GDP 能源消耗降低</td><td>吨标煤 / 万元</td><td colspan="2">达省控目标</td><td>约束性</td></tr>
<tr><td>非石化能源占一次能源消费比重</td><td>%</td><td colspan="2">达省控目标</td><td>约束性</td></tr>
<tr><td>单位 GDP 二氧化碳排放降低</td><td>%</td><td colspan="2">达省控目标</td><td>约束性</td></tr>
</table>

续表

指标名称		单位	2020年计划		指标属性
			总量	增速（%）	
主要污染物排放总量减少	化学需氧量	吨	203.8		约束性
	二氧化硫	吨	942.9		
	氨氮	吨	148.2		
	氮氧化物	吨	2439.7		
城市垃圾无害化处理率		%	100		约束性
建成区绿化覆盖率		%	46		约束性
森林增长	森林覆盖率	%	28		约束性
	森林蓄积量	万立方米	800		
五、人民生活（5项）					
年末总人口		万人	840		预期性
城镇居民人均可支配收入		元	—	高于GDP	预期性
农村居民人均可支配收入		元	—	9	预期性
城镇保障性安居工程建设		万套	2.53		约束性
人均期望寿命		岁	78		预期性
六、社会建设（6项）					
城乡居民基本养老保险参保人数		万人	260		约束性
城乡居民基本医疗保险参保率		%	99		约束性
九年义务教育巩固率		%	100以上		约束性
高中阶段教育毛入学率		%	100以上		约束性
城镇新增就业人数		万人	13		预期性
城镇登记失业率		%	3.2以内		预期性
七、对外开放（3项）					
招商引资		%	10左右		预期性
外商直接投资		亿美元	35.26		预期性
进出口总额		亿美元	高于全国平均水平		预期性

（朱存喜）

合肥市2019年国民经济和社会发展统计公报[1]

合肥市统计局　国家统计局合肥调查队

2020年3月31日

2019年，面对复杂严峻的国内外宏观经济形势，全市上下在市委、市政府的坚强领导下，坚持以习近平新时代中国特色社会主义思想为指导，深入贯彻党的十九大和十九届二中、三中、四中全会精神，全面落实国家和省市各项决策部署，坚持稳中求进工作总基调，自觉践行新发展理念，全力做好“六稳”工作，加快融入长三角一体化发展，全市经济运行总体平稳，综合实力稳步提升，结构调整扎实推进，社会民生不断改善，生态环境持续优化，高质量发展迈出新步伐，全面建成小康社会取得新进展。

一、综合

年末户籍人口770.44万人，比上年增加12.49万人，其中市区户籍人口290.82万人，增加9.56万人。全市常住人口818.9万人，比上年增加10.2万人；全年人口出生率12.65‰，比上年下降0.55个千分点；死亡率4.38‰，下降0.03个千分点；自然增长率8.27‰，下降0.52个千分点。常住人口城镇化率76.33%，比上年提高1.36个百分点。

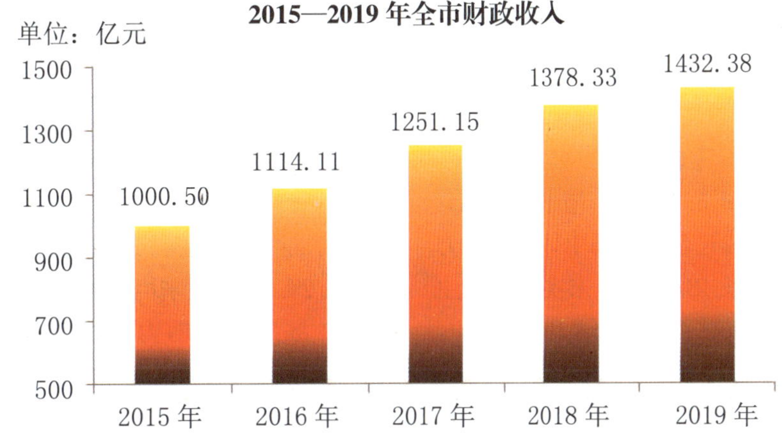

初步核算，全年生产总值（GDP）[2]9409.40亿元，按可比价格计算，比上年增长7.6%。其中，第一产业增加值291.86亿元，增长1.7%；第二产业增加值3415.32亿元，增长7.7%；第三产业增加值5702.22亿元，增长7.8%。三次产业结构由上年的3.2∶36.9∶59.9调整为3.1∶36.3∶60.6。全员劳动生产率[3]172887元／人，比上年增加13666元／人。按常住人口计算，人均GDP为115623元（折合16761美元），比上年增加8407元。

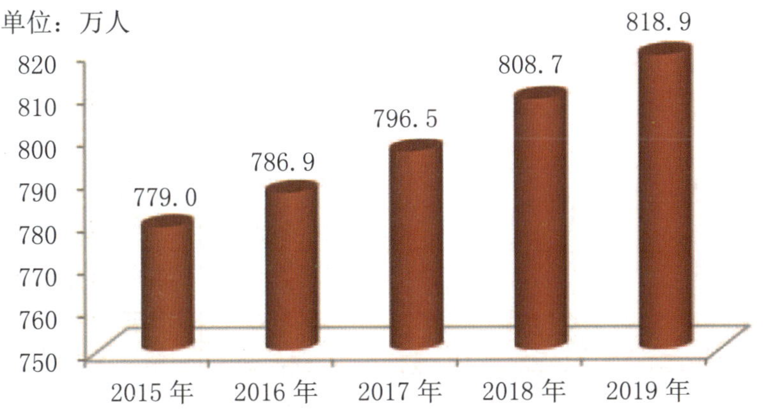

年末全市从业人员545.7万人，比上年增加2.9万人。其中，第一产业60.5万人，减少9.9万人；第二产业194.9万人，增加5.5万人；第三产业290.3万人，增加7.3万人。全年城镇实名制新增就业27.76万人，失业人员再就业3.74万人，转移农村劳动力7.2万人。年末城镇登记失业率为2.8%。

全年居民消费价格比上年上涨2.9%，其中食品烟酒价格上涨7.3%。工业生产者出厂价格上涨0.6%，工业生产者购进价格下降0.1%。

新动能支撑经济高质量发展。规模以上工业[4]中，高技术制造业增加值比上年增长20.7%，占规模以上工业的比重为29.5%，比上年提高2.0个百分点；战略性新兴产业增加值增长15.2%，其中新一代信息技术、节能环保、新能源和生物产业分别增长22.9%、15.9%、14.3%和11.4%。规模以上服务业[5]中，科技服务业营业收入增长12.7%，战略性新兴服务业营业收入增长11.1%。全市限额以上批发零售企业[6]实现网上零售额276.56亿元，增长27.4%。全年新登记各类市场主体23.74万户，增长18.7%；年末实有市场主体总数突破百万户，达100.2万户。

二、农业

全年农作物总播种面积为68.23万公顷，比上年增长0.6%。其中，粮食作物52.33万公顷，下降0.4%；棉花1.19万公顷，增长6.8%；蔬菜8.44万公顷，增长3.9%；瓜果0.93万公顷，增长6.7%；油料5.09万公顷，增长2.7%。

全年粮食总产量301.19万吨，稳定在300万吨以上；其中稻谷234.05万吨，下降1.7%。油料产量15.09万吨，增长1.4%。棉花产量0.9万吨，增长8.3%。蔬菜产量217.22万吨，增长4.2%。瓜果产量24.45万吨，增长7.5%。

年末全市生猪存栏量50.35万头，比上年下降57.5%；出栏量203.63万头，下降24.1%。肉类总产量38.35万吨，下降12.0%，其中猪牛羊肉产量18.08万吨，下降23.4%。禽蛋产量19.42万吨，增长1.1%。牛奶产量9.47万吨，增长26.9%。

年末农业机械总动力495.6万千瓦，比上年增长2.2%。农用拖拉机21.13万台，下降1.8%，其中大、中型拖拉机1.55万台，增长4.2%；联合收割机1.44万台，增长2.2%；排灌动力机械17.88万台，增长1.9%。全市水稻、油菜、小麦等八大主要农作物耕种收综合机械化水平达到82.8%，比上年提高1.2个百分点。化肥施用量（折纯）23.37万吨，下降3.9%。农村用电量18.06亿千瓦时，增长5.5%。

全年农林牧渔业总产值494.49亿元，按可比价格计算，比上年增长1.5%。

三、工业和建筑业

年末全市规模以上工业企业2265户。其中，产值超亿元企业736户，比上年减少1户；超50亿元企业24户，增加5户；超百亿元企业9户，增加3户，联宝电子成为我市首个年产值超700亿元企业。全年规模以上工业增加值比上年增长8.6%，其中国有企业增长9.8%、股份制企业增长7.9%、外商及港澳台商投资企业增长11.1%。

规模以上工业中，37个工业大类行业有21个增加值保持增长。六大主导产业增加值比上年增长12.0%，占规模以上工业的66.1%，比上年提高1.3个百分点，其中平板显示及电子信息产业增长23.4%、家用电器制造业增长9.4%。规模以上工业出口交货值比上年增长4.5%。

规模以上工业统计的主要产品产量中，房间空气调节器、家用洗衣机比上年分别增长15.2%和10.0%，太阳能电池增长34.1%，微型计算机设备增长11.5%，集成电路增长14.6%，智能手环增长57.3%。

规模以上工业企业实现利润314.58亿元，比上年增长4.7%；实现税金285.45亿元，增长1.0%。每百元营业收入中的成本为85.10元，较上年减少0.55元。资产负债率为58.9%，比上年下降0.9个百分点。

全年建筑业增加值1457.3亿元，按可比价格计算，比上年增长6.3%。纳入统计范围的具有建筑业资质等级的总承包和专业承包建筑施工企业1423户，比上年净增60户。房屋建筑施工面积24468.46万平方米，比上年增长1.7%，房屋竣工面积6253.04万平方米，增长2.1%。年末建筑业从业人员84.31万人，比上年增长8.7%。

四、服务业

全年批发和零售业增加值

2015—2019年全市粮食产量

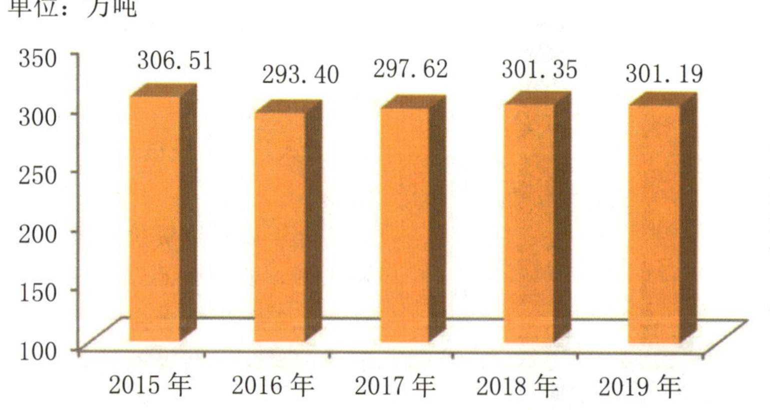

969.70 亿元，比上年增长 4.5%；交通运输、仓储和邮政业增加值 504.67 亿元，增长 6.5%；住宿和餐饮业增加值 196.21 亿元，增长 8.7%；金融业增加值 869.07 亿元，增长 7.3%；房地产业增加值 878.0 亿元，增长 4.5%；其他服务业增加值 2274.89 亿元，增长 10.7%。以互联网信息技术、商务服务等新兴行业为代表的规模以上其他营利性服务业营业收入增长 14.2%，其中互联网和相关服务业、软件和信息技术服务业、商务服务业、文化艺术业营业收入分别增长 42.4%、13.6%、13.1% 和 33.5%。

全年旅客运输量 1.2 亿人，下降 3.1%；货物运输量 4.23 亿吨，增长 7.0%。全年港口货物吞吐量 5292.04 万吨，增长 10.6%，其中外贸货物吞吐量 50.89 万吨，增长 19.8%。合肥新桥机场旅客吞吐量 1228.2 万人次，增长 10.5%。

年末民用汽车拥有量 217.57 万辆，比上年增长 12.2%，其中私人汽车 186.86 万辆，增长 12.6%。民用轿车拥有量 138.72 万辆，增长 11.8%，其中私人轿车 128.33 万辆，增长 11.4%。

全年电信业务总量 803.04 亿元，比上年增长 63.1%；邮政业务总量 149.80 亿元，增长 44.8%。快递业务量 6.52 亿件，增长 37.9%，实现快递业务收入 59.70 亿元，增长 28.4%。年末本地固定电话用户 127.78 万户，比上年增加 9.86 万户。移动电话用户 1045.0 万户，增加 38.5 万户。基础电信运营企业计算机互联网接入用户 348.49 万户，增加 33.43 万户。

全年国内游客 14606.23 万人次，比上年增长 13.7%；国内旅游收入 2036.43 亿元，增长 18.3%。年末全市有星级饭店 46 家，其中五星级 10 家、四星级 18 家；A 级及以上旅游景点（区）61 处。

2015—2019 年全市社会消费品零售总额

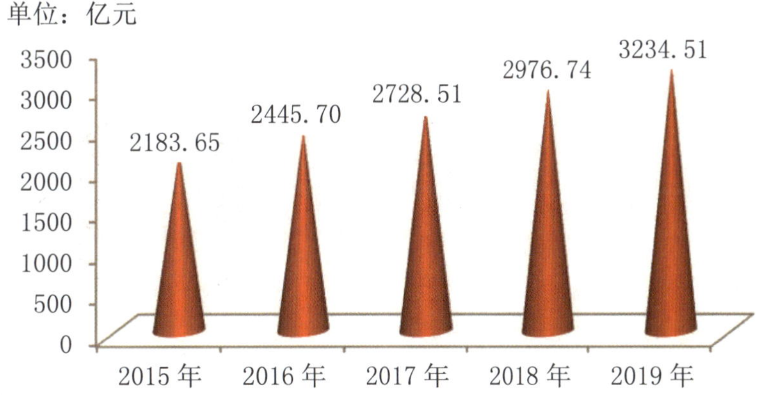

五、固定资产投资

全年固定资产投资比上年增长 9.0%。分产业看，第一产业投资下降 23.0%；第二产业投资增长 8.5%，其中工业投资增长 10.2%；第三产业投资增长 9.3%，其中基础设施投资增长 11.0%、现代服务业投资增长 10.3%。

全年计划总投资 5000 万元及以上施工项目数创历史最高水平，达到 1635 个，投资额比上年增长 14.9%，占全部投资的 55.2%，比上年提高 2.8 个百分点。其中十亿元以上项目 219 个，投资额增长 12.0%，总量占全部投资的 28.3%，比上年提高 0.8 个百分点。地铁 3 号线投入运行，引江济淮合肥段施工加快，长鑫存储设备购置集中到位，维信诺项目主体结构封顶，带动百亿元以上项目投资额增长 17.9%。视涯全球最大的硅基 OLED 微显示器、长安二期等 391 个工业项目竣工投产，投资额增长 28.7%，为全市工业经济注入了新动力。

全年房地产开发投资 1556.08 亿元，比上年增长 1.9%，其中住宅投资 1242.88 亿元，增长 6.6%。新建商品房销售面积 1321.87 万平方米，下降 4.9%；商品房销售额 1766.62 亿元，增长 4.7%；年末商品房待售面积 226.29 万平方米，增长 18.3%。

六、国内贸易

全年社会消费品零售总额 3234.51 亿元，比上年增长 8.7%。按经营地统计，城镇消费品零售额 3141.82 亿元，增长 8.6%；乡村消费品零售额 92.69 亿元，增长 11.9%。按消费类型统计，商品零售额 2809.74 亿元，增长 7.6%；餐饮收入 424.76 亿元，增长 16.5%。

年末全市限额以上批发零售和住宿餐饮企业（单位）[7]3563 户，比上年增加 805 户，其中累计零售额超亿元企业（单位）285 户。限额以上商品零售额中，粮油、食品类增长 18.7%，日用品类增长 15.9%，家用电器和音像器材类增长 9.3%，通信器材类增长 14.5%，体育、娱乐用品类增长 26.3%，化妆品类增长 10.2%，石油及制品类增长 38.7%。

七、对外经济

全年进出口总额 322.10 亿美元，比上年增长 4.6%。其中，出口 201.99 亿美元，增长 10.7%；进口 120.11 亿美元，下降 4.3%。从出口商品看，机电产品出口额

145.36亿美元，增长10.1%；高新技术产品出口额88.41亿美元，增长9.7%。

全年新备案外商投资企业123户。实际利用外商直接投资33.92亿美元，比上年增长5.0%；其中服务业投资21.8亿美元，增长12.4%。劳务合作年末在外人员8134人，增长21.9%。年末境外世界500强企业共48家，在合肥投资设立66家外资企业，新增2家。

八、财政、金融、证券和保险

全年财政收入1432.38亿元，比上年增长3.9%，其中地方财政收入745.99亿元，增长4.7%。财政支出1122.67亿元，比上年增长11.7%，其中民生支出960.82亿元，占全部支出的85.6%，增长11.8%。从重点支出项目看，科学技术支出增长41.7%，教育支出增长18.7%，住房保障支出60.8%。

全年社会融资规模[8]增量累计2040.3亿元。年末全市金融机构本外币各项存款余额16417.25亿元，比上年末增加739.98亿元，增长4.7%。其中，住户存款4712.40亿元，增长16.4%；非金融企业存款6412.38亿元，下降0.2%；机关团体存款4079.21亿元，增长3.6%；财政性存款603.61亿元，增长0.3%。年末金融机构本外币各项贷款余额15854.83亿元，比上年末增加1658.29亿元，增长11.7%。其中，住户贷款5792.59亿元，增长12.3%；非金融企业及机关团体贷款9823.53亿元，增长11.9%。

全年新增上市公司3家，融资44.66亿元，至年末全市共有境内外上市公司51家（境外上市5家）。全年债券融资3086.75亿元。科大国盾通过上交所审核，即将登陆科创板；新东方教育香港上市融资，

2015—2019年全市城乡居民人均可支配收入

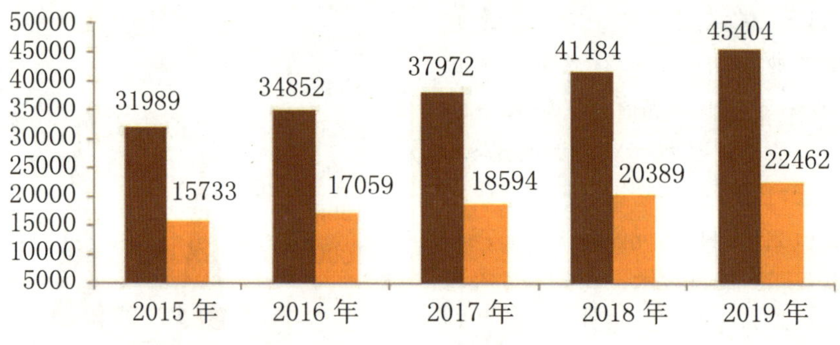

创我市民营企业首发上市募资额新高。全年保险公司保费收入351.5亿元，比上年增长15.5%。其中，财产险保费收入130.9亿元，增长23.6%；人身险保费收入220.6亿元，增长11.1%。赔款和给付95.9亿元，比上年增长2.4%。其中，财产险赔款与给付65.3亿元，增长13.6%；人身险赔款与给付30.6亿元，下降15.3%。

九、人民生活和社会保障

全年常住居民人均可支配收入38806元，比上年增长10.3%；人均消费支出23433元，比上年增长8.7%。

全年城镇常住居民人均可支配收入45404元，比上年增长9.5%；人均消费支出27319元，增长7.8%，其中食品烟酒支出增长4.4%、衣着增长2.0%、居住增长8.0%、生活用品及服务增长8.2%、医疗保健增长2.0%、交通通信增长12.8%、教育文化娱乐增长15.3%。城镇居民恩格尔系数[9]为28.9%，比上年下降1.0个百分点。年末城镇居民人均住房建筑面积34.7平方米。

全年农村常住居民人均可支配收入22462元，比上年增长10.2%；人均消费支出13804元，增长9.0%，其中食品烟酒支出增长6.6%、衣着增长4.7%、居住增长8.5%、生活用品及服务增长14.1%、医疗保健增长16.3%、交通通信增长5.3%、教育文化娱乐增长17.8%。农村居民恩格尔系数为33.9%，比上年下降0.8个百分点。年末农村居民人均住房建筑面积45.1平方米，比上年增加2.3平方米。

市区最低月工资标准为1550元。年末参加城镇职工养老、医疗（生育）、失业、工伤保险人数分别为265.8万人、216.03万人、174.64万人、182.39万人。城乡居民养老保险参（续）保人数301.15万人。城乡居民基本医疗保险参保人数563.49万人，参保率达99.8%。

全年享受政府最低生活保障的居民为224.69万人次，其中城市33.44万人次、农村191.25万人次；累计发放低保金10.28亿元，其中城市1.8亿元、农村8.48亿元。全市特困供养人员集中供养率达61.61%，城市“三无”人员全部纳入特困供养范围。全年临时救助9592人次，支出救助金2945.5万元。全年实施城乡医疗救助资助参保34.41万人，直接救助50.54万人次；支出医疗救助资金4亿元，其中资助参保支出0.67亿元、直接救助支出3.32亿元。

十、教育、科学技术和文化

全市各类高等院校61所，在校学生70.13万人（学生数未含部队院校）。其中，普通高校55所，在校学生68.48万人；成人高校4所，在校学生1.65万人。中等职业教育学校（不含技工学校）53所，在校生11.34万人；特殊教育学校6所，在校生1727人。普通高中102所，在校生16.1万人，高中阶段毛入学率136.25%。普通初中238所，在校生25.74万人，初中阶段毛入学率111.48%。小学510所，在校生54.87万人，小学毛入学率108.32%。幼儿园1195所，在园幼儿30.26万人。各类专任教师11.04万人，其中普通高校2.8万人、中等职业学校0.39万人、普通中学3.2万人、小学3.04万人、幼儿园1.59万人。全市义务教育经费保障机制改革惠及学生80.96万人，其中城市32.15万人、农村48.81万人。

全市有院士工作站59个，两院院士127人；国家级（重点）实验室10个，部属（重点）实验室36个，省级（重点）实验室130个；省级以上工程技术研究中心139个，其中国家级（含分中心）7个；省级以上工程研究中心61个，其中国家级17个；省级以上工程实验室52个，其中国家级8个。省级以上企业技术中心347个，其中国家级50个。市级以上科技企业孵化器68个，其中国家级16个。市级以上众创空间90个，其中国家级18个。

全年有8项科技成果获国家科技奖，其中国家自然科学奖二等奖1项、国家科学技术进步奖二等奖6项、国家技术发明奖二等奖1项。全年受理专利申请61205件，其中发明专利25453件；授权专利30245件，其中发明专利5981件、比上年增长6.9%。全年签订输出技术合同14962项，成交金额222.4亿元，增长15.9%；签订吸纳技术合同9581项，成交金额252.56亿元，增长52.5%。

年末全市有文化馆10个，公共图书馆9个，博物馆36个（国有博物馆15个、非国有博物馆21个），各级国家综合档案馆10个，专业档案馆（城建馆）1个，乡镇街道综合文化站130个。全国重点文物保护单位10处，省级重点文物保护单位41处，市级重点文物保护单位82处。国家级非物质文化遗产项目4项，省级非物质文化遗产项目28项，市级非物质文化遗产项目89项。图书馆总藏量721.74万册（件）（不含电子图书），比上年增长11.6%，其中图书634.82万册，比上年增长15.0%。各级国家档案馆馆藏档案资料543.87万卷（件、册），专业档案馆（城建馆）馆藏档案31.5万卷。电影院108家，比上年增加17家；全年票房收入6.55亿元，增长6.7%。全年共举办各类展览活动102场。年末广播综合人口覆盖率99.62%，电视综合人口覆盖率99.74%。

十一、卫生、体育和社会服务

年末拥有医疗卫生机构（含村卫生室）3232个，其中医院200个、卫生院103个、妇幼保健院（所、站）12个、疾控中心和专科疾病防治机构17个、社区卫生服务机构217个。卫生机构床位数5.90万张，其中医院、卫生院床位5.66万张。卫生技术人员7.19万人，其中执业（助理）医师2.67万人、注册护士3.47万人。每千人常住人口拥有床位数7.2张，拥有医院卫生院床位数6.91张；每千人常住人口拥有卫生技术人员8.77人，拥有医生3.27人，拥有注册护士4.24人。婴儿死亡率2.41‰，孕产妇死亡率7.62/10万。

全年成功组织9项大型赛事和108项市级体育赛事。成功举办2019合肥国际马拉松赛，吸引来自21个国家和港澳台地区以及31个省市自治区的3万名选手参赛。成功举办2019环巢湖全国自行车公开赛，吸引了国内外近千名自行车运动好手参加。全市完成2个体育特色小镇、3个体育公园、150个全民健身苑工程、16个笼式多功能健身场和7个乡镇全民健身广场、10个三人制篮球场和一个篮球体育公园建设。全年共举办全民健身活动534次，参加活动总人数70.33万人次。全年销售体育彩票25.47亿元。

年末全市有各类提供住宿的社会服务机构177个，床位3.2万张，收养各类人员1.5万人；不提供住宿的社会服务机构873个，其中社区服务中心211个，社区服务站557个。全年销售社会福利彩票18.96亿元，筹集公益金5.33亿元，全市共接收社会捐款5732.05万元、捐赠物资价值18.69万元。

十二、生态环境和应急管理

2019年末，全市共有市、县（区）级环境监测站21个。区域噪声等效声级54.6分贝，道路交通噪声等效声级68.1分贝，保持稳定。可吸入颗粒物（PM_{10}）、细颗粒物（$PM_{2.5}$）年均浓度分别为67.6微克/立方米和43.8微克/立方米，分别比上年下降0.6%和4.3%，均完成年度目标任务。二氧化硫、二氧化氮年均浓度分别为6微克/立方米、42微克/立方米，一氧化碳日均浓度0.8毫克/立方米，臭氧日最大8小时平均浓度值

100微克/立方米。全年空气质量达到优的天数为47天，良好207天，优良率70.4%。巢湖湖区整体水质保持稳定。饮用水源地水质达标率100%。辐射环境质量良好。

新增城区绿化面积444万平方米，绿化覆盖率46%。建成区绿地率达40.3%。生活垃圾无害化处理率100%。

全年能源消费量2409.39万吨标煤，比上年增长4.3%，电力消费增长8.9%，单位GDP能耗比上年下降3.01%。

全年亿元GDP生产安全事故死亡人数为0.039人，比上年下降17.0%；道路交通万车死亡人数为1.83人，下降8.1%；工矿商贸企业就业人员十万人生产安全事故死亡人数为2.143人，上升5.5%。全年发生一般程序道路交通事故1826起，造成471人死亡，1808人受伤。

注释：

[1] 本公报数据为初步统计数。

[2] 生产总值及各产业、行业增加值绝对数按现价计算，增长速度按可比价格计算。根据第四次全国经济普查结果，对生产总值、三次产业增加值等相关指标的历史数据进行了修订。

[3] 全员劳动生产率为地区生产总值（现价）与年平均全部就业人员的比率。根据第四次全国经济普查结果对历史数据进行了修订。

[4] 规模以上工业统计范围为年主营业务收入2000万元及以上的工业企业。

[5] 规模以上服务业统计范围包括年营业收入1000万元及以上，或年末从业人员50人及以上的交通运输、仓储和邮政业，信息传输、软件和信息技术服务业，房地产业（不含房地产开发经营），租赁和商务服务业，科学研究和技术服务业，水利、环境和公共设施管理业，教育，卫生和社会工作；年营业收入500万元及以上，或年末从业人员50人及以上的居民服务、修理和其他服务业，文化、体育和娱乐业法人单位。

[6][7] 限额以上批发零售和住宿餐饮企业（单位）统计范围为年主营业务收入2000万元及以上的批发企业（单位）、年主营业务收入500万元及以上的零售企业（单位）和年主营业务收入200万元及以上的住宿、餐饮企业(单位)。

[8]2019年中国人民银行进一步完善社会融资规模统计，将“国债”和“地方政府一般债券”纳入社会融资规模统计。

[9] 恩格尔系数是指居民食品消费支出占全部消费性支出的比重。

（任凤娟）

合肥市第四次全国经济普查主要数据公报

合肥市统计局
合肥市第四次全国经济普查领导小组办公室
2020 年 3 月 25 日

根据国务院《关于开展第四次全国经济普查的通知》（国发〔2017〕53 号）、《安徽省人民政府关于认真做好第四次全国经济普查的通知》（皖政〔2018〕18 号）和《合肥市人民政府关于做好第四次全国经济普查工作的通知》（合政秘〔2018〕23 号）要求，我市开展了第四次全国经济普查。根据《全国经济普查条例》规定，第四次全国经济普查的标准时点是 2018 年 12 月 31 日，普查的时期资料为 2018 年度，普查对象是我市境内从事第二、三产业活动的全部法人单位、产业活动单位和个体经营户。在市委、市政府的坚强领导下，在各地、各部门和各级普查机构的共同努力下，经过广大普查人员两年来的艰辛努力以及全市范围内普查对象的积极参与，我市第四次全国经济普查全面完成各项任务，取得重大成果和显著成效。通过这次普查，摸清了我市第二产业和第三产业的发展规模、布局和效益，了解了我市产业组织、产业结构、产业技术、产业形态的现状以及各生产要素的构成，掌握了全部法人单位资产负债状况和新兴产业发展情况，进一步查实了各类单位的基本情况和主要产品产量、服务活动，全面准确反映了供给侧结构性改革、新动能培育壮大、经济结构优化升级等方面的新进展。

根据《全国经济普查条例》，现将合肥市第四次全国经济普查的主要综合数据公布如下：

一、单位基本情况

2018 年末，全市共有从事第二产业和第三产业活动的法人单位 249236 个，比 2013 年末（2013 年是第三次全国经济普查年份，下同）增加 162990 个，增长 189.0%；产业活动单位 278331 个，增加 177127 个，增长 175.0%；个体经营户 457641 个，增长 28.1%。

2018 年末，在第二产业和第三产业法人单位中，位居前三位的行业是：批发和零售业 77446 个，占 31.1%；租赁和商务服务业 38865 个，占 15.6%；建筑业 23665 个，占 9.5%。在个体经营户中，位居前三位的行业是：批发和零售业 230315 个，占 50.3%；住宿和餐饮业 61729 个，占 13.5%；交通运输、仓储和邮政业 52022 个，占 11.4%。

2018 年末，在第二产业和第三产业法人单位中，企业法人单位 236089 个，比 2013 年末增加 159440 个，增长 208.0%；行政事业单位法人 3469 个，增加 87 个，增长 2.6%；社会团体法人 2432 个，增加 1150 个，增长 89.7%；其他法人 7246 个，增加 2313 个，增长 46.9%。

二、从业人员

2018 年末，全市第二产业和第三产业法人单位从业人员 382.59 万人，比 2013 年末增加 95.58 万人，增长 33.3%。第二产业的从业人员为 190.03 万人，增加 16.91 万人，增长 9.8%；第三产业的从业人员为 192.56 万人，增加 78.67 万人，增长 69.1%。个体经营户从业人员 101.11 万人。

在法人单位从业人员中，位居前三位的行业是：建筑业 120.76 万人，占 31.6%；制造业 67 万人，占 17.5%；批发和零售业 39.44 万人，占 10.3%。在个体经营户从业人员中，位居前三位的行业是：批发和零售业 45.88 万人，占 45.4%；住宿和餐饮业 16.96 万人，占 16.8%；居民服务、修理和其他服务业 9.50 万人，占 9.4%。

三、资产负债状况和营业收入

2018 年末，全市第二产业和第三产业法人单位资产总计 55251.74 亿元（资产总计、负债合计不包含金融业、铁路运输业，下同）。其中，第二产业法人单位资产总计占比为 26.5%，第三产业法人单位资产总计占比为 73.5%。法人单位负债合计 32242.59 亿元。其中，第二产业法人单位负债合计占比为 26.8%，第三产业法人单位负债合计占比为 73.2%。

2018 年，全市第二产业和第三产业企业法人单位实现营业收入 23519.28 亿元（营业收入不包含金融业、铁路运输业，下同）。其中，第二产业营业收入占比为 51.8%，第三产业营业收入占比为48.2%。

四、工业

（一）企业法人单位数和从业人员

2018年末，全市共有工业企业法人单位18937个，比2013年末增长52.9%；从业人员69.54万人，比2013年末下降7.6%。

在工业企业法人单位中，采矿业67个，制造业18410个，电力、热力、燃气及水生产和供应业460个，分别占0.4%、97.2%和2.4%。在工业行业大类中，金属制品业、通用设备制造业、非金属矿物制品业企业法人单位数居前三位，分别占9.7%、9.2%和8.8%。

在工业企业法人单位从业人员中，采矿业占0.4%，制造业占96.3%，电力、热力、燃气及水生产和供应业占3.2%。在工业行业大类中，电气机械和器材制造业、计算机、通信和其他电子设备制造业、汽车制造业从业人员数居前三位，分别占14.6%、14.4%和9.0%。

（二）主要经济指标

2018年末，工业企业法人单位资产总计10011.11亿元，比2013年末增长52.1%。负债合计5614.71亿元。全年实现营业收入7895.16亿元。

五、建筑业

（一）企业法人单位数和从业人员

2018年末，全市共有建筑业企业法人单位23665个，从业人员120.76万人，分别比2013年末增长308.4%和23.1%。

建筑业企业法人单位中，房屋建筑业占17.7%，土木工程建筑业占19.9%，建筑安装业占15.6%，建筑装饰、装修和其他建筑业占46.7%。

建筑业企业法人单位从业人员中，房屋建筑业占51.3%，土木工程建筑业占23.0%，建筑安装业占5.6%，建筑装饰、装修和其他建筑业占20.0%。

（二）主要经济指标

2018年末，建筑业企业法人单位（不包含无建筑业总产值的建筑业企业，下同）资产总计4628.86亿元，比2013年末增长104.9%。负债合计3028.85亿元。全年实现营业收入4283.87亿元。

六、批发和零售业

（一）企业法人单位数和从业人员

2018年末，全市共有批发和零售业企业法人单位77446个，从业人员39.44万人，分别比2013年末增长184.2%和48.2%。

在批发和零售业企业法人单位中，批发业占46.3%，零售业占53.7%。在批发和零售业企业法人单位从业人员中，批发业占48.6%，零售业占51.4%。

（二）主要经济指标

2018年末，批发和零售业企业法人单位资产总计4423.78亿元，比2013年末增长72.2%。其中，批发业企业法人单位资产总计3376.06亿元，零售业企业法人单位资产总计1047.73亿元，分别比2013年末增长81.8%和47.1%。负债合计3064.16亿元。全年实现营业收入6918.58亿元。

七、交通运输、仓储和邮政业

（一）企业法人单位数和从业人员

2018年末，全市共有交通运输、仓储和邮政业企业法人单位5778个，从业人员10.94万人（从业人员合计不包含铁路运输业，下同），分别比2013年末增长192.3%和52.2%。

（二）主要经济指标

2018年末，交通运输、仓储和邮政业企业法人单位（不包含铁路运输业，下同）资产总计3451.59亿元，比2013年末增长115.4%。负债合计2122.58亿元。全年实现营业收入604.30亿元。

八、住宿和餐饮业

（一）企业法人单位数和从业人员

2018年末，全市共有住宿和餐饮业企业法人单位6147个，从业人员9.24万人，分别比2013年末增长245.5%和48.9%。

在住宿和餐饮业企业法人单位中，住宿业占20.1%，餐饮业占79.9%。在住宿和餐饮业企业法人单位从业人员中，住宿业占22.4%，餐饮业占77.6%。

（二）主要经济指标

2018年末，住宿和餐饮业企业法人单位资产总计232.71亿元，比2013年末增长21.5%。其中，住宿业企业法人单位资产总计114.73亿元，餐饮业企业法人单位资产总计117.98亿元，分别比2013年末下降0.1%和增长53.7%。负债合计162.22亿元。全年实现营业收入155.05亿元。

九、信息传输、软件和信息技术服务业

（一）企业法人单位数和从业人员

2018年末，全市共有信息传输、软件和信息技术服务业企业法人单位18021个，从业人员16.01万人，分别比2013年末增长378.5%和203.3%。

（二）主要经济指标

2018年末，信息传输、软件和信息技术服务业企业法人单位资产总计1180.60亿元，比2013年末增长270.9%。负债合计377.46亿元。全年实现营业收入550.50

亿元。

十、金融业

2018年末，全市共有金融业企业法人单位1197个，从业人员12.14万人。

十一、房地产业

（一）企业法人单位数和从业人员

2018年末，全市共有房地产业企业法人单位8294个，比2013年末增长160.6%。其中，房地产开发经营企业1338个，物业管理企业2704个，房地产中介服务企业3207个，分别比2013年末增长38.1%、122.2%和326.5%。

2018年末，全市房地产业企业法人单位的从业人员为12.52万人，比2013年末增长67.9%。其中，房地产开发经营企业2.72万人，物业管理企业6.58万人，房地产中介服务企业2.58万人，分别比2013年末增长8.6%、74.7%和209.3%。

（二）主要经济指标

2018年末，全市房地产业企业法人单位的资产总计11809.82亿元，比2013年末增长156.9%。其中，房地产开发经营企业11229.88亿元，物业管理企业163.24亿元，房地产中介服务企业55.76亿元，分别比2013年末增长154.4%，136.2%和55.0%。负债合计9059.53亿元。全年实现营业收入1537.77亿元。

十二、租赁和商务服务业

（一）企业法人单位数和从业人员

2018年末，全市共有租赁和商务服务业企业法人单位38640个，从业人员29.93万人，分别比2013年末增长245.0%和177.4%。

在租赁和商务服务业企业法人单位中，租赁业占9.9%，商务服务业占90.1%。在租赁和商务服务业企业法人单位从业人员中，租赁业占7.1%，商务服务业占92.9%。

（二）主要经济指标

2018年末，租赁和商务服务业企业法人单位资产总计13957.27亿元，比2013年末增长209.5%。其中，租赁业企业法人单位资产总计81.86亿元，商务服务业企业法人单位资产总计13875.41亿元，分别比2013年末增长20.1%和212.3%。负债合计6653.37亿元。全年实现营业收入745.06亿元。

十三、科学研究和技术服务业

（一）法人单位数和从业人员

2018年末，全市共有科学研究和技术服务业法人单位20465个，从业人员15.01万人。其中，企业法人单位20160个，从业人员13.87万人，分别比2013年末增长396.3%和150.1%。

（二）主要经济指标

2018年末，科学研究和技术服务业企业法人单位资产总计1069.64亿元，比2013年末增长91.2%。负债合计484.92亿元。全年实现营业收入524.94亿元。

十四、水利、环境和公共设施管理业

（一）法人单位数和从业人员

2018年末，全市共有水利、环境和公共设施管理业法人单位1497个，从业人员1.87万人，分别比2013年末增长119.5%和48.0%。其中，行政事业及非企业法人单位120个，从业人员0.46万人，分别比2013年末增长2.6%和下降25.6%。

（二）主要经济指标

2018年末，水利、环境和公共设施管理业企业法人单位资产总计1154.05亿元，比2013年末增长934.0%。负债合计409.46亿元。全年实现营业收入40.35亿元。

行政事业及非企业法人单位年末资产44.04亿元，比2013年下降35.0%。本年支出（费用）合计25.41亿元。

十五、居民服务、修理和其他服务业

（一）企业法人单位数和从业人员

2018年末，全市共有居民服务、修理和其他服务业企业法人单位7429个，从业人员3.78万人，分别比2013年末增长367.5%和136.9%。

（二）主要经济指标

2018年末，居民服务、修理和其他服务业企业法人单位资产总计103.91亿元，比2013年末增长328.3%。负债合计71.30亿元。全年实现营业收入68.61亿元。

十六、教育

（一）法人单位数和从业人员

2018年末，全市共有教育法人单位5923个，从业人员15.41万人，分别比2013年末增长150.9%和24.7%。其中，行政事业及非企业法人单位1649个，从业人员11.56万人。

（二）主要经济指标

2018年末，教育企业法人单位资产总计102.42亿元，比2013年增长342.0%。负债合计60.58亿元。全年实现营业收入51.78亿元。行政事业及非企业法人单位年末资产815.66亿元，比2013年增长50.0%。本年支出（费用）合计338.31亿元。

十七、卫生和社会工作

（一）法人单位数和从业人员

2018年末，全市共有卫生和社会工作法人单位1798个，从业人员8.10万人，分别比2013年末增长112.5%和47.3%。其中，行政事业及非企业法人单位880个，比2013年末增长21.0%，从业人员6.32万人，增长23.2%。

（二）主要经济指标

2018年末，卫生和社会工作企业法人单位资产总计51.65亿元，比2013年增长524.6%。负债合计33.77亿元。全年实现营业收入32.92亿元。行政事业及非企业法人单位年末资产416.69亿元，比2013年增长79.8%。本年支出（费用）合计336.79亿元。

十八、文化、体育和娱乐业

（一）法人单位数和从业人员

2018年末，全市共有文化、体育和娱乐业法人单位6232个，从业人员4.19万人，分别比2013年末增长219.4%和62.3%。其中，行政事业及非企业法人单位299个，比2013年末下降6.9%，从业人员0.73万人，下降15.1%。

（二）主要经济指标

2018年末，文化、体育和娱乐业企业法人单位资产总计301.04亿元，比2013年增长129.7%。负债合计178.53亿元。全年实现营业收入95.03亿元。

行政事业及非企业法人单位年末资产64.45亿元，比2013年下降2.8%。本年支出（费用）合计33.08亿元。

十九、公共管理、社会保障和社会组织

2018年末，全市共有公共管理、社会保障和社会组织法人单位6440个，比2013年末增长28.9%；从业人员12.40万人，增长8.8%。行政事业及非企业法人单位的本年支出（费用）合计1092.69亿元。

二十、部分新兴产业基本情况

（一）工业战略性新兴产业

2018年末，全市从事战略性新兴产业生产的规模以上工业企业法人单位697个，占规模以上工业企业法人单位的31.3%。其中，新材料产业106个，占工业战略性新兴产业企业法人单位的15.2%；生物产业59个，占8.5%；节能环保产业134个，占19.2%。

（二）高技术产业（制造业）

2018年末，全市共有规模以上高技术产业（制造业）企业法人单位248个，比2013年末增长38.5%；占规模以上制造业的比重为11.5%，比2013年提高3.7个百分点。

2018年，规模以上高技术产业（制造业）企业法人单位R&D（全称研究与试验发展，以下简称R&D）经费支出57.16亿元，比2013年增长281.3%；占规模以上制造业的比重为38.9%，比2013年提高17.8个百分点；R&D经费与营业收入之比为3.21%，比规模以上制造业平均水平高1.02个百分点。

2018年，规模以上高技术产业（制造业）企业法人单位全年专利申请量4313件，其中发明专利申请2139件，分别比2013年增长165.4%和169.4%；发明专利申请所占比重为49.6%，比规模以上制造业平均水平高2.6个百分点。

（三）工业企业研究与试验发展活动

2018年，开展R&D活动的规模以上工业企业法人单位635个，比2013年增长47.7%，占全部规模以上工业企业法人单位的28.5%。

2018年，规模以上工业企业法人单位R&D人员折合全时当量30794人年，比2013年增长26.9%。

2018年，规模以上工业企业法人单位R&D经费支出152.96亿元，比2013年增长101.3%；R&D经费与营业收入之比为2.12%。

2018年，规模以上工业企业法人单位全年专利申请量17845件，其中发明专利申请8283件，分别比2013年增长76.9%和145.5%；发明专利申请所占比重为46.4%，比2013年提高13个百分点。

（四）文化及相关产业

2018年末，全市有文化及相关产业法人单位29682个，比2013年末增长139.1%；从业人员21.59万人，比2013年末增长37.3%；资产总计2620.33亿元，比2013年末增长186.6%。

2018年末，全市有经营性文化产业法人单位28709个；从业人员20.48万人；资产总计2541.27亿元；全年实现营业收入1407.79亿元。

2018年末，全市有公益性文化事业（含社团）法人单位973个；从业人员1.11万人；资产总计79.06亿元；全年支出（费用）38.63亿元。

责任编辑：徐仙春

索 引

本索引采取主题分析索引法，按索引词首字汉语拼音字母顺序排列，同声同韵字按声调、同音字按笔画顺序排列，若首字相同则按第二字音序排列，依次类推。索引词后的阿拉伯数字表示该词所在页码，数字后的英文字母 a、b、c 分别表示该页文字的左、中、右栏。

A

B

C

D

E

F

G

H

J

K

L

M

N

P

Q

R

W

X

Y

Z